아동·청소년 |제4판|

이상심리학

FOR INFORMATION:

SAGE Publications, Inc.
2455 Teller Road
Thousand Oaks, California 91320
E-mail: order@sagepub.com

SAGE Publications Ltd.
1 Oliver's Yard
55 City Road
London, EC1Y 1SP
United Kingdom

SAGE Publications India Pvt. Ltd.
B 1/I 1 Mohan Cooperative Industrial Area
Mathura Road, New Delhi 110 044
India

아동·청소년
이상심리학

● ●

4 EDITION

Robert Weis 지음 | 정명숙, 김진영, 이새별, 이수진, 최은실 옮김

Σ 시그마프레스

⑤SAGE

아동 · 청소년 **이상심리학,** 제4판

발행일 | 2023년 1월 20일 1쇄 발행

지은이 | Robert Weis
옮긴이 | 정명숙, 김진영, 이새별, 이수진, 최은실
발행인 | 강학경
발행처 | **㈜ 시그마프레스**
디자인 | 김은경, 우주연
편   집 | 이호선, 김은실, 윤원진
마케팅 | 문정현, 송치헌, 김미래, 김성옥

등록번호 | 제10-2642호
주소 | 서울특별시 영등포구 양평로 22길 21 선유도코오롱디지털타워 A401~402호
전자우편 | sigma@spress.co.kr
홈페이지 | http://www.sigmapress.co.kr
전화 | (02)323-4845, (02)2062-5184~8
팩스 | (02)323-4197

ISBN | 979-11-6226-421-8

Introduction to Abnormal Child and Adolescent Psychology, 4e
by Robert Weis

역자 서문

대부분의 아동들은 일정 시기가 되면 그 시기에 거쳐야 할 발달과업들을 잘 수행해나간다. 그러나 일부 아동들은 이러한 정상적 발달과정에서 이탈하여 다운증후군이나 자폐스펙트럼장애와 같은 발달장애, 주의력결핍 과잉행동장애나 공격적 행동 같은 외현화 문제, 불안과 우울 같은 내재화 문제 등을 보인다. 이런 문제들은 아동이 스스로를 돌보고 학업을 잘 수행하며 가족 및 친구들과 원만한 관계를 유지하면서 행복한 삶을 살아가는 능력에 부정적 영향을 미칠 수 있다. 이러한 문제를 겪는 아동과 그 가족들을 돕기 위한 연구가 지난 30여 년간 활발하게 이루어졌다.

아동기에 발병하는 장애는 성인기 장애의 시초가 될 뿐만 아니라 그러한 장애로 인한 부적응이 사회와 가정에 장기적으로 큰 부담을 주게 되므로 조기 개입이 매우 중요하다. 최근 활발해진 아동정신병리 분야의 연구를 통해 장애 원인에 대한 이해도가 높아졌고, 정신건강 문제가 있는 아동들을 대상으로 새로운 치료방법과 예방 전략들이 개발 · 적용되는 등 근거기반치료가 비약적으로 발전하고 있다.

이 책은 Robert Weis가 저술한 Introduction to Abnormal Child and Adolescent Psychology, 제4판을 번역한 것으로 크게 두 가지 특징을 가지고 있다. 첫째, 독자들이 아동과 청소년에게 흔히 나타나는 장애들을 발달정신병리학의 관점에서 깊이 있게 이해할 수 있도록 돕기 위해 장애의 출현 양상이 시간의 흐름에 따라 어떻게 변화하는지 알아보고, 장애의 발달과정에 영향을 미치는 위험요인과 보호요인들을 살펴보는 데 각별한 관심을 기울였다. 둘째, 아동청소년의 정신병리를 효과적으로 치료하기 위해서는 심리학 연구와 임상 실천의 통합, 그리고 근거기반치료가 중요하다는 점을 강조하면서 많은 사례연구를 제시하고 연구결과가 실제 임상 장면에 어떻게 적용되는지를 보여주는 데 역점을 두었다.

방대한 분량의 책 번역을 위해 여러 대학에서 5명의 역자가 참여하였다. 제1, 5, 7장은 정명숙, 제2, 3, 4, 6장은 이새별, 제8, 9, 10장은 김진영, 제11, 12, 13장은 최은실, 그리고 제14, 15, 16장은 이수진이 각각 번역하였다. 아동정신병리 분야의 전문가들이 학술 및 실천현장에서 많이 사용하는 용어들을 최대한 반영하기 위해 노력하였다. 각자 최선을 다하였으나, 부족한 점이 있다면 앞으로 보완해 나가기로 하겠다. 독자 여러분의 많은 관심과 조언을 부탁드린다.

이 책이 우리나라 아동청소년 정신병리 분야의 발전에 많은 도움이 되기를 바란다. 그리하여 장애로 어려움을 겪는 아동과 청소년들이 조금이라도 더 행복하게 살아나가는 데 보탬이 될 수 있기를 마음 깊이 소망한다. 이 책의 출판을 기꺼이 맡아주신 (주)시그마프레스의 강학경 사장님과 책이 만들어지기까지 수고를 아끼지 않으신 이호선, 김은실 선생님과 편집부 여러분께 진심으로 감사드린다.

2023년
역자 일동

초대의 글

옛날 옛적에 한 노인이 바닷가에 살았다. 어느 날 아침 그는 해안가로 산책을 나갔다가 해변을 사방으로 뒤덮고 있는 불가사리들을 보게 되었다. 전날 밤에 몰아친 폭풍우가 불가사리들을 모래 위로 꼼짝 못하게 밀어 올려놓은 것이었다.

노인은 저 멀리서 해변을 따라 걷고 있는 한 소년을 보았다. 소년은 노인 쪽으로 걸어오면서 계속 허리를 굽히고 불가사리를 집어서 바다 속으로 던졌다. 소년이 가까이 다가왔을 때 노인은 소리쳤다. "안녕! 네가 무얼 하고 있는지 물어봐도 되겠니?"

소년은 걸음을 멈추고 노인을 쳐다보며 대답했다. "바다에다 불가사리를 던져 넣고 있어요. 폭풍우가 불가사리들을 해변으로 밀어 올려서 불가사리들이 혼자 힘으로는 바다로 돌아갈 수가 없잖아요. 얘들은 제 도움이 필요해요" (이미지 0.1).

노인은 대답했다. "하지만 이 해변에 있는 불가사리가 수천 마리는 되는 것 같은데. 네가 아무리 애써도 별 차이가 없을 것 같구나."

소년은 허리를 굽혀서 또 다른 불가사리를 집어 들고 바다 속으로 최대한 멀리 던져 넣었다. 그런 다음 노인에게로 돌아서서 미소를 짓고 말했다. "저 불가사리 한 마리한테는 차이가 있죠!"

이 이야기의 불가사리처럼 많은 아동과 청소년이 도움을 필요로 한다. 청소년의 20%가량이 성인기에 도달하기 이전에 한 가지 이상의 심리 장애를 겪는다. 이 비율은 미국에서만 1,500만 명가량의 청소년이 행동, 인지 또는 사회정서 기능에 문제를 갖게 될 것임을 의미한다. 다운증후군이나 자폐스펙트럼장애와 같은 발달장애, 주의력결핍 과잉행동장애나 공격적 행동 같은 외현화 문제, 불안과 우울 같은 내재화 문제, 섭식장애와 불면증 같은 건강 관련 문제들이 있다. 이런 문제들은 상당히 심각하다. 아동이 자신을 돌보고 다른 사람들과 의사소통하며, 학업 수행을 잘 해내고, 가족 및 친구들과의 관계를 촉진하며, 삶의 만족과 행복을 누리는 능력에 부정적 영향을 미칠 수 있기 때문이다.

도움이 필요한 아동과 청소년들 대부분이 기준에 미치지 못하는 보호를 받거나 전문적 치료를 전혀 받지 못한다는 사실도 이와 마찬가지로 걱정스럽다. 아동의 심리 문제에 대한 인식 부족, 특히 사회경제적 수준이 낮은 가정의 아동들에 대한 질 높은 정신건강 서비스의 제한, 근거기반치료를 훈련받은 정신건강 전문가의 총체적 부족 등이 효율적 치료를 방해하는 장애물로 작용한다. 아동들이 보이는 문제의 개수와 심각도만 본다면 앞서 이야기에 등장했던 바닷가의 노인과 같이 비관적인 전망을 하게 될 수 있다.

반면에 최근의 과학적 진보는 우리에게 희망을 갖게 해주고, 도움이 필요한 아동과 가족들을 돕고자 하는 동기를 불러일으킬 수 있다. 지난 30년간 아동정신병리를 다루는 과학적 연구가 엄청나게 증가하였다. 새로운 연구가 이 분야에 발전을 가져오면서 정신병리의 원인들을 더 잘 이해할 수 있게 해주었다. 전문가들은 팀을 꾸려 유전, 생물, 심리, 가족, 사회문화 등 여러 분석 수준에서 장애의 원인을 찾아내기 위한 연구를 수행하였다.

이와 유사하게, 정신건강 문제가 있는 아동들을 대상으로

이미지 0.1 어린 소년과 불가사리

하는 근거기반치료가 비약적 발전을 이루어냈다. 클리닉, 병원, 학교 및 지역사회에서 적용할 수 있는 새로운 약물치료, 심리치료 및 예방 전략들이 개발되었다. 또한 이러한 개입기법들을 다양한 문화, 인종, 언어, 사회경제적 배경을 가진 아동과 가족들의 필요에 맞춰 조정하기 위한 노력도 증가하였다.

최근 전 세계적인 팬데믹으로 인해 아동과 가족들은 엄청난 스트레스에 대처해야 했다. 아동들은 집에서 교육을 받고, 학교 친구들로부터 분리되고, 평소 즐기던 많은 활동들을 중단하는 데 적응해야 한다. 부모들은 직장의 요구와 아동 및 친지들에게 돌봄을 제공할 책임 사이를 곡예하듯이 오가야 한다. 가족들은 사랑하는 사람들을 잃은 슬픔을 이겨내고 거의 모든 생활영역에서 불확실성이 초래하는 불안을 견뎌내야 한다. 최근의 건강 위기는 우리가 이러한 스트레스들을 적응유연성, 용기, 연민과 동정심을 가지고 이겨내도록 밀어붙이고 있다.

요즘 세상은 그 어느 때보다도 도움이 필요한 아동과 가족에게 서비스를 제공하는 데 전문가로서의 삶을 바치고자 하는 돌봄 전문가들을 절실하게 필요로 한다. 여러분이 지금 정신건강 전문가가 되겠다는 생각을 하고 있지는 않다 할지라도, 앞으로 어떤 아동의 삶에서 중요한 역할을 하게 될 가능성이 크다(이미 그렇게 하고 있지 않다면). 우리 모두가 연구자나 치료자로서의 삶을 살아가지는 않겠지만, 누구나 보호자, 부모, 교사, 코치, 멘토 등 어떤 역량에 의해서든 아동의 복지를 증진할 기회를 갖게 될 것이다. 이 책은 이렇게 지적으로 흥미진진하고 개인적으로 보상이 큰 분야를 여러분에게 소개하기 위해 저술되었다. 환영한다!

이 책의 목표

이 책은 아동·청소년 이상심리학, 아동정신병리학, 특수한 요구를 가진 아동들 또는 그 밖의 평범하지 않은 아동들을 과학적으로 연구하는 데 관심이 있는 학생들을 대상으로 설계되었다. 이 책은 행동, 인지 및 사회정서적 문제들을 겪고 있는 아동들을 발달정신병리학 관점에서 이해하고자 한다. 발달정신병리학 관점은 아동·청소년 장애가 시간의 흐름에 따라 출현하는 양상을 살펴보고, 발달 과정과 경로에 영향을 미

치는 위험요인과 보호요인들에 특별히 주의를 기울이며, 아동정신병리를 전형적 발달 및 아동의 사회문화적 정체성과 가치의 맥락에서 연구한다.

이 책은 네 가지 중요한 목표를 가지고 있다. (1) 여러분에게 발달정신병리학의 원리들을 소개하고, (2) 여러분이 심리과학과 실세계 임상실천 간의 통합이 중요하다는 점을 인식하도록 도와주며, (3) 아동과 가족을 위한 근거기반 윤리적 치료의 필요성을 강조하고, (4) 여러분의 삶에 적용될 수 있도록 하는 것이다.

목표 1 : 발달정신병리학의 원리 소개

이 책의 첫 번째 목표는 여러분에게 발달정신병리학의 원리들을 소개하고 이러한 관점이 아동기 장애를 이해하는 데 어떤 도움을 줄 수 있는지 보여주는 것이다. 아동의 문제는 여러 요인의 영향을 받아 결정되며 끊임없이 변화한다. 이 문제들을 가장 잘 이해하기 위해서는 여러 분야의 연구를 통합하고 이 정보를 특정한 발달 및 사회문화적 맥락에 있는 아동과 가족에게 적용해야 한다. 초보 학생들에게는 이 과제가 압도적으로 힘들게 느껴질 수 있다. 그러나 발달정신병리학 관점은 연구 문헌을 지나치게 단순화하거나 여러분이 이 분야의 신참자로서 주눅 들지 않게 하면서도, 시간의 흐름에 따른 아동 발달의 복잡성을 여러 맥락에서 이해할 수 있게 해준다.

이 책은 아동의 발달과 심리문제 출현에 영향을 미치는 수많은 요인들을 소개할 것이다. 연구 문헌의 조직을 돕기 위해 이 책에서는 각 장애를 다음의 세 가지 분석수준에 따라 제시한다.

- **생물학적 수준**에서는 유전과 유전 외적 요인이 발달에 미치는 영향, 뇌의 구조와 기능, 신경전달물질과 호르몬, 시간에 따른 아동의 신체적 성숙을 다룬다.
- **심리학적 수준**에서는 아동의 사고, 감정, 행위 간의 상호작용을 다룬다.
- **사회문화 수준**에서는 아동이 가족 및 친구들과 맺는 관계, 아동의 인종적·문화적 배경과 정체성, 아동의 사회경제적 지위, 아동의 학교, 이웃과 지역사회가 갖는 특성들을 다룬다.

아동기 장애는 이 수준들 각각에서 분석될 수 있다. 그러나 아동정신병리를 가장 완벽하게 설명하기 위해서는 보통 여러 분석수준과 여러 시간대에서 발생하는 상호작용을 고려해야 한다. 필자는 아동 이상심리학이 학제간적 성격을 지니고 있으며 매우 복잡한 분야라는 사실을 이해하는 데 이 책이 도움이 되기를 희망한다.

목표 2 : 과학과 실천 통합의 중요성 인식

심리학 연구와 임상 실천은 분리되어 진행되지 않는다. 오히려 효율적 치료는 기존 심리학 연구에 의지하고, 가장 의미 있는 심리학 연구는 임상 실천에서 영감을 받는 경우가 많다.

이 책은 연구와 실천의 관계를 두 가지 방식으로 강조한다. 첫째, 책 전반에 걸쳐 상세한 사례연구를 제시하였다. 이들 사례연구는 실제 내담자에 기초한 것으로(이름과 그 밖의 신원 관련 정보는 변경함), 각 장애를 예시하고 아동이 지닌 문제의 복잡한 성격과 이 문제가 가족에게 미치는 영향을 보여 주고 있다. 이들 사례연구를 통해 여러분이 다양한 장애들을 구별하게 될 뿐 아니라 이 장애들로부터 영향을 받는 아동, 부모 및 다른 보호자들이 어떤 경험을 하는지에 주목하게 되기를 바란다.

이 책에는 임상전문가들이 내담자들을 돕기 위해 연구 결과를 어떻게 사용하는지를 보여주는 '과학에서 실천으로'라는 특집들이 있다. 이 특집들 대부분이 근거기반치료의 구체적인 예들을 제공하고 있는데, 임상전문가들이 연구를 실세계 장면에 어떻게 적용하는지를 보여줄 것이다.

목표 3 : 근거기반 윤리적 치료 강조

세 번째 목표는 여러분이 근거기반치료와 근거기반 실천을 깊이 이해하게 만든다. 근거기반치료에는 심리사회적 치료, 약물 투여, 과학적 연구 문헌에서 효과가 있는 것으로 밝혀진 예방 전략들이 있다. 여러분이 개입의 기저에 있는 이론은 물론이고 클리닉, 병원, 학교에서 치료가 시행되는 방식까지 이해할 수 있도록 각 형태의 치료를 최대한 상세하게 기술하였다. 이후 각 치료법의 효과와 효율성을 간략히 개관하였다.

근거기반 실천은 질 높은 치료를 아동과 가족의 요구, 선호 및 사회문화적 맥락에 맞춰 조정하는 것이다. 능숙한 치료는 연구 문헌에 대한 완벽한 지식에서 시작하지만, 가족의 즉각적인 우려를 다루고 그들의 강점을 강조하며 그들의 가치와 전통을 존중하는 방식으로 이 지식을 실행하는 능력에도 달려 있다.

이 책의 목표는 치료하는 방법을 가르치는 것이 아니다. 그보다는 여러분이 각 장애의 원인들과 임상전문가들이 장애를 다루는 방식을 연결할 수 있게 되기를 바란다. 또한 근거기반 치료에 대한 강조가 여러분이 심리서비스의 더 나은 소비자가 되는 데 도움이 되기를 바란다. 안타깝게도, 아동과 가족에게 제공되는 개입 중 경험적 지지를 받지 못하는 개입들이 너무나 많고, 도움이 필요한 가족들이 받을 수 있는 근거기반 치료는 찾아보기 어렵다. 아마도 이 책은 여러분이 과학에 토대를 둔 치료들과 의도는 선하지만 비효율적이거나 해롭기까지 한 치료들을 구별하도록 도와줄 것이다.

이와 똑같이 중요한 점은 가족에게 심리서비스를 제공할 때 윤리를 염두에 두어야 한다는 것이다. 부모와 보호자는 자녀가 받는 치료가 도움이 되기를 바라며 전문가에게 자녀를 맡긴다. 치료자는 치료가 성공할 확률을 최대화하고 해를 끼칠 위험을 최소화하는 근거기반 개입에 의존해야 한다. 이와 동시에 치료자는 가족들의 권리와 타고난 존엄을 존중하고, 다른 사람들과 전문가로서 상호작용할 때 정직하고 진실해야 하며, 치료실과 지역사회에서 정의와 공정성을 증진해야 한다.

목표 4 : 삶과의 관련성

끝으로, 아동정신병리의 이해와 치료가 여러분에게 왜 중요한지를 보여주고자 한다. 학생들 대부분은 심리학자나 상담자가 되지 않을 것이다. 그러나 학생들 모두가 아동과 청소년의 삶과 발달적 결과에 영향을 미칠 기회를 여러 번 갖게 될 것이다. 여러분은 어쩌면 의사, 간호사, 교사, 주간보호 제공자 또는 언어·직업·레크리에이션 치료자나 아동을 직접 대하는 다른 유형의 전문가가 될 것이다. 어쩌면 학교나 지역사회에서 코치, 개인교사나 멘토 역할을 자원할 것이다. 이미 아이를 가진 것이 아니라면 언젠가는 부모나 보호자가 될 것이고 차세대 아동을 키우는 일차적 책임을 지게 될 것이다. 여러분이 정신건강 전문가가 되지는 않는다고 할지라도 가족, 자녀, 학교, 이웃과 사회에 관해 충분한 정보에 입각한 결정을 내리기 위해 심리과학과 비판적 사고에 의존할 수 있다.

이 책의 구조와 주요 특징

발달적 구조

이 책은 발달 과정에 따라 조직되었다. 유아기와 아동 초기에 출현하는 장애들을 먼저 제시하고, 이어서 아동 후기, 청소년기, 성인 입문기에 가장 흔하게 나타나는 장애들을 다루었다. 이 책은 5부로 나뉜다.

1부 : 근거기반 연구와 실천

학생들에게 아동이상심리학 분야를 소개하고(제1장), 발달정신병리학 관점을 설명하며(제2장), 아동기 장애를 연구하는 데 가장 흔히 사용되는 연구방법과 설계를 개관하고(제3장), 아동과 가족들을 평가하고 치료하는 접근들을 예시한다(제4장). 이 장들은 아동 연구와 임상 장면에서 전문가가 지켜야 할 윤리도 제시한다.

2부 : 발달장애

유아기와 아동 초기에 흔히 출현하는 신경발달장애를 제시한다. 지적장애와 발달장애(제5장), 자폐스펙트럼장애(제6장), 의사소통 및 학습장애(제7장)이다.

3부 : 파괴적 장애 및 물질사용 문제

아동과 청소년이 보이는 파괴적 행동문제를 다룬다. 이런 문제들로는 주의력결핍 과잉행동장애(제8장), 적대적 반항장애, 품행장애와 간헐적 폭발장애(제9장)가 있다. 흔히 파괴적 행동의 맥락에서 다루어지는 아동과 청소년의 물질사용 문제(제10장)도 다룬다.

4부 : 정서 및 사고 장애

대부분은 내재적 장애를 다룬다. 불안장애, 강박장애 및 관련 문제(제11장), 외상 관련 장애와 아동학대(제12장), 우울장애, 자살과 비자살적 자해(제13장), 양극성 장애(제14장)이다. 또한 마지막 장에서는 소아과 조현병을 다룬다.

5부 : 건강 관련 장애

급식 및 섭식 장애(제15장), 배설장애, 수면장애와 소아과 건강문제(제16장)를 다룬다. 이런 문제들은 신체적 웰빙과 정신적 웰빙 간의 연관성을 보여주는 일련의 건강 관련 장애들을 나타낸다.

생물-심리-사회문화적 접근

각 장은 주제에 따라 세부 항목으로 나뉜다. 예를 들어, 자폐스펙트럼장애를 다루는 제6장은 (6.1) 기술과 역학, (6.2) 원인, (6.3) 확인, 예방 및 치료로 나뉜다. 각각의 세부 항목은 독립적으로 배정되고 제시될 수 있는 모듈의 역할을 한다. 따라서 강사들은 특정 세부 항목을 특정한 날에 배정하거나 그날 강의에 가장 적절하다고 판단하는 주제들을 골라서 배정할 수 있다.

각 장은 **정신장애의 진단 및 통계편람 5판(DSM-5)**의 진단기준, 유병률 및 부수적 특징들을 제시하는 등 해당 장애에 관한 기술로 시작한다. 그런 다음 그 장애의 원인들을 세 가지(생물, 심리, 사회문화)의 폭넓은 분석수준에서 논의한다. 각 장은 아동·청소년 임상심리학회와 미국 아동·청소년 정신의학회가 수립한 기준을 사용하여 근거기반치료를 기술하는 것으로 마무리된다. 사례연구들은 각 장애를 예시하며, '과학에서 실천으로' 특집은 임상전문가들이 아동과 가족들을 돕기 위해 연구결과를 어떻게 적용하는지를 보여준다.

질문과 답변

각각의 세부 항목은 제목이 아니라 질문으로 구성된다. 예를 들어, 자폐스펙트럼장애에 관한 제6장은 다음의 세부 항목들을 다룬다. 자폐스펙트럼장애는 어떻게 확인되고 진단되는가? 응용행동분석을 자폐증 치료에 어떻게 사용할 수 있는가? 약물치료는 자폐아동에게 효과가 있는가? 이런 질문들의 목적은 세 가지다.

1. 학생의 읽기에 초점을 제공한다. 질문은 본문에서 해당 부분 바로 앞에 배치되는 학습목표이다. 따라서 학생들이 각 장애의 기술, 원인과 치료에 관한 중요한 주제들에 초점을 맞추도록 도와준다.

2. 학생에게 책을 읽을 동기를 부여한다. 흥미롭고 적절한 질문들은 학생들이 책을 읽고 답을 찾아내도록 촉구한다. 아동기 장애는 얼마나 흔히 나타나는가? 아동의 성별은 진단받을 확률에 어떤 영향을 미치는가? 약물투여와 심리치료를 함께 하는 것이 각각의 치료만 하는 것보다 더 효과적인가? 이런 질문들은 흥미를 불러일으키고 학생들의 학습 동기를 더욱 촉진시킨다.

3. 학습을 촉진한다. 심리학자들은 연습문제를 완료하고 읽은 내용을 정교화하는 것이 학습과 기억을 증진하는 데 가장 효과적인 두 가지 전략이라는 것을 알고 있다(Dunlosky, Rawson, Marsh, Nathan, & Willingham, 2013). 이 책 전반에 걸쳐 제시되는 질문들은 학생들이 책을 읽으면서 시험에 대비하고 자신의 답을 섹션의 요약과 비교해봄으로써 학습을 검사할 수 있게 해준다. 학생들은 또 수업시간 이전에 주요 사항들을 빠르게 검토하는 데에도 이 요약을 사용할 수 있다.

새로운 특징

네 번째 개정판은 몇 가지 흥미진진한 업데이트를 제공한다:

- 연구방법에 관한 장을 새로 추가하였다. 제3장은 과학적 사고의 주요 특징들이 무엇인지, 그리고 아동과 가족에게 서비스를 제공할 때 유사과학에 의존하는 것이 왜 위험한지 기술하는 것으로 시작한다. 이 장은 아동의 발달을 (1) 기술하고, (2) 예측하고, (3) 설명하며, (4) 연구결과를 반복검증하기 위해 연구자들이 흔히 사용하는 방법과 설계들을 제시한다.

- 각 장은 사회문화적 요인들이 각 장애의 출현, 유병률, 진행경과, 치료에 어떤 영향을 미치는지에 관한 정보를 통합하기 위해 개정되었다. 예를 들어, 각 장은 아동의 성별, 인종, 언어, 종교, 문화적응, 이민 경험 또는 사회경제적 지위가 발달에 어떤 영향을 미치는지를 폭넓게 다루고 있다. 서두의 몇 장은 교차성(intersectionality)(성별, 인종, 신분, 장애 등의 차별 요인들이 별개로 존재하지 않고 서로 결합하여 영향을 미친다는 것_역주), 문화를 고려하는 평가방법, 발달의 사회생태학적 모델 같은 주제들도 다루고 있다.

- 각 장애의 근거기반치료들을 기저의 이론이나 원리들에 기초하여 조직하였다. 예를 들어, 자폐스펙트럼장애의 근거기반치료들은 이 치료들이 응용행동분석, 사회-화용론적 발달모델 또는 기능적 의사소통기술 중 어떤 것을 강조하는지에 근거하여 조직되었다. 명성이 자자한 특정 치료들을 여전히 상세하게 묘사하고 있기는 하지만(예 : 조기 집중행동개입, 조기 출발 덴버모델, 그림 교환 의사소통체계), 각 치료의 기저에 있는 이론과 원리들을 강조하고 있다. 이렇듯 유명한 치료보다는 기저의 이론을 강조하는 것은 아동·청소년 임상심리학회와 미국 아동·청소년 정신의학회가 아동과 가족을 위한 근거기반치료와 관련하여 권장한 내용과 일치한다.

- 물론 각 장은 최근의 과학적 연구와 권장되는 임상 실천을 반영하기 위해 갱신되었다. 아동기에 발생하는 문제들의 유병률과 인구학적 분포는 이 책의 마지막 개정판 이후로 변경되었다. 예를 들어, 지난 3년간 자폐증의 유병률과 성별 분포에 큰 변화가 있었고 현재의 개정판에 이 변화가 반영되었다. 이와 유사하게, 청소년의 니코틴과 마리화나 흡입제품 사용이 더 전통적인 담배 사용을 대체하였다. 또한 거의 모든 장애의 위험요인 및 보호요인과 관련해서도 진전이 있었으며, 평가나 치료와 관련한 권장사항과 관련해서도 새로운 가이드라인이나 치료 권고안이 발간되었다. 이렇게 짧은 요약에서 이 모든 갱신사항을 완벽하게 제시하기는 가능하지 않다. 그러나 지난 3년간 출판된 수백 편의 새로운 참고문헌들이 추가되었다. 제4판은 이전 판들을 '갱신'했다기보다는 새롭게 떠오르는 주제들과 새롭고 흥미로운 연구들을 제시함으로써 이전 판들을 확장하고 있다.

요약 차례

차례

PART II   발달장애

PART III 파괴적 장애 및 물질사용 문제

PART IV **정서 및 사고 장애**

제11장 | 불안 및 강박 장애

제12장 | 외상 관련 장애와 아동학대

PART V 건강 관련 장애

제15장 | 급식 및 섭식 장애

제16장 | 건강 관련 장애 및 소아 심리학

근거기반 연구와 실천

PART I

1

아동 이상심리학의
과학과 실천

학습목표

이 장을 학습한 다음에 여러분은 다음을 할 수 있어야 한다.

1.1 아동·청소년에게 적용되는 정신장애의 개념을 비판적으로 평가하기
정신건강 전문가들이 DSM-5를 사용하여 청소년들을 진단하는 방법을 설명하기

1.2 아동기 장애의 유병률 및 아동의 연령, 성별, 사회경제적 지위

와 인종에 따른 차이를 기술하기

1.3 근거기반 실천의 특성 및 도움이 필요한 아동과 가족을 돕는 전문가의 유형을 기술하기
아동과 가족에게 도움을 제공할 때 중요한 네 가지 윤리원칙을 확인하고 적용하기

옛날 옛적에 자신이 가진 기술을 총동원하여 멋진 새 항아리를 만든 공예가가 있었다. 공예가는 세월이 깃든 손으로 진흙을 빚어 아름다운 모양의 항아리를 구워냈다. 그는 항아리에 유약을 바르고, 아름다우면서도 독특한 색깔과 문양으로 장식하였다. 항아리가 완성되었을 때 그는 집으로 물을 길어오기 위해 항아리를 들고 가까운 우물로 갔다. 그런데 그는 항아리가 가마에 있을 때 조그만 금이 생겨서 항아리 바닥에서 물이 샌다는 것을 알고 놀라지 않을 수 없었다. 처음에는 금이 미세했지만 시간이 지나면서 점점 커지고 눈에도 잘 띄게 되었다.

어느 날 그 공예가의 친구가 말했다. "그 항아리는 깨졌어. 집에 올 때쯤이면 물이 절반이나 새버리고 없잖아. 왜 그 항아리를 갖다버리고 새 항아리를 구하지 않는 거야?" 공예가는 잠깐 멈춰 있다가 친구에게 대답했다. "그래, 이 항아리가 물이 새는 건 사실이지. 그렇지만 매일 우물에서 집까지 오는 길에 있는 꽃들에게 물을 주잖아." 아닌 게 아니라 그 길가에는 온갖 종류의 야생화가 만발해 있었지만 다른 곳의 땅은 메말라 있었다. 공예가의 친구는 인정한다는 뜻으로 고개를 끄덕였다(케빈 클링의 이야기를 일부 수정_역주)(이미지 1.1).

깨진 항아리 이야기는 개인 각자의 존엄과 가치를 실증해준다. 알아채기 힘들 때도 있지만 누구나 자신만의 독특한 재능과 재주를 가지고 있다. 심리 문제가 있는 아동들을 공부할 때 아동의 한계에 주목하느라 아동 그 자체를 보지 못하고 넘어가기 쉽다. 많은 아동과 청소년들은 몸을 씻고 옷을 입고 말을 하는 것과 같은 일상적 활동을 할 때 엄청난 도전에 직면한다. 다른 아동들은 학교에서 또는 다른 사람들과 상호작용할 때 어려움을 겪는다. 또 다른 아동들은 행동과 정서를 조절하는 것이 어렵다.

이 아동들은 장애나 진단에 관계없이 고유한 가치를 지니고 있다. 이들과 상호작용하는 부모, 교사, 그 밖의 사람들 모두는 아동의 문제에 초점을 맞출 때 아동을 잊어버리지 말아야 한다. 필자의 내담자 중 한 사람인 윌은 다운증후군을 가지고 태어났다. 그는 읽기와 수학은 잘하지 못했지만, 참을성을 갖고 공감하는 행동을 하며 자신과 다른 사람들을 존중하는 법을 반 친구들에게 가르쳤다. 다른 내담자 캠든은 주의력결핍과잉행동장애(ADHD)를 가지고 있었다. 그는 치료를 받는데도 불구하고 수업시간

이미지 1.1 아닌 게 아니라 그 길가에는 온갖 종류의 야생화가 만발해 있었지만 다른 곳의 땅은 메말라 있었다.

에 주목을 끄는 문제가 계속 있었으나, 유머감각이 뛰어났고 축구를 좋아했다. 또 다른 내담자 클로이는 불안장애와 우울장애가 있었으나, 가족치료를 통해 부모와의 관계 및 지역사회 내 다른 사람들과의 연계를 개선할 수 있었다.

여러분이 이 책을 읽고 있다면 여러분은 아동과 상호작용하고 다른 사람을 돕는 것을 좋아하는 사람일 가능성이 크다. 이 책이 여러분을 심리과학과 근거기반 전략을 사용하여 아동과 가족을 도울 수 있는 길로 인도하기를 희망한다. 여러분 같은 학생들은 종종 치료의 최전방에서 활동하고 있다. 어떤 학생들은 거주형 치료시설에서 파괴적 행동장애가 있는 청소년들을 위해 일한다. 다른 학생들은 발달장애가 있는 아동들에게 행동치료자의 역할을 한다. 또 다른 학생들은 위기청소년들을 위해 자원봉사활동을 한다. 학습지연 아동들에게 개인교사가 되어주거나, 환경이 불우한 아동들에게 언니, 오빠가 되어주거나, 위험요인이 많은 동네에 살고 있는 아동들이 방과후 집단에 참여하도록 돕기도 한다. 도움이 필요한 아동들을 돕고 싶어 하는 사람이 부족한 것은 아니다. 하지만 그들을 돕기 위해 과학적 원리와 근거기반 실천을 하고자 하는 사람들을 발견하기는 쉽지

않다. 이 분야는 심리과학을 이용해서 아동들을 돕는 일에 기꺼이 시간과 에너지를 바치고자 하는 영민하고 공감능력이 뛰어난 학생들을 절실하게

필요로 한다. 필자는 여러분이 이렇듯 유익하고 보람 있는 여행에 기꺼이 첫 발을 내딛고자 한다는 데 큰 기쁨을 느낀다.

1.1   아동의 행동문제 확인하기

'이상'의 의미는 무엇인가?

일탈, 장애, 고통

아동의 이상행동을 어떻게 규정할지, 또 비정상 기능과 정상 기능을 구분할 수 있는 가장 좋은 방법은 무엇인지에 관한 합치된 의견은 아직 없다. 그러나 정신건강 전문가들은 아동과 청소년의 심리문제를 확인하는 데 도움이 되는 세 가지 광범위한 기준으로 일탈, 장애, 고통을 제안하였다(Cicchetti, 2016a; Dulcan, 2019).

비정상의 개념을 정의하는 한 가지 접근방법은 **통계적 일탈**(statistical deviation)에 기준을 두고 있다. 이 접근을 사용하면 이상행동은 일반 인구집단에서 상대적으로 드물게 나타나는 것으로 정의된다. 예를 들어, 죽음에 대한 일시적 생각은 청소년에게 상당히 흔하게 나타난다. 그러나 자살에 대한 반복적 생각은 통계적으로 드물고 우울과 같은 기분장애일 가능성을 시사한다. 따라서 심리학자들은 내담자에게 평정척도를 실시하고, 연령과 성별이 동일한 다른 아동들과 비교할 때 정상범위를 한참 넘어서는 증상들을 보이는 아동들을 확인해낸다(Achenbach, 2015).

정상성을 규정하는 통계적 일탈 접근의 한계는 자주 발생하지 않는 행동이라고 해서 그런 행동이 모두 정신장애를 나타내는 것은 아니라는 점이다. 걸핏하면 울고, 방에 있는 것을 좋아하고, 친구들과 놀고 싶어 하지 않고, 학교 숙제를 마치기 어려워하는 아이가 있다고 하자. 통계적 일탈 관점에서 보면 이 아이를 우울장애로 진단할 수 있다. 이 아이의 연령에서는 드물게 나타나는 기분 문제를 보이기 때문이다. 그러나 소녀의 할아버지가 평가 며칠 전에 돌아가셨다는 것을 알게 된다면 소녀의 행동을 우울의 징후가 아니라 정상적인 슬픔 반응으로 해석할 것이다. 통계적으로 드물다는 것이 비정상성의 개념 정의에서 중요한 요소이기는 하지만 그 자체로 충분하지는 않다. 통계적 일탈은 아동의 행동이 나타나는 맥락

을 고려하지 않는다.

비정상성을 규정하는 두 번째 접근은 장애(disability) 또는 손상의 정도에 기준을 두고 있다. 이 관점에서 이상행동의 특징은 아동의 사회적 또는 학업적 기능을 방해하는 생각, 감정 또는 행위이다. 예를 들어, 남자친구와 헤어져서 슬픔을 느끼는 청소년은 친구들과 관계를 유지하고 부모와 원만한 관계를 유지하고 있으며 학교생활에 문제가 없다면 우울로 진단되지 않을 것이다. 반면에 이 세 영역 중 어느 하나에서라도 어려움이 있다면 이상행동으로 간주될 수 있다.

장애 수준으로 이상을 정의하는 접근은 심각한 결함이 있다. 심리장애가 있는 많은 청소년이 뚜렷한 손상 징후를 보이지 않는다는 것이다. 예를 들어, 애리조나주의 글렌데일 고등학교에 다니던 15세의 도로시 듀티엘은 급우를 살해하고 스스로 목숨을 끊었다. 도로시는 자신이 우울증을 앓고 있고 남에게 해를 끼칠 의도가 있다는 것을 모르는 다른 급우에게서 총을 구했다. 사건 발생 후 최초의 목격자들은 도로시의 호주머니에서 손으로 쓴 쪽지를 발견하였다. "나는 [나에게 총을 준 학생과] 그의 가족이 내 행동과 아무런 관련이 없음을 밝히고자 한다. 그 학생은 내가 자기방어를 위해 총이 필요하다고 알고 있었다. 총을 구하기 위해 거짓말을 했다." 도로시의 급우는 도로시가 친구들과 어울리고 학교생활을 잘하고 있었으며 슬퍼보이지도 않았기 때문에 그녀가 우울하다는 것을 알지 못했다. 모든 정신건강 문제가 외관상으로 드러나는 손상을 수반하는 것은 아니다(Lynch, 2018).

이상을 규정하는 세 번째 접근은 아동의 정서적 **고통**(distress)의 정도를 포함한다. 사람들은 우울한 기분, 과민성, 불안, 걱정, 공포, 혼란, 좌절, 분노 또는 그 밖의 불쾌한 감정들을 통해 고통을 드러낼 수 있다.

비정상성을 고통에 의해 규정하는 접근의 한 가지 문제는 고통이 주관적이라는 것이다. 고통의 징후들은 다른 사람들이 관찰할 수 있기는 있지만(예 : 땀에 젖은 손바닥, 붉어진 얼굴), 대개의 경우 고통을 측정하기 위해서는 아이들이 어떤 감정을 느끼는지 물어볼 필요가 있다. 어린 아동들 상당수는 자

신이 어떤 감정을 느끼는지 보고하지 못한다. 예를 들어, 이 아동들은 부정적 정서가 아니라 두통이나 복통 같은 신체 증상들을 호소하곤 한다. 다른 아동들은 감정들을 구분하기 어려워한다. 예를 들어, '화난' 감정과 '속상한' 감정의 차이를 알아채지 못한다. 더 큰 문제는 아동들이 느끼는 고통의 강도를 평가할 수 있는 주관적 기준이 없다는 것이다. 예를 들어, 기분이 "나쁘다"고 보고하는 아동이 기분이 "끔찍하다"고 보고하는 아동보다 더 큰 고통을 겪고 있을 수도 있다.

비정상성을 고통에 의해 규정하는 접근의 두 번째 문제는 심각한 행동문제가 있는 많은 청소년들이 부정적 정서를 경험하지 않는다는 것이다. 예를 들어, 유해하고 파괴적인 행동을 하는 청소년 중 일부는 불안이나 우울의 징후를 전혀 보이지 않는다. 붙잡히거나 처벌받을 때 슬픔이나 후회를 느낄 뿐이다. 이와 유사하게, 성인에게 적대적이고 반항적인 행동을 하는 어린 아동들이 심리적 고통을 표현하는 경우는 거의 없다. 오히려 이 아동들의 파괴적 행동이 부모나 교사 등 다른 사람들에게 고통을 유발한다(이미지 1.2).

해로운 역기능

제롬 웨이크필드(Jerome Wakefield, 1992, 1997)는 영향력 있는 대안적 접근을 제안하였는데, 이 접근은 이상행동을 해로운 역기능(harmful dysfunction)이라는 개념으로 규정한다. 이 접근에 따르면 이상행동은 다음의 두 가지 기준을 충족해야 한다. 첫 번째 기준은 역기능으로, 진화 과정에서 선택된 내적 메커니즘 일부가 제대로 된 방식으로 작동하지 않아야 한다는 것이다. 두 번째 기준은 역기능이 상해를 초래한다는 것으로, 해당 아동의 일상 활동을 제한하거나 건강과 복지를 어떤 식으로든 위협해야 한다는 것이다(Widiger & Mullins-Sweatt, 2018).

이 두 기준을 이해하기 위해 의학 분야의 예를 살펴보도록 하자. 심장질환이 의학적 장애인 이유는 (1) 신체 순환기 체계의 기능에 이상이 있고 (2) 이러한 기저의 역기능이 장애나 사망을 초래할 수 있기 때문이다. 이와 유사하게, 웨이크필드는 해로운 역기능이라는 기준이 정신건강 문제를 확인하는 데도 사용될 수 있다고 주장한다. 예를 들어 우울이 장애인 이유는 (1) 감정의 효율적 제어에 문제가 있고 (2) 이러한 기저의 역기능이 손상, 고통, 자기상해를 초래할 수 있기 때문이다

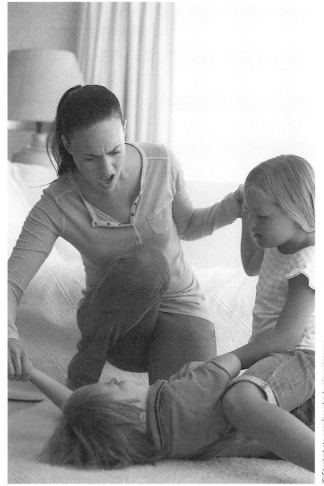

이미지 1.2 심리 문제가 있는 모든 아동이 고통을 경험하는 것은 아니다. 때로 이들은 부모처럼 자신의 주변에 있는 다른 사람들이 고통을 겪게 만든다.

©iStockphoto.com/monkeybusinessimages

(Wakefield, Lorenzo-Luaces, & Lee, 2018).

DSM-5는 이상을 어떻게 정의하는가?

정의

미국의 정신건강 전문가들 대부분은 아동과 성인의 정신건강 문제를 진단하는 데 정신장애의 진단 및 통계 편람, 제5판(Diagnostic and Statistical Manual of Mental Disorders, DSM-5)을 사용한다(American Psychiatric Association, 2013). DSM-5의 정신장애(mental disorder) 정의는 해로운 역기능이라는 웨이크필드의 개념을 반영하며, 정상 및 이상 행동의 분류에서 장애와 고통의 역할을 강조한다.

정신장애는 개인의 인지, 정서조절 또는 행동에서 임상적으로 유의미한 장해를 보이는 증후군으로, 이 장해는 정신기능의 기저에 있는 심리학적, 생물학적 또는 발달 과정의 역기능을 나타낸다. 정신장애는 보통 사회적, 직업적 또는 다른 중요한 활동에서 겪게 되는 상당한 고통이나 장애와 관련이 있다. 사랑하는 사람의 죽음과 같은 공통의 스트레스나 상실에 대해 그 문화에서 받아들여지거나 예상할 수 있는 반응을 보인다면 그 반응은 정신장애가 아니다. 사회규준을 벗어난 행동(예 : 정치적, 종교적, 성적)과 개인과 사회 사이에 기본적으로 존재하는 갈등은 앞서 언급한 바와 같은 개인의 역기능에서 비롯된 것이 아니라면, 정신장애가 아니다(American Psychiatric Association, 2013, p. 20).

DSM-5가 정신장애가 있는 사람들을 '대개의 경우' 현저한 장애 또는 고통을 경험하는 사람들로 묘사한다는 데 주목할 필요가 있다. 정신장애인들이 이 특징들 둘 다를 항상 보이지는 않을 수도 있다는 것이다. 앞서 살펴본 대로, 어떤 청소년들은 엄청난 정서적 고통을 겪으면서도 사회적·학업적 기능에 뚜렷한 손상을 보이지 않는다. 다른 청소년들은 학교를 중퇴하거나 알코올과 그 외의 약물들을 남용하거나 범죄행동에 빠져들지만, 불안, 우울 또는 낮은 자아존중감을 보고하지는 않는다. 정신건강 문제가 있는 청소년들 대부분은 고통과 손상을 둘 다 경험하지만 대개의 경우 DSM-5 진단을 내리는 데에는 한 가지 특징만이 요구될 뿐이다.

한계

DSM-5는 미국정신의학회에서 발간되었으며, 정신건강 문제를 확인하는 데 의학적 접근을 적용한다. DSM-5의 정의에 따르면, 정신장애는 신체질병과 마찬가지로 해당 개인이 지니고 있다. 예를 들어 누군가가 천연두 진단을 받는다면 우리는 그 사람의 몸에 침투한 바이러스가 그 질병을 일으켰다는 것을 안다. 바이러스가 심각한 손상을 가져오고 사망 위험을 높이는 증상들(예 : 피로감, 열, 발진)을 초래한다. 이와 유사하게, 정신장애의 의학적 모델을 채택하는 실무자들은 아동이 행동적, 인지적, 정서적 증상을 보인다면 이러한 문제들이 고통이나 손상을 초래하는 아동 내부의 기저 역기능에 의해 나타난다고 가정한다(Stein et al., 2010c).

DSM-5가 정신장애에 의학적 개념을 부여하는 것은, 특히 아동과 청소년에게 이를 적용할 때 적어도 세 가지 한계가 있다. 첫째, 우리는 아동의 심리문제를 일으킨 원인이 무엇인지 알지 못하는 경우가 많다. 의사들은 15세기에 천연두를 처음 묘사할 때 이 질병을 피부에 생긴 물집이라는 증상에 의거하여 진단하였다. 연구자들은 오랜 시간이 지난 후에야 천연두가 물집 그 자체가 아니라 바이러스 감염에 의해 생긴 것임을 발견하였다. 이와 유사하게, 정신건강 전문가들은 ADHD 아동을 진단할 때 장애의 기저 원인이 아니라 아동의 증상(즉 과잉행동, 그리고/또는 부주의)을 기술하고 있다. ADHD의 위험요인 몇 가지가 확인되었지만, 이 장애를 일으키는 기저의 단일한 원인이 무엇인지는 아직 밝혀지지 않고 있다(Pliszka, 2016).

둘째, 많은 아동기 장애들은 관계적 특성을 지닌다. 즉 한 사람 내에서가 아니라 사람들 사이에서 발생한다. 결과적으로 아동기 장애들은 대인관계 맥락에서 보아야 가장 잘 이해할 수 있다. 예를 들어, 적대적 반항장애를 가진 어린 아동들은 성인들과 언쟁을 벌이고, 요청에 응하지 않으며, 자기 마음대로 안 되면 성질을 부린다. 흥미롭게도, 이들은 종종 특정한 성인들(예 : 부모)에게만 반항적 행동을 보이고 다른 성인들(예 : 교사)에게는 그런 행동을 보이지 않는다. 따라서 이 장애는 아동과 특정한 사람들 간의 관계에 달려 있는 것처럼 보인다. 아동이 내부에 지니고 있는 장애가 아니라는 것이다. 자신의 복지가 다른 사람들에 의해 크게 좌우되는 아동과 청소년의 정신장애에는 관계가 특히 중요한 것으로 보인다(Heyman & Slep, 2020).

셋째, 아동의 행동은 사회문화적 상황을 고려할 때에만 이해될 수 있다. 한 맥락에서 '역기능적'이라고 여겨지는 행동들이 다른 상황에서는 적응적일 수 있다. 예를 들어, 캘리포니아 군사기지에서 부모와 함께 살고 있는 나이아라는 여자아이를 생각해보자. 이 아이는 엄마가 곧 전투지역으로 배치될 것이라는 말을 듣고서 부모에게 지나치게 매달리고, 섭식 및 수면 문제를 보이며, 학교에 가기를 거부한다. 해로운 역기능 기준에 따르면, 나이아는 불안장애로 진단될 것이다. (1) 정서조절에 문제가 있고 (2) 이런 문제들이 사회 및 학업 기능을 제한하기 때문이다. 그러나 엄마의 임박한 전투지역 배치라는 사회적 맥락을 생각한다면 이 아이의 불안은 정당화될 수 있다. 행동은 그 자체만 놓고 보는 것이 아니라 아동의 사회문화적 상황이라는 맥락에서 볼 때 가장 잘 이해될 수 있다(Achenbach, 2019).

심리학자들은 아동의 정신건강문제를 어떻게 진단하는가?

DSM-5에 기술된 각각의 장애는 특정 징후와 증상의 존재에 의해 정의된다. 징후(sign)는 특정 장애의 외현적 특징인 데 반해, 증상(symptom)은 특정 장애와 관련된 주관적 경험이다. 예를 들어, 우울의 한 징후는 체중 감소 또는 느린 동작이다. 반면에 우울의 한 가지 증상은 식욕 또는 에너지의 주관적 결여이다. 우울장애로 진단되려면 진단편람에 기술된 징후와 증상들을 나타내야 한다.

DSM-5에서 사용되는 진단 접근을 알아보기 위해 주요우울 에피소드의 진단기준을 살펴보자(그림 1.1). 우울은 특정한 시기에 나타나고 적어도 2주 이상 지속되며, 이 시기에 아동 또는 청소년은 현저한 기분 문제를 경험한다. 우울한 아동들은 대개 슬픔, 희망 없음 또는 과민한 기분을 거의 온종일 경험하며, 가족과 함께 지내거나 친구들과 게임을 하거나 취미와 스포츠를 즐기는 등 이전에 좋아하던 활동들을 더 이상 하지 않는다. 우울한 아동들은 그 외에도 인지적 · 정서적 · 신체적 문제들을 광범위하게 보일 수 있다. 이러한 기분 문제는 고통을 야기하거나 학교, 가정, 또래관계에서 문제를 일으킬 수 있다(American Psychiatric Association, 2013).

범주 분류

DSM-5는 장애의 분류에 (1) 범주, (2) 원형, (3) 차원이라는 서로 다른 세 가지 접근을 혼합해서 사용한다. 범주 분류(categorical classification)는 정신장애들을 주요 기준에 따라 상호배타적인 집단 또는 범주로 나눈다. 범주 분류는 가장 오래

그림 1.1 ■ DSM-5의 진단 접근

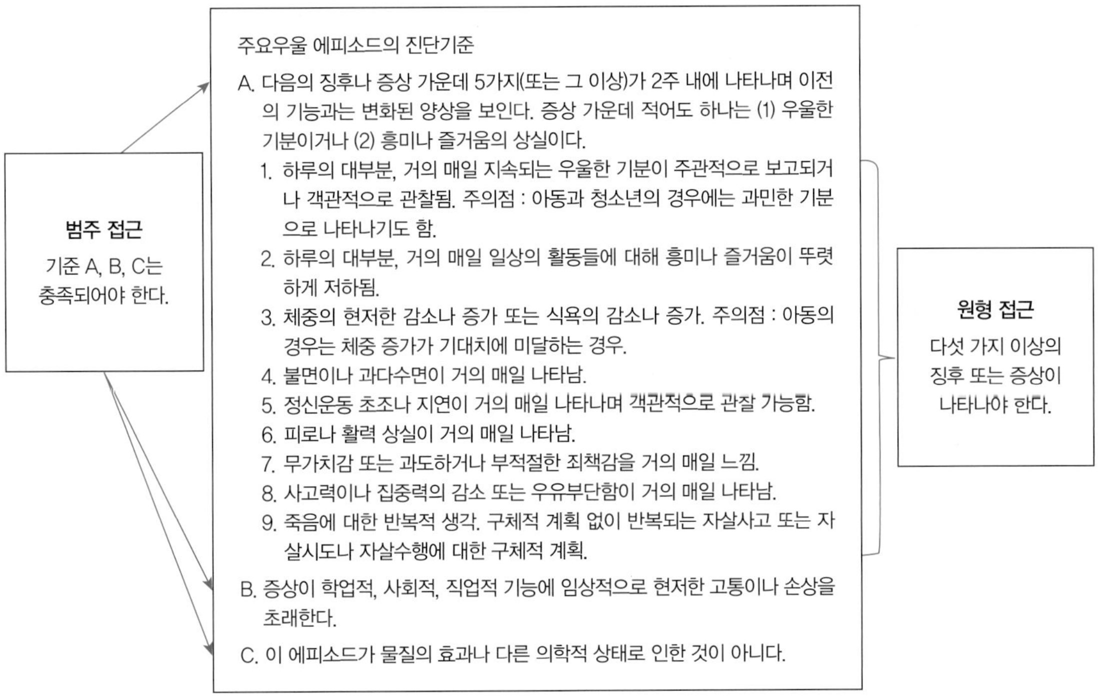

범주 접근
기준 A, B, C는 충족되어야 한다.

주요우울 에피소드의 진단기준

A. 다음의 징후나 증상 가운데 5가지(또는 그 이상)가 2주 내에 나타나며 이전의 기능과는 변화된 양상을 보인다. 증상 가운데 적어도 하나는 (1) 우울한 기분이거나 (2) 흥미나 즐거움의 상실이다.
  1. 하루의 대부분, 거의 매일 지속되는 우울한 기분이 주관적으로 보고되거나 객관적으로 관찰됨. 주의점 : 아동과 청소년의 경우에는 과민한 기분으로 나타나기도 함.
  2. 하루의 대부분, 거의 매일 일상의 활동들에 대해 흥미나 즐거움이 뚜렷하게 저하됨.
  3. 체중의 현저한 감소나 증가 또는 식욕의 감소나 증가. 주의점 : 아동의 경우는 체중 증가가 기대치에 미달하는 경우.
  4. 불면이나 과다수면이 거의 매일 나타남.
  5. 정신운동 초조나 지연이 거의 매일 나타나며 객관적으로 관잘 가능함.
  6. 피로나 활력 상실이 거의 매일 나타남.
  7. 무가치감 또는 과도하거나 부적절한 죄책감을 거의 매일 느낌.
  8. 사고력이나 집중력의 감소 또는 우유부단함이 거의 매일 나타남.
  9. 죽음에 대한 반복적 생각. 구체적 계획 없이 반복되는 자살사고 또는 자살시도나 자살수행에 대한 구체적 계획.

B. 증상이 학업적, 사회적, 직업적 기능에 임상적으로 현저한 고통이나 손상을 초래한다.

C. 이 에피소드가 물질의 효과나 다른 의학적 상태로 인한 것이 아니다.

원형 접근
다섯 가지 이상의 징후 또는 증상이 나타나야 한다.

출처 : *Diagnostic and Statistical Manual of Mental Disorders*, Fifth Edition (2013), 미국정신의학협회 판권 소유. 재인쇄 허가받음.

된 접근이며 생물학과 의학에서 주로 많이 사용된다. 예를 들어, 생물학 분야에서 ⓐ 척추가 있고, ⓑ 털이 있고, ⓒ 새끼에게 모유를 먹이는 동물은 포유류로 분류한다. 이런 필수 특징들을 가지고 있지 않은 동물은 포유류가 아니다. 의학 분야에서는 혈당 조절에 현저한 문제가 있는 사람을 당뇨병으로 진단한다. 현저한 혈당 문제가 없는 사람은 당뇨병으로 진단하지 않는다. 이와 유사하게, 각각의 정신장애도 DSM-5에 기재된 필수 진단기준을 충족하는지 여부에 의해 정의한다. 그러한 기준을 충족하지 않는 사람은 해당 장애로 진단하지 않는다(Widiger & Mullins-Sweatt, 2018).

주요우울 에피소드의 진단기준에서 범주에 의한 분류 접근을 볼 수 있다. 주요우울 에피소드는 (A, B, C로 명명된) 세 가지 핵심 특징을 가지고 있다. 주요우울장애로 진단하기 위해서는 이 세 가지 특징이 모두 나타나야 한다.

원형 분류

원형 분류(prototypical classification)는 개인이 보이는 징후와 증상이 그 장애의 이상형 또는 원형에 잘 들어맞는 정도에 의거한다(Westen, 2012). 이 접근은 특정 장애가 있는 사람들이 일정 정도의 변이를 보일 수 있다고 가정한다. 해당 장애가 있는 모든 사람이 정확하게 똑같은 방식으로 그 장애를 표출하지는 않는다는 것이다. 예를 들어, 머릿속에 새를 떠올려보게 하면 여러분은 참새나 종달새처럼 조그마하고 날아다니고 부리가 있는 동물을 떠올릴 것이다. 여러분이 맨 처음에 떠올린 새의 이미지가 펭귄이나 타조일 가능성은 별로 없다. 펭귄과 타조도 새가 분명하지만 참새나 종달새가 펭귄이나 타조보다 새의 원형에 더 가까운 것이다.

이와 유사하게, DSM-5도 특정 장애가 있는 사람들 대부분이 그 장애의 원형과 유사한 징후와 증상들을 보인다고 인정한다. 그러나 DSM-5는 사람들이 이러한 진단 특징들을 표출하는 방식에 차이가 있다는 점도 인정한다.

DSM-5의 주요우울장애 진단기준에서 원형에 의한 분류 접근의 요소들을 볼 수 있다. 이 장애는 필수 특징이 세 가지 있지만, 아동들은 아홉 가지 다른 방식으로 이 장애의 징후와 증상들을 표출할 수 있다. 이러한 징후나 증상들 중 다섯 가지만 있으면 이 장애로 진단할 수 있다. 예를 들어, 일부 우울한 아동들은 학교 숙제에 집중하지 못하거나, 자신이 무가치

한 사람이라고 생각하거나, 죽음을 반복적으로 생각하는 등의 인지적 문제들을 경험한다. 우울장애가 있는 다른 아동들은 식욕 상실, 불면증, 피로감 같은 신체적 문제들을 경험한다. 원형 접근은 아동이 각각의 장애를 경험하는 방식에 융통성을 부여한다.

차원 분류

차원 분류(dimensional classification)는 경미한 수준에서 심각한 수준까지 심각한 정도의 연속선상에서 장애들을 분류한다. 개인이 느끼는 고통이나 장해의 심각한 정도를 이 연속선상에서 기술한다. 차원 분류의 한 가지 장점은 단순한 범주 또는 원형 분류보다 더 많은 정보를 전달해준다는 것이다. 예를 들어, 임상전문가는 아동이 자폐가 있다고 진단하는 데 그치지 않고 사회적 의사소통은 손상이 경미하지만 행동 손상은 심각한 수준(예 : 반복적 행동, 루틴의 변화에 적응하기 어려움)이라고 기술할 수 있다. 차원 분류의 두 번째 장점은 아동의 기능이 시간에 따라 변화하는 과정을 관찰할 수 있게 해준다는 것이다. 예를 들어, 어떤 아동이 행동치료를 받은 지 몇 년이 지난 후 자폐증의 진단기준을 여전히 충족한다 할지라도 이 아동의 반복행동은 심각한 수준에서 경미한 수준으로 감소되었을 수 있다.

DSM의 종전 판들은 범주 분류와 원형 분류에 지나치게 의존한다는 비판을 받았다. 그 결과 DSM-5 개발자들은 진단 편람의 최신판에 차원 분류의 통합을 시도하였다. 아동이 나타내는 징후와 증상의 심각도를 평가하는 데 사용될 수 있는 평정척도인 DSM-5 교차증상 척도(DSM-5 Cross-Cutting Symptom Measure)에서 차원 분류를 매우 쉽게 살펴볼 수 있다. 이 척도는 신체증상과 수면문제, 불안과 우울, 분노와 과민성, 조증과 정신증 증상을 포함하여 10개의 광범위한 영역에서 차원 분류를 할 수 있게 해준다. 각 영역에서 심각도는 '전혀 없음'에서 '심각한 또는 거의 매일'에 이르기까지 5점 척도로 기술될 수 있다.

표 1.1은 임상전문가가 교차증상 척도를 사용하여 한 청소년을 평정한 결과를 보여준다. 이 평가는 이 청소년이 중간 수준에서 심각한 수준에 이르는 우울한 기분과 과민성으로 인해 문제를 겪고 있지만, 불안과 걱정으로 인한 어려움은 없다는 것을 보여준다. 이 평가는 진단을 넘어서는 추가 자료를 제

표 1.1 ■ DSM - 5의 아동용 교차증상척도					
지난 2주 동안 아동은 얼마나 많이(또는 얼마나 자주) 다음 증상을 보였는가?	전혀	조금 1~2일 이하	경도 며칠	중등도 1주의 절반 이상	고도 거의 매일
기분					
몇 시간 동안 슬프거나 우울해 보였다	0	1	2	3	④
평소 하던 일이 재미없게 느껴졌다	0	1	2	3	④
평소보다 더 과민하거나 쉽게 화를 냈다	0	1	2	③	4
불안					
긴장되거나 불안하거나 무섭다고 말했다	0	①	2	3	4
걱정을 멈추지 못했다	0	1	②	3	4

공하고 있으며, 치료에 따른 진전을 평가하기 위한 기준선으로 사용될 수 있다.

DSM-5의 일부 장애는 임상전문가들이 명시자를 사용하여 내담자에 관한 세부정보를 추가로 제공할 수 있게 해준다. 진단 **명시자**(diagnostic specifier)는 비교적 동질적인 하위집단에 속하는 사람들을 동일한 장애로 기술하는 명칭이다. 대개의 경우 명시자는 징후와 증상들에 기초하여 만들어진다. 예를 들어, 일부 ADHD 아동들은 기본적으로 과잉행동과 충동적 행동을 보이기는 하지만 부모와 교사의 말을 따르는 반면에, 다른 ADHD 아동들은 수업시간에 백일몽에 빠져있지만 조용하고 움직임이 없다. 이 아동들은 모두 ADHD로 진단을 받지만, 임상전문가들은 첫 번째 집단과 두 번째 집단의 아동들에게 각각 '과잉행동-충동 우세형' 또는 '부주의 우세형'이라는 명시자를 부과할 수 있다. 이런 명시자들은 아동의 행동에 대해 진단명보다 더 정확한 기술을 제공해준다.

아동 진단의 장점과 단점은 무엇인가?

잠재적 혜택

진단을 하면 많은 혜택이 따른다. 아마도 진단 분류의 가장 뚜렷한 혜택은 **절약**(parsimony)일 것이다. 여러분이 심리학자로서 발달지연이 의심되는 3세 아동을 방금 평가했다고 생각해보자. 여러분은 이 아동이 심각한 사회적 의사소통 문제와 반복 행동을 보인다는 것을 발견하였다. 여러분은 이러한 증상들을 일일이 기술하는 대신에 자폐스펙트럼장애라는 적절한

진단명을 사용할 수 있다.

진단의 두 번째 장점은 **전문가들 간의 의사소통**에 도움을 줄 수 있다는 것이다. 여러분의 진단을 받아보는 다른 정신건강 전문가들은 여러분의 내담자가 DSM-5에 기술된 자폐증의 징후와 증상들을 나타낸다는 것을 이해한다. 두 번째 전문가가 아동의 기능과 관련해서 무엇인가 알아내기 위해 다시 평가하고 진단을 할 필요가 없다.

세 번째 장점은 진단이 **예측**에 도움을 줄 수 있다는 것이다. 내담자가 자폐증을 앓고 있다는 것을 안다면 여러분은 기존의 연구문헌을 이용하여 그 아동의 예후 또는 가능한 결과를 알아볼 수 있다. 예를 들어, 자폐증이 있는 아동들은 대부분이 사회적 기능과 의사소통 기능이 만성적 손상을 보이지만, 인지능력이 더 뛰어나고 언어기술이 더 발달된 아동들이 예후가 가장 좋다. 연구 문헌은 또 4세 이전에 치료를 받기 시작한 아동들이 가장 양호한 발달적 결과를 보인다는 것을 보여준다. 여러분은 이 정보를 아동의 부모와 공유함으로써 아동의 교육 및 치료와 관련하여 더 나은 결정들을 할 수 있을 것이다(Pijl, Buitelaar, de Korte, Rommelse, & Oosterling, 2019).

이와 밀접한 관련이 있는 네 번째 혜택은 진단이 **치료를 계획**하는 데 도움을 줄 수 있다는 것이다. 내담자가 자폐증을 앓고 있다는 것을 안다면 여러분은 기존의 연구문헌을 이용하여 개입을 어떻게 할 것인지 계획할 수 있다. 예를 들어, 많은 연구들은 조기의 집중적 행동개입이 어린 자폐 아동들의 사회적 기술과 의사소통 기술을 향상시키는 데 효과적일 수 있다는 것을 보여주었다. 미술치료나 음악치료 같은 다른 유형

의 치료들은 경험적 지지를 거의 받지 못하고 있다(Volkmar, Reichow, Westphal, & Mandell, 2015).

다섯 번째로 진단 분류는 **사회적 또는 교육적 서비스**를 받도록 도움을 줄 수 있다. 예를 들어, 2004년 장애인교육증진법(IDEIA)은 자폐아동들이 발달장애로 인해 특수교육을 받을 자격을 얻게 해주는 연방법이다. 특수교육은 특수한 요구를 다루는 유치원 등록, 학구(學區)가 비용을 대는 조기 집중행동 훈련, 학급보조교사 제공, 직업기술 훈련 및 다른 서비스들을 포함한다.

여섯 번째, 진단 분류는 **보호자**에게 도움을 줄 수 있다. 자녀가 장애 진단을 받을 때 기분이 좋을 부모는 없지만, 자녀의 장애를 최종 확인했을 때 안도감을 느끼는 부모가 많다. 세 살 된 자신의 아이가 자폐라는 말을 들은 어머니는 다음과 같이 말했다. "음, 뭐가 문제인지를 알게 됐네요. 늘 그런 게 아닐까 생각은 했지만 이제 알게 됐군요. 드디어 앞으로 나아갈 수 있을 것 같아요." 진단명은 비슷한 장애를 가진 아동들을 돌보는 보호자들 간에 정보를 공유하고 사회적 지지를 얻기 위한 의사소통을 촉진할 수도 있다.

끝으로, 진단 분류는 과학적 발견을 촉진할 수 있다. 자폐증의 원인과 치료법에 관한 연구를 수행하는 연구자들은 본인 연구와 다른 연구들의 결과를 비교해볼 수 있다. 실제로 많은 연구들이 여러 장소에 있는 연구자 팀에 의해 수행된다. 연구자들이 동일한 진단기준과 절차를 사용하여 아동을 분류하는 한, 연구들의 결과를 통합함으로써 해당 장애를 더욱 완벽하게 이해할 수 있다.

잠재적 문제점

DSM-5 분류는 본질적인 단점과 위험요인들도 여럿 가지고 있다(Hyman, 2011; Rutter, 2011). DSM-5 접근의 한 가지 결점은 이 접근이 상세한 정보를 포기하는 대가로 절약을 쟁취한다는 것이다. 진단명은 다른 사람들에게 상당량의 정보를 제공해줄 수 있지만, 당사자의 철저한 기술에 맞먹는 분량의 정보를 제공해줄 수는 없다. 앞서 살펴본 대로, 동일한 진단을 받은 아동들이 각기 다른 패턴의 행동과 각기 다른 수준의 손상을 나타낼 수 있다. 아동 각자의 독특한 강점과 약점을 간과해서는 안 된다.

DSM-5 진단체계에 대한 두 번째 비판은 해당 아동의 환경 맥락을 제대로 반영하지 못한다는 것이다. 정신건강 전문가들은 아동의 문제를 발달수준과 환경의 맥락에서 이해하고자 한다. 아동과 청소년이 보이는 많은 문제행동들은 특정 시점에서 맞닥뜨린 스트레스 환경에 적응하기 위한 시도라고 볼 수 있다. 예를 들어, 신체적 학대를 받은 아동들 중 일부는 방어적이 되고 다른 사람들을 신뢰하지 않는 것으로 학대에 대처하고자 한다. 이러한 대처전략은 이 아동들이 학대를 당할 때 심리적 방어를 할 수 있게 해주겠지만, 이후의 삶에서 대인관계를 발전시키는 데에는 방해가 될 수 있다(Cicchetti & Doyle, 2016).

DSM-5의 세 번째 결점은 개인에 초점을 맞춘다는 것이다. DSM-5는 정신병리가 해당 개인 내부에 존재하는 것이라고 개념화한다. 그러나 아동기 장애는 본질적으로 관계에서 발생하는 경우가 많다. 예를 들어, 적대적 반항장애가 있는 아동들은 다른 사람들, 특히 권위자의 위치에 있는 성인들에게 불순종적이고 반항적인 패턴의 행동을 보인다. 상당수의 연구들이 부모-자녀 상호작용의 질이 적대적 반항장애의 발현에 중요한 역할을 한다는 것을 보여준다. 더욱이 이 장애의 치료는 부모의 개입에 크게 좌우된다. 그러나 DSM-5 체계에서는 아동에게 적대적 반항장애가 있다는 진단을 내린다. DSM-5의 진단 접근은 보호자, 다른 가족구성원, 친구들이 아동 문제의 발현과 유지에 미치는 영향을 간과할 수 있다.

DSM-5 체계의 네 번째 한계는 정상과 이상의 구분이 때로 임의적이라는 것이다. DSM-5에서 사용하는 범주 접근에서 사람들은 장애를 가지고 있거나 또는 가지고 있지 않다. 예를 들어 아동이 ADHD로 진단되려면 부주의나 과잉행동-충동성의 증상을 적어도 여섯 가지는 보여야 한다. 여섯 가지 증상 중 다섯 가지만 보이면 ADHD 진단을 받지 못한다. 진단을 받지 않는 것은 좋은 일처럼 보일지도 모르지만, 아동이 자신에게 필요한 치료나 서비스를 받지 못한다는 것을 의미할 수 있다.

DSM-5에 대한 마지막 비판은 때로 진단 범주들 간의 경계가 분명하지 않다는 것이다. DSM-5와 같은 범주분류 체계는 진단받은 집단의 모든 구성원이 동질적이고, 서로 다른 두 진단 간의 경계가 분명하며, 진단 범주들이 상호배타적일 때 가장 효율적이다. 하지만 이러한 조건들이 항상 충족되는 것은 아니다. 두 장애가 동일한 징후나 증상을 포함할 때 아동은 두 장애 모두를 가진 것으로 진단됨으로써 두 가지 장애의 인위적 동시발생을 초래할 수 있다. 예를 들어, 양극성 장애는 청소년의 1~2%가량이 보이는 심각한 정서장애이다. 일부 연구들은 양극성장애가 있는 청소년의 최대 80%가 ADHD의 진단기준도 충족한다는 것을 보여준다. 양극성장애가 있는 청소년들은 대개의 경우 기분 문제가 없는데도 명백히 ADHD의 증상들을 보인다. 그러나 어떤 경우에는 양극성장애와 ADHD의 진단기준이 활동량 증가, 짧은 주의 폭, 산만함, 말이 많음, 충동적 행동 등 동일한 징후와 증상들을 포함하고 있기 때문에 두 장애의 동시발생률이 높은 것으로 나타난다. 징후와 증상의 이러한 중복 때문에 양극성장애가 있는 일부 아동들은 ADHD가 있는 것으로 잘못 진단될 수도 있다(Youngstrom, Arnold, & Frazier, 2010).

연구영역기준

미국 국립정신건강연구소(NIMH)는 징후와 증상의 기술에 의거하고 있는 현재의 DSM-5 체계 개선을 시도 중이다(Insel & Lieberman, 2013). NIMH는 각 장애의 유전적 · 생물학적 원인을 밝혀내기 위해 연구영역기준 계획[Research Domain Criteria(RDoC) initiative]을 내놓았다. RDoC는 정신장애가 '인지, 정서 또는 행동 영역들을 담당하는 뇌 회로와 관련된 생물학적 장애'라는 전제에 기초하고 있다(Insel & Lieberman, 2013). 이 계획안의 목적은 유전적 · 생의학적 연구를 활용하여 정신장애의 기저에 있는 원인을 밝혀내고 더 효율적인 치료법을 제공하는 것이다. 구체적으로 이 연구는 유전자, 분자, 세포, 신경회로, 생리학, 행동이라는 여러 수준에서 장애를 분석하는 데 목표를 두고 있다.

DSM-5의 비판자들은 이 분류체계가 정신장애의 '바이블'이 아니라, 관찰할 수 있는 징후들과 장애 당사자들이 보고한 증상들에 의해 정신장애의 개념정의를 제공하는 사전 기능을 할 뿐이라고 주장한다. 대신에 RDoC 계획의 옹호자들은 각 장애의 기저에 있는 유전적 · 신경학적 원인을 다루는 새로운 체계가 필요하다고 주장한다(Reed, Robles, & Domiguez-Martinez, 2018).

DSM-5와 RDoC 계획은 정신장애의 개념을 정립하기 위한 서로 다른 접근들이다(Lilienfeld & Treadway, 2016). 기저의 유전적 위험과 신경회로에 기초한 분류가 기술에 기초한 분류보다 진단의 타당성을 높이고 더 효율적인 치료를 제공해 줄 것인지 여부는 앞으로 밝혀지게 될 것이다. 그때까지 심리학자들은 아동기 장애를 아동 · 청소년의 발달과 상황의 맥락에서 생물학적 관점과 심리사회적 관점 둘 다로부터 접근함으로써 풍부한 정보를 얻게 된다는 점을 잊지 말아야 할 것이다. 최근의 정신건강 연구는 아동기 장애의 원인과 지속에 대한 설명에서 심리, 가족 및 사회문화적 영향요인들이 이와 같이 다른 진단체계들이 강조하는 유전적 · 생물학적 요인들과 적어도 동일한 정도로 중요하다는 것을 보여준다(Cicchetti, 2016a, 2016b). 더욱이 장애들을 치료하기 위한 근거기반치료법의 대부분은 아동과 가족의 심리 · 가족 · 사회문화적 기능을 향상시킴으로써 이와 같이 '더 높은 수준'에서 작동된다(Christophersen & Vascoyoc, 2013). 우리는 미래를 바라보아야 하지만, 그와 동시에 위험에 처한 청소년들을 돕기 위한 심리사회적 개입도 등한시해서는 안 된다.

사회문화적 요인들은 정신건강의 이해에 어떤 영향을 미치는가?

문화, 인종, 민족성

앞서 살펴본 대로, 아동의 정신건강 문제는 가족의 문화적 배경과 경험이라는 맥락에서 이해되어야 한다. 문화(culture)는 사람들이 자신이 소속한 사회집단으로부터 도출해내는 가치, 지식, 실천을 가리킨다. 문화는 구성원 각자의 관점을 만들어내는 역사, 발달 경험, 현재의 사회적 맥락을 반영한다. 한 사람의 문화는 지리적 기원, 이민자 신분, 언어, 종교, 장애 여부, 성적 지향, 정체성을 포함한다. 문화는 가족, 친구, 지역사회 등 사회적 네트워크에 크게 영향을 받는다(Comas-Diaz & Brown, 2018).

인종(race)은 문화적으로 구성된 범주로서 사람들을 피상적인 신체 특징에 따라 집단으로 나누는 데 사용된다. 인종은 생물학적 정의가 무엇인지 합의된 바 없으나 미국 인구조사국에서 인구통계 목적으로 사용되며, 인종 정체성은 사람들의 가치관, 신념, 행위에 영향을 미칠 수 있다. 미국에서 사용되는 인종의 범주에는 백인, 흑인 또는 아프리카계 미국인, 미국 인디언 또는 알래스카 원주민, 아시아계 미국인, 하와이 원주민 또는 기타 태평양 제도민이 있다. 사람들은 다중인종

(multiracial)으로 분류될 수도 있다(English et al., 2020).

민족성(ethnicity)은 문화적으로 구성된 정체성으로서 사람들의 집단과 지역사회를 규정하는 데 사용된다. 아동들의 민족성은 공통의 역사, 지리적 위치, 언어, 종교 또는 한 집단과 다른 집단을 구분해주는 공유경험에 뿌리를 두고 있다. 예를 들어, 한 청소년은 라틴아메리카에서 태어났기에 라틴계 정체성을 가지고 있을 수 있다. 그는 백인일 수도, 흑인일 수도, 미국 원주민일 수도, 혼혈 또는 다중인종일 수도 있다. 다른 청소년은 스페인어를 사용하기 때문에 히스패닉계 정체성을 가지고 있을 수 있다. 출생지는 바르셀로나일 수도, 부에노스아이레스일 수도 또는 볼티모어일 수도 있다. 또 다른 청소년은 온두라스 이민자의 정체성을 가지고 있을 수 있다. 그는 라틴아메리카에서 태어났고 스페인어를 사용하지만, 그의 정체성과 세계관에는 가족과 함께 미국으로 이민을 와서 생활한 경험이 가장 중요하다(Comas-Diaz & Brow, 2018).

정신건강 전문가들은 정신장애의 증상들과 특정 사회에서 승인된 행동 및 심리상태들을 세심하게 구분해야 한다. 예를 들어, 요셉이라는 3세 아동은 밤에 부모와 함께 자겠다고 고집을 부린다. 혼자 자지 않으려는 행동은 수면장애로 여겨질 수도 있지만, 가족의 사회문화적 신념과 가치관을 반영하는 것일 수도 있다. 예를 들어, 많은 비서구 사회에서는 어린아이를 혼자 재우는 것이 잔인하고 아이의 사회적 · 정서적 발달에 해롭다고 여긴다. 요셉의 수면이 문화적으로 적절하고 그로 인해 부모가 걱정하지도 않고 가족의 활동을 제약하지도 않는다면, 정신건강 문제로 분류되지 않을 것이다(Mindell, Sadeh, Kwon, & Goh, 2013).

임상전문가들이 이상 증상들과 문화적으로 승인된 행동을 구분하기가 특히 어려운 때는 다른 문화권의 청소년들을 평가해야 할 때이다(Caudadias, Vitriol, & Atkin, 2019). 다양한 배경을 가진 아시아계 미국인 청소년 줄리아를 생각해보라.

아동들의 문화, 인종과 민족성은 진단 과정에 적어도 네 가지 방식으로 영향을 미칠 수 있다. 첫째, 미국에서 살고 있는 소수집단에 소속된 구성원들은 자녀에 대한 관점, 자녀양육에 대한 신념, 문제라고 생각하는 행동들에 영향을 미치는 문화적 가치관이 서로 다른 경우가 많다. 예를 들어, 비라틴계 백인 부모들은 흔히 자녀의 사회 · 정서적 발달을 촉진하고

사례연구
문화, 인종, 민족성의 중요성

두 세계 사이에서

줄리아는 16세의 아시아계 미국인 소녀였다. 희귀암으로 진단을 받은 후 종양 전문의에 의해 우리 클리닉에 의뢰되었다. 줄리아는 병을 치료하기 위해 방사선 치료를 받거나 약을 복용하기를 거부했다. 의사는 줄리아가 피해망상증이 있는 것이 아닌가 생각했다. 의사가 진료실에서 검사를 하려고 했을 때 불같이 화를 냈기 때문이다.

줄리아는 그녀의 사회문화적 배경을 알고 있는 우리 클리닉의 치료자를 만나는 것에 마지못해 동의했다. 줄리아는 남동아시아 라오스의 몽족 이민자의 딸로 미국에서 태어났다. 줄리아의 부모는 라오스 내전과 몽족 사람들의 집단학살 때문에 미국에 망명을 신청하였다. 줄리아의 부모는 영어를 하지 못했고 몽족 공동체의 바깥사람들과는 접촉이 거의 없었다. 줄리아는 공립 고등학교에 다녔고 영어 능력이 출중했지만, 미국 문화와 서구 의학을 불신했다.

줄리아는 암이라는 진단을 받고 겁을 먹었으며 치료를 받고 싶다고 인정했다. 그러나 또한 부모를 존중하고 가족의 전통적 가치와 삶의 방식을 소중히 여기고 싶어 했다. 치료자는 줄리아와 가족이 수용할 수 있는 의학적 치료에는 어떤 것이 있는지 알아보기 위해 몽족의 신앙

©iStockphoto.com/gawrav

요법 치료자가 의사와 얘기해보는 것이 좋겠다고 제안했다. 시간이 지나면서 줄리아는 몽족 공동체의 원로들이 모든 방사선 치료 회기에 참관하고, 종양 전문의가 처방한 약을 정화하고, 줄리아와 가족에게 다른 중요한 치료법들을 행하게 함으로써 서구의 의학적 치료에 성공적으로 참여할 수 있었다.

자율성을 권장하는 데 크게 가치를 부여한다. 대개의 경우 이 부모들은 자녀와 상호작용할 때 따뜻하고 반응적인 행동을 보인다. 반면에 많은 아프리카계 미국인 부모들은 자녀의 순종에 더 큰 가치를 부여한다. 그 결과 자녀에 대한 기대 수준이 높고 덜 허용적인 양육전략을 채택하는 경우가 많다. 임상 전문가들은 사회화 목표, 그리고 무엇이 아동이 수행하기에 적절하거나 부적절한 행동인지에 관한 부모의 생각에 문화적 차이가 있다는 점을 인식하고 있을 필요가 있다(Comas-Diaz & Brow, 2018).

둘째, 최근 미국 이민자들은 종종 문화적응과 관련하여 심리사회적 스트레스를 받는다. 문화적응 스트레스는 주류 문화에의 동화, 확대가족과 친구로부터의 분리, 언어 차이, 교육 및 취업 기회의 제한, 편견 등에서 비롯된다. 일부 이민자들은 지배계층 문화의 구성원들과 동등한 법적 지위를 누리지 못한다. 그러한 이유로 이 가족들은 지배계층 문화의 구성원인 가족들보다 더 많은 심리사회적 스트레스를 겪는다(Vu, Castro, & Yu, 2019).

셋째, 언어 차이와 문화 차이가 소수집단 청소년의 평가와 진단에 문제를 일으킬 수 있다. 평가 및 진단 과정은 미국과 그 밖의 서구사회에서 생활하는 영어 구사자들을 중심으로 설계되었다. 심리 증상들을 기술하는 단어들 상당수는 다른 언어로 번역하기가 쉽지 않다. 게다가 다른 문화권에 속하는 사람들이 보고한 증상들은 DSM-5의 진단기준과 잘 맞아떨어지지 않는 경우가 많다. 심리검사들은 거의 언제나 영어를 구사하는 아동과 청소년들을 염두에 두고 개발되었다. 예를 들어, 오하이오주 콜럼버스에서 자란 아이들은 지능검사의 다음 질문이 아주 쉽다고 생각할 것이다. "크리스토퍼 콜럼버스는 누구인가?" 그러나 최근에 이 도시로 이사 온 이민자 아동은 이 질문이 너무 어렵게 느껴질 것이다. 심리학자들은 검사 결과를 해석할 때 언어와 문화적 지식의 차이를 인식해야 한다(Benisz, Dumont, & Kaufman, 2018).

넷째, 소수민족 집단들은 정신건강 연구에서 과소 대표되는 경우가 많다. 지난 20여 년간 연구자들은 아동과 청소년들이 보이는 다양한 장애들의 원인과 치료법에 대한 이해를 크게 증진하였다. 그러나 아동의 민족성과 문화적 배경의 차이가 특정한 장애에 걸릴 위험을 어떻게 높이는지 또는 치료에 어떤 영향을 미치는지에 관해서는 거의 알아내지 못했다. 더

욱이 연구자들은 최근에야 소수민족 집단의 청소년들을 위해 설계된 치료프로그램들을 만들어내기 시작했다. 예를 들어, 라틴계 아동들이 트라우마 사건들에 대처하도록 도와주기 위한 특별한 치료방법들이 개발되었다. 청소년들이 집단으로 만나서 자신들의 사회문화적 태도 및 가치와 일치하는 마음챙김 기법 및 다른 대처전략들을 학습하는 것이다. 정신병리와 문화의 관계를 알아보기 위한 연구가 더 많이 수행될 필요가 있다(Hoskins, Duncan, Moskowitz, & Ordonez, 2018).

1.2 아동기 장애의 유병률

아동의 정신장애는 얼마나 흔한가?

유병률과 발병률

연구자들은 일반 인구집단에서 심리장애의 유병률을 평가하기 위해 역학연구를 수행한다. 유병률(prevalence)은 특정 인구집단에서 신체질병이나 심리장애가 있는 사람들의 비율을 가리킨다. 아동과 청소년의 심리장애 유병률을 평가하기 위해 역학 연구자들은 부모, 교사, 정신건강 전문가들로부터 정보를 수집한다. 때로 역학 연구자들은 부모가 알지 못하는 자녀의 행동, 생각, 감정에 관한 질문들(예 : 알코올 및 다른 약물 사용, 자살 생각)의 경우에는 아동과 청소년 당사자들로부터 직접 자료를 수집하기도 한다. 역학 연구자들은 이 정보를 이용하여 **시점 유병률**(point prevalence), 즉 특정 시점에서 어떤 장애를 지닌 청소년의 비율, 그리고 **평생 유병률**(lifetime prevalence), 즉 일생의 어느 한 시점에서 어떤 장애를 보이는 청소년의 비율을 결정한다.

역학 연구자들은 때로 아동이 특정 시기에 장애를 일으킬 가능성이 얼마나 되는지 알아보고 싶어 한다. 발병률(incidence)은 특정 시기(대개 1년) 동안에 장애의 새로운 사례가 나타나는 비율을 가리킨다. 발병률은 장애의 새로운 사례만을 가리키기 때문에 유병률보다 수치가 훨씬 적은 경우가 대부분이다. 예를 들어, 자폐스펙트럼장애의 평생 유병률은 대략 1.8%이다. 즉 지금까지 미국 아동 중에서 약 1.8%가 자폐증으로 진단을 받았다는 것이다. 그러나 자폐증의 발병률은 대략 0.3%이며, 이는 어느 특정 연도에 미국 아동의

약 0.3%가 처음으로 자폐증 진단을 받을 것임을 의미한다 (Centers for Disease Control and Prevention, 2020c).

아동이 겪는 정신건강 문제의 유병률을 결정하는 것은 여러 가지 이유로 인해 쉽지 않다. 첫째, 아동과 청소년의 정신장애 유병률을 추적하는 단일한 기관이 없다. 그 대신 유병률은 각기 다른 연구팀들이 수행한 수많은 개별 연구에서 보고된 자료를 사용하여 추정해야 한다(Costello & Angold, 2016).

둘째, 역학 연구들은 서로 다른 방법을 사용하여 자료를 수집함으로써 약간씩 다른 결과들을 산출한다. 예를 들어, 미국 국립건강면접조사(NHIS)는 매년 1만 2,000명의 부모를 대상으로 면접을 실시하여 아동기 장애의 유병률을 추정하였다. 반면에 미국 국립청소년위험행동조사는 매년 1만 6,000명의 고등학생들에게 설문지를 실시함으로써 청소년들의 행동 및 약물사용 문제의 유병률을 추정하였다. 이렇게 서로 다른 연구방법들(예 : 부모 면접 대 10대 대상의 설문조사)은 서로 다른 결과를 산출할 수 있다. 예를 들어, 부모들은 아동의 파괴적 행동이 얼마나 심각한지를 보고하는 데에는 매우 능숙하지만, 아동이 우울증이나 알코올 사용으로 인해 겪는 어려움을 추정하는 데에는 그다지 정확하지 못하다. 반면에 청소년들은 자신의 기분과 알코올 사용은 더 정확하게 보고할 수 있지만, 자신이 겪는 행동문제의 심각도는 과소 추정할 수도 있다(Kamphaus, Reynolds, & Dever, 2014; Stiffler & Dever, 2015).

셋째, 고품질의 자료를 얻기가 쉽지 않다. 사람들은 시간이 많이 소요되는 조사에 참여하고 싶어 하지 않는다. 자신이 답해야 할 질문들을 제대로 이해하지 못하거나, 부정확한 정보를 제공하는 사람들도 상당수 있다. 대규모 면접이나 설문조사를 실시하려면 비용과 시간도 많이 소요된다.

이와 같은 방법론상의 장애물에도 불구하고 연구자들은 아동기 장애의 유병률을 추정하기 위한 대규모 역학 연구를 여럿 실시하였다. 전반적으로 이 연구들은 다양한 연구전략을 사용하여 수만 명의 아동과 보호자들로부터 자료를 수집하였다. 이 자료들에 따르면, 아동과 청소년의 13~15%가 어느 특정 연도에 심리장애를 경험하는 것으로 나타난다. 20%를 조금 넘는 청소년들이 성인기 이전의 어느 시점에서 한 가지 장애를 경험한다(Perou et al., 2016).

최근의 자료는 아동 정신건강 문제의 전반적 유병률이 점차 상승하고 있다는 것을 보여준다. 예를 들어, 지난 10년 동안 미국에서 정신건강 또는 약물남용 치료를 받은 아동의 수는 24% 증가하였다. 같은 시기에 심리장애 치료약물을 처방받은 아동의 수도 28%가량 증가하였다(Visser, Danielson, & Bitsko, 2014). 끝으로, 우울증과 같은 심리장애를 앓고 있는 아동들의 병원 입원 비율은 지난 20년간 80%가 증가하였다(Pfuntner, Wier, & Stocks, 2013).

표 1.2는 미국 아동과 청소년들의 특정 정신장애 유병률을 보여준다. 아마 예상했듯이 ADHD가 가장 흔히 나타난다. 청소년의 10%가량이 성인기 이전의 어느 시점에서 이 장애로 진단을 받는다. 분리불안장애나 사회공포증 같은 불안장애도 비교적 흔하게 나타난다. 자폐증과 같은 장애들은 종전에 생각했던 것보다 더 흔하게 발생한다. 아동 59명 중 1명가량에게 이처럼 심각한 장애가 발생한다(Centers for Disease Control and Prevention, 2020c). 섭식장애와 조현병 같은 문제들이 아동에게 나타나는 경우는 비교적 드물다.

표 1.2 ■ 아동과 청소년의 정신장애 유병률		
진단	지난 12개월	평생
모든 장애	13.1%	20.1%
ADHD	8.1%	8.9%
불안장애	4.0%	4.7%
우울증	3.0%	3.9%
품행장애	2.1%	3.9%
자폐스펙트럼장애	0.3%	1.8%
섭식장애	0.2%	0.7%
양극성 스펙트럼장애	0.2%	0.3%
틱/뚜렛장애	0.2%	0.3%
조현병	<0.1%	0.1%

주 : 이 표는 다음의 (2013~2020년도) 자료 세트로부터 각 장애의 중앙값 백분율을 제시한다: Centers for Disease Control and Prevention, National Comorbidity Survey Replication-Adolescent Supplement, National Health Interview Survey, National Health and Nutrition Examination Survey, National Survey of Children's Health, National Survey on Drug Use and Health, and the National Youth Risk Behavior Survey.

공존장애와 비용

아동의 장애들은 함께 일어나는 경향이 있다. 공존장애 (comorbidity)는 동일한 시기에 동일인에게 두 가지 이상의 장애가 나타나는 것을 가리킨다. 평균적으로 한 가지 정신장애를 가진 아동과 청소년의 약 40%가 적어도 다른 한 가지 장애를 가지고 있다(Merikangas & He, 2014). 어떤 장애들은 아동과 청소년에게 매우 높은 비율로 공존한다. 예를 들어, 우울증이 있는 아동의 75%는 일상적 기능을 방해하는 불안장애도 경험한다(Cummings, Caporino, & Kendall, 2014). ADHD가 있는 아동의 약 50%는 부모나 다른 성인들에게 반항적이고 적대적으로 행동하는 품행문제도 나타낸다(Pliszka, 2015). 아동이 겪는 많은 정신건강 문제들에서 공존장애는 예외가 아니라 규칙이다.

심리장애는 아동과 가족의 삶에 부정적인 영향을 미친다. 미국에서 아동과 청소년의 정신건강 관리에 들어가는 비용은 연간 2,470억 달러가량이다(Centers for Disease Control and Prevention, 2016b). 정신건강에 문제가 있는 아동들은 증상 관리 및 기능 증진을 돕는 상담이나 약물 같은 근거기반 개입이 필요하다. 아동의 정신건강 문제는 보호자의 복지에도 문제를 일으켜서 직장에서 생산성을 떨어뜨리고 가정에서 긴장을 높이는 결과를 초래할 수 있다. 지역사회가 감당해야 할 비용도 엄청나다. 사회적 비용으로는 품행문제가 있는 청소년의 재활, 물질사용장애가 있는 청소년 대상의 약물 및 알코올 상담, 학대받은 청소년을 위한 가족의 감독 및 재통합 서비스가 있다. 지역 교육청은 인지, 학습 및 행동 문제가 있는 아동들에게 제공되는 특수교육 서비스에 대해 비용을 치러야 한다. 아동기 장애의 예방은 가족의 고통을 완화해주고 지역사회가 치러야 할 비용을 절감해줄 것이다. 안타깝게도 예방은 미국의 아동 · 청소년 정신병리를 다루는 접근에서 많이 활용되지 않고 있다(Forbes, Rapee, & Krueger, 2020).

아동기 장애의 유병률에 어떤 요인들이 영향을 미치는가?

연령

정신장애의 유병률은 연령에 따라 변화한다. 평균적으로 청소년들이 더 어린 아동들보다 정신건강 문제를 겪을 가능성이 더 크다. 청소년 정신건강 문제의 유병률과 관련하여 우리가 가지고 있는 최상의 자료는 국립 공존장애조사-청소년 증보판(National Comorbidity Survey Replication-Adolescent Supplement)의 결과에서 볼 수 있다(Kessler et al., 2012a). 이 연구를 수행한 연구자들은 미국의 13~17세 청소년 1만여 명을 면담하였다. 청소년의 기능에 관한 추가 자료를 얻기 위해 부모에게도 평정척도를 실시하였다. 결과는 청소년의 23.4%가 직전 달에 정신건강 문제를 경험했다고 보고하였고 40.3%가 직전 해에 정신건강 문제를 경험했다고 보고하였다. 청소년들이 경험한 문제들은 대부분이 경미한 수준에서 중간 수준에 해당했지만, 전체 유병률은 더 어린 아동들을 대상으로 한 종전 연구들과 비교할 때 훨씬 더 높았다(Kessler et al., 2012b).

국립 공존장애조사는 또 아동기와 청소년기에 나타나는 특정 장애들의 유병률을 비교할 수 있게 해준다(그림 1.2). 자폐증, 분리불안, ADHD와 같은 장애들은 어린 아동들에게 더 자주 나타난다. 그러나 장애들 대부분은 연령에 따라 유병률이 증가한다. 예를 들어, 청소년들은 사춘기 이전의 아동들보다 사회적 공포증, 우울증, 양극성장애, 섭식장애들을 경험할 가능성이 훨씬 더 크다. 알코올과 다른 약물 사용의 문제도 사춘기에 더 많이 발생하고 사춘기 이전의 아동들에게는 상대적으로 드물게 나타난다(Merikangas & He, 2014).

성별

심리장애의 유병률은 성별에 따라서도 달라진다. 아동 초기에는 많은 장애가 소년에게 더 많이 나타난다. 예를 들어, 자폐스펙트럼장애로 진단받는 비율은 소년이 소녀보다 네 배가 높고, ADHD로 진단받는 비율은 소년이 소녀보다 세 배가 높다. 적대적 반항장애와 같은 파괴적 행동 문제를 보일 확률도 소년이 소녀보다 더 높다. 다른 장애들의 경우에는 소년과 소녀의 유병률이 거의 비슷하다(Perou et al., 2016).

그러나 청소년기가 되면 소녀들이 소년들보다 정신건강 문제들을 경험할 가능성이 더 크다(Kessler et al., 2012a). 남자 청소년들은 여자 청소년들보다 품행 문제와 신체적 공격성을 보일 위험이 더 크다. 남자 청소년들은 여자 청소년들보다 알코올 및 기타 약물 문제를 일으킬 가능성도 좀 더 높다. 그러나 여자 청소년들은 우울이나 불안 문제를 겪을 가능성이 남

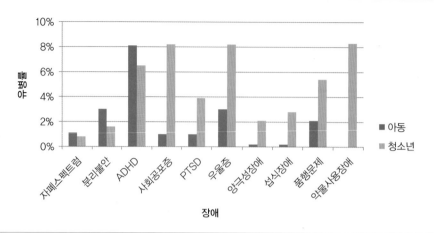

그림 1.2 ■ 아동기 장애의 유병률은 연령에 따라 달라진다

주 : 일반적으로 청소년들은 더 어린 아동들보다 장애를 경험할 가능성이 더 크다. 그러나 자폐증이나 분리불안 같은 일부 장애들은 어린 아동들에게 더 흔히 나타난다. 출처 : Kessler et al. (2012a); Perou et al. (2016).

자 청소년들보다 2~3배 더 높다. 더욱이 여자 청소년들은 섭식장애 진단을 받을 가능성이 남자 청소년들보다 5~10배나 높다.

심리학자들은 소녀들의 정신건강 문제가 청소년기에 크게 증가하는 이유가 무엇인지 설명하고자 노력해왔다. 연구자들은 사춘기의 생물학적 변화로부터 평생에 걸쳐 여성들에게 부과되는 비합리적인 사회문화적 기대에 이르기까지 많은 원인을 제안하였다. 그러나 최근 들어 연구자들은 특히 중요한 두 가지 원인을 확인해냈다. 많은 스트레스를 주는 생활사건들과 소녀들이 그러한 사건들을 이해하는 방식이다.

한 연구에서 연구자들은 대규모 청소년 표본을 아동 후기에서 청소년 중기까지 추적하였다(J. L. Hamilton, Stange, Abramson, & Alloy, 2015). 이 시기 동안 청소년 대부분이 스트레스가 증가했다고 보고하였다. 그러나 소녀들은 대인관계 스트레스, 즉 자신의 삶에서 중요한 인물이나 관계와 관련된 스트레스에 특히 더 민감하였다. 예를 들어, 소녀들은 10대 초반에서 후반에 이르기까지 부모, 또래 또는 연인과의 관계에서 일어나는 문제들을 특히 많이 보고하였다.

어쩌면 소녀들이 대인관계 스트레스에 대해 생각하는 방식이 그들의 기분에 더 중요하게 영향을 미쳤을 수도 있다. 예를 들어, 이러한 대인관계 문제의 책임이 자신에게 있다고 믿는 청소년들(예 : "내가 잘못해서 엄마가 나한테 화내는 거야")은 자책하지 않는 청소년들(예 : "엄마가 하루 종일 일하느라 기

분이 안 좋은가 보네")에 비해 우울해지기 쉽다. 이와 유사하게, 이러한 사건들을 지나치게 많이 생각하는 경향이 있는 청소년들(예 : "친구들이 나한테 왜 화가 났지? 내가 한 말 때문에 그런가?")은 그렇지 않은 소녀들보다 우울 문제를 경험할 가능성도 더 적다. 이런 결과들은 소녀들이 대인관계의 문제들을 어떻게 생각하느냐 하는 것이 그들의 행복을 크게 좌우한다는 것을 보여준다('과학에서 실천으로' 참조).

사회경제적 지위

사회경제적 지위(socioeconomic status, SES)는 아동 환경의 세 가지 측면을 반영하는 변수이다. (1) 부모의 교육수준, (2) 부모의 직업, 그리고 (3) 가족소득이다. 여러분이 예상하는 대로, 이 세 변수는 상호 간에 관련성이 있다. 즉 교육수준이 높은 부모는 더 복잡하고 돈을 더 많이 버는 일을 하는 경향이 있다. 전반적으로 SES가 낮은 가정의 아동들은 SES가 중간수준이거나 높은 가정의 아동들보다 정신장애를 일으킬 위험이 더 크다(Kessler et al., 2012a).

SES와 심리장애를 일으킬 위험이 연관되어 있는 이유에 대한 설명은 적어도 두 종류가 있다. 첫째, SES가 높은 부모는 본인 자신이 심리문제를 경험할 가능성이 더 적다. 그들은 자녀에게 더 좋은 정신건강을 누리는 데 도움이 되는 유전자를 물려준다. 둘째, SES가 높은 부모는 자녀가 심리 문제를 겪지 않도록 더 잘 보호해주는 환경을 제공해줄 수 있다. 예를 들

과학에서 실천으로
대인관계 스트레스와 성별

여러분이 중학교 학생이라고 상상해보라. 복도에서 학급친구들 몇 명이 대화를 나누고 있다. 여러분이 "안녕"하고 인사를 하자 이 학생들은 여러분을 무시한다. 왜? 뭐가 잘못된 거지? 내가 바보 같은 소리를 했나? 그날 학교 상황에 맞지 않는 옷차림을 했나?

연구자들은 여자 청소년들이 이와 같은 대인관계 상황에 특히 민감하다는 것을 발견하였다. 그 정도가 남자 청소년들에 비해 훨씬 더 심했다. 소녀들은 이런 상황을 부정적으로 해석하고, 자책하고, 그 상황을 곱씹고 생각에 생각을 거듭하면서 우울해질 수 있다. 사실 여자 청소년들은 남자 청소년들과 견줘 우울증이 발생할 확률이 두 배나 높다.

인지치료는 청소년들이 이와 같은 상황들에 대해 생각하는 방식을 바꿀 수 있다면 기분이 더 나아질 것이라는 전제에 기반을 두고 있다. 인지치료자는 내담자에게 학급친구들의 행동에 대한 다른 설명을 찾아보기를 권할 것이다. 학급친구들은 여러분이 "안녕"이라고 말한 것을 듣지 못했거나, 아니면 다른 일에 정신이 팔려있었던 것은 아니었을까? 이러한 사건들에 대한 다른 설명을 찾아보게 되면 청소년의 기분이 나아질 수 있다.

출처 : J. L. Hamilton et al. (2015).

어, 소득수준이 높은 부모는 자녀에게 더 나은 수준의 건강관리, 영양 또는 교육을 제공해줄 수 있다. 어린 시절의 이러한 경험은 자녀들이 정신건강 문제를 일으키지 않도록 보호해줄 수 있다.

물론 유전적·환경적 요인들은 상호작용을 함으로써 아동이 장애를 일으킬 위험에 처하게 만들곤 한다. 예를 들어, 대규모로 수행된 한 연구의 연구자들은 저소득 가정과 고소득 가정 아동들의 ADHD 유병률을 조사하였다(Rowland et al., 2019). 양쪽 부모가 다 ADHD가 없는 경우 저소득 가정의 아동들은 고소득 가정의 아동들보다 ADHD가 발생할 확률이 여섯 배 더 높았다. 그러나 한쪽 부모가 ADHD가 있는 경우에는 저소득 아동이 고소득 아동보다 ADHD가 발생할 확률이 열 배나 더 높았다. 이 결과는 유전적 위험과 환경의 질 둘 다가 장애의 유병률에 영향을 미친다는 것을 보여준다.

이와 관련이 있는 아동 정신건강의 예측요인은 가족구성이다. 최근 연구는 친부모 중 한 명과 생활하는 청소년들이 친부모 둘 다와 생활하는 청소년들보다 불안장애나 기분장애를 일으킬 위험이 두 배라는 것을 보여준다. 더욱이 한부모 가정에서 생활하는 청소년들은 부모가 둘 다 있는 가정에서 생활하는 청소년들보다 물질사용장애를 여섯 배나 더 많이 일으킬 수 있다(Kessler et al., 2012a). 한부모 가정과 정신건강 문제 증가 간의 연관성은 SES에 의해 부분적으로 설명할 수 있다. 즉 한부모는 부모가 둘 다 있는 가족보다 흔히 소득수준이 더 낮다. 그러나 한부모는 부모가 둘 다 있는 가족보다 스트레스 또한 더 많이 받는다고 보고하며, 자녀들을 감독하기도 더 어려울 수 있다. 이런 요인들이 결국 아동의 행동문제를 초래할 수 있다(Frick, 2013).

인종과 민족성

민족성과 아동기 장애의 관계는 복잡하다. 어떤 장애들은 비라틴계 백인 가족들이 진단을 더 많이 받는다. 예를 들어, 자폐스펙트럼장애의 유병률은 라틴계(0.5%)나 아프리카계(0.4%) 미국 아동보다 비라틴계 백인 아동(1.1%)에게 대략 두 배 더 높게 나타난다. 이와 유사하게, ADHD 진단도 아프리카계(8.0%)나 라틴계(4.1%)보다 비라틴계 백인 청소년(9.1%)들이 더 많이 받는다. 불안장애 또한 비백인 청소년보다 백인 청소년에게 좀 더 흔하게 나타난다(Perou et al., 2016).

이와는 달리, 아프리카계 미국 청소년들은 백인 청소년들보다 품행문제를 일으킬 확률이 더 높다. 아동기의 어느 시점에서 적대적 반항행동이나 품행장애를 보일 확률은 아프리카계 미국 아동들은 약 8.1%인데 반해 백인 아동은 4.2%, 라틴계 아동은 3.9%이다(Perou et al., 2016).

이러한 차이를 어떻게 설명할 수 있는가? 한 가지 가능성은 SES의 차이가 민족 간 정신장애의 차이를 부분적으로 설명해준다는 것이다. 안타깝게도 미국의 소수집단 구성원들은 SES가 낮은 가정의 출신인 경우가 유난히 많다(Taylor & Wang, 2013). 결과적으로 소수집단 가족들은 건강관리 및 영양공급의 부족, 최적 수준에 못 미치는 보육, 부실한 교육 경험, 더 높은 가족스트레스 등 SES가 낮은 가족들이 직면하는 것과 똑같은 위험에 처하게 되는 경우가 많다. 이민가족 역시 언어 차이 및 문화적응과 관련된 스트레스 같은 위험에 처한다(Coll & Magnuson, 2014). 이러한 위험요인들은 소수집단 청소년들에게 품행문제 유병률이 높게 나타나는 현상을 설명해줄 수 있다. 실제로 연구자들이 SES를 통제했을 때에는 정신장애 진단을 받는 아동의 비율이 민족집단 간에 거의 차이가 없었다(Hayden & Mash, 2014).

또 다른 가능성은 아동의 인종 또는 민족 배경이 장애가 확인되고 치료를 받을 가능성을 부분적으로 결정할 수 있다는 것이다. 예를 들어, 아프리카계 미국인 아동과 라틴계 아동들은 비라틴계 백인 아동들보다 자폐증 진단을 훨씬 더 늦게 받는 경향이 있다(Ratto, Reznick, & Turner-Brown, 2015). 연구는 소수집단 부모들이 종종 자폐증의 초기 신호들을 잘 알아보지 못한다는 것을 보여준다. 그 결과 이들 부모의 자녀들은 장애를 진단받거나 치료받지 못한 채 방치될 수 있다(Magana, Lopez, Aguinaga, & Morton, 2013). 이와 유사하게, 최근 연구는 많은 라틴계 부모들이 과잉행동-충동 증상들이 발달규준에 적합하다고 생각한다는 것을 발견했다. 따라서 이 부모들은 아동의 증상들이 문제가 된다고 보고 치료를 받게 할 가능성이 적을 수밖에 없다(Geres, Lawton, Haack, & Hurtado, 2014).

세 번째 가능성은 이와 같은 유병률 차이가 인종 및 민족집단 간의 문화적 가치를 반영한다는 것이다. 예를 들어, 아프리카계 미국인 청소년들은 비라틴계 백인 청소년들보다 알코올 사용 문제 및 다른 약물 사용 문제를 잘 일으키지 않는 경향이 있다(Kessler et al., 2012a). 어떤 전문가들은 과도한 알코올 사용을 하지 못하게 막는 아프리카계 미국인의 문화가 이들 청소년이 약물 사용 문제에 빠지지 않도록 보호한다고 주장하였다(Zapolski, Pedersen, McCarthy, & Smith, 2014). 더욱이 아프리카계 미국인 청소년들은 이러한 문화적 신념을 더 많이 지지할수록 알코올과 다른 약물들을 회피하는 경향이 더 강한 것으로 나타난다(Stock et al., 2013).

정신건강 문제가 있는 아동의 대부분이 치료를 받는가?

치료 기회

아동과 청소년의 20%가 성인기 이전의 어느 시점에서 정신건강 문제를 일으키지만, 이들 중에서 절반 정도만이 치료를 받는다. 최근의 역학 연구들은 정신장애가 있는 아동의 51%와 청소년의 45%만이 치료나 약물투여를 받는다는 것을 보여준다(Centers for Disease Control ad Prevention, 2016b; Costello, He, Sampson, Kessler, & Merikangas, 2014). 아동이 치료받을 확률은 장애가 무엇인지에 좌우된다. 예를 들어, ADHD가 있는 아동은 흔히 자극제(예 : 아데랄, 리탈린)의 형태로 치료를 받을 확률이 매우 높다. 이와는 대조적으로, 불안장애는 아동기의 모든 정신건강 문제 중에서 가장 치료하기 쉬운 장애임에도 불구하고, 불안장애가 있는 청소년이 치료받을 확률은 매우 낮다(Weisz et al., 2017).

정신건강 문제가 있는 아동과 청소년들은 학교(24%), 정신건강 전문클리닉(23%) 또는 의료시설(10%)에서 치료받을 가능성이 크다. 어떤 아동들은 다른 사회기관(8%), 대체의학을 제공하는 클리닉(5%) 또는 청소년 사법제도(5%)를 통해 서비스를 받는다. 예상할 수 있듯이, ADHD와 학습장애가 있는 청소년들은 학교에서 치료받을 확률이 가장 높은 반면에, 섭식장애와 물질사용 문제가 있는 청소년들은 정신건강 전문클리닉이나 병원을 방문할 가능성이 더 크다. 불안장애와 기분장애가 있는 아동과 청소년들은 소아과의사의 치료를 받을 가능성이 가장 크다.

모든 아동이 똑같이 고품질의 정신건강 치료를 받을 수 있는 것은 아니다. SES가 높은 가족들은 대개 자녀가 심리학자와 의사들로부터 정신건강 서비스를 받게 할 가능성이 가장 크다. 반면에 SES가 낮은 가정의 자녀들은 공립학교, 인적 서비스 기관, 청소년 사법제도를 통해 치료받는 경우가 유난히 많다. 더욱이 아프리카계 미국인 청소년들은 비라틴계 백인 청소년들보다 치료받을 가능성이 더 적다(Costello et al., 2014).

종합하면, 이상의 자료는 정신건강 문제가 있는 젊은이들 가운데 절반만이 필요한 치료를 받는다는 것을 보여준다. 아동들은 치료받을 수 있는 기회가 주어지는 때에도 정신건강 전문가의 치료를 받을 수 없는 경우가 많다. 많은 청소년은 정신건강 전문가 대신에 학교 교직원, 소년법원 담당자, 간호사, 소아과의사로부터 보호를 받는다. 이 분야에는 아동과 청소년에게 전문적인 정신건강 서비스를 제공하는 데 자신의 경력을 바칠 학생들이 절실히 필요하다. 근거기반치료를 직접 할 수도 있고, 가족들이 양질의 돌봄을 받을 수 있도록 사회문화적 장벽을 제거하는 역할을 할 수도 있다.

약물 사용

아동 이상심리학 분야에서 지난 20여 년간 가장 큰 변화의 하나는 행동, 인지 또는 정서 문제를 치료하는 데 사용되는 합법적 약제로 향정신성 약물(psychotropic medication)의 사용이 증가했다는 것이다. 학령기 아동과 청소년의 7.5%가량이 어느 시점에서 적어도 한 가지 향정신성 약물을 복용하고 있다(Howie, Pastor, & Lukacs, 2014; Jonas, Gu, & Albertorio-Diaz, 2013).

향정신성 약물 사용은 아동의 연령에 따라 달라진다(그림 1.3). 약물은 사춘기 이전의 아동들보다는 청소년들에게 더 많이 처방된다. 청소년들에게 향정신성 약물이 더 많이 사용되는 것은 이들이 더 어린 아동들보다 정신건강 문제들의 유병률이 전반적으로 더 높기 때문일 것이다. 더욱이 청소년들의 정신건강 문제는 더 심각한 경향이 있고, 그 결과 약물이 필요할 가능성이 더 크다. 어린 아동들은 더 나이 든 아동이나 청소년들보다 약물이 처방되는 경우가 드물지만, 학령전기 아동의 2%가량이 정신건강 문제를 다루기 위해 적어도 한 가지 약을 복용하고 있다(Chirdkiatgumchai et al., 2013; Fontanella, Hiance, Phillips, Bridge, & Campos, 2014).

약물 사용은 성별에 따라서도 다르다. 연령에 관계없이 소

그림 1.3 ■ 아동과 청소년의 약물 사용

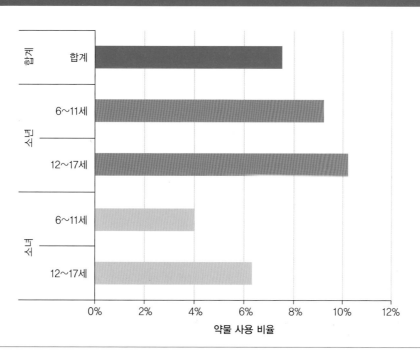

주 : 청소년의 약 7.5%가 삶의 어느 시점에서인가 향정신성 약물을 사용한다. 소년이 소녀보다 약물을 사용할 확률이 더 높고, 청소년들이 사춘기 이전의 아동들보다 약물을 사용할 확률이 더 높다. 출처 : Howie et al. (2014).

년이 소녀보다 심리문제로 인해 약을 처방받을 가능성이 더 크다. 약물사용의 이 같은 차이는 소년이 소녀보다 ADHD로 진단되고 그로 인해 약을 처방받는 비율이 대략 세 배나 더 많다는 사실을 반영한다.

심리문제를 치료하기 위해 약을 복용하는 젊은이들의 비율은 지난 20여 년간 두 배 이상 증가하였다. 흥미롭게도, 비약물치료인 심리치료를 받는 아동의 비율은 같은 시기 동안 별다른 변화를 보이지 않았다(Olfson, Blanco, Wand, Laje, & Correll, 2014; Olfson, He, & Merikangas, 2013).

두 가지 요인이 아동과 청소년을 대상으로 향정신성 약물을 더 많이 사용하도록 견인하고 있는 것으로 보인다. 첫째, 임상전문가들이 젊은이들의 정신장애를 더 잘 알아볼 수 있게 되었다. 둘째, 의사들이 아동에게 처방할 수 있는 약물의 선택지가 20년 전보다 더 많아졌다(Bowers, Weston, Mast, Nelson, & Jackson, 2020).

흥미롭게도, 모든 유형의 향정신성 약물이 똑같이 인기가 높아진 것은 아니다. ADHD 치료에 사용되는 리탈린이나 아데랄 같은 약물들은 지난 20년간 사용량이 크게 증가하였다. 이와는 대조적으로, 조현병 같은 사고장애나 불안장애를 치료하는 데 사용되는 약물(항정신병약과 항불안약)은 더 느린 속도로 증가하였다. 아동과 청소년에게 사용되는 약물 중 항우울제 하나만 인기가 떨어졌다. 1990년대 의사들은 우울 증상을 보이는 젊은이들에게 프로작 같은 항우울약을 처방하기 시작했다. 그러나 2004년에 미국식품의약청(FDA)은 의사들에게 항우울약을 처방받은 젊은이들(4%)이 가짜 약을 복용한 젊은이들(2%)보다 자살생각을 하는 비율이 훨씬 더 높다고 경고하였다. 이 경고 때문에 항우울제 처방은 감소하였다. 오늘날 항우울제는 상당히 심각한 우울 증상을 보이고 심리치료를 받아도 증상이 개선되지 않는 젊은이들에게만 사용된다(Friedman, 2014).

약이 과도하게 처방되고 있는가? 연구자들은 이 질문에 답하기 위해 미국 전역을 대표할 수 있는 대규모 청소년 표본을 대상으로 심리문제와 약물 사용을 조사하였다(Merikangas & He, 2014). 연구 전년도에 약 40%의 청소년들이 정신건강 문제를 경험하였다. 그러나 이들 중 14.2%만이 약을 처방받았다. 이 결과는 청소년에게 향정신성 약물이 과도하게 처방된다는 널리 퍼져있는 믿음에 의문을 제기한다. 오히려 약의 효과를 누릴 수 있었을 많은 아동과 청소년이 약을 처방받지 못하고 있다.

치료의 장애물

연구자들과 정책 전문가들은 가족들이 양질의 정신건강 치료를 받지 못하게 만드는 몇 가지 장애물을 확인하였다(Garland et al., 2013; Santiago, Kaltman, & Miranda, 2013). 첫째, 경제적 장애물이 아동의 치료를 제한할 수 있다. 심리치료, 약물처방 및 다른 형태의 치료들은 값이 비쌀 수 있다. 개인 의료보험에 가입한 가족들도 치료받을 수 있는 기간이나 유형에 제약이 있을 수 있다. 과중한 부담과 자금 부족을 겪고 있는 공공 사회서비스체계로부터 치료를 받고자 하는 저소득 가정의 구성원들은 더 큰 어려움에 부딪친다. 저소득 가정의 부모들은 치료받을 시간을 내는 문제, 치료받으러 오고 가는 교통편, 나머지 아이들을 위한 탁아 등 실질적인 장애물들도 직면한다.

둘째, 사회문화적 요인들이 가족이 치료받고자 하는 의지를 깎아내릴 수 있다. 예를 들어, 소수민족 가족들은 심리치료가 효과가 없다거나 당장 눈앞의 문제와 상관이 없다고 생각할 수 있다. 이 가족들은 심리치료나 상담을 받으려 하기보다는 의사, 성직자 또는 지역사회 원로들에게 치료, 조언 또는 지지를 받으려고 할 수 있다. 다양한 문화적 배경을 가진 다른 부모들은 심리치료가 기본적으로 백인 중산층 가족을 위해 개발된 것이고 자신들에게는 적용될 수 없다고 여기기도 한다. 예를 들어, 어떤 부모들은 아이들이 잘못된 행동을 했을 때 매질을 하지 말라는 치료자의 권고가 옳지 않다고 생각한다. 또 다른 부모들은 자신들의 언어로 소통할 수 있는 치료자를 찾지 못할 수도 있다(American Psychological Association, 2017b).

가족이 치료에 참여할 수 있고 또 그럴 의지가 있다고 해도 양질의 정신건강 서비스를 찾아내지 못할 수도 있다. 나중에 보게 되겠지만, 근거기반 정신건강 치료를 받을 수 없는 지역사회가 많이 있다. 예를 들어, 다중체계 치료는 심각한 품행문제가 있는 나이 든 청소년에게 효과적인 치료법이다. 잘 설계된 많은 연구가 다중체계 치료가 청소년들의 파괴적 행동문제를 감소시키고, 사회적 기능과 학업기능을 향상시키며, 체포 및 투옥 가능성을 감소시키고, 지역사회가 치러야 할 비용을 줄여준다는 것을 보여주었다(Dopp, Borduin, Wagner, & Sawyer, 2014; van der Stouwe, Asscher, Stams, Dekovic, & van der Laan, 2014). 그러나 다중체계 치료를 제공하도록 훈련받은 전문가는 거의 없으며, 소수의 지역사회에서만 이 치료가 제공되고 있다.

셋째, 서비스 요구를 모두 충족할 수 있을 정도로 아동 및 청소년 정신건강 전문가가 많지 않다. 미국의 현재 정신건강 체계는 심리문제가 있는 모든 청소년의 10% 정도만 치료할 수 있다. 더욱이 미국 전체 주의 63%만이 아동과 청소년에게 치료를 제공하는 정신건강 클리닉을 개설했다(Cummings, Wen, & Druss, 2013). 치료받는 청소년들은 대개 가장 심각한 고통이나 손상을 보이는 청소년들이다. 보통 수준의 우울, 경도학습장애, 비위생적 식사습관과 같이 문제가 덜 심각한 청소년들은 상태가 악화되기 이전에는 눈에 띄지 않고 치료를 받지도 않는다. 부적절한 정신건강 서비스는 빈곤한 지역사회에 유난히 많다.

끝으로, 낙인이 아동의 정신건강 치료를 방해할 수 있다(O'Driscoll, Jeary, Hennessy, & Makeague, 2012). 낙인(stigma)은 정신장애가 있는 사람에 대한 부정적 신념을 가리키는데, 공포, 회피, 다른 사람들에 의한 차별 또는 수치심과 낮은 자아존중감을 초래할 수 있다(Corrigan, Bing, Schmidt, Jones, & Rusch, 2016). 정신질환에 찍는 낙인은 여러 형태로 나타난다. 사람들은 일상의 대화에서 사이코, 미치광이 같은 용어들을 사용하는데, 이 단어들이 정신건강 문제가 있는 사람들에게 어떤 의미를 갖는지 깊이 생각하지 않은 채 사용한다. 아동들은 반 친구들을 놀리기 위해 저능아라는 경멸적인 용어를 사용하곤 한다. 심리장애가 있는 아동의 부모들은 종종 자녀의 질병 때문에 학교와 의료현장에서 차별을 받는다고 보고한다. 어떤 보험회사들은 정신질환과 신체질환에 대해 동일한 액수의 보험금을 지급하지 않음으로써 정신장애가 있는 사람들을 차별한다. 영화와 TV쇼들은 부당하게도 정신건강 문제가 있는 사람들이 폭력적이고 예측 불가능하며 혼란스럽고 솔직하지 않다고 묘사한다. 정신장애가 있는 아동들조차 부정적인 시각에서 묘사된다(Martinez & Hinshaw, 2016).

어떤 부모들은 진단 및 치료와 연관된 부정적 의미 때문에 자녀를 치료에 의뢰하기 꺼려한다. 사실 전체 소아과 내원의 25%가량이 정신건강 전문가가 더 잘 다룰 수 있는 행동문

제나 정서문제로 인한 것이다(Horwitz et al., 2002). 부모들은 정신건강 치료의 낙인을 피하기 위해 소아과 의사와 가족 주치의의 도움을 청하는 경우가 많다. 아동기 장애의 진단 및 치료와 연관된 낙인은 위험에 처한 많은 청소년이 최적의 치료를 받지 못하게 만든다(Bowers, Manion, Papadopoulos, & Gauvreau, 2013).

낙인은 또 청소년과 가족에게도 부정적 영향을 미친다. 첫째, 낙인은 자아존중감을 깎아내리고 자기가치감을 떨어뜨리는 수치감과 모멸감을 불러일으킬 수 있다. 다른 사람들의 사회적 판단에 의해 생성된 부정적 자기 이미지는 증상을 악화시키거나 치료의 진전을 방해할 수 있다. 둘째, 낙인은 자기실현적 예언으로 이어질 수 있다. 젊은이들은 자신의 진단명 때문에 자기 자신을 부정적으로 바라볼 수 있다. 일부 사례들에서 아동들은 자신의 행동을 진단명에 맞추어 변경하거나 진단을 자기 행동문제의 핑곗거리로 사용하곤 하였다. 셋째, 낙인은 가족들이 심리서비스를 받고자 할 가능성을 낮출 수 있다. 행동, 정서, 학습에 상당히 심각한 문제를 겪고 있는 많은 젊은이들이 부모가 자녀들이 진단받는 것을 원치 않는다는 이유로 치료를 받지 않는다(Martinez & Hinshaw, 2016).

1.3 과학과 실천의 통합

근거기반 실천이란 무엇인가?

과학의 중요성

여러분이 처방전 없이 살 수 있는 일반의약품으로는 나아지지 않는 엄청난 복통을 겪고 있다고 상상해보라. 여러분은 의사가 이 통증의 원인을 알아내고 효과 있는 약을 처방해줄 수 있기를 소망하며 병원에 간다. 여러분은 의사의 평가, 진단, 치료전략이 근거에 기반을 둔 것이기를, 즉 과학적 연구와 현행 최고의 의료행위가 반영된 치료전략이기를 바랄 것이다(Rousseau & Gunia, 2016).

아동과 가족을 치료하는 심리학자들과 다른 정신건강 전문가들도 근거기반 실천을 하기 위해 노력한다. 미국심리학회(APA)에 따르면 근거기반 실천(evidence-based practice)은 "환자의 특성, 문화 및 선호를 맥락으로 하여 현행 최고의 연

구와 임상 전문성을 통합하는 것"이다(APA Presidential Task Force, 2006, p. 273). 근거기반 실천의 목적은 아동, 청소년과 가족에게 최고 품질의 정신건강 서비스를 제공하고 지역사회에서 정신건강을 증진하는 것이다(J. Hamilton, Daleiden, & Youngstrom, 2015).

치료실천에서 근거기반 접근을 채택하는 임상전문가들은 도움이 필요한 아동과 가족에게 도움을 제공할 때 다음 세 가지 요인을 고려한다.

과학적 연구 : 연구 문헌에 따르면, 어떤 평가방법과 치료 형태가 이 특정 문제를 가진 아동들에게 가장 효과가 있는가?

임상적 전문성 : 나의 전문적 경험과 판단에 따르면, 내가 이 아동을 평가하고 치료하는 데 최선의 방식은 무엇인가?

환자의 특성 : 아동의 연령, 성별, 사회문화적 배경 또는 치료에 대한 가족의 기대와 선호가 내가 이들을 돕는 방식에 어떤 영향을 미치는가?

따라서 근거기반 실천은 과학적 연구 문헌을 섭렵하는 데서 시작한다. 부모가 ADHD가 있는 아들의 치료를 요청한다면 어떤 형태의 치료가 가장 효과가 있을 것인가? 다행히도 전문기관들은 근거기반치료(evidence-based treatments), 즉 아동의 증상을 줄이고 기능을 증진하는 것으로 연구 결과에서 밝혀진 심리치료와 약물을 확인해냈다. 예를 들어, 임상아동·청소년심리학회(Society of Clinical Child and Adolescent Psychology, 2020)는 effectivechildtherapy.org라는 탁월한 웹사이트를 운영하고 있는데, 아동기 장애와 관련하여 가장 많은 경험적 지지를 받은 심리사회적 치료들을 기술하고 있다. 이와 유사하게, 미국아동청소년정신의학연구원(American Academy of Child and Adolescent Psychiatry, 2020)은 의사들이 아동기 장애에 효과적인 약물과 심리사회적 치료를 확인하도록 돕기 위한 지침을 발간하였다.

근거기반치료는 연구의 지지를 얼마나 많이 받느냐에 따라 보통 5개 수준 중 어느 한 수준으로 범주화된다(그림 1.4). 예를 들어, '부모훈련'이라는 유형의 행동치료는 ADHD 아동의 치료법으로 탄탄한 기반을 쌓았다. 독립적 연구팀들이 수행

한 뛰어난 실험연구들이 이 치료가 아동의 증상을 완화해 준다는 것을 보여주었기 때문이다. 결과적으로, 부모가 아동의 행동을 관찰하고 적절한 행동을 강화하는 행동부모훈련은 최고의 심리사회 치료법으로 간주된다. 반면에 뉴로 피드백 훈련은 이보다는 경험적 지지를 적게 받고 있다는 점에서 효과적일 가능성이 있는 치료법으로 간주된다. 잘 설계된 하나의 연구가 이 치료법이 아동이 뇌 활동과 행동을 제어하도록 돕는다는 결과를 내놓았지만, 이 치료법이 최고로 간주될 수 있으려면 연구의 반복검증이 필요하다. 이와는 대조적으로, 사회기술훈련은 ADHD 치료법으로서 그 효과성이 의문스럽다. ADHD 아동 대부분이 이미 적절한 사회기술을 보유하고 있으며, 사회적 상황에서 어떻게 행동해야 할지 알고 있다. 이 아동들의 주요 문제는 이 지식을 실행하기 위해 자신의 행동을 충분히 오랫동안 억제하지 못하는 데 있다(Evans, Owens, & Bunford, 2014).

근거기반 실천은 단순히 근거기반치료법을 사용한다는 의

그림 1.4 ■ 근거기반치료의 수준

잘 확립된 치료
- 잘 수행된 두 편 이상의 실험연구에서 해당 치료가 플라시보 치료보다 더 효과적인 것으로 드러난다.

효과가 있을 가능성이 큰 치료
- 잘 수행된 두 편 이상의 실험연구에서 해당 치료가 대기자 명단(지연 치료) 통제보다 더 효과적인 것으로 드러난다.

아마도 효과가 있는 치료
- 잘 수행된 한 편 이상의 실험연구에서 해당 치료가 대기자 명단(지연 치료) 또는 치료받지 않는 경우에 비해 더 효과적인 것으로 드러난다.

실험적 치료
- 방법론적 결함이 있는 한 편 이상의 연구에서 해당 치료가 도움이 될 수 있는 것으로 나타난다.

효과가 의문스러운 치료
- 해당 치료는 여러 차례 검증되었고 대기자 명단(지연 치료) 또는 치료받지 않는 경우에 비해 효과가 떨어진다.

주 : 치료들은 경험적 지지의 수준에 따라 위계적으로 조직될 수 있다. 잘 확립된 치료들은 플라시보 치료보다 더 효과가 있다는 것을 보여주는 여러 편의 잘 수행된 연구들로부터 지지를 받는다. 출처 : Southam-Gerow & Prinstein (2014).

미는 아니다. 임상전문가들은 아동과 가족의 사회정서적 요구를 충족시킬 수 있도록 자신의 지식과 경험을 적용하여 개입을 조정해야 한다. 한 어머니가 ADHD가 있는 아들을 첫 치료회기에 데려온 장면을 상상해보자. 치료자는 처음에는 행동부모훈련을 사용하기로 결정할 수 있다. 그러나 치료자는 곧 이 어머니가 첫 회기에 아들의 행동으로 인한 자신의 좌절감과 자녀양육에 대한 전남편의 무관심을 기술할 시간을 갖는 것이 필요하다고 판단한다. 유능한 이 치료자는 근거기반치료가 가족의 즉각적인 요구에 맞게 조정되어야 한다는 것을 알고 있다. 그 결과 치료자는 보호자로서 무력감과 고립감을 느끼는 어머니에게 공감하고 어머니와 동맹을 수립하는 것이 치료의 최초 목표라고 생각할 것이다(Rajwan, Chacko, Wymbs, & Wymbs, 2014).

끝으로, 근거기반 실천에서 임상전문가들은 치료를 담당한 아동과 가족의 특성 및 인구사회학적 배경을 고려해야 한다(Gonzales, Lau, Murray, Pina, & Barrera, 2016). 예를 들어, 치료자들은 때로 아버지를 부모훈련에 참여시키는 데 어려움을 겪는다. 그 결과 연구자들은 아버지의 관심사를 더 잘 다룰 수 있도록 전통적 부모훈련을 수정한다. 행동화 아동을 코치하는 COACHES(Coaching Our Acting-Out Children: Heightening Essential Skills)라는 치료법은 아버지들이 아동과 축구를 하면서 부모관리 기법을 실천하게 해준다(이미지 1.3). 여러 연구들이 COACHES 프로그램이 이 프로그램이 아니었다면 치료를 회피했을 아버지들을 치료에 참여하게 했을 뿐 아니라 아동이 놀이터와 가정에서 하는 행동들을 개선

한다는 것을 보여준다(Issacs, Webb, Jerome, & Fabiano, 2015).

어떤 전문가들이 아동과 가족을 돕는가?

남을 돕는 직업

아동의 정신건강 문제는 복잡하다. 따라서 아동을 치료하기 위해서는 교육배경이 다양하고 서로 다른 훈련을 받은 전문가들이 협조하는 것이 필요하다(이미지 1.4). 이 절에서는 이러한 서비스를 제공하는 여러 유형의 직업에 대해 알아보기로 하겠다. 아동과 가족을 돕는 직업은 매우 많고, 여기서 그모든 직업을 다 다룰 수는 없다. 그러나 몇몇 주요 분야를 살펴봄으로써 앞으로 여러분 스스로 이 분야들에 대해 더 공부하고자 하는 동기를 갖게 되기를 희망한다(Landrum & Davis, 2014; Metz, 2016; Morcross & Sayette, 2016).

심리학자들은 정신장애가 있는 사람들을 평가하고 진단하고 치료한다. 임상심리학이나 상담심리학 박사학위(PhD 또는 PsyD)를 소지하고 있다. 심리학자들은 의사가 아니다. 그러므로 대부분이 약을 처방하지 않으며, 그 대신 심리치료와 그 밖의 비약물 개입에 의존한다. 아동심리학자들은 4~5년의 대학원 프로그램과 APA가 승인하는 1년의 인턴십을 수료한다. 대다수는 박사후 과정에서 평가, 치료 또는 신경심리학 전문가 자격도 취득한다. 병원, 클리닉, 거주치료시설, 개인진료소, 대학에서 근무한다.

학교심리학자들은 행동, 인지, 사회-정서의 문제가 학교에서의 기능을 방해하는 아동들을 평가하고 진단하고 치료한

이미지 1.3 COACHES는 아버지들을 겨냥해 설계된 근거기반치료이다. 가장 훌륭한 근거기반치료는 아동과 가족의 요구에 맞게 수정된다.

이미지 1.4 정신건강 문제가 있는 아동들을 대상으로 하는 치료는 다양한 교육적 배경을 가진 전문가들의 협동진료가 필요한 경우가 많다.

다. 대부분이 발달장애와 학습장애의 확인 및 치료를 전문으로 한다. 학교기반 정신건강 서비스를 제공하고 아동의 가족과 학교를 연계하는 역할을 한다. 대부분이 교육학 전문학위(EdS) 또는 교육학 박사학위(EdD)나 심리학 박사학위(PhD)를 소지하고 있으며, 전국학교심리학자협회(NASP) 또는 APA의 승인을 받는다.

정신과의사는 정신장애의 평가, 진단, 치료를 전문으로 하는 의사(MD 또는 DO)이다. 의과대학과 정신과 레지던트 4년을 마치고 미국 정신의학 및 신경학협회(ABPN)의 자격증을 취득한다. 아동 정신과의사는 아동과 청소년의 정신장애를 전문으로 한다. 주로 향정신성 약물을 처방하고 아동이 치료에 보이는 반응을 관찰·감독하는 일을 한다.

소아과의사는 아동과 청소년의 의학적 질병을 치료하는 의사(MD 또는 DO)이다. 소아과의사도 ADHD, 불안, 우울과 같은 장애가 있는 아동들에게 향정신성 약물을 처방한다. 의과대학과 소아과 레지던트 3년을 수료하고 미국소아과위원회(ABP)의 자격증을 취득한다. 발달-행동 소아과의사는 발달장애와 행동문제가 있는 아동의 평가 및 치료를 전문으로 한다. 병원과 클리닉에서 근무한다.

정신간호사(psychiatric-mental health nurses)는 정신장애인의 치료를 전문으로 하는 간호사이다. 정신보건 간호사들은 석사학위나 박사학위를 따고, 많은 주에서 독립적으로 개업할 수 있다. 병원, 클리닉, 거주치료시설에서 일하는 경우가 많다.

자격증을 소지한 **전문상담사**(licensed professional counselors)는 아동, 청소년, 성인과 가족의 정신건강 문제를 치료하는 전문가이다. 대부분이 석사학위를 가지고 있으며, 독립해서 개업을 하기 전에 대학원에서 임상실무 지도를 받는다. 내담자의 장애와 제한보다는 강점과 목적에 초점을 두는 치료접근을 채택하는 경우가 많다. 지역사회 정신건강센터와 개인진료소에서 일한다.

결혼 및 가족치료자는 부부 및 가족체계 치료를 훈련받은 정신건강 전문가이다. 정신장애와 정서장애를 부부 또는 가족의 맥락에서 진단하고 치료할 수 있는 면허증을 가지고 있다. 대부분이 석사학위를 가지고 있고 외래클리닉과 개인진료소에서 일한다.

사회복지사는 심리사회적 스트레스를 겪고 있는 개인과 가족을 상담하고 지지를 제공해주는 전문가이다. 자격증을 소지한 사회복지사들은 대부분이 학사학위나 석사학위를 가지고 있고 아동과 가족에게 사례관리 서비스를 제공한다. 자격증을 소지한 임상사회복지사는 보통 석사학위를 가지고 있고 치료도 할 수 있다. 병원, 클리닉, 거주치료시설, 사회서비스기관, 학교에서 근무한다.

언어병리학자는 아동이 보이는 언어지연, 발음문제, 말더듬 같은 의사소통장애를 평가하고 진단하고 치료한다. 상해, 발달장애 또는 자폐증으로 인한 언어문제가 있는 아동들에게도 도움을 줄 수 있다. 대부분이 석사학위를 가지고 있고 학교, 클리닉, 병원에서 일한다.

작업치료사는 아프거나 다치거나 장애가 있는 아동들을 일상적 활동과 운동들을 이용하여 치료한다. 아동이 놀이, 교육 및 일상생활에 필요한 기술들을 습득하고 회복하고 증진하도록 돕는다. 대개 석사학위를 소지하고 있고 학교, 클리닉, 병원에서 일한다.

특수교육교사는 인지, 정서 및 신체에 장애가 있는 학생들을 돕는다. 이 학생들의 요구에 맞게 수업을 조정한다. 심한 장애가 있는 학생들에게 기본적 의사소통기술과 일상생활기술을 가르치기도 한다. 대개 교사 자격증과 함께 교육학 학사학위나 석사학위를 가지고 있으며, 학교에서 근무한다.

학교상담사는 학생들이 학교생활을 잘 해낼 수 있도록 학업기술 및 사회기술을 습득하도록 돕는다. 직업상담사는 청소년들이 직업기술을 발전시키거나 직업교육프로그램을 선택하도록 도움으로써 직업을 결정하는 과정을 보조하기도 한다. 대부분이 학교상담 석사학위를 가지고 있으며, 학교에서 일한다.

아동생활전문가는 아동과 가족이 활동과 놀이를 통해 심리사회적 스트레스에 대처하도록 돕는 전문가이다. 외상으로 인해 가족과 분리되거나 질병으로 인해 병원에 입원한 아동들을 돕기도 한다. 대부분이 아동발달 및 가족체계와 관련한 학사학위를 가지고 있다. 클리닉, 거주치료시설, 병원에서 일한다.

근거기반 서비스의 조력자 역할을 하는 학생들

대학생들은 도움이 필요한 아동과 가족들에게 종종 서비스를 제공하곤 한다. 학생들은 발달장애인의 보조자, 자폐아동의 행동치료자, 학습장애 아동의 개인교사 또는 거주치료시설, 소년원과 병원에서 심리실무자로 일한다. 학생들은 또 자원봉사 경험을 통해 전문서비스도 제공한다. 예를 들어, 많은 학생이 위기청소년에게 멘토 역할을 하고, 초 · 중 · 고등학생들에게 서비스를 제공하며, 위기 핫라인을 관리하고, 지역사회 정신건강센터에 도움을 준다.

여러분은 이와 같은 최전방에서 서비스를 제공하고 있는가? 그렇다면 여러분은 도움이 필요한 아동, 청소년, 가족에게 큰 도움을 줄 수 있다. 여러분이 개입을 주도할 만한 위치에 있지는 않다고 해도, 심리과학의 관점에서 치료에 접근할 수 있다. 다음은 여러분이 다른 사람들을 도울 때 스스로 물어야 할 세 가지 유형의 질문들이다.

> 어떤 증거들이 내가 제공하고 있는 개입이나 서비스를 지지해주는가? 내가 하는 일은 과학적 근거가 있는가? 내가 돕고 있는 사람들을 더 효율적으로 도와줄 수 있는 대안의 서비스가 있는가?
>
> 나는 효율적으로 일하고 있는가? 나는 내담자들에게 실제로 도움이 되고 있는지 알아보기 위해 내가 제공하는 서비스의 효율성을 모니터하고 있는가? 내담자들에게 해를 끼칠 가능성은 조금도 없는가?
>
> 나는 일하는 동안 다른 사람들의 권리와 존엄을 존중하고, 책무를 다하는 전문가답게 행동하는가? 심리학 분야를 진실성 있게 대변하는가? 나의 활동들은 윤리와 과학을 유념하면서 실천하는 사람의 지도를 받고 있는가?

이 책을 읽으면서 여러분이 아동 · 청소년 장애를 이해하기 위해 과학적 원리를 어떻게 사용할 수 있을 것인지 생각해보라. 과학적 접근에 의한 도움은 정신건강 전문가들을 위해 비축되어있는 것이 아니다. 아동과 청소년을 돕는 사람이라면 그 누구라도 다른 사람들의 기능 증진을 돕기 위해 과학적 증거를 사용할 필요가 있다.

윤리적 치료는 왜 중요한가?

APA 윤리강령

윤리(ethics)는 특정 직업에서 받아들여질 수 있다고 결정된 행동기준을 가리킨다. 윤리는 개인의 도덕성, 즉 특정 행동의

옳고 그름에 대한 신념과 혼동해서는 안 된다. 윤리적 행동은 집단적 합의에 의해 결정되고, 도덕성은 개인적 신념에 의해 결정된다(Knapp, Gottlieb, & Handelsman, 2015). 정신건강 전문가들은 모두 전문직을 이끌어가는 윤리강령을 고수한다. 직업에 따라 윤리강령이 다르다. APA(2017a)의 심리학자 윤리원칙과 행동강령, 전국학교심리학자협회(2010)의 직업윤리규범, 미국상담학회(2014)의 윤리강령, 미국학교상담자협회(2010)의 학교상담자 윤리기준 등이 있다. APA 윤리강령이 가장 널리 사용되고 있으므로 이 강령을 더 자세히 살펴보기로 하겠다.

APA 윤리강령(APA Ethics Code)은 심리학자들이 전문직종에 종사하고 과학적 연구를 할 때 토대가 되는 원칙과 기준들의 공통집합을 제공한다(APA, 2017a). 기본 목적은 심리학자들이 자신과 함께 일하는 대상들(예 : 내담자, 연구참여자, 학생)의 복지를 보호하는 것이다. APA가 이 윤리강령을 승인했기 때문에 회원으로 가입한 모든 구성원과 학생들은 이 강령을 잘 알아야 하고 강령에 제시되어 있는 규칙들을 준수해야 한다. 윤리강령을 충실히 지키지 않으면 APA, 심리학 자격관리위원회와 기타 전문기관들로부터 제재를 받을 수 있다(Koocher & Campbell, 2018).

윤리강령의 첫 번째 부분은 심리학자가 전문가로서 어떻게 행동하는 것이 이상적인지에 대한 다섯 가지 일반적 윤리원칙(ethical principles)을 기술한다. 일반적 원칙은 그 성격상 권장사항이지 강제적인 규칙은 아니다. 그 대신에 일반적 원칙은 모든 심리학자가 지향해야 할 이상적인 심리학 실천기준들을 기술한다.

> 선행과 무해성 : 심리학자들은 함께 일하는 사람들에게 혜택을 주기 위해 노력하고, 해를 끼치지 않도록 신경을 써야 한다.
>
> 신의와 책무성 : 심리학자들은 신뢰관계를 구축하고… 전문가이자 과학자로서의 책무를 인식하며… 전문가로서 품행기준을 지키고, 전문가의 역할과 의무를 분명히 하며, 자신의 행동에 대해 적정 수준의 책임을 져야 한다.
>
> 진실성(integrity) : 심리학자들은 과학, 교육 및 심리학 실천에서 정확성, 정직성, 성실성을 증진하기 위해 노력한다.

정의(justice) : 심리학자들은 누구든지 심리학의 성과를 누리고 그로부터 혜택을 받는 것이 공정과 정의에 부합한다고 인식한다.

인간의 권리와 존엄에 대한 존중 : 심리학자들은 모든 사람의 존엄과 가치 및 개인의 사생활, 비밀유지 및 자기결정의 권리를 존중한다.

윤리강령의 두 번째 부분은 전문적 실천과 연구를 이끌어가는 세부 규칙들인 윤리기준(ethical standards)으로 구성되어 있다. 윤리기준은 평가, 치료, 연구, 교육 등 전문가로서 행하는 모든 주요 활동을 통제한다. 윤리기준이 너무 많아서 여기에 다 묘사할 수는 없지만, 아동 및 청소년의 치료와 가장 관련이 깊은 몇 가지 규칙을 살펴보기로 하겠다. 이 규칙들은 때로 윤리의 4C라 불리는 네 가지 범주로 나눌 수 있는데(Koocher, 2008), (1) 역량, (2) 동의, (3) 비밀유지, (4) 이해충돌이다.

역량

APA 윤리강령(2017a)에 따르면, "심리학자들은 자신의 역량 범위에 속하는 집단과 영역에 대해서만 서비스를 제공하고 교육하며 연구를 수행한다." 역량(competence)은 개인과 지역사회에 근거기반 서비스를 전달하기 위해 교육, 훈련 및 전문경험을 사용하는 것을 가리킨다. 일반적으로, 심리학자들은 역량을 세 가지 방식으로 성취하고 유지한다. 첫째, 심리학자들은 함께 일하는 아동, 가족, 집단들을 평가하고 진단하고 치료하는 데 필요한 교육배경을 가지고 있다. 둘째, 심리학자들은 근거기반 실천에 대한 인식을 유지하고 임상실무를 새로운 집단들에게로 확장하기 위해 추가 훈련과 슈퍼비전을 받고자 한다. 셋째, 심리학자들은 효율적인 돌봄 능력이 자신의 정신·신체적 건강과 사회문화적 인식으로 인해 제한되지 않도록 하기 위해 이 요인들을 모니터한다(Nagy, 2011).

역량 범위 내에서 일하는 것은 그렇게 해야 내담자의 복지를 보호할 수 있다는 점에서 중요하다. 훈련받은 범위를 벗어난 일을 하는 심리학자들은 지식과 기술을 더 많이 가지고 있는 치료자들에 비해 효율성이 떨어지기 쉽다. 역량 범위를 벗어나는 일을 하는 치료자들은 내담자에게 해를 끼칠 위험도

있다.

역량은 아동과 청소년의 평가 및 치료와 특히 관련성이 있다. 아동기 장애를 진단하고 치료하기 위한 공식 교육과 훈련을 받은 임상전문가가 부족하다. 교육 및 임상 경험이 성인에게 주로 초점이 맞춰져 있는 많은 임상전문가들이 자신의 역량 범위 밖에서 돌봄을 제공하려는 유혹에 빠지곤 한다. 역량과 관련한 윤리적 쟁점과 씨름하고 있는 윌리엄스 박사의 사례를 생각해보자.

윌리엄스 박사는 성인의 물질사용장애를 치료하는 전문가이다. 그러나 청소년의 물질사용장애를 치료하기 위한 전문 훈련과 슈퍼비전은 받지 않았다. 그녀가 추가훈련을 받지 않고 청소년에게 서비스를 제공한다면 비윤리적인 일일 것이다. 청소년의 물질사용장애에 관한 과목을 추가로 듣고 이 분야의 전문가인 동료로부터 슈퍼비전을 받는 것이 바람직하다.

역량은 심리학을 전공하는 학생들과도 관련이 있다. 학생들은 종종 아동 정신건강 치료의 최전선에서 일한다. 예를 들어, 자폐아동들에게 행동개입을 제공하기도 하고, ADHD 청소년들에게 여름방학 치료프로그램을 실시하는 데 힘을 보태기도 하며, 그룹홈이나 거주치료시설에서 일하기도 한다. 학생이라는 신분 때문에 그들의 작업을 책임져줄 심리학자나 자격증을 소지한 다른 정신건강 전문가들로부터 감독을 받아야 한다. 학생들은 감독의 수준을 언제나 편안하게 느껴야 하며, 훈련받은 것보다 더 많은 책임을 지게끔 압력을 받아서는 안 된다. 이와 똑같이 중요한 또 하나의 사항은 학생들이 감독자에게 도움을 요청하는 것을 어렵게 느껴서는 안 된다는 것이다.

동의

윤리적 문제가 생기지 않게 만드는 최상의 방법은 아동과 가족이 치료를 받기로 결정하기 전에 자신들이 동의하는 바가 무엇인지를 이해하게 만드는 것이다. 윤리강령에 따르면 심리학자들은 평가, 치료 또는 연구를 하기 전에 당사자로부터 동의(consent)를 얻어야 한다. 치료받을 당사자는 치료 참여와 관련한 사실들과 결과들을 이해할 능력을 가지고 있어야 한다. 또 치료에 참여하겠다고 자발적으로 동의해야 한다. 동의는 사람들의 자기결정권을 보장해준다(Nagy, 2011).

치료를 받겠다는 사전 동의는 많은 요소들로 이루어진다.

사례연구
아동에 대한 윤리 : 역량

좋은 의도를 가지고 있는 윌리엄스 박사

윌리엄스 박사는 심리 문제, 특히 알코올남용 문제를 가진 성인들과 부부들을 치료한 경력이 15년인 임상심리학자이다. 사실 윌리엄스 박사는 만성적 알코올 사용 문제가 있는 성인들을 치료하는 전문성으로 지역사회에서 명성을 얻었다. 어느 날 그녀는 15세 아들을 위한 병원 예약을 요청하는 어머니로부터 전화를 받았다. 아들은 최근에 학교체육대회에 술을 가지고 온 것 때문에 정학을 맞았고 미성년자 알코올 소지로 체포되었다. 윌리엄스 박사는 이 내담자를 받아들여야 할 것인가?

©iStockphoto.com/m-imagephotography

사례연구
아동에 대한 윤리 : 동의

분노한 레이철

레이철은 학교에서 보인 파괴적 행동 때문에 생활지도 교사가 우리 클리닉에 의뢰한 11세 소녀였다. 레이철은 기분이 점점 더 침울해졌으며, 최근에는 교사들과 크게 두 번의 말다툼을 벌였다. 부모는 레이철이 집에서도 그와 비슷한 분노 폭발을 보이며 학교나 이웃의 예전 친구들과도 사이가 멀어졌다고 인정했다.

첫 회기에 레이철은 방어적인 태도로 팔짱을 낀 채 양쪽 부모 사이에 앉아 있었다. 레이철의 어머니는 다음과 같이 보고하였다. "레이철은 정말 예민해요. 너무 쉽게 버럭 화를 내고 우리한테 덤벼들었다가 저녁 내내 자기 방에 숨어있죠." 아버지가 말을 보탰다. "선생님이 얘랑 말을 해보고 문제가 뭔지 확인해줄 수 있으면 좋겠습니다." 그 시점에서 레이철은 팔짱 꼈던 팔을 풀고 일어나서는 부모를 가리키며 소리 질렀다. "문제가 뭔지 말해줄게요! 이 사람들이에요!" 레이철은 방문을 쾅 닫고 방을 나갔다.

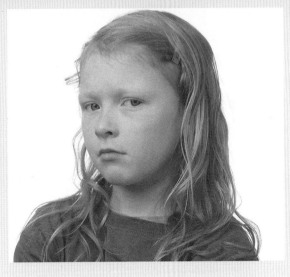

©iStockphoto.com/pahham

첫째, 사람들은 치료에 대한 설명을 듣고, 어떤 위험과 혜택이 예상되며 소요기간과 비용은 얼마나 되는지 알 권리가 있다. 둘째, 심리학자들은 가능한 대안치료에 어떤 것들이 있으며, 권장하는 치료방법의 강점과 약점에 대해 의논해야 한다. 셋째, 심리학자들은 내담자들에게 그들의 참여가 자발적인 것이고 언제든지 치료를 거부하거나 철회할 수 있다는 것을

상기시켜주어야 한다. 끝으로, 심리학자들은 내담자들과 함께 비밀유지의 한계를 검토해보아야 한다(APA, 2017a).

사전 동의는 아동과 청소년을 치료할 때 특히 중요하다. 아동은 성인과 달리 스스로 치료받으러 오는 일이 없다. 아동과 청소년들은 부모, 교사, 학교의 다른 직원, 소아과의사 또는 소년법원에 의해 치료에 의뢰되는 경우가 대부분이다. 이 성

인들은 아동이 치료받기를 원하지만, 아동은 치료받고자 하는 동기가 별로 없을 수 있다. 치료받기를 거부하는 레이철이라는 소녀를 생각해보자.

아동과 청소년은 연령과 미성년자라는 지위로 인해 동의를 할 수 없는 경우가 대부분이다. 동의를 한다는 것은 치료에 대해 이해할 뿐만 아니라 자유의사에 의해 참여한다는 것을 의미한다. 어린 아동들은 치료 참여의 위험과 혜택을 충분히 이해하지 못할 수 있다. 레이철 같이 더 나이 든 아동과 청소년들은 자유의사에 의한 것이 아니라 다른 사람들로부터 받는 압력 때문에 치료에 참여하기로 동의할 수 있다. 이런 경우 부모나 법적 후견인으로부터 대리 동의를 받을 수 있다. 그런 다음 심리학자들은 서비스를 제공하기 이전에 아동과 청소년의 승낙(assent)을 받는다. 심리학자들은 승낙을 받기 위해 아동들이 이해할 수 있는 언어를 사용하여 치료에 대해 설명해주고, 치료 목적이 아동 또는 청소년이 받아들일 수 있는 것인지 논의하며, 치료를 시작하는 것을 아동이 잠정적으로 허용하도록 요청한다(Shumaker & Medoff, 2013). 레이철의 부모는 치료에 동의했지만 능숙한 치료자는 레이철의 승낙을 받는 것이 매우 중요하다는 것을 알고 있다. 레이철은 승낙을 통해 치료의 초기단계에서 자신의 의견을 말하고, 부모와 교사뿐 아니라 자신에게 중요한 치료목적을 설정할 수 있다(Knapp et al., 2015).

드문 사례이기는 하지만 아동들은 부모의 동의 없이도 치료를 받을 수 있다(Hecker & Sori, 2010). 예를 들어, 임상전문가들은 위기상태에 있는(예 : 자살을 생각하고 있는) 아동들에게 치료를 제공할 수 있다. 이와 유사하게, 임상전문가들은 아동이 학대받거나 방치되거나 위험에 처해 있다고 생각된다면 부모의 동의를 나중으로 연기할 수 있다. 클리닉과 학교에서 일하는 심리학자들은 임신 중이거나 성 건강 문제를 겪고 있는 청소년들에게 단기 정신건강 서비스를 제공할 수도 있다(Jacob & Kleinheksel, 2012). 이런 특별한 사례에서는 도움이 필요한 아동에게 즉각적으로 도움을 제공하기 위해 또는 청소년들이 부모의 동의를 받아야 한다면 회피할지도 모르는 서비스를 받도록 하기 위해 부모 동의를 나중으로 연기한다(Gustafson & McNamara, 2010).

비밀유지

비밀유지(confidentiality)는 내담자가 치료과정에서 제공하는 정보가 다른 사람들에게 누설되지 않을 것이라는 기대를 가리킨다. 비밀이 보장될 것이라는 기대는 적어도 두 가지 목적에 이바지한다. 첫째, 정신건강 서비스를 필요로 하는 사람들이 치료받을 가능성을 높인다. 둘째, 내담자가 정보를 더 거리낌 없이 털어놓게 만들고 치료과정을 촉진한다(Koocher & Campbell, 2018).

대부분의 경우 비밀유지는 내담자의 윤리적 · 법적 권리이다. 내담자가 비밀을 보장받을 권리를 위반하는 치료자는 전문기관들로부터 제재를 받을 수 있으며, 법적 책임을 져야 할 수도 있다. 많은 심리학자들은 내담자의 비밀을 보장하는 것이 가장 중요한 윤리기준이라고 생각한다(Sikorski & Kuo, 2015).

내담자들은 치료자와 정보를 논의할 때 비밀을 보장받을 권리를 가지고 있지만, 자신이 털어놓는 정보가 완전히 사적인 것은 아니라는 점을 염두에 두어야 한다. 치료자들은 내담자들에게 되도록이면 첫 치료회기에서 **비밀유지의 한계**(limits of confidentiality)를 알려주어야 한다(DeMers & Siegel, 2018).

첫째, 내담자가 자기 자신 또는 다른 사람들에게 목전의 위협이 된다면, 치료자는 내담자 또는 위협받는 사람의 복지를 보호하기 위해 비밀유지를 깨뜨려야 할 필요가 있다. 예를 들어, 한 소년이 지금 하고 있는 치료회기를 마친 후 자살할 계획이라고 치료자에게 말한다면 치료자는 그 소년이 자해하지 못하도록 부모나 후견인에게 경고할 의무가 있다. 심리학자가 소년의 건강을 보호할 의무가 그 소년의 비밀유지 권리를 대체한다.

둘째, 치료자가 아동학대나 방임이 이루어지고 있다고 의심한다면, 해당 아동을 보호하기 위해 비밀유지 의무를 깨뜨려야 한다. 예를 들어, 치료자가 12세 소녀를 치료하는 과정에서 이 소녀가 의붓아버지로부터 학대받았다는 말을 들었다면, 치료자는 이 소녀가 더 이상 학대받지 않도록 보호하기 위해 소녀의 어머니와 권한이 있는 기관에 이 사실을 알릴 의무가 있다.

셋째, 예외적인 경우로 판사는 치료자에게 치료에서 제공된 정보를 공개하도록 요청하는 법원 명령을 교부할 수 있다. 예를 들어, 판사는 심리학자에게 중대범죄 행위로 체포된 청소년 내담자에 관한 정보를 제공하도록 명령할 수 있다.

넷째, 치료자는 서비스 대금을 지급받기 위해 내담자에 관해 제한된 정보를 공개할 수 있다. 예를 들어, 치료자는 종종 보험회사에 내담자에 관한 정보를 제공할 필요가 있다. 대개 내담자의 이름, 인구통계학적 정보, 진단, 치료계획 등의 정보를 제공한다. 보험회사들은 이 정보를 받아볼 수 있는 유일한 기관이다.

다섯째, 치료자는 동료와 협의를 하거나 그로부터 슈퍼비전을 받기 위해 내담자에 관해 제한된 정보를 공개할 수 있다. 심리학자들이 다른 전문가들로부터 조언이나 권고를 얻기 위해 내담자의 문제를 일반적인 용어로 묘사하는 것은 용인된다. 그러나 치료자들은 도움을 받는 데 꼭 필요한 정보만을 동료에게 제공해야 하며, 이름이나 신원을 확인할 수 있는 정보를 사용해서는 안 된다.

치료자들은 또 아동과 청소년들이 잠재적으로 위험한 행동에 연루되어 있음을 알게 되었을 때 이들이 다치지 않도록 보호할 의무가 있다. 치료자의 아동보호 의무와 비밀보장 책임이 충돌할 때 흔히 윤리적 딜레마가 발생한다. 비밀유지의 한계를 시험하는 소녀 르네를 생각해보자.

치료자가 비밀유지에 관한 결정을 하게 될 때 두 가지 요인을 따져보아야 한다. (1) 해롭거나 부적응적일 수 있는 행동의 빈도, 강도 및 지속시간, 그리고 (2) 치료과정 유지의 중요성

이다(Sullivan, Ramirez, Rae, Razo, & George, 2010). 일반적으로 피해를 입을 위험이 증가함에 따라 치료자가 비밀유지를 깨뜨릴 가능성도 더 커진다. 예를 들어, 르네가 스스로 성관계를 하기로 결정했고 임신이나 질병의 위험이 적다면, 대부분의 치료자는 비밀유지를 존중할 것이다. 그러나 르네의 '남자친구'가 온라인에서 만난 25세 남성이라는 것을 알게 되었다면, 그녀를 보호하는 절차를 밟을 필요가 있을 것이다. 어떤 경우든지 치료자는 치료관계의 유지에 크게 중요성을 부여한다. 치료자가 이 정보를 르네의 부모에게 누설한다면 르네는 앞으로 이 치료자(또는 어떤 치료자든지)를 신뢰할 것인가? 정보 누설은 르네의 장기적 정신건강에 어떤 의미를 가질 것인가?

건강보험의 이동성과 책무성(Health Insurance Portability and Accountability, HIPAA)에 따르면, 비밀유지 권리는 아동이 아니라 아동의 부모가 가지고 있다. 결과적으로 아동이 치료에서 누설한 정보에 대한 권리는 부모가 가지고 있다(Sikorski & Kuo, 2015). 치료자는 이러한 부모의 권리와 비밀보장을 받고자 하는 청소년의 기대 간에 균형을 맞추어야 한다. 한편으로, 부모는 아동을 위한 의학치료와 심리치료에 대해 알 권리가 있다. 다른 한편으로, 청소년의 사고와 감정을 이들의 허락 없이 부모와 공유한다면 이 청소년은 치료에 온전히 참여하기 어려울 것이다.

사례연구
아동에 대한 윤리 : 비밀유지

리스케 르네

르네는 오래된 우울증 문제 때문에 치료에 참여하게 된 16세의 고등학교 2학년 학생이다. 어느 한 회기에 르네는 부모가 그 주말에 1박으로 여행을 떠날 것이고 자신은 부모가 없는 동안 남자친구와 성관계를 할 생각이라고 치료자에게 말했다. 르네는 자신이 이전에 누구와도 성관계를 해본 적이 없기 때문에 이 결정이 '엄청난' 것이라고 설명했다.

르네의 치료자는 르네에게 성 건강 및 피임 여부에 관해 질문을 했다. 또한 르네가 성관계를 해야 한다는 압력을 받고 있는 것은 아닌지 알아보고자 했다. 성관계를 하겠다는 르네의 결정은 르네와 치료자만이 알고 있는 비밀로 지켜주어야 할까, 아니면 르네의 이 계획을 르네의 부모도 알 권리가 있는 것일까?

©iStockphoto.com/101dalmatians

심리학자들은 대부분 치료 초기에 부모와 10대 청소년에게 비밀유지 의제를 제기한다. 한 가지 전략을 살펴보자.

> 심리치료는 청소년들이 자신이 하는 말이 비밀에 부쳐질 것이라는 믿음이 있을 때 가장 효과적입니다. 그와 동시에 부모들은 청소년 자녀의 복지와 안전이 지켜질 것이라는 확신을 얻고 싶어 합니다. 여러분(부모)도 한때 10대였기에 청소년 자녀가 치료를 받을 때 성, 알코올 및 기타 활동들에 대해 말하려고 할지도 모른다는 것을 잘 알고 있습니다. 청소년 자녀가 마음속에 있는 생각을 솔직하게 털어놓을 수 있게 하려면 우리가 어떻게 자녀의 비밀을 지켜주고 그와 동시에 자녀의 안전에 대해 여러분(부모)에게 확신을 줄 수 있는지 논의해봅시다(Koocher & Daniel, 2012).

이해충돌

부모가 자녀에게 치료를 받게 할 때 보통은 자녀가 최적의 결과를 얻기를 진심으로 바란다. 그러나 심리학자가 서비스를 자녀에게 제공하는지 또는 부모에게 제공하는지 불분명할 때 윤리적 문제가 발생한다. 윤리강령은 심리학자가 그와 같은 이해충돌, 즉 자신의 객관성, 역량 또는 효율성을 해치는 관계를 내담자와 맺지 말아야 한다고 명기하고 있다.

이해충돌은 아동과 청소년을 치료할 때 여러 가지 방식으로 발생할 수 있다. 한 가지 충돌은 치료자가 아동을 치료하고 있는데 (우연히) 부모도 치료하게 되는 경우에 발생한다. 치료자에게 잠재적 이해충돌과 관련된 딜레마를 안겨준 마거릿이라는 소녀의 사례를 생각해보자.

의도는 좋았지만 치료자는 마거릿과 그녀의 어머니 둘 다와 치료관계를 맺게 되었다. 한 내담자를 치료하는 심리학자가 그 내담자와 치료관계가 아닌 또 다른 관계를 맺게 되거나 그 내담자와 밀접한 관련이 있는 사람과 관계를 맺게 될 때 다중관계(multiple relationship)가 발생한다. 다중관계가 문제가 되는 것은 심리학자가 제공하는 서비스의 객관성을 손상할 때이다(Campbell, Vasquez, Behnke, & Kinscherff, 2010). 치료자는 마거릿의 어머니에게 서비스를 제공하는 동시에 마거릿을 효율적으로 치료할 수 있을 것인가? 마거릿의 어머니를 다른 치료자에게 의뢰하는 것이 더 낫지 않을까?

이해충돌은 별거와 이혼이라는 상황에서도 발생할 수 있다(Shumaker & Medoff, 2013). 마거릿의 가족 상황이 점점 더 악화되고 있다고 가정해보자. 마거릿의 아버지는 마거릿의 어머니와 이혼하기로 결정하고 마거릿의 양육권을 자신이 갖고자 한다. 마거릿의 아버지는 마거릿 어머니의 우울한 기분과 마거릿을 양육하기 어려운 상황에 대한 정보가 들어있는 마거릿의 진료기록을 요구한다. 그는 이 정보를 이용하여 딸의

사례연구
아동에 대한 윤리 : 이해충돌

슬픔에 잠긴 마거릿의 어머니

마거릿은 적대적 반항장애로 우리 클리닉에 의뢰된 12세 소녀이다. 마거릿은 학교에서는 대체로 순종적이었지만, 어머니에게 무례하게 대했고 집에서 자신이 해야 할 일을 피하려고 성질을 부렸다.

치료자는 추가 정보를 위해 마거릿의 어머니를 만났다. 대화 과정에서 마거릿의 어머니가 매우 우울하고 마거릿의 아버지와 상당한 불화를 겪고 있다는 사실이 밝혀졌다. 어머니는 마거릿을 돌보면서 집과 직장에서 해야 할 다른 일들을 해내기가 너무 힘들다고 털어놓았다. 또 자살생각을 한 적이 있다고 인정했다.

치료자는 마거릿의 파괴적 행동이 어머니의 우울한 기분과 관련이 있다고 생각했다. 치료자는 마거릿의 파괴적 행동을 치료하는 것에 더해 어머니와 개별상담을 할 것을 제안했다. 이는 잘한 결정이었을까?

양육권을 가져오려고 한다.

치료자는 이제 마거릿의 치료자, 마거릿 어머니의 치료자, 그리고 마거릿 아버지의 목격자가 될 수도 있는 처지에 놓여 있다. 치료자의 객관성이 명백히 위협받고 있다! 이 시점에서 치료자는 마거릿의 부모에게 이러한 이해충돌 상황에 대해 알리고 마거릿의 진료기록 공개를 제한하는 것이 중요하다는 점을 설명해주어야 한다.

치료자는 누가 자신의 내담자인지 질문함으로써 이해충돌

을 피할 수 있다. 대개의 경우 치료자는 아동 또는 전체 가족이 내담자임을 확인한다. 이 경우 치료자는 다른 가족구성원들에게 별도의 서비스를 제공하지 않는다. 부모가 자녀나 가족의 치료목적과는 별개의 목적을 가지고 있을 경우, 치료자는 이 목적을 인정할지라도 다중관계를 피하기 위해 그 부모를 다른 치료자에게 의뢰할 것이다(Koocher & Campbell, 2018).

주요 용어

공존장애(comorbidity) : 동일인에게 동일 시간대에 두 가지 이상의 장애가 출현함.

근거기반 실천(evidenced-based practice) : 아동과 가족을 그들의 특성, 문화 및 선호의 맥락에서 돕기 위한 경험적 연구와 임상적 전문성의 통합

근거기반치료(evidence-based treatments) : 잘 설계된 연구에서 아동의 증상을 줄이고 기능을 증진하는 것으로 밝혀진 심리치료와 약물

낙인(stigma) : 다른 사람들의 공포, 회피, 차별 또는 자기 자신의 수치심과 낮은 자기가치감으로 이어질 수 있는 부정적 신념

다중관계(multiple relationship) : 한 내담자와 치료관계에 있는 치료자가 그 내담자 또는 그 내담자와 밀접한 관련이 있는 사람과 또 다른 관계를 갖게 될 때 발생함. 치료의 객관성과 질을 손상할 수 있음.

동의(consent) : 치료에 대해 충분히 이해하고 그에 참여하겠다는 자발적 결정

문화(culture) : 사람들이 사회집단들에 소속됨으로써 갖게 되는 가치, 지식 및 실천

민족성(ethnicity) : 문화적으로 구성된 정체성으로서 사람들과 공동체들의 집단을 정의하는 데 사용됨. 어떤 사람 또는 집단을 다른 사람 또는 집단들과 구분해주는 공통의 역사, 지리적 위치, 언어, 종교 또는 공유경험에서 뿌리를 찾을 수 있음.

발병률(incidence) : 일정 기간, 흔히 1년 내에 새로 발병한 장

애 사례의 백분율

범주 분류(categorical classification) : 장애를 주요 기준에 따라 상호배타적인 집단들로 구분하는 진단 접근

비밀유지(confidentiality) : 아동과 가족이 치료 과정에서 제공한 정보가 동의 없이 다른 사람들에게 누설되지 않을 것이라는 기대

사회경제적 지위(socioeconomic status, SES) : 아동 환경의 세 가지 측면, 즉 (1) 부모의 교육수준, (2) 부모의 직업, (3) 가족소득을 나타내는 혼합 변수

승낙(assent) : 연령이나 인지능력으로 인해 동의를 할 수 없는 사람이 치료나 연구에 참여하겠다는 의사를 밝힘.

역량(competence) : 정신건강 전문가들이 근거기반 서비스를 제공할 때 사용하는 교육, 훈련 및 전문적 경험. 전문가들은 이러한 범위 안에서 서비스를 제공해야 함.

연구영역기준 계획[Research Domain Criteria(RDoC) Initiative] : 정신장애를 기저의 유전적 및 생물학적 원인에 의거하여 분류하는 새로운 체계를 만들기 위해 NIMH가 지원하는 프로그램

원형 분류(prototypical classification) : 개인이 보이는 징후와 증상들이 그 장애의 이상적 상태에 어느 정도 대응하는지에 근거한 진단 접근

유병률(prevalence) : 특정 모집단에서 의학적 또는 심리학적 문제가 있는 사람들의 백분율

윤리(ethics) : 질 높은 돌봄을 제공하고 다른 사람들의 권리와 존엄을 보호하기 위해 하나의 직종에서 수립한 원칙과 기

준들

윤리기준(ethical standards) : 심리학 전문가의 실천을 이끌어 가는 구체적 규칙들

윤리원칙(ethical principles) : 심리학 전문가로서 업무를 수행하기 위한 이상 또는 목표

인종(race) : 문화적으로 구성된 범주로서 사람들을 피상적인 신체 특징에 따라 집단으로 구분하는 데 사용될 수 있음

정신장애(mental disorder) : "개인의 인지, 정서조절 또는 행동에서 임상적으로 유의미한 장해를 보이는 증후군으로, 이 장해는 정신기능의 기저에 있는 심리학적, 생물학적 또는 발달 과정의 역기능을 나타낸다." [DSM-5]

정신장애의 진단과 통계편람, 5판(DSM-5) : APA가 채택하고 미국의 정신건강 전문가들 대부분이 활용하는 정신장애 및 진단기준들의 요약서

증상(symptom) : 특정 장애와 관련된 주관적 경험(예 : 불안, 우울한 기분)

진단 명시자(diagnostic specifier) : 특정 장애를 가진 사람들 중 비교적 동질적인 하위집단을 묘사하는 명칭

징후(sign) : 하나의 장애에서 관찰할 수 있는 특징(예 : 과잉충동성, 느린 움직임)

차원 분류(dimensional classification) : 고통 그리고/또는 손상의 심각도를 연속선상에서 기술하는 진단 접근

해로운 역기능(harmful dysfunction) : 이상행동이란 (1) 어떤 기능을 수행하기 위해 자연스럽게 선택된 내적 기제가 실패하고 (2) 그 실패가 해로운 결과를 초래하는 것이라는 정의

향정신성 약물(psychotropic medication) : 불안, 우울, 조현병과 같은 심리장애를 치료하는 데 사용되는 처방약물

APA 윤리강령(APA Ethics Code) : 심리학자들이 전문가로서 또 과학자로서 일할 때 지켜야 할 공통의 원리와 기준들을 가리킴. 다른 전문 직종들(예 : 학교심리학자, 사회복지사)도 이와 유사한 윤리강령을 가지고 있음.

비판적 사고 연습

1. DSM-5에 따르면, 정신장애는 개인이 지니고 있는 고통이나 문제를 특징으로 하는 행동패턴이다. 이 정의를 특히 아동과 청소년들에게 적용할 때 그 한계는 무엇인가?

2. 정신장애를 가지고 있는 일반 모집단 청소년의 40%가량이 적어도 다른 한 가지 공존장애를 가지고 있다. 그러나 정신건강 클리닉에 의뢰되는 아동들의 공존장애 유병률은 그보다 훨씬 더 높아서 70%에서 80% 사이에 있다. 이 차이는 무엇으로 설명할 수 있는가?

3. 아부디는 자살시도 후 병원 응급실로 실려 온 14세 소년이다. 최근에 소말리아에서 이민 온 아부디는 영어를 말하지 못한다. 아부디가 의학적으로 안정된 후 병원의 심리학자는 그가 우울이나 다른 정신장애의 진단기준에 부합하는지 알아보기 위해 통역자를 통해 그를 면담했다. 여러분이 심리학자라면 아부디를 면접할 때 어떤 점들을 고려해야 할 것인가?

4. 앨리슨은 졸업 후 아동과 가족을 대상으로 일하고자 하는 심리학 전공학생이다. 앨리슨은 박사학위 또는 의학 박사 학위를 취득하기를 원하지 않는다. 그녀는 다른 어떤 경력들을 선택할 수 있는가? 어떻게 하면 그러한 경력들에 대해 더 많은 정보를 얻을 수 있는가?

5. 테일러는 지역사회 정신건강센터에서 학생인턴으로 일한다. 인턴으로 일하는 동안 내담자 중 한 명인 9세 소년이 부모로부터 신체적 학대를 받고 있을지도 모른다는 의심을 갖게 되었다. 이 소년의 부모는 심한 체벌과 같은 '거친 훈육'을 한다. 소년은 문제를 호소한 적이 한 번도 없었고 그의 몸에는 아무런 상처도 없었다. 테일러는 어떻게 해야 할까?

2

아동기 장애의 원인

2.1 발달정신병리학

옛날에 코끼리를 처음 본 여섯 명의 맹인이 있었다. 이 괴물이 무엇인지 알기 위해 맹인들은 서로 다른 부위를 만져보았다. 다리를 만져 본 맹인은 기둥 같다고 하였고, 꼬리를 만져 본 맹인은 밧줄 같다고 하였다. 귀를 만져 본 맹인은 부채 같다고 하는 등 서로 다른 견해를 보이며 코끼리의 정체에 대해서 논쟁하였다(이미지 2.1).

이 논쟁은 눈이 잘 보이는 왕이 다가와서 결론을 내릴 때까지 지속되었다. "당신들 모두의 말이 부분적으로 옳다. 의견의 불일치는 당신들 각각이 이 동물의 서로 다른 신체 부위를 만져보았기 때문이다. 완전한 그림을 알기 위해서는 당신들 모두가 함께 일해야 한다."

이 이야기의 맹인들처럼, 심리학자들은 각자의 접근방식을 통해 아동기 장애의 원인을 이해하려고 한다. 일련의 심리학자들은 행동의 생물학적 원인을 연구하고, 다른 심리학자들은 아동의 행위, 사고, 정서에 초점을 맞추며, 또 다른 심리학자들은 가족과 친구, 사회가 아동의 발달에 미치는 영향을 연구한다. 각각의 접근방식은 아동발달을 이해하는 데 도움이 되지만, 이는 단지 큰 그림의 일부에 불과할 뿐이다.

예를 들어, 연구자들이 자폐스펙트럼장애를 유전이나 두뇌구조에서의 비정상성으로만 이해하려고 한다면, 헌신적인 부모나 높은 수준의 교육을 제공하는 학교가 자폐스펙트럼 장애아동의 발달에 미치는 영향을 간과할 수 있다. 생물학적 요소가 자폐의 발현에 중요한 역할을 할지라도, 부모와 학교는 이 장애를 가진 아동의 최종 발달결과에 큰 영향을 미친다.

마찬가지로 미디어가 여성과 소녀에게 강요하는 비현실적인 신체상이 섭식장애의 발현을 온전히 야기한다고 믿는 연구자는 조작적 조건형성이 폭식과 구토와 같은 위험행동을 잘 설명할 수 있다는 사실을 간과할 수 있다. 텔레비전과 영화, 다양한 미디어가 10대들의 건강하지 못한 식생활에 큰 기여를 할지라도, 다른 요인들 역시 섭식장애의 발현과 유지에 장기적인 영향을 미칠 수 있다. 아동의 심리적 문제들은 다중요인들이 복잡하게 작용한 결과이므로, 이를 잘 이해하기 위해서는 다양한 관점에서 접근해야 한다(Cicchetti, 2019).

Wikimedia Commons

이미지 2.1 6명의 맹인과 코끼리

발달정신병리학이란 무엇인가?

시간에 따른 발달

발달정신병리학(developmental psychopathology)은 아동의 전형적인 발달에 대한 이해를 기반으로, 발달과정에서 나타나는 정신건강문제를 이해하기 위한 다학제적 접근방식이다(Beauchaine & Cicchetti, 2020; Rutter & Sroufe, 2000). 발달정신병리학자들은 아동의 장애 발생원인을 규명하기 위해 다음과 같은 세 수준에서의 분석에 의존한다:

1. **생물학적 수준** : 아동의 유전자, 두뇌 구조와 기능, 신체적 건강과 발달을 포함하여 분석
2. **심리적 수준** : 아동의 사고, 감정, 행동을 포함하여 분석
3. **사회-문화적 수준** : 아동의 가족, 친구, 학교, 이웃, 민족, 문화적 배경을 포함하여 분석

발달정신병리학자들은 아동기 문제의 원인에 대한 보다 분명한 그림을 제공하고 이를 치료할 수 있는 최고의 방법을 찾기 위해 이 세 수준에서의 정보를 통합한다(Hinshaw & Beauchaine, 2015). 특히, **확률적 후생발생**(probabilistic epigenesis)이란 용어를 사용하여, 각 수준에서의 요인들이 상호작용을 통해 아동발달을 형성하는 과정을 기술하고 있다(Cicchetti, 2016a, 2016b).

각 수준에서의 분석이 다른 수준에 미치는 영향을 이해하기 위해 다운증후군 진단을 받은 니나의 사례를 생각해보자. 다운증후군은 21번째 염색체의 돌연변이로 인해 발생하는 유전 장애이다(수준 1 : 생물학적 수준). 이 돌연변이로 인해 니나의 두뇌와 중추신경계가 비전형적인 형태로 발달한다. 특히, 언어추론, 기억, 학습과 밀접하게 관련된 두뇌 영역에서의 구조적 이상성이 보인다.

이런 생물학적 이상성은 니나의 아동기 초기 심리적 기능에 영향을 미친다(수준 2 : 심리적 수준). 니나의 부모는 운동능력과 언어 사용, 자조기술에서의 발달 지연을 보고하였다. 학교에서도 다른 또래에 비해 읽기와 쓰기, 수 세기를 배우는 게 느리다.

이런 심리적 특징들은 니나가 부모와 교사로부터 받는 돌봄 방식에 영향을 미쳤다(수준 3 : 사회-문화적 수준). 니나의

엄마는 당연하게도 매우 방어적이고, 교사들은 니나에게 추가적인 도움을 제공했다. 니나의 인지적 기능 역시 또래와의 관계에 영향을 미쳤다. 니나는 자신과 연령이 같은 학급친구들보다는 더 어린 아이들과 노는 것을 선호한다. 니나는 중학교에 갈 때까지 자기 또래보다 학업 면에서 뒤쳐져 있었다. 그러나 하루의 학교생활 중 절반은 보조교사의 도움으로 일반 6학년 교실에서 지낼 수 있었으며, 나머지 절반은 특수학급에서 생활하였다. 지역교육청에서 제공하는 추가적인 서비스들을 통해 니나는 고등학교 재학 중에 시간제 일자리에서 일하기 시작하였다. 니나의 이야기는 각각의 수준에서 일어난 발달이 이를 넘어 다른 수준에 영향을 주는 시간에 따른 발달과정을 잘 보여준다.

또한 발달적 후생발생(developmental epigenesis)은 양방향적인 과정이다. 유전적이고 생물학적인 요인들은 당연히 심리적이고 사회-문화적인 기능에 영향을 준다. 그러나 심리적이고 사회-문화적인 요인들 역시 유전자와 생물학이 발달에 미치는 효과를 결정한다. 많은 전문가들은 **교류적**(transactional)이라는 단어를 사용하여 각각의 수준이 서로 영향을 주고 받는 것을 기술한다(Kerig, 2016; Sameroff, 2000).

인간 발달의 교류적 속성을 이해하기 위해 다운증후군을 가진 앤서니의 사례를 생각해보자. 앤서니의 엄마 아니타는 산부인과 의사로부터 앤서니가 다운증후군의 생물학적 조건(23번 염색체 돌연변이_역주)을 가지고 있다는 이야기를 듣고 충격을 받았다(수준 1 : 생물학적 수준). 그녀는 절망하기보다 아들의 인지, 사회, 행동 잠재력을 최대화하기 위해 자신이 제공할 수 있는 가장 풍부한 초기 환경을 제공하기로 결정하였다. 아니타는 수많은 시간을 할애하여 앤서니에게 말하고 책을 읽어주고 음악을 듣게 하고, 게임을 하고, 바깥에서 활동할 수 있도록 하였다(수준 3 : 사회-문화적 수준).

아니타는 또한 앤서니의 강점에 집중하는 것을 배웠다. 예를 들어, 앤서니가 언어적 지시를 통해 배우는 것보다 직접 체험을 통해 학습할 때 새로운 기술을 가장 잘 습득한다는 것을 인식하였다. 앤서니가 언어와 일상 생활 기술을 느리게 학습할지라도, 아니타는 앤서니에 대한 높은 기대를 가지고 있었다. 그녀는 항상 인내하였고 앤서니가 이런 기술들을 스스로 배울 수 있는 구조와 도움을 제공하려고 애썼다. 아니타는 앤서니를 특수교육을 제공하는 어린이집에 보내고, 교육 전반

에 걸쳐 깊게 관여하였다(수준 2 : 심리적 수준). 그 결과 앤서니는 좋은 언어능력과 일상생활 기술을 발달시켰고, 고등학교를 졸업할 수 있었다. 현재 앤서니는 큰 회사의 우편 담당 부서에서 정규직으로 일을 하고 독립적으로 살고 있으며, 친구들과 함께 볼링과 낚시를 즐긴다.

아동발달을 이해하고 예측하는 것이 어려운 것은 대개 두 가지 이유 때문이다. 첫째, 발달은 다양한 수준(유전자, 생물학, 심리학, 가족, 사회)에 걸쳐서 많은 요인들에 의해 영향을 받는다. 둘째, 이런 요인들은 시간이 지남에 따라 계속 변하며, 서로 상호작용한다. 결과적으로 어떤 하나의 요인이 아동의 발달결과를 결정할 수 없다. 대신, 발달의 전개는 확률적이다. 즉 한 개인의 발달결과는 생물학적, 심리적, 그리고 사회-문화적인 많은 요인들의 상호협력에 기반하여 달라진다. 발달정신병리학자들은 시간 변화에 따라 발달을 조성하는 수많은 요인들의 복잡한 상호교류를 기술하기 위해 '확률적'이라는 용어를 사용해왔다(Gottlieb & Willoughby, 2006; Rutter & Sroufe, 2000).

적응 행동 대 부적응 행동

발달정신병리학의 관점에서, 정상 혹은 이상 행동은 그것이 얼마나 아동의 역량을 향상시키느냐에 따라 결정된다. 적응 행동(adaptive behavior)은 아동으로 하여금 나이가 들어감에 따라 사회적, 정서적, 행동적 능력을 적절히 발달하게 도우며, 아동이 처한 시기와 환경에 따라 변하는 요구에 맞출 수 있도록 만든다. 적응 행동이란 걸음마기 유아가 타인의 정서 상태를 이해하는 것을 배우는 것이나 학령기 아동이 행동하기 전에 생각하는 것을 배우는 것, 그리고 청소년이 대인관계에서 발생하는 문제를 해결하기 위해 도덕적 추론능력을 사용하는 것 모두를 포함한다. 이런 행동들은 아동이 그들을 둘러싼 환경을 효과적으로 이해하고 유연하게 상호작용하도록 이끌기 때문에 적응적이다(Cicchetti, 2019).

부적응 행동(maladaptive behavior)은 아동의 사회적, 정서적, 행동적 역량의 발달을 저해하고, 변화하는 환경 요구에 맞추지 못하게 한다. 부적응 행동의 대표적인 예로는 걸음마기 유아가 타인의 정서표현을 이해하지 못하거나 사회적 상호작용을 하지 않는 것, 학령기 아동이 화가 나면 충동적으로 타인을 때리는 것, 청소년이 또래를 괴롭히는 것이 있다. 이런 행동들은 아동의 사회적 능력 발달의 실패를 보여주고, 아동 자신의 사회-정서적 안녕감을 방해하기 때문에 부적응적이다(Cicchetti, 2019).

적응 행동은 아동의 **발달맥락**에 따라서 달라진다. 정상(normality)과 이상(abnormality)은 아동의 연령과 발달수준에 의해 결정된다(이미지 2.2). 아침에 옷 입기를 거부하고 아침으로 쿠키를 먹을 수 없다고 했을 때 심한 짜증을 내는 두 살 남자아이를 생각해보자. 이런 반항적인 행동들은 부모를 힘들게 만들지만, 2세 아동에게 있어서 비정상적인 행동이라고 간주되지 않는다. 사실 고집을 부리는 것은 유아의 적절한 자율성 발달을 보여주는 지표이기도 하다. 그러나 똑같은 행동을 6세 아동이 한다면, 이는 부적응적이며 이상 행동으로 간주될 것이다. 이 아동의 연령과 발달수준을 고려했을 때, 이런 행동들은 자율성 욕구와 부모의 권위를 존중하는 것 사이의 균형에서 문제가 발생했음을 보여주기 때문이다(Burt, Coatsworth, & Masten, 2016).

적응 행동은 아동의 환경 맥락에 의해서도 달라진다. 가출 경험이 있는 13세 소년 자비에는 학교를 결석하고, 집 밖에서 밤을 보내며, 성적도 나쁘다. 이는 확실히 문제행동이다. 그러나 자비에가 가정에서 신체적 학대를 받고 있다는 사실을 알게 된다면, 우리는 이런 문제행동이 사실은 자비에가 받고 있는 심리사회적 스트레스에 대한 대처 시도라는 것을 이해할 수 있다. 특히 자비에가 집을 나가서 밖에서 밤을 새우는 것은 물리적 학대로부터의 도피 시도이며, 스트레스가 가득

이미지 2.2 아동 행동은 연령과 발달수준에 기반하여 이해해야 한다. 걸음마기 아동이 떼를 쓰는 것은 발달적으로 예상 가능한 행동이나, 더 나이 든 아동이 이런 행동을 보인다면 부적응의 징후이다.

한 가정환경 때문에 숙제를 마치거나 학교에 출석하는 것이 어려울 것이다. 자비에의 행동은 그의 환경 맥락을 고려해야 가장 잘 이해할 수 있다.

발달정신병리학자들은 이상발달을 정상에서 벗어난 것으로 본다. 아동기 장애를 인식하고 이해하며 개입하는 역량은 정상 아동발달 지식에 의존한다. 파티에서 친구들과 술을 마시기 시작한 16세 소년 조지의 경우를 생각해보자. 지난 6개월 동안 거의 한달에 한 번 꼴로 조지는 친구들과 파티를 즐기면서 여러 병의 알코올 음료를 마셨다. 그는 친구들과 즐거운 시간을 보내기 위해 술을 마셨고, 술에 취해서 문제를 일으키거나 위험에 처한 적도 없다. 이번에는 체중을 조절하기 위해 식단 조절을 하고 있는 14세 소녀 마리아의 경우를 보자. 마리아의 현재 몸무게가 나이와 키를 고려할 때 평균임에도 불구하고, 마리아는 자신의 신체형태에 매우 불만족스러워하며 적어도 7킬로그램을 감량해야 한다고 생각한다. 조지와 마리아의 행동을 이상으로 간주할지의 여부는 부분적으로 그들의 행동이 동일 연령의 청소년에 비해 비전형적인지 혹은 그들이 직면하고 있는 환경적 요구에 부합하지 않는지에 따라 달라진다. 결국 그들의 행동이 전형적인지 아니면 문제가 될 소지가 있는지를 결정하기 위해서 동일 연령 청소년의 정상적인 발달에 대해서 알아야 한다(Masten & Kalstabakken, 2019).

또한 발달정신병리학자들은 이상행동이 아동과 청소년의 전형적인 발달에 대해서도 중요한 정보를 제공한다고 믿는다. 발달 과제를 완수하는 데 분명한 지연을 보이는 아동이나 환경적 요구에 부합하지 못하는 아동의 사례는 전형적인 발달이 어떻게 진행되는지에 대해 알려준다. 예를 들어, 자폐 아동들은 타인의 사회적 행동을 지각하고 해석하는 데 유별난 결핍을 보인다. 이런 결핍을 연구함으로써, 연구자들은 자폐성향을 보이지 않는 영아와 아동이 어떻게 사회적 정보를 처리하는 능력을 발달시키는지 이해하기 시작하였다(Toth & Manly, 2020).

무엇이 발달에 영향을 미치는가?

발달경로

아동은 연령과 발달수준이 변화함에 따라 특정 발달과업(developmental task) 혹은 도전을 직면하게 된다. 에릭 에릭슨(Erik Erikson, 1963)은 영아기에서 시작하여 노인이 되기까지 개인이 직면하게 되는 몇 가지의 중요한 사회정서적 발달과업을 제시하였다. 예를 들어, 영아에게 가장 중요한 발달과업은 애정적이고 반응적인 양육자와 신뢰감을 형성하는 것이다. 영아들은 양육자가 그들의 신체적, 사회적, 정서적 요구에 민감하고 반응적이라고 기대해야 하고, 그들 자신이 타인으로부터 관심과 배려를 받을 만한 존재라고 생각해야 한다. 청소년기의 주된 발달과업은 자아정체감의 형성이다. 청소년들은 아동기 경험과 성인기의 목표를 유기적으로 연결할 수 있는 자기감각을 발달시켜야 한다. 사람들은 대개 이런 과업을 10대 시기에 서로 다른 사회적 역할을 시도하면서 획득한다(표 2.1).

발달정신병리학자들은 발달경로(developmental pathway)라는 용어를 사용하여 아동 발달의 과정 혹은 궤적을 기술한다(Masten & Kalstabakken, 2019). 발달과업들은 이 경로에서 다

표 2.1 ■ 아동기와 청소년기의 일반적 발달과업
단계	**발달과업**
영아기와 걸음마기	• 양육자와 애착관계 • 기본적인 운동기술 : 앉기, 서기, 걷기, 뛰기 • 기본적인 음성/언어 기술 습득 • 부모로부터 자율성 성취
아동기 초기	• 자조기술과 집안일을 도움 • 가정, 학교, 공공장소에서의 규칙 준수 • 기초적인 학업기술 학습 : 읽기, 맞춤법, 쓰기, 산술 • 친구를 사귀고 유지
아동기 후기	• 가정 밖에서도 높은 독립성 보임(예 : 방과 후 활동이나 스포츠 클럽활동) • 고급의 학업기술 발달 : 창의적 글쓰기, 과학, 고급수학 • 자아정체감 발달 • 또래와의 친밀한 관계 발달
청소년기	• 취미활동, 봉사활동, 시간제 직업활동을 활발히 함 • 정규직 취업, 직업훈련 혹은 대학진학을 위한 준비 • 사회규칙을 준수(예 : 야간통행 시간, 자동차 운전, 약물사용 등) • 긴밀한 우정관계와 연애관계의 형성

이미지 : ©iStockphoto.com/Bigmouse108

양한 분기점을 제시한다. 즉 아동은 발달과업을 성공적으로 완수할 수도 있고, 발달과업의 실행과정에서 문제를 겪을 수도 있다. 발달과업의 완수는 아동을 최적의 발달에 다다르게 하는 능력의 획득으로 이어지는 반면, 초기 발달과업 완수에서의 실패는 이후의 기술과 능력 발달을 방해할 수 있다.

예를 들어, 양육자와의 기본적인 신뢰감을 형성한 영아들은 아동기에 친구관계를 맺고 유지하는 데 필요한 좋은 사회적 능력을 가진다. 그러나 이런 신뢰감을 형성하지 못한 영아들은 아동기에 또래와 깊은 관계를 맺는 것을 어려워한다 (Handley, Russotti, Rogosch, & Cicchetti, 2020). 마찬가지로 자기의 행동과 감정을 통제하는 법을 배운 어린 아동들은, 이후 학교에서 수업에 더 잘 주의를 기울이고 친구들과의 분쟁과 사소한 문제에 잘 대처할 수 있다. 그러나 타인이 자신을 방해했을 때 계속 짜증을 부리거나 공격적으로 행동하는 어린 아동들은 또래들에게 따돌림을 당할 수도 있다(Beauchain

& Cicchetti, 2020). 발달과정에 문제가 많아 보이는 카터의 경우를 생각해보자.

발달은 일종의 건설과정으로 볼 수 있다. 신체적 특징과 신경생물학적 잠재력, 행동적 경향의 원형을 제공하는 유전적 소인에 의해 건물의 기초가 다져진다. 아마도 건물의 1층은 태내 환경이나 임신이나 출산 조건과 같은 초기 환경 경험에 의해 구성될 것이다. 그 위의 층들은 영양이나 건강관리, 부모나 다른 양육자와의 관계, 교육의 질, 학교친구와의 관계와 같은 생후 경험으로 구축된다. 이 건축물의 높은 층들의 견고함은 아래 층들의 견고함에 의해서 상당 부분 결정된다. 예를 들어, 기초 구조에 발생한 문제는 높은 층을 건축하는 데 있어 추가적인 어려움을 가져올 것이다. 반면, 잘 발달된 상위 구조는 기초 구조에서 발생한 어려움을 부분적으로 상쇄하기도 한다.

그러나 이 건축물은 빈 공간에 존재하지 않는다. 구조물이

사례연구
다양한 발달경로

문제행동 발달경로

카터는 학교에서의 잦은 다툼으로 심리학자에게 의뢰된 13세 소년이다. 카터의 주된 문제는 점심시간과 방과 후에 다른 소년과 싸우는 것이었으나, 심리학자는 카터의 문제행동이 더 어린 나이에 시작되었음을 알게 되었다. 어린이집에 다닐 때부터 카터는 동거 중인 엄마의 남자친구로부터 신체적 학대를 받았다. 학대를 경험하는 많은 아이들처럼 카터는 성인 특히 남성을 믿지 못하게 되었다. 카터는 타인과 정서적 관계를 맺는 것을 꺼렸고, 자신이 슬프거나 겁에 질렸을 때 혹은 위로가 필요할 때에도 타인에게 의존하는 것을 원하지 않았다. 대신, 타인을 의심하고 타인이 자신을 향해 화를 내거나 성서를 줄 것이라고 믿게 되었다. 이런 초기 경험들은 카터가 자기 자신과 타인에 대한 적응적이고 건강한 견해를 발달시키는 데 어려움을 겪게 만들었다.

또한 카터는 아동기 초기 학대경험을 통해 물리적 공격이 자신의 분노를 표현하고 대인관계에서의 갈등을 해결하는 데 빠르고 효과적인 전략이라고 배우게 되었다. 즉, 논쟁을 피하는 법이나 자신의 정서를 조절하는 법을 배우는 대신에 카터는 상대방에게 고함을 지르고, 밀고, 때리는 것을 통해 갈등을 해결하려고 하였다. 이런 공격적인 행동은 좀 더 적응적이고 친사회적인 문제해결 전략을 개발하는 그의 능력의 발달을 저해하였고, 결국 장기적인 문제행동으로 발전하게 되었다.

카터는 현재 중학교에서 친구가 거의 없으며, 대부분의 또래들에게

미움을 받고 있다. 이런 사회적 거부로 인해, 카터는 대부분의 시간을 더 심각한 문제행동(무단결석, 기물파괴, 알코올 사용)을 일으키는 다른 문제아동과 보내고 있다. 카터는 청소년기 품행문제와 반사회적 행동을 보

©iStockphoto.com/Juanmonino

이는 많은 아동들이 경험하는 발달경로를 따르고 있다.

다행히도, 현재 카터에 대한 개입이 너무 늦은 건 아니다. 그를 담당하는 학교심리학자는 카터를 친사회적인 또래들과 연결시키기 위한 많은 방법을 찾고 있다. 아마도 카터는 스포츠팀이나 방과후 동아리 활동에 참여할 수 있을 것이다. 또한 정서를 조절하고 사회적 문제를 해결하는 새로운 전략을 배워서 더 이상 물리적 싸움에 의존할 필요가 없을 것이다. 무엇보다도 학교심리학자의 개입과 공감은 카터로 하여금 타인을 믿고 의존할 수 있게 도울 것이다. 이와 같은 개입은 카터가 행동, 사회, 정서적인 측면에서의 유능성을 가진 성인기로 진입할 수 있는 새로운 발달경로를 찾을 수 있도록 도울 것이다.

생성되는 맥락 또한 매우 중요하다. 기온, 바람, 강수량이 건물의 건축과정에 영향을 미치는 것처럼 아동이 처한 사회-문화적 기후가 발달에 영향을 미친다. 좋은 학교, 안전한 이웃환경, 공동체와 같이 아동과 가족을 보호하고 존중하는 사회-문화적 조건들은 아동의 심리적 견고함을 육성할 수 있다. 반면, 빈곤과 범죄환경에의 노출과 같은 사회-문화적 요인들은 아동발달을 저해한다.

연속성 대 변화

발달정신병리학자들은 발달의 과정을 예측하는 데도 관심이 있다. 일부의 심리적 문제들은 발달적 이행과정으로 여겨지기도 한다. 예를 들어, 배설 장애(elimination disorders, 야간 유뇨 혹은 유분증상)는 어린 아동기에만 주로 발생한다.

일부의 다른 장애들은 동형연속성(homotypic continuity) — 아동기부터 청소년기를 거쳐 성인기까지 증상의 큰 변화 없이 지속됨 — 을 보인다. 지적장애나 자폐를 가진 어린 아동들은 성인이 되어서도 이런 상황을 계속 경험한다. 물론, 문제의 심각도는 시간에 따라 감소할 수도 있지만, 지적장애 아동은 인지적 기능에, 자폐아동은 사회적 기능에서 지속적인 문제를 경험한다(Maughan & Rutter, 2010).

그러나 대부분의 아동기 장애는 이형연속성(heterotypic continuity) — 증상은 시간에 따라 변하지만 행동의 기저 패턴은 동일함 — 을 보인다. ADHD로 진단받은 6살 소년 벤의 사례를 통해 이형연속성을 이해해보자. 벤의 가장 두드러진 문제는 과잉행동이다. 수업시간에 자주 의자에서 일어나서 돌아다니며, 주위 아이들과 떠들고, 안절부절하며 옷이나 사물을 만지작거린다. 그러나 중학교에 들어가서는 과잉행동보다는 부주의와 관련된 문제를 더 보인다. 수업시간에 집중하기 어렵고, 숙제를 기억하기 어렵고, 시험 중에 쉽게 주의가 분산된다. 벤은 초기 성인기에도 ADHD의 기저증상들을 계속해서 경험하는데, 이는 가정과 일터에서의 조직화, 계획 생성, 다양한 작업의 상대적인 중요도 결정 등에서의 문제로 나타난다. 연령이 변화함에 따라 벤의 행동에서 가장 두드러진 증상들은 변해가지만, 주의조절과 억제와 관련된 근본 문제들은 시간 변화와 관계없이 지속된다(Barkley, 2016).

극단적으로 수줍음을 타는 엠마를 통해 또 다른 이형연속성의 사례를 보자. 대략 15%의 영아들이 낯선 상황에서 위축되고 수줍어하는 유전적 기질을 타고난다(Fox, Snidman, Haas, Degnan, & Kagan, 2015). 이런 경향성을 타고난 엠마는 엄마와 떨어지면 극심한 불안을 경험한다. 어린이집에 도착해서 엄마와 헤어질 때마다 울고, 떼를 쓰거나 신체적인 고통을 호소한다. 엠마의 분리불안은 시간이 지남에 따라 약화되기는 했지만, 중학교에 들어가서도 만성적인 걱정과 관련된 문제를 경험하기 시작했다. 현재 성인기 초기를 보내고 있는 엠마는 여전히 불안과 우울 문제를 경험하고 있다. 즉, 엠마의 증상 역시 나이가 들어가면서 변할지라도 기저하는 정서적 곤란 문제는 성인기까지 지속되고 있다.

동일결과와 다중결과

물론 모든 아동기 장애가 성인기까지 지속되지는 않는다. 왜 어떤 상황은 연속성을 보이고, 다른 상황은 그렇지 않은가? 발달정신병리학자들은 다양한 발달 결과로 드러나는 개인차에 관심이 많다. 발달에서의 개인차를 예측하는 것은 매우 어렵다. 이미 살펴본 것처럼 다양한 요인들이 시간에 걸쳐 상호작용을 하고 아동의 발달결과에 영향을 미치기 때문이다. 시간에 걸친 다양한 요인들 간의 상호작용은 동일결과와 다중결과라는 두 가지 현상을 이끌어낸다(Hinshaw & Beauchaine, 2015).

동일결과(equifinality)는 서로 다른 발달 역사를 가진 아동들이 비슷한 발달결과를 보여줄 때 발생한다(그림 2.1). 여러분이 소년법정에서 소년범을 평가하는 심리학자라고 가정해보자. 범법행위를 저지르고 체포되어 기소된 남자 청소년을 평가하고 법정에서 치료와 관련된 제안을 해야 한다(미국의 경우_역주). 당신이 평가하는 모든 소년들은 비슷한 발달결과, 즉 모두 품행문제를 보인다. 그러나 많은 소년들을 면접한 후에 그들의 발달 이력이 매우 상이하다는 것을 발견하였다. 어떤 소년들은 아동 초기에 물리적 학대를 경험하였고, 다른 소년들은 ADHD와 위험 추구 행동문제를 보였다. 또 다른 소년들은 오랜 시간에 걸친 공격적이고 파괴적 행동문제를 가지고 있다. 이는 아동발달에서 나타나는 동일결과 원리를 잘 보여준다. 동일한 발달결과에 이르는 데는 수많은 다양한 경로가 존재한다.

다중결과(multifinality)의 원리는 비슷한 초기 경험을 가진 아동들이 서로 다른 결과를 보여주는 경향성을 가리킨다. 여

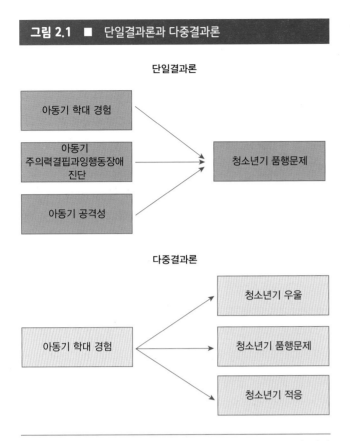

그림 2.1 ■ 단일결과론과 다중결과론

단일결과론

아동기 학대 경험

아동기
주의력결핍과잉행동장애
진단

아동기 공격성

청소년기 품행문제

다중결과론

아동기 학대 경험

청소년기 우울

청소년기 품행문제

청소년기 적응

주 : 단일결과는 서로 다른 발달이력을 가진 아동이 동일한 결과를 보이는 경우에 발생한다. 다중결과는 동일한 발달이력을 가진 아동이 서로 다른 발달결과를 보이는 경우에 발생한다.

러분이 신체적으로 학대받은 아동을 평가하는 임상사회복지사(미국의 경우_역주)라고 가정해보자. 당신은 오랜 시간 임상사회복지사로 근무하면서 양육자에게 학대받은 수많은 아이들을 평가하였고, 그 결과 어떤 아이들은 학대경험 이후 오랜 시간에 걸쳐 정서/행동적 문제를 보이는 반면 다른 아이들에게는 학대경험의 장기적 효과가 적은 것을 발견하였다. 당신의 관찰은 다중결과의 원리를 잘 드러낸다. 비슷한 초기 경험을 한 아동들이 매우 다른 발달결과를 보일 수 있다.

동일결과의 원리는 아동의 장애 원인을 결정하기 어렵게 만든다. 동일결과의 원리 때문에 아동의 현재 증상에 기반하여 문제의 원인을 추론할 수 없다. 예를 들어, 많은 사람들이 자신보다 어린 아동을 성학대하는 청소년들이 그들 스스로도 과거에 성적 학대의 피해자였다고 잘못 생각하고 있다. 사실상 청소년들은 그 외에도 많은 이유로 성적 학대에 가담한다(Fox & DeLisi, 2019).

다중결과의 원리는 아동의 발달결과를 예측하기 어렵게 만

든다. 많은 사람들이 성적 학대를 받은 아동이 나중에 성적 문란함이나 우울, 불안과 같은 정서적이고 행동적인 문제를 경험할 것이라고 잘못 생각한다. 사실, 성적학대를 경험한 남녀 아동의 발달 결과는 다양하다. 어떤 아동들은 심각한 부적응을 경험하고, 다른 아동들은 장기적 문제를 거의 보이지 않는다. 이런 다양한 결과는 발달에 대한 예측이 매우 어렵다는 것을 잘 보여준다(Hinshaw & Beauchaine, 2015).

왜 어떤 아동들은 다른 아동들보다 더 나은 발달결과를 보이는가?

위험요인과 보호요인

동일결과와 다중결과의 원리는 무엇으로 설명할 수 있는 가? 아동의 발달 경로에서 나타나는 이런 다양성은 왜 발생하는가? 그 답은 아동 발달이 생물학적, 심리적, 사회-문화적 요인들의 복잡한 상호작용에 의해서 결정된다는 데 있다. 이런 요인 중에 일부는 건강하고 적응적인 발달을 촉진하고, 다른 일부는 아동이 최적 발달에 미치지 못하거나 혹은 부적응적인 발달경로를 따르게 만든다.

발달정신병리학자들은 위험요인(risk factor)이라는 용어를 사용하여 아동이 환경에 적응하는 능력을 훼손하거나 다양한 역량의 습득을 방해하는 데 영향을 미치는 요인들을 기술한다. 위험요인은 생물학적이거나 심리적 혹은 사회-문화적일 수 있다(Cicchetti, 2016a).

일반적으로 더 많은 위험요인을 경험한 아동일수록 장애를 보일 위험이 더 높다. 큰 표본에 기초한 한 연구에서 청소년이 경험할 수 있는 환경적 위험의 수를 측정하였다(McLaughlin et al., 2012). 대략 58%의 청소년들이 부모의 이혼이나 부모의 물질사용 문제, 혹은 경제적 어려움과 같은 하나 이상의 위험요인을 경험하였다. 인종, 민족, 그리고 성별에 상관없이 더 많은 위험요인을 경험한 아동일수록 정신건강 문제를 경험할 확률이 더 높아졌다. 부모의 범죄 여부나 정신건강 문제, 가정폭력, 아동학대와 같은 특정 위험요인들은 아동의 정신장애를 더 잘 예측한다.

그러나 이런 위험요인을 경험한 모든 아동·청소년이 정신장애를 발달시키는 것은 아니라는 점을 유념해야 한다. 보호요인(protective factor)은 아동발달에서의 부정적 영향의 위험

을 완충하고 적응을 촉진하는 생물학적, 심리적, 사회-문화적 영향을 일컫는다. 예를 들어, 부모의 이혼은 어린 아동의 행동이나 정서적 장애의 위험요인으로 작용하며, 특히 만성적인 스트레스나 경제적 어려움을 겪는 가정에서 그 위험이 더 크다(Hetherington, 2014). 그러나 특정 요인들은 이혼가정의 아동들을 이런 위험으로부터 보호한다. 아동의 기질이나 타고난 정서적 특성(생물학적 요인), 부모-자녀 관계의 질(심리적 요인), 이혼 부모가 서로를 지지하는 정도(사회-문화적 요인)가 보호요인에 속한다.

위험요소의 현저성은 아동의 연령, 성별, 발달수준, 환경맥락에 따라 달라진다. 예를 들어, 아동 성학대는 이후의 심리사회적 문제의 위험요인이다. 그러나 성학대의 장기적 효과는 아동의 성별과 학대 당시의 연령에 따라 달라진다. 남아들은 대개 초기 아동기에 경험한 성학대에 가장 큰 부정적 효과를 보이고, 여아들은 성학대가 초기 청소년기에 발생했을 때 가장 부정적인 발달결과를 보인다. 마찬가지로 보호요인의 효과 역시 맥락 의존적이다. 성학대를 경험한 많은 아동들이 심각한 고통과 손상을 보고하고 있지만, 온정적이고 지지적인 부모에게 의존할 수 있는 아동들은 그렇지 못한 아동들보다 더 효과적으로 이 어려움에 잘 대처할 수 있다(Cohen, Deblinger, & Mannarino, 2019).

적응유연성

보호요인은 위험에 처한 아동·청소년의 적응유연성을 촉진한다고 여겨진다. 적응유연성(resilience)이란 다중의 위험요인의 존재에도 불구하고 성공적으로 발달을 수행하는 아동의 경향성을 말한다(Hayden & Mash, 2014). 똑같이 낮은 소득을 가진 가족과 높은 범죄율의 이웃환경에서 자랐지만 사뭇 다른 결과를 보여주는 라몬과 라파엘 형제의 경우를 생각해보자.

어떤 요인이 라몬의 어려움과 라파엘의 적응유연성을 설명하는가? 쉬운 설명은 없겠지만, 적어도 부분적이나마 라파엘의 발달에서 아주 적절한 시간에 존재했던 보호요인으로부터 그 설명을 찾을 수 있다. 라몬의 반사회적 행동으로의 발달경로는 아마도 그에게 범죄행위를 가르쳐 준 또래에 의해 심화되었을 것이다. 반대로 라파엘의 또래집단은 친사회적 행동을 장려하고 예술적 재능의 발달을 도왔다. 만약 라파엘의 교사가 발달후기까지 그의 재능 발달을 장려하지 않았다면, 라파엘도 라몬과 같은 발달경로를 보이지 않았을까? 물론 확실

사례연구
위험요인과 적응유연성

확산적인 발달경로

라몬과 라파엘은 동일한 빈곤환경에서 자란 형제이다. 손위 형제인 라몬은 어린 나이부터 파괴적인 행동을 보이기 시작하였다. 엄마를 존중하지 않고, 학교 교사에게 반항하였으며, 학교에 관심이 없었다. 초등학교를 졸업할 즈음에는 싸움과 태만으로 여러 번 정학처분을 받았다. 중학교에 가서는 절도나 차량파손과 같은 다른 반사회적 행동을 하는 또래들과 어울리기 시작하였고, 청소년기 동안 거의 학교에 가지 않고 마약을 팔아서 돈을 벌었다. 15세에 이르러서는 반사회적 행동과 무단결석으로 인해 엄마의 양육권이 박탈되기도 하였다.

손아래 형제인 라파엘 역시 반항과 공격성의 초기 문제들을 보였다. 그러나 이런 문제행동들은 초등학교 초기를 넘어 지속되지 않았다. 라파엘 역시 학교생활을 좋아하지는 않았지만, 그의 예술적 재능을 알아주는 미술교사와 친분을 쌓게 되었다. 교사는 라파엘에게 개인교습을 제공하고 그의 작품을 전시할 수 있도록 도왔다. 라파엘은 새로운 미술기법을 배우기 위해 지역센터에서 미술수업을 수강하였고, 이를 통해

©iStockphoto.com/Feverpitched

그림에 관심을 가진 다른 청소년들을 만나 친구가 되었다. 고등학교에서 라파엘의 학교 성적은 좋지 않았지만, 미술과 음악, 데생 실력에서 높은 성취를 보여주었다. 그는 고등학교를 졸업하고, 지역대학에서 실내디자인을 공부하고 있다.

한 대답은 알 수 없지만, 이런 보호요인들이 다중의 위험요인에도 불구하고 라파엘의 성취에 중요한 역할을 했을 것이라고 추론할 수 있다(Masten & Cicchetti, 2016).

대부분의 보호요인들은 동시적으로 발생한다: 교사는 위험에 처한 청소년의 특별한 재능을 발견하고, 코치는 우울한 남아에게 팀에 합류할 것을 권유하거나, 애정적인 양부모는 학대받은 여아를 입양한다. 때때로 보호요인들은 장애의 발생을 예방하기 위해 미리 계획되기도 한다. 예를 들어, 지역공동체는 생애 초기 발달장애를 보이는 아동을 선별하고 개입하기 위해 무료 영유아 선별검사를 제공하기도 한다. 마찬가지로, 학교와 교육당국은 학습장애의 위험이 있는 학생들에게 예방 프로그램을 제공한다. 심리치료 역시 보호요인으로 작용할 수 있다. 심리치료 프로그램은 아동과 청소년의 발달 경로를 수정하고 장기적인 안녕을 육성할 수 있다(Masten & Kalstabakken, 2019).

2.2 생물학적 요인이 발달에 미치는 영향

유전자는 어떻게 발달에 영향을 주는가?

유전자와 염색체

인간의 몸은 약 50조 개의 세포를 포함하고 있으며, 각각의 세포에는 우리의 완벽한 유전코드가 들어있다. 이 코드는 디옥시리보 핵산(DNA)으로 표기된다. DNA는 꼬여진 사다리와 같은 형태의 이중나선 구조이다. 사다리의 줄은 당(디옥시리보)과 인산기로 만들어져 있고, 사다리의 가로대는 수소결합에 의해 묶여진 화학적 베이스의 쌍들로 구성되어 있다. DNA의 구조는 오직 특정 방식으로만 결합되기 때문에 인간의 고유한 유전적 청사진이 형성된다. DNA는 개별 세포에게 단백질을 합성하는 방식을 지정하고, 이 단백질이 인간의 구조와 특질을 형성한다(Frommlet, Bogdan, & Ramsey, 2016).

DNA의 조각들이 모여 유전자(genes)로 조직화된다. 하나의 인간 세포는 대략 2만 개의 유전자를 포함한다. 만약 각 세포 안의 유전자들이 서로 연결된다면 약 2미터 길이가 될 것이다. 세포 내의 공간을 절약하기 위해 유전자들은 히스톤이라 불리는 특별한 단백질로 포장되어 있다. 히스톤(histones)은

유전자를 특정한 방식으로 감아서 유전자의 스위치를 켜고 끄는 역할을 한다(Rutter & Thapar, 2015)(히스톤에 감겨진 유전자가 적절한 시기에 잘 풀어져야 스위치가 켜져 발현할 수 있다_역주).

유전자들은 다시 염색체(chromosomes)라고 불리는 가닥으로 조직화된다. 전형적인 인간 발달의 과정에서, 각각의 세포는 23쌍, 총 46개의 염색체를 가지고 있다. 이 중에서 22개의 쌍은 상염색체(autosomes)라고 불리며 남성과 여성에게서 모두 똑같은 형태를 가진다. 23번째 쌍인 성염색체는 성별에 따라 다르며, 여성은 2개의 X 염색채를 가진 반면 남성은 1개의 X 염색체와 1개의 Y 염색체를 가진다(이미지 2.3).

대부분의 세포는 유사분열(mitosis)이라는 과정을 거치는데, 이 과정 중에 염색체 쌍이 2개로 나뉘어지고 복제된다. 그 후에 하나의 세포가 각각 23쌍의 염색체를 가진 2개의 세포로 나뉜다. 2개의 복제된 세포(딸 세포)는 원형세포(부모세포)와 동일하다. 복제된 각각의 세포는 완전한 유전자 코드를 가지고 있지만, 그 코드의 특정 부분이 켜지거나 꺼지면서 분열된 딸세포의 기능(폐 조직, 심장 조직 혹은 다른 신체부위의 역할을 할지 등)이 결정된다.

성세포(sex cells: 정자, 난자)는 감수분열(meiosis)이라고 불

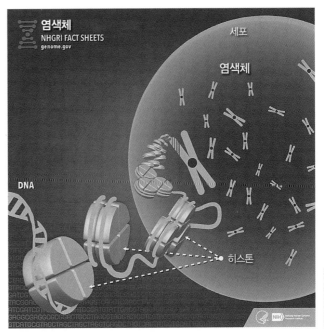

이미지 2.3 각 세포는 23쌍의 염색체를 가지고 있으며, 각 염색체는 유전자를 포함하고 있다. 유전자는 DNA의 일부와 히스톤이라 불리는 DNA가 감겨진 단백질로 구성된다.

www.genome.gov

리는 방식을 거쳐 형성된다. 유사분열과 마찬가지로 염색체 쌍들이 쪼개지고 복제된다. 그러나 유사분열과 달리 염색체 쌍들이 일렬로 배열된 후 서로 유전물질을 주고받는 교차를 통해 재조합(recombination)이 발생한다. 재조합된 염색체들이 2개의 딸세포로 나뉘는데, 그들은 부모세포와 유전적으로 다른 정보를 담고 있다. 그리고 이 딸세포들이 다시 성세포로 나뉘어진다. 결과적으로 성세포들은 부모 세포와 약간 다른 유전정보를 가지게 되고, 염색체의 수 역시 절반에 불과하다. 성세포들이 수정의 과정을 통해 결합하면, 각각의 부모는 염색체의 한 세트와 그들의 유전적 다양성을 후손에게 전달한다. 많은 유전장애들이 감수분열의 과정에서 발생한 문제로 인해 발현된다. 예를 들어, 어떤 자녀들은 부모에게서 너무 많거나 적은 수의 염색체를 받는다. 다운증후군의 경우 수정의 과정 동안 자녀가 여분의 21번 염색체를 더 받았을 때 발생한다(Frommlet et al., 2016).

신경전형성(neurotypical, 신경다양성 관점에서 비자폐인을 가리키는 명칭_역주)을 가진 개인들은 동일한 유전자를 가진다. 사람들의 외형에서 나타나는 차이는 대립유전자(alleles)라고 불리는 유전자의 작은 변이에서 발생한다. 예를 들어, 모든 사람들은 머리 색깔을 결정하는 유전자를 가진다. 서로 다른 대립 유전자로 인해 금발이나 빨간 머리, 혹은 갈색머리가 결정된다. 이런 대립 유전자는 대개 부모로부터 유전되거나 유전적 돌연변이(mutation)에 의해 발달된다(Nussbaum, 2016).

많은 사람들이 유전자가 행동을 결정한다는 잘못된 믿음을 가지고 있다. 예를 들어, 뉴스 해설자는 종종 연구자들이 성적지향을 결정하는 유전자나 사람들을 공격적으로 행동하게 만드는 유전자를 발견했다고 방송하기도 한다. 이는 전혀 사실이 아니다. 유전자는 단순히 신체를 구성하는 단백질의 청사진을 형성할 뿐이다. 이런 단백질의 일부는 우리의 머리 색, 눈 색, 피부 색소를 부분적으로 결정한다. 다른 단백질은 우리의 키, 신체 형태, 슬프게도 콜레스테롤 수치에 영향을 미친다. 어떤 유전자도 직접적으로 행동을 결정하지 않는다. 그러나 유전자들은 우리 몸에서 특정 구조나 기능적 변화를 이끌어 내고, 특정 방식으로 행동하기 쉬운 경향성을 줄 뿐이다(Jaffee, 2016).

행동유전학

행동유전학(behavior genetics)은 유전자와 행동 간의 관계를 다루는 연구분야이다. 행동유전학은 유전과 환경이 발달에 미치는 상대적 기여도를 확인하기 위해 크게 세 가지 방법론을 사용한다. 가장 간단한 첫 번째 접근방식은 가족연구(family study)이다. 가족연구를 통해 연구자들은 특정 속성이 동일한 가계의 구성원들에게 공유되는지 확인한다. 만약 그 특성이 부분적으로 유전자에 의해 결정된다면, 생물학적으로 관련된 개인들은 그렇지 않은 개인들보다 그 속성을 공유할 확률이 높아진다.

예를 들어, 가족연구를 통해 아동 지능의 유전가능성(heritability)을 계산할 수 있다. 그림 2.2의 밝은색 막대를 보면, 지능지수의 상관계수가 생물학적 사촌들 사이에서 비생물학적 사촌들보다 높은 것을 알 수 있다. 행동 합치율(concordance)은 개인들 간의 0~1 사이의 상관계수(완벽하게 유사하면 1, 전혀 유사하지 않으면 0)로 표현된다. 두 생물학적 형제자매 사이의 지능지수 점수의 평균 상관계수는 대략 0.45인 반면, 서로 관련없는 두 아동의 지능지수 간의 상관은

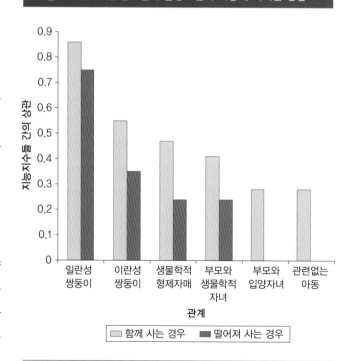

그림 2.2　■　유전요인과 환경요인이 지능에 미치는 영향

주 : 행동유전학은 지능의 유전 가능성을 추정하기 위해 가족연구, 입양연구, 쌍둥이 연구를 이용. 출처 : Sattler (2019).

0.27 정도이다. 이 결과는 아동의 지능지수를 결정하는 데 유전적 요인이 역할을 한다는 것을 의미한다.

가족연구의 주된 한계는 환경효과를 적절히 통제할 수 없다는 점이다. 생물학적 친지들이 비슷한 유전자를 공유하기도 하지만, 대개 비슷한 환경에서도 살기도 한다. 대부분의 가족구성원들은 같은 집에 살고, 동일한 이웃환경을 공유하며, 비슷한 사회경제적, 문화적 배경을 가진다. 그러므로 가족연구를 통해 생물학적으로 가까운 친척들이 좀 더 먼 친척들보다 동일한 장애를 가진다는 것을 알게 되었더라도, 이 유사성의 원인이 동일한 유전자 때문인지 비슷한 환경 때문인지 결정하기 어렵다.

유전자와 환경에 행동에 미치는 상대적인 영향력을 구분하기 위해, 행동유전학자들은 **입양연구**(adoption study)를 수행하였다. 입양연구를 통해 연구자들은 생후 초기에 생물학적 부모로부터 분리되어 자라는 아이들을 조사한다. 만약 행동 특질이 유전에 의해 영향을 받는다면, 입양된 아이들은 그들의 입양가족보다 생물학적 가족과 더 유사할 것이라고 예측할 수 있다.

예를 들어, 부모와 그들의 생물학적 자녀의 지능지수에서의 평균 상관계수는 약 0.40이다. 반면에 부모와 그들의 입양자녀의 지능지수 상관은 0.25이다. 자녀들은 그들의 양부모보다 생물학적 부모와 더 큰 유사성을 보여주므로, 아동의 지능발달에서 유전적 요인이 고유한 역할을 맡고 있다고 결론내릴 수 있다.

입양연구의 주된 약점은 자녀를 입양하는 부모들이 일반적인 부모 모집단 내에서 상당히 이질적인 존재라는 사실이다. 입양기관들은 아동의 입양을 결정하기 전에 매우 신중하게 입양부모들을 선별한다. 그로 인해 양부모들은 대개 정신질환을 가지고 있을 확률이 낮으며, 일반적인 부모보다 평균적으로 더 높은 소득과 교육수준을 가지고 있다. 반면, 아이를 입양 보내는 부모들은 대개 더 높은 비율의 정신질환을 가지고 있으며, 평균적인 부모들보다 더 안 좋은 배경에서 자라왔다. 이 같은 생물학적 가족과 입양가족 간의 차이는 입양아동이 그들의 양부모보다 생물학적 부모와 더 높은 유사성을 보이는 이유를 부분적으로 설명할 수 있다.

행동유전학자들이 유전자와 환경이 행동에 미치는 상대적 영향력을 평가하는 세 번째 방법은 **쌍둥이 연구**(twin study)이다. 쌍둥이 연구에서는 일란성 쌍둥이(MZ)와 이란성 쌍둥이(DZ) 사이의 행동 합치율을 비교한다. 일란성 쌍둥이는 동일한 난자와 정자에서 발현했으므로 100%의 유전적 유사성을 가진다. 이란성 쌍둥이는 다른 난자와 정자에서 발현했으므로, 다른 생물학적 형제자매와 마찬가지로 50%의 유전자만을 공유한다. 일란성 쌍둥이의 지능지수의 상관은 0.85인 반면, 이란성 쌍둥이의 경우 0.55이다. 이란성 쌍둥이에 비해 높은 일란성 쌍둥이의 행동합치율은 지능이 일정 부분 유전적으로 결정된다는 것을 가리킨다.

생물학적 부모와 함께 사는 쌍둥이(그림 2.2 밝은 색깔 막대 그래프)와 생애 초기에 분리되어 자란 쌍둥이(그림 2.2 진한 색깔 막대 그래프)를 비교 관찰하는 쌍둥이 연구와 입양연구가 병합된 연구가 진행되기도 한다. 함께 자란 일란성 쌍둥이의 지능지수의 상관은 0.85인 반면, 떨어져서 자란 일란성 쌍둥이의 지능지수 상관도 0.75로 매우 높다. 이 결과는 유전요인이 지능발달에 중요한 역할을 한다는 것을 드러낸다. 심지어 태어나자마자 분리되어 자란 쌍둥이도 매우 비슷한 지능지수를 보인다.

행동유전학자들은 환경의 영향을 공유 환경과 비공유 환경의 두 요인으로 분리하여 연구한다. **공유 환경 요인**(shared environmental factors)이란 형제자매에게 동일한 경험을 말한다. 예를 들어, 형제자매는 동일한 부모에 의해 길러지고, 같은 집에서 자라며, 같은 학교에 다니고, 대개 같은 교회에 다닌다. 이런 공유 환경 경험은 형제자매를 더욱 비슷하게 만든다. 반면에, **비공유 환경 요인**(nonshared environmental factors)들은 형제자매들 사이에 서로 다른 경험을 말한다. 예를 들어, 형제자매들은 다른 친구를 가지고 있으며, 다른 스포츠를 즐기고, 학교에서도 다른 교과목을 좋아한다. 그들의 부모와도 각자 다른 관계를 맺기도 한다. 이런 비공유 환경 요인들은 공유 환경보다 아동 행동에서 나타나는 변산성의 더 많은 부분을 설명할 수 있다. 비공유 환경 요인들은 같은 집에서 자란 형제자매가 왜 그렇게 다른지를 잘 설명할 수 있다(Plomin, DeFries, Knopik, & Neiderhiser, 2017).

분자생물학

유전자가 행동에 미치는 영향을 연구하는 또 다른 방법은 아동의 유전자를 행동 수준이 아니라 분자 수준에서 분석하는 것이다. 인간 유전체(게놈, genome)에 대한 지식의 발전과 유전 연구 기술의 발달로 특정 장애에 영향을 미치는 유전자를 찾는 연구가 진행되고 있다(Kornilov & Grigorenko, 2016).

신경전형성을 가진 개인이 대립 유전자라고 불리는 자연적인 유전적 변이를 가지고 있다는 사실을 상기해보자. 분자유전학(molecular genetics)은 특정 대립유전자의 존재와 개인의 특정 속성, 행동, 장애와의 연결을 찾으려는 연구분야이다. 특정 장애의 원인이 되는 대립유전자를 판별하는 한 방법은 **연관분석(linkage study)**을 실시하는 것이다. 연관분석 연구에서 연구자들은 개인의 전체 유전 구조를 분석하여(유전체 스캔), 특정 장애의 발현과 특정 대립유전자의 존재 사이의 관계를 찾는다. 만약 연구자들이 그 장애를 가진 개인에게서 특정 대립유전자를 찾고, 장애가 없는 개인에게서는 그 대립유전자를 찾지 못한다면, 이 대립유전자가 부분적으로 그 장애의 원인이라고 가정한다(Schulze & McMahon, 2019).

연관분석은 대개 연구자들이 정확히 어디에서 그 질환과 관련된 유전자를 찾아야 할지 모를 때 사용되는 경향이 있다. 인간 유전체의 크기를 고려할 때, 특정 대립유전자와 특정 장애 사이의 연결고리를 찾는 것은 어려운 일이다. 그러나 연구자들은 연관분석을 사용하여 헌팅턴병과 같이 1개의 유전자에 의해서 야기되는 장애나 질환과 연관된 대립유전자를 성공적으로 찾아왔다. 그러나 연관분석은 다중유전자의 존재나 결핍과 관련된 장애의 원인을 규명하는 데는 성공적이지 못하다.

이에 대한 대안으로 **연합연구(association study)**가 사용되고 있다. 연구자들은 연합연구를 통해 그 질환의 발현에 역할을 할 거라고 생각하는 특정 유전자를 선택한 후, 이 후보 유전자의 대립형질과 장애 사이에 관련성이 존재하는지 검증한다(Jaffee, 2016).

어떤 연구자들은 신경전달물질 도파민에 영향을 주는 특정 유전자가 주의력결핍 과잉행동장애(ADHD)의 발달에 역할을 한다고 가설을 세웠다. 그들은 도파민 시스템의 비정상성을 ADHD의 원인으로 파악하였기 때문에 이 유전자에 관심을 가졌다. 게다가 두뇌의 도파민 농도에 영향을 미치는 약물이 ADHD 증상을 줄일 수 있다는 것도 확인하였다. 그 후 연구자들은 ADHD 아동집단과 비임상 아동집단을 선별하고, 이 두 집단의 아동들이 후보 유전자의 서로 다른 대립유전자를

가지고 있는지 검증하였다. 결국, 장애를 진단받지 않은 아동집단에 비해 ADHD 아동집단이 이 유전자의 특정 대립유전자를 더 높은 정도로 공유하고 있다는 것을 확인하였다. 결론적으로 그 유전자가 부분적으로 ADHD 발현의 원인일 수 있다(Langley, 2019).

물론, 실제 분자유전학 연구는 여기 기술한 것보다 훨씬 더 복잡한 과정이다. 거의 모든 정신장애가 다중유전자의 영향을 받으며, 특정 장애의 발현과 특정 대립유전자 사이의 일대일 대응관계는 거의 존재하지 않는다. 게다가 유전자는 절대 행동에 직접적으로 영향을 주지 않는다. 유전자가 행동에 미치는 영향은 항상 환경경험을 통해서 좌우된다(Kornilov & Grigorenko, 2016).

유전 요인과 환경 요인은 어떻게 상호작용하는가?

체질-스트레스 모델

유전자는 인간의 성숙 방향을 유도하지만, 인간의 발달을 결정하지는 않는다. 인간의 유전형(genotype)은 부모에게서 물려받은 유전 코드를 말한다. 반면에 표현형은 유전적 자질의 관찰 가능한 표현이다. **표현형(phenotype)**은 유전자와 환경 사이의 복잡한 상호작용을 통해 결정된다(Grigorenko et al., 2016).

체질-스트레스 모델(diathesis-stress model, 취약성-스트레스 모델이라고 불리기도 함_역주)은 유전자와 환경이 상호작용하여 발달에 영향을 미치는 방식을 설명하는 데 사용된다. 이 모델에 따르면, 특정 장애에 기저하는 유전적 위험요인이 스트레스 경험이나 인생 사건으로 촉발되었을 때, 장애가 발현한다. 즉, 유전적 위험요인과 환경적 스트레스가 모두 장애의 발현을 위해 필요하며, 유전적 위험요인이나 환경적 스트레스 단독으로는 장애를 일으키기에 충분하지 않다(Plomin et al., 2017).

아브샬롬 카스피와 동료들(Avshlom Caspi et al., 2003)이 수행한 유명한 연구를 통해 체질-스트레스 모델의 유용성을 논의해보자. 연구자들은 아동기 학대경험과 이후 성인기 우울 간의 관계를 규명하기 위해 대규모 아동집단을 초기 아동기부터 성인기까지 추적관찰하였다. 예상할 수 있는 것처럼, 아동기 학대경험은 성인기 우울증의 위험 요인이었다. 그러나

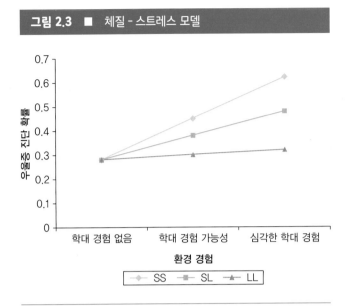

그림 2.3 ■ 체질-스트레스 모델

주 : 아동의 유전적 위험 요인과 환경적 스트레스(학대 경험)에 기반한 우울증 경향 가능성. SS=2개의 짧은 대립유전자, SL=짧은 대립 유전자+긴 대립유전자, LL=2개의 긴 대립유전자. 출처 : Caspi et al. (2003).

학대받은 아동이 우울증으로 발현하느냐의 여부는 아동의 유전형에 의해서 달라졌다(그림 2.3).

유전자와 상관없이 학대를 경험하지 않은 아동들은 성인기에 우울을 경험하는 정도가 가장 낮았다. 그러나 심각한 학대에 노출된 아동들은 그들의 유전형에 따라 사뭇 다른 결과를 보여주었다. 세로토닌 이송 유전자의 1~2개 짧은 대립형질을 받은 아이들은 성인기에 우울증을 발현할 확률이 높았다. 흥미롭게도 이 유전자는 정서 조절에 중요한 역할을 하는 신경전달물질인 세로토닌 수준을 조절한다. 이 유전자의 짧은 형태를 가진 아동이 학대를 경험하면 우울증의 위험을 높이는 것 같다. 반대로, 세로토닌 이송 유전자의 긴 대립형질을 2개 가진 아동은 아동기에 학대를 경험했을지라도 성인기에 우울을 경험할 확률이 낮다. 이 유전자의 긴 형태는 스트레스적인 인생 사건의 효과로부터 아동을 보호하는 것 같다.

체질-스트레스 모델은 발달의 다중결과 원리(동일한 환경 스트레스에 노출된 아이들이 다른 발달결과를 보여주는 경향성)를 설명하기에 특히 유용하다. 카스피와 동료들(Caspi et al., 2003)의 연구를 통해 학대받은 아동들이 그들의 유전적 위험요인에 따라 매우 다른 발달결과를 보여준다는 것을 확인하였다.

유전자-환경 상관

체질-스트레스 모델은 유전자와 환경이 모두 발달에 영향을 미친다는 것을 보여준다. 두 번째 영향력 있는 모델은 산드라 스카와 캐스린 매카트니(Sandra Scarr & Kathleen McCartney, 1983)에 의해 개발된 유전자-환경 상관 모델(gene-environment correlation model)이다. 이 모델은 유전자와 환경이 독립적이지 않다는 것을 보여준다. 즉, 인간은 때때로 자신의 유전형에 부합하는 환경을 선택한다. 유전자와 환경의 상관은 수동적, 반응유발적, 능동적 형태의 세 가지 유형으로 나타난다.

생물학적 부모는 인간의 유전형을 결정할 뿐 아니라 아동의 초기 환경경험의 질을 결정한다. 즉, 인간의 유전자와 초기 경험은 서로 관련되어 있다. 예를 들어, 높은 지능을 가진 부모들은 이런 유전적 소인을 자녀에게 전달함과 동시에, 그들의 높은 지능과 수입 때문에 높은 수준의 의료, 영양, 어린이집과 학교를 제공할 수 있다. 지능이 높은 부모들은 그들의 자녀에게 더 자주 말하고, 더 자주 책을 읽어주며, 더 흥미로운 교육적 장난감을 제공하고, 자녀를 더 자주 야외에 데리고 간다. 이런 방식으로 그들의 자녀는 높은 지능 발달에 도움이 되는 유전자와 초기 환경 경험을 수동적으로 전달받는다.

아동이 발달하면서, 유전형과 초기 환경의 상호작용을 통해 그들의 표현형이 점차적으로 발현한다. 그들의 부모와 마찬가지로 평균 이상 지능의 징후를 보이기 시작할 것이다. 이 아동들은 잘 발달된 언어기술을 보이고, 또래보다 더 빨리 배우며, 더 많은 과제를 독립적으로 수행할 수 있고, 더 다양한 주제에 호기심을 보인다. 이런 행동들은 그들 주변의 타인에게 특정 반응을 이끌어낸다(유발한다). 학교의 구성원들은 이 아이들을 영재라고 인식하고 더 풍부한 교육적 경험을 제공하려 할 것이나. 고등학교에서는 특별진급이 가능한 학급에 배치되고 더 좋은 대학에서 장학금을 받을 것이다.

아동이 계속 발달하면서, 그들의 유전자형에 부합하는 환경경험을 능동적으로 선택한다. 예를 들어, 비슷한 흥미와 취미를 가진 다른 똑똑한 아동과 우정을 나누고 과학과 음악, 예술적 호기심을 충족시킬 수 있는 방과 후 활동을 추구하고, 대학에 가서는 도전적이고 보상이 높은 전공을 선택한다. 그들의 유전자와 초기 환경의 축적된 영향에 기반하여 자신만의 환경을 선택한다.

과학에서 실천으로
유전자 – 환경 상관의 이해

커비는 지역 공립학교 3학년 학급에 있는 10세 아동이다. 커비는 1학년 과정을 마치지 못했으며 이번에도 실패할 것 같다. 커비의 읽기 능력은 평균보다 현저하게 낮고, 수학에서도 잦은 실수를 한다. 글쓰기 능력 역시 매우 좋지 않다. 학교심리학자는 학습장애의 증거를 찾지는 못하였지만, 커비의 지능이 매우 낮다는 것을 알았다.

커비는 자주 파괴적인 행동을 하고 수업시간에 집중하지 못한다. 교사는 커비의 부모가 전혀 신경쓰지 않는다고 이야기한다. 교사는 커비의 엄마와 전화연결을 시도하였지만, 잘 연결되지 않았고, 가정학습에 대한 제안도 거의 따르지 않는다고 얘기한다. 커비의 학업성취가 향상되지 않는다면, 내년에는 특수학급에 보내질 것 같다.

사회적인 면에서도 커비는 미숙하다. 또래보다 키가 크고 몸집이 크지만, 이는 낮은 성적과 선생님으로부터 받는 잦은 꾸중과 함께 놀림의 대상이 된다. 같은 학급의 아이들은 커비의 이름과 오래된 싸구려 옷,

이상한 머리스타일, (그의 가족이 사용하는 목재를 태우는 스토브로 인한) 핫도그 냄새가 난다고 놀려댄다.

커비는 학교에 친구가 거의 없다. 방과 후에는 중학교에 다니는 나이 든 아이들과 시간을 보낸다. 흡연을 하는 것이 여러 번 목격되었고, 교사는 음주도 의심하고 있다. 또한 방과 후에 어린아이들을 괴롭히기 시작하였다.

커비는 부족한 학업기술, 학교에서의 파괴적인 행동, 또래로부터의 거부와 같은 문제를 경험하고 있다. 이는 유전자와 환경의 세 가지 상관관계로 설명할 수 있다.

1. 커비의 부모는 그들의 유전자를 자녀에게 *전달*하였다: 이 유전자는 커비를 낮은 학업성취의 위험에 노출시켰다. 게다가 그의 부모는 좋은 성적에 공헌하지 못하는 초기 환경을 제공하였다. 높은 수준의 학교에 보낼 수 없으며 그의 교육에 관여하지도 않는다. 결과적으로 커비는 읽기를 어려워하며 학급에서 문제행동을 보인다.
2. 커비의 부족한 학업기술과 관리되지 않은 외모는 타인에게 부정적인 반응을 *이끌어낸다*. 교사는 그의 터무니없는 행동에 좌절하고, 친구들은 그를 싫어한다.
3. 커비는 유전자와 파괴적인 행동의 발현에 도움이 되는 주변환경을 능동적으로 *선택하기* 시작한다. 또래로부터 거부당한 커비는 담배와 술을 권하는 나이 든 소년들과 어울린다.

만약 당신이 커비의 치료자라면, 커비에게 개입하여 새로운 발달경로로 이끌기 위해 어떻게 유전자–환경 상관관계의 개념을 사용하겠는가?

지금까지 논의한 유전-환경 상관의 기초에 기반하여, 커비('과학에서 실천으로')의 사례를 분석해보자. 커비의 사례를 수동적, 반응유발적, 능동적 유전자–환경 상관의 개념을 사용하여 설명해보자.

후성유전학

체질-스트레스 모델에 따르면, 장애와 관련된 유전적 위험요인과 이를 촉발하는 환경 스트레스가 모두 존재할 때만 아동에게 특정 장애가 발현한다. 또한 유전-환경 상관은 우리의 유전형과 환경이 상호독립적이지 않다는 것을 보여준다. 우리는 우리의 유전자에 부합하는 환경을 선택한다. 행동 후성유전학(behavioral epigenetics)이라 불리는 새로운 연구 분야는

환경적 요인 역시 유전자의 발현과 정신건강 문제 위험에 직접적으로 영향을 미칠 수 있다는 것을 보여준다(Hill & Toth, 2016).

우리의 유전적 구조가 DNA로 이루어져 있고, DNA는 각각의 세포 안에서 유전자와 염색체로 조직화된다는 것을 기억해보자. 유전자는 각각의 세포가 고유의 기능을 할 수 있도록 단백질의 합성을 지시한다. 이 단백질이 우리의 건강, 외모, 사고, 감정, 그리고 행동에 영향을 미친다.

후성유전학적 구조물은 DNA에 붙어서 유전자를 켜고 끄는 화학적 화합물과 단백질로 구성되어 있다. 이 화합물과 단백질은 유전 코드의 일부가 아니기 때문에, 과학자들은 이것을 후성유전적(유전체 위에 있는 것)이라고 부른다. 후성유

후성유전체학
NHGRI FACT SHEETS
genome.gov

염색체

접근 불가능한 DNA
유전자 꺼짐

히스톤 꼬리

화학적 표지

히스톤

DNA

접근 가능한 DNA
유전자 켜짐

이미지 2.4 화학적 표지(메틸표지)와 히스톤은 유전체의 구성성분은 아니지만, 유전자의 표현에 영향을 미치고 결과적으로 행동에 영향을 미친다.

전 구조물들이 DNA에 붙어서 그 발현을 조절하는 것을 유전체를 표식했다(marked)고 한다. 이런 유전표지들이 DNA 자체를 변형시키지는 않지만, 세포들이 DNA의 지시를 사용하는 방식을 바꿀 수 있다. 이런 후성유전학적 표지(epigenetic markers)는 세포 분열 시에 딸세포들에도 전달되어, 세대에 걸친 전달이 가능하다.

후성유전학적 화합물은 두 가지 방식으로 DNA 발현을 조절한다(이미지 2.4). 유전자의 특정 부위에 메틸기(methyl groups)라고 불리는 화학표식을 붙여서 유전자를 켜고 끄는 DNA 메틸화(DNA methylation)와 히스톤 주위에 DNA를 단단하게 감거나 느슨하게 감는 **히스톤 변형**(histone modification)이 그것이다. 히스톤에 느슨하게 감긴(결합된) DNA의 분절은 발현될 수 있는 반면, 단단하게 감긴(결합된) 분절은 발현할 수 없다(National Human Genome Research Institute, 2019).

환경 경험은 후성유전적 구조물을 변형시킨다. 섭식이나 흡연, 질환 노출과 같은 환경 요소들은 후성유전 구조물을 변형하여 결과적으로 유전코드의 발현에 변화를 가져온다. 부모가 그들의 유전자를 후손에게 물려줄 때 많은 후성유전체(the epigenomes)가 리셋(되돌려짐)되지만, 일부의 구조적 변형은 그대로 남아 자녀의 표현형에 영향을 미친다(Cicchetti, 2019).

맥길대학교의 연구자들이 쥐의 행동에 영향을 주는 후성유전학 효과를 최초로 발표하였다(Weaver et al., 2004). 어린 쥐는 그들의 스트레스 반응을 조절하는 특정 유전자를 가진다. 이 유전자는 히스톤 주위에 단단하게 감겨 있어 활성화(전사)되지 못하였다. 연구자들은 어미 쥐의 양육행동(핥아주거나 털을 손질해주는 행동)이 이 유전자 부위가 히스톤에서 느슨해지게 만들어 발현되는 것을 관찰하였다. 이런 양육을 받은 어린 쥐는 성체가 되었을 때, 이런 양육을 받지 못했던 쥐들보다 스트레스에 더 잘 대처할 수 있었다. 후속연구에 따르면, 이런 후성유전적 변화는 성체가 된 새끼 쥐의 양육행동에 영향을 주어, 적응적인 스트레스 반응이 다음 세대에게 전달되었다(Masterpasqua, 2009).

연구자들은 이런 후성유전학의 방법을 활용하여 아동기 장애의 발달을 이해하기 시작하고 있다. 한 최근 연구에서 연구자들은 우울한 엄마와 우울하지 않은 엄마의 양육행동을 조사하였다. 예상하는 것처럼 우울한 엄마들은 영아들에게 더 부정적인 정서를 표현할 뿐 아니라, 우울한 엄마의 영아에게서는 우울하지 않은 엄마의 영아와는 다른 후성유전적 구조가 관찰되었다. 이는 초기의 양육경험이 아동의 후성유전학적 활동에 영향을 미쳤음을 시사한다. 초기 경험에 의해 촉발된 후성유전적 변화가 실제 아동의 후속 행동에 영향을 미치는지 확인할 수 있는 종단연구가 필요하다(Moore, 2015).

최근 아동의 현재 행동문제와 연관된 후성유전학적 구조물에 대한 연구가 시작되었다. 문제행동으로 정신건강 클리닉에 의뢰된 아동과 청소년을 대상으로 진행 중인 한 대규모 연구에 따르면, 아동의 스트레스 호르몬 수준과 그들의 행동문제의 심각도가 후성유전적 구조에서의 변화(코르티솔 수용체 유선사의 발현과 연관된 구조)와 관련이 있었다. 이 결과는 코르티솔이 신체의 가장 대표적인 스트레스 반응 호르몬이라는 점을 고려하면 상당히 인상적이다. 게다가 이 코르티솔 수용체 유전자는 신체의 스트레스 반응을 조절하는 데 중요한 역할을 하는 것으로 알려져 있다. 아마도 이 유전자의 발현에 영향을 미치는 후성유전적 변화가 이 연구에 참가한 아동·청소년의 문제행동의 일부에 기저하는 것 같다(Dadds, Moul, Hawes, Mendoza Diaz, & Brennan, 2016).

아직까지 우리는 어떻게 행동 후성유전학이 아동기 장애의 발생을 설명할 수 있는지를 이해하는 초보적인 단계에 있다. 그러나 언젠가는 이해를 넘어 후성유전 구조물과 유전자의 발현, 그리고 정신건강 문제의 위험요인에 영향을 미칠 수 있는 약물을 개발할 수 있으리라 믿는다(Nigg, 2016b).

발달과정에서 나타나는 두뇌에서의 변화는 무엇인가?

과학적 진보를 통해 영아기부터 청소년기까지 두뇌와 중추신경계에 대한 점점 더 자세한 정보를 얻고있다. 오랜 시간에 걸친 아동 두뇌연구 결과는 두뇌 발달에 대한 몇 가지 중요한 원리를 도출해내었다(Roberts, 2020).

1. 두뇌는 860억 개(신경과학에서 가장 신뢰도를 인정받는 숫자임_역주)의 신경세포로 구성되어 있다.

　전형적인 신경세포(neuron, 뉴런으로 병행 표기_역주)는 폭이 좁고 매우 길고, 크기가 작다. 아마도 이 문장이 끝나는 마침표까지 약 50개의 뉴런을 옆으로 늘어놓을 수 있을 것이다. 뉴런의 길이는 1밀리미터부터 1미터가 넘는 것까지 매우 다양하고, 수도 많아서 만약 두뇌에 있는 뉴런을 하나하나 세기 시작한다면 약 3,000년이 걸려야 다 셀 수 있을 것이다.

　뉴런의 구조를 통해 그 기능을 유추할 수 있다. 대부분의 뉴런은 중앙에 세포체를 가지고 있는데, 주된 목적은 세포의 물질대사를 수행하는 것으로 세포를 살아있게 한다. 수상돌기라 불리는 손가락처럼 생긴 가지를 가지고 있어 빛이나 압력과 같은 외부자극으로부터의 정보를 받거나 다른 뉴런으로부터 정보를 받는다. 긴 축삭은 수상돌기와 세포체로부터 받은 정보를 축삭 말단 터미널로 전달한다. 신경세포는 세포 안으로 들어오는 양전하 혹은 음전하를 띤 입자들을 조절하여 전기적으로 정보를 중계한다. 축삭에서의 정보전달 방식은 전기신호가 전선을 따라 이동하는 것과 유사하다. 포유동물의 축삭은 슈반세포에서 만들어지는 지방질의 수초(미엘린)로 둘러싸여 있는데, 이는 전기적 신호의 전달 속도를 증가시킨다(이미지 2.5).

2. 뉴런은 화학적 메신저를 사용하여 정보를 주고받는다.

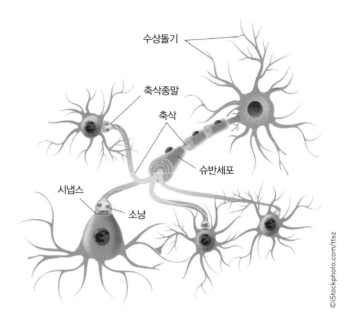

이미지 2.5 뉴런은 전기적 방식으로 축삭을 통해 정보를 이동시키고, 신결전달물질이라는 화학적 메신저를 사용하여 다른 뉴런과 신호를 주고 받는다.

　각 신경세포는 다른 많은 신경세포를 비롯한 세포들과 연결을 형성하면서 복잡한 신경망을 만든다. 신경세포 내에서의 정보이동은 전기적 신호전달 방식을 사용하지만, 신경세포 간 정보의 이동은 화학적 신호전달의 방식을 이용한다. 축삭의 말단에 전기신호가 도달하면, 신경전달물질(neurotransmitter)이라는 화학적 메신저가 방출된다. 신경전달물질은 뉴런과 뉴런 사이의 좁은 틈인 시냅스에 방출되고, 다른 뉴런에 의해 이 신경전달물질이 포착되면 신호를 받은 뉴런의 전하가 변화한다. 신경전달물질에 의한 충분한 자극이 다른 신경세포를 활성화하고 그다음 신경세포로 신호를 전달하게 만든다.

　각각의 신경전달물질은 서로 다른 기능을 한다. 일부는 **흥분성** 신경전달물질로 뉴런의 양전하를 증가시켜 활성화를 증가시킨다. 예를 들어, 도파민은 흥분성 신경전달물질의 하나로 주의와 집중에 중요한 역할을 한다. 특정 두뇌 영역에서의 도파민 부족은 ADHD와 밀접하게 연관되어 있다. 억제성 신경전달물질은 뉴런의 음전하를 증가시켜, 세포의 활성화를 감소시킨다. 가바(GABA)는 가장 대표적인 억제성 신경전달물질로, 알코올 섭취는 가바의 증가를 야기하여 자극에 대한 반응시간을 증가시키고, 판단과 의사결정을 느리게 만든다. 대부분의 향정신성 약품과 약물은 신경전달물질의 효과를 증폭시키거나 약화시켜서 행동에 영향을 미친다.

3. 두뇌는 상향 방식으로 조직화된다.

진화적으로 오래된 부분의 두뇌가 먼저 발달하고, 더 복잡하고 상위정보처리를 담당하는 두뇌 영역이 나중에 발달한다. 예를 들어 **뇌간**(brain stem)은 연수, 교, 중뇌로 구성되어 있으며 심작박동, 호흡, 각성과 같은 기초적인 물질대사 기능을 담당한다. 뇌간은 출생 시에 충분히 발달되어 있으며, 생존에 필수적이다(Ganzel & Morris, 2016).

마찬가지로, **소뇌**(cerebellum)는 뒤쪽에 위치한 두뇌 영역으로 주로 운동활동을 조절하고 균형조절을 담당한다. 소뇌는 생후 첫 1년 동안 빠르게 발달하는데, 흥미롭게도 초기 청소년기에도 2차적인 성숙이 발생한다. 연구자들은 소뇌가 신체적 움직임의 정교함과 더불어 정신적 우아함과 효율성을 유지하는 데도 중요한 역할을 한다고 믿는다. 청소년기 동안 발생하는 소뇌의 성숙은 아마도 청소년 후기에 관찰되는 신체적 정교함의 증가는 물론 정신적 효율성의 일반적인 증가도 설명할 수 있는 것으로 보인다.

뇌간의 바로 위, 두뇌의 가장 중앙에 위치하며 상대적으로 이르게 성숙하는 두 가지 중요한 영역은 기저핵과 변연계이다. **기저핵**(basal ganglia)은 뇌간과 피질영역 사이에 위치해 있으며, 주된 역할 중 하나는 운동을 통제하는 것이다. 다른 중요 기능은 감각기관으로부터 들어오는 정보를 걸러낸 후, 다음 처리가 진행될 다른 두뇌 영역으로 전달하는 것이다. 또한 기저핵은 주의와 정서의 조절에도 관여하는 것으로 알려져 있다. 연구자들은 아동기와 청소년기에 발생하는 기저핵이 구조적 변화가 아동기 운동기능의 향상에 기여하며, 학령기 주의와 정서조절에서의 향상을 설명할 수 있다고 믿는다.

마지막으로 **변연계**(limbic system)는 대뇌피질의 뒤쪽 두뇌 깊은 곳에 위치한다. 변연계의 주요 구조물은 편도체와 해마이다. 편도체는 공포, 분노와 같은 부정적인 정서의 표현과 이해에 중요한 역할을 하고, 해마 역시 정서정보를 담은 기억의 형성에 기여한다(이미지 2.6).

4. 고위 영역은 성인기까지 계속 성숙한다.*

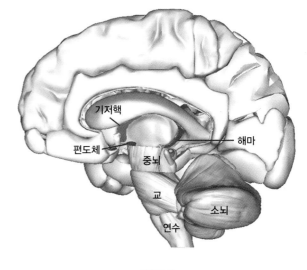

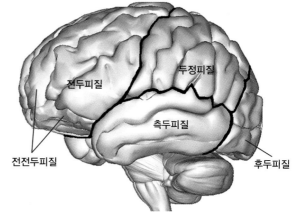

이미지 2.6 중요한 두뇌 영역 : 뇌간(연수, 교, 중뇌), 소뇌, 기저핵, 변연계(편도체, 해마)는 상단 그림에 표시, 하단 그림에는 대뇌피질의 중요 영역이 표시됨(전전두피질, 전두피질, 두정피질, 측두피질, 후두피질)

Life Science Databases (LSDB)

대뇌피질(cerebral cortex)은 두뇌의 가장 겉껍질로, 후두엽, 두정엽, 측두엽, 전두엽의 네 가지 영역으로 나뉜다. **후두엽**은 두뇌의 뒤쪽에 위치하고 주로 시각정보처리를 담당한다. 후두엽은 태어나서 생후 2년까지 대부분의 구조적 성장이 발생한다. 반면 **누성엽**(두뇌의 가장 높은 부분의 양쪽에 위치)의 부피는 약 6세 때 가장 크다. 두정엽은 주로 시각, 청각, 촉각 정보의 통합을 담당한다. **측두엽**(두뇌의 양쪽 아래에 위치) 역

---

* 대뇌피질의 성숙은 뒤집어진 U자의 형태로 진행된다. 즉, 생애 초기에 부피와 두께가 증가하다가 아동기 어느 시점에 최고점을 찍은 후 다시 감소하여 성인기 초반부터 후반까지 큰 변화가 발생하지 않는다. 최고점을 찍는 시기는 대뇌영역에 따라 다르며, 개인차도 존재한다. 최고점 이후 부피와 두께가 감소하는 것은 두뇌 성장이 쇠퇴하는 것이 아니라 대뇌피질 안쪽의 백색질 구조가 성장하면서 상대적으로 피질 두께와 부피가 감소하는 것으로 정상적인 두뇌발달의 과정이다_역주

시 생후 6세에 부피가 가장 크다. 측두엽은 청각, 언어, 정보의 표현과 조절 등 다중의 기능을 담당한다.

전두엽의 부피는 아동기 후반이나 초기 청소년기에 가장 크다. 전두엽은 언어산출과 문제해결, 기억과 같은 주로 아동기에 빠르게 발달하는 기술의 습득에서 중요한 역할을 한다. 전전두피질이라 불리는 전두엽의 특정 영역은 청소년기에 최고 성장을 보이고, 초기 성인기까지 재구조화된다. 전전두피질은 계획, 조직화, 장기적인 목표달성을 위한 활동의 우선순위 조정 등을 담당한다. 전전두피질의 발달은 초기 성인기에 발달하는 주의, 억제, 자기통제 능력의 증가에 기저하는 것으로 여겨진다(de Haan & Johnson, 2016).

5. 경험은 두뇌 구조에 영향을 미친다.

두뇌 구조의 성숙이 발달을 결정하는 것처럼 보이지만, 성숙과 행동의 관계는 양방향적이다. 즉, 두뇌는 경험에 반응하여 변화한다. 생물학적인 성숙과 환경경험은 세 가지 방식으로 상호작용하며 발달하는 두뇌를 조성한다(Cicchetti, 2019).

첫째, 두뇌 발달의 특정 부분은 유전자에 기반(gene driven)하여 발생한다. 경험의 영향을 거의 받지 않으며 유전에 의해서 대부분 결정된다. 예를 들어 뇌간의 발달이나 두뇌의 안쪽에서 생성된 신경세포가 대뇌피질로 이동하는 것 등은 유전적으로 사전 프로그램되었다고 알려져 있다. 발달심리학자들은 배아기에 주로 발생하는 경험을 넘어선 유전자의 중요성을 언급하기 위해 수로화(canalization)라는 용어를 사용한다(Blair, Raver, & Finegood, 2016).

둘째, 다른 부분의 두뇌발달은 경험기대적(experience expectant)으로, 두뇌 신경망의 형성은 부분적으로 환경으로부터 받은 정보에 의존한다. 영아들은 필요한 것보다 더 많은 수의 신경연결을 과잉생성하고, 이 중에서 사용되는 연결들은 유지되고 강화되는 반면 사용되지 않는 연결은 쇠퇴하고 소멸된다. 즉, 신경연결이 유지되느냐 아니면 가지치기 되느냐는 경험에 의존한다. 예를 들어, 생애 초기에 일본어에 노출되지 않은 영아는 일본어를 처리하는 데 역할을 담당하는 신경연결을 잃을 것이다. 결과적으로 영아기나 생애 초기에 일본어에 노출되지 않은 아동은 나중에 외국어 악센트 없이 일본어를 말하기가 어려울 것이다. 발달심리학자들은 이처럼

경험이 신경구조와 기능을 형성하는 데 중요한 역할을 하는 시기를 발달적 민감기(sensitive periods)라고 부른다.

세 번째, 두뇌발달은 경험의존적(experience dependent)이다. 즉 생애 후반부에 발생한 환경적 경험도 새로운 신경연결을 형성하고 두뇌의 구조와 조직화에 변화를 가져올 수 있다. 신경가소성(neural plasticity)은 두뇌의 구조와 기능이 환경 경험에 의해서 변화할 수 있는 역량을 가리킨다. 이런 경험은 내부적일 수도 있고 외부적일 수도 있다. 내부적 경험은 두뇌와 신경계의 직접적인 환경을 변화시킨다. 예를 들어 너무 많은 테스토스테론이나 스트레스 호르몬에 노출되는 것은 다양한 두뇌 영역의 구조적 변화를 야기한다. 반면에 외부경험은 유기체의 외부로부터 오는 것으로, 환경 독소에 노출된 영아가 두뇌 손상을 경험하는 것이 그 대표적인 예이다(Cicchetti, 2015).

신경과학자들은 두뇌가 환경 스트레스 자극에 매우 잘 적응하며, 특히 이런 스트레스 자극이 생애 초기에 발생했을 때 이 적응이 더 두드러지는 것을 발견하였다. 아마도 두뇌 가소성의 가장 충격적인 예는 기능적 반구절제술이라 불리는 외과수술을 받은 어린 아동에게서 관찰된다. 이 수술은 두뇌반구에서 발생하는 의료적으로 통제 불가능한 간질을 앓고 있는 아동들에게 주로 행해진다. 간질로 인한 발작이 매우 자주 발생하고, 심각한 손상을 초래하며 약물에 잘 반응하지 않기 때문이다. 외과의사들은 발작이 발생하여 제 기능을 하지 못하는 한쪽 반구의 두정엽 전체를 제거하고, 좌우반구를 연결하는 뇌량을 절단하여 한쪽 두뇌에서 발생한 발작이 다른 반구로 이동하지 못하도록 한다.

이 같은 두뇌 여러 영역의 연결이 제거되었음에도 불구하고, 아동들은 대개 놀라운 회복을 보여준다. 제거된 두뇌의 반대쪽 신체에서 약한 마비나 쇠퇴를 보여주기도 하고(두정엽 근처에서 수의적 운동 조절을 담당하는 데 좌반구는 오른쪽 사지의 조절에 관여하고 우반구는 왼쪽 사지의 운동 조절에 관여한다_역주), 좌반구가 제거된 아동은 언어처리에서 문제를 경험하기도 한다. 그러나 수술 후 6~12개월 이후 대부분의 아동들이 이런 문제에서 큰 회복을 보이고, 남은 대뇌반구가 그 역할을 대체하여 수술 후 6~8주가 지나면 대부분의 아이들이 학교생활을 다시 시작할 수 있다(van Schooneveld, Braun, van Rijen, van Nieuwenhuizen, & Jennekens-Schinkel,

2016).

긍정적인 환경 경험 역시 새로운 신경 연결을 형성할 수 있다. 오래 전, 신경과학자 도널드 헵(Donald Hebb, 1946)은 뉴런들의 동시적인 활성화가 그 사이에 신경연결을 형성하게 만든다고 제안하였다. 헵에 따르면 "동시에 활성화된 뉴런은 함께 연결된다". 최근 신경과학자들이 경험에 의한 새로운 신경연결의 형성, 시냅스형성(synaptogenesis)을 직접 관찰하였다. 예를 들어 자극이 풍부한 환경(예 : 더 넓은 공간이 주어지고 장난감이나 미로 제공)에서 자란 실험 쥐들은 전형적인 실험 케이지에서 자란 쥐들과 비교하여 두뇌 구조의 기능에서 차이점이 관찰되었다. 점자 훈련을 집중적으로 받은 사람들에게서도 촉각 정보처리를 담당하는 두뇌 영역에서의 성장이 관찰된다. 심지어 프로급의 연주자들에게서도 자신이 다루는 악기의 손가락 위치를 담당하는 두뇌 영역의 재구조화가 관찰되기도 한다(Cichetti, 2019).

2.3 심리적 요인이 발달에 미치는 영향

아동기 장애를 이해하는 데 학습이론이 중요한 이유는 무엇인가?

심리학자들은 아동의 행위를 설명하고 예측하기 위해 학습이론(learning theory)을 자주 사용한다. 학습이론의 관점에서 아동의 행동은 환경경험에 수반하여 결정된다. 학습은 (1) 고전적 조건형성, (2) 조작적 조건형성, (3) 모방이나 모델링의 세 가지 방식으로 발생한다.

고전적 조건형성

고전적 조건형성(classical conditioning)의 원리에 따르면, 학습은 아동이 동시에 발생한 두 자극을 연합할 때 발생한다. 특정 반응을 일으키지 않는 자극을 중립자극(neutral stimulus, NS)이라 부르고, 학습이 없이도 무조건적인 반응(unconditioned response, UCR)을 일으키는 자극을 무조건 자극(unconditional stimulus, UCS)이라고 부른다. 만약, 아동에게 이 두 자극이 시간적으로 동시에 제시된다면, 아동은 UCS와 NS를 연합한다.

파블로프는 메트로놈 소리(NS)와 고기 가루(UCS)가 시간

적으로 인접하여 개에게 제시되었을 때, 개가 두 자극을 연합하는 것을 보여주었다. 메트로놈 소리와 고기 가루의 반복적인 제시 후에, 이 개는 고기 가루가 없이 메트로놈 소리만으로 침을 흘렸다. 조건형성으로 인해 이전에는 중립자극(NS)이었던 메트로놈 소리가 조건자극(conditioned stimulus, CS)이 되고, 침을 흘리는 반응은 조건반응(conditioned response, CR)이 된다.

이런 고전적 조건형성의 원리는 특정 아동기 장애의 발현을 설명하는 데도 사용될 수 있다. 예를 들어, 개에게 물렸던 아동은 개의 존재(NS)를 물리는 사건(UCS)과 연합하게 되고, 개에게 물리는 것은 자동적으로 공포반응(UCR)을 불러일으킨다. 이런 경험을 한 아동은 이후 어떤 개(CS)를 보더라도 비슷한 공포반응(CS)을 보이게 될 것이고, 이는 아동에게 개에 대한 공포증을 발달시킬 수도 있다.

또 다른 사례를 생각해보자. 고등학교 수학수업 시간에 노트필기를 하고 있던 여학생이 갑자기 공황발작을 경험하였다. 이 발작이 너무 심각해진 여학생은 즉각 교실을 떠나 안전하고 개인적인 공간을 찾아 화장실로 도피한다. 이 여학생은 중립적인 교실(NS)을 강력한 부정적 정서(UCR)를 일으키는 공황발작(UCS)과 연합하게 되고, 이후 교실에 돌아가고자 하는 생각(CS)만 해도 공포와 불안(CR)이 발생할 수 있다. 결국 학교 가는 것에 대한 공포증이 발달하게 된다.

고전적 조건형성을 통해 습득된 행동을 줄이는 한 가지 방법은 조건반응(CR)의 심각성이 약화될 때까지 지속적으로 조건자극(CS)에 노출시키는 것으로, 그로 인해 CS가 더 이상 CR을 유발하지 않게 되면 이를 소거(extinction)가 발생했다고 한다.

소거기법을 응용한 노출치료가 불안장애의 주된 치료법으로 사용된다. **점진적 노출**(graded exposure) 과정에서 소거는 점진적으로 발생한다. 예를 들어, 치료자는 개 공포증을 가진 소년에게 공포를 없애기 위해 개와 보내는 시간을 점차적으로 늘려가라고 조언한다. 노출치료의 초기에는 소년에게 단순히 개의 사진을 보게 하고, 그 후에는 목줄을 묶은 개와 방에 머무르게 한 후, 마지막에는 개를 쓰다듬게 한다. 반복적으로 물지 않는 개에게 노출된 이후에, 소년은 더 이상 개의 존재만으로 강렬한 공포 반응을 보이지 않을 것이다(이미지 2.7).

홍수법(flooding)이라 불리는 절차에서는 소거가 매우 빠르

이미지 2.7 점진적 노출은 온도에 익숙해질 때까지 차가운 풀장에 발가락을 살짝 넣는 것과 같고, 홍수법은 풀장에 뛰어드는 것과 같다.

게, 대개 한 치료회기 안에 발생한다. 예를 들어, 학교 가기를 두려워하는 소녀를 치료자와 함께 수학교실에 들여보낸 후 그녀의 공황상태가 줄어들 때까지 머무르게 한다. 홍수법이 점진적 노출보다 더 빠른 치료법이기는 하지만, 아동에게 큰 스트레스를 가져올 수 있기 때문에 덜 사용되는 경향이 있다.

조작적 조건형성

고전적 조건형성이 시간적으로 동시에 발생하는 자극들 사이에 연합을 형성하는 것이라면, 조작적 조건형성(operant conditioning)은 아동이 자신의 행위를 환경에서 발생하는 결과와 연합할 때 발생한다. 조작적 조건형성의 원리에 따르면 행동의 결과는 그 행동이 미래에 반복될 가능성을 결정한다. 행위의 결과가 그 행동을 미래에 반복할 가능성을 증가시킨다면, 그 결과가 행동을 강화한 것이다. 강화(reinforcement)는 정적(positive)일 수도 있고 부적(negative)일 수도 있다. 정적 강화는 개인에게 제시된 자극이 그 행동의 가능성을 증가시킬 때 발생한다. 예를 들어, 아빠가 저녁식사에 채소를 먹은 딸에게 아이스크림을 주었다고 가정해보자. 만약 식사 후에 아이스크림을 주는 것이 이 소녀가 미래에 채소를 먹을 가능성을 높인다면, 아이스크림이 아동의 채소 섭취를 정적으로 강화했다고 말할 수 있다.

많은 사람들이 정적 강화에서 '정적'이라는 형용사를 강화물이 유쾌하다는 것으로 잘못 이해한다. 사실, '정적'이라는 용어는 단순히 자극이 개인에게 제시되었다는 사실만을 의미

한다. 흔히 유쾌하다고 간주되는 어떤 자극이 모든 아동들에게 정적 강화를 일으키지 않는다. 예를 들어, 2세 아동에게 변기 사용을 위해 캔디를 주는 것은 미래에 그 아이가 변기 사용을 할 가능성을 증가시킬 것이다. 그러나 14세 청소년에게 수학숙제를 마치게 하기 위해 캔디를 주는 것은 미래에 수학 숙제를 마칠 확률을 증가시키지 않을 것이다.

게다가 흔히 불쾌한 자극이라고 간주되는 것이 정적 강화를 가져오기도 한다. 예를 들어, 선생님이 수업을 방해하는 학생을 질책한다고 간주해보자. 만약 선생님의 질책이 학생의 방해행위를 더 증가시킨다면, 이상하게 보이겠지만 선생님의 행위는 학생의 방해행동을 정적으로 강화하고 있는 것이다.

부적 강화는 자극의 회피나 철회가 행동의 가능성을 증가시킬 때 발생한다. 예를 들어, 한 아빠가 딸이 채소를 다 먹었을 때에만 식탁을 떠날 수 있게 허락한다고 가정해보자. 만약 채소를 먹고 식탁을 떠나는 것이 그 소녀가 미래에 채소를 먹을 가능성을 증가시킨다면, 이는 아빠의 행위가 자녀의 채소 섭취를 부적으로 강화한다고 말할 수 있다.

부적 강화는 자주 아동기 문제행동에 기저하는 원인이 된다. 엄마가 아들에게 넷플릭스를 끄고 방을 청소하라고 요청하는 상황을 가정해보자. 아들은 청소하는 것보다 좋아하는 프로그램을 보는 것을 선호하기 때문에 엄마의 말을 무시할 것이다. 그러면 엄마는 자신의 요청을 철회하고 아들의 방을 직접 청소하게 된다. 이때 엄마의 행위(자신의 요청을 스스로 철회)는 아들이 미래에도 엄마의 요청을 무시할 가능성을 증가시키고, 결국 엄마의 행동이 아들의 불순종을 부적으로 강화했다고 말할 수 있다. 엄마는 아들에게 자신의 요청을 무시하는 것을 가르친 것이다.

강화와 반대로 처벌(punishment)은 언제나 미래 행위의 가능성을 감소시킨다. 처벌에도 정적 처벌과 부적 처벌의 두 가지 형태가 있다. 정적 처벌은 자극의 제시를 통해 행위의 가능성을 감소시킨다. 엄마가 말을 듣지 않는 아들을 때린다고 가정해보자. 엄마의 체벌이 결과적으로 아동의 반항을 감소시켰다면, 이는 정적 처벌의 한 형태이다. 부적 처벌은 자극의 철회나 회피를 통해 행동의 가능성을 감소시킨다. 선생님이 교실에서 수업을 방해하는 행동을 하는 아동을 그 아이가 좋아하는 활동에서 배제시키는 경우를 보자. 선생님의 배제행

표 2.2 ■ 조작적 조건형성			
		자극	
		제시(+)	제거(−)
행동	증가 (강화)	**정적강화** 야채를 다 먹은 아이에게 디저트를 줌	**부적강화** 야채를 다 먹은 아이에게 식탁에서 떠날 수 있도록 함
	감소 (처벌)	**정적처벌** 수업시간에 떠든 아이에게 꾸중함	**부적처벌** 수업시간에 떠든 아이에게 쉬는 시간을 박탈

주 : 강화는 미래 행동을 증가시키고 처벌은 감소시킨다.

동이 학생의 방해행위를 감소시켰다면, 선생님의 행위는 부적처벌의 한 사례이다(표 2.2).

임상가들은 행동교정을 위해서 처벌보다는 강화를 사용하는 것을 선호한다. 그러나 특정 경우에 처벌도 치료적으로 사용될 수 있다. 치료자가 부모에게 아들의 야간 배뇨를 교정하기 위해 정적 처벌을 사용하는 법을 교육하는 경우를 보자. 아이가 침대에 오줌을 쌀 때마다 부모는 소년에게 문제행동을 교정하기 위해 고안된 일련의 행동을 시키게 된다. 이 행동에는 주로 이불을 침대에서 치우고, 세탁기에 이불을 가져가서, 세탁하는 것을 돕고, 새로운 이불을 가져다가 침대에 깔고, 침대에 돌아가서 자기 전에 변기를 사용하는 것을 포함한다. 비슷하게 반항적인 행동을 하는 유아의 행동교정을 위해 부적처벌의 형태로 타임아웃을 사용하는 것도 가능하다. 타임아웃은 일정 기간 동안 아동에게서 모든 가능한 강화자극을 제거하는 것이다. 아동들은 장난감이나 텔레비전 혹은 다른 어떤 자극도 주어지지 않으면서 정해진 의자에 3분 동안 앉아 있어야 한다.

사회학습

타인을 관찰하면서 행동을 습득하기도 한다. 앨버트 반두라와 동료들(Bandura, Ross, & Ross, 1961)은 보보인형을 향해 공격적인 행동을 하는 어른을 관찰한 아동들이 이 공격행동을 쉽게 모방한다는 사실을 보여주었다. 반두라의 사회학습 이론(social learning theory)에 따르면, 모방이나 모델링을 통한 학습이 인간이 보이는 행동 습득의 주요 메커니즘이다. 사회학습은 특히 모델이 아동과 비슷한 연령이거나 성별일 때, 그리고 모델이 그 행동으로 인해 강화받는 것을 관찰했을 때 더 잘 발생한다.

모델링은 아동의 문제행동을 설명하고 치료하기 위해 사용될 수 있다. 자녀에게 불안반응의 본보기를 보여주는 부모들은, 자녀의 불안장애를 발달하게 될 가능성을 증가시킨다. 사회적 상황을 두려워하는 엄마는 아마도 그녀의 딸에게 이런 공포반응에 대한 본보기가 될 것이다. 사교적인 모임에 참석하는 것을 꺼리고, 공공장소에서 어리석어 보일까 봐 걱정하는 모습을 보이거나, 혹은 딸에게 직접 타인들은 매우 비판적이고 평가적이라고 얘기하는 엄마는 딸로 하여금 사회적 상황에 대한 공포를 더 많이 느끼게 할 것이다. 결과적으로 자녀의 불안장애를 증가하거나 사회적으로 위축되는 경향이 증가할 수 있다(Knappe, Beesdo-Baum, Fehm, Lieb & Wittchen, 2012).

반면 치료자는 그 딸의 사회불안을 줄이기 위해 모델링 기법을 사용한다. 즉, 불안을 경험하는 소녀를 학급 단짝(좋은 사회적 기술을 가지고 있고, 사회적 행동에 대한 본보기를 보여줄 동기를 가진 동성친구)과 짝지어 준다. 불안을 경험하던 소녀는 단짝의 행동을 관찰하면서, 사회적 상황이 대개 유쾌하지만 아주 드문 확률로 불쾌하다는 것을 발견하게 될 것이다. 결과적으로 소녀의 불안이 감소하게 된다(Scaini, Belotti, Ogliari, & Battaglia, 2016).

아동기 장애를 이해하는 데 인지발달이 중요한 이유는 무엇인가?

인지발달

인지발달(cognitive development)이란 아동의 지각, 사고, 언어, 문제해결 능력에서의 변화를 말한다. 장 피아제의 단계이론은 아동과 청소년의 인지발달을 이해하는 데 중요한 체계를 제공한다. 이 이론에 따르면 발달은 순서가 정해진 4단계의 과정을 통해 진행되며, 아동들은 각각의 단계에 특정적인 인지능력을 보인다(Barrouillet, 2015; Carey, Zaitchik, & Bascandziev, 2015).

감각운동기(0~2세)에 속하는 영아들은 우연한 사건이나 시도와 실패를 통해 자기와 자신을 둘러싼 환경을 이해하기 시작한다. 이 단계의 가장 중요한 특징은 아동 자신이 보지 않을 때에도 물체가 존재한다는 것을 아는 대상영속성의 습득이다. 그리고 한 물체(예 : 인형)가 다른 물체(예 : 실제 아기)인 것처럼 행동하는 가장 놀이(pretend play)와 언어의 습득 역시 중요하다. 이 시기에 운동 능력이나 가장 놀이, 언어 사용에서의 결핍이 나타난다면, 이는 특정 신경발달 문제가 존재함을 의미한다.

전조작기(2~6세)에 해당하는 유아들은 좀 더 복잡한 언어사용이 가능하며, 표상적 사고를 할 수 있다. 자신을 둘러싼 세상에 대한 이해가 좀 더 복합해지면서, 행동하기 이전에 자신의 행위를 계획하기 시작한다. 이 시기의 중요한 발달과업으로는 타인이 나와는 구별되는 정신 상태(마음)를 가진 존재라는 것을 이해하는, 마음 이론의 발달이 있다. 마음 이론이 발달함에 따라 아동은 타인의 관점을 취할 수 있고, 타인의 동기와 감정을 이해하기 시작하여 공감하며 반응할 수 있게 된다. 자폐스펙트럼장애나 사회적 의사소통 장애를 가진 아동들은 마음 이론이나 공감적 이해에서 지체가 두드러진다.

학령기 아동(6~12세)은 **구체적 조작기**에 해당한다. 초등학교 시기 동안 물체의 외양이 바뀌어도 양이나 수는 변하지 않는다는 것을 이해하는 보존능력이 발달한다. 그러나 보존능력이 추상적인 개념의 습득이라기보다는 물리적 세계에만 국한되어 있다. 따라서 구체적 조작기의 아동들은 물리적 세계에 직접적으로 연결된 주제(예 : 계산, 읽기)를 잘 배울 수 있지만, 더 추상적인 주제(예 : 대수학, 문학적 분석)에 대한 습득에서는 어려움을 보인다.

청소년기(12세 이상) 아동들은 논리적이고 귀납적인 추론을 할 수 있는 **형식적 조작기**(formal operations)에 이른다. 특정 사실 파악을 위해 일반적 원리를 이용하기 시작하고 더 추상적인 사고를 할 수 있게 된다. 형식적 조작은 청소년과 젊은 성인이 대수학과 기하학, 심리학, 사회학, 철학, 정치과학 등 어린 아동들은 이해할 수 없었던 주제와 전공을 이해할 수 있게 한다.

사회인지

사회인지(social cognition)는 우리의 인지적 능력을 사용하여 사회적 상황에 대한 사고를 가능하게 하는 중요한 인지발달 영역이다. 사회인지는 인간이 다른 인간을 어떻게 지각하고 판단하며, 사회적 정보를 어떻게 저장하고 인출하는지에 대한 일반적인 모델, 즉 사회정보처리 이론에 기반한다. 사회인지 개념에서 가장 중심적인 아이디어는 우리가 자신과 타인에 대한 정신 모델, 스키마(schema)를 형성한다는 것이다. 이런 스키마는 이전에 형성된 대인관계 경험(interpersonal experiences)에 기반하여 발달하고, 미래의 사회적 행위를 지시하고 유도한다. 예를 들어 잘 발달된 사회기술과 친구를 가진 아동은 새로운 학급동료가 우호적일 거라고 예상하기 때문에, 쉬는 시간에 먼저 다가가서 같이 놀자고 할 것이다. 반면, 사회적으로 미숙하고 또래에 의해 배척받은 경험이 있는 아동은 새로운 학급동료 역시 그를 배척할 거라고 예상하고, 오히려 회피할 가능성이 높다(Bargh, 2013; Fiske & Taylor, 2013).

사회정보처리에서의 문제는 많은 아동기 장애의 기저에 자리잡고 있다. 또래를 향해 공격적인 행동을 보이는 아동들은 보통 타인과 자신에 대한 부정적인 스키마를 가지고 있다. 특히, 사회적 문제에 직면하였을 때 그들은 타인의 행동을 적대적이거나 거부적인 것으로 해석하는 경향이 있으며, 평화로운 문제해결 전략을 찾아내는 데 어려움을 보인다(Dodge, Godwin, & Conduct Problems Prevention Research Group, 2013). 마찬가지로 우울한 아동 역시 자신을 사회적 상황에서 무능하다고 지각한다. 그들은 사회적 문제에 직면했을 때, 타인으로부터 멀어지려 하고, 이는 다시 타인이 그들을 거부하게 만들며, 결과적으로 자신의 낮은 자기가치감을 확증한다. 다행히도 아동의 사회정보처리 기술을 향상하고 행동, 정서적 문제들을 완화하는 치료법들이 개발되어왔다(Michl, McLaughlin, Shepherd, & Nolen-Hoeksema, 2013).

아동기 장애를 이해하는 데 정서발달이 중요한 이유는 무엇인가?

정서발달

정서발달(emotional development)은 정서 경험, 표현, 이해와 조절능력이 발생하고 정교화되는 것을 말한다(Odle, 2016). 정서발달의 과정은 아동의 신체적 성숙, 인지적 복잡성의 증가, 타인과의 경험이 반영된 결과이다(Cole, 2016).

정서표현은 영아기에 시작된다. 신생아에게 울음은 강력한 의사소통 수단이며, 짜증, 기쁨, 공포와 흥미는 영아들이 일차적으로 표현하는 정서이다. 영아들은 종종 웃고 미소를 보이지만, 사실 4개월이 되어서야 실제 타인을 향해 의도적으로 미소지을 수 있다. 슬픔과 공포는 대개 6개월 이후에 볼 수 있다.

걸음마기는 두뇌 변연계와 전두엽의 빠른 발달과 부모로부터의 상당한 독립성 획득(혼자 걸어다닐 수 있기 때문에_역주)을 주요 특징으로 한다. 결과적으로 걸음마기 영아들은 자부심(자율성을 드러낼 때)과 수치심(위험에 처하거나 실패할 때)과 같은 복잡한 2차적 정서를 드러내기 시작한다. 3~5세 사이에 공감능력이 크게 발달한다. 공감은 타인의 정서표현에 주의를 기울이고, 정확하게 인식하며, 타인의 입장을 취해볼 수 있는 능력에 의존한다. 전형적인 자폐스펙트럼 아동은 정서표현과 타인의 감정 이해에 지연을 보인다.

인지 능력, 특히 언어능력의 발달로 인해 유아와 초기 학령기 아동은 그들 자신의 정서에 이름을 붙이고 각기 다른 정서를 구별할 수 있다. 예를 들어, 유치원 아동들은 화가 난 것과 슬픈 것을 구분하기 시작한다. 나이가 들어감에 따라, 화를 내거나 울고, 떼를 쓰기보다는, 언어를 사용하여 자신의 감정을 타인과 공유할 수 있게 된다. 또한 어린 아동들은 환경 맥락에 따라 자신의 정서 표현을 달리해야 한다는 것도 배운다. 아동이 집에서 표현할 수 있는 정서와 교실이나 놀이터에서 표현할 수 있는 정서는 다를 것이다(Bridges, 2018).

정서조절

아동기와 청소년기의 중요한 발달 과제 중 하나는 정서조절 능력의 발달이다. 정서조절(emotion regulation)이란 나의 정서를 인식하고 명명하며 조절하기 위해 사용하는 처리과정과 행위를 통한 징시의 표현방식을 모두 포괄한다. 정서조절은 발달의 모든 측면에서 중요하다. 정서조절은 우리의 주의, 집중, 사고과정, 기억, 관계, 장기적 목표의 설정과 획득을 위한 능력, 모두에 영향을 미친다(Odle, 2016).

아동의 정서조절 능력은 연령에 따라 달라진다. 초기 정서조절은 주로 타인에게 의존하여 발생한다. 예를 들어, 영아들은 춥거나 배고플 때 울어서 엄마를 부르며, 걸음마기 영아들은 놀이터에서 무릎에 상처가 나면 아빠에게 달려간다. 나이가 들어감에 따라 아동의 정서조절 전략은 좀 더 독립적으로 변해간다. 학령기 아동은 학교 가는 것에 대한 두려움을 감소시키기 위해 자전거를 탈 수 있고, 청소년은 부모와 가정에서 속상했던 일을 잊기 위해 친구들과 영화관에 가기도 한다. 독립적으로 자기 정서를 조절하는 능력은 사회-정서 발달의 핵심적인 영역이다(LeBlanc, Essau, & Ollendick, 2018).

아동이 정서조절을 위해 사용하는 처리과정은 크게 두 가지 하위범주인 의도적 처리와 반응적 처리로 나뉜다. 의도적 처리는 긍정 정서를 높이거나 장기적 목표 달성을 위해 고의로 자신의 주의, 사고, 행동을 변화시키는 과정을 포함한다. 중요한 농구 경기에서 자유투 기회를 놓치고 팀이 패배할 위기에 처한 소녀를 생각해보자. 자신의 정서를 조절하기 위해 소녀는 다양한 의도적 처리과정을 시도할 것이다. 예를 들어 이전의 실패로 주의를 돌리는 대신에, 그녀의 팀 동료가 전해주는 격려하는 말("걱정하지 마, 다음에 잘할 수 있을 거야")에 초점을 맞춘다. 혹은 상황을 재평가하고, "프로농구 선수들도 모든 슛을 성공하지는 못해"라고 생각할 수도 있다. 혹은 실패를 학습의 기회로 삼아, 슛을 더 연습하기로 결심하기도 한다(Eisenberg, Hernandez, & Spinrad, 2018).

반대로, 반응적 처리는 고정되거나 습관적인 방식으로 적용되는 정서에 대한 자동적 반응이다. 게임의 승패를 가르는 중요한 자유투를 놓친 소녀는 울면서 라커룸에 달려가거나, 울분을 표현하고 상대방을 난폭하게 미는 행동을 하기도 한다. 이런 반응적인 처리는 일시적으로 기분을 나아지게 할 수 있다. 그러나 이런 반응은 장기적 목표를 성취하기 위한 능력의 향상을 방해할 것이다. 그녀는 아마도 울거나 싸운 이후에 연습을 더 하지는 않을 것이다.

이처럼 아동이 정서를 조절하기 위해 습관적이거나 기계적으로 반응적 처리에 의존할 때 많은 아동기 장애들이 발생한다. 우울이나 불안과 같은 내재화 장애는 아동이 스트레스 사건을 억제하거나 회피 혹은 위축됨을 통해 반응하는 경우 발생한다. 반대로, 품행문제나 ADHD와 같은 외현화 장애는 아동들이 정서유발 경험들에 공격적이거나 충동적으로 반응할 때 발생한다(Fernandes, Tan-Manusukhani, & Essau, 2018; Hannesdottir & Ollendick, 2018).

다른 장애들도 정서 조절에서의 어려움을 나타낸다. 파괴적 기분조절 부전장애는 만성적인 짜증과 심각한 분노발작을 자주 보이는 어린 아동에게 나타난다. 이 장애의 치료방법으로는 분노를 촉발하는 상황을 회피하는 법을 가르치고, 부정적인 정서에 대처하는 새로운 방법을 찾는 것이 있다. 섭식장애 역시 정서 조절과 관련된 기저 문제를 반영하기도 한다. 일부 청소년들은 불안, 우울, 낮은 자기가치감을 줄이기 위해 폭식이나 구토와 같은 부적응적인 방법을 사용하기도 한다. 화상이나 자상과 같은 자해행동 역시 문제 있는 정서조절 방식으로 보인다. 이런 장애의 치료방법에는 대개 부적응적인 정서조절 방략을, 건강하고 더욱 효과적인 대처 기술로 전환하는 과정을 포함한다(Baudinet, Dawson, Madden, & Hay, 2018; Kircanski, Leibenluft, Brotman, 2019).

2.4 사회-문화적 요인이 발달에 미치는 영향

부모는 자녀의 발달에 어떤 영향을 미치는가?

기질과 조화적합성

기질(temperment)은 환경적 자극에 대한 영아의 행동 및 정서에서의 특징적 반응패턴을 말하며, 대개 생후 첫 몇 주 안에 관찰된다(Kagan, 2014). 기질은 시간과 상황에 상관없이 안정적이며, 주로 타고난다고 여겨지는 성격 측면이다. 아동은 외부세계의 경험을 의미있게 받아들이도록 돕는 특정 기질을 가지고 삶을 시작하며, 그들의 기질과 외부경험과의 상호작용을 통해 성격을 형성해나간다(Stifter & Dollar, 2016).

두 명 이상의 자녀를 키우는 부모들은 이런 기질에서의 차이를 쉽게 파악한다. 한 아이는 상대적으로 더 조용하고, 기분이 나빠져도 쉽게 달래지지만, 낯선 상황을 매우 두려워한다. 반면 다른 형제는 작은 자극에도 쉽게 울고, 잠을 잘 못자고 잘 안 먹기도 하지만, 놀이터에서는 저돌적으로 행동하기도 한다. 기질은 생물학적 형제자매(유전자의 50%를 공유하고 동일한 부모에게서 길러진)가 너무나도 다르게 행동하는 이유를 잘 설명한다.

뉴욕종단연구는 영아기 기질과 성인기 성격 간의 관계를 가장 잘 드러내는 자료를 제공하고 있다. 스텔라 체스, 알렉산더 토마스, 허버트 버치(Stella Chess, Alexander Thomas, Herbert Birch, 1965)는 이 연구를 통해 아동의 기질을 세 가지 범주로 구분하였다.

1. **쉬운 기질**(easy children) : 부모와의 상호작용에서 가장 높은 긍정정서를 보이고, 일상 루틴이 규칙적이며, 새로운 사람과 상황에 쉽게 적응한다. 짜증이 나도 쉽게 달래진다. 양육하기에 상대적으로 어렵지 않기 때문에 '쉬운' 아이로 분류된다.

2. **까다로운 기질**(difficult children) : 부모와의 상호작용 상황에서 부정적인 정서를 더 자주 보이고 쉽게 짜증을 낸다. 새로운 자극에 더 강렬한 반응을 보이며 규칙적인 섭식, 수면, 배변 스케줄을 형성하는 데 어려움을 보인다. 주변 환경이나 일상 규칙이 변화하는 것에 민감하고 부정적으로 반응하며, 양육자가 대처하기 어려운 상황을 직면하는 경우가 많아 '까다롭다'고 명명되었다.

3. **느린 기질**(slow-to-warm-up children) : 부모와의 상호작용에서 두드러지는 행동이나 정서를 보이지 않는다. 새로운 상황이나 사람에 노출되었을 때 두려워하며, 환경적 변화에 적응하는 데 더 많은 시간이 필요하므로 '느린' 기질이라 이름 붙여졌다.

연구자들은 동일한 기질 유형이 모든 민족과 사회경제적 집단의 아이들에게서 관찰된다는 것을 발견하였다. 대개 생후 2~3개월이면 안정적인 기질을 확인할 수 있다. 무엇보다 중요한 것은 영아의 기질과 그들의 환경이 요구하고 기대하는 것 사이의 조화적합성(goodness-of-fit)이다. 예를 들어, 안전한 집, 여유로운 직업, 친구와 가족의 지지를 받고 있는 편부모가 '까다로운' 기질의 아기를 키우는 경우에 비해, 높은 스트레스를 경험하고 있는 편부모가 '까다로운' 기질의 아기를 키우는 것은 더 어려운 일일 것이다.

발달정신병리학자들은 기질의 어떤 특성이 이후에 아동을 장애의 위험에 처하게 할 수 있는지 연구하고 있다. 예를 들어, 제롬 케이건(Jerome Kagan)은 4개월 영아에게서 측정할 수 있는 기질의 한 차원인 정서적 반응성에 주목해왔다. 천장에 매달려 있는 모빌과 같은 새로운 자극이 제시되면, 정서적으로 높은 반응성을 보이는 영아들은 스트레스를 받는다. 반면 낮은 반응성을 보이는 영아들의 경우, 동일한 자극에도 매우 안정적으로 보인다. 이 영아들을 14~21개월 시기에 다시 검사했을 때, 높은 반응 성향의 영아들은 새로운 상황(예 : 광대 차림의 성인이 방으로 들어왔을 때)에 위축되거나 공포를 표현하였다. 반면, 정서적으로 낮은 반응 성향의 아이들은 좀 더 적극적인 행동을 보였다. 게다가 영아기에 높은 정서반응성을 보이고, 걸음마기에는 높은 공포감을 보이는 아동의 경우, 후기 아동기에 불안장애를 보일 위험이 높았다(Fox et al., 2015).

아동기 기질이 성격을 결정하거나 정신병리의 위험을 결정하는 것은 아니라는 점을 기억해야 한다. 그러나 기질은 아동의 성격에 영향을 미치고, 그로 인해 타인과의 상호작용에 영향을 미친다. 네이선 폭스(Nathan Fox)는 영아 시기 까다로운 기질과 청소년기와 초기 성인기에 발현하는 심리적 장애의 관계를 규명하는 장기종단연구를 진행하였다. 이 연구결과에 따르면, 위축된 기질을 보였던 영아들은 초기 성인기에도 불안 문제를 경험할 위험이 높았다. 그러나 청소년기 또래와 형성한 연결망의 크기와 성격이 초기 기질과 이후 불안과의 관계를 상당 부분 상쇄할 수 있다. 위축된 기질을 보였던 아동 중 사회적 접촉을 회피하고 작은 크기의 또래연결망을 만들었던 아동들이 이후에 불안장애를 발현시킬 위험이 높았다. 반면, 지지적인 또래 관계를 형성할 수 있었던 위축된 기질의 아동들은 성인기에 불안장애의 위험이 높지 않았다. 이 결과들은 기질이 아동을 특정 발달경로에 위치시킬 수는 있지만, 기질만으로 아동의 발달결과가 결정되지는 않는다는 것을 의미한다(Frenkel et al., 2015).

애착

애착(attachment)이란 영아와 양육자, 특히 아이가 위험하거나 불안정한 상황에 처했을 때 보호하고 달랠 수 있는 양육자 사이의 정서적인 연결을 말한다(Grossman, Bretherton, Waters, & Grossman, 2016). 존 볼비(John Bowlby, 1969, 1973, 1980)에 따르면, 아동과 부모의 애착관계는 세 가지 기능을 가진다. 첫째, 애착관계는 아이를 위험으로부터 보호한다. 영아와 어린 아동들은 무섭거나, 화가 났을 때, 주변 환경이 불안정한 상황에서 부모에게 도움을 구하는 생물학적인 경향성을 갖는다. 마찬가지로 부모들 역시 그들의 주의와 돌봄을 요청하는 영아에게 반응하는 생물학적인 경향성을 갖는다(Pasco Fearon, Groh, Bakermans-Kranenburg, van IJzendoorn, & Roisman, 2016).

둘째, 애착은 부모와 영아의 양자 관계에 긍정적인 정서 경험을 위한 기회를 제공한다. 부모와의 상호작용을 통해 영아는 사회적 상호작용의 자연적인 상호성을 배우고, 대인관계에서의 주고받음(상호호혜성)을 배운다.

셋째, 애착은 영아가 부정적인 정서와 행동을 통제하는 법을 배울 수 있게 한다. 발달 초기 영아들은 양육자로부터의 위안에 의존하여 불안과 스트레스를 조절한다. 경험이 누적되면서 아동은 내적작동모델(internal working model), 즉 양육자에 대한 정신표상을 형성하고 이는 심리적 스트레스에 대처할 수 있도록 돕는 역할을 한다. 즉, 부모에 대한 정신표상을 '안전기지'로 활용하여 주변 환경을 탐색하고 자신의 정서와 행동을 조절하는 법을 배운다.

생애 초기에 경험한 부모-아동 상호작용의 질은 초기 애착 관계의 질을 형성하는 데 영향을 미친다. 아동의 요구에 일관적이며 발달적으로 적절한 방식으로 대처하는 민감하고 반응적인 돌봄을 제공하는 부모는 그들의 자녀들과 대개 안정 애착을 형성한다. 결과적으로 그들의 자녀들은 부모로부터 민감하고 반응적인 돌봄을 기대하고, 자기 자신에 대해서도 타인으로부터 민감하고 반응적인 돌봄을 받을 만한 존재라고 인식한다.

반면에, 민감하고 반응적인 양육을 일관되게 제공하지 못했던 부모들은 자녀들과 불안정 애착을 형성하는 경향이 높다. 불안정 애착 아동들은 겁에 질리거나 기분이 상했을 때, 그들의 부모가 효과적으로 자신의 요구를 채워주고 정서를 조절할 수 있도록 도울 거라고 기대하지 않는다. 불안정 애착 아동들은 부모에 대해서 비일관적이며 도움이 되지 않는 존재라는 내적작동모델을 발달시킨다. 더불어, 자기자신에 대해서도 타인으로부터의 주의와 돌봄을 받을 수 있는 존재라고 생각하지 않는다.

매리 애인스워스와 동료들(Mary Ainsworth et al., 1978)은 생후 1년 이내에 발달하는 세 가지 유형의 애착형태를 측정하였다. 실험실 조건에서 '낯선 상황(strange situation)' 절차를 사용하여 12개월 영아의 행동을 관찰한다. 낯선 상황 절차는 실험실 내 놀이공간에서 영아와 그들의 양육자를 짧은 시간 동안 분리하는 것을 포함하고 있다. 이때 대부분의 영아들은 스트레스를 경험한다. 일차적으로 연구자들은 부모가 다시 놀이공간으로 돌아왔을 때 영아의 반응에 관심을 가졌다. 특히 스트레스를 받은 영아들이 그들의 부모를 스트레스를 감소시

이미지 2.8 낯선 상황 절차는 영아와 양육자의 애착을 측정하기 위해 사용된다. 아동은 안정을 위해 양육자에게 의존하고, 양육자를 안전기지로 활용하여 주변 환경을 탐색하는가?

키고 놀이로 돌아가기 위한 위안의 도구로 이용할 수 있는지 관찰하였다(이미지 2.8).

이 실험에 참가했던 대부분의 영아들은 부모와 **안정 애착**을 보여주었다. 안정애착 영아들은 그들의 부모를 안전기지로 삼아 정서를 조절하고, 행동을 통제하며, 놀이상황으로 돌아갈 수 있었다. 분리 상황 동안 스트레스를 겪었음에도 불구하고, 부모가 돌아왔을 때 부모로부터 신체적 접촉과 위안을 적극적으로 구했다. 약간의 시간이 흐른 후에 이 영아들은 잘 달래졌으며 다시 놀이공간을 탐색할 수 있었다.

반면, 부모와 **불안정 회피 애착**을 형성했던 영아들은, 양육자와 다시 재회했을 때 수동적이고 관심 없어 하는 반응을 보였다. 실제, 이 유형의 영아들은 주의를 끌려는 부모의 행동을 무시하거나 고개를 돌리면서 적극적으로 회피하였다. 회피 애착 영아들은 부모와의 분리 동안 스트레스를 받지만, 부모가 돌아와도 관심이 없거나 화가 나 보이기도 한다. 자신의 정서 조절을 위한 안전기지로 부모를 이용하기보다는, 분리로 인한 스트레스를 혼자 대처하려는 것처럼 보인다. 애착이론가들은 부모의 주의를 끌려는 영아의 노력을 지속적으로 무시한 부모들이 그들의 자녀와 불안정-회피 애착을 발달시켰다고 추론한다.

불안정-저항(양가) 애착을 형성한 영아들도 부모와 분리되었을 때 상당한 스트레스를 받는다. 그러나 부모와 재회했을 때, 부모의 지지를 추구하거나 거부하는 것 사이를 왔다갔다 하는 반응을 보인다. 즉, 부모에게 안아달라는 몸짓을 하기도

하고, 곧 부모를 밀어버리기도 한다. 이런 영아의 행동은 그들이 절박하게 위안을 원하기도 하지만, 부모가 그들의 요구에 적절한 위안을 제공할 것이라고 기대하지 않는다는 것을 의미한다. 애착이론가들은 돌봄을 제공하기도 하지만 지속적으로 무시하기도 하는 부모들이 그들의 자녀와 불안정하고 양가적인 형태의 애착을 형성한다고 믿는다.

애인스워스에 따르면 일부의 영아들은 위의 세 가지 애착 유형 중 어느 것으로도 분류할 수 없다. 낯선 상황 절차에서 이 영아들은 부모와 분리되었을 때, 팔이나 목, 등의 발작적인 움직임과 같은 반복적이고 판에 박힌 행동을 보인다. 양육자와 재회했을 때에도 얼어 있거나 멍해 있기도 하고 혹은 공포반응을 보이기도 한다. 애인스워스의 학생이었던 매리 메인은 다른 아동들과 달리 그들의 행동을 조직화할 수 없었기 때문에 이런 아동들을 비조직화된 혼란 애착으로 분류하였다(Main & Solomon, 1986). 특히, 아이의 출생 직전이나 직후에 큰 상실이나 트라우마를 경험한 많은 부모들이 자녀와 혼란애착을 형성했다.

미네소타 종단 연구에서는 영아기 엄마와 자녀의 애착 유형과 아동의 이후 발달 결과 사이의 연관성을 검증하였다. 전반적으로 영아기 안정 애착을 보였던 아동들은 이후 사회-정서적 유능성을 보여주었다. 즉, 안정애착 영아들은 어린이집에서 더 인기 있었고, 안정적이었으며, 유능하고 협조적이었다. 6세가 되었을 때에는 불안정 애착 경험을 가졌던 아이들보다 말을 더 잘 듣고, 반응적이고, 독립적이며, 공감적이었다.

반면, 불안정-회피 애착을 형성했던 영아들은 이후에 절도, 거짓말, 규칙 위반과 같은 문제행동을 더 많이 보였다. 불안정-회피 애착의 다른 아이들은 짜증, 분노, 우울과 같은 정서문제에서의 위험이 높았으며, 또래에게 좀 더 부정적으로 반응하였다.

불안정-저항(양가) 애착 영아들은 부모나 어린이집의 교사에게 과도한 의존성을 보이는 경향이 있었다. 학령기에는 위축되고, 수동적이며, 무기력하게 행동하였다. 반면 위험 추구 행동이나 다른 활동에 몰두하면서 안정을 추구하였다.

혼란애착 영아들은 아동기 문제행동의 위험이 가장 높았으며, 그들의 양육자를 향해 적대적이고 반항적이며 악의적인 행동을 보였다. 공격적이거나 품행문제를 보이는 경향도 높았으며, 청소년기에는 비의도적인 의식의 부재나 기억 부재

와 같은 해리적 증상을 보일 위험이 높았다.

부모-자녀의 초기 애착관계가 아동을 적응적이거나 부적응적 경로에 위치시키는 것으로 보이나, 아동의 최종 발달결과를 결정하는 것은 아니다. 많은 아이들이 부모를 제외한 다른 양육자와의 경험을 통해 영아기에서 청소년기에 이르는 동안 애착의 유형을 바꾼다. 지지적인 사촌, 교사, 운동 코치, 친구들은 불안정 애착 아동들에게 교정적인 정서 경험을 제공하고, 이를 통해 관계에 대한 작동모델을 변화시킨다. 실제로, 많은 연구자들은 영아기에 불안정 애착을 보였던 영아들이 다른 성인으로부터 민감하고 반응적인 돌봄을 경험하고 아동기에 안정애착으로 변화해가는 것을 관찰하였다. 이런 아동들은 청소년기에 가족과 또래와의 관계 개선을 경험하였다(van IJzendoorn & Bakermans-Kranenburg, 2014). 심리치료 역시 거부와 비일관성에 기반한 개인의 작동모델을 민감성과 신뢰에 기반한 작동모델로 바꾸는 방법이다.

양육행동

가족마다 문화마다 양육방식이 다르지만, 심리학자들은 아동 발달에 중요한 영향을 미치는 양육행동의 두 가지 차원을 제시한다(Kerig, 2016). 첫 차원은 **양육반응성**으로 부모가 아동에게 얼마나 온정과 수용을 표현하고, 아동의 요구에 얼마나 민감하고 반응적으로 대처하기 위해 행동하며, 긍정정서와 공유활동을 통해 아동과 얼마나 연결되려 하는지를 말한다. 두 번째 차원은 **양육요구성**으로 부모가 자녀의 행동에 얼마나 연령에 적합한 기대를 가지고 있는지, 자녀 행동을 통제하는 규칙을 얼마나 분명하게 수립하고 일관적으로 적용하는지, 그리고 그들의 행동을 얼마나 감독하는지를 말한다(Bornstein, 2016).

다이아나 바움린드(Diana Baumrind, 1991)는 양육행동에서의 반응성과 요구 정도를 기반으로 부모의 **양육유형**(parenting types)을 네 가지로 분류하였다. **권위를 가진 부모**는 아동에게 반응적이며 동시에 요구적이다. 자녀의 행동에 대한 기대가 높지만 연령에 적절한 양육과 지지를 제공하여 아동의 기대에 부합하려고 한다. 자녀와의 상호작용에 적극적이지만, 강요하지 않는다. 자녀를 지지하고 자녀 스스로 자신의 행동을 통제하는 방법을 가르치기 위해 훈육을 사용한다. 책임감에 높은 가치를 두지만, 민감하고 반응적인 돌봄을 원하는 자녀

의 요구도 인지하고 있다.

권위주의적 부모는 높은 수준의 요구도를 보이지만, 반응성은 낮다. 자녀에게 복종과 성취를 강조한다. 높은 기준을 세우고, 자녀의 행동에 대해서 단호한 제한을 둔다. 분명한 규칙을 세우고 자녀가 이에 복종할 것을 기대한다. 아동의 삶에 깊게 관여하여, 교육과 특별활동, 사회적 활동 모두에서 잘 조직화되고 구조화된 경험을 제공한다. 자녀에게 독립성과 책임감을 가르치려고 노력하지만, 자녀 스스로 이런 책임감을 기를 수 있도록 격려하거나 지지하지는 않는다.

관대한 부모는 높은 반응성을 보이지만, 요구 정도는 매우 낮다. 이런 부모들은 대개 인정이 많고, 비지시적이며, 허용적이라고 묘사된다. 그들은 자율성과 탐험을 중요시한다. 자녀의 행동에 거의 제한을 두지 않으며, 훈육을 삼가는 편이다.

관여하지 않는 부모는 반응성과 요구성이 모두 낮다. 자녀와 비정기적이고 비일관적으로 상호작용하는 편이며, 그들 스스로가 다른 심리사회적 스트레스(예 : 복수의 직업이나 노부모 돌봄)에 시달리는 경우가 많다.

결과적으로 권위 있는 부모의 자녀들이 가장 긍정적인 발달결과를 보인다. 평균적으로 잘 발달된 사회적 기술, 정서적 유능성, 자기 조절과 자기 방향성 확립에서의 높은 능력을 보인다. 권위주의적 부모의 자녀들은 학업 성취는 좋으나, 아동기 후기나 청소년기에 자존감이 낮고 또래와의 관계에서 위험을 보인다. 관대한 부모의 아이들은 높은 자존감과 잘 발달된 사회적 기술을 가지고 있지만, 아동기의 행동문제나 청소년기 약물사용 문제에 취약하다. 관여하지 않는 부모의 자녀들이 대개 가장 좋지 않은 결과를 보인다. 발달 시기 전반에 걸쳐 낮은 학업 성취, 행동문제, 정서적 어려움을 경험할 확률이 높다(Baumrind, 1991; Weiss & Schwarz, 1996).

또래는 아동의 발달에 어떤 영향을 미치는가?

대인관계이론

해리 스택 설리번(Harry Stack Sullivan, 1953)은 사회정서적 발달에 미치는 우정의 중요성에 대한 최초의 포괄적 이론을 발달시킨 영향력 있는 정신분석학자이다. 그는 친밀하고 신뢰로운 친구관계가 사람들의 자존감과 전반적인 안녕감에 필수적이라고 생각하였고, 외로움은 인간이 경험할 수 있는 가장

이미지 2.9 또래는 아동의 사회-정서적 발달에 필수적이다.

고통스러운 상황이라고 믿었다.

설리번은 친밀감을 대인관계에서의 만족을 나타내는 지표라고 보았다. 친밀한 관계는 서로의 가치를 인정하고 동등하게 간주하는 두 사람 사이의 근접성과 취약성으로 특징지을 수 있다. 친밀한 관계는 애정을 육성하고, 불안/고립감/외로움의 감정으로부터 보호한다. 설리번은 영아기부터 성인기까지 대인관계 발달의 단계를 구체화하였으며, 각 단계는 관계에서의 친밀감의 정도에 따라 달라진다(이미지 2.9).

어린 아동이 경험하는 관계(2~6세)는 친밀감의 정도가 낮은 편이다. 그들이 경험하는 관계는 동등하지 않은 위치에 있는 두 사람 간의 관계(예 : 부모와 자녀)이거나 동등하지만 정서적 근접성이 없는 두 사람 간의 관계(예 : 같은 장난감을 가지고 노는 두 유아)이다. 이 시기 아동의 주요한 발달과업은 장기적 관계를 유지하기 위해, 자기만족을 지연하는 법을 배우는 것이다. 아동들은 차례 지키기, 소유물 나누기, 모든 사람이 같이 놀 수 있도록 규칙을 따르는 법을 반드시 배워야 한다. 어떤 아이들은 이런 사회적 기술을 연습하기 위해 상상 속의 친구를 만들어내기도 한다.

이보다 조금 더 나이 든 아동(6~9세)들은 또래와 관계를 형성하기 시작한다. 설리번은 이 시기의 관계가 이후의 모든 관계 형성에 결정적인 영향을 미친다고 보았다. 교실이나 놀이터에서의 경험을 통해, 학령기 아동들은 자기가 좋아하는 친구와 그렇지 않은 친구를 결정한다. 한 친구를 자신의 놀이 집단에 끼워주는 행위는 "나는 너를 좋아하고 존중한다"는 것을 의미한다. 이런 수용을 경험하면서 아동은 자기가치감을 형성한다.

설리번은 청소년 전기(9~12세)를 '조용한 기적'이라고 기술하였는데, 이 시기에 한 명 이상의 가장 친한 친구와 친밀한 관계를 발달시키기 때문이다. 이런 친구의 존재는 문제 상황에서 안전과 지지의 근원으로 작용하고, 애정을 촉진하기 시작한다. 또한 이런 관계를 통해 중요한 타인이 경험하는 행복과 안전이 자신의 행복과 안전만큼 중요하다는 것을 느끼게 된다. 설리번은 이런 애정관계가 청소년 전기 아동으로 하여금 자신의 감정을 거부나 창피함의 두려움 없이 공유할 수 있게 하며, 자기정체감과 가치를 탐색하는 위험을 감수하게 하는 원동력이 된다고 보았다.

청소년기(13세 이상)는 사춘기와 함께 시작하여 타인과 애정에 기반한 상호지지적인 관계를 수립하면서 마친다. 설리번은 초기 청소년기를 불안정과 자기의심의 시기로 보고, 이는 또래와의 정서적인 지지를 통해 조절될 수 있다고 보았다. 청소년들은 곧 그들의 발달된 친밀감 능력을 이용하여 깊은 우정과 애정관계를 시작한다. 자기의심에서 깊은 우정과 애정관계로의 이행과정에는 동반자를 자신의 욕구 충족을 위한 대상이 아니라, 고유한 정체감, 존중감, 내재적 가치를 지닌 자율적 개인으로 인식하는 과정을 포함하고 있다.

또래 수용과 거부

관계의 형성은 인지, 정서, 행동, 사회적 요인에 의존한다(Hay, 2016; Prinstein & Giletta, 2016). 첫째, 친구관계 형성능력은 아동의 인지발달 수준에 달려있다. 어린 아동들은 타인의 활동에 참가하고, 행동을 모방하며, 인과관계를 이해할 수 있어야 하며 기초적인 언어기술을 습득해야 한다. 자폐, 의사소통 혹은 학습장애, 발달장애를 가진 아동들은 이런 어려움 때문에 또래에게 수용되기 어렵다.

둘째, 대인관계는 타인의 정서를 적절히 해석하고, 자신의 정서표현을 조절하며, 공감할 수 있는 능력에 의존한다. 앞에서 애기한 것처럼, 자폐 아동들은 정서를 이해하고 공감을 표현하는 데 어려움을 가진다. 기분장애 아동과 청소년들은 대개 정서 조절에 어려움을 가진다. 성마름, 슬픔, 사회적 위축은 그들의 가족관계와 친구관계를 훼손할 수 있다.

셋째, 친구를 만들고 그 관계를 유지하기 위해 아동들은 자신의 행동을 통제할 수 있어야 한다. ADHD 아동과 파괴적 행동장애를 가진 아동들은 적대적이고 공격적인 행동 때문에 또래에게 환영받지 못한다.

마지막으로 타인과의 친밀한 관계형성을 위해서는 적절한 사회적 기술이 필요하다(McGinnis, 2011a, 2011b). 이런 기술에는 자신을 낯선 이에게 소개하는 법, 친구와의 싸움을 피하는 법, 사회적 스트레스나 또래 압력에 대처하는 법 등이 포함된다. 부적절한 사회적 기술은 또래거부를 초래할 수 있으며, 또래에게 거부당한 일부 청소년들은 우울이나 다른 기분장애를 경험할 수 있다. 반면, 거부당한 다른 일부는 비행을 저지르는 또래와 연결되어, 반사회적 행동을 배우기도 한다.

사회-문화적 요인은 아동의 발달에 어떤 영향을 미치는가?

인접 위험과 원거리 위험

지금까지는 아동기 장애의 즉각적인 원인들에 초점을 맞춰 왔다. 이런 원인들에는 아동의 유전자형, 두뇌 구조와 기능, 학습경험, 사고와 감정, 관계 등이 포함된다. 이 같은 아동 적응의 즉각적인 결정 요인들을 **인접 위험 요인**(proximal risk factors)이라고 한다. 아동의 안녕에 직접적으로 영향을 미치기 때문이다. 예를 들어, 유전적 장애는 낮은 지적기능을 초래할 수 있고, 가혹하고 권위주의적인 양육은 아동의 적대적이고 반항적인 행동에 기여하기도 한다. 아동의 정신병리의 원인을 찾으려는 수많은 주류 연구들이 인접위험 요인에 초점을 맞추고 있으며, 이는 상대적인 연구 용이성에서 그 원인을 찾을 수 있다(Tolan, 2016).

최근 많은 연구자들이 아동 문제행동의 원거리 위험 요인에 주목하기 시작하였다. 원거리 위험 요인들은 발달에 영향을 미치는 사회적, 문화적, 광범위한 환경 요인들을 포함한다. 사회경제적지위(SES)가 대표적이고 중요한 원거리 위험 요인이다. 낮은 사회경제적 지위를 가진 가족의 아동은 중간이나 높은 수준의 SES를 가진 아동보다 행동이나 정서상의 장애를 발달시킬 위험이 높다. 다른 원거리 위험 요인으로는 가족 구조(예 : 편부모 가족), 이웃 환경의 질(예 : 인구 밀도, 범죄), 광범위한 사회-문화적 가치체계(예 : 학교교육의 중요성, 가족, 종교 등; Wadsworth, Evans, Grant, Carter, & Duffy, 2016)가 있다.

빈곤이나 부적응적 이웃환경과 같은 원거리 위험 요인은 아동발달에 **직접적으로 영향을** 끼치기도 한다. 예를 들어 납을 섭취한 영아는 행동문제나 학습문제를 발달시킬 수 있는데, 대개 오래된 낡은 집에 사는 아이들이 벽에 발라진 페인트 조각을 입에 넣게 되어 납에 노출된다. 낮은 SES 가족의 아이들이 훨씬 더 높은 비율로 납을 함유한 페인트에 노출되는데, 이는 그들이 종종 더 오래되고 관리되지 않는 집에 살기 때문이다. 결과적으로 납 중독 비율, 그로 인한 신경학적 손상은 낮은 SES 가족에게서 더 높다(Jennings & Fox, 2015).

원거리 위험요인은 **간접적으로** 아동발달에 **영향을** 미칠 수도 있다. 예를 들어 부모가 경제적인 이유로 언쟁하는 비율이 높을수록 아동에게 가혹한 훈육을 사용할 확률이 높고, 이런 가혹한 훈육은 다시 아동의 행동문제의 발생 가능성을 예측한다. 즉, 경제적 스트레스가 문제적인 양육행동을 증가시켜 아동의 행동문제에 간접적으로 기여하는 것이다(Lee, Lee, & August, 2012).

브론펜브레너의 생태학적 체계이론

발달심리학자 유리 브론펜브레너(Urie Bronfenbrenner)는 사회-문화적 요인이 아동에게 영향을 미치는 방법을 설명하는 가장 영향력 있고 포괄적인 이론을 제시하였다. 그의 **생태학적 체계이론**(ecological systems theory; Bronfenbrenner, 1979, 2005)에 따르면, 아동의 환경은 겹쳐 쌓아진 컵과 같이 각각의 더 작은 규모의 체계가 더 큰 체계에 내포된 형태의 중앙집중된 서열체계이다(그림 2.4).

미시체계는 아동이 직접 접촉하는 주변 환경과 인접발달 요인을 포괄한다. 미시체계에 포함되는 요인으로는 아동의 유전적 성질, 생물학적 기능, 심리적 처리과정, 부모와 가족과의 상호작용 등이다. 미시체계에는 교사, 운동코치, 또래와이 관계뿐 아니라 아동 자신이 가지는 다양한 사회적 역할(예 : 학생, 운동선수, 친구)도 있다. 미시체계는 '아동발달의 일차적인 엔진'이며 양육자, 친구와의 상호작용은 발달 결과에 중요한 영향을 미치는 가장 중요한 근접 요인으로 여겨진다(Bronfenbrenner & Morris, 1998).

중간체계는 미시체계 사이의 연결을 가리킨다. 예를 들어 가정과 학교에서 아동이 경험하는 관계는 그들의 전반적인 기능 수준을 결정하는 데 중요한 요인이다. 그러나 아이의 가

그림 2.4 ■ 브론펜브레너의 생태학적 체계이론

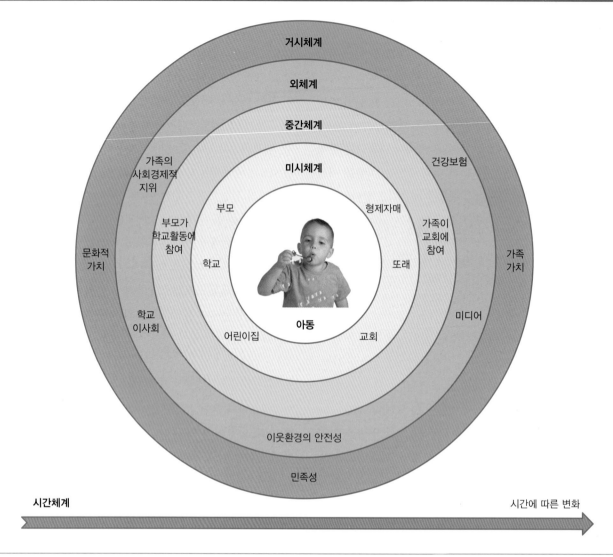

주 : 발달은 시간에 걸쳐 인접요인과 원거리요인에 의해 형성된다. 출처 : Bronfenbrenner (1979, 2005).

족과 학교 사이의 상호작용의 질 역시 아동의 안녕에 영향을 미친다. 부모가 학교 교육과 클럽 활동, 스포츠 활동에서 적극적인 역할을 맡고 있다면, 자녀의 학교생활에 관심이 없는 부모의 자녀와는 사뭇 다른 발달결과를 보일 것이다.

외체계는 아동에게 직접적으로 영향을 미치지는 않지만, 미시체계에 영향을 미치는 맥락요인들을 일컫는다. 만약 아빠가 직업을 유지하기 위해서 일하는 시간을 조정하거나, 오래 일해야 하는 경우를 가정해보자. 이런 직업 관련 변화는 아빠가 자녀와 보낼 수 있는 시간의 양에 영향을 미칠 것이다. 마찬가지로 학교 이사회에서 특별 활동에 할당된 예산을 삭감

한다면, 아이들은 좋아하는 스포츠 활동이나 클럽 활동을 포기해야 한다. 부모의 노동 시간의 변화나 학교 이사회가 내린 재무적 결정이 아동의 일상적 경험에 영향을 미치고, 결과적으로 그들의 발달에 영향을 미치게 된다.

거시체계는 아동의 발달에 영향을 미치는 광범위한 사회적, 경제적, 문화적 영향요인들을 말한다. 이런 요인들 중 가장 주된 요인으로 사회경제적 어려움, 이웃환경의 질, 미디어 경험을 꼽을 수 있다. 그 외에도 가족의 종교적 믿음, 문화적 가치와 역사 등도 아동 발달에 영향을 미친다(Tolan, 2016).

브론펜브레너는 4개의 체계가 발달에 미치는 영향이 시간

에 따라 변화한다는 것을 인식하고, 시간을 다섯 번째의 체계로 포함하였다. 시간은 두 가지 방식으로 발달을 형성한다. 첫째, 각 체계의 중요성이 아동의 연령과 발달 수준에 따라 달라진다. 예를 들어, 또래관계는 학령전기의 아동보다는 후기 아동기와 청소년기 아동의 발달 결과에 더 큰 영향을 미칠 것이다. 둘째, 서로 다른 세대의 아동들은 서로 다른 위험요인에 노출된다. 예를 들어, 20세기 초반에 태어난 아이들은 대공황과 제2차 세계대전의 위협에 직면하였다. 그들의 자녀와 손자녀들은 베트남 전쟁과 냉전시기를 살았다. 그리고 오늘날의 아동들은 국지적이거나 국제적인 테러의 위협과 기후 및 환경 위기, 코로나 19와 같은 감염병의 위기를 경험하고 있다. 각 세대의 아동, 청소년들은 이처럼 서로 다른 스트레스에 대처하는 방법을 찾아야 한다. 따라서 아동발달의 완전한 이해는 이런 환경적 체계와 아동이 어떻게 상호작용하는지, 그리고 이런 상호작용이 시간에 따라 어떻게 변화하는지에 대한 이해를 통해 가능하다(Shelton, 2019).

주요 용어

강화(reinforcement) : 조작적 조건형성에서 미래 행동의 가능성을 증가시키는 환경적 결과

고전적 조건형성(classical conditioning) : 학습의 한 유형으로, 시간적으로 인접한 2개의 자극이 연합되면, 기존의 중성자극이 자동적이고 무조건적인 반응을 일으킨다.

공유 환경 요인(shared environmental factors) : 형제자매에게 공통되는 환경경험(예 : 동일한 부모, 집, 학교)

기저핵(basal ganglia) : 대뇌피질 아래에 위치한 두뇌 영역으로, 운동 통제, 유입 정보의 필터링, 서로 다른 영역 간의 정보교환, 주의와 정서조절에 관여한다.

기질(temperament) : 환경자극에 따라 행동을 조직하고 반응하는 타고난 경향성

낯선 상황(strange situation) : 실험실 기반의 영아-양육자 애착 검사로 애착안정성을 측정할 수 있다.

내적작동모델(internal working model) : 애착이론에 따르면 양육자에 대한 정신표상은 개인이 심리사회적 스트레스에 잘 대처할 수 있도록 돕는다.

뇌간(brain stem) : 기초적인 생명유지기능을 책임지는 진화적으로 오래된 두뇌 영역. 연수, 교, 중뇌로 구성되어 있다.

다중결과(multifinality) : 비슷한 초기 경험을 가진 아동이 서로 다른 사회적, 정서적, 행동적 발달결과를 보이는 현상을 기술

대뇌피질(cerebral cortex) : 두뇌의 가장 겉껍질로, 전두엽, 두정엽, 후두엽, 측두엽으로 나뉜다.

대립유전자(alleles) : 염색체 위의 같은 유전자 자리에 위치하며 서로 다른 특정 형질을 나타내는 한 쌍의 유전자

동일결과(equifinality) : 서로 다른 발달이력을 가진 아동이 동일한 발달결과를 보이는 현상을 기술

동형연속성(homotypic continuity) : 장애의 증상이 시간이 변화해도 변하지 않고 유지되는 현상(지적장애를 가진 아동은 성인이 되어서도 동일한 장애를 가진다)

발달경로(developmental pathways) : 시간에 따라 아동의 행동, 인지, 사회-정서적 발달에서 나타날 수 있는 과정 혹은 궤적을 일컫는다. 적응과 부적응의 범위를 가진다.

발달과업(developmental tasks) : 아동이 각 연령이나 발달단계마다 마주하게 되는 행동, 인지, 사회-정서적 도전과제

발달정신병리학(developmental psychopathology) : 아동의 전형적인 발달에 대한 이해를 기반으로, 발달과정에서 나타나는 정신건강 문제를 이해하기 위한 다학제적 접근방식. 이에 따르면, 발달은 생물학적, 심리적, 사회-문화적 요인의 시간에 따른 복잡한 상호작용에 의해 형성된다.

변연계(limbic system) : 두뇌 내부 깊은 곳에 위치하며, 정서 처리와 기억에 관여한다. 편도체, 해마를 비롯한 다른 +소들로 이루어진다.

보호요인(protective factors) : 아동발달에서 위험요인의 부정적 영향을 완화하고, 적응적인 기능을 촉진함

부적응 행동(maladaptive behaviors) : 아동의 나이에 맞는 사회적, 정서적, 행동적 능력이 발달하는 것을 방해하고, 아동이 처한 시기와 환경에 따라 변하는 요구에 맞출 수 없게 하는 사고, 감정, 행동

분자유전학(molecular genetics) : 특정 유전자와 특정 행동 혹은 장애의 유무 사이의 관계를 규명하는 과학 연구분야

비공유 환경 요인(nonshared environmental factors) : 형제자매 간 서로 다른 경험(예 : 나이, 성별, 친구, 스포츠, 취미)

사회인지(social cognition) : 사회적 상황에 대해 사고하고, 대인관계에서의 문제를 인식하고, 해석하고 해결할 수 있는 능력

사회학습이론(social learning theory) : 사람이 타인을 관찰, 모방, 모델링하여 학습할 수 있다는 아이디어

생태학적 체계이론(ecological systems theory) : 아동발달이론의 하나로 더 작은 규모의 체계가 더 큰 체계에 내포된 형태의 중앙집중된 서열체계를 구성함 : 미시체계, 중간체계, 외체계, 거시체계, 시간체계

소뇌(cerebellum) : 뒤쪽에 위치한 두뇌 영역으로 주로 균형과 조절에 관여한다.

시냅스형성(synaptogenesis) : 뉴런들 사이의 연결 증가, 성숙과 경험으로 인해 발생

신경가소성(neural plasticity) : 환경적 경험에 반응하여 두뇌의 구조나 기능이 바뀌는 능력을 기술하는 용어

신경세포(뉴런, neurons) : 수상돌기, 세포체, 축삭, 축삭말단으로 구성된 신경세포. 전기신호를 사용하여 세포 내 정보 전달

신경전달물질(neurotransmitters) : 뉴런들 사이에서 정보를 주고받는 화학적 전달자, 도파민과 세로토닌이 가장 대표적인 신경전달물질

애착(attachment) : 아동과 양육자 간의 정서적 유대관계, 위험과 불확실한 상황에서 아동을 보호하고 위안을 준다.

양육유형(parenting types) : 반응성과 요구성의 정도에 따라 4개의 형태로 구분되는 양육행동 : 권위를 가진 부모, 권위적인 부모, 관대한 부모, 관여하지 않는 부모

염색체(chromosomes) : 전형적으로 발달하는 인간에서 관찰되는 23쌍의 유전자로 이루어진 실 같은 구조

위험요인(risk factors) : 유능성의 획득을 방해하고, 아동이 환경에 적응하는 능력을 훼손

유전자(gene) : 염색체의 일부분을 형성하는 수천 개의 뉴클레오티드. 부모에게서 자녀에게로 전달되며, 자녀의 특질에 영향을 미친다.

유전자-환경 상관 모델(gene-environment correlation model) : 환경이 유전자 특징에 의해 부분적으로 영향을 받는다는 가설; 세 가지 종류의 상관관계가 있음 : (1) 수동적, (2) 반응유발적, (3) 능동적

유전형(genotype) : 부모로부터 물려받은 유전코드

이형연속성(heterotypic continuity) : 증상이 시간에 따라 변화하지만, 기저하는 패턴은 동일한 현상(예 : 소년의 ADHD 증상은 아동기부터 성인기까지 변화하지만, 기저하는 억제 문제를 여전히 가지고 있음)

인지발달(cognitive development) : 지각, 사고, 언어, 문제해결 능력에서의 변화

적응유연성(resilience) : 일부 아동이 다중의 위험요인에도 불구하고 사회적, 정서적, 행동적 유능성을 발달시키는 경향성

적응 행동(adaptive behavior) : 아동이 나이에 맞는 사회적, 정서적, 행동적 능력을 적절히 발달하게 도우며, 아동이 처한 시기와 환경에 따라 변하는 요구에 맞출 수 있도록 하는 사고, 감정, 행동

정서발달(emotional development) : 개인의 정서경험, 표현, 이해, 조절의 등장과 개선

정서조절(emotion regulation) : 사람이 자신의 감정을 인지하고, 이름 붙이고 조절하는 데 사용하는 처리과정과 이런 감정에 대한 표현

조작적 조건형성(operant conditioning) : 행동이 강화나 처벌과 같은 환경적 결과와 연합되는 학습유형

조화적합성(goodness-of-fit) : 아동의 기질과 환경 특질, 특히 부모 행동과의 양립성

처벌(punishment) : 조작적 조건형성에서 미래 행동의 가능성을 감소시키는 환경적 결과

체질-스트레스 모델(diathesis-stress model) : 이 모델에 따르면 아동은 (1) 장애와 관련된 유전적 위험과 (2) 유전적 위험을 촉발하는 환경적 경험이나 인생 사건을 모두 가질 때 장애를 발현한다.

표현형(phenotype) : 유전적 특성의 관찰 가능한 표현

학습이론(learning theory) : 고전적 조건형성, 조작적 조건형성, 모델링에 의존하는 행동의 원인에 대한 포괄적 설명

합치율(concordance) : 행동유전학에서 사용되는 용어로 두 사람이 어떤 특성이나 장애를 같이 가지고 있을 확률을 기술

행동유전학(behavioral genetics) : 유전자와 행동 간의 관계를 규명하는 연구분야. 특히 행동특질과 장애의 유전 가능성을 결정하는 데 관심이 있다.

행동 후성유전학(behavioral epigenetics) : 환경경험이 유전자 표현에 영향을 미치는 방식과 한 세대에서 다른 세대로 전이되는 방식을 규명하는 연구분야

확률적 후생발생(probabilistic epigenesis) : 발달정신병리의 원리 : 유전적, 생물학적, 사회-문화적 요인들이 시간에 따라 상호작용하여 아동의 발달에 (결정하는 것이 아니라) 영향을 미치는 방식을 일컬음.

히스톤(histones) : 세포 내에서 발견되는 단백질, 유전자는 히스톤 주변을 둘러 감싸고 있다. 유전자를 켜고 끄는 유전자 표현을 조절한다.

비판적 사고 연습

1. 존슨 부인은 그녀의 5세 아들 빌리를 심리학자에게 의뢰하였다. 빌리가 적대적이고 반항적인 행동문제를 보였기 때문이다(예 : 울기, 떼쓰기, 건방진 말대꾸하기). 심리학자는 존슨 부인과 빌리의 놀이상황을 20분 동안 관찰하였다. 놀이상황에서 존슨 부인은 빌리에게 반복적으로 고함을 치고, 체벌을 할 거라고 위협하였다. 빌리의 문제행동을 어떻게 빌리와 엄마 사이의 상호교류로 설명할 수 있는가?

2. 당신과 당신의 형제자매는 비슷한가? 당신과 형제/자매가 동일한 부모에 의해서 키워지고, 동일한 집에서 성장했을지라도, 당신은 그들과 다른 성격, 흥미, 미래 목표를 가질 것이다. 공유환경과 비공유환경 요인의 개념을 사용하여 왜 동일한 집에서 자란 생물학적 형제자매가 다를 수 있는지 설명하라.

3. 사바나는 사회적 상황에서 극도로 수줍어하는 12세 소녀이다. 그녀는 컴퓨터 프로그래밍과 그래픽디자인을 사랑하고, 이 기술을 발전시키기 위해 여름특강에 참석하고 싶다. 그러나 그녀는 그곳에 가는 것이 두렵기도 하다. 당신이라면 어떻게 점진적 노출기법을 사용하여 사바나가 수업 참석에 대한 불안을 극복할 수 있도록 하겠는가?

4. 브루노는 낯선 상황 절차에 참가하는 14개월 영아이다. 혼자 남겨졌을 때, 브루노는 극심하게 스트레스를 받고 울음을 터뜨렸다. 그러나 그의 엄마가 다시 방으로 돌아오자, 엄마에게 달려가 안아달라고 요청하고, 안겨 있었다. 관찰자가 다음과 같이 브루노에 대해 기술하였다. "브루노는 안정애착을 형성한 것 같지 않다. 엄마가 떠났을 때 너무 쉽게 스트레스를 받았다." 당신은 이 기술이 정확하다고 생각하는가?

5. 다이아나 바움린드는 권위를 가진 가정의 아이들이 대개 가장 좋은 발달결과를 보인다는 것을 발견하였다. 그러나 이 결론을 지지하는 대부분의 연구가 중산층의 비라틴계 백인 가정에서 수행되었다. 어떻게 사회경제적 수준이나 민족집단이 양육행동과 아동의 발달결과 사이의 관계에 영향을 미칠 수 있는가?

3

아동과 그 가족을 연구하는 방법

3.1 과학 대 유사과학

오늘날 미국에서 '뱀 기름'이라는 단어는 그 효과를 입증하기 힘든 의심스러운 의료적 처치를 통칭하는 말로 쓰이지만(이미지 3.1), 19세기 미국 전역에 걸친 철도 건설사업에 동원된 이민자들 사이에서 뱀 기름은 치료제로 흔히 사용되었다. 뱀 기름은 수 세기 동안 중국 전통의학에서 관절염, 관절 통증, 경미한 피부궤양을 치료하는 대표적인 연고로 사용되었다. 뱀 기름은 오메가3 지방산이 풍부한 중국 물뱀의 지방을 포함하고 있는데, 이는 실제 염증 반응을 완화하는 데 효과가 있다고 알려져 있다. 철도 건설에 참여했던 중국인 인부들은 힘든

이미지 3.1 클라크 스탠리 : 방울뱀 왕

하루의 노동 후, 근육통을 완화하기 위해 이 연고를 사용하였다(Anderson, 2016).

사업가 클라크 스탠리는 뱀 기름을 미국인 노동자에게 팔기 시작하였다. 중국 물뱀이 미국에 살지 않기 때문에, 이 약을 만들기 위해 방울뱀의 지방을 사용하였다. 스탠리는 뱀 기름에 대한 지식을 애리조나주의 호피 원주민에게 배웠다고 주장하였고, 미국 전역을 돌아다니며 그의 만능약(뱀 기름)의 치료 효과를 선전하였다. 1893년 시카고 세계박람회에서 이 자양강장약을 몇몇 구경꾼들에게 제공하여 놀라운 효과를 경험하게 하였다.

그러나 스탠리의 뱀 기름에는 두 가지 문제가 있었다. 첫째, 미국 방울뱀의 체내에는 중국 물뱀보다 훨씬 적은 양의 오메가3 지방산이 존재한다. 둘째, 스탠리의 연고에는 뱀 기름이 한 방울도 들어있지 않았다. 분석에 따르면, 그 연고는 미네랄 오일, 소의 지방, 칠리 고추, 테레빈유, 피부 자극제를 포함하고 있었다. 미국 정부는 스탠리에게 연고의 이름을 잘못 붙였다는 이유로 20달러의 벌금을 부과하였으며, 스탠리는 이 처분에 항의하지 않았다.

과학적 사고와 유사과학은 어떻게 다른가?

과학 : 편향을 줄이는 방법

뱀 기름이 더 이상 인기 있지는 않지만, 오늘날에도 여전히 과학적 증거가 부족한 유사과학적 치료법들이 적지 않다. 특히 아동이상심리학 분야에서 무모한 주장과 과장된 약속이 흔히 발견되기도 한다. 잠깐의 구글 검색을 통해서도 아동 문제행동에 대한 확인되지 않은 수많은 치료법을 찾아낼 수 있

다. 스탠리의 고객들처럼, 오늘날의 부모와 교사들은 효과적인 치료법을 갈구하고, 많은 '전문가'들이 아직 과학적으로 증명되지 않은 치료법들을 권유한다. 최선의 경우, 이런 치료들은 부모와 아동이 가지는 치료에 대한 믿음(신념)으로 인해 효과가 나타나기도 한다. 그러나 최악의 경우, 이런 '치료들'은 가족들에게 수백만 원의 비용을 지불하게 하고, 진짜 효과적인 치료를 받을 시기를 놓치게 하거나, 무시할 수 없는 피해와 고통의 위험에 노출시키기도 한다(Foxx & Mulick, 2016; Washburn et al., 2020).

유사과학(psedoscience)은 증거에 기반하고 있다고 주장하지만, 실제 과학적 사고의 원리들과 양립할 수 없는 주장, 믿음, 기법으로 구성되어 있다. 유사과학은 종종 과장되고 상호 모순되어서 반증할 수 없는 주장을 포함하고, 주의를 기울여 수집된 증거보다는 일화적이고 개인적인 믿음에 의존하며, 외부인에 의해 평가되기를 꺼려하는 특징을 가지고 있다.

왜 이렇게 증명되지 않은 유사과학적 치료법들이 계속 존재하는가? 간단한 답은 이런 치료법들이 모든 인간이 가지고 있는 태생적 편향을 이용하고 있기 때문이다(Travers, Ayers, Simpson, & Crutchfield, 2017).

확증편향(confirmatory bias)은 일종의 선택적 사고를 말한다. 우리의 지각은 우리가 가지고 있는 믿음, 생각, 기대에 의해 영향을 받는다. 우리는 이런 기대에 맞는 정보를 능동적으로 찾아나서며, 그와 상반되는 증거들은 간과하거나 영향력을 축소하려는 경향이 있다. 만약 우리가 뱀기름이 관절염을 치료할 거라고 기대한다면, 아마도 이 연고를 바른 후에 고통이 감소하고 잘 움직일 수 있게 될 거라고 상상한다. 마찬가지로 우리가 만약 '감각통합치료'나 '신경치료'가 아동의 행동문제를 줄여줄 것이라고 기대한다면, 우리는 이런 치료 후에 아동의 행동에서 발생하는 긍정적인 변화를 체계적으로 찾으려고 할 것이다(Kazdin, 2017).

정서편향(affective bias)은 갈망에 의한 사고의 일종으로 우리의 지각이 욕망, 동기, 정서에 의해 영향받는 것을 말한다. 만약 우리가 어떤 일이 발생하기를 갈망한다면, 우리는 실제로 그것을 보게 될 수 있다. 물리적 고통을 경험하는 노동자가 고통을 줄이기 위해 뱀 기름을 강하게 원하고 있다고 가정해보자. 그들의 강한 열망은 연고의 효과를 과장하게 만들 수 있다. 마찬가지로, 심각한 수준의 자폐 아동의 부모라면 그들의

자녀가 더 효과적으로 의사소통할 수 있기를 강력하게 원할 것이다. 결국 다른 치료가 실패한 부분을 도와줄 수 있다고 약속하는 동물매개치료나 종합비타민, 혹은 식이요법에 관심을 돌릴 수 있다(Lilienfeld, 2019).

과학(science)은 이런 편향으로부터 우리를 보호하기 위해 사용되는 일련의 원리와 절차이다(Lilienfeld, 2019). 우리 자신과 우리를 둘러싼 세상을 이해하기 위해, 과학은 기대, 정서, 우연한 관찰에 의존하는 대신에, 주의 깊고, 체계적인 데이터의 수집에 의존한다. 따라서 과학은 일종의 자만통제라고 볼 수 있다: 과학은 우리가 원하거나 기대하는 대로 세상을 지각하는 것이 아니라, 있는 그대로 세상을 지각할 수 있도록 돕는다(Tavris & Aronson, 2015).

이러한 과학적 사고를 이끄는 다섯 가지 원리가 있다. 각각의 원리와 그것이 아동기 장애와 치료를 연구하는 데 얼마나 중요한지, 예시를 통해 살펴보자.

원리 1 : 반증가능성

반증가능성(falsifiability)은 과학적 사고의 가장 중요한 원리로, 아이디어가 반증될 가능성을 의미한다. 심리학자가 장애의 원인이나 치료의 효과를 설명하려고 할 때, 그 설명은 반드시 반증 가능해야 한다. 즉, 그 설명이 틀렸다는 것을 보여줄 수 있는 증거를 모을 수 있는 방법이 반드시 존재해야 한다. 어떤 가설이 반증가능하지 않다면, 증거에 기반하여 부정하거나 부인할 수 없다(Lilienfeld, 2018).

촉진적 의사소통(facilitated communication)은 반증가능성이 없는 유사과학 치료법의 한 예이다. 촉진적 의사소통은 1980년대 심각한 자폐아동을 위한 치료법으로 개발되었다. 중증도의 자폐아동은 언어사용을 하지 못하고 상호 의사소통이 불가능하다. 촉진적 의사소통법의 제안자들은 이 아동들이 정상적인 인지적 기능을 가지고 있지만, 신경학적 문제로 인해 말하는 능력이 제한적이라고 믿었다. 따라서 훈련된 '촉진자'가 중증 자폐아동의 손, 손목, 팔을 지지해준다면, 키보드를 이용해서 이 아동들이 의사전달법을 배울 수 있다고 주장하였다. 처음 이 치료법이 소개되었을 때, 촉진적 의사소통은 기적의 치료법으로 여겨졌다. 그들의 생애를 통틀어 최초로, 많은 중증 자폐아동이 자신의 생각과 감정을 공유할 수 있었고, 학교활동에 참여하고, 심지어 부모에게 "사랑해요"라고

사례연구
과학적 추론과 반증가능성

도와주는 손

14세의 아이슬린 웬드로우는 중증의 자폐아동으로, 언어를 사용하지 못하고 매우 제한적인 자조기술을 보인다. 아이슬린의 부모, 줄리언과 탤리는 그녀의 기능을 향상시키기 위해 수많은 치료법을 시도하였으나 어떤 것도 효과가 없었다. 아이슬린이 중학교에 들어갔을 때, 촉진적 의사소통을 시도하였고, 이는 그녀의 인생을 바꾸어놓았다. 촉진적 의사소통을 시도하자마자, 아이슬린은 가족과 의사소통할 수 있었고, 자신의 학년수준에 맞는 학업을 마쳤으며, 이야기와 시를 쓸 수 있었다.

그러던 중, 아이슬린은 그녀의 아버지가 자신을 성적으로 학대했다고 주장하는 메시지를 키보드에 입력하였다. 그녀의 부모는 이 고소를 부정하였고, 그와 관련한 어떤 증거도 발견되지 않았지만, 경찰은 아이슬린과 그녀의 남동생을 집에서 데려갔고, 아버지는 체포되었으며, 그녀의 어머니는 자녀들에게 접촉할 수 없었다.

아이슬린이 진짜 이 메시지를 키보드를 통해 전달하였는가? 혹은 이 메시지는 그녀의 촉진자의 창작물인가? 아이슬린의 촉진자는 자신이 아동의 키보드 입력에 전혀 영향을 미치지 않았다고 주장하였다. 그러나 일련의 심리학자들은 사람들이 위저보드(귀신을 불러낸다고 믿는 심령대화용 점술판_역주)를 가지고 놀 때처럼 촉진자가 의도하지 않은 방식으로 아이슬린의 손을 특정 자판에 유도하지 않았는지 의심한다.

©iStockphoto.com/folgart

재판 중에 촉진된 의사소통의 진실성이 검증되었다. 판사는 아이슬린의 촉진자에게 재판이 진행 중인 방을 떠나게 한 후, 아이슬린에게 몇몇 질문을 하였다. "너는 남동생이 있니 여동생이 있니? 나는 남자니 여자니? 내가 어떤 색깔의 스웨터를 입고 있니?" 그리고 촉진자가 방으로 돌아왔을 때, 아이슬린은 촉진된 의사소통을 이용하여 대답하였다. 모든 검증의 결과는 놀랍게도 일관적이었는데, 촉진자가 질문을 듣지 못했던 모든 검증 시도마다 아이슬린은 엉터리 대답을 하였다.

말할 수 있었다(Foxx & Mulick, 2016).

그러나 촉진된 의사소통은 여러 문제를 가지고 있었다. 이 기적적 치료법의 문제점을 보여준 아이슬린의 사례를 생각해보자.

법정에서 제시된 질문에 대답할 수 없었던 아이슬린의 사례는 촉진된 의사소통 기법의 신뢰도를 떨어뜨렸다. 그럼에도 불구하고 촉진된 의사소통의 지지자들은 여전히 그들의 믿음을 굽히지 않는다. 아이슬린과 그녀의 촉진자에게 왜 이렇게 쉬운 질문에 대답하지 못하냐고 물었을 때, 그들은 "나는 두렵다"라고 입력하였다. 촉진된 의사소통의 지지자들은 이 치료법이 오직 이용자가 의심을 가지지 않거나, 타인에 의해 평가되지 않을 때에만 작동한다고 주장한다. 이 추론에 따르면 촉진된 의사소통법은 반증 불가능하다(옳지 않다는 것을 증명할 방법이 없다). 만약 아이슬린이 잘못된 답변을 키보드에 입력한다면, 검증 상황이 잘못된 것이지 촉진된 의사소통법의 문제가 아니다.

아이슬린의 아버지에게 가해졌던 모든 혐의가 부정되었으며, 그녀의 가족에게는 575만 달러가 넘는 돈이 보상으로 지급되었다. 과학적 증거들이 촉진된 의사소통 기법을 신뢰할 수 없다는 것을 보여주었지만, 이 훈련법은 '타이핑 보조(supported typing)'나 '신속 프롬프팅(rapid prompting)'과 같은 새로운 이름으로 미국 전역에서 여전히 사용되고 있다(Hemsley et al., 2019; Lilienfeld, Marshall, Todd, & Shane, 2015)

원리 2 : 비판적 사고

심리과학자들은 비판적 사고(critical thinking)에 의존한다. 정보를 수용하는 데 있어서 겉보기에 그럴듯함이나 개인적 믿음, 혹은 타인의 의견에 의존하기보다, 어떤 행동의 논리적으로 있음직한 대안설명을 찾으려고 한다. 지속적으로 의심하고 '증거가 무엇이지?'라고 질문한다.

신체적 고통이나 부상을 호소하는 아동을 치료하기 위해

치료적 접촉을 사용하는 사례에서, 비판적 사고의 결여를 확인할 수 있다. 치료적 접촉은 인간에게 신체 표면을 넘어 뻗어나가는 에너지장이 있다는 믿음에 기초한다. 이 에너지장의 배열이 불균형적이거나 방해물이 있다면, 인간은 불안, 우울, 고통 혹은 아픔을 경험할 수 있다. 치료적 접촉 시술자들은 그들의 손을 환자의 피부에 살짝 올리면 에너지장에 접근할 수 있다고 주장한다. 에너지 교란이 탐지되었을 때, 특별한 처리를 통해 에너지장을 재균형화하고 조화롭게 할 수 있으며, 환자의 에너지장을 회복시킬 수 있다.

치료적 접촉은 대개 간호사와 여타의 의료 전문가에 의해 시행된다. 특히 아동 불안, 천식, 두통, 수면 문제, 만성고통을 치료하기 위해 사용된다.

에밀리 로사는 치료적 접촉에 대해 회의적이었다(이미지 3.2). 많은 환자들이 이 시술을 통해 불안과 고통을 완화했다고 주장했지만, 그녀는 이런 변화가 단순히 환자의 기대나 증상 완화에 대한 희망 때문이 아닌지 의문을 가졌다. 치료적 접

Image courtesy of Linda Rosa and Wikipedia Creative Commons

이미지 3.2 에밀리 로사는 11세에 치료적 접촉의 허구성을 폭로하는 연구결과를 〈미국의료인연합회지(Journal of the American Medical Association)〉에 출판하였다.

촉 시술자들은 실제 다른 사람의 에너지장을 느끼고 조절할 수 있을까?

로사는 치료적 접촉 시술자들에게 간단한 검사를 요청하였다(Rosa, Rosa, Sarner, & Barrett, 1998). 각 시술자에게 가림막 아래에 양손을 두고 손바닥을 위로 향하게 한 후, 로사 자신의 손을 시술자들의 왼손이나 오른손 바닥의 위에 무선적 순서로 올려 두었다. 시술자들이 타인의 에너지장을 탐지할 수 있다면, 그들은 로사의 손에서 나오는 에너지를 느낄 수 있어야 하고, 100%의 확률로 어느 쪽 손인지 선택할 수 있어야 한다. 그러나 시술자들은 모든 시행의 44%에서만 올바른 손을 선택하였다. 이는 동전을 던져 한 면이 나오는 확률보다도 낮은 확률이다. 로사의 비판적 사고는 치료적 접촉 기법을 신뢰할 수 없다는 것을 보여주었지만, 여전히 전 세계에서 선의의 목적을 가진 의료인과 의료보조인력들에 의해 수많은 종합병원과 개인병원에서 치료적 접촉이 시행되고 있다(Schlefman, Rappaport, Adams-Gerdts, & Stubblefield, 2017).

원리 3 : 절약

절약(parsimony)의 원리는 어떤 행동이나 현상에 대해서 가능하다면 최대한 간단한 설명을 제공해야 한다는 것이다. 절약의 원리는 종종 오캄의 면도날이라 불리기도 한다. 중세의 철학자 오캄의 윌리엄(William of Occam)은 복잡한 설명보다는 더 간단한 설명이 선택되어야 한다고 주장하였다(Lilienfeld, 2018).

안구운동 민감소실 및 재처리 요법(eye movement desensitization and reprocessing, EMDR)에 대한 최근의 논쟁이 절약의 원리를 잘 보여준다. EMDR은 트라우마 환자를 치료하기 위해 사용된다. EMDR 치료자들에 따르면, 외상적 사고를 경험한 사람들은 이 경험을 처리하고 장기기억으로 통합시키는 데 어려움을 겪는다. 이로 인해 외상사건과 비슷한 자극을 접할 때마다 원치 않는 기억, 정서, 감각이 발생하고 재경험된다. 예를 들어, 개에게 물린 아동은 개가 짖는 것을 볼 때마다 물림 사고에 대한 순간적인 재경험을 하게 된다. EMDR 요법의 지지자들은 외상사건을 처리하고 장기기억으로의 통합을 도움으로써 내담자들이 겪고 있는 재경험과 다른 증상들을 완화할 수 있다고 주장한다(Shapiro & Laliotis, 2015).

외상적 기억 통합을 위해 EMDR 치료자들은 내담자들에

게 외상경험의 세부 내용을 기술하고 기억하게 한다. 이런 절차는 내담자들에게 의도적으로 외상사건을 생각하게 한다는 점에서 일종의 노출치료라고 볼 수 있다. 그 후 내담자들은 치료자의 손가락이나 다른 움직이는 물체를 눈으로 따라가면서 몇 초 동안 시각장의 앞뒤로 양쪽 눈을 움직인다. 이 눈 움직임은 빠르게 진행되는 테니스 경기에서 공의 움직임을 따라가는 관객의 눈 움직임과 닮아 있다. 이 절차는 내담자의 불안이 감소될 때까지 몇 차례 반복된다.

EMDR 기법이 청소년과 성인의 외상 후 스트레스 감소에 효과적이라는 소수의 증거가 있다. 그러나 과학자들은 어떻게 이 기법이 작동하는지에 대해서는 동의하지 않는다. EMDR 시술자들은 몇 가지 설명을 제시하고 있다. 우선 EMDR 요법 중의 빠른 안구 운동은 수면 중에 발생하는 안구 운동을 모방한다고 주장한다. 다른 설명은 눈을 앞뒤로 움직이는 것이 두뇌 양반구의 상호작용을 증가시킨다고 제안한다. 또 다른 설명은 안구 운동 자체가 개인의 기억을 향상시킨다고 추측하기도 한다(Shapiro & Laliotis, 2015).

일련의 과학자들은 빠른 안구운동(EMDR 기법의 특징)이 치료에 필수적인지에 대해 의문을 품었고, 이를 검증하기 위해 화재나 폭발사고와 같은 외상사건을 경험한 이후에 불안이나 기분문제를 겪고 있는 아동들을 조사하였다. 이 아동들 중 일부는 EMDR 치료를 받았고, 다른 아이들은 빠른 눈 움직임 없이 노출기법만 사용하여 치료를 받았다. 그 결과 두 집단의 아이들이 모두 비슷하게 좋은 치료경과를 보여주었고, 눈 움직임을 더한 치료집단에서 노출치료만 받은 집단보다 매우 경미한 추가적 향상이 보고되었다(Rodenburg, Benjamin, de Roos, Meijer, & Stams, 2009).

결국 연구자들은 EMDR이 효과적인 이유가 단순히 내담자들을 불안이 감소할 때까지 외상기억에 노출시키기 때문이라고 결론내렸다. 오캄의 면도날의 원리에 따라 우리는 더 복잡한 대안가설보다 더 간단한 설명을 선택한다(Jeffries & Davis, 2014). 사실, 노출치료는 외상사건과 관련된 장애와 불안을 겪는 아동을 위한 가장 기본적이고 중요한 치료법으로 사용되고 있다(Higa-McMillan, Francis, Rith-Najarian, & Chorpita, 2017).

원리 4 : 정확성

정확성(precision)의 원리란 과학자들이 자료를 수집하는 방식은 물론 관찰을 통해 결론을 도출해 내는 데 주의를 기울여야 한다는 것을 말한다. 우리는 일상에서 두 사건들 간에 실제로 존재하지 않는 관계성을 흔하게 지각한다. 또한 두 가지 사건이 시간적으로 연속되어 발생하면 한 사건이 다른 사건을 야기한다고 추정하기도 한다. 이런 잘못된 혹은 착각상관으로 인해, 좋아하는 팀이 우승하기 위해서 특정 티셔츠를 입어야 하거나, 보름달이 뜬 밤에는 나가지 말아야 한다거나, 아이들에게 설탕이 많이 든 간식을 먹이면 과잉활동을 한다는 믿음을 가지기도 한다.

백신 거부 운동은 부정확한 사고의 위험과 상관자료로부터 인과관계를 추론하는 것의 위험성을 잘 보여준다(Miller, 2015). 1998년 의학자 앤드루 웨이크필드는, 〈란셋(The Lancet)〉이라는 전세계적으로 유명한 의학저널에 영아의 MMR 백신(홍역, 볼거리, 풍진 혼합백신) 접종과 신경학적 문제의 발생 간에 관계가 있다는 논문을 출판하였다. 이 논문에는 12명의 아동들이 백신 접종 이후에 자폐 증상을 보였다고 기술되어 있다. 몇몇 기자회견에서 웨이크필드는 백신이 자폐를 유발하기 때문에, 특정 형태의 백신은 사용하지 말아야 한다고 주장하였다. 그 결과, 백신 접종률이 95%에서 80%까지 급감하였고, 웨이크필드의 논문 이전에 한 해 56건에 불과했던 홍역 유병률이 10년 후 1,300건으로 증가하였다(Centers for Disease Control and Prevention, 2019b).

자폐 유병률이 최근 극적으로 증가하고 있다는 것은 분명한 사실이다. 예를 들어, 2007년에는 150명의 아동 중 약 1명이 자폐로 진단받았다면, 오늘날에는 59명 중 1명의 아동이 이 장애로 진단받는다. 그리고 어떤 아이들은 백신 접종을 마치고 짧은 시간 후에 자폐 징후를 보인다. 실제로 자폐의 첫 징후는 6~24개월 사이에 발현하고, 이와 비슷한 시기에 대부분의 아동이 MMR 백신 접종을 마친다(Howard & Reiss, 2019).

백신 접종과 자폐가 비슷한 시기에 발생할지라도, 백신이 자폐를 유발하는 것은 아니다. 높은 백신 접종률과 높은 자폐 유병률을 함께 고려하면, 백신 접종 후 짧은 시간 이내에 자폐 징후를 보이기 시작하는 소수의 아동은 단순히 시간적 우연에 불과하다(표 3.1).

표 3.1 ▪ 미국 아동의 백신 접종률과 자폐 유병률

3,988,000 미국에서 한 해에 출생되는 아동 수	×	0.9 백신접종률	=	3,589,200 한 해에 접종받는 아동 수
3,589,200 한 해 접종받는 아동 수	÷	59 59명 중의 1명이 자폐 발현	=	60,834 접종을 마친 이후에 자폐가 나타날 것이라 기대되는 아동 수
60,834 접종 이후에 자폐가 나타날 것이라 기대되는 아동 수	×	0.8 80%의 부모가 아동이 6~24개월 사이에 첫 자폐 징후 인지함	=	48,667 접종을 마친 이후에 부모가 6~24개월 사이에 자폐의 첫 징후를 인지해야 할 아동의 수
48,667 접종을 마친 이후에 부모가 6~24개월 사이에 자폐의 첫 징후를 인지해야 할 아동의 수	÷	528 6~24개월 사이의 일수	=	92 접종을 마친 후, 순수하게 우연에 의해 언제라도 자폐의 징후를 보일 것이라 기대되는 아동의 수

주 : 아동들은 생후 6~24개월 사이에 적어도 이틀 동안 MMR 백신접종을 받는다. 그러므로, 단지 우연에 의해, 우리는 미국에서 매년 92명의 아동에게서 백신 접종 직후에 첫 자폐증상을 발견할 수 있다. 출처 : Howard & Reiss (2019).

연구자들은 지난 20년 동안 백신과 자폐 사이의 인과관계를 찾으려고 노력해왔다. 120만 명이 넘는 아이들을 대상으로 한 최근의 분석에서 자폐와 백신 사이의 어떤 관계도 찾을 수 없었다(Taylor, Swerdfeger, & Eslick, 2015). 백신과 자폐 사이의 연관성을 주장했던 웨이크필드의 원래 논문은 〈란셋〉 저널에서 철회되었다. 그의 데이터가 조작되었음이 밝혀졌고, 의료활동도 금지되었다. 그럼에도 불구하고 웨이크필드는 여전히 지속적으로 부모들에게 백신에 대해서 경고하고 있다. 더불어, 미국과 영국 전역, 그리고 이런 근거 없는 공포로 인해 자녀의 백신 접종을 거부하는 부모들이 있는 수많은 나라에서 홍역이 다시 유행하고 있다(Hopkins, 2019).

원리 5 : 재현가능성

재현가능성(reproducibility)의 원리는 연구결과가 수용되기 전에 반드시 반복되어야 한다는 것이다. 재현가능성의 필요는 결과가 실재라면 다른 연구자가 비슷한 방법론을 사용해서 그 결과를 얻을 수 있어야 한다는 생각에 기반한다. 재현가능성은 아동과 그 가족이 신뢰롭고 정확한 정보를 알 권리가 있기 때문에 중요하다(Simons, 2015).

재현 연구에는 직접 재현과 개념적 재현의 두 유형이 있다. **직접 재현 연구**는 원 연구에서 사용한 절차를 그대로 사용하여 동일한 결과가 관찰되는지 확인한다. 직접 재현은 원 연구의 결과가 정확하고 강력하다는 확신을 준다. 개념적 재현연구는 원 연구에서 검증된 동일한 가설을 다른 방법론을 사용하여 검증한다. 개념적 재현은 원 연구의 결과에 기저하는 이론적 아이디어가 진실인지를 확증하는 데 도움이 된다(Tackett, Brandes, King, & Markon, 2019).

예를 들어, 연구자들은 발음 중심의 개입 프로그램이 읽기장애 아동의 읽기 기술을 정말 향상시키는지 찾으려 한다. 연구자들은 읽기장애로 진단된 새로운 아동 표본을 대상으로 동일한 연구방법을 사용하여 원 연구를 직접 재현할 수 있다. 또한, 다른 종류의 발음 중심 읽기 프로그램을 사용하여 읽기장애 아동에게 읽기를 가르치는 것이 효과적인지, 개념적 재현연구를 실시할 수도 있다.

약물남용 저항교육(Drug Abuse Resistance Education, D.A.R.E.) 프로그램은 재현가능성의 중요성을 잘 보여준다. D.A.R.E.는 미국에서 가장 널리 사용되었던 알코올과 약물예방 프로그램이었다. 1980년대에 만들어진 이 프로그램은 아동들에게 약물사용의 위험성을 알리고, 의사결정 기술을 가르치며, 자기존중감을 향상하기 위해 고안되었다. 매주 경찰관이 학교를 방문하여 학생들에게 수업을 진행하였다.

D.A.R.E.의 초기 검증연구는 그 프로그램을 개발하는 데 관여했던 연구자들에 의해 수행되었고, 매우 성공적이라고 평가하였다(Faine & Bohlander, 1989). 이 결과는 프로그램의

인기를 높였고, 미국 전역 80%의 학군에 적용되고, 연간 10억 달러의 비용이 이 프로그램에 사용되었다(Ennett, Tobler, Ringwalt, & Flewelling, 1994). 불행히도, 후속 연구들은 초기 결과를 재현할 수 없었다. D.A.R.E. 프로그램에 참여했던 학생들은 약물에 대한 태도나 경찰과의 관계, 자존감 측면에서 이 프로그램에 참여한 적이 없었던 학생들과 다르지 않았다(West & O'Neal, 2004). 더 우려스러운 점은 프로그램에 참여했던 일부의 아동이 그렇지 않았던 아동에 비해 청소년기에 알코올과 약물을 사용할 가능성이 높았다는 점이다(Sloboda et al., 2009).

초기에 제시되었던 D.A.R.E. 프로그램의 이점이 반복 검증되지 않았음에도 불구하고, 미국 내 많은 학교에서 여전히 이 프로그램이 제공되고 있으며, 지속적으로 개정되고 있다. 어떤 연구들은 이 개정된 프로그램이 원 D.A.R.E. 프로그램보다 효과적이라고 제안하지만, 이 결과에 확신을 갖기 전에 반복 검증이 반드시 필요하다(Caputi & McLellan, 2018).

심리학계에서 재현가능성의 원리를 구현하는 데 너무 적은 시간과 노력을 들이고 있다. 심리학 저널은 재현연구보다는 새롭고 신기한 연구결과를 선호하고, 그 결과 전체 출판된 논문 중 1%만이 재현연구에 속한다(Makel, Plucker, & Hegarty, 2012).

어떤 심리학자들은 저명한 저널에 출판된 심리학 연구 결과들을 재현하려는 시도를 통해 재현연구가 부족한 현 상황을 타개하려고 노력해왔다. 그중 가장 큰 시도는 브라이언 노섹(Brian Nosek)과 270명의 연구자가 팀을 이룬 오픈 사이언스 컬래버레이션(Open Science Collaboration, 2015)으로 인지심리학과 사회심리학 분야 100개의 연구결과를 직접재현을 통해 검증하려고 하였다. 불행히도 연구자들은 이 연구들의 36%만을 재현할 수 있었고, 일부 전문가들에게 심리학이 재현위기(replication crisis)를 경험하고 있다는 인식을 불러일으켰다. 그러나 낮은 재현율은 심리학뿐 아니라 경영, 경제, 의학 분야에서도 나타나고 있다(Martin & Clarke, 2018).

최근 임상심리학자들은 재현연구를 장려하고 있다(Cybulski, Mayo-Wilson, & Grant, 2017). 오픈사이언스 센터는 연구자들이 연구자료를 공유하고 재현연구 결과를 보고할 수 있는 저장소를 운영한다. 마찬가지로 〈심리과학의 관점(*Perspectives on Psychological Science*)〉저널은 재현연구 기록을 유지하고 있

다. 임상심리학자들은 치료연구의 사전등록을 장려하고 있는데, 사전등록이란 연구의 목적, 설계, 방법을 사전에, 즉 결과를 관찰하기 이전에 보고하는 것을 말한다. 그리고 이후 치료가 효과적이지 않다는 결과가 관찰된다면(사전등록이 되지 않았다면 효과적이지 않은 시도에 대해 다른 연구자는 알 수 없었다_역주), 이는 다른 연구자들에게 이 장애의 치료에 대한 중요한 정보를 전달한다(Nosek & Lindsay, 2018).

과학적 방법론이란 무엇인가?

과학적 사고의 다섯 가지 핵심원리에 더해, 심리과학자들은 자연세계에 대한 정보를 모으고 평가하고 조직화하는 절차인 과학적 방법(scientific method)을 사용해야 한다(그림 3.1).

과학적 방법론의 핵심은 이론에 있다. 심리학 이론(theory)은 인간 행동과 발달의 다양한 측면을 예측하고 설명하는 아이디어의 통합본이다. 예를 들어, 장 피아제(Jean Piaget, 1964)는 영아기부터 성인기에 이르는 4개의 불연속적인 단계를 거쳐서 아동의 인지발달이 발생한다는 이론을 수립하였다. 피아제 이론은 전생애에 걸친 인지능력에 대한 이해를 조직화하고, 다양한 연령대의 아동이 가지는 문제해결 기술에 대한

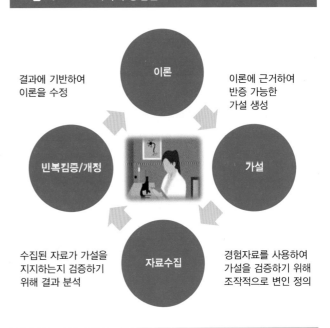

그림 3.1 ■ 과학적 방법론

이론

이론에 근거하여 반증 가능한 가설 생성

가설

경험자료를 사용하여 가설을 검증하기 위해 조작적으로 변인 정의

자료수집

수집된 자료가 가설을 지지하는지 검증하기 위해 결과 분석

반복검증/개정

결과에 기반하여 이론을 수정

주 : 심리학자들은 인간행동과 발달에 대한 정보를 수집하고 평가, 조직화하기 위해 과학적 방법론을 사용한다.

예측을 만들 수 있게 한다.

마찬가지로, 앨버트 반두라(Albert Bandura, 1978)는 사회학습이론을 개발하였다. 그는 아동이 타인의 행동, 특히 타인이 특정 방식으로 행동했을 때 강화를 받는 상황을 모방을 통해 학습한다고 믿는다. 반두라의 이론은 아동이 정보를 배우고 새로운 기술을 습득하는 방식에 대한 우리의 지식을 조직화한다. 사회학습 이론을 통해, 우리는 아동이 폭력적인 비디오 게임의 캐릭터나 친사회적 또래와 같은 특정 유형의 모델에 노출되었을 때, 어떻게 행동할 것인지 예측할 수 있다.

이론들은 종종 너무 방대하고 추상적이어서 단일 연구를 통해 검증하기 어렵다. 그래서 과학자들은 이론의 일부에 대한 가설을 세운다. 가설(hypothesis)은 2개 이상의 변인의 관계에 대한 구체적이고 반증가능한 예측이다. 예를 들어, 연구자들은 폭력적인 비디오 게임을 하는 아동들이 그렇지 않은 아동보다 더 폭력적인 행동을 보일 거라고 가설을 세운다. 이 가설은 사회학습이론의 일부분, 즉 '폭력적 게임에 노출되는 것'이 아동의 공격행동의 가능성을 증가시킨다'를 검증한다.

과학자들은 가설 검증을 위해 경험자료(empirical data)를 사용한다. 경험자료란 우리의 감각기관을 통해 수집된 정보를 말한다. 심리학자들은 교실과 운동장에서 아동을 관찰하고, 그들의 부모로부터 집에서 나타나는 아동 행동에 대한 설문 응답을 수집하고, 아동의 지능이나 성격을 평가하는 검사를 수행한다. 과학자들은 개인적 믿음이나 감정, 권위자의 의견과 같은 비경험적 자료에 의존하지 않는다.

경험자료에 기반하여 가설검증을 하기 위해, 연구자들은 연구에 사용되는 각 변인들을 조작적으로 정의해야 한다. 조작적 정의(operational definition)는 각 변인을 어떻게 측정할 것인지 명세한다. 예를 들어, 연구자들은 '폭력적 게임에 노출되는 것'을 아동이 성인용 등급을 받은 게임을 몇 개나 가지고 있는지로 조작적으로 정의할 수 있다. 비슷하게 연구자들은 '공격행동'을 작년에 학교에서 몇 회나 밀고, 밀치고, 때리거나 물리적 싸움에 참여하였는지로 정의할 수 있다.

자료의 수집이 끝나면, 연구자들은 그 결과를 분석하고 해석한다. 만약 연구 결과가 연구자의 가설을 지지한다면, 그들의 가설이 기반하고 있는 이론에 대한 확신을 가질 수 있다. 이상적으로 연구자들은 그들의 발견이 재현 가능하고, 다른 사람과 상황에 적용할 수 있는지 확인하기 위해 자신의 연구를 반복검증하려고 한다.

만약 연구의 결과가 연구자의 가설을 지지하지 않는다면, 연구자는 그들의 이론을 개정해야 한다. 심지어 성공적이지 않은 연구도 중요하다. 그 연구가 이론을 개선하고 아동의 행동과 발달에 대한 더 나은 이해를 만들 수 있도록 돕기 때문이다.

3.2 연구의 목적과 방법

심리학 연구는 크게 네 가지 목표를 가진다 : (1) 기술, (2) 예측, (3) 설명, (4) 재현. 심리학자들은 각 목표를 성취하기 위해 서로 다른 방법을 사용한다. 예를 들어, ADHD의 주요한 특징을 기술하기를 원하는 심리학자는 아마도 사례 연구나 설문조사를 사용할 것이다. 반면, 어떻게 각성약물이 ADHD 아동의 증상을 완화할 수 있는지 설명하고 싶은 심리학자는 실험연구를 수행할 것이다. 여기에서는, 아동 이상심리학 분야에서 사용되는 가장 일반적인 연구방법에 대해 알아볼 것이다.

심리학자는 어떻게 행동을 기술하는가?

사례연구

사례연구(case study)는 한 사람이나 한 집단, 혹은 현상에 대한 자세한 기술이다. 사례연구를 수행하는 연구자들은 개인의 배경정보, 현재 기능수준, 개인의 인생에서 장애와 관련 있는 부분에 대한 최대한으로 자세한 세부정보를 제공한다. 사례연구는 또한 개인의 발달과 치료에 대한 반응을 기술하기도 한다. 사례연구는 개인의 고유한 능력, 경험, 행동을 평가하는 개별사례 평가(idiographic assessment)에 집중한다(Fishman, 2018b).

사례연구는 특히 새로운 장애를 기술하는 데 유용하다. 예를 들어, 1932년 두 명의 독일인 의사 프란츠 크래머와 한스 폴노는 '운동과잉증(hyperkinetic disease)'이라고 불렸던 새로운 증상을 보이는 아동들을 기술하였다(Lange, Reichl, Lange, Tucha, & Tucha, 2010). 그 아동들은 어떤 부상이나 질병의 이력이 없었지만, 학교와 가정에서 문제를 일으켰다. 이 아동들의 가장 두드러지는 특징은 과잉행동이다:

이 아동들은 1초도 가만히 앉아 있지 못한다. 방을 오르락 내리락 뛰어다니고, 그들이 특히 좋아하는 높은 가구에 기어오르고, 운동 충동성을 드러내는 것이 금지되면 힘들 어한다. 그들은 모든 것을 가리지 않고 목적도 없이 만지 고 움직인다.

이 소년들의 많은 수가 주의와 집중에서도 문제를 보였다:

이 아동들은 어려운 과제에 집중할 수 없다. 그들의 행동 에는 끈기가 없다. 종종 수업을 방해하고 타인과 조화롭 게 노는 것을 어려워하며, 일반적으로 또래들에게 인기가 없다.

크래머와 폴노의 기술은 우리가 현재 ADHD라고 부르는 장애의 기본적인 특징을 잘 보여준다. 그들이 확인한 두 가지 큰 특징인 과잉행동과 부주의는 오늘날에도 이 장애를 가진 아동을 진단하는 데 사용된다. 또 다른 임상가, 찰스 브래들 리는 '과학에서 실천으로'에 나온 것처럼 이 아동들을 위한 치 료방법을 기술하기 위해 사례연구 접근을 사용했다.

사례연구는 한계점을 가지고 있다. 무엇보다도, 사례연구 의 결과는 큰 모집단에 일반화하기 어렵다. 각성약물이 브래 들리의 몇몇 환자에게 효과가 있었지만, 1950년대 주의문제 를 가진 대부분의 아이들을 도울 수 있는 리탈린이 등장하기 까지 이를 일반화할 수 없었다. 사례연구는 연구를 수행하는 연구자의 개인적 편향에 취약하다. 단순히 브래들리가 가진 약에 대한 기대와 아동들을 도우려고 했던 동기로 인해 그의 환자들에게서 향상이 관찰되었을 수도 있다. 사례연구에 기 술된 현상이 정확하고 더 많은 아동들에게 적용 가능하다는 것을 확신하기 전에, 우리는 더 많은 표본의 아동을 대상으로 체계적인 연구를 수행해야 한다.

조사연구

조사연구는 대규모 집단의 아동을 기술하는 데 자주 사용된 다. 사례연구가 개인 아동의 개별사례 평가에 집중하는 반면, 조사연구는 보편적 평가(nomothetic assessment), 즉 아동 집단 이 전형적으로 어떻게 생각하고, 느끼고, 행동하는지에 대한 정보에 집중한다. 예를 들어, 심리학자들은 ADHD로 진단되 는 아이들의 비율이나 처음으로 증상이 발현되는 나이, 혹은

과학에서 실천으로
두통 치료법

1937년, 젊은 소아과의사 찰스 브래들리는 만성적인 두통을 겪고 있는 소년을 치료하고 있었다(Strohl, 2011). 일반적인 치료가 실패한 후, 브 래들리는 벤제드린이라 불리는 새로운 각성제를 사용하여 소년의 두 통을 경감시키려 하였다. 벤제드린은 소년의 두통에는 거의 효과가 없 었지만, 주의집중과 학업수행에서 즉각적이고 극적인 향상을 가져왔 다. 브래들리는 이 약물을 다른 아동들에게 적용해보기로 결심하였으니, 그들의 반응을 다음과 같이 기술하였다:

절반의 아동들에게서 나타난, 벤제드린에 의해 유발된, 행동에 서의 가장 극적인 변화는 놀라울 정도로 향상된 학업수행이었 다. 그들은 과제에 더 높은 흥미를 보였고, 빠르고 정확하게 과 제를 수행하였다. 게다가 (부적절한) 운동행동이 감소하고, 정 서적으로 안정되었지만 주변에 대한 흥미를 잃지 않았다.

브래들리는 각성제 사용이 ADHD의 효과적인 치료방법이라는 것을

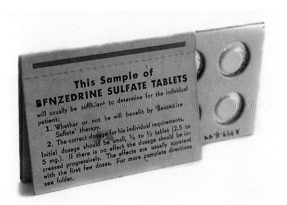

우연히 발견하였다. 오늘날에도 암페타민(애더럴)과 메틸페니데이트 (리탈린)와 같은 약물이 이 장애의 가장 효과적인 치료법으로 알려져 있다(Faraone & Buitelaar, 2010).

이 장애를 치료하는 약물에 대한 부모의 태도를 확인하기 위해 조사연구를 수행한다.

조사연구 결과는 참가자 선택방식에 따라 크게 달라진다. 연구자들이 전체 모집단의 모든 사람들을 조사할 수는 없다. 대신 그들의 연구에 참여할 표본을 선택해야 한다. 이상적으로 연구자들은 무선표집(random selection), 즉, 주어진 모집단의 모든 구성원이 연구에 포함될 확률이 동일한 상태에서 참가자를 표집하는 방식을 사용할 것이다. 만약, 참가자가 무선으로 표집된다면 그들이 제공하는 정보는 일반 모집단의 특질을 반영한다(Hsu, 2017).

미국 질병청의 연구자들은 미국 아동의 ADHD 유병률을 알기 원했고, 연방 인구조사의 기록을 사용하여 대규모의 아동표본을 무선으로 선택하였다. 그후, 무선표집된 각 아동의 부모에게 그들의 아동이 한 번이라도 ADHD 진단을 받은 적이 있는지 물었고, 9.1%의 아동들이 ADHD로 진단받은 적이 있다는 것을 발견하였다. 이는 미국 전체에서 약 610만 명의 아동이 ADHD로 진단받았다는 것을 나타낸다. 연구자들이 이 조사를 위해 무선으로 참가자를 표집하였기 때문에, 이 자료가 미국의 일반적 모집단에서의 ADHD 유병률을 반영한다고 확신할 수 있다(Danielson et al., 2018).

대부분의 조사연구는 **양적연구**이다. 즉 아동이나 부모 혹은 다른 정보제공자가 제공한 숫자 자료와 등급이 수집된다. 예를 들어, 연구자는 부모에게 자녀가 한번이라도 ADHD진단을 받은 적이 있냐고 묻거나, 교사에게 1(낮음)~7(높음)의 범위에서 학생의 주의 문제의 심각도를 보고해달라고 요청한다. 조사연구 또한 질적일 수 있다. 즉 응답자에게 아동의 행동에 대한 언어적 기술을 요청할 수도 있다. 예를 들어, 조사질문지를 활용하여 부모에게 아동의 강점 세 가지를 나열하게 하거나 교사에게 학급에서 아동의 전형적인 행동을 기술하라고 요청할 수 있다.

두뇌영상

두뇌영상 기법은 정신건강 문제가 있는 아동의 두뇌 구조와 기능을 측정하기 위해 사용된다. 1979년대 초, 임상가와 연구자들은 컴퓨터단층촬영(CT)을 사용하여 좀 더 자세한 두뇌영상을 얻었다. CT 스캔은 원통형의 움직이는 X선 기기를 사용하여 여러 장의 영상을 얻은 후, 컴퓨터로 이 영상들을 통합하여 선명한 두뇌 사진을 만들어낸다. 불행히도 CT 스캔은 환자들을 방사능에 노출시키기 때문에, 아동에게 사용하기에는 무리가 있다(Roberts, 2020).

1980년대에 자기공명영상(magnetic resonance imaging, MRI)이라 불리는 새로운 기술이 개발되었다. MRI는 신체조직이 강한 자기장 아래에서, 고주파에 짧게 노출되면 조직 내 세포들이 공명이라 불리는 짧은 신호를 방출한다는 사실에 기반한다. 서로 다른 유형의 조직은 미세하게 다른 신호를 방출한다. 예를 들어, 두뇌의 신경세포(회색질)와 수초(백색질), 그리고 뇌척수액은 서로 다른 신호를 방출한다. 컴퓨터는 이런 구분되는 신호를 이용하여 디지털 두뇌영상을 만들어낸다. MRI 기기가 두뇌조직의 2차원 영상을 그려내면, 컴퓨터가 이를 통합하여(각각의 2차원 영상을 겹쳐 쌓아 올려서), 3차원의 두뇌영상을 만들어낸다(Picon, Volpe, Sterzer, & Heinz, 2016).

MRI는 CT나 다른 영상기술에 비해 탁월한 이점이 있다. 첫째, MRI는 환자를 방사선에 노출시키지 않는다. 심지어 발달하고 있는 태아의 두뇌 영상을 얻기 위해서 사용할 정도로 안전하다고 여겨진다. 둘째, 그 안전성 때문에 MRI는 건강한 아동들에게 사용될 수 있으며, 여러 번 반복적으로 촬영할 수 있다. 결과적으로 MRI 기술은 동일한 아동의 두뇌를 발달시기에 걸쳐 반복적으로 연구할 수 있게 한다. 셋째, MRI는 다른 두뇌영상 기법들보다 더 선명하고 정확한 두뇌 사진을 제공한다(Giedd & Denker, 2015).

MRI는 정신장애를 가진 아동·청소년 두뇌에서 나타나는 구조적 이상성을 찾아내는 데 사용할 수 있다. 전형적인 MRI 연구에서 연구자들은 특정 장애를 가진 아동과 그렇지 않은 아동을 촬영한다. 예를 들어, 카스텔라노스와 동료들(Castellanos et al., 2002)은 ADHD 진단을 받은 아동과 그렇지 않은 아동의 두뇌를 촬영하고, 두 집단의 전두피질의 부피를 비교하였다. 그 결과 ADHD 아동의 전두피질의 부피가 그렇지 않은 아동에 비해 평균 4% 감소했음을 발견하였다. 이 결과는 전두피질의 일부에서 나타나는 비정상적인 활동이 ADHD 증상의 일부를 설명할 수 있다는 점에서 매우 중요하다.

기능적 자기공명영상(functional magnetic resonance imaging, fMRI)은 두뇌활동을 측정하기 위해 사용된다. fMRI 기기는 두뇌 내부 산화헤모글로빈의 농도 변화를 측정한다. 우리가 정신활동을 하고 있을 때, 활성화된 두뇌 영역에서의 산화혜모글로빈 농도가 증가한다. 결과적으로 fMRI는 개인 두뇌에서 중추정신활동이 발생할 때, 가장 활성화되는 영역을 보여주는 그림을 만들어낸다(Sadock & Sadock, 2015).

fMRI 연구를 수행하기 위해, 연구자들은 전통적인 MRI 기술을 이용하여 각 연구 참가자의 두뇌 구조 영상을 촬영한다. 그 후, 연구 참가자가 특정 정신과제를 수행할 때의 fMRI 자료를 수집한다. 예를 들어, MRI 기기 안에서 자폐 청소년들에게 사람의 얼굴 사진에 나타난 정서표현을 기술하라고 요청하거나, 학습장애 아동에게 글을 읽거나 수학문제를 풀어보라고 요청할 수 있다. 그 후, fMRI 영상(두뇌기능영상)을 이전에 촬영한 MRI 영상(두뇌구조영상) 위에 포개놓고, 정신과제 수행 동안 가장 활성화되었던 두뇌 영역의 위치를 확인할 수 있다.

탐, 메논, 레이스(Tamm, Menon & Reiss, 2006)는 fMRI를 사용하여 두뇌의 어느 영역이 ADHD 아동·청소년에게서 나타나는 주의결핍과 관련 있는지 확인하였다. 연구자들은 ADHD 청소년과 전형적으로 발달 중인 청소년에게 fMRI 자료가 수집되는 동안 주의과제를 수행하게 하였다. 삼각형이나 원을 화면에 연속적으로 제시하면서, 원을 볼 때마다 한쪽 버튼을 누르고, 삼각형을 볼 때는 다른 쪽 버튼을 누르게 하였다. 예상한 대로, ADHD 청소년은 그렇지 않은 청소년보다 더 많은 오류를 보였고, 특정 두뇌 영역에서의 활성화 강도가 유의하게 낮았다. 이 연구는 이런 차이가 발생하는 두뇌 영역들이 주의를 이동시키고 조절하는 능력에서 중요한 역할을 하고 있다고 결론내리고 있다.

때때로, 아동은 서로 다른 두뇌 영역들 사이의 연결에서 이상성을 보인다. 과학자들은 확산텐서영상(diffusion tensor imaging, DTI)이라 불리는 기술을 이용하여 두뇌 영역들 사이를 연결하는 신경섬유다발을 연구한다. DTI는 fMRI와 비슷하지만, 두뇌 조직 안에서 물분자의 확산을 측정한다. DTI는 높은 해상도의 백색질(두뇌 영역을 연결하는 수초화된 축삭) 부피와 밀집도 영상을 제공한다(이미지 3.3). 이 조직의 구조적 완전성을 측정하여, 두뇌 영역들 사이의 연결성을 추정할 수 있다(Baribeau & Anagnostou, 2015; Emsell, Van Hecke, & Tournier, 2016).

우와 동료들(Wu et al., 2019)은 DTI를 이용하여 ADHD 진

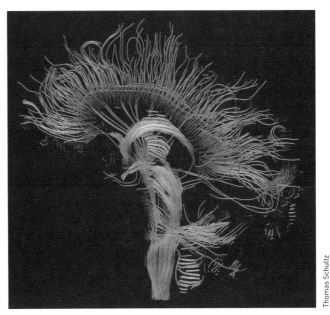

이미지 3.3 확산텐서영상(DTI)은 두뇌의 백색질 연결성을 보여준다.

Thomas Schultz

단을 받은 학령기 아동과 전형적인 발달을 보이는 학령기 아동의 두뇌를 비교하였다. 연구자들은 전두엽과 다른 두뇌 영역을 연결하는 백색질 통로가 주의와 행동통제에 관여하는지 확인하려고 하였다. 실제, ADHD 아동의 우반구에서 전두엽과 다른 두뇌 영역을 연결하는 백색질 영역의 부피와 세포 밀집도가 유의하게 낮았다. 이 결과는 저하된 두뇌 연결성이 많은 ADHD 증상에 기저하고 있다는 점을 보여주었다.

아동과 청소년 대상의 두뇌영상 연구는 종종 비일관적인 결과를 산출하기도 한다. 그에 대한 한 가지 원인은 각 연구들이 서로 다른 방법으로 참가자를 모집하고, 데이터를 수집하고, 해상도가 다른 두뇌영상을 사용하기 때문일 것이다. 연구방법에서의 미세한 차이는 매우 다른 결과를 산출할 수 있다. 예를 들어, 부지안과 동료들(Bouziane et al., 2019) 역시 DTI를 사용하여 ADHD 아동의 두뇌를 전형적 발달아동과 비교하였다. 놀랍게도 그들은 두 집단 간 두뇌 연결성에서의 유의한 차이를 발견하지 못했다. 다른 연구들과 달리, 부지안과 동료들의 연구에 참여했던 ADHD 아동들 중 누구도 과거에 약물치료를 받지 않았다. 이 연구자들은 ADHD 자체보다 치료약물로 인해 과거 다른 연구에서 발견된 ADHD 아동의 감소된 두뇌 연결성이 일부 발생했을 수 있다고 설명한다.

비일관적인 결과의 또 다른 이유는 아동들이 두뇌 부피와 발달속도에 있어서 매우 큰 변산성을 보여준다는 점에 있을

것이다. 전체 두뇌 부피는 아동의 연령과 성별에 따라 최대 20%까지 차이가 난다. 특정 장애를 가진 아동의 두뇌에서 구조적 이상성을 찾으려는 연구자들은 이런 혼입변인들을 주의 깊게 통제해야 한다(Sadock & Sadock, 2015).

아마도 비일관적 결과의 가장 중요한 원인은 아동과 청소년의 장애가, 특정 두뇌 영역에서 흔적을 찾을 수 있는 한 가지 원인으로 설명되는 경우가 없기 때문일 것이다. ADHD는 생물학적, 심리적, 사회-문화적 요인들 사이의 복잡한 관계에 의해서 야기되는 것으로 보인다. 따라서 특정 두뇌 영역에서의 비정상성이 ADHD나 다른 장애의 모든 사례를 설명할 수 있을 거라는 생각 자체가 잘못일 것이다. 대신, 두뇌 구조에서의 초기 차이가 환경경험과 상호작용하여 증상을 산출해내는 것이 더 그럴듯해 보인다(Nusslock, 2018).

심리학자는 어떻게 행동을 예측하는가?

상관연구

조사연구는 아동의 행동이나 발달결과를 예측하는 데도 사용할 수 있다. 어떤 연구자들은 ADHD의 위험요인을 찾아내는 데 관심이 있다. 예를 들어, 아동이 부모로부터 물려받은 유전자, 임신과 출산 시의 합병증, 초기 아동기에 노출된 질병이나 독성물질은 그 아동이 ADHD를 발현할 가능성을 높인다. 다른 연구자들은 증상의 발현가능성을 낮출 수 있는 **보호요인**을 찾는 데 집중한다. 태내 의료처치를 받은 엄마나 알코올이나 약물을 사용하지 않은 엄마, 분만 후에 스트레스 조절을 잘한 엄마는 자녀의 ADHD 위험을 낮출 수 있다. 그리고 또 다른 연구자들은 ADHD 아동의 예후나 발달적 결과를 탐색한다. 예를 들어, ADHD 아동 중 일부는 이후에 학업 문제, 우울, 물질관련 장애를 보일 수 있다. 상관연구(correlational study)는 이런 변인들 사이의 가능한 관계를 탐색하기에 적당하다(Kazdin, 2017).

연구자들은 2개의 변인 사이 연관관계의 강도를 수량화하기 위해 상관계수를 사용한다. 피어슨 적률 상관계수(correlation coefficient, r)는 가장 일반적으로 사용되는 통계치로, 두 변인 사이의 선형관계를 나타낸다. 상관계수의 범위는 1.0에서 −1.0이다.

연관의 강도는 상관계수의 절댓값으로 결정된다. 1.0이나 −1.0에 가까운 계수는 강한 공분산을 나타낸다. 만약 한 변인의 값을 안다면, 다른 변인의 값을 정확하게 예측할 수 있다. 0에 가까운 계수는 약한 공분산이나 공분산이 존재하지 않음을 나타낸다. 한 변수의 값이 다른 변인의 값에 대한 정보를 알려주지 않는다.

연관의 방향은 계수의 부호에 의해서 결정된다. 양의 값은 두 변인 간의 정적 연관을 나타낸다. 한 변인의 값이 증가하면 다른 변인의 값도 증가한다. 음의 값은 역의 연관을 나타낸다. 한 변인의 값이 증가하면 다른 변인의 값은 감소한다.

험프리와 동료들(Humphreys et al., 2013)은 상관계수를 사용하여 ADHD 아동의 증상과 그들의 사회적 기능 간의 연관성을 연구하였다. 아동의 부모들에게 ADHD 증상의 심각성과 함께, 가정에서 이 아이들을 돌보면서 경험하는 스트레스 강도, 그리고 또래와의 관계의 질을 평가하게 하였다. 그 결과 ADHD 증상과 집에서의 양육 스트레스 사이에 정적 상관(r =.32)을 발견하였다: 아동의 증상이 심해질수록 부모의 스트레스가 높았다. 반대로, 아동의 ADHD 증상과 또래와의 상호작용의 질은 부적상관(r = −.31)을 보였다: 아동의 증상이 심해질수록 학교 친구는 더 적었다.

상관은 인과가 아니다

상관연구를 통해 변인들 간의 연관성을 발견할 수 있지만, 한 변인이 다른 변인의 원인이 된다고 말할 수는 없다. 상관은 두 변인 간의 인과성을 의미하지 않는다.

첫째, 두 변인 간의 상관은 두 변인 사이의 관계의 방향성을 알려주지 못한다. 아동의 문제행동이 부모의 스트레스 수준을 높여준다고 말하고 싶을 것이다. 그러나 그 반대도 충분히 진실일 수 있다. 높은 수준의 스트레스에 시달리는 부모는 자녀를 향해서 평정심을 잃을 가능성이 높고, 아동의 파괴적 행동을 증가시킬 수 있다(그림 3.2).

둘째, 상관연구는 공분산에 대한 대안 설명을 배제할 수 없다. 제3의 변인이 아동 문제행동의 심각성과 부모의 스트레스 수준 모두를 설명할 수도 있다. 예를 들어, 부모의 이혼, 실업, 혹은 질환은 아동의 행동과 부모의 스트레스 수준에 모두 부

그림 3.2 ■ 상관은 인과를 의미하지 않는다

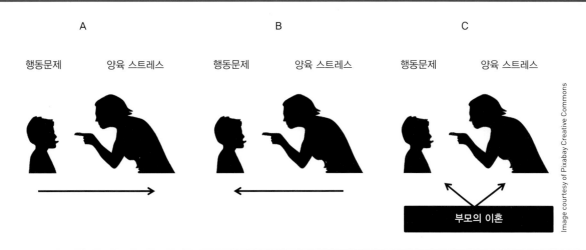

주 : (A) 아동의 문제행동이 부모의 양육 스트레스를 증가시킨다. (B) 부모의 양육 스트레스가 아동의 문제행동을 증가시킨다. (C) 이혼과 같은 다른 요인이 아동의 문제행동과 부모의 양육 스트레스 모두를 증가시킨다.

정적인 영향을 미칠 것이다.

횡단연구와 종단연구

아동장애를 연구하는 연구자들이 많이 사용하는 두 유형의 상관연구 설계가 있다: (1) 횡단연구, (2) 종단연구(Kazdin, 2017).

횡단연구(cross-sectional study)는 동일한 시점에 변인들 간의 연관성을 검증한다. 험프리와 동료들(2013)은 아동의 ADHD 증상과 아동의 기분 사이의 관계를 검사하였고, 두 변인 간의 유의한 정적 상관을 찾았다: ADHD 증상이 심한 아동일수록 더 많은 우울 증상을 보였다. 그러나 연구자들은 이 관계의 방향을 결정할 수 없었다. 두 변인이 동일한 시점에 측정되었기 때문이다.

종단연구(longitudinal study)는 변인들 각각을 서로 다른 시점에 측정함으로써 관계의 방향을 명시할 수 있다. 순행적 종단연구에서 연구자들은 잠정적 예측변인을 시점 1에 측정하고 예측되는 결과를 시점 2에 측정한다. 험프리와 동료들(2013)은 아동의 ADHD 증상을 초기 아동기에 측정하고, 그들의 초기 성인기에 우울증상을 측정한 후, 둘 간의 관계를 규명하는 두 번째 순행적 종단연구를 수행하였다. 그 결과, 초기 주의력 결핍 문제와 이후 우울증 간의 유의한 정적상관을 발견하였다. 아동의 ADHD와 우울 증상이 서로 다른 시점에 측정되었기 때문에, 연구자는 아동의 주의문제가 우울 증상보다 먼저 발생한다고 결론 내릴 수 있었다(Markon & Markon, 2018).

순행적 종단연구는 수행하기가 어렵다. 연구자들이 가설 검증을 위해 오랜 시간을 기다려야 하고, 연구가 완료되기도 전에 일부 참가자들이 연구참여를 철회하기 때문이다. 이를 보완하기 위해 다른 방법론을 사용하기도 한다. 역행적 종단연구는 특정 장애 진단을 받은 개인을 모집하고, 그들이나 그들의 부모들에게 장애의 발현을 예측한다고 생각하는 과거 사건에 대한 회상을 요청한다. 예를 들어, 우울증을 앓고 있는 젊은 성인들을 대규모로 모집하여, 그들의 부모에게 아동기에 이 청년들이 ADHD 증상을 보였었는지 물을 수 있다. 역행적 종단연구의 주된 한계점은 사람들이 정확하게 과거 사건을 회상하지 못할 수 있다는 것이다.

후속 종단연구는 연구자들이 특정 장애를 가진 개인을 모집한 후, 장애의 발현을 예측할 거라고 생각되는 과거의 사건에 대한 객관적 자료(병원 기록, 학교생활부 등)를 조사한다. 예를 들어, 연구자들은 우울증을 앓고 있는 젊은 성인의 허락을 얻어 그들의 의료기록을 조사할 수 있다. 이를 통해 연구 참가자들이 한 번이라도 ADHD 진단을 받은 적이 있는지, 아동기에 주의 문제를 치료하기 위해 약물을 처방받은 적이 있는지 확인할 수 있다. 후속 종단연구는 사람들의 과거 경험에 대한 기억에 의존하지는 않지만, 여전히 높은 수준의 자료를 얻기가 쉽지는 않다(Wright & Markon, 2018).

매개변인과 조절변인

상당한 수의 연구들이 아동기 ADHD 증상과 이후 성인기에서의 우울 증상 간의 상관을 보여주었다. 상관이 반복적으로 관찰되었더라도, 두 변인이 어떻게 연관되는지, 혹은 왜 어떤 ADHD 아동은 이후에 우울증을 발달시키고 다른 아동은 그렇지 않은지 알 수 없다. 이와 같은 좀 더 복잡하고 흥미로운 질문에 대답하기 위해 연구자들은 매개변인과 조절변인을 찾는다(Baron & Kenny, 1986).

매개변인(mediator)은 두 변인이 어떻게 관련되는지를 설명할 수 있는 변인이다. 매개변인은 한 변인이 다른 변인을 예측하는 기저 매커니즘을 설명한다. 매개변인은 대개 연속 변인으로 저수준부터 고수준 사이의 모든 값을 갖는다(그림 3.3).

예를 들어, 양육 스트레스는 아동기 ADHD와 이후 성인기 우울을 매개할 수 있다. 아동의 ADHD 증상은 부모의 양육 스트레스를 증가시킬 수 있고, 부모가 평정심을 잃고 자녀의 부주의나 과잉행동을 비난하거나 처벌을 사용하고 가혹한 방식으로 훈육하게 만들 수도 있다. 시간이 지남에 따라 이런 적절하지 못한 양육행동이 아동으로 하여금 우울감을 느끼게 할 수 있다(Humphreys, Galán, Tottenham, & Lee, 2017).

조절변인(moderator)은 두 변인 사이의 관계의 방향이나 강도에 영향을 미치는 변인이다. 조절변인은 한 변인이 어떤 조건에서 다른 변인을 예측할 수 있는지를 명시할 수 있다. 조절변인은 대개 성별(여성과 남성)이나 연령(아동, 청소년), 인종(백인, 비백인), 가족 수입(낮은 수입, 중산층), 임상적 진단 여부(ADHD, 전형적 발달)와 같이 범주변인이다. 예를 들어, 또래 거부는 아동기 ADHD 증상과 성인기 우울의 관계를 조절할 수 있다. ADHD 아동이 또래에게 거부당하거나 친구가 거의 없을 때, 우울의 위험이나 다른 기분 문제의 위험이 증가한다. 반대로, ADHD 진단을 받았을지라도 친구가 많고, 그 관계를 잘 유지한다면 우울해질 가능성이 낮을 것이다(Humphreys et al., 2017).

매개변인과 조절변인은 아동기 문제행동을 예방하고 치료할 수 있는 방법을 제안할 수 있기 때문에 매우 중요하다. 예를 들어, ADHD 아동의 우울증을 예방하는 한 방법은 그들의 부모가 스트레스 수준을 잘 관리할 수 있도록 도와서 자녀와 부정적인 상호작용을 피할 수 있도록 하는 것이다. 두 번째 전략은 아동이 우정관계를 잘 형성하게 도와, 학급 동료들에게 거부당하는 것을 피할 수 있도록 하는 것이다(Evans, Owens, Wymbs, & Ray, 2019).

심리학자는 어떻게 행동을 설명하는가?

실험

대부분의 연구자는 두 변인 간에 상관이 있다는 것을 아는 것만으로 만족하지 못한다. 연구자들은 한 변인에서의 변화가 다른 변인에서의 수반된 변화를 야기하는지 알고 싶어 한다. 인과성을 확립하는 가장 좋은 방법은 실험을 하는 것이다. 실험(experiment)에서 연구자들은 참가자를 2개 이상의 집단에 무선으로 할당하고, 한 변인을 조작(독립변인)하고 나머지 다른 요인들은 동일하게 유지한다. 그 후 연구자가 만든 조작이 다른 두 번째 변인(종속변인)에 미친 효과를 검증한다. 실

그림 3.3 ■ 매개효과와 조절효과

매개효과

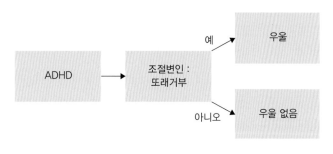

주 : 매개변은 두 변인이 어떻게 관련되는지 설명한다. ADHD 아동을 양육하는 것은 스트레스를 야기하고 가정 내에서의 갈등을 조장한다; 스트레스 수준과 갈등이 증가할수록, 아동이 우울을 경험할 확률이 증가한다. 출처 : Humphreys et al. (2017).

조절효과

주 : 조절변인은 두 변인 사이 관계의 강도나 방향에 영향을 미친다. 아동의 우울 발병 가능성은 그들이 또래에 의해 거부되는지 여부에 따라 다르다. 출처 : Humphreys et al. (2017).

험은 인과적 추론을 가능하게 한다. 연구자들이 실험의 시작 시점에 참가자들을 서로 다른 집단에 무선적으로 할당하고, 연구 내내 두 집단을 (독립변인의 조작 이외에_역주) 동일하게 취급하였기 때문이다. 만약 연구의 마무리 시점에 집단이 서로 다른 행동을 보여준다면, 독립변인에 대한 조작이 이 차이를 야기했다고 결론내릴 수 있다(Kazdin, 2017).

무선할당(random assignment)은 실험연구에 필수적이다. 무선할당은 각 참가자가 각각의 집단에 할당되는 확률이 동일하다는 것을 의미한다. 참가자를 무선할당함으로써, 연구자는 실험 전에 집단들이 어떤 의미 있는 부분에서 서로 달랐을 가능성을 감소시킬 수 있다. 무선할당이 없다면, 연구의 끝에 발생한 집단 간 차이가 독립변인의 조작에 의한 것이 아니라, 연구의 시작부터 이미 존재했을 가능성을 배제할 수 없다.

무선적으로 통제된 시행(randomized controlled trial)은 치료의 효능을 검증하기 위한 특별한 유형의 실험방법이다. 연구자들은 정신과 의원이나 병원, 지역사회에서 동일한 장애를 가진 환자를 모집하고, 이들을 적어도 2개의 집단에 무선할당한다: 치료적 개입을 받는 치료집단과 비교를 위한 통제집단. 두 집단의 참가자들은 독립변인(이 경우에는 치료)의 조작을 제외하고는 모두 동일하게 다뤄진다. 연구의 마지막 시점에 연구자들은 치료를 받은 참가자들이 통제집단의 참가자들보다 더 나은 결과를 보여주기를 기대한다.

새로운 ADHD 치료로 인기가 많은 뉴로피드백의 효과를 검증하기 위해 설계된 무선통제 시행연구의 예를 보자. 뉴로피드백(때때로 신경치료나 두뇌훈련으로 불리기도 한다)은 ADHD 아동이 정상적이지 않은 두뇌활동을 보인다는 전제를 기반으로 개발되었다. 비정상적인 두뇌활동이 아동의 주의, 집중, 충동성 통제에 문제를 일으키므로, 뉴로피드백을 통해 아동이 스스로 두뇌활동을 통제하는 방법을 학습시키고, 결과적으로 ADHD 증상을 완화시킬 수 있다고 믿는다(Thibault, Lifshitz, & Raz, 2017).

전형적인 뉴로피드백 장면에서, 임상가는 뇌전도(EEG)라는 기기를 이용하여 아동의 두뇌활동을 실시간으로 측정한다. 아동의 두피에 부착된 전극을 통해 다양한 두뇌 영역, 특히 주의와 집중에 관련된 영역에서 발생하는 전기활동의 파장을 측정한다. 저주파의 세타파(정신적 피로상태나 비활성화 상태를 반영)와 고주파의 베타파(주의와 각성의 상태를 반

영), 두 가지 파장이 중요하다. ADHD 아동은 전형적 발달아동에 비해 저주파의 세타파가 많이 관찰되는 반면, 고주파인 베타파의 경우 상대적으로 적게 측정된다. 이런 비전형적인 두뇌활동이 주의 문제에 기저한다고 여겨진다(Loo & Makeig, 2013).

뇌전도를 통해 측정된 정보가 컴퓨터에 전달되어, 화면을 통해 시각적 이미지로 변환된다. 아동은 자신의 두뇌활동을 변화시켜 화면상의 이미지를 통제하는 법을 배운다. 예를 들어, 컴퓨터 화면을 통해 아동에게 돌고래가 제시된다. 이 돌고래는 저주파의 세타파가 나타날 때 수영을 멈추고 수면 위에 가만히 떠 있는다. 그러나 뇌전도에서 고주파의 베타파가 측정되면, 돌고래가 더 빨리 헤엄치며, 바다 아래로 잠수를 하고, 보물을 수집한다. 아동들은 자신의 두뇌활동을 제어함으로써 돌고래의 행동을 통제하고 보물을 얻는 방법을 배운다(이미지 3.4).

결국, 아동들은 뉴로피드백 훈련을 수행하면서 세타파를 줄이고 베타파를 늘리는 방법을 학습할 수 있다. 이 훈련을 지지하는 임상가들은 아동이 자신의 두뇌활동을 제어하는 능력이 증가하면서, 그들의 주의와 집중능력도 증가할 거라고 믿는다. 이 훈련은 매주 여러 번의 회기를 수개월 동안 지속하며 수행된다(Janssen et al., 2017).

뉴로피드백의 효과를 평가하기 위해서, 연구자들은 ADHD 진단을 받은 아동을 모집하고 그들을 치료집단과 통제집단에 무선적으로 배정하였다. 치료집단의 아동들이 뉴로피드백 훈련을 받는 동안, 통제집단의 아동들은 어떠한 처치도 받지 않았다. 그 결과를 평가하기 위해, 부모에게 연구 전과 후에 아

이미지 3.4 아동은 이 그림과 같은 게임을 하면서 두뇌활동을 조절하는 법을 배울 수 있다. 그런데 이 게임이 정말 아동의 주의와 행동을 개선하는가?

동의 증상을 평정하게 하였다. 예상했던 것처럼 통제집단의 부모들과 달리 뉴로피드백 훈련을 받은 아동의 부모들은 유의한 향상을 보고하였다(Steiner, Frenette, Rene, Brennan, & Perrin, 2014).

통제집단의 유형

실험연구에서 중대한 결정 중의 하나는 통제집단의 참가자와 무엇을 할 것인가이다. 어떤 연구자들은 치료집단을 비처치 통제집단과 비교한다. 이런 유형의 연구에서, 통제집단의 참가자들은 어떤 처치도 전혀 받지 않는다. 비처치 통제집단을 이용한 연구의 주된 문제는 정신건강 문제를 가진 아동들에게 어떤 처치도 하지 않는 것이 비윤리적이라는 것이다. ADHD 아동에게 치료를 보류한다는 것은 결국 그 아동이 학교와 가정에서 지속적인 주의와 행동에서의 문제를 경험하게 한다고 볼 수 있다.

치료를 완전히 제공하지 않는 것 대신에, 짧은 시간 동안 치료를 연기하는 것도 가능한 대안이다. 이 경우, 연구자들은 치료집단의 참가자들을 대기명단 통제집단에 배정된 참가자들과 비교한다. 대기명단에 배정된 참가자들은 치료를 전혀 받지 않는 것이 아니라, 일정 시간 동안 치료가 지연되었다가, 연구가 완료된 후에 치료적 처치에 참여하게 된다. 대기명단 통제집단은 치료의 효능을 평가할 수 있는 윤리적 방법이 될 수 있다(표 3.2).

뉴로피드백의 효과에 대해서 연구했던 또 다른 사례를 보자. 연구자들은 ADHD 아동을 치료집단과 대기명단 통제집단에 배정하였다. 앞에서 소개한 연구와 마찬가지로, 연구자들은 부모에게 아동의 증상을 연구 전과 후에 평정하게 하여, 훈련 후 결과를 평가하였다. 예상한 대로, 치료집단의 부모들은 향상을 보고하였고, 통제집단의 부모들은 향상을 보고하지 않았다. 그리고 연구의 종료시점에 대기명단의 아이들에게도 역시 뉴로피드백 훈련이 제공되었다(Cortese et al., 2017).

비처치 통제집단과 대기명단 통제집단은 윤리문제 외의 단점을 가지고 있다: 참가자들 스스로가 치료를 받고 있는지, 아니면 통제 집단인지 알고 있다는 점이다. 이 정보는 연구 기간 동안 참가자의 행동이나 어떤 향상에 대한 그들의 지각에 영향을 미친다. 위약효과(placebo effect, 플라시보 효과)는 사람들이 단순히 자신이 어떤 처치를 받고 있음을 알고, 그 처치가 효과가 있기를 기대하는 것만으로 향상이 발생하는 경향성이다. 연구자들은 위약효과를 반드시 통제해야 한다. 그래서 사람들이 자신이 치료를 받고 있다는 것을 인식하고 있다는 사실이나 나아질 거라고 믿는 기대 때문이 아니라, 온전히 치료 그 자체에 의해 증상이 감소했다는 것을 보여줄 수 있어야 한다(Thibault et at., 2017).

연구자들은 위약효과를 줄이기 위해서, 주의-위약 통제집단을 사용한다. 주의-위약 통제집단 연구에서, 통제집단의 참가자들은 실제 치료집단이 받은 치료와 닮아 보이지만, 치료적 효과가 없는 처치를 받는다. 예를 들어, 약물연구에서 참가자들이 실제 약물과 비슷하게 생긴 알약을 받지만, 그 안에는 활성 성분이 전혀 포함되어 있지 않은 것과 비슷하다. 심리

표 3.2 ■ 통제집단의 유형			
통제 유형	**특징**	**주요 강점**	**주요 약점**
비처치	어떤 치료도 받지 않음	사용하기 편리함	때때로 비윤리적
대기명단	연구가 끝날 때까지 치료가 지연됨	비처치보다 윤리적	가족들은 아동이 치료를 받지 않는다는 것을 알고, 이는 결과에 영향 미칠 수 있음
주의-위약	연구자의 주의를 받거나 가짜 치료만 받음	위약효과(아동이 나아질 거라는 기대감)의 통제	심리치료 연구에서 위약효과를 위해 무엇을 사용해야 할지 아는 것은 어려움
평소와 다름없는 치료 (TAU)	지역사회에서 전형적으로 받을 수 있는 치료를 받음	가장 엄격한 검증. 새로운 치료법은 최소한 현재 가용한 치료법만큼은 좋아야 함	지역사회에서 아동이 받는 치료법을 통제하고 관리하는 것이 어려움

출처 : Sorger et al. (2020).

학 연구에서는, 통제집단의 참가자들이 일상의 사건에 대해서 치료자와 이야기를 나누지만, 어떤 형태의 치료도 받지는 않는다. 그러나 주의-위약 집단의 참가자들은 그들이 실제 치료를 받고 있다고 믿으며, 이로 인해 위약효과를 통제할 수 있다.

다시 ADHD 아동의 뉴로피드백 연구의 사례를 보자. 연구자들은 뉴로피드백 훈련을 받은 아동을 가짜 뉴로피드백 훈련을 받은 아동과 비교한다. 가짜 조건의 아동들도 뇌전도 전극을 부착하고, 치료집단의 아동과 동일한 뉴로피드백 게임을 한다. 그러나 그들이 실제로 받는 피드백은 아동의 두뇌활동과 상관없이 무선적으로 생성되었다. 아동과 부모들이 뉴로피드백 훈련을 받았다고 믿었기 때문에, 연구자들은 위약효과를 통제할 수 있었다. 놀랍게도 실제 뉴로피드백 훈련을 받은 아동의 부모들이 보고한 증상의 완화는, 가짜 뉴로피드백 훈련을 받은 아동의 부모들이 보고한 것보다 아주 약간 더 높을 뿐이었다. 이 결과는 지금까지 보고된 뉴로피드백의 이득이 실제 치료 자체의 효과보다는 더 많은 부분 위약효과에 의한 것임을 보여준다(Arnold et al., 2013).

치료효과를 검증하는 마지막 선택지는 새로운 치료적 처치를 받은 참가자를 평소와 다름없는 치료(treatment as usual, TAU)를 받은 참가자와 비교하는 것이다. TAU 집단에 배정된 참가자를 지역사회의 임상가(연구에 참여하지 않은 임상가)에게 의뢰하고, 이 임상가가 제공하는 치료를 받게 한다. TAU 통제집단을 사용하는 것은 새로운 형태의 치료법을 검증하는 가장 엄격한 방법이다. 새로운 치료법은 기존에 제공되는 치료방법과 동등하거나 이를 능가하는 치료효과를 보여야 한다.

예를 들어, 연구자들은 ADHD 아동을 서로 다른 두 조건에 무선할당하였다. 첫 번째 조건의 아동들은 각성 약물을 처방받았고(TAU), 두 번째 조건의 아동들은 뉴로피드백 훈련을 받았다. 그 결과, 약물처방을 받은 아동의 부모들이 뉴로피드백 훈련을 받은 아동의 부모들보다 유의하게 더 높은 향상을 보고하였다. 게다가 아동이 어떤 치료를 받았는지 알지 못했던 교사들은 약물처치 집단의 아동에게서는 증상의 향상을 보고한 반면, 뉴로피드백 훈련을 받은 아동에게서는 어떠한 변화도 보고하지 않았다. 연구자들은 약물이 뉴로피드백보다 훨씬 더 높은 치료효과를 보이며, 뉴로피드백 훈련효과의 대부분은 부모의 기대에 의해서 설명된다고 결론내렸다(Gelade,

Janssen, Bink, Maras, & Oosterlaan, 2016).

무선통제 시행은 공개표지일 수도 있고 맹검표지로 진행되기도 한다. 공개표지 연구(open-label study)에서는 참가자와 연구자 모두, 누가 치료를 받고 누가 통제집단에 배정되는지 안다. 공개표지란 용어는 약물연구에서 참가자들이 자신이 처치받는 약병의 표지로부터 약의 이름을 볼 수 있기 때문에 만들어졌다. 공개표지 연구는 사람들이 가지고 있는 편향이 연구결과에 영향 미칠 가능성을 증가시킨다. 예를 들어, 치료를 받고 있다는 것을 알고 있는 아동들은 자신의 행동을 바꿀 것이며, 그 부모님 역시 큰 향상을 기대하고 지각할 수 있다.

이중맹검 연구(double-blind study)에서는 참가자는 물론 연구자도 누가 어떤 집단에 배정되었는지 모른다. 이중맹검 연구는 두 집단의 참가자를 동등하게 다루고, 연구자가 참가자의 처치상황을 모르게 함으로써 편향을 줄일 수 있다.

심리학자는 어떻게 연구를 반복검증하는가?

메타분석

심리학 연구의 최종 목표는 반복검증이다. 연구결과가 재현될 수 있다면, 우리는 그 결과를 크게 신뢰할 것이다. 반복검증은 치료의 효과를 검증하는 연구에서 특히 중요하다. 우리가 어떤 치료법을 가족에게 추천하기 전에 그 효과에 대해서 확신하고 싶기 때문이다(Schmidt, 2017).

동일한 현상을 연구하는 모든 연구가 동일한 결과를 보여주지 않는다. 한 연구는 치료가 아동의 기능을 크게 향상시켰다는 것을 보여주는 반면, 다른 연구는 약간 도움이 된다고 보고할 수 있고, 세 번째 연구는 어떠한 이점도 없다고 할 수도 있다. 이 연구들은 참가자의 숫자나 아동의 결과를 측정하는 방식도 달랐을 수 있다. 이 치료법의 전반적인 효과를 결정하고 그 효용성에 대한 결정을 내리기 위해, 우리는 어떻게 이런 연구의 결과들을 통합할 수 있을까?

메타분석(meta-analysis)은 다수의 연구로부터의 결과를 통합하여 통합적이고 양적인 결과를 도출하는 통계기법이다(Del Re & Fluckiger, 2018). 각 개별 연구의 결과는 효과 크기로 불리는 하나의 측정치로 변화된다. 효과 크기(effect size, ES)는 연구의 마지막에 측정된 치료집단과 통제집단의 차이의 정도를 나타낸다. 계산공식은 다음과 같다:

$$ES = \frac{\text{치료집단 평균} - \text{통제집단 평균}}{\text{표준편차}}$$

먼저 치료집단 아동의 평균점수와 통제집단 아동의 평균점수의 차이를 계산하고, 그 차이를 모든 점수의 표준편차(변산성 측정치)로 나눈다. 각 연구의 결과는 하나의 숫자로 산출되며, 이는 치료집단과 통제집단의 점수가 표준편차 몇 개만큼 벌어져 있느냐를 나타낸다. 양의 점수는 치료집단의 아동들이 통제집단의 아동보다 더 나은 점수를 보였고, 치료가 도움이 되었다는 것을 가리킨다. 음의 점수는 통제집단의 아동이 치료집단의 아동보다 더 나은 결과를 가져왔고, 치료가 오히려 해로웠다는 것을 의미한다(Hoyt & Del Re, 2018).

연구자들은 가중치 평균 효과 크기를 계산하여 다수의 연구결과를 통합할 수 있다. 연구결과들은 참가자의 숫자에 따라 가중치가 결정되어, 대규모의 연구가 소규모의 표본을 사용한 연구보다 더 많은 영향을 미치게 된다. 대략적으로, .2의 효과 크기는 작다고 여겨지고, .5는 중간 크기, .8보다 클 경우 매우 큰 효과 크기라고 해석할 수 있다(Ferguson, 2017).

메타분석의 예시

그림 3.4는 ADHD 아동을 대상으로 뉴로피드백, 행동치료,

그림 3.4 ■ ADHD 아동 치료법에 대한 메타분석

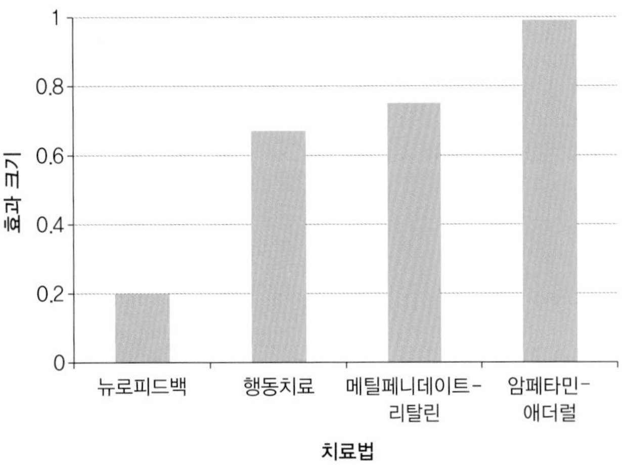

주 : 메타분석은 많은 연구의 결과를 하나의 효과 크기로 통합하기 위해 사용된다. 위의 메타분석 결과는 위약효과와 비교한 다양한 치료법의 상대적 효과 크기를 보여준다. 뉴로피드백은 ADHD 아동의 증상완화에 작은 효과를 보이는 반면, 행동치료와 약물치료는 중간에서 큰 효과 크기를 보인다.

약물치료의 효과를 검증한 메타분석의 결과를 보여준다. 이 결과는 수천 명의 ADHD 아동이 포함된 수백 개의 연구결과를 통합한 것으로, 어떤 형태의 치료가 ADHD 아동에게 가장 도움이 되는가에 대한 의사결정을 내리는 데 사용될 만하다(Cortese et al., 2017; Fabiano et al., 2010; Faraone & Buitelaar, 2010).

그림 3.4의 막대그래프는 각각의 치료효과를 위약효과에 비교했을 때, 효과 크기의 가중치 평균값을 나타낸다. 전체적으로, 뉴로피드백의 효과가 가장 작고(통계적으로 유의하지도 않다), 행동치료가 중간 정도의 효과 크기를 보이며, 약물이 가장 큰 효과를 보인다. 결과적으로 근거기반치료 관점에 따르면 임상가들은 ADHD 아동의 치료를 위해서 치료효과가 큰 약물치료와 행동치료를 사용해야 한다(Evans et al., 2019).

준실험연구란 무엇인가?

실험연구에서는 참가자들을 무선할당할 수 있기 때문에, 변인 간의 인과관계를 추론할 수 있다. 그러나 연구자들은 때때로 무선할당이 불가능해서 진정한 실험연구를 수행할 수 없을 때가 있고, 이때 준실험연구를 수행한다. 준실험연구(quasi-experimental study)에서도 연구자들은 독립변인을 조작하고(예 : 치료 제공), 종속변인에서의 변화를 관찰하지만(예 : 아동의 결과), 참가자들을 서로 다른 집단에 무선으로 배정할 수는 없다. 따라서 처치가 그 결과를 야기했다고 추론할 수 없다. '준'이라는 용어는 '보기에 비슷하다'라는 뜻이다. 준실험연구란 실험연구와 비슷해 보이지만, 실험의 중대한 요소인 무선할당을 할 수 없다. 지금부터는 아동 이상심리학 분야에서 가장 일반적으로 사용되는 세 가지 형태의 준실험 연구를 살펴보자 : 사전-사후검증 연구, 불균등 집단 연구, 단일사례 연구.

사전-사후검증 연구

사전-사후검증 연구(pretest-posttest study)는 동일한 집단의 참가자를 적어도 처치 전(기저선 측정)과 처치 후(연구 후)에 두 번 이상 측정하는 준실험연구이다. 모든 참가자가 처치를 받기 때문에, 통제집단이 없고, 무선할당이 불가능하다.

예를 들어, 연구자들은 ADHD 아동에게 각성약물의 효과

를 검증하기 위해 사전-사후검증 연구를 실시하였다. 대규모의 ADHD 아동집단에게 12주 동안 각성약물을 처방하였다. 결과를 측정하기 위해, 연구자들은 임상가, 부모, 교사들에게 아동의 ADHD 증상을 실험의 전과 후에 평가하게 하였다. 그 결과, 75%의 아동에게서 유의하게 증상이 감소하는 걸 확인할 수 있었다(Döpfner, Görtz-Dorten, Breuer, & Rothenberger, 2011).

통제집단이 포함되지 않았기 때문에, 약물이 아동 증상의 감소를 야기했다고 결론 내릴 수는 없다. 약물을 제외한 다른 요인들이 결과를 더 잘 설명할 수도 있다. 내적타당도(internal validity)란 독립변인의 조작(치료)이 종속변인에서 수반된 변화(아동의 결과)를 야기했다고 말할 수 있는 정도를 가리킨다. 다른 요인들이 아동의 결과를 설명할 수 있을 때, 연구자들은 연구의 내적타당도를 위협한다(threats to internal validity)고 말한다. 준실험연구의 결과로부터 도출된 인과적 추론의 내적타당도를 위협하는 요소들은 다음과 같다(Kazdin, 2017).

첫째, 성숙이 연구의 내적타당도를 위협할 수 있다. 성숙이란 시간이 흐름에 따라 아동에게 발생하는 변화를 말한다. 아동의 두뇌가 성숙하면서 주의, 집중, 충동통제 능력이 증가한다. 이와 같은 두뇌의 성숙 때문에, 치료를 받지 않더라도 모든 아동이 ADHD 증상의 감소를 경험할 수 있다. 연구자들이 처치를 받은 아동과 처치를 받지 않은 통제집단의 아동을 비교하지 않는다면, 치료적 처치의 효과를 성숙으로부터 구분해내는 것이 불가능하다.

둘째, 환경요인들이 사전-사후검증 연구의 내적타당도를 위협할 수 있다. 환경요인에는 아동의 가족환경에서의 변화(예 : 이혼), 학교에서의 변화(예 : 새로운 교사), 또래집단에서의 변화(친한 친구의 이사) 등이 있다. 환경요인에는 큰 사건(예 : 경기침체, 코로나19 감염상황)이나 아동 주변의 미묘한 변화를 모두 포함한다. 예를 들어, 연구자들이 학기 중에 아동의 증상에 대한 사전 검사를 하고, 여름방학 중에 사후 검사를 한다면, 부모들은 시간이 지나면서 점점 더 적은 주의문제를 보고할 것이다. 그러나 주의문제에서의 이 확연한 변화는, 학기 중보다 방학 중에 부주의가 문제를 덜 일으킨다는 사실에 의해서 설명될 수 있다. 따라서 비교를 위한 통제집단이 없다면, 이런 환경적 변화가 연구결과의 일부분을 설명할 수 있다.

세 번째 위협은 반복적인 검사이다. 아동을 반복적으로 평가하는 행위 자체가 아동으로 하여금 시간에 따른 향상을 보이게 만들 수 있다. 부모와 교사가 자신의 행동을 관찰하는 것을 안다면, 아동들은 좀 더 주의를 기울이고 순응적으로 행동할 수 있다. 마찬가지로, 부모와 교사들 역시 아동의 행동을 반복적으로 평가할 것을 요청받을 때, 향상의 징후를 찾기 위해 더 주의를 기울일 것이다. 비교집단이 없다면, 치료의 이득 중 일정 부분은 단지 아동이 여러 번 관찰되고 검사받는다는 사실에 기인할 수도 있다.

넷째, 탈락은 연구의 내적타당도를 위협할 수 있다. 탈락(attrition)이란 연구가 진행되면서 참가자의 수가 줄어드는 것을 말한다. 참가자가 연구참가를 철회하거나 단순히 치료회기에 참가하지 않을 때 탈락이 발생한다. 치료집단에서 높은 비율의 참가자가 연구참가를 철회한다면, 이는 연구의 내적타당도를 위협한다. 예를 들어, 되프너와 동료들(Döpfner et al., 2011)은 연구에 끝까지 참여했던 75%의 아동에게서 ADHD 증상이 유의하게 감소하는 약물치료의 이점을 확인했지만, 이 숫자는 과다 추정된 측면이 있다. 자료를 면밀하게 들여다 보면 연구 초기에 원래 표본의 6%에 해당하는 아동이 참여를 철회하였고, 이는 아마도 약물이 그들에게 효과가 없었거나 불쾌한 부작용 때문이었을 것이다. 약물치료의 현저한 이득 중 일부분은 아마도 이런 아동이 연구참여를 중단했기 때문으로 설명될 수 있다.

불균등 집단

불균등 집단연구(nonequivalent groups study)는 좀 더 복잡한 준실험연구이다. 연구자들은 치료집단과 통제집단의 참가자를 비교하지만, 참가자들을 각 집단에 무선할당할 수는 없다. 연구자들이 참가자를 두 집단에 무선할당하지 않기 때문에, 두 집단은 불균등하다. 즉, 그들은 처치 전에 이미 서로 다른 특성을 가지고 있다. 그러므로 만약 연구자들이 처치 후에 집단 간의 차이를 발견한다면, 처치가 이 차이점을 야기했다고 결론 내리기 어려울 것이다.

예컨대, 연구자들은 아동기에 시행된 ADHD 약물치료가 청소년기에 알코올이나 약물사용과 같은 문제를 일으킬 가능성을 줄일 수 있는지 알고 싶었다. 연구자들이 무선적으로 아동을 약물치료를 받는 치료집단과 그렇지 않은 통제집단으로 나눈다면 이상적일 것이다. 수년 후에 연구자들은 두 집단의 청소년들에게서 약물 사용 문제의 유병률을 조사할 수도 있다.

그러나 연구자들이 아동을 치료와 통제집단에 무선할당하는 것은 불가능하다. ADHD 아동에게 오랫동안 치료를 미루는 것은 비윤리적이기 때문이다. 대신, 연구자들은 ADHD 진단을 받은 청소년 중에서 아동기에 약물처방을 받은 적이 있는 집단과 한 번도 약물치료를 받은 적이 없었던 집단을 비교했다. 그 결과, 아동기에 약물치료를 받았던 ADHD 청소년이 그렇지 않은 ADHD 청소년보다 알코올이나 다른 약물문제를 보일 가능성이 적다는 것을 확인했다(Hammerness, Petty, Faraone, & Biederman, 2017).

이 연구는 통제집단을 포함하고 있으므로, 내적타당도에 대한 위협이 적다. 우선, 두 청소년 집단이 발달상으로 동일한 시점에 측정되었기 때문에 성숙이 그룹 간 차이를 설명할 수 없다. 마찬가지로 탈락률도 두 집단이 거의 비슷하였으므로, 탈락 역시 연구결과를 설명하기 어렵다. 그러나 불균등집단의 사용은 선택편향이라고 불리는 내적타당도에 대한 특별한 위협의 등장을 가져올 수 있다.

선택편향(selection bias)이란 치료집단과 통제집단이 무선할당되지 못할 때 발생하는 두 집단의 규칙적인 차이를 말한다. 무선할당이 불가능했으므로, 연구의 처음부터 치료집단과 통제집단의 청소년은 동일하지 않았다. 인구통계학적 변인이나 가족환경, 약물에 대한 태도 등에서의 미묘한 차이가 연구 시작부터 두 집단 간에 존재할 가능성이 있다. 따라서 연구 후반부에 관찰된 약물사용에서의 차이는 약물치료 자체보다 이런 작은 차이로 설명될 수도 있다.

단일사례연구

단일사례연구(single subject study)란 한 참가자의 행동을 처치를 받을 때와 그렇지 않을 때와 같이 시간에 따라 여러 번 평가하는 준실험연구이다. 단일사례연구는 치료자가 특정 내담자를 대상으로 치료 효과를 평가할 때 주로 사용된다. 단일사례연구는 오직 한 명의 참가자만 포함하기 때문에, 통제집단과 무선할당의 절차가 없다. 그러나 처치가 적용되었을 때 아동의 행동패턴을 처치가 없거나 철회되었을 때와 비교하고, 이를 통해 개입의 효과를 확인할 수 있다.

단일사례연구에서 치료의 효과를 평가하는 가장 간단한 방

법은 AB 설계이다. 아동 행동의 빈도와 심각성을 치료 전과 후에 측정한다. 'A'는 특정 행동의 기저수준을 가리킨다. 'B'는 개입이 적용되었을 때의 행동수준을 말한다. 예를 들어, 학교심리학자가 교사에게 2주 동안 매일 학생이 주의를 기울인 시간의 비율을 추정해달라고 요청하는 경우를 생각해보자. 첫 주(A)는 아동의 주의행동 기저선을 제공한다. 두 번째 주(B)에는, 교사가 스티커 차트를 사용하여 수업 중 아동의 과제집중 행동을 강화한다. 교사는 아동을 칭찬하거나 과제집중 행동을 보일 때마다 스티커를 보상으로 제공한다. A기간부터 B기간까지 증가한 주의수준은 치료가 효과적이라는 것을 가리킨다(Gast & Baekey, 2016).

치료효과를 평가하는 조금 더 복잡한 방식은 역전(ABAB)설계이다. 교사가 아동의 행동을 기저선(A)과 치료가 적용되었을 때(B) 측정한다. 그 후 일시적으로 치료적 개입을 철회(스티커 차트 사용을 멈춤)하였을 때, 아동 행동에서의 변화를 기록한다(두 번째 A). 만약 치료가 아동 행동의 향상에 원인이 된다면, 스티커 차트를 중단하는 것은 주의집중 행동을 일시적으로 감소시켜야 한다. 마지막으로, 교사는 치료를 다시 시작한다(두 번째 B). 만약 스티커 차트가 효과적이라면, 아동의 과제집중 행동은 다시 증가해야 한다(그림 3.5).

세 번째 전략은 다중기저선 설계를 사용하는 것이다. 다중기저선 설계는 다양한 행동에 대한 기저선 자료를 수집하고, 다중 치료조건에 걸쳐 동일한 행동을 평가하는 절차를 포함한다. 치료자는 각각의 행위 혹은 치료조건을 분리하여, 치료효과를 검증한다(Gast et al., 2016). 교사가 아동의 주의수준에 대한 기저선 자료를 수학수업(기저선 1)과 읽기수업(기저선 2) 시간의 두 조건에서 각각 수집하는 상황을 생각해보자. 첫 주에 교사는 간단히 각 상황에서 아동의 주의수준을 평가하였다. 두 번째 주에는, 스티커 차트를 사용하여 수학수업에서만 과제집중 행동을 강화하고, 그에 따른 주의수준에서의 향상이 수학수업 조건에서만 확인되었다. 아동의 주의수준이 오직 그 조건에서 치료를 받을 때에만 증가하였기 때문에, 우리는 치료가 이 향상의 원인이 되었다고 확신을 가지고 결론 내릴 수 있다(그림 3.6).

치료 복귀 혹은 다중 기저선을 사용하는 단일사례연구는 치료가 특정 아동에게 효과적이라는 것을 확인하는 강력한 증거를 제공한다. 모든 단일사례연구의 주된 한계는 오직 한

그림 3.5 ■ ABAB 역전설계

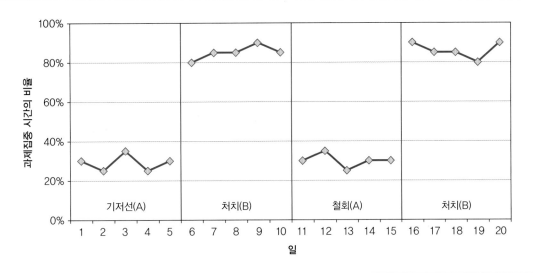

주 : 이런 유형의 결과는 치료적 처치가 수학시간 동안 아동의 주의를 증진하는 데 효과적이었다는 것을 보여준다.

**사례연구
연구윤리**

윤리적 문제

홀 박사는 아동심리학자이며, ADHD로 진단된 어린 아동을 대상으로 행동치료의 효과를 연구하고 있다. 그녀는 ADHD 유아의 부모에게 연구참여를 요청하고 있다. ADHD 아동과 부모를 대상으로 연구를 수행할 때, 홀 박사는 어떤 윤리적 문제를 유념해야 하는가?

사람의 자료로부터 인과추론이 성립된다는 것이다. 결과적으로 단일사례연구의 결과가 다른 조건에서 다른 사람들에게 적용 가능한지는 확인할 수 없다. 연구의 외적타당도(external validity)는 연구결과가 다른 사람과 상황에 얼마나 일반화할 수 있는지를 가리킨다. 외적타당도의 성립을 위해서는, 연구결과가 다른 개인들과 다른 장소에서 다른 임상가에 의해서 반복검증되어야 한다(Ledford, Wolery, & Gast, 2016).

3.3 아동과 가족연구에서의 윤리

아동연구에서 중요한 윤리적 이슈는 무엇인가?

윤리란 그 분야의 동료들에게 수용될 수 있다고 정해진 행동기준을 말한다는 것을 기억해보자. 제1장에서 우리는 APA 윤리강령은 물론 정신건강 문제를 가진 아동과 가족의 치료와 관련된 몇몇 중요한 윤리적 문제들을 다뤄보았다. 이번 절에

그림 3.6 ■ 다중기저선 설계

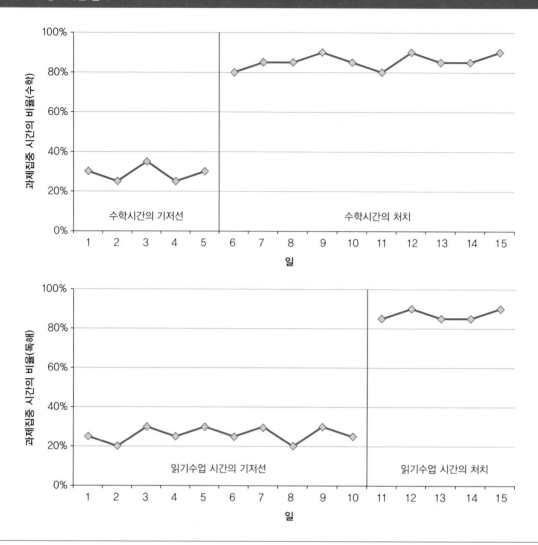

주 : 기저선 자료는 2개의 다른 조건에서 수집됨 : 수학시간과 읽기수업 시간. 각 수업시간마다 치료적 처치가 적용되었을 때, 그 수업에서만 행동이 향상되었다. 출처 : Gast, Lloyd, & Ledford (2016).

서는 아동과 가족을 대상으로 수행하는 정신건강 연구와 관련된 윤리적 문제들을 논의할 것이다. ADHD 아동 치료법에 대한 연구를 수행하려고 하는 심리학자 홀 박사의 사례를 보자.

이득 대 위험의 평가

두 가지 가장 중요한 윤리 원칙은 선행과 해악금지이다. 선행(beneficence)이란 한 사람의 행위의 이득이, 내포된 위험이나 손해와 비교하여 균형을 맞추는 것을 포함한다. 해악금지(nonmaleficence)란 해로움을 피하거나 유익한 결과에 이르기 위해 가능한 한 최소한의 불편함을 끼치는 것을 의미한다. 연

구를 수행할 때, 심리학자는 참가자가 연구에 참여함으로써 경험할 가능성이 있는 해로움이나 불편함을 고려해 연구의 유익함을 평가해야 한다.

첫째, 연구는 잠재적 손해를 선회하는 분명한 잠재적 이점을 가져야 한다. 예컨대, 홀 박사가 ADHD 아동을 위해 학교 장면에서 적용되는 행동치료 프로그램의 효과를 검증하려고 한다. 이 치료법의 잠재적인 이득에는 주의, 행동, 학업 기술에서의 상승이 있을 것이다. 이런 유익함은 수업 결석과 같은 연구참여로 인해 발생할 수 있는 손해를 상회할 수 있어야 한다. 둘째, 과학적으로 중요한 정보를 제공할 가능성이 있다

하더라도, 참가자에게 극심한 피로나 신체적 해로움을 유발할 수 있는 연구는 허락되지 않는다. 예를 들어, 연구자들은 ADHD가 아동의 발달이나 학업적 성취에 미치는 장기적 영향을 평가하기 위해, ADHD 아동에게 효과적인 약물이나 치료법의 적용을 거부할 수 없다.

부모의 동의와 아동의 승낙

또 다른 중요한 윤리적 원칙은 자율성, 즉 정보에 근거하여 자신의 삶과 관련한 결정을 내릴 수 있는 권리를 보장해야 한다. 자율성을 존중하기 위해서, 심리학자들은 연구과정 전반에 걸쳐 참가자의 동의를 얻는다. 정보에 근거한 연구동의(informed consent in research)란 참가자들이 연구의 목적과 내용을 알고, 자유롭게 참가에 동의하는 것을 의미한다(American Psychological Association, 2017a).

APA 윤리강령에 따라, 홀 박사는 참가자가 그들의 연구참여에 대해 정보에 근거한 결정을 내릴 수 있도록 다음과 같은 정보를 제공해야 한다:

연구의 목적, 기간, 과정에 대한 정보

연구참여는 자발적이며, 참가자는 언제든지 연구참여를 철회할 수 있다는 사실

연구참여에 의해 발생할 수 있는 잠재적 위험

연구가 획득할 수 있는 잠재적 유익함

연구참여와 관련된 돈과 같은 인센티브

참가자의 정보에 접근할 수 있는 사람에 대한 기술

연구에 대한 추가적인 질문을 할 수 있는 기회

연구참가 동의는 참가자가 연구에 관여하는 전반에 걸쳐 발생하는 과정으로 이해되어야 한다. 홀 박사는 참가자에게 손해를 받지 않고 언제든지 연구참여 의사를 철회할 수 있다는 사실을 알려야 한다. 또한 참가자가 연구 참여의 어느 순간이라도 불편함을 느낄 때, 연구에 대한 질문을 할 수 있는 기회가 보장되어야 한다(Lasser & Gottlieb, 2018).

소수인종에 속하는 가족과 연구를 수행하는 연구자들은 참가자의 자율성과 사회-문화적 배경을 존중하기 위해 특별한 노력을 기울여야 한다. 예를 들어, 홀 박사는 참가자가 이해

할 수 있는 언어로 연구에 대한 정보를 제공해야 하고, 큰 인센티브(예 : 많은 양의 돈)를 제공하거나, 이득을 받을 수 없을 거라고 암묵적으로 위협하는(예 : 자녀에게 제공되는 학교 서비스의 제한) 방식으로 참가를 강제하는 것을 피해야 한다. 홀 박사는 불법체류 가족이나 출신국가로부터 부당한 대우를 경험한 가족의 기밀을 보장하는 방법을 고민해야 한다(Fisher et al., 2017).

아동과 청소년은 법률적 미성숙으로 인해 연구에 대한 서면 동의를 할 수 없다. 아동과 청소년이 포함된 연구를 수행할 때, 심리학자는 먼저 그들의 부모나 법적 보호자에게 서면 동의를 얻고, 아동으로부터 구두로 참여 승낙(assent)을 받아야 한다. 구두참여 승낙 절차에는 아동이 이해할 수 있는 언어를 사용하여 연구의 목적과 절차를 설명하고, 그들의 참가가 자발적이며, 언제든지 연구참여를 철회할 수 있다는 사실을 알려야 하며, 그들이 연구에 대해 알기 원하는 어떤 질문에도 대답을 들을 수 있는 모든 과정을 포괄한다.

기밀유지

기밀성이란 참가자가 제공한 정보가 동의 없이 타인과 공유되지 않을 거라는 기대를 말한다. 기밀유지는 연구의 본질적인 요소이다. 기밀성은 참가자가 정확하고 진실한 정보를 기꺼이 제공할 수 있게 한다.

기밀유지의 권리가 절대적이지는 않다. 특정 상황에서 심리학자는 타인의 안녕을 보호하기 위해 기밀성의 원칙을 깨고 정보를 공개해야 한다. 기밀성의 제한은 아동학대나 방임, 자살사고나 자살행동, 타인을 해치려는 의도를 포함한다.

많은 법적상황에서 아동과 청소년은 기밀성의 권리를 가지고 있지 않다. 원칙적으로 그들의 부모는 자녀가 제공한 모든 정보에 접근할 권리를 가지고 있다. 그러나 연구자들은 정당한 이유 없이 정보에 접근하지 않게 함으로써 부모들에게 자녀의 기밀성을 존중하도록 장려한다.

속이는 행위를 회피

속임(deception)은 연구자들이 참가자를 오도하기 위해 의도적으로 거짓이거나 불완전한 정보를 제공할 때 발생한다. APA 윤리강령에 따르면, 속임수가 연구의 유의미한 과학적 가치에 의해 정당화되거나, 속이지 않는 방법이 불가능할 때가

아니라면, 연구자는 참가자를 속이지 말아야 한다(American Psychological Association, 2017a).

예를 들어, 시모어, 매캐티, 크로니스-투스카노(Seymour, Macatee & Chronis-Tuscano, 2018)는 ADHD 아동이 또래에 비해 좌절에 잘 대처하지 못하는지 알고 싶었다. 그들은 ADHD 아동과 전형적 발달아동에게 컴퓨터 마우스를 이용해 도형을 따라 그리는 컴퓨터 게임을 하게 하였다. 좌절감을 경험하게 하기 위해, 연구자들은 게임을 조작하였다: 그들은 마우스가 이따금 커서의 반대 방향으로 움직이게 하여 아동이 실수하게 만들었다. ADHD 아동은 또래아동에 비해 게임을 더 일찍 중간에 그만두는 경향을 보였다. 이 연구에서 연구자들은 참가자를 속이는 것이 허락되었다. 연구의 유익함이 아동이 경험하는 일시적인 좌절감을 상회하였으며, 속이지 않고 연구를 수행하는 것이 불가능했기 때문이다.

정보제공

심리학자들은 연구를 마치면서 참가자들에게 연구에 대한 정보를 제공해야 한다. 정보제공(debriefing)에는 연구의 내용, 결과, 결론을 기술하고 참가자가 궁금해 하는 점에 대한 대답을 해주는 것을 포함한다. 속임수가 사용되었는지 여부를 참가자에게 알려야 하고, 연구에 대한 어떤 오해라도 명확히 해명해야 한다. 만약 참가자에게 해가 발생했다는 것을 알게 되면, 이를 줄이기 위한 정당한 조치를 취해야 한다.

주요 용어

가설(hypothesis) : 2개 이상의 변인의 관계에 대한 구체적이고 반증가능한 예측

개별사례 평가(idiographic assessment) : 개인의 고유한 능력, 경험, 행동을 평가하는 자료수집

경험자료(empirical data) : 직접적인 관찰, 세심한 측정과 같은 우리의 감각기관을 통해 얻은 정보

공개표지 연구(open-label study) : 어떤 참가자가 치료를 받고 어떤 참가자가 통제집단에 속하는지를 연구자와 참가자가 모두 알게 되는 연구설계

과학(science) : 편향적 사고를 방지하기 위해 사용되는 일련의 원칙과 절차. 주의깊고 체계적인 자료 수집에 의존

과학적 방법(scientific method) : 자연세계에 대한 정보를 수집, 평가, 조직화하는 데 사용되는 절차

기능적 자기공명영상(functional magnetic resonance imaging, fMRI) : 정신과제 수행 중에 혈중산소농도를 추적하여 두뇌활동을 측정하는 두뇌영상 기법

내적타당도(internal validity) : 독립변인(치료)의 조작이 종속변인(결과)에서의 수반된 변화를 야기한다는 결론을 내릴 수 있는 정도

내적타당도에 대한 위협(threats to internal validity) : 인과적 추론을 제한하는 연구의 특질: 성숙, 환경요인, 반복적 검사, 탈락, 선택편향

단일사례연구(single subject study) : 일종의 준실험연구로 한 명의 참가자의 행동이 시간에 따라, 대개 처치 전/후에 측정된다.

매개변인(mediator) : 두 변인이 어떻게 관련되어 있는지를 설명할 수 있는 변인으로 대개 연속변인이다.

메타분석(meta-analysis) : 통계기법, 여러 연구결과를 통합하여 효과 크기라 불리는 하나의 숫자로 된 결과로 변환

무선적으로 통제된 시행(randomized controlled trial) : 치료의 효능성을 평가하기 위해 사용되는 특수한 실험연구. 참가자가 치료 혹은 통제집단에 무선으로 할당됨

무선표집(random selection) : 연구 참가자 모집의 한 방식으로 관심 있는 모집단의 각 개인이 연구에 참가할 확률이 동일함

무선할당(random assignment) : 각 참가자가 각 실험조건에 배당될 확률이 동일한 실험방법. 실험연구의 필수적인 특징

반증가능성(falsifiability) : 모든 과학적 가설의 필수적인 특징으로, 아이디어가 옳지 않다고 증명될 수 있는 가능성

보편적 평가(nomothetic assessment) : 집단에 속한 사람들이 어떻게 사고하고 느끼고 행동하는지를 평가하는 자료수집

불균등 집단연구(nonequivalent groups study) : 준실험연구의 일종으로 치료집단과 통제집단을 비교하지만, 참가자가 각

그룹에 무선할당되지 않음

비판적 사고(critical thingking) : 타인의 신념이나 의견에 의존하기보다 의심하고 현상에 대한 그럴듯한 대안적 설명을 추구하는 경향성

사례연구(case study) : 한 개인, 한 집단 혹은 현상에 대한 자세한 기술을 제공하는 연구설계

사전−사후검증 연구(pretest-posttest study) : 준실험연구의 일종으로 동일한 집단의 참가자가 치료 전/후로 평가를 받음

상관계수(correlation coefficient, r) : 두 변인 간의 선형적 관계의 강도와 방향을 나타내는 통곗값

상관연구(correlational study) : 동일 시점에 측정된 변인들 간의 관계를 검증하는 연구설계

선택편향(selection bias) : 참가자가 무선할당되지 않았을 때 발생할 수 있는 치료집단과 통제집단 참가자들 사이의 규칙적 차이. 불균등집단 연구에서 종종 발견된다.

선행(beneficence) : 어떤 행위로 인해 발생할 수 있는 이득과 위험 혹은 비용의 균형을 맞추는 것을 포함하는 윤리 원칙

속임(deception) : 연구의 한 특질, 연구자가 의도적으로 참가자를 속이기 위해 잘못되거나 불완전한 정보를 제공; 제한적인 상황에서만 사용 가능한 특질

실험(experiment) : 연구자가 변인들 간의 인과적 관계성을 검증할 수 있는 연구설계. 필수적인 요소로는 무선할당, 한 변인의 체계적인 조작, 다른 모든 외부 변인의 통제가 있음

외적타당도(external validity) : 한 연구의 결과를 다른 사람이나 상황에 일반화할 수 있는 정도

위약효과(placebo effect) : 자신이 치료를 받고 있다는 사실을 아는 것만으로 행동을 바꾸는 경향. 연구의 내적타당도를 위협한다.

유사과학(pseudoscience) : 증거에 기반하고 있다고 주장하지만, 실제 과학적 사고의 원리들과 양립할 수 없는 주장, 믿음, 관행. 대개 편향, 의견에 기반하고 권위에 호소함

이론(theory) : 행동과 발달의 전반적인 측면을 설명하고 예측하는 아이디어의 총체

이중맹검 연구(double-blind study) : 연구설계법의 한 종류로, 참가자나 연구자 모두 어떤 참가자가 처치를 받고 어떤 참가자가 통제집단에 속하는지 알지 못함

자기공명영상(magnetic resonance imaging, MRI) : 신경영상 기법의 하나로 강한 자기장을 이용하여 신체의 매우 자세한 2D 영상을 얻을 수 있다.

재현가능성(reproducibility) : 연구의 결과가 수용되기 전에 반드시 반복검증되어야 한다는 과학 원리

재현위기(replication crisis) : 많은 과학적 연구의 결과가 반복검증되기 어렵거나 불가능하다는 사실을 가리킴

절약(parsimony) : 더 복잡한 설명보다 더 간단한 설명이 선택되어야 한다는 것을 구술하는 과학 원리

정보근거 동의(informed consent in research) : 모든 연구에 요구되는 윤리적 요건으로 참가자들은 연구의 목적과 내용을 알고, 자유롭게 참가에 동의하며, 언제든지 연구참여를 철회할 수 있다는 내용을 포함한다

정보제공(debriefing) : 연구의 한 부분으로, 연구자는 참가자에게 연구의 특성, 결과, 결론을 기술하고, 참가자의 질문에 대답을 제공해야 한다.

정서편향(affective bias) : 갈망에 의한 사고의 일종으로 우리의 지각이 욕망, 동기, 정서에 의해 영향받는 것을 말한다.

정확성(precision) : 과학자가 자료를 수집하고 관찰로부터 결론을 이끌어내는 방식에서 주의를 기울임

조작적 정의(operational definition) : 한 변인이 어떻게 측정되는지에 대한 정확한 기술

조절변인(moderator) : 두 변인의 관계의 방향이나 강도에 영향을 미치는 제3의 변인으로 대개 범주변인이다.

종단연구(longitudinal study) : 서로 다른 시점에 측정된 변인 간의 연관을 규명하는 연구설계. 변인 간의 시간적 관계를 명확히 할 수 있다.

준실험연구(quasi-experimental study) : 독립변인의 조작을 포함하고 있지만, 참가자의 무선할당이 보장되지 않는 연구설계

탈락(attrition) : 연구진행 중에 참가자의 중도탈락으로 인해 야기된 내적타당도의 위협요인

평소와 다름없는 치료(treatment as usual, TAU) : 가장 엄격한 통제집단의 유형으로 참가자를 지역사회의 임상가(연구에 참여하지 않은 임상가)에게 의뢰하고, 이 임상가가 제공하는 치료를 받게 한다.

해악금지(nonmaleficence) : 해로움을 피하거나 유익한 결과에 이르기 위해 가능한 한 최소한의 불편함을 끼치는 것을

요구하는 윤리원칙

확산텐서영상(diffusion tensor imaging, DTI) : 두뇌영상의 한 종류로 두뇌 영역 간의 연결성을 추정하기 위해 백색질의 밀도와 부피를 측정

확증편향(confirmatory bias) : 선택적 사고의 일종으로, 인간의 지각이 이미 가지고 있는 믿음, 생각, 기대에 의해 영향을

받는 상황

횡단연구(cross-sectional study) : 동일한 시점에서 측정한 변수 간의 연관성을 조사하는 연구 설계

효과 크기(effect size, ES) : 메타분석에서 사용되는 숫자로, 연구의 끝에 측정된 치료집단과 통제집단 간 차이점수의 가중치평균을 나타냄

비판적 사고 연습

1. 알리샤는 읽기 장애로 진단받은 8세 남아의 엄마이다. 그녀의 아들은 현재 학교에서 발음 기반의 읽기 프로그램에 참여하고 있지만, 진척 속도가 느리다. 알리샤의 친구는 시내에 있는 한 치료자가 읽기 문제 아동을 돕기 위해 '시각 치료'를 하고 있다고 알려주었다. 이 치료는 초점 맞추는 것을 향상하기 위해 특별한 안구 추적 기술을 가르치고, 문자를 더 선명하게 보이게 한다는 특별한 색깔 렌즈를 사용하라고 장려한다. 그녀의 친구는 "내 조카에게 시각치료는 구원자였어. 비싸기는 하지만, 그에게 정말 읽는 법을 빨리 가르쳐주었어. 너는 꼭 그 치료법을 써봐야 해."라고 말했다. 왜 부모들은 시각 치료와 같은 증명되지 않은 치료법을 추구할까? 이런 치료의 위험성은 무엇일까?

2. 루카스는 등교 전 체육 프로그램이 1학년 아동의 1교시 수업 시간 동안 과잉행동을 줄일 수 있는지 알고 싶은 학교심리학자이다. 루카스는 이 연구에서 '과잉행동'을 어떻게 조작적으로 정의할 수 있을까?

3. 커비 디터-데커드와 동료들(Kirby Deater-Deckard et al., 1996)은 가혹한 신체적 훈육(체벌)이 아동의 발달에 미치는 영향에 관심을 가졌다. 그들은 부모로부터 더 가혹한 신체적 훈육을 받은 아동들이 학교에서 더 많은 문제행동을 보이는 것을 발견하였지만, 이런 경향성은 유럽계 미국인 가족에서만 확인할 수 있었다. 아프리카계 미

국인 가족에서는 가혹한 훈육과 문제행동 사이에 아무런 관련이 없었다. 이 연구에서 인종이 어떻게 조절변인으로 작동하는가? 무엇이 서로 다른 발달결과를 설명할 수 있는가?

4. 지방교육감은 새로운 알코올 및 약물예방 프로그램이 실제 학생들의 약물남용을 줄여줄 수 있는지 알아보고 싶었다. 관할 학군의 두 중학교를 무선표집하여, 앱솔루트 중학교의 학생들에게는 12주 동안 예방프로그램에 참여하게 하고, 그레이구스 중학교의 학생들은 프로그램에 참여하지 않고, 통제집단에 배정하였다. 학년 말에 앱솔루트 중학교의 학생들은 그레이구스 중학교의 학생들보다 알코올과 약물을 덜 사용하였다. 이 지방교육감은 예방 프로그램이 약물남용에서의 차이를 야기했다고 결론내릴 수 있는가? 왜 그런가? 왜 그렇지 않은가?

5. 퀸은 아동의 도덕추론 기술에 대한 연구프로젝트를 수행하려는 심리학과 학생이다. 그녀는 형제자매가 있는 아동이 외동아동보다 더 높은 도덕추론 기술을 가질 거라는 가설을 세웠다. 그녀는 아동의 학교에서 30분간의 검사를 통해 도덕추론을 평가하고 싶었다. 아동의 부모들에게 정보에 근거한 동의를 얻기 위해 어떤 정보를 제공해야 하는가? 아동에게 연구참가에 대한 구두승낙을 얻기 위해 퀸은 무엇을 해야 하는가?

©iStockphoto.com/Liderina

4

아동 문제행동의 평가와 치료

4.1 심리평가

심리평가란 무엇인가?

정의와 목적

심리평가(psychological assessment)란 현재 기능과 미래의 안녕에 대한 타당한 결론을 내리기 위해 아동과 가족에 대한 정보를 수집하는 과정을 말한다. 아동과 청소년 평가는 여러 가지 목적을 가진다(Sattler, 2014). 첫째, 잠재적인 행동문제와 발달지연의 가능성이 있는 **아동들을 선별하기** 위해 평가가 진행된다. 예를 들어, 소아과의사들은 정상적인 감각과 운동기능을 가지고 있음에도 불구하고 언어습득과 사회적 기술에서 지연을 보이는 걸음마기 유아를 선별해달라고 심리학자에게 요청하기도 한다. 심리학자들은 그 아동이 주의가 필요한 심각한 지연을 가지고 있는지 판단하기 위해 간단한 평가를 수행한다. 조기에 실시되는 선별검사는 이후 발달에서 좀 더 심각한 문제를 예방할 수 있다(Briggs-Gowan, Godoy, Heberle, & Carter, 2016).

둘째, **진단을 내리기** 위해 평가가 진행된다. 아동이 행동문제를 의심할 만한 행동을 보일 때, 부모가 자녀를 심리학자에게 의뢰하기도 한다. 심리학자들은 이런 문제의 본질을 규명하기 위해 아동의 강점과 약점을 평가하는 포괄적인 검사를 수행한다. 임상가는 아동의 주된 문제영역을 기술하기 위해 1개 이상의 진단 범주를 사용하기도 한다. 진단은 부모에게 아동의 기능을 이해하도록 도울 수 있고, 임상가에게는 아동의 예후를 추정하고, 치료방법을 파악하는 데 도움을 준다(Achenbach & Rescorla, 2016).

셋째, **치료계획을 수립하기** 위해 평가가 진행된다. 3학년 교사는 학교심리학자에게 지속적으로 어린 아동들을 괴롭히는 학생의 평가를 의뢰한다. 이런 조건에서 평가의 목적은 괴롭힘의 잠재적 원인을 찾아내고, 개입계획을 수립하는 것이다. 괴롭힘 가해학생의 행동을 주의깊게 관찰한 후, 학교심리학자는 소년이 특정 또래와 있을 때만 싸움을 시작한다는 것을 알아차렸다. 추후 문제 재발을 방지하기 위해, 쉬는 시간에 가해자를 이런 또래들과 분리할 것을 제안하기도 한다.

평가의 네 번째 목적은 **치료경과를 추적하는** 것이다. 소아과 의사가 ADHD 소년에게 메틸페니데이트(리탈린)를 처방한 사례를 보자. 담당 의사는 교사에게 3주 동안 아동의 ADHD 증상을 평정해달라고 요청한다. 첫 주에는 소년이 어떤 약물도 섭취하지 않았다. 두 번째와 세 번째 주에는 용량을 바꿔가면서 약물을 섭취하였다. 담당 의사는 지난 3주간의 교사평정 결과를 이용하여 약물치료가 아동의 증상을 감소시키는지, 그리고 얼만큼의 용량이 가장 효과적인지 판단한다.

심리평가는 단순히 검사를 시행하거나 진단명을 결정하는 것을 넘어, 아동의 환경 맥락 안에서 강점과 약점을 파악하고, 그들의 삶을 어떻게 향상시킬지에 대한 타당한 결론을 내리는 것까지 포함한다. 다음 사라의 사례를 보자. 사라는 중대한 스트레스를 경험하고 있고, 그녀의 부모는 사라의 문제를 다룰 가장 좋은 방법을 결정해야 한다.

심리평가는 과정이다. 과학적 관점에서 각각의 평가는 한 명의 표본을 가지고 조사연구를 하는 것과 같다. 임상가는 가족에게 당면한 문제에 대해 듣고, 아동의 기능에 대한 가설을 형성하기 시작한다. 예를 들어, 사라처럼 학교에 가지 않으려는 아동에게 적용 가능한 가설은 다음과 같다: (1) 그녀는 인

사례연구
심리평가

고집이 센 사라

14세 소녀 사라는 소아과의사로부터 만성적인 신체적 건강문제로 인해 심리 클리닉에 의뢰되었다. 신학기가 시작된 이후로 사라는 지속적인 두통, 복통, 메스꺼움을 호소하였고, 그로 인해 학교에 가기가 힘들다고 하였다. 사라는 아침이면 이런 증상들을 경험하고, 엄마에게 학교에 가지 않고 집에 있게 해달라며 매달린다. 그 후 하루의 중반부가 되면 증상이 나아지는 것처럼 보인다. 사라의 소아과의사는 그녀가 신체적으로 아무런 문제가 없다는 것을 확인하고, 증상의 원인을 찾기 위해 심리학자에게 평가를 받아볼 것을 제안하였다.

"지난 주가 한계점이었다"고 그녀의 엄마는 한탄하였다. "사라가 다시 아프다고 했을 때, 남편은 약속이 있었고, 나는 이미 직장에 늦은 상태였다. 그녀는 집에 있게 해달라고 애원하고, 내가 그것을 거절했을 때, 마치 2살 아동처럼 떼를 썼다."

사라의 결석은 그녀의 학업성취를 방해하기 시작하였다. "사라는 많은 수업을 놓쳤고, 수학 과목에서 또래에 뒤쳐졌다"고 교사는 보고한다. "그녀는 착하고, 사려깊은 소녀이다. 나는 우리가 그녀를 도울 수 있는 방법을 찾기를 진심으로 원한다."

©IStockphoto.com/lathuric

지적 문제나 학습문제를 가지고 있고, 이는 학교에서 학업수행을 어렵게 만든다, (2) 그녀는 학교에서 괴롭힘, 또래 거부, 그외 사회적 문제를 경험하고 있으며, 이를 피하려고 한다, (3) 그녀는 학교에 대한 불안을 경험하거나 집을 떠나는 것을 두려워한다.

임상가는 부모, 교사, 아동 자신으로부터 얻은 자료를 가지고 각각의 가설을 체계적으로 검증한다. 자료에 의해 지지되는 가설은 유지되고, 그렇지 않은 가설은 새로운 증거에 맞춰 개정된다.

평가의 원리

아동행동에 대한 가장 정확한 이해는 다양한 평가로부터 온다. 다중방법 평가(multimethod assessment)는 가장 정확하고 완벽한 그림을 얻기 위해 서로 다른 방법을 사용하여 자료를 수집한다(Butcher, 2019). 이론적으로 다중방법 평가는 다음의 네 가지 구성요소를 가진다.

1. 아동과 양육자를 면담
2. 아동의 행동을 관찰
3. 아동, 부모, 교사로부터 행동척도를 수집
4. 특정 영역의 기능을 평가하기 위해 규준에 기반한(상대평가) 검사 시행

다중방법 평가는 사라의 신체적 고통의 원인과 학교 거부의 원인을 파악하는 데 매우 유용하다. 첫째, 우리는 그녀의 가족과 발달이력을 알아보기 위해 사라와 그녀의 엄마를 면담하기를 원한다. 그녀가 얼마나 오랫동안 이 문제를 가지고 있었는가? 그녀의 성적은 어떤가? 학교 친구가 있는가?

둘째, 우리는 사라의 학교거부를 직접적으로 관찰하기를 원하기도 한다. 이를 통해 개입의 방법을 알아내고, 그녀의 가족을 위해 학교 가기 전 아침 일상을 부드럽게 만들 수도 있다.

셋째, 사라가 학교와 가정에서 잘 기능하고 있는지를 평가하기 위해 그녀의 부모나 교사에게 행동 평정척도를 작성하게 할 수도 있다. 이를 통해 그녀가 가지고 있을 수 있는 다른 영역에서의 문제점도 찾을 수 있을 것이다.

마지막으로, 사라의 인지능력, 학업기술 혹은 사회-정서적

기능 평가를 위해 심리평가를 진행할 수도 있다. 사라가 그녀의 학업문제나 학교에서 당혹감을 느끼게 만드는 학습장애를 가지고 있는가? 우울하거나 불안하기 때문에 학교 가기를 거부하는가?

다중-정보제공자 평가(multi-informant assessment) 역시 아동의 기능에 대한 완전한 그림을 얻기 위해 필수적이다. 자료는 서로 다른 사람들로부터 수집되어야 한다. 이전 연구들은 아동의 행동 평정에 대한 부모, 교사, 그리고 아동 자신의 반응이 서로 상관이 낮음을 보여주었다. 정보제공자 간 전반적인 상관의 크기는 겨우 .28이었다. 따라서 임상가가 오직 한 정보제공자로부터 자료를 수집한다면, 아동 기능에 대한 부정확한 그림을 얻게 될 확률이 높다(de Los Reyes et al., 2015).

왜 정보제공자들 사이에 이렇게 큰 불일치가 발생하는가? 적어도 두 가지의 이유가 있다. 첫째, 각 정보제공자들은 아동의 기능에 대한 서로 다른 유형의 정보에 접근이 가능하다. 예를 들어, 부모와 교사는 아동의 겉으로 드러난 행동에 대해 관찰할 수 있지만, 아동의 생각이나 느낌을 정확하게 평가할 수는 없다.

둘째, 아동의 행동은 맥락에 따라 극적으로 달라질 수 있다. 예를 들어, 학교에서는 불안해보이는 아동이 집에서는 이완되어 보인다. 마찬가지로 부모에게는 반항하고 예절을 지키지 않는 아동이 교사에게는 고분고분하고 예의 바르기도 하다. 사실상, 정보제공자 사이의 합치도는 두 부모가 동일한 환경에서 관찰할 때 $r=.58$로 높은 반면, 부모와 교사가 서로 다른 환경에서 관찰할 때 $r=.28$로 낮은 편이다. 따라서 정보제공자 사이의 불합치도는 각 정보제공자가 가지고 있는 아동에 대한 지식에서의 차이와 서로 다른 맥락에서 아동이 보여주는 행동에서의 변산성을 반영하고 있다. 결과적으로, 임상가들은 다양한 사람들로부터 정보를 수집하고 통합해야 한다(Villabø, Gere, Torgersen, March, & Kendall, 2012).

다중-정보제공자 평가는 사라가 경험하는 문제의 근원에 대한 초기 가설을 평가하는 데도 유용하다. 예를 들어, 사라의 부모는 그녀가 집에서 만성적인 두통, 복통, 그리고 메스꺼움을 경험한다고 보고하는 반면, 교사는 학교에서는 그런 문제를 보이지 않는다고 보고할 것이다. 사실상, 교사는 사라가 잘 발달된 사회적 기술을 가지고 있으며 몇몇 친구들이 있다고 말했다. 이런 자료는 또래 괴롭힘이 사라의 학교 거부의

원인이 아님을 제시한다. 우리는 초기의 가설을 수정하고 다른 부분에 대해 살펴봐야 할 것이다.

진단면접과 정신상태검사란 무엇인가?

진단면접

심리평가의 가장 중요한 요소는 진단면접(diagnostic interview)이다. 진단면접은 대개 첫 회기 동안 실시되고, 여러 회기에 걸쳐 확장되기도 한다. 면접은 대개 아동과 그의 부모와 함께 진행되고, 때때로 확장된 가족 구성원, 교사, 아동의 기능에 대해 알고 있는 다른 사람들을 포함하기도 한다. 어떤 임상가들은 아동과 부모를 함께 면담하는 것을 선호하는 반면, 다른 임상가들은 분리해서 면접하는 것을 선호한다(Sommers-Flanagan, 2018).

면접의 첫 목적은 가족과 라포(rapport, 신뢰관계)를 형성하기 시작하는 것이다. 면접의 마지막에 이르면, 가족구성원은 치료사가 자신들의 걱정을 이해하고, 이를 해결할 수 있는 가시적인 해결책을 제공하며, 아동을 돕기 위해 함께 노력할 것이라고 생각할 수 있어야 한다. 라포는 아동과 청소년을 다룰 때 특히 중요하다. 대부분의 소아청소년이 치료에 참여하는 것을 꺼리기 때문이다. 예를 들어, 그녀의 부모가 치료장면에 데려왔을 때, 사라는 분노하고, 원망했으며, 당혹해하기도 하였다. 부모는 그녀의 학교 거부로 인해 분노한 것 같았다. 라포를 형성하기 위해, 치료사는 이런 모든 감정들을 인식하고, 이 상황을 나아지게 할 것이라는 희망을 준다(Allen & Becker, 2020).

면접의 두 번째 목적은 가족이 표출하는 문제(presenting problem), 즉 가족이 도움을 요청하는 주된 이유를 파악하는 것이다. 치료사는 문제가 언제 시작되었는지, 얼마나 오래 되었는지, 그리고 문제 해결을 위해 가족이 취했던 조처는 무엇이었는지에 대한 정보를 수집할 것이다. 치료사들은 또한 모든 가족구성원이 드러난 문제에 대해 모두 동의하였는지 평가하기도 한다. 예를 들어, 사라의 부모는 학교 거부를 주된 문제로 파악한 반면, 사라는 부모의 심한 잔소리를 더 걱정스럽게 생각할 수 있다. 치료사는 각각의 가족 구성원에게 자신의 관점에서 문제를 설명할 시간을 주기도 한다(Kearney, Freeman, & Bacon, 2020).

면접의 세 번째 목적은 아동의 심리사회적 이력(psychosocial history)과 현재 기능에 대한 정보를 얻는 것이다(표 4.1). 임상가들은 대개 이 정보를 얻기 위해 아동, 부모, 그리고 교사를 면담한다. 때때로, 아동의 학교기록이나 의료기록을 들여다 보기도 한다. 완전한 심리사회적 이력은 아동의 가정과 학교에서의 기능, 지역사회 안에서 또래와의 기능을 평가한다(Reynolds & Kamphaus, 2015).

많은 경우, 면접의 마지막 목적은 아동에 대한 초기 진단을 하는 것이다. 대부분의 임상가들은 면접 동안 약식으로 진단기준과 심리사회적 이력을 검토한다. 어떤 임상가들은 구조화된 진단 면접(structured diagnostic interview)을 수행하기도 하는데, 이를 통해 아동이 어떤 진단을 위한 기준을 충족하는지 결정하려고 주요한 심리적 진단명을 모두 검토한다(Kearney et al., 2020).

예를 들어, 학령기 아동을 위한 기분장애 및 조현병 일람표(Kidde-SADS)는 가장 널리 사용되는 아동과 청소년을 위한 반구조화된 진단면접이다. 아동이 표출하는 문제와 심리사회적 이력에 대한 정보를 얻은 후, 임상가는 Kidde-SADS를 아동과 부모 모두에게 실시한다. 이 면접은 불안장애, 우울장애, 그리고 품행장애와 같은 DSM-5의 주된 진단에 대해 아동을 평가하기 위한 초기 질문들로 구성되어 있다. 만약 부모나 아동이 이런 선별질문들에 시인하는 대답을 한다면, 임상

표 4.1 ■ 심리사회적 이력과 현재의 기능평가

영역	예시질문
표출문제	
기술	오늘은 어떻게 오시게 됐습니까?
발현시점	언제 이 문제가 시작되었나요?
과정	증상이 바뀌었나요? 더 나아지거나 더 나빠졌나요?
기간	얼마나 오래 지속되었나요?
선행사건	문제가 시작되기 전에 어떤 스트레스 사건이 있었나요?
결과	이 문제가 오랜 시간 유지되게 만든 어떤 요인들이 있나요?
해결시도	문제를 완화하기 위해 도움이 되었던 어떤 것이 있었나요?

영역	예시질문
가족과 문화	
구조	가족 구성원이 몇 명인가요?
부모	당신의 직업은 무엇인가요? 교육배경은 어떠한가요?
형제자매	자녀가 다른 형제/자매와 어떤 관계인가요?
사회경제적 지위	가족의 경제적 안정은 어떤가요? 주거상황은?
문화	집에서 주로 사용하는 언어는 무엇인가요?
발달이력	
임신과 출산	임신 중에 의학적 문제는 없었나요?
초기 발달	자녀가 적절한 시기에 걷고 말하기 시작하였나요?
의학적 이력	자녀가 심각하게 아프거나 부상을 입은 적이 있나요?
신체건강	지금 아동이 약을 먹고 있나요?
학업 이력	
성취	학교에서의 성적은 어떤가요?
문제	자녀의 교사가 한 번이라도 학업문제를 거론한 적이 있나요?
관계	교사와의 관계에 만족하시나요?
목표	아동이 고등학교 졸업 후에 대학에 진학할 예정인가요?
사회적 이력	
부모	자녀와의 관계가 어떤가요?
또래	자녀가 학교나 이웃에 친구가 있나요?
사회적 기술	자녀가 타인의 말을 경청하거나, 차례를 지키거나, 나누는 행동을 잘 하나요?
행동 이력	
흥미	아동이 방과 후 프로그램에 참여 중인가요?
물질 사용	자녀가 담배, 알콜, 그 외 다른 약물을 사용하나요?
성적 행동	성적으로 활동적인가요?
정신과 이력	
이전 문제	과거에 정신과적 진단을 받은 적이 있나요?
심리치료	상담을 받거나 정신과 병원에 입원한 적이 있나요?
약물치료	이런 문제로 약물을 처방받은 적이 있나요?

출처 : Garcia-Barrera & Moore (2013); Reynolds & Kamphaus (2015).

과학에서 실천으로
문화적 표현면접

심리학자들은 아동의 문제를 그들의 문화와 과거 경험의 맥락에서 이해하려고 한다. 이를 위한 한 가지 방법은 문화적 표현면접을 수행하는 것이다. 아래에는 이 면접에서 사용하는 몇 가지 예시 질문이다:

저는 여러분의 가족이 여기에 오게 된 문제를 이해하고 싶습니다. 그러면 당신을 더욱 효과적으로 도울 수 있을 것입니다. 나는 당신의 경험과 생각들을 알고 싶습니다. 나는 무슨 일이 발생하고 있는지, 그리고 이를 다루기 위해 가족들이 어떻게 대처하고 있는지에 대한 질문을 할 것입니다. 여기에는 옳고 그른 답변이 없습니다.

아동의 문제에 대한 문화적 정의

사람들은 종종 자신의 방식대로 문제를 이해합니다. 이는 의사들이 문제를 기술하는 방식과 비슷할 수도 있고 다를 수도 있습니다. 당신은 어떻게 당신 가족의 문제를 기술하겠습니까?

문제의 원인과 맥락에 대한 문화적 지각

때때로, 사람들의 배경이나 정체성은 문제를 더 나아지게 하거나 더 나쁘게 만들 수 있습니다. 여기서 '배경이나 정체성'이라는 말은 당신이 속한 지역사회, 당신이 사용하는 언어, 당신과 가족이 어디에서 왔는지, 인종이나 민족, 성별이나 성적지향, 믿음이나 종교를 뜻합니다. 당신 가족의 배경이나 정체성이 이 문제를 다르게 만드는 어떤 측면이 있습니까?

©iStockphoto.com/SDI Productions

과거에 문제에 대처하거나 도움을 요청하는 데 영향을 미치는 문화적 요소

당신 가족이 필요한 도움을 얻는 것을 방해하는 것이 있습니까? 예를 들어, 돈, 직업 혹은 가족의 책임, 낙인이나 차별, 당신의 언어나 배경을 이해하지 못하는 사람들 말입니다.

현재 도움을 요청하는 데 영향을 미치는 문화적 요소

때때로, 치료사와 내담자는 서로 다른 문화적 배경과 기대로 인해 서로를 잘못 이해하기도 합니다. 이런 걱정이 든 적이 있나요? 당신의 가족에게 필요한 돌봄을 제공하기 위해 우리가 할 수 있는 것이 있을까요?

주 : Lewis-Fernandez et al. (2016)에 기반

가들은 아동이 특정 장애의 DSM-5 진단기준을 충족하는지 결정하기 위해 증상들을 면밀하게 검토한다(Kaufman et al., 2016).

아동문제의 문화적 표현

많은 임상가들은 문화적 표현 면접(cultural formulation interview)을 통해 내담자의 인종, 민족, 문화적 정체성에 대한 자료를 수집하고, 이런 정보를 사용하여 문화적 정체성이 내담자의 정신건강 문제, 사회심리적 스트레스 원인, 치료에 참여하려는 의지에 영향을 미치는 방식을 이해할 수 있다(American Psychiatric Association, 2013; Lewis-Fernandez,

Aggarwal, Hinton, Kirmayer, & Hinton, 2016).

면접을 진행하는 동안, 임상가들은 아동과 양육자에게 개방형 질문을 던지고, 이를 통해 아동의 문제를 그들의 관점에서 바라볼 수 있다. 완전한 면접은 '과학에서 실천으로'에 나온 것처럼 4개의 부분으로 구성된다.

첫째, 임상가들은 아동의 문제에 대한 문화적 정의를 찾아야 한다. 가족이 이 문제를 어떻게 이해하고 있는가? 가족 구성원들은 이 문제를 그들의 지역공동체의 다른 구성원에게 어떻게 설명하는가? 예를 들어, 사라가 어릴 때 엘살바도르에서 미국으로 이민 왔다는 사실을 알게 되었다. 그들은 고국에서의 폭력으로 인해 미국에 보호를 요청하였다. 사라는 미국

에서 5년을 살아왔고, 대체적으로 좋은 학생이었다. 그러나 이번 학년에 들어 더 예민해졌다. 그녀의 주치의는 우울로 진단을 내렸고, 가족구성원들은 그녀의 문제를 '저주' 혹은 '고집불통'으로 표현하였다. 면접 초기에 우리는 가족이 사용하는 것과 같은 단어를 사용하여, 우리가 그들의 관점에서 문제를 바라보려고 노력하는 것을 보여줄 수 있다(Boehnlein, Westermeyer, & Scalco, 2016).

둘째, 임상가들은 문제의 원인과 맥락에 대한 가족의 문화에 기반한 지각을 평가한다. 가족구성원의 입장에 따르면, 이 문제는 어떻게 발생했는가? 가족의 문화정체성의 어떤 측면이 문제에 기여하였는가? 혹은 지지의 원천이 되는가? 예를 들어, 우리는 사라의 부모가 그녀의 행동으로 인해 부끄러워하고 실망했다는 사실을 발견할 수 있었다. 그들은 사라의 낮은 성적을 '게으름' 때문으로 보았으며, 심한 짜증을 '가족을 존중하지 않는 것'으로 생각하였다. 반대로, 사라는 '가족과 학교 사이에 끼여있다'고 느끼고 있었다. 그녀는 부모가 자신에게 실망했으며, 많은 스트레스(여러 개의 직업, 어린 자녀를 돌보는 것, 미국에서 새로운 가정을 꾸리는 것 등)에 직면하고 있다는 것을 알았다. "그들은 이 나라에 왔고, 그래서 우리는 더 나은 삶을 살 수 있었다. 그리고 나는 그들을 실망시켰다"고 사라는 말했다(Rousseau & Guzder, 2016).

셋째, 임상가들은 과거에 가족이 취했던, 문제에 대한 대처나 도움을 찾는 것에 영향을 미치는 문화적 요인들에 대한 정보를 모은다. 가족은 어떻게 이 문제에 반응해왔는가? 어떤 방법이 효과적이었고, 어떤 방법이 덜 효과적이었나? 사라의 부모가 매우 바쁜 삶을 끌어오고 있더라도, 부모들은 치료에 참가하여 그녀의 학교 거부를 해결하는 것을 도울 의사가 있을 것이다. 우리는 부모의 노동시간이나 보육프로그램 접근성, 치료비용과 같은 치료에 방해가 될 수 있는 것들을 규명하기 위해 부모와 함께 일할 것이다.

넷째, 임상가들은 현재 도움을 찾는 것에 영향을 미치는 문화적 요인들을 평가한다. 이 가족은 임상가와 함께 일하는 것을 편안해 하는가? 임상가가 제안한 치료는 가족에게 받아들여질 만한가? 우선, 사라의 가족은 그녀의 문제에 대해 정신건강 전문가보다 의사와 상의하려고 했다. 그들은 스페인어를 사용하는 전문가를 선호했다. 우리는 사라가 학교에서 더 편안하게 느끼도록 돕기 위해, 이 가족에게 편리한

시간에 몇 번 만날 것을 제안하였다. 몇 번의 만남 후, 가족은 상황을 재평가하고 치료가 그들에게 유용한지 결정할 수 있었다(Aggarwal, Jimenez-Solomon, Lam, Hinton, & Lewis-Fernandez, 2016).

정신상태검사

면접의 과정에서, 임상가들은 정신상태검사(mental status exam)를 진행하기도 한다(Sadock & Sadock, 2015). 정신상태검사는 다음의 세 가지 영역에서 아동의 기능을 간단하게 평가한다: (1) 외관과 행동, (2) 정서, (3) 인지.

외관과 행동의 측면에서, 임상가들은 아동의 드러난 행동을 조사한다. 아동의 옷차림, 자세, 눈맞춤, 타인과의 상호작용의 질, 치료사를 향한 태도 등에 특히 관심을 기울인다.

정서의 측면에서, 임상가들은 아동의 기분과 감정을 평가한다. 기분(mood)은 아동의 장기적인 정서적 성향을 말한다. 기분은 대개 아동과 부모에게 전반적인 정서적 기능에 대해 질문하여 평가한다. 기분은 수줍어하고 억제된 것에서부터, 성미가 급하고 논쟁적이고, 낙천적이고 즐거운가의 범위를 가진다. 감정(affect)은 아동 정서의 단기적이고 외적인 표현을 말한다. 감정은 대개 아동의 표정이나 신체 움직임을 관찰하여 추론할 수 있다. 감정은 울고 있거나, 화내는 것, 사회적 위축을 포함할 수 있다. 어떤 아동들은 다양한 감정 표현을 보이는 반면, 다른 아동들은 감정 표현을 거의 보이지 않기도 한다. 임상가들은 아동의 감정이 그들 스스로 보고하는 기분이나 주어진 상황에 맞는지에 특히 관심이 있다. 예를 들어, 부모의 죽음에 대해 이야기하면서 웃는 아동은 상황에 맞지 않는 감정을 보이는 것이다.

임상가들은 아동의 인지를 여러가지 방법을 사용하여 측정한다. 인지의 한 측면은 사고 내용, 즉 아동인지의 내용 문제이다. 예를 들어, 어떤 아동들은 특정한 주제나 취미에 몰두해 있는 반면, 다른 아동들의 사고는 끊임없는 걱정이나 두려움으로 고통받고 있다. 심각한 경우에, 아동들은 현실과 맞지 않는 망상이나 이상한 생각을 하기도 한다. 인지의 다른 측면은 사고 과정, 즉 아동이 연합을 형성하고 문제를 해결하는 방식이다. 사고 과정은 대개 아동의 말을 통해서 추론할 수 있다. 예를 들어, 임상가들은 아동의 말이 앞뒤가 맞는지, 빠르고 따라가기 어렵지 않은지, 아동이 대화 도중에 갑자기 말을

멈추지 않는지 관찰한다.

인지의 또 다른 측면은 아동의 전반적인 지능, 주의, 기억, 지남력이다. 지남력(orientation)이란 아동이 자기 자신, 자신의 주위환경, 그리고 현재 사건에 대한 인식을 말한다. 예를 들어, 자동차사고를 겪은 아동은 혼란에 빠져 있을 것이다. 사람, 장소, 그리고 시간에 대한 지향성을 잃는 것은 심각한 인지적 손상을 의미한다.

인간 인지의 마지막 요소는 통찰과 판단이다. 통찰(insight)이란 아동이 마땅히 가지고 있어야 할 사회적, 정서적, 행동적 문제에 대해 인식하는 정도를 말한다. 섭식장애나 품행문제를 가진 소아청소년은 대게 낮은 통찰력을 보이고, 문제를 부정한다. 판단력(judgment)이란 아동이 자신의 행동문제의 심각성과 함께 행동문제가 자신과 타인에게 미치는 영향력을 이해하고 있음을 말한다. 판단력이란 또한 아동이 행동하기 전에 자신의 행위의 결과를 고려할 수 있는 능력을 말한다. ADHD와 품행문제는 종종 낮은 판단력으로 특징지을 수 있다(Sommers-Flanagan, 2018).

우리가 첫 회기에 사라와 그녀의 엄마를 면접하고 있다고 상상해보자. 사라는 단지 엄마의 안정을 위해 이 면접에 참여한 정서적으로 위축된 소녀로 보인다. 그녀는 치위생사로 일하는 엄마와 요리사이지만 뇌졸중으로 인해 몇 달간 일하지 못했던 아빠와 함께 산다. 사라의 발달이력은 놀랍다. 물론 그녀의 엄마는 사라를 수줍음이 많고 손이 많이 가서, 새로운 것을 시도하는 것을 주저하는 아동으로 묘사할지라도 말이다. 사라의 신체적 건강은 이번 학년이 시작하면서 증상이 나타나기 전까지 매우 좋았다. 학업적인 측면에서 사라는 항상 학급동료들에 비해 뒤쳐져 있었지만, 학습장애로 진단받은 적은 없다. 사라는 학교 가는 것을 불편하게 느낀다고 인정하였지만, 더 자세히 말하지는 않았다. 그러나 그녀는 학교에서 여러 친구를 찾을 수 있었고, 교사로부터 "괜찮다"고 묘사된다. 사라는 학교 축구팀의 구성원이지만, 결석 때문에 경기에 나갈 수는 없었다. 그녀는 이전에 한 번도 치료나 처방 약물을 받은 적이 없다.

우리는 Kidde-SADS를 적용하여 사라의 학교 거부를 체계적으로 평가할 수 있다:

학교에 강제적으로 가야 했던 적이 한 번이라도 있었니?

학교 가는 것에 대한 걱정이 드니? 그런 감정들을 애기해 보자.
네가 집을 떠나 있으면 나쁜 일이 생길 거라고 걱정해 본 적이 있니?
네가 학교에 있을 때 부모님에게 나쁜 일이 생길 거라고 걱정해 본 적이 있니?

이 세 가지 질문에 대한 사라의 반응은 현재 그녀의 잦은 학교 거부행동과 그녀가 부모와 함께 있지 않는 동안 나쁜 일이 생길 수 있다는 걱정을 드러내 준다. 그녀의 반응은 사라가 사랑하는 사람들로부터 분리되는 것과 연관된 불안장애를 가지고 있을 수 있다는 것을 추측케 한다.

심리학자는 어떻게 행동관찰기법을 사용하는가?

관찰법

행동관찰은 아동평가에 매우 중요하다. 아동의 행동에 대한 부모의 보고는 유용하지만, 아동을 관찰하여 얻을 수 있는 풍부한 정보를 대체할 수 있는 것은 없다(Greene & Ollendick, 2020). 첫째, 대부분의 임상가들은 아동이 **진단면접에 참가할** 때 아동을 관찰한다. 임상가는 아마도 아동의 행동수준, 발언과 언어, 정서표현, 부모와의 관계의 질, 그 외 표면적 행동을 기록한다. 행동관찰의 단점은 클리닉에서의 아동행동이 학교나 가정에서의 평소 행동은 아닐 수 있다는 점이다.

둘째, 많은 임상가들은 아동이 클리닉에서 **아날로그 검사를 수행하는** 장면을 관찰한다. 아날로그 검사는 실제 일상의 활동이나 상황을 모방하기 위해 고안되었다. 예를 들어, 임상가는 엄마와 학령전기 아동 사이의 상호작용을 관찰하기 원할 것이다. 그리고 그들에게 클리닉의 놀이빙에서 20분 동안 사유놀이를 하라고 요청할 수 있다. 놀이회기의 마지막에 엄마에게 아동과 놀이를 멈추고, 아동에게 놀이방을 정리하라고 말할 것을 요청하기도 한다. 이 아날로그 검사를 통해 엄마가 아동에게 요청하는 방법, 아동이 엄마의 요청에 대응하는 방식, 그리고 엄마가 자녀를 훈육하는 방식을 관찰할 수 있다. 아날로그 관찰을 통해 수집된 정보는 임상가가 부모와 자녀의 상호작용 방식이 어떻게 아동의 행동문제에 영향을 미치는지 이해할 수 있도록 돕는다.

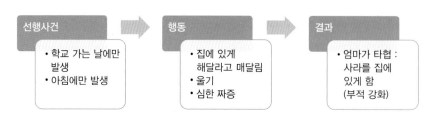

그림 4.1 ■ 사라의 행동 기능 분석

주 : 기능분석은 행동문제를 촉발하는 선행사건과 행동을 오랜 시간 유지하게 만드는 결과를 규명하는 것을 포함한다. Davison (2019)에 기반하여 작성.

셋째, 어떤 임상가들은 **자연관찰**을 수행한다. 학교심리학자는 수학 수업시간에 ADHD로 의심되는 아동의 행동수준을 지켜본다. 의심아동의 ADHD 증상의 빈도를 수업 중 다른 아동의 ADHD 증상 빈도와 비교한다. 자연관찰의 주된 강점은 임상가로 하여금 일상상황에서의 아동 행동을 조사할 수 있게 한다는 점이다. 자연관찰의 주된 약점은 시간이 많이 든다는 점이다. 자연관찰의 두 번째 약점은 반응성, 즉 아동이 자신이 관찰된다는 사실에 반응하여 자연스럽지 않게 행동할 수 있다는 점이다.

행동의 기능적 분석

행동의 기능적 분석(functional analysis of behavior)은 선행사건을 파악하고, 직접관찰이나 부모로부터의 보고에 기반한 아동의 행동결과를 인지하는 것을 포함한다. 기능적 분석은 아동의 행동이 목적을 가지고 있다는, 즉 그들의 행동이 어떤 기능을 한다는 인식에서 출발한다(Kamphaus & Dever, 2018). 대부분의 경우, 인간은 보상을 극대화하고 처벌을 최소화하고자 행동한다. 행동의 바로 직전이나 직후에 발생하는 사건을 주의깊게 관찰하면, 아동행동의 목적을 판단할 수 있다(Beavers, Iwata, & Lerman, 2013; Kratochwill, 2014).

기능적 분석을 하기 위해서, 임상가들은 아동의 행동문제를 명확하고 관찰 가능한 용어로 조작적 정의를 내린다. 그 후, 목표행동의 선행사건과 결과에 관련된 자료를 수집한다. **선행사건**이란 목표행동 바로 직전에 선행하는 환경적 조건을 말하고, **결과**란 행동에 바로 뒤따르는, 대개 그 행동을 강화하는 조건을 말한다. 임상가는 아동 행동의 선행사건과 결과에 관련된 정보에 근거하여 치료 계획을 세운다(O'Brien, Haynes, & Kaholokula, 2015).

사라의 엄마가 제공한 자세한 보고를 기반으로 사라의 학교 거부에 대한 기능적 분석을 실시해보자(그림 4.1). '학교 거부'를 적어도 한 가지 이상의 신체적 불평(예 : 두통, 메스꺼움)을 이유로 학교를 피하려고 하는 사라의 요청으로 조작적 정의를 해보자. 그 후, 그녀의 엄마에게 그녀의 거부 직전의 선행사건을 알려달라고 요청한다. 사라의 엄마는 사라가 학교 가는 날(주말에는 그런 적이 없다)에 아침에만(학교 일과시간에는 그런 적이 없다) 신체적 고통을 경험한다고 말한다. 마지막으로, 사라의 학교 거부에 대한 결과를 밝혀내려고 한다. 그녀의 부모는 사라의 애원과 심한 짜증에 어떻게 반응하는가? 그녀의 엄마가 말하길 대개 사라의 요청이 받아들여지고, 사라는 집에 머물게 된다고 한다. 엄마가 타협하면 사라는 조용해지고, 하루의 중반이 되면 증상도 완화된다. 이런 결과는 사라를 집에 머물도록 허락하는 엄마의 결정이 그녀의 행동, 즉 불쾌한 자극(학교 가는 것)을 회피하게 만들어 결과적으로 부적강화로 작동하게 됨을 보여준다. 결국, 사라는 미래에 학교를 거부하게 될 가능성이 더 증가하게 된다.

심리학자는 어떻게 아동의 인지적 기능을 평가하는가?

지능

인지적 기능 문제로 인해 검사 의뢰가 들어오는 아동들도 많다. 부모들은 임상가에게 발달장애 아동의 인지적 강점이나 약점을 평가해달라고 요청하기도 한다. 혹은 교사가 수업에서 어려움을 겪는 아동이 학습장애인지 아닌지 알기 원할 수도 있다. 의사가 자전거 사고가 나서 현재 기억 문제를 경험하는 환자의 검사를 요청할 수도 있다. 이런 경우에, 심리 평가는 지능검사를 포함하게 된다(Freeman & Chen, 2020).

지난 세기 동안, 지능을 정의하고 이를 측정하는 검사를 개발하기 위한 많은 노력이 투입되었다. 거의 모든 지능에 대한 이론들이 지능이 유전과 생물학적 과정에 기반을 둔 개인의 정신기능의 한 측면이며, 동시에 교육과 경험에 의해서 형성된다는 사실을 인정하였다. 첫 지능검사의 개발자인, 앨버트 비네와 시어도어 시몽(Albert Binet & Theodore Simon, 1916)은 지능을 "판단을 잘하고, 이해를 잘하고, 추론을 잘할 수 있는"(pp. 42–43) 능력이라고 정의하였다. 그 후, 지능검사의 역사에서 중요한 또 다른 연구자, 데이비드 웩슬러(David Wechsler, 1958)는 지능을 "목적 의식적으로 행동하고, 합리적으로 사고하며, 환경을 효과적으로 다룰 수 있는 개인의 능력"(p. 7)으로 기술하였다. 더 최근에 존 캐롤(John Carroll, 1997)은 지능을 "사람들이 환경으로부터 배울 수 있는, 즉 학교나 가정, 매일의 일상에서 습득할 수 있는, 지식과 기술을 학습하고 장기기억에 저장할 수 있는 정도 혹은 속도"(p. 44)라고 주장하였다. 그러므로 지능(intelligence)은 환경에 적응하고, 문제를 해결하고, 정보를 정확하고 효율적으로 학습하고 사용하는 사람의 능력과 관련된 포괄적인 구성개념이다(Snyderman & Rothman, 1987).

웩슬러 아동지능검사, 제5판(Wechsler Intelligence Scale for Children-Fifth Edition: WISC-V; Wechsler, Raiford, & Holdnack, 2014)은 아동과 청소년 대상으로 가장 자주 사용되는 지능검사이다. 1930년대 성인의 지능과 문제해결능력을 측정하기 위해 처음으로 개발되었다. 그 후, 아동의 지적기능 평가를 위해 성인검사의 단축판이 만들어졌다. 첫 번째 WISC는 1949년에 만들어졌고, 가장 최신판은 몇 년 전에 개정되었다. 이 검사는 6~16세 사이의 아동에게 적합하며, 지필형식이나 컴퓨터를 이용하여 아동 개개인에게 시행할 수 있는 일련의 소검사들로 구성되어 있다(표 4.2).

WISC-V는 아동의 전반적인 지능 추정치인 전체 IQ 점수(FSIQ)를 산출한다(Kaufman & Raiford, 2016). FSIQ는 검사의 모든 영역에서 아동의 평균 수행 정도를 반영한다. 즉, 아동 인지기능의 전반적인 양상을 보여준다. 만약 FSIQ만을 고려한다면, 매우 자주 아동의 강점과 약점을 지나칠 수 있다. 따라서 대부분의 심리학자들은 아동의 인지기능에 대한 보다 자세한 양상을 파악하기 위해 WISC-V의 하위항목인 지표점수를 살펴본다. 각 지표에 대한 기술이 다음에 있다:

표 4.2 ■ WISC-V 검사항목 예시

언어이해
개와 고양이는 어떤 점이 비슷한가요?
카메라는 무엇인가요?

유동적 추론
두 번째 저울의 균형을 유지하기 위해 빈칸에 아래 보기 중 어떤 것이 들어가야 할까요?

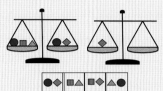

시공간 추론
왼쪽에 있는 색깔이 칠해진 토막을 사용하여 오른쪽에 제시된 도형을 만들어 보세요.

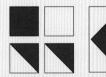

작업기억
기억하고 있는 8개의 숫자를 회상해보세요. 1~10까지의 숫자를 거꾸로 세어 보세요.

처리속도
아래 제시된 숫자와 도형쌍을 기억하고, 빈칸에 적절한 도형을 빠르고 정확하게 채워넣으세요.

1	2	3	4	5
x	→	▲	#	?

언어이해는 아동의 단어 지식과 자신을 표현하기 위해 언어적 정보를 사용하는 능력, 그리고 단어나 이야기 문제를 해결하는 능력을 반영한다. 일상적인 과제들은 사실과 정보에 대한 공유, 단어와 문장의 의미 이해하기, 언어적 유추와 이야기를 이해하는 것을 포괄하는 언어이해 능력을 요구한다.

유동적 추론은 주로 비언어적인 새로운 문제를 해결하는 아동의 능력, 사물 간의 근본적인 패턴이나 관계를 감지하는 능력, 그리고 추상적 사고에 참여하는 능력을 반영한다. 유동적인 추론을 필요로 하는 일상 업무에는 숫자나 사물의 패턴을 감지하고 추상적 사고를 이용해 새로운 문제를 해결하는 능력이 포함된다.

시공간 추론은 시각적으로 제시된 자료에 주의를 기울이고, 조직화하며, 해석하고, 즉각적인 문제를 해결하기 위해 시각적 정보를 사용하는 아동의 능력을 반영한다. 시공간적 추론을 필요로 하는 일상적인 작업에는 퍼즐과 미로를 푸는 능력이 포함된다.

작업기억은 정보에 주의를 기울이고, 시각 또는 청각 정보를 기억에 유지하고 조작하며, 필요할 때 정보를 이용할 수 있는 능력을 반영한다. 작업기억이 필요한 일상 업무에는 누군가의 전화번호를 기억하는 것과 머릿속으로 수학 문제를 푸는 것이 포함된다.

처리 속도는 시각적 정보를 검색하고, 빠르고 정확한 결정을 내리며, 내린 결정을 신속하게 이행할 수 있는 능력을 나타낸다. 처리 속도가 필요한 작업에는 특정 제품이 있는지 슈퍼마켓에서 물건이 쌓여 있는 통로를 검색하거나, 짝을 짓거나 및 정렬이 필요한 활동에 참여하는 작업이 포함된다.

심리학자들은 각 지표에서 아동의 점수를 검토하고 상대

적인 강점과 약점으로 표시되는 영역에 주목한다. 예를 들어, 어떤 아동은 평균 범위 내에서 FSIQ를 보일 수 있지만 언어 이해 점수는 지각 및 시공간 추론 점수보다 훨씬 낮을 수 있다. 심리학자는 이 아동이 학교에서 전통적인 언어 교육을 받는 데 어려움을 겪을 것이라고 예측할 수 있다. 그는 교사들에게 이 아동의 학습을 돕기 위해 시각적인 시연과 실제적인 연습을 사용할 것을 추천할 수 있다(Weiss, Saklofske, Holdnack, & Prifitera, 2020).

지능 검사 점수는 평균이 100이고 표준 편차가 15인 정규분포(normal distribution)를 따른다(그림 4.2). 일반 모집단의 검사 점수 분포는 종 모양이며, 대부분의 사람들은 상대적으로 100점 가까운 점수를 받고, 소수의 사람들이 극단에서 점수를 받는다. 약 95%의 사람들이 평균으로부터 두 표준편차 내에서 점수를 받는다(예 : IQ=70-130). 나머지 5%는 극단 점수를 받는다. 약 2.2%는 70점 미만이며 지적장애 진단에 해당할 수 있다. 약 2.2%는 130점 이상의 점수를 얻으며, 이는 일부 학군에서 '영재'라고 여기는 매우 높은 지적 기능을 나타낸다(Cohen, Swerdlik, & Sturman, 2013).

그림 4.2 ■ 정규분포 혹은 '종 모양 곡선'

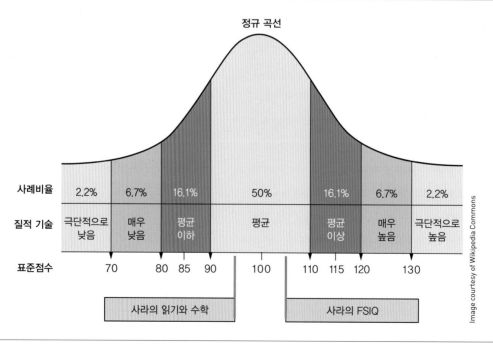

주 : 사라의 지능과 학업성취도는 또래 평균에 속하며, 이는 인지적 문제가 없음을 의미한다.

학업성취도

학업성취도(academic achievement)란 아동이 공식적이거나 비공식적인 교육 경험을 통해 배우는 지식과 학업 기술을 말한다. 일부 임상가들은 개인의 지적 능력이나 학습 능력을 측정하는 지능검사와 이미 학습해서 보유하고 있는 정보를 측정하는 성취도 검사를 구분한다(Flanagan & Alfonso, 2017).

학업성취도 검사는 일반적으로 읽기, 수학, 그리고 쓰기 표현이라는 세 가지 광범위한 기술을 측정한다. 이 세 가지 영역은 공립학교에서 신경 쓰는 주요 학습장애 유형을 반영한다. 일부 검사는 아동의 듣기 및 말하기 능력을 반영하는 네 번째 차원의 학업 기능인 구어를 평가한다(Katz & Brown, 2020).

우드콕–존슨 성취도 검사, 제4판(WJ-IV; Schrank et al., 2014)은 가장 널리 사용되는 종합적인 학업 성취도 검사이다. WJ-IV는 읽기, 수학, 그리고 문어의 학업 성취도를 평가한다. 각 영역 내에서 심리학자들은 아동들의 기본 기술, 유창성(즉, 속도와 정확성) 및 고급 응용력을 평가할 수 있다. 예를 들어, 아동들의 수학 능력은 수학 문제(즉, 기초 능력)를 계산하거나, 간단한 수학 문제를 최대한 많이 짧은 시간 내에 풀거나(즉, 수학 유창성), 점점 더 어려워지는 수학 이야기 문제(고급 응용력)에 정확하게 답하게 하여 평가할 수 있다.

WJ-IV는 세 가지 성취 영역 각각에 대해 평균 100과 표준편차 15로 표준화된 점수를 산출한다. 평균에서 1개 이상의 표준편차 아래의 점수(즉, <85)는 특정 성취 영역의 지연을 나타낼 수 있으며, 평균에서 1.5개 이상의 표준편차 아래의 점수(즉, <78)는 학습장애를 나타낼 수 있다(American Psychological Association, 2013). 일반적으로 임상가는 아동의 지능과 성취도 점수를 함께 검사하여 아동의 강점과 약점을 보다 완전하게 파악한다(Benisz et al., 2018).

WISC-V에서 사라는 FSIQ 104를 얻었으며, 이는 그 연령 아동의 평균 범위에 속한다. 그녀의 점수는 또래 대비 60번째 백분위수에 해당하고, 이는 그녀의 전반적인 능력이 그녀 또래의 아동 전체 60%보다 높은 위치에 있다는 것을 의미한다. 그녀는 언어 이해 능력에서 상대적인 강점과 유동적 추론에서 상대적인 약점을 보여주었다. WJ-IV에서 사라의 읽기 및 수학 점수는 94점으로 역시 평균 범위였다. 이 점수는 또래대비 35번째 백분위수에 해당한다. 전체적으로, 그녀의 점수는 평균이었고, 그녀의 학교 거부가 인지적인 문제나 학습장애 때문이 아니라는 것을 시사했다.

심리학자는 어떻게 아동의 성격과 사회–정서적 기능을 평가하는가?

성격검사

성격(personality)은 개인의 생각, 감정, 행동의 비교적 안정된 패턴을 말한다. 아동은 이 세 가지 영역에서 모두 발달 중인 단계에 있기 때문에 심리학자들은 아동의 성격에 대해 명확한 진술을 하는 것을 꺼린다. 대신 임상가는 종종 신체적 성숙과 발달 과제 및 끊임없이 변화하는 환경의 맥락에서 아동의 생각, 감정 및 행동 기능을 이해하려고 한다(Butcher, 2019).

나이 든 청소년과 성인에게서 가장 많이 사용되는 자기보고 형식의 성격척도는 미네소타 다면적 인성검사(MMPI)이다. 성격검사라는 이름에도 불구하고, MMPI는 성격 그 자체보다는 정신병리적 혹은 사회–정서적 기능에 대한 검사로 더 잘 인식되고 있다. MMPI 원판은 몇 가지 기능 영역을 평가하는 참/거짓 문항으로 구성되었다. 특히 청소년을 위해 개발된 최신 버전의 MMPI는 MMPI–청소년용 재구성판이다(MMPI-A-RF; Archer, 2016). 이 자기보고검사는 청소년의 기능 중 (1) 정서/내재화 기능 장애, (2) 행동/외현화 기능 장애, (3) 사고 기능 장애의 세 가지 상위 영역을 평가한다. 또한 청소년의 자기보고를 기반으로 9개의 재구성된 임상(RC) 척도로 성격 프로파일을 생성한다:

> 의기소침(RCd) : 불만족, 절망, 자기의심
> 신체증상 호소(RC1) : 두통, 복통, 메스꺼움 등의 신체적 불편
> 낮은 긍정 정서(RC2) : 우울, 삶의 즐거움 부족
> 냉소적 태도(RC3) : 타인이 일반적으로 악하거나 이기적이라는 믿음
> 반사회적 행동(RC4) : 행동 및 물질 사용 문제
> 피해의식(RC6) : 타인에 대한 의심 또는 불신
> 역기능적 부정정서(RC7) : 불안, 짜증, 취약성의 느낌
> 기태적(비정상적) 경험(RC8) : 특이한 인식 또는 기이한 생각
> 경조증적 상태(RC9) : 충동성, 과장성, 높은 에너지

MMPI-A-RF는 청소년의 검사 응시 태도를 반영하고, 특정한 심리적 문제를 평가하기 위해 고안된 점수도 산출한다. 예를 들어, 일관성 없는 반응이나 증상을 과대 또는 과소 보고하는 경향을 탐지하는 몇 가지 타당성 척도가 포함되어 있다. 또한 물질 사용, 학교에 대한 부정적인 태도, 가족 관계에서의 갈등과 같은 우려를 평가하는 특정 문제 척도가 포함되어 있다.

MMPI-A-RF는 평균이 50이고 표준편차가 10인 점수(T 점수라고 함)를 산출한다. 60점 이상은 다른 청소년과 비교하여 사회적·정서적 기능에 있어 임상적으로 유의한 문제를 나타낸다. 임상가는 청소년의 T 점수를 프로파일에 표시하여 그 청소년의 기능 중 가장 두드러진 측면을 그래픽으로 표현한다(Handel, 2016).

사라의 MMPI-A-RF 프로파일은 그녀 또래의 다른 사춘기 소녀들과 비교하여 광범위한 정서/내재화 기능 장애 영역에서의 높은 점수를 보여준다(그림 4.3). 그녀의 점수는 신체증상 호소(RC1)와 불안과 걱정과 같은 역기능적 부정정서(RC7)를 평가하는 척도에서 특히 높았다. 대조적으로, 의기소침 척도(RCd)와 낮은 긍정 정서 척도(RC2)에서 그녀의 점수는 높지 않았으며, 이는 사라가 우울과 절망감보다는 신체적 불편감과 불면을 통해 심리적 고통을 나타내고 있음을 나타낸다.

부모, 교사, 자기보고 척도

많은 임상가들은 체크리스트나 평정 척도를 사용하여 성인에게 아동들의 행동과 사회−정서적 기능을 평가하도록 요청한다. 나이가 더 많은 아동과 청소년은 그들 자신이 직접 자신을 평가하도록 요청받을 것이다. 가장 널리 사용되는 평정 척도에는 아헨바흐 경험기반 평가시스템(ASEBA; Achenbach, 2015), 코너스 종합 행동 평가 척도(Conners, 2019), 어린이를 위한 행동 평가 시스템(BASC-3; Reynolds & Kamphaus, 2015)이 포함된다.

예를 들어, BASC-3는 가정과 학교 환경에 걸쳐 부모, 교사, 그리고 더 나이 든 아동과 청소년의 경우 자기 자신에게 실시될 수 있다. 각각의 정보제공자는 아동의 행동과 사회−정서적 기능의 여러 측면을 5개의 넓은 차원으로 독립적으로 평가한다: (1) 공격성과 과잉행동과 같은 외현화 행동, (2) 불안과 우울과 같은 내재화 행동, (3) 주의력 및 학습 어려움과 같은 학교 문제, (4) 의사소통 및 사회적 기능과 같은 적응기술, (5) 전반적인 행동 증상 지수.

임상가는 각 정보제공자의 평정결과를 같은 나이와 성별의 자녀를 둔 다른 부모나 교사의 반응과 비교할 수 있다. 마찬가지로, 청소년의 자기보고 평정은 같은 나이와 성별의 다른 청소년의 보고와 비교한다. 검사 결과는 아동의 기능이 다른 아동과 얼마나 차이가 나는지를 반영하는 T 점수로 나타난다. 문제 점수가 평균보다 2 표준편차 이상 높을 경우(≥70), 혹은 적응 기술 점수가 평균보다 2 표준편차 이상 낮은 경우(≤30) 치료를 받을 필요가 있는 임상적으로 유의한 어려움을 나타낸다(Kamphouse & Dever, 2018).

사라의 어머니와 담임 교사는 집과 학교에서 그녀의 기능을 평가하기 위해 BASC-3를 완료했다(표 4.3). 그녀의 어머니의 평정은 사라가 또래 소녀들에 비해 집에서 상당한 불안과 신체적인 불편을 겪고 있다는 것을 시사했다. 대조적으로, 교사는 학교장면에서 문제를 거의 보고하지 않았다. 이 자료는 사라가 두통이나 복통과 같은 신체적인 문제의 형태로 불안을 표현하고, 그녀가 가족에 대해 걱정하고 있다는 것을 나타낸다.

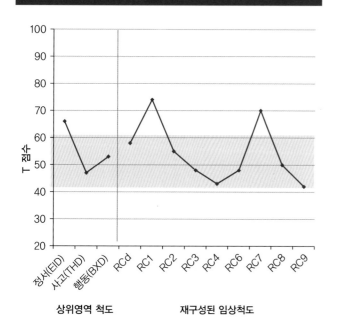

그림 4.3 ■ 사라의 MMPI-A-RF 프로파일

상위영역 척도   재구성된 임상척도

주 : 또래 청소년과 비교하여, 사라는 정서적/내재화 문제 척도에서 유의한 문제를 보고한다. 그녀의 주된 문제는 신체건강문제(RC1)와 불안(RC7)이다.

표 4.3 ■ 부모와 교사가 평정한 사라의 BASC-3척도점수			
통합/척도	**T 점수**		**기술**
	부모	**교사**	
외현화 문제	52	44	
과잉행동	55	48	과잉행동과 충동성
공격성	46	40	타인을 향한 언어적이거나 물리적 적대감
품행문제	48	42	반사회적 혹은 규칙위반 행동
내재화 문제	70*	58	
불안	71*	60	초조함, 공포, 걱정
우울	62	55	슬픔, 삶을 방해하는 스트레스
신체화	75*	59	신체적 문제 호소
학교 문제	–	50	
학습 문제	–	44	학업 혹은 숙제 문제
주의 문제	–	54	낮은 집중력 혹은 쉽게 주의분산
적응 기술	48	51	
적응력	55	58	환경 변화에 대한 반응
사회적 기술	46	48	타인과 효과적으로 상호작용
기능적 의사소통	50	55	자신의 생각을 타인과 효과적으로 공유
지도력	42	42	목표 성취를 위해 타인과 작업
학습 기술	–	57	조직화 기술과 공부습관
행동 증상	52	55	

주 : 동일 연령의 다른 여아들에 비해, 사라는 집에서 불안과 신체화(신체건강 문제) 문제로 대표되는 임상적으로 유의한 내재화 문제를 보였다. 그녀의 교사는 학교에서 어떤 유의한 문제도 보고하지 않았다.

*70점 이상의 문제행동 점수와 30점 이하의 적응기술 점수는 임상적으로 유의한 문제를 가리킨다.

특정증상 평가척도

임상가는 또한 특정 장애를 평가하기 위한 검사를 수행할 수 있다. 예를 들어 자폐스펙트럼 평가 척도(ASRS; Goldstein & Naglieri, 2013)는 자폐증이 의심되는 아동을 선별하는 데 널리 사용된다. 임상가는 DSM-5에서 규정하는 자폐 증상을 평가하는 척도를 부모와 교사에게 실시한다. ASRS는 또한 아동의 의사소통 및 사회화 기술, 경직되고 반복적이며 정형화된 행동을 하는 경향, 감각 자극(예 : 특정 질감 또는 소리)에 대한 민감성, 자기 조절 능력 등을 평가한다. ASRS는 규준 지향

적이므로, 임상가는 측정된 점수를 사용하여 이전에 자폐증으로 진단된 아동뿐만 아니라 비슷한 연령의 다른 또래의 점수와 비교할 수 있다.

코너스 평정척도, 제3판(Conners, 2015)은 아동의 ADHD 및 파괴적 행동장애를 선별하는 데 사용되는 행동 평가 척도이다. 이 검사는 ADHD의 DSM-5 증상을 평가하며 부모, 교사, 그리고 더 나이 든 아동의 경우 자신의 반응에 기반하여, 가정과 학교에서 아동의 기능에 관한 다중 정보제공자의 자료를 수집하기 위해 사용될 수 있다. 이 검사는 또한 성인을

향한 반항 행동, 학습 문제, 그리고 또래 거부와 같은 다른 잠재적인 문제들을 평가한다. 이 검사는 같은 나이와 성별의 또래와 비교할 수 있게 해주는 T 점수를 산출한다.

개정판 아동 불안 및 우울 척도(Weiss & Chorpita, 2011)는 내재화 문제를 보이는 사라와 같은 소녀들에게 사용될 수 있다. 이 자기보고 설문지는 DSM-5 불안장애의 대표적인 증상 5개와 우울 증상을 평가한다. 이 척도는 T 점수를 산출하는데, 이는 임상가가 한 아동의 점수를 같은 나이와 성별의 다른 아동과 비교할 수 있게 해준다. 사라는 또래의 다른 소녀들에 비해 분리 불안과 관련된 심각한 문제를 보고했다(그림 4.4). 그녀는 부모님을 떠나야 할 때 강한 불안감이나 공포를 경험하고, 오랫동안 부모님과 떨어져 있을 때 부모님에 대해 걱정한다.

전체적으로 진단 면접, 관찰 및 규준지향 검사로부터 수집된 자료는 사라의 신체 증상과 학교 거부가 부모와 분리되는 것에 대한 근본적인 불안감에서 기인한다는 것을 보여준다. 사라의 증상은 아버지의 뇌졸중 직후에 나타났다. 어머니의 바쁜 업무 일정 때문에, 사라가 지난 여름 아버지를 돌보았다. 새 학년(미국의 새 학년은 여름 이후 8월 말이나 9월에 시작_역주)이 다가오자, 사라는 그녀가 학교에 있는 동안 아버지가 또 다른 뇌졸중을 경험할지도 모른다는 생각에 사로잡혔다. 아버지를 떠나 있는 것에 대한 불안과 두려움은 그녀가 신체적 증상을 보이기 시작할 때까지 증가했다. 사라가 학교에 가지 않고 집에 있도록 허락함으로써, 그녀의 어머니는 의도하지 않게 이러한 증상들을 강화시켰고, 결국 오랜 시간 사라의 학교 거부 행동을 유지하게 만들었다.

좋은 심리검사의 요건은 무엇인가?

많은 종류의 심리검사가 있지만, 모든 검사가 동등하게 만들어지는 것은 아니다. 임상가의 진단 및 치료에 대한 권장 내용의 정확도는 임상가가 선택한 검사의 질과 사용 방법에 따라 달라진다. 이 절에서는 근거기반 검사의 가장 중요한 세 가지 특징인 (1) 표준화, (2) 신뢰도, (3) 타당도에 대해 논의할 것이다.

표준화

임상 환경에서 사용되는 대부분의 검사는 일종의 표준화된 과정(standardization)을 따른다. 즉, 모든 수검자에게 동일한 방식으로 시행되고, 채점되고, 해석된다. 예를 들어, WISC-V 검사를 받는 모든 7세 아동은 동일한 검사 항목을 실시한다. 각 검사 항목은 매뉴얼에 설명된 특정 규칙에 따라 모든 아동에게 동일한 방식으로 시행된다. 이러한 규칙에는 수검자가 앉아야 하는 위치, 지시사항 제시 방법, 허용되는 시간 및 검사자가 제공할 수 있는 도움(있는 경우)이 포함된다. 아동의 답변은 매뉴얼에 제시된 특정 지침을 사용하여 동일한 방식으로 채점한다(Wechsler et al., 2014).

표준화된 검사 관리 및 채점을 통해 임상가는 한 아동의 검사 점수를 또래의 점수와 비교할 수 있다. 지능 검사에서 같은 수의 정답을 맞춘 두 아이는 표준화된 방식으로 검사를 시행했을 때만 비슷한 수준의 인지 기능을 가진다고 할 수 있다. 만약 한 아동이 추가적인 시간, 추가적인 도움 또는 검사자로부터 더 큰 격려를 받는다면, 비교는 부적절할 것이다.

WISC-V와 같은 대부분의 표준화된 검사는 규준-지향적이다. 규준-지향 검사(norm-referenced tests)를 통해 임상가는 특정 아동이 같은 나이, 학년 및/또는 성별의 다른 아동과 유

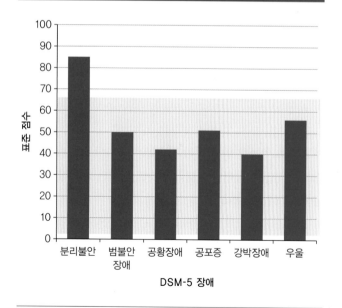

그림 4.4 ■ 사라의 개정판 아동 불안 및 우울척도 점수

주 : 임상가들은 특정 심리적 문제를 평가하기 위해 여기 나온 것과 같은 특정 장애 척도를 사용한다. 사라는 또래 다른 여아와 비교해서 분리에 대한 유의한 두려움을 보고한다(T≥70).

사한 정도를 정량화할 수 있다. 이러한 검사는 규준 지향적이라고 불리는데, 이는 한 아동의 결과가 미국의 모든 어린이 또는 ADHD 아동과 같이, 인구통계학적 정보가 더 큰 모집단의 특성을 반영하는 대규모 아동·청소년 집단과 비교되기 때문이다. 규준-지향 검사의 예로는 지능 검사, 성격 검사 및 행동 평정 척도가 있다(Achenbach, 2015).

규준-지향 검사에서 아동의 점수는 다른 아이들의 점수와 비교함으로써, 그 의미를 파악할 수 있다. 9살 소녀가 WISC-V에서 45개의 질문에 정답을 맞힌다고 상상해 보자. 임상가는 그녀의 '원점수'를 45로 기록할 것이다. 그러나 원점수 45점은 그 소녀가 영재인지, 평균적인지, 지체되었는지를 판단할 수 있게 도와주지 않는다. 그녀의 원점수를 해석하기 위해 임상가는 규준 표본의 아동, 즉 WISC-V를 이미 완료한 다른 아동의 원점수와 비교해야 한다. 규준 표본에서 9세의 평균 원점수가 45이고 소녀의 원점수가 45인 경우 임상가는 이 소녀의 인지 기능이 평균 범위 내에 있다고 결론을 내릴 수 있다. 그러나 9세 어린이의 평균 원점수가 30점이고 소녀의 원점수가 45점이라면 소녀가 평균 이상의 인지 기능을 가지고 있다고 결론지을 수 있다.

따라서 규준-지향 검사의 결과는 개별 아동과 규준 표본의 비교에 크게 좌우된다. 최소한 아동의 나이에 따른 비교가 이루어진다. 예를 들어, 지능 측정에서 9세 아동은 6세 아동이나 12세 아동이 아니라 다른 9세 아동과 비교되어야 한다. 다른 심리 검사, 특히 행동 및 사회정서적 기능에 대한 검사에서는 연령과 성별에 따라 비교가 이루어진다. 예를 들어, 남학생들이 여학생들보다 과잉행동 증상을 더 많이 보이는 경향이 있다. 따라서 임상가가 9세 소녀에 대한 부모의 과잉행동 평정을 수집할 때 이러한 평정을 규준 표본의 다른 9세 소녀에 대한 평정과 비교한다(Achenbach, 2015).

일반적으로 임상가는 아동이 규준 표본의 평균보다 높거나 낮은 점수를 받는 정도를 정량화하려고 한다. 평균으로부터의 아동 편차를 정량화하기 위해 임상가는 아동의 원검사 점수를 표준 점수로 변환한다. 표준 점수는 지정된 평균과 표준 편차를 가진 다른 척도로 변경된 원점수일 뿐이다. 예를 들어, 지능검사의 평균은 100이고 표준편차는 15이다. FSIQ가 100인 아동은 그 또래의 다른 아동에 비해 정확히 평균 범위 내에 들어가는 반면, FSIQ가 115인 아동은 평균보다 높은 것

으로 간주된다.

신뢰도

신뢰도(reliability)는 심리검사에서의 일관성을 말한다. 신뢰할 수 있는 검사는 시간이 지나거나 그리고 시행방법에 상관없이 일관된 점수를 제공한다. 신뢰도에는 많은 유형이 있지만, 가장 일반적인 세 가지 유형은 검사-재검사 신뢰도, 평정자 간 신뢰도, 내적 일관성이다(Hogan & Tsushima, 2018).

검사-재검사 신뢰도는 시간 경과에 따른 검사 점수의 일관성을 의미한다. 당신이 몸매를 가꾸는 데 도움이 되는 핏비트를 구입한다고 상상해 보자. 매일 아침 첫 수업까지 걸어가면서 핏비트를 착용하고 있다. 핏비트가 매일 추정하는 걸음 수가 거의 같다면 높은 검사-재검사 신뢰도를 보여준다고 할 수 있다. 즉, 이 장치는 반복적인 시행에서 일관된 점수를 제공한다. 심리검사 역시 높은 검사-재검사 신뢰도를 가져야 한다. FSIQ가 110인 아이는 몇 달 후에도 비슷한 FSIQ 점수를 받아야 한다.

평정자 간 신뢰도는 두 명 이상의 평정자 또는 관찰자에 걸쳐 검사 점수가 일관적임을 의미한다. 각 손목에 하나씩 매일의 활동을 측정할 수 있는 핏비트와 가민(핏비트와 가민은 서로 다른 회사에서 만든 기기로 손목에 착용하여 신체 움직임을 측정할 수 있다_역주)을 소유할 만큼 충분히 부유하다고 상상해 보자. 각 장치가 보고하는 걸음 수가 비슷하다면, 우리는 장치가 우수한 평정자 간 신뢰도를 보였다고 말할 것이다. 그들은 서로 일치하는 정보를 제공한다. 마찬가지로, 심리검사 역시 높은 평정자 간 신뢰도를 보여야 한다. 예를 들어, WISC-V의 일부 항목에서 심리학자들은 아동 대답의 완전성에 기반하여 점수를 매긴다. 아동이 코끼리를 동물로 정의하면 1점을 얻을 수 있는 반면, 4개의 다리와 몸통, 큰 귀를 가진 동물로 정의하면 2점을 얻을 수 있다. 서로 다른 심리학자들이 동일한 반응에 대해 동일한 점수를 할당하여 높은 평정자 간 신뢰도를 보여야 한다.

내적 일관성은 각 검사 항목이 일관된 점수를 산출하는 정도를 의미한다. 핏비트를 사용하여 신체 활동에 대한 추정치를 얻고 싶다고 상상해 보자. 당신은 다음의 세 가지 방법으로 신체 활동을 측정하기로 결정했다: (1) 핏비트의 걸음 수 측정을 사용하는 방법, (2) GPS 데이터를 사용하는 방법, (3) 활동

을 수동으로 직접 기록하는 방법. 당신이 어느 날 운동을 많이 했다면, 3개의 모든 점수가 모두 같은 구성개념(즉, 활동)을 측정하기 때문에 높아야 한다. 반면 당신이 그날 하루 종일 좌식생활을 했다면, 3개의 점수가 모두 낮아야 한다. 이 경우 우수한 내적 일관성을 보인다고 말한다(동일한 구성개념을 측정하는 항목은 일관된 결과를 산출해야 한다).

심리검사 역시 내적 일관성이 높아야 한다. 예를 들어, WISC-V 언어 이해 검사는 매우 높은 내적 일관성을 보인다. 언어 능력이 뛰어난 아동은 대부분의 검사 항목에 정답을 맞추는 경향이 있는 반면, 언어 능력이 낮은 아동은 이러한 항목에서 어려움을 겪는다. 높은 내적 일관성은 언어 이해 지수의 각 항목이 아동의 시각적–공간적 기술이나 기억과 같은 다른 구성개념이 아닌 동일한 구성개념(예 : 언어 이해)을 측정한다는 것을 시사한다.

신뢰도는 0에서 1.0 사이의 계수를 사용하여 정량화한다. 신뢰도 계수가 1.0이면 완벽한 일관성을 나타낸다. 무엇이 '허용 가능한' 신뢰도를 구성하느냐 하는 것은 검사가 측정하는 구성개념이 무엇인지 그리고 측정하는 신뢰도의 유형이 무엇인지에 따라 다르다. 예를 들어, FSIQ와 같이 시간이 지나도 안정적이라고 생각되는 특성을 평가하는 검사는 높은 검사–재검사 신뢰도를 가져야 한다. 이와는 대조적으로, 우울이나 불안 증상과 같이 시간이 지남에 따라 변화할 가능성이 있는 정신 상태를 측정하는 검사는 더 낮은 검사–재검사 신뢰도를 가진다.

타당도

타당도(validity)는 검사가 측정하도록 설계된 것을 정확하게 측정하는 정도를 의미한다. 지능 검사는 지능을 측정하고, 우울 검사는 우울을 측정해야 한다(Hogan & Tsushima, 2018).

신뢰도는 일관성을 반영하는 반면, 타당도는 정확성을 나타낸다. 화살이 과녁 주위에 무작위로 흩어져 있는 불쌍한 궁수를 상상해 보자. 이 불쌍한 궁수는 낮은 신뢰도(산재되어 있는 화살로 증명됨)와 낮은 타당도(과녁의 정중앙을 놓쳤기 때문에)를 보여준다. 이제 5개의 화살이 함께 모여 있지만 과녁의 정중앙에서 멀리 떨어져 있는 약간 더 나은 실력의 궁수를 상상해 보자. 이 궁수는 높은 신뢰도(일관된 패턴으로 증명됨)를 보여주지만 낮은 타당도(정중앙을 놓쳤기 때문)를 보인

다. 마지막으로 화살이 과녁의 정중앙에 모여있는 캣니스 에버딘(〈헝거게임〉의 여주인공_역주)을 상상해 보자. 캣니스는 이상적인 심리 검사와 같이 높은 신뢰도와 타당도를 보여준다(그림 4.5).

엄밀히 말하면, 타당도는 검사 자체의 속성이 아니다. 대신 타당도는 특정 목적에 맞게 검사를 정확하게 사용할 수 있는 정도를 의미한다(Hogan & Tsushima, 2018). 당신이 1개월 동안 핏비트로 매일의 신체 활동을 기록한다고 상상해 보자. 당신의 일일 활동 수준은 매우 높고(1,000걸음) 비교적 일관성이 있다(즉, 신뢰할 수 있음). 결과적으로, 당신은 아주 건강하다고 결론지을 수 있다. 하지만 최근에 만난 의사는 당신에게 고혈압과 콜레스테롤이 있다고 말한다. 핏비트는 신체 활동의 신뢰할 수 있는 측정치일 수 있지만 전체 건강 상태에 대한 유효한 측정치는 아닐 수 있다. 마찬가지로, 아동의 WISC-V 시공간 추론 점수는 아동의 시공간 추론능력에 대한 정확한 추정치를 제공할 수 있지만, 읽기 또는 쓰기 능력에 대한 정확한 지표는 아닐 수 있다.

심리검사의 타당도는 적어도 세 가지 방법으로 검증할 수 있다. 첫째, 심리학자들은 검사의 내용 타당도(content validity)를 살펴볼 수 있다. 특히, 검사 항목의 내용은 검사 목적에 적합해야 한다. 예를 들어, 아동 우울 검사, 제2판(CDI-2; Kovacs, 2011)은 아동의 우울증을 평가하는 데 가장 널리 사용되는 도구이다. 이 검사에는 우울증에 대한 진단 기준인 "항상 슬프다", "항상 짜증이 난다", "매일 밤 잠을 잘 못 잔다"의 많은 항목이 포함된다. CDI-2는 DSM-5 우울증 증상과 일치

그림 4.5 ▪ 신뢰도와 타당도

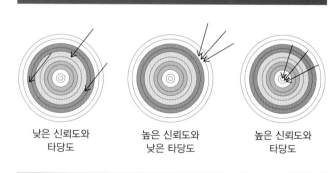

| 낮은 신뢰도와 타당도 | 높은 신뢰도와 낮은 타당도 | 높은 신뢰도와 타당도 |

주 : 신뢰도는 검사 점수의 일관성을 말한다. 타당도는 검사의 정확성을 말한다. 심리검사는 측정하려고 하는 구성개념을 정확하게 측정하는 점수를 일관적으로 산출해야 한다.

하기 때문에 내용 타당도가 우수하다.

심리학자들은 또한 검사의 구성 타당도(construct validity)를 검증한다(Cronbach & Meehl, 1955). 구성 타당도는 검사 점수가 가설 속성 또는 구성 개념을 반영하는 정도를 나타낸다. 대부분의 심리적 변인은 지능, 우울증, 불안, 공격성처럼 구성 개념이다. 구성 개념은 직접 측정할 수 없으며, 대신 외현적 행동이나 사람들의 자기보고를 통해 추론해야 한다. 예를 들어, 지능은 학교에서의 우수한 성적으로부터 추론할 수 있고, 우울증은 잦은 울음에서 추론할 수 있으며, 공격성은 몸싸움에 참가한 이력에서 추론할 수 있다.

검사의 구성 타당도를 조사하기 위해 심리학자들은 유사하거나 유사하지 않은 다른 구성 개념의 측정치와 검사 점수의 관계를 검증한다. 수렴 타당도의 증거는 검사 점수와 이론적으로 유사한 구성 개념 사이의 유의한 관계에서 나온다. **변별 타당도**의 증거는 검사 점수와 이론적으로 다른 구성 개념 사이의 유의하지 않은 관계에서 나온다. 예를 들어, CDI-2의 수렴 타당도는 아동 우울증의 다른 측정치와의 높은 상관관계에 의해 지지되는 반면, CDI-2의 변별 타당도는 불안과 공격성과 같은 다른 아동기 문제의 측정치와의 낮은 상관관계에 의해 지지된다.

마지막으로, 심리학자들은 검사의 준거 관련 타당도(criterion-related validity)를 검토한다. 준거 관련 타당도는 검사 점수를 사용하여 일부 외부 기준 또는 규준에서의 가능한 위치를 추론할 수 있는 정도를 의미한다. 준거 관련 타당도의 한 척도는 **공인 타당도**라 불리며, 검사 점수가 같은 시점에 측정된 어떤 준거와 관련이 있는 정도이다. 예를 들어, 우울증이 있는 아동은 우울증이 없는 아동보다 CDI-2에서 훨씬 더 높은 점수를 받아야 한다. 준거 관련 타당도의 또 다른 측면은 **예언 타당도**라고 불린다. 예언 타당도는 이론적으로 예상되는 결과를 예측하는 검사 점수의 능력을 말한다. 예를 들어, CDI-2 점수가 높은 아동은 미래에 자살 생각과 행동에 더 높은 위험이 있을 수 있다(Geisinger, 2018).

4.2 심리치료 체계

정신건강 전문가들은 권위와 신뢰를 가진다. 사람들은 보통 정서적인 고통과 일상생활의 문제를 겪을 때 치료사를 찾아온다. 내담자는 종종 취약하며, 자신의 요구에 민감하고 반응적인 치료를 찾는다. 증거에 기반하고 윤리적인 치료의 제공은 내담자가 유소년일 때 특히 중요하다. 부모와 양육자들은 그들의 가장 귀중한 자산인 자녀를 임상가의 손길에 맡긴다. 임상가가 자녀를 도와 문제를 극복하고 가능한 최고 수준의 기능을 달성하게 할 거라고 기대하기 때문이다. 치료에 대한 다양한 접근 방식을 설명하기 위해, 숙련되고 자상한 전문가의 도움이 필요한 소녀인 애나의 경우를 생각해보자.

심리치료란 무엇인가?

치료의 정의와 공통요소

대부분의 정신건강 전문가들은 대부분의 시간을 심리치료를 연습하는 데 쓴다. 불행하게도, 아무도 모든 치료사를 만족시키는 심리치료의 정의를 제공하지 못했다. 레이먼드 코르시니(Raymond Corsini, 2005)에 의해 제시된 심리치료에 대한 영향력 있는 하나의 정의는 다음과 같다:

> **심리치료**(psychotherapy)는 두 사람 사이의 공식적인 상호작용 과정이다⋯하나 혹은 다음의 모든 영역, 즉 인지기능(사고의 장애), 정서 기능(고통 또는 정서적 불편), 행동 기능(부적절한 행동)에서 발생하는, 두 사람 중 한 명의 스트레스를 개선하기 위한 목적을 가진다. ⋯ 치료사는 성격의 기원, 발달, 유지, 변화에 대한 이론과 함께 그 이론과 논리적으로 관련된 치료 방법, 그리고 치료사의 역할을 하기 위한 전문적이고 법적인 자격을 가지고 있다.

이 정의에 따르면 심리치료는 대인관계 과정이다. 치료는 적어도 두 사람, 즉 치료사와 내담자 사이의 상호작용을 포함해야 한다. 치료사는 정신건강 서비스 제공에 대한 전문 교육을 받은 전문가이다. 치료사에는 심리학자, 정신과 의사, 상담사, 사회복지사가 포함될 수 있지만, 심리사회적 개입의 사용에 대한 훈련과 감독을 받은 준전문가도 포함될 수 있다(Hill, 2020).

치료사는 인간의 발달과 정신병리의 원인에 대한 이론을 사용하여 내담자의 심리적 고통을 완화하는 방법을 개발한

사례연구
심리치료

애나의 비밀

열여섯 살 소녀 애나는 가장 의외인 장소라고 볼 수 있는 치과에서 폭식과 구토하는 습관이 처음 발견되었다. 치위생사는 정기적인 구강관리 중에, 그녀의 치아 에나멜의 현저한 손상과 치아 안쪽 부분의 색깔이 전체적으로 황회색인 것을 알아차렸다. 이 증상들은 그녀의 침샘에서 발견된 약간의 염증과 더불어 반복되는 구토를 암시했다.

애나는 나중에 "치위생사가 내가 일부러 구토를 하는지 물었을 때, 나는 공포와 안도가 혼합된 정말 이상한 기분이 들었다"라고 치료사에게 설명했다. "너무 당황스러웠지만, 이제 그것에 대해 말할 수 있게 되어 기분이 조금 나아졌다."

치위생사의 도움으로, 애나는 그녀의 엄마에게 폭식과 구토 패턴에 대해 말하기로 결정했다. 그녀의 행동은 18개월 전에 시작되었고, 애나의 스트레스 수준에 따라 심해지고 나아지는 것을 반복하였다. 그녀는 가족, 친구 또는 학교에 대해 화가 났을 때, 그리고 외로움을 느끼거나 소외감을 느낄 때 폭식을 할 가능성이 가장 높았다. 그녀는 과자, 특히 감자칩, 시리얼, 라면을 폭식하는 경향이 있었다. 평균적으로, 애나는 일주일에 4~5번 폭식을 한다.

"저는 애나가 그것을 제게 말했을 때 별로 놀라지 않았어요"라고 그

©iStockphoto.com/MachineHeadz

녀의 엄마가 덧붙였다. "애나는 욕실 세면대의 물을 틀어놓고, 샤워를 많이 하고, 방향제와 민트를 사용함으로써 우리에게 그것을 숨기려 했다. 우리 모두가 보았지만 아무도 이야기하지 않았던 거실의 코끼리 같았다."

"글쎄요, 이제 공개됐어요." 애나의 치료사가 대답했다. "우리가 상황을 더 좋게 만들 수 있는 방법을 찾을 수 있는지 봅시다."

다. 내담자는 어느 정도의 고통이나 장애를 경험하고 있는 개인으로, 변화를 가져오기 위해 치료적 상호작용에 참여하기로 동의한다.

심리치료의 목적은 증상 완화와 안녕감 개선을 위해 내담자의 생각, 감정 또는 외현적 행동을 변화시키는 것이다. 변화는 주로 치료사와의 상호작용을 통해 일어난다. 특히 치료사는 자신의 정신병리학 이론과 일치하는 조건을 제공하여 내담자의 기능을 향상시킨다.

제롬 프랭크(Jerome Frank, 1973)는 특정한 요인들이 모든 형태의 심리치료에 공통적이라고 제안했다. 이러한 공통 요인(common factor)에는 내담자와 치료사 사이의 신뢰 관계의 존재, 변화가 일어나야 할 특정 환경, 내담자의 고통에 대한 이론이나 설명, 그리고 내담자와 치료사가 내담자의 고통이나 장애를 완화하기 위해 참여하는 치료 의식이 포함된다. 프랭크는 이러한 심리치료의 공통적인 요소들이 고대부터 심리적, 정신적 치유의 주요 구성 요소였다고 주장한다(Frank & Frank, 2004).

유명한 심리학자 칼 로저스(Carl Rogers, 1957)는 치료적 변화를 위한 세 가지 필요충분조건을 제안하였다. 로저스는 주로 이 세 가지 요인에 초점을 맞춘 인간 중심의 심리치료법을 개발하였다.

첫째, 치료사는 내담자에게 공감을 표시해야 한다. 구체적으로 말하면, 치료사는 내담자의 관점에서 세상을 이해하고 내담자의 생각, 감정, 행동에 깊은 관심을 가지기 위해 노력해야 한다.

치료사는 또한 내담자에게 일치된 반응을 보여야 한다. 즉, 치료사는 내담자에 대한 자신의 진정한 감정을 드러내고 감정적으로 무관심하거나 멀거나 소외되지 않도록 해야 한다. 로저스는 이상적인 치료 관계를 '투명'하다고 기술했다. 즉, 내담자는 치료 회기 동안 임상가의 진정한 감정을 쉽게 목격해야 한다. 치료사는 자신의 감정을 숨기거나 뽐내지 않는다.

마지막으로, 치료사는 내담자에게 무조건적이고 긍정적인 배려를 제공해야 한다. 즉, 치료사는 신뢰와 수용에 기반을 둔 관계를 구축하기 위해 내담자의 행동과 특성에 대해 지지

적이고 판단하지 말아야 한다. 치료사는 자신이 내담자를 소중히 여기고 내담자의 결정을 지지할 것이라는 점을 전달해야 한다. 로저스는 치료사로부터 이 세 가지 조건을 제공받은 내담자들이 가장 큰 치료 이득을 경험할 것이라고 믿었다(Rogers, 1961).

치료 동맹

성공적인 치료의 필수적인 요소는 내담자와 치료사 사이의 치료 동맹(therapeutic alliance) 또는 협력적 관계이다. 치료 동맹은 정서적, 인지적 요소를 모두 가지고 있다. 정서적 측면에서, 내담자와 치료사는 신뢰와 지지를 바탕으로 긍정적인 감정적 연결을 경험해야 한다. 인지적 측면에서, 내담자와 치료사는 치료의 목표와 그 목표에 도달하기 위해 필요한 과정에 동의해야 한다. 이러한 정서적 유대감을 구축하고 치료 과정에 동의하는 것이 치료 초기에 주요 과제이다(Karver, De Nadai, Monahan, & Shirk, 2018).

치료 동맹은 아동의 심리치료 성공을 예측하는 중요한 요인이다. 치료사와 더 긴밀한 연결을 경험하고, 치료의 목표에 동의하는 아이들은 치료에 잘 참여하고, 자신의 행동을 바꾸려는 더 높은 의지를 보이며, 치료 회기 동안 더 개방적인 태도를 보인다. 마찬가지로, 자녀의 치료사와 긴밀한 관계를 구축하는 부모들은 자녀와 함께 치료 회기에 참석하고 자녀들을 돕기 위한 권고사항을 이행할 가능성이 더 높다. 대조적으로, 약한 동맹은 불성실한 치료 참여, 치료에 대해 비협조적이거나 대립적인 태도, 그리고 중간에 그만 둘 확률이 높음을 예측한다(Norcross & Lambert, 2020).

치료의 공통 요인의 중요성과 강력한 동맹의 필요성에 이의를 제기하는 치료사는 거의 없다. 그러나 대부분의 임상가들은 이러한 요소들이 변화를 가져오는 데 필요하지만 충분하지는 않다고 생각한다. 결과적으로, 그들은 인간 발달 이론과 정신병리학적 기원에 부합하는 구체적인 전략과 전술로 이러한 공통 요소들과 동맹 구축 기술을 보완한다. 치료사들이 사용하는 구체적인 치료 방법은 그들이 실천하는 심리치료 체계, 내담자가 표현하는 문제, 그리고 가족의 목표와 가용자원에 따라 달라진다(Karver et al., 2018).

심리치료의 주요체계에는 무엇이 있는가?

수백 개의 심리치료 체계 또는 '학파'가 있다. 이는 내담자가 제시하는 문제에 접근하는 수준에 따라 느슨하게 분류될 수 있다. 이러한 수준에는 (1) 즉각적인 증상과 외현적인 행동, (2) 사고 패턴, (3) 대인 관계, (4) 가족 구조와 기능, 그리고 (5) 자기에 대한 인식이 포함된다(Prochaska & Norcross, 2019).

행동치료

행동치료(behavior therapy)는 주로 내담자의 외현적인 행동에 초점을 맞춘다. 행동치료는 조지프 울프(Joseph Wolpe, 1958), 한스 아이젠크(Hans Eysenck, 1959), B. F. 스키너(B. F. Skinner, 1974)의 연구에 기원을 두고 있다. 행동 치료사는 증상 수준에서 내담자의 문제를 해결한다. 행동 치료사들은 기저하는 성격 특성이나 무의식적인 갈등이 행동에 영향을 미친다고 가정하지 않는다. 대신 행동은 환경적 수반성, 즉 행동을 이끌어내거나 강화하거나 처벌하는 환경에 의해 결정된다. 행동치료의 목표는 일반적으로 이러한 환경적 수반성을 변화시켜 내담자가 보다 적응적인 행동 패턴에 참여할 가능성을 높이는 것이다.

행동 치료사는 일반적으로 행동을 이끌어내는 상황(선행사건)이나 시간이 지남에 따라 행동을 강화하는 조건(결과)을 결정하기 위해 내담자의 문제 있는 행동에 대한 기능 분석을 수행한다는 것을 기억하라. 그런 다음, 행동 치료사들은 이러한 환경적 촉발요인을 피하거나, 이를 유지하는 행동의 결과를 변화시키는 방법을 찾기 위해 내담자와 협력한다(Miltenberger, Miller, & Zerger, 2015).

애나의 가장 큰 문제 행동은 폭식과 구토 성향이었다. 행동 치료사는 애나의 폭식 빈도에 주의를 기울일 것이다. 그런 다음, 폭식 전에 종종 발생하는 상황을 식별하려고 노력할 것이다. 예를 들어, 애나는 방과 후, 외로움을 느낄 때, 배가 고플 때 폭식하는 경향이 있다고 보고한다. 치료사는 또한 시간이 지나면서 애나의 폭식이 어떻게 유지되는지 알아내려고 노력할 것이다. 애나는 폭식 직후 외로움과 배고픔을 덜 느낀다고 보고할 수 있다. 따라서 폭식은 이러한 불쾌한 감정을 없애게 되어 부적으로 강화된다(Fishman, 2018a).

치료 과정 동안, 행동 치료사는 애나에게 폭식과 폭식의 선

과학에서 실천으로
아동 인지치료

인지 치료사들은 아이들에게 우리가 생각하는 방식이 우리의 감정에 영향을 미친다고 가르친다. 만약 우리가 어떤 상황에 대해 생각하는 방

식을 바꿀 수 있다면, 기분이 나아질 것이다. 치료사는 코끼리와 쥐의 만화를 사용하여 불안감을 가진 어린 아이에게 이 개념을 가르칠 수 있다.

치료사 : 코끼리의 기분은 어떤가요?

아　동 : 무서워해요.

치료사 : 왜?

아　동 : 그는 쥐가 자신을 해칠 거라고 생각해요.

치료사 : 쥐가 정말 그를 해칠까요?

아　동 : 아니, 쥐가 너무 작아요.

치료사 : 만약 코끼리가 "저 작고 귀여운 쥐 좀 봐"와 같이 생각한다면, 그는 다르게 느낄까요?

아　동 : 네. 아마 그는 기뻐하고 쥐와 놀고 싶어할 거예요.

치료사 : 그래서 우리가 상황에 대해 생각하는 방식이 우리의 감정에 영향을 미치는 거예요.

아　동 : 맞아요. 코끼리처럼요.

행사건 및 결과를 관찰하도록 가르칠 수 있다. 그런 다음, 치료사는 애나가 폭식을 유발하는 선행사건을 피하도록 돕는다. 예를 들어, 치료사는 애나가 극심한 배고픔을 피할 수 있도록, 더 규칙적이고 균형 잡힌 식사를 하게 도울 수 있다. 비슷하게, 치료사는 애나가 종종 폭식을 유발하는 외로움과 지루함을 피할 수 있는 방법을 알아내는 것을 도울 수 있다. 치료사는 애나가 방과 후 활동에 더 많이 참여하도록 격려하거나 더 만족스러운 또래 관계를 발전시키도록 가르칠 수 있다. 대안적으로, 치료사는 애나가 부정적인 감정을 관리할 수 있도록, 이완 기법이나 운동과 같은 대처 전략을 가르칠 수도 있다. 애나는 폭식을 유도하거나 강화하는 환경적 요인을 변화시킴으로써 폭식의 빈도를 줄일 수 있어야 한다.

인지치료

인지치료(cognitive therapy)는 주로 자기 자신, 타인, 미래에 대한 내담자의 사고 패턴에 초점을 맞춘다. 인지 치료사 중 한 명인 아론 벡(Aaron Beck, 1976)은 사람들이 인지 편향과 인

지 왜곡이라고 불리는 사고에서 체계적인 오류를 범할 때, 심리적 고통과 장애를 경험한다고 주장했다. 인지 편향은 상황을 보다 균형 있고 현실적인 방식으로 보기보다는, 삶의 부정적인 측면에 선택적으로 관심을 기울일 때 발생한다. 예를 들어, 사회적 불안이 있는 여학생은 수업시간에 발표를 할 때, 교사의 인정을 뜻하는 고개 끄덕거림 대신에, 반 친구들의 웃음소리나 비웃는 소리에만 집중할 수 있다. 마찬가지로, 우울증이 있는 소년은 같이 시간을 보내기로 한 친구로부터의 지지받는 느낌 대신, 점심시간에 한 명의 반 친구만 그와 함께 앉아 있다는 사실에 주의를 기울일 수 있다.

인지 왜곡은 그녀의 부정적인 세계관에 맞추기 위해 누군가 현실을 왜곡할 때 발생한다. 예를 들어, 사회적 불안을 가진 소녀는 발표를 하는 동안 반 친구들이 웃는 것을 비판의 표시로 오해할 수 있다. 그녀는 이렇게 생각할지도 모른다. "그들은 나를 비웃고 있다. 그들은 내가 멍청하다고 생각한다." 이러한 왜곡된 생각들은 결국 그녀가 좋은 발표를 하는 능력을 방해하고, 다른 사람들의 실제적인 비판으로 이어지게 되

어, 그녀의 기대를 확증할 수도 있다. 마찬가지로, 우울증을 앓고 있는 소년은 점심시간에 그와 함께 앉아 있는 친구가 거의 없다는 사실을 그가 쓸모없다는 신호로 오해할 수도 있다. 그는 "아무도 나를 좋아하지 않는다. 난 정말 패배자야."라고 생각한다. 그의 왜곡된 생각은 결국 그를 우울하게 하거나 다른 사람들을 피하게 만들 수 있고, 결과적으로 그의 급우들이 그를 거부하게 만들고, 다시 그의 부정적인 견해를 확증하게 할 수 있다(DiGiuseppe, David, & Venezia, 2018).

인지치료의 초기 목표는 내담자들이 사고, 감정, 행동 사이의 밀접한 연관성을 인식하도록 돕는 것이다. 우리는 대개 감정을 직접적으로 통제할 수 없지만, 생각하거나 행동하는 것을 통제할 수 있다. 만약 우리가 생각하거나 행동하는 방식을 바꾼다면, 종종 우리가 정서를 느끼는 방식을 개선할 수 있다. '과학에서 실천으로'는 인지 치료사가 사고, 감정, 행동 사이의 관계를 아동에게 가르칠 수 있는 방법을 보여준다(Beidel & Reinecke, 2016).

인지 치료사는 내담자가 편향과 왜곡을 식별하고 기피하며, 보다 정확한 사고 방식을 채택할 수 있도록 도와준다. 인지치료의 주요 기술은 내담자의 믿음을 뒷받침할 증거를 요청하는 것이다. 예를 들어, 치료사는 불안해 하는 소녀에게 "너의 반 친구들이 너를 바보라고 생각한다는 것을 어떻게 아니? 너의 믿음을 뒷받침할 어떤 증거가 있니? 그 아이들이 실제로 너의 발표를 좋아했을지도 모른다는 것에 반대되는 증거가 있니?" 마찬가지로, 치료사는 우울증이 있는 소년에게 "점심시간 동안 아무도 너와 함께 앉고 싶어하지 않았다는 증거는 무엇일까? 한 아이가 같이 앉았다고 했지? 만약 네가 점심시간에 혼자 앉아 있는 아이를 본다면, 너는 그 아이를 쓸모없거나 패배자라고 생각하겠니?" 치료의 목표는 내담자에게 긍정적으로 생각하도록 가르치는 것이 아니라, 편향이나 왜곡된 방식보다는 그들 자신, 타인, 그리고 세상을 현실적으로 볼 수 있도록 돕는 것이다(Kendall, 2018).

인지 치료사는 애나의 폭식이나 구토와 관련된 사고에 관심을 기울일 것이다. 애나는 아마도 외로움을 느끼고 혼자 생각할지도 모른다, "나는 쓸모없다. 아무도 날 좋아하지 않아." 치료사는 애나가 이 믿음에 도전하여 그것이 사실인지 아니면 인지 왜곡인지 판단하도록 도울 수 있다. 예를 들어, 치료사는 애나에게 "아무도 너를 좋아하지 않는다는 증거는 무엇

일까? 네가 외로울 때 문자나 전화를 하면 기꺼이 너와 대화할 친구를 찾아볼 수 있니?"

애나는 또한 이렇게 생각할 수도 있다. "만약 내가 누군가에게 전화를 해서 외롭고 무언가를 하고 싶다고 말한다면, 그들은 아마도 나를 비웃고 패배자라고 말할 거예요." 치료사는 "만약 다른 학교 여학생이 너에게 전화를 걸어 외롭고 함께 시간을 보내고 싶다고 말한다면, 너는 그녀를 놀릴 거니? 네가 그녀를 도와주고 기운을 북돋아 줄 가능성이 더 높지 않니? 만약 네가 똑같이 네 친구들에게 물어본다면 친구들도 너를 위해 같은 일을 할 것이라고 생각하지 않니?"

인지치료는 사고, 감정, 행동 사이의 연관성을 강조한다. 내담자들이 더 현실적이고 유연한 방식으로 생각하는 법을 배울수록, 그들은 부정적인 감정을 덜 경험하고 더 적응적이고 유연한 방식으로 행동할 수 있다. 일반적으로 인지 치료사들은 행동치료의 요소를 치료에 통합한다. 인지행동치료(CBT)는 치료에 인지 및 행동 접근법을 통합적으로 사용하는 것을 말한다(Beidel & Reinecke, 2016).

대인관계치료

대인관계치료(interpersonal therapy)는 주로 타인과의 관계의 질과 시간이 지나면서 변화하는 관계에 대처하는 능력에 초점을 맞춘다. 이 치료법은 원래 제럴드 클레먼(Gerald Klerman)과 미나 와이즈만(Myrna Weissman)이 우울증 치료법으로 개발했으며(Weissman, 2020), 존 볼비와 해리 스택 설리번의 이론에 바탕을 두고 있다. 볼비(1969, 1973)는 사람들이 그들의 삶에서 양육자 혹은 그만큼 중요한 다른 개인에 대한 내적 작동모델을 형성한다고 믿었다. 돌봄에 대한 신뢰와 기대를 바탕으로 구축된 내적 작동 모델은 이후의 사회-정서적 역량을 촉진한다. 그러나 불신과 일관성 없는 보살핌에 기반한 모델은 미래 관계의 발전을 방해할 수 있다. 설리번(1953)은 대인관계가 정신건강에 필수적이라고 믿었다. 어린 시절의 우정은 청소년들이 정체성과 자기가치감을 발달시키고, 성인기에는 더 친밀한 관계의 기초를 형성하도록 돕는다. 대인관계에서의 문제는 사회-정서적 기능과 자기 개념을 훼손할 수 있다.

대인관계 치료사들은 사람들이 관계에 어려움을 겪을 때 문제가 발생한다고 믿는다(Weissman, Markowitz, & Clerman,

2018). 네 가지 유형의 어려움이 특히 중요하다. 첫째, 사랑하는 사람의 **죽음**이나 **상실**이 대인관계에 어려움을 가져온다. 둘째, 대인관계 문제는 사람이 **관계 전환**이나 사회적 역할의 변화(예 : 중학교에서 고등학교로 적응하는 문제)를 겪을 때 발생할 수 있다. 셋째, 한 사람이 **대인관계 갈등**을 겪을 때, 즉 그녀의 사회적 역할이 다른 사람들의 기대와 상충될 때 문제가 발생할 수 있다(예 : 부모와 청소년이 연애나 대학 진학에 대한 중요성에 대해 동의하지 않을 때). 마지막으로, 한 개인이 친구를 사귀고 유지하는 능력을 방해하는 **대인관계 결손**이 있을 때 문제가 발생할 수 있다(예 : 과도한 수줍음 또는 사회적 기술의 부족).

대인관계 치료사는 아동의 현재 문제에 기여할 수 있는 관계상의 어려움을 확인하고 수정하려고 시도한다. 치료사가 선택하는 전략은 내담자의 대인관계 어려움의 성격에 따라 달라진다. 예를 들어, 치료사는 청소년이 부모의 죽음에 대처하는 것을 도울 수 있다. 그런 다음, 치료사는 내담자가 자신의 삶에서 부모의 부재에 대처할 수 있는 방법을 찾는 것을 도울 수 있다. 또는 지나치게 수줍어하는 청소년이 사회적 기술을 개발할 수 있도록 도와, 자신의 또래 관계망과 사회적 지지 체계를 확장할 수 있게 한다(Lipsitz & Markowitz, 2018).

대인관계 치료사는 애나의 아버지가 직장을 옮기고, 가족이 새로운 동네와 학군으로 이사한 직후에, 애나의 섭식 문제가 발생했다는 것을 알아차릴 수 있다. 그 치료사는 애나의 섭식장애를 살을 빼서, 타인에게 매력적으로 보이고, 새로운 학교에서 또래들에게 수용되기 위한 부적응적인 시도로 해석할 수도 있다. 그녀의 고정된 섭식 패턴은 또한 애나가 그녀의 관계에서 발생하는 변화에도 불구하고 삶을 유지하고 통제하기 위한 방법으로 보여질 수 있다. 치료사는 지지와 제안을 통합하여 사용하면서, 애나가 오래된 이웃과 친구들을 잃은 것을 슬퍼하고, 새로운 학교로 이사하는 것에 대처하며, 그녀의 현재 환경에서 새로운 관계를 구축하는 더 효과적인 방법을 찾도록 도울 것이다(Rudolph, Lansford, & Rodkin, 2016).

가족체계치료

가족체계치료(family systems therapy)는 가족 구성원 간의 의사소통 방식과 상호작용의 질을 개선하려고 한다(Bitter, 2013). 비록 많은 종류의 가족치료법이 있지만, 모든 가족치료사들은 가족을 **체계**, 즉 서로의 행동에 영향을 미치고 부분적으로 지시하는 연결된 개인들의 네트워크로 본다. 가족을 하나의 시스템(체계)으로 보는 것은 치료에 몇 가지 의미가 있다. 첫째, 가족의 어떤 구성원도 고립되어 이해될 수 없다. 가족 구성원의 행동은 가족의 다른 모든 구성원의 맥락에서 가장 잘 이해된다. 둘째, 가족치료사들은 확인된 문제를 가진 사람만이 아니라, 가족 전체를 '내담자'로 본다. 마지막으로, 치료에 대한 체계 접근법은 가족 구성원 중 한 명의 변화가 반드시 모든 가족 구성원에게 영향을 미친다고 가정한다. 따라서 가족치료사들은 한두 명의 가족 구성원이 자신의 기능을 개선하도록 돕는 것이 확인된 문제를 가진 가족 구성원 전체의 증상 감소를 가져올 수 있다고 본다(Kerig, 2016).

가족치료사 살바도르 미누친(Salvador Minuchin, 1974)은 **구조적인 가족치료**를 개발했다. 구조적인 가족치료사들은 주로 가족 구성원들 사이의 관계 구조, 그리고 가족과 외부 세계 사이의 관계 구조에 관심이 있다. 건강한 가정에서는 부모가 상호 존중과 열린 의사소통을 기반으로 강한 사회-정서적 유대 또는 동맹을 형성한다. 게다가 건강한 가정에서는 부모가 자신과 자녀 사이에 적절한 경계를 설정한다. 특히, 부모들은 아이들의 자율성을 존중하고 사회-정서적 욕구를 충족시키지만, 여전히 권위를 가진 인물로 남아 있다.

건강하지 못한 가정에서는, 한 부모와 자식들 사이에 동맹이 형성되고, 다른 한 부모는 다른 가족과 단절되거나 소원해진다. 예를 들어, 아버지의 과도한 음주 때문에 어머니는 딸이 아버지에 대항하여 자신과 동맹을 맺도록 격려할 수 있다. 모녀 간의 동맹은 아버지가 가족으로부터 소외감을 느끼게 하는 반면, 모녀는 아버지를 원망하게 될 수도 있다. 이 현상은 때때로 가족삼각관계라고 불리는데, 이는 두 가족 구성원 사이에 동맹이 형성되어 제3의 구성원이 고립되거나 거부감을 느끼기 때문이다(Sexton & Stanton, 2018).

게다가 건강하지 않은 가정에서는 부모와 자녀 사이의 경계가 지나치게 경직되거나 지나치게 확산되는 경우가 많다. 관여하지 않는 가정은 지나치게 경직된 경계가 특징이며, 가족 구성원 간의 열린 의사소통이 억압되고 구성원들이 서로 단절된 느낌을 받는다. 이와는 대조적으로, 얽힌 가족은 가족 구성원들이 자율성이 부족하고 끊임없이 서로의 삶에 개입하는 모호한 경계를 특징으로 한다(Wendel & Gouze, 2015).

애들러 **가족치료**는 부모가 자녀의 행동 문제를 관리하는 데 도움이 되는 가족체계치료에 대한 대안적이고 현대적인 접근법이다(Sherman & Dinkmeyer, 2014). 애들러 가족치료사는 아동을 포함한 모든 가족 구성원들이 의미, 효과, 그리고 목적에 근거한 삶을 추구한다고 믿는다. 그들은 아동의 행동 문제를 삶의 의미나 목적을 찾기 위한 부적응적인 시도로 본다. 구체적으로, 잘못된 행동은 네 가지 이유로 발생할 수 있다: (1) 주의를 끌기 위해, (2) 부모로부터 자율성을 주장하기 위해, (3) 복수 또는 '보수를 얻기 위해', (4) 책임을 회피하고 혼자 남겨지기 위해. 치료사의 임무는 아이의 잘못된 행동의 목적을 파악하고, 부모가 가정에서 보다 적응적인 역할을 찾을 수 있도록 돕는 것이다.

가족치료사들은 적어도 치료의 일부로서, 애나와 부모님이 함께 있는 상황을 관찰하려고 할 것이다. 치료사는 애나의 가족 내 동맹과 경계에 주의를 기울이고, 그리고 애나의 섭식 장애가 부적응적인 방식으로 가족 체계를 유지하는 데 기여하고 있는 방식에 주의할 것이다. 예를 들어, 치료사는 애나의 부모가 종종 서로 다투고 이혼을 고려하고 있다는 것을 발견할 수 있다. 애나의 증상이 부모의 결혼 문제와 겹친다는 것을 알아차릴지도 모른다. 치료사는 애나의 섭식 증상이 부모의 결혼 분쟁을 방해함으로써 가족의 구조를 유지하는 역할을 한다고 가정할 수 있다(Wendel & Gouze, 2015).

가족치료사는 또한 애나의 부모님이 과보호적이고 지나치게 까다롭다는 것을 알아차릴 수 있다. 치료사는 애나의 살을 빼려는 욕망을 부모의 인정을 얻으려는 부적응적인 시도로 해석할 수도 있다. 치료사는 애나의 부모님을 결혼 상담사에게 의뢰하여 그들의 관계의 질을 향상시키는 데 도움을 줄 수 있다. 동시에, 치료사는 집에서 의사소통을 향상시키기 위해 애나와 그녀의 부모님과 함께 치료작업을 하기도 한다. 치료의 한 가지 목표는 애나의 부모님이 애나의 일상적인 행동에 대해 더 많은 자율성을 갖도록 돕는 것일 수 있다(Bitter, 2013).

심리역동치료

심리역동치료(psychodynamic therapy)는 주로 자기 내부의 무의식적 갈등에 초점을 맞춘다. 심리역동치료는 지그문트 프로이트(Sigmund Freud, 1923/1961), 안나 프로이트(Anna Freud, 1936), 그리고 다수의 신프로이트 이론가들의 이론적, 임상적 연구에 기초한다. 치료에 대한 심리역동 접근방식은 매우 다양하지만, 거의 모든 치료사들이 무의식적인 생각, 감정, 꿈, 심상 또는 소망이 우리의 행동에 영향을 미친다고 믿는다(Barber & Solomonov, 2018).

프로이트는 정신이 분화된 인식 수준을 가진 지형도와 유사하다고 믿었다. 프로이트의 **마음 지형 이론**에 따르면, 두 가지 수준이 우리의 생각, 감정, 행동에 영향을 미치고 지시한다. 의식적인 마음은 당신이 읽고 있는 책, 배경의 소음 또는 일시적인 배고픔의 감정과 같은 즉시 접근할 수 있는 생각과 감정으로 구성되어 있다. 대조적으로, 무의식적 마음은 즉시 접근할 수 없지만 그럼에도 불구하고 우리의 행동에 영향을 미칠 수 있는 정신적 과정으로 구성되어 있다: 우리가 심지어 스스로도 인정할 수 없는 생각, 감정, 소망, 심상. 무의식적인 정신 활동은 상실, 거부, 두려움 또는 고통의 경험에 의해 영향을 받을 수 있다. 심리역동 관점에서 볼 때, 심리적 증상은 종종 이러한 무의식적인 정신 과정을 반영한다(Terr, 2015).

심리역동 치료의 주요 목표는 **통찰력**, 즉 심리적 증상에 기여하는 무의식적인 정신적 갈등을 인식하게 하는 것이다. 통찰력은 증상 완화와 함께 보다 적응적인 행동을 초래한다고 여겨진다(Barber & Solomonov, 2018).

치료사가 내담자에게 통찰력을 얻도록 돕는 한 가지 방법은 내담자의 **전이**, 즉 내담자가 치료사를 향해 발달시키는 태도 및 상호작용 패턴에 주의를 기울이는 것이다. 전이는 치료사에게 투영된 개인 간 관계와 무의식적인 생각과 감정에 대한 내담자의 지난 역사를 반영하는 것으로 여겨진다. 예를 들어, 부모로부터 신체적 학대를 받거나 방치된 청소년은 치료사에 대한 불신과 적개심을 표현할 수 있다. 내담자는 무의식적으로 치료사가 학대하는 부모와 유사한 방식으로 그녀를 버리거나 거절하거나 학대하기를 기대할 수 있다. 치료사는 내담자의 이러한 무의식적인 생각과 감정을 인식하도록 돕기 위해 전이를 사용할 수 있다. 예를 들어, 치료사는 내담자의 전이를 다음과 같이 해석할 수 있다. "나는 우리가 치료를 끝내는 것에 대해 이야기할 때마다 당신이 나에게 매우 화가 나고 분개한다는 것을 알아차립니다. 내가 당신을 버릴까 봐 두려운 건 아닌지 궁금하군요." 치료 과정에서 내담자가 고통의 원인에 대해 더 많은 통찰력을 얻게 될수록, 증상 감소를 경험하고, 불안감에 더 잘 대처하는 방법을 개발하며, 다른 사람들과 더 만족스러운 관계를 이룰 수 있다(Terr, 2015).

심리역동 치료사는 애나의 전이에 초점을 맞출지도 모른다. 여러 번의 치료 과정을 거치면서, 마치 치료사가 그녀에게 무엇을 해야 할지 말해 주기를 바라는 것처럼, 종종 애나가 무력하고 어린애처럼 행동한다는 것을 알아차릴 수 있다. 게다가, 치료사가 지시적이지 않은 채로 애나에게 스스로 문제를 해결하라고 할 때, 애나는 좌절하고 화를 낼 수 있다. 치료사는 애나의 전이를 어린애 같은 상태로 남으려는 무의식적인 욕망으로 해석할 수도 있다. 치료사는 애나가 무력하고 아이처럼 지내는 한, 아르바이트를 하거나, 대학에 가거나, 집을 떠나는 등 불안감을 유발하는 어른들의 책임을 질 필요가 없다고 생각할지도 모른다. 치료사는 안나의 섭식장애가 그녀로 하여금, 더 자율적이고 연령에 적합한 행동을 발달시키는 것 대신에, 부모님이 그녀를 돌보고 관심과 동정을 제공할 것을 보장한다고 제안할 수도 있다.

문화적으로 적합한 치료란 무엇인가?

상호교차성

미국 심리학회는 다문화 가정과 아동의 필요를 충족시키기 위해 치료법을 개선하기 위한 지침을 개발했다. 문화적으로 적응된 치료를 제공하기 위해 심리학자들은 내담자의 사회-문화적 역사, 정체성 및 가치에 대한 인식과 이해를 높이고, 이를 배우려는 의지를 개발해야 한다(APA, 2017b).

APA 다문화 지침의 핵심은 아동의 정체성이 여러 생태학적 체계에 의해 형성된다는 인식이다. 각각의 아동은 자신을 가족, 또래 집단, 학교, 이웃, 그리고 공동체의 구성원으로 본다. 아동의 정체성은 또한 교육배경, 민족성, 성별, 이민 상태, 소득, 종교, 성적 정체성, 그리고 사회-문화적 가치에 의해 형성된다. 정체성은 아동의 나이, 경험, 그리고 그들이 살고 있는 더 넓은 사회-정치적 맥락에 따라 끊임없이 변화하고 있다(Bronfenbrenner, 1979, 2005).

심리학자들은 이러한 사회-문화적 요인들이 아동의 정체성을 형성하고, 아동의 발달을 촉진하거나 방해하기 위해 상호작용하는 방식을 설명하기 위해 교차성(intersectionality)이라는 용어를 사용한다(Rosenthal, 2017). 심리학자들은 각 요

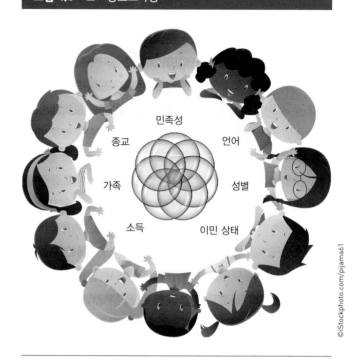

그림 4.6 ▪ 상호교차성

주 : 상호교차성은 사회-문화적 요인들이, 아동의 정체성을 형성하고, 아동의 발달을 촉진하거나 방해하기 위해 상호작용하는 방식을 말한다(American Psychological Association, 2017b).

소를 개별적으로 검토하는 대신, 정체성이 어떻게 교차하여 아동의 발달결과에 적응적 또는 부적응적 방식으로 영향을 미치는지 이해하려고 노력한다(그림 4.6).

대부분의 연구는 사회-문화적 차원의 정체성이 어떻게 상호작용하여, 아동으로 하여금 고품질의 정신건강 관리에 접근하는 것을 방해하는지에 초점을 맞춘다. 예를 들어, 우울증이 있는 아프리카계 미국인과 라틴계 아동은 비라틴계 백인 아동보다 적절한 근거기반 치료를 받을 가능성이 낮다. 이런 치료에서의 민족적 격차는 부분적으로 치료에 대한 부모의 태도에서의 문화적 차이로 설명된다. 평균적으로 소수민족 부모들은 비라틴계 백인 부모들보다 낙인이나 심리치료의 효과에 대해 더 큰 우려를 가지고 있으며, 자녀들을 위한 서비스를 찾을 가능성이 적다. 소수민족 부모들은 또한 치료사가 자신과 다른 언어를 구사하거나, 자신의 사회적-문화적 배경과 경험에 둔감하다고 인식하는 경우 치료를 꺼릴 수 있다(Comas-Diaz & Brown, 2018).

가난하게 사는 소수민족 아이들은 치료를 받을 가능성이

훨씬 더 낮다. 아프리카계 미국인과 라틴계 저소득 가정은 치료에 대한 추가적인 구조적 장벽, 즉 중간 또는 높은 SES를 가진 소수민족 가정에게는 작동하지 않는 장벽에 직면해 있다. 이러한 장벽에는 치료 비용, 보육기관 찾기 및 치료회기 참석을 위한 교통수단 찾기, 업무 휴식 시간 확보, 지역사회에서 고품질 정신건강 서비스 획득 등이 포함된다(Cummings, Ji, Lally, & Druss, 2019).

민족성과 SES 사이의 상호작용은 아동이 다른 심리적 문제와 관련된 더 큰 위험에 처하도록 만들 수 있다. 예를 들어 부모와 함께하는 행동치료는 성인을 향해 적대적이고 반항적인 아동에게 가장 효과적인 치료법 중 하나이다. 그러나 저소득 소수민족 부모들이 행동치료에 참여하는 비율은 매우 낮다. 심지어 그들이 오기 편리한 장소에서 서비스를 제공하고, 무료 교통과 아동보육을 제공하더라도, 실제 치료에 참여하는 부모는 치료에 참여할 수 있는 자격을 가진 부모의 3분의 1도 안 된다. 이러한 서비스를 이용하지 않는 주된 이유로, 부모들은 대개 시간 부족과 높은 수준의 스트레스를 보고한다(Gross, Breitenstein, Eisbach, Hope, and Harrison, 2015).

최근, 연구자들은 치료에 대한 참여를 늘리고 치료의 효과를 높이기 위해 가족의 사회–문화적 배경을 이용하려고 노력하고 있다. 문화적으로 적용된 치료(culturally adapted treatment)는 증거에 기반한 심리치료를 가족의 사회–문화적 맥락에 맞게 수정하는 것을 포함한다. 치료사는 가족의 배경과 즉각적인 요구를 수용하고, 가족이 보유한 현재의 강점과 도전과제를 고려하여 치료를 실용적이고 더 적절하게 만든다(Pina, Polo, & Huey, 2019).

문화적응의 예시

시카고 부모 프로그램은 소수민속, 특히 적대적이고 반항적인 자녀를 둔 저소득 가정을 위해 고안된 문화적으로 적응된 치료법의 한 예로, 부모를 위한 행동치료 프로그램을 기반으로 한다. 원 프로그램은 부모가 주의와 순종 등 적절한 아동 행동을 강화하고, 아동의 행동 문제를 일관성 있게 관리하도록 교육한다. 각 치료회기에서 부모들은 육아 기술을 시연하는 양육자의 모습이 담긴 짧은 비디오를 시청한다. 부모는 주중에 자신의 자녀와 함께 이러한 기법을 시행하려고 시도하면서, 효과적인 양육 전략을 파악하고 논의하며 서로 지원한다. 원래 프로그램은 중간 SES 백인 가정에서는 매우 효과적이었지만 소수민족, 저소득 가정에서는 덜 효과적이었다(Gross et al., 2015).

연구자들은 이 프로그램을 도시 환경에 살고 있는 저소득 아프리카계 미국인과 라틴계 부모들의 요구를 충족시키기 위해 개선하였다. 부모와 상담한 후, 연구자들은 지역사회의 부모들이 더 접근하기 쉽고, 내용이 더 적절하도록 프로그램에서 가르치는 양육 기술을 수정했다. 예를 들어, 바쁜 도시에 사는 가족들에게 중요한 기술인 순종과 어린이 안전을 강조하는 기술에 중점을 두었다. 또한 많은 소수민족 부모들이 자녀 양육에 문화적으로 적절하고 중요하다고 여겼던 신체 훈육(예 : 체벌)의 사용에 대한 수업을 재구성했다. 연구자들은 아프리카계 미국인과 라틴계 부모들과 함께 문화적으로 더 적절한 환경에서 제작된 새로운 영상 클립을 만들었다. 한 영상은 세탁소에서 아동의 잘못된 행동을 관리하는 방법을 보여주었고, 다른 영상은 다세대 가정에서 나타나는 육아 갈등을 다루는 방법을 다루었다. 이 프로그램에 대한 평가는 그것이 부모와 아이들의 행동에 지속적인 영향을 미친다는 것을 보여주었다. 90% 이상의 부모들이 프로그램 참여에 매우 만족한다고 답했고, 88%는 친구에게 프로그램을 강력히 추천할 것이라고 말했다(van Mourik, Cron, de Wolff, & Reis, 2018).

4.3 아동 심리치료의 효능성과 효과

아동 심리치료는 성인 심리치료와 어떻게 다른가?

아동 심리치료와 성인 심리치료는 여러 면에서 다르다. 첫째, 소아청소년과 성인 사이에는 송송 지료 농기에서 자이가 있다. 대부분의 성인들은 스스로 치료를 받으러 온다. 그들이 처음 치료 약속을 잡을 때, 적어도 부분적으로 그들의 행동을 바꾸려는 동기가 있다. 실제로, 일부 증거는 치료를 찾고 초기 예약을 하는 바로 그 행위 자체가 치료적이라는 것을 시사한다(Nathan & Gorman, 2016). 대조적으로, 어린이와 청소년들은 거의 항상 다른 사람들, 특히 부모와 선생님들에 의해 치료에 의뢰된다. 소아청소년들은 그들의 행동, 감정, 그리고 사회적 문제의 심각성을 거의 인식하지 못하며, 전형적으로 변화에 대한 낮은 동기를 보인다. 대부분의 치료사들은 초기에 치료사를 신뢰하고 치료에 참여하려는 아이들의 의지를 높이려고 노력한다(Dean, Brit, Bell, Stanley, & Collings, 2017).

둘째, 아동과 성인의 인지, 사회-정서적 차이가 치료 과정에 영향을 미칠 수 있다. 아동 및 청소년 치료의 대부분의 형태는 성인 치료 기술의 하향 확장이다. 그러나 그들의 어린 나이 때문에, 아동·청소년들은 종종 이러한 기술로부터 완전히 이득을 보는 데 필요한 인지적, 사회적, 정서적 기술이 부족하다. 예를 들어, 인지치료는 메타인지에 관여하는 내담자의 능력, 즉 자신의 사고에 대해 생각하는 능력에 크게 좌우된다. 그러나 메타인지 기술은 아동기와 청소년기를 거치면서 발달한다. 어린 아이들은 인지치료가 너무 추상적이고 어렵다고 느낄 수 있다. 마찬가지로 인지 및 정신역동 치료는 종종 내담자와 치료사 간의 언어적 의사교환에 의존한다. 어린 아동이나 제한된 언어 능력을 가진 청소년들은 이러한 형태의 치료에 참여하는 데 어려움을 겪을 수 있다(Kendall, 2018).

셋째, 아동 치료의 목적은 성인과 다르다. 성인 심리치료에서 주된 목적은 대개 증상 감소이다. 대부분의 치료사와 내담자들은 내담자가 이전 상태로 돌아갈 때 치료가 성공적이라고 생각한다. 아동과 청소년을 대상으로 한 치료에서, 이전 기능으로 돌아가는 것은 종종 부적절하다. 대신 아동·청소년 치료의 목표는 증상을 완화하는 동시에 아동의 발달을 촉진하는 것이다. 예를 들어, ADHD로 진단받은 아동은 행동치료에 참여하고 과잉행동과 부주의함을 개선하기 위해 약을 복용할 수 있다. 하지만 이러한 행동 문제들은 그를 반 친구들로부터 멀어지게 만들었다. 결과적으로, 치료사는 아이가 교실에서 받아들여지고 또래 거부의 역사를 극복하도록 돕는 추가적인 목표를 가질 수 있다.

넷째, 아동과 청소년은 성인보다 변화 능력에 대한 통제력이 떨어지는 경우가 많다. 어른들은 보통 아동보다 자신의 행동과 환경 상황에 대해 더 큰 자율성을 가지고 있다. 예를 들어, 우울한 여성은 운동을 더 하거나, 사회적 지지 단체에 가입하거나, 명상을 하거나, 직업을 바꾸거나, 파트너를 떠나기로 결정할 수 있다. 하지만 부모의 결혼 갈등으로 인해 우울한 아이는 환경을 바꿀 능력이 없다. 비록 아동이 운동을 하거나 과외 활동에 참여하기로 결심할지 모르지만, 집을 떠나거나 새로운 부모를 얻을 수 없다. 대신에, 아동의 사회-정서적 기능은 부모의 행동과 밀접하게 연관되어 있다. 결과적으로, 아동의 변화 능력은 부모가 치료에 참여하는 것과 직접적으로 관련이 있다.

마지막으로 아동과 청소년은 성인에 비해 여러 가지 정신장애를 동시에 가지고 있을 가능성이 높다. 지역 사회의 소아청소년들 중 한 가지 장애를 가진 소아청소년의 약 40%가 두 번째 장애를 가지고 있다. 클리닉에 의뢰된 소아청소년들 중, 동시발생 비율은 아이의 나이와 문제행동의 종류에 따라 50~90%까지 다양하다. 아동과 청소년을 치료하는 임상가는 종종 어린 내담자의 열정적인 참여 없이 여러 장애를 동시에 해결해야 한다(Weisz, 2014).

아동 심리치료는 효과가 있는가?

치료의 전반적 효능성

존 웨이즈와 동료들(John Weisz et al., 2017)은 심리치료가 아동과 청소년에게 미치는 영향을 조사하기 위해 메타 분석을 사용했다. 메타 분석은 연구자들이 많은 연구의 결과를 효과 크기(ES)라고 불리는 단일 통계치로 통합하는 통계적 기법이라는 것을 기억하라. 효과 크기는 치료를 받는 아동과 통제집단 아동의 차이를 반영한다(Del Re & Fluckiger, 2018).

그들의 메타 분석은 지난 50년 동안 3만 431명의 청소년을 대상으로 한 447건의 연구 결과를 통합했다. 치료 직후에 측정된 심리치료의 전반적인 효과는 중간 정도(ES = .46)였다. 치료에 참여한 소아청소년은 통제집단의 소아청소년보다 약 2분의 1 표준편차만큼 더 잘 기능하는 것으로 나타났다(그림 4.7).

치료 후 약 1년 경과 후, 소아청소년의 결과에 미치는 심리치료 효과는 다소 낮았지만(ES = 0.36), 여전히 유의했다. 치료 후 1년이 지나도 치료에 참여한 청소년의 기능이 치료를 받지 않은 청소년보다 3분의 1 표준편차만큼 더 좋았다.

치료가 아동의 기능에 미치는 효과도 아동이 제시하는 문제의 성격에 따라 좌우되었다. 치료는 불안장애가 있는 아동에게 가장 효과가 좋았지만 우울증이 있는 아동에게는 다소 효과가 없었다. 또한 여러 문제를 동시에 대상으로 한 치료법은 아동의 결과에 작은 효과를 보였다. 치료에 의뢰된 아동들이 종종 치료를 받아야 하는 여러 가지 문제를 가지고 있다는 것을 고려할 때 이것은 걱정스러운 일이다.

그림 4.7 ■ 아동 심리치료가 효과가 있는가?

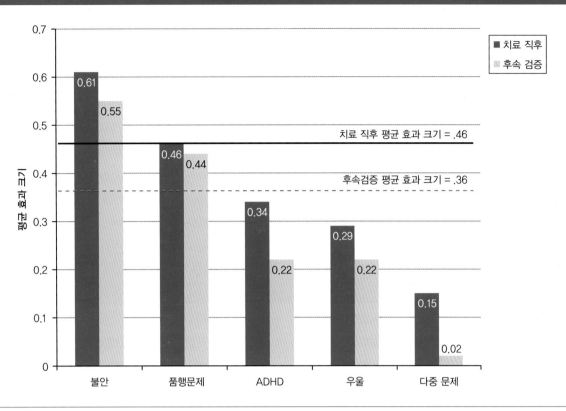

주 : 전반적으로, 심리치료는 치료 직후(ES=.46)와 치료 후 약 1년(ES=.36)까지 아동 기능에서 중간 정도의 효과 크기를 보인다. 심리치료의 효과는 아동의 문제행동의 특징에 의해서도 달라진다. 출처 : Weisz et al. (2017).

어떤 치료가 가장 좋은가?

아동 치료가 효과가 있다는 것을 아는 것은 고무적이지만, 또한 어떤 치료 체계가 가장 효과가 좋은지 알고 싶기도 하다. 성인 심리치료를 연구자들은 모든 형태의 치료가 동등하게 효과적이라는 결론을 내렸다. 어떤 단일 심리치료 체계도 모든 상황에서 가장 잘 작동하지 않는다(Norcross & Lambert, 2020). 일부 연구자들은 이 현상을 도도 평결(dodo verdict)이라고 부른다(Parloff, 1984; Rosenzweig, 1936).《이상한 나라의 앨리스》에서 앨리스는 각 참가자가 서로 다른 위치에서 출발하고, 서로 다른 방향으로 경주하며, 모든 참가자가 승리하는 경주를 본다. 이 이야기의 등장인물 중 하나인 도도새는 "모든 사람은 이겼고, 모든 사람은 상을 받아야 한다"고 결론내린다. 마찬가지로 성인 심리치료에서도 어떤 형태의 치료가 다른 형태의 치료보다 전반적으로 우수하다는 증거는 거의 없다(이미지 4.1).

아동 심리치료에도 도도 평결이 사실일까? 결과는 엇갈린

이미지 4.1 도도 평결은 모든 근거기반치료가 동일하게 잘 작동한다는 결과를 가리킨다.

다(Weisz et al., 2017). 한편에서, 아동들은 연구자들이 조사한 모든 치료법에 대해 똑같이 잘 반응했다. 예를 들어 행동치료와 인지치료는 치료에 대한 다른 접근법(예 : 대인관계 치료, 가족치료)만큼 효과적이었다. 게다가 양육자와 다른 가족 구성원에 초점을 맞춘 치료법은 아동과 청소년 자신에게 초점을 맞춘 치료법만큼 효과적이었다. 이러한 결과는 도도새 평결을 크게 뒷받침한다.

다른 편에서, 치료에 대한 각 접근법의 효능성은 아동의 결과를 보고하는 사람이 누구냐에 따라 달랐다. 전반적으로, 행동 및 인지 치료는 부모, 교사, 아동 스스로 보고한 경우, 가장 큰 결과가 나타났다. 다른 형태의 치료(예 : 대인관계, 가족 체계)는 교사나 가족 외부의 다른 성인에 의해 치료결과가 보고되었을 때 효과적이지 않았다. 이러한 발견은 도도새 판결을 뒷받침하지 않는다. 대신, 아동 자신이 포함되는 행동 및 인지 치료가 가정과 학교 환경 모두에서 가장 강력한 효과를 가져온다는 것을 보여준다.

치료의 효과는 아동의 연령, 성별 또는 민족성에 의해 달라지지 않는다. 아동과 청소년이 치료에 똑같이 잘 반응했다. 마찬가지로, 치료의 효과는 남아와 여아에게 모두 비슷했다. 치료는 또한 백인 청소년과 비백인 청소년에게도 똑같이 효과적인 것으로 보이지만, 소수민족 아동과 가족을 포함하는 심리치료에 대한 더 많은 연구가 필요하다.

효능성 대 효과

전반적으로, 웨이즈와 동료들(2017)의 메타 분석은 대부분의 아동 장애에 대한 심리치료의 효능성을 입증한다. 연구자들은 이상적인 조건의 조사 연구에서 심리치료가 아동의 기능에 미치는 효과를 언급하기 위해 효능성(efficacy)이라는 용어를 사용한다. 예를 들어, 메타 분석에 포함된 연구는 대학 기반 연구팀에 의해 잘 훈련되고 감독된 임상가와 함께 수행되었다. 임상가는 치료 매뉴얼, 즉 치료가 어떻게 진행되어야 하는지를 설명하는 단계별 지침을 사용하여 신중하게 계획되고 유지된 한 가지 형태의 치료만 사용하는 경향이 있다. 효능성 연구 참가자들은 대개 자발적으로 연구 프로젝트에 참여하는 것에 동의한다. 참가자들도 주의 깊게 선정된다. 그들은 연구자가 관심이 있는 장애나 문제가 있는지 확인하기 위해 선별되며, 일반적으로 공존장애가 없다.

대조적으로, 실제 현장에서 대부분의 아동 및 청소년 심리치료는 최적의 조건에서 시행되지 않는다. 연구자들은 실제 상황에서 치료의 효과를 언급하기 위해 효과적(effectiveness)이라는 용어를 사용한다. 예를 들어, 대부분의 아동은 대학 연구 센터보다는 정신건강 클리닉, 병원, 학교에서 치료를 받는다. 임상가는 보통 한 가지의 특정한 형태의 치료법에 대해 훈련받지 않는다. 오히려, 여러 개의 치료적 기술에 의존한다. 임상가는 세심한 검토와 준비를 위한 시간이 거의 없이, 여러 환자를 돌보아야 한다. 또한 그들이 제공하는 치료법의 수와 종류도 보험 회사에 의해 제한될 수 있다. 대부분의 임상 환경에서 내담자는 직접 선택되지 않는다. 임상가는 도움을 구하는 거의 모든 사람을 치료한다. 마지막으로, 내담자는 때때로 DSM-5 진단 범주에 깔끔하게 들어맞지 않는, 여러 가지의 종종 불분명하게 정의된 문제를 갖는 경향이 있다(Norcross & Lambert, 2020).

아동심리 치료의 효과는 무엇인가. 실제 상황에서 효과가 있는가? 놀랍게도 이 질문에 답하기 위한 연구는 거의 이루어지지 않았다. 리, 호바스, 헌슬리(Lee, Horvath, Hunsley, 2013)는 오직 20개의 연구만이 실제 상황 조건에서 아동과 청소년을 대상으로 심리치료의 효과를 조사했다는 것을 발견했다. 불안이나 우울장애 관련하여, 불안이나 우울에 대한 행동, 인지, 대인관계 치료에 참여하는 소아청소년의 80%가 치료를 완료하였다. 또한 소아청소년의 65%가 치료에 반응하였으며, 치료를 마친 후, 정신건강에 문제가 없는 소아청소년과 기능이 비슷하였다. 품행문제와 관련해서는, 행동치료에 참여한 가족의 81%가 치료를 완료했다. 평균적으로, 치료를 받은 소아청소년의 69%가 치료를 받지 않은 소아청소년보다 더 좋은 결과를 보였다. 그러나 결과는 상당히 다양했는데, 일부 연구는 행동의 큰 개선을 보여주었고 다른 연구는 증상 감소를 보여주지 않았다.

전체적으로, 이러한 연구 결과는 아동 심리치료가 실제 상황에서 효과적이라는 것을 시사한다. 그러나 주목할 점은 치료의 효과를 보여주는 모든 연구들이 이전에 최적의 조건에서 효과가 나타났던 치료법을 조사했다는 것이다. 임상가가 현장에서 근거기반 치료에 의존하는 한, 그들이 내담자를 도울 것이라고 합리적으로 확신할 수 있다(Weisz et al., 2013).

주요 용어

가족체계치료(family systems therapy) : 가족 전체를 '내담자'로 보는 심리치료 체계. 한 구성원의 행동이 개선되면 반드시 가족 구성원 모두가 변화할 것이다.

감정(affect) : 아동의 단기 정서 표현. 관찰에 의해 평가됨

공통 요인(common factors) : 모든 형태의 효과적인 심리치료가 공유하는 특징들, 지지적 관계, 개인의 문제에 대한 그럴듯한 설명, 그리고 그 문제를 완화하는 방법을 포괄함

교차성(intersectionality) : 개인의 사회적–문화적 요인 및/또는 정체성이 그들의 발전을 촉진하거나 방해하기 위해 상호 작용하는 방식을 설명하는 데 사용되는 용어

구성 타당도(construct validity) : 검사 점수가 관심 있는 구성 개념을 잘 평가하는 정도, 대개 유사한 구성개념(수렴 타당도)과 강한 상관관계로, 다른 구성개념(변별 타당도)과 약한 상관관계로 뒷받침된다.

구조화된 진단 면접(structured diagnostic interview) : 임상가가 아동 및/또는 부모와 함께 모든 주요 정신과 진단을 체계적으로 검토하여 아동이 진단 기준을 충족하는지 여부를 결정하는 평가 과정

규준–지향 검사(norm-referenced tests) : 아동의 검사점수가 또래들의 점수에서 벗어나는 정도를 정량화하는 점수를 산출하는 검사

기분(mood) : 아동의 장기적인 정서적 기질. 보통 자기보고로 평가됨

내용 타당도(content validity) : 검사 항목이 관심 구성개념과 관련된 정도. 일반적으로 전문가에게 각 항목에 대한 평가를 요청한다.

다중방법 평가(multimethod assessment) : 아동의 기능에 대한 보다 완전한 그림을 얻기 위해 다양한 방법(예 : 자기보고, 관찰, 심리검사)으로 자료를 수집하는 과정

다중 정보제공자 평가(multi-informant assessment) : 여러 사람(예 : 부모, 교사, 자녀)으로부터 자료를 수집하여 환경 전반에 걸쳐 아동의 기능 추정치를 얻는 과정

대인관계치료(interpersonal therapy) : 아동과 타인의 관계의 질에 초점을 맞추고 시간이 지남에 따라 이러한 관계의 변화에 대처할 수 있도록 돕는 심리치료 체계

도도 평결(dodo verdict) : 심리치료의 어떤 단일 체계도 모든 상황에서 가장 잘 작동하지 않는다는 발견을 설명하는 데 사용되는 용어

라포(rapport, 신뢰관계) : 치료사가 자신의 감정을 이해하고 치료의 초기 단계에 참여할 의사가 있다고 내담자가 믿는 치료 관계의 한 측면

문화적으로 적용된 치료(culturally adapted treatment) : 근거 기반 심리치료를 가족의 사회문화적 맥락과 가치관에 맞게 수정

문화적 표현 면담(cultural formulation interview) : 가족의 인종, 민족 및 문화적 정체성과 이러한 정체성이 현재 문제, 강점 및 치료 선호도에 어떤 영향을 미치는지에 대한 정보를 수집하는 데 사용되는 인터뷰

성격(personality) : 사람의 비교적 안정된 생각, 감정, 외현적 행동 패턴

신뢰도(reliability) : 심리검사에 의해 생성된 점수의 일관성. 검사–재검사, 평정자 간 및 내적 일관성 유형을 포함한다.

심리사회적 이력(psychosocial history) : 임상가가 아동의 발달, 교육, 의료, 심리적 과거에 대한 정보를 수집하는 진단면접의 일부

심리역동치료(psychodynamic therapy) : 아동의 기능에 영향을 미치는 무의식적인 생각과 감정에 초점을 맞추는 심리치료 체계. 종종 전이, 즉 치료사에 대한 내담자의 태도와 반응 패턴에 주의를 기울인다.

심리치료(psychotherapy) : 고통이나 장애를 완화하고 성장과 적응을 촉진하는 것을 목적으로 하는 최소 두 사람 사이의 전문적인 관계. 목표는 보통 내담자의 생각, 감정 또는 행동을 바꿈으로써 달성된다.

심리 평가(psychological assessment) : 아동 및 가족에 대한 자료를 수집하여 아동의 현재 기능과 미래 안녕감에 대한 타당한 결론에 도달하는 과정

인지치료(cognitive therapy) : 아동의 사고에 초점을 맞추는 심리치료 체계. 부적응 행동이나 감정의 원인이 되는 인지적 편향이나 왜곡을 식별하고 수정한다.

정규 분포(normal distribution) : 대부분의 아동이 평균 근처에

서 점수를 얻고 극단에서 더 적은 점수를 얻는 종 모양의 점수 분포

정신상태검사(mental status exam) : (1) 외관과 행동, (2) 감정, (3) 인지의 세 가지 광범위한 영역에서 아동의 현재 기능에 대한 간략한 평가

준거관련 타당도(criterion-related validity) : 일부 외부 관심 변수에 대한 가능한 순위를 추론하는 데 검사 점수를 사용할 수 있는 정도. 일반적으로 검사 점수가 동일한 시점(수렴 타당도) 또는 미래(예측 타당도)의 결과와 연관될 때 지지된다.

지남력(orientation) : 정신 상태 검사 중 아동의 사람, 장소, 시간에 대한 인식

지능(intelligence) : 환경에 적응하고 문제를 해결하며 정보를 정확하고 효율적으로 학습하고 사용하는 사람들의 능력과 관련된 광범위한 구성개념

진단면접(diagnostic interview) : 임상가가 아동과 가족의 현재 문제, 이력 및 현재 기능에 대한 자료를 수집하는 가장 일반적인 평가 기법

치료 동맹(therapeutic alliance) : 신뢰에 기반을 둔 내담자와 치료사 간의 협력 관계는 공동 목표를 향해 노력한다.

타당도(validity) : 특정 목적을 위해 원하는 구성개념을 정확하게 반영하는 검사의 능력. 내용, 구성 및 준거 관련 타당도를 포함한다.

통찰(insight) : 정신 상태 검사에서 아동이 심리적 문제가 있을 수 있다고 인식하는 정도

판단력(judgment) : 정신 상태 검사 중 아동이 행동하기 전에 행동의 결과를 고려하는 능력

표준화된 과정(standardization) : 근거기반 검사의 속성. 검사가 모든 수검자에게 동일한 방식으로 시행되고, 채점되고, 해석된다는 것을 나타낸다.

표출하는 문제(presenting problem) : 가족이 도움을 구하는 주된 이유

학업성취도(academic achievement) : 아동이 공식적 혹은 비공식적 교육 경험을 통해 배우는 지식과 기술. 전형적으로 읽기, 수학 및 문어를 반영함.

행동의 기능적 분석(functional analysis of behavior) : 임상가가 행동을 유도하는 선행사건과 시간이 지남에 따라 행동을 유지하는 환경적 결과를 식별하려고 시도하는 평가 기법

행동치료(behavior therapy) : 아이들의 외현적 행동에 초점을 맞추는 심리치료 체계. 행동을 이끌어 내거나 시간이 지남에 따라 그것을 유지하는 환경적 수반성을 변화시킴으로써 행동을 바꾸려고 시도한다.

효과적(effectiveness) : 실제 조건에서의 치료 효과(예 : 광범위한 치료 접근법을 사용하는 치료사, 동반 질환이 있는 내담자)

효능성(efficacy) : 최적의 조건에서의 치료 효과(예 : 잘 훈련되고 세심하게 감독되는 치료사, 단일 문제가 있는 신중하게 선택된 내담자)

비판적 사고 연습

1. 당신이 8세 남아의 ADHD에 대해 평가하고 싶어 하는 심리학자라고 가정해보자. 당신은 누구로부터 그 소년의 행동에 대한 정보를 얻을 수 있는가? 그의 기능을 평가하기 위해 어떤 방법을 사용할 수 있는가?

2. 마티아스는 콜롬비아에서 어머니와 두 명의 남동생과 함께 미국으로 이민 온 9세 남아이다. 마티아스의 학교 심리학자는 마티아스가 ADHD일 것 같다고 걱정한다. 그녀는 마티아스의 어머니와 고민을 나누었지만, 그의 어머니는 아들을 위한 치료에 관심이 없다고 말했다. 학교 심리학자는 치료에 대한 마티아스의 어머니를 이해하기 위해 어떻게 문화표현 면접을 할 수 있을까?

3. 심리검사는 믿을 만하지만 타당하지 않을 수 있는가? 검사는 타당하지만 신뢰할 수 없는 것일 수 있는가?

4. 매디는 아버지의 죽음으로 우울증을 겪고 있는 14세 여아이다. 그녀는 이전에 즐겼던 많은 활동들에 흥미를 잃었고, 에너지가 부족하고 많은 시간 잠을 자며, 다른 사

람들에게 투덜거리고 짜증나게 행동한다. 그녀는 또한 학교를 거의 포기했고 선생님들에 대한 부정적인 태도를 가지고 있다. 그녀의 상담사는 매디를 돕기 위해 (1) 행동치료, (2) 인지치료, (3) 대인관계치료를 어떻게 사용할 수 있을까?

5. 폭스 씨의 10대 딸은 불안장애를 가지고 있다. 소아과 의사는 그녀가 치료사를 만나야 한다고 권했다. 폭스 씨는 실망해서 이렇게 말했다, "나는 심리치료를 믿지 않습니다. 불안은 신경 화학적 과정에 의해 야기되므로, 어떤 대화로 이루어지는 치료도 도움이 되지 않습니다." 폭스 씨의 주장을 평가해보자. 청소년을 위한 심리치료가 효능적이거나 효과적이라는 증거는 무엇인가?

발달장애

PART II

5

지적장애와 발달장애

5.1 기술과 역학

지적장애란 무엇인가?

지적장애(intellectual disability, ID)는 매우 다양한 집단의 사람들이 보이는 행동을 기술하는 용어이다. 심한 발달장애가 있어서 끊임없는 돌봄이 필요한 아동부터 지체가 경미해서 또래들과 거의 구별하기 어려운 아동에 이르기까지 범위가 넓다. 이 아동들은 또 발달의 결과도 다양하다. 대부분이 일반 학급에 통합되어 교육받고, 상당수는 지역사회의 교육 및 오락행사에 참여하며, 일부는 성인이 되어 자신의 가족을 건사하기도 한다. 이 장에서는 이렇듯 이질적인 사람들의 집단을 공부하고, 그들이 겪고 있는 장애의 원인을 알아보며, 그들이 최고의 잠재력을 발휘하도록 돕는 근거기반 전략들을 학습하기로 하겠다(Witwer, Lawton, & Aman, 2014).

ID가 있는 사람들은 모두 지적 기능의 수준이 매우 낮다(표 5.1). 새로운 정보를 인식하고 처리하거나, 신속하고 효율적으로 학습하거나, 새로운 문제를 푸는 데 지식과 기술을 적용하거나, 창의적이고 융통성 있게 사고하거나, 빠르고 정확하게 반응하는 데 어려움이 있다. 5세가량 된 아동들과 더 나이든 아동들의 지적 기능은 표준화된 개인용 지능검사를 사용하여 측정한다. IQ 점수는 평균이 100이고 표준편차가 15인 정규분포를 이룬다는 사실을 상기해보라. 평균보다 두 표준편차 아래에 있는 IQ 점수(즉 IQ < 70)는 지적 기능이 크게 손상되었다는 것을 보여준다. 대다수 IQ 검사의 측정오차는 약 5점이므로, 65와 75 사이의 IQ 점수가 지적 결함을 결정하는 절단점수로 권장된다(American Psychiatric Association, 2013). 아동과 청소년의 2~3%가량이 IQ 점수가 이 절단점수 아래에 있다.

ID가 있는 사람들은 적응기능에서도 상당한 결함을 보인다. 적응기능(adaptive functioning)은 사람들이 일상생활의 요구에 얼마나 효율적으로 대처하며, 특정 연령집단에 속하거나 특정 사회문화적 배경을 가지고 있거나 특정 지역사회에서 생활하는 사람에게 기대되는 개인적 독립의 기준을 얼마

표 5.1 ■ 지적장애의 진단기준

지적장애(지적발달장애)는 개념, 사회, 실행 영역에서 지적 기능과 적응 기능 둘 다에 결함이 있는 장애로 발달 기간에 시작된다. 다음의 세 가지 진단기준을 충족해야 한다.

A. 임상적 평가와 개별적으로 실시된 표준화 지능검사에 의해 확인되는 지적 기능(추론, 문제해결, 계획, 추상적 사고, 판단, 학문적 학습, 경험을 통한 학습)의 결함이 있다.

B. 개인적 독립과 사회적 책임을 다하기 위한 발달적·사회문화적 기준을 충족하지 못하는 적응기능의 결함이 있다. 지속적 지원을 받지 못하면 적응결함으로 인해 다양한 환경(가정, 직장, 지역사회)에서 한 가지 이상의 일상생활 활동(의사소통, 사회적 참여, 독립적 생활) 기능이 제한을 받는다.

C. 지적 결함과 적응기능 결함은 발달 기간 동안에 시작된다.

나 잘 충족하는지를 가리킨다(American Psychiatric Association, 2013). 지적기능이 정보를 학습하고 문제를 해결하는 능력을 가리킨다면, 적응기능은 그 사회에서 일상적으로 해야 할 일들을 연령에 적합한 방식으로 해내는 수준을 가리킨다(Sturmey, 2014b).

DSM-5에는 개념, 사회, 실행이라는 적응 기능의 세 영역이 명기되어 있다. ID 진단을 받기 위해서는 이 중에서 적어도 한 영역에서 손상을 보여야 한다. ID 아동들은 대개 여러 영역에서 문제를 겪는다.

개념 기술 : 언어 이해하기, 말하기, 읽기, 쓰기, 수 세기, 시간 알기, 수학문제 풀기, 정보와 기술을 학습하고 기억하는 능력 갖추기

사회 기술 : 대인관계 기술 갖추기(예 : 다른 사람을 대할 때 눈을 맞추기), 규칙 지키기(예 : 게임할 때 순서를 교대하기), 사회적 문제해결에 참여하기(예 : 말다툼 피하기), 다른 사람을 이해하기(예 : 공감하기), 친구를 사귀고 유지하기

실행 기술 : 자기 돌보기(예 : 옷 입기, 몸단장), 안전 실천

하기(예 : 길을 건널 때 양쪽을 보기), 집안일 하기(예 : 전화기 사용하기), 학교/일터에서 필요한 기술 갖추기(예 : 약속시간 준수하기), 오락 활동에 참여하기(예 : 클럽, 취미), 돈 사용하기(예 : 가게에서 물건 값 지불하기) 등의 일상생활 활동들

적응기능은 아동의 행동에 대해 보호자를 면담하고 그들이 보고한 내용을 동일한 연령, 성별, 문화집단에 속하는 다른 아동들이 보이는 행동과 비교하여 평가할 수 있다(Tassé et al., 2012).

심리학자들은 종종 아동의 적응기능에 관한 정보를 수집하기 위해 보호자들에게 규준참조 면접을 하거나 평정척도를 실시한다. 예를 들어, 진단적응행동검사(DABS)는 발달장애 아동의 보호자에게 실시되는 반구조화된 면접이다. 면접자는 보호자의 보고를 근거로 하여 아동의 적응행동을 개념, 사회, 실행 영역에서 평가한다. '과학에서 실천까지'는 다양한 연령에서 평가될 수 있는 적응행동들의 예를 보여주고 있다. DABS는 IQ 점수와 비슷한 표준점수를 제공하는데, 이 점수는 아동의 적응기능을 또래와 비교해서 나타낸다. 적어도 한

과학에서 실천으로
임상전문가는 적응기능을 어떻게 측정하는가?

임상전문가는 보호자들에게 반구조화된 면접을 실시하여 적응기능을 평가한다. 적응기능 척도는 임상전문가들이 아동의 개념, 사회, 실행 기술을 평가하게 해준다. 보호자들이 보고한 내용은 아동이 자신과 동일한 연령과 성별의 다른 아동들과 비교해서 결함이 있는지 알아보는 데 사용될 수 있는 표준점수로 전환된다. 어린 아동들, 나이 든 아동들, 그리고 청소년들에게서 평가할 수 있는 적응기능의 몇몇 영역이 있다.

	어린 아동	나이 든 아동	청소년
개념	10개 물건을 하나씩 셀 수 있다. 태어난 연월일을 알고 있다.	1센트, 5센트, 10달러의 가치를 기술한다. 수학연산기법을 사용한다.	시계로 시간을 맞춘다. 취업지원서를 작성할 수 있다.
사회	오고 갈 때 "안녕"과 "잘 가"라고 말한다. 필요할 때 도움을 요청한다.	일반적 신호(예 : 멈추시오, 들어가지 마시오)를 읽고 따른다. 집단대화의 주제를 알고 있다.	만족스러운 친구관계를 가지고 있다. 개인정보를 비밀로 지킨다.
실행	화장실을 사용한다. 흘리지 않고 컵으로 물을 마신다.	전화를 받는다. 혼잡한 도로를 안전하게 건널 수 있다.	학교나 일터에 혼자서 간다. 옷을 빨고 그릇을 씻는다.

주 : DABS에서 인용. 출처 : Schalock et al. (2015).

영역에서 평균보다 두 표준편차 이상 낮은 점수(예 : <70)는 적응기능에 심한 손상이 있음을 나타낼 수 있다(Balboni et al., 2014; Schalock, Tasse, & Balboni, 2015).

ID는 낮은 지적기능과 적응기능 문제라는 두 가지 특징을 가지고 있다는 데 주목하자. ID가 IQ만으로 결정된다고 잘못 생각하는 사람들이 많다. 그러나 ID로 진단하려면 적응기능의 결함도 똑같이 필요하다. IQ는 65이지만 적응기능에는 아무 문제가 없는 아동은 ID로 진단되지 않을 것이다(Sturmey, 2014a).

끝으로, ID가 있는 사람들은 모두 어릴 때부터 지적기능과 적응기능에서 제한을 보인다. 어떤 사람들은 성인이 되어서야 비로소 ID로 확인되기도 하지만, 지적 기능과 일상생활의 문제는 그들의 아동기에 이미 시작되었다. 이러한 발병연령 요건이 지적기능과 적응기능에 문제가 있는 다른 장애들과 ID를 구분해준다.

아동의 지적장애의 심각도를 어떻게 기술하는가?

임상전문가는 아동의 적응기능 수준에 근거하여 ID의 심각도를 명시한다. 적응기능의 한 영역에서만 경미한 결함이 있는 (즉 표준점수가 55~70인) 아동들은 여러 영역에 심각한 결함이 있는(즉 표준점수 < 25인) 아동들보다 보호자의 지원이 더 적게 필요할 것이다. 임상전문가는 지원이 가장 많이 필요한 영역들을 명시함으로써 아동의 적응기능을 증진하거나 치료 효과가 잘 나타나지 않을 수도 있는 결함을 보완하는 개입 계획을 시작할 수 있다.

경도 지적장애(적응기능 점수 55~70)

유아나 걸음마 아동과 마찬가지로, 경도 지적장애가 있는 아동들도 대개는 다른 아동들과 차이가 없어 보인다. 발달이정표의 대부분을 예상되는 연령에서 성취하고, 기초적인 언어

표 5.2 ■ 지적장애의 심각도 기술

심각도	개념 영역	사회 영역	실행 영역
경도	학령전기에는 개념 차이를 뚜렷하게 보이지 않을 수 있다. 학령기에는 학업기술(예 : 읽기, 쓰기, 수학, 시계 볼 줄 알기, 돈 사용하기)을 습득하는 데 어려움이 있다. 추상적 사고와 계획을 하기 어려우며, 사고의 성격이 구체적인 경향이 있다.	의사소통, 대화 및 언어가 또래 아동들보다 미숙하다. 다른 사람들의 사회적 단서를 정확하게 이해하기 어려울 수 있다. 또래 아동들에 비해 정서와 행동을 통제하기 어려울 수 있다.	자기관리를 연령에 적합한 방식으로 할 수 있다. 청소년기에 쇼핑, 요리, 돈 관리와 같이 더 복잡한 일상생활 과업을 수행하는 데에는 도움이 필요할 수 있다.
중등도	학령전기에는 언어와 학습준비 기술이 느리게 발달한다. 학령기에는 학업기술이 발달하는 속도가 느리다. 청소년기의 학업기술은 대개 초등학교 수준이다.	사회적 기술과 의사소통 기술이 또래들과 확연한 차이를 보인다. 음성언어가 단순하고 구체적이다. 사회적 판단 및 결정 능력이 제한되어 있다. 또래들과의 우정이 종종 사회적 결함의 영향을 받는다.	식사하기, 옷 입기, 화장실 사용, 위생 같은 자기관리 기술을 배우는 데 또래아동들보다 시간이 더 많이 걸리고 연습도 더 많이 해야 한다. 연습을 많이 하면 청소년기에 집안일 하는 기술을 습득할 수 있다.
고도	문자언어나 수에 대한 이해가 전혀 없다. 보호사는 인생 선반에 걸쳐 문제를 해결할 수 있도록 광범위한 지원을 제공해야 한다.	음성언어가 매우 제한되어 있으며 어휘와 문법이 단순하다. 한 단어나 구로 말을 한다. 간단한 말이나 몸짓을 이해한다. 가족 구성원이나 그 밖의 친숙한 사람들과 관계를 맺는다.	식사하기, 옷 입기, 씻기, 배설하기 등 일상생활의 모든 활동에 지속적인 도움이 필요하다. 보호자들은 아동을 항상 감독해야 한다. 일부 아동은 자해 같은 부적응적 행동을 한다.
최고도	개념 기술이 추상적 상징(예 : 글자, 숫자)보다는 대체로 물리적 세계와 관련이 있다. 연습을 하면 짝짓기와 분류하기 같은 시각–공간 기술을 습득할 수 있다. 동시에 발생하는 신체적 문제가 기능을 크게 제한할 수 있다.	상징적 의사소통에 대한 이해가 제한되어 있다. 간단한 지시나 몸짓을 이해할 수 있다. 주로 비언어적, 비상징적 수단으로 의사소통을 한다. 대체로 가족구성원이나 그 밖의 친숙한 사람들과 관계를 맺는다. 동시에 발생하는 신체적 문제가 기능을 크게 제한할 수 있다.	자기관리의 일부 측면에는 참여할 수 있으나 신체관리, 건강, 안전의 모든 부문에서 다른 사람들에게 의존한다. 일부 아동은 자해 같은 부적응적 행동을 한다. 동시에 발생하는 건강 문제가 기능을 크게 제한할 수 있다.

출처 : American Psychiatric Association (2013).

를 습득하며, 가족구성원 및 또래아동들과 상호작용한다. 학교에 다니기 시작하면서 지적 결함이 처음 확인되는 경우가 대부분이다. 교사들은 이 아동들이 글자와 숫자를 알아보거나, 읽기와 수학과 같은 학업기술을 숙달하는 데 시간과 연습이 더 많이 필요하다는 것을 알아챌 수 있다. 학교에서 진도가 나가고 공부가 더 어려워지면 이 아동들은 뒤처지게 되고 유급할 수도 있다. 일부는 전통적 교육에 좌절하게 되며 수업시간에 문제행동을 보일 수도 있다. 중학생이 되면 기초적인 읽기와 수학은 숙달하게 되지만 학업이 더 진전을 보이는 경우는 거의 없다. 학교를 졸업한 후에는 사회에 섞여 들어서 반숙련직업에 종사하고 지역사회에서 독립적으로 생활한다. 자신의 한계를 극복하기 위해 다른 사람들의 지원이 가끔씩 필요할 뿐이다. 예를 들어, 입사지원서를 작성하거나 소득신고서를 제출하거나 재정을 관리할 때 도움이 필요할 수 있다(Matson, 2020).

중등도 지적장애(적응기능 점수 40~55)

중등도 ID가 있는 아동들은 유아나 걸음마 아동과 마찬가지로 때로 지적기능과 적응기능의 제한을 드러내곤 한다. 운동기술은 대개 전형적인 방식으로 발달하지만, 말하기 학습과 다른 사람들과 상호작용할 때 지체가 있다는 것이 부모 눈에 종종 띈다. 또래아동에 비해 주변 환경에 관심이 없어 보이는 경우가 많다. 언어발달 지연이 드러나는 걸음마기나 학령전기에 ID가 있는 것으로 처음 확인되는 경우가 대부분이다. 이 아동들은 처음에는 제스처와 단일단어로 의사소통을 한다. 학교에 입학할 무렵에는 짧고 간단한 구를 사용해서 말하고, 일반 걸음마 아동들과 유사한 수준의 자기돌봄 기술을 보인다. 그러나 기초적 읽기, 쓰기, 수학을 숙달하는 데 어려움이 있다. 청소년기에는 다른 사람들과 효율적으로 상호작용할 수 있고, 기본적인 자기돌봄 기술을 가지고 있으며, 간단한 읽기 및 쓰기 능력을 지니고 있다. 신문기사를 읽거나, 산수문제를 풀거나, 돈을 사용하는 데에는 여전히 어려움이 있다. 성인기에는 훈련과 감독을 받으며 미숙련직업에 종사하기도 한다. 보통 가족과 함께 살거나, 지원을 제공해줄 수 있는 성인과 함께 거주시설에서 생활한다.

고도 지적장애(적응기능 점수 35~40)

고도 ID가 있는 아동들은 보통 유아기에 처음으로 확인된다. 일어나 앉기와 걷기 같은 초기 발달이정표에 거의 항상 늦게 도달한다. 대개 유전적 또는 의학적 장애를 나타내는 생물학적 이상을 한두 가지 가지고 있다. 부모나 양육자로부터 상당한 수준의 감독을 받을 필요가 있다. 학교에 입학할 무렵이면 스스로 움직일 수 있고 밥 먹기, 옷 입기, 화장실 사용하기와 같은 기초적인 자기돌봄 기술을 수행할 수 있다. 한 단어와 제스처를 이용하여 의사소통을 할 수 있다. 성인이 되면 다른 사람의 말을 이해하는 능력은 상당히 발달하지만, 말하기에는 여전히 제약이 있고 이해받기 어렵다. 보통 읽기와 쓰기를 하지 못하지만, 엄중한 감독을 받는다면 단순한 일상생활 과제들은 할 수도 있다. 대개 가족과 생활하거나 거주시설에서 보호를 받는다(Matson, 2020).

최고도 지적장애(적응기능 점수 < 25)

최고도 ID가 있는 아동들은 유아기에 처음으로 확인된다. 거의 항상 신경학적 장애를 나타내는 여러 가지 생물학적 이상과 건강 문제를 보인다. 학교에 입학할 무렵이면 1세 된 일반 아동들과 비슷한 수준의 기술을 보인다. 일어나 앉고, 소리를 따라 하고, 간단한 명령을 알아듣고, 친숙한 사람들을 알아본다. 최고도 ID 아동의 절반가량은 평생 다른 사람의 도움이 필요할 것이다. 나머지 절반은 적응기술이 느리게 발달할 것이다. 걷기를 배우고, 약간의 의사소통 기술을 습득하고, 몇몇 자기돌봄 활동을 수행할 수 있다. 대개는 성인기에도 가족과 보호자의 끊임없는 지원과 감독을 필요로 한다. 만성적 질병과 감각 손상을 보일 수도 있다(Matson, 2020).

지원의 필요성

미국 지적장애 및 발달장애학회(American Association on Intellectual and Developmental Disabilities, AAIDD)는 지적기능과 적응기능에 손상이 있는 사람들에게 헌신하는 가장 오래된 전문기관이다. AAIDD는 지적장애인을 위해 연구하고 도움을 제공하고 옹호하는 전문가와 일반인들로 구성되어 있다. 1910년 이래로 ID를 확인하기 위한 지침과 이 장애가 있는 아동과 청소년들을 돕기 위한 최상의 방법들을 제안하였다(Harris & Greenspan, 2016).

지적장애에 대한 AAIDD와 DSM-5의 정의는 매우 유사하다. 그러나 AAIDD의 정의는 지적장애인들을 적응기능의 손상 정도가 아니라 지원의 필요성에 따라 기술한다(Schalock & Luckasson, 2015). 지원의 필요성(need for support)은 개인이 사회에서 효율적으로 기능하도록 돕는 다양한 원조를 가리킨다. 지원은 의료인, 정신건강 전문가, 교사, 교육전문가, 전문 돌봄제공자 또는 휴먼서비스 기관에 의해 공식원조의 형태로 제공될 수 있다. 부모, 친구 또는 지역사회 구성원에 의한 비공식적 도움을 가리킬 수도 있다. AAIDD는 지원이 얼마나 많이, 그리고 얼마나 오래 필요한지에 근거하여 간헐적(때때로, 위기가 닥쳤을 때), 제한적(단기적), 대대적(장기적), 그리고 전반적(끊임없는) 지원이라는 네 가지 수준의 지원을 거론하고 있다.

AAIDD는 아동들을 경도, 중등도, 고도, 최고도에 따라 분류하기보다는 전문가들이 다양한 기능영역에서 이들에게 필요한 지원을 기술하도록 권장한다. 예를 들어, ID 아동은 모든 학업 활동에 대해서는 전일제 보조교사와 같은 '대대적' 교육지원이 필요하지만, 사회기능 영역에서는 학교에서 친구 사귀는 법을 배우도록 돕는 단기 사회기술훈련 같은 '간헐적' 지원이 필요한 것으로 기술될 수 있다(이미지 5.1).

AAIDD는 임상전문가가 필요한 지원의 유형과 강도를 확인하도록 돕는 반구조화 면접을 발간하였다(Buntinx, 2016). 가정생활, 지역사회생활, 평생학습, 취업, 건강과 안전, 사회활동, 보호와 옹호의 영역에서 지원의 필요성을 측정한다. 각각의 활동을 아동에게 필요한 지원의 빈도(예 : 전혀, 적어도 한 달에 한 번), 분량(예 : 전혀, 30분 이하), 그리고 유형(예 : 모니터링, 언어 제스처)에 따라 순위를 매긴다.

ID 아동들을 필요한 지원에 의해 분류하는 AAIDD 접근은 두 가지 강점을 갖는다(Schalock & Luckasson, 2015). 첫째, 이 접근은 아동에게 ID가 있다는 분류만 하는 것보다 아동에 관해 더 많은 정보를 전달해준다. 둘째, 아동의 한계보다는 능력에 초점을 맞춘다. AAIDD 접근의 주요 문제점은 복잡하다는 것이다. 아동을 너무 많은 기능차원에 따라 기술하는 것은 번거로울 뿐 아니라 전문가들 간의 의사소통을 방해할 수도 있다. AAIDD 접근은 또 연구를 어렵게 만들 수도 있다. 필요한 지원과 기능영역들의 조합이 너무 많기에 연구에 참여할 유사한 사람들을 찾아내기가 어렵다.

전반적 발달지연이란 무엇인가?

기술

ID로 진단되려면 지적기능과 적응기능이 상당한 결함을 보여야 한다. 지적기능은 흔히 IQ 검사를 사용하여 측정한다. IQ 측정은 학령기 아동의 경우 비교적 간단하지만, 걸음마 아동이나 학령전기 아동―특히 발달장애가 의심되는 아동의 경우에는 상당히 어려울 수 있다.

임상전문가가 아주 어린 아동의 지적 능력을 측정하고자 할 때 몇 가지 선택지가 있다(Wyly, 2019). 베일리 유아 및 걸음마 아동 발달척도, 제4판(Bayley Scales of Infant and Toddler Development, Fourth Edition, BSID-4)은 생후 16일에서 42개월까지의 아동에게 사용하기 적합하다. 그러나 BSID-4는 보통 지능 그 자체보다는 아동의 인지, 운동, 사회 발달을 측정하는 것으로 간주된다. 스탠퍼드-비네 지능검사, 제5판은 2세가량의 어린 아동들에게 실시할 수 있는 진정한 IQ 검사이다. 이와 유사하게, 웩슬러 아동지능검사, 제4판(WPPSI-IV)은 2.5세가량의 어린 아동들에게 실시할 수 있다. 그러나 4~5세 이전에 측정한 IQ 점수는 아동 후기나 청소년기의 지능을 잘 예측해주지 못하는 경우가 많다(Brito et al., 2020). 그렇다면 발달지연이 있는 유아와 걸음마 아동들은 어떻게 분류되어야 하는가?

전반적 발달지연(global developmental delay, GDD)은 5세 이하의 아동들에게만 진단되는 신경발달장애이다. 유아 또는

이미지 5.1 지적장애에 대한 AAIDD의 정의는 아동이 학습하고 사회에서 효율적으로 기능하는 데 필요한 지원을 강조한다.

아동이 발달이정표를 여러 영역에서 충족하지 못할 때 GDD 진단을 받는다. 이 시기의 아동들은 소아과의사나 심리학자가 ID가 아닐까 의심을 한다 해도, 아직 너무 어리기 때문에 전통적인 IQ 검사를 실시할 수 없다. 따라서 아동이 IQ 검사를 받을 수 있을 만한 나이가 될 때까지 발달지연이 있음을 나타내기 위해 일시적 진단으로 GDD를 부여한다(American Psychiatric Association, 2013).

다음 중 두 가지 이상의 발달영역에서 상당한 지연을 보이는 아동과 걸음마 아동들이 GDD 진단을 받는 경우가 대부분이다. (1) 소근육/대근육 운동기술, (2) 말/언어, (3) 사회적/개인적 기술, 그리고 (4) 일상생활이다(표 5.3). 두 가지 이상의 영역에서 평균보다 두 표준편차 이상 낮은 점수를 받을 때 상당한 지연을 보이는 것으로 정의한다. GDD 아동은 대부분 또는 모든 기능영역에서 지연을 보인다(Moeschler, 2020).

GDD가 있는 아동들은 보통 생후 첫 해에 확인된다. 일부 아동들은 출생 시에 발달장애가 있음을 나타내는 신체 이상

을 보인다. 다른 아동들은 이 아동들이 또래들과 동일한 방식으로 발달하지 않는다는 것을 보호자가 알아챌 때 비로소 발달지연이 드러난다. 부모는 의아해 할 수 있다. "내 아들은 왜 생후 9개월에 혼자서 일어나 앉지 못하고 15개월인데도 걷지 못하지? 내 딸은 왜 18개월에 '엄마'라고 말하지 못하고 컵을 달라고 하지도 못하지?" GDD가 있는 학령전기 아동인 샘의 사례를 생각해보자.

전반적 발달지연이라는 진단명에서 '지연'이라는 단어는 아동이 결국에는 또래아동들을 따라잡을 것임을 의미한다. 안타깝게도 GDD 아동들을 대상으로 하는 종단연구들은 항상 그렇지는 않다는 것을 보여준다. 처음에 GDD로 진단된 유아와 걸음마 아동들 중 상당수가 유치원에 들어갈 무렵에 결국 ID 진단기준을 충족시킨다. 더욱이 회고 연구들은 나이든 ID 아동 대부분이 GDD 진단을 받을 정도로 생후 초기 발달이 지연되었다는 것을 보여준다. 따라서 GDD는 ID로 진단하기에는 너무 어린 아동들에게 내리는 '자리 표시' 진단이

표 5.3	■ 유아와 걸음마 아동의 발달이정표			
연령	운동	언어	사회	일상생활
2개월	엎드린 자세로 머리 들기	차별화된 울음	미소 짓기, 눈으로 보호자를 따르기	—
3개월	머리와 가슴을 들기, 물건을 집기	목울림	웃음	—
4개월	구르기, 몸을 뻗기	—	다른 사람들에 대한 반응으로 사회적 미소를 보임	—
6개월	받쳐주면 앉기	옹알이, 소리 나는 쪽으로 고개 돌리기	—	물건들을 입으로 건드리기
8개월	받쳐주지 않아도 앉기	자기 이름을 부르는 소리 쪽으로 고개 돌리기	낯가림	—
10개월	손가락으로 집기, 기기	'잘 가' 손 흔들기	까꿍놀이	병을 두 손으로 잡기
12개월	걷지만 쉽게 넘어짐	첫 단어	분리불안	컵으로 물 마시기
15개월	안정되게 걷기, 갈겨쓰기	물건 가리키기, 단일 단어 사용하기	—	숟가락 사용하기, 옷을 입혀줄 때 돕기
18개월	도움을 받아서 계단 오르내리기, 공 던지기	요청하면 해당 신체부위 가리키기, 두 단어 구절	다른 사람들과 놀이하기	블록으로 작은 탑 쌓기
24개월	계단 오르내리기, 공 차기	대명사 사용하기, 세 단어 구절	"아니"라고 자주 말함	도움 없이 스스로 밥을 먹으려고 하기

주 : 전문가들은 아동이 운동, 언어, 사회 또는 일상생활 기술에서 지연을 보이는지 알아내기 위해 발달이정표를 참고한다. 출처 : Centers for Disease Control and Prevention (2020a).

라고 보는 연구자들도 있다(Moeschler, 2020).

그러나 모든 GDD 아동들이 지적기능 결함을 가지고 있는 것은 아니다. 최근의 한 연구에서 연구자들은 GDD가 있는 학령전기 아동들의 WPPSI 점수를 조사하였다. 아동들의 점수는 넓은 범위에 걸쳐 있었고, 20%가량은 평균 범위에 속하는 점수를 받았다(Riou, Ghosh, Francoeur, & Shevell, 2009).

더욱이 어린 GDD 아동들 가운데 일부는 나중에 ID를 보이지 않았다. 예를 들어, 뇌성마비는 평생 가는 발달장애로서 소근육 운동 기술, 대근육 운동 기술, 섭식, 말하기, 인지능력의 발달을 크게 지연시킬 수 있다(Novak et al., 2018). 뇌성마비 아동들은 비정상적인 근긴장(예 : 구부정한 자세로 앉음), 근경련, 불수의운동(예 : 머리 흔들기), 불안정한 걸음걸이, 불안정한 균형, 관절이나 뼈의 뚜렷한 이상을 보이곤 한다. 이 장애는 경미한 서투름에서 균형 잡힌 운동 활동의 결

여에 이르기까지 심각도가 다양하다. 뇌성마비 아동들 상당수가 지적장애를 보이기도 하지만, 3분의 1가량은 대다수의 또래아동들과 유사한 인지능력을 보인다(Stadskleiv, Jahnsen, Andersen, & von Tetzchner, 2019).

이와 유사하게, 사회적 박탈이나 심각한 경제적 어려움을 겪은 아동들은 어릴 때 운동, 언어 및 인지의 발달이 지연될 수 있다. 예를 들어, 빈곤한 국가에서 입양된 유아들이 보호자–아동 비율이 매우 높은 고아원에서 자랐는데, 이들 중 상당수는 영양과 인지적 자극(예 : 책과 장난감 제공)을 충분히 제공받지 못했고 다른 사람들과 상호작용도 부족했다. 놀이와 탐구활동을 통해 운동기술을 발달시킬 기회도 제한되어 있었다. 이 유아들과 걸음마 아동들 대부분이 여러 영역의 운동 발달이 크게 지연되었다. 그러나 민감하고 반응적인 보살핌을 특히 생후 9개월 이전에 제공한다면 이러한 결함을 치유

사례연구
전반적 발달지연

조용한 샘

새미는 현저한 언어지연 때문에 소아과의사가 우리 클리닉에 의뢰한 34개월 된 소년이었다. 어머니는 다음과 같이 말했다. "저는 새미의 말에 대해 걱정이 많아요. 새미는 말을 많이 해본 적이 한 번도 없어요. 단어 몇 개만 말할 뿐이죠. 같은 나이의 이웃 아이들 대부분이 완전한 문장으로 말하는데 얘는 그러질 않아요."

베어 박사는 새미가 6주가량 미숙하게 태어났고 나이에 비해 늘 작았다는 것을 알게 되었다. 운동기술은 항상 또래아이들보다 뒤처지는 경향이 있었다. 다른 아이들이 걷기를 배울 때 새미는 겨우 기기 시작했고, 또래아이들이 식사시간에 숟가락과 포크를 사용하기 시작할 때 새미는 손가락을 사용했다.

베어 박사는 새미에게 베일리-4 검사를 실시했다. 새미의 기능을 평가하기 위해 새미가 일련의 과제를 하는 과정을 관찰했고, 새미의 발달과 새미가 집에서 하는 행동들에 관해 어머니에게 질문을 하였다.

새미의 수행은 언어, 운동, 사회정서 기술에서 지연을 보였다. 전반적으로 새미의 기능은 같은 나이의 다른 아동들보다 두 표준편차 이상 낮았다. 언어영역의 발달이 가장 눈에 띄게 지연되었다. 새미는 수용성 언어에 문제가 있었다. 예를 들어, 베어박사가 이름을 말한 신체부위들을 제대로 가리키지 못했고, 컵, 신발, 가위를 어떻게 사용하는지 물어보면 제스처로 사용법을 보여주지 못했다. 새미는 표현성 언어에서도 지연을 보였다. 그는 보통 두 단어 문장으로 말을 했고, 흔한 대상들(예 : 사과, 침대, 자동차)의 그림을 보고 이름을 말하기 어려워했으며,

말을 할 때 대명사를 사용하지 않았다. 검사 결과는 또 새미의 소근육 운동기술(예 : 구멍에 동전 집어넣기), 대근육 운동기술(예 : 계단 오르기, 공차기), 그리고 사회정서적 기능(예 : 가장놀이, 또래에 대한 관심)에도 이와 비슷한 지연이 있다는 것을 보여주었다.

"저는 어머니가 저에게 새미를 데리고 와주셔서 정말 기쁩니다." 베어 박사는 새미의 어머니에게 말했다. "새미의 언어와 운동기술은 그 애 또래의 소년에게서 우리가 기대하는 수준보다 더 낮습니다. 아이가 이런 기술들을 발달시키도록 도울 수 있는 방법들을 찾기 위해 우리 함께 노력해봅시다."

할 수 있다(Apter, Devouche, & Gratier, 2020).

원인

유아와 걸음마 아동의 2%가량이 GDD를 가지고 있다. 어떤 사례들에서는 신체검사를 하여 GDD의 원인을 알아낼 수 있다. 예를 들어, 다운증후군 아동들은 크고 둥근 얼굴이나 넓은 콧등과 같은 특정 신체적 특징으로 확인할 수 있다. 그러나 대개는 소아과의사가 유전적 장애가 있는지 알아보는 혈액검사를 하도록 지시해야 한다(Srour & Shevell, 2014).

미국소아과학회는 GDD 아동들에게 사용할 표준검사로 염색체 미세배열(chromosomal microarray, CMA) 분석을 권장한다(Moeschler et al., 2014). 이 검사는 게놈의 주요 부위들에 복제개수 변형(즉 비정상적인 복제나 결실)이 있는지 확인한다. CMA는 유전적 이상을 알아내기 위해 아동 염색체 구조의 '가상 핵형'을 만들어내는 데 사용될 수 있다(Flore & Milunsky, 2012). CMA는 G밴드 염색체 분석과 같이 해상도가 낮고 더 미세한 이상을 잡아내지 못할 수도 있는 오래된

유전검사를 대체하였다(그림 5.1). GDD를 초래하는 가장 흔한 유전장애는 다운증후군, X결함 증후군, 레트증후군(또 하나의 X 관련 장애), 그리고 게놈 일부의 미세한 전좌나 결실이다. GDD 아동의 4%가량은 이들의 발달이 왜 지연되었는지 알려주는 확인 가능한 유전장애를 가지고 있다(Stevenson, Schwartz, & Rogers, 2012).

의사들은 또 대사장애가 발달지연을 초래했는지 알아보기 위해 혈액검사나 소변검사를 지시할 수도 있다. 그런 대사장애로는 페닐케톤뇨증, 갑상선기능저하증, 납중독 등이 있다. 이 장애들은 비교적 드물게 나타난다. GDD 아동의 1%가량만이 확인 가능한 대사 문제를 가지고 있다(Gilissen et al., 2014).

유전검사와 대사검사의 결과가 음성으로 나온다면 의사들은 아동의 발달지연이 어디서 유래했는지 알아보기 위해 뇌신경 영상을 찍어볼 수 있다. 자기공명영상(MRI)은 GDD 아동의 약 30~40%에서 구조의 이상을 찾아낼 수 있다. 이러한 이상에는 중추신경계 기형, 뇌 위축, 수초 형성의 문제 또는

그림 5.1 ■ 유전검사의 두 가지 유형

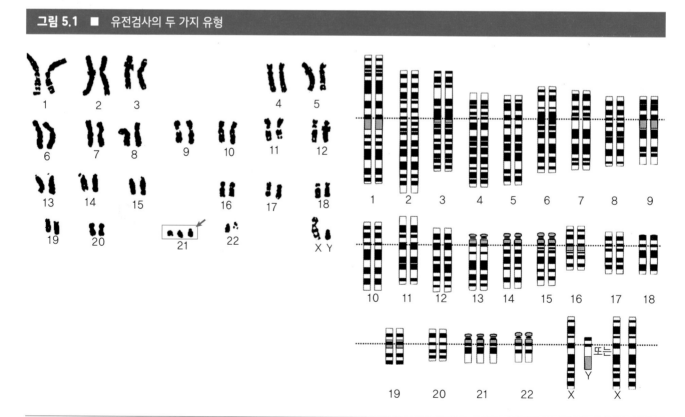

주 : 염색체 미세배열[오른쪽]은 유전물질의 미세한 반복이나 결실도 잡아낼 수 있는 고해상도의 '가상 핵형'을 생성한다. 더 오래된 방법[왼쪽]은 해상도가 떨어지는 이미지를 산출한다. 두 검사 모두 아동이 다운증후군의 특징인 21번 삼염색체(이염색체가 아님)를 가지고 있다는 것을 보여준다.

세포의 손상과 병변이 있다.

물론 의사들은 발달지연의 기저에 감각결함이 있을 가능성도 배제해야 한다. GDD 아동의 13~25%가량은 시각에도 문제가 있는 반면에, 18%가량은 청각에 상당히 큰 문제가 있다. 시각결함과 청각결함을 치료하지 않으면 아동이 말, 언어, 사회적 기술을 습득하는 데 크게 방해가 될 수 있다.

어떤 도전행동들이 지적장애와 관련이 있는가?

발달장애 분야의 전문가들은 아동의 안전이나 사회적 기능을 크게 방해하는 행위들을 묘사하기 위해 도전행동(challenging behavior)이라는 용어를 사용한다. ID 아동의 4분의 1가량이 도전행동을 한다(Didden et al., 2012).

도전행동은 아동의 건강과 발달에 여러 가지 방식으로 부정적 영향을 미칠 수 있다. 첫째, 자해나 타인에 대한 공격성 같은 도전행동은 신체에 해를 끼칠 수 있다. 둘째, 도전행동은 부모와의 관계에 압력을 가하고 아동이 또래친구들로부터 거부당하게 만들 수 있다. 셋째, 도전행동을 하는 아동은 생일파티, 밤샘파티, 스포츠 같은 사회적 경험을 하지 못하게 될 수 있다. 끝으로, 도전행동을 치료하는 데는 시간이 많이 걸리고 비용도 많이 든다.

도전행동은 그 심각성으로 볼 때 치료의 주요 목표이다. ID 아동들은 여러 유형의 도전행동을 할 수 있지만, 가장 흔히 나타나는 세 가지 행동에 초점을 맞추기로 하겠다. 상동행동, 자해행동, 그리고 신체적 공격성이다(Sturmey, 2014b).

상동행동

ID 아동들 중 일부는 일관되고 경직되고 반복적인 방식으로 수행되며 즉각적이고 실용적인 의미가 전혀 없는 상동행동(stereotypies)을 한다(Vollmer. Bosch, Ringdahl, & Rapp, 2014). 상동행동은 손, 팔 또는 상체의 반복적 움직임으로 나타나는 경우가 많다. 예를 들어, 어떤 아동들은 손을 펴덕이고, 손가락을 꼼지락거리고, 빙글빙글 돌고, 물건들을 만지작거리고, 몸을 앞뒤로 흔든다. 흔히 나타나는 또 다른 상동행동으로는 얼굴 찡그리기, 얼굴과 머리 두드리기, 자기 깨물기, 빨기가 있다. 임상전문가들은 상동행동이 아동의 학업기능이나 사회기능을 심각하게 제한할 때 상동운동장애(stereotypic

movement disorder)라는 DSM-5 진단을 부여할 수 있다(Machalicek et al., 2016).

상동행동은 ID 아동들에게 꽤 흔히 나타난다. 한 대규모 연구에서 고기능 발달장애 아동은 18%, 저기능 발달장애 아동은 31%가 상동행동을 나타냈다. 더욱이 ID와 자폐스펙트럼장애가 있는 젊은이들의 71%가 상동행동을 보였다.

아동은 여러 가지 이유로 상동행동을 한다(Didden et al., 2012). 어떤 유전장애를 가진 아동들에게는 상동행동이 특징적으로 나타난다. 이보다 더 흔한 것은 상동행동이 아동 자신에게 보상이 되기 때문에 그런 행동을 하는 경우이다. 예를 들어, 제자리에서 빙빙 돌거나 앞뒤로 몸을 흔드는 것은 지겨운 상황(예 : 책상에 앉아있기, 줄 서서 기다리기)에서라면 더욱 즐거울 수 있다. 다른 아동들은 불안이나 좌절을 제어하기 위해 상동행동을 한다. 예를 들어, 자신을 달래거나 초조나 흥분을 표현하기 위해 손가락을 빨거나 팔을 퍼덕일 수도 있다.

자해행동

자해행동(self-injurious behaviors, SIBs)은 본인에게 신체적 손상을 초래하는 방식으로 손이나 팔다리, 머리를 반복해서 움직이는 것을 말한다. 자해행동은 세 가지 방식으로 분류할 수 있다. 첫째, 가벼운 자해(예 : 머리 문지르기, 손 뜯기, 머리 때리기)에서 심한 자해(예 : 눈 찌르기, 몸 긁기, 머리 찧기)에 이르기까지 심각도에 의해 기술할 수 있다. 둘째, 자해행동은 드물게 발생하지만 손상이 발생할 가능성이 매우 큰 행동(예 : 매일 한 번씩 머리 찧기)으로부터 흔히 발생하고 시간이 지나면서 손상을 일으킬 수 있는 행동(예 : 손 문지르기)에 이르기까지 빈도에 의해 기술할 수 있다. 셋째, 자해행동은 목적에 의해 기술할 수 있다. 어떤 행동들은 그 행동이 다른 사람에게 유발하는 반응으로부터 강화를 받는 것처럼 보인다. 예를 들어, 어떤 아동은 피부를 뜯음으로써 교사의 관심을 얻을 수 있다. 다른 행동들은 그 자체가 강화로 작용하는 것처럼 보인다. 예를 들어, 어떤 아동은 물건들을 입이나 귀에 집어넣는 것이 기분 좋은 감각을 가져다주기 때문에 그렇게 할 수 있다(Sigafoos, O'Reilly, Lancioni, Lang, & Didden, 2014).

ID 아동의 약 10~12%가 자해행동을 한다(Didden et al., 2012). 자해행동의 유병률은 상동행동과 마찬가지로 아동의 인지기능 및 적응기능과 역상관이 있다. 자해행동은 더 중증의 장애가 있는 아동, 시설거주 아동, 자폐아동들에게 가장 흔하게 나타난다. 사실, ID와 자폐증을 둘 다 가지고 있는 아동은 ID만 있는 아동에 비해 자해행동을 할 확률이 5배나 더 높을 수 있다. 머리 찧기, 깨물기, 긁기는 가장 흔한 자해행동들이다(Richards & Symons, 2019).

자해행동은 보통 매일 여러 차례 에피소드 형식으로 일어난다. 자해행동을 하는 아동들은 보통 매번의 에피소드에서 동일한 행동들을 한다. 어떤 아동들의 경우에는 에피소드가 몇 초간만 지속된다. 이런 에피소드들은 대개 루틴의 변경이나 보호자의 질책 같은 환경스트레스에 의해 촉발된다. 다른 아동들의 경우에는 에피소드들이 연속해서 몇 분 또는 몇 시간씩 지속된다. 아동은 에피소드가 벌어지는 동안 잠을 자지 않고 밥을 먹지 않는다. 이런 에피소드들은 환경적 사건들에 의해 촉발되지만, 대개는 생물학적 요인들에 의해 일정 기간 동안 유지된다(Machalicek et al., 2016).

ID 아동들의 자해행동에 대한 설명에는 적어도 세 가지가 있다. 한 가지 설명은 자해행동이 특정한 목적을 달성하게 해주거나 특정한 기능을 하기 때문에 아동이 그러한 행동을 한다는 것이다. 예를 들어, 어떤 아동들은 의사소통 기술이 결여되어 있기 때문에 자해행동을 한다(Sigafoos et al., 2014). 머리 찧기는 "난 이거 싫어!" 또는 "나 지루해!"라는 의사를 표현하는 방식일 수도 있다.

핸리, 이와타, 맥코드(Hanley, Iwata & McCord, 2003)는 이 가설을 검증하기 위해 지적장애인들 중에서 자해행동이나 문제행동을 보이는 536개 사례를 검토하였다. 사례의 95.9%가 확인 가능한 목적을 달성하기 위해 자해행동을 하였다. 이러한 목적에는 (1) 주의, 음식 또는 특정 물품 얻기, (2) 자신이 싫어하는 일이나 활동 또는 사회적 상호작용 피하기, (3) 자극이나 즐거움 얻기 또는 (4) 이 세 가지 기능의 조합이 있다(그림 5.2).

두 번째 설명은 도파민이라는 신경전달물질에 대한 과민증이 자해행동을 유발한다는 것이다. 이 가설을 지지하는 세 종류의 증거가 있다. 첫째, 방금 태어난 쥐의 뇌에서 도파민 수용기들을 파괴하면 그 쥐가 도파민 과민증을 보이게 된다. 이 쥐들에게 뇌의 도파민을 활성화하는 약을 주입하면 쥐들이 심한 자해행동을 한다. 둘째, 고용량 도파민을 주입하면 건강한 쥐들도 자해행동을 한다. 셋째, 도파민 활성화를 감소시키

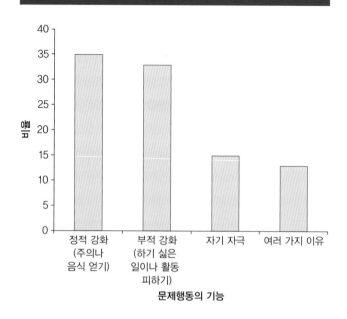

그림 5.2 ■ 장애아동들은 왜 자해행동을 하는가?

세로축: 빈도

가로축 (문제행동의 기능): 정적 강화 (주의나 음식 얻기) / 부적 강화 (하기 싫은 일이나 활동 피하기) / 자기 자극 / 여러 가지 이유

주 : 연구자들은 지적장애 아동들이 보이는 문제행동의 96%가 확인될 수 있는 기능을 가지고 있다는 것을 발견하였다. 출처 : Hanley et al. (2003).

는 항정신병 약물은 자해행동도 감소시킨다.

마지막 가능성은 내생적 아편 또는 엔도르핀의 수준이 높을 때 자해행동이 유지된다는 것이다. 이러한 자연발생적 화학물질들은 뇌의 특정 수용기에 작용하여 통증을 없애주고 쾌감을 느끼게 해준다. 자해행동을 하는 아동과 성인들은 통증을 가라앉혀주는 이러한 특성 때문에 통증을 더 잘 참아낼 수 있는 것인지도 모른다. 실제로 자해행동을 하는 사람들 중 일부는 자해행동을 하면서 쾌감을 느끼기도 한다(Scheithauer, Muething, Gerencser, & Call, 2019).

신체적 공격성

ID 아동들은 다른 모든 아동처럼 공격행동을 할 수 있다. 신체적 공격성(physical aggression)은 재산을 파괴하거나 다른 사람에게 해를 끼치는 행동을 가리킨다. 물건을 던지고 장난감을 부수고 가구를 망가뜨리고 다른 사람들을 때리고 차고 깨무는 것이 공격적 행동이다. 공격적 행동의 정의는 그러한 행동이 우연히 나타나는 것이 아니라 의도를 가지고 수행된다는 것이다. 그러나 해롭거나 파괴적인 행동을 하는 ID 아동들이 의도를 가지고 있었는지 여부를 알아내기가 어려운 경우들도 있다(Didden et al., 2012).

ID 아동들의 20~25%가량이 신체적 공격성의 재발 문제를 겪는다. 공격행동은 소년, 자폐증을 공존장애로 가지고 있는 아동, 의사소통 기술이 부족한 청소년들에게 가장 흔하게 발생한다(Healy, Lydon, & Murray, 2014). 게다가 아동의 IQ 점수와 공격행동의 빈도 간에는 부적 관계가 있다. ID 아동의 상당수가 자신의 생각과 감정을 더 친사회적인 방법으로 공유할 수 있는 의사소통 기술이 없기 때문에 공격적 행동을 한다(Kanne & Mazurek, 2011). 사실 아동의 의사소통 기술이 향상되도록 돕는 개입이 공격성을 줄이는 데 효과적인 경우가 많다(Sturmey, 2014a).

마슨과 동료들(Matson et al., 2011)은 ID 아동들에게 공격성을 불러일으키는 원인이 무엇인지를 다루는 문헌들을 개관하였다. 대부분이 과제, 숙제, 하기 싫은 일들을 회피하기 위해 공격성을 드러냈다. 예를 들어, 어떤 아이는 교사가 자신에게 코트를 입으라고 했다는 이유로 그 교사에게 물건을 던지거나 그 교사를 밀치고 때리는 행동을 할 수도 있다. 교사가 요청했던 바를 철회하고 아동이 그 과제를 회피하게 해줌으로써 아동은 자신의 행동에 대해 부적 강화를 받는다. 다른 아동들은 자신이 원하는 물건이나 특혜를 얻겠다는 도구적 이유로 공격행동을 한다. 예를 들어, 어떤 아이는 장난감을 갖기 위해 학급친구를 밀쳐버릴 수 있다. 그보다는 드물지만, 아동들은 공격행동 특히 기물파괴 행동이 자기강화 작용을 하기에 그런 공격행동을 하기도 한다. 어떤 아동들은 물건, 장난감, 가구를 파괴하는 데서 기쁨을 느끼기도 한다(Machalicek et al., 2016).

공존장애

최근까지 많은 정신건강 전문가들은 지적장애인들이 다른 정신과적 장애를 겪을 수 있다고 생각하지 않았다. 어떤 선분가들은 낮은 지적기능이 이들로 하여금 불안, 우울 및 다른 심리장애들을 겪지 않도록 예방해준다고 생각했다. 다른 전문가들은 ID와 이런 정신건강 문제들이 차이점이 없다고 생각했다. 근래 들어서야 임상전문가들은 지적장애인들이 모든 종류의 정신과적 장애를 겪을 수 있다는 사실을 서서히 인식하게 되었다(Pandolfi & Magyar, 2016).

전문가들은 지적장애인들이 여러 정신장애를 겪고 있음을 나타내기 위해 **이중진단**(dual diagnosis)이라는 용어를 사용한다. 최근의 증거들에 따르면, ID 아동과 청소년들의 40%가량이 이중진단을 받는다. 가장 흔한 동시발생 장애는 품행문제(25%), ADHD(9%), 그리고 불안(9%)이다(Witwer et al., 2014).

안타깝게도 임상전문가들은 ID 아동들이 겪고 있는 정신장애들을 간과하는 경우가 많은데, 이 현상을 진단 덮어쓰기(diagnostic overshadowing)라 한다. 임상전문가들은 왜 지적장애인들의 불안, 우울, 심지어 정신병 증상까지도 놓치는 것일까? 일부 정신건강 전문가들은 지적장애인들을 평가하고 치료한 경험이 많지 않아서 그럴 수 있다. 다른 전문가들은 정신과적 문제가 낮은 인지능력 또는 적응기능의 한계 때문이라고 잘못 생각한다. ID 아동들을 대상으로 일하는 임상전문가들은 이 아동들이 정신건강 문제를 치료받아야 할 수도 있다는 점을 염두에 두어야 한다.

지적장애는 얼마나 흔한가?

지능이 정규분포를 이룬다고 가정한다면 인구의 2.2%가량이 70 이하의 IQ 점수를 받을 거라고 예상할 수 있다. 그렇다면 ID의 유병률은 전체 인구의 2~3%이어야 할 것이다(Tirosch & Jaffe, 2011).

그러나 메타분석 결과는 전체 인구의 1.4%가량이 ID를 가지고 있다는 것을 보여주었다. 유병률 추정치가 이렇게 낮은 데에는 몇 가지 이유가 있다. 첫째, ID는 IQ 점수만으로 결정되지 않는다. ID 진단은 적응기능 제한도 요구한다. IQ가 55~70인 사람들의 상당수가 적응기능에 현저한 결함을 보이지 않는다. 따라서 이들은 ID로 진단되지 않는다(Calles & Nazeer, 2018a).

둘째, IQ는 시간이 지나면서 바뀔 수 있다. 고도 손상이니 최고도 손상이 있는 사람들은 IQ 점수가 상당히 안정적이지만, ID의 연속선상에서 높은 쪽의 점수(즉 IQ 55~70)를 받은 사람들은 IQ가 덜 안정적이다. 아동기 검사에서는 IQ 점수가 70보다 낮았지만 청소년기에는 75점 이상을 받을 수 있다. 따라서 더는 ID의 진단기준에 해당하지 않게 되는 것이다.

셋째, 고도 손상이나 최고도 손상이 있는 사람들은 발달장애가 없는 사람들보다 기대수명이 짧다. 이러한 이유로 지적장애인의 수는 정규곡선에 의거하여 예상되는 인원수보다 적을 가능성이 크다.

ID의 유병률은 연령에 따라 다르다. ID는 매우 어린 아동(2%)과 성인(1.25%)보다는 학령기 아동과 청소년(2.5%)에게 더 많이 진단된다. 왜 일반 인구 집단보다 학령기 아동에게서 ID가 더 많이 진단되는가? ID와 관련된 인지적 손상은 학교 재학 중에 눈에 띄기가 더 쉽기 때문인 것으로 보인다. 학교를 졸업하고 난 후에는 이러한 손상이 눈에 잘 띄지 않으며, 손상을 가진 사람들을 확인해내기도 어려워진다(Zablotsky, Black, & Blumberg, 2020).

ID는 여성보다는 남성에게 조금 더 흔하다. 성별 비율은 1.3 대 1 정도이다. 왜 여성보다 남성에게 ID가 더 많은지에 대해서는 전문가들 간에 의견이 갈린다. 어떤 전문가들은 남성의 중추신경계가 더 손상되기 쉽기 때문이라고 생각한다. 다른 전문가들은 ID의 일부 유형들이 X 염색체의 이상에서 비롯되기 때문이라고 생각한다. 소년들은 X 염색체가 하나뿐이기 때문에 이 염색체의 손상으로 인해 발생한 이상에 더 취약할 수밖에 없다는 것이다(McKenzie, Milton, Smith, & Ouellette-Kuntz, 2017).

5.2 원인

기질성 지적장애와 문화가족성 지적장애는 어떤 차이가 있는가?

지글러의 분류체계

에드워드 지글러(Edward Zigler, 1969)는 지적 제한의 원인이 무엇인지에 따라 ID 아동들을 분류하는 방법을 처음으로 제안하였다. 지글러는 ID 아동들을 두 집단으로 분류하였다(표 5.4). 첫 번째 집단은 확인 가능한 원인들을 가진 아동들로 구성되었다. 이 아동들은 기질성 ID(organic ID)를 가진 아동들로 분류되었는데, 당시에 알려진 ID의 원인 대부분이 다운증후군과 같이 유전적 장애이거나 생물학적 이상이었기 때문이다. 기질성 ID가 있는 아동들은 IQ 평균이 55점 이하이었고, 신경학적 문제를 나타내는 신체적 특징과 의학적 합병증을 가지고 있었다. 기질성 ID 아동들의 부모와 형제는 정상 인지기능을 가지고 있는 경우가 대부분이었고 가족의 사회경제적 배경도 다양하였다(Iarocci & Petrill, 2012).

두 번째 집단에 속하는 아동들은 인지 및 적응의 문제가 무엇 때문에 나타나는지 뚜렷하게 짚이는 원인이 없었다. 이 아

표 5.4 ■ 기질성 장애 대 문화가족성 장애		
	기질성	**문화가족성**
정의	아동은 지적장애의 확실한 유전적 또는 생물학적 원인을 나타냄	아동은 지적장애의 뚜렷한 원인을 보이지 않음 생물학적 친족들이 IQ가 낮을 수 있음
진단	대개 출생 시 또는 유아기에 진단됨 공존장애가 많음	대개는 학교 입학 후에 진단됨 공존장애가 거의 없음
지능과 적응기능	IQ는 보통 <55 형제의 IQ는 정상임 적응기능이 더 많이 손상됨 흔히 다른 사람들에게 의존함	IQ는 보통 >55 형제의 IQ가 낮음 적응기능 손상이 더 적음 지원을 받으며 독립적으로 생활할 수 있음
관련 특성	인종과 SES 집단들 간에 유사함 건강문제 및 신체장애와 관련이 있음 사망률이 더 높음 대개 배우자가 없음, 불임인 경우가 많음 흔히 얼굴 기형이 있음	SES가 낮은 가족에게 더 흔하게 나타남 건강문제나 신체장애가 거의 없음 평균 사망률 대개 결혼을 하고 자녀는 IQ가 낮음 외모는 정상임

출처 : Iarocci & Petrill (2012).

동들은 IQ가 55~70점 사이에 있고, 외모가 정상적이며, 다른 건강문제나 의학적 문제가 없는 경우가 많았다. 이들은 부모 형제와 그 이외의 생물학적 친족들이 인지기능이 낮은 경우가 많았다. 뿐만 아니라 저소득 가정 출신인 경우가 많았다. 지글러는 이 두 번째 집단 아동들의 친족 상당수가 지적기능과 적응기능의 수준이 낮다는 점에서 '가족성' ID를 겪고 있다고 지칭하였다. 오늘날 많은 전문가들은 이 범주에 속하는 사람들이 문화가족성 ID(cultural-familial ID)를 겪고 있다고 말한다. 이 집단에 속하는 아동들이 환경적 박탈(예 : 낮은 수준의 인지적 자극, 부실한 교육)과 낮은 인지능력을 갖게 만드는 유전적 소질의 조합으로 인해 ID를 보이게 되었다고 생각하기 때문이다.

기질성과 **문화가족성**이라는 용어는 잘못 이해되기 쉽다. 기질성 ID를 가진 아동이라고 해서 손상의 원인이 반드시 유전인 것은 아니다. 예를 들어, 기질성 ID의 일부 사례는 임신 중 어머니의 알코올 사용과 같은 환경요인이 원인이다. 이와 유사하게, 문화가족성 ID 아동이 보이는 결함의 원인이 반드시 환경요인인 것은 아니다. 문화가족성 ID의 일부 유형은 아직까지 밝혀지지 않은 유전적 이상이 원인으로 작용했을 수 있다. 유전연구와 의학연구가 진전을 이루면서 ID의 원인들이 더 많이 밝혀질 가능성이 커지고 있다. 기질성/문화가족성이라는 구분은 오로지 장애의 원인을 확인할 수 있는지 여부에 달려 있다(Karmiloff-Smith, Doherty, Cornish, & Scerif, 2016).

유사순서 가설과 유사구조 가설

흔히 아동들은 일련의 인지적 단계들을 일정한 순서로 거치며 발달한다(Carey, Zaitchik, & Bascandziev, 2015). 유아들은 사람들을 마음속에 표상하는 법을 배우고 가장놀이를 하며, 학령전기 아동들은 언어를 숙달하고, 학령기 아동들은 보존 지식을 갖추고 구체적 문제를 해결할 수 있게 되며, 청소년들은 더 추상적인 사고를 할 수 있게 된다. 지글러(1969)는 ID 아동들의 인지발달 순서가 일반 아동들의 인지발달 순서와 유사하다고 제안하였다. 그의 유사순서 가설(similar sequence hypothesis)은 ID 아동들이 속도가 좀 느리기는 하지만, 일반 아동들과 동일한 인지 단계들을 거쳐 발달한다고 상정한다.

지글러(1969)는 또 ID 아동들의 인지구조가 정신연령이 동일한 일반 아동들의 인지구조와 유사하다고 제안하였다. 그

의 유사구조 가설(similar structure hypothesis)은 정신연령이 동일한 두 아동(ID가 있는 아동과 그렇지 않은 아동)은 유사한 능력을 나타낼 것이라고 가정한다. 예를 들어, 5세 아동과 인지기능이 유사한 16세의 ID 아동은 5세 일반아동과 동일한 패턴의 인지능력을 보여야 한다.

문화가족성 ID를 가지고 있는 아동들을 대상으로 한 후속연구들은 유사순서 가설 및 유사구조 가설을 대체로 지지하였다. 문화가족성 ID 아동들 대다수는 일반 아동들보다 속도가 더 느리기는 하지만, 예상된 순서에 따라 인지가 발달하였다. 더욱이 문화가족성 ID 아동들은 동일한 연령의 일반 아동들과 전반적으로 유사한 인지능력을 나타냈다.

기질성 ID 아동들을 대상으로 한 후속연구들은 혼합된 결과를 내놓았다. 기질성 ID 아동들도 일반 아동들과 마찬가지로 인지발달이 예상된 순서에 따라 이루어진다. 그러나 기질성 ID 아동들은 종종 동일한 연령의 일반 아동들과는 다른 인지능력을 나타낸다. 구체적으로, 기질성 ID 아동들은 인지능력이 종종 특징적인 강점과 약점을 보이며, 일률적으로 낮은 것도 아니다. 게다가 이러한 인지적 강점과 약점은 ID의 원인이 무엇인지에 따라 다르다. 예를 들어, 다운증후군 아동들은 흔히 한 가지 유형의 인지능력을 보이는 반면에, X 결함 증후군 아동들은 인지능력의 프로파일이 이와는 차이가 있다.

행동표현형

아동들이 기질성 ID의 유형에 따라 특징적인 인지능력 패턴을 보인다는 결과에 주목할 필요가 있다. 과학자들이 ID의 원인 하나하나와 연관되어 있는 인지적·행동적 특징을 확인할 수 있다면, 그 결과는 아동의 교육을 계획하고 적응기능을 증진하는 데 사용될 수 있을 것이다(Carlier & Roubertoux, 2015).

따라서 연구자들은 원인이 알려져 있는 ID를 가지고 있는 모든 아동을 하나의 커다란 '기질성' 범주로 뭉뚱그리는 방식을 벗어나 방향을 선회하였다. 그 대신 연구자들은 각각의 장애와 연관된 강점과 약점을 더 잘 알아보기 위해 ID 아동들을 여러 개의 집단으로 나누어 연구한다. 예를 들어, 어떤 연구자들은 다운증후군 아동들의 능력을 연구하지만, 다른 연구자들은 X 결함 증후군 아동들의 강점과 약점에 초점을 맞춘다(Hodapp, Danker, & Dykens, 2017).

달리 말하면, 연구자들은 원인이 알려진 ID의 각 유형별로 **행동표현형**(behavioral phenotype)을 알아내는 데 관심이 있다. 엘리자베스 디켄스(Elisabeth Dykens, 1995)에 따르면, 행동표현형은 "특정한 증후군을 보이는 사람들이 그런 증후군이 없는 사람들에 비해 행동적 · 발달적 후유증을 나타낼 확률이 증가"(p. 523)되는 것을 가리킨다. 행동표현형은 외모, 전반적 인지기능과 적응기능, 인지적 강점과 약점, 동시발생 정신과 장애, 의학적 합병증, 특정한 원인에서 비롯된 ID를 가진 아동들의 발달 결과 등을 포함한다. 행동표현형은 확률적이다. 모든 아동이 그 장애와 관련된 모든 특징을 보이지는 않겠지만, 특정 장애에 대한 전반적 기술은 연구를 조직하고 이끌어가는 데 도움이 될 뿐 아니라 근거기반 개입의 진전을 바라는 실무자들에게도 보탬이 될 수 있을 것이다(Carlier & Roubertoux, 2015).

연구자들은 ID를 일으키는 독특한 원인을 1,000개 이상 확인하였다. 이 원인들은 5개 범주로 느슨하게 묶을 수 있다. (1) 염색체 이상, (2) X 염색체와 관련된 장애, (3) 대사장애, (4) 태아의 기형유발물질 노출 또는 질병, (5) 출산 중 또는 출산 후의 합병증이다. 이 원인들을 다 합치면 ID 사례의 70%가량을 설명해준다(Davis, Hoover, & Mion, 2019). 다음 절에서는 이러한 원인 몇 가지와 해당 아동들의 행동표현형을 살펴보기로 하겠다.

유전자 이상은 어떻게 지적장애를 초래하는가?

다운증후군

다운증후군(Down syndrome)은 경도에서 고도까지의 ID를 가지고 있고, 언어 및 학업기능에 문제가 있으며, 얼굴과 신체가 독특한 외형을 지니고 있는 유전 장애이다. 이 장애는 1866년 존 랭턴 다운(John Langdon Down)이 최초로 기술하였다. 1,000명 출생 중 약 1명에게서 발생한다. 다운증후군 아동이 태어날 확률은 어머니가 나이가 많을수록, 특히 35세를 넘으면 증가한다.

다운증후군 사례의 95%가량이 21번 추가 염색체 때문에 발생한다. 원래 2개여야 하는 21번 염색체가 3개이기 때문에 이런 유형의 장애를 21번 삼염색체라 부르곤 한다. 21번 삼염색체는 유전 때문이 아니라 감수분열이 진행되는 동안 염색체가 분리되지 못한 **비분리**(nondisjunction) 때문에 생겨난다. 대개는 어머니의 염색체가 하나가 아니고 둘이지만, 아버지 쪽의 비분리가 삼염색체의 원인이 되는 경우도 종종 있다.

다운증후군은 양쪽 부모로부터 21번 염색체를 하나씩 물려받고 한쪽 부모로부터 비정상적으로 융합된 염색체(보통 21번과 15번 염색체)를 물려받은 경우에도 발생할 수 있다. **전좌**(translocation)라 불리는 이 같은 비정상성은 아동에게 추가적 유전물질을 물려주는 결과를 초래한다. 이런 현상은 다운증후군 아동의 약 3%에게서 발생한다. 전좌로 인한 다운증후군은 유전된다. 부모는 보통 이처럼 융합된 염색체의 보유자로서 이러한 염색체를 자기도 모르게 자녀에게 전달한다.

끝으로, 다운증후군은 유사분열이 진행되는 동안 일부 세포들이 분리되지 못할 때 발생할 수 있다. 이런 경우 아동은 일부 정상세포들과 더불어 유전정보의 양이 비정상적인 세포들을 갖게 된다. 정상 및 비정상 유전정보가 혼합된 현상을 가리켜 **모자이크형 염색체**(chromosomal mosaicism)라 한다. 여러 가지 색깔의 타일로 만들어진 모자이크와 같이, 모자이크형 염색체를 가지고 있는 사람들은 유전구성이 서로 다른 세포들을 가지고 있다. 다운증후군 아동의 약 2%가 모자이크형 염색체를 가지고 있다.

다운증후군 아동들은 납작한 얼굴, 치켜 올라간 눈초리, 넓적한 콧등, 아래쪽으로 위치한 귀와 같이 독특한 얼굴 특징을 가지고 있다. 신체특징은 키가 작고 근력이 떨어진다는 것이다. 다운증후군 아동들은 이 장애가 없는 아동들에 비해 뇌 크기가 작고 주름과 굴곡이 더 적다. 주름이 적다는 것은 피질 표면 영역이 더 적다는 의미이며 이는 다운증후군 아동의 인지기능과도 부분적으로 관련되어 있을 수 있다(Key & Thornton-Wells, 2012).

다운증후군 아동은 거의 항상 ID 진단을 받는다. IQ 점수가 60 이상인 경우는 거의 없다. 생후 첫 몇 개월 동안에는 일반 아동들과 비슷한 방식으로 인지발달이 이루어진다. 그러나 첫 돌이 지난 후에는 지적 발달이 속도가 느려지고 일반 또래아동들에 비해 한참 뒤처진다. 그 결과 다운증후군 아동들은 나이가 들면서 발달지연이 더욱 현저해진다. 다운증후군이 있는 로사라는 소녀를 생각해보자. 이 소녀의 가족은 오늘날 지적장애인에 대한 우리의 사고방식을 바꿔놓았다.

다운증후군 아동들은 언어에 현저한 결함을 보인다. 흔히

사례연구
지적장애(다운증후군)

'R로 시작하는 비속어'를 없애버린 소녀

우리 모두는 다음과 같은 오랜 속담을 알고 있다. 막대기와 돌멩이는 내 뼈를 부러뜨릴지 몰라도 말은 결코 나를 해치지 못할 것이다. 그러나 니나 마르첼리노는 생각이 달랐다. "말이 여러분을 해치지 않을 거라는 건 사실이 아니에요. 누군가를 끔찍한 사람이라 욕하고 나서 그렇지 않은 방식으로 그 사람을 대우할 수는 없거든요."

니나의 가족은 우리가 지적장애가 있는 사람들을 묘사하는 방식을 바꾸는 데 큰 역할을 하였다. 니나는 다운증후군이 있는 9세 된 딸 로사의 교육 계획을 논의하기 위해 학교관계자들을 만났는데 이때부터 이야기는 시작되었다. 학교관계자들은 로사에게 정신지체(mentally retarded)라는 명칭을 붙였다. "유감이었어요." 니나는 그때를 기억했다. "그들은 딸의 코드를 바꾸기 위해 회의를 소집했고 저는 기습을 당했지요." 로사의 14세 오빠도 말을 보탰다. "우리 집에서는 R로 시작하는 비속어[retarded]를 사용하지 못하게 돼 있어요. 그건 저주하는 말을 하는 것과 같은 거예요. 우린 상처 주는 단어들을 사용하면 안 돼요."

마르첼리노 가족은 그 후 국회의원들에게 모든 연방법, 법규, 규정에서 어감이 부정적인 정신지체라는 용어를 없애달라고 촉구하며 2년의 기간을 보냈다. 로사의 부모는 정치인들을 만났고, 두 언니는 탄원서를 작성했으며, 오빠 닉은 주 의회 앞에서 연설을 했다.

오바마 대통령은 로사법[공법 111-256]에 서명했고 이 법은 모든 연방서류와 규정에서 정신지체라는 용어를 지적장애로 대체하였다. 로

©iStockphoto.com/DenKuvaiev

사는 서명식을 다음과 같이 묘사하였다. "우리는 다 같이 백악관에 갔어요. 그 사람은 대통령이었는데 나한테 다정하게 대해줬어요. 그리고 내 법에 서명하는 걸 [보러] 그의 집에 갔어요. 그리고 나를 꽉 안아줬어요."

식이 진행되는 동안 오바마 대통령은 로사의 오빠 닉의 말을 인용했다. "여러분이 사람들을 부르는 명칭이 여러분이 그 사람들을 대하는 방식입니다. 우리가 사용하는 단어들을 바꾼다면, 장애가 있는 사람들을 대하는 새로운 태도가 시작될 것입니다"(Cyphers., 2015).

문법, 어휘, 문장구조, 발음에 문제가 있다. 실제로 부모의 95%가 다운증후군 자녀의 말을 알아듣기 힘들다고 보고한다. 다운증후군 아동들은 청각학습과 단기기억에도 문제가 있다. 따라서 교사가 수업의 대부분을 언어로 제공하는 전통적 교육장면에서 어려움을 겪는다(Chapman & Bird, 2012).

이와는 대조적으로, 다운증후군 아동들은 시각-공간 추론에서는 상대적으로 강점을 갖는다. 예를 들어, 이 아동들은 시각적으로 제시되는 일련의 수를 따라 말하기보다는 시각적으로 제시되는 손 움직임을 따라 하기가 더 쉬울 수 있다. 교사들은 수업시간에 이 아동들의 시공간능력을 활용할 수 있다. 예를 들어, 버클리(Buckley, 1999)는 다운증후군 아동들이 인쇄된 단어와 그림을 시각적으로 짝짓게 하고, 플래시 카드로 단어 짝짓기 게임을 하도록 하며, 단어가 인쇄된 플래시 카드들을 조작해서 문장을 만들게 함으로써 이 아동들에게 읽는 법을 가르쳤다. 이렇듯 다운증후군 아동들의 시각학습 성

향에 크게 의존하는 이 기법은 읽기기술의 향상을 가져왔다. 더욱이 읽기의 향상은 말과 언어 같은 다른 영역들로도 확장되었다.

어린 다운증후군 아동들은 흔히 행복하고 사회적이고 친절한 것으로 기술된다. 다운증후군 아동들은 사교적이고 사랑스럽기 때문에 이들을 위해 개인교사로 봉사활동을 하면 보람을 느낄 수 있다. 이들은 ID 아동들보다 정신과 장애를 일으키는 경우가 더 적다. 그러나 청소년기에는 사회적으로 고립되거나 자신의 손상을 더 인식하게 되면서 정서적 · 행동적 문제를 겪을 수 있다(Davis et al., 2019).

다운증후군은 만성 심장질환, 갑상선 이상, 호흡기 문제, 백혈병 등의 의학적 합병증과 관련이 있다. 다운증후군이 있는 성인은 대부분이 45세가 넘으면 알츠하이머병의 초기 징후를 보인다. 이들의 뇌를 사후부검해보면 마치 알츠하이머병에 걸린 노인들의 뇌처럼, 신경섬유 얽힘과 플라크가 생겨

있을 확률이 매우 높다. 기대수명은 60~65세까지이다.

프레이더 - 윌리 증후군

프레이더-윌리 증후군(Prader-Willi syndrome, PWS)은 유전되지 않는 유전 장애로서 경도 ID, 과식과 비만, 성인에 대한 적대적이고 반항적인 행동, 강박행동이 특징이다. 아동 2만 명 중에 1명꼴로 나타난다(Driscoll, Miller, Schwartz, & Cassidy, 2018).

프레이더-윌리 증후군은 흔히 15번 염색체의 일부 유전정보가 삭제될 때 나타난다. 전체 사례의 70%는 아버지의 정보가 삭제되었기에 아동은 어머니한테서만 유전자를 물려받는다. 나머지 사례에서는 유전자 두 쌍 모두를 어머니로부터 물려받는다. 두 경우 모두 아버지가 15번 염색체의 상당 부분을 물려주지 않으며, 따라서 아버지의 유전정보가 누락되어 있다.

프레이더-윌리 증후군 아동의 대부분이 경도 ID이거나 인지기능이 평균 이하이다. 평균 IQ는 65~70 사이에 있다. 프레이더-윌리 증후군 아동은 시공간 기술이 제법 뛰어나다. 이들 아동 일부는 자신들을 검사하는 심리학자들보다 퍼즐을 더 빨리 풀 수 있다. 그러나 단기기억은 취약하다. 더욱이 적응행동은 대개의 경우 IQ보다 더 낮다.

프레이더-윌리 증후군 아동 대다수가 지니고 있는 가장 눈에 띄는 특징은 음식에 강한 흥미를 보인다는 것이다(Khan, Gerasimidis, Edwards, & Ahaikh, 2019). 이 장애가 있는 유아들은 빨기, 먹기 및 체중 증가에 문제가 있다. 그러나 2~6세 사이에는 엄청난 양의 음식을 먹는다. 이 아동들은 뇌에서 배고픔과 포만감을 통제하는 영역인 시상하부 뇌실결핵의 신경 기능에 이상이 있다는 증거가 있다. 배부름을 느끼지 못해 지나치게 많이 먹을 뿐만 아니라 음식 생각에 사로잡혀 있는 경우가 많다. 만족감을 얻기 위해 음식을 훔치거나 저장해두거나 쓰레기통에서 끄집어내기도 한다. 식사를 감독하지 않으면 비만해질 것이다. 비만과 관련된 의학적 합병증은 프레이더-윌리 증후군 성인의 사망을 초래하는 주요 원인이다. 이

사례연구
지적장애(프레이더 - 윌리 증후군)

음식 강박

돈트렐은 6세 소년으로 언어와 자조기술의 현저한 지연 때문에 소아과의사가 우리 클리닉에 의뢰하였다. 최근에 외할머니가 그를 양육하는 책임을 맡기로 한 후 돈트렐은 공립학교에 입학하였다. 이민 노동자였던 그의 어머니는 멕시코로 돌아갔지만 돈트렐이 미국에 머무르면서 학교에 다니기를 원했다.

돈트렐은 많은 발달이정표에 느리게 도달하였다. 대부분의 아이들이 6개월이면 앉고 첫 생일에는 걷는 것을 배우지만, 돈트렐은 이 발달 과업들 각각을 남들보다 늦게 숙달하였다. 가장 놀라운 것은 언어의 현저한 지연이었다. 영어와 스페인어 어휘가 제한되어 있었고, 알파벳을 암송하거나 글자들을 재인하기가 힘들었으며, 수 세기에 어려움이 있었다. 옷 입고 목욕하고 몸단장을 하는 것과 같이, 그 나이 또래의 아동들이 흔히 하는 자기돌봄 과제들을 수행하는 데에도 어려움이 있었다. 학교관계자들은 이러한 발달지연이 건강관리와 영양섭취의 부실 및 걸음마 아동기와 학령전기의 학습경험 결여 내력 때문이라고 보았다.

돈트렐은 행동에도 현저한 지연을 보였다. 첫째, 과잉행동과 부주의를 보였다. 둘째, 심각한 불복종과 공격성 문제를 보였다. 제 맘대로 되지 않을 때면 마구 성질을 부렸다. 셋째, 할머니는 돈트렐이 '음식 강박'이 있다고 말했다. 그는 끝없이 물리지 않는 식욕을 가지고 있었으며, 침대 밑에 음식을 쌓아두거나 친척들에게서 음식을 훔친 것이 들킨 적

©iStockphoto.com/Juanmonino

도 있었다. 사실 돈트렐은 거의 85파운드에 육박했다.

평가를 수행한 심리학자 발렌시아 박사는 돈트렐의 많은 행동들이 프레이더-윌리 증후군이라 불리는 유전 장애와 일치한다는 것을 알아보았다. 이 장애가 있는 아동들 대부분이 유아기나 걸음마기에 확인되지만, 돈트렐은 정규 건강관리를 받지 않았기 때문에 주목을 받지 못했던 것으로 보인다. 발렌시아 박사는 자신의 진단을 확인하기 위한 유전검사를 제안하였다.

와 같이 특징적인 음식강박을 보이고 프레이더-윌리 증후군에서 비롯된 ID를 가지고 있는 소년 돈트렐을 생각해보자.

언어과다중의 발병은 행동의 변화와도 관련이 있다. 프레이더-윌리 증후군 아동들은 대다수(70~95%)가 따지기 좋아하고 반항을 하며 짜증을 부린다. 프레이더-윌리 증후군 아동의 42%가량이 성질이 폭발할 때 재산을 부수며, 34%는 다른 사람들에게 신체적 공격을 한다. 이 아동들의 71~98%는 강박적 사고를 하거나 의례적·강박적 행동을 한다. 음식에 관한 강박이 가장 흔히 나타난다. 음식을 특정한 순서로 먹거나, 색깔, 재질, 유형 또는 칼로리 함유량에 따라 먹을 수도 있다. 프레이더-윌리 증후군 아동들은 강박행동을 보이는 경우도 많다. 종이와 연필을 비축해둘 수도 있고, 장난감과 가정용 물품들을 색깔, 크기 또는 모양에 따라 정리하거나, 정보나 질문을 계속 반복하거나, 대칭에 지나치게 신경을 쓸 수도 있다(King, 2016).

성인 초기에는 왜곡된 사고와 환각 같은 정신병 증상을 보이기도 한다. 한 연구에서 프레이더-윌리 증후군 아동의 부모 중 12.1%가 자녀의 환청 또는 환시를 보고하였다(Stein, Keating, Zar, & Hollander, 1994). 프레이더-윌리 증후군이 있는 성인들의 기대수명은 비만 때문에 줄어든다.

안젤만 증후군

안젤만 증후군(Angelman syndrome)은 지적장애, 언어손상, 행복한 모습, 특이한 운동행동이 특징인 유전 장애이다. 이 장애는 해리 안젤만(Harry Angelman)이라는 의사가 자신이 근무하고 있던 병원에 (나중에 안젤만 증후군으로 진단받은) 세 아동이 동시에 입원했을 때 확인하였다. 세 아동 모두 인지기능이 매우 낮았고, 말을 하지 못했으며, 걸음걸이와 균형에 문제가 있었다. 이들은 움직임이 놀발적이고 갑작스럽고 불규칙했다. 팔을 위로 들어 올린 채 걷곤 했는데, 때론 갑작스럽게 발을 내딛고 멈추는 식으로 휘청대면서 발끝으로 걷는 경향이 있었다. 특히 세 아동 모두 미소를 많이 짓고 많이 웃었다. 이후 안젤만은 베로나의 카스텔베키오 미술관을 방문했는데 여기서 꼭두각시 인형을 든 소년이라는 제목이 붙은 그림을 보고 자신이 돌보고 있던 어린 환자 세 명의 행복한 기질을 떠올렸다. 나중에 안젤만은 자신의 환자인 '꼭두각시 아동' 세 명을 묘사하는 논문을 작성했고, 이 논문은 서서히 전 세

계 임상전문가들의 관심을 끌었다(Angelman, 1965). 오늘날 전문가들은 이 장애를 안젤만 증후군이라 부른다. 아동 1만 5,000~2만 명 중에서 1명 정도가 이 장애를 가지고 있다.

프레이더-윌리 증후군과 안젤만 증후군 둘 다 15번 염색체 부위의 이상에서 비롯된다. 건강한 아동은 양쪽 부모로부터 하나씩, 두 개의 15번 염색체를 물려받는다. 프레이더-윌리 증후군은 아동이 15번 염색체의 유전정보를 어머니에게서만 물려받을 때 발생한다. 반면에 안젤만 증후군은 15번 염색체의 유전정보를 아버지에게서만 물려받을 때 발생한다. 안젤만 증후군 사례의 70%는 어머니의 유전정보를 물려받지 못한다. 3~5%는 아버지로부터 15번 염색체 두 개를 물려받고 어머니로부터는 전혀 물려받지 못한다. 안젤만 증후군의 나머지 사례들은 15번 염색체에 유전적 돌연변이를 보인다.

안젤만 증후군의 가장 현저한 특징은 장애아동이 끊임없이 사회적 미소를 짓고 행복한 표정을 띤다는 것이다(이미지 5.2). 안젤만 증후군이 있는 아이들은 생후 1~3개월 사이에 이처럼 끊임없이 미소를 띠기 시작한다. 이후에는 여기에 낄낄대는 웃음이 더해진다. 안젤만 증후군 아동들의 얼굴을 보면 대부분이 활짝 웃는 입, 얇은 윗입술, 뾰족한 턱을 가지고

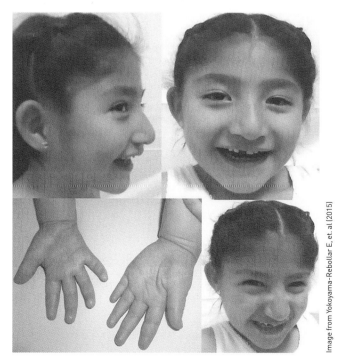

이미지 5.2 테레사는 안젤만 증후군이 있는 5세 아동이다. 이 장애의 특징은 눈의 안쪽 모서리 사이의 넓은 간격, 큰 입, 행복한 태도이다.

있다(Buiting, Williams, & Horsthemke, 2017).

아동의 사회적 미소에도 불구하고 안젤만 증후군은 걸음마기 이후에야 인식되는 경우가 많다. 부모와 의사들은 음성언어가 결여되어 있고 걸음걸이와 균형에 문제가 나타날 때 이 장애를 의심하곤 한다. 아동기에는 인지기능이 대체로 고도 또는 최고도 ID의 범위에 있다. 단어를 몇 개 정도 사용할 수 있는 아동도 있지만 안젤만 증후군 아동 대부분이 말을 하지 못한다. 대개 다른 사람의 말을 알아들을 수는 있고 간단한 명령을 따를 수 있다.

거의 모든 안젤만 증후군 아동이 과잉행동과 부주의를 보인다. 흔히 부모는 이 아동들이 '끊임없는 움직임'을 보인다고 묘사한다. 팔을 퍼덕이고, 손을 만지작거리고, 쉽게 흥분상태에 빠질 수 있다. 과잉행동은 이들이 잠을 자지 못하게 방해할 수 있다. 한 사람이나 한 과제에 오랫동안 주의를 지속하기 어려워하기도 한다. 과잉행동과 부주의의 문제는 아동기 내내 지속되지만 나이가 들면서 어느 정도 감소한다.

안젤만 증후군 아동의 일부는 **색소침착 저하증**을 가지고 있다. 즉 창백해 보이고 밝은색의 눈을 가지고 있는 경우가 많다. 색소침착 저하증은 15번 염색체에서 피부색을 부호화하는 유전자가 다른 정보와 함께 삭제되었을 때 발생한다.

안젤만 증후군 아동의 90% 이상이 발작을 보인다. 이 아동들은 돌발적 움직임을 보이기 때문에 때로 발작을 알아채기가 어렵다. 대부분의 사례에서 의사들은 발작을 줄이기 위해 항경련제를 처방한다. 안젤만 증후군이 있는 성인들의 기대수명은 이 장애가 없는 성인들보다 10~15년가량 짧다.

윌리엄스 증후군

윌리엄스 증후군(Williams syndrome, WS)은 전반적으로 낮은 인지기능, 과잉행동, 충동성, 부주의, 이례적으로 뛰어난 음성언어와 사교성이 특징인 유전 장애이다(Elsabbagh & Karmiloff-Smith, 2012). 윌리엄스 증후군 아동들은 얼굴 특징을 보면 알아볼 수 있다. 흔히 넓은 이마, 치아 사이가 많이 벌어진 넓은 입, 세모꼴 홍채, 그리고 요정 같은 코와 눈과 턱을 가지고 있다(이미지 5.3). 이런 얼굴 특징들은 즐거움과 짓궂음을 보여준다. 이 장애는 염색체 7번 부위가 약간 삭제되었을 때 나타나는데, 아동 2만 명 중 1명꼴로 발생한다.

윌리엄스 증후군 아동들은 IQ 점수가 전반적으로 낮지만,

이미지 5.3 메리는 윌리엄스 증후군이 있는 학령전기 아동이다. 윌리엄스 증후군이 있는 많은 아동들은 메리처럼 큰 입, 통통한 뺨, 위를 향한 작은 코, 뾰족한 턱을 가지고 있다. 언어기술이 잘 발달되어 있기도 하다.

어떤 언어영역에서는 특이한 강점을 보인다(Mervis, 2012). 이 아동들은 대단히 뛰어난 어휘력을 가지고 있다. 고급 어휘와 정교한 문법을 사용해서 상당히 복잡한 이야기를 할 수 있다. 이야기를 할 때 특정 부분을 강조하기 위해 음향효과를 사용할 수도 있다. 윌리엄스 증후군 아동의 일부는 청각기억과 음악에 상대적 강점을 보인다. 교사들은 이 강점을 활용하기 위해 교수법을 바꾸기도 한다. 예를 들어, 윌리엄스 증후군 아동들은 자료를 읽게 하기보다는 언어로 가르칠 때 반응을 가장 잘하며, 혼자서 공부하기보다는 파트너와 함께 또는 집단으로 공부하는 것을 선호한다(Royston, Waite, & Howlin, 2019).

윌리엄스 증후군 아동들은 시공간 과제에 취약하다. 이들은 그림이나 도형을 따라 그리기 어려워한다. 시공간 능력에서 이같이 상대적 결함이 나타나는 것은 윌리엄스 증후군을 일으키는 유전정보 삭제 때문일 가능성이 있다. 구체적으로, 7번 염색체의 삭제된 부위에는 림 키나아제(LIM kinase)라 불리는 효소를 부호화하는 유전자가 들어 있다. 이 효소는 시공간 정보처리를 담당하는 뇌 영역의 발달과 기능에 필수적이다. 윌리엄스 증후군 아동들이 가지고 있는 시공간 문제는 이 효소의 결핍 때문일 가능성이 크다(Elsabbagh & Karmiloff-Smith, 2012).

윌리엄스 증후군 아동들은 친절하고 사교적이라고 묘사된다. 얼굴을 잘 기억하고 마음상태와 정서를 추론하는 데 특히 능하다. 때로 낯선 사람들을 너무 신뢰하는 나머지 다른 사

람으로부터 이용당할 위험에 처하기도 한다(Sampaio et al., 2018).

때로 폭주하는 행동을 하고 흥분상태에 빠지기 쉽다. 부주의, 과잉행동, 충동성을 보이며, 상당수는 ADHD 진단을 받는다. 더욱이 큰 소리에 매우 민감하게 반응하는 **청각과민증**을 보인다. 트럭엔진, 화재경보, 학교에서 수업시간을 알리는 종소리가 이 아동들에게 엄청난 스트레스를 불러일으킬 수 있다.

윌리엄스 증후군 아동의 대부분이 불안 문제를 가지고 있다. 어린 윌리엄스 증후군 아동들은 보통 아동들과 마찬가지로 유령, 폭풍우, 예방주사를 무서워한다. 그러나 이 아동들은 보통 아동들과 달리, 더 나이가 들어서도 계속해서 이 자극들을 무서워하고, 나이가 들면서 걱정이 엄청나게 많아진다. 윌리엄스 증후군이 있는 나이 든 아동과 청소년들은 다른 사람의 비판에 극도로 예민하다. 3분의 1가량이 사회적 공포증을 일으키고, 85%가 사회적 상황이나 수행을 해야 하는 상황에서 불안 문제가 계속 재발한다. 메타분석 연구는 윌리엄스 증후군 아동들이 다른 발달장애를 앓고 있는 아동들보다 불안장애를 겪을 확률이 네 배나 더 높다는 것을 보여준다(Royston, Howlin, Waite, & Oliver, 2018).

윌리엄스 증후군 아동들은 심혈관계 질환을 겪을 위험이 있다. 이 장애에서 7번 염색체의 삭제된 부위는 엘라스틴을 부호화하는 유전자를 가지고 있다. 엘라스틴은 심혈관계의 결합조직이 탄력성과 신축성을 갖기 위해 꼭 필요한 성분이다. 엘라스틴이 부족하면 고혈압과 그 밖의 심장 문제가 발생할 수 있다.

디조지 증후군

디조지 증후군(DiGeorge syndrome)은 면역계에 문제를 일으키는 유전 장애이다. 면역계의 적절한 기능은 흉선에 달려있는데, 디조지 증후군 아동들은 흉선의 일부 또는 전체가 없다 보니 면역 결핍이 초래된다. 흉선이 얼마나 많이 있느냐에 따라 아동이 겪는 증상이 달라진다. 증상이 심한 아동들은 인지기능이 낮고 건강문제가 심각할 가능성이 크다.

디조지 증후군은 구순구개열, 작은 귀, 넓은 코 등의 신체적 특징을 보인다(이미지 5.4). 이 아동들은 선천성 심장질환, 중이염 또는 청각손실, 면역문제, 발작 등의 건강문제를 흔히 경험한다. 구순열과 구개열, 그리고 청각손실은 종종 언어지

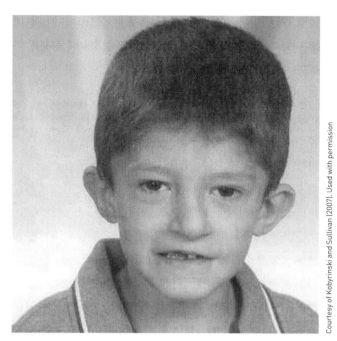

이미지 5.4 이 소년은 낮은 인지기능, 구순구개열, 심장문제, 조현병의 발병 위험과 관련이 있는 디조지 증후군을 앓고 있다.

연과 학습문제를 초래한다. 평균 IQ는 약 70점인데, 언어성 점수가 비언어성 점수보다 훨씬 더 높다(Butcher et al., 2012).

디조지 증후군은 흔히 22번 염색체의 중앙에 있는 유전자 30~40개가 삭제되는 유전적 돌연변이에 의해 생겨난다. 따라서 이 장애는 22q11.2 삭제 증후군으로도 알려져 있다. 삭제는 정자나 난자에서 또는 수정과정에서 발생할 수 있다. 드물기는 하지만, 증상을 보이지 않는 한쪽 부모가 자신도 모르게 자녀에게 이러한 돌연변이를 물려주기도 한다. 아동 2,000~4,000명 중에 1명꼴로 이 장애를 보인다(Toth, deLacy, & King, 2015).

디조지 증후군 아동들은 정신과 장애를 앓을 위험이 있다. 이 증후군이 있는 이런 아동들은 종종 사회적 상황을 이해하기 어려워하며, 사회적 문제해결 능력이 손상되어 있다. 더 나이 든 아동들은 주의에 문제를 보이는 경우가 많고 ADHD 진단을 받을 수 있다. 이 아동들의 절반가량이 조현병이나 정신병 증상을 보이기에 디조지 증후군은 조현병을 일으키는 것으로 알려진 몇 개의 원인 중 하나가 되었다(Vorstman et al., 2015).

X 염색체 관련 장애들은 어떻게 지적장애를 초래하는가?

X 염색체 관련 장애는 X 염색체에 발생하는 특수한 종류의 유전적 이상을 가리킨다. 소녀들은 X 염색체가 2개이고 소년들은 하나밖에 없기 때문에 이 장애들의 증상은 소년과 소녀에게 달리 나타난다.

X 결함 증후군(FMR-1 장애)

X 결함 증후군(Fragile X syndrome)은 부모로부터 물려받는 유전 장애로서 신체기형, 중등도에서 고도에 이르는 지적 손상, 사회/행동의 문제와 관련이 있다. 소년에게는 4,000명에 1명 꼴로, 소녀에게는 8,000명에 1명꼴로 발생한다(Toth et al., 2015).

X 결함 증후군은 X 염색체에 있는 X 결함 정신지체 1(FMR-1) 유전자라 불리는 유전자의 돌연변이에 의해 발생한다(Cornishm Cole, Longhim Karmiloff-Smith, & Scerif, 2013). 건강한 사람들의 경우 이 유전자에 들어있는 시토신-구아닌-구아닌(CGG)이라는 3개의 뉴클레오티드 배열의 반복 횟수가 적다. CGG는 정상적인 뇌 성숙과 인지 발달을 돕는 단백질을 생산한다. X 결함 증후군 아동들의 경우에는 CGG의 반복 횟수가 매우 많다. 50~200번 반복되는 배열을 물려받은 아동들은 증상을 보이지 않는 경우가 대부분이다. 보통은 자신이 유전적 돌연변이를 지니고 있다는 사실을 인식하지 못하지만, 이 돌연변이를 자손에게 물려줄 수 있다. 200번 이상 반복되는 배열을 물려받은 아동들은 대개 이 장애의 징후를 보인다. 반복되는 배열들은 FMR-1 유전자의 기능을 방해하고, 그 결과 단백질의 생산량을 감소시킨다. 일반적으로, 단백질이 적게 생산될수록 아동의 인지손상 정도가 더 심하다. 이 장애의 명칭이 X 결함인 이유는 X 염색체가 망가진 것처럼 보이기 때문이다(Stevenson et al., 2012).

X 결함 증후군은 남아와 여아에게 달리 발현되는데, 남아가 여아보다 지적손상, 행동문제, 신체기형이 더 심하다. 남아들의 손상이 더 심한 이유는 그들에게 단 하나뿐인 X 염색체에 문제가 생겼기 때문이다. 반면에 여아들은 이상이 생긴 X 염색체 하나와 대개의 경우 온전한 두 번째 X 염색체를 물려받는다. 온전한 이 X 염색체가 적정량의 단백질을 생산하고

이미지 5.5 블레이크는 X 결함 증후군이 있는 학령전기 아동이다. 부모는 그를 '다정하고 당돌한 꼬마아이'라고 묘사한다.

아동이 더 높은 인지기능을 갖게 해준다(Cornish et al., 2013).

X 염색체에 결함이 있는 소년들은 길쭉한 머리, 큰 귀, 과도하게 유연한 관절을 가지고 있는 경향이 있다(Sadock & Sadock, 2015). 다른 소년들보다 키도 더 작은 경향이 있다. 때로 심장 잡음이나 시각문제와 같이 X 염색체 결함과 관련된 질환을 앓기도 한다(이미지 5.5).

X 결함 증후군이 있는 소년들은 중등도에서 고도에 이르는 지적장애를 보이는 경향이 있다(Abbeduto, McDuffie, Brady, & Kover, 2012). 또한 정보를 처리하고 문제를 해결하는 방식에서 흥미로운 양상의 강점과 약점을 보인다. **동시처리**(simultaneous processing), 즉 정보를 한꺼번에 지각하고 조직하고 해석해야 하는 과제들에서는 비교적 강점을 보인다. 퍼즐을 풀거나 미로를 완성하려면 동시처리가 필요하다. 반면에 X 결함 증후군이 있는 소년들은 **순서처리**(sequential processing) 또는 정보를 특정한 순서로 배열하고 처리하는 능력에서는 상대적으로 약점을 보인다. 문장을 읽거나 장난감을 조립하는 방법에 관한 지시를 따르려면 순서처리가 필요하다. 이 소년들은 또 활동들을 계획하고 효율적인 방식으로 조직하는 데 있어서도 약점을 보인다(Karmiloff-Smith et al., 2016).

X 결함 증후군이 있는 소녀들은 동일한 장애가 있는 소년들보다 IQ가 더 높고, 신체기형이 덜 뚜렷하며, 행동문제가 심하지 않은 경향이 있다. 소녀들도 소년과 마찬가지로, 주의문제를 겪을 수 있다. 또 과도한 수줍음, 시선 회피, 사회적 불

이미지 5.6 엘리자베스가 레트 증후군이 있는 딸 그레이스를 안고 있다. 이 발달장애의 특징은 지적장애와 특유의 운동 문제이다. 거의 대부분 소녀에게 나타난다.

안을 보일 수도 있다.

레트 증후군(MECP-2 장애)

레트 증후군(Rett syndrome)은 소녀들에게 고도 ID를 일으키는 가장 흔한 원인이다. 거의 항상 X 염색체의 MECP-2 유전자의 유전적 돌연변이에 의해 일어난다. 유전되는 경우는 드물다. 이 장애는 거의 항상 여자아이들에게 나타난다. 이 장애를 가진 남아는 안타깝게도 임신 중에 사망하는 경우가 많다. 이 장애는 출생 아동 8,500~1만 명 중에 1명꼴로 발생한다(Toth et al., 2015).

레트 증후군이 있는 아기들은 생후 첫 6~18개월 사이에는 정상적인 발달을 보인다. 이후로는 대개의 경우 언어, 운동, 사회 기술이 빠른 속도로 감퇴한다. 대부분이 사회적 위축과 손을 비트는 정형적 운동장애를 보인다. 상당수 아동이 성장 실패, 호흡문제, 운동손실, 척추만곡 같은 건강상의 문제도 보일 수 있다. 걸음마 시기가 뇌면 성서소설을 하기 어려워하고, 잘 울고, 성질을 부리곤 한다(이미지 5.6). 약 90%가 발작을 한다. 레트 증후군을 앓는 청소년들은 보호자들로부터 지원을 받는다면 성인기까지 생활할 수 있다(Lyst & Bird, 2015).

대사장애들은 어떻게 지적장애를 초래하는가?

페닐케톤뇨증(Phenylketonuria, PKU)은 가장 널리 알려진 대사장애로서, 치료하지 않으면 지적장애를 초래할 수 있다.

PKU는 대개의 경우 신체가 특정 음식들에 들어있는 필수 아미노산인 페닐알라민을 티록신으로 전환할 수 없을 때 발생한다. PKU 아동의 간에서는 페닐알라민을 분해하는 효소가 생산되지 않는다. 아동이 유제품, 고기, 치즈와 같이 페닐알라민이 풍부한 음식을 먹으면 이 성분이 축적되어 독성을 갖게 된다. 페닐알라민 독성은 뇌 손상과 ID를 초래한다.

PKU는 열성유전자에 의해 발생한다(그림 5.3). 아동이 PKU를 보이기 위해서는 이 열성유전자를 어머니와 아버지 둘 다로부터 물려받아야 한다. 한쪽 부모에게서만 이 유전자를 물려받은 아동들은 장애를 보유하고는 있지만 증상들을 보이지는 않는다. 보유자 둘이 만나 부부가 되면 자손 각자가 PKU를 보일 확률은 25%이다. 아동 1만 1,500명 중에서 1명꼴로 이 장애가 발생한다.

신생아들은 통상적으로 출생 직후 혈액검사에 의해 PKU 선별검사를 받는다. 장애가 탐지된 아이는 페닐알라민이 적은 음식들로 구성된 식사를 제공받게 된다. 이런 식사는 독성 확률을 감소시키며, 따라서 이런 식사를 계속하면 인지발달이 정상적으로 이루어지게 된다. 대부분의 의사들은 이런 식사가 무기한으로 계속되어야 한다고 제안한다. 페닐알라민이 필수 아미노산이므로 이런 식사를 하는 아동들은 의사의 감독을 받아야 한다. 이 아동들은 적혈구 수가 적고(빈혈) 혈당치가 낮을(저혈당증) 위험이 있다.

PKU 아동이 특수 식이요법을 따르지 않으면 출생 몇 달 후에 증상이 나타난다. 아동기에는 고도 ID를 보이고 음성언어를 사용하지 못한다. PKU 치료를 받지 않은 아동들은 과잉행동, 괴상한 움직임, 성질부리는 행동을 보이기도 한다. 이 아동들은 위장장애를 겪을 수도 있고 발작을 할 수도 있다. 아동 후기에 페닐 성분이 함유되지 않은 식사를 시작한다고 해도 이런 손상을 뇌돌릴 수는 없다.

어머니의 질환 또는 환경독소는 어떻게 지적장애를 초래하는가?

어머니의 질환

임신 중에 어머니가 감염되면 조산, 저체중 출생, 때로는 ID를 초래할 수 있다(Silasi et al., 2015). 아동의 인지에 해로운 영향을 끼칠 수 있는 어머니의 질병으로는 톡소플라스마증,

그림 5.3 ■ PKU는 열성 대사 장애이다

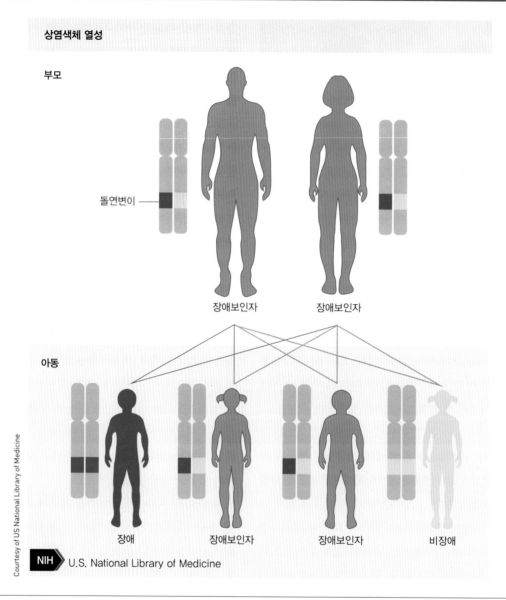

상염색체 열성

부모

돌연변이

장애보인자   장애보인자

아동

Courtesy of US National Library of Medicine

장애   장애보인자   장애보인자   비장애

NIH ▶ U.S. National Library of Medicine

주 : 아동이 이 장애를 보이려면 열성유전자를 양쪽 부모로부터 물려받아야 한다. 유전자를 하나만 물려받는다면 장애 인자를 가지고는 있어도 증상을 보이지는 않을 것이다.

풍진, 거대세포 바이러스, 단순포진 바이러스, 그 밖의 감염병들을 들 수 있다.

톡소플라스마증은 전 세계의 온혈동물에게 존재하는 기생충 때문에 발생한다. 선진국의 임신한 여성들은 덜 익힌 고기를 먹거나 동물의 배설물을 만질 때 이 기생충에 감염될 가능성이 가장 크다. 따라서 임신한 여성들은 고양이 상자를 청소하지 않도록 해야 한다. 톡소플라스마증은 태아의 중추신경계 발달에 영향을 미친다. 어떤 아동들은 유아기 끝 무렵이나 걸음마 시기까지도 증상을 보이지 않을 수 있다.

풍진은 독일홍역을 일으키는 바이러스이다. 어머니는 증상이 비교적 가볍지만(예 : 발진), 풍진에 감염된 아기들은 흔히 중등도에서 고도까지의 인지손상을 보인다. 임신하고 첫 3개월 동안의 감염이 가장 심각하다. 선진국에서는 풍진백신이 널리 사용되고 있어서 태아가 감염되는 사례는 비교적 드물다. 그러나 백신을 거부하거나 백신이 사용되지 않는 국가에 사는 여성들의 태아는 계속 이 바이러스에 감염될 위험에 처해 있다.

거대세포(시토메갈로) 바이러스는 대부분이 청소년기나 성인 초기에 감염되는 흔한 바이러스이다. 이 바이러스는 고열, 오한, 인후통, 피로감이 주된 증상으로 나타나는 단핵증을 일으킨다. 이 병은 어머니가 임신 중에 처음으로 걸린다면 태아에게 전염될 수 있다. 이 병은 태아 신경계의 현저한 손상, 청각 손실, ID, 그리고 사망까지 초래할 수 있다. 따라서 임신한 여성들은 단핵증의 증상들을 보이는 사람들을 접촉하지 말아야 한다.

단순포진 바이러스 2유형은 흔히 성적 접촉을 통해 감염되는 질병이다. 14~49세 여성의 약 12%가 이 바이러스를 가지고 있다. 태아는 보통 두 가지 경로를 통해 이 바이러스에 감염된다. (1) 어머니가 임신 중 마지막 3개월 동안 이 병에 처음으로 걸리거나 (2) 어머니가 가지고 있는 활동성 헤르페스 병변이 출산하는 동안 아이와 접촉하게 되는 경우이다. 이 바이러스에 감염된 아기들은 중추신경계의 심한 손상, 시각상실, 발작, 그리고 ID를 보일 수 있다. 치료제는 없지만, 어머니들은 항바이러스성 약물을 복용하고 제왕절개를 함으로써 이 바이러스가 태아에게 전염되는 것을 예방할 수 있다.

끝으로, 대상포진 바이러스, 매독, B형 간염, 에이즈 등의 여타 **감염병**들도 ID를 초래할 수 있다. 어머니들이 대상포진 바이러스에 감염되지 않으려면 수두 백신을 맞거나 해당 환자를 접촉하지 말아야 한다. 다른 감염병들은 흔히 성 행동을 변경함으로써 피할 수 있다. 어머니가 매독에 감염되었다면 페니실린으로 치료할 수 있다. B형 간염이나 에이즈는 치료제가 없지만, 임신 중 항바이러스성 약물 복용, 제왕절개에 의한 출산, 모유 수유가 아닌 분유 수유와 같이 바이러스가 태아에게 전염될 확률을 줄일 수 있는 몇 가지 전략이 있다. 예를 들어, 이런 예방전략을 사용하는 경우와 그렇지 않은 경우에 어머니로부터 아이에게 에이즈가 전염될 확률은 각각 1% 이하와 25%이다.

납 노출

납은 아동에게 발달장애를 일으킬 수 있는 신경독소이다. 어머니가 임신 중에 납에 노출되면 태아가 납 독성을 겪을 위험이 있다. 예를 들어, 임신한 여성은 오염된 물을 마시거나 산업시설에서 일할 때 우연히 납을 섭취할 수 있다. 다량으로 섭취된 납은 태반을 통해 태아에게 전달되고 발달에 영향을 미칠 수 있다. 어머니가 납에 노출된 내력도 태아를 위험에 빠뜨릴 수 있다. 예를 들어, 아동기에 납에 노출된 어머니는 뼈에 납이 저장되었을 수 있다. 어머니가 임신기간 동안 칼슘을 충분히 섭취하지 않는다면, 아기에게 필요한 칼슘은 모체에 저장된 납으로 대체될 수 있다. 어떤 경우든지 임신기간에 납에 노출된 신생아들은 조산, 저체중 출산, 인지문제를 일으킬 위험이 있다(Shah-Kulkarni et al., 2016).

어린 아동들은 세 가지 방식으로 납에 노출될 수 있다. 첫째, 다량의 납을 함유하고 있는 오염된 수돗물을 마실 수 있다(그림 5.4). 둘째, 납을 제조업에 사용하는 산업현장 근처에서 놀면 납에 노출될 수 있다. 셋째, 가장 흔하게는 아동들이 납 성분이 함유된 페인트를 섭취할 수 있다. 미국에서는 1978년에 납 성분 페인트를 사용하지 못하도록 금지했지만, 2,400만 채가량의 낡은 주택과 아파트들은 여전히 납 성분이 든 페인트를 품고 있다. 이 페인트가 결국 잘게 부스러져서 가루가 되고 조각이 나면, 아기들은 마룻바닥에 있는 페인트 조각들을 먹을 수 있고 아동들은 납이 포함된 먼지를 부지불식간에 흡입할 수 있다(Eid & Zawia, 2016).

납 노출은 보통 혈액검사로 측정한다. 혈액 1데시리터당

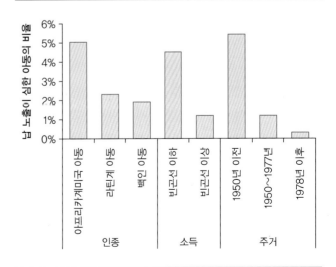

그림 5.4 ■ **납에 노출되는 정도는 인종과 사회경제적 지위에 따라 달라진다**

주 : 납에 노출된 아동은 발달문제를 일으킬 위험이 있다. 아프리카계 미국 아동, 가난하게 생활하고 있는 아동, 낡은 집에 살고 있는 아동들이 가장 많이 납에 노출된다.
출처 : Centers for Disease Control and Prevention (2016c).

5마이크로그램 이상(> 5 μg/dL)의 납이 검출되면 높은 수준으로 간주한다(Centers fo Disease Control and Prevention, 2016a). 그러나 납 노출이 안전하다고 간주되는 수준은 없다. 낮은 수준의 납 노출도 신경발달 문제로 이어질 수 있다.

납이 발달에 미치는 영향은 아동의 연령, 노출의 양과 지속기간에 따라 달라진다. 일반적으로 납은 0~5세 사이에 가장 위험하다. 이 시기에 신경계 발달이 빠른 속도로 이루어지기 때문이다. 납은 인지문제, 특히 낮은 지능과 학습장애 위험의 증가와 강한 관련이 있다. 최근의 종단연구는 납이 1μg/dL 증가할 때마다 IQ가 1~2점 감소한다는 것을 보여준다. 이러한 인지결함은 보통 성인기까지 지속된다(Mazumdar et al., 2011).

납에 노출된 유아들과 걸음마 아동들은 행동문제를 보일 위험도 있다. 주의의 문제, 과잉행동, 공격성을 포함하는 파괴적 행동이 가장 흔하게 나타난다. 초기의 납 노출은 품행문제의 위험도 증가시킨다.

안타깝게도 대부분의 아동들은 납 수준이 40~50μg/dL에 도달하기 전에는 납 독성의 뚜렷한 징후를 보이지 않는다. 어린 아동들은 인지 지연과 학습 문제, 과민성, 나태함, 식욕상실, 위장문제와 같은 납 독성 증상들을 보인다. 납 수준이 매우 높은 아동들은 중금속을 제거하는 킬레이트 요법을 받을 수 있다. 킬레이트 시약이 아동의 혈액에 주입되면 납과 결합하여 납이 신체에서 제거되도록 도움을 준다. 킬레이트 요법은 신장손상, 심장문제 및 기타 대사문제를 일으킬 수 있기 때문에 납 독성이 극심한 사례에만 사용된다.

가족은 납 노출을 어떻게 예방할 수 있는가? 첫째, 낡은 주택에서 생활하는 가족들은 벽, 창문, 현관에 조각나거나 가루가 된 페인트가 있는지 조사할 수 있다. 악화 중인 표면은 전문가가 수리를 하고 페인트칠을 다시 해서 아동을 보호할 수 있다. 둘째, 부모는 자녀들의 손과 장난감을 깨끗이 씻어주고 마루와 다른 표면들을 정기적으로 청소해주어야 한다. 부모는 자녀가 납이 함유된 페인트가 칠해진 장난감들에 노출되지 않도록 해야 한다. 셋째, 가족은 집에 들어오기 전에 신발을 털어서 납이 함유된 흙을 집안에 들여오지 않도록 해야 한다. 아동들도 바깥에서 맨발로 놀지 않도록 해야 한다. 끝으로, 공공급수 시스템에서 수돗물을 공급받는 가족들은 급수 당국자에게 납 성분에 관한 정보를 확인할 수 있다. 급수 당국자는 소비자에게 수돗물의 질을 기술하는 소비자 신뢰도 보고서를 제공해야 한다. 사설급수(예 : 우물)를 사용하는 가족들은 검사키트를 사용해서 납 수준을 확인할 수 있다(Centers for Disease Control and Prevention, 2016c).

알코올과 다른 약물

많은 약들은 임신한 여성이 복용할 경우 저체중 출생, 머리둘레 감소, 아동의 행동 및 학습 문제의 위험을 증가시킬 수 있다. 흥미롭게도, 헤로인이나 코카인 같은 불법약물은 알코올과 같이 사회적으로 수용되는 약물만큼 일관성 있게 ID와 관련성을 보이지는 않는다.

태아알코올스펙트럼장애(Fetal alcohol spectrum disorder, FASD)는 임신기간 중 어머니의 알코올 섭취에 기인한다. FASD는 특유의 두개안면 이상에 더하여 낮은 지적기능, 학습장애, 과잉행동, 느린 신체성장을 특징으로 한다. FASD가 스펙트럼장애로 불리는 이유는 임신 중 어머니의 알코올 사용에 따라 증상들의 심각도가 일정한 범위에 걸쳐있기 때문이다(Popova et al., 2016).

FASD의 유병률은 1,000명 출생에 1~3명꼴이다. 그러나 알코올사용 장애가 있는 여성들의 경우에는 자녀의 유병률이 대략 3명 중 1명이다. 전문가들은 얼마나 많은 알코올을 섭취해야 FASD가 생기는지에 대해 의견이 일치하지 않는다. 어떤 자료에 따르면 임신기간에 알코올을 매일 2~3온스만 섭취해도 FASD가 발생할 수 있다. 더욱이 임신기간 중에 폭음을 하면 FASD 확률이 크게 증가한다. 임신기간 중 알코올을 가끔씩 섭취하면 심한 증상을 일으키지는 않는다고 해도 경미한 학습문제, 주의폭 감소 또는 작은 키와 같이 미묘한 인지적, 행동적, 신체적 기형을 초래할 수 있다. 따라서 미국소아과학회는 임신기간 중에는 알코올을 전혀 섭취하지 않는 것이 안전하며, 여성들은 임신했을 때 금주를 해야 한다고 명기하고 있다(Williams, Smith, & Committee on Substance Abuse, 2015).

FASD 아동들의 지적 기능은 편차가 크다. FASD 아동의 일부는 IQ 점수가 낮은 점수와 평균 점수 사이에 있지만, 대다수는 경도에서 중등도의 ID를 보인다. 이 아동들은 대부분이 학습문제를 겪는다. FASD와 관련된 가장 흔한 행동문제는 과잉행동, 충동성, 부주의이다. 어린 FASD 아동들은 종종

ADHD 진단을 받는다. FASD가 있는 나이 든 아동과 청소년들은 안절부절못하고 읽기와 숙제에 주의를 지속하기가 어렵다고 보고한다.

FASD 아동들은 아동 후기에 접어들었을 때 품행문제와 기분문제를 겪을 위험이 있다. 이 아동들은 인지적 손상 때문에 또래문제와 놀림을 경험할 수도 있다. 더욱이 이 장애와 관련된 학업결손, 행동문제 또는 낙인으로 인해 우울해질 수도 있다(Popova et al., 2016). 중등도 FASD를 가진 소년 앤드루를 생각해보자.

어머니의 흡연도 아동에게 발달문제가 일어날 위험을 증가시킨다. 담배 사용은 저체중 출생 및 뇌 성장 감퇴를 초래할 수 있다. 이런 부정적 효과는 저산소증, 즉 태아의 혈류에 산소공급이 감소되는 데서 비롯된다. 어머니의 흡연노출은 태아가 시신경 손상 및 시력문제를 겪을 위험에 처하게 만든다. 자궁에서 담배에 노출된 아동들은 그렇지 않은 아동들보다 학습과 기억의 미세한 결함뿐 아니라 행동·정서의 조절과 관련된 문제를 보일 가능성이 더 크다(Pereira, Da Mata, Figueiredo, de Andrade, & Pereira, 2017).

다른 불법 물질들이 유아의 발달에 미치는 영향은 혼합되어 있다. 대부분의 연구는 임신기간 중 어머니의 코카인 사용이 아동의 주의력과 기억력, 전체 지능 등 인지발달의 경미한 지연과 관련이 있다고 제안한다. 어머니의 메타암페타민 사용은 아동의 운동발달 지연과 관련이 있다. 어머니의 아편 사용은 아동을 언어습득이 지연될 위험에 빠뜨린다. 대부분의 연구에서 이러한 문제들은 정도가 경미하였고, 아동의 발달은 시간이 지나면서 대개는 또래아동들을 따라잡았다(Davis et al., 2019).

어머니의 처방약물 사용이 유아의 발달에 미치는 영향을 알아본 연구는 많지 않다. 아동이 발달문제를 일으킬 위험에 처하게 할 수 있는 약물 중 흔히 사용되는 두 가지 약물은 항

사례연구
태아알코올스펙트럼장애

거친 사랑

앤드루는 학교에서 파괴적 행동이 크게 증가함으로 인해 우리 클리닉에 의뢰된 14세 소년이다. 앤드루는 덩치가 컸다. 키는 5피트 10인치였고 몸무게는 160파운드를 넘었다. 휘둥그런 눈, 위를 향한 코, 낮게 붙은 귀, 넓적한 얼굴 등 태아알코올스펙트럼장애가 있는 아동들의 신체적 특징들을 여럿 나타냈다. 앤드루의 어머니는 알코올과 다른 약물을 사용한 내력이 상당했다. 임신 기간 내내 술을 마셨고 출산할 때도 술에 취해 있었다.

앤드루는 오랜 학업문제가 있었다. IQ 점수는 67이었다. 읽기와 수학 점수는 2~3학년 아동과 비슷한 수준이었다. 앤드루는 보충교습을 포함하여 특수교육 서비스를 받았지만, 이러한 특수 서비스를 받는 것에 대해 수치심을 느꼈다.

작년에 중학교에 다니기 시작한 이후로 앤드루의 행동은 점점 더 파괴적이 되어갔다. 교실에서 '광대 짓'을 하며 돌아다녔고, 교사와 학급친구들에게 장난을 걸었으며, 놀이터에서 싸움에 휘말렸다. 앤드루는 외모, 학업문제, 가족내력 때문에 학급친구들로부터 놀림을 받게 되었다. "나도 내가 느리다는 걸 알아요."라고 그는 말했다. "다른 애들이 그걸 나한테 얘기해줄 필요 없어요."

앤드루는 매주 열리는 치료회기에서 우리 클리닉의 심리학자를 만났다. 처음에는 회기가 진행되는 동안 바보같이 굴고 파괴적인 행동을 했다. 그러나 점점 치료자를 신뢰하게 되고 감정을 공유하게 되었다.

©iStockphoto.com/Highwaystarz-Photography

한 회기에서 앤드루는 다음과 같이 말했다. "엄마만 아니었다면 지금 내가 가지고 있는 이 모든 문제들이 없었을 거라는 거 선생님은 알고 계시죠." 치료자가 대답했다. "네 말이 맞는 것 같다. 네가 엄마를 방문할 때 엄마가 널 엄청 속상하게 하지. 그래서 네가 문제를 일으키는 거야." 앤드루가 망설이며 대답했다. "아뇨. 그런 뜻으로 한 말이 아니에요. 내가 엄마 뱃속에 있을 때 엄마가 술을 마시지 않았다면 내가 이렇게 바보 같지는 않았을 거라는 말이에요. 엄마가 술 마시는 것보다 나를 더 사랑할 수 있었더라면."

간질제와 항우울제이다. 두 약물 모두 선천성 기형, 신경인지 문제, 저체중 출생 등의 위험을 증가시킬 수 있다. 어떤 사례에서는 이런 약물을 사용함으로써 얻게 되는 혜택이 위험을 능가한다. 예를 들어, 발달하는 태아가 발작 활성에 노출되는 것이 약물 자체에 노출되는 것보다 대개는 더 위험하다. 따라서 임신한 여성은 약물사용과 관련해서 현명한 결정을 하기 위해 의사의 자문을 구해야 한다(Eke, Saccone, & Berghella, 2017; Veroniki et al., 2018).

질병 또는 부상은 어떻게 지적장애를 초래하는가?

임신과 출산의 합병증

임신 또는 출산 동안의 합병증이 ID를 초래할 수 있다. 때로는 어머니의 고혈압이나 임신 중 방치된 당뇨병이 태어난 자녀의 ID와 관련이 있다. 출산 합병증은 무산소증, 즉 태아의 뇌에 산소결핍을 일으킬 수도 있다. 예를 들어, 탯줄이 태아의 목을 감싸서 산소 흡입을 방해할 때 무산소증이 일어날 수 있다.

아동의 인지문제를 가장 잘 예측해주는 요인 중 하나는 조산 또는 저체중 출생이다. 임신기간 36주를 채우지 못하고 태어난 아동들은 유아기와 아동 초기에 인지 및 적응 기능에 결함이 생길 위험이 있다. 지역사회 기반의 대규모 연구는 조산과 아동의 이후 IQ 간에 반비례 관계가 있다는 것을 보여주었다(그림 5.5). 발달지연 위험은 임신기간이 줄어들수록 기하급수적으로 증가하였다. 열 달을 다 채우고 태어난 아기들은 4%가량이 운동, 언어, 사회성 또는 일상생활에서 지연을 보였다. 임신 24주 또는 25주에 태어난 아기들은 3분의 1이 이러한 지연을 보였다. 미성숙과 발달위험 간의 이러한 관계는 어머니의 연령과 교육 등 다른 생물학적·사회적 요인들을 통제해도 달라지지 않았다(Kerstjens, DeQinter, Bocca-Tjeertes, Bos, & Reijnveld, 2013).

중추신경계는 임신 후기에 급속히 성장하기 때문에 조산은 낮은 인지 및 적응 기능을 초래하는 위험요인으로 작용한다. 임신 24~40주 사이에 태아의 피질 용적은 네 배로 증가한다. 뉴런, 축색, 시냅스의 수가 극적으로 증가하며, 수초가 증가하고 뇌 활동이 더 복잡해진다. 출산 후에도 성숙은 계속될 수 있고 또 실제로 계속되지만, 최적의 발달은 태내에서 이루어

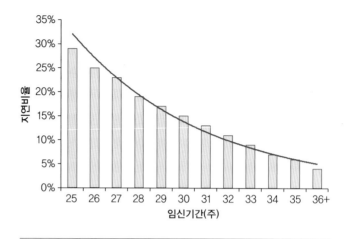

그림 5.5 ■ 조산아는 발달이 지연될 위험이 더 크다

주 : 조산한 아기들은 달을 다 채우고 태어난 아기들에 비해 운동, 언어, 일상생활 기술이 지연될 위험이 더 크다. 이러한 위험은 아기가 엄마 뱃속에 있는 기간이 짧을수록 기하급수적으로 더 커진다. 출처 : Kerstjens et al. (2013).

진다.

아동기의 질환 또는 부상

ID의 발현과 가장 관계가 깊은 아동기 질병 두 가지는 뇌염과 뇌수막염이다. 뇌염은 뇌조직의 팽창을 가리키는 데 반해, 뇌수막염은 뇌와 척수를 둘러싸고 있는 뇌척수막에 염증이 생긴 것이다. 두 질병 모두 박테리아나 바이러스 감염에 의해 발생할 수 있지만, 바이러스 감염이 치료하기가 더 힘들기 때문에 더 심각하다.

심각한 머리부상은 모두 ID를 초래할 잠재력을 갖는다. 가장 분명한 부상의 원천은 자동차 사고이지만, 아동기의 머리 부상은 대부분이 집 주변에서 일어난다. 많은 인지적 손상이 테이블, 열린 창문, 계단에서 떨어져서 입게 되는 부상에서 비롯된다. 이와 유사하게, 수영장이나 욕조에서 익사할 뻔했던 아동들은 뇌 손상과 그에 상응하는 인지적 문제를 경험할 수 있다(Davis et al., 2019).

신체적 학대를 당한 아동들도 ID와 그 밖의 인지적 문제들을 겪을 위험이 있다. 폭력에 의한 머리 외상(즉 흔들린 아이 증후군)은 보호자가 아기를 세게 흔들어 뇌 부상을 일으킬 때 발생한다. 아주 어린 아동들은 목 근육이 약하기 때문에 조금만 앞뒤로 흔들어도 뇌에 외상이 생길 수 있다. 보호자들은 대개 아기의 울음을 감당할 수 없을 때 이런 행동을 한다. 아동

이 보이는 증상은 과민성, 무기력, 식욕부진으로부터 구토, 떨림, 사망에 이르기까지 넓은 범위에 걸쳐 있다. 이런 상황을 견뎌낸 아기들은 흔히 ID, 학습장애, 주의 및 기억 문제와 같은 인지적 결함을 보인다(Shaahinfar, Whitelaw, & Mansour, 2015).

무엇이 문화가족성 지적장애를 초래하는가?

문화가족성 ID는 시간이 흐르면서 아동의 유전자와 환경적 경험이 상호작용하는 데서 유래한다. 일부 아동들은 낮은 인지능력이라는 유전적 성향을 물려받는다. 이 아동들이 타고난 인지적 잠재력을 발휘하지 못하도록 방해하는 환경적 박탈까지 경험하면 지능과 적응기능이 평균에 미치지 못하게 될 위험이 있다. 환경적 박탈에는 의료서비스에 접근하기 어려움, 불충분한 영양, 아동 초기의 인지적 자극(예 : 부모가 자녀와 말하기, 놀이하기, 책 읽기) 결여, 질이 낮은 조기교육, 아동 초기의 문화 경험(예 : 음악 듣기, 집을 떠나 여행하기) 부족 등이 있다. 유전자와 환경의 상호작용은 시간이 흐르면서 ID를 초래할 수 있다.

문화가족성 ID는 중산층 가정보다 저소득 가정의 아동들에게 더 흔히 나타난다. SES와 아동 지능 간의 상관은 .33 정도이다. 게다가 SES와 아동 IQ의 관계는 아동이 빈곤이나 사회경제적 불이익을 경험할 때 더 강하다(Turkheimer & Horn, 2015).

유전요인과 환경요인이 둘 다 SES와 아동지능 간의 이러한 관계를 설명해준다. 유전학으로 보면 저소득층 부모들이 중산층 부모들보다 IQ 점수가 더 낮은 경향이 있다. IQ 점수가 높은 사람들은 교육을 더 오랜 기간 받고, 더 도전적이고 월급을 더 많이 받는 직업에 종사한다. 고소득 부모의 자녀들은 부모로부터 높은 지적기능과 적응기능을 갖게 해주는 성향의 유전형을 물려받는다. 더욱이 저소득 가정의 아동들은 지적 잠재력을 제한할 수 있는 환경에 노출된다. 예를 들어, 저소득층 아동들은 임신 및 출산 합병증을 경험하기 쉽고, 고품질의 의료서비스를 받거나 영양섭취를 하기가 어려우며, 담배연기나 납 같은 환경독소에 더 많이 노출되고, 가정환경에서 인지적 자극을 덜 받으며, 최적수준에 못 미치는 학교에 다닌다. 이와 같은 환경적 결손 또는 위험요인들은 아동의 인

지기술과 적응기술을 제한할 수 있다(von Stumm & Plomin, 2015).

뇌 영상 연구들은 아동의 인지발달에 빈곤이 위험요인으로 작용한다는 사실을 입증하였다(Luby, 2015). 지금까지 가장 대규모로 수행된 연구들 중 한 연구에서는 연구자들이 MRI를 이용하여 학령기 아동들의 뇌 크기를 측정하였다. 빈곤한 아동들은 그렇지 않은 아동들에 견줘 뇌 부피가 8~10% 감소한 것으로 나타났다. 문제해결 및 기억을 담당하는 영역, 특히 전두엽과 해마의 부피가 가장 크게 감소하였다. 더욱이 이러한 뇌 부피 감소는 IQ 6점 감소 및 학업기술 4~7점 감소와 관련이 있었다(Hair, Hanson, Wolfe, & Pollak, 2015; von Stumm & Plomin, 2015).

많은 연구들이 가정환경의 질과 아동의 지적 발달 간에 관계가 있다는 것을 보여준다. 새틀러(Sattler, 2014)는 이러한 자료들을 검토한 후 부모가 아동의 가정환경을 풍요롭게 만들고 아동이 자신의 지적 잠재력을 성취할 수 있도록 돕는 방법 두 가지를 확인하였다. 첫째, 아동에게 충분한 언어자극을 제공하고, 언어에 관한 피드백을 제공하며, 언어학습 기회를 많이 주는 가정들은 아동이 더 높은 수준의 지적 발달을 이루어내도록 촉진한다. 부모는 자녀와 대화하고 함께 놀이하고 책을 읽는 등 자녀와 상호작용하는 모든 기회를 활용해야 한다. 둘째, 아동의 학업성취, 호기심, 독립심 고취는 지적 기능 향상과 관련이 있다. 특히 어린 아동을 자녀로 둔 부모는 자녀의 발달을 증진하기 위해 창의적 놀이, 미술과 공예, 음악, 집에서 만든 게임과 활동들을 하도록 권장해야 한다.

5.3 장애의 확인, 예방 및 치료

전문가들은 발달장애를 어떻게 선별하는가?

통상적으로 신생아들은 태어난 직후에 ID를 일으키는 유전장애나 대사 장애가 있는지 여부를 탐지하는 일련의 혈액검사를 받는다. 예를 들어 모든 아기들은 PKU 선별검사를 받는다. PKU가 발견된다면 유전상담자와 영양사가 부모를 만나서 아동을 위한 영양공급 방법을 논의할 것이다.

부모가 ID나 다른 발달지연이 있는 아동을 낳을 위험요인

을 가지고 있다면, 의사는 임신 중에 유전선별검사를 받도록
권장한다. 특정 유전 장애의 보인자일지도 모르는 부모, 다른
자녀에게 발달지연이 있는 부모 또는 35세 이상인 부모는 종
종 선별검사를 받는다(Gardner, Sutherland, & Shaffer, 2020).

어머니들은 임신 15~18주에 혈청선별검사(serum screening)
를 받을 수 있다. 이 절차는 어머니의 혈액에 알파 태아단백
질, 비결합 에스트리올, 태반성 성선자극호르몬이라는 세 가
지 혈청 표지자가 있는지 여부를 검사하는 것이기 때문에 흔
히 '삼중 선별검사'라 불린다. 이 세 가지 혈청 표지자는 태아
의 간과 태반에서 만들어진다. 아이가 다운증후군이라면 알
파 태아단백질과 비결합 에스트리올 수준은 매우 낮은 반면
에 태반성 성선자극호르몬 수준은 매우 높을 것이다. 현저한
증가는 유전 장애가 있음을 보여주는 징후일 수 있지만, 이 검
사는 허위양성 비율이 높다. 따라서 결과가 양성으로 나오면
의사는 대개의 경우 어머니가 추가검사를 받을 것을 권장한
다(Cuckle, Pergament, & Benn, 2015).

양수천자(amniocentesis)는 더 침투적인 선별검사로서 보통
임신 15~20주에 실시된다. 어머니의 배에 주사바늘을 꽂아서
소량의 양수를 채취한다. 양수에 들어 있는 태아세포를 배양
하여 유전적 기형이 없는지 검사할 수 있다. 양수천자는 침습
적이므로 태아가 사망할 확률이 0.5%이다. 양수천자는 임신
15주차 이전에도 실시할 수 있지만 그렇게 되면 태아사망 위
험이 1~2%로 증가한다.

융모막 채취법(chorionic villus sampling, CVS)은 또 다른 유
전 선별검사로서 보통 임신 초기인 8~12주 차에 실시할 수
있다. 이 검사에서는 의사가 소량의 융모막을 채취한다. 융모
막은 태반을 자궁벽에 연결하는 가느다란 조직으로서 발달하
는 태아와 동일한 유전적·생화학적 구성을 가지고 있다. 이
조직을 분석하면 유전적·생물학적 기형을 탐지할 수 있다.
CVS는 태아에게 발달장애가 있을 위험이 매우 클 때에만 실
시한다. CVS와 관련된 유산 위험은 0.5~1.5%이다.

끝으로, 의사는 태아의 발달장애 여부를 알려줄 수 있
는 구조적 기형을 탐지하기 위해 초음파를 사용할 수 있다
(Rissanen, Niemimaa, Suonpaa, Ryynanen, & Heinonen, 2007).
초음파는 어머니와 태아 둘 다에게 비교적 안전한 절차인 것
으로 생각되고 있다. 임신 11~14주 차에 다운증후군이 있는
배아는 전형적인 태아에 비해 얼굴이 더 납작하고 코뼈가 더

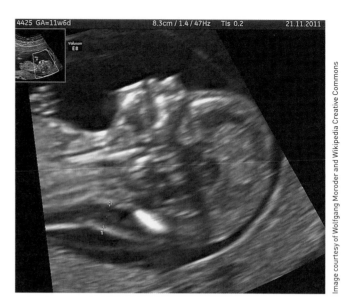

이미지 5.7 이 초음파 영상은 코뼈가 없는 임신 11주 차의 태아를 보여준다.
융모막 채취 검사 결과 이 아이는 다운증후군이라는 것이 확인되었다.

짧다(또는 없다). 초음파에 의해 드러난 이런 신체적 기형은
유전 장애가 있다는 것을 알려줄 수 있다(이미지 5.7).

조기교육 프로그램은 지적장애를 예방할 수 있는가?

유아와 걸음마 아동을 위한 프로그램

정부가 관리하는 많은 프로그램은 위험요인을 가진 아기들
에게 ID와 다른 발달장애들이 발생하지 않도록 예방하기 위
해 개발되었다. 유아 건강 및 발달 프로그램(Infant Health and
Development Program)은 가장 규모가 큰 예방프로그램 중 하
나이다. 저체중 출생 미숙아 985명이 이 프로그램에 참여하였
다. 이전 연구는 이 아이들이 발달지연을 보일 위험이 크다는
것을 보여주었다. 아이들은 조기교육집단 또는 통제집단에
무작위로 배정되었다. 개입집단 아동의 부모에게는 프로그램
담당자가 정기적으로 가정방문을 하였다. 가정방문 시간에
담당자는 부모가 아이와 함께 하면서 아이의 인지·언어·사
회 발달을 증진할 수 있는 게임과 활동들을 부모에게 가르쳐
주었다. 담당자는 또 부모가 저체중으로 태어난 미숙아를 돌
볼 때 발생하는 문제들을 처리하도록 도움을 주었다. 아이가
한 살이 되었을 때는 부모에게 아이를 고품질의 유치원 프로
그램에 등록하도록 권유하였다. 프로그램은 무료였고 아이의
등하원을 위한 교통편이 제공되었다. 유치원은 아이가 3세가

될 때까지 연중 매주 5일씩 운영되었다. 통제집단에 배정된 가족들에게는 가정방문이 없었고 유치원 프로그램도 제공되지 않았다(Chaparro, Sojourner, & Huey, 2020).

개입의 성공 여부를 평가하기 위해 유치원 프로그램이 끝났을 때(3세), 5세, 그리고 8세에 아동의 인지발달을 측정하였다. 유치원 프로그램에 참여한 아동들이 통제집단 아동들보다 IQ 점수가 조금 더 높았다. 그러나 이 차이는 5세에 사라졌다.

유아 건강 및 발달 프로그램의 결과는 조기교육 프로그램이 위험요인이 있는 아동의 IQ 점수를 높여줄 수 있지만, IQ 증가는 시간이 지나면 유지되지 않는다는 것을 보여주었다. 전문가들은 이 결과를 어떻게 해석할 것인지에 대해 의견이 합치되지 않고 있다. 비판가들은 조기개입 프로그램이 ID를 예방할 수 없으며 이런 프로그램은 중단되어야 한다고 주장한다. 대신에 조기개입 프로그램 운영에 사용되는 돈과 시간은 위기가정에 더 나은 건강관리와 영양을 제공하는 데 사용될 수 있을 것이다.

이 프로그램의 옹호자들은 이 자료가 고위험 아동들을 위한 교육 강화를 학령전기 이후까지 지속하는 것이 중요함을 보여준다고 생각한다. 프로그램이 초등학교까지 확대되었다면 개입집단 아동들이 통제집단 아동들보다 더 높은 IQ 점수를 유지했으리라는 것이다. 더욱이 고위험 가족들에게 개입 서비스를 제공한다고 해도 이들이 그러한 서비스를 이용하지 않을 수도 있다. 사실 개입집단 아동의 20%는 2년 동안 유치원 프로그램에 10일도 못 되게 출석하였고, 55명은 단 한 번도 출석하지 않았다(Hill et al., 2003). 이와 같은 보강 활동 참여는 IQ 증가와 직접적인 관련이 있으므로, 가족들이 이러한 활동에 참여하도록 동기를 부여하는 것이 예방프로그램의 효율성 증진을 위해 중요한 목표인 것으로 보인다.

헤드스타트 및 학령전기 예방프로그램

다른 연구는 학령전기의 집중교육 프로그램 제공이 아동의 인지발달을 증진할 수 있는지 알아보았다(Yoshikawa et al., 2013). 초기 연구는 사회경제적 어려움으로 인해 낮은 지능과 학업문제가 발생할 위험이 있는 어린 아동들에게 주로 초점을 맞추었다. 예를 들어, 페리 학령전기 프로젝트(Perry Preschool Project)는 저소득 가정의 아동들에게 실시되었다. 대다수 아동들은 훈련받은 교사들이 가르치는 고품질의 학령

전기 프로그램에 2년간 매일 참여하였다. 교사들은 또 가정으로 가족을 방문하여 부모가 자녀의 학령전기 교육에서 더 많은 역할을 하도록 독려하였다. 이와 유사하게, 아베세데리안 프로젝트(Abecedarian Project)는 가정환경이 좋지 못한 아동들에게 1년 내내 질 높은 보육 및 학령전기 교육을 제공하였다. 이 개입은 언어발달, 문해력 및 문제해결에 중점을 두었다.

아마도 가장 널리 알려진 예방프로그램은 헤드스타트(Head Start)일 것이다. 이 개입프로그램은 저소득 가정의 학령전기 아동과 가족들에게 포괄적인 유아교육, 건강, 영양 및 부모관여 서비스를 제공한다. 원래 헤드스타트는 위험요인을 가진 학령전기 아동들이 유치원교육을 시작하기 전에 '헤드스타트(유리한 출발)'를 할 수 있도록 돕기 위한 하계프로그램으로 설계되었다. 오늘날 헤드스타트는 북미 원주민 지역사회의 학령전기 아동들, 이민노동자의 자녀들, 홈리스 아동들을 포함하여 100만 미국 아동들에게 학령전기 서비스를 제공한다.

가장 최근에는 지역사회들이 보편적인 조기 아동교육 프로그램, 즉 사회경제적 위험요인과 관계없이 모든 아동들을 위해 개발된 학령전기 프로그램을 제공하기 시작하였다. 예를 들어, 털사(오클라호마) 및 보스턴 학령전기 프로그램[Tulsa(Oklahoma) and Boston Pre-K Programs]은 학령전 교육을 1~2년간 무료로 제공하였다. 평균적으로 볼 때, 이런 프로그램들은 지역사회 아동의 약 75%에게 고품질의 집중교육을 제공한다.

학령전기 개입프로그램은 아동의 IQ를 증진하는가? 전반적으로 연구 결과는 혼합되어 있다. 각기 다른 많은 평가들이 내놓은 자료는 몇 가지 결과를 보여주었다(Yoshikawa et al., 2013).

유아교육 프로그램들은 아동의 인지기술을 크게 향상시킬 수 있다. 최근의 메타분석 연구는 이러한 학령선기 프로그램에 참여한 아동들이 통제집단 아동들보다 IQ 점수가 4~5점 더 높다는 것을 보여준다. 더욱이 이러한 프로그램에 참여한 아동들(특히 소녀들)은 통제집단 아동들보다 읽기 및 수학 성취 점수가 더 높다. 학령전기 프로그램에 참여한 아동들은 이 프로그램에 참여하지 않은 유치원 급우들보다 평균하여 1개 학년의 약 3분의 1 정도를 앞서 있다. 학령전기 프로그램의 혜택은 소수집단 아동들, SES가 낮은 환경에서 생활하는 아동들, 그리고 발달장애를 일으킬 위험이 높은 아동들에게 가장

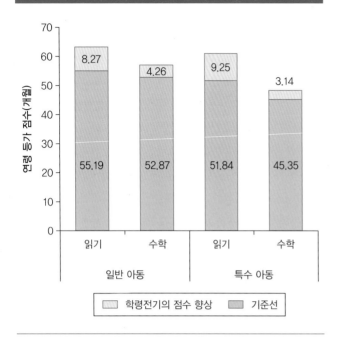

그림 5.6 ■ 학령전기 아동의 학업기술을 증진할 수 있는가

주 : 털사 학령전기 프로그램은 일반 아동들과 특수한 요구가 있는 아동들의 읽기점수를 높여준다. 이 프로그램에 참여한 아동들은 그렇지 않은 또래아동들에 비해 평균 8~9개월을 더 앞섰다. 이 프로그램이 수학기술에 미치는 효과는 이보다 더 작았다.
출처 : Phillips & Meloy (2016).

크게 나타난다(Magnuson et al., 2016).

가장 우수한 학령전기 프로그램들은 아동의 인지기술을 가장 많이 증진시켜 준다. 예를 들어, 고품질의 털사 및 보스턴 학령전기 프로그램에 참여한 아동들은 이 프로그램에 참여하지 않은 아동들에 비해 읽기점수가 약 한 학년을 앞선 것으로 나타났다(그림 5.6). 가장 우수한 프로그램들은 교사와 아동의 상호작용, 언어, 문해능력 및 수학에 초점을 두는 커리큘럼, 그리고 정서적 지지를 제공하는 학습 환경을 강조한다는 특징을 가지고 있다. 더욱이 교사들은 계속해서 훈련과 감독을 받았다(Phillips & Meloy, 2016).

학령전기 프로그램들이 아동 기능의 다른 측면들에 미치는 효과는 혼합되어 있다. 전반적으로 이 프로그램들은 아동의 행동을 크게 개선하는 효과는 없었다. 그러나 아동이 보이는 사회 · 정서적 기능의 특정 측면들을 목표로 한 프로그램들은 아동의 행동을 억제하고 주의를 개선하는 효과가 어느 정도 있었다. 더욱이 아동의 건강 증진을 구체적 목표로 설정한 헤드스타트는 아동의 면역력 증진과 관련이 있다. 이렇게 증진된 면역력은 인지발달을 저해하거나 아동이 학교를 결석하게 만드는 심각한 아동기 질병들을 예방해줄 수 있다.

학령전기 프로그램들의 혜택은 시간이 지나면서 점차 사라진다. 이런 프로그램에 참여하는 아동들은 초기에는 향상을 보이지만, 초등학교 시기에는 이런 이점들이 대부분 없어진다. 전문가들은 그 이유가 무엇인지에 대해 의견이 일치하지 않고 있지만, 대개는 부실한 초등교육, 특히 환경이 좋지 못한 학군에서 질이 낮은 초등교육이 이루어지기 때문이라고 생각한다(Hill, Gormley, & Adelstein, 2015; Yoshikawa et al., 2013).

그러나 어떤 아동들은 학령전기 예방프로그램의 혜택을 장기적으로 누린다. 최근의 종단연구들은 위험요인이 있는 소년들 중에서 학령전기 프로그램에 참여하는 소년들이 그런 프로그램에 참여하지 않는 소년들보다 학교에서 유급되거나 특수교육에 의뢰될 가능성이 더 적고 학교를 졸업할 가능성은 더 크다는 것을 보여준다(Magnuson et al., 2016). 종합하면, 이 자료들은 학령전기 프로그램들이 어린 아동들이 유치원에서 앞선 출발을 하게 해줄 수 있다는 것을 보여준다. 그러나 이런 효과는 대체로 크지 않고, 시간이 지나면서 점차 사라질 수 있으며, 고품질의 서비스를 제공하기에 충분한 자원이 있는지 여부에 달려 있다(Jenkins, Farkas, Duncan, Burchinal, & Vandell, 2016).

학령기 아동들에게는 어떤 교육서비스가 제공되는가?

통합교육과 합반교육

미국 의회는 1975년에 장애아동교육법(Education for All Handicapped Children Act)을 통과시켰다. 이 법안은 3~18세의 장애아동 모두에게 '무상의 적절한 공교육'이 제공되어야 한다고 명기하고 있다. 법이 집행된 1977년부터 1980년대 중반까지 미국 전역의 공립학교 시스템에서는 통합교육이 점점 더 대세를 이루었다. 통합교육(mainstreaming)은 ID 아동들이 최대한 많은 수업을 일반 아동들과 함께 듣도록 하는 것이다. 처음에는 통합교육을 받는 ID 아동들이 일반 아동들과 함께 체육, 미술, 음악 수업에 참여하도록 허용되었다. 다른 과목들의 경우에는 발달지연 아동들을 위한 특수교육 수업에 참석하였다.

후속 연구는 특수교육 수업에 배정된 ID 아동들이 일반

교육 교실에서 하루의 대부분을 보내는 ID 아동들보다 학업 점수가 더 낮고 적응기능도 뒤떨어진다는 것을 보여주었다 (Sturmey, 2014a). 그 결과 많은 부모들은 ID와 다른 장애를 가진 아동들이 모든 일반교실 수업에 참석할 권리가 있다고 주장하였다. 일반교육 계획(regular education initiative)이라 불리는 이 운동은 점차 합반교육을 실천하는 방향으로 나아갔다. 합반교육(inclusion)은 ID 아동들이 보통은 보조교사의 지원을 받으면서 모든 과목을 일반 아동들과 함께 교육받는 것이다.

미국 의회는 1997년에 장애인교육법(Individuals With Disabilities Education Act, IDEA)을 통과시켰다. IDEA는 장애아동들이 가능하면 최소 제약 환경에서 교육받도록 요구하는 합반교육 실천을 다음과 같이 성문화하였다.

> 장애아동들은 최대한 … 장애가 없는 아동들과 함께 교육받는다. 특수학급, 분리교육 또는 장애아동을 정규교육 환경에서 배제하는 다른 어떤 형태의 교육도 장애의 특성이나 심각도로 인해 보조교사와 서비스를 이용한 일반교실 수업이 만족스럽게 이루어질 수 없는 경우에만 적용되어야 한다. (p. 61)

IDEA는 장애아동들에 대한 서비스 제공과 더불어, 지역교육시스템이 그 지역사회에서 살고 있는 모든 유아, 걸음마 아동과 더 나이 든 아동들을 대상으로 학교 재학 여부와 관계없이 장애가 있는지 확인할 것을 요구하였다. 장애가 있는 것으로 확인되면, 교육전문가들(예 : 일반교육 교사, 특수교육 교사, 학교심리학자)로 구성된 팀이 해당 아동의 강점과 제약에 대한 종합적 평가를 실시하고 그 아동을 위한 교육계획이 기술된 보고서를 작성한다. 0~3세 사이의 유아들과 걸음마 아동들은 개별가족서비스계획(Individualized Family Services Plan, IFSP)을 제공받는다. 반면에 학령전기 아동과 학령기 아동들은 부모와의 협의하에 개별교육프로그램(Individualized Education Program, IEP)을 제공받는다. 보통 IEP는 아동이 학교에 있는 동안 추가 지원을 제공한다. 즉 특수교육서비스나 보조교사가 제공될 수 있다. IEP는 장애아동에게 숙소를 제공하기도 하는데, 이는 아동이 인지적 · 사회적 · 정서적 · 행동적 잠재력을 최대한 발휘하도록 돕기 위한 것이다. IDEA

는 2004년에 장애인교육증진법(Individuals With Disabilities Education Improvement Act, IDEIA)으로 개정되었다(Lovett & Lewandowski, 2016).

경험적 연구들은 합반교육이 발달장애 아동, 특히 경도나 중등도 손상이 있는 아동들의 기능을 증진한다는 것을 보여준다. 합반교육은 (1) 지적장애가 있는 학생들이 학습 과정에서 적극성을 보일 수 있을 때, 그리고 (2) 장애가 없는 급우들과 빈번히 상호작용하고 협동할 때 가장 효과적인 것으로 보인다. 합반교육은 일반 또래아동들에게도 혜택을 줄 수 있다. 구체적으로, 합반교육을 받은 아동들은 발달지연이 있는 사람들을 더 잘 포용하고 이해할 수 있게 되며, 장애아동들을 또래집단에 받아들이고자 하는 자발성이 증가한다.

보편적 수업설계

최근 들어 보편적 설계는 지적장애와 신체장애가 있는 아동들을 일반아동들과 함께 교육하는 기본적 방법이 되었다. 보편적 설계(universal design)는 모든 아동(장애가 있는 아동과 없는 아동)이 학습목표를 달성할 수 있게 해주는 교육 자료와 활동을 만들어내는 교육 실천을 가리킨다(Schalock et al., 2010).

보편적 설계의 가장 분명한 예는 신체장애가 있는 사람들을 위한 숙박시설에서 찾아볼 수 있다. 이제 많은 인도는 휠체어를 사용하는 사람들이 길을 더 쉽게 건널 수 있도록 연석을 절단하거나 경사로를 설치하고 있다. 이와 유사하게, 버스는 정형외과 문제가 있는 사람들이 더 쉽게 오를 수 있도록 가파른 계단을 없애고 저상버스로 운행되는 경우가 많다. 이렇듯 특수설계가 된 보행자 도로와 버스들을 모든 사람이 이용한다. 신체장애가 없는 사람들도 이런 도로와 버스들이 더 이용하기 쉽다고 생각하는 경우가 많다(Goldsmith, 2012).

이와 유사하게, 교사들은 보편적으로 적용될 수 있는 과제와 활동들을 설계할 수 있다. 이런 과제와 활동들은 전통적인 강의, 읽기 및 쓰기의 대안이 된다. 보편적으로 설계된 자료들은 (1) 교사들이 학생들에게 학습내용을 가르치는 방식, (2) 교육용 자료의 포맷, (3) 학생들이 학습을 입증하는 방식에 영향을 미칠 수 있다(Coyne, Pisha, Dalton, Zeph, & Smith, 2012).

첫째, 교사는 학생들의 다양한 기술과 능력에 부합하도록 다양한 교육전략을 사용할 수 있다. 예를 들어, 4학년을 가르치는 과학교사는 학생들이 커다란 종이에 자기 몸의 본을 뜬 다음 주요 신체기관들을 그려 넣고 이름을 붙임으로써 장애아동과 비장애아동 모두가 인간 해부학을 배울 수 있다는 것을 발견할 수 있다. 이와 유사하게, 4학년 담당 영어교사는 모든 학생이 하나의 이야기를 구성하는 요소들 간의 시간관계를 이해하도록 돕기 위해 그림, 상징, 화살표(즉 그래프 조직자) 등을 사용해서 독후감 작성이 이루어지는 과정을 보여줄 수 있다.

둘째, 교사는 자료를 제공할 때 사용하는 교육공학을 변경할 수 있다. **교육공학**(instructional technology)은 강사들이 아이디어와 개념을 가르치기 위해 사용하는 교육용 자료를 가리킨다. 예를 들어, 과학교사는 인간 해부학에 관한 아동친화적 웹사이트를 이용해서 자신의 수업을 보완할 수 있다. 이 웹사이트는 아동이 본문의 크기를 확대하고, 글을 소리 내어 읽고, 도표·그림·비디오를 활용할 수 있게 해줄 것이다. 이와 유사하게, 영어교사는 디지털 매체를 사용하여 아동들이 온라인 책을 눈으로 읽고 귀로 듣는 것을 동시에 할 수 있도록 해줄 수 있다.

셋째, 교사들은 학생들이 장애 때문에 불이익을 받지 않는 방식으로 학습을 평가할 수 있다. 이 과제를 완수하는 한 가지 방식은 학생의 학습을 평가할 때 보조공학에 의존하는 것이다. **보조공학**(assistive technology)은 학생들이 자신의 장애를 조정하기 위해 사용하는 교육용 도구들을 가리킨다. 예를 들어, 경도의 쓰기결함이 있는 학생들은 문자를 음성으로 변환해주는 소프트웨어를 사용하게 해줄 수 있다. 더 중증의 쓰기결함이 있는 아동들은 상징과 그림을 이용해서 문장을 만드는 소프트웨어를 사용하게 해줄 수 있다. 인지적 정보처리나 유창성에 손상이 있는 아동들에게는 검사를 완료하도록 추가 시간을 줄 수 있다. 사실 특정 과제의 수행에서 속도가 중요한 기술이 아니라면, 모든 아동에게 추가 시간을 줄 수 있을 것이다.

종합하면, 보편적 설계의 원리들을 채택하는 교육전략은 효과가 있다. 지적기능과 적응기능의 손상이 경도에서 중등도인 학생들이 교육방법과 자료를 변경할 때 가장 크게 혜택을 받는 것으로 보인다.

임상전문가는 문제행동을 어떻게 감소시키는가?

ID 아동들의 25%가량은 상동행동이나 공격행동 같은 도전행동들을 보인다. ID 아동들이 치료에 의뢰되는 것은 기본적으로 이런 행동들 때문이다(Matson, 2020).

응용행동분석

응용행동분석(applied behavior analysis, ABA)은 아동의 문제행동을 확인하고, 그 행동의 기능이나 목적이 무엇인지 알아내며, 그 행동을 체계적으로 변화시키기 위한 과학적 접근이다. 응용행동분석의 원리들은 행동 연구가 관찰 가능하고 수량화할 수 있는 자료에 근거해야 한다고 믿는 B. F. 스키너의 연구에 토대를 두고 있다. 스키너는 심리학자들이 행동을 설명하고 예측하는 잠재적(관찰할 수 없는) 구인에 의존할 필요가 없다고 주장하였다. 그 대신 행동은 외현적 행위와 환경적 유관성에 의해 이해될 수 있다고 보았다. 응용행동분석가는 행동이 개인의 마음에서 유래하는 것이 아니라 기본적으로 환경적 선행사건과 결과의 함수로 생겨난다고 이해한다(Vollmer et al., 2014).

행동분석가가 첫 번째로 할 일은 아동의 문제행동에 대한 조작적 정의를 제공하는 것이다. 즉 그 행동을 관찰할 수 있고 측정할 수 있는 방식으로 기술하는 것이다. 예를 들어, 어떤 아동이 수업시간에 반복해서 '공격적' 행동을 한다면 이 행동분석가는 이 아동의 행동을 "물건을 던진다" 또는 "학급친구를 밀친다" 같은 한두 가지 행위에 의해 조작적으로 정의할 수 있다. **공격성**은 관찰하거나 측정하기가 어려운 모호한 용어인데 반해, 던지기와 밀치기는 관찰하고 측정하기 쉽다(Bailey & Burch, 2018).

다음으로, 이 행동분석가는 아동의 도전행동을 세심하게 관찰하고 기록할 것이다. 행동을 관찰하는 몇 가지 방법이 있다. 한 가지는 **사건기록**(event recording)을 이용하는 방법이다. 즉 임상전문가가 아동을 관찰하고, 주어진 시간(예 : 15분) 내에 문제행동이 발생한 횟수를 기록한다. 사건기록 기법은 시작과 끝이 분명하고 자주 발생하는 행동에 사용하기 적합하다. 예를 들어, 학교심리학자는 아동이 수업시간에 답을 불쑥 입 밖으로 내는 횟수를 기록할 수 있다.

또 다른 기법은 **간격기록**(interval recording)이다. 임상전문가는 간격기록을 이용할 때 대개 관찰기간을 30초가 안 되는 몇 개의 짧은 구간(간격)으로 나눈다. 그런 다음 아동을 관찰하고 각 구간에서 문제행동의 발생 여부를 기록한다. 간격기록 기법은 자주 발생하지만 시작과 끝이 분명치 않은 행동에 사용하기 좋다. 예를 들어, 아동이 수업시간에 몸을 앞뒤로 흔드는 상동행동을 하는 비율을 알아보기 위해 간격기록을 사용할 수 있다.

세 번째 기법인 **지속시간 기록**(duration recording)은 해결하는 데 시간이 많이 걸리는 행동에 사용하기에 가장 적합하다. 이 기법을 사용하는 임상전문가는 분노발작의 길이나 아동이 수업시간에 자기 자리를 벗어나 있는 시간과 같이, 연속적으로 발생하는 행동이 지속되는 시간을 기록할 것이다(Hurwitz & Minshawi, 2012).

아동의 행동을 관찰하면 그 행동을 유발하는 환경조건 또는 그 행동이 지속되게 만드는 결과가 무엇인지 확인하는 데 도움이 된다(Lancioni, Singh, O'Reilly, Sigafoos, & Didden, 2012). 아동의 도전행동은 특정한 사람이나 상황에 의해서만 촉발되는가? 정적 또는 부적 강화의 작용을 하는 결과에 뒤이어 나타나는가? 그 행동은 하루 중 어느 특정 시간대에 발생하는 경향이 있는가?

끝으로, 이 행동분석가는 아동이 보이는 행동의 원인들을 확인하고 변경하기 위해 그 행동에 대한 **기능분석**(functional analysis)을 수행한다(Matson et al., 2011). 행동의 기능분석은 해당 아동의 도전행동을 세심하게 명시하고, 그 행동을 하기 직전에 발생한 환경적 유관성(즉 선행사건)을 확인하며, 그 행동 직후에 발생하여 그 행동을 지속하게 할 가능성이 있는 환경적 사건(즉 결과)을 확인하는 것이다. 치료자는 아동의 행동을 변화시키기 위해 바람직하지 못한 행동을 촉발하는 선행사건을 바꿀 수도 있고, 그 행동이 결과를 변화시켜 더 이상 강화를 받지 못하게 만들 수도 있다.

브라이언 이와타와 동료들(Brian Iwata et al., 1994)은 아동이 도전행동을 하는 원인이 무엇인지 알아내는 기능분석 방법을 개발하였다. 이 방법은 아동을 다음과 같은 네 가지 조건에서 관찰하고 각 조건이 아동의 행동에 어떤 영향을 미치는지 알아보는 것이다.

주의 조건 : 이 조건에서는 아동이 도전행동을 할 때마다 치료자가 아동을 질책하거나 아동에게 관심을 보임으로써 주의를 제공한다. 예를 들어, 아동이 물건을 집어던진다면 치료자는 "그러지 마"라고 반응할 것이다.

요구 조건 : 이 조건에서는 치료자가 아동에게 적당히 어려운 과제(예 : 물건들을 분류하기, 방을 청소하기)를 하도록 요구한다.

혼자 조건 : 주변에 사람도 없고 장난감도 없이 아동 혼자 방에서 대기한다.

놀이 조건 : 치료자와 아동이 함께 놀이를 한다.

아동이 네 가지 조건에서 보이는 도전행동의 빈도와 강도는 그 행동의 목적이 무엇인지 보여줄 수 있다. 도전행동이 다른 조건들보다 주의 조건에서 비교적 높은 수준으로 발생한다면 이는 그 행동이 **정적 사회적 강화**(positive social reinforcement), 즉 다른 사람들의 주의를 얻기 위해 유지된다는 것을 의미할 수 있다.

도전행동이 다른 조건들보다 요구 조건에서 비교적 높은 수준으로 발생한다면 이는 그 행동이 아동이 하고 싶지 않은 일을 하지 않게 해주는 **부적 강화**(negative reinforcement)를 통해 유지된다는 것을 의미한다. 보호자들이 요구를 철회하는 것은 도전행동을 부적으로 강화하기 쉽다.

도전행동이 다른 조건들보다 혼자 조건에서 비교적 높은 수준으로 발생한다면 이는 그 행동이 **자동**으로 **강화**될 수 있다는 것을 보여준다. 아동이 혼자 있을 때 도전행동을 한다는 것은 그 행동 자체가 보상이 되기 때문일 것이다. 아동이 도전행동을 하는 목적이 일단 확인되었다면, 치료자는 그 행동을 유발하는 선행사건이나 그 행동을 뒤따르는 결과를 변경할 수 있다. 대개 치료자들은 이 두 번째 목표를 달성하기 위해 강화에 의존한다(O'Brien, Haynes, & Kaholokula, 2015).

정적 강화

치료자들은 가능하면 정적 강화를 사용하여 바람직한 행동을 공고히 하는 동시에 바람직하지 않은 행동을 감소시킨다(이미지 5.8). **차별강화**(differential reinforcement)는 치료자가 바람직한 행동에만 정적 강화를 제공하고 바람직하지 않은 행동들은 무시하는 기법이다.

양립할 수 없는 행동에 대한 차별강화에서는 아동이 문제행

이미지 5.8 가능하다면 치료자들은 아동에게 장난감으로 접근하거나 적절한 행동을 북돋우는 것과 같은 정적 강화를 사용한다.

동과 양립할 수 없는 행동을 할 때 치료자가 정적 강화를 제공한다. 예를 들어, 손을 퍼덕이거나 피부를 뜯는 행동을 하는 아동의 경우 치료자는 이 아동이 주머니에 손을 넣고 있거나 손으로 특별한 장난감이나 담요를 잡고 있을 때 강화를 제공할 수 있다. 아동이 손을 퍼덕이면서 그와 동시에 주머니에 넣고 있을 수는 없기 때문에 손을 주머니에 넣고 있으면 퍼덕이는 행동은 감소할 수밖에 없다.

존재하지 않는 행동(zero behavior)에 대한 **차별강화**에서는 아동이 일정 기간 동안 문제행동을 하지 않을 때 치료자가 강화를 제공한다. 예를 들어, 치료자는 아동이 손을 퍼덕이거나 피부를 뜯는 행동을 하지 않은 채 30초가 지날 때마다 작은 사탕을 줄 수 있다.

정적 처벌

강화는 행동의 빈도를 증가시키고, 처벌은 행동의 빈도를 감소시킨다. 정적 처벌은 행동의 빈도를 감소시키는 자극을 제시하는 것이다. 정적 처벌은 혐오기법이기 때문에, 아동의 행동이 위험하거나 생명을 위협하는 것이고 다른 치료방법들이 그 문제행동을 줄이는 데 효과가 없을 때와 같이 특정한 조건에서만 사용된다. 처벌은 반드시 정적 강화와 결합해서 사용해야 하며, 독립적 전문가들이 처벌의 사용을 꼼꼼히 검토하고 감독해야 한다. 또한 처벌을 사용하기 전에 부모로부터 자녀의 행동문제를 바로잡기 위해 처벌을 사용하는 데 대한 동의를 얻어야 한다.

살비와 동료들(Salvy et al., 2004)은 인지능력이 심하게 지연된 걸음마 아동의 자해행동을 줄이기 위해 유관 자극에 의한 처벌(punishment by contingent stimulation)을 사용한 사례를 기술하고 있다. 요하나라는 소녀는 자기 요람과 그 밖의 단단한 표면에다 매일 100번쯤 머리를 찧었고, 이 행동 때문에 이마가 멍들어 있었다. 비혐오 개입은 요하나의 머리 찧는 행동을 줄이는 데 효과가 없었다. 치료자와 요하나의 어머니는 자해행동을 줄이기 위해 정적 처벌을 사용하기로 결정하였다. 처벌자극은 요하나의 다리에 부착된 장치에 의해 짧게 주어지는 전기쇼크였다. 치료자는 휴대용 기기를 사용하여 원격으로 전기쇼크를 줄 수 있었다. 전기쇼크는 (고무줄로 찰싹 때리는 정도의) 불쾌감을 주되 부상을 입힐 정도는 아니었다.

치료는 두 국면으로 구성되었다. 첫 번째 국면(병원 시행)에서는 요하나와 어머니가 병원의 관찰실에서 놀이를 했다. 관찰자들은 최초의 10분 동안 요하나의 머리 찧는 행동의 빈도를 측정하고 이를 처벌의 효과를 평가하기 위한 기준선으로 삼았다. 그런 다음 요하나의 다리에 쇼크장치를 부착했으나 쇼크를 주지는 않았다. 장치 부착 그 자체로 인해 요하나의 행동이 바뀌는지 알아보기 위해 이후 10분 동안 관찰을 계속했다. 다음으로 치료자는 요하나가 머리 찧는 행동을 할 때마다 짧은 전기쇼크를 주기 시작했다. 종전과 마찬가지로, 다시 10분 동안 요하나의 행동을 관찰하였다. 끝으로, 쇼크장치를 제거한 후 또 10분 동안 요하나의 행동을 관찰하였다. 머리 찧는 행동의 빈도는 기준선 관찰기간 동안 30번이었던 것이 처벌 후에는 4번으로 줄어들었다.

치료의 두 번째 국면(가정 시행)에서는 요하나의 어머니가 집에서 요하나의 행동을 처벌하는 방법을 배웠다. 치료자는 기준선 자료를 얻기 위해 집에서 2일간 요하나의 행동을 관찰했고, 3일째 되던 날 요하나의 다리에 쇼크장치를 부착하였다. 요하나가 머리를 찧기 시작하면 어머니는 "그러지 마, 요하나"라고 말하고, 지갑에서 기기를 꺼내어 즉각 전기쇼크를 주었다. 이후 한 달간 요하나의 자해행동 빈도를 기록하였고 한 달이 지난 후에는 집에 있던 쇼크장치를 제거하였다. 집에서 머리 찧는 행동의 빈도는 기준선 관찰기간 동안 매일 117번이었던 것이 조건부 쇼크를 실시한 후에는 0번으로 줄어들었다. 요하나의 어머니는 "그러지 마, 요하나"라는 언어자극이 지갑으로 다가가는 행위와 결합되면서 요하나의 머리 찧는 행동을 중단시키기에 충분하다는 것을 발견하였다. 1년 후의 추적연구에서 요하나의 어머니는 자해행동이 전혀 없고 쇼크장치를 사용할 필요도 없다고 보고하였다.

또 다른 형태의 정적 처벌은 과잉교정(overcorrection)이라 불린다. 치료자는 아동이 자신이 파괴적 행동을 하던 이전과 동일한(또는 더 나은) 상태로 환경을 복원하게 함으로써 문제행동을 교정하도록 요구한다. 과잉교정은 아동이 이부자리를 적시거나 기물을 파괴하는 등의 문제행동을 오래도록 보일 때 많이 사용된다. 이부자리를 적시는 사례를 예로 들면, 치료자는 아동에게 침대시트를 벗기게 하고, 시트와 젖은 옷을 세탁실로 가져가서 세탁하고 침구를 새로 정돈하는 작업을 돕게 할 수 있다. 대부분의 아동들에게 이런 절차는 지루할 뿐 아니라 잠을 자거나 즐거운 활동들을 할 시간을 빼앗기 때문에 혐오를 불러일으킨다.

과잉교정은 정적 연습(positive practice)이라는 기법과 함께 사용되는 경우가 많다. 아동이 용납할 수 없는 행동을 하는 즉시 용납되는 행동을 반복적으로 하게 만드는 기법이다. 이부자리를 적시는 사례에서는 적절한 용변 훈련을 하기 위해 아동에게 변기에 5번을 앉도록 요구할 수 있다. 정적 연습은 아동에게 혐오를 불러일으킬 수 있지만, 대안의 적절한 행동이 무엇인지를 가르쳐주기도 한다.

부적 처벌

부적 처벌은 치료자가 아동에게서 자극을 철회하는 것으로, 행동의 재발 빈도를 감소시킨다. 철회된 자극은 아동이 좋아하는 것인 경우가 대부분이다. 따라서 아동은 그 자극이 없어지면 고통을 경험한다. 대개 부적 처벌은 정적 처벌보다 덜 혐오스럽기 때문에 도전행동을 감소시키는 데 더 많이 사용된다.

가장 부드러운 형태의 부적 처벌은 계획된 무시(planned ignoring)이다. 치료사는 아동이 바람직하지 않은 행동을 하는 즉시 아동에게서 주의와 강화를 철회한다. 핸리와 동료들(Hanley et al., 2003)은 일부 발달지연 아동들이 보호자의 주의를 얻기 위해 성질을 부린다는 것을 발견하였다. 이때 보호자들이 아동을 쳐다보면서 말을 걸고 안아준다면, 자기도 모르는 사이에 아동의 성질부리는 행동을 강화하게 된다. 보호자들은 이런 강화를 철회함으로써 성질부리는 행동을 소거할 수 있다. 즉 주의를 얻으려는 아동의 노력을 그냥 무시해버리는 것이다. 보호자들이 행동을 소거하기 시작할 때 아동의 행동 비율이 일시적으로 증가할 수 있다. 이런 현상을 소거 격발(extinction burst)이라 한다. 아동은 보통 이전에 제공되었던 강화를 얻기 위해 문제행동을 더 많이 할 것이다. 강화가 확실하게 철회되기만 한다면, 행동의 빈도와 강도는 시간이 흐르면서 점차 감소할 것이다. 계획된 무시는 시간이 걸리기는 하지만 행동 문제를 줄이는 효과적인 수단이다.

두 번째 형태의 부적 처벌은 정적 강화를 제거하는 타임아웃(time-out from positive reinforcement)이다. 타임아웃을 할 때 치료자는 아동이 일정 기간 새로운 장소에 있게 함으로써 강화를 받지 못하게 한다. 타임아웃은 여러 가지 형태가 있을 수 있지만, 반드시 강화를 완전히 제거해야 한다. 타임아웃 기간에 아동이 놀거나, 과제를 안 해도 되거나, 다른 사람으로부터 주의를 받을 수 있게 해서는 안 된다. 대개 타임아웃은 아동이 강화를 주는 상황으로부터 몇 분간 떨어져 있게 함으로써 달성된다.

마지막 형태의 부적 처벌은 반응 대가(response cost)이다. 치료자는 아동이 문제행동을 하는 즉시 아동으로부터 강화물을 철회한다. 아동은 문제행동을 하나씩 할 때마다 사탕, 별점, 토큰, 기타 원하는 물건이나 특혜 등 수많은 강화물을 그 대가로 치러야 한다. 반응 대가는 타임아웃과 비슷하다. 타임아웃의 경우 **특정 기간** 동안 강화가 철회된다. 반응 대가의 경우 **특정 분량**의 강화물이 철회된다. 반응 대가는 토큰경제와 함께 사용되는 경우가 많다. 아동이 바람직한 행동을 할 때마다 토큰이나 별점으로 강화를 받고 문제행동을 할 때마다 몇 개의 토큰이나 별점을 포기하는 식이다.

지적장애인들에 대한 행동치료는 많은 경험적 지지를 받고 있다. 캉과 동료들(Kahng et al., 2002)은 자해행동에 대한 행동치료의 효과성을 다루고 있는 35년간의 연구논문들을 개관하였다. 연구의 83.7%에서 자해행동이 감소하는 것으로 나타났다. 가장 효과적인 치료는 처벌(예: 과잉교정, 타임아웃)을 사용하는 치료였는데 효과성이 83.2%였고, 그다음이 효과성 82.6%인 계획된 무시, 그리고 효과성 73.2%인 정적 강화였다. 여러 가지 행동개입을 결합하면 한 가지만 사용하는 경우에 비해 효과성이 좀 더 높은 것으로 나타났다.

약물치료

ID 아동과 청소년들의 도전행동을 치료하기 위해 약물치료가 흔히 사용된다. 약물치료의 효과를 살펴본 연구들은 대부분 아동과 청소년이 아니라 성인을 대상으로 하였다. 더욱이 도전행동을 보이는 ID 아동과 청소년들은 여러 종류의 약을 복용하는 경우가 많다. 상동증과 공격성을 관리하는 데 약이 도움이 될 수 있기는 하지만, 의사들이 약을 처방할 때는 가능하면 최소의 용량을 처방하고 신중하게 진행하는 것이 권장된다. "낮게 시작해서 천천히 나아간다(start low and go slow)"는 것이 일반적 규칙이다(Calles & Nazeer, 2018a).

아동의 도전행동을 감소시키기 위해 가장 많이 처방되는 약물 두 가지는 아리피프라졸과 리스페리돈이다. 이 약물들은 비정형 항정신병 약물로서 원래는 조현병 같은 장애를 치료하기 위해 개발되었다. 그러나 이중은폐와 위약통제 기법을 사용한 여러 연구들은 이 약물들이 발달장애 아동들의 공격성과 과민성을 줄이는 데에도 효과적이라는 것을 보여주었다. 초기 연구들 중 하나인 리스페리돈 파괴적 행동 연구그룹(Aman et al., 2002)은 지적 기능이 낮을 뿐 아니라 현저한 행동문제를 보이는 5~12세 아동 118명을 검사하였다. 아동들은 저용량 리스페리돈을 처방받는 실험집단 또는 위약을 처방받는 통제집단에 무작위로 배정되었다. 6주 후에 현저한 행동 개선을 보인 아동의 비율이 실험집단은 77%였으나 통제집단은 33%에 불과했다. 다른 연구들도 비슷한 결과를 내놓았다(Roth & Worthington, 2015).

비정형 항정신병 약물은 자해행동 감소 효과를 보이기도 한다. 종전 연구들은 자해행동을 보이는 일부 아동들이 도파민에 대한 과잉반응도 보인다는 결과를 보고하였다. 이 아동들은 자해행동을 할 때 일정 정도의 쾌감을 경험하거나 자신의 행동으로부터 강화를 받을 수 있다. 도파민 수용기를 차단하는 항정신병 약물은 자해행동의 강화 속성을 감소시킴으로써 아동이 그런 행동을 덜 하게 만드는 것으로 보인다.

항우울제는 ID 청소년들의 불안장애와 기분장애를 치료하는 데 흔히 사용된다. 안타깝게도 항우울제의 효과성을 지지하는 연구들은 대부분이 장애가 없는 아동들을 대상으로 수행되었다. 나이 든 ID 아동과 청소년들의 불안 및 우울 증상들을 줄이는 데에는 행동개입이 효과적이기 때문에 약을 처방하기 전에 먼저 이러한 행동치료를 해야 한다(Sturmey & Didden, 2014; Sturmey, Lindsay, Vause, & Neil, 2014).

임상전문가는 어떻게 보호자를 도울 수 있는가?

임상전문가들은 ID 아동의 보호자들도 도와주어야 한다. 아동이 발달장애로 처음 진단을 받은 후 부모는 기분문제를 겪을 위험이 증가한다. 이들은 종종 상실감이나 실망감, 아동의 미래에 대한 우려를 표명하거나, 자신이 특별한 요구를 가진 아동을 키울 능력이 있는지에 대해 의문을 갖는다고 보고한다. 그러나 부모의 불행감은 시간이 지나면서 점차 줄어든다(Glidden, 2012). 그럼에도 불구하고 발달장애 아동의 양육과 관련된 어려움은 그대로 남아 있다. 전반적 발달지연 아동의 부모들을 대상으로 한 대규모 연구는 부모의 42%가량이 양육 스트레스가 현저히 증가하였다고 보고하였다(Tervo, 2012).

양육 스트레스는 가족체계에 타격을 줄 수 있다(Al-Yagon & Margalit, 2012). 발달장애 아동의 부모들은 흔히 결혼과 가족생활의 질이 악화되는 경험을 한다. 그러나 장애아동의 존재가 결혼만족도와 생활만족도에 미치는 영향은 복합적이다. 사회경제적 스트레스, 직장 및 대인관계 스트레스, 배우자의 지지 부족을 보고하는 부모들은 특별한 요구를 가진 아동의 출생 이후로 결혼생활과 가족생활이 크게 악화한다고 보고하는 경우가 많다. 이와는 대조적으로, 배우자로부터 지지를 받는다고 느끼고 가족 관련 스트레스를 다루기 위해 문제중심 대처전략을 적극적으로 사용하는 부모들은 흔히 결혼 만족도나 삶의 질에 변화가 없다고 보고한다. 사실 어떤 가족들은 발달장애 아동이 태어난 이후로 응집도와 만족도가 더 높아졌다고 보고한다(Glidden, 2012).

어떤 발달장애들은 양육 스트레스 증가와 크게 상관이 없다. 예를 들어, 다운증후군 아동의 부모들은 흔히 보통 수준의 스트레스만 보고하는데, 아마도 이 아동들은 인지손상이 경미할 뿐 아니라 다른 사람들에게 다정하고 살가운 인상을 주기 때문일 것이다. 다운증후군 아동의 양육과 관련해서는 낙인이 적은 편이다. 대부분의 사람들은 다운증후군 아동을 쉽게 알아볼 수 있으며, 일반적으로 이 장애를 어느 정도 이해하고 있다. 많은 지역사회에서 다운증후군 아동의 가족을 위한 지지집단들도 활동하고 있다(Witwer et al., 2014).

다른 발달장애들은 높은 수준의 양육 스트레스와 관련이 있다. 부모들은 아동의 발달지연이 무엇 때문인지 그 원인이 밝혀지지 않을 때 크게 스트레스를 받을 수 있다. 자녀의 문제에 대해 스스로를 자책하거나 자녀의 예후에 대해 불안을 느낄 수 있다. 자녀의 발달이 지연된 이유가 무엇인지 모르거나 그 장애가 희귀한 것일 때 부모는 이해받지 못하고 소외된 느낌을 받을 수 있다. 병인에 관계없이 행동통제 부족, 사회적 결함, 공격성 같은 행동들은 양육 스트레스를 증가시키는 것으로 보인다(Tervo, 2012).

치료자들은 힘들고 불확실한 시간을 견디고 있는 부모들을 지지해줌으로써 발달장애 아동들을 도와줄 수 있다. 치료자들은 아동의 발달에 관한 정보적 지지와 증상 관리를 위한 조언뿐만 아니라 부모의 걱정에 기꺼이 귀를 기울이고 공감해주는 것으로 정서적 지지를 제공해줄 수 있다. 치료자들은 또 부모들이 양육 스트레스를 해소하기 위해 적극적이고 문제중심적인 전략들을 사용하도록 권장할 수 있다(Al-Yagon & Margalit, 2012). 자신의 스트레스에 대처할 수 있는 부모들은 자녀를 더 잘 양육할 수 있을 것이고 자녀의 지적기능 및 적응기능을 증진할 개입방법들을 실행할 수 있을 것이다.

주요 용어

계획된 무시(planned ignoring) : 치료자나 보호자가 아동이 바람직하지 못한 행동을 할 때 즉각 아동으로부터 주의를 철회하는 부적 처벌의 일종

과잉교정(overcorrection) : 아동이 파괴적 행동을 하기 이전에 존재했던 것과 동일한(또는 더 나은) 환경을 복원해줌으로써 치료자가 아동이 문제행동을 교정하게 만드는 정적 처벌의 일종

기능분석(functional analysis) : 임상전문가들이 문제행동을 초래하는 선행사건이나 문제행동을 강화하는 결과를 확인함으로써 그 행동의 목적이 무엇인지 알아보기 위한 평가전략

기질성 ID(organic ID) : 지적장애와 적응장애의 원인이 확인된 아동들을 묘사하기 위해 지글러가 사용한 용어. 유전 장애, 매우 낮은 IQ와 적응기능 및 의학적 합병증과 관련이 있으며, ID의 가족력은 없음.

다운증후군(Down syndrome) : 21번 삼염색체. 중등도 ID, 특징적 외모, 발화기술과 언어의 취약성, 시공간 추론의 강점 및 사교성과 관련이 있음.

도전행동(challenging behavior) : ID가 있는 일부 정소년이 보이는 행동으로, 신체적 위험을 초래하거나 교육적 또는 사회적 기회를 얻지 못하도록 제한함.

디조지 증후군(DiGeorge syndrome) : 22번 염색체의 일부 누락에 기인하는 유전 장애로서, 면역 역기능을 초래하며, 경도에서 중등도까지의 ID, 구순구개열, 조현병 위험과 관련이 있음.

레트 증후군(Rett syndrome) : X 염색체 일부의 돌연변이에 의한 유전 장애. 거의 항상 여아에게 나타남. 유아기 초기에는 문제가 없다가 이후 사회적 기능과 언어의 급격한 감퇴, 고도 ID, 상동행동을 보임.

문화가족성 ID(cultural-familial ID) : 지적장애와 적응장애의 원인이 확인되지 않는 아동들을 묘사하기 위해 지글러가 사용한 용어. IQ와 적응기능 점수가 50~70점 사이에 있으며, 건강 문제가 없고, 지적기능이 낮다는 가족력이 있음.

미국 지적장애 및 발달장애학회(AAIDD) : 지적장애인의 연구와 조력에 헌신하는 가장 오래된 전문기관

반응 대가(response cost) : 부적 강화의 일종. 치료자는 아동이 문제행동을 하는 즉시 구체적인 강화물을 철회함.

보편적 설계(universal design) : 능력과 기능에서 차이가 있는 아동들이 학습목표를 달성할 수 있게 해주는 교육 자료 및 활동을 만들어내는 교육 실천

상동운동장애(stereotypic movement disorder) : 4주 또는 그보다 더 긴 기간 동안 아무런 목적 없이 반복적이고 통제되지 않는 움직임을 보이는 DSM-5 장애.

상동행동(stereotypies) : 일관되고 경직되고 반복적인 방식으로 수행되며, 즉각적이고 실용적인 의미가 전혀 없는 행동

신체적 공격성(physical aggression) : 기물파손 또는 다른 사람에 대한 상해를 초래하거나 초래할 수 있는 행위

안젤만 증후군(Angelman syndrome) : 15번 염색체에 어머니 쪽의 유전물질 누락으로 인한 유전 장애. 중등도에서 고도의 지적장애, 돌발적/불규칙적 운동, 음성언어 결여, 과잉행동, 끊임없는 사회적 미소와 관련이 있음.

양수천자(amniocentesis) : 임신 15~20주차에 발달장애를 선별하는 절차

염색체 미세배열(chromosomal microarray, CMA) : 게놈의 주요 부위들에 복제개수 변형(즉 비정상적인 복제나 결실)이 있는지 확인하는 유전검사. 전반적 발달지연의 원인을 파악하는 데 사용됨.

윌리엄스 증후군(Williams syndrome, WS) : 7번 염색체의 부분 누락이 초래하는 유전 장애. 경도 ID, 잘 발달한 음성언어, 뛰어난 청각기억, 취약한 시공간추론, 과잉행동, 불안, 친절하고 사회적인 품행을 나타냄.

유관 자극에 의한 처벌(punishment by contingent stimulation) : 행동문제가 나타나는 즉시 혐오자극이 제시되는 정적 처벌의 일종. 다른 개입이 효과가 없을 때만 최후의 수단으로 부모의 허락을 받아서 사용됨.

유사구조 가설(similar structure hypothesis) : 정신연령이 동일한 두 아동(ID 아동과 ID가 아닌 아동)은 유사한 능력을 보일 것이라는 가정. 연구 지지는 혼합되어 있음.

유사순서 가설(similar sequence hypothesis) : ID 아동이 속도가 느릴 수는 있지만 다른 아동들과 동일한 인지적 단계를 거쳐 발달한다는 가정. 대체로 연구의 지지를 받고 있음.

융모막 채취법(chorionic villus sampling, CVS) : 임신 8~12주차에 실시하는 발달장애 선별기법. 태반과 자궁벽을 연결하는 조직을 채취함.

응용행동분석(applied behavior analysis, ABA) : 아동의 문제행동을 확인하고 원인을 찾아내며, 그 행동을 바꾸기 위해 환경적 유관성을 변경하고자 하는 과학적 접근

자해행동(self-injurious behavior, SIBs) : 자신에게 신체적 상해를 초래할 수 있거나 실제로 초래하는 방식으로 손, 팔다리 또는 머리를 반복적으로 움직임.

장애아동교육법(Education for All Handicapped Children Act) : 3~18세의 장애아동 모두에게 '무상의 적절한 공교육'이 제공되어야 한다고 명기하고 있는 연방법

장애인교육법(Individual With Disabilities Education Act, IDEA) : 어린 장애아동들은 IFSP, 학령기 장애아동들은 IEP 서비스를 받을 권한이 유아와 걸음마 아동들에게 확장된 연방법

적응기능(adaptive functioning) : 삶의 공통적 요구에 대처하고 특정 연령집단과 사회문화적 배경을 가진 사람에게 기대되는 독립성의 기준에 부응하는 능력

전반적 발달지연(global developmental delay, GDD) : 5세 이하의 어린 아동들에게 진단되는 DSM-5 장애로서 몇몇 발달영역(예 : 운동, 언어, 사회기술, 일상생활기술)에서 상당한 지연이 나타남.

정적 강화를 제거하는 타임아웃(time-out from positive reinforcement) : 부적 강화의 일종. 치료자는 아동이 특정 장소에 있게 함으로써 일정 기간 정적 강화(예 : 주의, 장난감)를 받지 못하도록 제한함.

정적 연습(positive practice) : 대개는 정적 처벌의 일종임. 치료자는 아동이 용납할 수 없는 행동을 하는 즉시 용납할 수 있는 행동을 반복적으로 연습하게 함. 대개는 과잉교정과 함께 실시됨.

지원의 필요성(need for support) : 지적장애인들이 사회에서 효율적으로 기능하도록 돕는 원조. AAIDD의 ID 정의에서 중요한 요소임.

지적장애(intellectual disability) : 지적기능과 적응행동에 상당한 제한이 있는 DSM-5 장애로서 유아기 또는 아동 초기에 나타남.

진단 덮어쓰기(diagnostic overshadowing) : 일부 임상가들이 지적장애인에게 정신장애가 있다는 사실을 간과하는 경향이 있음을 묘사하기 위해 사용하는 용어

차별강화(differential reinforcement) : 치료자가 바람직한 행동만 강화하고 그렇지 않은 행동은 무시하는 정적 강화의 일종

태아알코올스펙트럼장애(fetal alcohol spectrum disorder) : 임신 중 어머니의 알코올 섭취로 인한 장애. 낮은 지적 기능 또는 경도 ID, 학습장애, 과잉행동, 특유의 두개안면 이상을 보임.

통합교육(mainstreaming) : ID 아동들을 가능하면 최대한 일반교육학급에 배치함

페닐케톤뇨증(PKU) : 페닐알라민을 분해하지 못하는 열성 장애. 특수 식이요법을 함으로써 심한 ID, 발작, 기타 의학적 문제들을 예방할 수 있음.

프레이더-윌리 증후군(PWS) : 15번 염색체에 아버지의 유전물질이 누락됨으로 인해 발생하는 유전 장애. 경도 ID, 단기기억의 취약성, 시공간 추론의 강점, 언어과다증 및 강박행동과 관련이 있음.

합반교육(inclusion) : ID 아동들이 대개는 보조교사의 지원을 받으면서 모든 과목을 비장애 아동들과 함께 배우도록 하는 교육을 기술하는 용어.

행동표현형(behavioral phenotype) : ID에 특수한 원인들과 관련이 있는 특징(예 : 외모, 인지적 강점/약점, 공존장애)

혈청선별검사(serum screening) : 임신 15~18주 차에 태아에게 발달장애가 있는지 알아보기 위해 실시하는 혈액검사

X 결함 증후군(fragile X syndrome) : 소녀보다 소년에게 부정적 영향을 더 크게 미치는 X 염색체 관련 유전 장애. 경도에서 중등도의 ID, 특유의 외모, 동시처리의 강점, 순서처리의 약점, 사회적 불안을 보임.

비판적 사고 연습

1. 많은 사람이 발달장애가 있는 아동을 생각할 때 흔히 다운증후군 아동을 떠올린다. 다운증후군 아동들은 모든 ID 아동을 어느 정도 반영하는가?

2. PKU 치료는 유전과 환경이 아동 발달에 미치는 영향의 상호작용을 어떻게 보여주는가?

3. SES가 낮은 아동들은 왜 특정 유형의 ID가 발병할 위험이 더 큰가? SES가 낮은 ID 아동들이 중산층 가정의 ID 아동들보다 예후가 더 좋지 않은 것은 무엇 때문인가?

4. 임상전문가들이 발달장애 아동의 자해행동을 줄이는 방법으로 계획된 무시를 사용하지 않는 이유는 무엇인가?

5. 통합학급은 일반 아동에게 어떤 혜택을 주는가? 문제점이 있다면 어떤 것일까?

6

자폐스펙트럼장애

6.1 기술과 역학

아리스토텔레스는 인간을 '사회적 동물'이라고 하였다. 인간 삶의 질에서 사회적 상호작용과 대인관계의 중요성을 인식했기 때문이다. 자폐스펙트럼장애(ASD)는 가장 심각하고 흥미로운 아동기 장애 중 하나이다. 이 장애가 인간성의 중요한 차원, 즉 타인과 효과적으로 소통하는 우리의 능력에 영향을 미치기 때문이다.

자폐스펙트럼장애(autism spectrum disorder, ASD)는 (1) 사회적 의사소통의 현저한 장애와 (2) 제한적이고 반복적인 패턴의 행동, 흥미 또는 활동의 존재로 특징지어진다. 대부분의 ASD 아동은 영아기 또는 걸음마기에 장애의 징후와 증상을 보이기 시작하지만, 일부는 학교에 들어가기 전까지 진단을 받지 않는다. 타인과 상호작용하고, 생각과 감정을 전달하고, 관계를 발달하는 데서 발견되는 문제는 그 아이들의 사회적 기능을 크게 손상시킨다. 또한 반복적인 행동 경향, 정해진 일과에 대한 집착, 독특한 주제에 대한 열중 또는 시각, 청각 또는 냄새자극에 대한 특이한 반응성은 타인에게 이상하거나 불쾌하게 보일 수 있다(Goldstein & Ozonoff, 2019).

ASD는 심각도에 따라 다양한 징후와 증상의 '스펙트럼'을 보인다. 어떤 아동은 다른 아동과의 상호작용에 전혀 관심이 없으며, 언어적 또는 비언어적 의사소통 기술을 거의 가지고 있지 않고, 의례적이고 경직된 행동에 끈질기게 집착한다. 지적 기능이 낮거나 지적장애가 동반되었을 수 있다. ASD 스펙트럼의 반대쪽 끝에 있는 아동은 다른 아동과의 상호작용이 어색하거나 경직되어 있고, 또래들로부터 따돌림을 받는 반복적인 행동이나 의식에 집착하며, 사회적 상황에서 기능하기 위해 타인의 지원이 필요하다. 그들의 IQ 점수는 정상 범위 내에 속할 수도 있고, 특별한 재능, 기술 또는 능력을 가지고 있을 수도 있다. 누군가가 ASD라고 말하기 위해서는 사회적 의사소통과 행동에 뚜렷한 문제가 있어야 한다. ASD 명칭은 아동의 고유한 강점과 도전과제에 대해 많은 것을 알려주지 않는다. 이 장에서 ASD 아동과 청소년에 대해 논의할 때마다, 우리는 그들의 이질성을 염두해야 한다. '전형적인' ASD 아동은 없다. ASD 진단을 받은 쌍둥이 카일리와 토마스, 그리고 그들의 가족에 대해 생각해 보자.

자폐스펙트럼장애란 무엇인가?

역사

ASD는 70여 년 전 레오 카너에 의해 처음 기술되었다. 카너(Leo Kanner, 1943)는 타인과 관계를 맺고 새로운 상황에 적응하는 데 어려움을 보이는 11명의 아동을 묘사하기 위해 **조기 영아 자폐증**이라는 용어를 사용했다. 카너는 이 아동들에게서 특히 두드러지게 나타나는 두 가지 특징을 확인했다. 첫째, 아동은 '자율적 외로움' 또는 극단적인 자기 고립 경향을 보였으며, 명백하게 사회적 상호작용에 대해 관심이 부족하였다. 둘째, '동일성에 대한 집착' 또는 일상의 변화를 피하고 싶은 강한 욕구를 보였다(Volkmar & Pelfrey, 2015).

카너는 또한 그의 환자들이 현저한 언어 지연이나 결핍을 보인다는 것을 알아차렸다. 모두 말하는 것을 배우는 데 느렸고, 대부분은 언어 사용에서 특이한 양상을 보였다. 예를 들

사례연구
자폐스펙트럼장애

부모의 이야기

내가 임신했다는 것을 알았을 때, 우리 부부는 너무 행복했다. 초음파 영상을 보고 쌍둥이를 가졌다는 것을 확인했고, 임신 37주 때, 제왕절개로 카일리와 토마스를 낳았다. 카일리는 출생 당시 몸무게가 2.5kg였고 토마스는 2.8kg였다. 처음에는 육아로 인한 수면 부족으로 인해, 너무 힘들었지만, 우리는 이에 대처하는 법을 배워 나갔다. 생후 14개월 무렵, 카일리는 걷고 말하였지만 토마스는 훨씬 느린 발달을 보여주었다. 담당의사는 그가 단지 더 느린 쌍둥이일 뿐이고 걱정하지 말라고 말했다. 생후 18개월에 이르러, 드디어 토마스가 걷기 시작했지만, 쌍둥이 여동생과 놀지 않았고 말도 하지 않았다. 나는 간호사에게 이를 상의했고, 간호사 역시 토마스를 걱정하기 시작했다. 그녀는 지역 아동 발달 센터에 연락을 했고 페니가 토마스를 보기 위해 우리 집에 왔다.

페니가 방문하던 날, 토마스가 바닥에 앉아서 벽돌을 일렬로 늘어놓고 특이한 소리를 냈던 것을 기억한다. 아이는 우리 모두에게 무관심했다. 페니는 자신의 수첩에 글을 쓰기 시작했다. 그러고 나서 그녀는 우리를 보고 말했다. "토마스가 자폐에 걸렸을지도 몰라요." 나는 사실 그녀가 그렇게 말할지도 모른다는 생각을 이미 하고 있었다. 인터넷 검색을 하면서, 토마스의 행동과 비슷한 증상이 무엇인지 설명해 주는 웹사이트를 발견했었다. 솔직히 말해서, 토마스가 자폐라는 말을 들었을 때 그렇게 충격적이지는 않았다. 공식적인 심리 평가 후에, 토마스는 심각한 자폐 진단을 받았다.

쌍둥이는 이제 8살이다. 토마스는 여전히 비언어적이고 기저귀를 차고 있다. 카일리는 그의 누나이고 앞으로도 그럴 것이다. 그녀는 토마스 옆에 앉아서 단어를 가르치려고 열심히 노력한다. 나는 토마스가 타인으로부터 받는 시선에 정말 화가 나곤 했지만, 지금은 아무 상관이 없다. 난 '정상'이란 단어를 싫어한다. 토마스는 우리에게 정상이다.

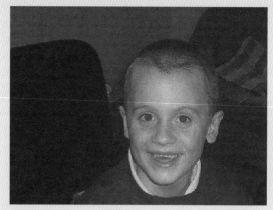

토마스

카일리

주 : 카일리와 토마스 어머니의 허락하에 수정.

어, 이 아동 중 많은 아동이 단어나 구절을 반복했고, 다른 아동들은 대명사를 바꾸거나 잘못 사용했고, 어색하고 경직된 태도로 말했다(Kroncke, Willard, & Huckabee, 2017).

같은 시기에 빈의 의사 한스 아스퍼거(Hans Asperger)도 카너의 환자와 비슷한 행동 특성을 가진 아동을 묘사했다. 아스퍼거는 그들의 증상을 묘사하기 위해 **자폐성 정신병**이라는 용어를 사용했다. 카너의 환자들처럼 아스퍼거의 환자들도 타인과 소통하는 데 어려움을 보였다. 아스퍼거는 그들이 타인에게 다가가서 대화에 참여하거나, 말하는 동안 타인의 눈을 쳐다보고, 감정을 보여주는 데 상당한 문제를 가지고 있다는

것을 알아차렸다. 이 아동들은 또한 그들이 많이 알고 있는 독특한 주제에 몰두하는 경향이 있었다. 그러나 카너가 묘사한 아동과는 달리 아스퍼거 환자들은 좋은 어휘력과 함께 기본적인 언어 능력을 보여주었다. 실제로, 이 아동 중 많은 수가 매우 수다스러웠고 그들이 가장 좋아하는 주제에 대해 긴 연설을 계속했다(Chown & Hughes, 2017).

카너와 아스퍼거가 모두 관찰한 결핍은 오늘날 ASD의 필수적인 특징으로 남아 있다(표 6.1). 구체적으로, ASD는 (1) 상호 교환적인 사회적 의사소통과 사회적 상호작용의 지속적인 결손, (2) 제한적이고 반복적인 패턴의 행동, 흥미 또는

표 6.1 ■ 자폐스펙트럼 장애의 진단기준

A. 다양한 분야에 걸쳐 나타나는 사회적 의사소통 및 사회적 상호작용의 지속적인 결함으로 현재 또는 과거력상 다음과 같은 특징으로 나타난다.

1. 사회적-감정적 상호성의 결함(예 : 비정상적인 사회적 접근과 정상적인 대화의 실패, 흥미나 감정 공유의 감소, 사회적 상호작용의 시작 및 반응의 실패)
2. 사회적 상호작용을 위한 비언어적인 의사소통 행동의 결함(예 : 언어적, 비언어적 의사소통의 불완전한 통합, 비정상적인 눈 맞춤과 몸짓 언어, 몸짓의 이해와 사용의 결함, 표정과 비언어적 의사소통의 전반적 결핍)
3. 관계 발전, 유지 및 관계에 대한 이해의 결함(예 : 다양한 사회적 상황에 적합한 적응적 행동의 어려움, 상상 놀이를 공유하거나 친구 사귀기가 어려움, 동료들에 대한 관심 결여)

B. 제한적이고 반복적인 행동이나 흥미, 활동이 현재 또는 과거력상 다음 항목들 가운데 적어도 두 가지 이상 나타난다.

1. 상동증적이거나 반복적인 운동성 동작, 물건 사용 또는 말하기(예 : 단순 운동 상동증, 장난감 정렬하기 또는 물체 튕기기, 반향어, 특이한 문구 사용)
2. 동일성에 대한 고집, 일상적인 것에 대한 융통성 없는 집착 또는 의례적인 언어나 비언어적 행동 양상(예 : 작은 변화에 대한 극심한 고통, 변화의 어려움, 완고한 사고방식, 의례적인 인사, 같은 길로만 다니기, 매일 같은 음식 먹기)
3. 강도나 초점에 있어서 비정상적으로 극도로 제한되고 고정된 흥미(예 : 특이한 물체에 대한 강한 애착 또는 집착, 과도하게 국한되거나 고집스러운 흥미)
4. 감각 정보에 대한 과잉 또는 과소 반응 또는 환경의 감각 영역에 대한 특이한 관심(예 : 통증/온도에 대한 명백한 무관심, 특정 소리나 감촉에 대한 부정적 반응, 과도한 냄새 맡기 또는 물체 만지기, 빛이나 움직임에 대한 시각적 매료)

C. 증상은 반드시 초기 발달 시기부터 나타나야 한다(그러나 사회적 요구가 개인의 제한된 능력을 넘어서기 전까지는 증상이 완전히 나타나지 않을 수 있고, 나중에는 학습된 전략에 의해 증상이 감춰질 수 있다).

D. 이러한 증상은 사회적, 직업적 또는 다른 중요한 현재의 기능 영역에서 임상적으로 뚜렷한 손상을 초래한다.

E. 이러한 장애는 지적장애(지적발달장애) 또는 전반적 발달지연으로 더 잘 설명되지 않는다. 지적장애와 자폐스펙트럼장애는 자주 동반된다. 자폐스펙트럼장애와 지적장애를 함께 진단하기 위해서는 사회적 의사소통이 전반적인 발달 수준에 기대되는 것보다 저하되어야 한다.

다음의 경우 명시할 것 : 지적 손상을 동반하는 경우 또는 동반하지 않는 경우
언어 손상을 동반하는 경우 또는 동반하지 않는 경우
알려진 의학적 · 유전적 상태 또는 환경적 요인과 연관된 경우
다른 신경발달, 정신 또는 행동 장애와 연관된 경우

출처 : Baio and et al. (2019).

활동으로 정의된다. 이러한 증상은 초기 아동기에 나타나며 일상적 기능을 손상시킨다(American Psychiatric Association, 2013). 비록 몇몇 ASD 아동은 카너의 환자들처럼 언어 소통에서 극적인 결함을 보여주지만, 다른 ASD 아동들은 아스퍼거의 환자들처럼 표현적이고 수용적인 언어에서 가벼운 문제만을 보인다. 따라서 ASD 진단을 받기 위해 아동의 언어 능력의 손상이 나타날 필요는 없지만, 이 장애를 가진 대부분의 아동은 언어적 의사소통에 문제를 보인다(Volkmar & Pelfrey, 2015).

사회적 의사소통의 결핍

아마도 ASD의 가장 두드러진 특징은 사회적 의사소통과 사회적 상호작용(social communication)에서 지속적인 결함일 것이다. 특히, ASD 아동은 다음의 세 가지 영역에서 결손을 보인다.

1. 사회적-감정적 상호교환성 : 흥미나 감정, 정서의 공유를 통한 사회적 상호작용과 정상적으로 서로 주고받는 의사소통
2. 비언어적 의사소통 : 눈맞춤, 몸짓, 표정의 효과적인 사용
3. 대인관계 : 타인을 향한 관심을 보이고, 친구를 사귀고 유지하는 능력

이러한 결핍의 범위는 아동이 사회적 상호작용 동안 필요로 하는 도움의 양에 따라 중간 수준에서 심각한 수준까지 다양할 수 있다(Bernier & Dawson, 2016).

많은 ASD 영아들과 어린 아동은 종종 '그들만의 세계'에 있다고 묘사된다. 그들은 타인과 눈을 마주치는 것을 피하고, 타인의 활동이나 자신의 행동에 대한 타인의 반응에 무관심한 것처럼 보일 수 있다. 그들은 자신의 이름을 부르는 소리나, 손뼉을 치고 손을 흔드는 소리 또는 그들의 주의를 끌기 위한 다른 행동에 응답하지 않을 수도 있다. 어린 ASD 아동은 누군가 자신을 안아주려 할 때 이에 호응하지 않는다. 실제

로, 타인이 자신을 만지는 것을 꺼린다. 포옹이나 타인의 애정 표시에 반응하지 않을 수도 있고, 거의 감정을 보이지 않을 수도 있다. 사회적 상호작용을 먼저 시작하지 않으며, 보통 '까꿍놀이'나 '거미가 줄을 타고 올라갑니다'와 같은 모방 놀이에 참여하지 않는다(Joseph, Soorya, & Thurm, 2015).

ASD 아동이 발달함에 따라, 가족 구성원과의 사회적 상호작용을 점점 더 잘 인내하게 된다. 예를 들어, 부모들이 아동을 무릎에 올려놓거나, 만지고 껴안을 수 있게 된다. 어떤 아이들은 간지럼을 태우거나 애정 어린 방식으로 잡는 것을 즐기는 것 같다. 그럼에도 불구하고, ASD 아동들은 사회적 상호작용을 먼저 시작하거나 새로운 활동에 참여하는 경우가 거의 없다. 다른 아동과 노는 것에 상대적으로 관심이 없어 보이고 우정을 형성하는 데 큰 어려움을 겪는다. 타인과 상호작용할 수 있지만, 그들의 의사소통과 사회적 관계는 부자연스럽고 일방적인 것처럼 보인다(Klinger, Dawson, Barnes, & Crisler, 2014).

나이 든 ASD 아동과 청소년들 역시 사회적 기능에서의 현저한 장애를 계속 보인다. 친구가 거의 없고, 사회적인 것에 흥미를 보이지 않는다. 또래들에게 따돌림을 당할 수도 있다. 일부 나이 든 ASD 아동은 그들이 활동을 지시할 수 있고 경직되고 정해진 대본이 있는 놀이에 참여할 수 있다. 예를 들어, 고기능 ASD 청소년들은 모노폴리 게임(경제 보드게임_역주)에서 '은행원' 역할을 하는 것을 즐길 수 있다. 그러나 일반적으로 친구들과 어울리는 것과 같은 즉흥적인 활동을 피한다. ASD 아동과 청소년들 중 일부는 제한된 흥미를 갖게 되거나 카드 교환이나 암석 수집과 같은 특정한 취미에 집착하기도 한다. 그러나 클럽에 가입하거나 또래들과 자발적으로 운동경기에 참가하지 않는다(Volkmar, Reichow, Westphal, & Mandell, 2015).

일부 고기능 ASD 아동들은 가족과 시간을 보내는 것을 좋아하고 또래들에게 수용되기를 원한다. 불행히도, 그들의 사회적 결핍 증상은 타인과 교류하고 친구를 사귀는 것을 방해한다. 이 고기능 ASD 청소년들은 보통 사회적 상호작용 동안 타인에게 어색해보이거나 둔감해 보인다. 예를 들어, 쉬는 시간 동안 반 친구들과 함께 축구 경기에 참여하고 싶어 할 수도 있지만 어떻게 시작할 수 있는지 모른다. 적절하게 요청하는 대신에(예 : "이 봐, 내가 누군가의 팀에 들어갈 수 있

을까?"), 활동을 방해하거나 다른 아이들에게 자신의 이익만을 위해 경기하기를 지시하기도 한다. 시간이 지남에 따라, ASD 아동이 보여주는 어색하고 부적절한 사회적 행동은 또래 거부 반응을 일으킬 수 있다. 친구를 원하지만 또래들로부터 따돌림을 당하기 때문에, 불안과 우울을 경험하기도 한다 (Pezzimenti, Han, Vasa, & Gotham, 2020).

제한적이고, 반복적인 행동, 흥미, 활동

ASD 아동은 또한 제한적이고 반복적인 행동, 흥미, 활동 패턴 (restricted, repetitive patterns of behavior, interests, or activities) 을 보이고, 이는 그들이 타인과 상호작용하는 것을 방해한다 (Powers et al., 2015). 특히 다음 중 적어도 두 가지 이상의 행동을 보인다.

1. **경직되거나 반복적인 행동** : 말하기(예 : 반복된 단어나 구), 움직임(예 : 손동작) 또는 물건의 사용(예 : 장난감 정렬)에서 나타남
2. **과도하게 정해진 일상을 준수하거나 변화에 대한 극심한 저항** : 특정 시간에 특정 방식으로만 옷을 입거나, 먹거나, 목욕을 해야 하는 필요성 등
3. **제한적이고 고정된 흥미** : 동성 또래 아동에 비해 강도나 집중의 정도에 있어서 비정상적인 흥미나 취미에 대한 매혹
4. **비정상적으로 높거나 낮은 감각 민감도** : 특정 소리나 질감 또는 맛 때문에 불쾌해지는 경향 또는 비정상적으로 높은 통증 역치(Bernier & Dawson, 2016).

저기능 ASD 아동들 사이에서 가장 일반적인 정형화된 행동에는 몸 앞뒤로 흔들기, 손 흔들기, 빙글빙글 돌기, 손과 손가락을 사용한 특이한 반복행동이 있다(Volkmar et al., 2015). 어린 ASD 아동의 약 절반은 이러한 반복적인 행동들 중 적어도 하나를 보여준다. 상동행동은 ASD 진단을 받은 사람 중 어린 아동과 지적 기능이 낮은 사람들 사이에서 가장 흔하다.

ASD와 지적장애를 가진 어린이의 약 85%가 반향어 (echolalia)를 보인다. 이는 다른 사람의 말이나 TV와 라디오에서 우연히 듣는 말을 반복하는 것을 말한다. 종종 이러한 단어들은 문맥에서 벗어나거나 부적절한 시간에 반복되기 때문에

타인에게는 무의미하게 보인다.

복잡한 의례적 행동은 나이 든 ASD 아동과 높은 지적 기능을 가진 ASD 개인에게 더 흔하다. 어떤 아동들은 장난감, 옷 또는 수집품을 분류하고 정리하는 데 매일 몇 시간을 소비한다. 다른 아동은 의례적인 음식 섭취를 한다. 예를 들어, 한 ASD 아동은 색깔과 식감에 따라 특정한 순서로 음식을 먹어야 한다고 주장했다. 다른 ASD 아동은 방을 돌아다니거나 전등 스위치를 켜고 끄는 의례적인 강박적인 행동을 보인다.

많은 ASD 아동의 공통적인 특징은 그들의 일과에 대한 강한 욕구이다. 많은 아동이 매일 똑같은 일정을 고집하고 일상이 바뀌거나 망가질 때 극도로 괴로워한다. 예를 들어, 한 ASD 소년은 온 동네가 정전이 되어 좋아하는 TV 프로그램을 시청할 수 없을 때, 매우 반항적인 행동을 보였다(Strang, 2016).

많은 고기능 ASD 아동들이 독특한 주제에 매료된다. 일부 아동은 야구 선수들의 타율, 미국 대통령의 생년월일 또는 특정 날씨 패턴의 역사에 대해 강한 집착을 보인다. 이 고도로 전문화된 관심사는 내용적으로는 문제가 되지 않을 수 있지만, 그 강도가 항상 비정상적이다(Klinger et al., 2014). 예를 들어, 5살짜리가 기차에 매료되거나 10살짜리가 야구 통계에 흥미를 보이는 것은 드문 일이 아니다. 그러나 이러한 흥미가 다른 활동이나 사회적 관계를 방해할 정도로 아이의 시간을 선점할 때 문제가 된다. 예를 들어, 이 5세 아동은 매일 몇 시간씩 기차를 가지고 놀고 이야기하면서 부모의 인내심을 소진시킨다. 그리고 기차를 더 이상 가지고 놀지 못하게 하면 심한 짜증을 낼지도 모른다. 비슷하게, 10세 아동은 야구선수들의 평균자책점에 대한 강박행동 때문에 반 친구들에게 따돌림을 당하고 선생님에게 질책을 받을 수도 있다.

종단 연구에 따르면 제한적이고 반복적인 행동이나 흥미는 대개 사회적 의사소통의 결손 후에 나타난다고 한다(Klinger et al., 2014). 일부 전문가들은 아동이 사회적 기능의 장애로 인해, 이러한 반복적인 행동을 발달시켰을 것이라고 제안했다. 예를 들어, ASD와 심각한 지적장애를 가진 아동은 지루함을 피하거나 불안을 완화하기 위해 정형화된 흔들림이나 손떨기를 사용할 수 있다. 고기능 ASD 청소년들은 스트레스를 받는 일상 생활에 대한 통제감을 얻기 위해 일상적인 의례를 고집할 수 있다. 다른 아이들은 또래 거부로 인해 극히 제한된 흥미를 발달시킬 수 있다(Strang, 2016).

많은 ASD 아동들은 특정 감각 자극에 비정상적인 민감성을 보인다(Grapel, Cicchetti, & Volkmar, 2015). 어떤 아동들은 빛, 소리, 온도 또는 통증에 대한 과민성을 보인다. 예를 들어, ASD 아동들이 화재 경보를 듣지 못하거나, 의자 또는 자전거에서 떨어졌는데도 고통을 겪지 않았다는 일화적인 보고가 있다. 다른 아동들은 자극에 지나치게 민감하다. 예를 들어, 어떤 ASD 아동들은 특정 옷을 입을 때 그 질감을 참을 수 없어서 심하게 짜증을 낸다. 반면, 다른 ASD 아동들은 깜박이는 불빛이나 흐르는 물과 같은 특정 자극에 집착한다(이미지 6.1).

세부적 증상

DSM-5는 임상가가 다양한 명시자(한국판 DSM-5에서는 '명시자' 혹은 '명시할 것'이라고 표기한다_역주)를 사용하여 ASD 아동의 기능을 상세히 기술할 수 있는 체계를 가지고 있다. ASD 소아청소년의 이질성을 고려할 때, 이러한 명시자는 다른 전문가들에게 아동의 강점, 문제 및 지원의 필요성을 더 잘 보여준다(American Psychiatric Association, 2013).

첫째, 임상가는 아동의 ASD 증상이 알려진 의학적 상태 또는 유전적 질환과 관련이 있는지 여부를 명시한다. 예를 들어, 레트 증후군은 ASD와 심각한 지적장애를 야기할 수 있고, 운동 조절에 심각한 문제를 일으킬 수 있다. DSM-5 진단체계를 따라 아동을 '레트 증후군과 관련된 자폐스펙트럼장애'로 진단할 수 있다. 둘째, 임상가는 아동이 언어장애를 가지고

이미지 6.1 숀은 ASD 진단을 받은 소년이다. 그는 물줄기가 집 밖의 인도에 부딪치는 소리를 과도하게 좋아한다.

있는지 여부를 명시하고 장애의 속성을 기술한다. 언어 지연이나 결손을 보이는 아동은 다음 장(제7장)에서 설명하는 의사소통 장애로도 진단될 수 있다.

셋째, 임상가는 동시에 발생하는 신경발달장애, 정서장애 또는 행동장애를 명시한다. 예를 들어, 일부 나이 든 ASD 아동은 우울과 관련한 문제를 겪기도 한다. 그들은 친구를 원하지만, 사회적 의사소통의 결핍 때문에 또래와 관계를 형성하기가 어렵다. 동시 발생하는 우울증을 명시함으로써, 임상가는 간과될 수도 있는 아동의 사회적 · 감정적 기능의 중요한 차원을 다른 전문가와 의사소통할 수 있다(Pezmenti et al., 2020).

마지막으로, 임상가는 ASD의 두 가지 광범위한 영역 — (1) 사회적 의사소통, (2) 제한적이고 반복적인 행동 또는 흥미 — 각각에 대한 증상의 심각도를 기술한다. 임상가는 등급 척도를 사용하여 각 영역에서 아동이 필요로 하는 지원 수준에 따라 심각도를 기술할 수 있다(표 6.2).

자폐와 동시에 발생하는 장애에는 무엇이 있는가?

진단 기준의 일부는 아니지만, 많은 ASD 소아청소년들이 낮은 지적 기능이나 언어 문제를 경험한다. 우리가 앞으로 보게 될 것처럼, 몇몇 ASD 소아청소년들은 심각한 인지장애를 가지고 있고 말을 전혀 하지 않는다. 대조적으로, 다른 ASD 아동들은 평균 이상의 지능을 가지고 있고 적절한 언어 능력을 보여준다. 아동의 ASD 증상이 연속선상에 존재하는 것처럼 지적 및 언어적 기능도 연속선상의 어느 지점에 위치한다. 즉, 아동의 ASD 증상은 심각하게 제한되고 광범위한 지원을 필요로 하는 범위부터 평균 이상의 범위까지 폭넓게 분포한다.

지적장애

지적장애는 ASD 진단 기준의 일부가 아니다. 그러나 ASD 아동 중 상당수는 인지 기능이 낮다. 20년 전까지는, ASD 진단을 받은 소아청소년의 70%가 지적장애 진단과 일치하는 IQ 점수를 얻었다(Fombonne, 2005). 그러나 오늘날 ASD 소아청소년의 약 3분의 1만이 지적장애 범위에 속하는 IQ 점수를 받는다(Peters-Sheffer, Didden, & Lang, 2016).

한 대규모 연구에서 연구자들은 미국 전역의 여러 연구소에서 얻어진 ASD 아동의 인지 기능을 조사했다(Baio et al., 2019). 전반적으로, ASD 아동의 31%가 지적장애 진단기준에 부합하는 70 미만의 IQ 점수를 받았다. 약 25%의 아동은 경계선 범위(즉, IQ 70~85)에서, 그리고 약 44%가 85점 이상, 정상범위 점수를 받았다. ASD 아동의 IQ 점수 분포는 성별이나 민족성에 따라 차이가 없었다. 전문가들은 과거에 비해서 왜 오늘날 더 적은 비율의 ASD 아동이 지적장애 기준을 충족하는지 확신하지 못하고 있다. ASD의 정의가 고기능 아동을 포함하도록 확장됨에 따라, ASD 아동의 더 적은 비율이 지적

표 6.2 ■ 자폐스펙트럼장애의 심각도

심각도 수준	사회적 의사소통	제한적이고 반복적인 행동
3단계 *상당히 많은 지원을 필요로 하는 수준*	언어적, 비언어적 사회적 의사소통 기술에 심각한 결함이 있고, 이로 인해 심각한 기능상의 손상이 야기된다. 사회적 상호작용을 맺는 데 극도로 제한적이며, 사회적 접근에 대해 최소한의 반응을 보인다.	융통성 없는 행동, 변화에 대처하는 데 극심한 어려움, 다른 제한적이고 반복적인 행동이 모든 분야에서 기능을 하는 데 뚜렷한 방해를 한다. 집중 또는 행동 변화에 극심한 고통과 어려움이 있다.
2단계 *많은 지원을 필요로 하는 수준*	언어적, 비언어적 사회적 의사소통 기술의 뚜렷한 결함, 지원을 해도 명백한 사회적 손상이 있으면서 사회적 의사소통의 시작이 제한되었다. 사회적 접근에 대해 감소된 혹은 비정상적인 반응을 보인다.	융통성 없는 행동, 변화에 대처하는 데 극심한 어려움, 다른 제한적이고 반복적인 행동이 우연히 관찰한 사람도 알 수 있을 정도로 자주 나타나며, 다양한 분야의 기능을 방해한다. 집중 또는 행동 변화에 고통과 어려움이 있다.
1단계 *지원이 필요한 수준*	지원이 없을 때에는 사회적 의사소통의 결함이 분명한 손상을 야기한다. 사회적 상호작용을 시작하는 데 어려움이 있으며, 사회적 접근에 대한 비전형적인 반응이나 성공적이지 않은 반응을 보인다.	융통성 없는 행동이 한 가지 그 이상 분야에서 기능을 확연히 방해한다. 활동 전환이 어렵다. 조직력과 계획력의 문제는 독립을 방해한다.

주 : 임상가는 이와 같은 평정 척도를 사용하여 아동 증상의 심각도를 기술한다. 이 척도는 아동이 가정과 학교에서 좀 더 효과적으로 기능하기 위해 필요한 지원을 기술한다.

장애를 가지고 있을 가능성도 있다.

아동의 지능은 ASD 증상의 심각성, 적응 기능의 정도, 치료에 대한 반응과 밀접한 관련이 있다. 서로 다른 인지 능력과 언어 능력을 가진 두 ASD 소년 알렉스와 벤지의 경우를 생각해보라.

의사소통장애

의사소통장애는 ASD 아동이 보여주는 가장 흔한 동반 질환이다(Ameis & Szatmari, 2017). 한 대규모 인구 기반 연구에서, ASD 어린이의 약 3분의 2가 언어 또는 말하기에서 결손을 보였다(Levy et al., 2010). 의사소통 문제의 심각성은 상당히 다양하다. ASD 아동의 약 25%는 말을 전혀 하지 않는다. 즉, 그들은 기능적인 구어(의사소통 기능을 하는 말하기)를 가지고 있지 않다. 반면에, ASD 아동의 다른 25%는 정교한 어휘를 사용하여 긴 대화를 할 수 있다. 이러한 언어 문제의 심각성은 대개 아동의 언어 지능과 관련이 있는데, 언어 IQ가 높은 아동은 우수한 언어 능력을 보이지만, 사회적 상호작용 동안 언어 사용에 약간의 결함을 나타내기도 한다(Kim, Paul, Tager-Flusberg, & Lord, 2015).

ASD 아동의 대부분이 언어를 발달시키지만, 그들의 언어 사용은 종종 이상하고 경직되거나 특이하다. 첫째, 많은 ASD 아동이 대명사 역전(pronoun reversal)을 보인다. 예를 들어, ASD 아이는 "자신이 배고프다"라는 뜻으로 "당신은 배가 고프다"고 말할 수 있다. 다른 ASD 아동은 "나에게 물 좀 주세요"라고 말하기 위해, "그는 물을 좀 원한다"라며, 자신을 3인칭으로 지칭한다.

둘째, 많은 ASD 아동들은 비정상적인 발성(prosody)을 보인다. 즉, 그들의 목소리 톤이나 말투가 비정상적이거나 어색하다. 예를 들어, 일부 ASD 아동은 기계처럼 말한다. 다른 아동들은 노래를 부르는 것처럼 특이한 리듬이나 억양으로 말한다. 반면, 또 다른 아동들은 큰소리로 이야기하거나 잘못된 음절을 강조한다.

셋째, 거의 모든 ASD 아동이 화용 언어 문제를 보인다. 화용론(pragmatics)이란 특정한 사회적 맥락에서 언어를 사용하

사례연구
지적장애를 동반한 ASD

알렉스

알렉스는 출산 예정일보다 4주 일찍 태어났고 분만 중 심각한 합병증을 겪었다. 분만은 하루 종일 계속되었고 겸자(태아 머리를 감싸 잡을 수 있는 큰 집게로 태아가 잘 나오지 못할 때, 겸자로 머리를 집어서 잡아당기는 분만방법에 사용된다_역주)가 사용되었다. 알렉스는 분만 중에 혈중 산소 농도가 낮아졌고, 이후 며칠 동안 병원에 입원했다.

영아기 동안, 알렉스는 일어나 앉거나 걷는 발달 속도가 또래보다 늦었다. 그의 어머니는 알렉스가 24개월이 지나도록 말을 할 기미를 보이지 않고, 사람보다 사물에 더 관심이 많아 보이자 걱정이 되었다. 알렉스는 먹는 것을 꺼리고 잠을 잘 못 잤다. 소아과 의사는 이런 발달 지연이 출생 시의 합병증 때문이라고 보았다.

두 돌이 되었을 무렵, 알렉스는 특정한 물건과 활동에 큰 관심을 보이기 시작했다. 그는 장난감 농장 동물들이 들어 있는 상자를 가지고 있었지만, 이를 가지고 상상놀이를 하지 않았다(예 : 꿀꿀거리거나 음매 소리를 내기). 대신에 그는 장난감을 떨어뜨리면서 떨어지는 장면을 관찰하고, 그 소리를 듣는 것을 좋아하였다. 또한 그것들을 줄을 세우거나 돌리면서 몇 시간을 보내곤 했다. 노는 동안 몸을 앞뒤로 자주 흔들었다.

©iStockpnoto.com/Voyagerix

3세가 되어서도 알렉스는 언어적 의사소통이 거의 불가능했다. 대부분의 시간을 혼자 활동하거나 부모님과 함께 보냈다. 형과 노는 것에 거의 관심을 보이지 않았고 또래들과 노는 것을 거부했다. 알렉스는 스스로 음식을 먹거나 옷을 입는 것과 같은 자기관리 기술을 수행하지 않았다. 이러한 활동을 하도록 하면, 그는 큰 소리로 짜증을 내곤 했다. 알렉스는 결국 4살 때 ASD와 지적장애를 진단받았고 특수 유치원으로 보내져 의사소통과 자기관리 능력 향상을 위한 도움을 받았다.

사례연구
지적장애를 동반하지 않은 ASD

벤지

벤지는 임신과 분만 동안 합병증을 겪지 않았고 임신 기간을 전부 채우고 태어난 아기였다. 그는 앉고 걷는 법을 배우는 데 약간의 지연을 보였지만, 부모님을 걱정하게 하는 특이한 행동은 아무것도 없었다. 먹거나 자는 것 모두 전형적인 또래 영아에게서 보일 만한 행동양상이었다.

그러나 벤지가 12~24개월 사이에 언어 습득에 큰 진전을 보이지 않자, 부모들은 벤지의 문제를 의심했다. 3세 생일에도 벤지는 거의 말을 하지 않았다. 그는 울음, 투덜거림, 몸짓으로 의사소통을 했고, 그것도 부모님으로부터 무언가를 원할 때만 의사소통을 했다.

비슷한 시기에 그의 부모는 벤지의 이상한 사회적 행동을 알아챘다. 대부분의 학령전기 아동들이 부모를 향해 애정을 표현하는 반면, 벤지는 결코 껴안는 것을 좋아하지 않았다. 그는 보통 블록이나 장난감 자동차를 가지고 또는 공책에 그림을 그리면서, 매일 몇 시간씩 혼자 노는 것에 만족하는 것처럼 보였다. 또한 까다로운 식습관을 보이기 시작하였다. 여름 내내 생선 모양의 크래커와 치킨 너겟만을 먹고 사는 것처럼 보였다. 다른 특징으로는 진공 청소기에 대한 강한 두려움, 발끝으로 걷는 경향, 그리고 '따끔거리는' 옷을 입히려고 하면 극심한 짜증을 내는 것이 있었다.

벤지는 유치원에 들어가기 직전에 언어 능력의 극적인 증가를 보여주었다. 그러나 간단한 문장으로 말하고, 대화를 먼저 시작하는 경우는

거의 없었다. 대신, 원하는 것을 얻기 위해 또는 싫어하는 활동을 피하기 위해 언어를 도구적으로 사용했다. 또한 타인이 하는 말이나 TV나 영화에서 들은 단어와 구절을 반복하는 경향이 있었다.

유치원에서, 그는 눈을 마주치고, 차례를 기다리고, 다른 아이들과 물건을 나누는 것과 같은 나이에 적합한 사회 기술을 발달하는 데 문제를 보였다. 그는 5번째 생일 직후에 공식적으로 ASD 진단을 받았다. 지능 검사 결과 IQ는 평균 범위였다. 비록 벤지의 부모는 처음에 그의 진단에 낙담하기도 했지만, 돌이켜보면 "그것이 많은 것을 설명하는 데 도움이 된다"고 인정하였다.

는 것을 말하며, 특히 대화 중에 발생하는 자연스러운 주고받기(give and take)와 적절한 배경 정보와 함께 일관되게 이야기하는 능력을 말한다. 비록 ASD 소아청소년들은 문법적으로 정확한 문장으로 말할 수 있지만, 이 문장은 종종 사회적 상황에 맞지 않는다. 예를 들어, 많은 ASD 아동들은 그들의 진술에 적절한 문맥을 제공하지 않는다. ASD 남아는 친구에게 이번 주 초에 가족과 함께 본 영화를 이야기하고 있다는 설명 없이, "어제 우리는 그것을 즐겼어요"라고 대화를 시작할지도 모른다. 형편없는 화용론의 또 다른 예는 주제를 벗어난 대화이다. 예를 들어, 학교 친구가 ASD 여아에게 "오늘 어떠니?"라고 묻는다면, ASD 여아는 주제에서 벗어나 "나는 점심으로 핫도그를 먹었다"고 말할지도 모른다. 또 다른 ASD 아동은 대화 중에 부적절하게 주제를 바꿔 듣는 사람들을 혼란스럽게 하고 좌절하게 한다.

넷째, 많은 ASD 아동의 언어적 의사소통이 종종 일방적이다. 이 아동들은 주로 그들의 필요를 표현하거나 정보를 얻

기 위해 의사소통한다. 그들은 자신의 생각, 경험 또는 감정을 공유하기 위해 타인에게 말하지 않는다. 일반적으로, ASD 아동은 대화의 대표적 특징인 자연적인 상호관계를 보여주지 않는다. 그들은 타인과 함께(with) 대화하기보다는 타인에게(to) 대화하는 것처럼 보인다. 일부 고기능 ASD 아동들은 끊임없이 말한다. 그들의 토론은 대개 듣는 사람을 지치게 하는 현학적인 횡설수설로 묘사된다. 종종, 누군가가 그들의 말을 듣고 있는지 전혀 신경 쓰지 않는 것처럼 보인다.

과거에는 평균 혹은 평균 이상의 언어적 의사소통 능력을 보이면서 자폐증상을 가진 아동을 아스퍼거 장애로 진단하였다. 이 장애는 한스 아스퍼거의 이름을 따서 명명되었는데, 그의 환자들은 적절한 언어 기능을 가지고 있고 제한된 흥미나 활동에 대한 기이한 집착을 보였다. 최근 연구에 따르면 자폐증과 아스퍼거 장애의 주요 차이점(즉, 아동의 구어능력에서의 차이)은 그들의 지능에 의해 설명될 수 있다. 자폐증과 언어 문제를 가진 아동은 지적장애를 가진 경향이 있는 반면,

아스퍼거 장애와 더 나은 언어 능력을 가진 아동은 평균 이상의 지능을 가진 경향이 있었다. 따라서 오늘날 DSM-5에서는 ASD라는 진단 하나만 포함하고 있다. 그러나 이전에 아스퍼거 장애로 진단받은 사람들은 계속해서 이 명칭을 사용하고 있다(Frazier et al., 2013).

일부 ASD 아동들은 사회적 상황에서 언어를 사용하는 데 문제를 보이지만, 제한적이고 반복적인 행동을 하지 않는다. 따라서 ASD 진단을 받지 않는다. 대신, 이러한 소아청소년들은 일상 상황에서 언어적, 비언어적 의사소통에 대한 지속적인 문제를 특징으로 하는 사회(화용론적) 의사소통 장애를 진단받는다. 우리는 다음 장(제7장)에서 사회적(화용론적) 의사소통 장애에 대해 더 많이 알아볼 것이다.

행동 및 정서 장애

ASD 아동은 전형적으로 발달 중인 또래보다 다른 정신건강 문제를 경험할 가능성이 더 높다(Strang, 2016). 지역사회 표본에서 ASD 소아청소년의 약 70%는 적어도 하나의 행동 또는 정서적 장애를 가지고 있으며, 약 50%는 2개 이상의 동시발생장애를 가지고 있다. 가장 흔한 동시발생장애는 ADHD(40~50%), 불안장애(30~40%), 강박장애(OCD; 15~20%)이다.

ASD의 증상과 이러한 다른 질환의 증상을 구분하는 것은 어려울 수 있다. 예를 들어, ASD나 사회불안장애가 있는 아동은 사회적 상황에 놓였을 때 고통을 경험하는 경향이 있다. 그러나 사회불안장애를 가진 청소년과 달리, ASD 아동은 보통 사회적 상황에 대해 예측된 불안감을 보이지 않는다. ASD와 강박장애는 모두 반복적인 생각과 행동을 특징으로 한다. 그러나 강박장애 아동의 반복적인 행동에는 청소, 확인 또는 강박적인 숫자 세기 등이 수반되는 반면, ASD 아동이 보여주는 반복적 생각과 행동은 만지기, 몸 움직임 또는 정렬하기 등을 수반하는 경향이 있다. 많은 ASD 아동들이 보이는 인지 및 언어 장애로 인해, 아동들은 자신의 증상을 임상가에게 정확하게 설명하기가 어려운 경우가 많다. 많은 전문가들은 ASD를 다른 장애와 구별하기 위해 자폐증과 관련된 정신 질환 평가 목록(SAPPA)에 의존한다. 그럼에도 불구하고 ASD를 이러한 다른 장애와 구별하기 위해서는 상당한 지식과 기술이 필요하다(Mercado, Kratz, Frank, Wolensky, & Kerns, 2018).

의학적 문제

또한 ASD 소아청소년은 ASD로 진단받지 않은 아동보다 의학적 문제를 경험할 가능성이 더 높다(Walton & Coury, 2016). 다른 발달장애를 가진 아동의 42%와 전형적으로 발달 중인 아동의 28%가 위장관 문제를 경험하는 데 반해, ASD 아동의 약 70%가 위장관 문제(예 : 위산 역류, 변비, 메스꺼움/구토)를 경험한다. 수면장애 역시 ASD 소아청소년(44~86%)이 그렇지 않은 경우(20~30%)보다 더 많이 경험한다.

ASD와 관련된 일반적이지만 심각한 의학적 문제는 뇌전증이다. ASD만 진단받은 아동(8%)보다 ASD와 지적장애를 모두 진단받은 아동(21.5%)이 발작을 경험할 가능성이 훨씬 더 높다. 대부분의 과학적 증거들에 따르면 ASD 증상에 기저하는 두뇌의 구조적/기능적 기형이 아동의 지적장애, ASD 증상, 발작에 책임이 있다고 보고되지만, 경우에 따라서는 아직 발달 중인 두뇌에서 발생한 발작이 ASD의 발현에 기여할 수도 있다(Bernard & Benke, 2015).

자폐의 유병률은 어떠한가?

전체 유병률

미국 질병통제예방센터는 자폐 및 발달장애 모니터링 네트워크[Autism and Developmental Disabilities Monitoring(ADDM) network]를 구축하여 미국 내 다양한 지역에서 ASD 유병률에 관한 자료를 수집하였다. 이 네트워크는 소아 건강 클리닉과 병원의 기록, 발달장애 어린이를 위한 특수 프로그램(예 : 조기 개입 유치원) 및 공립학교의 특수교육 프로그램의 기록을 검토한다. ADDM 네트워크가 모든 ASD 소아청소년을 식별할 수는 없지만, 수집된 자료는 이 장애의 유병률에 대한 가장 좋은 추정치 중 하나를 제공한다.

ADDM 네트워크의 가장 최근 자료에 따르면 아동 1,000명당 16.8명(59명 중 약 1명)이 ASD로 진단받을 조건을 가지고 있다(Baio et al., 2019). 이는 지난 2년간 ASD 유병률이 약 15% 증가했음을 보여준다(그림 6.1).

놀랍게도 유병률 추정치의 범위가 매우 다양해서, 뉴저지의 경우 34명 중 1명(연구자들이 교육 기록에 더 잘 접근할 수 있었던 곳)으로 높고, 아칸소는 77명 중 1명(기록이 더 제한된 곳)으로 상대적으로 낮은 편이다. 이러한 광범위한 변동성은

그림 6.1 ■ 자폐 유병률

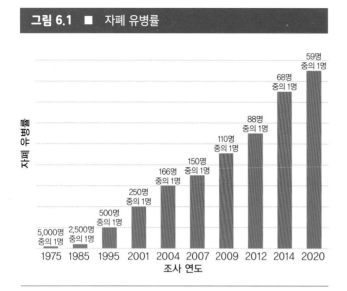

주 : 자폐 유병률은 지난 20년 동안 600% 증가했다. 출처 : Centers for Disease Control and Prevention (2020c).

59명 중 1명의 전체 유병률이 ASD 아동의 실제 수를 과소평가할 수 있음을 시사한다.

ADDM 네트워크는 ASD 유병률에 관한 가장 자세한 자료를 수집하지만 11개의 지역에서만 자료를 수집한다. 이 자료는 미국 전역의 청소년을 대표하지 않을 수도 있고, 일부 ASD 아동을 포함하지 못할 수도 있다. 미국국립건강면접조사(NHIS)는 미국 전역에서 1만 2,000명의 부모를 무작위로 표본 추출하여 자녀가 ASD 또는 다른 발달장애 진단을 받은 적이 있는지 물어봄으로써 ASD 유병률을 조사하고 있다. 그 결과, 아동 1,000명당 20.8명(48명 중 약 1명)이 ASD 진단을 받은 것으로 나타났다(Zablotsky, Black, Maenner, Schieve, & Blumberg, 2015). 이 유병률은 ADDM 네트워크에서 얻은 추정치보다 다소 높다. 반면 NHIS 자료는 공식적인 의료나 교육 기록이 아닌 부모 보고서만을 기반으로 하므로, 일부 부모가 자녀의 ASD를 부정확하게 보고할 가능성도 여전히 존재한다.

다른 나라의 역학 자료도 ASD의 높은 유병률을 보여주는데, 일반 인구의 약 1~2%에 이른다(2011년 예일대 연구팀의 보고에 따르면 대한민국의 자폐 유병률은 2.6%로 나타나지만, 고양시에서만 조사한 결과이다_역주). 동남아시아, 호주, 서유럽 및 중동의 유병률 추정치는 미국의 유병률 추정치와 유사하다(Centers for Disease Control and Prevention, 2016d).

조사 방법에 관계없이 모든 자료는 ASD의 유병률이 증가하고 있음을 나타낸다. 1975년에 수집된 첫 번째 역학 자료는 ASD가 아동 5,000명당 약 1명 꼴로 발생하는 희귀 질환임을 시사했다(Rutter, 1978). NHIS의 첫해인 1997년까지 유병률은 500명당 1명으로 증가했다. ADDM 네트워크의 첫 해인 2000년, 유병률은 250명 중 1명으로 추정되었다. 2012년에는 88명 중 1명으로 증가하였다. 불과 몇 년 전만 해도 유병률 추정치는 68명 중 1명이었다.

ASD 유병률의 증가 원인을 설명하기 위해 몇 가지 가설이 제시되었다. 일부 전문가들은 미국에 ASD가 '유행'하고 있다고 제시한다. 즉, 장애가 실제적으로 증가했을 수 있다. 일부 연구자들은 최근 발생하고 있는 ASD, 식품 알레르기, 대사 장애 및 미묘한 신경학적 문제 유병률의 증가 현상을, 확인되지 않은 환경 요인(예 : 식품첨가물, 환경독소 또는 기타 기형물질) 또는 생활 방식의 변화(예 : 첫 출산하는 임신부의 연령이 증가하는 것) 때문이라고 본다.

대안적으로 ASD의 유병률 증가를 장애 자체의 실제 증가보다는, 장애 진단을 받는 아동의 수가 더 많기 때문으로 설명할 수도 있다(McPartland, Reichow, & Volkmar, 2012). 부모, 교사, 소아과 전문의들은 지난 10년 동안 ASD의 징후와 증상에 대해 더 잘 알게 되었고, 그로 인해 의심되는 소아청소년들이 진단과 치료를 받을 가능성이 높아졌다. 정신건강 전문가들은 가족들이 행동치료, 특수교육 또는 직업 서비스에 받을 수 있도록 돕기 위해, 과거에 비해 더 기꺼이 ASD 진단을 내릴 수도 있다.

성별, 사회경제적 지위, 민족성

거의 모든 대규모 역학 연구에서 ASD는 여아보다 남아에게서 훨씬 더 흔하다는 것이 발견된다. 예를 들어, ADM 네트워크의 자료에 따르면 ASD는 남아(37명 중 1명)에서 여아(151명 중 1명)보다 네 배 더 많이 관찰된다. 마찬가지로, NHIS의 자료 역시 남아의 유병률이 더 높은 4:1의 성별 비율을 보여준다. 또한 ASD의 성별 격차가 예년에 비해 줄어들고 있는 현상도 보고하고 있다. 아마도 임상가들이 여아들의 ASD 증상을 예전보다 더 잘 인지할 수 있기 때문인 것 같다.

전반적으로, ASD 남아와 여아들은 인지와 행동에서 근소한 차이를 보인다. 나이 든 ASD 아동 대상의 연구에 따르면,

여아들이 남아보다 평균 IQ 점수가 낮으며 지적 기능에 고도 (severe) 또는 최고도(profound) 결함이 있을 가능성이 더 높다. 어린 ASD 아동 대상 연구에 따르면, 여아들은 남아들보다 사회적 의사소통에 더 큰 문제를 보이는 반면, 남아들은 여아들보다 제한적이고 반복적이며 정형화된 행동을 더 심하게 하는 것으로 나타났다. 어린 ASD 여아들은 남아보다 수면과 기분 문제를 경험할 가능성이 더 높지만, 이 정도의 차이는 작다. 일반적으로, ASD 남아와 여아들은 차이점보다 더 많은 유사점을 보인다.

전문가들은 왜 남아가 여아보다 ASD로 진단받을 확률이 더 높은지 확신하지 못한다. 한 가지 설명은 일반적으로 여아들이 남아들에 비해 사회적, 언어적 기능에 있어서 유리하다는 것이다. 따라서 ASD 여아들은 진단을 받기 전에 남아들보다 더 큰 수준의 장애를 보여야 할 것이다. 평균적으로 여아들이 발달의 다양한 시기에서 남아에 비해 우수한 사회적, 의사소통 기능을 보인다는 연구 결과가 이를 뒷받침한다. 예를 들어, 전생애에 걸쳐 여아들은 타인의 표정, 감정, 그리고 비언어적인 행동을 해석하는 데 있어서 남아들보다 더 나은 수행을 보인다. 비슷하게, 여아들은 남아들보다 감정을 전달하고 감정을 공유하기 위해 언어를 더 많이 사용한다. 이러한 사회적 의사소통의 강점이 여아의 ASD를 눈에 띄지 않게 만들 수 있다(Kirby, 2015).

다른 대안적 설명은 남성호르몬이 남아들에게 ASD의 불균형적 발달을 이끈다는 것이다. 상당한 증거가 임신 기간 동안 높은 수준의 남성 호르몬이 발달하는 두뇌에 영향을 미칠 수 있다는 점을 제안한다. 특히 태내 호르몬 수준이 변연계와 전두피질에 영향을 미치는 것으로 나타났는데, 이는 변연계와 전두피질이 사회적 정보를 인식하고, 처리하고, 반응하는 데 관여한다는 점을 고려하면 매우 중요한 사실이다. 게다가 ASD 소아청소년의 이러한 두뇌 영역들이 또래 아동에 비해 덜 활성화될 수도 있다. 즉, 태내에서 남성호르몬에 과도하게 노출되는 것이 두뇌발달에 영향을 미치고, 결과적으로 자폐적 행동의 가능성을 높일 수 있다.

ASD 유병률에서 나타나는 성별 차이에 대한 세 번째 설명은 유전학이다. X 염색체의 특정 돌연변이는 ASD의 출현과 관련이 있다. 예를 들어, 취약 X 증후군은 X 염색체에 돌연변이가 있는 것이 특징인 유전 질환인데, 취약 X 증후군을 가진 아동의 약 3분의 1이 ASD 진단 기준을 충족한다. 남아는 오직 하나의 X 염색체만을 가지고 있기 때문에, 일반적으로 여아보다 더 심각한 증상을 보인다. 여아들은 보통 하나의 건강한 X 염색체를 더 가지고 있고, 이는 영향을 받은 X 염색체의 돌연변이가 효과를 상쇄할 수 있다. 결과적으로, 취약 X를 가진 여아는 남아보다 ASD 진단을 받을 가능성이 적을 수 있다(Sansosti & Doolan, 2018).

ASD의 유병률은 사회경제적 지위(SES)에 의해서도 달라진다. 일반적으로 대학을 졸업했거나 소득이 높은 가구의 어머니는 고등학교를 졸업하지 않았거나 빈곤한 어머니보다 ASD 진단을 받은 자녀를 가질 가능성이 1.4~2배 높다(Boyle et al., 2011). 이러한 연구 결과는 부모의 낮은 교육수준과 낮은 가족소득이 일반적으로 다른 발달장애의 발생 가능성 증가와 관련이 있다는 점을 고려할 때 다소 반직관적이다.

높은 SES를 가진 가족들 사이에서 ASD의 유병률이 증가한 것은 이 가족이 자녀를 위한 의료, 교육 및 행동 서비스를 받을 수 있는 능력이 더 높다는 점에서 부분적으로 기인할 수 있다(Durkin et al., 2010). 한 전염병학 연구에서 연구자들은 연간 3만 달러 미만(한화 약 4,200만 원)의 소득 가정(1,000명당 7.1명)에 비해 9만 달러(한화 약 1억 2,600만 원) 이상의 소득을 올리는 가족(1,000명당 17.2명)에서 ASD의 유병률이 더 높다는 것을 발견했다(Thomas et al., 2012). 연구진은 또한 고소득 가정이 저소득 가정보다 더 많은 수의 진단평가(예 : 소아과 방문, 심리평가, 학교기반평가)에 참여한다는 사실도 발견했다. 고소득 가정의 자녀들은 저소득 가정의 자녀들보다 더 이른 나이에 ASD 진단을 받았다. 이러한 자료는 상위 SES 가족에서 ASD의 징후와 증상이 하위 SES 가족에서 보다 더 빨리 부모, 소아과 의사 및 정신건강 전문가들의 주의를 끌 수 있음을 시사한다(Kirby, 2015).

미국에서는 민족에 따라 ASD 유병률이 다양하다. 대부분의 자료는 비남미 계열의 백인 아이들에게서 가장 높은 유병률을 보여 준다. 예를 들어, 가장 최근의 ADDM 자료는 비남미 계열 백인 아동이 아프리카계 미국인 아동보다 ASD 진단을 받을 확률이 1.2배 높고, 남미계열 아동보다는 1.5배 높다는 것을 보여준다. 이는 또한 비남미 계열의 백인 아동들 사이에서 증가하고 있는 ASD 진단이 상당 부분 SES에 기인하고 있다는 가능성을 보여준다. 일부의 연구는 SES가 미치는 영향을 통제하면, 비남미계 백인과 아프리카계 미국인, 그리고 남미계 미국인들 사이에 ASD 유병률에서의 차이가 없다는 것을 보여주었다(Baio et al., 2019).

6.2 원인

ASD에 대한 초기 설명은 장애아의 가족들에게 상당한 비난을 가했다. 카너(Kanner, 1943)는 자폐아동들의 부모가 정서적으로 냉담하다고 믿었다. 카너는 이 부모들이 자녀들의 행동에 거의 관심을 보이지 않고, 사회적으로 냉담하며, 지나치게 지적이라고 기술했다. 이 견해를 확장하여, 철학자이자 작가인 브루노 베텔하임(Bruno Bettelheim, 1967)은 차갑고 거부적인 부모들이 자녀들에게 자폐를 유발한다고 제안했다. 베텔하임은 자신의 저서 《빈 요새》에서 냉담하고 정서적으로 거리를 두는 '냉장고 엄마들'을 비난하면서, 그들의 거부적인 양육방식이 자녀를 자기 안으로 파고들게 만들었다고 주장하였다. 베텔하임과 동료들은 부모를 더 따뜻하고 수용적으로 만들면 ASD를 치료할 수 있다고 주장했다(Feinstein, 2010).

1960년대와 1970년대에 들어 연구자들은 ASD의 병인에 관한 베텔하임 등의 이론에 도전하기 시작했다. 버나드 림랜드(Bernard Rimland, 1964)는 ASD 발병에 신경학적 원인이 있을 수 있다고 처음 제안했다. 경험적 연구 결과 역시 ASD가 차갑거나 거부적인 부모가 원인이 아님을 보여주었다. 사실, ASD 아동의 부모들은 자녀의 발달과 보살핌에 극도로 관여했다. 불행하게도, 많은 부모들이 ASD 자녀를 낳은 것에 대해 어떤 식으로든 자신의 책임이 있다고 생각했다. 유전학과 신경 발달과 연관된 새로운 이론들은 부모들의 이런 죄책감을 서서히 덜어주고 있다.

오늘날, 우리는 여전히 무엇이 ASD를 유발하는지 정확히 알지 못한다. 그러나 대부분의 증거가 유전적, 신경생물학적, 초기 환경적 요인의 조합을 병인으로 가리킨다.

자폐스펙트럼장애는 유전될 수 있는가?
유전학
ASD는 강한 유전적 요소를 가지고 있다. ASD가 가족 내에서

대를 거쳐 발현한다는 명백한 증거가 있다. 예를 들어, ASD 자녀가 한 명 있는 부모의 경우, 둘째 아이가 동일한 장애를 가질 위험이 약 20%이다(일반 인구의 1~2%에 비해). ASD 자녀가 2명인 부모의 경우에는, 셋째 아이가 이 장애를 가질 위험이 3분의 1(33%)로 증가한다(Huguet, Benabou, & Burgeron, 2016).

ASD의 유전 가능성은 쌍둥이 연구를 통해 확증되었다. 평균적으로 일란성(MZ) 쌍둥이의 합치율은 85~90% 사이이며, 반면에 이란성(DZ) 쌍둥이의 합치율은 15~20% 사이이다. MZ와 DZ 쌍둥이의 합치율의 감소를 통해 유전자가 ASD에서 중요한 역할을 한다는 것을 추론한다(Klinger et al., 2014).

한편, 최근의 연구는 환경적 요인이 적어도 유전만큼이나 ASD의 발달에 중요하다는 것을 보여준다. 예를 들어, 대규모 쌍둥이 연구는 아동 ASD 증상 분산의 약 50%가 신체적 건강, 영양, 조기 가정 환경과 같은 환경적 요인에 기인할 수 있음을 보여주었다(Chaste & Devlin, 2016).

오늘날, 연구자들은 어떤 단일 유전자도 ASD를 유발하지 않는다고 믿는다. 대신, 다중 유전자가 개인을 자폐스펙트럼 행동의 넓은 범위 안에 속하게 만든다. 유전학자들은 어떤 유전자가 ASD 발현에 역할을 하는지 알아내기 위해 노력해왔다. 지금까지의 연구들 중 가장 큰 연구인 자폐 게놈 프로젝트(Autism Genome Project)를 통해, 19개국의 연구자들이 두 명 이상의 구성원이 ASD로 진단받은 가족, 약 1,200집단을 연구했다. 가족 구성원의 DNA를 살펴봄으로써 연구자들은 ASD 발현에 기저하는 유전적 이상을 확인할 수 있었다(그림 6.2). 평균적으로, ASD 아동의 15%는 특정 염색체에서 유전 물질의 작은 결실(삭제) 또는 중복(즉, 유전자 복제 수 변이)을 가지고 있다. 추가적인 10%의 ASD 사례는 한 유전자의 한 부분에서 발생하는 유전적 이상이나 돌연변이에 의해 야기된다. 보통, 유전 코드의 이 부분은 초기 두뇌 성숙에 관여한다. 예를 들어, 일부 ASD 환자들은 초기 두뇌 성숙과 신경 연결에 중요한 단백질을 생산하는 데 관여하면서, 2번 염색체에 위치한 유전자인 뉴렉신 1이라는 특정 유전자의 부재를 보여주었다. 마지막으로, 약 5%의 사례가 치료되지 않은 페닐케톤뇨증(PKU)과 같은 대사성 질환에 기인한다. 그러나 여전히 ASD 사례의 약 70%가 설명할 수 없는 상태로 남는다. 분명히 해야 할 일이 많다(Locke, Harker, Karp, & Kratz, 2018).

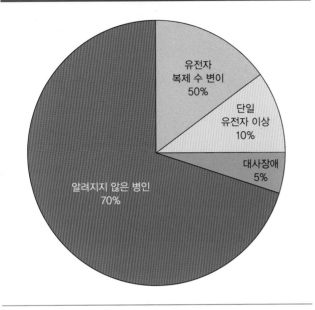

그림 6.2 ■ 자폐 게놈 프로젝트

유전자 복제 수 변이 50%

단일 유전자 이상 10%

대사장애 5%

알려지지 않은 병인 70%

주 : 자폐 게놈 프로젝트는 ASD의 병인을 탐색하였지만, 유전적이거나 물질대사적 원인이 규명되지 않은 사례가 70%에 이른다(Grove et a., 2020).

유전학자들은 ASD로 진단받은 1만 명의 게놈을 스캔하는 프로젝트인 MSSNG('미씽'이라고 읽는다_역주)와 함께 이 작업을 계속하고 있다. MSSNG은 두 가지 이유로 독특하다. 첫째, 이 연구는 DNA를 매핑하기 위해 가장 많은 수의 ASD 참가자들을 포함하고 있다. 둘째, 전 세계 연구자들이 자료를 공유하여 이 질환의 유전적 토대를 찾기 위해 협력할 수 있도록 하고 있다(MSSNG, 2016).

후성유전학

연구자들은 나이 든 산모와 ASD 발현이 관련이 있다는 것을 한동안 알고 있었다. 그러나 최근, 나이 든 아버지들이 젊은 남성들보다 ASD 자녀를 볼 가능성이 더 높다는 연구 결과가 나왔다. 평균 50세 이상의 남성은, 30세 미만의 남성보다 ASD 자녀를 볼 가능성이 두 배 이상 높다. 더 놀라운 것은 (가족 양쪽의) 조부모 연령이 아동의 ASD 위험을 증가시킨다는 것이다. 예를 들어, 당신이 태어났을 때 당신의 아버지나 파트너의 아버지가 나이가 많았다면, 당신의 자녀는 ASD에 걸릴 위험이 높아질 수 있다(Milekic et al., 2015).

아버지 나이와 ASD 사이의 연관성을 설명하는 두 가지 요인이 있을 수 있다. 첫째, 나이 든 남성은 젊은 남성보다 정자

세포에 있는 DNA에 유전적인 돌연변이를 경험할 가능성이 더 높다. 이러한 돌연변이는 자연 발생적이거나 전 생애 동안 누적된 환경 독소에 대한 노출의 결과일 수 있다. 연구자들은 이러한 돌연변이가 자손의 ASD에 기여할 수 있다고 믿는다. 둘째, 남성의 생애 전반에 걸친 환경적 스트레스 요인은 한 세대에서 다음 세대로 전해지는 후성유전적 변화를 초래할 수 있다. 예를 들어, 만성적인 스트레스, 질병 또는 외상성 경험은 유전자가 발현되는 방식에 변화를 일으킬 수 있다. 이러한 후성유전적 변화는 ASD 위험이 증가할 수 있는 남성의 아들과 손자에게 모두 상속된다(Peter, Reichenberg, & Akbarian, 2015).

자폐와 관련된 두뇌에서의 차이는 무엇이 있는가?

ASD 소아청소년들은 특정 뇌 영역의 구조와 기능에 이상이 있는 경우가 많다. 첫째, 많은 ASD 아동들은 영아기와 아동기 초기에 급격한 두뇌 성장과 시냅스 밀도에서의 증가를 보이고, 이후 아동기 후기와 청소년기에는 두뇌의 부피가 감소하고 신경 연결성의 감소를 보인다. 또한 편도체, 방추이랑, 전전두피질의 세 가지 뇌 영역이 ASD에 관여한다. 이 세 가지 영역은 아동이 사회 정보를 인지하고, 처리하고, 반응하는 방식에 중요한 역할을 한다. 이러한 뇌 영역을 연결하는 신경 경로도 있다. 전체적으로, 이 경로는 사회적 상황에서의 기능에 중요한 역할을 하기 때문에 사회적 두뇌(social brain)라고 불린다(Elsabbagh & Johnson, 2016).

시냅스 밀도와 신경연결성

종단 연구를 통해 나중에 ASD 진단을 받은 아동이, 영아기 때 비징상적인 머리 성장 패턴을 보인다는 것이 밝혀졌다. 출생 시 ASD 영아(장애진단은 아동기에 내려졌고, 이전 기록들을 추적 조사한 결과이다_역주)의 머리 둘레는 전형적으로 발달하는 신생아와 비슷하다. 그러나 생후 4개월부터 ASD 영아의 머리 둘레가 급격히 증가하는 경향이 있다. 생후 12개월이 되면, 이 영아의 평균 머리 둘레는 일반적으로 또래보다 1 표준편차만큼 커진다. 그런 다음, 두부 성장이 감소되어, 후기 아동기에 이르면 ASD 아동과 전형적 발달아동의 머리둘레 크기가 다시 비슷해진다(McKeague et al., 2015).

이 특이한 머리 성장 패턴은 두뇌 밀도와 부피에서의 이상과 부합한다. 몇몇 연구들은 초기 유년기부터 두뇌 밀도가 증가했다는 것을 보고했다. 예를 들어, 한 연구에서 연구자들은 6~15세 사이의 ASD 아동의 뇌를 스캔했다(Mak-Fan, Taylor, Roberts, & Lerch, 2012). 전형적인 발달을 보이는 소아청소년에 비해 ASD 아동은 아동기 초기에 두뇌 부피, 표면적, 피질 두께가 증가하였으나 후기 아동기와 초기 청소년기에는 정상적인 구조를 보였다.

이러한 연구 결과는 ASD의 성장 조절 이상 가설(growth dysregulation hypothesis)을 뒷받침한다. 이 가설에 따르면, 나중에 ASD 진단을 받은 영아와 어린 아동은 큰 머리둘레와 두뇌 부피, 시냅스 밀도가 특징인 피질의 이상성숙 증상을 보인다. 전형적으로 발달 중인 영아는 시냅스 가지치기 이후 빠른 두뇌 성장을 경험하지만, 나중에 ASD 진단을 받은 영아는 시냅스 가지치기 없이 빠른 성장만 보인다. 그들의 두뇌는 너무 많은 신경 연결을 형성하여 두뇌 활동의 효율성을 떨어뜨릴 수 있다. 사춘기 후반이나 성년 초기에 이르면, 이들 중 다수가 신경연결에서 비정상적인 감소와 기능 저하를 보인다(Sacco, Stefano, & Persico, 2015).

최근 신경영상 연구에 따르면 ASD 아동이 보여주는 이상 중 상당수는 개별 두뇌 영역의 이상 외에도 두뇌 영역 간 신경 연결에서 발생하는 것으로 나타났다. 과학자들이 뇌 영역 사이의 연결을 연구하기 위해 확산텐서영상(DTI)을 사용할 수 있다는 것을 기억하라. DTI는 자기공명영상(MRI)과 유사하지만 뇌 조직에서 물 분자의 확산을 측정한다(Emsell, Van Hecke, & Tournier, 2016). DTI는 두뇌 조직(신경다발_역주)의 강도 또는 완전성을 보여주는 고해상도 영상을 제공한다. DTI는 특히 뇌의 백색질, 즉 뉴런 사이의 연결을 형성하는 수초화된 축삭의 영상을 생성하는 데 뛰어나다. 백색질의 구조적 완전성을 측정함으로써, 과학자들은 두뇌 영역 간의 연결 강도를 추정할 수 있다(Baribeau & Anagnostou, 2015).

DTI는 두 가지 중요한 발견을 가져왔다(Solso et al., 2016). 첫째, ASD 아동은 종종 사회적 의사소통, 언어 및 움직임을 담당하는 두뇌 영역 사이에 상대적으로 약한 연결을 보인다. 둘째, 연구자들은 DTI를 사용하여 ASD 아동 동생들의 두뇌를 연구하였고, 이들 형제가 ASD 증상이 직접 발현되기 6개월 전에, 종종 뇌 연결에서 이상을 먼저 보였다는 것을 발견했

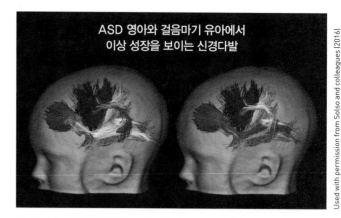

이미지 6.2 확산텐서영상(DTI)은 이후에 ASD로 판명된 아동들이, 진단을 받기 전 영아기와 걸음마기에 두뇌연결성(백색질)에서 이미 이상성이 존재함을 보여준다.

다(Koyama et al., 2016). 이와 같은 종단 자료는 영아기의 비정상적인 뇌 연결이 걸음마기와 학령전기 동안 ASD 발달의 중요한 예측 변수가 될 수 있음을 시사한다(이미지 6.2).

변연계

ASD 개인과 그렇지 않은 사람 사이에서 차이점이 관찰되는 두 번째 두뇌 영역은 편도체이다. 편도체가 우리의 사회적·정서적 기능에 중요한 영역인 변연계라고 알려진 두뇌 깊숙한 곳에 있다는 것을 기억하라. 편도체는 우리가 타인의 사회적 행동을 관찰하고 그들의 행동이나 감정 표현에 대한 동기를 이해하려고 시도할 때 활성화된다. 편도체의 구조나 기능의 이상은 ASD 소아청소년이 보여주는 결손의 일부를 설명할 수 있다. 예를 들어, 연구자들은 타인의 정신 상태를 추론할 때의 ASD 성인과 전형적인 성인의 두뇌 활동을 비교했다. 전형적으로 발달하는 개인에 비해, ASD 성인의 두뇌에서 편도체 활성화가 유의하게 감소하였다(Baron-Cohen, Lombardo, Tager-Flusberg, & Cohen, 2013).

두 번째 증거는 ASD 성인의 두뇌에 대한 구조적인 연구에서 찾을 수 있다. ASD 성인은 건강한 대조군에 비해 편도체 부피 또는 신경 밀도가 감소하는 경우가 많다(Hennessey, Andari, & Rainnie, 2019).

편도체가 ASD의 병인을 설명하는 역할을 한다는 세 번째 증거는 이 두뇌 부위에 손상을 입은 인간과 동물에 대한 연구에서 찾을 수 있다. 편도체에 손상을 입은 사람은 종종 ASD를 가진 고기능 개인에 의해 나타나는 결손과 유사한 사회적

이해능력에서 결함을 보인다. 예를 들어, 그들은 타인의 표정을 인식하고 반응하며, 사회적 무례를 감지하고, 외현적인 행동으로부터 타인의 의도를 이해하는 데 문제가 있다. 또한 원숭이의 편도체에 의도적으로 손상을 입힐 경우, 사회적 고립, 눈맞춤의 부족, 상동행동과 같은 자폐적 행동을 유발한다 (Sharma, Jamwal, & Bansal, 2018).

오른쪽 방추이랑

ASD의 발현에 중요한 또 다른 뇌 영역은 오른쪽 방추이랑 (right fusiform gyrus)이다. 이 영역은 후두엽 근처, 측두엽의 아래쪽에 위치한다. 오랫동안, 이 두뇌 영역은 인간의 얼굴을 처리하는 데 특정한 역할을 한다고 믿어졌다. 건강한 성인들에게 인간의 얼굴, 특히 감정을 드러내는 얼굴 사진을 보라고 했을 때, 오른쪽 방추이랑에서의 강한 활성화가 관찰되었다. 대조적으로, ASD 소아청소년에게 표정을 처리하도록 요청했을 때는 이 두뇌 영역에서 활성화가 증가하지 않았다(이미지 6.3).

ASD 개인들은 얼굴 정보를 처리하기 위해 다른 뇌 영역, 아래 측두이랑을 사용한다. 흥미롭게도, 아래 측두이랑은 보통 사람이 아닌 물체에 대한 정보를 처리하는 데 사용된다. 이러한 연구 결과는 ASD 개인이 일반적으로 사물에 대한 정보를 처리하는 데 사용하는 두뇌의 일부를 사용하여, 얼굴 정보를 처리한다는 것을 나타낸다. 이러한 정보처리에서의 이

상은 ASD 개인이 타인의 감정과 사회적 행동을 이해할 때 겪는 어려움을 설명하는 데 도움이 될 수 있다(Sato & Uono, 2020). 방추이랑은 단순히 사람의 얼굴을 처리하는 것을 넘어, 사회적 행동을 이해하는 데 중요하다. 카스텔리, 하페, 퍼스, 퍼스(Castelli, Happe, Frith, Frith, 2000)가 실시한 기발한 실험에서, 연구자들은 건강한 개인에게 기하학적 도형들이 인간처럼 사회적 행동을 하는 단순한 애니메이션을 보여주었다. 예를 들어, 한 장면에서는 동그라미 모양이 집처럼 보이는 곳에 들어가 삼각형과 함께 숨바꼭질을 하는 것을 보여주었다. 또 다른 장면에서는 2개의 도형이 서로 '싸움'을 하거나 '추격'하는 것을 보여주었다. ASD로 진단받지 않은 사람들은 거의 항상 이 도형들을 마치 자신의 행동에 동기를 가지고 있는 인간처럼 묘사하였다. 예를 들어, 도형들이 "놀고 있다", "추격하고 있다" 또는 "싸우고 있다"라고 보고했다. 대조적으로, ASD 개인들은 도형들이 사회적인 방식으로 행동하고 있다고 보지 않았다. 대신에, 그 도형들이 단순히 서로 부딪치고 있다고 보고했다. 더 중요한 것은, ASD 개인과 그렇지 않은 사람은 도형을 관찰할 때 방추이랑에서 다른 수준의 활성화를 보였다는 것이다. 예상할 수 있듯이, ASD로 진단받지 않은 사람들은 ASD 개인들에 비해 오른쪽 방추이랑의 더 큰 활성화를 보여주었다. 이러한 연구결과는 오른쪽 방추이랑이 얼굴뿐만 아니라 일반적인 사회적 상호작용을 이해하는 데 중요한 역할을 한다는 것을 나타낸다. ASD 개인의 두뇌에서 이 영역의 활성화가 감소하면, 사회적 상황에 대한 이해가 손상되고 사회적 결손을 가져올 수 있다(Wolf et al., 2019).

왜 ASD 아동은 종종 오른쪽 방추이랑에서 낮은 활성화를 보이는가? 새로운 자료에 따르면 과소활동은 부분적으로 얼굴과 사회적 상호작용에 대한 주의, 동기 또는 흥미의 부족에 기인한다(Pierce & Redcay, 2009). 예를 들어, ASD 아동에게 엄마처럼 익숙한 사람들의 얼굴을 보여주면, 이 두뇌 부위의 활성화 수준은 정상에 가까워진다. 또한 처리해야 할 얼굴 사진에 점을 찍어 아동의 관심을 높이면, 오른쪽 방추이랑에서의 활성화가 현저하게 증가한다. 이 결과는 ASD 아동의 오른쪽 방추이랑이 기능할 수 있지만, 그 수행은 자동적인 것이 아니라 사회적 자극을 처리하려는 아동의 동기와 같은, 다른 요인에 좌우된다는 것을 의미한다.

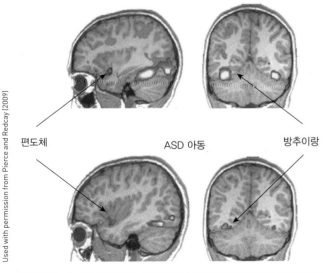

전형적으로 발달 중인 아동

편도체   ASD 아동   방추이랑

이미지 6.3 얼굴을 처리할 때, ASD 아동은 사회인지 정보처리와 관련된 편도체와 방추이랑에서 낮은 활성화를 보인다.

전전두피질

ASD와 관련된 마지막 두뇌 영역은 전전두피질이다(Klinger et al., 2014). 상당한 경험 증거가 이 두뇌 영역이 주의를 조절하고, 환경에서 정보를 추출하고, 정보를 조직하고, 문제를 해결하기 위해 정보를 사용하는 것과 같은 고차원적인 인지 활동을 담당한다는 것을 보여주었다. 전전두피질은 두뇌의 최고 책임자와 같은 역할을 한다: 정신 활동과 행동을 지시하고, 조직하고, 계획한다. 이 때문에 심리학자들은 전전두피질이 실행 기능(집행 기능)을 담당한다고 말한다.

ASD 아동은 종종 실행 기능에서 결함을 보인다. 단기적인 단순 암기 기억은 온전하지만(때로는 예외적인 경우도 있다), ASD 아동은 환경의 중요한 측면에 주의를 기울이는 데 어려움을 겪는 경우가 많다. 예를 들어, 영화를 볼 때, 그들은 주인공의 활동보다 배경 사물에 더 많은 주의를 기울일 수 있다. 두드러진 사회적 정보에 대한 그들의 주의 부족은 사회적 상황을 올바르게 인식하고 대응하는 것을 방해할 수 있다. 심지어 고기능 ASD 아동들도 조직화와 계획하기에서 결함을 보인다. 특히 유연한 방식으로 정보를 처리하고, 현장에서 즉각적으로 문제를 해결하는 데 어려움을 겪는 경향이 있다. 일부 전문가들은 그들의 경직된 인지 방식이 동일성과 반복적이고 정형화된 행동에 대한 강한 욕구를 설명할 수 있다고 제안했다. 실제로, 전전두피질에 손상이 있는 일부 사람들은 ASD 개인처럼 동일성에 대한 욕구와 상동행동 성향을 보인다(Leung, Vogan, Powell, Anagnostou, & Taylor, 2017).

사회인지에서의 어떤 지연이 자폐와 연관되는가?

사회적 두뇌 경로에서의 이상은 아동의 사회인지, 즉 아동의 사회적 상호작용에 대한 사고방식의 초기 발달에 문제를 초래할 수 있다(Baron-Cohen et al., 2013). 특히, ASD 아동은 또래와는 다른 방식으로 사회적 정보를 인식하고 해석하고 반응한다. 사회인지에서의 어려움은 영아기에 처음 나타나고, 이후 사회적 기능에서 심각한 결손으로 이어질 수 있다.

공동 주의 부족

공동 주의는 영아들이 타인과 그들 주변의 세상에 대해 배우는 주요한 통로 중의 하나다(Mundy, 2016). 공동 주의(joint attention)는 영아가 한 가지 사물이나 사건에 대해 양육자와 주의를 공유할 수 있는 능력을 말한다. 전형적으로 발달 중인 영아들은 생후 6~18개월 사이에 공동 주의 능력을 서서히 보이기 시작한다.

공동 주의를 이해하기 위해, 8개월 된 아이가 높은 의자에 앉아 있다고 상상해 보자. 그녀의 어머니는 테이블 위의 그릇을 가리키며 "시리얼 먹을래?"라고 말한다. 여아는 엄마의 손가락을 따라 시리얼 방향으로 시선을 돌리며 소리를 낸다. 영아는 반응적 공동 주의를 보이고 있다: 즉, 엄마의 시선이나 몸짓에 따라 시선이 움직인다. 또한, 10개월 된 여아가 바닥에 앉아 장난감을 살펴보고 있다고 상상해보자. 우연히도 그 여아는 장난감 개구리를 핥았는데, 그 순간 장난감 개구리가 "개굴" 소리를 낸다. 여아는 소음에 놀라 순간적으로 장난감에서 엄마에게 시선을 옮긴다. 엄마는 여아를 보고 웃으며 안심시키듯 "그건 개구리야!"라고 말한다. 아이는 엄마에게 미소를 지으며 다시 장난감으로 시선을 돌린다. 이 경우 아이는 보다 복잡한 기술, **공동 주의를 시작**한다. 영아는 개구리에 대한 주의를 공유함으로써 엄마와 사회적 상호작용을 시작한다.

공동 주의를 통해, 영아들은 그들 주변의 세상에 대해 배운다. 위의 사례에 등장한 8개월과 10개월 된 여아들은 최소한 '시리얼'과 '개구리'에 대해 배운다. 이것이 사소해 보일 수도 있지만, 공동 주의가 없다면, 그 아이는 무수한 학습 기회를 놓칠 것이다. 공동 주의 능력이 없다면, 부모님이 시리얼, 개구리, 그리고 주변 환경에 있는 다른 물건들에 대해 가르치려고 할 때, 아이는 동일한 물건이나 사건들에 주의를 집중하지 않을 것이다. 결과적으로, 아동에게 흘러드는 정보가 크게 줄어들 것이다. 공동 주의의 부족은 언어, 일반 지식의 습득 및 지능 발달에 문제를 일으킬 수 있다(Pickard & Ingersoll, 2015).

ASD 진단을 받은 아동은 생후 2년 동안 공동 주의(특히 공동 주의 시작) 능력에 현저한 문제를 보이는 경우가 많다. 심리학자들은 이러한 초기 결핍을 세 가지 방법을 통해 기록하고 있다. 첫째, 연구자들은 ASD 아동의 부모들에게 아동이 영아였을 때의 사회적 기능을 기억해보라고 하였다. 대부분의 부모들은 그들의 자녀들이 12~18개월 사이에 주의의 공유와 눈맞춤에 현저한 문제를 가지고 있었다는 것을 기억했다.

둘째, 심리학자들은 나중에 ASD로 진단된 아동들이 영아기에 가정에서 찍은 영상을 검토했다. 첫돌 잔치 동안에도, 이 아동들은 전형적으로 발달하는 또래들에 비해 공동 주의 및 사회적 상호작용에서 결손을 보였다(van Hecke, Oswald, & Mundy, 2016).

마지막으로, 몇 가지 최근 연구들은 영아기 동안 공동 주의의 결손이 이후 언어 습득 및 사회적 기능에서의 문제와 관련이 있다는 사실을 보여주었다. 예를 들어, 연구자들은 ASD 유무에 관계없이 취학 전 아동의 공동 주의 기술을 검사했다(Falck-Yttr, Fernell, Hedvall, von Vofsten, & Gillberg, 2012). 구체적으로, 3개의 장난감이 탁자의 왼쪽, 가운데 또는 오른쪽 부분에 놓여져 있는 소리가 없는 영상을 학령전기 아동들에게 보여주었다. 다음으로, 이 영상 속의 한 여성이 (1) 한 장난감을 쳐다보거나 (2) 손가락으로 가리키거나 (3) 한 장난감을 보면서 손가락으로 가리키는 행동을 하였다(이미지 6.4). 연구자들은 학령전기 아동들의 시선 움직임을 추적하여 그들이 영상에 등장하는 여성이 가리키는 장난감을 쳐다보는지 알아보았다. 예상할 수 있는 것처럼, 학령전기 ASD 아동들은 그렇지 않은 아동들보다 여성의 시선이나 제스처를 따르고 올바른 장난감을 볼 가능성이 훨씬 낮았다. 더 중요한 것은, 그들이 저지른 오류의 수가 그들의 사회적 의사소통 능력이나 언어 지능과 부적인 상관관계가 있었다는 것이다. 오류를 많이 보일수록 사회적 기술이 떨어졌다. 이러한 결과는 공동 주의가 아동의 사회적 기능의 중요한 구성 요소라는 생각을 뒷받침한다(van Hecke, Oswald, & Mundy, 2016).

사회적 지향 문제

사회성 발달은 어린 아동의 사회적 지향(social orientation) 능력, 즉 사회적 환경의 중요한 측면에 주의를 기울이고 상호작용하는 능력에 의존한다. 전형적으로 발달하는 영아들은 잘 발달된 사회적 지향 능력을 보여준다. 예를 들어, 만약 12개월 된 영아에게 새 장난감 자동차를 준다면, 그는 미소를 지으며 잠시 차를 가지고 놀다가 엄마에게 그 차를 보여줄 것이다. 아이는 언어 능력이 부족할지라도, 엄마에게 차를 보여주고 미소를 지으며 기쁨을 전달한다. 그의 어머니는 아들과 시선을 마주치고, 미소를 지으며, 열정적으로 "정말 멋진 차다!"라고 말하면서 아들의 즐거움에 답할지도 모른다.

초기 부모-자녀 교환은 아동에게 사회적 상호작용에 대해 가르친다. 12개월이 되면, 영아들은 (1) 사람들 사이에 사회적 의사소통이 일어나고, (2) 사람들이 서로에게 번갈아 신호를 보내고 반응하며, (3) 사회적 교환이 대개 공통의 주제를 중심으로 이루어지며, (4) 효과적인 의사소통에는 눈맞춤과 감정 표현이 수반된다는 것을 배운다(Nele, Ellen, Petra, & Herbert, 2015).

나중에 ASD 진단을 받게 된 아동은 더 어린 시기부터 사회적 지향에 문제를 보인다. 비록 그들이 새로운 장난감 자동차에 매우 만족할지 모르지만, 그들은 다른 사람과 이 즐거움을 공유할 가능성이 적다. 마찬가지로, 이 아동은 종종 가족 구성원들이 그들의 이름을 부르거나, 박수를 치거나, 관심을 끌려고 할 때 응답하지 않는다. 대신, 이 아동은 냉담하거나 초연해 보일 수 있다(Klinger et al., 2014).

반응성의 부족은 아동이 중요한 사회적 정보, 특히 사람들의 얼굴에서 오는 정보를 놓치게 한다. 연구자들은 2세 ASD 영아에게 양육자가 나오는 영상을 시청하게 하면서, 이들이 양육자의 눈, 입, 신체 또는 주변 물체를 응시하는 시간의 비

이미지 6.4 학령전기 ASD 아동은 공동 주의 능력에 문제를 보인다. 사진에 보이는 여성의 시선(왼쪽), 손짓(오른쪽), 시선과 손짓(중앙)을 잘 추적하지 못하고 오류를 보인다. 오류의 숫자는 아동들이 보이는 사회적 의사소통의 결손 정도와 관련이 있다.

그림 6.3 ■ 사회적 지향 능력에서 결손을 보이는 ASD 걸음마기 유아

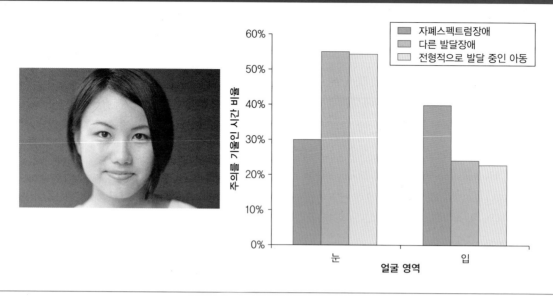

주 : 양육의 비디오를 보게 했을 때(왼쪽), 2세 ASD 영아는 다른 발달장애 영아나 전형적으로 발달 중인 영아보다 양육자의 눈을 덜 쳐다보았고, 입을 더 많이 쳐다 보았다. 게다가 양육자의 눈을 덜 쳐다볼수록, 더 큰 사회적 결손을 보였다. 출처 : Jones et al. (2008).

율을 측정하였다(Jones, Car, & Klin, 2008). ASD 영아들은 양육자의 입을 보는 데 가장 많은 시간을 보냈다. 이와는 대조적으로, 전형적으로 발달하는 영아와 발달장애가 있지만 ASD가 아닌 영아는 양육자의 눈을 보는 데 가장 많은 시간을 소비했다(그림 6.3). 눈은 감정의 질과 타인의 의도에 관한 풍부한 정보를 제공하는 반면, 입은 사회적 상호작용에 대한 중요한 정보를 덜 전달한다. ASD 아동은 눈보다는 타인의 입에 주의를 기울임으로써 사회적 상황을 이해하는 데 중요한 얼굴 신호를 놓칠 수 있다. 실제로 양육자의 눈을 응시하는 시간이 줄어든 정도는 2세 ASD 아동이 보여준 사회적 장애의 정도와 관련이 있었다.

상징 놀이에서의 지연

전형적으로 발달 중인 아동은 생후 18~24개월 사이에 상징 놀이 능력을 발달시킨다. 상징 놀이(symbolic play)는 한 물체가 다른 물체를 나타낼 수 있도록 하는(상징하게 하는) 아이의 능력을 말한다. 아동은 두 가지 방법으로 상징 놀이를 한다. 첫째, 하나의 물체(예 : 직사각형 블록)가 다른 물체(예 : 전화)를 나타내는 것처럼 가장할 수 있다. 2살 아동은 블록을 귀에 대고 아버지와 전화 통화를 하는 척 할 수 있다. 둘째, 무생물체를 가지고 생물인 것처럼 가장할 수 있다. 예를 들어, 곰인형에게 물을 한 잔 주고 낮잠을 재운다고 눕히기도 한다. 상징 놀이는 종종 가장 놀이라고 불리는데, 한 물체가 다른 물체를 나타내는 것처럼 가장할 수 있기 때문이다.

이후에 ASD 진단을 받은 아동은 어린 시절 상징 놀이에서 지연을 보인다. ASD 아동이 상징 놀이를 보이기 시작하는 경우도 있지만, 보통 더 단순하고 기계적이다. 예를 들어, 전형적으로 발달하는 아동은 종종 창의적이고 유연한 상황이 포함된 정교한 가장 놀이를 보여준다. 필자의 아들은 장난감 공룡들을 위해 식전 요리, 주 요리, 후식으로 구성된 저녁 파티를 정기적으로 주최했다. 대조적으로, ASD 아동의 가장 놀이는 더 반복적이고 덜 유연하며 정교한 주제가 없는 경향이 있다(Chaudry & Dissanayake, 2015).

ASD 아동이 가장 놀이에 결손을 보인다는 사실에 왜 주목해야 할까? 첫째, 생후 24개월까지 가장 놀이를 보이지 않는다는 것은 ASD의 초기 징후일 수 있다. 부모와 의사가 공동 주의의 지연이나 사회적 지향과 같은 다른 징후를 간과하는 경우가 많지만, 가장 놀이의 부재는 아이의 발달에 문제가 있을 수 있다는 유용한 지표가 될 수 있다. ASD에 대한 치료는 초기에 시작할 때 가장 효과적이기 때문에, 영아기 동안 장애

를 인식하고 치료하면 더 나은 예후로 이어질 수 있다.

둘째, 가장 놀이는 언어 습득의 전조가 된다. 장 피아제는 아동이 복잡한 정신 표상을 할 수 있는 능력이 발달하면서 가장 놀이를 하기 시작한다고 믿었다. 가장 놀이에서, 한 물체(예 : 블록)는 정신적으로 다른 물체(예 : 전화)를 나타낼 수 있다. 비슷한 과정이 언어에서도 일어난다. 아이는 특정한 발화(예 : '컵' 소리)가 특정한 물체(예 : 컵)를 나타낸다는 것을 배운다. 말은 결국 사물과 사건을 나타내는 상징이다. 따라서 상징 놀이의 발달 지연은 많은 ASD 개인들이 보여주는 언어의 지연과 관련이 있을 수 있다(Lam, 2015).

마음이론과 공감능력의 결핍

당신이 캠퍼스에 있는 건물의 복도에 서 있다는 상상을 해보자. 갑자기 다른 학생이 근처 교실을 떠나면서, 재빨리 교실을 나와 문을 닫고 벽에 머리를 기대고 울기 시작한다. 방금 무슨 일이 있었는가? 당신의 관찰에 기반하여, 그 학생이 중요한 시험에서 낮은 점수를 받았거나 교수가 학생들 앞에서 꾸짖었다고 추론할 수 있다. 어느 경우든, 당신은 그녀에게 안타까움을 느낄 것이고 아마도 그녀를 위로하려고 노력할 것이다.

이처럼 공감(empathy)은 다른 사람의 생각, 의도, 감정을 이해하기 위해 그 사람의 관점을 취하는 능력이다. 위의 시나리오에서 알 수 있듯이, 공감하는 방식으로 반응하는 우리의 능력은 두 가지 사회적 기술에 달려 있다. 첫째, 우리는 그 사람의 정신 상태(예 : 인지, 감정)가 행동에 동기를 부여했다는 것을 이해할 필요가 있다. 그녀의 정신 상태를 이해함으로써, 그녀가 시험에서 낮은 점수를 받았거나 반 학생들 앞에서 굴욕을 당했다는 것을 추론할 수 있다. 둘째, 우리는 그녀가 우는 것에 대해 적절한 감정적 반응을 보일 필요가 있다. 우리는 아마도 그 사건으로 인해 불편함을 느끼고 어떤 식으로든 그녀를 돕고 싶을 것이다. 우리의 공감 능력은 사회적 상황을 정확하게 해석하고 타인에게 민감하고 적절한 방식으로 반응할 수 있게 해준다(Koehne, Hatri, Cacioppo, & Dziobek, 2016).

학령전기 동안, 대부분의 아동은 타인이 그들 자신의 행동에 동기를 부여하는 정신 상태(예 : 생각, 믿음, 의도, 욕망)를 가지고 있다는 믿음인 마음이론(theory of mind)을 발달시킨다. 게다가 타인의 정신 상태는 우리와 다를 수 있다. 마음이론은 아동이 사회적 상황을 정확하게 해석하고 공감하면서 행동할 수 있게 해준다.

심리학자들은 틀린 믿음 과제(false belief task)를 사용하여 마음이론을 측정해왔다(그림 6.4). 한 연구에서, 심리학자는 학령전기 아동에게 바구니에 장난감을 숨기고 방을 나간 샐리라는 이름의 인형을 소개했다. 샐리가 없는 동안 앤이라는 이름의 다른 인형이 장난감을 다른 장소(상자)로 옮겼다. 그리고 아동에게는 샐리가 돌아왔을 때 장난감을 어디서 찾을 것인지에 대한 질문이 주어졌다. 마음이론이 덜 발달한 어린 아동은 샐리가 상자 안에서 장난감을 찾을 것이라고 대답했다. 그곳이 지금 현재 장난감이 있는 곳이기 때문이다. 이 아동은 샐리의 행동이 아동 자신과 다른 믿음(타인의 믿음, 이 경우에는 샐리의 믿음)에 의해 동기화된다는 것을 이해하지 못했다. 그러나 마음이론이 더 발달한 나이 든 아동은, 샐리가 장난감이 여전히 원래 위치에 있다고 믿었기 때문에 바구니에서 장난감을 찾을 것이라고 정확하게 응답했다(Baron-Cohen, Leslie, & Frith, 1985).

전형적으로 발달 중인 아동에게 마음이론 능력은 3~5세 사이에 나타난다. 그러나 동일한 연령의 ASD 아동은 마음이론에서 현저한 결함을 보인다. 한 연구에서, 전형적으로 발달하는 학령전기 아동의 85%가 성공적으로 틀린 믿음 과제를 통과한 반면, 학령전기 ASD 아동의 20%만이 성공적으로 이 과제를 수행했다.

마음이론의 이러한 결핍이 ASD를 이해하는 데 중요한 이유는 무엇일까? 답은 대부분의 복잡한 사회적 상호작용 상황에 잘 발달된 마음이론이 필요하다는 것이다. ASD 아동은 '마음맹'을 보인다고 표현되기도 한다. 즉, ASD 아동은 종종 타인이 그들 자신의 행동에 동기를 부여하고 지시하는 정신 상태를 가지고 있다는 것을 인식하지 못한다(Baron-Cohen et al., 1985). 만약 ASD 아동이 갑자기 교실을 나가 우는 한 학생을 목격한다면, 그는 그 학생의 행동을 이해하는 데 어려움을 겪을 것이다. 구체적으로, 그는 어떤 선행적인 사건과 정신 상태(예 : 시험에 실패하거나 당황하는 것)가 학생의 행동에 동기가 된다는 것을 이해하는 데 어려움을 겪는다. 학생의 정신 상태를 유추할 수 없기 때문에, 사회적으로 적절한 방식으로 그 상황에 대응하지 못할 수 있다.

그림 6.4   ■   ASD 아동은 마음이론 능력에서 발달지연을 보임

샐리   앤

샐리는 자신의 구슬을 바구니에 두었다.

샐리가 방을 나갔을 때,
앤이 구슬을 상자로 옮겼다.

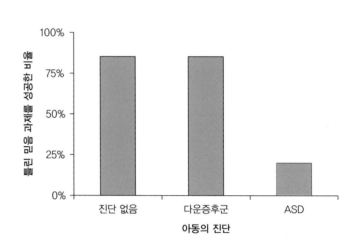

샐리가 방에 돌아왔을 때,
샐리는 어디서 구슬을 찾아볼까?

주 : ASD 아동은 전형적으로 발달 중인 아동은 물론 다운증후군 아동보다도 자주 틀린 믿음 과제를 실패한다. 출처 : Cohen et al. (1985).

자폐증의 출현과 시간에 따른 변화

종합해 보면, 자폐스펙트럼장애는 대부분의 아동이 ASD 진단을 받기 훨씬 전에 나타나는 신경발달장애라는 것을 알 수 있다. 주된 원인은 유전적인 것이지만, 약 70%의 사례에서 우리는 이 질환의 명확한 유전적 원인을 찾을 수 없다. 유전과 초기 환경적 위험 요인은 차례대로 두뇌 영역의 이상성을 가져오고 이는 사회적 · 정서적 발달과 관련이 있다. 위험 인자는 사회적 두뇌의 이상을 초래할 수 있으며, 이는 다시 아동이

사회적 상황을 인지하고, 처리하고, 해석하고, 반응하는 능력에 영향을 미칠 수 있다. 유전적, 초기 환경적 위험 요소도 사회인지, 언어 및 외현적 행동에 영향을 미치는 두뇌 영역 간의 연결을 방해할 수 있다.

많은 전문가들은 이러한 신경학적 이상이 사회적 · 정서적 결핍의 연쇄를 유발하여, 그 영향이 축적되고 아동 초기 ASD의 징후와 증상에 기여한다고 믿는다(그림 6.5). 이러한 초기 결핍에는 공동 주의의 결손, 사회적 지향의 지연, 타인의 얼

그림 6.5 ■ 자폐스펙트럼장애의 발달모델

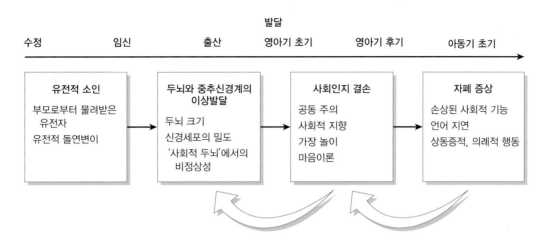

발달

| 수정 | 임신 | 출산 | 영아기 초기 | 영아기 후기 | 아동기 초기 |

유전적 소인
부모로부터 물려받은
유전자
유전적 돌연변이

**두뇌와 중추신경계의
이상발달**
두뇌 크기
신경세포의 밀도
'사회적 두뇌'에서의
비정상성

사회인지 결손
공동 주의
사회적 지향
가장 놀이
마음이론

자폐 증상
손상된 사회적 기능
언어 지연
상동증적, 의례적 행동

주 : 자폐와 관련된 유전적 소인은 두뇌 발달에서의 차이를 야기한다. 이후, 두뇌에서의 이상성은 영아기 동안 사회인지 발달에서의 문제를 가져오고, 아동기 초기에 이르면 사회인지적 결손이 ASD 진단을 받을 만큼 심각해진다.

굴에 대한 관심의 부족 등이 포함된다. ASD 영아들은 다른 아동과 상호작용하는 대신, 많은 사회적, 언어적 정보를 놓치고, 이는 결국 고차원적인 사회적 인지 능력의 결핍을 가져올 수 있다. 또한 걸음마기 동안에는 종종 상징 놀이, 마음이론, 그리고 언어 문제를 보인다(Joseph et al., 2015).

학령전기에 이르러서야 사회적 지향과 언어능력의 결손으로 인해 부모들이 종종 외부적 도움을 구하려고 한다. 결과적으로, 대부분의 아동은 3살이 될 때까지 ASD 진단을 받지 않는다. 그러나 이러한 진단에 기여한 일련의 사건들은 훨씬 더 일찍 시작되었을 것이다.

6.3 판별, 예방, 치료

자폐스펙트럼장애는 어떻게 판별되고 진단되는가?

조기 개입은 ASD 아동에게 매우 중요하다. 생후 18~36개월 사이에 행동치료를 시작하는 아동은, 3세 이후에 치료를 받기 시작하는 아동보다 장기적인 효과가 더 좋다. 그러나 실제로 ASD의 초기 징후를 식별하는 것은 어렵다. 영아는 사회적 의사소통과 행동 발달에 있어 큰 다양성을 보일 수 있기 때문이다. 또한 ASD의 초기 징후는 미묘해서 쉽게 간과될 수 있다

(Hyman, Levy, & Myers, 2020).

대부분의 ASD 아동은 생후 6개월 이전에는 그 장애의 현저한 징후를 보이지 않는다. 그러나 나중에 ASD 진단을 받은 아동을 조사한 결과, 이미 6~12개월 사이에 사회적 기술, 의사소통 및 행동에서 지연을 보이는 경향이 있었다(그림 6.6). 예를 들어, 미래에 ASD 진단을 받은 9개월 영아들은 다른 영아들보다 다른 사람의 시선을 덜 따르고, 사회적 놀이(예 : 까꿍 놀이)에 덜 관심을 보이고, 타인에게 흥미로운 물체를 가리킬 가능성이 훨씬 적다. 많은 부모들은 자녀가 12~18개월 사이의 언어 습득 지연과 창의적인 가장 놀이의 부재를 보일 때, 자녀의 발달에 대해 처음 걱정하게 된다. 나중에 ASD 진단을 받은 아동은, 이 기간(12~18개월 사이) 동안 반복적인 행동을 선호하고 사람과의 상호작용보다 사물에 대한 선호를 보이기 시작한다. 임상가는 이러한 징후를 보나 철저한 평가가 필요하다는 것을 나타낼 수 있는 '빨간 신호등'으로 사용할 수 있다(Lerner, Mazefsky, White, & McPartland, 2019).

미국 소아과학회는 현장의 의사들에게 18~24개월 사이의 모든 영아를 대상으로 정기적인 ASD 검사를 실시할 것을 권고한다(Hyman, Levy, & Myers, 2020). 이런 선별검사는 정기적인 영아 검진 중에 가장 잘 수행된다. 많은 소아과 의사들은 자폐증의 초기 징후를 선별하는 20개 항목의 질문지인 '유아 자폐증 체크리스트 수정판'(M-CHAT-R/F; Robins et al.,

그림 6.6 ■ 자페스펙트럼장애의 초기 징후

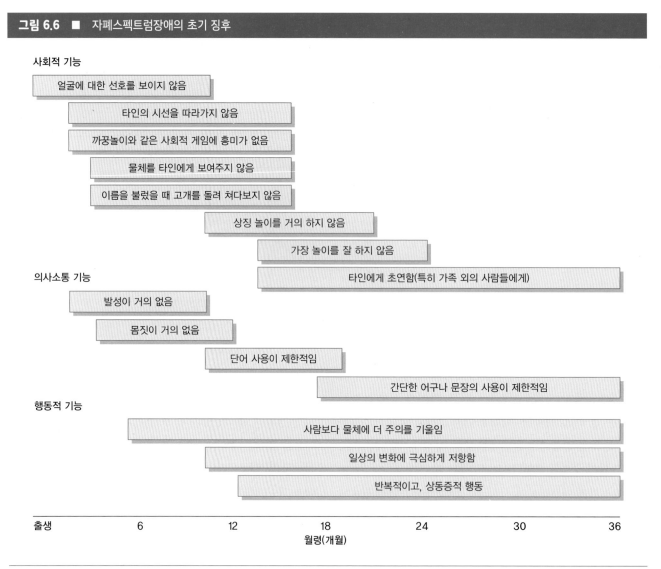

사회적 기능

얼굴에 대한 선호를 보이지 않음

타인의 시선을 따라가지 않음

까꿍놀이와 같은 사회적 게임에 흥미가 없음

물체를 타인에게 보여주지 않음

이름을 불렀을 때 고개를 돌려 쳐다보지 않음

상징 놀이를 거의 하지 않음

가장 놀이를 잘 하지 않음

의사소통 기능

타인에게 초연함(특히 가족 외의 사람들에게)

발성이 거의 없음

몸짓이 거의 없음

단어 사용이 제한적임

간단한 어구나 문장의 사용이 제한적임

행동적 기능

사람보다 물체에 더 주의를 기울임

일상의 변화에 극심하게 저항함

반복적이고, 상동증적 행동

출생   6   12   18   24   30   36

월령(개월)

주 : 임상가들은 위와 같은 발달지표를 사용하여 아동이 자페나 발달적 지연 위험에 있는지 아닌지를 판단할 수 있다. 출처 : Sheldrick et al. (2020).

2014)을 시행한다. 이 질문지는 규준-지향적인 형태로 제작되었기 때문에, 의뢰된 아동 부모의 응답을 일반 모집단의 아동 부모의 응답과 비교할 수 있다. 일차적 질문지에서 높은 점수를 받은 걸음마기 유아들은 더 철저한 평가를 위해 심리학자에게 보내진다.

일반적으로 사용되는 또 다른 선별 도구는 소아 자페증 평가 척도, 제2판(CARS2, Schopler, van Bourgondien, Wellman, & Love, 2010)이다. CARS2는 15개 항목의 평가 척도로, 자페 아동을 식별하고 다른 발달장애를 가진 아동과 구별하기 위해 사용된다. 임상가는 사회적 의사소통, 정서 표현 및 조절, 모방, 놀이 등 여러 영역에서 아동의 기능을 관찰한 후 CARS2

를 완성한다. 임상가는 또한 아이의 초기 발달, 사회적-감정적 기술, 의사소통 기술, 반복적인 행동, 놀이와 일상, 그리고 특이한 관심사에 대한 추가 정보를 얻기 위해 부모들을 면담한다.

공식적인 ASD 평가는 부모, 심리학자, 교사 및 기타 전문가의 협업이 필요하다. 언어 병리학자나 직업 치료사 또한 아동이 언어 또는 운동능력에서 지연을 보일 때 자주 상담에 참여한다. 여러 정보 제공자의 자료는 가족과의 면접과 아동 관찰을 통해 수집된다(Lord, Corsello, & Grzadzinski, 2015a).

현재, 어린 아동의 ASD 진단을 위해 가장 이상적인 자페증 진단기준은 자페증 진단 관찰검사세트, 제2판(ADOS-2; Lord et al., 2015b)이다. ADOS-2는 약 45분이 걸리는 반구조화된 놀이 및 상호작용 기반 평가 절차이다. 임상가는 아동에게 지시 내용 또는 나이에 맞는 사회적 단서를 전달하고, 아동이 어떻게 반응하는지 기록한다. 예를 들어 아이를 평가 장소에서 맞이하면서 아이의 눈맞춤을 관찰할 수 있다. 또는 아이에게 블록을 주면서 상징놀이를 하는지 관찰할 수도 있다. ADOS-2는 사회적 상호작용, 의사소통, 놀이, 상동증적/제한된 행동을 포함한 ASD의 여러 영역을 평가한다. ADOS-2의 수정판은 언어 능력이 제한된 아동을 평가하는 데도 사용할 수 있다(Bal et al., 2020).

ADOS-2는 자폐증 진단면접 개정판(ADI-R; Rutter, Lecoutuer, & Lord, 2015)에서 수집된 정보를 가지고 보완할 수 있다. 이 구조화된 면접은 부모에게 시행되며, 아동의 상호 사회적 상호작용, 언어/소통, 제한적이거나 반복적인 행동과 흥미를 평가한다. 이를 통해 임상가는 다양한 상황(예 : 집, 학교)에서 아이의 기능에 대한 정보와 아이의 발달 이력을 얻을 수 있다.

ADOS-2 및 ADI-R을 사용하기 위해서는 광범위하고 철저한 교육과 경험 그리고 실시를 위한 시간이 필요하다. 숙련된 임상가가 이런 도구들을 사용할 때, 어린 아동의 ASD를 가장 신뢰롭고 타당한 방법으로 진단할 수 있다(Lerner et al., 2019).

2세 정도가 되면 ASD 아동을 확실하게 식별할 수 있음에도 불구하고, 불행히도 대부분의 아동들이 진단을 받지 못하거나 아동기 후기까지 치료를 받지 못한다. ADDM의 데이터에 따르면 ASD 진단을 받은 아동의 부모들은 대부분 3세 이전에 이미 자녀의 발달지연에 대한 우려를 가지고 있었다(그림 6.7). 그러나 이들의 42%만이 3세 이전에 공식적인 ASD 평가를 받았고, 3분의 1만이 3세 이전에 공식적인 ASD 진단을 받았다. 실제로 첫 진단의 최빈도 연령은 52개월이다. 이런 늦은 진단 연령은 조기 치료가 가장 효과적이라는 점을 고려할 때 매우 불행한 일이다(Baio et al., 2019).

자폐 치료를 위해 어떻게 응용행동분석을 사용할 수 있는가?

ASD 아동들이 보여주는 사회적 의사소통과 행동 문제를 치료하기 위한 두 가지 일반적인 근거기반 접근법이 있다. 첫 번째 접근법은 응용행동분석(applied behavior analysis, ABA)으로, 학습 이론을 기반으로 하며 아동의 인지, 언어 및 행동을 개선하기 위해 조작적 조건형성을 사용한다. 두 번째 접근법은 발달적 사회-화용론 중재모델(developmental social-pragmatic model)로, 치료사, 부모 또는 교사가 일상 활동 동안 아동의 공동 주의와 모방 기술을 향상시키려고 시도하는 자연주의적

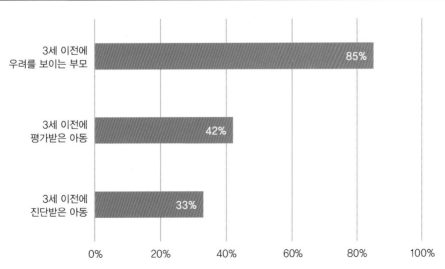

그림 6.7 ■ ASD 진단 연령

주 : 85%의 부모들이 3세 이전에 아동의 발달에 대해 우려를 표시하지만, 대부분의 아동들이 3세까지 공식적인 평가를 받거나 진단을 받지 못한다. 출처 : Baio et al. (2018).

개입이다. 다음 두 절에서는 이 두 가지 치료 접근법의 예를 살펴볼 것이다(Smith & Iadarola, 2016).

응용행동분석

ABA는 자폐 아동의 사회적 의사소통과 행동 기능을 개선하기 위한 근거기반 접근법이다. ABA 치료사가 아동의 행동 목적을 확인하기 위해 아동의 행동에 대한 기능적 분석을 수행한다는 것을 기억해보자. 치료사는 어떤 행동을 일으키는 선행사건과 시간이 지남에 따라 그 행동을 유지하는 결과를 확인하고 바꾸려고 노력한다. ABA는 학습 이론, 특히 조작적 조건형성에 의존한다.

ABA 치료사가 자폐증 아이의 행동에 대한 기능적 분석을 어떻게 수행할 수 있는지 살펴보자. 한 엄마가 ASD 아들에게 아침으로 무엇을 먹고 싶은지 물어본다. 그녀의 아들은 카운터에 있는 쿠키를 가리키고, 엄마는 "아니, 대신 오트밀을 먹자"고 말하면서 그릇을 건넨다. 그 소년은 그릇을 바닥에 던지고 손을 펄럭이며 대응한다. 그러면 엄마는 아들을 조용히 시키기 위해 쿠키를 주기로 결심한다.

ABA 치료사는 이러한 행동의 목적을 확인함으로써 부모의 요청에 부응하지 않는 아동의 반항 행동과 손 파닥거림을 줄이려고 노력할 것이다. 엄마의 행동은 소년이 원하는 것(즉, 쿠키)을 얻고 불쾌한 활동(즉, 오트밀을 먹는 것)을 피할 수 있게 한다. 소년의 엄마는 쿠키를 주면서 그의 행동을 정적으로 강화하고, 그가 오트밀을 피하도록 허락함으로써 또 다시 소년의 행동을 부적으로 강화하였기 때문이다.

ABA 치료사는 엄마가 아들의 불순응이나 상동증적 행동에 반응하는 방식을 바꾸도록 개입할 수 있다. 즉, 그에게 쿠키로 보상하는 대신, 그의 짜증이 가라앉을 때까지 체계적으로 무시할 수도 있다. 물론, 쿠키를 거부당하면 아이가 화를 낼 가능성이 높기 때문에, 말하기는 쉽지만 실행하기는 어려울 것이다. 그러나 부모가 자녀의 요구에 굴복하기를 거부하는 한, 계획된 무시는 원치 않는 행동을 점차적으로 소멸시킬 수 있다.

대안적인 전략은 아이의 반항과 손 파닥거림으로 이어지는 선행사건을 확인하고 변경하는 것이다. 이런 상황에서, 소년은 엄마가 아침으로 무엇을 먹고 싶냐고 물었기 때문에 쿠키를 요청했다. 만약 그녀가 처음부터 아들에게 두 가지 건강 음식 중 하나를 선택하라고 했다면(예 : "아침으로 치리오나 콘플레이크 먹을래?"), 잘못된 행동을 막았을지도 모른다. 아들에게 선택권을 주는 것은, 사회적 상호작용에서 자율성을 가지고 발달적으로 적절한 사회적 의사소통을 연습할 수 있게 해준다. '과학에서 실천으로'는 치료사가 부모를 도와 아동의 행동에 대한 기능적 분석을 수행할 수 있는 더 많은 예를 제공한다.

과학에서 실천으로
문제행동의 기능적 분석

ABA 치료사들은 아동 문제행동의 선행사건과 결과를 파악함으로써 그 문제행동의 목적을 파악하려고 노력한다. 일반적으로 관찰되는 세 가지 목적은 다음과 같다.

1. 관심을 끌기 위해
2. 특정 물건이나 특혜를 얻기 위해
3. 불쾌한 상황을 피하거나 탈출하기 위해

각 상황을 살펴보자. 아이의 행동의 목적은 무엇인가? 부모가 아이의 기능을 향상시키기 위해 문제행동의 선행사건이나 결과를 어떻게 바꿀 수 있을까?

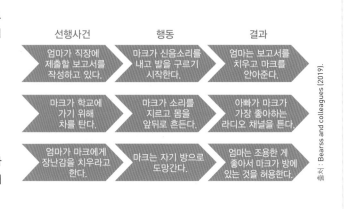

출처 : Bearss and colleagues (2019).

집중적 조기행동개입

집중적 조기행동개입(early intensive behavioral intervention, EIBI)은 어린 ASD 아동을 위한 잘 확립된 근거기반 치료이다 (Smith & Iadarola, 2016). EIBI는 응용 행동 분석, 특히 조작적 조건형성 및 관찰 학습의 원리를 사용하여 1:1로 아동에게 기술을 가르치는 행동 치료법이다. 다양한 EIBI 프로그램이 있지만, 몇 가지 공통점이 있다(Smith & Bryson, 2015).

첫째, EIBI의 초점은 아동의 **외현적 행동**에 있다. 행동치료사들은 ASD를 행동결핍과 과잉의 패턴으로 구성되어 있다고 본다. 결핍은 의사소통과 사회적 상호작용의 문제를 포함하고, 과잉은 상동증적 행동과 과한 짜증냄을 포함한다. 치료는 결핍 영역을 개선하고 과잉 영역을 줄이기 위해 고안되었다. 행동치료사는 부모-자녀 애착 관계나 아동이 정보를 통합하거나 처리하는 방법처럼 쉽게 관찰할 수 없는 구조에 초점을 맞추지 않는다. 대신에, 그들은 아동의 외현적 행동에 초점을 맞춘다(Miltenberger, Miller, & Zerger, 2015).

둘째, 행동치료사들은 그들의 개입을 지도하기 위해 **학습이론**에 의존한다. 아동에게 새로운 기술을 가르치고 적절한 행동을 조성하기 위해 모델링, 언어적 지시, 그리고 정적 강화를 사용한다.

셋째, 행동치료사들은 학습을 극대화하기 위해 **아이의 환경을 구조화**한다. 전형적으로 발달하는 아동은 관찰과 타인에 대한 모방, 대화, 탐구적인 놀이를 통해 주변으로부터 끊임없이 배운다. 그러나 ASD 아동은 세 가지 영역에서 모두 결핍을 보여 다른 아동처럼 배우기가 어렵다. 즉, ASD 아동의 능력과 환경 사이에 불일치가 있다. 이러한 불일치를 보완하기 위해, 아동이 실패하기보다는 학습에 성공할 확률이 높도록 학습 경험을 구조화한다.

치료사는 불연속 개별시행 훈련(discrete trial training)을 사용하여 학습 경험을 단순화하여 기술 습득 확률을 높이며, 체계적으로 기술을 가르친다. 치료사는 가르칠 행동을 선택하고, 아동의 기능을 점진적으로 향상시키기 위해, 학습된 각각의 행동을 쌓아 올려나간다. 아동이 배울 수 있는 첫 번째 행동 중 하나는 치료사의 지시에 따라 앉는 것이다. 초기 훈련 회기에서 자주 가르치는 또 다른 행동은 치료사와 눈을 마주치는 것이다. 이러한 행동은 더 복잡한 기술을 습득하는 데 필수적이다.

불연속 개별시행 훈련은 일반적으로 산만하지 않은 환경에서 이루어진다. 첫째, 치료사는 보통 언어 촉구(예 : 아이의 이름을 부르는 것) 또는 물리적 촉구(예 : 아이의 머리를 부드럽게 위치시키는 것)로 아이의 주의를 끈다. 그런 다음, 치료사는 "앉으세요"와 같이 명확하고 간결한 구두 명령을 내린다. 치료사는 어린이가 비교적 쉽게 따를 수 있도록 환경을 구조화한다: 의자를 아동 바로 뒤에 위치시킨다. 또한 치료사는 아동이 뒤로 가 앉도록 물리적으로 촉구(예 : 찌르기)할 수 있다. 아이가 순응하면, 바로 정적으로 강화한다. 강화물의 선택은 아동에 따라 달라진다. 자주 사용되는 강화물에는 만지기/포옹하기, 언어적인 칭찬/미소 또는 음식/음료가 포함된다. 전체 절차가 여러 번 반복되면서 촉구가 점차 사라진다. 학습시행은 아이가 85~90%의 시간 동안 성공적으로 행동을 보일 때 끝난다. 그 후 부모들에게 집에서도 이러한 행동을 연습하도록 요청한다(Wilczynski, McIntosh, Tul-lis, Cullen, & Querim, 2016).

가장 잘 알려진 EIBI 프로그램은 이바르 로바스가 개발한 UCLA 자폐 아동 프로젝트(UCLA Young Autism Project)이다. 이 프로그램은 다른 큰 의학적 문제가 없고 ASD로 진단된 4세 미만의 아동을 대상으로 시행되었다. 참가 아동들은 약 3년 동안 일주일에 40시간씩 집중적인 행동 훈련에 참여했다. 각 아동은 개별적으로 훈련을 받았다. 4~5명의 치료사가 한 아동에게 배정되었고, 훈련은 보통 아동의 집에서 이루어졌다.

로바스의 EIBI 프로그램은 6단계로 구성되어 있다. 아동은 각 단계를 거치면서 사회적 상호작용, 언어, 행동 조절 능력을 습득해 나간다. 훈련의 첫 번째 목표(1단계)는 치료사와 아동 간의 교육 관계를 구축하는 것이다. 이때의 불연속 개별시행 훈련은 앉아서 눈을 맞추는 방법 등, 이후 학습에 필요한 기본 기술을 가르치는 데 초점을 맞춘다. 일단 아동이 치료사에게 집중할 수 있게 되면, 훈련은 아이의 수용 어휘와 모방 기술을 높이는 데 초점을 맞춘다(2단계). 아이는 간단한 명령(예 : "컵을 들어 올려")에 복종하고 두 가지 명령(예 : 컵과 크레용을 보여줄 때 "잔을 들어 올려")을 구별하는 방법을 배운다. 또한 손을 흔들거나 박수를 치는 것과 같은 치료사의 행동을 모방하도록 가르친다. 모방은 아이들이 새로운 기술을 습득하거나 새로운 방식으로 행동을 결합하는 가장 쉬운 방법 중 하나이다. 3단계에서는 치료사가 아동의 표현 어휘를 높인다. 처음에는 아동이 음성 소리(예 : "aahhh")를 흉내내는 것을 강화하고, 나중에는 단어, 어구, 그리고 마지막으로 간단한 문장을 모방할 때 강화한다. 또한 아동이 물건을 정확하게 명명하도록 강화한다(Lovaas & Smith, 2003; Smith, Groen, & Wynn, 2000).

언어 발화의 징후를 보이는 아동들을 위해, 훈련(4단계)은 의사소통 능력의 확장과 사회적 상호작용 동안 언어 사용을 할 수 있게 하는 데 중점을 둔다. 이 단계에서 아동은 전형적으로 발달하는 아동이 다니는 유치원을 시작할 수 있다. 치료사는 아이의 사회적 기술을 향상시키는 데 초점을 맞춘다. 5단계에서 훈련의 초점은 또래와의 상호작용에 있다. 치료사는 대개 가정과 학교에서 아이와 함께 작업하면서, 또래와 놀이를 시작하는 법, 교실에서 도움을 요청하고, 차례를 지키는 것과 같은 기술을 가르친다. 마침내(6단계) 아이들은 정규 유치원 교실에 들어갈 준비가 되어 있을 수 있으며, 그들의 훈련은 중단된다. 이 단계에 도달한 아이들은 가장 좋은 발달 결과를 얻는다. 반면, 다른 아이들은 필요한 언어적 또는 사회적 기술을 습득하기 위해 유치원 과정을 반복할 수도 있다. 유치원 과정을 반복하고 현저한 지연을 계속 보이는 아동은 일반적으로 발달 전반에 걸쳐 지속적인 지원 서비스가 필요하다(Lovaas, 1987; Lovaas & Smith, 2003).

많은 연구들이 EIBI의 효과를 조사했다(Odom, Boyd, Hall, & Hume, 2015). 로바스(Lovaas, 1987)는 UCLA 자폐아동 프로젝트에 참여한 ASD 아동 59명을 평가했다. 아이들은 치료사의 가용 여부에 따라 세 가지 치료 그룹에 배정되었다: (1) 주당 40시간의 훈련을 받은 실험 그룹, (2) 주당 10시간 미만의 훈련을 받은 통제 그룹, (3) 치료를 위해 지역의 다른 전문가에게 소개된 두 번째 통제 그룹. 지역사회의 전문가들에게 의뢰된 대부분의 아이들이 특수교육을 받았다. 결과는 실험 그룹의 아이들이 7세 때, 통제 그룹의 어린이들보다 더 높은 IQ 점수를 얻었다는 것을 보여주었다. 또한 실험군 아동의 47%가 IQ점수를 85점 이상으로 받아, 정규 교실에 배치되었기 때문에 '최선의 결과'로 파악되었다. 대조적으로, 대조군 그룹의 어린이들 중 3%만이 '최선의 결과'로 묘사되었다. 추적 검사 결과, 학령전기 아동이 훈련을 통해 얻은 이득은 12세에도 유지되었다(표 6.3).

몇몇 무선화 통제연구들은 EIBI에 참여하는 아동을 지역

표 6.3 ■ 집중적 조기행동개입(EIBI)의 효능성

집단	평균 IQ 점수			최선의 결과	
	치료 전	7세	12세	7세	12세
EIBI (주당 40시간)	63	83	85	47%	42%
최소한의 치료 (주당 10시간)	57	52	55	0%	0%
특수교육	60	59	–	5%	–

주 : '최선의 결과'는 IQ가 85를 넘거나, 특수학급이 아닌 학급에서 도움 없이 수업에 참여할 수 있는 경우를 말한다. 출처 : Lovaas & Smith (2003); Lovaas (1987); McEachin et al. (1993).

사회에서 행해지는 일반적 치료를 받은 아동과 비교했다. 이러한 연구는 EIBI를 받은 아동이 통제 집단에 비해 운동능력, 인지발달, 사회기능에서 큰 향상을 보이고, 적응행동은 중간에서 큰 정도의 향상을 보인다는 것을 보여준다(Smith & Iadarola, 2016). 이러한 연구 결과는 EIBI가 ASD 아동의 기능을 향상시키는 데 효능적임을 시사한다.

중심축 반응치료

불연속 개별시행 훈련이 효과적일 수 있지만, 몇 가지 한계가 있다. 한 가지 한계점은 불연속 개별시행 훈련이 아동의 자발적인 사회적 또는 언어적 행동을 증가시키지 않을 수 있다는 것이다. 예를 들어, ASD 아동에게 어떤 사람을 처음 만났을 때, "안녕하세요. 잘 지내세요?"라고 말하라고 가르칠 수 있지만, 양육자의 촉구가 없다면, 자발적으로 질문을 하거나 타인을 자신의 놀이에 참여시키지 않을 것이다. 많은 ASD 아동들은 광범위한 불연속 개별시행 훈련에 참여한 후에도 사회적 또는 언어적 상호작용에 자발적으로 참여하지 않는다(Bottema-Beutel, Yoder, Woynaroski, & Sandbank, 2015).

불연속 개별시행 훈련의 두 번째 한계는 아동이 이 방법을 사용하여 습득하는 기술이 새로운 상황이나 사람에게 자동으로 일반화되지 않는다는 것이다. 예를 들어, ASD 아동은 치료사가 지시하고 관찰할 때 그림을 그리거나 색을 칠할 수 있지만, 혼자서는 그 행동을 시작하고 유지하는 데 어려움을 겪을 수 있다. 개별시행 훈련을 통해 행동을 배우는 많은 아동은 자신의 활동을 지도하고 조절하기 위해 타인에게 지나치게

의존하게 될 수 있다. 그들은 종종 자주적 방향 설정에 문제가 있다.

중심축 반응치료(pivotal response treatment)는 ASD 아동에게 동기를 부여하고 자기조절 능력을 높이기 위해 고안되었다(Bradshaw, Steiner, Gengoux, & Koegel, 2015). 중심축 반응치료에서 **부모**는 사회적 상호작용을 시작하고 자기 주도적 놀이에 참여하려는 아동의 동기를 개선하기 위한 행동 기술을 배우고, 가정과 지역사회에서 이러한 기술을 사용한다. 이상적으로, 부모 주도 치료는 치료 환경 밖에서 아동의 기능 향상과 기술의 일반화로 이어지기 쉽다.

중심축 반응치료는 여러 가지 면에서 불연속 개별시행 훈련과 다르다(Mohammadzaheri, Koegel, Rezaei, & Bakshi, 2015). 첫째, 중심축 반응치료는 자연적인 환경, 특히 지역사회에서 수행된다. 다양한 맥락에서 진행되는 훈련은 학습한 기술의 일반화를 촉진한다. 둘째, 치료사가 아닌 아동 스스로 사회적 상호작용의 초점을 선택한다. 예를 들어, 어린이가 특정 장난감을 가지고 놀고 있는 경우, 치료사는 그 장난감을 가지고 와서, 그에 대한 이야기를 나누면서 상호작용을 시작한다. 이 기법은 학습에 대한 아동의 흥미를 극대화한다. 셋째, 치료사는 학습경험이나 아동의 행동과 자연스럽게 결부된 강화물을 사용한다. 예를 들어 아동에게 장난감 자동차를 주는 것은 '자동차'라는 단어를 말하게 하기 위한 자연스러운 강화물이다. 반대로, 차라는 단어를 말하기 위해 아이에게 음식이나 음료를 주는 것은 아이의 행동과 직접적인 관련이 없다. 자연적 강화물의 사용은 행동–결과 관계에 대한 아이의 이해를 증가시키고 실제 세계의 사건들과 더 유사하다. 마지막으로, 치료사는 아동이 성공적으로 행동에 참여하는 것을 강화하기보다는, 사회적 또는 언어적 상호작용을 **시도**하는 것을 강화한다. 치료사가 시도를 강화한다면 아이는 앞으로 새로운 행동을 시작할 가능성이 높아진다.

중심축 반응치료는 또한 타인에게 말을 걸려는 아동의 동기를 증가시킬 수 있다. 예를 들어, 부모들은 아동에게 "뭐예요?", "어디에 있어요?", "그건 누구 거예요?"와 같은 간단한 질문들을 가르치고, 자연적 환경에서 아동이 이 질문을 사용하도록 모델링하고, 촉구하고, 강화한다. 아동이 점차적으로 질문 사용에 숙달됨에 따라, 촉구는 사라진다. 강화는 부모가 주는 것이 아니라 아이가 환경과 상호작용하면서 발생한다.

실제로, 간단한 질문과 구두 진술은 기능적으로 동등한 파괴적 행동을 대체할 수 있다. 예를 들어, ASD 아동은 부모의 주의를 끌기 위해 식사 중에 짜증을 낼 수 있다. 이런 짜증 행동을 교정하기 위해, 기능적으로 동등한 질문(예 : "내가 잘하고 있어요?")을 하거나 또는 부모의 관심을 더 적절한 방식으로 끄는 말(예 : "나에게 말해주세요")을 사용하도록 교육한다(Koegel, Koegel, Veron, & Brookman-Fraze, 2018).

아동의 자주성을 높이기 위해 비슷한 절차를 사용할 수 있다. 먼저, 목표 행동을 선택한다. 예를 들어, 부모들은 집안일을 하기 위해, 아동이 20분 동안 혼자 놀 수 있기를 바랄 것이다. 둘째, 부모는 목표 행동에 대한 자연 강화물을 식별한다. 만약 아이가 장난감 자동차를 가지고 노는 것을 즐긴다면, 자동차를 주는 것을 혼자 놀기행동에 연결하게 할 수 있다. 셋째, 부모는 아이에게 적절하거나 부적절한 혼자 놀기행동을 보여준다. 예를 들어, 적절한 놀이는 거실에 앉아 바닥에서 차를 가지고 노는 것일 수 있다. 부적절한 놀이는 방을 나가거나, 피아노 위에서 차를 가지고 놀거나, 상동행동이나 파괴적인 행동을 하는 것일 수 있다. 넷째, 부모는 아이에게 목표 행동을 스스로 감시하도록 가르친다. 처음에는 "조용히 놀고 있니?"라고 몇 분마다 물어봄으로써 아이들을 촉구한다. 적절한 놀이활동은 자동차를 더 주어서 강화할 수 있다. 결국, 촉구는 점차 덜 주고, 강화 계획은 줄어들며, 아이들은 그들 자신의 행동을 스스로 감시하고 강화할 수 있다.

중심축 반응치료의 사용을 지지하는 경험자료는 무선화 통제실험과 단일 사례 연구 모두에서 나온다. 전반적으로, 약 80%의 연구들이 중심축 반응치료를 통해 ASD 아동의 사회적 의사소통, 놀이, 언어 능력의 큰 향상을 보고한다(Bozkus-Genc & Yucesoy-Ozkan, 2016). 또한 이러한 이점은 치료 후에도 지속되었다(Gengoux et al., 2015). 다른 연구에 따르면 중심축 반응치료는 지역사회 환경에서 효과적으로 적용될 수 있으며(Smith, Flanagan, Garon, & Bryson, 2015), 올바르게 사용될 경우 전통적인 EIBI만큼 효과적일 수 있다.

TEACCH

자폐 및 관련 의사소통장애 아동의 치료 및 교육(Treatment and Education of Autistic and Related Communication-Handicapped Children, TEACCH) 접근법은 베텔하임의 학생인 에릭 쇼플

러가 개발했다. 쇼플러는 냉담하고 거부적인 어머니가 자폐증을 유발한다는 베텔하임의 주장에 동의하지 않았다. 쇼플러와 동료들은 학교에서 사용할 수 있는 ASD 아동을 위한 포괄적인 프로그램을 개발했다. 그들의 접근 방식은 ASD 아동과 그 가족에 대한 이해와 공감을 강조했다(Mesibov, Howley, & Naftel, 2015).

TEACCH는 조작적 조건형성과 관찰 학습의 원리에 크게 의존하고, 특수화된 교실 환경에서 시행된다. 치료의 초점은 ASD 아동이 교실에서 편안하고 효과적으로 적응할 수 있도록 돕는 것이다. 이것은 두 가지 방법으로 달성된다. 첫째, 치료사들은 아동에게 새로운 사회적 기술, 의사소통 기술, 그리고 일상 생활 기술을 가르쳐서 아동의 행동 목록을 넓히려고 노력한다. 둘째, 치료사들은 아동이 성공적이고 독립적으로 활동을 완료할 수 있는 가능성을 높이기 위해 아동의 교실 환경을 구조화하려고 시도한다(Mesibov, 2019).

TEACCH 치료자들은 구조화된 교수(structured teaching)라고 불리는 교육 방법을 사용했다. 그 이름이 암시하듯, 구조화된 교수는 아동이 교실 환경을 이해하고 숙달할 수 있도록 다양한 구조와 지원을 포함한다. 그 기법은 비계설정(scaffolding)의 발달 원리를 이용한다. 물리적 비계가 건물을 건설하는 동안 건물을 지탱하는 것처럼, 행동 비계는 발달 중인 아동이 환경과의 상호작용을 통해 새로운 기술을 배우는 동안 아동을 안내하고 지원한다(Vygotsky, 1978).

교실 환경에서 비계를 설정할 수 있다. 교실을 매우 잘 조직화하고 예측 가능하게 만든다. 교실 내 각각의 활동 공간은 아동이 각 위치에서 어떤 행동을 수행해야 하는지 잘 이해할 수 있도록 명확하게 분할되고, 색상으로 표시하고, 이름을 붙인다. 각 활동 공간은 또한 산만함을 최소화하도록 구성한다. 각 공간 내에서 치료사들은 아이들이 성공적으로 활동을 완료할 수 있도록 색상, 그림, 모양 및 기타 촉진물을 사용한다. 예를 들어, 욕실 구역에서는 비누, 수도꼭지 및 수건을 동일한 색으로 만들어, 아동이 씻을 때 세 가지 물건을 모두 사용하도록 상기시킬 수 있다. 옷장에서는 아동이 교실에 들어갈 때 코트를 걸도록 촉진하기 위해, 어린이 외투의 실루엣을 옷걸이 아래 벽에 칠할 수 있다. 아동의 책상이나 작업대에는 아동의 사진이나 이름을 표시할 수 있다(McLay, Hansen, & Carnett, 2020).

이미지 6.5 TEACCH 교실에서는 아동에게 개별 작업 공간과 하루의 활동을 요약해서 보여주는 시각적 일과표가 주어진다. 일과표에 따르면 이 아동은 3개의 패턴 맞추기 활동을 마친 후에 자유시간을 가질 수 있다.

일상 활동에서의 비계는 시각적 일과표(visual schedules)의 사용을 통해 만들기도 한다. 어린 ASD 아동은 제한된 언어 능력을 가지고 있기 때문에, 치료사들은 아동의 행동을 조직하고 지시하기 위해 사진이나 그림에 크게 의존한다. 시각적 일과표는 하루 동안 아이의 활동을 요약한 그림 목록으로 만들 수 있다(이미지 6.5). 아동들은 하루 종일 시각적 일과표를 참고하여, 최소한의 도움만으로 한 활동에서 다음 활동으로 스스로 전환할 수 있다. 또한 어린이들은 완료한 과제에 표시하면서 일상 활동의 진행 상황을 스스로 확인할 수 있다(Mesibov, 2019).

비계활동은 또한 아동의 개별 활동 수행을 돕기 위해 사용할 수 있다. 치료사가 아이에게 이 닦는 법을 가르치고 싶어 한다고 상상해 보자. 치료사는 구두로 지시하는 것을 피하고, 대신 활동을 작고 쉬운 단계로 나누고, 시각적 자료를 사용하여 이러한 단계에 이름을 붙이면서 기술을 가르친다. 이를 닦는 데 필요한 단계를 개수대 근처에 있는 카드에 그림 형태로 표시할 수 있다. 그 후, 치료사는 각 단계를 명확하고 천천히 시연한다. 다음으로, 치료사는 핸드오버핸드 보조(hand-over-hand assistance, 즉, 치료사가 자신의 손으로 아이의 손을 유도하는 것)를 사용하여 아이가 각 단계를 수행할 수 있도록 돕는다. 치료사는 점차적으로 그녀의 신체적인 촉진을 손짓(예 : 수도꼭지를 가리킴) 또는 간단한 구두 촉진(예 : '잠그기')으로 대체한다. 아동이 독립적으로 수행할 수 있을 때까지 매일 이 활동을 반복한다.

비계는 또한 의사소통 능력을 향상시키기 위해 사용된다. 첫째, 치료사는 아이에게 단일 대상을 특정 활동과 연관시키도록 가르친다. 예를 들어, 숟가락은 '점심 먹기', 화장지는 '화장실 사용하기', 그리고 작은 플라스틱 삽은 '휴식을 위해 밖에 나가기'를 나타낼 수 있다. 아동은 특정 활동에 참여하고 싶은 욕구를 전달하기 위해 이러한 물건을 사용하는 법을 배운다. 화장실을 사용하고 싶은 아동은 교사에게 화장지를 가져갈 수 있다. 나중에는 점차 물체를 이러한 활동에 대한 보다 추상적인 표현으로 대체한다. 예를 들어, 아이는 교사에게 화장실 사진을 보여주며 화장실을 사용하고 싶은 욕구를 전달할 수 있다.

교실에서 치료사들이 사용하는 기법을 부모들에게 가르쳐, 가정환경으로 일반화할 수 있다. 각 가정에는 두 명의 치료사가 할당되어 있는데, 한 명은 주로 아이와 함께 치료 작업을 하고 다른 한 명은 주로 '부모 상담자' 역할을 한다. 부모 상담자는 부모들이 ASD에 대해서 그리고 학습과 비계설정의 기본 원리에 대해 배울 수 있도록 돕는다. 그런 다음 치료사는 교실에서 사용되는 기술을 부모들에게 가르치고 아이들과 함께 그 기술을 연습하면서 그들을 지도한다. 부모 상담자는 또한 부모가 자신의 집을 조직적이고 예측 가능한 방식으로 구성할 수 있도록 가정 방문을 수행할 수 있다(Mesibov et al., 2015).

몇몇 무선화 통제실험과 준실험연구를 통해 TEACCH의 효과가 검증되었다. TEACCH에 참여한 아동들은 사회적 의사소통 능력이 크게 향상되고 문제 행동이 감소하였다. 반면, 아동의 인지능력, 언어, 운동기능에 미치는 영향은 유의하지만, 효과는 작은 편이다(Virues-Ortega, Julio, & Pastor-Barruso, 2013).

자폐 치료를 위해 어떻게 발달적 사회-화용론 중재 모델을 사용할 수 있는가?

발달적 사회-화용론 중재 모델

자폐 아동을 치료하기 위한 두 번째 근거기반 접근법은 발달적 사회-화용론 중재(developmental social-pragmatic, DSP) 모델을 기반으로 한다. DSP 모델은 매우 어린 자폐 아동과 양육자 사이의 긍정적인 사회적 상호작용의 발달에 초점을 맞추고 있다. 치료사는 아동이 일상 활동 중에 타인과 사회적 상호작용을 시작하고, 모방하고, 공유하는 정도를 증가시키려고 한다(Binns & Cardy, 2020).

이 목표를 달성하기 위해 치료사는 ASD 발현 위험이 있는 아동에게 전형적으로 지연되는 기본적인 사회적 의사소통 기술을 가르친다. 이러한 기술들은 공동 주의, 사회적 모방, 그리고 가장 놀이 능력을 포함한다. 치료사들은 ASD 영아, 걸음마기 유아, 그리고 어린 아동이 또래를 따라잡을 수 있도록, 이러한 사회적 의사소통 기술을 강화하려고 노력한다. 이상적으로, 아동은 이러한 사회적 의사소통의 구성 요소를 습득하고 다른 아동과의 상호작용에서 더 큰 역량을 개발할 수 있다(Rogers & Vismara, 2015).

임상가, 부모 또는 특수교육을 받은 교사는 자연적 환경에서 기본적인 사회적 의사소통 기술을 가르치고, 아동의 발달 요구에 맞게 그들의 사회적 의사소통기술을 조정한다(Berger & Ingersoll, 2015). ABA 치료사는 개별시행 훈련과 고도로 구조화된 활동 및 환경을 사용하여 기술을 가르치는 반면, DSP 접근 방식을 사용하는 치료사는 보호자-자녀 간의 자연스러운 상호작용 동안 모방, 모델링 및 가장 놀이를 가르친다. DSP 모델을 사용하는 치료사들은 아동의 행동을 모방하고, 적절한 언어 사용을 모델링하며, 아동이 점점 더 긴 시간 동안 공유 활동에 주의를 지속하도록 장려함으로써 이러한 상호작용을 강화한다(Davlantis, Dawson, & Rogers, 2018).

상호적 모방과 공동 주의 훈련

브룩 잉거솔(Brooke Ingersoll, 2010b)은 DSP 모델을 기반으로 한 자연주의적 개입인 상호적 모방 훈련(reciprocal imitation training, RIT)을 개발했다. RIT는 자폐 영아와 학령전기 아동의 모방 기술을 향상시키기 위해 고안되었다. RIT는 내개 글리닉의 놀이치료실에서 치료자에 의해 시행된다. 아동이 장난감을 가지고 놀 때, 치료사는 똑같은 장난감으로 아이의 행동을 모방한다. 예를 들어, 아이가 장난감 개를 가지고 놀면, 치료사는 테이블의 반대편에서 다른 장난감 개를 '걷게'함으로써 아이의 행동을 모방할 수 있다. 놀이를 하는 동안, 치료사는 아이의 놀이 활동과 관련된 행동을 모델링하면서 몸짓을 모방하도록 가르친다. 예를 들어, 아이가 아기 인형을 가지고 놀면, 치료사는 그녀의 입술에 손을 대고 아기가 자고 있는 것처럼 '쉿'하는 몸짓을 취할 수 있다. 치료사들은 또한 아동에게 치료사 자신의 행동과 몸짓을 모방하도록 유도하고, 치료 시간 동안 모방을 사용한 아동을 칭찬한다.

상당한 경험 증거가 어린 자폐 아동의 사회적 의사소통 기술을 향상시키는 RIT의 효용성을 지지한다. 예를 들어, 잉거솔(Ingersoll, 2010a)은 어린 자폐 아동에게 30회기의 RIT를 받거나 지역사회에서 평소처럼 치료에 참여하도록 무작위로 할당했다. 10주간의 치료 후, RIT를 받은 아동들은 대조군 아동들에 비해 더 자주 물체와 몸짓을 스스로 모방하였다(그림 6.8). 두 번째 무선화 통제 실험(Ingersoll, 2012)에서도 RIT를 받은 아동이 대조군보다 치료 후 사회정서적 기능이 더 우수하다는 것을 보여주었다. RIT를 통해 자폐 아동이 시간이 지나면서 더 자발적인 모방 활동에 참여하고 사회적 의사소통 기술을 향상시킬 수 있다는 점은 매우 희망적이다.

어린 아동을 위한 두 번째 자연주의적 개입은 공동 주의, 상징놀이 참여 및 통제(joint attention symbolic play engagement and regulation, JASPER)이다. 이름에서 알 수 있듯이, JASPER는 3, 4세 ASD 아동의 공동 주의력과 상징적 놀이 능력을 향상시키기 위해 고안되었다(Kasari, Gulsrud, Paparela,

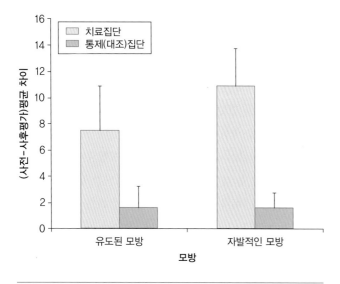

그림 6.8 ■ 걸음마기 자폐증 아동을 위한 상호적 모방훈련 (RIT)

주 : RIT 참여는 걸음마기 및 학령전기 자폐아동의 유도된 모방과 자발적인 모방행동을 모두 증가시켰다. 시간이 지나면 타인 모방능력은 아이들이 사회적 의사소통 기술을 발달시키도록 도울 것이다. 출처 : Ingersoll (2010a).

Hellemann, & Berry, 2015). 치료의 초기 버전에서는, 치료사들이 클리닉 놀이치료실에서 아동에게 공동 주의와 상징놀이를 가르쳤다. 우선, 치료사들은 원하는 행동을 촉진, 모델링 및 강화하기 위해 응용 행동 분석의 원칙을 사용한다. 그 후, 아동의 놀이 활동을 따르고, 아동의 행동을 모방하며, 공동 주의와 상징놀이를 모델링하고, 촉진하고, 강화할 기회를 찾는다.

한 평가 연구에서, 연구자들은 학령전기 ASD 아동들을 공동 주의 치료집단, 상징놀이 치료집단 또는 대조군에 무작위로 할당했다(Kasari, Freeman, & Paparela, 2006). 6주간의 치료 후, 치료집단의 아동들은 대조집단의 아동들에 비해 목표 기술이 유의미하게 향상됨을 보였다. 또한 치료집단에 속한 아동은 부모와 상호작용하는 동안에도 목표 행동이 증가하여, 이러한 행동이 새로운 사람들에게 일반화될 수 있음을 확인할 수 있었다. 카사리, 걸스러드, 프리먼, 파파렐라, 헬레만(Kasari, Gulsrud, Freeman, Paparela, Helleman, 2012)도 치료집단에 속했던 아동의 장기 효과를 조사했다. 치료 후 5년이 지나자 치료집단에 참여한 아동들이 대조집단의 아동들보다 언어능력이 더 우수한 것으로 나타났다. 이러한 연구 결과는 JASPER의 단기적(즉, 사회적 의사소통 능력 향상)과 장기적(즉, 언어 개선) 효과를 뒷받침한다.

초기의 타당도 연구 이후, JASPER는 부모(Kasari, Gulsrud, Wong, Kwon, Kwon, & Locke, 2010)와 교사(Lawton & Kasari, 2012)에 의해 시행될 수 있도록 개발되었다. 실제로 JASPER의 교사 시행 버전은 매우 어린 자폐 아동을 위한 일차적 학교 기반 치료로 간주된다(Smith & Iadarola, 2016). JASPER는 또한 학령전기의 비언어적 ASD 아동의 사회적 의사소통 능력을 향상시키는 데에도 효용성을 입증했다(Goods, Ishiima, Chang, & Kasari, 2013).

조기 시작 덴버 모델

샐리 로저스와 동료들은 자연주의 스타일의 발달적 사회-화용론에 응용행동분석의 행동적 초점을 결합하는 방법으로 조기 시작 덴버 모델(Early Start Denver Model, ESDM)을 개발했다. ESDM을 사용하는 치료사들은 자폐증을 아동 기능의 많은 측면에 부정적인 영향을 미치는 발달장애로 본다. 그들은 자폐 아동이 비록 더 느리긴 하지만 장애가 없는 아동과 같은 발달 과정을 통해 발달한다고 가정한다. 대부분의 아동이 18~24개월 사이에 가장 놀이를 보이고, 36~48개월 사이에 마음이론을 보이기 시작하는 반면, 자폐 아동은 더 나중에야 이러한 기술을 발달시킨다(Davlantis et al., 2018).

ESDM은 발달단계에 따른 교육과정을 제공하여 아동이 장애가 없는 또래를 따라잡기 위해 필요한 기술을 배우고 연습할 수 있도록 한다. 치료사는 비고츠키(Vygotsky, 1978)의 '근접 발달 영역' 개념을 사용하여, 치료를 위한 기술을 선택한다. 이 '영역'은 아동이 자신의 발달 수준을 약간 넘는 기술을 가장 잘 배운다고 가정한다. 즉, 기술은 너무 쉽지도 너무 어렵지도 않아야 한다. ESDM 치료사는 아동의 인지, 언어, 사회적 의사소통, 놀이 기술을 신중하게 평가하고 현재의 발달 수준을 조금 넘는 새로운 기술을 가르친다. 이러한 방식으로, 아동이 자신의 또래를 따라잡도록 돕는다.

ESDM은 특히 (1) 모방, (2) 사회적 지향, (3) 공동 주의, (4) 긍정적인 감정 의사소통의 네 가지 기술에 중점을 둔다. 이러한 기술은 일반적으로 매우 어린 ASD 아동에서 지연이 나타난다는 것을 떠올려보자. ESDM 치료사들은 영아기와 학령전기에 이런 기술을 발달시킬 수 있도록 도와서, 장애를 가진 많은 아동이 보여주는 장기적인 사회적, 인지적, 행동적 문제의 출현을 방지할 수 있기를 희망한다(Rogers, 2017).

아동은 성인과의 사회적 상호작용의 자연스러운 주고받기를 통해 목표기술을 배운다. ESDM은 어른들이 아동의 행동에 민감하게 반응할 때, 아동이 가장 잘 배운다고 가정한다. 따라서 ESDM을 실천하는 치료사들은 놀이와 다른 사회 활동 동안 아이의 지도를 따른다. 치료사는 새로운 기술을 모델링하고, 아동이 놀이 중에 자발적으로 기술을 보여줄 때 강화하며, 각 놀이 회기 동안 연습할 수 있는 기회를, 기술을 익힐 때까지 여러 번 제공한다.

ESDM 치료사는 공동 주의를 장려하고 긍정적인 감정을 공유하는 사회 활동을 중심으로 치료 회기를 구성한다. 이러한 활동들은 아동을 참여시키고 그들이 타인과 교류하고 긍정적인 감정을 공유하도록 동기를 부여하기 위해 고안되었다. 색칠이나 그림 그리기, 춤 추기, 음악 만들기, 그림책 보기, 블록이나 레고 만들기, 거품 놀이, 물놀이 등이 활동에 포함된다. 치료사들은 또한 아동에게 아침에 옷을 입고, 쇼핑하러 가고, 저녁식사 준비를 하고, 잠자리에 들 준비를 하는 것

과 같은 일반적인 일상 습관을 몸에 익히도록 돕는다. 이러한 활동 동안, 치료사들은 아동이 자기 나이에 맞는 눈맞춤, 공동 주의, 차례 지키기, 사회적 의사소통, 그리고 아이의 흥미에 따라 활동을 정교화하는 것을 연습하도록 장려한다.

상당한 경험적 증거가 ESDM이, 어린 자폐 아동의 인지 및 사회적 기술을 향상시키는 효과적인 방법이라는 것을 지지한다. 예를 들어, 첫 번째 무선화 통제 연구는 자폐증이 있는 2세 아동을 24개월 동안 ESDM 집단에 배정하거나 혹은 지역사회에서 평상시와 같은 치료를 받는 집단(통제집단)에 배정하고 그 결과를 비교했다. 모든 아동이 매주 약 20시간의 개인 치료를 받았고, ESDM 그룹의 아동만이 ESDM 치료를 받았다. 2년 후 ESDM 참가 아동은 통제집단 아동과 달리 인지 능력, 표현력 및 수용 언어 능력, 일상 생활 능력이 유의하게 증가하였다. 이러한 이득은 치료가 끝나고 2년이 지난 후에도 유지되었다.

흥미롭게도, 아동의 행동과 생리적 기능에 대한 독립적인 평가 역시 ESDM의 효능성을 입증했다. 예를 들어, ESDM에 참여한 많은 아동은 연구와 관련이 없는 지역사회의 심리학자들에 의해 평가되었을 때, ASD의 진단 기준을 더 이상 충족하지 못했다. 마찬가지로, 교사들은 ESDM에 참여한 아동들 사이에서 더 자발적인 사회적 상호작용을 관찰하고 사회적 기피 현상은 덜 보고했다. 아마도 가장 놀라운 것은 ESDM에 참여한 아동들의 두뇌에서 자폐로 진단받은 적이 없는 아동과 유사한 방식으로 인간의 얼굴을 처리하는 것을 확인할 수 있었다는 점이다. 그러나 평소처럼 치료를 받은 아동은 대부분의 자폐 아동과 비슷하게 사람의 얼굴을 마치 물체인 것처럼 처리했다. 이러한 연구 결과는 ESDM이 자폐 아동의 객관적인 행동과 신경학적 기능을 모두 향상시킬 수 있음을 시사한다.

ESDM은 또한 광범위한 환경에서 효과적으로 사용되어 왔다. 가장 일반적으로 임상 환경에서 치료사 팀에 의해 시행될 수 있고, 집에서 부모들이 ESDM을 사용하도록 지도할 수도 있다. 또한 ESDM은 특수교육 유치원에 있는 ASD 아동에게 집단교육의 형태로도 사용되었다. 집단으로 적용된 ESDM 역시 인지적 능력, 언어, 적응행동에 있어서 비슷한 이득을 보고하였다(Davlantis et al., 2018).

자폐아동의 의사소통 기술을 어떻게 향상시킬 수 있는가?

보완대체의사소통

자폐 아동의 약 25%는 타인과 대화하는 데 상당한 어려움을 겪는다. 이 아동 중 많은 수가 기능적으로 언어장애이다. 이런 아동들의 의사소통을 돕기 위해 전문가들은 보완대체의사소통(Augmentary and Alternative Communication, AAC) 시스템을 개발했다(Surmey, 2014a).

AAC 시스템은 자폐를 가진 일부 어린이들이 보여주는 언어적 결함을 보완하고 의사소통 기술을 용이하게 한다. AAC 시스템은 아동이 더 나은 언어 기술을 습득할 때까지 일시적으로 의사소통을 증진시키는 데 사용될 수 있으며, 언어 부족을 보충하기 위한 영구적인 수단으로 사용될 수 있다. 두 경우 모두 AAC 시스템은 아동의 언어를 대체하는 것이 아니라 보완하기 위한 것이다(Lynch, 2016). 모든 AAC 시스템에는 (1) 기호, (2) 보조 장치, (3) 전략 및 (4) 기법(American Speech-Language-Hearing Association, 2016)의 네 가지 구성 요소가 있다.

기호는 아동이 의사소통하기 위해 사용하는 물체 또는 행동의 표상이다(이미지 6.6). 예를 들어, 손을 흔드는 사람의 기호는 "안녕하세요"를 전달하기 위해 사용될 수 있다. 기호는 초보적(예 : 막대 모양)이거나 복잡할(예 : 사진) 수 있다.

보조 장치는 아동이 메시지를 보내거나 받을 때 사용하는 장치이다. 일부 보조 장치는 하나의 그림을 담은 카드와 같이 소박한 기술을 포함하기도 한다. 이는 중요한 물체와 행동을 전달하기 위해 사용한다. 다른 보조 도구(예 : 누르면 원하는 물체나 동작을 나타내는 사진이 들어 있는 태블릿 장치)는 매우 정교하다.

전략은 상징과 보조장치가 조직화되는 방식을 말한다. 예를 들어, 일부 AAC 시스템은 색상 부호화 전략을 사용하여 유사한 물체나 동작을 나타내는 기호를 동일한 색상을 사용하여 그룹화한다(예 : '배고픈', '목마른', '화장실'을 나타내는 그림이 유사하게 색칠된다). 다른 첨단 AAC 시스템은 의사소통 속도를 높이기 위해 예측 전략을 사용한다. 예를 들어, 전자 장치는 검색 엔진처럼 아동이 입력하는 처음 몇 글자를 기반으로, 아동이 원하는 단어나 구문을 예측하려고 할 수 있다.

이미지 6.6 아동은 간단한 AAC 시스템을 이용하여 그들이 점심으로 먹고 싶은 것을 말할 수 있다.

기법은 어린이가 의사소통하기 위해 사용하는 방법을 말한다. 기법은 기호를 가리키거나, 버튼을 누르거나, 기호를 전자적으로 스캔하고, 언어로 자신의 선택을 전달하는 것을 모두 포함한다.

치료사와 가족들은 자녀를 위한 AAC 시스템을 구축하기 위해 사용 가능한 광범위한 기호, 보조 장치, 전략 및 기법 중에서 선택한다. 선택은 대부분 자녀의 요구와 가족의 선호에 달려 있다. 매우 많은 선택지가 있기 때문에, 우리는 가장 인기 있는 시스템 중 두 가지에 초점을 맞출 것이다(Lofland, 2016).

그림교환 의사소통체계

그림교환 의사소통체계(Picture Exchange Communication System, PECS)는 언어장애가 있는 아동의 의사소통 기능을 향상시키기 위해 가장 널리 사용되는 방법 중 하나이다. PECS는 카드에 인쇄된 일련의 선 그림이나 간단한 그림으로 구성된 저기술 AAC 시스템이다. 이러한 기호는 아동이 자신의 필요를 전달하기 위해 양육자에게 제시할 수 있는 일반적인 물체나 행동을 나타낸다. 예를 들어, 화장실 그림은 '화장실'을 전달하기 위해 사용될 수 있다. 시간이 지나면서, 아동은 질문을 하고 더 복잡한 생각을 전달하기 위해 카드를 조합하는 법을 배운다(Frost & Bondy, 2002). PECS를 사용하는 임상가는 정적 강화를 이용하여 그림 기호를 환경의 물체 또는 활동과 연관시킨다. 이 과제를 달성하기 위해, 치료사는 아동에게 원하는 물건이나 행동을 하기 위해 대상이나 활동의 그림-기호를 교환하도록 가르친다(Lynch, 2016).

교육은 수일에서 수주에 걸쳐 진행되는 6단계로 구성된다. 첫 번째 단계에서는 아이가 좋아하는 음식이나 음료와 같은 1차 강화물과 주변 환경에서 일반적으로 사용되는 물건의 사진을 교환하는 방법을 배운다. 아동은 테이블에 앉아 2×2인치 크기의 코팅된 그림을 본다. 그림은 컵과 같은 아동의 주변 환경에서 일상적으로 사용되는 물체를 나타낸다. 두 명의 치료사가 훈련을 제공한다. 한 치료사가 아동의 의사소통 파트너 역할을 하면서, '컵'을 달라고 말한다. 두 번째 치료사는 아동 뒤에 앉아 아동이 카드를 집어들어 첫 번째 치료사에게 건네도록 물리적으로 촉구한다. 첫 번째 치료사는 카드를 받는 즉시 아이를 강화한다. 이 과정은 여러 번 반복되며, 두 번째 치료사는 그녀가 제공하는 도움의 양을 점차 감소시킨다. 훈련은 아동이 80%의 시간 동안 독립적으로 그림을 강화물과 교환할 수 있을 때까지 계속된다.

아동이 기본적인 교환법을 배운 후에는, 더 복잡하고 표현력 있는 언어 기술을 발달시킨다. 2단계에서, 아동은 어른의 주의를 끌고 그들에게 그림 카드를 건네줌으로써 사회적 상호작용을 시작하는 것을 배운다. 3단계에서는 연속적으로 주어진 많은 그림들을 구별하는 법을 배운다. 예를 들어, 만약 나무, 자동차, 그리고 집 그림이 제시된다면, 아이는 요청을 받았을 때 성공적으로 집의 그림을 주는 법을 배운다. 4단계와 5단계에서 아동은 그림을 사용하여 문장을 만들고 실문에 답하는 법을 배운다. 최종 단계에서, 아동은 이전에 숙달된 기술을 확장하고, 그림 기호를 사용하여 더 복잡한 필요와 욕구를 표현한다(Nelson, 2016).

많은 연구들이 제한된 언어능력을 가진 아동을 위한 PECS와 다른 저기술 AAC의 효과를 조사해왔다. 전반적으로, 이러한 시스템은 아동의 기능적 의사소통 능력에 큰 영향을 미친다. 또한 행동으로 표현하기보다는 이런 시스템을 통해 자신의 생각과 감정을 전달할 수 있도록 함으로써, 도전적인 행동을 줄이는 데도 종종 도움이 된다(Heath, Ganz, Parker, Burke,

& Ninci, 2015).

음성산출 보조도구

태블릿, 스마트폰 및 기타 모바일 터치스크린 장치는 자폐 아동과 그 가족에게 의사소통을 위한 새로운 선택권을 주었다(Durand, 2015). 언어 능력이 제한된 많은 아동들이 그들의 필요를 전달하거나 감정을 공유하기 위해 기기 표면의 아이콘을 누를 수 있는 애플리케이션에 의존하고 있다. 단순히 누르는 행동을 통해, 타인이 쉽게 이해할 수 있는 음성을 방출한다. 자주 사용되는 음성 생성 앱으로는 Pica Word, PixTalk, Proquo2Go 등이 있다. 앱 사용자는 자주 사용하는 물건과 장소(예 : 연필, 욕실), 좋아하는 음식, 가족 및 친구의 사진을 기기에 설치할 수 있다. 아동은 또한 더 복잡한 생각을 전달하기 위해 아이콘을 조합하는 법을 배울 수도 있다. 예를 들어, 동생 요셉과 장난감 기차를 가지고 함께 놀고 싶은 아이는 "나는 원한다", "요셉", "기차"의 아이콘을 선택할 수 있다.

다른 아동들은 시각 장면 디스플레이(visual scene display, VSD)를 사용하여 의사소통을 증대한다. 대부분의 시스템이 의미론적으로(예 : 단어 의미별로) 기호를 구성하는 반면, VSD는 그림의 맥락에서 기호를 도식적으로 구성한다. 부모나 교사가 태블릿을 사용하여 아동의 침실, 주방 또는 학교와 같은 아이의 일상에서 흔한 장면의 사진을 찍는다. 그런 다음, 사진의 다양한 영역을 아이가 눌러 선택할 수 있는 '중요한 장소'로 표시한다(이미지 6.7). 사진에서 교사의 이미지를 누르면 "도움이 필요해요"라는 말이 나올 수도 있고, 사진 속 책상 위의 연필 이미지를 누르면 "내 연필을 원해요"라는 말이 나올 수도 있다. 일반적으로 태블릿에는 각 명령에 해당하는 하위 단어도 표시된다. 예를 들어, 어린이가 연필 이미지를 스크롤할 때 '연필'이라는 단어가 팝업으로 표시된다(Lofland, 2016).

VSD는 ASD 아동은 물론, 기타 발달장애 및 언어 문제를 가진 아동에게 수용적이고 표현적인 어휘와 기능적 의사소통 능력을 증가시키는 것으로 나타났다. VSD는 특히 복잡한 그림이나 기호를 사용하는 데 어려움을 겪는 영아들에게 유용하다. VSD는 또한 아동이 제한된 구어로 인해 발생할 수 있는 좌절감과 파괴적인 행동을 보이는 것을 피하는 데 유용하다(Boesch, Wendt, Subramanian, & Hsu, 2013; Stephenson &

Image courtesy of Pixabay

이미지 6.7 아동은 시각 장면 디스플레이를 이용하여 태블릿 화면 위의 '중요한 장소'를 눌러서 타인과 의사소통할 수 있다. 성인은 학교나 가정, 놀이터와 같은 일상적인 맥락의 사진을 찍어 사용할 수 있다.

Limbrick, 2015).

자폐아동을 위한 약물치료는 효과적인가?

ABA 및/또는 DSP 모델에 의존하는 심리사회적 개입이 자폐아동을 위한 첫 번째 치료법으로 간주된다. 이러한 개입은 자폐증의 핵심 증상, 즉 사회적 의사소통에 대한 아동의 문제와 제한적이거나 반복적인 행동이나 흥미를 대상으로 한다. 많은 경우, 의사들은 심리사회적 치료를 방해할 수 있는 다른 행동 문제들을 줄이기 위해 약을 처방한다. 자폐 아동의 약 50%는 적어도 하나의 향정신성 약을 처방받았고, 35%는 두 가지 약을, 20%는 세 가지 이상의 약을 처방받았다(Nazier & Calles, 2018). 약물요법의 목표는 부모, 교사, 치료사가 보다 효과적으로 행동개입을 시행할 수 있도록 치료의 장벽을 제거하는 것이다(Palumbo, Keary, & McDougle, 2019).

자폐증과 지적장애를 가진 아동은 쉽게 흥분하거나, 자해 및/또는 공격성과 같은 도전적인 행동을 자주 보인다(Machalicek et al., 2016). 이상적으로, 도전적인 행동은 기능분석을 사용하여 식별될 수 있고 조작적 조건형성을 사용하여 줄일 수 있다. 경우에 따라 행동요법을 보완하고 이러한 행동의 빈도나 심각성을 줄이기 위해 약물치료를 사용할 수 있다(Volkmar et al., 2014).

FDA는 도전적인 행동을 보이는 자폐 아동을 위해 아리피프라졸(아빌리파이)과 리스페리돈(리스퍼달)이라는 두 가지 약물을 승인했다. 이러한 약물은 두뇌의 도파민 수용체를 차단하는 비정형 항정신병 약물이다. 몇몇 무선화 통제 실험 결과, 자폐 소아청소년의 50~70%가 약물을 복용하는 동안 도전적인 행동이 감소하는 반면, 위약을 복용했던 집단에서는 12~35%만이 도전적 행동이 감소했다. 약물의 가장 흔한 부작용은 체중 증가와 낮 시간의 졸음이다. 항정신병 약물은 또한 대사증후군이라고 불리는 희귀한 상태를 일으킬 수 있는데, 혈압, 지질 수치, 포도당 대사의 변화가 나타난다. 따라서 이러한 약물을 복용하는 소아청소년은 의사의 지시를 받아야 한다(Palumbo et al., 2019).

자폐를 가진 소아청소년들의 약 20%가 ADHD를 위한 약물치료를 받는다. 몇몇 무선화 통제 연구들은, 각성 약물인 메틸페니데이트(콘서타, 리탈린)가 가정과 학교에서 자폐 소아청소년의 과잉행동과 부주의함을 감소시킨다는 것을 보여준다. 더 최근의 연구는 비각성 약물인 아토믹세틴(스트라테라) 또한 효과적이라는 것을 보여준다. 부작용으로는 불면증과 식욕 억제(특히 각성제의 경우)와 위장 문제가 포함된다(Nazier & Calles, 2018).

자폐 소아청소년 중 80%가 수면 문제를 경험한다. 수면 문제는 자극에 대한 아동의 민감도가 높아지거나, ADHD가 동반되거나, 약물의 효과로 인해 발생할 수 있다. 자폐 아동의 수면 문제를 치료하기 위한 어떠한 약도 승인되지 않았기 때문에, 행동 개입이 첫 번째 치료법이다(제16장 참조). 그러나 일부 의사들은 불면증을 완화시키기 위해 멜라토닌을 처방한다. 멜라토닌은 자연적으로 생성되는 호르몬으로 신체의 수면과 각성 주기를 조절한다. 합성 멜라토닌은 보조 식품으로 섭취할 수 있다. 멜라토닌은 자폐 아동이 더 빨리 잠들 수 있도록 돕고, 더 오래 잠드는 것을 돕는 것으로 나타났다(Greydanus, Kaplan, & Patel, 2015).

과학적인 지지 증거가 미약한 중재개입은 어떤 것이 있는가?

많은 양육자들은 ASD 소아청소년을 돕기 위해, 증거가 입증되지 않은 치료법에 의지한다. 전문가들은 ASD를 '21세기에 유행하는 장식품'이라고 부를 정도로 경험적 뒷받침이 부족

©iStockphoto.com/FatCamera

이미지 6.8 청각통합 훈련은 무선화 통제실험으로 수집된 증거가 부족함에도 불구하고 인기가 높은 자폐치료 방법이다.

한 치료법이 많다(Metz, Mulick, & Butter, 2016). 이러한 치료법에는 아동의 사회적 기술을 향상시키기 위해 고안된 개입(예 : '유지 치료' 및 '애완동물 치료'), 의사소통 기술(예 : '촉진된 의사소통'), 감정 및 행동 기능(예 : '예술/음악 치료') 및 감각운동 기능(예 : '아이렌 렌즈')이 포함된다. 예를 들어, 청각통합치료는 ASD 아동의 청각이 극도로 예민하고, 그들의 증상이 청각 불편에 의해 발생한다는 믿음에 기초한다. 따라서 특별하게 녹음된 음악과 다른 소리를 헤드폰으로 들으면서 청각 훈련을 받는다(이미지 6.8). 청각통합치료가 많은 인기를 끌고 있지만, 자폐증의 징후와 증상을 감소시킨다는 것을 증명하는 연구는 거의 없다(Sinha, Silove, Hayen, & Williams, 2011).

의학적 기반이 있는 것처럼 보이지만 경험적 증거가 부족한 치료법들은 ASD 아동에게 해로울 수 있다(Lilienfeld, 2018). 이러한 치료에는 고압 산소 치료, 돼지 호르몬 주사, 혈류에서 수은의 화학적 제거(즉, 킬레이트 치료), 특수 식단(즉, 글루텐 또는 카세인 금지 식품)이 포함된다. 이러한 유사 치료법들은 아동을 발작, 감염, 간과 신장 손상, 그리고 영양 결핍의 위험에 처하게 한다. 그럼에도 불구하고, ASD 아동 가족의 50~75%가 이와 같은 효과가 입증되지 않는 치료를 시도했다(Locke et al., 2018).

부모가 경험적 증거가 약한 치료를 선택하는 최소 세 가지 이유가 있다(Metz et al., 2016). 첫째, 많은 부모들은 ASD 치료에 관한 과학적 증거에 대해 알지 못한다. 대부분의 부모들은 평판이 좋은 학술저널과 전문 소식지를 접할 수 없다. 설령 학술저널과 전문 소식지를 접할 수 있을지라도, 대부분의 연구논문은 비전문가가 읽기에 어렵고 평가하기도 어렵다. 결과적으로, 많은 부모들이 과학에 기초하지 않을 수도 있는 소위 전문가라 주장하는 사람들이나 선의의 친구들의 조언에 의존할 수 있다.

둘째, 대부분의 부모들은 지역사회의 치료사들에게 도움을 청했지만 자녀들이 나아지는 것을 보지 못했다. 불행하게도, 많은 의사들이 EIBI나 ESDM과 같은 근거기반 치료를 사용하지 않고, 아동에게 최상의 결과를 제공할 수 있는 집중적이고 고도로 구조화된 서비스를 제공할 수 없을지도 모른다. 결국 최적이 아닌 개입을 시도하고 너무 작은 성공을 거둔 부모들은, 자녀들에게 도움이 될지도 모른다는 희망으로 다른 덜 입증된 치료법으로 눈을 돌릴 수도 있다.

마지막으로, 이러한 유사 과학적 '치료'는 유혹적이다(Lilienfeld, 2018). 예를 들어, 자폐증과 다른 장애를 가진 아동이 말과 상호작용하는 '말 보조 치료'가 점점 더 인기를 끌고 있다. 일부 의사들은 이 치료법이 감각 결핍과 신체 건강 문제에서부터 자폐증과 외상후 스트레스장애에 이르기까지 모든 것을 치료할 수 있다고 주장한다. 이 요법의 효과에 대한 과학적 문헌은 작은 표본 크기, 적절한 대조군 부족, 결과를 평가하기 위해 객관적인 측정치가 아닌 자녀의 변화에 대한 부모의 인식에 의존하는 경향에 의해 그 타당성이 제한된다(Jenkins & DiGennaro, 2014; Peters & Wood, 2018). 그럼에도 불구하고 지지자들은 "말 보조 치료가 기존의 임상 접근 방식보다 더 효과적이고 빠르게 내담자를 변화시키고 성장할 수 있도록 도와준다"와 같은 광범위하고 증거가 없는 주장을 한다(EAGALA, 2016).

자폐 아동을 양육하는 것은 어렵다. 임상가는 양육자가 자녀의 발달을 촉진하기 위해 노력하면서 겪게 되는 스트레스를 염두해야 한다. 그러나 '과학에서 실천으로'에서 보여주는 것과 같이, ASD 아동을 키우는 것은 양육자와 가족의 삶을 풍요롭게 할 수도 있다.

부모와 지역사회의 의사가 ASD에 대한 근거기반 개입을 식별할 수 있도록 미국 임상 아동 및 청소년 심리학회는 웹 사이트를 운영하고 있다(effectivechildtherapy.org). 여기서는 경험적 증거가 가장 풍부한 치료방법을 기술하고 있다. 미국 국립 자폐스펙트럼장애 전문발달센터(2020)는 아동과 가족에게 가장 혜택을 줄 가능성이 높은 ASD에 대한 근거기반 치료의 여섯 가지 요소를 확인하고 명시하였다.

1. 효과적인 치료는 **조기 발견과 개입**을 수반한다. 가장 좋은 결과는 3세 이전에 치료를 시작할 때 발생한다. 지역사회의 영아, 걸음마기 유아 및 학령전기 아동은 ASD 판별을 위한 검사를 주기적으로 실시하여 장애를 식별하고 조기에 개입해야 한다.

2. 둘째, 치료는 **집중적**이어야 한다. 가장 좋은 결과를 보이는 아동은 1년 내내 전일제 교육적 치료에 참여한다. 일부 연구에서는 치료에 대한 용량-반응 효과를 제안하고 있다. 즉, 전일제 치료를 받은 아동이 덜 집중적인 치료를 받은 아동보다 훨씬 더 큰 개선을 보였다. 위원회는 1년 내내 주당 최소 25시간의 교육을 실시해야 한다고 권고했다.

3. 치료에는 반복적이고 계획적이며 구조화된 학습 기회가 포

과학에서 실천으로
자폐는 어떻게 당신의 삶에 영향을 미치는가?

연구자들은 거의 500명의 ASD 아동의 부모들을 인터뷰하면서, 자녀의 행동 조건이 그들의 삶과 가족에 어떻게 영향을 미치는지 물었다. 다음은 모든 부모의 가장 일반적인 반응이다.

긍정적	부정적
1. 풍요로운 삶	1. 육아 스트레스 증가
2. 인내심, 관용, 동정심을 가르쳤다.	2. 결혼/관계를 긴장시켰다.
3. 삶을 감사하고 속도를 늦추는 데 도움이 되었다.	3. 전형적으로 발달 중인 장애 아동의 형제자매는 무시당하거나 혼란스러웠다.
4. 가족 구성원들이 서로를 더 의지했다.	4. 가족 활동 제한
5. 장애아동의 형제자매가 더 책임감 있게 되었다.	5. 경제적으로 스트레스를 받았다.

많은 응답들이 긍정적이었다.

내 아들이 내 삶을 믿을 수 없을 정도로 풍요롭게 해줬다. 나는 인생을 온전히 사는 것, 신과 인간의 본성, 사랑에 대해 많은 것을 배웠다. 항상 쉽지는 않았지만, 나는 그 경험을 그 무엇과도 바꾸지 않을 것이다.

ASD 아동을 양육하는 것은 또한 스트레스가 많다. 많은 응답에는 다음과 같은 부정적인 내용도 포함되었다.

내 삶은 매우 폐쇄적이다. 많은 사람들이 내 아들을 다룰 수 없고, 그가 있으면 편안하지 않다. 나는 군중과 소음 때문에 그를 많은 곳에 데려갈 수 없다. 그래서 우리는 집에 있거나 조부모님과 많은 시간을 보낸다. 그것은 우리 가족의 삶에서 많은 것들을 제한했다.

대부분의 반응은 엇갈렸다. 비록 ASD 아동을 돌보는 것이 어려운 일이지만, 대부분의 부모들은 또한 그들의 아이를 삶에서 큰 축복으로 보았다.

그는 우리에게 '빛을 보게' 하고 우선순위를 다시 정하게 했다. 중요하게 생각하던 것들이 더 이상 중요하지 않다. 우리의 목표는 더 이상 경력 지향적이지 않다. 우리는 삶을 조금 더 즐긴다. 가장 중요한 우선 순위는 그가 언젠가 행복하고 자립할 수 있는 어른이 될 수 있도록 행복하고, 즐기고, 필요한 모든 것을 하는 것이다.

©iStockphoto.com/MariaDubova

출처 : Myers, Mackintosh, & Goin-Kochel (2009).

함되어야 한다. 이런 학습 기회의 예로는 불연속 개별시행 훈련, 중심축 반응치료 또는 구조화된 교수법이 있다. 접근 방식에 상관없이, 훈련은 아이의 필요에 맞춰져야 한다.

4. 치료 프로그램은 **낮은 학생 대 교사 비율을** 보장해야 한다. 이상적으로, 교육은 아동과 치료사의 비율이 1:1로 이루어져야 한다. 매우 어린 아동을 위한 치료 프로그램은 각 치료사마다 두 명 이상의 아동이 배정되어서는 안 된다. 이상적으로, 각 아동은 치료의 일관성을 유지하기 위해 제한된 수의 정해진 치료사와 작업해야 한다.

5. **부모는 자녀의 치료에 적극적이어야 한다.** 부모가 치료에 참여하는 것은 자녀의 치료 결과와 밀접한 관련이 있다.

치료 프로그램에 대한 부모의 참여는 학교에서 가정으로 아동의 기술이 일반화되는 것을 증가시키고, 아동에게 다양한 맥락에서 기술을 연습할 수 있는 더 많은 기회를 제공한다.

6. 프로그램은 **아동의 치료 진행 상황을 모니터링하고,** 아동의 요구와 기술 발달을 충족시키기 위해, 진전 상황에 맞춰 개입 전략을 변경해야 한다. 어떤 두 명의 ASD 아동도 서로 비슷하지 않다. 결과적으로, 모든 ASD 아동이 특정 단일 개입에 반응하지 않는다. 개입 전략은 최대의 이득을 창출하기 위해 개별 아동에 맞게 조정되고 치료 과정 중에 수정되어야 한다.

주요 용어

공감(empathy) : 다른 사람의 생각, 의도, 감정을 이해하기 위해 그 사람의 관점을 취하는 능력

공동 주의(joint attention) : 외부 세계의 단일 물체 또는 사건에 대해 양육자와 주의를 공유하는 영아의 능력. 대부분의 ASD 아동에게서 발달적 지연이 관찰됨.

공동 주의 상징놀이 참여 및 통제(joint attention symbolic play engagement and regulation, JASPER) : ASD 발현 위험이 높은 어린 아동을 위한 개입. 치료사는 자연적 상호작용 상황에서 공동 주의와 상징놀이를 강화한다.

구조화된 교수(structured teaching) : TEACCH의 구성 요소. 아이들이 교실 환경을 이해하고 숙달할 수 있도록 돕는 구조와 지지의 사용

그림교환 의사소통체계(Picture Exchange Communication System, PECS) : 아동이 행동, 감정, 아이디어 또는 사물을 나타내는 기호나 그림이 있는 카드를 가리키거나 교환하여 의사소통하는 저기술 AAC

대명사 역전(pronoun reversal) : ASD 아동이 "나는 행복하다"라고 말하고 싶을 때, 실제 "당신은 행복하다"고 말하는 경향

마음이론(theory of mind) : 사람들이 그들의 행동에 동기를 부여하는 정신 상태(예 : 생각, 믿음, 의도)를 가지고 있다는 믿음. 대개 ASD 아동에게서 발달적 지연이 관찰됨.

반향어(echolalia) : 타인의 말이나 소리의 반복

발달적 사회-화용론 중재 모델[developmental social-pragmatic (DSP) model] : 일상적 맥락에서 모방, 가장 놀이 및 자발적인 사회적 상호작용을 장려하는 ASD 소아청소년을 치료하기 위한 근거기반 접근법

발성(prosody) : 인간의 말소리에 나타나는 강세나 억양의 패턴

보완대체 의사소통 시스템(augmentative and alternative communication (AAC) systems) : ASD 아동이 구어 습득할 때나 언어장애 아동의 구어를 보완할 때, 의사소통 기술을 보완하는 데 사용되는 기술

불연속 개별시행 훈련(discrete trial training) : 아동에게 기술을 가르치는 행동 기법. 각각의 목표기술을 구성 요소로 분할하고, 각 부분은 체계적으로 아동에게 소개, 모델링, 연습 및 강화되며, 더 복잡한 행동을 만들기 위해 각각의 기술 부분을 조합한다.

비계설정(scaffolding) : 비고츠키가 사용한 용어로, 아동이 환경과 상호작용하면서 새로운 기술을 배우도록 돕기 위해 제공하는 지침과 지원을 설명하기 위해 사용함.

사회적 두뇌(social brain) : 사회인지와 의사소통에 관련된 신경 경로를 설명하기 위해 일부 연구자들이 사용하는 용어. 편

도체, 오른쪽 방추이랑, 전전두엽 피질의 일부를 포함한다.

사회적 의사소통(social communication) : 모든 ASD 소아청소년이 보여주는 결핍: (1) 사회정서적 상호주의, (2) 비언어적 의사소통, (3) 대인관계 등의 문제를 반영

사회적 지향(social orientation) : 대인관계(예 : 눈, 얼굴, 감정 표현, 사람 간의 상호작용)의 중요한 측면에 주의하고 상호작용하는 아동의 능력. 대개 ASD 아동에게서 발달적 지연이 관찰됨.

상징 놀이(symbolic play) : 한 물체로 다른 물체를 표상할 수 있는 아동의 능력. 언어 습득에 중요하며 ASD 아동에게서는 자주 지연이 관찰됨.

상호적 모방 훈련(reciprocal imitation training, RIT) : ASD 위험이 있는 어린 아동을 위한 중재. 모델링 및 자연 강화물을 통해 모방 기술을 가르침.

성장 조절 이상 가설(growth dysregulation hypothesis) : ASD 소아청소년들이 어린 시절(영아기)에는 피질의 비정상적인 성숙, 큰 머리둘레, 높은 시냅스 밀도를 보이고 특히 사회적 의사소통과 언어를 담당하는 두뇌 영역에서 낮은 신경 연결성을 보였다고 가정한다.

시각 장면 디스플레이(visual scene display, VSD) : 첨단 AAC 시스템. 아이들은 일상적인 장면(예 : 침실, 주방, 학교)을 묘사하는 태블릿의 사진을 눌러 의사소통하고 언어 능력을 발달시킴.

시각적 일과표(visual schedules) : 가정이나 학교에서의 아동의 일상행동을 조직하고 지시하기 위한 그림과 기호가 포함된 도표

오른쪽 방추이랑(right fusiform gyrus) : 사람의 얼굴을 처리하고 사회적 행동을 해석하는 데 중요한 역할을 하는 두뇌 영역. 대개 ASD 소아청소년의 경우 전형적 발달 또래에 비해 상대적으로 저활성화

자폐 게놈 프로젝트(autism genome project) : ASD의 유전적 원인을 조사하고 있는 19개국 연구자들의 민간/공공 협력 관계

자폐 및 관련 의사소통장애 아동의 치료 및 교육(Treatment and Education of Autistic and Related Communication-Handicapped Children, TEACCH) : 교실 기반의 치료적 개입으로 구조화된 교육 환경 및 비계설정의 방법을 이용하여 사회적 의사소통을 개선하고 ASD 아동의 도전적인 행동을 줄이려는 목적을 가진다.

자폐 및 발달장애 모니터링(ADDM) 네트워크[autism and developmental disabilities monitoring (ADDM) network] : 질병 통제 및 예방 센터에서 자금을 지원하여 의료 및 교육 기록을 사용하여 미국의 ASD 아동 수를 추정하는 프로그램

자폐스펙트럼장애(autism spectrum disorder, ASD) : 사회적 의사소통의 지속적인 결손과 제한적이고 반복적인 패턴의 행동, 흥미 또는 활동의 제한적이고 반복적인 패턴의 존재로 특징지어지는 DSM-5 장애로 생애 초기에 시작되고 사회적 기능에 현저한 장애를 야기한다.

제한적이고 반복적인 행동, 흥미, 활동 패턴(restricted, repetitive patterns of behavior, interests, or activities) : 거의 모든 ASD 소아청소년이 보여주는 문제. (1) 정형적이거나 반복적인 행동, (2) 일과에 지나치게 집착하거나 변화에 대한 저항, (3) 제한적이고 고정된 흥미 또는 (4) 감각 입력에 대한 비정상적인 반응으로 특징지어진다.

조기시작 덴버 모델(Early Start Denver Model, ESDM) : ASD 아동을 치료하기 위한 발달적 사회-화용론 접근법. 아동에게 발달단계에 따른 교육과정을 사용하여 모방, 사회적 지향, 공동 주의 및 긍정적인 감정 의사소통 기술을 가르친다.

중심축 반응치료(pivotal response treatment) : 자연적 환경에서 일반적으로 부모가 수행하는 행동 개입. ASD 아동의 동기 부여 및 자기 조절 기술을 증가시키기 위해 고안됨

집중적 조기행동개입(early intensive behavioral intervention, EIBI) : ASD 아동에게 사회적 의사소통과 언어 기술을 가르치고 강화하기 위해 직접 교수 방법을 집중적으로 사용하는 행동 치료법

틀린 믿음 과제(false belief task) : 실험실 기반 마음이론 검사

핸드오버핸드 보조(hand-over-hand assistance) : 아이들이 새로운 기술을 습득할 수 있도록 돕는 비계설정 기술. 치료사는 자신의 손으로 아이의 손을 유도한다.

화용론(pragmatics) : 특정 사회적 맥락에서 언어의 사용, 특히 대화 중에 발생하는 자연스러운 주고받기 및 적절한 배경 정보로 일관성 있는 이야기를 하는 능력

MSSNG : ASD의 유전적 위험 요인을 규명하기 위해 시도된 프로젝트로, 성인과 아동을 비롯한 ASD 개인 1만 명의 유전

자 매핑을 수행함.

UCLA 자폐 아동 프로젝트(UCLA Young Autism Project) : 로 바스와 동료들에 의해 시행된 EIBI 연구로, 언어장애를 가진 어린 ASD 아동의 비연속적 개별시행 훈련에 집중함. 참가자들은 IQ와 언어능력의 증가를 보여주었다.

비판적 사고 연습

1. 전문가들이 자폐장애를 '스펙트럼'상에 존재하는 것이라고 말할 때, 이는 무엇을 의미하는가?

2. 대부분의 부모들은 ASD로 진단받은 자녀들이, 진단받기 이전 영아기와 걸음마기에도 사회적 의사소통과 행동에 문제를 보인 것을 기억한다. 그러나 대부분의 경우 ASD는 3세 이후에나 진단된다. 그 이유가 무엇일까?

3. 불연속 개별시행 훈련의 개념을 설명하라. 치료사가 ASD와 지적장애를 가진 아동에게 10원짜리, 100원짜리, 500원짜리 동전을 구별하도록 가르치려면, 불연속 개별시행 훈련을 어떻게 사용할 수 있을까?

4. 당신이 3학년 선생님이라고 상상해보자. 2주 후에 새로 전학 오는 학생이 ASD와 지적장애를 가진 소년이라는 것을 알게 되었다. 이 학생과 상호작용을 준비하기 위해, 나머지 다른 학생들과 무엇을 할 수 있을까?

5. 옆집 아저씨에게 ASD 아들이 있다고 가정해보자. 그 아저씨는 자신과 아들의 사회적 기능을 향상시킨다고 광고하는 일주일간의 감각 통합 치료 프로그램에 참가하기 위해, 일본으로 비행기를 타고 가는 것을 생각 중이라고 한다. 당신의 이웃에게 이 계획에 대해 어떻게 말할 수 있을까?

7

의사소통 및 학습장애

학습목표

이 장을 학습한 다음에 여러분은 다음을 할 수 있어야 한다.

7.1 아동 의사소통장애의 주요 특징을 기술하기
　　의사소통 장애의 주요 원인들과 근거기반치료를 확인하기
7.2 특정학습장애와 특정학습부진을 구별하기

학령기 아동들의 학습장애를 어떻게 확인하는지 기술하기
읽기, 쓰기 또는 수학 장애를 가진 학령기 아동들을 위한 근거기반치료의 예를 들기

7.1 의사소통장애

의사소통 및 학습장애는 아동들에게 가장 흔히 나타나지만 그다지 많은 관심을 끌지는 못하는 신경발달장애이다(Norbury & Paul, 2018; Snowling & Hulme, 2018). 대부분 사람들이 다운증후군과 자폐스펙트럼장애는 친숙하게 여기지만, 언어장애에 관해서는 들은 바가 없거나 그 원인이 무엇인지 거의 모르고 있는 경우가 대부분이다. 아동 초기에 발생하는 장애들 중에서 이들 장애가 갖는 '신데렐라 지위'에도 불구하고, 아동의 15%가량이 이들 장애를 한두 가지 가지고 있다. 더욱이 종단연구는 이들 장애가 아동의 학업성취, 행동 및 사회적 기능에 발생하는 장단기적 문제로 이어질 수 있다는 것을 보여준다(Cortiella & Horowitz, 2014).

언어장애란 무엇인가?

기술

언어(language)는 신념, 지식 및 기술이 경험되고 표출되고 공유되는 의사소통을 가리킨다. 언어는 문화에 의해 결정된 규칙체계에 따라 청각 또는 시각 상징들을 복잡하게 조작하고 조직하는 것으로 말, 신호 또는 글로 표현될 수 있다. 미국인 6~800만 명이 어떤 형태로든 언어손상을 가지고 있으며, 이런 손상은 다른 사람들과 의사소통하는 능력을 훼손한다(Angell, 2009).

언어장애(language disorder)는 아동이 이해나 산출의 결함으로 인해 언어의 습득과 사용에 뚜렷한 문제가 있을 때 진단된다. 언어장애가 있는 아동들은 문법이나 문장구조에 문제가 있거나, 생각과 감정을 공유하기 어려워한다는 좀 더 일반적인 문제를 가지고 있다. 언어장애는 개념 정의상 지적장애 또는 청력상실과 같은 신체장애에 의해 설명되지 않는다(표

표 7.1 ■ 언어장애의 진단기준

A 다양한 양식의 언어(즉 음성언어, 문자언어, 수화)를 습득하고 사용함에 있어서 다음과 같은 언어 이해 또는 산출의 결함으로 인해 어려움이 지속된다.
　1. 어휘(단어 지식과 사용)의 감소
　2. 문장 구조(문법과 형태론의 규칙들을 기초로 단어와 단어의 어미들을 조합해서 문장을 만드는 능력)의 제한
　3. 담화(어떤 주제나 일련의 사건을 설명하거나 기술하기 위해 또는 대화를 하기 위해 어휘를 사용하고 문장을 연결하는 능력)의 손상

B 언어능력이 연령에서 기대되는 수준에 비해 현저하게 낮으며, 그 결과 효율적 의사소통, 사회적 참여, 학업성취 또는 직업수행 중 어느 한 가지 또는 몇 가지 기능이 제한된다.

C 증상의 발현은 발달 기간의 초기에 시작된다.

D 이러한 어려움은 청력이나 다른 감각의 손상, 운동기능 이상 또는 다른 의학적·신경학적 상태에 기인한 것이 아니며, 지적장애나 전반적 발달지연에 의해 더 잘 설명되지 않는다.

출처 : *Diagnostic and Statistical Manual of Mental Disorders*, Fifth Edition (2013), 미국정신의학협회 판권 소유. 재인쇄 허가받음.

7.1; American Psychiatric Association, 2013).

DSM-5는 언어장애가 어떻게 평가되고 확인되어야 하는지 명시하지 않고 있다(American Psychiatric Association, 2013). 그러나 실제에서는 표준화 언어검사에서 언어점수가 평균보다 1.25 표준편차 이상 낮고(예 : < 80), 비언어성 IQ 점수는 평균 범위 내에 있으며(예 : > 85), 그 밖에는 건강해 보이는 걸음마 아동과 학령전기 아동들을 언어장애로 진단한다. 따라서 언어장애가 있는 아동들은 언어기술에 특정한 손상을 보인다. 이 아동들은 지적장애나 전반적 발달지연(GDD)을 보이는 아동들처럼 인지기능이 낮지 않고 많은 적응기술이 지연을 보이지도 않는다.

언어장애가 있는 아동들은 의사소통을 할 때 수용성 언어, 표현성 언어 또는 이 두 측면 모두에서 문제를 보일 수 있다. 수용성 언어(receptive language)는 다른 사람이 하는 말을 듣고 이해하는 능력이다. 수용성 언어검사의 하나로 피바디 그림어휘검사(Peabody Picture Vocabulary Test), 제5판이 있다. 심리학자는 이 검사를 실시할 때 아동에게 그림 4개를 제시하고 그중에서 특정한 단어나 개념을 보여주는 그림을 손으로 가리키게 한다. 이 검사는 아동이 자신이 이해하는 바를 말하거나 글로 쓰지 않고 손으로 가리켜서 나타낸다는 점에서 수용

성 어휘를 평가한다. 반면에 표현성 언어(expressive language)는 신념, 지식, 기술을 다른 사람들과 공유하는 능력을 가리킨다. 표현성 언어검사의 하나로 표현성 한 단어 그림어휘검사(Expressive One-Word Picture Vocabulary Test), 제4판이 있다. 이 검사를 실시하는 심리학자는 아동에게 그림을 하나 제시하고 그 이름을 말하게 한다. 이 검사는 아동이 그림을 알아보고 이름을 말해야 한다는 점에서 표현성 어휘를 평가한다 (Shipley & McAfee, 2015).

언어장애는 언어습득 또는 언어기술이 전반적으로 지연되는 것이다. 이 장애의 진단은 전문가들이 해당 아동의 언어발달을 관찰하고 더 심각한 언어결손을 예방하기 위해 필요하다면 조기 개입을 하도록 이들에게 경고하는 '깃발'의 역할을 한다. 흔히 전문가들은 이 아동들이 보이는 언어문제의 유형을 (1) 늦은 언어출현 또는 (2) 특정언어손상으로 명시한다.

늦은 언어출현

늦은 언어출현(late language emergence)은 수용성 또는 표현성 언어가 현저한 지연을 보이는 언어장애의 일종이다. 아동이 18~36개월이 되었는데도 언어이해나 말하기에서 뚜렷한 지연을 보일 때 늦은 언어출현이라는 진단을 받는다(그림 7.1).

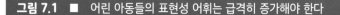

그림 7.1   ■   어린 아동들의 표현성 어휘는 급격히 증가해야 한다

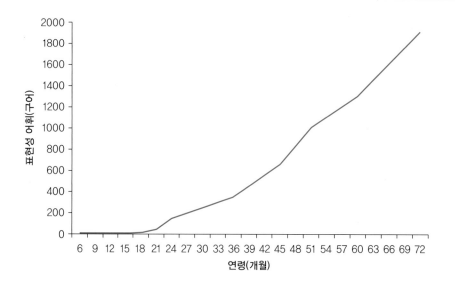

주 : 아동들은 대부분이 18~36개월 사이에 단어의 수가 급격히 증가한다. 언어출현이 늦은 아동들은 그렇지 못하다. 출처 : National Institute of Child Health and Human Development (2020).

사례연구
언어장애(늦은 언어출현)

코디의 언어습득 문제

코디는 신체 건강한 26개월 소년이다. 언어지연 문제 때문에 소아과의사가 우리 클리닉에 의뢰하였다. 코디의 어머니는 코디가 마마, 다다, 컵 같은 몇 개 단어만 또렷하게 말할 수 있다고 보고하였다. 코디는 보통 제스처와 울음으로 의사소통을 하였다. 신체검사에서는 건강한 것으로 나타났는데, 머리둘레와 체중이 정상 범위에 있었다. 시각과 청각에서도 문제가 없었다. 운동 기술과 사회적 기술도 그 또래의 아동에게 적절한 수준이었다.

우리 클리닉의 심리학자가 코디의 인지기능과 언어기술을 검사하였다. 유동성 IQ 점수는 평균 범위(101)에 속했으나 언어성 IQ 점수(75)는 현저한 지연을 보였다. 코디의 수용성 언어기술은 또래아동들보다 대략 1 표준편차 뒤처져 있었다. 예를 들어, 한 단어로 된 간단한 명령을 따를 수는 있었지만, 흔한 물건들을 손으로 가리켜보게 하면 그렇게 하기 어려워했다. 코디는 표현성 언어기술도 지연되어 있었다. 이 소년의 어휘는 단어 20개 정도에 불과했는데, 대부분이 기능과 관련된 것이었다(예 : 위에, 더, 엄마). 코디는 단어들을 결합해서 2개의 단어로 된 간단한 문장을 만들지 못했다.

코디의 어머니는 "코디가 언어 문제가 있는 건지, 아니면 그냥 늦되

©iStockphoto.com/holicow

는 아이인지 모르겠어요."라고 말했다. "저는 코디가 다른 아이들을 따라잡을 때까지 몇 달 더 있으려고 했는데 의사가 당장 검사를 해야 한다고 했어요."

예를 들어, 간단한 지시(예 : "그거 잡아")를 따르지 못하는 24개월 아동 또는 단어들을 결합하여 단순한 문장(예 : "나한테 그 인형을 줘")을 만들지 못하는 36개월 아동은 늦은 언어출현을 보인다고 할 수 있다.

늦은 언어출현은 더 심각한 언어문제의 지표이거나 ASD의 초기 징후일 수 있기 때문에 중요하다. 따라서 아동이 늦은 언어출현으로 진단받으면 세심하게 관찰하고 언어기술을 증진하기 위한 조기개입을 제공할 필요가 있다(MacWhinney & William, 2015). 늦은 언어출현이라는 언어장애가 있는 소년 코디의 사례를 생각해보자.

언어습득이 장시간 지연된다면 이는 더 전반적인 신경발달 문제가 있음을 드러내는 지표일 가능성이 있다. 부시맨, 요스, 루프(Buschmann, Jooss & Rupp, 2008)는 늦은 언어출현을 보이는 24개월 아동들로 구성된 대규모 표본을 평가하였다. 이들 중 약 22%가 언어문제 이외의 발달지연을 적어도 한 가지는 보였다. 예를 들어, 12%는 코디처럼 비언어성 인지기능이 평균 이하였고, 6%는 비언어성 지능에 현저한 결함이 있

었으며, 4%는 ASD의 진단기준을 충족하였다. 언어출현이 늦은 아동의 대부분이 결국에는 또래아동들과 비슷한 수준으로 언어기술이 발달하지만, 상당수는 치료가 필요할 정도로 심각한 발달지연을 보인다(Pierce, 2015).

특정언어손상

언어출현이 늦은 아동의 대부분이 또래아동들을 따라잡지만, 25~40%는 더 심각한 언어문제를 일으킨다(Kaderavek, 2015). **특정언어손상**(specific language impairment, SLI)은 언어에 현저한 결함을 보이는 언어장애로서 이 결함이 지적장애 또는 다른 의학적 · 정신과적 질환으로 설명되지 않는 장애이다(MacWhinney & William, 2015).

SLI 아동들은 보통 학령전기의 언어기술이 또래아동들에 비해 계속 뒤처져있을 때 진단을 받는다. 이 아동들의 언어는 대체로 짧고 단순하며, 훨씬 더 어린 아동들이 흔히 보이는 오류들로 가득 차 있다. 나이 든 SLI 아동들은 언어문제가 없는 훨씬 더 어린 아동들이 보이는 것과 동일한 언어적 오류들을

거의 동일한 순서로 나타낸다. 예를 들어, 7세 또는 8세 SLI 아동은 3~4세 일반아동들 수준의 말을 한다(Cupples, 2011). 특정언어손상이 있는 소녀 버네뎃의 사례를 생각해보자.

SLI 아동들은 흔히 (1) 음운론, (2) 형태론, (3) 문법, (4) 의미론이라는 네 가지 언어영역에서 문제를 보인다(Brookshire & McNeil, 2014).

음운론(phonology)은 언어의 소리들, 그리고 이 소리들을 조합하는 규칙을 가리킨다. 영어는 42개의 기본적 소리 또는 음운을 가지고 있다. 아동들은 언어를 습득하면서 흔히 음운처리와 발음에서 오류를 낸다. 예를 들어, 3세 아동은 흔히 *elephant*를 'ephant'로, *spaghetti*를 'sghetti'로 발음한다. 그러나 SLI 아동들은 학령기 초기까지도 이런 특징적인 언어적 오류를 계속 저지른다.

SLI 아동들은 종종 음소인식(phonemic awareness), 즉 소리를 듣고 확인하고 조작하는 능력이 결여되어 있다. 예를 들어, 'cat'이라는 단어를 듣고 이를 /k/, /a/, /t/라는 3개의 음운으로 분리하려면 음소인식이 있어야 한다. SLI 아동들은 단어의 소리들을 뒤바꾸거나 대체하거나 잘못 발음하는 등 언어의 음소인식에 문제가 있다. 예를 들어, 이들은 *thing* 대신에 'ting', *zoo* 대신에 'tu', *job* 대신에 'dob'이라 발음한다. 앞으로 보게 되겠지만, 의사소통장애와 학습장애 둘 다의 기저에 음소인식 결여가 자리하고 있다.

형태론(morphology)은 단어구조, 즉 문자 그대로 음운들을 가지고 어떻게 단어를 만드는지에 대한 이해를 가리킨다(Pindzola, Plexico, & Haynes, 2015). 형태소는 언어에서 의미를 갖는 가장 작은 단위이다. 어떤 형태소들은 '자유롭다.' 즉 그 자체로 온전한 단어로서 의미를 전달한다(예 : tie, walk, dog). 다른 형태소들은 '묶여있다.' 즉 접두사나 접미사('untie'에서 un-), 어미('walked'에서 -ed) 또는 복수('dogs'에서 -s)와 같이 다른 형태소들과 결합할 때에만 의미를 전달한다.

일반 아동들은 비교적 일관성 있는 패턴에 따라 형태소들을 숙달한다. 예를 들어, 보통 -ing 어미(예 : swimm*ing*)와 일부 전치사들(예 : *in* the box)을 가장 먼저 사용한다. 이후 복수 어미 -s(예 : hats), 소유격 어미 -s(예 : Mommy*'s* hat), 그리고 축약 불가능한 연결동사 'be'(예 : She *is* my mom. I *am* her son.)를 숙달하기 시작한다. 아동이 가장 나중에 숙달하는 형태소들은 과거시제 어미 -ed(예 : walk*ed*), 일인칭 단수 어미 -s(예 : The bird chirp*s*), 그리고 뒤에 동사가 오는 조동사 'be'(예 : She *is* playing. I *was* running.)이다.

SLI 아동들은 발달 후기에 학습되는 형태소들을 숙달하는 데 특히 큰 어려움을 겪는다. 예를 들어, 많은 SLI 아동들은 과거시제 어미를 생략한다("I walked to school" 대신 "I walk to school"). 흔히 나타나는 또 다른 오류는 3인칭 단수 어미를 생략하는 것이다("My friend walks with me" 대신 "My friend walk with me"). 세 번째로 흔한 오류는 be 동사 활용의 어려움과 관련이 있다("Mommy is nice" 대신 "Mommy bes nice"). 2~3세 아동들이 이런 오류들을 저지른다면 발달규준에 부합하지만, SLI 아동들은 학령전기까지도 이런 오류들을 저지른다(Pindzola et al., 2015).

문법(grammar)은 형태소를 사용하고 문장에서 단어배치 순서를 규제하는 규칙을 말한다. SLI 아동들은 종종 심각한 문법적 오류를 저지른다. 예를 들어, "I went there" 대신에 "Me go there" 또는 "Why does he like me?" 대신에 "Why he like me?"라고 말하곤 한다. 이 아동들은 또 단어 순서의 차이를 이해하지 못한다. 예를 들어, 이 아동들은 "The dog is chased by the boy"라는 문장에서 누가 누구를 쫓는지 알지 못하기 때문에 인형을 사용해서 이 문장을 실연하기 어려워한다(Kaderavek, 2015).

의미론(semantics)은 언어가 갖는 의미를 가리킨다. 의미론은 개별 단어의 의미(어휘 의미론) 또는 문장의 의미(문장 의미론)를 가리킬 수 있다. 단어의 의미는 아동이 자신의 세계를 언어로 표상하고 다른 사람들을 이해하며 자신의 생각을 정확하게 전달하게 해준다는 점에서 중요하다. SLI 아동들은 종종 단어습득과 단어지식의 발달이 지연을 보인다. 대부분의 2세 아동들은 약 200개의 단어를 어휘목록에 가지고 있는 데 반해, 나중에 SLI로 진단된 2세 아동들은 보통 20개 정도의 단어만 알고 있다(Owens, 2013).

SLI 아동들은 보통 훨씬 더 어린 아동들과 유사한 의미기술을 보유하고 있다. 예를 들어, SLI가 있는 유치원 아동들은 2~3세 아동들과 유사하게 과대확장과 과소확장이라는 오류를 흔히 보인다. **과대확장**(overextension)은 단어를 부적절하게 일반화하여 사용하는 것인데 반해(예 : 모든 성인을 '아빠'라 부름), **과소확장**(underextension)은 단어를 일반화하지 못하는 것이다(예 : '고양이'라는 단어를 다른 고양이들 말고 자기 집

사례연구
언어장애(특정언어손상)

버너뎃의 표현성 문제

버너뎃은 5세 소녀로 표현성 언어의 결함 때문에 부모가 우리 클리닉에 의뢰하였다. 버너뎃은 늦은 언어출현 내력이 있었다. 24개월이 되어서야 말을 하기 시작했고 불과 작년에야 두세 단어로 된 짧은 문장을 말하기 시작했다. 소아과의사는 처음에 버너뎃이 지적장애가 아닌가 생각했으나, 이 소녀의 비언어성 지능과 적응기능은 또래아동들의 평균 범위에 있었다. 사실 버너뎃은 상냥하고 활발한 소녀였는데, 문제는 자신의 감정과 생각을 표현하기 어렵다는 것이었다.

우리 클리닉의 언어병리학자는 버너뎃에게 일련의 그림들을 보여주고 그 그림들을 사용해서 이야기를 만들어보게 했다. 두 사람은 다음과 같은 얘기를 주고받았다.

치료자 : 이건 첫 번째 그림이야. 그림을 보고 무슨 일이 일어나고 있는지 말해보렴.

버너뎃 : (그림에 있는 소녀를 가리키며) 누구예요?

치료자 : 그 애 이름은 샐리야.

버너뎃 : 샐리. 쇼핑 가고 있어요. 샐리는 가방을(오랜 멈춤)…들고 있고…(멈춤)

치료자 : 샐리가 무얼 들고 있니?

버너뎃 : 몰라요.

치료자 : 좋아. 다음 그림을 보자. 여기선 무슨 일이 일어나고 있니?

버너뎃 : 집에 들어가요. 샐리. 엄마하고 먹어요.

치료자 : 무얼 먹었니?

버너뎃 : 그 애 사과 먹었어. 먹었어요…(멈춤)…몰라요.

치료자 : 사과하고 포도를 먹은 것 같구나.

버너뎃 : (미소 띠며) 네.

©iStockphoto.com/gawrav

"얘는 종종 물건들의 이름을 기억하지 못해요." 버너뎃의 어머니가 보고했다. "기억에 문제가 있는 것 같아요." 치료자가 대답했다. "그럴지도 모릅니다. 그걸 확인해보려면 더 철저하게 검사를 해볼 필요가 있습니다. 그러나 저는 이 아이의 주된 문제가 표현성 언어라고 생각해요. 다행히도 버너뎃이 표현을 더 잘할 수 있도록 돕기 위해 어머니와 제가 할 수 있는 일들이 몇 가지 있습니다."

고양이를 가리킬 때만 사용함). SLI 아동들은 대명사를 사용하는 데에도 어려움이 있다(예 : he/she 또는 him/her를 혼동함). 거의 항상 어휘 발달이 뒤처져 있으며 자기 자신을 정확하게 표현하기 어려워한다. 이 아동들은 버너뎃처럼 단어 인출에 문제가 있고, 단어를 잘못 사용하며, 아무 의미 없는 새로운 단어들(예 : 신조어)을 만들어내고, 모호하고 단순한 단어들(예 : *thing, this, stuff*)에 의존하는 것으로 보인다(Cupples, 2011).

원인

유전자와 뇌 구조

언어 손상은 유전에 크게 영향을 받는다. 언어장애의 유전가능성 추정치는 .50에서 .75 사이에 있다. 언어장애의 유병률은 일반 모집단에서 약 7%이지만, 가족구성원 중에 적어도 한 명이 언어장애가 있는 아동들의 경우에는 유병률이 40%까지 상승한다. 더욱이 언어장애 아동의 형제들은 장애의 기준에는 부합하지 않을지라도 음소인식과 문법에 미세하게 어려움을 겪는 경우가 많다. 종합하면, 이 자료들은 아동이 언어문제를 일으킬 성향을 갖게 만드는 공통의 유전자 집합이 있

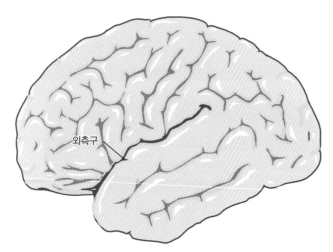

이미지 7.1 외측구 또는 실비우스열은 뇌 좌반구에 있는 커다란 뇌회이다. 이 뇌 영역 가까이에 발생한 이상은 언어장애를 초래할 가능성이 있다.

다는 것을 시사한다(Kornilov et al., 2016).

어떤 연구들은 언어장애가 있는 아동들에게서 뇌 이상을 발견하였다(Hedge & Maul, 2006). 이 연구들은 외측구를 둘러싸고 있는 영역에 초점을 두었다. 실비우스열이라고도 불리는 외측구(lateral sulcus)는 좌반구에 있는 커다란 뇌회(홈)이다(이미지 7.1). 이 영역에는 브로카 영역, 베르니케 영역, 일차 청각피질을 포함하여 언어를 담당하는 여러 뇌 부위가 있다. 오른손잡이 아동들은 이 영역이 확대되어 있는 것이 정상이다. 즉 언어에 전문화된 좌반구의 이 영역은 우반구의 상응하는 영역보다 더 크다. 그러나 언어장애가 있는 많은 아동들은 이와 같은 전형적 비대칭을 보이지 않는다. 그 대신 두 반구의 크기가 동일한데, 이는 언어가 전문화되어 있지 않다는 것을 시사한다.

안타깝게도 외측구의 이상과 언어장애 간에 직접적인 관련은 없다. 언어장애 아동 상당수가 이런 비대칭 결여를 보이지 않으며, 언어손상이 없는 아동들 중에도 상당수가 이러한 이상을 보인다. 따라서 이와 같은 구조의 차이로 언어장애의 사례들을 전부 다 설명할 수는 없다.

청지각의 문제

청지각(auditory perception)은 소리를 알아듣고 구별하는 능력이다. 아동에게 소리가 약간 다른 2개의 음소(예 : /th/와 /d/)를 들려주고 그 차이를 탐지하게 하여 측정할 수 있다. 청지각이 중요한 이유는 음소인식이 발달하기 위해서는 아동들이

음소들 간의 미세한 차이를 탐지해야 하기 때문이다. 일반 아동들은 생후 첫 해에 청각정보들 간의 미세한 차이를 구별하는 능력을 점차 습득한다. 그러나 언어장애가 있는 아동들은 그렇지 않다. 청지각 발달의 지연은 말과 언어 둘 다에 문제를 초래할 수 있다. 예를 들어, /l/과 /r/을 구분하지 못하는 아동은 이 소리들을 산출하기도 어려울 것이다(예 : ring이라는 단어가 'ling'과 똑같은 소리가 난다). 더욱이 sing이라는 단어와 sings라는 단어를 구분하지 못하는 아동은 말을 할 때 복수어미 /–s/를 산출하지 않을 것이다(Weismer, 2008).

신속한 정보처리의 결함

신속한 정보처리(rapid temporal processing)는 감각정보를 빠르고 정확하게 처리하는 능력이다. 아동이 빠르게 제시되는 자극들을 구별하게 함으로써 측정한다. 예를 들어, 컴퓨터로 생성한 2개의 소리(예 : /ba/와 /pa/) 또는 연속해서 빠르게 제시되는 2개의 다중음절 단어들을 구별하게 할 수 있다. 자극들이 느리게 제시될 때에는 모든 아동이 이 자극들을 잘 구별한다. 그러나 자극이 빠르게 제시되면 언어장애 아동들이 언어손상이 없는 또래아동들보다 수행이 훨씬 더 낮다.

신속한 정보처리는 청각정보가 짧게 제시되거나 부모가 아이에게 빠르게 얘기할 때와 같이 청각정보가 연속해서 빠른 속도로 제시될 때 중요하게 작용한다. 아동이 음소인식을 갖추고, 대상들의 이름을 학습하고, 문장들을 이해하기 위해서는 이런 청각정보를 빠르게 부호화할 수 있어야 한다. 그러나 신속한 정보처리에 결함이 있는 아동들은 미세한 청각정보를 더 적게 받아들이고 처리한다. 언어입력자극을 놓쳐버리는 것이다. 따라서 신속한 정보처리의 문제는 아동의 음소인식과 어휘의 발달을 늦추고 문장이해에 어려움을 초래할 수 있다(Richards & Goswami, 2015).

단기기억의 지연

단기 음운기억(phonological short-term memory)은 청각자료를 짧은 기간 동안 기억에 잡아두는 능력이다. 아동에게 일련의 무의미 음절들을 기억하게 하여 측정한다. 단기 음운기억이 중요한 이유는 단어들을 학습하고 정확하게 재생하는 능력이 이 기술에 달려있기 때문이다.

단기 음운기억의 문제는 형태론적 오류와 문법적 오류로

이어질 수 있다. 예를 들어, 청각정보를 기억하기 어려운 아동은 문장을 완성할 때 과거시제나 복수어미를 빠뜨릴 것이다(예 : Yesterday, I walk[ed] to school; Today, John ride[s] his bike). 이와 유사하게, 단기 음운기억에 결함이 있는 아동들은 어휘 발달에 문제가 있거나 문장을 이해하기 어려울 수 있다. 예를 들어, 이 아동들은 "The boy chased the dog"과 "The dog was chased by the boy"가 같은 의미를 가지고 있는 문장이라는 것을 알아내기 어려울 수 있다(Gathercole & Baddeley, 2014).

부모 - 자녀 의사소통의 결핍

많은 연구들이 언어장애가 있는 아동과 부모 간에 이루어지는 언어적 상호작용에 초점을 맞추었다. 연구들은 이 상호작용의 질이 일반 아동과 부모들 간의 언어적 상호작용과 비교해볼 때 매우 빈약하다는 것을 보여주었다(Hedge & Maul, 2006). 언어장애가 있는 아동의 부모들은 대체로 다음과 같이 행동한다.

> 아동과 상호작용을 더 적게 한다.
>
> 아동에게 질문을 더 적게 한다.
>
> 더 짧고 덜 복잡한 문장을 사용한다.
>
> 아동에게 사용하는 언어가 다양하지 않다.
>
> 아동의 말에 반응을 더 적게 한다.

이러한 양육행동이 언어장애의 원인인지 또는 결과인지는 알려져 있지 않다. 부모-자녀 의사소통 결핍은 아동의 언어지연을 초래할 수 있다. 그러나 최근의 자료는 언어장애가 있는 아동의 부모들이 자녀가 의사소통에 문제가 있기 때문에 그들에게 덜 복잡한 언어를 사용하는 것일 수도 있음을 보여준다(Blackwell, Harding, Babayigit, & Roulstone, 2015).

근거기반치료

언어장애 치료는 아동의 요구에 맞추어 조정된다. 가령 언어출현이 늦은 아동이라면 표현성 어휘를 확장하고 단어들을 결합하여 문장을 만드는 것을 도와줄 필요가 있다. SLI 아동들이라면 과거시제 사용의 문제 또는 관사나 전치사의 누락과 같은 형태론 및 문법상의 오류를 교정해주는 것이 필요

하다. 그러므로 언어장애 치료는 아동의 약점을 극복하기 위해 그들이 지니고 있는 언어적 강점들을 강조한다(Roth & Worthington, 2015).

언어 산출을 증가시키기 위한 불연속시행 훈련

개별 단어. 언어장애가 있는 어린 아동들의 상당수는 또래아동들에 비해 표현성 어휘가 한참 뒤처져 있다. 치료의 일차 목적은 이 아동들의 표현성 어휘, 다중단어 발화 및 전체 언어 산출량을 늘리는 것이다.

표현성 언어가 부족한 아동들에게는 불연속시행 훈련을 사용할 수 있다. 앞서 살펴보았듯이, 불연속시행 훈련은 개별적으로 실시되는 교육적 접근으로서 특정 행동들을 계획되고 통제되고 체계적인 방식으로 가르치는 데 사용된다. 일련의 반복시행을 통해 한 번에 하나씩 기술을 가르친다. 각 시행은 다음의 세 부분으로 구성된다. (1) 자극의 제시, (2) 아동의 행동, (3) 원하는 행동을 수행한 데 대한 강화이다.

첫째, 치료자가 목표단어를 제시한다. 예를 들어 치료자가 아동이 '쿠키'라는 말을 하도록 가르치고 싶어 한다고 하자. 치료자는 아동에게 쿠키를 주고 "이게 뭐지?"라고 묻는다. 아동이 치료자의 질문에 답하지 않으면 아동의 답변을 촉구하며 다음과 같이 말한다. "이건 쿠키야. '쿠키'라고 말해봐." 이때의 목적은 원하는 언어적 반응을 아동이 산출하고 그 반응을 치료자가 강화할 수 있게 되는 것이다.

둘째, 치료자는 아동이 옳은 반응을 하는지 관찰한다. 이 사례에서는 아동이 치료자의 촉구를 받거나 또는 받지 않고 '쿠키'라고 답하는 것이다. 아동이 오답을 하면 치료자는 다음과 같은 말로 아동을 교정해준다. "아냐, 이건 쿠키야. '쿠키'라고 말해봐."

셋째, 치료자는 아동이 옳은 반응을 산출하면 즉석 강화를 제공한다. 예를 들어, 치료자는 미소를 띠고 "잘했어. 이건 쿠키야"라고 말하고 아동에게 한 조각을 줌으로써 '쿠키'라는 아동의 답변을 강화한다.

각 시행은 아동이 최소한의 촉구를 받고 치료자가 희망했던 반응을 올바르게 산출할 때까지 여러 차례 반복된다. 그런 다음, 이전에 습득한 기술을 기반으로 하는 새로운 행동이 도입된다.

요청과 서술. 불연속시행 훈련은 아동이 여러 단어를 결

합하여 구(句)와 단문을 만들도록 돕는 데에도 사용될 수 있다. 아동이 학습하고 사용해야 할 중요한 유형의 구는 요청(mands)이다. 요청은 아동이 물건, 정보 또는 혜택을 얻을 수 있게 해준다는 점에서 중요하다. 요청은 그 자체로 강화물을 명시하기 때문에 가르치기가 상당히 쉽다. 예를 들어, "마실 것을 주세요"라고 말하는 2세 아동은 자신의 요청에 대한 강화물로 자신이 제일 좋아하는 주스를 한 모금 얻을 수 있다.

초반에는 치료자가 불연속시행 훈련을 사용하여 단순 요청을 가르친다. 예를 들어, 치료자는 주스 한 잔을 내놓고, 다음과 같이 말하면서 아동의 요청을 촉구할 수 있다. "너 주스 마시고 싶지. '주스를 주세요.'라고 말해봐." 치료자는 아동이 요청을 할 때까지 계속 아동을 촉구한다. 아동이 요청을 하면 치료자는 강화를 제공할 것이다. 치료자의 촉구 없이도 아동이 요청을 할 때까지 이런 시행을 반복한다. 마침내 모든 촉구가 사라지고 아동은 스스로 요청을 하게 될 것이다.

아동이 서술(tacts)을 하도록 가르칠 수도 있다. 서술은 아동이 명사와 동사를 결합하여 자신의 경험과 주변 상황을 묘사할 수 있게 해준다. 다음은 그 예들이다.

> 대상의 묘사(예 : 이 강아지는 희고 검은 털을 가지고 있다)
>
> 대상의 부분에 대한 묘사(예 : 이 강아지는 두 귀와 코를 가지고 있다)
>
> 대상의 기능에 대한 묘사(예 : 그의 코는 냄새를 맡기 위한 것이다)
>
> 행위의 묘사(예 : 이 강아지는 빨리 달린다)
>
> 행위의 순서(예 : 이 강아지는 밖으로 달려 나간다. 그런 다음 공을 잡는다)
>
> 감정 표현(예 : 이 강아지는 놀이를 좋아한다)

치료자는 아동 내담자가 발언을 하도록 가르치기 위해 어떤 강아지의 사진을 보여주고 다음과 같이 말할 수 있다. "이건 내 강아지의 사진이란다. 네가 나한테 이 강아지에 대해 말해주면 좋겠다. 이 강아지가 어떻게 생겼는지, 신체 부위에 대한 것이든 아니면 다른 어떤 것이든 말하면 돼. 예를 들어 '이 강아지는 희고 검은 털을 가지고 있어요.'라고 말해보렴."

그런 다음 치료자는 아동의 반응을 칭찬하고, 다음과 같은 말로 두 번째 시행을 계속할 것이다. "아주 잘했다. 이 강아지는 희고 검은 털을 가지고 있지. 이 강아지가 어떻게 생겼는지 좀 더 말해줄래. '이 강아지는 귀가 커요'라고 말해보렴". 치료자가 여러 회기에 걸쳐 점차 촉구를 줄여나감으로써 아동은 스스로 대상들을 묘사하는 발언을 할 수 있게 될 것이다.

질문. 치료자는 표현성 어휘가 부족한 아동들에게 질문하는 법을 가르치기도 한다. 질문은 아동이 주변 환경에 대한 정보를 수집하고 의미지식을 확장하게 해준다는 점에서 중요하다. 치료자는 아동이 질문을 하도록 독려하는 상황을 구성한다. 그 후 질문의 본보기를 보여주고, 질문을 하고자 하는 아동의 시도를 강화해준다.

예를 들어 치료자는 아동에게 확대경을 보여주고 다음과 같이 말한다. "이것 좀 봐. 너는 이게 뭔지 모르지. 나한테 '그게 뭐예요?'라고 물어 봐." 아동이 옳은 반응을 하면 다음과 같은 말로 강화를 제공한다. "잘했어! 좋은 질문을 했구나. 이건 확대경이야. 이걸로 보면 뭐든 크게 볼 수 있단다. 한번 해보자."

치료자는 다른 물건들을 꺼내놓고 아동이 독자적으로 질문을 할 수 있을 때까지 언어적 촉구를 점차 줄여나간다. 다른 접근을 사용하여 *who, when, where, why* 질문을 하는 법을 가르칠 수도 있다(표 7.2). 각각의 경우에 초반에는 언어적 촉구를 많이 사용한다. 후반으로 갈수록 아동이 질문을 스스로 산출하기 시작하면서 치료자는 촉구를 줄여나간다.

복문. 언어장애가 있는 나이 든 아동들은 복문을 구성하기 어려워한다. 예를 들어, 이 아동들은 흔히 중문(예 : "Orville climbed aboard the airplane and Wilbur started the engine"), 종속절(예 : "*After the engine had started*, Wilbur gave his brother the signal to begin"), 내포문(예 : "The airplane, *which was made of wood and fabric*, went into the air")을 생성하기가 어렵다.

치료자는 불연속시행 학습을 이용하여 아동이 더 길고 더 정교한 문장을 사용하도록 독려할 수 있다. 구체적으로, 치료자는 복문 구조의 본보기를 체계적으로 보여주고, 복문을 사용하도록 촉구하고, 복문을 사용했을 때 강화를 제공해준다.

> 이 사진에는 남자 두 명이 있어. 우린 이 사람들에 대해 긴 문장으로 얘기해볼 수 있지. "한 사람은 키가 크고 다른

표 7.2 ■ 아동에게 질문하는 법을 가르치는 불연속시행 훈련	
질문	**예**
누구	어떤 사람이 누구인지 모를 때는 누구(who)로 시작하는 질문을 하면 돼. [한 소년의 사진을 들고] 이 그림을 봐. 너는 이 소년이 누구인지 모르지. 나한테 "저 소년은 누구예요?"라고 물어봐.
무엇	어떤 것이 무엇인지 알고 싶을 때는 무엇(what)으로 시작하는 질문을 하면 돼. [체스를 두고 있는 두 아동의 그림을 보여주고] 이 그림을 봐. 너는 이 아이들이 무엇을 하고 있는지 모르지. 나한테 "저 아이들은 무엇을 하고 있어요?"라고 물어봐.
언제	어떤 일이 언제 일어날지 모를 때는 언제(when)로 시작하는 질문을 하면 돼. 엄마가 너한테 할머니가 집에 오실 거라고 말한다고 해보자. 너는 그게 언제인지 모르지. "할머니는 언제 오실 거예요?"라고 물어봐.
어디서	어떤 사람 또는 어떤 물건을 찾을 수 없을 때는 어디(where)로 시작하는 질문을 하면 돼. 네가 신발을 신고 밖에 나가려는데 신발을 찾을 수가 없다고 해보자. "신발은 어디 있어요?"라고 물어봐.
왜	무언가를 이해할 수 없을 때는 왜(why)로 시작하는 질문을 하면 돼. 엄마가 너한테 생일선물로 장난감 차를 줬는데 그 차가 움직이지 않는다고 생각해보자. "이 자동차는 왜 움직이지 않아요?"라고 물어봐.
어떻게	무언가를 어떻게 하면 좋을지 모를 때는 어떻게(how)로 시작하는 질문을 하면 돼. 여기 네가 한 번도 해본 적 없는 새로운 게임이 있어. "그 게임은 어떻게 하는 거예요?"라고 물어봐.

출처 : Hedge & Maul (2006).

사람은 작다(One man is tall *and* the other is short)".
이건 행복한 소녀의 사진이야. 이 소녀는 방금 시합에서 이겼어. 이 소녀가 왜 행복한지 말해주는 문장을 만들어 보자. "이 소녀는 시합에서 이겼기 때문에 행복하다(The girl is happy *because* she won a race)."
이건 강아지 두 마리가 있는 사진이야. 빨간 목걸이를 한 강아지는 지저분하네. 어떤 강아지가 지저분한지 말하는 문장을 만들어보자. "빨간 목걸이를 한 강아지는 지저분하다(The dog, *with the red collar*, is dirty)".

치료자는 아동이 복문을 스스로 산출할 수 있을 때까지 이러한 촉구를 서서히 줄여나간다.

언어 오류를 교정하기 위한 대화 재구성 훈련

언어장애가 있는 아동들은 흔히 형태론과 문법에 특정한 결함을 보인다. 예를 들어, to be 형태를 사용하기 어려워하거나, 복수 /s/를 생략하거나, 과거시제에서 어미 -ed를 빠뜨리곤 한다. 치료자는 이러한 결함의 교정을 목표로 하여 적절한 언어기술을 본보여주고, 강화해주고, 연습을 하게 만들 필요가 있다. 이러한 목표를 달성하기 위해 흔히 사용되는 기법이 대화 재구성 훈련이다(Cleave, Becker, Curran, van Horne, & Fey, 2015).

대화 재구성 훈련(conversational recast training)을 할 때 치료자는 원하는 언어행동이 유발되기 쉽도록 아동의 환경을 구조화한다. 그런 다음 원하는 언어기술을 아동이 연습하도록 촉구하는데, 아동이 실수를 하면 교정해주고 적절한 언어를 사용하면 눈 맞춤, 미소, 주의, 언어적 칭찬으로 강화해준다.

대화 재구성 훈련이 성공하기 위해서는 엄청나게 많은 연습이 필요하다. 실수는 즉시 교정해주어야 하고, 원하는 언어기술을 적절히 사용하는 경우에는 앞으로도 계속 사용하도록 강화를 해주어야 한다.

기술을 일반화하기 위한 환경 훈련

불연속시행 훈련이 언어기술을 가르치는 데 매우 효과적이기는 하지만, 치료자는 이러한 기술이 아동의 가정과 학교로 일반화되도록 하기 위해 다른 전략들에 의존해야 한다. 환경 훈련(milieu training)은 행동원리들을 아동의 실생활 환경과 경험에 근접하는 맥락에서 사용하는 치료접근이다. 여기서 환경은 사건이 벌어지는 물리적 환경을 말한다. 어린 아동의 환경은 자기 집, 유치원, 어린이집, 가족 외출(예 : 쇼핑, 놀이터) 등이다. 환경 훈련을 할 때 아동들은 자연스러운 맥락에서 언어기술을 연습한다(Weight & Kaiser, 2016).

환경 훈련은 주로 유관성 관리에 의존한다. 치료자는 아동이 색칠하기, 먹기, 장난감 가지고 놀기 같은 일상적 과제들을 하는 것을 관찰하고, 아동이 언어기술을 연습할 수 있을 것으로 보이는 상황들을 찾는다. 그런 환경이 생기면 치료자는 아동이 언어기술을 연습하도록 촉구하고, (필요하다면) 그 기술의 본보기를 보여주며, 아동이 그 기술을 사용하려고 시도하면 강화를 제공한다.

환경 훈련에서는 **요청모델 기법**이 흔히 사용된다. 치료자는 아동이 원하는 대상에 접근하는 것을 관찰하는 즉시, 아동에게 그 대상을 요청하도록 촉구한다(예 : "네가 뭘 원하는지 나한테 말해봐"). 필요하다면 옳은 요청의 본보기를 보여주고 (예 : "'자동차를 갖고 싶어요.'라고 말해") 아동의 요청을 강화해준다(예 : "잘했어. 네가 뭘 원하는지 나한테 말해줘서 기쁘다. 자, 이거 가지렴.").

다른 전략은 **지연 기법**을 사용하는 것이다. 요청모델 기법과 비슷한 기법이지만, 이 기법에서는 치료자가 기대하는 표정을 지으면서 아동이 원하는 물건을 요청하기를 기다린다. 지연 기법의 목표는 치료자가 아동에게 무엇을 원하는지 묻거나 이와 비슷한 언어적 촉구를 하지 않은 상태에서 아동이 그 물건을 요청하는 것이다.

세 번째 전략은 **우발적 교육**(incidental teaching)이다. 이 기법을 사용할 때 치료자는 아동이 어떤 주제를 시작할 때까지 기다렸다가 그 주제를 더 상세히 말하도록 아동에게 촉구한다. 아동이 그렇게 하면 치료자는 아동의 언어적 반응을 강화해준다. 예를 들어, 아동이 "아빠 어디?"라고 물을 수 있다. 치료자는 아동의 질문을 강조하고 다음과 같이 답변한다. "너는 아빠가 어디 있는지 알고 싶구나. '아빠는 어디 있어요?'라고 말해봐." 아동이 옳게 질문하면 치료자는 다음과 같은 말

로 강화를 제공한다. "아주 잘했어! 좋은 질문을 했구나. 아빠를 찾아보자."(Kaderavek, 2015).

말소리장애란 무엇인가?

기술

어린 아동들이 상대방이 알아들을 수 있고 특정 언어에서 의미를 갖는 특정한 소리들을 산출하기 위해 목소리를 조정하는 것을 학습할 때 말(speech)이 산출된다. 말은 복합적인 현상이다. 신경계의 성숙, 인지발달, 그리고 머리, 목, 입, 가슴과 횡격막 근육의 조정에 의존한다. 생후 첫 5년 동안 대부분의 아동들은 알아들을 수 없는 소리를 내던 데서 부모만이 이해할 수 있는 특이한 발화, 분명하고 유창한 단어의 산출로 점차 이행한다. 그러나 1학년 학생들의 3~5%는 말하기 문제로 인해 의사소통 능력이 훼손된다(Stemple & Fry, 2010).

아동이 연령에 적합한 말소리를 내지 못할 때 말소리장애(speech sound disorder, SSD)로 진단한다(표 7.3). SSD 아동들은 다른 사람들이 그들의 말을 이해하기 어려운 방식으로 소리를 생략하거나, 대체하거나, 왜곡하거나, 추가하거나, 부정확하게 산출한다(American Psychiatric Association, 2013).

SSD 아동들이 소리를 산출할 때 흔히 나타내는 문제는 다음의 다섯 가지이다.

1. 생략 오류는 아동이 단어의 첫 부분과 끝 부분에서 음소를 생략할 때 종종 발생한다. 예를 들어, 아동은 "cat"을 "at"으로 또는 "ball"을 "ba"로 말하곤 한다.
2. 대체 오류는 아동이 한 음소를 다른 음소로 대체할 때

표 7.3 ■ 말소리장애(SSD)의 진단기준

A. 말소리 산출의 지속적인 어려움이 말을 알아듣지 못하게 방해하거나 메시지의 언어적 의사소통을 가로막는다.

B. 이 장애는 효과적인 의사소통을 제한함으로써 사회적 참여, 학업성취 또는 직업수행을 개별적으로 또는 어떤 조합으로든 방해한다.

C. 증상의 발현은 발달 기간의 초기에 시작된다.

D. 이러한 어려움은 뇌성마비, 구개열, 청력 상실, 외상성 뇌병변이나 다른 의학적 또는 신경학적 상태와 같은 선천적 혹은 후천적 질병으로 인한 것이 아니어야 한다.

출처 : *Diagnostic and Statistical Manual of Mental Disorders*, Fifth Edition (2013), 미국정신의학협회 판권 소유. 재인쇄 허가받음.

발생한다. 예를 들어, 아동은 "red" 대신에 "wed"로 또는 "soup" 대신에 "thoup"으로 말하곤 한다.

3. 소리 왜곡은 음소가 올바르게 산출되지 않을 때 발생한다. SSD 아동들이 가장 자주 왜곡하는 소리는 /s/, /l/, /z/, /sh/, /ch/이다.

4. 추가 오류는 아동이 단어에 음소(대개는 짧은 /u/)를 추가할 때 발생한다. 예를 들어, 아동은 "frog" 대신 "farog"로 또는 "slow" 대신 "salow"로 말하곤 한다.

5. 혀 짧은 소리는 비교적 흔하게 나타나는 오류로서 보통 /s/, /sh/, /ch/ 소리들이 구별되지 않는다.

어떤 아동들은 단순한 발음문제를 넘어 말소리 산출과 관련하여 더 광범위한 문제를 나타낸다. 더욱이 이들이 보이는 말의 오류는 기저의 음운론 문제를 반영하는 패턴을 따른

다. 예를 들어, 이 아동들은 시종일관하게 단어에 음소를 추가하거나(예 : "egg"를 "eggi"), 소리의 순서를 바꾸거나(예 : "keep"을 "peek"), 하나의 소리를 다른 소리로 대체하거나(예 : "soup"을 "hoop"), 소리들을 뒤섞거나 굴리거나(예 : "yellow"를 "yewo"), 소리를 삭제(예 : "pool"을 "pu")하곤 한다. 대부분의 SSD 아동들과 달리, 이 아동들의 결함은 발음이 아니라 음운처리의 문제에서 비롯된다. 말할 필요도 없이, 이 아동들이 하는 말은 이러한 음운처리의 문제로 인해 이해하기가 매우 어렵다. 에이미와 폴의 사례를 생각해보자. 둘 다 SSD를 가지고 있지만, 말의 산출과 관련한 문제가 서로 다르다.

많은 어린 아동들이 말을 산출할 때 실수를 한다. 예를 들어, 걸음마 아동 상당수가 *rabbit*을 *wabbit*으로, *this*를 *dis*로, *spaghetti*를 *pasgehti*로 말한다. 아동이 발달 과정에서 예상되지 않은 실수를 할 때, 즉 자기 연령에서 예상되는 것보다 현저히

사례연구
말소리장애

같은 장애, 다른 문제
에이미와 폴은 둘 다 언어장애로 인해 우리 클리닉에 의뢰되었다. 둘 다 SSD로 진단받았지만, 원인으로 작용하는 기저의 문제는 서로 달랐다.
　에이미는 자의식이 강한 아동이었는데 유치원에서 '아기 같은 말투' 때문에 놀림을 받았다. 에이미는 발음에 문제가 있었다. /l/, /r/, /s/ 음소를 제대로 발음하기를 가장 어려워했다.

치료자 : 어제저녁에 무얼 먹었어?
에이미 : Yast night? I fink we ate fish and wice. I don't wike fish. But I weally wiked dethert.
치료자 : 디저트는 뭘 먹었니?
에이미 : Cake with ithe kweem.

　폴은 활달한 학령전기 아동으로 음운론 문제로 인한 말소리장애를 가지고 있었다. 폴은 단어들의 마지막 음소를 빠뜨리고 /th/와 /z/ 같은 음소들을 대체하는 경향이 있어서 다른 사람들이 이 아이가 하는 말을 이해하기는 대단히 힘들었다.

치료자 : 토요일에 뭐 했니?
폴　　 : We wen to da do. We saw lot of amals.
치료자 : 오, 동물원에 갔구나? 너는 어떤 동물들을 좋아하니?
폴　　 : The monees, the bi caas. (멈춤) And I ga da fee

da gos.
치료자 : 염소에게 먹이를 주었어? 재미있었겠구나.

　에이미는 폴보다 예후가 훨씬 더 좋다. 어떤 경우에 발음문제는 시간이 지나면 저절로 해결된다. 4~5세 이후까지 지속될 때에도 치료를 하면 대개는 효과가 있다. 폴의 문제는 저절로 해결되지 않을 것이고, 치료를 한다 해도 그다지 효과가 나타나지 않을 수 있다.

더 많은 실수(또는 더 심각한 실수)를 할 때에만 SSD로 진단한다.

임상전문가는 SSD를 진단할 때 아동의 인종과 문화적 배경에 주의를 기울여야 한다. 지역 사투리를 쓰는 아동은 SSD로 진단하지 않는다. 예를 들어, 일부 아프리카계 미국 아동들은 비라틴계 백인 아동들과는 다른 방식으로 음소들을 사용한다(예 : 'tool'을 'too'로 하듯이 /l/ 음소 덜어내기; 'ask'를 'aks'로 하듯이 뒤바꾸기). 이와 유사하게, 말소리 산출이 모국어를 반영하는 2개 국어 사용 아동도 SSD로 진단하지 않는다. 예를 들어, 스페인어 사용 아동들은 영어 음소들을 스페인어 음소들로 대체하거나(예 : 'Julie'를 'Yulie'로) 스페인어의 음운론 규칙에 따라 소리를 추가할 수 있다(예 : 'skate'를 'eskate'로). 이러한 문화적 차이는 언어의 다양성을 나타내는 것이지 장애를 나타내는 것이 아니다(Hedge, 2008).

SSD는 어린 아동들이 언어병리학자에게 의뢰되는 가장 흔한 이유이다. 학령전 아동의 10%가량이 의사소통장애를 가지고 있으며, 이 아동들의 80%가 SSD를 가지고 있다. 1학년 무렵이면 모든 아동의 3.8%가량이 SSD의 진단기준을 충족한다. 이 아동들 대부분이 발음에만 문제가 있지만, 일부는 음운처리에도 문제가 있다(Eadie et al., 2015).

원인

음소 습득은 유아기에서 7.5세에 이르기까지 일정한 순서에 따라 이루어진다. 그러나 일반 아동들은 말소리 산출에서 상당한 변동성을 보인다. 동일한 연령의 학령전기 아동들이 음소 산출에서 최대 3년까지 차이가 날 수 있다. 대개 모음 소리는 3세경이면 숙달되지만, 단순자음 소리(/p/, /m/, /n/, /k/)는 5세경, 자음 무리와 혼합된 소리는 7.5세경에야 숙달된다. 아동들 간에 편차가 매우 크기 때문에, 아동의 말하는 기술이 동급생들보다 1표준편차 이상 뒤처지기 전에는 보통 SSD로 진단하지 않는다(Pena-Brooks & Hedge, 2007).

SSD에 대한 설명들 대부분이 아동의 발음문제가 미숙한 말(immature speech)이 더 성숙한 말의 산출로 전이하지 못한 데서 비롯되었다는 개념에 기초하고 있다. 이 이론들은 말을 한다는 것이 수년이 걸려야 숙달할 수 있는 복잡한 과제라고 가정한다. 아주 어린 아동들은 부모의 말소리들을 모방한다. 처음에는 단순하지만 부정확한 음소들을 사용하여 말소리를 모방할 것이다. 예를 들어, 혀를 앞니 너머로 밀어서 /s/ 소리를 내는 것을 배운 아동은 이것이 의사소통에 효과적이라는 것을 알게 되었을 것이다. 부모와 다른 가족구성원들은 아동의 말을 알아듣고 그 습관을 강화했을 것이다. 보통 이런 미숙한 말은 아동이 말소리 산출을 인지적으로나 운동적으로 더 잘 통제하게 되면서 사라진다. 그러나 어떤 경우에는 단순하거나 미숙한 음소 산출이 발달적으로 기대되는 연령을 넘어서까지 지속된다. 혀 짧은 말은 3세에는 허용되지만, 대부분의 또래아동들이 또박또박 분명하게 말하는 7세에는 문제가 된다(Waring & Knight, 2013).

SSD의 더 광범위한 사례들은 기저의 음운처리 문제에서 비롯된다. 어떤 전문가들은 SSD 아동들이 음소들을 발음하지 못하는 것이 아니라 지각하고 구별하기가 어려운 것이라고 생각한다. 음운론적 말소리장애 이론(phonological theory of SSD)은 아동들이 생후 초기 몇 년 동안 언어에 노출되면서 음소들에 대한 정신적 표상을 갖게 된다고 주장한다. 말소리 산출에 문제가 없는 아동들은 이 소리들에 대한 정확한 정신적 표상을 형성하고 있다. 그러나 미세한 신경학적 손상이 있는 일부 아동들은 이 손상으로 인해 음소들을 정확하게 지각하고 구별하거나 정신적 표상을 하지 못하게 되어 결국 말 산출에도 손상을 보이게 된다(Dodd, 2013).

SSD는 유전될 수 있다. SSD 아동의 약 35~40%는 이 장애를 겪은 내력이 있는 가족구성원이 있다. 이러한 가족연합은 공유하는 유전자가 원인일 가능성이 크다. 그러나 대개의 경우 부모와 다른 가족구성원들이 아동의 말 산출에 모델이 되어주기 때문에 이러한 연합은 공유하는 환경 경험에 의해서도 부분적으로 설명될 수 있다. SSD는 또 언어장애와 함께 발생할 확률이 높다. SSD 아동의 40~80%까지는 언어장애도 가지고 있다. 생후 초기의 음운처리 결함이 아동의 말과 언어에 문제를 초래할 가능성이 있다(Dodd, 2014).

근거기반치료

SSD를 치료하기 위해서는 아동에게 말소리를 올바로 생성하는 법을 가르치는 것이 중요하다. 치료의 목표는 아동이 어떠한 특정 결함을 보이는지에 달려 있다. 예를 들어, 한 아동은 단어 앞부분의 /r/ 발음을 개선할 필요가 있고, 다른 아동은 단어 끝부분의 /s/에 초점을 둘 필요가 있으며, 세 번째 아동

은 혀의 측면에서 발음이 새서 생기는 혀 짧은 소리를 교정할
필요가 있을 것이다. 어떤 경우든지 치료자는 아동이 연령에
적합한 방식으로 음소들을 산출하는 법을 가르치기 위해 모
델링과 강화를 조합해서 사용한다. SSD 아동들은 단어의 소
리들을 올바르게 산출하는 능력을 가져본 적이 없을 뿐만 아
니라 덜 복잡한(부정확한) 소리들을 습관적으로 사용해왔기
때문에 치료를 위해서는 치료자와 아동 둘 다 많은 노력을 해
야 한다.

말의 치료는 흔히 직접 교수에 의존한다. 치료자는 올바른
말을 구성요소들로 분해한다. 이후 각 부분의 본보기를 보여
주고 아동이 올바른 사용법을 연습하게 한다. 시간이 지날수
록 기초 기술들이 차곡차곡 쌓이면서 아동은 마침내 말소리
들을 더 복잡하고 유연한 방식으로 정확하게 산출할 수 있게
된다(Dwight, 2006). 다음의 '과학에서 실천으로'는 SSD가 있
는 소녀 앤지를 돕기 위해 치료자가 직접교수를 어떻게 사용
했는지 묘사하고 있다.

후속 회기들은 /l/이라는 음소로 시작하거나(즉 la, le, li, lo,
lu) 이 음소로 끝나는(즉 al, el, il, ol, ul) 음절들을 산출하는 데
초점을 둔다. 이후 치료자와 아동은 /l/로 시작하거나(예 :
lion), /l/로 끝나거나(예 : apple), /l/을 포함하는(예 : baloon)
대상들을 명명하는 연습을 한다. 다른 회기들은 목표 음소를

Lucy is a black lab.	She is not too little or too large.
Lucy likes to play with her ball.	Lucy plays ball with her pal Lena.
The ball fell into a yellow pail.	The pals laugh and laugh.

이미지 7.2 언어치료에서 /l/소리 연습하기

포함하는 단어들(예 : clown)에 초점을 맞춘다. 이후 단어들을
결합해서 구, 문장, 이야기를 만드는데, 치료자가 본보기를
보여주고 아동이 반복한다(이미지 7.2). 끝으로, 아동과 치료
자는 반구조화된 놀이를 하면서 정확한 음소 산출을 연습한

과학에서 실천으로
말소리장애를 위한 언어치료

6세 아동 앤지는 /l/ 소리를 잘못 발음한다. 치료자는 /l/ 음소를 산출
하려면 혀를 어느 위치에 두어야 하는지 시범을 보여주고 아동이 제대
로 하면 강화를 해주어야 한다.

　치료자 : [거울을 보며 아이 옆에 앉아서] 내 혀를 봐. 내가 이렇
　　　　　게 혀를 올려서 앞니 바로 뒤에 놓는 걸 잘 봐. [시범을
　　　　　보인다] 이제 네가 해봐. 거울 앞에서 혀를 들어 올리
　　　　　는 연습을 다섯 번 하자. 우리가 이걸 제대로 할 때마
　　　　　다 행복한 얼굴 모양에 색칠을 할 거야.

　치료자는 아이가 혀를 올바른 위치에 두도록 도와주고 제대로 할 때마
　다 칭찬해준다. 다른 회기에서는 아동이 혀를 올바른 위치에 두고 /l/
　소리를 내는 법을 가르친다.

　치료자 : 오늘은 내가 입을 벌리고 지난번처럼 앞니 바로 뒤로
　　　　　혀를 들어 올릴 거야. 그러나 이번에는 /l/ 소리를 낼
　　　　　거야. 들어봐: /l/. [반복한다] 이젠 네가 나를 따라 해
　　　　　봐.
　아　동 : wwwlah.
　치료자 : 그게 아니야. 내가 혀로 /l/ 소리를 낼 때 미소를 짓고
　　　　　있는 걸 보렴. 나처럼 혀를 앞니 바로 뒤에 올리고 미
　　　　　소를 지으면서 이렇게 /l/ 소리를 내봐[미소를 짓는다]:
　　　　　/l/.
　아　동 : /l/.
　치료자 : 아주 잘했어. 다시 연습해보자. 이거 제대로 할 때마다
　　　　　이 그림의 한 조각을 색칠할 거야.

다. 치료자는 본보기를 보여줄 기회를 찾아내고, 아동이 정확한 소리를 산출하면 강화를 제공하며, 아동이 실수하면 즉각 교정해준다(Raz, 1995).

언어치료가 어린 아동들이 SSD를 극복하도록 돕는 효과가 있다는 것을 보여주는 많은 증거가 있다. 대부분의 아동들은 20회기의 치료를 했을 때, 특히 부모가 가정에서 언어기술들을 연습하게 했을 때 말-소리 오류가 80% 감소하였다. 기저의 음운처리 문제나 공존하는 언어장애가 있는 아동들은 치료의 효과가 더 느리게 나타나는 경향이 있다(Brumbaugh & Smit, 2013).

아동기 발병 유창성장애란 무엇인가?

기술

언어유창성(speech fluency)은 말의 용이성과 자동성을 가리킨다. 이는 말하는 속도, 개개 말소리의 지속시간, 소리의 리듬과 순서 등의 몇 가지 요소들로 구성되어 있다. 언어유창성이 중요한 이유는 청자가 화자의 발화를 이해하고 적절히 반응할 확률을 높여주기 때문이다(Ratner & Tetnowski, 2014).

아동기 발병 유창성장애(childhood-onset fluency disorder)는 언어유창성이 현저히 손상되었을 때 나타난다(표 7.4). 흔히 말더듬이라 한다. 말더듬은 언어보다는 기저의 말 산출에 문제가 있을 때 나타난다. 말을 더듬는 아동들의 문제는 자신이 무엇을 말하고자 하는지 알고 있지만 그것을 말하지 못하는 것이다. 그 결과 이들의 말은 유창하지 못하고 이해하기 어렵다.

유창하지 못한 말에는 흔히 소리의 반복(예 : I-I-I-I… listen to me), 분절된 단어(예 : com--puter), 침묵의 차단(예 : 중간에 긴 멈춤)이 있다. 소리의 확장(예 : "mmmmmy dog")과 말하는 동안 눈에 띄게 긴장하는 문제도 흔히 나타난다. 말을 더듬는 아동 데이비스에 대해 생각해보자.

일반 아동들, 특히 학령전기 아동들은 대부분 언어유창성에 문제가 있다. 그러나 말을 더듬는 아동들은 또래의 일반아동들보다 유창성 문제를 더 자주 나타낸다. 아동은 말을 유창하게 하지 못하는 횟수가 연령과 성별에 기초하여 예상되는 횟수를 초과할 때만 아동기 발병 유창성장애로 진단된다(Yairi & Seery, 2016).

아동의 약 5%가 아동기의 어느 시점에서 말을 더듬는 문제를 나타낸다. 소년이 소녀보다 말을 더듬을 확률이 더 높다. 더욱이 말더듬의 성비는 나이가 들수록 증가한다. 예를 들어, 학령전기에는 소년의 수가 소녀의 수보다 약 두 배 많은데, 청소년기에는 남녀 성비가 5:1로 증가한다. 이러한 성별 격차는 소녀들이 소년들보다 말더듬에서 자연스럽게 회복될 가능성이 더 크다는 사실에서 비롯되는 것으로 보인다(Yairi & Seery, 2016).

말더듬은 보통 생후 24~48개월 사이에 출현하며 6세 이후에 출현하는 경우는 거의 없다. 보통은 어린 아동들에게 갑작

표 7.4 ■ 아동기 발병 유창성장애(말더듬)의 진단기준

A. 말의 유창성과 시간 패턴화가 아동의 연령과 언어능력에 적절하지 않고, 오랫동안 지속되며, 다음 중 한 가지(또는 그 이상의) 증상이 빈번하고 뚜렷하게 발생하는 어려움을 보인다.
  1. 음과 음절의 반복
  2. 자음과 모음의 소리를 길게 늘이기
  3. 단어의 분절(예 : 한 단어 내에서 멈춤)
  4. 소리가 들리거나 들리지 않는 멈춤(말하는 사이사이의 멈춤이 채워지거나 채워지지 않음)
  5. 돌려 말하기(문제가 되는 단어를 사용하지 않기 위한 단어 대체)
  6. 지나치게 긴장한 상태로 단어를 발음하기
  7. 한 음절 단어의 반복(예 : "나-나-나-나는 그를 본다.")

B. 이 장애는 말하기에 대한 불안을 초래하거나 효율적 의사소통, 사회적 참여, 학업수행 또는 직업수행을 개별적으로 또는 그 어떤 조합으로든 제한한다.

C. 증상의 발현은 발달 기간의 초기에 시작된다.

D. 이 장애는 언어-운동결함이나 감각결함, 신경학적 손상(예 : 뇌졸중, 종양)과 관련된 비유창성 또는 다른 어떤 의학적 상태로 인한 것이 아니며, 다른 정신질환으로 더 잘 설명되지 않는다.

출처 : *Diagnostic and Statistical Manual of Mental Disorders*, Fifth Edition (2013), 미국정신의학협회 판권 소유. 재인쇄 허가받음.

사례연구
아동기 발병 유창성장애

데이비스의 말더듬

네 살이 된 데이비스는 말더듬 문제 때문에 소아과의사가 우리 클리닉에 의뢰하였다. 아버지는 다음과 같이 설명하였다. "2개월 전에 문제가 시작되었어요. 이 아이는 항상 말을 잘했거든요. 10개월 때 단어들을 말하기 시작했고, 두 번째 생일 무렵에는 문장으로 말할 수 있었지요. 그런데 최근에는 단어들을 발음하는 게 힘들어 보였어요."

어머니가 말을 보탰다. "처음에는 그냥 몇몇 단어들의 첫음절을 되풀이했어요. 그 후로 그런 일이 점점 더 자주 일어났죠. 요즘에는 문장을 시작하기를 어려워해요." 치료자가 데이비스에게 말을 걸었다.

치 료 자 : 데이비스, 너는 내 사무실에 있는 장난감들 좋아하니?

데이비스 : [캐릭터 인형을 내려놓으며] Y-y-y-y-es. (말을 하고 싶은 듯 잠깐 멈추며) B-b-b-b-ut I-I-I-I-ike Thomas the Tank Engine b-b-b-etter.

치 료 자 : 네가 제일 좋아하는 토머스 기차는 어떤 거야?

데이비스 : [멈춤] I-I-I-I-ike …

아 버 지 : [끼어든다] 데이비스. 다시 해봐, 이번에는 또렷하게.

데이비스 : [좌절한다] I-I-I-I-ike …

어 머 니 : 네가 제일 좋아하는 기차는 퍼시 아냐?

데이비스 : Y-y-y-es.

아버지가 다음과 같이 설명하였다. "늘 저렇게 해요. 단어를 입 밖으로 내놓지를 못해요. 우리는 아이가 말을 똑바로 하도록 계속 연습시킵니다. 말더듬을 연습시키고 싶진 않습니다." 치료자가 답변하였다. "원하신다면 그것보다 더 효과가 좋은 다른 전략들을 몇 가지 알려드릴 수 있습니다."

스럽게 발병한다. 한 대규모 연구에서는 말더듬 아동의 40%가 2~3일도 안 되는 기간 내에 갑자기 증상이 발생하였다. 이들 외의 33%는 1~2주 사이에 증상이 출현하였고 발병 속도가 더 느렸다. 아동의 28%만이 증상이 서서히 출현하였다(Yairi & Seery, 2016).

말을 더듬는 어린 아동 대부분이 결국에는 회복한다. 몇 개의 종단연구에서 학령전기 아동과 어린 학령기 아동의 65~80%가 4~5세 사이에 증상이 완전히 사라지거나 현저한 감소를 보였다. 소녀, 어린 아동, 어릴 때 말더듬이 회복된 가족구성원이 있는 아동이 회복되는 경우가 가장 많다. 안타깝게도 말더듬 아동의 20%가량은 청소년기와 성인기까지 장기간 지속되는 유창성 문제를 경험한다.

나이 든 아동과 청소년들은 종종 말더듬 증상을 나아지게 만드는 행동을 하곤 한다. 예를 들어, 거의 모든 아동이 노래를 부르거나, 반려동물에게 말을 걸거나, 혼잣말을 하거나,

아무도 없는 데서 소리 내어 책을 읽거나, 팔을 박자 맞춰 흔들면서 말을 하거나, 많은 학생들과 함께 책을 읽을 경우 말더듬이 크게 감소한다고 보고한다. 어떤 아동들은 노래를 부르듯이 말하거나, 단조롭게 말하거나, 속삭이거나, 연기를 하거나, 누군가가 말한 내용을 따라 하거나, 아니면 말을 더 천천히 하기만 해도 말더듬이 감소하는 것으로 나타난다. 이런 전략들이 왜 말더듬을 감소시키는 데 도움이 되는지, 또 어떤 전략들은 왜 일부 아동에게만 효과가 있고 다른 아동들에게는 효과가 없는지는 밝혀지지 않고 있다(Yairi & Seery, 2016).

원인

말더듬의 원인이 무엇인지 아직 종합적으로 설명된 바 없다. 신경생물학, 학습이론, 정서처리 및 인지에 기반을 둔 모델들은 말더듬 아동들의 일부 사례는 설명해줄 수 있지만 모든 사례를 다 설명해주지는 못한다. 다른 아동기 장애들과 마찬가

지로 말더듬도 생물학적, 심리학적, 사회문화적 요인들의 영향을 받는다.

유전학과 신경생물학

말더듬은 유전될 수 있다. 평균적으로, 말더듬 아동의 28%는 한쪽 부모가 어릴 때 말을 더듬었고, 43%는 직계 가족구성원 중 적어도 한 명이 말더듬 내력이 있으며, 71%는 확대가족구성원 중 적어도 한 명이 말더듬 내력을 가지고 있다. 쌍둥이 연구는 유전자가 일부 아동들에게 말더듬을 초래할 수 있다는 생각을 지지한다. 쌍둥이의 한쪽이 말을 더듬으면 다른 쪽 쌍둥이도 말을 더듬을 확률은 평균 약 67%이다(Yairi & Seery, 2016).

많은 연구가 말을 더듬는 사람들과 그렇지 않은 사람들이 뇌 기능에 차이가 있을 가능성을 제안하였다. 대부분의 사람들은 말을 할 때 언어를 담당하는 좌반구의 뇌 영역, 특히 브로카 영역과 베르니케 영역이 더 크게 활성화한다. 그러나 말을 더듬는 사람들은 (좌반구가 아니라) 우반구가 과다활동성을 보인다. 일부 사람들의 말더듬 행동은 이런 뇌 기능 이상에 의해 설명할 수 있다(이미지 7.3). 더욱이 말더듬 치료는 시간이 지나면서 이런 비전형적인 뇌 기능을 변화시키는 것으로 밝혀졌다(de Nil, Jroll, Lafaille, & Houle, 2003).

하지만 말더듬의 원인과 관련한 신경생물학 자료에는 몇 가지 한계가 있다. 첫째, 대다수 연구는 말을 더듬는 사람과 그렇지 않은 사람의 뇌 기능이 작은 차이만 보일 뿐이라는 결과를 내놓고 있고, 많은 연구는 어떠한 차이도 없다고 보고하고 있다. 둘째, 연구들의 결과가 일관성이 없으며 반복검증이 되지 않는 경우도 많다. 셋째, 말더듬 아동을 대상으로 뇌 영상을 살펴본 연구는 거의 없고, 이 장애를 보일 확률이 가장 높은 학령전기 아동을 대상으로 한 연구는 찾아볼 수 없다. 거의 모든 뇌 영상 연구가 성인을 대상으로 했기 때문에 뇌 이상이 말더듬의 원인인지, 아니면 결과인지 불분명하다)Yairi & Seery, 2016).

학습과 정서

이요인 말더듬 이론(two-factor theory of stuttering)은 고전적 조건형성과 조작적 조건형성 둘 다 말더듬의 시작과 유지에 중요한 역할을 한다고 제안한다(Brutten & Shoemaker, 1967). 구체적으로, 아동은 연령에 맞는 말더듬이 부모의 불승인과 짝지어질 때(예 : 고전적 조건형성) 말을 더듬기 시작한다. 아동은 이러한 부정적 양육행동을 말더듬과 연합하며, 그 결과 말을 할 때 긴장하고 걱정한다. 이후 아동의 말더듬은 다른 사람들의 반응에 의해 강화된다(예 : 조작적 조건형성). 예를 들어, 아동의 말더듬 때문에 부모는 아동에게 주의를 기울이고 (정적 강화), 교사는 숙제를 면제해줄 수 있다(부적 강화).

아동의 자기보고는 이요인 말더듬 이론을 지지한다. 말을 더듬는 아동과 청소년들은 말을 하는 상황에서 긴장과 우려를 느낀다고 보고한다. 더욱이 부모, 교사, 또래들은 아동이 말을 더듬을 때 말을 끊거나, 꾸짖거나, 놀리거나, 처벌함으로써 아동의 걱정을 가중시킨다. 반면에, 부모가 아동의 말더듬을 초래한다는 증거는 없다. 사실 대부분의 부모는 아동의 언어문제에 공감을 해주는 편이다(Jackson, Yaruss, Quesal, Terranova, & Whalen, 2015).

불안도 말더듬에 중요한 역할을 할 수 있다(Messenger, Packman, Onslow, Menzies, & Whalen, 2015). 말을 더듬는 어린 아동들은 정서조절이나 자기위안의 문제와 같이, 불안을 느끼기 쉬운 성향의 기질을 가지고 있을 수 있다. 말을 더듬는 청소년과 성인들은 말을 더듬지 않는 사람들보다 더 높은 수준의 불안을 보고한다. 나이 든 아동과 청소년들은 거의 전부가 말하기와 연합된 강한 불안감과 심리적 긴장감이 있다고 보고한다. 가장 흔히 보고되는 부정적 정서는 공포, 두려움, 덫에 갇힌 느낌, 당혹감, 수치심, 굴욕감, 분노, 좌절이다(Yairi

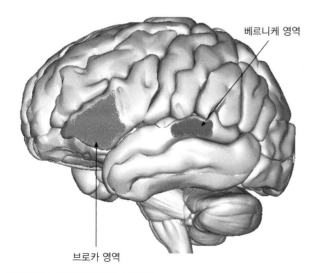

베르니케 영역

브로카 영역

이미지 7.3 언어를 관장하는 뇌 영역

& Seery, 2016).

난관 예상 말더듬 이론(anticipatory-struggle theory of stuttering)은 말을 더듬는 나이 든 아동과 청소년들이 말하기가 불안을 유발할 것임을 예상한다고 제안한다(Garcia-Barrera & Davidow, 2015). 사람들 앞에서 발표를 하거나, 전화를 받거나, 본인 이름을 말하는 것과 같은 상황들은 가장 강력하게 불안을 유발하는 경향이 있다. 말을 더듬는 아동들은 이런 상황에서 자기효능감이 매우 낮다. 즉 자신은 말을 할 때 실수하거나 주저하거나 이미 했던 말을 반복하지 않고 유창하게 말을 하지 못한다고 생각한다. 더욱이 이 아동들은 이런 상황들과 연합되어 있는 부정적 사고를 종종 보고한다. "나는 또박또박 분명하게 말하지 못할 거야", "나는 웃음거리가 될 거야" 또는 "다른 사람들은 내가 바보 같다고 생각할 거야." 이와 같이 부정적인 자동적 사고들과 이런 사고들이 불러일으키는 불안은 아동의 말더듬을 더욱 악화시킬 수 있다.

그러나 말더듬 사례의 전부를 (또는 대다수조차도) 불안으로 설명하기는 어렵다. 보통 생후 24~48개월 사이에 말더듬이 출현한다는 점을 상기해보라. 말을 더듬는 어린 아동들은 거의 대부분이 자신의 증상을 의식하지 못한다. 말을 더듬는 아동들 대부분이 4~5세가 되기 전에는 발표에 관한 불안을 보고하지 않는다.

심리언어학

말더듬의 원인에 대한 마지막 설명은 심리학과 신경인지의 관점에서 언어의 기초를 연구하는 심리언어학(psycholinguistics) 분야에서 유래한다. 말더듬에 관한 심리언어학 이론이 여럿 있지만, 그 모두가 말의 유창성이 (1) 개념화, (2) 형성, (3) 발음이라는 세 가지 과정에 의존한다는 전제에 근거를 두고 있다. 첫째, 아동은 자신이 무엇에 관해 의사소통을 하고자 하는지 생각해야 한다. 다음으로 자신의 메시지에 대해 적절한 정신적 표상을 형성해야 한다. 메시지를 전달하기에 적절한 소리(음운표상)와 단어순서(문법표상)를 부호화하는 것이다. 끝으로, 이 표상들을 입, 입술, 혀, 성대를 조작하여 발음해야 한다. 보통 이 세 가지 과정은 아동의 의식 바깥에서 빠른 속도로 진행된다. 대부분의 아동들은 말하는 동안 이 단계들을 자동으로 수행한다.

말더듬은 이러한 기초적 심리언어 과정의 한 가지 또는 그

이상에서 문제가 있을 때 발생한다. 앞의 세 가지 과정 중 형성 과정에서 문제가 일어나는 경우가 가장 많다. 말더듬 아동은 자신이 말하고자 하는 바가 무엇인지 알고 있지만, 그 말을 하는 데 필요한 소리 순서를 계획하기(즉 음운론적 부호화)가 어려운 것으로 보인다. 그 결과 첫 음소 또는 한 음절 단어만을 말할 수 있다. 또는 아동이 자신이 무엇을 말하고자 하는지는 알고 있지만 자신의 메시지를 전달하기에 적절한 단어나 구를 찾아내기(즉 문법적 부호화)가 어려울 수도 있다. 그 결과 이러한 단어들에 대한 적절한 정신표상을 생성해내기 위해 고투하는 과정에서 통상적이지 않은 멈춤과 반복을 보일 수 있다.

내적 수정 가설(covert-repair hypothesis)에 따르면, 말더듬 아동들은 이 장애가 없는 또래아동들에 비해 음운표상과 문법표상을 형성할 때 실패에 봉착하는 경우가 더 많다(Buhr, Jones, Conture, & Kelly, 2015). 그들은 또 이러한 실패에 매우 민감하며 자신의 말을 면밀하게 관찰한다. 문제에 부닥쳤을 때에는 말하는 도중에 교정을 하고자 시도한다. 안타깝게도, 음운 및 문법 부호화의 실패를 수정하고자 하는 이 아동들의 내적 시도는 언어유창성을 망가뜨린다. 소리와 단어의 반복, 특이한 멈춤, 그 밖의 인출 문제를 겪게 되는 것이다. 도로공사를 하는 동안에는 교통의 흐름이 멈추었다가 다시 시작되듯이, 아동이 말의 형성에서 발생한 실패를 수정하려고 시도하면 말이 끊겼다가 다시 시작된다(Yairi & Seery, 2016).

근거기반치료
어린 아동을 위한 치료

말더듬이 있는 학령전기 아동들은 대부분 치료를 받을 필요가 없다. 이들의 75%는 말더듬이 자연스럽게 나아질 것이다. 임상전문가들은 말더듬 문제가 저절로 사라질지 알아보기 위해 말더듬이 시작된 이후로 몇 달간 기다려볼 것을 권장한다. 치료가 지연되는 것을 염려하는 부모들도 있지만, 종단 연구는 치료를 잠깐 늦추는 것이 장애의 심각성이나 치료의 효과성에 영향을 미치지 않는다는 것을 보여준다(Jones, Onslow, Harrison, & Packman, 2000; Kingston, Huber, Onslow, Jones, & Packman, 2003). 말더듬이 6~12개월 이상 지속되거나, 아동이 말더듬 이외의 언어문제를 보이거나, 아동에게 말더듬이 있는 가족구성원이 있거나, 아동의 말더듬이 고통이나 당

혹감을 불러일으킨다면 치료를 받을 필요가 있다(Ratner & Tetnowski, 2014).

대부분의 치료는 다음 세 가지 요소 중 적어도 한 가지를 포함한다. (1) 아동의 말 운동 패턴을 수정하기, (2) 조작적 조건형성을 통해 유창성을 증진하고 말더듬을 감소시키기, 그리고 (3) 부모 지원이다(Ratner & Guitar, 2006).

첫째, 치료자는 아동의 말 운동 행동, 즉 아동이 말소리를 산출할 때 잠깐 멈추거나, 같은 말을 반복하거나, 말을 더듬을 가능성을 키우는 여타 행동들을 수정해야 한다. 아동이 부드러운 목소리로 말하고, 천천히 말하고, 입과 목의 근육을 풀고 호흡을 통제하도록 체계적으로 훈련한다.

처음에는 아동에게 말을 할 때 속삭이라고 가르친다. 그다음에는 한 음절로 된 단어들을 발화하고 이 단어들에 있는 들어있는 모음 소리들을 길게 늘이도록 요청한다. 이는 아동이 멈추거나 반복하지 않고 단어들을 발화할 확률을 높이기 위한 것이다. 이후에는 두 음절로 된 복합어(예 : school bus, hot dog)를 아주 느린 속도로(분당 60개 단어), 모음 소리들을 길게 늘이면서 부드러운 목소리로 말하는 것을 연습하게 한다. 그 이후에는 아동이 발화를 더 길게 하고(즉 구와 문장을 사용하게 하고) 말의 크기와 속도를 점차 늘려나가게 한다. 이 과정에서 치료자는 느린 말, 통제된 호흡, 부드러운 목소리의 본보기를 계속 보여준다.

대부분의 치료자들은 아동의 말 운동 행동을 개선하기 위해 조작적 조건형성에도 크게 의존한다. 마틴, 쿨, 해롤드슨(Martin, Kuhl & Haroldson, 1972)은 초기의 한 실험에서 말을 더듬는 어린 아동들에게 인형과 대화를 하도록 요청했다. 인형은 아동이 말을 유창하게 할 때에만 아동과 상호작용했다. 그러나 아동이 말을 더듬으면 10분 동안 아동과의 상호작용을 중단했다. 연구가 끝날 무렵 아동은 실험실과 가정 모두에서 말더듬이 현저하게 감소하였다.

부모의 치료 관여가 중요하다. 부모들은 말더듬의 원인과 자녀의 예후에 대한 질문을 많이 한다. 치료자들은 부모의 질문에 답변해주고 지지를 제공해줌으로써 마음을 편하게 해줄 수 있다. 부모가 가정에서 부드럽고 느린 말의 본보기를 보여주고 아동의 유창성을 강화하는 법을 가르쳐줄 수도 있다(Yairi & Seery, 2016).

나이 든 아동을 위한 치료

나이 든 아동과 청소년들을 위한 치료는 (1) 확인, (2) 수정, (3) 일반화라는 세 가지 요소로 구성된다. 확인은 말더듬이 발생했을 때 아동이 그 사례들을 알아보도록 돕는 것이다. 나이 든 아동들은 자신이 말을 더듬는다는 것을 의식하기는 하지만, 말더듬의 빈도, 말더듬과 관련된 신체적 행동(예 : 얼굴의 긴장감, 눈 깜박임), 말더듬을 유발하기 가장 쉬운 상황들에 대해서는 의식하지 못하고 있을 수 있다. 처음에는 치료자가 거울이나 비디오녹화를 이용하여 아동이 말더듬과 관련된 상황이나 행동을 확인하도록 돕는다. 이후에는 치료자와 아동이 전화를 받거나 수업시간에 이름이 불리는 것과 같이 말더듬을 유발하는 상황들을 확인하는 작업을 한다(Ratner & Tetnowski, 2014).

다음 단계에서는 아동이 자신의 말을 수정하기 시작한다. 이 단계의 치료 목표는 학령전기 아동을 치료할 때와 유사하다. 즉 아동은 '힘든 말'을 편안하고 느리고 '쉬운 말'로 전환하는 것을 배워야 한다. 치료자는 아동과 대화하는 과정에서 블록 내 수정(in-block modification)이라 불리는 기법을 이용하여 말을 수정하도록 가르친다. 아동 또는 치료자가 말더듬(즉 하나의 '블록')의 발생을 알아채고 지적하면, 아동은 그 말더듬을 교정해야 한다.

치료의 세 번째 요소는 일반화이다. 아동은 가정과 학교에서 자신의 언어기술을 연습한다. 처음에는 말더듬을 유발하는 가정 및 학교 장면들을 회기 중에 역할극으로 연기한다. 이후 부모와 교사는 아동이 가정과 학교에서 '쉬운 말'을 사용하도록 촉구하고 아동의 시도에 강화를 제공해준다. 아동은 교실에서 말을 더듬는 횟수를 줄이기 위해 교사와 의사소통하는 전략을 개발할 수도 있다. 예를 들어, 아동이 손바닥이 보이게 해서 손을 들면 "저는 답을 알고 있고 저한테 시켜줬으면 좋겠어요"라는 신호이다. 반면에 손바닥이 보이지 않게 손을 들면 "저는 답을 알고 있지만 이번에는 시키지 말아주세요"라는 신호이다.

치료자는 또 말더듬이 나이 든 아동과 청소년들에게 가져다주는 사회적·정서적 결과도 다룰 것이다. 두 가지 결과가 특히 두드러진다. 말하는 상황에서 또래의 놀림과 아동이 느끼는 불안이다. 놀림의 경우 치료자는 아동이 가장 놀림을 많이 받는 상황들을 확인하고 이를 바로잡기 위해 교사와 협력한다. 학교 실무자들이 모든 상황을 다 감독할 수는 없기 때문에 치료자는 종종 아동에게 놀림에 대처하는 전략들을 가르친다. 예를 들어, 어떤 아동들은 유머를 사용한다: "내가 말을 더듬는다는 걸 네가 알아챘단 말이지…" 또는 "너무 들이대지 마, 그러다간 너도 그렇게 될지도 몰라." 다른 아동들은 당혹감을 어떻게 처리할 것인지, 괴롭히는 아이들과 어떻게 하면 싸우지 않을 것인지와 같은 문제해결 기술을 배울 필요가 있다.

학령전기 아동들보다 나이 든 아동과 청소년들의 말더듬을 치료하기가 더 힘들지만, 치료는 효과를 볼 수 있다. 종합하면, 아동이 하는 말을 확인하고 수정하고 일반화하는 개입은 말더듬을 85~90%까지 감소시켜준다. 이런 자료는 말더듬 문제를 가진 나이 든 아동들과 그 가족들에게 희망을 안겨준다 (Yairi & Seery, 2016).

사회적(화용론적) 의사소통장애란 무엇인가?

기술과 원인

언어나 말에 어떤 문제가 있는지 뚜렷하게 드러나지 않는 아동들도 있다. 이 아동들은 음운처리, 형태론, 문법, 의미론, 유창성이 전부 다 잘 발달되어 있다. 그러나 다른 사람들과 의사소통하는 능력이 현저하게 손상되어 있다. 사회적(화용론적) 의사소통장애[Social (pragmatic) communication disorder]는 화용론, 즉 특정한 사회적 상황에서 언어를 사용하는 데 결함

을 보이는 것을 말한다(표 7.5). 사회적 의사소통장애가 있는 아동들은 언어의 소리와 구조를 이해하며, 완전한 문장으로 말하고, 어휘가 잘 발달되어 있다. 그러나 사회적 상황에서 다른 사람들과 효율적으로 의사소통하는 능력이 결여되어 있다(Norbury, 2014).

사회적 의사소통장애가 있는 아동들은 크게 네 가지 영역의 사회적 의사소통에서 결함을 보인다. 첫째, 사회적 목적으로 의사소통을 사용하는 데 어려움이 있다. 예를 들어, 다른 사람들에게 인사를 하거나 진행 중인 대화에 합류하거나 정보 공유를 힘들어할 수 있다. 둘째, 의사소통 방식을 상황의 요구에 맞게 전환하는 데 어려움이 있다. 예를 들어, 놀이터에서 학급친구들과 말할 때 교실에서 교사와 말할 때와 똑같은 방식으로 할 수 있다. 셋째, 대화를 이어나가는 데 문제가 있다. 교대로 말하고, 대화상대가 언제 자기 말을 못 알아듣는지 확인하고, 그럴 때 다른 식으로 바꿔서 말하는 것을 어려워한다. 넷째, 나이 든 아동과 청소년들은 명확하게 언급되지 않은 채 맥락에 기초하여 전달되는 정보를 이해하기가 매우 어렵다. 이들은 말장난, 농담, 관용구, 이중의미를 이해하지 못하는 경우가 많다(American Psychiatric Association, 2013).

사회적 의사소통장애가 있는 아동들은 흔히 또래관계에도 어려움을 겪는다. 예를 들어, 또래와 대화를 어떻게 시작할지 모르거나, 대화 중에 말하는 차례를 교대하는 미세한 규칙을 어떻게 따를지 모르는 경우가 많다. 이 아동들은 주제

표 7.5 ■ 사회적(화용론적) 의사소통장애의 진단기준

A. 언어적 · 비언어적 의사소통을 사회적 상황에서 사용할 때 다음의 모든 양상으로 지속적인 어려움을 겪는다.
   1. 인사하기나 정보 공유하기와 같은 사회적 목적의 의사소통을 사회적 맥락에 적절한 방식으로 사용하지 못하는 결함
   2. 교실과 운동장에서 말하는 방식을 달리하고, 아동과 성인에게 말하는 방식을 달리하고, 지나치게 형식적인 언어를 사용하지 않는 것과 같이, 맥락이나 듣는 사람의 요구에 맞추어 의사소통을 변화시키는 능력의 손상
   3. 순서를 교대하며 대화하고, 상대방이 자기 말을 알아듣지 못했을 때 다른 말로 바꾸어 말하고, 상호작용을 조절하기 위해 언어적 · 비언어적 신호를 어떻게 사용할지 아는 것과 같이 대화와 스토리텔링의 규칙들을 따르기 어려움
   4. 명시적으로 언급되지 않은 내용을 이해(예 : 추측)하거나 언어의 비문자적 또는 모호한 의미(예 : 관용구, 유머, 은유, 해석의 문맥에 따라 달라지는 다중적 의미)를 이해하기 어려움

B. 이러한 결함들이 효과적인 의사소통, 사회적 참여, 사회적 관계, 학업성취 또는 직업수행 중 어느 한 가지나 몇 가지의 조합이 제대로 기능하지 못하도록 제한한다.

C. 증상의 발현은 발달 기간의 초기에 시작된다(그러나 사회적 의사소통 요구가 제한된 능력을 넘어서기 전에는 결함이 완전히 나타나지 않을 수 있다).

D. 증상은 다른 의학적 또는 신경학적 상태 또는 단어구조와 문법 영역의 능력 부족에 기인한 것이 아니며, 지적장애, 전반적 발달지연, 자폐스펙트럼장애 또는 다른 정신질환에 의해 더 잘 설명되지 않는다.

출처 : *Diagnostic and Statistical Manual of Mental Disorders*, Fifth Edition (2013), 미국정신의학협회 판권 소유. 재인쇄 허가받음.

사례연구
사회적(화용론적) 의사소통장애

윌렘의 일방적 대화

다음은 사회적 의사소통장애가 있는 소년 윌렘과 그의 학급친구 마이크가 주고받은 대화이다.

윌　렘 : 안녕, 마이크. 지난번 시험 잘 봤어?
마이크 : 잘 못 봤어. 정말 열심히 했는데 C-밖에 못 받았어.
윌　렘 : 오. 난 A 받았는데. 난 시험이 꽤 쉽다고 생각했는데.
마이크 : 아, 잘했네. 내 생각에 우리 엄마랑 아빠는 나한테 실망하실 것 같아.
윌　렘 : 난 그렇게 열심히 공부하지도 않았어.
마이크 : 야, 넌 좋은 성적 받아서 잘됐네. 난 엄마랑 아빠가 나 공부하라고 화요일에 농구게임 못 가게 할까 봐 엄청 걱정이야.
윌　렘 : 어. 난 농구 좋아해. 어제 TV에서 그 게임 봤어?
마이크 : 아니. 미안, 난 가봐야 돼.

를 벗어난 얘기를 하지 않으면서 대화의 흐름을 유지하는 것도 어려워할 수 있다. 대화를 하는 중에 다른 사람들이 특정 주제에 관해 말하고 싶어 하지 않는다거나, 특정 주제가 엄청나게 흥미롭거나 중요하다는 것을 보여주는 비언어적 단서들을 잡아내지 못할 수 있다. 그 결과 사회적 의사소통장애가 있는 아동들은 사회적 상호작용으로부터 올바른 추론을 하지 못할 수 있고 사회적으로 부적절한 방식으로 행동할 수 있다(Swineford, Thurm, Baird, Whtherby, & Swedo, 2015). 사회적 상호작용장애가 있는 소년 윌렘을 생각해보라.

사회적 의사소통장애가 있는 아동들은 서술(내레이션)과 대화 보수를 제대로 하지 못하는 경우가 많다. 서술 기술(narrative skill)은 개인적 경험을 공유하는 데 사용된다. 아동들은 이 기술을 발휘하여 자신이 제일 좋아하는 영화나 여름 캠프에서 보냈던 주간을 묘사할 수 있다. 서술은 이야기이다. 즉 시작과 중간과 끝이 있다. 서술은 또 아이디어와 사건들을 전달하는 데 효율적인 어휘로 이루어지며, 사건들을 논리적 순서에 맞게 연결해준다. 안타깝게도 사회적 의사소통장애가 있는 아동들은 서술에 문제가 있다. 예를 들어, 중요한 정보를 빠뜨리고, 제한된 어휘 때문에 모호하거나 부정확한 언어를 사용하며, 정보를 연대순과는 다르게 제시하여 이야기를 따라가기 어렵게 만든다.

사회적 의사소통장애가 있는 아동들은 또 대화 보수 기술(conversational repair skill)이 결여되어 있는 경우가 많다. 이 아동들은 다른 사람들이 자신의 대화를 따라오지 못하는 것을 알아채고 이를 바로잡을 행동을 하지 못한다. 대화 보수 기술은 정보를 반복해서 또는 바꿔서 말해주거나, 추가정보나 예를 제시하거나, 배경정보나 맥락을 제시하는 것이다. 사회적 의사소통장애가 있는 아동들은 이런 기술을 실행하기 힘들거나, 상대방이 자신의 의사소통을 이해하지 못하고 있다는 것을 전혀 의식하지 못하는 경우가 많다.

대화 보수에 이러한 결함이 나타나는 이유로는 적어도 세 가지를 생각해볼 수 있다. 첫째, 대부분의 사람들은, 심지어 사회적 의사소통장애가 없는 사람들조차도 자신이 무엇인가를 이해하지 못할 때 상대방의 말을 가로막고 더 많은 정보를 요청하는 것을 매우 꺼린다. 무례함이나 당혹감을 피하기 위해 그냥 대화를 계속하는 것이다. 둘째, 사회적 의사소통장애가 있는 아동들은 속어 또는 문자와 무관한 구(즉 비유적 표현)를 이해하지 못하는 경우가 많다. 셋째, 사회적 의사소통장애가 있는 아동들은 흔히 사회적 기능의 더 전반적인 결함으로 인해 (대화 보수와 같은) 더 고차적인 사회적 의사소통 기술을 발휘하기가 힘들다.

사회적 의사소통장애가 있는 아동들은 고기능 자폐아동들과 비슷하게, 사회적 호혜성과 사회적 상호작용의 이해에 문제가 있다. 이들은 다른 사람과 말을 주고받는다기보다 다른 사람에게 말을 하는 것처럼 보인다. 그러나 이 아동들은 자폐아동들과 달리, 반복행동과 제한된 관심을 보이지는 않는다. 만약 어떤 아동이 자폐스펙트럼장애의 진단기준을 충족한다면, 그와 동시에 사회적 의사소통장애도 가지고 있는 것으로 진단되지는 않을 것이다.

근거기반치료

대화를 시작하고 유지하기

사회적 의사소통장애가 있는 아동들 상당수는 자신의 의사소통 기술에 자신감이 없기 때문에 대화를 회피한다. 일부 아동들은 더 일반적으로 사회적 상호작용을 하는 것 자체를 꺼려한다. 안타깝게도 이 아동들은 그러한 회피로 인해 사회적 상황에서 사회적 기술을 연마하고 언어 사용 능력을 증진할 기회를 갖지 못한다. 시간이 흐르면서 이 아동들의 의사소통 기술은 감퇴한다(Ingersoll & Dvortcsak, 2010).

치료자가 첫 번째로 해야 할 일은 아동이 대화를 시작하도록 가르치는 것이다. 대화 시작의 주요 요소 한 가지는 대화의 상대방과 눈 맞춤을 유지하는 것이다. 치료자는 눈 맞춤의 중요성을 알려주고, 적절한 눈 맞춤의 본보기를 보여주고, 눈 맞춤을 하도록 촉구하고, 눈 맞춤을 유지하려는 아동의 시도를 강화해줄 수 있다.

둘째, 치료자는 아동이 대화를 시작하도록 독려해야 한다. 치료자는 이 목표를 달성하기 위해 자신의 사무실에 아동이 질문을 하지 않을 수 없게 만드는 그림과 대상들을 전략적으로 배치함으로써 아동이 말을 시작하게 만들 수 있다(예 : 이 장난감은 뭐예요? 그거 어떻게 하는 거예요? 그걸로 저랑 같이 놀 건가요?). 또 다른 방법은 치료자가 아동에게 문장을 완성하게 함으로써 아동이 대화를 시작하거나 이야기를 하도록 촉구하는 것이다. 치료자는 아동의 모든 시도를 눈 맞춤과 칭찬으로 강화해준다. "오, 네가 그렇게 말해줘서 너무 기쁘구나. 알려줘서 고맙다."

셋째, 치료자는 아동이 대화를 유지하도록 독려한다. 어떤 아동들은 질문을 하면 짤막하게 답변하는 것으로 그치고, 또 어떤 아동들은 대화를 너무 일찍 끝마쳐버린다. 치료자는 아동이 대화를 유지하도록 가르치기 위해 다음과 같이 촉구한다. "더 말해볼래?" "그다음에는 무슨 일이 일어났어?" "네가 제일 좋아하는 건 뭐야?" 주제를 벗어난 정보를 끌어들이거나 주제를 갑자기 전환하는 아동들도 있다. 치료자는 아동이 주제를 벗어나지 않도록 독려하기 위해 아동의 말을 부드럽게 중단시키고 다음과 같은 말로 방향을 재설정한다. "그만! 난 네가 서커스를 보러 간 여행에 대해 얘기하던 게 좋았는데. 그 여행에 대해 좀 더 말해주겠니?"

화용론의 마지막 요소는 말이란 서로 주고받는 것이라는 점이다. 아동들은 의사소통이 자연스러운 주고받음에 기초하여 이루어지는 것임을 학습해야 한다. 아동은 대화 상대방에게 주의를 기울여야 하고, 말을 중간에 끊지 말아야 하며, 말을 하라는 사회적 단서에 반응해야 한다. 치료자는 언어적, 상징적, 물리적 촉구를 통해 교대로 말하는 기술을 가르칠 수 있다. 언어적 촉구는 아동이 말을 들을 때와 말을 할 때를 구체적으로 말해주는 것이다(예 : "이제 네가 말할 차례야"). 상징적 촉구는 누가 화자이고 누가 청자인지를 알려주는 제스처(예 : 가리키기, 손짓하기)를 하는 것이다. 치료자는 누가 말할 차례인지를 나타내기 위해 자신과 아동 사이에 마이크 같은 물리적 촉구 수단을 주고받을 수도 있다. 치료자는 적절한 교대가 이루어질 때 강화를 제공하고 촉구 사용을 점차 줄여나간다(Ingersoll & Dvortcsak, 2010).

대화 보수와 서술

대화 보수 기술 교육의 한 측면은 아동이 화자에게 추가 설명을 요청하는 방법을 체계적으로 가르치는 것이다. 치료자는 아동에게 의도적으로 모호한 명령을 하는 것으로 추가 설명을 가르칠 수 있다. 예를 들어, 테이블에 3개의 징난김 자동차를 전략적으로 배치하고 다음과 같이 말한다. "나한테 그 자동차를 줘." 아동이 치료자에게 '잘못된' 자동차를 주면 다음과 같이 반응한다. "너는 내가 뭘 원하는지 모르는구나. '선생님은 어떤 자동차를 원하세요?' 하고 물어봐." 이후 치료자는 "실례합니다…", "죄송하지만…"과 같이 화자의 말을 중단시킬 때 사용하기 적절한 말을 가르칠 것이다.

대화 보수 기술 훈련의 또 다른 측면은 아동이 청자가 언제 자신의 말을 이해하지 못하는지 알아채고 적절한 조치를 취하도록 돕는 것이다. 예를 들어, 아동이 다른 사람들의 혼란스러운 감정을 쉽게 탐지할 수 있도록 하기 위해 그런 표정을 한 사람들의 사진들을 보여줄 수 있다. 그 후 치료자는 화자에게 추가 정보를 요청하는 적절한 방식을 본보여줄 수 있다. 예를 들어, 아동이 하는 말을 알아듣지 못하는 척하며 다음과 같이 적절한 반응의 본보기를 보여줄 수 있다. "나는 이해를 못 하겠어." "다른 식으로 얘기해줄 수 있겠니?" "나는 그 단어가 무슨 뜻인지 모른다." 끝으로, 치료자는 다음과 같은 말로 대화 보수 기술을 강화한다. "아, 이제 알겠다. 고마워."

서술(내러티브) 기술은 사회적 상호작용에서 가장 중요한 측면이다. 처음에는 말하기-다시 말하기(tell-retell) 절차를 이용해서 서술 기술을 도입하고, 본을 보여주고, 촉구하고, 강화한다. 구체적으로, 치료자는 그림단서를 보조물로 사용하여 아기돼지 세 마리 같은 친숙한 이야기를 들려줄 수 있다. 그 후 치료자는 아동에게 그 이야기를 다시 하도록 요청한다. 효율적인 서술 기술은 강화하고, 오류는 재빨리 바로잡는다(예 : "잠깐! 늑대가 집을 날려버리기 전에 돼지에게 뭔가 말하지 않았어?").

다음 단계에서 치료자는 아동이 자서전적 정보를 사용해서 서술 기술을 연습하도록 독려한다. 예를 들어, 치료자는 다음과 같이 간단한 자서전적 서술을 본보기로 보여줄 수 있다. "나는 매일 밤 자러 가기 전에 잠잘 준비를 하지. 먼저 잠옷을 입고…." 그 후 치료자는 아동에게 아동 자신의 취침시간 일상을 묘사하게 하는데, 이 과정에서 필요하다면 단서를 제공하고 오류를 바로잡고 적절한 서술 기술을 강화해줄 수 있다.

서술 기술을 가르치는 마지막 기법은 스크립트를 사용하는 것이다. 스크립트(script)는 사람들이 일상적으로 하는 사회적 상호작용을 묘사한 것이다. 스크립트의 예로 식당에서 음식 주문하기, 슈퍼마켓에서 쇼핑하기 또는 친지 방문하기 등을 들 수 있다. 스크립트는 말을 있는 그대로 적어놓거나, 그림을 사용해서 기술하거나, 즉흥적으로 만들 수 있다. 개별 치료에서 치료자와 아동은 스크립트에 등장하는 주요 인물들의 역할을 교대로 연기한다(예 : 아동이 웨이터 역할을 하고 치료자가 손님 역할을 한다). 치료자는 아동에게 다음에 일어날 사건들의 순서를 설명함으로써 스크립트를 만들게 한다(예 : 자리에 앉고, 메뉴를 보고, 주문을 한다). 그 후 치료자와 아동은 그 사건들을 역할극으로 연기하고 다른 화용론적 언어

기술들(예 : 눈 맞춤, 순서 교대, 대화 보수)을 연습한다. 끝으로, 치료자와 아동은 역할을 바꿈으로써 사회적 의사소통의 상호작용적 성격을 강화한다.

사회적 기술 훈련과 비디오녹화 모델링

사회적 기술 훈련은 흔히 사용되는 사회적 기술들을 체계적으로 도입하는 행동개입으로, 이런 훈련도 사회적 의사소통장애가 있는 아동들에게 도움이 된다(Wilczynski et al., 2016). 실시간 기술재생(skillstreaming)은 인기 있는 교육과정으로(McGinnis, 2011a, 2011b), 임상전문가들은 이를 통해 아동에게 대화를 시작하고, 질문을 하고, 집단 활동에 합류하는 것과 같은 기술들을 가르칠 수 있다. 각각의 기술은 작은 단계들로 분해되며, 소집단을 꾸려 각 단계의 본보기를 보면서 그대로 따라하는 연습을 하게 한다.

관계 기술의 교육 및 강화를 위한 프로그램(Program for the Education and Enrichment of Relational Skills, PEERS)은 사회적 의사소통장애가 있는 중학생과 고등학생들을 위한 16주짜리 집단개입이다. 아동들은 다른 사람들과 정보를 공유하고, 유머를 적절히 사용하고, 친구들에게 전화를 걸고, 모임을 진행하는 것과 같은 기술들을 학습한다(Laugeson, Gantman, Kapp, Orenski, & Ellingsen, 2015; Laugeson & Park, 2014).

최근의 자료는 사회적 기술 훈련 프로그램들이 아동의 사회적 의사소통을 증진하는 효과가 있다는 것을 보여준다(Durand, 2015; Smith & Bryson, 2015). 예를 들어, 토미어와 동료들(Thomeer et al., 2012)은 아동들을 사회적 기술 훈련 여름캠프 또는 통제집단에 무작위로 배정하였다. 5주 훈련 후 캠프에 참여한 아동들은 의사소통, 사회적 상호작용, 비문자적 언어(즉 관용구)의 이해가 향상되었다(그림 7.2).

비디오녹화 모델링은 사회적 기술을 증명할 수 있는 특히 효과적인 방법이다(Candon, 2016). 치료자, 가족구성원 또는 다른 아동들이 사회적 기술들의 본보기를 분명하게 보여주고 이를 녹화한다. 사회적 의사소통 결함이 있는 아동들은 치료시간이 아닌 때에 태블릿 장치나 스마트폰을 사용해서 이렇게 녹화된 기술들을 검토해볼 수 있다. 최근 자료들은 비디오녹화 모델링이 아동의 사회적 기술을 가정과 학교 장면으로 일반화하는 데 도움이 된다는 것을 보여준다(Acar, Tekin-Iftar, & Yikmis, 2017; O'Handley, Radley, & Whipple, 2015;

그림 7.2 ■ 사회적 기술 훈련

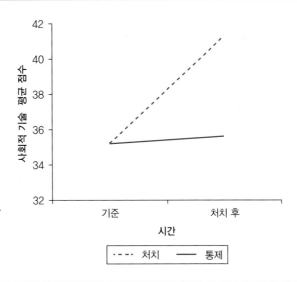

공간 침입자가 되지 말라!
1. 팔 길이 하나만큼 떨어져 있다.
2. 같이 놀 수 있는지 물어본다.
3. 더 가까이 다가가기 전에 답변을 기다린다.

주 : 사회적 기술 훈련에서는 아동들이 효율적인 사회적 상호작용의 단계들을 학습하고 연습한다. 한 연구는 스킬스트리밍(실시간 기술 재생) 여름캠프에 무작위로 배정된 아동들이 통제집단 아동들보다 사회적 의사소통 기술이 더 많이 향상되었다는 것을 보여주었다. 출처 : Smith & Bryson (2015).

Vandermeer, Beamish, Milford, & Lang, 2015).

7.2 학습부진과 특정학습장애

학습부진(learning disability)은 아동의 학업기능, 직업성과, 자기개념에 부정적 영향을 미칠 수 있는 심각한 문제이다(Pierce, 2015). 학습부진의 정확한 개념정의가 무엇인지에 대해서는 의견이 일치하지 않지만, 대부분의 전문가들은 학습부진이 다음과 같은 특징들을 갖는다는 데 동의한다.

학습부진 아동들은 읽기, 수학, 쓰기라는 기초 학업기술들에 현저한 결함이 있다. 이러한 학업문제는 기저에 있는 심리과정들의 역기능에서 비롯된다.

학습부진은 유전될 수 있다. 유전자는 뇌 구조, 기능, 지각, 기억, 정보처리에 미세한 이상을 유발하고, 이러한 이상이 학습을 저해하는 것으로 생각된다.

학습부진은 치료하지 않으면 시간이 흐르면서 지속된다. 학습부진 아동들은 단순히 '느린 학습자'이거나 '대기만성형'이 아니다.

아동의 지능과 학업성취는 상관이 있지만, 학습부진은 낮은 지능 때문에 나타나는 것이 아니다.

학습부진은 정서문제(예 : 검사불안, 우울), 사회경제적 박탈(예 : 영양실조, 빈곤) 또는 교육경험 결핍(예 : 수준이 낮은 학교) 때문에 발생하는 것도 아니다. 이런 요인들은 아동의 학습문제를 더 악화시킬 수 있지만, 학습부진을 초래하지는 않는다.

현재로는 심각한 학습문제를 가지고 있는 아동들을 확인할 수 있는 가장 좋은 방식이 무엇인지에 대한 합의가 없다. 사실 학습부진의 정의는 학문분야에 따라 차이가 있다. 클리닉, 병원 및 기타 의료시설에서 일하는 전문가들(예 : 임상심리학자, 의사)은 DSM-5에 수록된 학습부진의 의학적 정의를 채택하는 경향이 있다. 이들은 아동을 특정학습장애로 진단한다. 반면에 교육장면에서 일하는 전문가들(예 : 학교심리학자, 특수교육 교사)은 연방법과 주(州)법에 기재된 학습부진의 법적 정의에 의존하는 경향이 있다. 이 전문가들은 아동들을 '특정학습부진'으로 분류한다(Lewandowski & Lovett, 2014).

특정학습장애란 무엇인가?

학습장애

특정학습장애(specific learning disorder)는 읽기, 쓰기 또는 수학에서 현행의 규범적 결함을 보이는 DSM-5 질병이다(표 7.6). 특정학습장애 아동들은 표준화 학업성취검사에서 또래 아동들보다 읽기, 쓰기, 수학 점수가 훨씬 더 낮다. 흔히 '훨씬 더 낮은' 점수는 동일 연령 아동들의 평균보다 적어도 1.5 표준편차가 낮은 점수이다. 대부분의 성취검사는 평균이 100점이고 표준편차가 15점이기 때문에 78점 이하의 점수는 낮은

성취를 의미한다. 이러한 학업기술 결함은 규범적이어야 한다. 즉 일반 모집단의 다른 아동들과 비교해서 점수가 낮아야 한다. 읽기점수보다 수학점수가 더 낮은 것과 같은 학업기술의 상대적 결함은 특정학습장애를 의미하지 않는다(American Psychiatric Association, 2013).

특정학습장애 아동들은 다른 세 가지 기준도 충족해야 한다. 첫째, 학업문제를 겪은 내력이 있어야 한다. 대부분의 경우 아동들의 학업문제는 초등학교 초반 또는 중학교 때 출현하며, 학교 수행에 크게 영향을 미친다. 그러나 아동 초기에

표 7.6 ■ 특정학습장애의 진단기준

A. 학업기술을 배우고 사용하기 어렵다. 이러한 어려움을 겨냥한 개입에도 불구하고 다음의 증상 중 적어도 한 가지가 최소 6개월간 지속된다.

    1. 단어를 부정확하게 읽거나 느리고 힘들게 읽음(예 : 개별 단어들을 부정확하게 읽거나 느린 속도로 더듬거리며 읽음, 단어들을 추측하는 경우가 많음, 단어들을 소리 내어 읽기 어려움)

    2. 읽은 내용의 의미를 이해하기 어려움(예 : 텍스트를 정확하게 읽지만 읽은 내용의 순서, 관계, 추론 또는 깊은 의미를 이해하지 못함)

    3. 철자법의 어려움(예 : 자음이나 모음을 추가하거나, 생략하거나, 대체할 수 있음)

    4. 쓰기의 어려움(예 : 문장에 문법이나 구두점의 오류가 여럿 있음, 문단 구성이 엉성함, 생각을 문자로 명료하게 표현하지 못함)

    5. 수 감각, 수 사실 또는 계산을 숙달하기 어려움(예 : 수의 이해나 수의 크기와 관계에 대한 이해가 빈약함, 한 자리 숫자를 셀 때 또래들이 하듯이 수학적 사실들을 기억해내지 않고 손가락을 이용함, 연산을 하는 도중에 하던 것을 놓치고 연산 과정을 바꾸기도 함.

    6. 수학적 추론의 어려움(예 : 양적 문제를 풀 때 수학적 개념, 사실 또는 수식을 적용하기가 매우 어려움)

B. 학업기술이 아동의 생활연령으로 볼 때 기대되는 수준보다 크게 낮으며, 이러한 학업기술 손상은 개별적으로 실시된 표준화 성취검사와 종합적 임상 평가에 의해 확인된 바, 학업수행이나 직업수행 또는 일상적 활동들을 현저하게 방해한다.

C. 학습의 어려움은 학령기에 시작되지만, 손상된 기술들에 대한 요구가 개인의 제한된 역량을 넘어서기 이전에는(예 : 시간 제한이 있는 시험, 촉박한 마감기한 내에 복잡한 보고서를 읽거나 쓰기, 지나치게 과중한 학업 부담) 완전하게 드러나지 않을 수 있다.

D. 학습의 어려움은 지적장애, 교정되지 않은 시력이나 청력, 다른 정신적 또는 신경학적 장애, 심리사회적 역경, 교육에 사용되는 언어에 능숙하지 않음 또는 부적절한 교육에 의해 더 잘 설명되지 않는다.

주의사항 : 개인의 내력(발달내력, 의학적 병력, 가족력, 교육력), 학교 보고서, 그리고 심리교육적 평가 결과를 임상적으로 종합하고 이에 근거하여 위의 네 가지 진단기준이 충족되어야 한다.

손상된 모든 학업영역과 하위기술들을 명시할 것. 한 가지 이상의 영역에 손상이 있는 경우 손상된 각 영역을 다음의 세부진단에 따라 개별적으로 부호화해야 한다.

읽기에 손상이 있는 특정학습장애
    단어 읽기의 정확성
    읽기 유창성
    읽기 이해

쓰기에 손상이 있는 특정학습장애
    철자의 정확성
    문법과 구두점의 정확성
    작문의 명료성 또는 구조

수학에 손상이 있는 특정학습장애
    수 감각
    산술적 사실의 암기
    계산의 정확성
    수학적 추론의 정확성

출처 : *Diagnostic and Statistical Manual of Mental Disorders*, Fifth Edition (2013), 미국정신의학협회 판권 소유. 재인쇄 허가받음.

문제가 시작되긴 하지만 아동들이 이런 문제들을 어떤 식으로든 보상할 수 있는 경우도 있다. 예를 들어, 읽기문제가 있지만 단기기억이 뛰어난 아동들은 자주 발생하는 단어들을 암기함으로써 읽기문제를 보상할 수 있다. 이들 아동의 읽기문제는 학업 요구(예 : 더 복잡한 읽기 어휘)가 자신의 보상전략을 넘어서는 아동 후기나 청소년기가 되어야 드러나곤 한다.

둘째, 특정학습장애가 있는 사람들이 보이는 결함이 그들의 학업성취, 업무기능 또는 일상생활의 활동을 방해해야 한다. 성취검사에서 낮은 점수를 받는 것만으로는 충분하지 않다. 학업 결손이 일상생활의 기능에도 영향을 미쳐야 한다. 예를 들어, 특정학습장애가 있는 아동들은 자신이 속한 학년의 교육기준을 충족하지 못할 수 있고, 청소년들은 운동할 자격을 유지하기 어려울 수 있으며, 젊은 성인들은 사용설명서를 읽거나 수표책을 결산하거나 이력서를 쓸 때 어려움을 겪을 수 있다(Weis, Speridakos, & Ludwig, 2014).

셋째, 학습장애 아동들이 보이는 학업 결손은 한두 가지 학업영역에 '특정'되어야 한다. 즉 전반적으로 낮은 인지능력에 기인해서는 안 된다. 아동의 전반적 인지기능은 정상 범위 내에 있어야 한다. 더욱이 특정학습장애는 다른 정신적 · 신경학적 장애 또는 시각문제나 청각문제 같은 감각손상에 기인해서는 안 된다. 전문가들은 학교 불안, 학습을 방해할 수 있는 의학적 문제 또는 칠판을 보거나 교사가 하는 말을 듣지 못하는 문제와 같이, 낮은 학업성취를 초래할 수 있는 다른 잠재적 원인들을 배제해야 한다. 끝으로, 특정학습장애는 영어가 능숙하지 못하거나 학교 교육이 부적절한 것과 같은 인구사회학적 요인들에서 비롯된 것이어서도 안 된다(American Psychiatric Association, 2013). 읽기영역에서 특정학습장애를 가지고 있는 소년 다니엘의 사례는 이 장애를 예시해준다.

임상전문가들은 특정학습장애를 진단할 때 읽기, 쓰기 또는 수학이라는 손상 영역을 명시한다. 그런 다음, 확인된 각

사례연구
특정학습장애

실패를 기다리며

다니엘은 낮은 학업성취 때문에 우리 클리닉에 의뢰된 9세 아동이다. 그는 유치원에서부터 악전고투하기 시작했다. 글자와 숫자들을 알아보고 쓰는 것, 이야기에 관한 질문에 답변하는 것, 지시를 따르는 것을 힘들어했다. 의학적 검사 결과로는 건강했다. 다니엘은 그다음 해에 유치원을 한 번 더 다녔으나, 학업문제는 계속되었다.

다니엘은 1학년이 되었을 때 학습장애가 있는지 알아보기 위한 검사를 받았다. IQ 점수는 103으로, 지적기능은 평균 수준인 것으로 드러났다. 읽기(80)와 쓰기(81) 표준화검사에서 받은 점수는 또래들에 비해 현저히 낮았다. 그러나 읽기, 쓰기, 수학검사의 점수가 학교에서 정해둔 기준으로는 특수교육 서비스에 배정될 정도로 낮지 않았다.

평가를 받을 시기에 다니엘은 3학년 일반학급에서 공부하고 있었다. 비슷한 모양의 글자들을 종종 헷갈려 했고 that, this, those, these 같이 비슷해 보이는 단어들을 구별하기 어려워했다. 모르는 단어들은 발음하지 못했고, 발음을 어떻게 할지 추측하는 경우가 많았다. 읽기도 매우 느렸다.

다니엘은 학교를 싫어했다. 교실에서 앞으로 나가 소리 내어 글을 읽어야 할 때 특히 당혹감을 느꼈다. 자신이 단어를 잘못 읽을 때 이를 교정해주는 교사에게 분통을 터뜨렸다. 수업시간에 시선을 돌리거나, 교실에서 허드렛일을 하겠다고 자원하거나, 교사의 마음을 사로잡아서 학교 숙제를 하지 않으려는 시도를 종종 했다. 집에서는 어머니가 숙제

©iStockphoto.com/spfoto

하라고 할 때마다 투덜거렸다.

"난 바보도 아니고 게으른 것도 아니에요. 그냥 읽기가 힘든 것뿐이에요." 다니엘은 이렇게 설명했다. 클리닉의 심리학자는 다니엘이 학습장애가 있는지 평가를 받아보는 것이 좋겠다고 제안했다. 어머니는 다음과 같이 반응했다. "좋아요. 그런데 얘는 1학년 때 이미 검사를 받았고 난독증이 아니라는 게 밝혀진 것 아닌가요? 게다가 이런 종류의 문제에 리탈린은 효과가 없나요?"

영역에서 아동이 어떤 성격의 학업문제를 갖고 있는지 표기한다. 예를 들어, 다니엘은 읽기 손상이 있는 특정학습장애로 진단될 수 있다. 그는 단어를 정확하고 유창하게 읽지 못하는 문제를 가지고 있는 것으로 보인다. 어떤 임상전문가들은 난독증(dyslexia)이라는 용어를 사용하여 단어 읽기와 유창성에서 나타나는 이러한 결함을 기술한다. 이와는 대조적으로, 단어를 빠르고 정확하게 읽을 수는 있지만 읽은 내용을 잘 이해하지 못하는 아동도 있다. 끝으로, 임상전문가들은 아동이 보이는 학업문제의 심각도를 평가한다. 심각도는 '경도'(학업조정과 지원 서비스에 의해 보상될 수 있는 어려움)에서 '고도'(여러 학업영역에서 기술 습득을 크게 방해할 정도의 어려움)에 이르는 범위에 걸쳐 있다.

학습부진[*]

학교에서 일하는 전문가들은 학업기술 결함이 있는 아동들을 묘사할 때 특정학습장애보다는 **특정학습부진**(specific learning disability)이라는 용어를 사용하는 경향이 있다(Peacock & Ervin, 2012). 학습부진은 사무엘 커크(Samuel Kirk, 1962)가 읽기, 쓰기, 수학 또는 구두언어의 발달이 현저하게 지연된 아동들을 묘사하기 위해 만든 용어이다. 커크는 이러한 지연이 아동의 학습능력을 방해하며, 뇌의 구조적 이상에서 초래되었을 가능성이 있다고 제안하였다. 커크는 학습부진을 낮은 지능이나 감각손상과 같이 학습을 방해하는 다른 심리상태들과 구분하였다(Courtad & Ballen, 2011).

오늘날 학습부진의 법적 정의는 **장애인교육증진법**(IDEIA, 공법 5-17)에 제시되어 있다. 이 정의는 커크의 원 개념에 크게 기대고 있다.

> '특정학습장애'라는 용어는 음성언어 또는 문자언어를 이해하거나 사용하는 데 관여하는 기초 심리과정 중 어느 하나 또는 그 이상에 장애가 있는 것을 가리킨다. 이 장애는 듣고 생각하고 말하고 읽고 쓰고 철자법을 따르거나 수학계산을 하는 능력의 부족으로 나타날 수 있다. 이 용어는 지각 문제, 뇌 손상, 미세 뇌기능장애, 난독증, 발달 실어증 같은 상태들을 포함한다. 시각이나 청각이나 운동의 문제, 지적장애, 정서문제 또는 환경적·문화적·경제적 불이익이 일차적 원인이 되어 나타나는 학습문제는 포함하지 않는다.

IDEIA는 여러 가지 면에서 주목할 만하다. 첫째, 모든 장애 아동들에게 적용된다. 특수교육을 받는 학령기 아동들의 대부분이 특정학습장애를 가지고 있지만, IDEIA는 지적장애, 자폐스펙트럼장애, 지체이상, 감각손상이 있는 아동들에게도 적용된다(표 7.7). 둘째, IDEIA는 모든 장애아동에게 '무상으로 적절한 공교육'을 받을 권리를 부여한다. 셋째, 장애 아동들은 '최소제약환경'에서 교육을 받아야 한다. 즉 장애학생들은 가능하면 언제나 장애가 없는 학생들과 함께 일반교육 학급에서 교육을 받아야 한다는 것이다. 넷째, 장애가 있는 학령기 아동들은 이들의 성취를 돕기 위해 어떤 서비스가

표 7.7 ■ 미국 학교에 재학 중인 장애아동들의 백분율

장애	백분율
모든 장애	13.7
학습장애	4.6
말/언어손상	2.7
다른 건강 문제	2.0
자폐증	1.4
지적장애	0.9
발달 지연	0.9
정서장애	0.7
다중 장애	0.3
청각 손상	0.1
시각 손상	0.1
지체 손상	0.1
외상성 뇌병변	0.1

주 : 학습장애와 말/언어손상(즉 DSM-5의 의사소통장애)은 장애를 초래하는 가장 흔한 질병이다. 다른 건강장애로는 심장질환, 천식, 겸상적혈구 빈혈, 혈우병, 간질, 백혈병 같은 만성 또는 급성의 건강문제들이 있다. 출처 : National Center for Education Statistics (2020).

---

[*] 이 책의 저자는 '학습장애(learning disorder)'와 '학습부진(learning disability)'을 구분하고, 이후 본문에서 해당 문제와 관련하여 '학습부진'이라는 용어를 계속 사용하였다. 그러나 이 번역서에서는 편의상 이 두 용어를 '학습장애'로 통일하여 사용하기로 한다_역주

제공되어야 할지를 명시하는 개별교육프로그램(Individualized Education Programs, IEPs)에 참여할 권리가 있다. 끝으로, IDEIA는 부모가 자녀의 교육을 계획하고 실행하는 데 적극적인 역할을 할 권리를 부여한다(Walter, 2015).

아동의 학습장애는 어떻게 확인되는가?

개입에 대한 반응

대부분의 학교실무자들은 개입에 대한 반응(response to intervention, RTI)을 이용하여 학습장애를 확인한다. RTI라는 명칭은 아동들이 연구에 기초한 과학적 교육개입에 반응을 보이지 않을 때 학습장애로 확인된다는 점에서 유래했다. 읽기, 수학 및 쓰기에서 훌륭한 근거기반 교육을 받았으나 학업이 향상되지 않는 아동들은 RTI 접근에 따라 학습장애로 분류될 수 있다(Reschly & Coolong-Chaffin, 2016).

RTI를 이용하는 학교시스템은 학습장애 아동들을 확인하기 위해 흔히 3단계 체계에 의존한다(Jimerson, Burns, & VanDerHeyden, 2016; 그림 7.3). 1단계에서는 보편적 또는 '일차적 예방'을 위한 선별검사를 실시한다. 학급의 모든 아동들이 기초 학업기술의 습득 여부를 평가받는다. 선별검사는 보통 해당 학년도가 진행되는 과정에서 주기적으로 짧게 실시된다. 더욱이 선별검사는 대개 교육과정기반 평가에 의존한다. 교육과정기반 평가(curriculum-based assessment)는 아동이 교사나 학군이 수립한 학업기준에 얼마나 다가갔는지를 측정하는 것이다. 아동의 점수를 (표준화검사에서처럼) 규준집단의 점수와 비교하기보다는, 아동이 교사나 학교가 설정한 학습목표를 어느 정도 충족하고 있는지에 따라 아동을 평가한다.

예를 들어, 많은 학군들은 단어읽기에 장애가 있는 아동들을 확인하기 위해 기초 초기문해능력의 동적 지표(Dynamic Indicators of Basic Early Literacy Skills, DIBELS)를 사용한다(Smolkowski & Cummings, 2016). DIBELS는 초등학교 초반

그림 7.3 ■ 개입에 대한 반응(RTI)

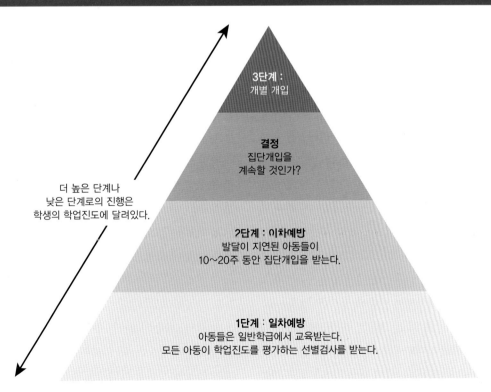

더 높은 단계나 낮은 단계로의 진행은 학생의 학업진도에 달려있다.

3단계 : 개별 개입

결정 집단개입을 계속할 것인가?

2단계 : 이차예방 발달이 지연된 아동들이 10~20주 동안 집단개입을 받는다.

1단계 : 일차예방 아동들은 일반학급에서 교육받는다. 모든 아동이 학업진도를 평가하는 선별검사를 받는다.

주 : RTI는 갈수록 개별화되고 집중적인 교육을 하는 세 단계로 구성된다. 교육에 반응하지 못하는 아동들은 그다음 단계로 이동하며, 학습장애가 있는 것으로 분류될 수 있다.
출처 : Reschly & Bergstrom (2009).

의 학생들에게 단어나 짧은 구절을 읽게 하는 매우 짧은 일련의 검사들로 구성된다. 검사는 몇 분밖에 걸리지 않고 학생들의 읽기기술 습득을 알아보기 위해 학년 내내 반복된다. 아동의 DIBELS 수행은 같은 학급의 다른 학생들과 비교되고 학군의 학습목표를 토대로 평가된다.

모든 아동의 85%가량이 읽기, 쓰기, 수학에서 적절한 진전을 보인다. 그러나 또래들에 뒤지거나 학군의 기준에 못 미치는 나머지 15%는 치료에 '반응이 없는' 것으로 간주하고 2단계로 나아간다. 이 단계는 이차예방이라 불리는데, 이 단계의 개입이 학업지연을 보이지만 아직 학습장애로 확인되지는 않은 아동들에게 실시되기 때문이다. 2단계의 아동들은 자신이 지연을 보이는 학업영역에서 소집단으로 보충교육을 받는다. 예를 들어, 읽기가 힘든 아동들은 교실에서 진행되는 정규 읽기교육을 받고, 매주 몇 차례씩 소집단으로 보충교육을 받을 것이다. 레슬리와 버그스트롬(Reschly & Bergstrom, 2009)은 2단계 개입을 10~20주 동안 지속하기를 권고하였다. 실제로, 집단개입의 빈도와 지속시간은 수개월 지속되는 주차별 회기에서 한 학년 내내 지속되는 일일 회기에 이르기까지 상당한 차이를 보인다(McKenzie, 2009). 소집단 교육이 끝난 후 학교는 아동이 2단계 서비스를 계속 받을 필요가 있는지를 재평가한다. 학습기준을 충족하는 아동들은 1단계로 되돌아가고, 약간의 향상을 보인 아동들은 2단계에 남아 있고, 집단개입에 반응을 보이지 않는 아동들은 3단계로 나아갈 수 있다(Reschly & Bergstrom, 2009).

학령기 아동의 약 5%는 소집단 보충교육을 받았음에도 계속해서 학업 결손을 보인다. 이 아동들은 RTI의 3단계로 진행할 것이다(Jimerson et al., 2016). 3단계에서 아동들에게 제공되는 서비스는 학교에 따라 다르다. 대개의 경우 3단계는 아동의 학업 결손을 목표로 하여 개별교육 또는 일대일 개인교습을 한다. 어떤 전문가들은 3단계를 '특수교육'으로 간주하는 반면에, 다른 전문가들은 아동이 3단계에서 진전을 보이지 않을 때에만 특수교육에 배치해야 한다고 생각한다(Clemens, Keller-Margulis, Scholten, & Yoon, 2016). 3단계 체계가 제대로 작동하는지 보기 위해 라피와 리키의 사례를 보자.

RTI의 주요 혜택은 학교실무자들이 학습장애가 있는 아동들을 더 어린 나이에 찾아내고 돕게 해주는 것이다(Yssledyke, Burns, Scholin, & Parker, 2010). 잠재적 학습문제가 있는 아동들을 학급 관찰을 토대로 확인할 수 있고, 일차예방 및 이차예방 전략들을 즉각 실행할 수 있다. 조기 확인 및 교정은 특수교육에 의뢰되는 아동들의 수를 줄여줄 수도 있다. RTI는 확인과 치료에 단계적으로 접근하기 때문에 더 낮은 수준의 개입에 반응하지 못하는 아동들만 더 집중적인(더 값비싼) 특수교육 서비스에 의뢰된다(Walter, 2015).

종합평가

종합평가(comprehensive assessment)는 학습장애를 확인하는 데 사용할 수 있는 또 다른 접근이다(Flanagan, Fiorello, & Ortiz, 2010; Flanagan, Ortiz, & Alfonso, 2013). 종합평가는 교실에서 이루어지는 학업수행 관찰을 학업성취, 지적기능 및 인지적 정보처리를 측정하는 규준참조 검사와 통합하는 것이다. 종합평가의 옹호자들은 아동이 여러 가지 이유로 근거기반 교육에 반응을 보이지 못할 수 있다고 지적한다. 학습장애는 그 중 한 가지 이유에 불과하다는 것이다(Hale et al., 2010). 다른 이유들로는 낮은 지적기능, 주의문제, 불안장애나 기분장애, 낮은 동기, 가족스트레스, 언어 또는 문화 차이, 건강이나 영양의 문제, 그 밖에 사회문화적 불리함에서 유래하는 문제 등이 있다(Tannock, 2013). 학습장애가 있는 모든 아동이 학업지연이 있지만, 학업지연이 있는 모든 아동이 반드시 학습장애를 가지고 있는 것은 아니다. 종합평가는 임상전문가가 기저의 인지적 정보처리 문제로 인한 학습장애를 다른 요인들로 인한 낮은 성취와 구분할 수 있게 해준다(Mascolo, Alfonso, & Flanagan, 2014).

종합 모델의 첫 부분은 RTI의 강점을 강조한다. 학급친구들과 비교했을 때 학업기술이 지연된(1단계) 아동들은 소집단 보충교육(2단계)을 받는다. 이 아동들이 학급친구들보다 계속 뒤처진다면 학습장애를 가지고 있다고 볼 수 있을 것이다. 결정은 다음 네 가지 기준에 따른다(그림 7.4).

1. 아동이 **학업기술에서 규범적 결함**을 보인다. DSM-5에 따르면, 아동의 읽기, 수학, 쓰기 점수가 85점(가장 낮은 16번째 백분위 수) 이하이다.
2. 아동이 자신의 학업기술 결함과 관련된 인지적 **정보처리 문제**를 보인다. 예를 들어, 인지검사는 읽기유창성이 부족한 아동이 기저에 처리속도 문제를 가지고 있다는 것

라피, 리키, RTI

라피와 리키는 같은 1학년 학급에서 공부하는 7세 아동들이다. 두 소년은 유치원에 다닐 때 글자재인과 단어읽기에 문제가 있었고, 올해도 여전히 또래아동들보다 뒤처져 있다. 교사가 가끔씩 실시하는 선별검사는 학급친구들이 분당 평균 20~25개의 단어를 읽는 데 반해 이 아동들은 분당 8~10개 단어 정도밖에 읽을 수 없다는 것을 보여주었다. 이 소년들은 일반학급 교육을 받을 만큼 진전을 보이지 않았기 때문에 소속 학교에서 운영하는 RTI 프로그램의 2단계로 넘어갔다. 2단계는 일반학급 교육과 소집단 보충학습으로 구성되었는데, 이 소년들이 단어를 발음하는 능력을 증진할 수 있도록 설계되었다. 집단은 20주 동안 매일 약 20분씩 모임을 가졌다.

그림 (a)는 라피의 진도를 보여준다. 실선은 학교에서 설정한 1학년 아동의 기준을 나타낸다. 즉 1학년 아동이 그 학년의 각 시점에서 얼마나 많은 단어를 읽을 수 있어야 하는지를 나타낸다. 라피를 담당하는 읽기전문가는 개입과정에서 라피가 분당 3개 이상의 단어를 읽을 수 있어야 한다는 목표(점선)를 설정하였다. 파선이 보여주듯이, 라피는 이 목표를 달성하고 또래들을 따라잡을 수 있었다. 라피는 2단계 개입에 반응을 보였기 때문에 해당 학년의 나머지 기간에는 일반학급에서만 읽기교육을 받았다.

그림 (b)는 리키의 진도를 보여준다. 리키와 라피는 목표가 같았지만, 리키는 집단 기반 개입에 반응을 보이지 않았다(파선). 리키의 부모, 교사, 읽기전문가는 리키가 해당 학년의 나머지 기간에 개별 읽기교육으로 구성된 3단계 서비스를 받아야 한다고 결정했다. 목표는 리키가 2학년으로 올라가기 전에 동급생들을 따라잡도록 돕는 것이다.

그림 (a)와 (b). ■ 라피(a)는 RTI 2단계의 집단 기반 읽기개입에 반응했지만, 리키(b)는 반응을 보이지 않았다

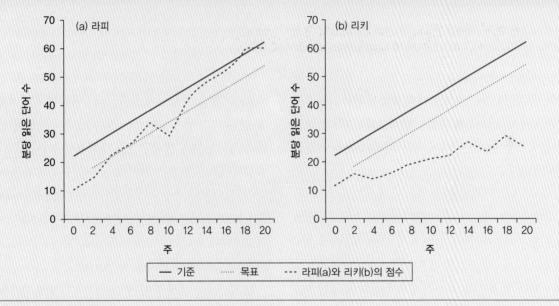

출처 : Reschly & Bergstrom (2009).

을 보여줄 수 있다. 또는 수학계산 기술이 부족한 아동이 기저에 작업기억 결함을 가지고 있을 수 있다.

3. 아동이 일반적으로 지능이 낮은 것이 아니다. 아동은 특정 인지처리에는 문제가 있지만 지적 기능은 온전하다. 예를 들어, 읽기장애가 있는 아동은 기저에 처리속도 문제를 가지고 있을 수 있다. 그러나 언어성 IQ는 정상 범위에 있어야 하고, 다른 인지처리 점수들도 대부분이 평균 범위 안에 있어야 한다. 특정 인지처리를 제외한 나머지 인지 프로파일은 정상이므로 임상전문가는 학습장애 아동들을 낮은 지능 때문에 학습문제를 겪는 아동들과 구분할 수 있다.

4. 아동의 학업 결손에 대한 대안의 설명들이 배제된다. 예를

그림 7.4 ■ 아동의 학습장애에 대한 종합평가

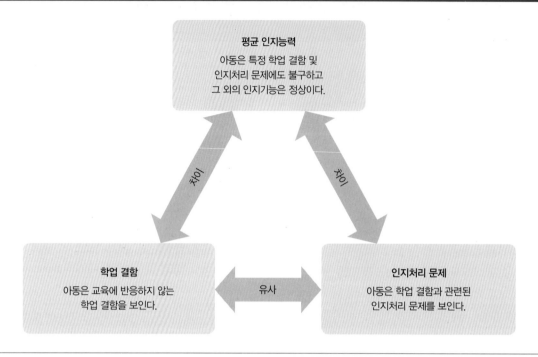

주 : 학습장애 아동들은 (1) 학업기술 결함, (2) 이 학업 결함과 관련된 기저의 인지처리 문제를 보이며, (3) 그 외에는 평균 지능을 보인다. 아동의 학업 문제에 대한 다른 설명들 (예 : 문화적 또는 경제적으로 불리한 조건) 또한 배제되어야 한다. 출처 : Flanagan et al. (2010).

들어, 임상전문가는 아동의 성취 결함이 언어 차이나 문화적응 문제, 사회경제적 불이익, 검사에 대한 불안 또는 감각 결함 등의 문제에서 기인하지 않는다는 것을 확정해야 한다.

종합 모델에 따른 학습장애 기준을 충족하는 아동들은 학업 결손을 극복하도록 돕기 위한 고강도 개별교육에 의뢰될 수 있을 것이다. 더 중요한 점은 종합평가의 결과가 학교 실무자들에게 아동의 인지적 강점과 약점에 맞게 개입을 조정하는 데 도움이 될 정보를 제공한다는 것이다(Flanagan & Harrison, 2012).

학습장애는 얼마나 흔히 나타나는가?

유병률

미국에는 약 5%에 해당하는 아동들이 학습장애로 분류되고 학교에서 특수교육 서비스를 받고 있다(Cortiella & Horowitz, 2014). 이 비율은 학습장애가 있는 아동들의 실제 인원수를 과소평가했을 가능성이 있다. 모든 아동이 공식적으로 장애로 분류되고 서비스를 받는 것은 아니기 때문이다. 유병률을 추정하는 다른 방식은 자녀가 학교담당자나 개업의로부터 학습장애로 진단받은 적이 있는지를 부모에게 물어보는 것이다. 대규모 역학연구인 국민건강면접조사(National Health Interview Survey, NHIS)의 결과는 부모의 7.5%가 자녀에게 학습장애가 있다고 보고한다는 것을 보여주었다(Centers for Disease Control and Prevention, 2016b).

읽기장애는 가장 흔한 학습장애이다. 학습장애로 진단된 아동의 80%가 읽기문제를 가지고 있다. 쓰기장애(8~15%)와 수학장애(5~8%)의 유병률은 이보다 훨씬 더 낮다. 많은 학습장애 아동들이 두 가지 이상의 학업영역에서 문제를 경험한다. 예를 들어, 수학과 관련한 문제를 가지고 있는 아동들의 절반가량이 읽기에서도 문제가 있다. 더욱이 수학문제와 읽기문제를 둘 다 가지고 있는 아동들은 그중 하나만 가지고 있는 아동들에 비해 각 영역에서 더 큰 손상을 보인다(Cortiella & Horowitz, 2014).

성별, 인종과 문화

학습장애 유병률의 성별 차이를 조사한 연구들은 혼합된 결과를 내놓았다. 대부분의 자료는 소년이 소녀보다 학습장애로 분류되고 특수교육 서비스를 받을 가능성이 더 크다는 것을 보여준다. 예를 들어, NHIS의 자료는 소년은 9%가량, 소녀는 5.9%가량이 학습장애를 가지고 있다는 것을 보여준다. 소년들은 소녀들보다 파괴적인 행동을 더 많이 보이는 경향이 있기 때문에 학습장애로 분류될 가능성이 더 크다. 이러한 파괴적 행동은 소년이 검사에 의뢰되고 그 결과 특수교육을 받게 될 확률을 높일 수 있다.

미국에서 다양한 인종집단에 속하는 아동들은 비라틴계 백인아동들보다 학습장애로 분류될 가능성이 더 크다. 예를 들어, 시프러, 멀러, 캘러핸(Shifrer, Muller & Callahan, 2011)은 아프리카계 미국인 아동, 라틴계 아동, 아메리칸 인디언 아동들이 비라틴계 백인아동들보다 학습장애로 진단될 확률이 1.5배가량 높다는 것을 발견하였다. 연구자들에 따르면, 이러한 차이는 주로 사회경제적 지위(SES)에서 비롯된다. 낮은 가족소득은 아동이 장애로 분류될 가능성을 일관성 있게 예측하였다. 게다가 연구자들이 SES를 통제했을 때에는 학습장애 유병률의 인종 간 차이가 사라졌다. 연구자들은 낮은 가족소득, 부모의 낮은 교육수준, 그리고 질 높은 교육, 영양 및 건강관리를 차단하는 장벽들이 아동을 학습장애로 진단받을 위험에 빠뜨린다고 가정하였다(그림 7.5).

모국어가 영어가 아닌 아동들이 영어 원어민 아동들보다 학습장애로 진단받을 가능성은 더 크지 않다(Shigrer et al., 2011). 그러나 학교에 입학할 때까지 영어유창성을 획득하지 못한 아동 또는 학교에서 영어가 제2언어인 학급에 배치된 아동들은 학습장애로 분류될 확률이 높아진다. 이렇게 높아진 위험은 인종이나 SES로 설명되지 않는다. 연구자들은 학교실무자들이 이 아동들의 영어문제를 학습장애의 증거로 잘못 해석할 수 있다고 제안하였다. 이런 결과들은 학업기술을 평가할 때 아동의 모국어와 문화적 배경에 관심을 기울이는 것이 중요하다는 사실을 말해준다(Lewandowski & Lovett, 2014).

무엇이 읽기장애를 초래하는가?

기초 읽기문제

읽기는 아동들이 자연스럽게 습득할 수 없는 복잡한 과제이다. 아동들은 읽기를 학습하면서 점점 더 복잡한 기술들을 습

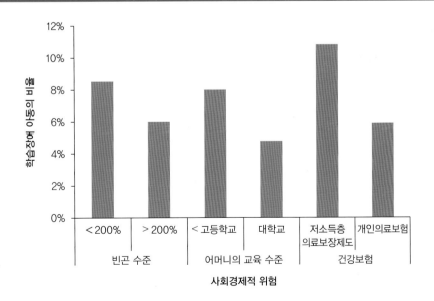

그림 7.5 ■ 낮은 사회경제적 지위는 학습장애를 초래하는 독특한 위험요인이다

주 : 가난하거나, 고등교육을 받지 못했거나, 개인 건강보험을 들지 못한 부모들은 자녀가 학습장애를 가지게 될 가능성이 더 크다. 출처 : Boyle et al. (2011).

득한다. 첫째, 개개의 글자들을 명칭과 소리에 의해 알아보는 것을 학습한다. 예를 들어, 학령전기 아동들은 인쇄된 글자들의 목록에서 글자 *s*를 알아보고, 그 명칭을 말하고, 부모에게 이 글자가 /s/ 소리가 난다고 말하는 것을 학습한다. 글자재인은 다른 모든 읽기기술의 발달에 필수적이다.

아동이 글자재인을 하게 된 이후로는 음소인식이 발달해야 한다. 첫째, 아동은 음소의 분리(예 : 'car'의 첫 번째 소리는 /c/이다), 혼합(예 : 'shop'에는 세 가지 소리 /sh/ /o/ /p/가 있다) 및 조작(예 : 'car'에 /c/ 대신에 /f/가 있으면 'far'이다)을 학습해야 한다. 이후 이러한 음소 기술들을 사용하여 새로운 단어들을 음성학적으로 소리 내어 말할 수 있게 된다(예 : 글자 C-A-T는 철자가 /c/ /a/ /t/ 또는 'cat'이다). 대부분의 아동들은 체계적인 교육을 받아야 음소인식이 발달한다. 사실 어린이집과 유치원에서는 재원 기간의 상당 부분을 아이들이 음소인식을 학습하고 발음기술을 습득하는 데 할애한다 (Samms-Vaughn, 2006).

적정 수준의 음소인식을 하는 아동들은 음소매개(phonemic mediation)를 할 수 있다. 즉 새로운 단어들을 소리 내어 발음할 수 있다. *Cat has a snack* 이라는 문장을 생각해보자(이미지 7.4). 한 초보 독자는 이 문장의 첫 번째 세 단어는 알고 있지만 *snack*이라는 단어는 잘 모를 수 있다. 그는 이 단어를 소리

©iStockphoto.com/Melissa Kopka

Cat has a snack.

이미지 7.4 적절한 음소기술을 가지고 있는 아동들은 이 문장을 읽기 위해 'snack'이라는 단어를 소리 내어 발음할 수 있다. 음소기술을 가지고 있지 못한 읽기장애 아동들은 단어의 모양을 보고 그 단어가 어떤 단어일지 추측한다.

내어 읽기 위해 각 글자를 그에 상응하는 음소(/s/-/n/-/a/-/k/)로 번역하는 발음기술을 사용할 수 있다. 그 후 음소들을 조합한 결과가 기존의 음성 어휘에 대응하는지 검사한다. 예를 들어, 이 독자는 다음과 같이 생각할 수 있다. "이 단어는 *snack* 같은 소리가 나네. 난 *snack*이 뭔지 알지. *snack*이란 단어는 이 문장에서 의미가 통하는군. 그러니 이 단어는 *snack*임이 틀림없어."

읽기장애가 있는 아동들의 대부분이 음소인식에 현저한 결함이 있다(Johnson, Humphrey, Mellard, Woods, & Swanson, 2010). 따라서 새로운 단어들을 소리 내어 읽기가 어렵다. 그 대신 이 아동들은 단어의 모양, 문장의 다른 단어들 또는 맥락단서(예 : 그림)에 의거하여 그 단어가 무엇인지 추론하려는 시도를 할 수 있다. 읽기장애가 있는 어린 아동은 *Cat has a snack*이라는 문장에서 *snack*이라는 단어가 어떤 의미인지를 단어의 길이나 첫 글자에 의거해서 추측할 수 있다. 그런 후에 자신의 추론이 맞는지를 그림을 사용하여 알아볼 수 있다. 어떤 경우에는 이런 전략이 읽기 오류를 가져온다. 예를 들어, 아동은 이 문장을 *Cat has a sack*으로 잘못 읽을 수 있다. 고양이가 사탕이 든 가방을 들고 있는 그림을 보았기 때문이다.

아동들이 보이는 기초 읽기문제는 뇌 이상에서 비롯된 것일 수 있다. 뇌의 세 영역이 읽기에 중요한 역할을 한다. 첫 번째 영역은 좌반구 후방의 시각정보처리 영역 가까이에 위치한 후두측두 피질이다. 이 영역은 인쇄되어 있는 친숙한 단어, 즉 통상적으로 사용되는 '일견(一見, sight)' 단어들을 한눈에 알아볼 수 있게 도와준다. 이 뇌 영역은 특히 빠르고 정확하게 읽는 능력에 관여할 가능성이 있다. 이 영역이 손상되면 친숙한 단어들을 알아보지 못하게 된다. 이 영역이 손상된 사람들은 흔히 사용되는 단순한 단어들조차 소리 내어 읽어야 한다. 이들의 읽기는 속도가 느리고 힘이 많이 든다 (Kovelman et al., 2012).

두 번째 뇌 영역은 측두두정피질의 베르니케 영역이라고 알려진 부위이다. 이 뇌 영역은 단어들을 소리 내어 읽는 일을 담당한다. 이 영역이 손상되면, 많이 사용되는 단어들은 자동으로 빠르게 읽을 수 있지만 친숙하지 못한 단어들은 읽기 힘들어진다.

마지막 뇌 영역은 전두피질 왼쪽 아래에 있는 브로카 영역으로 알려진 부위이다. 이 영역은 한 단어의 의미, 그리고 이

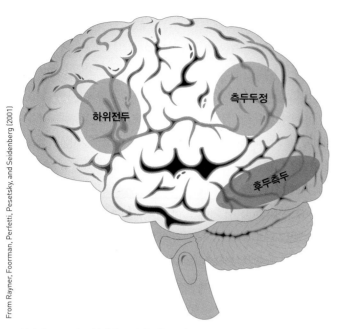

이미지 7.5 기초 읽기에 문제가 있는 많은 아동들은 단어처리를 담당하는 뇌 영역에 이상이 있다.

단어와 문장을 구성하는 다른 단어들 간의 관계를 이해할 수 있게 해준다. 이 뇌 영역이 손상된 사람들은 흔히 사용되는 단어들을 읽을 수 있고 새로운 단어들을 소리 내어 발음할 수 있지만, 읽은 내용을 제대로 이해하지 못한다(이미지 7.5).

읽기에 문제가 있는 아동들은 베르니케 영역과 브로카 영역의 기능에 이상이 생긴 경우가 많다. 읽기장애 아동들은 좌반구의 이 영역들에 의존하는 대신에 시각정보처리를 담당하는 우반구 영역들을 활성화하곤 한다. 흥미롭게도 읽기장애가 있는 나이 든 아동들은 같은 장애를 가진 어린 아동들보다 우반구 뇌 영역들에 더 많이 의존한다. 이런 결과들은 나이 든 읽기장애 아동들이 단어들을 모양에 의거하여 암기하거나 맥락단서에 의존함으로써 부족한 발음기술을 보상하고 있을지도 모른다는 것을 보여준다. 이런 전략들은 어린 아동들에게는 효과가 있을 수 있지만, 복잡한 자료를 읽고 높은 수준의 이해를 하면서 읽는 데는 부적절하다(Kovelman et al., 2012).

놀랍게도, 발음교육을 받은 읽기장애 아동들은 좌측 전두 영역과 측두두정 영역의 활동량이 현저하게 증가하였다. 여러 연구들이 발음교육을 2~8개월 받으면 좌반구 활동이 크게 증가한다는 결과를 보고하였다. 교육을 받은 읽기장애 아동들은 뇌 활동과 읽기기술이 일반 아동들과 비슷하였다. 발음교육은 읽기장애 아동들의 뇌 활동을 정상화하여 이 아동

들이 학급친구들과 마찬가지로 단어들을 처리할 수 있게 도와주는 것으로 보인다(Aylward, Bender, Graves, & Roberts, 2009; Shaywitz et al., 2004).

읽기유창성과 읽기이해의 문제

읽기유창성(reading fluency)은 빠르고 정확하게 읽는 능력을 가리킨다. 읽기유창성이 뛰어난 사람들은 단어들을 재빨리 알아보고, 문장에서 중요하지 않은 단어들보다는 중요한 단어들에 주의를 기울이며, 핵심 단어들을 강조함으로써 문장의 의미를 파악한다.

아동들은 엄청난 연습을 통해 읽기가 유창해진다. 처음에는 영어의 불규칙성에 친숙해지기 위해 거의 모든 단어들을 소리 내어 읽어야 한다. 시간이 지나면서 아동들은 흔히 발생하는 단어들을 한눈에 알아보기 시작한다. 그 결과 속도와 정확성이 증가한다. 읽기 경험이 쌓여감에 따라 새로운 단어들을 더 많이 보게 되고 이 단어들도 점차 친숙한 '일견' 단어들이 되어간다. 연습은 읽기를 자동화한다. 즉 연습은 아동이 "저빈도 단어들을 고빈도 단어들로 바꾸게" 해준다(Rayner et al., p. 40).

읽기이해(reading comprehension)는 텍스트를 읽어서 의미를 파악하고, 텍스트의 정보를 기억하며, 문제를 해결하거나 다른 사람들과 공유하는 데 이 정보를 사용하는 능력을 가리킨다. 읽기이해는 아동이 자신이 읽은 내용으로부터 의미를 구성하는 능동적 과정이다. 따라서 읽기이해는 독자와 텍스트 간의 상호작용에 달려 있다. 독자의 텍스트 이해는 기초 읽기기술, 읽기유창성 및 사전지식에 좌우될 것이다.

읽기유창성과 읽기이해에 문제가 있는 아동들은 음소인식 문제의 내력이 있었던 경우가 많다. 이들 중 상당수는 새로운 단어들을 소리로 바꾸는 데 필요한 기초 읽기기술을 가져본 적이 없다. 그 결과 새로운 단어들을 보게 되거나 읽기를 연습할 기회가 제한된다. 새로운 단어들을 읽는 데 문제가 있으면 읽기의 속도(즉 유창성)가 느려지고, 읽은 내용에 대해 질문했을 때 답변의 정확성(즉 이해)도 전반적으로 떨어지게 된다.

읽기유창성과 읽기이해의 문제는 특정 인지처리 결손과도 관련이 있다(Johnson et al., 2010). 처리속도(processing speed)는 아동의 인지효율성, 즉 간단한 정신적 과제들을 크게 노력을 들이지 않고 빠르고 정확하게 수행하는 능력을 가리킨

다. 처리속도가 평균 이상인 아동들은 단순한 인지적 과제들을 자동으로 처리할 수 있으며, 따라서 인지자원을 높은 수준의 사고와 추론에 할애할 수 있다. 이 아동들은 빠르고 정확하게 읽을 수 있기 때문에 텍스트의 의미를 생각하는 데 더 많은 에너지를 들일 수 있다. 처리속도가 평균 이하인 아동들은 인지적 과제들을 처리할 때 시간과 노력을 들여야 한다. 그 결과 더 고차적인 정신활동을 하는 데 들일 수 있는 자원이 거의 남아 있지 않다. 흔히 이들은 느리게 읽고, 단어들을 소리로 바꾸는 데 엄청난 에너지를 소비한다. 결과적으로 텍스트의 의미를 이해하는 데 들일 에너지가 많지 않다.

작업기억(working memory)은 문제해결에 사용할 여러 개의 정보를 단기기억에 한꺼번에 담아두고 조작하는 능력이다. 언어작업기억은 언어정보(예 : 단어, 문장)에 특화된 작업기억이다. 언어작업기억이 평균 이상으로 뛰어난 아동들은 언어정보를 당면한 문제의 해결에 사용될 수 있을 정도로 충분히 오랫동안 단기기억에 담아둘 수 있다. 이 아동들은 글을 읽을 때 문장이나 단락의 앞부분에 나왔던 세부정보를 마음속에 담아두고 있으면서 동시에 뒷부분을 읽을 수 있다. 이들의 뛰어난 언어작업기억은 읽은 내용을 더 잘 이해할 수 있게 해준다. 언어작업기억이 평균 이하인 아동들은 단기기억에 정보를 담아두고 조작하기가 힘들다. 이 아동들은 글을 읽을 때 텍스트의 앞부분에 제시되었던 중요한 정보를 잊어버리며 그 결과 이해력이 떨어지는 것으로 나타날 수 있다(Swanson & Stomel, 2012).

끝으로, 빠른 자동명명(rapid automatized naming, RAN)은 일련의 친숙한 항목들의 이름을 최대한 빨리 기억해내는 능력을 가리킨다(Denckla & Rudel, 1976). RAN은 시간 제한이 있는 상황에서 아동이 특정 범주에 속한 항목들의 이름을 몇 개나 말할 수 있는지에 의해 측정한다(예 : "1분 안에 음식의 이름을 최대한 많이 말하시오"). 그림, 색깔, 글자 또는 숫자들로 이루어진 배열을 무작위 순서로 제시하고, 정해진 시간 안에 그 배열에 있던 자극들의 이름을 하나씩 말하게 함으로써 측정할 수도 있다.

전문가들은 RAN이 왜 읽기에 중요한지 알지 못한다. RAN은 언어에 그 자체로 중요한 언어작업기억(예 : 단어회상)과 처리속도(예 : 자동처리) 둘 다에 의존할지도 모른다. 이유가 무엇이든, 많은 연구들은 아동의 RAN 역량이 읽기성취를 예측한다는 결과를 내놓았다. 더욱이 RAN의 결손은 읽기장애와 관련이 있다(Norton & Wolf, 2012).

읽기장애가 있는 아동들은 읽기문제의 성격과 기저의 인지처리 결함에 의거하여 세 집단으로 구분할 수 있다(O'Brien, Wolf, & Lovett, 2012). 울프와 바우어스(Wolf & Bowers, 1999)는 이 차이를 설명하기 위해 이중결함 모델(double-deficit model)을 개발하였다. 어떤 아동들은 단어 읽기에 문제가 있다. 앞서 보았듯이, 이 아동들은 흔히 음운처리에 결함이 있다. 이들은 초등학생 때에는 일견 단어들과 맥락 단서들에 의지하여 글을 읽는다. 그러나 중학교에 다닐 무렵이면 새로운 단어들을 접하게 되는 빈도가 늘어나면서 단어읽기와 읽기이해에 어려움을 겪는다. 음소매개의 결함이 그들의 발목을 잡는 것이다.

두 번째 집단은 단어읽기와 음소인식을 잘하지만 읽기유창성에 어려움이 있다. 이 아동들은 처리속도, 언어작업기억, 그리고/또는 RAN에 기저 결함이 있는 경우가 많다. 단어를 정확하게 읽을 수는 있지만 느리고 힘들게 읽는다. 이 아동들은 읽기속도가 느리고 작업기억에 결함이 있기 때문에 읽기이해 기술도 부족하다. 문장의 끝부분에 도달할 무렵이면 앞부분에 있었던 정보를 기억하기가 어렵다.

세 번째의 소규모 집단은 기초 읽기기술과 읽기유창성 둘 다 손상을 보인다. 이중결함을 가지고 있기 때문에 읽기문제가 가장 심각한 수준이다(Frijters et al., 2011).

어떤 치료가 읽기장애 아동에게 효과적인가?

기초 읽기

경험적 연구들은 단어읽기 문제를 치료하는 데 음소인식과 발음에 대한 체계적 교육이 중요하다는 것을 보여준다(표 7.8). 음소들을 알아보고 조작하도록 가르치는 교육은 아동의 음소인식 기술에 직접적으로 큰 영향을 미친다. 이와 유사하게, 발음교육을 체계적으로 받은 아동들은 그런 교육을 받지 않은 아동들에 비해 읽기가 현저하게 더 많이 향상된다. 글자(문자소)를 소리(음소)로 전환하고 소리들을 단어로 결합하거나 혼합하는 것을 돕는 발음교육 프로그램들은 읽기 증진에 가장 큰 효과가 있다. 체계적 발음교육은 개별로 또는 소집단으로 실시될 때, 그리고 3학년 이전에 시작할 때 가장 효과

표 7.8 ■ 직접 교수를 활용한 읽기 교육

1단계 : 교사는 수업의 목표를 명시적으로 알려준다.

오늘은 'st'라는 글자들이 들어있는 단어들을 읽고 /st/를 소리 내는 법을 배울 거예요. 수업이 끝나면 여러분은 /st/가 들어간 단어들을 읽을 수 있게 될 거예요.

2단계 : 교사는 자료를 작은 단계들로 분해하고, 학생들이 각 단계를 연습할 기회를 제공한다.

여기 'st'라는 글자들이 있어요. 이 글자들은 어떤 글자들인가요? [아동이 'st'라고 대답한다.]
이 글자들은 /st/ 소리가 나요. 이 글자들이 어떤 소리가 난다고요? [아동이 /st/라고 대답한다.]

3단계 : 교사는 분명하고 상세한 지시를 제공한다.

/st/로 시작하는 단어들을 연습해봅시다. 이 단어들은 전부 /st/ 소리로 시작해요. 준비됐어요? [교사는 예를 제시한다.]

4단계 : 교사는 첫 연습을 하는 동안 지도를 한다.

이 단어부터 시작해 봐요. [교사는 아동이 단어를 읽는 동안 그 단어의 각 부분을 가리킨다.]

5단계 : 교사는 체계적 피드백을 제공하고 아동의 실수를 즉각 바로잡는다.

이제 이 단어를 읽어요. [아동이 'stop'이라는 단어를 옳게 읽는다.]
잘했어. 이번엔 이 단어. [아동이 'stem'이라는 단어를 잘못 읽는다.]
아니. 이 단어는 'stem'이야. 나하고 같이 다시 읽어봐요.

6단계 : 교사는 자습, 숙제 또는 다음 회기에 추가 연습을 하게 한다.

지난번 수업에서 /st/로 시작하는 단어들에 대해 배웠지요. 오늘은 /st/ 단어들을 더 살펴보고 연습할 거예요.

적이다. 발음기반 읽기교육은 아동의 읽기이해 향상과도 관련이 있다(Adams & Carnine, 2003; Carlson & Francis, 2002; National Reading Panel, 2000).

읽기유창성

읽기유창성은 연습에 좌우된다. 따라서 읽기유창성을 증진하기 위해 설계된 개입들은 아동을 방대한 양의 텍스트에 노출되게 하고 읽기의 정확성에 대한 피드백을 자주 제공한다. 근거기반 개입 중 한 가지는 안내받는 구두읽기이다. 안내받는 구두읽기(guided oral reading)는 아동이 텍스트를 능숙해질 때까지 소리 내어 읽고 또 읽는 것이다. 교사나 또래는 아동에게 귀를 기울이고, 단어를 소리 내어 읽는 것을 도와주며, 읽기 오류를 교정해준다. 때로 아동은 오디오테이프, 비디오, 컴퓨터 프로그램을 틀어놓고 글을 읽는다.

디지털 보조를 받는 읽기(digitally assisted reading)는 안내받는 구두읽기의 변형으로, 아동이 태블릿이나 컴퓨터로 적절한 발음, 속도, 억양을 본 보여주는 목소리를 들으면서 텍스트를 읽는 것이다. 예를 들어, 문해력 설계(Literacy by Design)는 아동이 디지털 내레이터가 시범을 보여주는 적절한 속도, 정확성, 억양에 맞춰 이야기를 읽을 수 있도록 '반향 읽기'를

제공한다(이미지 7.6; Coyne et al., 2012).

이런 개입에 참여하는 아동들은 개입을 받지 않는 아동들과 견줘볼 때 읽기의 정확성, 속도, 이해가 증가한다. 더욱이 이런 개입들은 일반 아동과 읽기장애가 있는 아동 모두에게 효과적이다(National Reading Panel, 2000).

방대한 연습에도 불구하고 읽기유창성이 개선되지 않는 아동들은 어떻게 할 것인가? 이런 아동들을 위한 개입은 작업기억이나 RAN 같은 기저의 인지처리 결함에 초점을 맞춘다. 울프, 밀러, 도넬리(Wolf, Miller & Donnelly, 2000)는 이런 결함이 있는 아동들의 읽기유창성을 증진하기 위한 프로그램을 개발하였다. 이 프로그램은 인출, 자동성, 어휘, 정교화 및 철자법(retrieval, automaticity, vocabulary, elaboration, and orthography, RAVE-O)이라 불리는데, 단어들을 자동으로 해독하고 확인하고 이해하는 능력을 증진하기 위해 설계된 집중 프로그램이다(Wolf, Gottwald, & Orkin, 2009b).

교사들은 아동이 단어들을 더 빨리, 힘을 덜 들이고 읽도록 돕기 위해, 읽기에 활용되는 어휘의 기초가 되는 '핵심 단어들'을 강조한다(Wolf et al., 2009a). 이 단어들을 운(韻)이 비슷한 것들끼리 묶어서 조직한다. 예를 들어, 'hat', 'mat', 'cat'은 /at/ 운을 공유한다. 아동들은 매주 공통의 운율 패턴뿐만

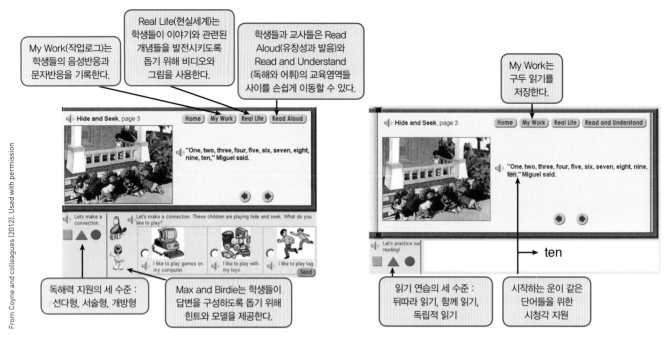

My Work(작업로그)는 학생들의 음성반응과 문자반응을 기록한다.

Real Life(현실세계)는 학생들이 이야기와 관련된 개념들을 발전시키도록 돕기 위해 비디오와 그림을 사용한다.

학생들과 교사들은 Read Aloud(유창성과 발음)와 Read and Understand (독해와 어휘)의 교육영역들 사이를 손쉽게 이동할 수 있다.

My Work는 구두 읽기를 저장한다.

독해력 지원의 세 수준 : 선다형, 서술형, 개방형

Max and Birdie는 학생들이 답변을 구성하도록 돕기 위해 힌트와 모델을 제공한다.

읽기 연습의 세 수준 : 뒤따라 읽기, 함께 읽기, 독립적 읽기

시작하는 운이 같은 단어들을 위한 시청각 지원

From Coyne and colleagues (2012). Used with permission

이미지 7.6 문해력 설계(Literacy by Design)는 디지털 보조를 받는 읽기 교육의 한 예이다. 아동은 내레이터를 따라 읽거나 스스로 읽는다. 아동은 선다형 검사를 치르거나, 답을 자판으로 입력하거나, 소리 내어 말함으로써 자신이 읽은 내용을 이해한다는 것을 증명한다.

아니라 관련된 핵심단어들을 재인하는 것을 학습한다. 또 단어들을 첫 부분과 어미(예 : –at)에 의거하여 재빨리 재인하기 시작한다.

교사들은 아동이 읽기에 활용하는 어휘를 향상시킴으로써 아동의 단어재인을 향상시키고자 한다. 아동의 의미지식을 증진하는 한 가지 방법은 이미지 카드를 이용하여 아동이 자주 접하는 단어들을 쉽고 빠르게 학습하고 회상하도록 돕는 것이다. 이미지 카드는 흔히 쓰이는 단어들을 그림으로 묘사하고 있는데, 기억결함이 있는 아동이 이 단어들을 기억해내는 것을 돕기 위해 설계되었다. 카드에는 각 단어가 지닌 다중적 의미가 표현될 수도 있는데, 이는 아동이 언어의 융통성을 인식하도록 돕기 위한 것이다. 예를 들어 jam이란 단어는 '토스트에 올리는 토핑'과 '곤란한 상황에 처한 아동'을 나타낼수 있다.

치료의 마지막 요소는 아동의 단어회상 전략들을 증진하는 것이다. RAN 결손이 있는 아동들은 단어를 인출하기 어렵다는 점을 상기해보라. 단어회상을 증진하는 한 가지 기법은 탐정게임이다. 아동들은 '혀끝에서 뱅뱅 도는' 단어들을 인출해내는 '단어 탐정'이 되는 법을 배운다.

읽기장애가 있는 아동 279명을 무작위로 통제한 연구에서

RAVE-O의 효율성이 검증되었다(Morris et al., 2012). 아동들은 다음의 네 조건 중 하나에 무작위로 배정되었다. (1) 전통적 음소인식 및 단어확인 기술 훈련, (2) RAVE-O, (3) 음소인식 훈련 + 공부기술 훈련, 그리고 (4) 통제 조건이다. 모든 개입은 매주 5일씩 70회기 동안 실시되었다. 치료가 끝났을 때 적극적 치료를 받은 세 집단의 아동들은 통제집단 아동들보다 단어읽기가 더 크게 증가하였다. 이보다 더 중요한 결과는 RAVE-O에 참여한 아동들이 읽기유창성과 읽기이해에서 가장 큰 증가를 보였다는 것이다.

읽기이해

읽기장애가 있는 아동들은 읽기이해를 스스로 발달시키지 못한다. 읽기이해 능력은 교실에서 체계적으로 도입하고 시범을 보여주어야 한다. 체계적인 읽기이해 훈련을 받은 아동들은 명시적 수업을 받지 않은 아동들에 비해 뚜렷한 향상을 보인다. 체계적 수업은 아동의 정보기억, 읽기속도, 이해, 질문에 답변하거나 문제를 해결하기 위해 정보를 활용하는 능력을 다룬다(National Reading Panel, 2000; Therrien, Wickstrom, & Jones, 2006).

읽기장애가 있는 아동의 상당수가 이야기 문법에 결함이

있다(Mason & Hagaman, 2012). 이야기 문법(story grammar)은 등장인물, 환경, 결론이나 해결, 어조나 감정과 같은 이야기의 요소들과 구조에 대한 지식을 가리킨다. 읽기장애 아동들은 이야기 문법의 이런 측면들을 의식하지 못하며, 일반 아동들에 견줘 이런 측면들을 잘 기억하지도 못한다. 더욱이 이야기 문법의 결함은 아동이 이야기를 귀로 듣는지 눈으로 읽는지에 관계없이 나타난다.

개입은 아동들에게 이야기 문법에 관한 정보를 재인하고 유지하는 법을 가르친다(Mason & Hagaman, 2012). 예를 들어, 이야기 지도 제작(story mapping)은 더 어린 독자들에게 적합한 기법이다. 아동이 이야기를 소리 내어 읽을 때 교사는 이야기 문법의 여러 측면들을 강조한다. 이후 아동의 회상을 돕기 위해 각 측면(예 : 아기 돼지 세 마리라는 동화에서 일어나는 사건들을 나타내는 짚, 나무, 벽돌)을 그림으로 나타낸다. 아동은 연습을 통해 이야기 문법의 여러 측면을 스스로 알아보는 법을 학습한다. 자기질문(self-questioning)이라는 또 다른 기법은 더 나이 든 아동들에게 적합하다. 능숙한 독자는 글을 읽을 때 자연스럽게 이야기 문법과 관련된 질문을 하지만, 미숙한 독자에게는 이런 기술을 가르쳐주어야 한다. 자기질문 기법에서는 아동이 글을 읽으면서 목적, 인물, 플롯, 해결에 관한 질문을 하도록 교사가 촉구한다. 아동은 연습을 통해 이런 질문(과 답변)을 스스로 하기 시작한다.

읽기장애가 있는 아동들은 논픽션을 이해하는 데도 어려움을 겪는다. 사실과 정보를 전달하는 텍스트는 아동에게 익숙하지 않은 구조(예 : 목록, 비교-대조)를 사용하고, 복잡한 어휘를 채택하며, 아동이 가지고 있지 않은 사전지식을 전제하

는 경향이 있다(Mason & Hagaman, 2012). 아동이 논픽션을 이해하기 위해서는 텍스트 향상이라는 도구를 이용해서 텍스트를 분해하고 재조직하는 법을 배울 필요가 있다. 텍스트 향상(text enhancement)은 학생들이 중요한 정보를 확인하고 조직하고 이해하고 회상하는 것을 돕는 시각적 보조도구이다(이미지 7.7). 가장 효과적인 텍스트 향상 도구로는 도식 조직자(즉 추상적 아이디어를 구체적인 것으로 만들어주는 도표, 도형, 연대표), 인지적 지도(즉 아이디어들 간의 관계를 보여주는 화살표, 플로 차트, 선), 기억술(예 : 오대호를 기억하는 데 도움이 되는 HOMES 같은 기억보조 장치), 그리고 컴퓨터보조 수업(즉 하이퍼링크나 비디오 같은 내장형 디지털 미디어)이 있다. 텍스트 향상 도구를 이용한 읽기장애 아동들은 읽기이해가 일정 부분 향상되었다(Berkeley, Scruggs, & Mastropieri, 2010; Kellems & Edwards, 2016).

무엇이 쓰기장애를 초래하는가?

읽기와 마찬가지로 쓰기도 숙달하는 데 시간이 오래 걸리는 복잡한 과제이다. 쓰기 과정은 계획, 번역, 검토의 세 단계로 이루어진다(Hayes & Flower, 1980). 계획(planning)은 쓰기의 목적을 결정하고, 주요 주제와 이를 지원하는 아이디어들을 생각해내고, 이러한 아이디어들을 의미가 통하게 조직하는 것이다. 번역(translating)은 아이디어들을 텍스트로 전환하는 것으로서 아동의 음소인식, 어휘와 철자법, 그리고 쓰기 역학(예 : 연필 잡는 법, 타자 기술)에 달려있다. 검토(reviewing)는 자신이 쓴 이야기를 다시 읽고, 실수를 찾아내어 바꾸는 것이다.

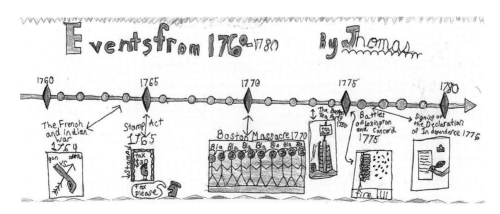

이미지 7.7 타임라인은 아동의 읽기이해를 도울 수 있는 텍스트 향상의 한 예이다. 이 그림을 그린 5학년 아동의 타임라인은 미국에서 독립혁명에 이르기까지 어떤 사건들이 발생했는지 보여준다.

쓰기장애가 있는 아동들은 이 세 가지 과제 모두에서 일반 아동들보다 시간이 적게 걸린다. 첫째, 쓰기장애 아동들은 계획하고 조직하는 데 시간을 들이지 않는다. 그 결과로 이들의 쓰기는 아이디어들 간에 연결점이 없고 주장하는 바를 따라가기 어려운 의식의 흐름이 된다. 둘째, 쓰기장애 아동들은 철자오류를 자주 저지르며 손으로 글씨 쓰는 것이 서투르다. 이런 문제들은 사소해 보이지만 쓰기 과정을 방해한다. 셋째, 쓰기장애 아동들은 자신이 쓴 글을 검토하는 법이 없다. 편집을 할 때에도 그들의 수정은 작문의 일관성과 질에 초점을 두기보다는 피상적인(예 : 철자나 구두점 오류를 교정하는) 경향이 있다.

쓰기장애가 있는 아동들과 그렇지 않은 아동들은 쓰기의 질이 크게 다르다. 구체적으로, 이들은 다음의 여섯 가지 영역에서 차이가 있다(Graham, Harris, & Chambers, 2016; MacArthur, 2016; MacArthur, Philippakos, & Graham, 2016).

생산성. 쓰기장애 아동들은 일반 아동들보다 적은 수의 단어들을 사용한다. 이들의 작문은 보통의 쓰기 기술을 가진 아동들에 비해 평균적으로 3분의 1가량 짧다. 서술문과 설명문 둘 다에서 이러한 생산성 결여가 나타난다.

어휘의 다양성. 흔히 어휘의 다양성은 작문에 사용된 단어 중에서 어원이 다른 단어 수를 세어서 평가한다. 쓰기장애 아동들은 덜 다양하고 더 장황한 언어를 사용한다.

문법. 문법 오류는 쓰기장애 아동들이 보이는 문제들 중에서 가장 눈에 띄고 흔히 나타나는 문제이다. 이 아동들은 문장의 필수적인 부분들을 생략하거나, 주어-동사를 일치시키지 못하거나, 대명사와 축약형(예 : *their* vs. *they're*)을 잘못 사용한다.

문장의 복잡성. 쓰기장애 아동들은 또래아동들보다 서술형 문장을 덜 사용한다. 흔히 문장의 복잡성은 아동의 글에서 주절과 종속절의 평균 길이를 보고 평가한다. 다음 문장들을 보자.

I followed the rabbit all day until it ran into its hole.

I followed the rabbit all day. It ran into its hole.

두 문장의 의미는 똑같지만, 첫 번째 문장이 더 복잡하다.

철자법의 정확성. 쓰기장애 아동들은 흔히 철자법 오류를 저지른다. 음운처리 문제와 읽기장애를 기저에 가지고 있는 아동들은 음성학과는 상관없는 철자법 오류를 종종 저지른다. 즉 단어의 소리와 아동이 철자를 쓰는 방식 간에 상관이 없다. 예를 들어, 음소처리를 적절히 할 수 있는 어린 아동은 'telephone'의 철자를 'telafone'으로 쓸 수 있다. 그러나 적절한 음소처리를 할 수 없는 아동은 이 단어의 철자를 단어의 소리에 대응하지 않는 *talnofe*로 쓸 수 있다. 음성학과 무관한 철자법 오류는 아동의 작문을 엄청나게 읽기 어려운 것으로 만든다.

이야기 내용. 쓰기장애가 있는 아동들은 전체 이야기 내용에 대해 일반 아동들보다 더 낮은 평가를 받는다. 구체적으로, 이 아동들은 (1) 경험들을 연결하거나 정보를 명확하고 초점에 맞게 제시하기, (2) 주요 아이디어가 명확하게 드러나도록 쓰기를 구조화하기, (3) 쓰기의 목적과 청중에 맞춰서 적절한 목소리 톤과 격식을 사용하기, (4) 구두점이나 대문자 사용과 같은 쓰기 관습을 채택하기가 어렵다.

어떤 치료가 쓰기장애 아동에게 효과적인가?

쓰기장애가 있는 아동들은 체계적 수업, 방대한 연습, 빈번한 피드백이 필요하다(MacArthur, Philippakos, Graham, & Harris, 2012; Mather & Wendling, 2011). 쓰기 기술을 가르치는 가장 효과적인 방법 중 하나는 **자기조절전략 개발**(self-regulated strategy development, SRSD)이다. SRSD는 쓰기가 서투른 아동들이 자신의 글을 계획하고 실행하고 평가하기 위한 효과적인 전략을 가지고 있지 않다는 생각에 바탕을 두고 있다. 교사는 쓰기전략을 소개하고 본보기와 강화를 제공해주며, 아동이 쓴 글에 관해 구체적인 피드백을 제시해주고, 쓰기를 연습하고 개선할 시간과 기회를 많이 제공한다(Harris & Graham, 2016).

SRSD 모델은 다음과 같이 아동이 실행, 연습, 평가를 학습하는 일련의 단계들로 구성된다(Harris et al., 2012; Reid, Harris, Graham, & Rock, 2012).

1. 배경지식을 개발하고 활성화한다 : 교사는 쓰기과제를 완수하는 데 필요한 모든 기술 또는 정보를 설명해주거나 시범을 보여준다. 예를 들어, 과제가 자서전 쓰기라면

교사는 자서전이라는 용어를 설명해주고 자서전적 글쓰기의 예를 제공해준다.

2. **전략을 논의한다** : 교사는 쓰기과제를 완수할 전략을 제안한다.

3. **전략의 시범을 보여준다** : 교사는 이 전략이 왜 중요한지를 강조하면서 전략의 각 단계를 제시한다. 교사는 각 단계의 저변에 있는 사고과정을 설명하면서 "소리 내어 생각한다." 모델링은 매우 중요하다. 원래 내적인 과정을 외적인 것으로 만들어주고 학생이 접근할 수 있게 만들어주기 때문이다.

4. **전략을 암기한다** : 학생은 반복과 변형을 통해 이 전략을 암기한다. 연습을 많이 할수록, 필요할 때 이 전략을 기억해내기가 더 쉬워진다.

5. **전략을 지원한다** : 교사는 학생이 이 전략을 성공적으로 실행할 수 있도록 발판을 받쳐주는 기법을 사용한다. 즉 처음에는 많은 지원을 제공해주다가 학생이 이 전략에 점점 익숙해짐에 따라 학생 혼자서 이 전략을 실행할 수 있을 때까지 지원 수준을 줄여나간다.

6. **독자적 수행** : 교사는 학생의 전략 사용을 계속해서 관찰하고, 필요하다면 이 전략들을 다른 쓰기과제에 맞게 수정하는 것을 돕는다.

SRSD 모델에서 사용되는 구체적 전략들은 쓰기과제에 따라 다르다(Common Core State Standards; National Governors Association Center for Best Practices, Council of Chief State School Officers. [2020]). 예를 들어 서술형 쓰기(스토리텔링)를 가르치는 경우라면 교사는 계획, 조직, 쓰기, 편집, 수정(planning, organizing, writing, editing, revising)의 5단계로 구성되는 POWER 전략을 도입할 수 있다. 첫째, 학생은 자기가 쓸 이야기를 계획한다. 이야기의 목적은 무엇인가? 이 이야기를 쓰기 위해 어떤 배경 정보나 지식이 필요한가? 둘째, 학생은 쓰기 전에 자신의 생각을 조직한다. 주요인물, 장면, 문제, 결말을 확인하도록 촉구하는 워크시트를 완료한다. 셋째, 교사는 소리 내어 생각하기 기법을 사용해서 쓰기 과정의 시범을 보여준다. 학생의 아이디어를 사용해서 문장을 어떻게 만드는지, 사건들이 발생하는 순서가 왜 이야기의 일관성에 중요한지를 보여준다. 넷째, 학생은 자신이 쓴 이야기를 **편집**한

다. 이야기를 읽어보고 좋아하는 부분과 개선해야 할 부분을 표시한다. 또한 급우들로부터 피드백을 받는다. 다섯째, 교사는 이야기를 더 낫게 만들기 위해 수정하는 방법을 시범으로 보여준다. 학생은 교사와 또래들의 피드백에 의거해서 궁극적으로 무엇을 수정할 것인지 결정한다(Harris, Graham, & Adkins, 2015).

또 다른 전략인 DEFENDS(Decide, Examine, Form, Expose, Note, Drive home, Search)는 아동이 논지를 방어해야 할 때 설명문을 쓰기에 유용하다. 교사는 SRSD 접근을 이용하여 이 전략의 각 단계를 소개하고, 시범을 보여주고, 지원한다. 첫째, 아동은 분명한 입장을 **결정**한다(예 : "도마뱀은 4학년 소년에게는 가장 좋은 반려동물이다"). 둘째, 자신의 입장을 뒷받침해주는 가능한 이유들을 조사한다. 스스로 생각해내거나 다른 사람의 자문을 구하거나 책에서 찾아낼 수 있을 것이다(예 : "먹이를 주는 것이 흥미롭다"). 셋째, 아동은 각각의 이유를 설명하는 요점들을 목록으로 **구성**한다(예 : "살아있는 귀뚜라미와 애벌레를 먹는다. 먹이를 공격하기 전에 꼬리를 흔든다. 먹이를 입속에서 오도독 씹어 먹는다."). 넷째, 이 아동은 쓰기 시작할 준비가 되었다. 에세이의 첫 문장에 자신의 입장을 드러낸다. 다섯째, 자신의 입장을 지지하는 각각의 이유와 요점을 기록한다. 여섯째, 주요 아이디어의 정곡을 찌르는(drive home) 문장으로 마무리한다. 끝으로, 잘못된 부분이 있는지 **찾아**보고 필요한 수정을 한다.

SRSD를 사용하는 장애 아동들과 비장애 아동들은 쓰기의 문법, 분량, 질이 향상된다(그림 7.6). 더욱이 SRSD의 혜택은 시간이 지나도 유지되며 다른 쓰기과제로 일반화되기도 한다. 예를 들어, 에세이 쓰기를 배운 아동들은 독후감과 단편소설 쓰기에도 향상을 보인다. SRSD의 혜택은 교사들이 전략을 체계적으로 도입하고, 전략을 계획하고 검토하는 시범을 보여주며, 학생들이 쓰기 과정에 적극적으로 참여하도록 독려한다는 사실에서 비롯된다(Graham, McKeown, Kiuhara, & Harris, 2012).

무엇이 수학장애를 초래하는가?

수 감각의 지연

어떤 전문가들은 아동이 수학정보를 이해하고 처리하는 생물

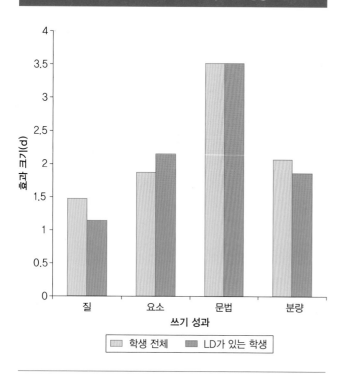

그림 7.6 ■ SRSD가 아동의 쓰기에 미치는 영향

주 : SRSD에 참여한 아동들은 전통적인 쓰기교육을 받은 아동들에 견줘, 쓰기의 네 영역에서 향상을 보인다. SRSD는 장애가 있는 학생들과 없는 학생들 모두의 쓰기기 술을 증진한다. 출처 : Graham & Harris (2003).

학적 성향을 지니고 있다고 주장했다. 유아들은 타고난 수 감각 (number sense)을 가지고 있을 수도 있다. 즉 자극들의 묶음이 수량에 의해 이해될 수 있다는 것을 인식하는 것처럼 보인다 (Geary, 2010). 예를 들어, 카렌 윈(Karen Wynn, 1992)은 5개 월 된 아기들이 옳은 수식(1+1=2)과 옳지 못한 수식(1+1= 1)을 구분할 수 있다는 것을 입증하였다. 이와 유사하게, 스타 키와 쿠퍼(Starkey & Cooper, 1980)는 여러 개의 점으로 구성 된 묶음들을 각기 다른 번호를 매겨서 제시했을 때 생후 4~7 개월 된 유아들이 이 묶음들을 구별할 수 있다는 것을 보여주 었다. 다른 연구는 어린 유아들이 각기 다른 수의 소리들을 구 별할 수 있으며(Lipton & Spelke, 2003), 더 나이 든 유아들은 여러 항목으로 구성된 집합들을 항목의 수가 가장 많은 것에 서 가장 적은 것까지 순서대로 배열할 수 있다는 것을 보여주 었다(Xu & Spelke, 2000). 학교에 입학할 무렵이 되면 대부분 의 아동이 적은 수량들을 구별할 수 있다. 6세 아동들은 사탕 25개가 들어있는 바구니에 20개만 들어있는 바구니보다 사탕 이 더 많다는 것을 쉽게 알아차릴 수 있다. 아동 후기에는 이

러한 수 능력이 성인의 수준에 근접한다(Geary, 2013).

수 감각은 다른 모든 수학능력의 발달을 가능하게 해준다 (Geary, 2010). 수 감각은 아주 어린 아동들이 직산(subitizing) 을 할 수 있게 해준다. 즉 소규모 묶음을 구성하는 대상의 수 를 하나씩 세지 않고도 빠르고 정확하게 추정할 수 있다. 예를 들어, 어린 아동들은 쿠키 3개가 담겨있는 접시와 5개가 담겨 있는 접시를 재빨리 구별할 수 있다. 수 감각은 또 이 아동들 이 수량을 정신적으로 표상할 수 있게 해준다. 예를 들어, 어 린 아동들은 아라비아 숫자와 분리량(discrete quantity)(단위를 정하면 그 양을 표시하는 수가 건너뛰게 되는 양. 이에는 인원 수, 개수 따위가 있다_역주)의 대응(예 : 3 = ■ ■ ■)을 학습한 다. 또한 아동들은 거의 같은 시기에 수열(number line)상의 수 량들을 정신적으로 표상하기 시작한다. 어린 아동들은 숫자 들이 첫째, 둘째, 셋째 등으로 순서에 따라 배치되어 있다는 것을 이해한다. 아동들은 시간이 지나면서 숫자들 간의 간격 이 동일하다는 것도 학습한다. 초등학교 초기에는 수량을 정 신적으로 표상하는 능력이 생기면서 덧셈과 뺄셈 같은 기초 적인 수학 계산이 가능해진다.

수학장애가 있는 아동들은 수 감각의 발달이 지연되는 경 향이 있다. 수 집합 검사(Number Sets Test, 그림 7.7)는 일련의 숫자(예 : 1, 3)나 대상(예 : ■, ◆◆◆)을 사용하여 수 감각을 알아보는 간단한 검사로서, 아동들은 각 페이지 위에 제시된 목표숫자와 일치하는 수만큼 이 숫자나 대상들을 묶어야 한 다. 아동들은 이 자극들을 최대한 빠르고 정확하게 묶기 위해

그림 7.7 ■ 수 집합 검사

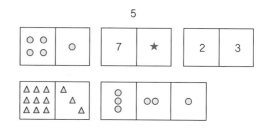

합하면 5가 되는 모든 집합에 (동그라미)를 치시오.

최대한 빠른 속도로 문제를 푸시오.

주 : 이 검사는 어린 아동들의 수학장애를 예측하는 데 사용될 수 있다. 수학장애가 있 는 아동들은 종종 수 능력이 동급생들보다 3년 뒤처진다. 출처 : Geary et al. (2011).

직산, 수 세기 또는 이 둘의 조합을 사용할 수 있다. 대부분의 아동들은 1학년에서 4학년으로 갈수록 이 검사의 수행이 향상되었다. 그러나 수학장애가 있는 아동들은 급우들보다 수행속도가 느렸고 오류도 더 많았다. 평균적으로 이들은 또래 아동들보다 3년이 뒤처졌다(Geary, Bailey, & Hoard, 2009). 더욱이 (아동들 대부분이 덧셈과 뺄셈을 알기 전인) 1학년 초기에 수 집합 검사에서 받은 점수는 3학년이 되었을 때 이들에게 수학장애가 나타날 확률을 예측하였다. 사실 1학년 아동의 수 집합 검사 점수는 지능, 기억, 기초 수학지식보다 이후의 수학기술을 더 잘 예측해준다!

수 세기와 계산오류

아동의 수 세기 능력은 2~5세 사이에 발달한다. 어린 아동들은 고정된 순서로 나타나는 수 세기의 원리들을 따른다(Gelman & Gallistel, 1978).

> 일대일 대응 : 각 대상에는 하나의 수가 부여된다.
> 순서의 안정성 : 수를 셀 때는 일정한 순서에 따라 센다.
> 기수성 : 마지막 숫자가 수를 센 항목들의 수량을 나타낸다.
> 추상성 : 어떤 종류의 대상들도 집단으로 묶을 수 있고 수를 셀 수 있다.
> 순서 무관성 : 대상들의 수는 어떤 순서로도 셀 수 있다.

나중에 수학장애로 진단받은 학령전기 아동들은 또래아동들에게는 잘 나타나지 않는 두 종류의 수 세기 오류를 보인다(Geary, Hoard, & Bailey, 2011; Geary, Hoard, Nugent, & Bailey, 2012). 이 오류에 대해 알아보기 위해 연구자들은 아동들에게 한 인형이 물건들의 수를 세는 것을 도와주도록 요청한다. 이 인형은 어떤 경우에는 일부러 실수를 저지른다. 연구자들은 아동이 이 실수를 탐지하고 인형을 바로잡아주는지 여부를 기록한다. 첫째, 수학장애가 있는 아동들은 인형이 통상적인 순서대로 왼쪽에서 오른쪽으로 가면서 수를 세지 않고 오른쪽에서 왼쪽으로 수를 세면 혼란을 느낀다. 이들은 순서 무관성의 원리를 알지 못하는 것처럼 보인다. 둘째, 수학장애가 있는 아동들은 인형이 한 줄로 놓인 물건들 중에서 첫 번째 물건을 두 번 세어도 이러한 오류를 탐지하지 못하는 경우가 많다(예 : 인형이 첫 번째 물건을 가리키고 "하나, 둘"을 센 후 두 번째 물건을 가리키고 "셋"을 센다). 이 아동들은 일대일 대응을 기억하기 어려운 것처럼 보인다.

아동이 초등학교에 입학하면서 수 세기가 산수로 전환됨에 따라 아동의 수학기술은 점점 더 복잡해진다. 덧셈은 아동의 수 세기 능력에 크게 좌우된다. 예를 들어, 아동들은 수를 더할 때 매우 미숙한 전략을 사용한다. 처음에는 손가락으로 세어서 덧셈 문제를 풀려고 할 수도 있다. 나중에는 말로 또는 머릿속으로 덧셈을 한다. 어린 아동들은 또 덜 효율적인 덧셈 전략을 사용한다. 예를 들어, 아주 어린 아동들은 **전부 세기 전략**(counting-all strategy)을 사용한다. 7과 4를 더하게 하면, 처음에 1에서 7까지 세고, 이어서 정답에 도달할 때까지 네 번을 더 세는 것이다. 이와는 대조적으로, 나이 든 아동들은 **이어 세기 전략**(counting-on strategy)을 사용한다. 더 큰 수(즉 7)에서 시작해서 정답에 이를 때까지 4개의 숫자를 더 세는 것이다. 뺄셈과 그 밖의 수학연산에도 이와 유사한 지름길이 사용된다(Augustyniak, Murphy, & Phillips, 2006).

아동은 경험이 쌓이면서 장기기억에 수학적 사실들을 저장해두는 것을 학습한다. 예를 들어, 7+6=13을 회상해내기 위해 **직접인출**(direct retrieval)을 사용하기 시작한다. 이제는 정답에 도달할 때까지 수를 셀 필요가 없는 것이다. 이와는 다르게, 같은 문제를 풀기 위해 **분해**(decomposition)라는 과정을 사용할 수도 있다. 즉 더 쉽게 기억되는 작은 요소들로 문제를 쪼개는 것이다. 예를 들어, 6+6=12를 직접 인출해낸 다음, 이 부분합에 1을 더해서 정답을 얻는다. 직접인출과 분해를 사용하면 수학계산을 더 빠르게, 자동으로 할 수 있다. 아동은 수를 세기보다는 산수문제의 개념을 파악하는 데 주의를 쏟을 수 있다. 직접인출과 분해는 머릿속으로 더 복잡한 계산을 할 수 있게 해줌으로써 단기기억을 해방시켜주기도 한다(Geary, 2011).

수학장애 아동들은 수학계산 기술에 문제가 있다. 일반 아동들보다 계산을 더 느리게 하고 오류를 더 많이 낸다(그림 7.8). 몇몇 연구들은 수학장애 아동들이 수학계산에서 어려움을 겪는 것은 그 저변에 기억결함이 있기 때문이라고 지적한다(Geary et al., 2011). 구체적으로, 이 아동들은 수학적 사실들을 기억하기가 어렵다(Geary et al., 2012). 4학년 아동들 대부분이 4+5=9를 힘들이지 않고 회상해낼 수 있지만, 수학

그림 7.8 ■ 수학장애 아동들은 동급생들보다 뒤처진다

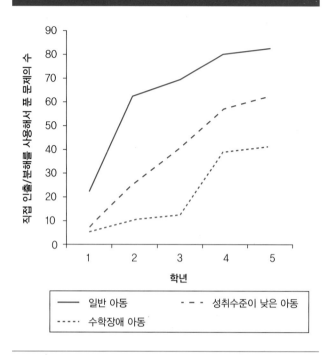

주 : 이 종단연구에서 수학장애 아동들은 일반 아동들 및 성취수준이 낮은 아동들에 비해 직접 인출 또는 분해를 더 적게 사용하였다. 그 대신에 이 아동들은 미숙한(즉 수 세기) 전략들에 크게 의존하였다. 출처 : Geary et al. (2012).

장애 아동들은 정답을 회상해내기 위해서는 수를 세어야 한다. 그 결과 자신이 가진 인지자원을 기초계산 수행에 더 많이 투입하고 문제 자체의 개념 파악에는 더 적게 투입한다(Andersson, 2010).

수학장애가 있는 아동들은 수학적 절차를 기억하는 데에도 어려움이 있다. 예를 들어, 41 − 29 = ?라는 문제가 주어지면, 장애아동들은 수를 '차입하는' 방법을 기억해내지 못해 결국 오답을 산출한다(Temple & Sherwood, 2002).

수학장애 아동들은 장기기억에서 수학적 사실들과 절차들을 인출해내기 어렵기 때문에 종종 미숙한 절차에 의지하여 수학문제를 푼다. 예를 들어, 많은 1학년 아동들은 덧셈 문제를 풀기 위해 손가락으로 수를 센다. 그러나 수학장애 아동들은 흔히 4~5학년 때까지도 이처럼 미숙한 전략에 의존한다. 더구나 어린 장애아동들은 수를 셀 때 '이어 세기' 같은 더 고급전략을 사용하기보다는 모든 숫자를 다 세는 경우가 대부분이다. 이런 미숙한 전략들을 사용하면 계산이 느려지고 실수를 저지르기 쉽다(Swanson, 2015; Swanson, Lussier, & Orosco, 2015).

수학추론의 결함

아동 후기가 되면, 더 복잡한 수학문제들을 푸는 기술이 발달하기 시작한다. 이야기 문제를 풀고, 차트와 그래프를 해석하고, 복잡한 수 집합들로 수학연산을 하는 능력(즉 차입, 긴 나눗셈, 분수)이 발달한다.

아동이 더 고차적인 수학문제를 푸는 능력은 작업기억의 용량에 달려 있다(Toll, van der Ven, Kroesbergen, & van Luit, 2011). 수학장애가 있는 아동의 상당수가 언어 또는 음운 작업기억에 문제가 있다. 어떤 아동들은 읽기장애가 있어서 이야기로 된 수학문제를 해석하기가 어렵다. 다른 아동들은 청각 작업기억, 주의, 정신집중에 어려움이 있다. 따라서 수학정보를 처리하고 정답을 얻을 때까지 이 정보를 단기기억에 붙잡아둘 수가 없다. 예를 들어, 이야기 문제의 초반에 있던 중요한 정보 하나를 잊어버리거나, 관련 없는 정보에 정신을 팔거나, 이야기 문제를 수학계산으로 전환할 때 숫자들의 위치를 바꾸어버릴 수 있다(Toll et al., 2011).

다른 수학장애 아동들은 **시각-공간** 작업기억에 문제가 있다. 시각-공간 작업기억이 잘 작동하지 않으면 차트와 그래프를 해석하기 어렵다. 세 자리 숫자들을 더하거나 나누는 것과 같은 복잡한 수학 계산들도 시각-공간 기술에 의존한다. 시각-공간 작업기억에 문제가 있으면 숫자들을 어긋나게 배열함으로써 결국 잘못된 숫자들을 계산에 이용하는 결과를 초래할 수 있다(Geary, Hoard, Nugent, & Rouder, 2015).

어떤 치료가 수학장애 아동에게 효과적인가?

수학장애가 있는 아동들의 기술을 향상시키는 데에는 다음의 세 가지 교수법이 효과적이다. (1) 직접 교수, (2) 자기 교수 또는 (3) 매개/보조 교수이다(Steedly, Dragoo, Arafeh, & Luke, 2008; 표 7.9). 다른 기술들의 직접 교수와 마찬가지로, 수학기술의 직접 교수(direct instruction)는 수학계산 및 문제풀이 전략들을 체계적으로 제시하는 것이다. 교사는 세심하게 설계된 스크립트에 따라 수학기술을 소개하고 시범을 보여준다. 이후 이 기술을 몇 개의 단계로 분해해서 아동이 수행하게 한다. 교사는 아동의 수행과 관련해서 피드백을 제공하고 아동의 오류를 교정해준다. 아동이 이 기술에 능숙해짐에 따라 도움을 점점 줄여나간다. 아동이 이 기술을 연습하고 새로운

표 7.9 ■ 수학 기술을 가르치기 위한 세 가지 방법

문제 : 앤은 사과를 9개 가지고 있다. 그중 4개를 친구에게 주었다. 앤한테는 사과가 몇 개 남았는가?

직접 교수[a]

A 단계
나하고 같이 문제를 읽자. 교사가 문제를 읽는다.
이건 어떤 종류의 문제일까? 답 : 뺄셈이요.

B 단계
맞아. 이건 뺄셈이야. 큰 수가 주어졌지? 답: 네.

C 단계
문제를 다시 읽자. 교사가 문제를 다시 읽는다.
9는 큰 수일까 작은 수일까? 답 : 큰 수예요.
4는 어떤 종류의 수일까? 답 : 작은 수요.

D 단계
잘했어. 이제 9에서 4를 빼자. 잘 봐. 9 빼기 4는 5.
이제 "9 빼기 4는 5"라고 말해봐. 아동이 따라한다.
잘했어. 답은 뭐지? 답 : 5예요.

E 단계
잘했어. 이제 다음 문제를 읽어보자.

자기 교수[b]

교사는 이야기 문제를 풀기 위한 다음 단계들을 소개하고 시범을 보여준다. 교사는 아동이 이 단계들을 (처음에는 큰소리로, 다음에는 조용하게) 밟아가도록 독려하면서 아동을 감독한다.

어떤 질문을 받았지?	앤한테는 사과가 몇 개 남았는가?
질문에는 어떤 숫자들이 있었어?	9와 4
네가 알아내야 할 숫자가 뭐지?	남은 사과는 몇 개인가?
네가 해야 할 일은 뭐지?	빼기, 9−4
답이 뭐야?	5
답을 확인해보렴.	4+5=9, 따라서 이 답은 사실로 확인되었다!

매개/보조 교수[c]

교사는 아동이 문제를 끝마칠 수 있도록 구조화된 일련의 힌트들을 제공한다. 힌트는 아동이 정답에 도달할 수 있을 때까지 점점 더 상세해지고 내용과 관련성이 더 깊어진다.

힌트 전략	*예*
단순한 부정적 피드백 : 교사는 아동에게 답을 확인하게 한다.	네가 낸 답은 틀렸어. 다시 해보렴.
작업기억 상기 : 교사는 아동이 문제의 중요한 부분들을 상기하게 한다.	기억해봐, 앤은 9개를 가지고 있었는데 4개를 줘버렸어.
기억을 보조하는 숫자 : 교사는 아동이 문제의 중요한 부분들을 적게 한다.	그걸 숫자로 써보자 : 9−4.
계산 : 교사는 일련의 언어지시와 숫자들을 사용하여 아동을 지도한다.	사과 9개[9를 가리킨다]에서 사과 4개[4를 가리킨다]를 빼면 뭐지?
설명 마무리 : 교사는 아동을 위해 문제를 끝마치고 이유를 제시한다.	알겠지. 9에서 4를 빼면 5야.

[a] DISTAR Arithmetic (Engelmann & Carnine, 1975).

[b] Fleischner & Manheimer (1997)

[c] Goldman (1989).

문제들로 확장하여 사용할 기회를 반복해서 제공한다. 직접 교수는 어린 아동들이 기본적 수학계산 기술들을 익히는 데 가장 효과가 큰 경향이 있다.

자기 교수(self-instruction)는 아동의 수학기술을 향상시키는 두 번째 방법이다. 교사는 자기 교수를 할 때 아동이 수학문제를 푸는 데 사용할 수 있는 일련의 언어적 촉구를 체계적으로 제시한다. 교사는 문제를 풀면서 이러한 촉구들을 어떻게 사용하는지 시범으로 보여준다. 그런 다음 아동이 스스로 문제를 풀 때 이 촉구들을 사용하도록 독려하고 그 과정을 감독한다. 교사는 초반에는 아동이 촉구를 사용하는 과정을 세심하게 지원한다. 궁극적으로는 아동이 문제를 풀 때 스스로 촉구를 사용할 수 있을 때까지 지원을 줄여나간다. 자기 교수는 고차적인 수학문제를 푸는 데 가장 효과가 큰 경향이 있다.

매개 또는 보조 교수(mediated or assisted instruction)를 사용

하는 교사들은 먼저 수학문제에 대한 아동의 이해 수준을 파악하는 데서 시작한다. 이후 아동이 문제를 제대로 풀 수 있도록 돕기 위해 지원과 지도를 제공한다. 매개 또는 보조 교수는 (직접 교수에서처럼) 스크립트를 사용하거나 (자기 교수에서처럼) 일련의 촉구를 하지 않는다. 그 대신에 아동이 문제를 성공적으로 풀 수 있을 때까지 점점 더 자세한 힌트를 제공한다. 이런 방식으로 아동이 공식적인 규칙 세트들에 의존하지 않고 자신만의 문제풀이 방식을 도출해내도록 독려한다.

메타분석들은 수학장애의 유무에 상관없이 어떤 아동에게나 이 세 가지 전략 모두가 도움이 된다는 것을 보여준다(Gersten et al., 2009). 직접 교수나 자기 교수를 받은 장애아동들은 통제집단에 비해 계산과 추리기술이 크게 향상된다. 매개 또는 보조 교수는 특히 나이 든 아동과 청소년의 경우에 수학추리의 향상을 가져다준다.

주요 용어

개입에 대한 반응(response to intervention, RTI) : 아동이 연구에 기반을 둔 과학적 교육개입에 계속해서 제대로 반응하지 못할 때 아동을 학습장애로 확인하는 방법

교육과정기반 평가(curriculum-based assessment) : 학교에서 아동의 학업진도를 학업목표에 도달하는 능력에 의해 측정할 때 사용하는 기법

난관 예상 말더듬 이론(anticipatory-struggle theory of stuttering) : 말더듬을 설명하는 데 사용되는 이론. 이 이론에 따르면, 아동들은 말하기가 불안을 유발할 것으로 예상하고 이러한 인식이 이들의 말 산출을 방해함.

난독증(dyslexia) : 일부 임상전문가들이 기초 단어읽기와 읽기유창성의 결함을 가리키는 데 사용하는 용어

내적 수정 가설(covert-repair hypothesis) : 말더듬에 관한 한 가지 설명. 말을 더듬는 아동들은 언어를 구성하는 과정에서 여러 차례 혼란과 중단을 겪는데, 말을 하는 동안 이러한 구성을 바로잡으려 할 때 말을 더듬게 된다고 봄.

늦은 언어출현(late language emergence) : 수용성 또는 표현성 언어가 현저한 지연을 보이는 언어장애의 하위유형. 보통 생후 18개월에서 36개월 사이에 확인됨.

단기 음운기억(phonological short-term memory) : 청각정보를 짧은 기간 동안 기억에 담아두는 능력

대화 보수 기술(conversational repair skills) : 대화 중에 전달되는 정보에 대한 청자의 이해를 바로잡기 위해 사용하는 기법. 배경정보나 맥락을 추가로 제공하는 것을 예로 들 수 있음.

대화 재구성 훈련(conversational recast training) : 특정 언어손상의 치료법으로, 치료자는 환경이 언어행동을 유발하도록 아동의 환경을 구조화함. 이후 아동이 언어행동을 연습하면서 실수를 저지르면 바로잡아주고, 적절히 사용하면 강화해주면서 계속 연습을 하도록 촉구함.

디지털 보조를 받는 읽기(digitally assisted reading) : 테크놀로지를 사용하여 유창성을 증진하는 기법. 아동은 텍스트를 유창하게 읽는 목소리가 태블릿이나 컴퓨터로 제시되는 것을 들으면서 이 텍스트를 읽음.

말(speech) : 특정 언어에서 의미를 갖는 식별 가능한 소리들을 만들어내기 위한 목소리 조절

말소리장애(speech sound disorder, SSD) : 소리의 누락, 대체, 왜곡, 혀짤배기 발음 등 말을 분명하고 또렷하게 산출하기 어려운 DSM-5 장애

매개 또는 보조 교수(mediated or assisted instruction) : 아동이 수학문제를 스스로 풀 때 교사가 학생의 문제 이해를 돕고 지원을 제공함으로써 수학추론을 향상시키는 기법

문법(grammar) : 문장에서 형태소와 단어순서(통사)의 사용을 규제하는 규칙

미숙한 말(immature speech) : 발달수준이 낮은 말 산출. 이는 아동 초기에는 적응적일 수 있지만 더 나이가 들면 의사소통을 방해함.

분해(decomposition) : 수학계산 문제를 풀 때 문제를 더 쉽게 기억하고 처리할 수 있는 작은 단계들로 쪼개는 기법

빠른 자동명명(rapid automatized naming, RAN) : 친숙한 항목들의 이름을 최대한 빠르게 회상하는 능력

사회적(화용론적) 의사소통 장애(social (pragmatic) communication disorder) : 사회적 맥락에서 언어적 및 비언어적 의사소통을 하는 데 지속적인 어려움이 있는 DSM-5 장애. 의사소통, 그리고/또는 사회적 기능을 방해함.

서술(tacts) : 언어치료자가 언급이나 서술을 가리키는 데 사용하는 용어

서술 기술(narrative skills) : 이야기를 하거나 개인적 경험을 연결할 때 사용하는 의사소통 기술. 사회적 의사소통장애가 있는 청소년들에게 결여된 경우가 많음.

수 감각(number sense) : 일군의 자극들이 양에 의해 이해될 수 있다는 생후 초기의 인식

수용성 언어(receptive language) : 의사소통을 듣고 이해하는 능력

수 집합 검사(Number Sets Test) : 아동이 숫자나 대상들을 목표 숫자와 일치시켜야 하는 수 감각 검사. 어린 아동들의 수학장애를 예측함.

스크립트(scripts) : 사람들이 일상적으로 하는 사회적 상호작용에 대한 상세한 묘사. 사회적 의사소통 기술을 연습하는 데 사용할 수 있음.

신속한 정보처리(rapid temporal processing) : 감각정보를 빠르고 정확하게 처리하는 능력

실시간 기술재생(skillstreaming) : 사회적 기술을 체계적으로 소개하고, 따라 하고, 연습하고, 강화하는 사회적 기술 훈련 프로그램. 사회적 의사소통을 가르치는 데 유용함.

심리언어학(psycholinguistics) : 언어의 기저에 있는 심리학적 및 신경인지적 요인들을 다루는 연구

아동기 발병 유창성장애(childhood-onset fluency disorder) : 말의 속도, 효율성, 타이밍의 패턴이 지속적으로 문제가 되는 DSM-5 장애. 불안을 초래하고 의사소통을 방해함.

안내받는 구두읽기(guided oral reading) : 아동이 소리 내어 읽고 교사가 실수에 대한 피드백 및 조언을 제공해줌으로써 유창성을 증진하는 기법

언어(language) : 신념, 지식 및 기술이 음성, 수화 또는 문서에 의해 경험되거나 표현되거나 공유되는 의사소통. 문화에 의해 결정되는 규칙체계에 따라 청각적 또는 시각적 상징을 조작하고 조직함.

언어 유창성(speech fluency) : 말의 속도, 지속시간, 리듬, 순서 등이 익숙하고 자동적임.

언어장애(language disorder) : (1) 어휘 감소, (2) 문장구조의 제한 또는 (3) 담화의 손상 등 언어의 습득이나 사용에 지속적인 어려움이 있는 DSM-5 장애

외측구(lateral sulcus) : 실비우스열로도 알려져 있음. 좌반구의 주요 언어영역 가까이에 위치한 커다란 뇌회

요청(mands) : 언어치료자가 요청을 가리키는 데 사용하는 용어

음소매개(phonemic mediation) : 음소인식과 발음기술을 사용하여 단어를 소리 내어 발음하는 능력

음소인식(phonemic awareness) : 언어의 소리들을 듣고 확인하고 조작하는 능력

음운론(phonology) : 언어의 소리들과 이 소리들을 결합하는 규칙

음운론적 말소리장애 이론(phonological theory of SSD) : 아동이 생후 초기 몇 년 동안 잘못된 정신표상을 발달시킬 때 말소리장애가 발생한다는 주장

의미론(semantics) : 개별 단어 또는 문장들의 의미

이야기 문법(story grammar) : 이야기의 구성요소와 구조에 대한 지식(예 : 등장인물, 장면, 플롯). 읽기이해능력이 부족한 아동들은 이 지식이 결여되어 있는 경우가 많음.

이요인 말더듬 이론(two-factor theory of stuttering) : 말더듬이 고전적 조건형성으로 인해 발생하고 조작적 조건형성을 통해 유지된다는 견해

이중결합 모델(double-deficit model) : 아동이 (1) 기초 단어

읽기, (2) 읽기유창성과 읽기이해 또는 (3) 이 둘 다에 문제가 있을 수 있음을 보여주는 모델

읽기유창성(reading fluency) : 적절한 표현을 하거나 강조를 하면서 빠르고 정확하게 읽는 능력

읽기이해(reading comprehension) : 텍스트를 읽고 의미를 이해하며, 텍스트의 정보를 기억하고, 정보를 사용하여 문제를 풀거나 다른 사람들과 공유하는 능력

(수학) 자기 교수(self-instruction (in mathematics)) : 아동이 수학문제를 스스로 풀 때 사용할 수 있는 일련의 언어적 '촉구'를 교사가 체계적으로 제시함.

자기조절전략 개발(self-regulated strategy development, SRSD) : 쓰기를 증진하는 기법. 특정 유형의 과제를 위한 쓰기전략을 도입하고 모델링하고 강화함.

작업기억(working memory) : 문제를 풀기 위해 여러 개의 정보를 동시에 단기기억에 담아두고 조작하는 능력

장애인교육증진법(Individuals With Disabilities Education Improvement Act, IDEIA) : 장애아동들에게 적절한 공교육을 무상으로 받을 권리를 부여하는 연방법

종합평가(comprehensive assessment) : 아동이 (1) 학업기술의 결함, (2) 이 결함을 설명할 수 있는 기저의 인지처리 문제, (3) 그 외에는 평균지능을 보일 때 학습장애로 평가하는 방식

직접 교수(direct instruction) : 적절한 기술의 체계적 도입, 모델링, 연습, 강화

직접 인출(direct retrieval) : 수학계산에서 수학적 사실의 즉각적 인출(예 : 3×3=9)

처리속도(processing speed) : 비교적 단순한 인지과제들을 크게 노력을 들이지 않고 빠르고 정확하게 수행하는 능력

청지각(auditory perception) : 소리를 정확하게 확인하고 구별하는 능력

텍스트 향상(text enhancements) : 학생들이 정보를 확인하고 조직하고 이해하고 회상하도록 돕는 시각적 보조도구. 논픽션 읽기이해에 중요함.

특정언어손상(specific language impairment, SLI) : 형태론, 통사론, 그리고/또는 문법에 현저한 결함이 있는 언어장애의 하위유형

특정학습부진(specific learning disability) : 음성언어나 문자언어에 관여하는 기초 심리과정의 문제들을 기술하기 위해 교육장면에서 흔히 사용되는 법적 용어. 읽기, 수학, 철자법, 쓰기, 음성언어의 손상을 보임.

특정학습장애(specific learning disorder) : 읽기, 수학, 쓰기 기술을 학습하거나 사용하기 어려운 DSM-5 장애. 아동기와 청소년기에 나타나며 상당한 고통이나 손상을 초래함.

표현성 언어(expressive language) : 신념, 지식 및 기술을 다른 사람들과 공유하는 능력

형태론(morphology) : 단어들의 구조. 보통 여러 음소들의 결합을 가리킴.

환경 훈련(milieu training) : 특정언어손상의 한 가지 치료법. 아동이 실제생활 장면에서 언어를 사용하도록 독려하는 행동기법

RAVE-O : 읽기유창성을 증진하는 프로그램. 인출, 자동성, 어휘, 정교화 및 철자법을 교육함.

비판적 사고 연습

1. 톰과 켈리의 딸은 2살이 되었는데 언어출현이 늦다. 딸은 24개월에 단어를 겨우 몇 개만 말할 수 있고 대부분의 의사소통을 몸짓으로 한다. 톰과 켈리는 딸이 궁극적으로 또래아동들을 따라잡을 것인지, 아니면 딸의 언어지연이 더 심각한 문제의 징후인지 알고 싶어 한다. 여러분은 이들의 우려에 대해 어떤 답변을 할 것인가? 여러분은 다른 어떤 정보를 더 알아보아야 할까?

2. 아동의 언어 문제는 때로 부모-자녀 상호작용의 결핍과 관련이 있다. 우리가 부모-자녀 상호작용의 질이 이러한 언어 문제를 초래한다는 결론을 내릴 수 없는 이유는 무엇인가?

3. 일부 성인들은 말을 더듬는 아동들에게 대화하는 동안

'긴장을 풀도록' 독려함으로써 도움을 주려고 한다. 이 전략은 왜 효율적이지 않을까? 말을 더듬는 아동들에게 더 효율적인 개입은 어떤 것일까?

4. 자폐스펙트럼장애의 진단기준을 충족하는 아동들이 사회적 의사소통장애의 진단도 함께 받지 않는 이유는 무엇인가? 이 두 장애는 어떤 차이가 있는가?

5. 사회경제적 수준이 낮은 가정의 아동들은 학습장애로 분류될 위험이 유난히 크다. 학교심리학자와 다른 전문가들이 이와 같이 불리한 배경을 가진 아동들을 잘못 진단하지 않으려면 어떻게 해야 할까?

파괴적 장애 및
물질사용 문제

PART III

©iStockphoto.com/Liderina

8

주의력결핍 과잉행동장애

8.1 기술과 역학

우리는 주의력결핍 과잉행동장애(attention deficit/hyperactivity disorder, ADHD)를 진정한 '현대적' 질병, 21세기의 산물이라고 생각할 수도 있다. 스마트폰, 소셜미디어, 멀티태스킹의 시대에서 아동과 청소년의 8%가 상당한 과잉행동, 충동성 또는 부주의 문제를 겪고 있으며 미국 청소년의 약 7%가 이 증상들을 관리하기 위해서 약물치료를 받고 있다는 사실은 어쩌면 너무나 당연한 일일 것이다. 우리는 주의를 분산시키는 것들이 도처에 널려있는, 빠른 속도의 세계 속에서 살고 있다(Pliszka, 2015).

하지만 ADHD는 새로운 장애가 아니다. 150년보다 더 오래 전에 독일의 소아과의사가 지은 동시인 〈멍한 조(Johnny Head-In-Air)〉와 〈꼼지락거리는 필립(Fidgety Phillip)〉을 읽어보라(그림 8.1). 이 시에서 묘사하는 아이들은 각각 상당한 부주의와 과잉행동-충동성을 보이고 있다. 바로 요즈음 우리가 ADHD라고 부르는 장애의 두 핵심 차원들이다.

1800년대에는 부주의와 충동조절 문제를 잘못된 양육 때문이라고 여겼었다. 하지만 1902년에 이르러서 영국의 내과의사 조지 스틸(George Still)이 '의지적 억제(volitional inhibition)'에 결함이 있는 20명의 아동에 대한 과학적 서술을 처음으로 했다. 그는 부주의와 충동조절의 문제가 미묘한 뇌 이상에 의해 유발된다고 믿었다. 따라서 이 장애는 처음에는 '미세 뇌손상(minimal brain damage)'으로, 그리고 나중에는 '미세 뇌역기능(minimal brain dysfunction)'으로 명명되었다.

한 세대가 지난 후, 거의 우연에 의해서 미국의 정신과의

사 찰스 브래들리(Charles Bradley, 1937)는 중추신경자극제가 남아들의 과잉행동을 감소시키고 부주의를 개선할 수 있다는 것을 발견했다(Strohl, 2011). 그후 수십년 동안은 브래들리의 발견이 의학계의 주목을 받지 못했었지만, 오늘날까지 ADHD의 첫 번째 치료방법으로 알려진 것은 바로 중추신경자극제 약물치료다.

현재 ADHD로 알려진 이 장애는 '아동기 과잉운동반응(hyperkinetic reaction of childhood)'이라는 명칭으로 DSM-Ⅱ(1968)에서 처음 등장했었다. DSM-Ⅲ(1980)에서는 주의력결핍 장애(attention-deficit disorder, ADD)로 명칭이 변경되었는데, 이 용어는 현재에도 일부 사용되고 있다. 후속 연구는 부주의와 과잉행동-충동성 문제 둘 다 이 장애의 중요한 특징이라는 것을 보여주었다. 이에 따라, DSM-Ⅲ-R(1987)부터 현재의 명칭인 주의력결핍 과잉행동장애(attention deficit/hyperactivity disorder)로 이 장애를 명명하게 되었다. 앞으로 보게 되듯이, DSM-5(American Psychiatric Association, 2013)는 ADHD에 대한 우리의 개념을 개선하기 위한 노력을 계속하고 있으며, 이 장애에 관한 정신건강전문가들의 관점에 영향을 미치고 있다(Nigg & Barkley, 2014).

주의력결핍 과잉행동장애란 무엇인가?

기술

ADHD는 부주의 그리고/또는 과잉행동-충동성 증상이 주 특징으로 나타나는 신경발달장애다(American Psychiatric Association, 2013). DSM-5는 이 각 영역의 문제들을 정의하

그림 8.1 ■ 부주의와 과잉행동 - 충동성은 새로운 아동기 문제가 아니다

멍한 조

학교로 걸어갈 때
조니의 규칙은 언제나
하늘을 바라보는 것이네
그리고 떠가는 구름이 있다네
그러나 그 앞에 놓여있는 것들
그리고 그의 길을 막고 있는 것들,
조니는 결코 생각하지 않는다네
그래서 모든 이들이 소리친다네
"저기 꼬마 조니를 봐,
멍한 조니를!"

꼼지락거리는 필립

필립이 꼬마 신사가 될 수 있는지 보자
그가 한번이라도 식탁에 가만히 앉아있을 수 있는지 보자
필립이 꼼지락거린다, 키득거린다.
그리고, 내가 단언컨대,
의자에 앉아서 앞뒤로 흔들거린다,
여느 흔들의자처럼, --
아버지가 이제 화가 나시는구나!

Images courtesy of Project Gutenberg and Wikipedia Commons

주 : 이 그림과 시는 19세기 동화책(Hoffmann, 1845)에서 발췌한 것임

는 행동증상 목록을 제시하고 있다(표 8.1). 현저한 **주의 문제**(attention problems)를 가지고 있는 아동은 세부사항에 주의를 기울이고, 오랜 시간에 걸쳐 주의를 유지하고, 다른 사람의 말을 경청하고 해야 할 일을 이행하고, 과제를 조직화하고, 주의 집중 상태를 유지하고, 정보와 중요한 물건의 위치를 기억하는 것과 관련해서 발달상태에 걸맞지 않는 어려움을 지속적으로 보인다. 현저한 **과잉행동**(hyperactivity) 문제가 있는 아동은 꼼지락거리고 몸부림치고, 앉은 채로 가만히 있기 어려우며, 조용히 놀기가 어렵고, 말이 많고 "끊임없이 움직이고 있다." 그들은 고비율의 행동으로 다른 사람들의 인내심을 바닥나게 만들거나 한시도 가만히 있지 않아서 다른 사람들을 성가시게 한다. 현저한 **충동성**(impulsivity) 문제가 있는 아동은 사전 생각 없이 행동한다. 그들은 수업 중에 답을 불쑥 내뱉고, 자신의 차례를 기다리기 어려우며, 다른 아이들의 대화나 활동에 불쑥 끼어든다. 흔히 그들은 장기 목표를 달성하기 위한 욕구 지연을 어려워한다. 더 나이 든 아동과 청소년도

자신의 행위가 가져올 장기적인 결과물을 먼저 생각해보지도 않은 채 의사결정을 하거나 과제를 시작할 수도 있다(Taylor & Sonuga-Barke, 2010).

아동이 현저한 부주의 증상 또는 현저한 과잉행동-충동성 증상을 보인다면 ADHD 진단을 받을 수 있다. 정의상, 아동은 부주의 증상 또는 과잉행동-충동성 증상 **어느 한쪽에서든** 가능한 9개 증상 중 최소 6개를 보여야 한다.

아동이 부주의와 과잉행동-충동성 중 어느 하나만을 보여도 진단이 가능하다는 사실은 ADHD로 진단받은 두 아동에게서 매우 다른 방식으로 장애가 나타날 수 있다는 것을 의미한다. 과잉행동-충동성 증상을 우세하게 가지고 있는 4학년생은 교실을 돌아다니고 또래들과 지나치게 말을 많이 하고 교사를 방해하고 학습에 지장을 줄 수 있다. 이와는 대조적으로, 부주의 증상이 우세한 아동은 의자에 조용하게 앉아있고 교실 창문 너머를 바라보면서 복도에서 일어나고 있는 일들에 대해 생각하거나 백일몽에 잠길 수 있다. ADHD 진단명은

표 8.1 ■ 주의력결핍 과잉행동장애 진단 준거

A. 기능 또는 발달을 저해하는 지속적인 부주의 그리고/또는 과잉행동-충동성이 [1] 그리고/또는 [2]의 특징을 갖는다.

  1. **부주의 :** 다음 9개 증상 중 6개 이상이 적어도 6개월 동안 발달 수준에 적합하지 않고 사회적 · 학업적/직업적 활동에 직접적으로 부정적인 영향을 미칠 정도로 지속됨[1].

   a. 종종 세부적인 면에 대해 면밀한 주의를 기울이지 못하거나, 학업, 작업 또는 다른 활동에서 부주의한 실수를 저지름(예 : 세부적인 것을 못 보고 넘어가거나 놓침, 작업이 부정확함)

   b. 종종 과제를 하거나 놀이를 할 때 지속적으로 주의집중을 할 수 없음(예 : 강의, 대화 또는 긴 글을 읽을 때 계속해서 집중하기가 어려움)

   c. 종종 다른 사람이 직접 말을 할 때 경청하지 않는 것처럼 보임(예 : 명백하게 주의집중을 방해하는 것이 없는데도 마음이 다른 곳에 있는 것처럼 보임)

   d. 종종 지시를 완수하지 못하고, 학업, 잡일 또는 작업장에서의 임무를 수행하지 못함(예 : 과제를 시작하지만 빨리 주의를 잃고 쉽게 곁길로 샘)

   e. 종종 과제와 활동을 체계화하는 데 어려움이 있음(예 : 순차적인 과제를 처리하는 데 어려움, 물건이나 소지품을 정리하는 데 어려움, 지저분하고 체계적이지 못한 작업, 시간 관리를 잘 하지 못함, 마감시간을 맞추지 못함)

   f. 종종 지속적인 정신적 노력을 요구하는 과제에 참여하기를 기피하고, 싫어하거나 저항함(예 : 학업 또는 숙제, 후기청소년이나 성인의 경우에는 보고서 준비하기, 서류 작성하기, 긴 서류 검토하기)

   g. 과제나 활동에 꼭 필요한 물건들을 자주 잃어버림(예 : 학교 자료, 연필, 책, 도구, 지갑, 열쇠, 서류 작업, 안경, 휴대폰)

   h. 종종 외부 자극에 의해 쉽게 산만해짐(후기 청소년과 성인의 경우에는 관련이 없는 생각들이 포함될 수 있음)

   i. 종종 일상적인 활동을 잊어버림(예 : 잡일하기, 심부름하기, 후기 청소년과 성인의 경우에는 전화 회답하기, 청구서 지불하기, 약속 지키기)

  2. **과잉행동과 충동성 :** 다음 9개 증상 가운데 6개 이상이, 적어도 6개월 동안 발달 수준에 적합하지 않고 사회적 · 학업적/직업적 활동에 직접적으로 부정적인 영향을 미칠 정도로 지속됨[1]

   a. 종종 손발을 만지작거리며 가만두지 못하거나 의자에 앉아서도 몸을 꼼틀거림

   b. 종종 앉아있도록 요구되는 교실이나 다른 상황에서 자리를 떠남(예 : 교실이나 업무현장 등)

   c. 종종 부적절하게 지나치게 뛰어다니거나 기어오름(주의점 : 청소년 또는 성인에서는 주관적으로 좌불안석을 경험하는 것에 국한될 수 있음)

   d. 종종 조용히 여가활동에 참여하거나 놀지 못함

   e. 종종 '끊임없이 활동하거나' 마치 '모터가 달린 것처럼' 행동함(예 : 음식점이나, 회의실에 장시간 가만히 있을 수 없거나 불편해함, 타인이 보기에 가만히 있지 못하는 것처럼 보이거나, 가만히 있기 어려워 보일 수 있음)

   f. 종종 지나치게 수다스럽게 말함

   g. 종종 질문이 끝나기 전에 성급하게 대답함(예 : 타인의 말을 가로챔, 대화 시 자신의 차례를 기다리지 못함)

   h. 종종 자신의 차례를 기다리지 못함(예 : 줄 서 있는 동안)

   i. 종종 타인의 활동을 방해하거나 침해함(예 : 대화나 게임, 활동에 참견함, 타인에게 묻거나 허락을 받지 않고 물건을 사용하기도 함, 청소년이나 성인의 경우 타인이 하는 일을 침해하거나 해버릴 수 있음)

B. 몇 가지의 부주의 또는 과잉행동-충동성 증상이 12세 이전에 나타난다.

C. 몇 가지의 부주의 또는 과잉행동-충동성 증상이 두 가지 이상의 환경에서 존재한다(예 : 가정, 학교나 직장, 친구 또는 친척 간의 관계, 다른 활동에서)

D. 증상이 사회적, 학업적, 직업적 기능의 질을 방해하거나 감소시킨다는 명확한 증거가 있다.

E. 증상이 조현병 또는 기타 정신병적 장애의 경과 중에만 발생되지는 않으며, 다른 정신질환으로 더 잘 설명되지 않는다.

다음 중 하나를 명시할 것:

 – **복합형 :** 지난 6개월 동안 진단기준 A1(부주의)과 진단기준 A2(과잉행동-충동성)를 모두 충족한다.

 – **부주의 우세형 :** 지난 6개월 동안 진단기준 A1(부주의)은 충족하지만 진단기준 A2(과잉행동-충동성)는 충족하지 않는다.

 – **과잉행동/충동성 우세형 :** 지난 6개월 동안 진단기준 A2(과잉행동-충동성)는 충족하지만 진단기준 A1(부주의)은 충족하지 않는다.

출처 : *Diagnostic and Statistical Manual of Mental Disorders, Fifth Edition* (2013). 미국정신의학협회 판권 소유. 재인쇄 허가받음.

1 더 나이 많은 청소년과 성인(17세 이상)은 5개 증상만으로 진단 가능함.

이질적인 아동의 혼합체를 반영한다(Nigg & Barkley, 2014).

ADHD 진단준거를 읽은 후에 여러분은 아마도 "혹시 나한테도 ADHD가 있나?"라고 생각할 수도 있다. 모든 학생들이 때로는 강의에 집중하기 어렵고 시간관리 문제를 경험하고 약속이나 할 일을 잊어버리고 길고 복잡한 과제를 싫어하지 않는가? 사실상, ADHD의 거의 모든 증상들이 전형적인 발달을 보이는 아동들에게서도 볼 수 있는 것들이다. 하지만 ADHD가 있는 경우에는 ADHD가 없는 또래들과 다음 세 가

지 면에서 다르다고 할 수 있다.

첫째, ADHD가 있는 사람들은 부주의 그리고/또는 과잉행동-충동성의 **지속적인 패턴**(persistent pattern)을 적어도 6개월간 보인다. ADHD의 징후와 증상은 비교적 지속된다. 그것들은 어쩌다 보이는 주의산만함이나 일시적으로 경험하는 가만히 있기 어려운 느낌이 아니다.

둘째, ADHD가 있는 사람들은 **여러 환경에서**(in multiple settings) 증상을 보인다. 전형적으로, ADHD가 있는 사람들은 부주의 그리고/또는 과잉행동-충동성 문제를 집에서, 학교에서, 그리고 다른 상황(예 : 직장, 친구들과 있을 때)에서도 보인다. 증상들이 더 심하게 드러나는 활동들(예 : 수업 듣기)도 있고 덜 나타나는 활동들(예 : 스포츠 활동)도 있지만, 어쨌든 증상은 존재한다. 정의상, 아동이 한 가지 환경에서만 증상을 보일 경우에는 ADHD 진단을 내릴 수 없다.

셋째, ADHD가 있는 사람들은 **자신의 발달수준에 상응하지 않는**(inconsistent with their developmental level) 부주의 그리고/또는 과잉행동-충동성을 보인다. 모든 아동은 때때로 부주의와 과잉행동-충동성을 보인다. 일반적으로, 더 어린 아동이 더 나이 많은 아동보다 더 자주 문제를 보인다. ADHD 진단을 충족하려면, 사람들은 자신과 동일한 연령 및 성별의 사람들이 보이는 부주의 그리고/또는 과잉행동-충동성을 훨씬 넘어서는 증상을 경험해야 한다.

심리학자들은 규준참조 평정척도를 이용해서 ADHD가 의심되는 아동을 동일한 연령과 성별의 다른 아동들과 비교할 수 있다. 예를 들어, 심리학자는 코너스 3(Conners 3)와 같은 ADHD 평정 척도를 사용해서 아동의 부모와 교사가 각각 가정과 학교에서 아동의 행동을 평가하게 할 수 있다. 이 평정척도는 평정자가 아동의 DSM-5 ADHD 증상의 심각도를 평가하도록 되어 있다. 만약 부모와 교사의 평정 결과, 아동의 증상이 규준집단에서 해당 연령과 성별의 95% 또는 97%를 초과하는 것으로 확인된다면, ADHD 진단을 받게 될 것이다(Taylor & Sonuga-Barke, 2010).

또한 아동의 증상들이 일상적 기능을 저해해야 한다. ADHD 진단을 받으려면, 아동은 학업이나 사회적 활동에서 명백한 손상을 보여야 한다. 예를 들어, 부주의 증상은 수업에 주의를 집중하고 학교공부를 잘 하는 데 지장을 주어야 한다. 또는 과잉행동-충동성 증상은 또래거부를 초래할 수 있

다. 청소년은 부주의한 실수를 하거나 활동을 성급하게 하거나 또는 중요한 과제를 잊어버리기 때문에 학업에서 어려움을 겪을 수 있다.

마지막으로, DSM-5는 ADHD를 아동기에 생겨나는 장애로 개념화한다. ADHD로 진단받으려면, 적어도 부주의 증상 또는 과잉행동-충동성 증상의 일부를 12세 이전에 보여야 한다(American Psychiatric Association, 2013).

DSM-5는 임상가가 ADHD 증상의 심각도를 명시하도록 한다. '경도' ADHD가 있는 사람은 ADHD 진단에 필요한 증상 개수를 초과하는 증상이 거의 없고 기능적 손상도 크지 않다. 대조적으로, '고도' ADHD가 있는 사람들은 ADHD 진단에 필요한 증상 개수보다 더 많은 증상들과 현저한 손상을 보인다. 또한 임상가는 심각도를 '중등도', 즉 경도와 고도 사이의 심각도로 평정할 수도 있다(American Psychiatric Association, 2013).

증상 양상

임상가가 ADHD를 진단할 때, 아동의 현재 증상 양상을 세 가지 하위유형, (1) 과잉행동-충동성 우세형, (2) 부주의 우세형, (3) 복합형 중 하나로 명시한다(Coghill & Seth, 2011; Tannock, 2013).

ADHD 과잉행동-충동성 우세형(predominantly hyperactive-impulsive presentation)이 있는 아동의 경우, 과잉행동과 충동성 증상은 유의한 수준으로 보이지만 부주의 증상은 역치하(subthreshold) 수준의 문제만을 보인다. 보통 이 아동은 "모터를 달고 있는 것처럼", "끊임없이 활동하고 있는" 것으로 묘사된다(van Ewijk & Oosterlaan, 2015). 과잉행동-충동성 우세형 증상이 있는 아동은 연령이 더 어린 경향이 있고 남아가 불균형적으로 많다. 이들의 증상은 3~4세 사이에 출현하는 경향이 있으며 양육자와 가족, 또래들과의 상호작용을 방해한다. 과잉행동-충동성 우세형 증상이 있는 대부분의 어린 아동은 결국에는 부주의 문제도 보이게 된다. 이들 중 대다수가 6~12세 사이에 과잉행동-충동성 우세형에서 복합형으로 바뀐다. 사실상, 과잉행동-충동성 우세형이 더 높은 연령의 아동과 청소년에게서 나타나는 경우는 드물다. 일부 전문가들은 과잉행동-충동성 우세형을 복합형의 발달적 전단계로 간주해야 한다고 주장한다(Nigg & Barkley, 2014).

ADHD 복합형(combined presentation)이 있는 아동은 현저한 부주의 증상과 현저한 과잉행동-충동성 증상을 모두 경험한다. 대부분의 사람들이 생각하는 ADHD가 바로 이 복합형일 것이다. 부모와 교사는 이 아동을 부주의하고 잘 잊어버리고 단정치 못하고 주의산만하고 성급하고 무책임하고 가만히 있지 못한다고 묘사할 것이다(Barkley, 2013c). 복합형 아동은 기저하고 있는 행동억제 문제, 즉 장기목표를 성취하기 위해서 즉각적 충동을 통제하고 조절하는 능력에 문제가 있다. 탈억제(disinhibition)는 그들이 지속적 주의를 유지하기 어렵게 하고 학교와 가정에서 과잉행동과 충동성을 보이게 만든다. 클리닉과 병원에서 ADHD 진단을 받은 대부분의 아동은 복합형 증상을 보인다. 복합형 양상이 있는 남아인 코리를 생각해보자.

ADHD 부주의 우세형(predominantly inattentive presentation)이 있는 아동의 경우, 부주의 증상은 유의한 수준으로 보이지만 과잉행동과 충동성은 역치하 수준의 문제만을 보인다. 전형적으로 이 아동은 "주의산만하고 잘 잊어버리고 체계적이지 못하다"라고 묘사된다. 그들은 학교교사나 부모에게 주의를 집중하지 않을 수 있고 그들의 주의산만함과 집중력 부족으로 인해 곤란한 문제를 겪게 될 수도 있다.

부주의 우세형이 임상 장면에서는 두 번째로 흔한 유형이지만 지역사회에서는 가장 흔한 유형이다. 과잉행동-충동성 우세형 증상이 있는 아동은 더 빈번한 과잉행동으로 인해 부주의 우세형 증상이 있는 아동보다 치료에 의뢰될 가능성이 더 크다. 대조적으로, 부주의 우세형 아동은 일반 모집단에서 더 높은 빈도를 차지하지만 부모와 교사가 알아차리지 못하는 경우가 많다. 심각한 부주의 증상을 보이는 얌전한 여아인 브랜디를 생각해보라.

사례연구
ADHD, 복합형

에너자이저 버니

코리는 어머니에 의해서 우리 클리닉에 오게 된 8세 남아였다. 코리는 과잉행동과 충동성 문제를 현저하게 보였다. 코리의 어머니는 "대부분의 2학년 남자애들이 활동적이지만, 코리는 언제나 끊임없이 움직이고 있어요."라고 보고했다. "코리를 돌보다 보면 진이 빠져요." 어머니에 따르면, 코리는 식사 시간에 가만히 앉아있기가 힘들고, 집안의 물건들을 끊임없이 만지작거리고, 쉴새없이 떠들고 고비율의 행동을 한다. "코리는 아주 충동적이에요."라고 어머니가 덧붙였다. "제가 코리를 차에서 내리게 하자마자 바로 주차장으로 달려갈 거예요. 코리는 끊임없이 자전거로 위험한 묘기를 부려요. 차근히 생각하는 법이 없어요."

코리는 또한 주의집중이나 노력을 요구하는 어떤 활동에도 지속적으로 주의를 유지하는 것이 어려웠다. "코리는 한 번에 몇 분 이상 과제에 집중할 수기 없어요."리고 이미니가 말했다. "숙제를 다 하면 보상을 주는 것도 해봤지만, 코리는 너무나 대충 해버리고 말아요." 또한 코리는 잘 잊어버렸다. 그는 할 일을 방치하고 학교 숙제를 끝내는 것을 잊어버리고 소지품을 잃어버릴 때가 많았다. 어머니는 "이건 올해 들어 세 번째 책가방이에요. 제가 일러주지 않으면 속옷 입는 것도 잊어버릴 거예요."

코리는 학교에서도 과잉행동, 충동성, 그리고 부주의 문제를 마찬가지로 보였다. 코리는 과제를 재빨리 끝냈지만 부주의한 실수들을 했다. 코리가 쓴 것은 제대로 읽기가 어려울 때가 많았다. 코리의 성적은 평균에 약간 못 미쳤는데, 숙제 제출을 잊어버리거나 과제물을 잃어버리

©iStockphoto.com/unguryanu

거나 지시문을 제대로 읽지 않고 성급하게 시험을 보는 경우가 많기 때문이었다. 담임교사는 "제가 코리한테 학급 규칙을 지키라고 상기시켜 주면 코리는 언제나 잘못했다고 해요."라고 말했다. "코리도 잘하고 싶어해요. 하지만 끝까지 제대로 해낼 수가 없는 것뿐이죠."

우리 클리닉의 심리학자가 자신의 사무실에서 코리를 면접했다. 심리학자가 코리에게 "집과 학교에서 해야 할 일을 하는 데 어려움을 겪고 있는지"를 물었다. 코리는 "네"라고 인정했다. "전 너무나 들뜬 상태라서 언제나 문제가 생겨요. 엄마는 저보고 '에너자이저 버니(Energizer Bunny)'래요."

사례연구
ADHD, 부주의 우세형

얌전한 브랜디

브랜디는 저조한 학업성취를 계속 보이고 있는 10살짜리 여아다. 브랜디에게 학습장애가 있을 것이라고 제안한 소아과 의사가 우리 클리닉에 브랜디의 심리검사를 의뢰하였다.

브랜디의 학업문제는 초등학교 3학년 때인 2년 전부터 드러나기 시작했다. 브랜디는 숙제를 하면서 부주의한 실수들을 하기 시작했고 과제 지시사항을 반복해달라고 교사에게 요청할 때가 종종 있었다. 수업 중에 브랜디는 다른 아이들의 이야기를 듣는 것을 힘들어했고 딴 생각을 할 때가 자주 있었다. 교사는 "브랜디는 늘 자기만의 작은 세상 속으로 가버리는 것 같아요."라고 보고했다. "브랜디는 내 이야기를 듣는 것보다 낙서를 하거나 창밖을 바라보는 데 더 관심이 많아 보여요. 브랜디의 어머니에게 전화해서 브랜디가 충분한 수면을 취하고 있는지를 물어봤는데, 어머니 말씀으로는 그런 문제는 없다고 해요."

브랜디의 어머니도 브랜디가 집에서 보이는 비슷한 부주의 문제를 보고했다. "브랜디는 제 이야기를 듣는 법이 없어요. 버릇이 없거나 그런 것은 아니에요. 무엇인가를 하게 하려면 수천 번을 상기시켜야만 해요." 어머니는 또한 브랜디의 건망증에 대해서 언급했다. "브랜디는 '내 신발 어디 있어? 과제물 어디 있어?'라고 계속 물어요." 브랜디는 숙제할 때를 제외한다면 전반적으로 순응적이다. 어머니는 "이층에 올라가서 숙제를 하라고 해요. 하지만 내가 확인하러 가보면 노래를 듣고 있거나 그림을 그리고 있어요. 브랜디는 숙제를 시작하겠다고 하지만, 절대 하지 않아요."

우리 클리닉의 심리학자가 브랜디에게 지능검사와 학업성취도 검사를 실시하였다. 브랜디의 점수는 보통 수준의 지능과 학업 성취도를 보여주었다. 심리학자는 검사결과를 브랜디의 어머니에게 알려 주었다. "제 생각에는 따님이 학습장애를 가지고 있는 것 같지는 않아요. 정보가 좀 더 필요하기는 하지만, ADHD가 있는 것 같아요." 브랜디의 어머니가 응답했다. "ADHD요? 그럴 리가 없어요. 브랜디는 아주 조용하고 얌전한 아이예요."

부주의 우세형은 더 큰 아동과 청소년에게서 흔히 발견되며 여아가 불균형적으로 많다. ADHD 부주의 우세형 진단을 받은 청소년은 초기 아동기에 현저한 과잉행동-충동성 증상 병력을 보이지 않는 경우가 흔하다. 그들의 부주의 증상은 대개 8~12세 사이에 드러나며 특히 학교 숙제와 같은 일상적 활동에 어려움을 야기할 때 다른 사람들이 알아차리게 된다.

발달에 따른 증상

ADHD를 위한 진단 준거는 어린 아동을 위해 개발된 것이다. 따라서 청소년과 성인에게 적용하기에 적절하지 않은 진단 준거가 여럿 있다. ADHD가 있는 대학생이라고 해도 수업 중에 "불쑥 대답을 한다"거나 "놀이활동을 하는 동안 주의를 유지하기 힘들다"거나 또는 "뛰어다니거나 올라타는" 모습을 보이지는 않을 것이다. 이런 이유로, DSM-5는 더 나이 많

은 아동, 청소년, 성인이 보일 수 있는 증상들을 몇 가지 기술하고 있다. 예를 들어, 아동은 수업 중에 자리에서 일어나거나 불쑥 답을 하는 등으로 과잉행동-충동성 증상을 보이지만 대학생은 강의 중에 안절부절못하는 느낌을 주관적으로 경험하거나 서점에서 줄서서 기다리는 것을 어렵다고 느낄 가능성이 크다. 아동은 부모의 말을 귀 기울여 듣지 않거나 학교에서 쉽게 산만해지는 것으로 부주의 증상을 보이겠지만 대학생의 부주의 증상은 강의 중에 딴생각을 하거나 약속을 자꾸 잊어버리거나 과제를 지각 제출하는 방식으로 나타날 것이다(Tannock, 2013). 임상가가 참고할 수 있도록 표 8.2에는 부주의, 과잉행동, 충동성 증상이 발달하면서 어떻게 다르게 나타나는지가 기술되어 있다.

ADHD 진단준거는 더 나이 많은 청소년과 성인을 위해 약간 수정되었다. 더 나이 많은 청소년과 성인(17세 이상)의 경

표 8.2 ■ 아동, 청소년, 성인의 ADHD 핵심 증상

	학령전기	학령기	청소년기	대학생
부주의	아동은 짧은 시간(3분 미만) 동안 놀이함	활동이 단기적임(10분 미만) 잘 잊어버림 조직화되어 있지 못함 쉽게 주의가 분산됨	또래보다 과제를 끈기있게 하지 못함(20~30분 미만) 세부사항에 초점을 두지 못함 과제를 망각함	약속이나 과제를 잊어버림 장기 프로젝트를 위한 사전계획을 세우지 않음
과잉행동	과잉반응적임 가만히 앉아있지 못함 '회오리바람'처럼 행동함	가만히 있지 못함 과도한 움직임 수업 중에 자리에서 일어남	물건을 만지작거림 자리에서 꼼지락거림 다리와 사지의 움직임	안절부절못하는 주관적 느낌
충동성	성인의 경고를 듣지 않음 위험 인식이 없음	수업 중에 불쑥 답을 말함 다른 아이들을 방해함 사고가 많이 남	생각하기 전에 말하거나 행동함 사전계획을 세우지 않음 위험을 감수함	성급하고 현명하지 못한 의사결정 참을성 없음 난폭 운전

주 : ADHD의 핵심 증상은 아동·청소년, 성인에게 모두 동일하다. 이 증상들은 발달하면서 다른 양상을 보인다. 출처 : Taylor & Sonuga-Barke (2010).

우 부주의 또는 과잉행동–충동성 증상 중 어느 쪽이든 6개가 아니라 5개만 보여도 DSM-5 진단을 내릴 수 있다. 평균적으로, ADHD로 인한 현저한 손상이 있는 성인이라도 ADHD 아동보다 더 적은 증상을 인정하는 경우가 흔했기 때문에, 진단에 필요한 증상의 수를 줄이는 것이 승인되었다. 사실상, 지속적인 부주의와 과잉행동–충동성 문제를 가지고 있는 성인 중 많게는 50%가 아동을 대상으로 마련된 6개 증상기준을 충족하지 못한다. 5개 증상만을 보이는 성인도 6개 이상의 증상을 충족하는 성인과 마찬가지로 주의력이나 행동통제를 요하는 과제에서 동일한 수준의 손상을 보이는 경향이 있다(Solanto, Wasserstein, Marks, & Mitchell, 2013).

ADHD와 연관된 문제들은 무엇인가?

품행문제와 물질사용 문제

ADHD 아동이 공존하는 정신과장애를 보이는 경우는 흔하다. 지역사회 표본의 경우, ADHD 아동의 44%가 적어도 하나의 정신장애를 더 가지고 있다. 정신건강 클리닉에 의뢰된 청소년의 경우에는 약 85%가 공존장애를 가지고 있다(Willcutt et al., 2012).

품행문제

많은 ADHD 아동이 언젠가는 유의한 품행문제를 보이게 된다. 약 54~67%에 이르는 ADHD 아동이 적대적 반항장애(oppositional defiant disorder, ODD)를 보인다. ODD의 특징은 어른에 대한 불복종과 끈질긴 고집이다. ODD 아동은 순종하는 것을 거부하고 말대꾸를 하며 울화를 터뜨리거나 아니면 양육자에게 앙심을 품거나 시비를 걸고 따진다.

ADHD 아동의 약 20~50%와 청소년의 44~50%가 품행장애(conduct diosorder, CD)를 보인다. CD는 사회규칙에 대한 지속적인 무시가 특징적이다. CD가 있는 청소년은 신체적 싸움, 절도, 공공기물파손, 무단결석을 포함해서 폭넓은 범위의 방해가 되고 파괴적인 행동을 보인다.

ADHD 아동의 약 12~15%가 반사회성 성격장애(antisocial personality disorder, ASPD)를 보인다. ASPD는 타인의 권리와 존엄성에 대한 지속적인 무시로 정의되는 심각한 성격장애다. ASPD가 있는 성인은 흔히 공격적 행동과 불법행동의 전력이 있다. 전체적으로, 아동기의 ADHD는 ODD, CD, 그리고/또는 ASPD를 발달시킬 가능성을 열 배 정도 증가시킨다(Nigg & Barkley, 2014).

종단 연구들은 ADHD가 이러한 품행문제들의 출현과 인과적으로 연관되어 있음을 가리킨다. 어떤 전문가들은 ADHD가 아동을 적대적, 반항적, 공격적, 파괴적 행동으로 몰고 가는 '모터'처럼 작동한다고 생각한다(Kimonis et al., 2015). 또 다른 연구는 ADHD 아동이 기저의 정서조절 문제(예 : 과도한 분노와 과민성)를 가지고 있고, 정서조절 문제는 차례로 양육자와 다른 성인과의 언쟁, 또래문제, 공격성, 반사회적 행동의 원인이 된다고 제안한다(Barkley, 2010;

Biederman et al., 2012).

ADHD와 품행문제가 공존하는 경우가 빈번하지만 이 두 가지는 별개의 장애들이다. 실제로, DSM-5는 ADHD 증상이 적대적, 반항적 또는 반사회적 행동으로만 표현되지 않는다는 점을 임상가에게 경고하고 있다(American Psychiatric Association, 2013). 대부분의 ADHD 아동은 과잉행동적, 충동적이고 또는 부주의하지만 부모에게 말대꾸를 하거나 동급생들과 싸우거나 무단결석을 하지는 않는다. 다른 아동과 청소년은 가족과 또래들에게 심각한 수준의 적대적 행동과 공격적 행동을 보이면서도 과잉행동이나 부주의 문제를 보이지 않는다(Nigg & Barkley, 2014).

물질사용 문제

ADHD가 있는 아동은 청소년기와 성인기에 물질사용 문제를 보일 가능성이 높다(Bukstein, 2011). 평균적으로, ADHD 아동은 ADHD가 없는 또래보다 니코틴, 알코올 또는 다른 약물을 남용할 가능성이 여섯 배나 높다. ADHD 아동의 약 22%가 청소년기 동안에 물질사용 문제를 겪게 되며 많게는 24%가 성인기에 물질사용 문제를 보인다. 알코올, 마리화나, 처방 진통제, 흡입제 남용도 일반적이지만, ADHD가 있는 청소년과 젊은 성인이 가장 흔히 사용하는 약물은 니코틴이다(Charach, Yeung, Climans, & Lillie, 2011; Lee, Humphreys, Flory, Liu, & Glass, 2011).

왜 ADHD가 있는 청소년에게서 물질사용 문제의 위험이 증가할까? 그 답은 청소년이 사용하는 물질의 종류에 따라 달라진다. 대부분의 연구들은 ADHD와 알코올 및 다른 약물사용 문제 간의 관련성은 공존장애인 품행문제(예 : ODD, CD)에 의해서 매개된다는 것을 보여준다. ADHD가 있는 청소년은 빈번한 혐오스러운 행동 때문에 또래로부터 거부당할 위험에 처하게 된다. 이 청소년은 다른 거부당한 일탈적 또래들과 어울리게 되고 그들을 통해서 알코올과 다른 약물을 접하게 될 수 있다. ADHD 아동은 이 일탈적 또래들에게 받아들여지고 더 이상의 거부를 피하기 위해서 이 또래들의 압박에 굴복할 수 있다(Bukstein, 2011).

대조적으로, ADHD는 흡연과 베이핑(전자담배를 피우는 행위를 뜻하나 니코틴 외에 마리화나 등의 물질도 사용 가능함_역주)에 대한 특정적이고 고유한 예측변인이다. 공존하는

품행문제를 통제한 후에도 ADHD가 있는 청소년은 전형적인 발달을 보이는 또래들에 비해 니코틴을 사용할 가능성이 거의 2배 이상 높다. ADHD가 있는 청소년은 이른 나이에 니코틴을 사용하기 시작하고 금연을 하기가 더 어려우며 금연 후 재발율도 높다. 한 대규모 모집단 연구에 따르면, ADHD 증상 개수와 흡연이나 베이핑 간에 선형관계가 있었다. 즉, 증상 개수가 많을수록 흡연 가능성이 높아졌다. ADHD가 있는 청소년과 젊은 성인은 니코틴이 집중력과 행동억제를 향상시킨다고 흔히 보고한다. 많은 청소년이 주의력과 행동을 조절하기 위해서 니코틴을 사용할 가능성이 있다(Bukstein, 2011).

한 초기 연구는 ADHD를 위한 일차적 치료인 중추신경자극제가 ADHD 아동이 나중에 물질사용 문제를 겪게 할 가능성이 있다고 제안했다(Lambert & Hartsough, 1998). 그 후에 진행된 종단 연구에서는 이 발견을 반복검증하지 못했다. 오히려 일부 연구들은 중추신경자극제가 ADHD 아동이 향후 물질사용 문제를 겪지 않도록 보호한다는 것을 발견했다.

학업 문제

ADHD 아동은 여러 학업 영역에서 어려움을 보이는데, 특히 읽기와 산수에서 문제를 보인다(Langberg et al., 2016a). 최근의 리뷰는 ADHD 아동이 ADHD가 없는 동급생들에 비해 학업성취도 점수와 학교성적이 현저히 낮다는 것을 보여주었다(Arnold, Hodgkins, Kahle, Madhoo, & Kewley, 2016). ADHD가 있는 아동은 특별한 개인교습을 필요로 하며(56%), 학습장애 때문에 특수교육에 의뢰되며(45%), 유급되기도 하고(30%), 고등학교를 졸업하지 못하기도(10%) 한다(Bernard et al., 2012). 부주의 증상이 있는 아동이 이 열악한 결과들을 겪게 될 위험이 가장 크다. 더구나 이 부정적 결과들은 아동의 지능과 사회경제적 배경을 고려한 후에도 여전히 나타난다(DuPaul, Gormley, & Laracy, 2013).

종단 자료는 기저의 주의력 문제와 기억문제가 ADHD가 있는 청소년이 보이는 학업적 결손의 원인이 된다는 것을 시사한다(Tamm et al., 2016). 흔히 ADHD 아동은 전통적인 교육환경에서 학습하는 능력을 저해하는 인지처리문제(cognitive processing problems)를 가지고 있다. 예를 들어, 이 아동은 교사가 제공하는 정보와 새로 배운 학업기술을 연습할 기회를

놓칠 수 있다. 이렇게 학습경험을 놓치게 되면 많은 정보를 갖추기가 어려워지기 마련이다(Buckley et al., 2006). 마찬가지로 ADHD 아동은 작업기억에 결손을 보이는데, 이는 여러 단계를 요하는 학업과제를 수행하는 능력을 저해한다(Renz et al., 2003). 그들은 학업 문제를 효과적으로 해결하기 위해서 사용해야 하는 정보를 작업기억에 충분히 오랫동안 보유하지 못하는 문제를 보일 수 있다. 그들은 또한 정보를 조직화하고 그 정보를 다른 정보와 연결하는 데에도 어려움이 있을 수 있다. 이러한 결손은 그들이 새로운 기술을 배우고 숙제와 시험을 수행하는 능력을 저해한다.

부모 및 또래와의 문제

부모-자녀 상호작용

ADHD 아동이 부모와의 상호작용에서 문제를 보이는 경우는 흔하다. 심리학자들이 어린 아동의 부모-자녀 상호작용을 연구하는 한 가지 방법은 둘이 함께 놀이를 하거나 과제를 수행하는 것을 관찰하는 것이다. 이런 상호작용을 하는 동안, ADHD 아동은 더 수다스럽고, 부정적이고 반항적이며, 덜 순종적이고 협동적이며, 부모의 주의와 도움을 더 많이 요구한다. ADHD가 없는 아동의 부모에 비해 ADHD 아동의 부모는 더 적대적이고 덜 민감하고 덜 반응적이다. 연구자들은 이러한 부모-자녀 행동이 상호적이라고 생각한다. 부모는 자녀가 보이는 빈번한 문제행동으로 인해 좌절하기 때문에 더 적대적이고 간섭하는 양육 전략을 취하게 된다. 자녀는 부모들의 처벌적인 훈육 때문에 더 파괴적인 행동을 하게 된다. 이와 같은 초기 아동기의 부정적 부모-자녀 상호작용은 청소년기의 적대적 행동과 품행문제의 출현을 예측한다(Babinski, Waxmonsky, & Pellham, 2014; Webster-Stratton, Reid, & Beauchaine, 2013; Zisser & Eyberg, 2012).

특히 ADHD와 품행문제를 둘 다 보이는 아동의 부모가 부모-자녀 상호작용에서 문제를 보일 위험이 크다. 이 부모들은 양육 스트레스 수준이 높고, 아동의 행동을 통제하는 자신감이 부족하며, 아동 및 가족과의 긍정적 상호작용이 적다고 보고한다. 실제로, ADHD와 품행문제를 모두 보이는 아동의 부모는 ADHD만 있는 아동이나 행동문제가 없는 청소년의 보호자보다 높은 수준의 부부 갈등을 겪고 있거나 별거 또는 이혼을 할 가능성이 더 크다(Nigg & Barkley, 2014).

아동의 ADHD와 품행문제는 일부 부모의 음주를 촉발할 수도 있다. 일련의 연구에서, 연구자들은 성인에게 세 가지 짧은 활동을 하면서 어린 남아들과 상호작용을 하도록 요청했다(Kashdan, Adams, Kleiman, Pelham, & Lang, 2013). 첫 번째 활동은 에치 어 스케치(Etch A Sketch, 사각형의 유리 화면과 2개의 손잡이가 달린 장난감_역주)를 이용해서 그림을 그리는 것인데, 성인과 아동이 이 도구의 손잡이를 각각 하나씩 조정하면서 그림을 그리게 된다. 두 번째 활동은 아동이 산수 문제를 푸는 동안 성인은 수표책을 결산하도록 했다. 마지막 활동은 자유놀이 회기로서 성인은 정리를 하기 위해서 아동의 도움을 얻어야 했다. 성인 참여자는 몰랐지만, 이 회기들에 참여한 남아는 실제로는 실험보조자였으며, 순응적인 태도 또는 과잉행동적이고 반항적인 태도로 행동하라는 지시를 받았다. 이 회기들이 끝난 후에 성인은 질문지에 응답을 해야 했으며 알코올성 음료를 제공받았다. 연구자들은 한 하위 집단의 부모들이 아동의 혐오행동에 대응하기 위해서 알코올을 사용한다는 것을 발견했다. 이들은 높은 수준의 특성불안과 우울을 경험하는 경향이 있었으며 부정정서를 다루기 위한 대응전략이 빈약했다. 이 연구 결과는 일부 부모들, 특히 알코올사용 문제에 대한 유전적 소인이 있는 부모들이 아동의 문제행동을 감당하기 위해서 알코올을 사용할 수 있다는 점을 시사한다.

또래거부와 또래무시

학령기 아동은 또래에 의해 받아들여지고 같은 연령대의 아동과 우정을 나누는 것이 중요하다(Sullivan, 1953). 또래관계는 아동의 자존감에 기여하고 성인기 대인관계의 모델 역할을 하며 아동의 정체감과 친밀감을 위한 능력의 개발을 촉진하는 것으로 여겨진다. 사실, 우리가 초등학교 초기에 또래들에게 호감을 받고 받아들여지는 정도는 청소년기 우리의 사회적 안녕과 정서적 안녕을 가장 잘 예측하는 변인들 중 하나다(Rubin & Asendorpf, 2014).

불행히도, 또래들이 ADHD 아동을 싫어하는 경우가 흔하다. ADHD 아동의 과잉행동과 충동적 행동이 또래와의 상호작용에서 적절하게 행동하는 능력을 저해할 때가 빈번하다. ADHD 증상들은 또래들이 ADHD 아동을 재빨리 거부하게 만든다. 한 연구에서, 두 번의 짧은 놀이 회기 후에 서로 잘 모르는 상태에서 다른 아동이 ADHD 아동을 별로 바람직하지 않은 놀이 상대로 평정했다. 다른 연구에서는 여름캠프에 참여한 아동이 3일 만에 ADHD 아동을 거부했다. 일단 아동이 또래 집단의 일부에게 거절을 당하게 되면, 그 집단의 나머지 또래들에게도 부정적인 평판을 얻게 되는 경우가 흔하다. ADHD 아동 중 많게는 70%가 학교에서 단 한 명의 친구도 없을 수 있다(Mrug et al., 2012).

호자 등(Hoza et al., 2005)은 ADHD가 있는 학령기 아동과 없는 학령기 아동의 또래 지위를 알아보기 위해서 사회성측정법 평정(sociometric ratings)을 했다. 학급 내 모든 아동에게 놀이친구로서 가장 함께 하고 싶은 아이와 가장 함께 하고 싶지 않은 아이가 누구인지를 개별적으로 물었다. 그다음에 연구자들은 각 아동의 또래 지위를 결정하기 위해서 각 아동의 지명 횟수를 집계했다. 아이들은 또래 지명 횟수에 따라 다섯 집단 중 하나로 분류되었다. 인기 있는(popular) 아동이 가장 많은 수의 긍정적 지명을 받았다. 거부당하는(rejected) 아동은 가장 많은 수의 부정적 지명을 받았다. 논란이 되는(controversial)

아동은 긍정적 지명과 부정적 지명을 둘 다 많이 받았다. 무시당하는(neglected) 아동은 어느 쪽이든 지명을 거의 받지 못했다. 평균적인(average) 아동은 긍정적 지명과 부정적 지명을 모두 평균적인 정도로 받았다.

호자 등(2005)은 ADHD의 과잉행동–충동성 증상이 있는 아동이 인기가 없을 뿐만 아니라 반 아이들로부터 적극적으로 거부당한다는 사실을 발견했다(그림 8.2). 사실, ADHD 아동의 52%가 거부당했다. ADHD 아동은 친구를 사귀고 싶어 하지만 인기 있는 아동이 ADHD 아동을 거부하거나 회피할 가능성이 가장 컸다. ADHD 아동이 거부당하는 경향은 적대적 행동이나 반항적 행동 같은 공존장애 문제 때문만은 아니다. 아동은 ADHD 증상 자체만으로도 거부를 당한다. 아주 어리게는 6세 아동조차도 ADHD 증상 때문에 거부당한다.

후속 연구는 또래 거부가 아동의 ADHD 증상을 악화시킬 수 있으며 품행문제의 발달로 이어질 수 있다는 것을 보여주었다. 한 종단 연구에서 연구자들은 4세 아동의 과잉행동–충동성 증상이 6세가 되었을 때의 또래 거부를 예측한다

그림 8.2 ■ ADHD 아동의 또래 지위

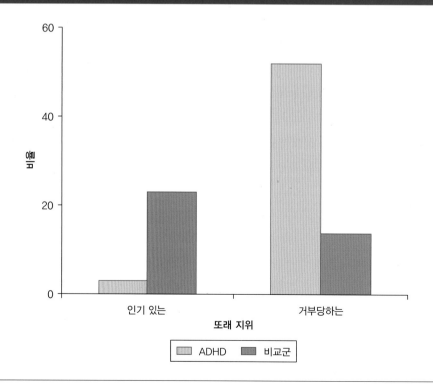

주 : ADHD가 있는 아동은 ADHD가 없는 아동보다 인기가 없고 급우들에게 더 자주 거부당한다. 또래거부는 일탈적 또래와의 관계 및 후기 아동기의 더 심한 행동문제로 이어질 수 있다. 출처 : Hoza et al. (2005).

는 것을 발견했다. 차례로 6세 때의 또래 거부는 ADHD 증상의 심각도 증가와 상관이 있었고 2년 후에도 또래 거부가 계속되었다. 일단 아동에게 이런 행동 패턴이 생기게 되면, 그 발달경로는 쉽게 변하지 않는다(Stenseng, Belsky, Skalicka, & Wichstrøm, 2016).

ADHD 부주의 우세형 아동은 또래로부터 대놓고 거부당하기보다는 무시당할 위험에 놓여 있다. 이 아동은 사회적 상황에서 수동적이고 소극적이기 때문에 또래들은 이들을 잠재적인 놀이 상대나 친구로 고려하지 않을 수 있다(Marshall, Evans, Eiraldi, Becker, & Power, 2014).

중추신경자극제 약물은 ADHD 아동의 사회적 상호작용의 향상과 연관이 있다. 특히 약물치료는 또래들이 싫어하는 과잉행동, 충동적이고 파괴적인 행동을 감소시키는 데 유용하다. 하지만 약물치료가 아동의 사회적 기술이나 또래와의 긍정적 상호작용을 향상시키는 것처럼 보이지는 않는다. 더구나 일단 아동이 학교나 동네에서 부정적 평판을 얻은 후라면 받아들여지는 것이 어렵다(Gardner & Gerdes, 2015).

수면 문제

ADHD 아동의 약 50%가 수면 문제를 겪는다(Owens et al., 2014). 수면 문제의 대부분은 심각도가 경미하고 간헐적으로 발생한다. 하지만 다른 정신과적 장애를 가지고 있는 청소년의 13%와 6% 미만의 일반 모집단 아동에 비해, ADHD 청소년의 거의 20%가 중등도에서 고도의 수면장애를 경험한다.

ADHD 아동이 경험하는 수면 문제는 세 가지 범주로 나누어진다. 첫째, 일부 아동은 수면 이상(dyssomnias)을 보이는데, 잠들기를 거부하거나 잠들기가 어렵거나 또는 아침에 일어나는 데 어려움이 있다. 이 수면 문제들은 ADHD와 공존하는 품행문제가 있는 청소년에게서 가장 흔히 보인다. 둘째, 일부 아동에게는 잠꼬대, 이 갈기, 지나친 뒤적임과 같이 수면과 연관된 운동장애(movement disorder)가 생긴다. 이러한 불수의적 운동은 현저한 과잉행동-충동성 증상을 보이는 ADHD 청소년에게서 가장 흔하게 보인다. 셋째, 일부 청소년은 야간에 잠 깨기, 반복적인 악몽이나 야경증과 같은 사건수면(parasomnia)을 보이게 된다. 이 수면 문제들은 ADHD가 있는 청소년과 다른 정신과적 장애가 있는 청소년에게서 비슷하게 나타나므로 ADHD에 특징적인 것이 아닐 수 있다(Nigg

& Barkley, 2014).

수면 문제는 아동의 ADHD 증상의 일부 원인이 될 수 있다. 연구자들이 고의로 아동의 수면을 매일 밤 1~2시간 정도씩 제한하면 흔히 주의력과 과잉행동-충동성 문제가 증가한다. 아동의 수면이 제한되었다는 것을 모르는 교사들도 이러한 증가된 ADHD 증상을 알아차릴 수 있다. 더 나아가, 종단연구들은 2~4세 때 아동의 수면 문제가 5세 때 ADHD 증상의 출현을 예측한다는 것을 보여주었다. 반면, 초기 수면 문제가 감소한 아동은 지속적인 수면 문제를 보인 아동에 비해 후기 아동기에 더 적은 ADHD 증상을 보였다(Gruber et al., 2012).

또한 ADHD가 아동의 수면을 방해할 수 있다는 증거도 있다. 몇몇 연구들은 ADHD 아동이 더 뒤척거리고 얕은 잠을 잔다고 보고한다. 또한 그들의 수면에는 상반신과 사지의 더 큰 신체적 움직임이 특징적으로 나타난다. 과잉행동-충동성 증상이 있는 아동은 밤에 잠자리에 드는 데 어려움을 경험할 때가 자주 있다. 결국, 그들은 늦게 잠을 자게 되거나 아예 잠자리에 드는 것을 거부한다.

세 번째 가능성은 ADHD와 수면 문제가 모두 동일한 기저의 기전에 의해 유발된다는 것이다. ADHD 아동과 마찬가지로, 수면이 박탈된 아동은 흔히 주의력과 행동조절 문제를 보인다. 이러한 기능을 주로 담당하는 뇌 영역인 전전두엽 피질은 ADHD와 여러 수면장애 모두에 관여한다. 신경전달물질인 도파민도 ADHD와 일부 수면장애에 관여한다. 도파민성 저활동이 ADHD의 원인으로 제시되고 있는 한편, 낮은 수준의 도파민은 각성과 각성 상태 문제에 관여한다.

종합하면, 이러한 연구 결과는 수면과 ADHD 사이의 양방향적 상관을 보여준다. 수면 문제가 ADHD 증상을 악화시키고 이러한 증상들이 아동의 수면의 질을 위협하는 것 같다(Schneider, Lam, & Mahone, 2016).

굼뜬 인지적 템포

대부분의 ADHD 부주의 우세형이 있는 아동은 적어도 6개의 부주의 증상과 (여전히 역치하이지만) 중간 정도의 과잉행동-충동성 증상을 보인다. 하지만 부주의 우세형을 보이는 아동 중 일부 하위집단은 과잉행동-충동성을 거의 보이지 않거나 전혀 보이지 않는다(Langberg, Becker, & Dvorsky, 2014).

표 8.3 ■ 굼뜬 인지적 템포

ADHD 아동의 약 40%가 굼뜬 인지적 템포를 보인다. 흔히 보이는 특징들은 다음과 같다.

백일몽을 자주 꿈

깬 상태로 정신을 바짝 차리고 있기가 어려움

정신적으로 몽롱하고 쉽게 혼란스러워함

빤히 쳐다 봄

멍하니 행동함/정신이 딴 데 가 있음

무기력함

생산성이 낮음

느리게 움직임/굼뜸

질문을 정확하게 처리하지 못함

졸려 보임

무관심해 보이거나 소극적으로 행동함

생각에 빠져 있음

과제 완수가 느림

주도성이 부족함, 노력을 지속하지 못함

©iStockphoto.com/monkeybusinessimage

이러한 아동은 굼뜬 인지적 템포(sluggish cognitive tempo)를 보이는 것으로 묘사된다(표 8.3). 그들은 백일몽을 꾸고 졸린 듯이 보이고 허둥거리는 행동을 한다. 대인관계에서, 그들은 무기력하거나 활동수준이 낮고 수동적인 것으로 묘사된다. 학교에서, 그들은 마치 마음이 끊임없이 서성이는 것처럼 멍해 보이고 정신없어 보인다. 그들은 주변에서 일어나는 일들을 잘 알아차리지 못할 수도 있고 다른 사람들이 부를 때 반응하는 데 오랜 시간이 걸릴 수 있다. 이 아동은 보통 학교에서 문제를 일으키지 않지만, 친구를 사귀고 교실 활동에 참여하는 데 문제가 있을 수 있다(Becker, Leopold, & Burns, 2016).

경험적 연구들은 굼뜬 인지적 템포를 보이는 아동과 ADHD 부주의 우세형이 있는 청소년 사이의 밀접한 관계를 보여준다. 굼뜬 인지적 템포를 보이는 아동의 약 60%가 ADHD 진단 준거를 충족한다. 반대로, ADHD가 있는 청소년의 거의 40%가 굼뜬 인지적 템포를 보인다(Barkley, 2013b).

일부 전문가들은 굼뜬 인지적 템포가 ADHD와는 질적으로 다른 장애라고 생각한다. 그 핵심 특징, 즉 부족한 집중력과 기억력, 무기력함과 전반적 수동성, 손상된 학업 수행은 ADHD와 구별되는 것으로 보인다(Tamm et al., 2016). 실제로 굼뜬 인지적 템포가 있는 아동은 ADHD가 있는 아동과는 다른 인지처리문제, 즉 느린 처리속도와 작업기억 결손과 같

은 문제를 종종 보인다. 또한 굼뜬 인지적 템포를 보이는 아동은 내재화 장애(예 : 불안, 우울, 사회적 철수) 문제를 보일 가능성이 높은 반면 ADHD가 있는 아동은 외현화 장애(예 : 품행문제, 물질사용장애)를 보이게 될 가능성이 더 높다. 마지막으로, ADHD를 치료하기 위해 사용되는 약물은 굼뜬 인지적 템포를 보이는 청소년에게는 덜 효과적인 경우가 흔하다(Garner, Mrug, Hodgens, & Patterson, 2012).

연구자들은 이러한 특징들을 가지고 있는 아동을 어떻게 기술하는 것이 최선일지에 대해서 동의하지 못한 상태이다. 바클리(2016)는 '굼뜬 인지적 템포'의 부정적인 함축적 의미를 고려한다면 **집중력 결손장애**(concentration deficit disorder)라는 용어가 더 적절하다고 주장한다. 연구자들은 향후 DSM 개정판에서 굼뜬 인지적 템포를 개별적 장애로 고려해야 할 필요성이 있는지를 결정하기 위해서 이 아동들에 관한 연구를 계속하고 있다.

ADHD는 얼마나 흔한가?

유병률

연구자들은 진료기록에 근거해서 ADHD의 유병률을 추정한다. 이 자료들에 따르면, 전 세계적으로 아동과 청소년의 약

5~8%, 그리고 성인의 3~5%가 ADHD로 진단받는다. 유병률은 남미와 아프리카에서 가장 높고 중동에서 가장 낮다. 북미와 유럽에서의 아동과 청소년의 유병률은 5~8%로 거의 비슷하다(Centers for Disease Control and Prevention, 2016a).

하지만 보호자의 보고에 따른 미국의 ADHD 유병률은 훨씬 더 높다(그림 8.3). 보호자의 거의 11.5%가 자신의 자녀가 이전에 ADHD 진단을 받은 적이 있다고 보고하고, 9%는 현재 진단을 받은 상태라고 보고하며, 6~7%는 현재 ADHD 치료를 받고 있다고 보고한다(Centers for Disease Control and Prevention, 2016a).

미국에서 ADHD의 유병률은 계속 증가해왔다(Nigg & Barkley, 2014). 1980년대 후반에는 아동의 약 1%가 ADHD 진단을 받은 것에 비해(Olfson, Gameroff, Marcus, & Jensen, 2003) 오늘날은 약 5~8%가 ADHD 진단을 받는다. ADHD의 가장 큰 증가는 낮은 사회경제적 지위 배경을 가진 아프리카계 미국인 아동과 청소년에게서 나타난다(Akinbami, Liu, Pastor, & Reuben, 2011).

ADHD의 증가에 대한 설명으로는 적어도 네 가지를 들 수 있다. 첫째, 장애아동의 교육에 관한 연방법인 장애인교육진흥법(Individuals With Disabilities Education Improvement Act, IDEIA)이 1990년부터 ADHD를 잠재적 장애로 인정하기 시작했다. 결과적으로, 많은 부모들이 교육 편의와 서비스를 얻기 위해 자녀가 이 진단을 받기를 원하게 되었다. 둘째, 이 기간 동안 학교에 기반을 둔 건강 클리닉의 수가 증가하여 저소득 아동도 정신건강서비스에 더 많이 접근할 수 있게 되었다. 셋째, 1990년대에 ADHD의 평가가 개선되어 ADHD가 있는 아동을 더 잘 식별하게 되었다. 넷째, ADHD에 대한 대중의 인식이 전반적으로 증가하면서 아마도 낙인이 줄어들었을 것이다. 주의력결핍 과잉행동장애를 가진 아동과 성인(Children and Adults With Attention-Deficit/Hyperactivity Disorder, CHADD), 주의력결핍장애협회(Attention Deficit Disorder Association, ADDA)와 같은 단체들은 ADHD가 있는 개인과

그림 8.3 ■ ADHD의 유병률

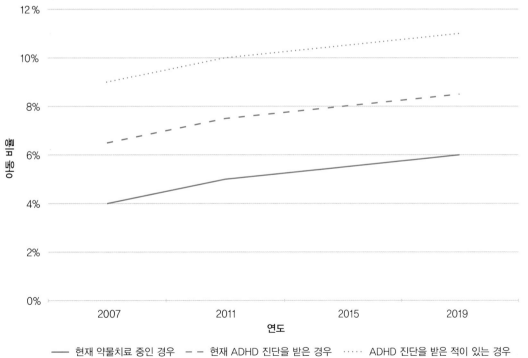

―― 현재 약물치료 중인 경우   ― ― 현재 ADHD 진단을 받은 경우   ······ ADHD 진단을 받은 적이 있는 경우

주 : ADHD의 유병률은 지난 10년간 중간 정도로 증가해왔다. 5~8%의 아동과 청소년이 현재 ADHD 진단을 받은 상태이다. 출처 : Centers for Disease Control and Prevention (2020b).

그 가족의 권리를 옹호한다.

성

ADHD는 여아보다 남아에게서 더 흔하다. 임상 장면에 의뢰된 아동을 보면 성비가 거의 10:1에 이른다. 하지만 지역사회 표본에서는 남녀 성비가 3:1이다. 임상 장면에 의뢰된 아동에서 나타나는 더 큰 성차는 부분적으로는 의뢰편향(referral bias) 때문이다. ADHD가 있는 남아는 공존장애로 품행문제를 가지고 있을 가능성이 여아보다 더 크고, 결국 치료를 위해서 의뢰될 가능성이 더 커진다. 다른 한편, ADHD가 있는 여아는 남아보다 적대적 반항장애 증상을 보일 가능성이 더 적기 때문에 부모와 교사, 다른 성인이 눈여겨보지 않는 경우가 흔하다(Simon, 2016).

평균적으로, ADHD가 있는 여아는 남아보다 과잉행동-충동성 증상을 적게 보이고 부주의 증상을 더 많이 보인다. 여아는 남아보다 나중에 더 나이가 든 다음에 진단을 받는 경향이 있는데 주로 부주의 우세형으로 분류된다(Chacko et al., 2015).

ADHD가 있는 남아와 여아는 행동과 사회적 기능에서 비슷한 손상을 보인다. 여아에 비해 남아는 품행장애를 더 많이 보이는 반면, 여아는 남아보다 학업상의 어려움을 경험할 가능성이 더 높다. 이러한 학교 관련 문제는 집행기능과 작업기억의 근본적인 문제 때문인 경우가 흔하며, 이 문제들은 읽기, 쓰기 및 수학 기술 습득에서의 어려움과 부주의 증상을 초래한다(Elkins, Malone, Keyes, Iacono, & McGue, 2011).

경과

몇몇 전향적 종단연구는 ADHD가 있는 아동을 초기 아동기부터 초기 성인기에 이르기까지 추적 조사하면서 ADHD의 경과를 연구했다(그림 8.4). 이 연구들은 ADHD가 생애 초기에 나타나고 성인기까지 지속될 수 있으며 학업, 행동, 사회-정서적 기능에 영향을 미칠 가능성이 있는 신경발달장애라는 것을 보여준다(Nigg & Barkley, 2014).

과잉행동-충동성 증상은 보통 3~4세 사이에 나타난다. 이러한 증상들이 보호자를 힘들게 하기는 하지만 아동이 소아과의사나 정신건강전문가에게 의뢰되는 것은 대개 정식 교육을 받게 되면서이다. 흔히 부주의 문제가 5~8세 사이에 증가하면서 ADHD 복합형으로 진단받게 된다(Willcutt et al., 2012).

8~12세 사이에 일부 아동은 주로 부주의 증상만을 보이기 시작한다. 이런 경우는 불균형적으로 여아가 많으며, 초기 아동기 과잉행동-충동성의 병력이 없는 경우가 흔하다. 대부분은 학업문제 때문에 임상가에게 의뢰된다. 이러한 경우의 전형적인 진단은 부주의 우세형이 된다.

ADHD가 있는 학령기 남아와 여아는 광범위한 학업문제, 행동문제, 사회적 문제를 겪게 될 위험에 처하게 된다. 이러

그림 8.4 ■ 주의력결핍/과잉행동장애의 경과

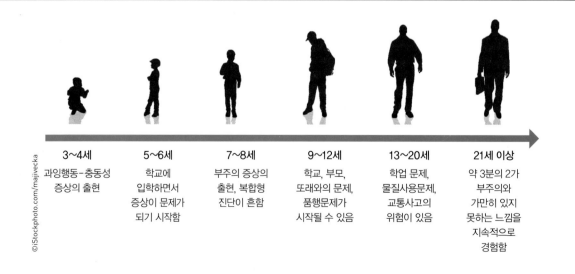

©iStockphoto.com/majivecka

3~4세	5~6세	7~8세	9~12세	13~20세	21세 이상
과잉행동-충동성 증상의 출현	학교에 입학하면서 증상이 문제가 되기 시작함	부주의 증상의 출현, 복합형 진단이 흔함	학교, 부모, 또래와의 문제, 품행문제가 시작될 수 있음	학업 문제, 물질사용문제, 교통사고의 위험이 있음	약 3분의 2가 부주의와 가만히 있지 못하는 느낌을 지속적으로 경험함

한 문제들에는 학교에서의 행동문제와 낮은 학업성취도, 또래거부, 부모에 대한 반항적 행동, 품행문제, 그리고 청소년기의 약물사용이 있다.

ADHD가 있는 아동의 50~80%는 청소년기에도 진단기준을 충족시킨다. 겉으로 드러나던 과잉행동 증상이 가만히 있기 어려운 주관적인 느낌으로 대체되는 경향이 있다. 그럼에도 불구하고, 이러한 청소년은 잘못된 의사결정과 계획에서 드러나듯이 현저한 충동성 문제를 지속적으로 경험한다. 예를 들어, 전형적인 발달을 보이는 또래에 비해 ADHD가 있는 청소년이 사고로 인한 부상, 과속 벌금 통지서, 그리고 교통사고를 겪을 비율이 훨씬 더 높다. 청소년은 계속해서 주의력과 집중력 문제를 경험한다. 실제로, 고등학교 시기에 가장 중요한 걱정거리는 바로 부주의 증상일 것이다.

비록 ADHD가 있는 대부분의 청소년이 성인기에는 진단기준을 충족하지 않게 되지만, 대다수가 역치하 증상을 여전히 경험한다. 예를 들어, 비더맨 등(Biederman, Petty, Clarke, Lomedico, & Faraone, 2011; Biederman, Petty, Evans, Small, & Faraone, 2010)은 아동기부터 초기 성인기에 걸쳐서 대규모 남아 표본을 연구했다. 이 표본 중 35%만이 성인기에도 진단기준을 충족했지만, 53%는 역치하의 ADHD 증상을 보였고 80%는 부주의나 충동성 때문에 학교나 직장에서 어려움을 겪는다고 보고했다. ADHD가 단순히 아동기에만 국한되는 장애가 아니라는 것이 분명하다.

8.2 원인

ADHD는 유전되는가?

행동유전학

ADHD는 유전적 기반이 강한 신경발달장애이다. ADHD에 기저하고 있는 정확한 유전자가 밝혀지지는 않았지만, 유전적 요인은 ADHD가 있는 아동이 보이는 증상 중 70~90%를 설명한다. 일란성(MZ) 쌍생아의 발병일치율은 50~80%인 반면, 이란성(DZ) 쌍생아의 발병일치율은 33%에 불과하다. 발병일치율은 부주의 증상보다 과잉행동–충동성 증상의 경우에 더 높다(Tapar, Cooper, Eyre, & Langley, 2013).

ADHD는 또한 가족 내에서 유전된다. 친부모가 ADHD일 가능성이 ADHD가 없는 아동(3%)보다 ADHD가 있는 아동(18%)에게서 더 높게 나타났다. ADHD가 있는 성인에게 ADHD가 있는 자녀가 적어도 1명 생길 확률은 57%이다. 게다가, ADHD가 있는 아동의 형제자매들은 통제군에 비해 ADHD가 있을 가능성이 3~5배 더 높다. 입양연구는 아동이 양부모보다 친부모와 더 유사한 ADHD 증상을 보인다는 것을 일관적으로 보여준다(Asherson & Gurling, 2011).

분자유전학

도파민 및 세로토닌 신경전달물질 시스템과 관련된 유전자는 ADHD의 발달에서 주요한 역할을 한다. 이 신경전달물질의 역할에 대한 증거로는 다음의 네 가지를 들 수 있다. 첫째, 도파민과 세로토닌 수용체는 주의를 조절하고 행동을 억제하는 역할을 하는 뇌 영역, 특히 선조체와 전전두엽 피질에 널리 퍼져 있다. 둘째, 이러한 부위에 병변이 있는 (그리고 아마도 도파민과 세로토닌 시스템이 손상된) 사람은 종종 ADHD 증상을 보인다. 셋째, ADHD를 치료하기 위해 사용되는 약물은 도파민 시스템을 자극하고 주의력을 향상시킨다. 넷째, 뇌에서 도파민 수용체를 담당하는 유전자가 없는 쥐는 과잉행동과 충동조절 문제를 보인다(Pliszka, 2015).

불행히도, 아직까지는 전장유전체 스캔(genome-wide scan)으로는 ADHD를 일으키는 특정 유전자를 식별할 수 없다. 대신 ADHD는 여러 염색체의 작은 삭제나 복제(즉, 복제수변이)에 의해 발생하는 것으로 보인다. 지금까지 밝혀진 관여 유전자의 대부분은 도파민을 조절한다. 예를 들어, 5번 염색체에 위치한 도파민 수송체 유전자(dopamine transporter gene, DAT1)는 시냅스 틈으로부터 시냅스전 신경세포(presynaptic neuron)로 도파민을 내보내는 단백질을 부호화한다. ADHD가 있는 일부 아이들은 이 유전자에서 유전자 배열의 비정상적인 반복과 같은 돌연변이를 보인다. 이와 같은 돌연변이는 도파민 재흡수 과정에서 장해를 일으킬 수 있다. 아데랄과 같은 약물은 도파민의 재흡수를 억제하여 도파민이 시냅스 틈에 더 오래 머물게 함으로써 시냅스후 신경세포(postsynaptic neuron)가 도파민을 탐지하게 한다. 그 결과, 더 나은 시냅스 활동과 행동통제가 가능해진다(Asherson & Gurling, 2011).

도파민 D4 및 D5 수용체 유전자(dopamine D4 and D5

receptor gene)도 ADHD에 관여할 가능성이 높다. 이 유전자들은 시냅스후 신경세포에서 도파민의 수용체 역할을 하는 단백질을 부호화한다. ADHD가 있는 일부 아동은 이 유전자들에서 돌연변이를 보인다. 예를 들어, 'D4 돌연변이'는 D4 유전자의 일부가 부정확하게 7번 반복될 때 발생한다. 리탈린과 같은 특정한 중추신경자극제는 전두엽에 있는 D4 수용체에 결합하여 이 영역을 자극하고 더 나은 주의력과 행동통제가 가능하게 한다(Asherson & Gurling, 2011).

유전자와 초기 환경

비록 유전학이 ADHD 증상의 변량에서 가장 큰 부분을 차지하지만, 환경요인들 또한 중요한 역할을 한다. 공유되지 않은 환경 요인(nonshared environmental factors), 즉 개별 아동의 특유한 경험은 ADHD의 발달을 예측하는 데 특히 중요한 것으로 보인다. 세 가지 위험 요인이 특히 중요하다. 흥미롭게도, 이 세 가지 위험요인들 모두는 발달상 발생시기는 다르지만 제한적인 산소 섭취와 관련이 있다(Millichap, 2010; Sedky, Bennett, & Carvalho, 2014).

태아기에 담배연기에 노출된 태아는 노출되지 않은 태아보다 나중에 ADHD 및 낮은 지능, 기타 신경심리학적 문제를 일으킬 가능성이 상당히 높다. 담배연기에 노출되는 것은 임신 동안에 산소를 제한함으로써 신경학적 손상을 입힐 수 있다. ADHD의 위험은 산모의 나이와 지능, SES, 다른 약물사용을 통제한 후에도 여전히 남아 있다.

주산기 위험에는 조산, 출생 시 저체중, 저산소증(일시적인 산소 결핍)을 포함한 출산 시 합병증이 포함된다. 태아나 신생아에게서 장시간 동안 산소를 박탈하는 의학적 상태는 가장 큰 위험을 가져온다. 행동억제와 집행기능을 담당하는 뇌의 영역(즉, 전두엽-선조체 영역)은 저산소증으로 인한 손상에 매우 취약한 것으로 보인다.

산후기에 수면 중 호흡 문제가 있는 아이들은 ADHD에 걸릴 위험이 높다. 게다가, 아동의 수면 중 호흡 문제의 심각도와 ADHD 증상 사이에는 중간 정도의 상관이 있다. 이러한 호흡 문제를 의학적으로 교정하면 ADHD 증상이 감소한다.

물론, 유전적 소인과 환경적 위험은 서로 상호작용하여 ADHD의 징후와 증상을 만들어낸다. 유전자가 100% 일치하는 일란성 쌍생아도 ADHD 증상에서 80% 미만의 일치성을

보인다(Nigg, 2016b).

어떤 뇌 이상이 ADHD와 연관되어 있는가?

중뇌변연계 신경회로(고조된 보상 민감성)

수년 전, 제프리 그레이(Jeffrey Gray, 1982, 1987, 1994)는 우리의 행동을 관장하는 두 가지 시스템이 존재한다는 가설을 제시했다. 첫 번째 시스템인 행동억제 시스템(behavioral inhibition system, BIS)은 처벌이나 부족한 강화에 반응하여 행동을 늦추거나 멈추게 하는 역할을 한다. 운동장에서 고비율 행동을 하고 있는 아동을 떠올려보라. 쉬는 시간에는 떠들썩한 행동이 적절하다. 하지만 쉬는 시간이 끝나면 아동은 교실에서 요구되는 바에 부응하기 위해 행동의 빈도와 강도를 줄여야 한다. BIS는 아동의 행동을 억제하고 환경적 기대에 부합하는 행동을 하게 하는 역할을 한다.

ADHD가 있는 아동은 BIS가 저활동성을 보인다. 이러한 아동은 쉬는 시간에서 수업으로 전환하는 것과 같이 새로운 상황의 요구에 맞게 행동을 조정할 수 없다. 이들은 동급생들이 더 이상 반응하지 않거나(즉, 강화의 부족) 교사가 화를 내도(즉, 처벌) 떠들썩한 놀이를 억제하는 데 어려움을 보일 수 있다. ADHD가 있는 아동이 수업 중에 어떻게 행동해야 하는지 알고 있다고 하더라도, BIS가 과소활성화 상태이기 때문에 학급규칙을 따르는 능력이 저해된다(Costa Dias et al., 2013).

ADHD가 있는 아동은 두 번째 시스템인 행동활성화 시스템(behavioral activation system, BAS)에서도 문제를 보인다. BAS는 강화를 획득하기 위해서 자극에 접근하고 행동을 조정하는 역할을 한다. 한 소년이 학교 농구팀에서 뛰고 있다고 상상해 보라. 잘 해내기 위해서, 그 소년은 게임의 규칙을 따르고, 다른 선수들에게 공을 패스하고, 좋은 수비를 해야 한다. 게임에서 이기려면, 팀과 함께 하기 위해서 즉각적 만족을 지연시켜야만 한다. 그 소년이 이러한 행동을 할 수 있다면, 게임을 즐기고 동료들에게 호감을 얻고 코치로부터 칭찬을 받을 가능성이 높다.

ADHD가 있는 아동은 종종 BAS의 과잉활동을 보인다(Costa Dias et al., 2015). 즉각적 강화를 위한 욕구가 그들의 행동을 지배한다. 실제로, 일부 이론가들은 ADHD 아동이 다른 아동보다 즉각적 보상에 더 민감하다고 주장해왔다(Shaw,

Stringaris, Nigg, & Leibenluft, 2014). 결과적으로, ADHD가 있는 소년은 팀 동료들과 협력하기보다는 즉각적인 만족을 얻기 위해 농구 코트에서 충동적으로 행동할 수 있다. 예를 들어, 그 소년은 심판을 무시하고 다른 선수들에게 공을 패스하는 것을 거부하고 수비처럼 게임에서 덜 신나는 부분들을 하지 않으려고 할 수 있다.

구조적 및 기능적 신경영상 연구는 BIS와 BAS의 조절 장애에 관한 그레이의 이론이 대체로 타당하다는 것을 보여주었다(Nigg, 2016a). 강화와 처벌에 대한 우리의 반응은 중뇌변연계 신경회로(mesolimbic neural circuit)라고 불리는 뇌 경로에 의해 매개된다(그림 8.5). 이 경로는 세 가지 영역, (1) 뇌의 중앙에 위치한 복측피개영역(VTA)과 측좌핵, (2) 변연계에 위치한 편도체와 해마, (3) 전전두엽 피질로 구성된다.

중뇌변연계 경로에는 도파민 수용체가 풍부하게 있고 학습, 기억, 감정을 담당하는 뇌의 영역이 포함된다. 이 경로는 오랫동안 뇌의 '쾌락 경로'로 여겨져 왔고 대부분의 중독행동을 이해하는 데 중요하다.

하지만 중뇌변연계 경로는 우리가 보상을 기대하는 과제에 참여하도록 동기를 부여하는 역할도 한다. 이 주장을 뒷받침하는 증거로는 두 가지가 있다. 첫째, 이 경로에 손상을 입은 동물들은 이전에는 강화로 작용했던 먹이 보상을 얻기 위해서 노력하고자 하는 동기가 결여된다. 둘째, ADHD가 있는 청소년과 성인은 종종 이 뇌 경로의 저활동성을 보인다. 이들은 즉각적 강화에 반응하지만 장기적 목표나 목적을 달성하기 위해 만족을 지연시키는 데 문제가 있다(Snyder, 2016).

종합해 보면, 이 자료들은 ADHD가 있는 아동이 강화에 민감한 방식이 전형적인 발달을 보이는 또래들과 다를 수 있다는 것을 보여준다(Luman, van Meel, Oostleraan, & Geurts, 2012). 특히, 이 아동들은 중뇌변연계 회로의 저활동성으로 인해 즉각적이고 쾌락적인 강화에는 매우 민감하면서 덜 현저한 강화에는 둔감할 수 있다. 중뇌변연계 경로의 조절 이상은 많은 ADHD 아동이 여러 시간 동안 비디오 게임(즉, 즉각적이고 현저한 강화가 있는 과제)은 할 수 있지만 수학 숙제에는 몇 분 이상 주의를 지속할 수 없는 이유를 설명할 수 있다. 이러한 강화 민감도의 차이에는 치료를 위한 함축점이 있다. 즉 ADHD가 있는 아동의 행동에 영향을 미치려면, 부모와 교사들은 적절한 행동을 즉각적으로 그리고 빈번하게 강화해야 한다는 것이다.

그림 8.5 ■ 중뇌변연계 회로

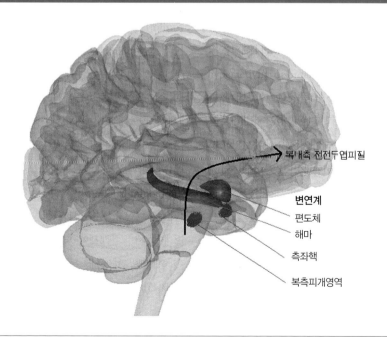

주 : 중뇌변연계 회로는 뇌의 중앙에 있는 보상센터를 변연계에 위치한 감정 및 기억 영역과 연결시킨다. 이는 보상민감도 및 즉각적 쾌락추구와 관련 있다.

그림 8.6 ■ 전두엽-선조체 회로

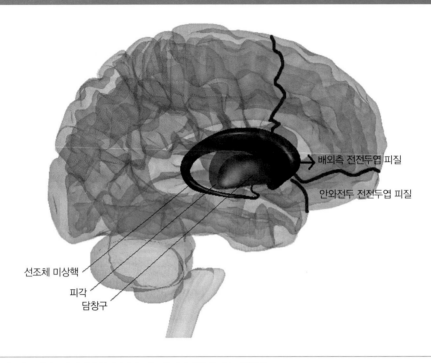

배외측 전전두엽 피질

안와전두 전전두엽 피질

선조체 미상핵

피각

담창구

주 : 전두엽-선조체 경로는 선조체를 전전두엽 피질과 연결시킨다. 이는 주의와 집행기능을 조절한다.

전두엽-선조체 신경회로(손상된 억제)

ADHD에 관여하는 두 번째 경로는 전두엽-선조체 신경회로(frontal-striatal neural circuit)다(그림 8.6). 선조체(striatum)는 기저부의 일부이며 뇌의 거의 중앙에 위치하고 있다. 선조체 자체는 3개의 작은 영역, 즉 미상핵, 피각, 담창구로 구성되어 있다. 이 세 영역은 함께 환경으로부터의 피드백에 대응하여 행동을 조절한다. 또한 이 세 영역에는 도파민이 풍부하다. 선조체의 도파민 활동은 즐거움, 흥분, 새로움, 그리고 잠재적 보상을 추구하도록 우리를 자극한다. 예를 들어, 선조체는 우리가 가장 좋아하는 디저트를 즐기고 있을 때 활성화되어 있다. 불행하게도, 선조체는 우리가 지루한 강의를 들으면서 교실 창밖의 새들이나 복도에서 들리는 대화 또는 빛이 휴대전화나 계산기에서 반사되는 흥미로운 방식을 볼 때에도 활성화된다.

이 경로의 두 번째 부분인 우측 전전두엽 피질(right prefrontal cortex)은 이마 바로 뒤에 있다. 이 경로는 ADHD에 중요한 두 가지 하위 영역, 즉 안와전두 피질(orbitofrontal cortex)과 배외측 피질(dorsolateral cortex)로 구성되어 있다. 안와전두 피질은 주로 억제와 충동조절을 담당한다. 이 영역은 우리에게 즉각적 욕망에 따라 행동하고 싶은 충동에 저항하고 "멈춰"라고 말하는 뇌 영역이다. 배외측 피질은 우리의 주의를 조절하고 우리의 행동을 조직화하고 미래의 행동을 계획하는 역할을 한다. 이 뇌 영역은 우리에게 '집중하고' 장기목표를 달성하기 위한 활동에 참여하라고 지시한다. 신경전달물질인 노르에피네프린(norepinephrine)이 이 영역들에서 주요한 역할을 한다.

안와전두 피질과 배외측 피질은 함께 집행기능을 담당한다. 기업의 임원이 회사의 활동을 계획하고 우선순위를 정하고 조직화하고 실행하듯이, 뇌의 집행영역은 우리가 집중을 방해하는 것들을 무시하고 장기목표를 달성하기 위해 필요한 단계에 집중하고 이러한 단계들을 조직적인 방식으로 실행할 수 있게 해준다. 이 영역들은 우리에게 창밖의 새들, 대화, 빛의 반사 등 즉각적 충동에 관여하는 것을 피하고 중요한 것, 바로 교사에게 집중하라고 시킨다.

ADHD가 있는 아동은 ADHD 증상에 기여하는 것으로 보이는 전두엽-선조체 신경회로에서 세 가지 이상을 보인다.

첫째, ADHD가 있는 아동은 이 경로를 따라 있는 영역들의 발달에서 **성숙지연**(maturational delay)을 보인다. 연구자들은 ADHD가 있는 아동과 없는 아동의 뇌를 아동기부터 청소년기까지 수년간 스캔함으로써 이러한 지연현상을 발견했다. 전형적 발달을 보이는 아동은 선조체의 크기와 두께가 극적으로 증가하는데, 약 8세에 정점을 찍고 이후 정상적인 시냅스 가지치기 과정을 거친다. 그다음, 전형적 발달을 보이는 아동은 초기 성인기까지 계속해서 전전두엽 피질의 성장과 가지치기를 보인다. 대조적으로, ADHD가 있는 청소년은 전형적으로 발달하고 있는 또래들보다 약 3년 정도 뒤처진다. 심지어 청소년기에도 이 세 영역들이 더 작고 더 얇다. 뇌의 성숙지연이 청소년의 충동통제와 집행기능 문제들 중 일부의 원인일 수 있다(van Ewijk & Oosterlaan, 2015).

둘째, ADHD가 있는 아동은 전두엽-선조체 회로에 관여하는 주요 신경전달물질의 조절 이상을 보인다. 전형적 발달을 보이는 아동과 비교했을 때, ADHD가 있는 아동은 선조체에서는 증가된 도파민 활성화를, 그리고 우측 전전두엽 피질에서는 감소된 노르에피네프린과 도파민 활성화를 보인다. 연구자들은 이러한 이상이 ADHD가 있는 아동이 왜 환경 자극에 유난히 민감하고, 이러한 자극을 무시하고 과제에 집중하는 데 어려움을 겪는지를 부분적으로 설명한다고 생각한다. 흥미롭게도, 이러한 신경전달물질에 영향을 미치는 약물들이 ADHD에 가장 효과적이다(Simon, 2016).

셋째, 최근 자료는 ADHD가 있는 아동에게서 선조체와 우측 전전두엽 피질 사이의 **감소된 신경연결성**(reduced neural connectivity)이 나타난다는 것을 보여준다. 특히, 확산텐서영상(diffusion tensor imaging, DTI)은 이 경로를 따라 있는 축삭의 감소된 무결성(integrity)이 ADHD와 관련이 있음을 보여주었다. 연결성 감소는 아동이 즉각적인 충동을 억제하고 보다 적응적인 행동을 하는 능력을 방해하는 것으로 여겨진다(van Ewijk et al., 2014).

디폴트 모드 네트워크(백일몽과 딴생각하기)

연구자들의 관심을 모은 마지막 신경회로는 디폴트 모드 네트워크(default mode network)다. 이 네트워크는 세 가지 주요 뇌 영역, 즉 내측 전전두엽 피질, 내측 두정엽 피질, 내측 측두엽 피질로 구성된다(그림 8.7). 디폴트 모드 네트워크는 '자동적으로(by default)' 활성화되는 뇌 경로이기 때문에 붙여진 이름

그림 8.7 ■ 디폴트 모드 네트워크

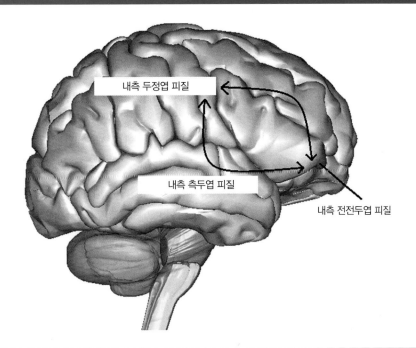

내측 두정엽 피질

내측 측두엽 피질

내측 전전두엽 피질

주 : 디폴트 모드 네트워크는 내측 전두엽과 측두엽, 두정엽 피질을 연결한다. 이 네트워크는 백일몽을 꾸고 딴생각을 할 때 활동한다.

이다. 즉 우리가 특별히 아무 생각도 하지 않고 편안하게 쉬고 있을 때 활성화되는 네트워크다. 우리가 쉬고 있을 때 우리의 뇌는 비활성화된 것처럼 보이지만, 디폴트 모드 네트워크는 이 시간 동안 매우 활동적으로 작동하고 있다. 대부분의 전문가들은 이 네트워크가 백일몽, 딴생각하기, 당일 있었던 일 또는 우리의 자전적 기억 속에 있는 예전 활동에 대해 생각하기와 같은 경험에 기저한다고 생각한다(Weyandt, Swentosky, & Gudmundsdottir, 2013).

디폴트 모드 네트워크를 따라 있는 신경연결은 초기 아동기에 강해진다. 중기 아동기가 되면, 대부분의 아이들은 중요한 과제를 해야 할 때 디폴트 모드 네트워크를 억제할 수 있다. 예를 들어, 한 아동이 어젯밤 축구 경기에 대해 백일몽을 꾸고 있다고 상상해보라. 만약 교사가 산수수업에 주의를 기울이라고 지시한다면, 이 아동은 디폴트 네트워크를 끄고 수업에 집중할 수 있다. 하지만 ADHD가 있는 아동은 디폴트 모드 네트워크를 억제하는 데 어려움을 겪는다. 이 네트워크를 '끄지 못하는 것'이 이들의 부주의, 백일몽, 주의산만함을 설명할 수 있을 것이다(Querne et al., 2017). 흥미롭게도, ADHD를 치료하기 위해 사용되는 약물은 아동이 디폴트 모드를 억제하는 능력을 향상시켜 집중할 수 있게 한다(Liddle et al., 2011).

어떻게 집행기능의 결손이 ADHD의 원인이 되는가?
바클리의 신경발달모델
지금까지 우리는 유전적, 생물학적, 초기 환경적 요인이 ADHD의 발달과 관련이 있다는 것을 살펴봤다. 이제, 우리는 이러한 위험요인들이 장애로 이어지는 기제를 살펴볼 것이다. 아동기 ADHD의 발병에 관한 가장 영향력 있는 설명 중 하나는 러셀 바클리(Russell Barkley)에 의해 제시되었다. 바클리의 신경발달모델(neurodevelopmental model; Barkley, 2014; Nigg & Barkley, 2014)에 따르면, 주로 유전적 위험과 초기 생물학적 위험으로 인해 발생하는 신경발달 문제가 나중에 행동문제로 이어진다.

바클리에 따르면 ADHD의 주요 문제는 부주의가 아니다. 오히려 ADHD의 근본적 문제는 행동억제의 부족이다. 행동억제(behavioral inhibition)는 즉각적 반응, 특히 대개 즉각적

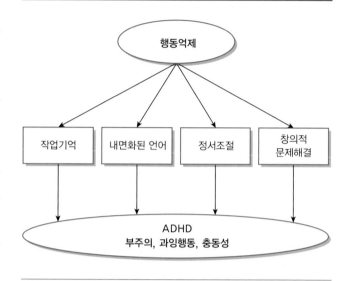

그림 8.8 ■ 바클리의 ADHD 신경발달모델

주 : 초기 행동억제 문제는 네 가지 집행기능의 발달에 악영향을 끼칠 수 있다. 집행기능 결손이 ADHD 증상의 기저를 이루고 있다.

만족을 제공하는 반응을 억제하는 능력을 말한다. 아동이 행동억제를 보일 때는 행동하고 싶은 충동에 저항할 때, 행동 도중에 반응을 멈출 때 또는 다른 행동을 완수하기 위해 주의를 분산시키는 자극을 무시할 때이다. 행동억제는 아동이 다른, 더 적응적인 반응방식을 고려할 수 있는 시간을 확보할 수 있게 한다.

예를 들어, 아동은 수업시간에 불쑥 대답하고 싶은 충동을 참을 때 행동억제를 보인다. 불쑥 대답을 하면 즉각적 보상을 받을 수도 있지만(예 : 교사가 주의를 주고, 반 친구들이 웃음), 가장 유익한 반응방식은 아닐 수 있다. 이러한 행동을 억제함으로써, 아동은 장기적으로 더 보상적인 다른 반응방법(예 : 손들기)을 고려할 수 있다.

바클리에 따르면, ADHD가 있는 아동은 행동억제 능력에서 근본적인 결핍을 보인다(그림 8.8). 이러한 결핍은 유전과 초기 환경경험(예 : 태아기 디스트레스, 출산 시 합병증)이 결합하여 발생한다. 전형적 발달을 보이는 아동의 경우, 행동억제는 아동이 행동을 조절하고 복잡한 문제를 해결할 수 있도록 보다 정교한 인지적 처리를 고안할 수 있는 시간을 제공한다.

집행기능의 발달
바클리는 행동억제 능력이 네 가지 기본 집행기능(four basic

executive functions)의 발달을 가능하게 한다고 주장한다 (Antshel, Hier, & Barkley, 2014). 각 집행기능은 외현적이고 관찰가능한 행동으로 시작되며, 점차 정신적 표상이나 생각 으로 내재화된다.

집행기능은 세 가지 주요 목적에 기여한다. 첫째, 집행기능 은 아동이 환경자극에 의해 통제되기보다는 **자신의 행동을 결 정하도록** 한다. 예를 들어, 집행기능은 학생들이 복도의 소음 을 무시하고 대신 교사에게 집중할 수 있도록 한다. 둘째, 집 행기능은 아동이 즉각적 만족보다는 **지연된 강화물의 영향을** 받을 수 있도록 한다. 예를 들어, 집행기능은 아동이 비디오 게 임(즉, 즉각적 강화물)을 하고 싶은 유혹을 뿌리치고 대신 높 은 성적(즉, 지연된 강화물)을 얻기 위해 숙제를 완성할 수 있 도록 한다. 셋째, 집행기능은 아동이 **장기목표를 세울 수 있도** 록 한다. 예를 들어, 집행기능은 아동이 장기목표(예 : 학급 발 표 완수)를 달성하기 위해 행동을 계획하고 조직할 수 있게 한 다(예 : 일련의 단기 과제 수립).

가장 먼저 출현하는 집행기능은 작업기억이다. 작업기억 이 정보를 단기기억에서 보유하고, 이 정보를 분석하여 유용 한 패턴, 원리 또는 규칙을 파악하고, 미래의 문제를 해결하 기 위해 이 정보를 적용한다는 것을 회상해보라. 달리 말하자 면, 작업기억은 우리가 과거의 경험을 기억하고 미래를 위한 계획을 세우는 데 활용할 수 있게 해준다. ADHD 아동은 작 업기억에서 어려움을 겪는 경우가 흔하다. 그들은 자꾸 잊어 버리고, 다른 사람들의 말을 듣거나 과거의 경험으로부터 배 우지 않으며, 행동하기 전에 행동의 결과를 고려하지 않는다. 대신, 그들의 행동은 주로 지금 여기 현재에 속박되어 있다. 그들은 과거의 사건이나 미래의 결과에 의해 영향을 받기보 다는 주로 즉각적인 환경에 있는 자극에 의해 영향을 받는다 (Fried et al., 2016).

두 번째 집행기능은 내면화된 언어(internalized speech)다. 아동의 내적 언어는 자신의 외현적 행동을 안내하고 지시 하며, 자신의 행위에 더 증가된 통제력을 발휘하게 해준다 (Vygotsky, 1978). 걸음마기 아동은 주로 다른 사람들과 의사 소통하기 위해 말을 사용한다. 학령전기 아동은 과제를 수행 하는 동안 혼잣말을 하기 시작한다. 이 '자기주도적' 언어는 행위를 조직하고 행동을 조절하는 데 도움이 된다. 초기 학령 기가 되면 자기주도적 언어는 훨씬 덜 드러나게 되고 아마도

아동이 새로운 행동을 배우거나 특별히 어려운 문제를 해결 하려고 애쓸 때에만 눈에 띌 것이다. 중기 아동기가 되면 자기 주도적 언어는 완전히 내면화된다. 본질적으로, 자기주도적 언어는 생각이 된다. 생각, 즉 사적 언어는 아동이 논리적이 고 조직적인 방법으로 자신의 행동을 안내할 수 있게 한다.

행동억제의 결여는 언어의 내면화를 방해한다. ADHD가 있는 아동은 자신의 행동을 조직화하고 총괄하고 규칙을 따 르고 다른 사람들의 지시를 따르는 데 어려움을 겪는다. 내면 화된 언어와 생각에 의해 동기화되는 대신, 주변 환경이 아동 의 행동을 좌우한다.

세 번째로 발달하는 집행기능은 정서조절이다. 아동이 즉 각적인 행동을 억제하는 데 더 능숙해짐에 따라, 보통 그러한 행동에 따르는 감정을 통제할 수 있는 능력도 더 커지게 된다. 결과적으로, 그들은 즉각적이고 일시적인 감정의 영향을 덜 받고 장기적인 보상에 대한 기대의 영향을 더 많이 받는다. 예 를 들어, 아동은 공부와 연합된 미래의 보상을 얻기 위해 시험 공부라는 단기적 지루함에서 비롯되는 고통을 더 잘 견디게 된다. 간단히 말해서, 아동의 동기화는 덜 외재적으로, 그리 고 더 내재적으로 된다(Calkins & Perry, 2016).

하지만 ADHD가 있는 아동은 계속해서 정서조절 문제를 보인다. 그들은 자신의 기분을 조절하는 데 어려움을 겪으며, 지속적인 노력이 필요한 과제를 수행하기 위해 동기를 유지 하는 능력이 저하되어 있고, 행동할 때 환경으로부터의 즉각 적 강화에 크게 의존하는 것처럼 보인다. 결과적으로, ADHD 가 있는 아동은 즉각적 강화를 제공하는 과제에는 몇 시간 씩 관여할 수 있지만 내재적 동기부여에 의존하는 다른 활동 (예 : 독서, 그림 그리기, 수집)에는 금방 흥미를 잃는다.

네 번째로 발달하는 가장 복잡한 집행기능은 창의적 문제 해결(creative problem-solving) 능력이다. 처음에, 아동은 환경 에 있는 사물들을 신체적으로 조작함으로써 주변 환경에 대 해 배운다. 놀이를 하는 동안, 아동은 사물을 분해하고 간단 한 실험을 수행하고 새롭고 창의적인 방법으로 사물들을 조 합함으로써 사물의 특성을 발견한다(예 : 레고 놀이를 하는 아동). 후기 발달로 가면, 사물들은 문제를 해결하기 위해 정 신적으로 조작되고 분석되고 새로운 방식으로 조합될 수 있 다. 어린 아동은 시행착오를 겪으면서 베개와 담요로 거실에 '요새'를 만드는 반면에 더 큰 아동은 실제 공사를 시작하기

전에 정신적으로 '요새'를 설계할 수 있을 것이다.

후기 아동기에 이르면, 아동은 단어, 이미지, 정보, 그리고 아이디어도 새로운 방식으로 조합할 수 있다. 이는 아동이 행동하기 전에 정보를 조직하고 전략을 수립하고 점점 더 복잡한 문제들을 해결할 수 있게 해준다. 예를 들어, 핼러윈 파티를 준비하는 중학생들은 손님 명단과 다과, 오락, 그리고 파티를 위해 각자 맡을 역할을 미리 계획할 수 있다. 하지만 ADHD가 있는 아동은 조직화와 계획수립, 문제 해결에서 어려움을 보인다.

요약하자면, 바클리의 신경발달모델은 ADHD의 근본적인 문제는 행동억제의 결여라고 전제한다. 행동억제의 문제는 주로 유전과 초기 환경위험에 의해 결정된다. 행동억제의 어려움은 유아기와 초기 아동기 동안 집행기능의 발달을 방해한다. 아동은 작업기억, 내면화된 언어(생각하기), 정서조절, 창의적 문제해결에서 손상을 보인다. 시간이 지남에 따라 이러한 집행기능에서의 손상은 후속 뇌 발달을 방해하고 ADHD의 출현으로 이어질 수 있다(Barkley, 2014; Nigg & Barkley, 2014).

8.3 근거기반치료

ADHD에 효과적인 약은 무엇인가?

중추신경자극제

중추신경자극제(psychostimulants)는 ADHD를 치료하기 위해 가장 흔하게 처방되는 약물이다. 이 약물들은 신경전달물질인 도파민과 노르에피네프린에 영향을 미치며 주의력과 행동억제를 증가시킨다(Pliszka, 2015). 중추신경자극제에는 크게 두 가지 종류, 암페타민과 메틸페니데이트가 있다. 가장 자주 처방되는 암페타민은 아데랄, 덱세드린, 비반세이다. 가장 일반적으로 처방되는 메틸페니데이트는 콘서타, 데이트라나, 포칼린, 리탈린이다. 모든 학령기 아동의 약 7%와 학령전기 아동의 2%가 이 처방약 중 하나를 복용하고 있으며, 미국에서 총 300만 명 이상의 아동이 복용하고 있다(그림 8.9; Visser, Danielson, & Bitsko, 2014).

암페타민과 메틸페니데이트는 화학구조와 작용기전이 약

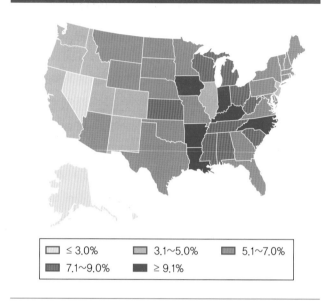

그림 8.9 ■ 현재 ADHD 약물을 복용하고 있는 아동의 비율

≤ 3.0%	3.1~5.0%	5.1~7.0%
7.1~9.0%	≥ 9.1%	

주 : 복용율은 네바다의 2%부터 루이지애나의 10.4%에 이른다. 출처 : Centers for Disease Control and Prevention (2016a).

간 다르다(Heal, Smith, & Findling, 2011). 두 약물 모두 시냅스 틈의 도파민과 노르에피네프린 수치를 증가시킴으로써 중추신경계를 자극한다. 암페타민(amphetamine)은 주로 시냅스전 저장소포(vesicles)에서 도파민의 방출을 증가시켜 시냅스 틈으로 더 많은 도파민이 배출되도록 한다. 메틸페니데이트(methylphenidate)는 시냅스 틈으로부터 도파민을 제거하는 도파민 수송시스템의 작동을 느리게 하여 도파민이 시냅스 틈에서 더 오래 머물 수 있게 한다. 이 두 약물의 전반적 효과는 ADHD가 있는 아동과 청소년이 전형적으로 저활동을 보이는 뇌 영역들, 특히 전두엽-선조체 회로에서의 도파민 활동이 증가되는 것이다. 이러한 도파민의 증가는 집행조절과 행동억제, 작업기억을 담당하는 영역을 활성화시킨다(Greenhill, 2005). 이러한 처방약을 복용하는 아이들은 주의를 집중하고 방해가 되는 것들을 무시하고 행동을 억제하고 조직화, 계획수립, 문제 해결에 관여하는 능력이 향상되는 것을 경험한다.

ADHD를 위한 다양한 약물들은 각기 다른 뇌영역을 표적으로 작용한다(Heal et al., 2011; Spencer, Biderman, & Wilens, 2015). 예를 들어, 아데랄과 리탈린은 전전두엽 피질의 도파민 수용체에 결합하는 오래된 자극제이다. 대조적으로, 포칼린은 선조체에서 도파민 수용체에 결합한다. 약물들은 또한 수송 방법도 다르다. 예를 들어, 아데랄은 섭취 후 곧 도파민 수용체에 결합하기 시작한다. 아동은 대개 30~40분 내에 정점 효과를 보이며 거의 4~5시간 동안 효과가 지속된다. 이와는 대조적으로, 아데랄 XR(서방형)은 속효성 약물과 서방형 약물이 50:50 비율로 구성되어 있으며, 결과적으로 효과가 6~8시간 동안 지속된다. 알약을 삼키는 것을 거부하는 아동은 메틸페니데이트 패치인 데이트라나를 사용하면 된다. 이 경피 패치를 매일 한 번씩 피부에 붙이면 그 효과가 6~10시간 동안 지속된다.

ADHD가 없는 아이들이 중추신경자극제를 복용한다면 어떤 일이 일어날까? 신경영상 연구는 진단상태와 관계없이 동일한 뇌 회로가 주의를 조절하고 행동억제를 달성하기 위해 사용된다는 것을 시사한다. 다른 뇌 영역들이 중요한 지원 역할을 하는 가운데 전두엽-선조체 신경회로는 주의와 억제를 크게 책임지고 있는 것으로 보인다. 중추신경자극제 복용은 도파민과 노르에피네프린 증가를 통해 전두엽-선조체 뇌 영역을 활성화시키는 것으로 보인다(그림 8.10). 결과적으로, 낮은 용량의 중추신경자극제 복용은 ADHD가 있든 없든 간에 모두 충동성을 감소시키고 주의력을 증가시킨다(Pliszka, 2015).

중추신경자극제가 ADHD가 있든 없든 누구에게나 영향을 미치기 때문에 오용의 가능성이 높다. 미국에서 중추신경자극제는 규제물질법(Controlled Substances Act)에 의해 제한되는 목록(Schedule II)에 해당하는 약물이다(이 목록에 있는 다른 약물들로는 코카인, 모르핀, 펜토바르비탈이 있다). 이 약물들은 두 가지 방식으로 오용될 수 있다. 첫째, ADHD가 없는 청소년은 이 약물들을 '학업 증진제'로 사용할 수 있다. 이 경우, 다른 사람의 처방약을 경구 섭취하는 것이다. 이 처방약은 공부하는 동안 학생들의 주의력과 집중력을 향상시킨다. ADHD가 있는 청소년의 약 15%가 친구들에게 자신의 약을 나눠줬다고 보고했고, 7%는 자신의 약을 팔았다고 시인했으며, 4%는 지난 12개월 동안 자신의 약을 도난당한 적이 있다고 말했다. 둘째, 속효성 약물은 분쇄되고 흡입될 수 있으며, 짧게 지속되는 다행감 효과(euphoric effect)를 낼 수 있다. 8학년의 약 2.7%와 12학년의 약 5%가 이런 식으로 중추신경자극제를 남용했다는 것을 시인했다(Bukstein, 2011).

비중추신경자극제 약물

모든 ADHD 약물이 중추신경자극제인 것은 아니다. 아토목세틴(atomoxetine, 스트라테라)은 선택적 노르에피네프린 재흡수 억제제(selective norepinephrine reuptake inhibitor, SNRI)이다. 중추신경자극제와 마찬가지로 스트라테라는 노르에피네프린 계통에 영향을 미치는 것으로 보인다. 하지만 중추신경자극제와는 다르게, 도파민 활동에는 별로 영향을 미치지 않는다. 효과는 첫 복용 후 2~3주 후에 나타나는 경향이 있다. 몇몇 무선적 임상시험에서 스트라테라는 ADHD 증상을 줄이는 데 있어 위약보다 우수하고 메틸페니데이트와 견줄 만하다는 것을 보여주었다. 예를 들어, 스펜서 등(Spencer et al., 2002)은 73%의 아동이 메틸페니데이트에 반응하고 31%는 위약에 반응하는 것에 비해 69%의 아동이 아토목세틴에 반응한다는 것을 발견했다. 아토목세틴은 중추신경자극제가 아니기 때문에 오용의 위험이 더 낮다(Spencer, Biederman, & Wilens, 2015).

아토목세틴은 종종 중추신경자극제에 반응하지 않는 20~30%의 아동에게 처방된다. 또한 중추신경자극제를 복용하면 악화될 수 있는 다른 행동이나 의학적 상태를 가지고 있는 아동에게도 처방된다. 예를 들어, 틱이나 심장질환이 있는

그림 8.10 ■ 중추신경자극제 약물과 도파민

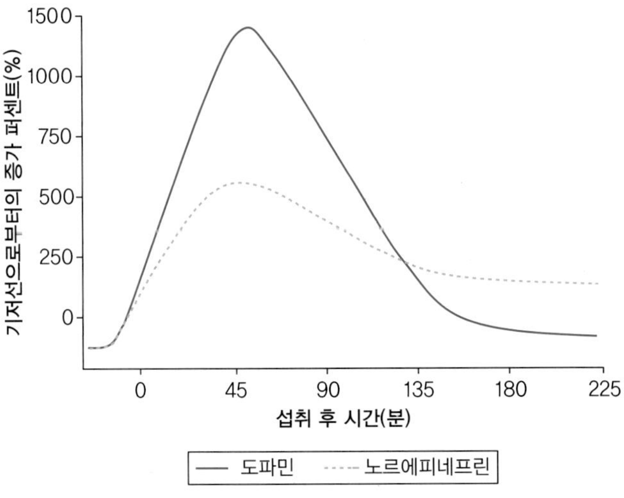

주 : 섭취 후 약 45분이 지나면, 덱스트로암페타민(덱세드린)의 즉각적 방출은 선조체에서 도파민 방출을 1,500% 증가시키며 전전두엽 피질에서 노르에피네프린을 500%로 증가시킨다. 출처 : Heal et al. (2011).

일부 아동은 중추신경자극제를 복용할 경우 증상의 악화를 경험할 수 있다. 마지막으로, 아토목세틴은 중추신경자극제를 처방받을 경우 오용할 가능성이 있는, 품행문제나 물질사용 문제가 있는 청소년에게 적합할 수 있다(Millichap, 2010).

아동과 청소년의 ADHD 치료에 사용되는 마지막 약물은 구안파신(guanfacine, 인투니브)이다. 이 약물은 성인의 고혈압을 치료하기 위해 일반적으로 사용되는 약의 종류인 α2 수용체 작용제(α2 receptor agonist)이다. 우리는 이 약이 어떻게 작용해서 ADHD 증상을 줄이는지 정확히 알지 못한다. 하지만 충동통제와 정서조절을 담당하는 뇌 영역에 영향을 미치는 것으로 보인다. 무선 통제 연구는 아동과 청소년, 특히 6~12세 아이들에게 이 약물이 효과적이라는 것을 보여준다(Newcorn et al., 2016).

구안파신은 ADHD를 위한 일차적 약물로 처방되거나 중추신경자극제만으로는 치료가 되지 않는 아동을 위해 중추신경자극제와 함께 사용될 수 있다. 구안파신은 중추신경자극제가 아니기 때문에 중추신경자극제와 같은 위험을 가지고 있지 않다. 일반적인 부작용으로는 진정상태와 주간 졸음이 있다. 갑작스러운 중단은 잠재적으로 위험한 혈압 강하를 유발할 수 있으므로 피해야 한다(Bernknopf, 2011).

효능 및 한계

250개 이상의 위약 대조 연구는 학령기 아동의 ADHD 증상을 감소시키는 약물의 효과를 입증했다(Pliszka, 2015). 이러한 약물의 효능을 검사하는 한 가지 방법은 메타분석을 하는 것이다. 메타분석을 통해 많은 연구결과들을 결합하여 효과크기(effect size, ES)를 생성할 수 있다는 점을 기억해보라. 효과크기는 연구 종료 시에 치료집단의 참가자가 통제집단의 참가자보다 얼마나 더 좋아졌는지를 나타내는 척도이다. 파라원(Faraone, 2009)은 무선통제 연구들을 토대로 메타분석을 진행하여 위약 대비 네 가지 ADHD 약물, 즉 암페타민, 메틸페니데이트, 아토목세틴, 구안파신의 상대적 효과를 검증하였다.

결과는 모든 치료약물이 위약보다 ADHD 증상을 더 좋게 개선한다는 것을 보여주었다. 가장 큰 효과는 중추신경자극제에서 나타났다(그림 8.11). 여러 연구에서 ADHD 아동의 약 60~70%가 약물치료에 반응한 반면 위약을 복용한 아동은

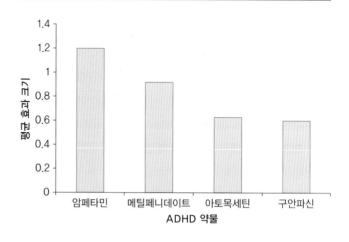

그림 8.11 ■ ADHD를 위한 처방약

주 : 무선통제 연구에서 ADHD를 위한 약물은 위약보다 훨씬 좋은 효과를 보였다. 평균적으로, 암페타민과 메틸페니데이트가 가장 큰 효과를 보였다. 출처 : Faraone (2009).

15~20%만 개선을 보였다. 만약 아동이 첫 번째 중추신경자극제에 반응하지 않을 경우에 두 번째 유형을 시도한다면 반응율이 85%로 증가하였다(Pliszka, 2015).

치료약물은 ADHD 증상에 영향을 미치고 적대적 행동, 반항, 그리고 일부 품행문제와 같은 다른 파괴적 행동문제들을 감소시키는 것으로 보인다. 중추신경자극제 복용은 아동의 학업, 인지, 사회적 기능 향상과도 관련이 있다(Spenser et al., 2015). 몇몇 연구들은 더 나은 학업수행과 생산성뿐만 아니라 작업기억과 집행기능에서의 향상도 입증했다. 예를 들어, 버나드 등(Barnard, Stevens, To, Lan, & Mulsow, 2010)은 ADHD가 있는 아동 2,844명의 학업 성취도에 미치는 중추신경자극제의 영향을 조사했다. 분석 결과, 4년간의 연구 기간 동안 중추신경자극제 약물치료가 더 높은 성취도 점수와 상관있는 것으로 나타났다.

또한 최근의 연구는 중추신경자극제가 학령전기 아동에게도 효과적이라는 것을 보여준다(Spenser et al., 2015). 학령전기 ADHD 치료 연구(Preschool ADHD Treatment Study, PATS)에서 ADHD가 있는 3세 6개월에서 5세 사이의 아동에게 다양한 복용량의 속효성 메틸페니데이트 또는 위약을 무선할당하고 8주 동안 처방하였다. 결과는 가장 낮은 용량을 복용한 아동을 제외하고는 약물처방을 받은 아동의 ADHD가 유의하게 개선되었음을 보여주었다. 대조적으로, 위약처방을 받은

아동에게서는 아무런 개선도 없었다. 하지만 약물을 복용한 학령전기 아동의 21%만이 완전한 증상 관해(remission)를 보였다. 게다가 30%의 부모들은 자녀가 심각한 부작용(예 : 수면 또는 행동문제)을 경험했다고 보고했다. 종합해 보면, 이 결과들은 약물치료가 ADHD가 있는 학령전기 아동에게 도움이 될 수 있다는 것을 보여준다.

중추신경자극제의 가장 흔한 부작용은 불면증, 식욕감퇴, 복통, 두통, 어지럼증이다. 이러한 부작용은 보통 경미하며 복용량이 줄어들면 사라진다. 초기 연구는 중추신경자극제를 복용하는 아동이 신체적 성장의 둔화를 경험할 수 있다고 지적하였다. 하지만 보다 최근의 연구는 중추신경자극제를 복용하지 않는 ADHD 아동도 느린 성장률을 보인다는 것을 시사한다. 따라서 중추신경자극제가 아동의 성장에 미치는 정확한 영향은 여전히 논쟁거리이다.

중추신경자극제가 아동의 심혈관 문제와 연관될 수 있다는 우려가 있었다. 캐나다 보건부는 돌연사, 심장마비, 뇌졸중 사례가 보고되자 ADHD가 있는 아동을 대상으로 특정 서방형 암페타민의 처방을 캐나다에서 일시적으로 금지했다. 미국에서는 여러 규제 자문위원과 의료전문가들이 미국식품의 약국이 아동에게 자주 처방되는 중추신경자극제에 대한 경고를 발령할 것을 권고했다(Schelman et al., 2011). 미국심장협회는 중추신경자극제를 복용하는 아동이 안전을 위해 주기적으로 심전도(ECG) 검사를 받을 것을 제안했다. 하지만 대규모 역학연구는 이러한 우려가 근거가 없다는 것을 보여주었다. 연구자들은 중추신경자극제를 처방받은 37만 3,667명을 포함하여 120만 438명의 아동과 젊은 성인의 의료 기록을 분석했다. 그들은 심혈관 사고의 위험이 전반적으로 매우 낮았고(즉, 표본에서 81명), 중추신경자극제 사용과 심혈관 문제 사이에는 연관성이 없다는 것을 발견했다(Olfson, Huang, et al., 2012).

비중추신경자극제인 아토목세틴은 부작용이 더 적다(Spenser et al., 2015). 메틸페니데이트보다 아토목세틴이 불면증과 식욕억제 부작용이 덜 흔하다. 하지만 아토목세틴은 여러 항우울제처럼 신경전달물질인 노르에피네프린에 영향을 미치기 때문에, 이 약을 복용하는 아동에게 자살위험이 증가할 수 있다는 것을 명시하는 복약주의 경고가 포장지에 적혀 있다. 한 대규모 연구에서 아토목세틴을 복용하는 아동의 0.4%가 증가된 자살사고(suicidal ideation)를 보여주었다. 위약을 복용하는 아동의 경우에는 자살사고의 증가가 0%였다. 자살사고의 위험이 낮기는 하지만, 임상가와 부모들은 이 약을 사용하기로 결정할 때 아토목세틴의 잠재적인 이점 대비 위험에 대해서도 신중하게 고려해야 한다.

ADHD를 위한 약물치료에는 몇 가지 한계가 있다. 첫째, 모든 아동이 약물에 반응하지는 않는다. 주의 깊게 통제된 연구에서조차도 ADHD가 있는 아동의 15~30%가 증상 개선을 보이지 않았다. 약물치료가 ADHD를 위한 만병통치약이 아닌 것은 분명하다(Chacko et al., 2015).

둘째, 약물치료의 중단은 거의 언제나 ADHD 증상의 복귀를 초래한다. 따라서 대부분의 의사들은 중추신경자극제를 ADHD의 장기치료로 보고 있다. 종단연구에 따르면 중추신경자극제 약물은 적어도 2년 동안은 안전하고 효과적이지만 그 이후의 효과는 거의 알려지지 않았다(Simon, 2016).

셋째, 중추신경자극제는 틱이나 뚜렛 증후군이 있는 아동에게 조심스럽게 사용되어야 한다. 전반적으로, 중추신경자극제가 틱을 유발한다는 증거는 거의 없다. 하지만 이미 틱을 가지고 있는 특정 아동의 경우, 중추신경자극제를 고용량으로 복용하면 틱이 악화될 수 있다. 이 아동은 틱이나 다른 운동통제 문제와 관련이 없는 아토목세틴을 중추신경자극제 대신 처방받을 수 있다(Pringsheim & Steeves, 2012).

마지막으로 많은 가족들이 자녀의 ADHD 증상을 관리하기 위해 약물치료를 받는 것을 꺼린다. 이러한 가족들에게 심리사회적 개입이 대안적인 치료방법이 될 것이다.

ADHD에 효과적인 심리사회적 치료는 무엇인가?

임상행동치료

임상행동치료(clinical behavior therapy)는 ADHD를 위해서 가장 빈번하게 사용되는 비약물치료다. 이 치료는 가정이나 학교가 아니라 정신건강 전문가들이 클리닉과 병원에서 주로 사용하는 치료이기 때문에 임상행동치료라고 불린다. 이 치료는 아동의 외현적 행동에 초점을 맞춘다. 임상행동치료는 (1) 부모자문, (2) 학교자문, (3) 결합된 가정-학교 보상체계라는 세 가지 구성요소로 이루어져 있다(Young & Amarasinghe, 2010).

때로 부모훈련이라고 불리는 부모자문(parent consultation)에는 ADHD 아동의 양육자가 아동의 행동을 관리하는 더 효과적인 방법을 배울 수 있도록 돕는 것이 포함된다. 일반적으로 치료자는 2~3개월에 걸쳐 매주 부모와 만난다. 매주 치료자는 부모와 자녀의 상호작용의 질을 향상시키거나 자녀의 고비율 행동을 관리할 수 있도록 고안된 새로운 양육원칙이나 방법을 소개한다. 초기 회기들은 부모에게 아동의 긍정적 행동에 주의를 기울이고 아동이 규칙을 지킬 때 강화를 주는 방법을 가르치는 데 초점을 두고 있다. 이 회기들은 부모가 자녀의 행동에서 바람직한 측면(자녀의 ADHD 증상에 의해 종종 가려지는 측면)을 인식하고 강화하는 데 도움이 된다(Mendenhall, Arnold, & Fristad, 2015).

후기 회기들은 아동에 대한 명확한 기대치를 설정하고 아동의 잘못된 행동에 대해 일관된 훈육을 적용하는 데 초점을 맞춘다. 임상가는 대개 어린 아동의 부모에게 파괴적인 행동문제를 해결하기 위해 타임아웃을 사용하도록 가르친다. 나이가 더 많은 아동의 부모는 적절한 행동을 강화하고 부적절한 행동을 처벌하기 위해 토큰이나 포인트를 사용하는 방법을 배울 수 있다. 이 회기들의 목적은 부모가 고함을 지르거나 위협하거나 또는 적대적이고 강압적인 상호작용에 의존하지 않고도 아동의 문제행동을 다룰 수 있도록 돕는 것이다.

임상가는 부모와의 만남 외에도 교사 및 학교 관계자에게 자문을 제공하고 가정-학교 보상 제도(home-school reward system)를 시행한다. 임상가는 아동이 어떤 때에 과제에 가장 자주 집중하지 못하는지를 교사가 파악할 수 있게 돕는다. 다음으로, 파괴적 행동을 줄이고 필요한 활동을 장려하기 위해 교사가 환경을 변화시킬 수 있도록 돕는다. 임상가는 또한 교사가 학교에서 보이는 아동의 적절한 행동에 대해 일일보고카드(daily report card)를 작성할 것을 권장하는데, 부모는 집에서 이를 확인하고 보상을 줄 수 있다. 마지막으로 임상가는 교사가 학생들의 주의집중과 규칙준수를 장려하기 위해 학급차원의 토큰경제 또는 포인트 시스템을 개발하는 것을 도울 수 있다. 토큰은 반 전체 학생들이 누리는 특전으로 교환될 수 있다.

임상행동치료는 ADHD 아동과 그 가족의 기능 향상에 효과적이다(Lundahl, Risser, & Lovejoy, 2006). 68개 연구에 대한 메타분석 결과, 부모훈련은 자녀행동(ES = .42) 및 부모행동(ES = .47), 자녀에 대한 부모의 인식(ES = .53)에서의 개선과

중간 정도의 상관이 있었다. 치료 후 1년이 지날 때까지도 치료에서 얻은 효과가 상당히 지속되었다. 가장 심한 행동문제를 보인 아동이 부모훈련의 혜택을 가장 많이 받는 경향이 있었다. 부모훈련은 집단으로 실시될 때보다 개별 가족에게 실시될 때 가장 효과적이었다. 부모훈련은 불우한 배경을 가진 가족에게 가장 덜 효과적이었다. 사회경제적 곤란은 부모가 치료회기에 참석해서 회기 동안에 가르치는 전략들을 학습하고 이러한 전략들을 집에서 실천하는 능력을 방해할 수 있다. 연구자들은 불우한 가족에게는 치료자가 각 가족의 필요에 따라 개입을 재단할 수 있는 개별 부모훈련이 더 도움이 될 수 있다고 제안한다.

ADHD를 위한 임상행동치료에도 몇 가지 한계가 있다. 첫째, 행동치료의 효능은 부모의 프로그램 참여와 강한 상관이 있다. 예를 들어, ADHD가 있는 유치원 아동에 대한 한 연구에서 임상행동치료가 유치원에서 아동의 행동을 개선시켰지만 가정에서는 아니었다(Barkley et al., 2000). 가정에서의 행동개선을 위한 치료가 실패한 것은 아마도 대부분의 부모들이 부모훈련 프로그램에 일관적으로 참석하지 않았기 때문일 것이다. 부모가 일관성 있게 훈련 회기에 참석한 경우, 치료는 가정과 학교 장면 모두에서의 개선과 상관이 있었다(Anastopoulos, Shelton, & Barkley, 2005).

둘째, 부모훈련은 일반적으로 부모가 치료에서 배운 전략과 전술을 적극적으로 실행하는 경우에만 효과적이다. 대부분의 아동은 부모가 훈련프로그램을 완수한 직후에 증상 감소를 보이지만, 치료의 효과는 6~12개월 후에는 감소하는 경향이 있다(Hinshaw, Klein, & Abikoff, 2002).

셋째, 부모훈련이 항상 자녀의 행동을 정상화하는 것은 아니다. 정상화(normalization)란 치료 종결 시점에서 아동이 유의한 행동문제가 없는 아동과 차이가 없어야 한다는 것이다. 행동치료 후에도 아동은 ADHD 증상을 보이는 경향이 있으며 여전히 ADHD 진단을 받아야 한다. 실제로, 부모가 치료에 참여하는 아동의 약 25%만이 더 이상 ADHD 진단 기준을 충족하지 않는다(Hinshaw et al., 2002).

넷째, 행동치료 프로그램은 어린 아동보다 청소년에게 덜 효과적이다(Barkley, 2014). 치료는 부모가 자녀의 환경에 대해 높은 수준의 통제력을 가질 때 가장 효과가 좋다. 하지만 부모들은 학령기 아동보다 청소년에 대해 훨씬 더 적은 통제

력을 가지고 있다. 따라서 일부 임상가는 부모-청소년 문제해결 및 의사소통훈련을 통해 기존의 부모자문을 보완한다. 임상가는 부모와 청소년 모두에게 소리 지르기, 비아냥거리기, 비난하기, 감정적으로 차단하기에 의존하지 않고 문제를 해결하며 언쟁을 건설적으로 처리하는 방법을 가르칠 수 있다. 불행하게도, 전통적인 부모훈련을 의사소통훈련으로 보완한다고 해서 전통적인 부모훈련만 했을 때보다 더 좋은 효과를 보이는 것은 아닌 것 같다. 청소년의 약 23%만이 신뢰할 수 있는 행동개선을 보여주며, 17%의 아버지들은 실제로 가정불화의 악화를 보였는데, 아마도 이는 갈등을 피하기보다는 공개적으로 얘기해보도록 격려받았기 때문인 것으로 보인다.

여름치료 프로그램

ADHD를 위한 두 번째 심리사회적 치료는 직접적 유관성관리(direct contingency management)이다. 직접적 유관성관리는 치료자가 아동의 주변 환경에 대해 상당한 통제를 할 수 있는 학교와 여타 구조화된 환경에서 사용된다. 직접적 유관성관리에서, 치료자들은 바람직한 행동의 빈도를 최대화하기 위해 아동의 환경을 바꾼다. 그들은 행동을 형성하기 위해 체계적 보상과 처벌을 많이 사용한다. 일반적으로 환경적 유관성은 주의를 증가시키고 교실에서의 파괴적 행동을 줄이고 또래들과의 상호작용의 질을 향상시키기 위해 사용된다(Fabiano, Schatz, & Pelham, 2014).

ADHD가 있는 아동을 위한 직접적 유관성 프로그램의 가장 잘 알려진 예 중 하나는 윌리엄 펠햄(William Pelham)이 개발한 여름치료 프로그램(Summer Treatment Program, STP)이다. STP는 ADHD 아동을 위한 종합적 치료로서, 대부분의 아동이 ADHD 증상에 대한 학교기반 치료를 받지 않는 여름 방학 동안에 제공된다. STP는 ADHD와 다른 파괴적 행동문제를 가진 5~15세 사이의 아이들을 위한 8주간의 프로그램이다(Pelham, Fabiano, Gnagy, Greiner, & Hoza, 2005).

아동들은 행동치료자로 훈련받은 스태프들(보통 대학생들)이 지도하는 연령에 맞는 팀으로 나뉜다. 각 팀은 우정을 기르고 구성원의 사회적 기능을 향상시키기 위해 여름 내내 함께 지낸다. 각 집단은 특수교육 교사들의 주도하에 수정된 교실 환경에서 하루에 3시간을 보낸다. 아동은 학업지도 1시간, 컴퓨터활용 수업 1시간, 미술수업 1시간에 참여한다. 아동은 나머지 시간 동안 고도로 구조화된 레크레이션 집단활동에 참여한다. 이 활동들은 아동의 사회적 기술과 운동기술을 향상시키기 위해 고안된 것이다.

STP는 전통적인 여름 캠프와는 다르다. 스태프들은 아동의 행동을 수정하기 위해 직접적 유관성관리를 사용한다. 스태프들이 사용하는 전술은 임상행동치료에서 부모에게 가르치는 기법과 유사하다. 낮은 스태프 대 아동 비율은 스태프들이 하루 종일 아동의 행동을 면밀히 모니터링하고 아동의 적절한 행동에 따라 즉각적 보상을 제공할 수 있게 한다. 개입은 집중적이고 포괄적이다.

첫째, 스태프들은 아동에게 짧고 명확하며 구체적인 지시를 한다. 명확한 지시사항은 부주의, 모호함 또는 주의산만함 때문에 아동이 지시에 따르지 않을 가능성을 줄여준다. 둘째, 스태프들은 바람직한 행동에 따라 즉각적 강화를 후하게 제공한다. 사회적 강화물로는 눈맞춤과 미소, 터치(예 : 하이파이브) 또는 인정(예 : 단추, 스티커)이 있다. 셋째, 스태프들은 바람직한 행동을 조장하기 위해 어린 아동에게는 토큰을 사용하고 나이가 많은 아동에게는 포인트 제도를 사용한다. 스태프는 교실에서의 적절한 행동(예 : 교사에게 주의를 기울이기, 조용히 작업하기)과 레크리에이션에서의 적절한 행동(예 : 코치의 말 듣기, 수영장 안전규칙 준수하기)에 대해 토큰이나 포인트를 수여한다. 토큰과 포인트는 특전으로 교환할 수 있다. 반응 대가는 부적절한 행동을 줄이는 데 사용된다. 스태프들은 원치 않는 행동(수업 중에 지나치게 말을 많이 하기, 축구장에서 또래 놀리기)을 하면 토큰을 회수하거나 포인트를 차감한다. 더 심각한 규칙위반의 경우에는 타임아웃을 사용한다. 예를 들어, 고의로 다른 사람을 다치게 하거나 재물을 파괴하는 아동은 정적 강화(예 : 수영이나 컴퓨터 시간)에서 제외된다.

STP 스태프들이 사용하는 행동개입은 사회기술 훈련, 부모훈련, 약물 평가 및 관리로 보완된다. 첫째, 모든 아동은 매일 10분간의 공식적인 사회기술 훈련에 참여한다. 스태프들은 처음에 사회적 기술에 대해 이야기하고 시연하고 단계별로 세분화함으로써 (수업 중에 말하기 전에 손 들기와 같은) 사회적 기술을 소개한다. 그다음에 아동이 역할놀이 동안 그 기술을 연습해보도록 격려한다. 스태프들은 아동에게 하루 종일 새로운 기술을 사용하라고 상기시키고 그 기술을 사용하면 관대하게 보상을 준다. 둘째, 보호자는 매주 집단 부모 훈련에 참여해서 가정에서 행동원칙을 사용하는 방법을 배운다. 스태프들은 부모들에게 일일보고카드를 제공하고 캠프에서 적절한 행동을 한 자녀에게 보상을 줄 것을 권장한다. 마지막으로, STP에 참여하는 아동은 각자의 ADHD 증상을 치료하는 데 약물사용이 적절한지에 대한 평가를 받는다. 약물사용이 필요할 경우에는 캠프 동안 약물의 효과를 관찰한다.

직접적 유관성관리는 ADHD 증상과 다른 파괴적 행동을 크게 감소시킨다(Fabiano et al., 2014). 크로니스 등(Chronis et al., 2004)은 ADHD 아동에게 미치는 STP의 효과에 대한 최초의 통제된 연구들 중 하나를 수행했다. 그들의 연구에서, 아동은 8주간의 STP에 참여했다. 모든 아동에게 ADHD가 있었고, 85%는 품행문제도 가지고 있었다. 연구자들은 STP의 효과를 평가하기 위해 참여자 내 설계를 사용했다. 캠프의 첫 5주 동안, 스태프들은 아동의 행동을 수정하기 위해 직접적 유관성관리를 사용했다. 6주차 이틀 동안 스태프들은 직접적 유관성관리를 사용하지 않았다. STP의 마지막 2주 동안, 직접적 유관성관리가 재개되었다. 독립적 관찰자들이 평가의 세 단계 모두에서 아동의 행동을 평가했다. 직접적 유관성관리를 사용할 때에 비해 치료가 제거되었을 때 아동의 파괴적 행동이 유의하게 증가했다(그림 8.12).

후속 연구들은 직접적 유관성관리를 사용하는 프로그램이 주의력과 적절한 사회적 행동을 증가시키고, 파괴적인 행동과 공격성을 감소시키며, 아동의 자존감을 향상시킨다는 것을 보여준다. 부모들은 특히 숙제를 해야 할 때처럼 자녀들의 행동을 개선하기 위해 이 프로그램에서 사용하는 행동관리 전략을 실행하는 방법을 배울 수 있다. 부모의 참여는 부모-자녀 갈등 감소 및 치료에 대한 높은 만족도와 상관이 있다(Graziano, Slavec, Hart, Garcia, & Pelham, 2014; Sibley et al., 2013).

펠헴 등은 1980년대에 플로리다주립대학교에서 최초의 STP를 개발하였고 후에 피츠버그대학교 메디컬 센터에서도 STP를 개발하였다(Pelham & Hoza, 1996). 오늘날, 미국 전역에 걸쳐 여러 대학 및 어린이 병원과 연계된 유사한 여름치료 프로그램이 수십 개가 있다.

행동교실관리

행동교실관리(behavioral classroom management)는 ADHD 아

그림 8.12   ■   ADHD 아동·청소년을 위한 여름치료 프로그램

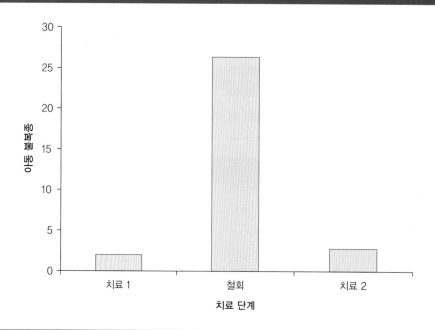

주 : Chronis 등(2004)은 치료단계 1과 2에서 직접적 유관성 관리를 사용했지만 치료단계들 사이에서는 유관성을 철회했다. 아동의 불복종이 치료철회 동안에 증가했으며, 이는 치료가 효과적이라는 것을 보여준다.

동을 위한 학교 기반의 심리사회적 치료다. 행동교실관리는 임상행동치료와 여름치료에 사용되는 것과 동일한 개입에 토대를 두고 있다. 행동교실관리의 독특한 특징은 이 프로그램이 교실환경에서 학교심리학자, 교사, 그리고 다른 교육전문가들에 의해 실행된다는 것이다. 프로그램은 다양하지만, 개입에서 큰 비중을 차지하는 것은 적절한 행동을 모니터링하고, 적절한 행동에 대해 정적 강화를 빈번하게 실행하고, 적절한 행동을 이끌어내기 위한 교실환경을 구성하고, 부모들이 집에서 적절한 행동을 강화할 수 있도록 일일보고카드를 작성하는 것이다.

몇몇 무선 통제연구는 행동교실관리의 효능성을 뒷받침한다. 평균적으로, ADHD가 있는 학령기 아동의 40~60%가 이 프로그램에 참여한 결과로서 학교에서 ADHD 증상이 유의하게 개선되는 것으로 나타났다. 하지만 이러한 개입은 거의 예외 없이 학령기 아동만을 대상으로 연구되었다. 청소년을 대상으로 사용했을 때의 효능성에 대해서는 별로 알려진 바가 없다(Evans, Owens, & Bunford, 2014; Nissley-Tsiopinis, Krehbiel, & Power, 2016).

전통적인 행동교실관리의 주목할만한 변형 중 하나는 챌린징 호라이즌 프로그램(Challenging Horizons Program; Evans et al., 2016)이다. 이 프로그램은 학교기반 행동개입을 학업참여와 성과를 높이기 위해 고안된 방과 후 프로그램과 결합시킨 것이다. 기존의 연구는 ADHD가 있는 더 나이가 많은 아동과 청소년이 학교에 대해 부정적인 태도를 보이고 학업과 비교과 활동에 거의 참여하지 않는다는 것을 보여주었다. 챌린징 호라이즌 방과후 집단은 ADHD가 있는 중학생들에게 조직화 기술과 사회적 기술을 가르친다. 몇몇 회기에서는 보호자에게 담임교사와 상담할 기회와 부모훈련을 제공한다. 평가연구에 따르면 이 프로그램은 정규적 교실환경에 비해 중간 정도에서부터 큰 정도에 이르는 효과가 있었다(Langberg et al., 2016b).

행동교실관리에 대한 두 번째 혁신적인 접근 방식은 ADHD가 있는 아동들의 사회적 기능을 향상시키기 위해 고안된 단기 집단개입인 MOSAIC(Making Socially Accepting Inclusive Classrooms, 사회적으로 수용하는 포용적 교실 만들기)다. ADHD 아동은 고비율의 혐오스러운 행동 때문에 또래거부를 당하거나, 집중하지 못하고 부주의한 행동 때문에 또

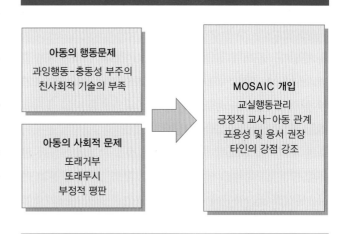

그림 8.13 ■ MOSAIC 집단 개입

아동의 행동문제
과잉행동-충동성 부주의
친사회적 기술의 부족

아동의 사회적 문제
또래거부
또래무시
부정적 평판

MOSAIC 개입
교실행동관리
긍정적 교사-아동 관계
포용성 및 용서 권장
타인의 강점 강조

주 : MOSAIC는 ADHD 아동의 교실행동과 사회적 기능을 개선한다. 출처 : Mikami & Normand (2015).

래무시를 당할 위험이 있다는 것을 기억하라. 시간이 지남에 따라, ADHD 아동은 부정적인 평판을 얻게 되며, 이는 이 아동을 품행문제나 사회적 고립과 외로움으로 향하는 발달 경로에 놓이게 한다. MOSAIC는 (1) 교실에서 또래에 대한 행동을 개선하고 (2) 반 아이들이 이 아동의 과잉행동-충동성 또는 부주의한 행동을 더 잘 받아들이고 용서할 수 있게 도움으로써 이 발달경로를 바꾸려고 한다(그림 8.13). 평가연구에 따르면, MOSAIC는 전통적인 교실행동관리만큼이나 학교에서 아동의 파괴적 행동을 개선하는 데 효과적이다. 더구나 MOSAIC에 참여한 아동은 전통 프로그램에 참여한 아동보다 또래거부를 덜 당하고 더 상호적인 교우관계를 보였다(Mikami et al., 2013; Mikami, Jia, & Na, 2014).

무엇이 더 효과적인가 : 약물치료 또는 심리사회적 치료?

다중양식 치료

중추신경자극제와 행동치료 모두 아동의 ADHD 증상을 효과적으로 줄일 수 있다. 한 가지 치료법이 다른 치료법보다 더 나은가? 가장 큰 효과를 내기 위해 치료법을 결합해야 하지 않을까?

다행히도, 몇몇 연구들이 약물치료와 심리사회적 치료의 효과를 비교했다. 맨 처음에 수행된 대규모 연구들 중 하나에

서, 연구자들은 ADHD가 있는 아동 103명을 세 집단 중 하나에 무선적으로 할당했다. 첫 번째 집단은 메틸페니데이트만 처방받았다. 두 번째 집단은 메틸페니데이트와 임상행동치료를 받았다. 세 번째 집단은 메틸페니데이트와 위약을 처방받았다. 여기서 위약은 스태프들의 관심으로서 관심 위약조건에 할당된 아동은 스태프들과 함께 프로젝트를 하고 숙제를 하는 데 도움을 받았으며 상담사가 제공하는 일상적 문제에 대한 비지시적 치료에 참여했다. 부모들도 서포트 그룹에 참여했지만 부모훈련을 받지는 않았다. 부모, 교사, 정신과 의사, 독립적 관찰자들이 아동의 행동을 2년 동안 매 6개월마다 평정했다. 연구자들은 약물치료와 행동치료를 모두 받은 아동이 다른 두 집단의 아동보다 더 나아질지 여부에 관심이 있었다(Abikoff et al., 2004a, 2004b; Hechtman et al., 2004a, 2004b).

결과는 세 가지 중요한 발견을 제시하였다. 첫째, 세 집단의 아동 모두 연구가 시작될 때부터 연구가 끝날 때까지 향상되는 기능을 보여주었다. 예컨대, 치료과정 동안에 세 치료 집단의 아동은 모두 더 적은 파괴적 행동문제, 향상된 학업기능, 더 나아진 사회적 기술, 개선된 부모-자녀 상호작용을 보여주었다. 아동이 보인 행동개선의 대부분은 치료의 첫 6개월 동안 발생했다. 두 번째 중요한 발견은 세 집단의 아동이 1년과 2년의 추적 관찰에서 전반적으로 동등한 결과를 보였다는 것이다. 세 번째 발견이 가장 놀라운 것이었다. 메틸페니데이트와 행동치료의 병합치료를 받은 아동이 메틸페니데이트 단독 또는 메틸페니데이트와 위약 처방을 함께 받은 아동과 별 차이가 없었다.

약물치료와 행동치료가 ADHD에 미치는 상대적 영향을 조사한 최대 규모의 연구는 ADHD 아동의 다중양식치료 연구(Multimodal Treatment Study of Children With ADHD, MTA)였다. 이 연구에서, 연구자들은 ADHD가 있는 아동 579명을 네 가지 치료집단 중 하나에 무선적으로 할당했다.

1. **약물치료 단독**. 이 집단의 아이들은 약물치료(대개 메틸페니데이트)를 14개월 동안 받았으며, 이 약물치료는 연구자에 의해 신중하게 실시되었다.
2. **행동치료 단독**. 이 집단의 아이들은 학기 중 임상행동치료와 여름방학 동안의 STP에 8개월간 참여했다. 이 아

이들은 약물치료를 받지 않았다.
3. **병합치료**. 이 집단의 아이들은 약물치료와 행동치료를 모두 받았으며, 둘 다 연구자들에 의해 시행되었다.
4. **지역사회 관리**. 이 집단의 아이들은 지역사회 정신건강 전문가(예 : 의사, 심리학자)에게 의뢰되었다. 이들은 해당 정신건강전문가가 추천하는 어떤 치료도 자유롭게 받을 수 있었지만, 연구진의 치료를 받지는 않았다. 지역사회 관리를 받은 대부분의 아동(67%)은 약물치료를 받았다. 이 집단의 아이들은 '관례적 치료(treatment as usual)' 통제조건의 역할을 했다.

연구자들은 14개월 후 아동의 상태를 평가했다(MTA Cooperative Group, 1999; Swanson et al., 2001). 결과는 네 가지 치료법 모두 아동의 ADHD 증상을 줄이는 데 효과적이었다는 것을 보여주었다. 약물치료를 단독으로 받거나 병합치료를 받은 아동들이 가장 좋은 결과를 보였다. 실제로 이 아동들은 행동치료만 받거나 지역사회 관리를 받은 아동들보다 거의 두 배 높은 개선 가능성을 보였다. 마지막으로, 약물치료 단독조건과 비교했을 때 약물치료와 행동치료의 병합으로 인한 이득은 매우 적었다(그림 8.14).

종합해 보면, 이 연구들은 약물치료가 아동의 ADHD에 대한 첫 번째 치료법이라는 점을 시사하는 것으로 보인다. 결국, 아동의 ADHD 증상에 대한 약물치료 단독조건이 행동치료 단독조건보다 더 우수한 효과를 보였다. 또한 약물치료에 행동치료를 추가할 경우에 약물치료만 사용하는 것에 비해 아동의 기능에서 통계적으로는 유의하지만 적은 향상을 보인다(Molina et al., 2009; Murray et al., 2008).

하지만 다른 연구에서는 ADHD 치료 프로토콜에 행동치료를 포함시키는 것이 중요하다는 것을 보여준다. MTA에서, 연구자들이 14개월 후에 아이들의 결과를 비교했다는 것을 기억하라. 사후검사 시에 행동치료 집단의 아동은 수개월 전에 치료를 중단했던 반면에 약물치료 집단의 아동은 여전히 처방약을 복용하고 있었다. 연구자들이 두 집단 모두 한참 치료를 받고 있는 중에 아동의 기능을 비교한 경우에는 약물치료를 받는 아동과 행동치료를 받는 아동이 비슷한 증상 개선을 보이는 것으로 확인되었다. 아동이 치료에 적극적으로 참여한다면, 행동치료도 약물치료만큼 효과적일 수 있다(Pelham

그림 8.14 ■ MTA 연구 결과

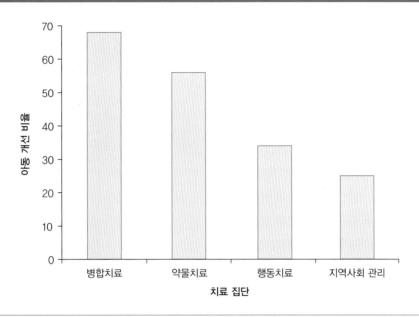

주 : 행동치료와 약물치료의 병합 또는 약물치료 단독 실시가 행동치료만 실시하는 것보다 더 효과가 좋았다. 출처 : Swanson et al. (2001).

et al., 2000).

ADHD에 대한 행동치료의 효과를 지지하는 추가 증거는 메타분석 결과에서 나온다. 파비아노 등(Fabiano et al., 2010)은 ADHD에 대한 심리사회적 개입의 유용성을 조사한 175개의 연구를 검토했는데, 연구참여자는 2,000명 이상이었다. 전체적으로, 이러한 개입의 효과는 컸다. 심리사회적 치료를 받은 아동은 이 치료를 받지 않은 통제군의 약 80%보다 더 큰 증상 감소를 보였다. 마찬가지로, 심리사회적 개입을 받은 아동은 사전검사에서부터 사후검사까지 평균적으로 2.64 표준편차의 개선을 보였다.

또한 연구는 ADHD가 있는 모든 아동이 약물치료에 반응하는 것은 아니라는 것을 보여준다. 심리사회적 개입은 약물치료 효과가 없는 경우에 대한 대안적 치료방안이 될 수 있다. 펠햄 등(2016)은 ADHD 아동을 두 가지 치료 집단, 즉 메틸페니데이트 단독 또는 행동치료 단독 집단에 무선적으로 할당했다. 처음에 배정된 치료에 충분히 반응하지 않은 아동에게는 다른 치료도 제공하였다. 연구자들은 행동치료를 먼저 받고 두 번째로 약물치료를 받은 아이들이 약물치료를 먼저 받고 두 번째로 행동치료를 받은 아이들보다 더 좋은 결과를 보인다는 사실을 발견했다. 행동치료는 자녀의 치료에 대한 부

모의 참여를 증가시킴으로써 자녀의 결과에 미치는 치료효과를 더 크게 한다.

마지막으로, 설문조사 자료를 보면 부모들은 약물치료보다 행동치료를 강하게 선호한다. 부모가 자녀에게 약물치료를 받게 하는 것에 대해, 특히 장기적인 영향에 대한 자료가 많지 않은 약물을 사용하는 것에 대해 염려하는 것은 당연하다. 부모들은 또한 약물치료보다 행동치료에 대한 만족도가 더 높다고 보고한다(Barkley, 2014; Evans et al., 2014).

모범실무지침

미국소아과학회 및 임상아동 · 청소년심리학회와 같은 몇몇 전문단체들은 아동과 청소년, 성인의 ADHD를 위한 근거기반치료에 대한 모범실무지침들을 발간했다(American Academy of Pediatrics Subcommittee on ADHD, 2011; Evans et al., 2014; Nathan & Gorman, 2016). 공통적으로 이 지침들은 ADHD가 있는 사람들을 치료하기 위해 행동기반 개입과 약물치료를 권장한다. 하지만 행동치료 대 약물치료의 상대적 비중은 연령에 따라 달라진다.

1. 학령전기 아동에게는 행동치료가 ADHD의 일차적 치

료가 된다. 행동치료에 반응하지 않는 학령전기 아동에게는 보호자의 동의하에 약물처방을 할 수 있다.

2. 학령기 아동과 청소년은 행동치료와 약물치료가 병합된 치료를 일차적 치료로 받아야 한다. 행동치료는 클리닉(부모와 함께), 학교(교사들과 함께) 또는 여러 환경에서 시행될 수 있다. 약물치료는 보호자가 동의하고 아이들도 찬성하는 경우에 한해서 사용해야 한다.

3. ADHD가 있는 성인은 약물치료를 고려하고 (가능하면) 일상생활에서의 증상관리를 돕는 행동치료 프로그램에 참여해야 한다. 예를 들어, 성인은 업무계획 및 우선순위 결정, 중요업무 기억, 장기목표의 설정 및 달성 등과 같은 집행기능을 향상시키기 위한 전략을 배울 수 있다.

안타깝게도 대부분의 아이들이 받는 치료는 이러한 모범실무지침의 기준을 충족하지 못한다(그림 8.15). 미질병통제예방센터의 연구자들은 ADHD와 다른 건강 관련 문제를 가진 아동과 청소년에게 제공되는 치료를 조사했다. 행동치료가 학령전기 아동을 위한 일차적 치료법으로 여겨지는데도 ADHD가 있는 학령전기 아동의 절반 정도만이 행동치료를 받았다. 또한 ADHD가 있는 학령기 아동의 35%와 청소년의 28%만이 권장되는 모범실무지침대로 행동치료와 약물치료가 병합된 치료를 받았다(Visser, 2016; Visser et al., 2014, 2015).

MTA 연구의 자료는 대부분의 아동이 받는 지역사회기반 치료가 최적의 수준에 미치지 못한다는 것을 지적한다. MTA에서 한 집단이 지역사회 관리, 즉 가족이 지역사회에서 의

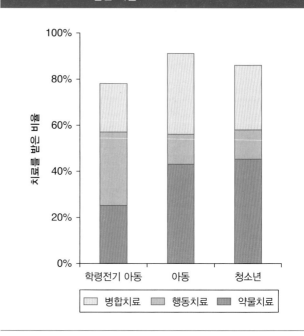

그림 8.15 ■ ADHD가 있는 아동과 청소년이 권장된 치료를 받는 비율

주 : ADHD가 있는 대부분의 아동과 청소년이 치료를 받는다. 하지만 단지 3분의 1만이 권장된 대로 약물치료와 행동치료가 병합된 치료를 받는다.

사나 정신건강전문가에게 치료를 맡길 경우 아동이 받게 되는 치료유형에 할당되었던 것을 상기해보라. 이 아동들도 증상 감소를 보이기는 했지만, 나머지 다른 세 가지 치료 조건의 아동들에 비해서는 개선의 가능성이 더 낮았다(Pliszka, 2015). 이러한 자료는 근거기반 관리의 필요성을 강조한다. ADHD가 있는 아이들은 치료를 절실히 필요로 하며, 개선 가능성을 최대화하고 과학에 기반을 둔 양질의 치료를 받을 자격이 있다.

주요 용어

공유되지 않은 환경 요인(nonshared environmental factors) : 한 자녀는 경험하지만 다른 형제자매는 경험하지 않은 환경 요인(예 : 임신 중 문제, 초등학교에서의 또래 거부)
굼뜬 인지적 템포(sluggish cognitive tempo) : 백일몽, 멍하니 딴생각하기, 졸린 상태, 무기력, 사회적 수동성, 집중력 문제, 그리고 부주의로 특징지어지는 행동 패턴. 흔히 ADHD

부주의 우세형과 함께 발생함.
내면화된 언어(internalized speech) : 비고츠키에 따르면, 아동이 외현적 행위를 연습할 때 성인의 목소리를 정신적으로 재연하는 경향. 자신의 행동을 조절하는 데 중요한 집행기능
네 가지 기본 집행기능(four basic executive functions) : 바클리의 ADHD 신경발달모델에서 제안됨. 작업기억, 내면화된

언어, 정서조절, 창의적 문제 해결

도파민 D4 및 D5 수용체 유전자(dopamine D4 and D5 receptor genes) : 특정 도파민 수용체를 조절하는 유전자. 이 유전자들의 이상은 ADHD에 영향을 미칠 수 있음.

도파민 수송체 유전자(dopamine transporter gene, DAT1) : 뇌에서 도파민의 재흡수를 조절하는 유전자. 이 유전자의 이상은 ADHD에 영향을 미칠 수 있음.

디폴트 모드 네트워크(default mode network) : ADHD와 관련된 신경경로. 내측 전전두엽, 두정엽 및 측두엽으로 구성됨. 백일몽을 꾸고 멍하니 딴생각할 때 활성화됨.

메틸페니데이트(methylphenidate) : ADHD를 치료하기 위해 사용되는 중추신경자극제 약물의 한 종류. 시냅스 틈에서 도파민을 제거하는 도파민 수송체 시스템의 속도를 늦추어 도파민이 시냅스 틈 내에서 더 오래 머물게 함. 예 : 콘체르타와 리탈린

바클리의 신경발달모델(Barkley's neurodevelopmental model) : ADHD에 대한 모델. ADHD가 집행기능의 발달에 손상을 주는 행동억제의 근본적인 결함에 의해 발생한다고 제안함.

부모자문(parent consultation) : 때로는 부모훈련이라고도 함. 보호자가 아동의 ADHD 징후와 증상을 보다 효과적으로 관리하는 방법을 배울 수 있도록 돕는 것을 포함함.

사회성측정법 평정(sociometric ratings) : 학령기 아동 사이에서 또래지위를 평가하는 데 사용되는 방법. 아이들은 가장 함께 놀고 싶은 반 친구와 가장 함께 놀고 싶지 않은 반 친구를 평정함.

선조체(striatum) : 기저신경절의 일부. 미상핵, 피각, 담창구로 구성됨. 환경으로부터의 피드백에 반응하여 행동을 조절함.

선택적 노르에피네프린 재흡수 억제제(selective norepinephrine reuptake inhibitor, SNRI) : ADHD를 치료하기 위해 사용되는 비중추신경자극제. 신경전달물질의 재흡수를 조절하고 주의, 행동, 기분을 조절함. 예 : 아토목세틴(스트라테라)

암페타민(amphetamines) : ADHD를 치료하기 위해 사용되는 중추신경자극제의 한 종류. 시냅스전 저장소낭에서 도파민의 방출을 증가시켜 시냅스로 더 많은 도파민을 배출하게 함. 예 : 아데랄과 덱세드린

여름치료 프로그램(summer treatment program, STP) : ADHD 아동을 위한 근거기반 심리사회적 치료. 교실에서, 사회적 기술 활동을 하는 동안에, 스포츠를 하는 동안에 관찰되는 적절한 행동을 위한 즉각적 정적 강화로 구성됨.

우측 전전두엽 피질(right prefrontal cortex) : 억제 및 충동조절(안와전두엽 영역)과 주의, 조직화, 계획하기(배외측 영역)를 담당하는 전측 뇌 영역

일일보고카드(daily report card) : 아동이 학교에서 보인 적절한 행동에 대한 일일 기록으로, 집에서 부모가 모니터링하고 보상을 줄 수 있음.

임상행동치료(clinical behavior therapy) : 아동의 ADHD에 대한 근거기반 행동치료. 적절한 행위에 대한 정적 강화와 모니터링에 근거함. 부모자문, 학교자문, 그리고 결합된 가정－학교 보상 시스템으로 구성됨.

전두엽－선조체 신경회로(frontal-striatal neural circuit) : ADHD와 연관된 뇌 경로. 선조체와 우측 전전두엽 피질로 구성됨.

정상화(normalization) : 치료를 받은 후에 아동이 장해나 장애가 없는 아동의 기능과 유사한 기능을 보이는 것

주의력결핍 과잉행동장애(attention-deficit/hyperactivity disorder, ADHD) : DSM-5 신경발달장애로, 현저한 부주의 그리고/또는 과잉행동－충동성이 12세 이전에 드러나고 둘 이상의 장면에서 나타나며, 학업 또는 사회적 기능을 저해함.

중뇌변연계 신경회로(mesolimbic neural circuit) : ADHD와 연관된 뇌 경로; (1) VTA와 측좌핵, (2) 편도체와 해마, (3) 전전두엽 피질로 구성됨.

중추신경자극제(psychostimulants) : ADHD를 위해 가장 흔하게 처방되는 약물. 도파민과 노르에피네프린에 영향을 미침. 주의력과 행동억제를 증가시킴.

창의적 문제해결(creative problem-solving) : 아이디어나 사물을 새로운 방식으로 분석하고 조작하고 조합하는 능력. 장기적인 강화를 예상하여 자신의 행동을 지시하는 데 중요한 실행 기능

챌린징 호라이즌 프로그램(Challenging Horizons Program) : ADHD를 위한 교실행동치료로서 중학생의 학업 관여를 증가시키기 위한 방과후 프로그램과 학교기반 행동치료를 결합한 것임.

학령전기 ADHD 치료 연구(Preschool ADHD Treatment Study, PATS) : 중추신경자극제가 3~5세 사이의 아동에게서 ADHD 증상을 감소시키는 데 효과적이라는 것을 보여준 무선 통제연구

행동교실관리(behavioral classroom management) : ADHD에 대한 근거기반치료로서 교사나 교육전문가가 학교에서 적절한 행동을 육성하기 위해 정적 강화를 시행함. 사회적 기능을 향상시키기 위해 또래 개입과 결합될 수 있음.

행동억제(behavioral inhibition) : 즉각적 반응, 특히 즉각적 만족을 제공하는 반응을 억제하는 능력

행동억제 시스템(behavioral inhibition system, BIS) : 그레이에 따르면, 처벌이나 강화의 결여에 대한 반응으로 행동을 늦추거나 멈추게 하는 신경심리학적 시스템

행동활성화 시스템(behavioral activation system, BAS) : 그레이에 따르면, 강화를 획득하기 위해 자극에 접근하고 행동을 조절하는 역할을 하는 신경심리학적 시스템

α2 수용체 작용제(α2 receptor agonist) : 아동의 ADHD를 치료하기 위해 때때로 사용되는 약물의 한 종류. 원래는 성인의 고혈압을 치료하기 위해 개발됨. 예 : 구안파신(인튜니브).

ADHD 과잉행동-충동성 우세형(ADHD, predominantly hyperactive-impulsive presentation) : 현저한 과잉행동-충동성이 특징이지만 부주의 증상은 역치하로 나타남, 일반적으로 ADHD가 있는 어린 아동에게서 보임.

ADHD 복합형(ADHD, combined presentation) : 현저한 부주의와 현저한 과잉행동-충동성 증상을 특징으로 하는 ADHD의 하위유형

ADHD 부주의 우세형(ADHD, predominantly inattentive presentation) : 유의한 부주의 증상이 특징이지만 과잉행동-충동성은 역치하로 나타남. 일반적으로 ADHD가 있는 더 나이가 많은 아동과 청소년에게서 보임.

ADHD 아동의 다중양식치료 연구(Multimodal Treatment Study of Children With ADHD) : ADHD 아동을 위한 약물치료와 행동치료의 효과를 비교한 대규모 연구

MOSAIC(Making Socially Accepting Inclusive Classrooms, 사회적으로 수용하는 포용적 교실 만들기) : ADHD가 있는 아이들의 사회적 기능 향상을 위해 고안된 단기 교실행동관리 프로그램

비판적 사고 연습

1. 거의 모든 어린 아동이 가끔 부주의와 과잉행동-충동성 문제를 보인다. 심리학자가 발달적으로 예상되는 부주의나 과잉행동-충동성과 ADHD를 어떻게 구별할 수 있을까?

2. 왜 ADHD 아동은 부모-자녀 상호작용의 위험에 처하게 될까? 왜 ADHD 아동이 또래거부를 당할 위험에 처하게 될까? 만약 당신이 임상가라면, ADHD가 있는 어린 아동의 이러한 사회적 문제들을 어떻게 예방할 수 있을까?

3. 바클리는 ADHD가 일차적으로는 부주의 장애가 아니라고 주장한다. 오히려, 행동억제의 결여가 주요하다고 주장한다. 행동억제는 바클리의 ADHD 모델에서 어떻게

핵심적 역할을 하는가?

4. 어떤 상황이라면 의사가 ADHD가 있는 아동이나 청소년에게 스트라테라와 같은 비중추신경자극제를 처방하기로 결정할 수 있는가?

5. 필립은 최근 ADHD 복합형 진단을 받은 8세 남아다. 필립의 어머니는 그의 증상을 관리하기 위해 약을 사용하는 것을 꺼린다. 대신에 어머니는 필립이 '예의바르게 행동하는 법을 배우는' 것을 돕기 위해 상담자와 '대화치료'를 하기를 원한다. 당신은 필립의 어머니에게 (a) ADHD를 위한 약물치료의 장점과 한계점, (b) 심리사회적 치료의 이점과 단점에 대해 어떤 이야기를 할 수 있을까?

9

아동기와 청소년기 품행문제

만약 여러분이 '품행문제'를 가진 아이의 이미지를 상상해보라고 요청받는다면, 어떤 이미지가 떠오를까? 여러분은 마트의 계산대에서 엄마가 과자를 사주지 않는다고 소리를 지르고 있던 5살짜리 남자애를 생각할지도 모른다. 또는 방과 후에 고의로 다른 아이들을 괴롭히고 싸움을 걸었던 중학교 동창생을 떠올릴 수도 있다. 세 번째 이미지는 15살이 될 때까지 벌써 두 번이나 체포된 적이 있는 청소년 조직폭력배의 모습일 수 있다. 이 이미지들은 아이들이 보이는 품행문제의 여러 모습들 중 일부를 묘사하고 있다.

DSM-5는 전형적으로 아동기나 청소년기에 나타나는 세 가지 품행문제, 즉 적대적 반항장애, 품행장애, 간헐적 폭발장애를 제시하고 있다. 이 장애들은 아동이 보호자 및 다른 권위 있는 인물과 갈등을 일으키게 하고, 부모 및 교사와의 관계를 긴장시키며, 사회의 기준 및 타인의 권리와 존엄성을 침해하는 행동으로 이어질 수 있다(American Psychiatric Association, 2013). 마찬가지로 중요한 것은, 이 장애들은 아동의 행동발달과 사회정서발달에 악영향을 미칠 수 있으며 나중에 대인관계와 직업적 문제의 위험에 처하게 할 수 있다는 것이다.

품행문제는 아동과 청소년이 겪는 가장 흔한 장애 중 하나이다. 정신건강 치료를 위해 의뢰된 아동의 약 50%가 품행문제로 진단된다. 이 비율을 능가하는 것은 주의력결핍 과잉행동장애(ADHD; Kimonis et al., 2015)뿐이다.

지난 30년 동안, 연구자들은 품행문제의 발달에 기여하는 몇 가지 요인들을 밝혀냈고, 이 장애들을 가진 아동을 효과적으로 치료할 수 있는 방법들을 찾아냈다. 품행문제와 그 원인, 그리고 품행문제를 위한 근거기반치료를 이해하는 것은 아동과 가족들, 그리고 지역사회에 마찬가지로 중요하다.

9.1 기술과 역학

DSM-5에 제시된 아동기 품행문제는 무엇인가?

적대적 반항장애

적대적 반항장애(oppositional defiant disorder, ODD)는 타인에 대한 불복종, 반항, 그리고/또는 악의적 행동 패턴을 반영한다. 이 장애의 징후와 증상은 세 가지 범주, (1) 화가 나거나 과민한 기분, (2) 논쟁적이거나 반항적인 행동, (3) 타인에 대한 보복적 특성으로 나뉜다(표 9.1). 이 장애는 아동에게 고통을 주지만 부모, 보호자, 교사 또는 다른 성인에게 고통을 줄 가능성이 더 크다. 대부분의 경우, ODD는 아동의 다른 사람과의 관계를 방해하고 부모–자녀 상호작용의 질과 교육, 사회활동에 부정적인 영향을 미친다(American Psychiatric Association, 2013).

모든 어린 아동은 때때로 적대적이거나 반항적인 행동을 보인다. 결국, 거의 모든 사람들이 '미운 두 살' 또는 '끔찍한 세 살' 이야기를 들어본 적이 있을 것이다. 아동이 걸음마기와 학령전기 초기에 보이는 적대적이고 반항적인 행동의 증가는 발달적으로 규범적인 것이다. 두 살배기가 한겨울에 반바지와 티셔츠를 입겠다면서 아침에 자신이 입을 옷을 고르겠다고 고집을 부릴 수 있다. 세 살배기는 잠자리에 들 시간이라는 말을 듣고 짜증을 부릴 수 있다. 네 살배기는 채소 먹기를 완강히 거부하면서 한 시간 동안 식탁에 앉아서 부모가 묵인해줄지를 지켜볼 수도 있다. 한 연구에서는 걸음마기 아동의 97%가 놀이 후에 정리하라는 어른의 요청을 무시하거나 따르

표 9.1 ■ 적대적 반항장애의 진단준거

A. 분노/과민한 기분, 논쟁적/반항적 행동 또는 보복적인 양상이 적어도 6개월 이상 지속되고, 다음 중 적어도 네 가지 이상의 증상이 존재한다. 이러한 증상은 형제나 자매가 아닌 적어도 한 명 이상의 다른 사람과의 상호작용에서 나타나야 한다.

분노/과민한 기분
1. 자주 욱하고 화를 냄
2. 자주 과민하고 쉽게 짜증을 냄
3. 자주 화를 내고 크게 분개함

논쟁적/반항적 행동
4. 권위자와의 잦은 논쟁, 아동이나 청소년의 경우는 성인과 논쟁함
5. 자주 적극적으로 권위자의 요구나 규칙을 무시하거나 거절함
6. 자주 고의적으로 타인을 귀찮게 함
7. 자주 자신의 실수나 잘못된 행동을 남의 탓으로 돌림

보복적 특성
8. 지난 6개월 안에 적어도 두 차례 악의에 차 있거나 앙심을 품음

B. 행동 장애가 개인 자신에게 또는 자신에게 직접적으로 관련 있는 사회적 맥락 내에 있는 상대방(예 : 가족, 또래 집단)에게 고통을 주며, 그 결과 사회적, 교육적, 직업적 또는 다른 중요한 기능 영역에서 부정적인 영향을 준다.

C. 행동은 정신병적 장애, 물질사용장애, 우울장애 또는 양극성장애의 경과 중에만 국한해서 나타나지 않는다. 파괴적 기분조절부전장애의 진단기준을 충족하지 않아야 한다.

출처 : *Diagnostic and Statistical Manual of Mental Disorders, Fifth Edition* (2013). 미국정신의학협회 판권 소유. 재인쇄 허가받음.

지 않았다(Klimes-Dougan & Kopp, 1999).

우리는 어떻게 규범적인 아동행동과 임상적으로 유의한 적대적이고 반항적인 행동을 구별할 수 있을까? 이 질문에 대한 쉬운 답은 없지만, 일반적으로 임상적으로 유의한 품행문제의 확인은 (1) 아동의 파괴적 행동문제의 수와 빈도와 (2) 아동의 전반적 발달상황에 기초하여 이루어질 수 있다.

첫째, ODD 아동은 전형적으로 발달하는 또래들보다 더 많은 문제행동을 더 빈번하게 보인다. 많은 아동이 부모의 요청을 거절하거나 뜻대로 되지 않을 때 불평을 할 때가 있지만 ODD 아동은 반복적으로 성질을 부리고 부모에게 반항하고 어른들과 말다툼을 하거나 못되게 굴고 악의에 찬 행동을 한다(Bufferd, Dyson, Hernandez, & Wakschlag, 2016). 경험적 연구는 ODD 아동이 동일 연령의 다른 또래들보다 더 빈번하고 심각한 행동문제를 보인다는 것을 계속해서 보여주었다. 예를 들어, 키넌과 왁슐라그(Keenan & Wakschlag, 2004)는 정신과 치료를 위해 의뢰된 어린 아동의 파괴적 행동의 빈도를 지역사회 아동의 행동과 비교했다. 클리닉에 의뢰된 아동은 적대적 행동을 흔하게 보였다. 의뢰된 아동의 약 70%가 어른의 요청을 거절하거나 성질을 부렸다. 이와는 대조적으로, 지역사회 아동이 그러한 적대적 행동을 보이는 경우는 상대적으로 드물었다. 의뢰되지 않은 아동 중 약 4~8%만이 반복적인 반항을 보였다. 고집을 부리는 행동은 학령전기 아동에게서 흔히 보이지만 ODD 증상은 흔하지 않다(Frick & Shirtcliff, 2016).

둘째, ODD 아동은 발달수준을 고려했을 때 예상하기 어려운 파괴적인 행동을 한다. 적대적이고 반항적인 행위가 발달적으로 규범적인 나이 이후에도 지속된다. 예를 들어, 아버지가 장난감을 치우라고 했을 때 피곤한 두 살짜리가 짜증을 낸다면, 우리는 이 아이의 행동이 발달적으로 전형적이라고 생각할 수 있다. 하지만 다섯 살짜리가 장난감을 치우라고 할 때 성질을 부린다면, 우리는 이 아동의 행동을 비전형적으로 적대적이라고 생각할 것이다(Curtis et al., 2016). ODD가 있는 남아인 데이비슨을 생각해보라.

임상가는 아동의 행동이 연령에 적합한지 여부를 어떻게 판단하는가? DSM-5는 임상가가 아동의 증상이 진단을 내릴 만큼 자주 발생하는지 여부를 결정하는 데 도움이 되는 지침을 제공한다. 진단을 내리려면, 대부분의 ODD 증상이 학령전기 아동에게서는 매일 또는 학령기 아동과 청소년에게서

사례연구
적대적 반항장애

데이비슨의 도피

"너 지금 당장 앉아서 얌전히 있지 않으면, 우리가 집에 갔을 때 아빠가 아시게 될거야!" 이 말을 들은 드리스콜 박사는 여섯 살 난 데이비슨과 그의 어머니 레퍼 부인이 진료를 위해 도착했다는 것을 알았다. 드리스콜 박사는 그들을 진료실로 데리고 들어와서 어떻게 도울 수 있는지 물었다.

"데이비슨은 너무 다루기가 힘들어요. 어떻게 해야 할지 모르겠어요. 제가 하는 어떤 말도 듣지 않으려고 해요. 저를 힘들게 하는 것을 즐기는 것 같아요." 레퍼 부인이 데이비슨이 집에서 보이는 반항적 태도를 설명하자, 데이비슨이 끼어들어서 "엄마, 지루해. 껌 좀 주면 안 돼?"라고 말했다. 레퍼 부인은 엄하게 대답했다. "지금은 안 돼." 드리스콜 박사가 "테이블 위에 색칠하기 책이 몇 권 있어. 널 위해 하나 찾아보자"라고 덧붙였다.

데이비슨은 단지 몇 분 동안만 색칠에 관심을 보였다. 그러고 나서 다시 그는 어머니를 귀찮게 했고 대화를 방해했다. 어머니는 "늘 이런 식이에요. 제가 통화할 때마다 이렇게 귀찮게 해요. 아침에 샤워를 할 수도 없을 지경이에요. 욕실 밖에서 소리를 질러대고 문을 안 잠그면 그냥 막 들어와요. 쇼핑도 같이 갈 수가 없어요. 계속해서 선반에 있는 물건들을 마구잡이로 집어대거나 창피하게 만들거든요."

이때쯤 데이비슨은 참을성이 바닥나서 드리스콜 박사의 진료실 문으로 걸어갔다. 어른들이 지켜보고 있는지 확인한 뒤 데이비슨은 천천히 문손잡이를 돌려 문을 살짝 열었다. 어머니가 응대했다. "이 방을 나가면, 집에 갔을 때 야단맞게 될 거야." 데이비슨은 미소를 점점 더 크

ⓒiStockphoto.com/Radist

게 지으면서 문을 조금 더 열고 복도에 한쪽 발을 내어놓았다. 어머니는 일어서서 숫자를 세기 시작했다. "하나…두울…데이비슨." 데이비슨은 사무실 문을 쾅 닫고 복도를 뛰어 달려가는 것으로 응수했다.

레퍼 부인은 화가 난 표정으로 문 쪽으로 뛰어갔다. 드리스콜 박사가 끼어들어 말했다. "어머니, 앉으세요." 무척 화가 난 레퍼 부인은 "애를 데려와야겠어요"라고 대꾸했다. 드리스콜 박사는 "왜요? 이 복도 끝에는 아무것도 없어요. 그리고 카드키 없이는 다른 진료실에 들어갈 수도 없어요. 데이비슨은 안전해요. 별 문제 없을 거예요. 데이비슨은 색칠을 하고 싶지 않다고 마음 먹었을 뿐이에요. 괜찮아요. 이제 데이비슨은 잠시 복도에 앉아 있으면 돼요." 처음으로 레퍼 부인의 얼굴에 미소가 스쳤다.

는 매주 발생해야 한다. '앙심 또는 보복적 특성' 증상은 지난 6개월 동안 적어도 두 번은 발생해야 한다(American Psychiatric Association, 2013).

또한 임상가는 아동의 부모와 교사에게 규준-참조 행동평정척도를 실시해서 아동의 품행문제의 심각도를 같은 나이와 성별의 다른 아동과 비교할 수 있다. 아동에 대한 평정이 93번째 또는 95번째 백분위를 초과한다면, 유의한 빈도 또는 심각도의 적대적이거나 반항적인 증상을 나타낸다고 본다. 어느 경우든, 증상이 아동의 사회적 또는 교육적 기능에 손상을 초래해야 한다(American Psychiatric Association, 2013).

ODD 징후와 증상의 세 가지 범주는 서로 확실히 구별될 수 있다. 첫 번째 범주는 정서를 조절하는 문제(즉, 화가 나거나 과민한 기분)와 관련 있고, 두 번째 범주는 외현적 행동을 조절하는 어려움(즉, 논쟁적이고 반항적인 행동)을 기술하고, 세 번째 범주는 정서와 행동 모두를 통제하는 문제(즉, 보복적 특성)를 반영한다. 이 범주들은 서로 다른 발달결과를 예측하기 때문에 중요하다. 예를 들어, 화가 나거나 과민한 기분 범주는 나중의 우울증 문제를 예측한다. 대조적으로, 논쟁적이고 반항적인 범주는 공존장애인 ADHD와 관련이 있다. 마지막으로, 보복적 특성의 존재는 청소년기에 더 심각한 품행문제의 출현을 예측한다(Burke, 2012; Burke, Hipwell, & Loeber, 2010).

아동은 한 가지 환경에서만 증상이 나타나도 ODD 진단을 받을 수 있다. 예를 들어, ODD가 있는 일부 아동은 부모에게는 반항적이지만 교사, 코치, 그리고 다른 어른들에게는 순종적이고 존중하는 것처럼 보인다. ODD가 있는 다른 아동

은 한 부모(예 : 어머니)에게만 증상을 보일 뿐 다른 부모(예 : 아버지)에게는 증상을 보이지 않는다. ODD가 있는 아동이 특정 상황에서나 특정인에게만 증상을 보일 수 있다는 사실은 환경적 요인이 장애의 발달과 유지에 큰 영향을 미친다는 것을 시사한다. ODD는 여러 환경에서 증상이 나타나야 하는 ADHD와는 다르다(Lindheim, Bennett, Hipwell, & Pardini, 2015). ODD 증상은 거의 항상 부모(96%)나 교사(85%)를 대상으로 나타난다. 또래를 대상으로 하는 경우는 덜 흔하다(67%). ODD가 있는 대부분의 아동(62%)은 가정과 학교에서 그리고 또래에게 증상을 보인다(Youngstrom, van Meter, & Algorta, 2010).

임상가는 진단을 내릴 때 ODD 증상의 심각도를 명시해야 한다. 경도 증상은 한 가지 환경(예 : 집이나 학교에서 또는 또래에게)에서만 발생하며, 중등도 증상은 두 가지 환경에서, 고도 증상은 세 가지 이상의 환경에서 발생한다.

품행장애

품행장애(conduct disorder, CD)는 아동과 청소년이 타인의 기본권이나 연령에 맞는 주요 사회 규칙을 위반하는 반복적이고 지속적인 행동패턴이 특징인 심각한 상태이다(표 9.2). CD의 증상은 (1) 사람과 동물에 대한 공격성, (2) 재산 파괴, (3) 사기나 절도, 그리고 (4) 심각한 규칙위반의 네 가지 범주로 분류될 수 있다. 사람과 동물에 대한 공격에는 싸움, 신체적 학대, 폭행, 강도 등이 포함된다. 재산 파괴는 파괴, 방화 또는 고의적인 무모한 행동을 통해 의도적으로 다른 사람의 물건을 손상시키는 것을 포함한다. 사기행동에는 무단침입, 절도 또는 보상을 얻거나 책임을 피하기 위해 거짓말하기가 포함된다. 다른 심각한 규칙위반에는 외박, 가출 또는 무단결석이 포함된다.

CD의 15가지 징후와 증상은 다양한 반사회적 행동을 반영한다는 점에 주목하자. CD 진단을 받으려면 아동과 청소년은 지난 1년간 적어도 세 가지 징후나 증상을 보여야 한다. 진단기준이 다양한 행동을 반영하기 때문에 CD가 있는 두 아이가 극적으로 다른 행동 프로파일을 보일 수도 있다. 다음은 각각 CD 진단을 받을 수 있는 15세 남아들이다.

A. 앤서니는 가출을 하고 학교를 자주 무단결석하며, 부모의 허락 없이 밤새 외박한다.

B. 브렛은 또래들에게 몸싸움을 걸고 강도짓을 하려고 칼을 사용하며 여자 아이들에게 성행위를 강요한다.

C. 찰스는 고의로 학교 기물을 파괴하고 불을 지르고 동물들을 괴롭힌다.

D. 딘은 다른 사람들의 집에 침입하고 가게에서 좀도둑질을 하고 신용카드를 훔친다.

비록 이 남아들 모두가 CD 진단을 받을 수 있겠지만, 각기 다른 패턴의 징후와 증상을 보인다. CD라는 진단은 광범위하고 이질적인 집단을 반영한다. CD가 있는 브랜디를 생각해보자. 브랜디는 만성적인 행동문제의 위험에 처해 있다.

ODD와 CD의 관계는 복잡하다. 예전에는 전문가들이 ODD가 단순히 CD의 초기 증상일 뿐이라고 생각했었다. 즉 두 장애는 서로 다른 발달 시기에 나타나지만 동일한 근본적인 문제를 반영하고 있다고 본다. 하지만 최근의 연구는 ODD와 CD가 질적으로 다른 질병이며 때때로 동시에 발생한다는 개념을 지지한다. 이 견해를 뒷받침하는 증거는 세 가지 출처에서 나온다.

첫째, 많은 ODD 아동이 CD가 있는 아동이 보이는 더 심각한 공격적이고 반사회적 행동을 결코 보이지 않는다. 메타분석은 초기 아동기에 적대적이고 반항적인 행동을 보인 대부분의 아동이 나중에 CD의 공격성, 재산파괴 또는 심각한 규칙위반 특성을 보이지 않는다는 것을 반복적으로 보여주었다(Frick, 2012).

둘째, 아동은 유의한 ODD 증상 없이도 CD의 진단기준을 충족할 수 있다. 한 연구에서, 연구자들은 지역사회의 대규모 남아 표본에서 행동 문제를 평가했다. 전체적으로, 남아들의 13%가 ODD를 가지고 있었고 6%가 CD를 가지고 있었다. 하지만 CD 기준을 충족한 남아들 중 약 3분의 1은 유의한 ODD 증상을 보이지 않았다. 아동은 적대적이고 반항적인 행동을 보이지 않고도 CD를 보일 수 있다(Pardini & Fite, 2010).

셋째, ODD는 CD와는 다른 결과를 예측한다. CD가 미래의 반사회적 행동과 물질사용 문제를 예측하는 반면, ODD는 행동과 정서 문제를 모두 예측한다. 구체적으로, ODD의 행동증상(즉, 논쟁, 반항, 다른 사람을 짜증나게 하기)은 미래의 품행문제를 예측하는 반면, ODD의 정서증상(즉, 예민하고

표 9.2 ■ 품행장애 진단기준

A. 타인의 기본적 권리를 침해하고 연령에 적절한 사회적 규범 또는 규칙을 위반하는 지속적이고 반복적인 행동 양상으로, 지난 12개월 동안 다음의 15개 기준 중 적어도 3개 이상에 해당되고, 지난 6개월 동안 적어도 1개 이상의 기준에 해당된다.

사람과 동물에 대한 공격성
1. 자주 다른 사람을 괴롭히거나, 위협하거나, 협박함
2. 자주 신체적인 싸움을 시작함
3. 타인에게 심각한 신체적 손상을 입힐 수 있는 무기를 사용함(예 : 방망이, 벽돌, 깨진 병, 칼, 총)
4. 타인에게 신체적으로 잔인하게 대함
5. 동물에게 신체적으로 잔인하게 대함
6. 피해자가 보는 앞에서 도둑질을 함(예 : 노상강도, 소매치기, 강탈, 무장강도)
7. 타인에게 성적 활동을 강요함

재산 파괴
8. 심각한 손상을 입히려는 의도로 고의적으로 불을 지름
9. 타인의 재산을 고의적으로 파괴함(방화로 인한 것은 제외)

사기 또는 절도
10. 타인의 집, 건물 또는 자동차에 침입함
11. 어떤 물건을 얻거나 환심을 사기 위해 또는 의무를 피하기 위해 거짓말을 자주함(즉, 타인을 속임)
12. 피해자와 대면하지 않은 상황에서 귀중품을 훔침(무단침입 없이 상점에서 물건 훔치기, 문서 위조)

심각한 규칙위반
13. 부모의 제지에도 불구하고, 13세 이전부터 자주 밤늦게까지 집에 들어오지 않음
14. 장기간 귀가하지 않는 가출이 1~2회 있음
15. 13세 이전부터 무단결석을 자주 함

B. 행동장애가 사회적, 학업적, 직업적 기능 영역에서 임상적으로 현저한 손상을 초래

C. 18세 이상일 경우, 반사회성 성격장애의 기준에 부합되지 않는다.

다음 중 하나를 명시할 것:
  – 아동기 발병형 : 10세 이전에 품행장애의 특징적인 증상 중 적어도 1개 이상을 보이는 경우
  – 청소년기 발병형 : 10세 이전에는 품행장애의 특징적인 증상을 전혀 충족하지 않는 경우
  – 명시되지 않는 발병 : 품행장애의 진단기준을 충족하지만, 첫 증상을 10세 이전에 보였는지 또는 10세 이후에 보였는지에 대한 정보가 없어서 확실히 결정하기 어려운 경우

현재의 심각도를 명시할 것:
  – 경도 : 진단을 충족하는 품행문제가 있더라도, 문제의 수가 적고, 타인에게 가벼운 해를 끼치는 경우(예 : 거짓말, 무단결석, 허락 없이 밤늦게 집에 들어가지 않는 것, 기타 규칙위반)
  – 중등도 : 품행문제의 수와 타인에게 끼치는 영향의 정도가 '경도'와 '고도'의 중간에 해당되는 경우(예 : 피해자와 대면하지 않은 상태에서 도둑질하기, 공공기물 파손)
  – 고도 : 진단을 충족하는 품행문제가 많거나 또는 타인에게 심각한 해를 끼치는 경우(예 : 성적 강요, 신체적 잔인함, 무기 사용, 피해자가 보는 앞에서 도둑질, 무단침입)

출처 : *Diagnostic and Statistical Manual of Mental Disorders*, Fifth Edition (2013). 미국정신의학협회 판권 소유. 재인쇄 허가받음.

짜증나고 화가 나거나 분개하는)은 이후의 기분 문제를 예측한다.

전체적으로, 경험적 자료는 ODD와 CD가 별개의 장애임을 시사한다. 따라서 DSM-5는 아동이 각 장애별 진단기준을 충족한다면 ODD와 CD를 모두 진단받을 수 있게 한다(McCloskey & Drabick, 2019).

간헐적 폭발장애

간헐적 폭발장애(intermittent explosive disorder, IED)의 특징은 언어적 그리고/또는 신체적 공격을 초래하는 반복적인 분노폭발이다(표 9.3). 아동과 청소년이 빈번하지만 상대적으로 경미한 공격적 행위(예 : 놀리기, 욕하기, 밀치기)를 보이거나 또는 덜 빈번하지만 더 해로운 공격적 행동(예 : 깨물기, 때리기, 물건 던지기)을 보인다면 IED의 진단기준을 충족할 수 있

사례연구
품행장애

엄마를 비참하게 만들기

브랜딘은 학교에서 보인 반항적이고 공격적인 행동 때문에 4학년 담임 교사에 의해 우리 클리닉에 의뢰된 10세 남아였다. 담임인 밀러 선생님에 따르면, 브랜딘은 제한을 받을 때마다 화를 내고 분개했다고 한다. 예를 들어, 밀러 선생님이 브랜딘에게 소지품을 챙기라고 하면 짜증을 내고 물건을 던지고 때리곤 했다. 브랜딘은 또한 장난감을 가지고 자기 뜻대로 하기 위해 반의 다른 아이들을 괴롭히고 위협했다. 밀러 선생님은 "브랜딘은 더 어린 아이들을 찾고 자기가 원하는 것을 얻을 때까지 그들을 괴롭혀요. 만약 그 애들이 맞서려고 하면 밀거나 꼬집어요. 심지어는 갖고 싶어 하는 향기 나는 연필을 주지 않으려고 하는 반 친구의 목을 조르기까지 했어요"라고 설명했다.

브랜딘은 다른 사람들의 관심을 끌기 위해서 다른 공격적 행위들도 했다. 예를 들어, 그는 수업 중에 한 여아의 꽁지머리를 자르고 반복적으로 다른 학생들의 소지품을 망가뜨렸다. 사물함과 책상에서 물건을 훔치다가 두 차례 붙잡히기도 했다. 급우들은 브랜딘의 공격적인 행동 때문에 같이 놀려고 하지 않았다. 밀러 선생님은 "브랜딘을 어떻게 해야 할지 모르겠어요. 야단을 맞아도 신경 쓰지 않는 것 같아요. 타임아웃 의자에 계속 앉아 있게 할 수도 없어요."

브랜딘의 어머니는 가정에서도 비슷한 공격성과 반항 문제가 있다고 보고했다. 어머니는 "브랜딘은 제 말을 전혀 듣지 않아요"라고 설명했다. "브랜딘은 제 삶을 비참하게 만드는 것을 즐기는 것 같아요." 어머니는 "싱글맘이 되고 하찮은 일을 하고 있는 것 자체가 충분히 힘들어요. 그런데 집에 오면 브랜딘을 상대해야 해요. 애를 사랑하지만 어떻게 해야 할지 모르겠어요. 전 가끔 브랜딘이 제 아버지와 같은 길을 가고 있는 것처럼 보여서 두려워요. 피는 못 속이나 봐요."

표 9.3 ■ 간헐적 폭발장애 진단기준

A. 공격적인 충동을 통제하지 못해서 보이는 반복적인 행동폭발로, 다음의 항목 중 하나를 특징적으로 보인다.
  1. 언어적 공격성(예 : 분노발작, 장황한 비난, 언어적 논쟁 또는 싸움) 또는 재산, 동물, 타인에게 가하는 신체적 공격성이 3개월 동안 평균적으로 일주일에 2회 이상 발생함. 신체적 공격성은 재산 피해나 파괴를 초래하지 않으며, 동물이나 다른 사람에게 상해를 입히지 않음.
  2. 재산 피해나 파괴 그리고/또는 동물이나 다른 사람에게 상해를 입힐 수 있는 신체적 폭행을 포함하는 폭발적 행동을 12개월 이내에 3회 보임

B. 반복적인 행동폭발 동안 표현된 공격성의 정도는 도발이나 정신사회적 스트레스 요인에 의해 촉발되는 정도를 심하게 넘어선 것이다.

C. 반복적인 공격적 행동폭발은 미리 계획된 것이 아니며(즉, 충동적이거나 분노로 유발됨), 실재적 목적(예 : 돈, 권력, 위협)을 달성하기 위한 것이 아니다.

D. 반복적인 공격적 행동폭발은 개인에게 현저한 심리적 고통을 유발하거나, 직업적 또는 대인관계 기능에 손상을 주거나, 경제적 또는 법적 문제와 관련된다.

E. 생활연령은 적어도 6세 이상(또는 6세에 상응하는 발달 단계 수준)이다.

F. 반복적인 공격적 행동폭발이 다른 정신질환으로 더 잘 설명되지 않으며, 다른 의학적 상태나 물질(예 : 남용약물, 치료약물)의 생리적 효과로 인한 것이 아니다.

출처 : Substance Abuse and Mental Health Administeation (2016).

다. IED는 ODD나 CD와는 다른데, IED는 아동과 청소년이 공격적인 행동을 보여야 진단기준을 충족시킬 수 있는 유일한 품행문제이기 때문이다. ODD나 CD가 있는 모든 아동이 언어적 또는 신체적 공격성을 보이는 것은 아니다.

IED 아동이 보이는 공격적 행동은 분노의 감정에서 비롯되지만 아동을 화나게 만든 자극 원인에 비례하지 않는다. 대부분의 경우, 아동은 별일 아닌 것에 대해 소리를 지르거나 때리거나 재물을 부수는 등의 과민 반응을 보인다. 예를 들어, IED

사례연구
간헐적 폭발장애

운전자 난폭행동

"정말 미안해요." 루카스가 흐느꼈다. "내가 왜 그랬는지 모르겠어요." 루카스는 앞에 무릎을 꿇고 있는 구급대원의 어깨 너머로 그의 차의 사라진 후미 범퍼를 쳐다보았다. 루카스가 여름 내내 일해서 산 혼다 시빅은 엉망이었다. "그래도 무사해서 다행이예요"라고 한 경찰관이 대답했다. "무슨 일이 있었는지 얘기해볼래요?"

17세의 루카스는 여름 방학 동안 안전요원으로 일하고 있는 동네 수영장에 가는 데 늦었다. 루카스가 차를 후진해서 나가면서 미처 양쪽 방향에서 오는 차를 살피지 못했다. 그러자 다른 운전자가 경적을 울리며 루카스에게 멈추라고 경고했다. "갑자기, 전 제 가슴에서 이상한 감각을 느꼈어요"라고 루카스가 보고했다. "전 정말 긴장이 되면서 확 열이 올랐어요. '이 자식한테 한 수 가르쳐 줘야겠다'라는 생각을 했어요." 루카스는 주택가에서 시속 88킬로미터가 넘는 속도로 달려서 그 운전자를 추월했다. "전 그 사람을 겁주고 싶었어요. 그래서 그 사람을 멈추게 하려고 그 차 앞에서 브레이크를 세게 밟았는데, 그 사람이 제 때 서지를 못하고 결국 내 차를 뒤에서 박았어요. 어떻게 제가 그런 멍청한 짓을 할 수 있었을까요?"

루카스의 어머니는 루카스가 버럭 화를 폭발하는 것이 하루이틀 일이 아니라고 보고했다. "어렸을 때, 루카스는 성질이 급했어요"라고 어머니는 기억했다. "보통 때는 상냥한 아이였지만, 때때로 사소한 일에도 화를 내곤 했어요. 한번은, 야구 경기 중에 삼진을 당한 후에 심판한테 야구 방망이를 던졌어요. 또 한 번은 제가 루카스한테 그만 놀고 개를 산책시키라고 했을 때, 애가 화가 나서는 개를 너무 심하게 끌고 가서 질식시키는 줄 알았어요. 나중에 루카스가 잘못했다고 했지만 그 당

©iStockphoto.com/monkeybusinessimages

시 전 너무 무서웠어요."

루카스는 학교에서도 분노폭발로 인해 곤경에 처했었다. 중학교 1학년 때, 루카스는 자신을 험담하는 반 친구를 때려서 정학을 당했다. 중2 때는 (루카스의 주장에 의하면) 시험에서 낮은 점수를 받았다고 놀리는 학생을 밀치고 의자를 던져서 학교심리학자에게 의뢰되었고 분노관리치료를 받았다. 가장 최근에, 루카스의 어머니는 루카스가 숙제를 끝내지 않았다고 선생님께 꾸중을 들은 다음에 학교의 화재 경보를 울려서 1,600달러의 벌금을 물었다.

"루카스는 자기 아빠처럼 다혈질이예요" 어머니가 덧붙였다. "애 아빠는 화가 나면 우리에게 소리를 질렀어요. 때로는 루카스를 심하게 때리기도 했구요. 그래서 애 아빠랑 헤어진 거예요. 루카스는 속마음은 정말 좋은 아이예요. 결코 고의로 남을 해치는 일을 하지 않아요. 때때로, 루카스가 제 성질을 못 이기는 것뿐이예요."

가 있는 남아는 Xbox를 꺼야 할 시간이라고 말하는 어머니에게 소리를 질러댈지도 모른다. 아니면 IED가 있는 여아는 다른 사람들의 호의를 적대적이거나 위협적인 것으로 잘못 해석했기 때문에 화가 날 수도 있다. 이 여아는 반 친구가 일부러 점심 식탁의 마지막 자리를 차지했다고 믿기 때문에 그 아이를 밀칠 수도 있다.

IED가 있는 아동과 청소년은 전형적으로 가족, 친구 또는 급우들에게 공격을 가한다. 부당한 대우를 받거나 위협을 받았다고 생각하는 경우에는 낯선 사람에게도 맹렬히 대들 것이다. IED가 있는 대부분의 아동과 청소년은 공격적 행위를 하는 동안 통제불능의 느낌을 받으며, 많은 경우 그 후에 창피해하거나 양심의 가책을 느낀다(McCloskey & Drabick, 2019).

주목할 점은 IED 아동이 보인 공격이 분노나 좌절에 대한 과잉반응을 반영한다는 것이다. IED 아동은 전형적으로 다른 사람들을 괴롭히거나 강탈하기 위한 공격을 하는 것이 아니다. 이 공격적인 행동폭발은 계획적이기보다는 충동적이다. 공격적 행위를 한 후 양심의 가책을 보이는, IED가 있는 청소년 루카스를 생각해보자.

아동의 품행문제를 어떻게 가장 잘 설명할 수 있을까?

아동과 청소년이 매우 다양한 방법으로 품행문제를 나타낼 수 있기 때문에, 이 문제의 원인을 연구하고 치료하는 효과적인 방법을 찾는 것은 어렵다. 결과적으로, 연구자들은 각 문

제 유형에 대한 원인과 치료법을 규명하는 것을 목표로 삼고, 아동과 청소년의 품행문제를 더 구체적인 방법으로 설명하는 데 관심이 있다.

대부분의 연구는 다음을 기준으로 아동을 분류한다.

1. 품행문제의 본질 : 외현적 또는 내현적
2. 공격성 유형 : 반응적 또는 선행적
3. 증상 발병 연령 : 아동기 또는 청소년기
4. 친사회적 정서능력

여기서는 아동의 품행문제를 설명하는 각각의 방법이 이러한 문제의 원인과 향후 아동의 예후에 대해 무엇을 말해 줄 수 있는지 살펴볼 것이다.

외현적 문제 대 내현적 문제

품행문제가 있는 아동과 청소년이 보이는 증상은 크게 두 가지 군집으로 나눌 수 있다: (1) 외현적 증상과 (2) 내현적 증상. 예컨대, CD의 외현적 증상(overt symptoms)은 관찰 가능하고 대립적인 반사회적 행위, 특히 신체적 공격행위를 가리킨다. 외현적 증상의 예로는 폭행, 강도, 괴롭힘이 있다. 대조적으로, CD의 내현적 증상(covert symptoms)은 보통 신체적 공격을 포함하지 않는 은밀한 반사회적 행동을 가리킨다. 내현적 증상의 예로는 빈집털이, 거짓말, 무단결석이 있다(Hess & Scheithauer, 2015).

폴 프릭(Paul Frick et al., 1993)은 요인분석을 사용하여 자주 같이 발생하는 품행문제를 확인했다. 연구자들은 2만 4,000명 이상의 사례 자료를 검토했다. 그들은 아동의 품행문제가 두 가지 독립적인 차원에 기초하여 네 가지 요인으로 분류될 수 있다는 것을 발견했다: (1) 외현성 대 내현성의 정도와 (2) 파괴성 대 비파괴성의 정도(그림 9.1). 아동의 품행문제를 이 두 가지 차원을 기준으로 도시하면 네 가지 요인이 나타난다.

1. 재산 손상. 이 행동들은 내현적이고 파괴적이다. DSM-5 CD 증상으로는 재산파괴(예 : 공공기물파손, 방화)와 사기 또는 절도(예 : 무단가택침입, 좀도둑질)가 포함된다.

그림 9.1 ■ 품행문제의 네 군집

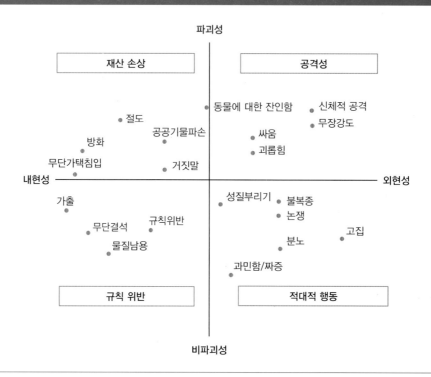

주 : 아동의 품행문제는 외현성과 파괴성을 토대로 하여 네 가지 군집으로 분류될 수 있다. 출처 : Frick et al. (1993); Frick (2012).

2. **공격성.** 이 행동들은 외현적이고 파괴적이다. DSM-5 CD 증상으로는 사람과 동물에 대한 공격성(예 : 괴롭힘, 잔인함, 싸움)과 IED가 있는 아동과 청소년이 보이는 신체적 공격성이 포함된다.

3. **규칙위반.** 이 행동들은 내현적이고 대체로 비파괴적이다. DSM-5 CD 증상으로는 심각한 규칙위반(예 : 가출, 무단결석) 및 공존장애인 물질사용 문제가 일반적으로 포함된다.

4. **적대적이고 반항적인 행동.** 이 행동들은 외현적이고 보통 비파괴적이다. 여기에는 DSM-5 ODD 증상이 대부분 포함된다.

전체적으로, 이 자료는 아동의 품행문제가 그들의 외현성과 파괴성의 정도에 근거하여 신뢰롭고 의미있는 방식으로 구별될 수 있음을 나타낸다(Frick, 2012).

반응적 공격성 대 선행적 공격성

외현적 품행문제는 두 가지 유형의 공격성, 즉 (1) 반응적 공격성과 (2) 선행적 공격성으로 나눌 수 있다. 반응적 공격성(reactive aggression)은 아동이 위협, 좌절스러운 사건 또는 다른 사람들의 도발에 반응하여 신체적 폭력이나 재산파괴에 관여할 때 보인다. 예를 들어, 어떤 아동은 자신의 연필을 훔친 반 아이를 밀칠 수도 있다. 반응적 공격성은 일반적으로 아동이 교사에게 도움을 요청하거나 다른 연필을 찾는 것과 같은 대안적인 친사회적 대응방법을 고려하지 않고 충동적으로 그리고 자동적으로 행동하기 때문에 발생한다(Dickson et al., 2015; Frey, Highheagle Strong, & Onyewuenyi, 2016).

어떤 아동은 반응적 공격에 관여할 위험이 특히 크다. 첫째, ADHD가 있는 어린 아동과 청소년은 충동을 억제하는 데 어려움을 겪기 때문에 반응적 공격성을 보일 수 있다. 둘째, 정서조절 문제가 있어서 좌절감과 분노를 줄일 수 있는 대처능력이 부족한 아동과 청소년이 반응적 공격성을 보일 수 있다. 셋째, 사회적 문제해결 능력이 부족한 아동은 대인관계 갈등을 해결하기 위해 반응적 공격성을 사용할 수 있다. 또래들과의 분쟁을 타결하기 위해 인지적 전략을 사용하는 대신에, 이러한 아동은 문제를 해결하기 위해 다른 아동을 때리거나 발로 차거나 소리를 지를 수도 있다. 마지막으로, 신체적

학대 그리고/또는 괴롭힘을 당한 이력이 있는 아동과 청소년이 반응적 공격을 할 수 있다. 한때는 학대로부터 벗어나게 하는 데 이 공격성이 적응적이었을 수 있지만 새로운 맥락에서도 지속되고 가정이나 학교에서의 관계를 방해하게 되면 문제가 된다(Kimonis et al., 2015).

선행적 공격성(proactive aggaression)은 아동이 원하는 목적을 달성하기 위해 의도적으로 공격적 행동을 할 때 나타난다. 예를 들어, 어떤 아동은 가지고 싶은 연필을 뺏기 위해서 반 아이를 밀칠 수 있다(Dickson et al., 2015; Frey et al., 2016).

대부분의 전문가들은 아동이 선행적 공격성을 사용하는 법을 학습한다고 생각한다. 학습은 모델링과 강화를 통해 이루어진다. 부모가 아동이 말을 잘 듣게 하기 위해서 소리를 지르거나 위협하거나 엉덩이를 때린다면 선행적 공격성의 본보기가 되는 것이다. 부모를 관찰함으로써, 아동은 선행적 공격이 단기적 목표를 달성하는 합법적이고 효과적인 방법이라고 배운다. 선행적 공격의 사용은 정적 강화를 통해서도 공고해진다. 아동은 싸움이나 괴롭힘을 통해 물건, 돈, 사회적 지위를 획득할 수 있다는 것을 배운다. 사실, 선행적 공격을 하는 아동은 강화에 유난히 민감한 경향이 있다. 이러한 아동은 공격적 행위를 통해 받게 될 보상을 과대평가하고 그들의 행동에 대해 처벌받을 확률을 과소평가한다.

아동기에는 공격적 폭발이 가끔 일어나지만, 반응적 또는 선행적 공격이 반복적으로 나타나는 경우는 드물다. 아동의 약 7%는 반응적 공격성 문제를, 3%는 선행적 공격성 문제를 반복적으로 보이고, 10%는 반응적 공격성과 선행적 공격성이 혼합된 문제를 보인다(Kimonis et al., 2015).

아동이 보이는 공격성의 유형은 임상가가 어떤 DSM-5 진단이 아동의 증상을 가장 잘 설명하는지를 결정하는 데 도움이 될 수 있기 때문에 중요하다. IED가 있는 아동은 반응적 공격성을 보인다. 그들은 화가 났을 때 사람, 동물 또는 사물에 마구 분풀이를 한다. 대조적으로, CD를 가지고 있는 아동은 반응적 공격성과 선행적 공격성의 혼합을 보여줄 수 있다. 때때로 그들은 화가 나서 행동하지만, 다른 때에는 그들이 원하는 것을 얻기 위해 사전에 계획된 공격행동을 할 수도 있다(McCloskey & Drabick, 2019).

또한 반응적 공격성과 선행적 공격성의 구별은 아동의 발달과정을 예측할 수 있기 때문에 중요하다. 비록 반응적 공

격성이 심각하고 치료를 받아야 하는 상태라고 해도, 대체로 10대 후반에는 감소한다. 이와는 대조적으로, 선행적 공격을 하는 아동은 성인이 되었을 때 반사회적이고 범죄적인 행동을 할 위험이 증가한다(Zaraa, Cunningham, Pappadopulos, & Jensen, 2018).

아동기 발병 대 청소년기 발병

아동기 품행문제를 구별하는 세 번째 방법은 발병연령에 기초한다. DSM-5(American Psychiatric Association, 2013)에 따르면, CD를 진단할 때 임상가는 아동의 증상이 아동기에 처음 나타났는지(즉, 10세 이전에 적어도 1개의 증상이 나타남) 아니면 청소년기에 처음 나타났는지(즉, 10세 이전에 증상이 나타나지 않음)를 명시해야 한다.

아동기 발병형 CD와 청소년기 발병형 CD의 구분은 뉴질랜드 아동을 대상으로 40년간 진행된 전향적 종단연구인 더니든 다학제 건강 및 발달 연구(Dunedin Multidisciplinary Health and Development Study; Moffitt, 2003; Moffitt, Caspi, Rutter, & Silva, 2001; Poulton, Moffitt, & Silva, 2015)에 근거한다. 연구자들은 1,000명의 아동을 출생 시부터 성인기까지 연구했다. 섬나라 뉴질랜드는 수십 년이 지난 후에도 원래 연구를 위해 모집된 유아들의 거의 96%가 여전히 섬에 살고 있었고 추적 검사에도 참여할 수 있었기 때문에 이러한 전향적인 종단연구를 하기에 매우 적합한 지역이었다. 연구자들은 품행문제를 포함해서 광범위한 심리적 장애의 발생을 연구했다. 더니든 연구의 결과는 아동의 품행문제에 대한 두 가지 발달경로, 즉 (1) 아동기 발병경로와 (2) 청소년기 발병경로를 보여주었다.

아동기 발병 품행문제(childhood-onset conduct problems)가 있는 경우에는 학령전기 또는 초등학교 초기에 처음 품행문제를 보인다. 이 아동은 유아기에 까다로운 기질을 보이고 초기 아동기에는 정서조절 문제를, 학령전기에는 운동발달의 지연을, 학교에서는 낮은 IQ와 읽기능력을, 그리고 나중에는 특히 의사결정, 판단, 기억 영역에서 신경심리학적 결손을 보인다. 더 중요한 것은, 아동기 발병 품행문제가 있는 아동은 아동기와 청소년기에 걸쳐 공격적이고 파괴적인 행동의 증가를 보인다는 것이다. 성인이 되면 그들은 반사회적 행동, 정신건강과 물질사용 문제, 일과 경제적 어려움, 가정학대, 그

리고 수감의 위험에 처하게 된다(Hyatt-Burkhart, Kolbert, & Crothers, 2018).

아동기 발병 품행문제가 있는 아동은 성인기에 반사회성 성격장애(antisocial personality disorder, ASPD)를 보일 위험이 특히 크다(Dishion & Patterson, 2016). ASPD는 타인의 권리를 무시하고 침해하는 만연한 패턴이 특징인 심각한 장애다. ASPD가 있는 성인은 전형적으로 충동적이고 과민하며 공격적인 행동을 보인다. 그들은 무모하거나 불법적인 행위를 하며, 사회적 의무나 책임을 이행하지 못한다. 그리고 다른 사람들을 학대하는 것에 대해 별로 후회하지 않는다(American Psychiatric Association, 2013). 아동기 발병형 CD를 가지고 있는 남아의 약 40%가 성인기 초기에 이르면 ASPD를 보인다. 남아의 ASPD 발병 가능성은 두 가지 요인에 달려 있다. 첫째, 남아가 보이는 외현적(내현적이 아닌) 증상의 개수 자체가 미래에 반사회적 행동을 할 가능성을 예측한다. 사기, 재산 파괴, 절도는 ASPD 발병의 가장 좋은 예측변인들 중 하나다. 둘째, 저소득 가정 출신의 아동기 발병 CD를 가진 아동은 성인기에 ASPD를 보일 위험이 특히 크다. 한 연구에서, 똑같이 CD를 가지고 있더라도 저소득 배경을 가진 아동(65%)이 사회경제적 불이익에 노출되지 않은 아동(20%)보다 ASPD를 보이게 될 가능성이 훨씬 높았다(Shiner & Tackett, 2014).

대조적으로, 청소년기 발병 품행문제(adolescent-onset conduct problems)가 있는 청소년은 사춘기 이후에 처음 행동 문제를 보인다. 이들은 보통 유아나 초기 아동기의 까다로운 기질, 정서조절 문제, 신경학적 이상 등의 이력이 없다. 하지만 그들은 권위 있는 인물들과 '전통적' 가치에 대한 분노의 감정과 자율성에 대한 강한 욕구를 보고한다. 이러한 청소년은 외현적 공격 행위보다는 내현적이고 비파괴적인 행위(예 : 절도, 무단결석, 가출)를 하는 경향이 있다. 그들의 행동 문제는 청소년기 중반까지 지속되다가 초기 성인기에 다다르면서 점차 줄어드는 경향이 있다.

제한된 친사회적 정서

품행문제가 있는 아동을 구분하는 마지막 방법은 친사회적 정서의 유무에 기초한다(Golmaryami & Frick, 2015). 최근의 연구는 아동기 발병 품행문제를 가진 아동과 청소년 중 일부가 다른 사람들과 상호작용할 때 긍정적 감정이 결여되어 있

제한된 친사회적 정서

냉담한 케이드

케이드는 14세 남아로 소년법원에서 그의 사례담당자에 의해 우리 클리닉으로 의뢰되었다. 케이드는 파괴적인 행동을 한 전력이 있다. 그의 어머니는 "아기였을 때 케이드는 다루기 힘든 아이였어요. 항상 짓궂은 장난을 치고 내 말을 듣지 않고 울화를 터뜨렸어요. 케이드가 5살 때 우리 고양이의 수염을 모두 잘라버렸고 거실 깔개에 불을 질렀어요" 라고 기억했다.

케이드는 학교에서 신체적 공격 때문에 초등학교 2학년이 될 때까지 두 번 정학을 당했다. 한번은 자신의 신발에 못을 박은 채로 운동장에서 반 친구들을 발로 찼다. 또 같은 반 친구를 계단 밑으로 밀기도 했다. 케이드는 체육시간에 다른 아이들 앞에서 엉덩이를 내보이고 급우들에게 병에 담은 소변을 뿌리고 여러 차례 화재경보기를 울리는 등 못된 장난을 치다가 혼이 나기도 했다.

케이드가 6학년이 되었을 때는 이미 같은 또래의 친구가 거의 없었다. 그는 근처의 중학교에서 더 나이 많은 소년들과 시간을 보내는 것을 더 좋아했는데 그 아이들은 케이드에게 더 심각한 반사회적 행동들을 알려주었다. 케이드는 술을 마시고 마리화나를 사용하기 시작했으며 무단결석을 하기 시작했다. 케이드는 학교 버스들을 파손해서 수천 달러의 피해를 입힌 혐의로 중학교 1학년 때 처음으로 체포되었다.

의뢰되었을 당시 케이드는 중학교 2학년으로 행동문제가 있는 아이들을 위한 학급에 있었다. 그는 올해 초 학교에서 두 여학생에게 성적으로 선정적이고 인종적으로 모욕적인 발언을 해서 문제를 일으켰다.

©iStockphoto.com/Photobuff

더 최근에는 싸움 중에 커터 칼로 반 아이를 다치게 했다. 한 교사는 "케이드는 놀리고 욕하고 모욕적인 말을 하는 둥 일부러 남을 자극하려고 해요. 케이드는 다른 사람들을 괴롭히는 것을 즐기는 것 같고 벌을 받는 것을 신경 쓰지 않는 것처럼 보여요."라고 말했다.

케이드를 면접한 심리학자는 케이드가 불과 폭발물에 매료되어 있는 것을 가장 우려했다. 케이드는 자랑스럽게 말했다, "약 2년 전에, 전 집에서 폭탄을 만들기 시작했어요. 담배 라이터, 에어로졸, 가솔린, 불꽃놀이 재료, 배터리, 스티로폼 용기 등…무엇이든 다 써요. 친구들하고 같이 만들어서 들판에서 터뜨렸어요."

케이드의 어머니는 "케이드가 많은 문제를 일으켰다는 것을 알아요. 하지만 케이드가 정말 나쁜 아이는 아니에요. 만약 아빠가 케이드의 삶에서 더 큰 역할을 했더라면 아마 괜찮았을 거예요."라고 말했다.

다는 것을 시사한다. 이러한 아동과 청소년은 공감의 결여, 죄책감의 부재, 그리고 타인에 대해 냉담하거나 무관심한 태도를 보인다. 이들은 다른 사람의 감정에 신경쓰지 않고 급우들을 괴롭히거나 부모로부터 훔칠 수도 있다. 그들은 붙잡혀서 벌을 받은 것에 대해서는 후회할 수도 있지만, 잘못된 행동 자체에 대해서는 뉘우치지 않을 것이다. 또한 이러한 아동과 청소년은 대인관계에서 긍정적 감정이 전반적으로 결여되어 있거나 얕고 피상적인 감정 표현을 보여준다. 예를 들어, 이들은 감정적으로 차갑게 보일 수 있으며, 자신을 취약하게 만들까 봐 보호자나 또래를 신뢰하거나 속마음을 털어놓지 않는다(Kahn, Frick, Youngstrom, Findling, & Youngstrom, 2012). 아동기 발병 CD가 있는 남아 케이드가 친사회적 정서의 결여와 타인에 대한 냉담함을 보여준 사례를 생각해 보자.

타인의 권리에 대한 이러한 지속적 무시가 냉담하고 무정

서적 특질과 결합되면, 아동은 장기적인 반사회적 행동으로 향하는 궤도에 오르는 셈이 된다(Kimonis et al., 2015). 이 특성들은 지속적 품행문제를 아주 잘 예측하기 때문에 DSM-5는 임상가가 CD 아동이 이 특성들을 가지고 있는지 여부를 명시하게 한다. 특히 제한된 친사회적 정서(limited prosocial emotions)를 동반한 CD가 있는 아동과 청소년은 다음 중 두 가지 이상을 보인다.

1. **후회나 죄책감의 결여.** 이러한 아동과 청소년은 어떤 잘못을 했을 때, 자신이 한 행동에 대해 '미안하다'고 느끼지 않는다. 그들은 잡힌 것을 후회할 수는 있지만 그 행위 자체에 대해서는 뉘우치는 모습을 보이지 않는다.
2. **냉담함 또는 공감의 결여.** 이러한 아동과 청소년은 다른 사람들의 감정에 대해 무관심하다. 그들은 다른 사람들

의 불행이나 고통을 목격할 때 거의 불편감을 느끼지 않는다.

3. **수행에 대한 무관심.** 이러한 아동과 청소년은 학교, 직장, 스포츠에서 자신의 수행에 대해 신경 쓰지 않는다. 그들은 심지어 F를 받거나 아르바이트에서 해고를 당해도 개의치 않는다.

4. **피상적이거나 결여된 정서.** 이러한 아동과 청소년은 피상적 감정만 보이고 감정적으로 취약해지는 방식으로 자신의 속마음을 털어놓거나 감정을 표현하지 않는다. 그들은 다른 사람들을 조종하거나 '사기'치기 위해서만 감정을 표현하고 자신의 행위와 일치하지 않는 감정(예 : 다른 사람들을 다치게 하면서 미소 짓거나 크게 웃음)을 보여줄 때가 자주 있다.

정의에 따르면, 제한된 친사회적 정서 특징은 최소 12개월 동안 존재해야 하며 여러 상황에서 나타나야 한다. 따라서 임상가는 이 특징을 평가하기 위해 여러 사람으로부터 자료를 수집해야 한다. 제한된 친사회적 정서를 보이는 아동과 청소년은 종종 문제의 수와 심각도를 부인하거나 최소화하기 때문에 임상가는 다른 정보제공자의 자료를 확보하여 아동과 청소년의 자기보고를 보완하는 것이 매우 중요하다(Ansel, Barry, Gillen, & Herrington, 2015).

제한된 친사회적 정서를 보이는 아동과 청소년은 정신병질이 있는 성인의 특징을 많이 가지고 있다(Vincent, Kimonis, & Clark, 2017). 정신병질(psychopathy)은 반사회적 행동, 충동성, 얕은 정서, 자기애, 타인의 고통에 대한 무시가 특징인 증후군이다. 제한된 친사회적 정서를 보이는 아동처럼 정신병질이 있는 성인은 보통 냉담함과 정서적 취약성의 결여를 보인다. 하지만 그들은 다른 사람들의 신뢰를 얻거나 호의를 얻기 위해 피상적으로는 매력적이고 조종적일 수 있다. 이러한 성인은 흥분과 쾌락적 활동의 추구를 위해 고도로 동기화되지만, 자신의 행위가 초래할 수 있는 해로운 결과에 대해서는 거의 신경쓰지 않는다. 정신병질을 가진 성인은 강압, 조종, 타인의 권리와 존엄성에 대한 심각한 침해의 이력을 가지고 있는 경우가 흔하다(Cook, Forth, & Hare, 2012).

정신병질은 DSM-5 장애가 아니며, 일부 임상가와 연구자들이 다른 사람에게 해를 끼칠 위험이 있는 심각한 품행문제를 가진 성인을 기술하기 위해 사용하는 용어다. 정신병질은 ASPD와 유사하다. 두 상태 모두 반사회적 행동, 타인의 권리침해, 충동적이고 무책임한 행동, (종종) 불법적인 활동 등이 특징적이다. 하지만 정신병질은 대인관계 및 정서적 특성에서 ASPD와 다르다. 정신병질에서는 얕은 정서, 피상적 매력, 조종, 공감의 결여가 특징적이다(Forth, Kosson, & Hare, 2014).

대개 아동과 청소년을 정신병질로 분류하지는 않는다. 이는 정신병질이라는 명칭이 가지고 있는 잠재적인 낙인 효과 때문이다. 더구나 아동과 청소년은 여전히 공감 능력, 정서조절 능력, 친사회적 행동을 발달시키고 있는 중이다. 대부분의 임상가들은 비교적 안정적인 사회정서적 기능에서의 손상과 반사회적 행위에 대한 소인을 암시하는 정신병질 명칭을 사용하지 않으려고 한다(Frick, Wall, Barry, & Bodin, 2015).

제한된 친사회적 정서가 있는 아동은 CD만으로 예상할 수 있는 것 이상의 장기적인 행동문제를 일으킬 위험이 있다(Frick & Moffitt, 2010). 예를 들어, 칸(Kahn et al., 2012)은 지역사회와 정신건강 클리닉의 아동 1,700명의 품행문제를 평가했다. 그들은 아동을 세 집단으로 분류했다. (1) CD와 제한된 친사회적 정서가 있는 아동, (2) CD만 있는 아동, 그리고 (3) 품행문제가 없는 아동. 결과는 CD 기준을 충족한 지역사회 아동의 32%와 클리닉 아동의 50% 역시 제한된 친사회적 정서를 가지고 있다는 것을 보여주었다. 이 아동들은 사람과 동물에 대한 가장 높은 비율의 공격성과 잔인함을 보였는데, 심지어 CD만 있는 아동들이 보인 비율보다도 높았다.

두 번째 대규모 지역사회 기반 연구는 2년에 걸쳐 남아의 품행문제를 조사했다(Pardini & Fite, 2010). 약 6%의 남아가 CD 기준을 충족했으며, 이 남아들 대부분이 아동기에 증상 발병을 보였다. CD와 제한된 친사회적 정서가 있는 남아는 CD만 있는 남아보다 심각한 범죄 행위에 관여할 가능성이 훨씬 더 유의하게 높았다. 흥미롭게도, 제한된 친사회적 정서는 좀도둑질이나 무단결석 같은 덜 심각한 활동보다는 심각하고 폭력적인 범죄를 예측했다.

종단 연구들에 따르면, 아마도 가장 우려스러운 점은 아동기의 제한된 친사회적 정서가 장기적인 반사회적 범죄행동을 예측한다는 것이다. 맥마흔, 윗키웨위츠, 코틀러(McMahon, Witkiewitz & Kotler, 2010)는 대규모 고위험 아동표본을 중학생 때부터 초기 성인기까지 추적했다. 중학교 1학년 때 제한된 친사회적 정서를 보였던 청소년은 ADHD, ODD, CD와 같은 다른 파괴적 행동문제를 통제한 후에도 성인기에 반사회적인 범죄행동에 관여할 가능성이 증가했다.

마지막으로, 연구들은 제한된 친사회적 정서가 치료에 대한 더 나쁜 반응과 관련이 있다는 것을 보여주었다(Frick & Moffitt, 2010). CD는 일반적으로 치료가 어렵지만, CD와 제한된 친사회적 정서를 모두 보이는 아동과 청소년은 치료에 특히 저항적이다. 치료는 두 가지 이유로 효과가 덜한 것 같다. 첫째, 제한된 친사회적 정서가 있는 아동은 치료자와 신뢰에 바탕을 둔 관계를 맺으려 하지 않을 수 있고, 자신을 정서적으로 취약하게 만드는 생각이나 감정을 공개하기를 꺼릴 수 있다. 둘째, 제한된 친사회적 정서가 있는 아동은 다른 아동보다 처벌에 덜 민감해 보인다. 결과적으로, 그들은 환경으로부터 오는 부정적인 결과에 반응하여 행동을 수정할 가능성이 적다.

남아와 여아에게서 품행문제는 얼마나 흔한가?

지역사회 아동과 청소년의 약 3.3%가 현재 ODD 기준을 충족한다. 사춘기 이전에는 남아들이 ODD에 걸릴 확률이 여아들보다 약 두 배 정도 높다. 하지만 사춘기 이후 ODD의 성비는 거의 같다. 남아의 ODD 평생유병률은 11%인 반면 여아의 평생유병률은 9%이다(Kimonis et al., 2015).

지역사회 아동과 청소년의 약 5%가 현재 CD 기준을 충족한다. 모든 연령대에서, 남아들이 여아들보다 CD를 겪게 될 가능성이 2~3배 더 높다. 남아들의 CD 평생유병률은 5~10%인 반면, 여아들의 평생유병률은 2~4%이다(Kimonis et al., 2015).

전문가들은 IED가 드물다고 생각했었다. 하지만 최근의 연구는 IED가 이전에 생각했던 것보다 더 흔하다는 것을 보여준다. 약 2.5%의 아동과 청소년이 현재 이 IED의 기준을 충족한다. 남아와 여아의 유병률은 거의 같다. IED의 평생유병률은 약 5%이다(McCloskey & Drabick, 2019).

품행문제는 아동과 청소년이 정신건강 치료에 의뢰되는 가장 흔한 이유들 중 하나다. 클리닉에 의뢰된 아동과 청소년 중 50~70%가 ODD, CD 또는 IED의 진단기준을 충족한다.

상당량의 자료는 남아와 여아가 다른 방식으로 공격성을 보인다는 것을 지적한다. 남아는 여아보다 신체적 공격성을 보일 가능성이 큰 반면, 여아는 남아보다 관계적 공격성을 보일 가능성이 더 크다. 관계적 공격성(relational aggression)은 대인관계를 손상시키거나 조종함으로써 다른 사람의 기분, 자기개념, 사회적 지위를 해치는 행동을 말한다.

관계적 공격성은 여러 가지 방식으로 발생할 수 있다(Crick, 1995, 1997). 여아들은 소문을 퍼뜨릴 수도 있고, 친구 모임에서 다른 여아를 따돌릴 수도 있고, 당사자 동의 없이 다른 여아의 비밀을 공유하거나, 다른 여아의 온라인 신분을 훔치거나, 다른 여아의 체중, 옷차림, 몸매를 놀릴 수도 있다. 이러한 방법들은 반응적으로(예 : 다른 여아가 한 행동에 화가 나서) 사용될 수도 있고 또는 선행적으로(예 : 또래에게 해를 끼쳐 인기나 사회적 지위를 얻고 싶어서) 사용될 수도 있다.

적어도 세 가지 이유 때문에 여아가 남아보다 관계적 공격성을 더 많이 보일 수 있다. 첫째, 부모들은 남아와 여아를 다르게 사회화시킨다. 어린 나이부터, 여아는 신체적 공격성을 통해 분노를 표현하는 것을 저지당한다. 여아는 분노, 좌절, 그리고 불만을 표현하기 위해 관계적 공격성을 사용하는 것을 배울 수 있다. 여아가 신체적 공격성을 보이면 보통 처벌받는 반면, 관계적 공격성은 종종 간과되거나 심지어 부모가 본보기가 될 수도 있다(Nelson & Hart, 2019).

둘째, 관계적 공격성은 다른 여아들에게 해를 끼치는 데 있어 신체적 공격성보다 더 효과적일 수 있다. 여아의 기분과 정체성은 사회적 관계와 긴밀하게 연관되어 있기 때문에, 이러한 관계들의 손상은 신체적 폭행보다 더 상처를 줄 수 있다. 사실, 여아들은 관계적 공격성을 신체적 괴롭힘만큼 극도로 괴롭고 해롭다고 여긴다(Sandstrom, 2019).

셋째, 여아이 상대적으로 더 발달된 언어기술은 더 이른 나이에 관계적 공격성을 보일 수 있게 한다. 관계적 공격성은 일반적으로 아동의 언어기술이 이러한 복잡하고 사회적으로 공격적인 행위에 참여할 수 있을 정도로 충분히 발달하는 아동기 후기는 되어야 나타난다. 어린 여아의 언어기술이 남아보다 더 잘 발달되어 있기 때문에, 여아는 남아보다 더 어린 나이에 관계적 공격성을 보일 수 있다(Murray-Close, Nelson, Ostrov, Casas, & Crick, 2016).

품행문제와 연관된 장애들은 무엇인가?

품행문제가 있는 대부분의 아동은 다른 행동적, 인지적 또는 정서적 어려움을 보인다. 사실, 품행문제만 가지고 있는 경우보다 품행문제와 다른 행동장애나 정서장애를 함께 가지고 있는 아동을 보는 것이 더 흔하다(Thomas, 2015).

주의력결핍 과잉행동장애

품행문제가 있는 아이들의 약 41%가 ADHD도 가지고 있다. 평균적으로, ADHD는 파괴적 행동장애를 가진 남아의 36%와 여아의 57%에 영향을 미친다. ADHD는 ODD를 가진 아이들(27%)보다 CD나 간헐적 폭발장애를 가진 아이들(75%)에게 더 흔하다(Waller, Hyde, Grabell, Alves, & Olson, 2015).

ADHD와 품행문제가 공존한다는 것에는 거의 이견이 없지만, 이 연관성의 본질에 대해서는 상당한 논쟁이 있다. 일부 전문가들은 공유된 유전자가 품행문제와 ADHD 사이의 연관성을 설명한다고 믿는다. 유전자가 행동에 영향을 미치는 기전은 알려져 있지 않다. 한 가지 가능성은 유전자가 아동의 ADHD와 품행문제 모두에 대한 직접적인 소인이 된다는 것이다. 대안적 설명은 ADHD의 과잉행동–충동성 증상이 공격성과 다른 반사회적 행위에 관여하게 만드는 '모터'로 작용한다는 것이다. 초기 아동기에 나타나는 아동의 고비율의 충동적 행동은 양육자로부터 부정적 반응을 유발하고 양육자와 아동의 상호작용에 문제를 초래한다. 차례로, 이러한 문제들은 종종 적대적이고 반항적인 행동의 발달에 기여한다(Lahey, McBurnett, & Loeber, 2000). 세 번째 가능성은 ADHD가 있는 아동이 정서조절에 근본적인 문제를 가지고 있다는 것이다. 감정폭발을 통제하는 어려움은 결국 품행문제의 발달에 기여한다(Barkley, 2014).

물질사용 문제

품행문제가 있는 아동은 품행문제가 없는 아동보다 더 어린 나이부터 니코틴, 알코올, 그리고 다른 약물들을 사용하기 시작한다. 예를 들어, 품행문제가 있는 아동 중 약 42%가 14세 생일 전에 술을 마셔본 적이 있고, 23%는 마리화나를 시도해본 적이 있었다. 이와는 대조적으로 품행문제가 없는 14세 청소년 중 27%와 7%만이 각각 술과 마리화나를 시도해본 적이 있었다(Elliott, Huizinga, & Menard, 2012).

또한 품행문제는 아동과 청소년이 물질사용장애를 겪게 될 위험을 증가시킨다. 한 대규모 역학 연구에서, 연구자들은 아동기부터 청소년기에 걸쳐 물질사용장애의 출현을 조사했다(Yoshimasu et al., 2016). 그들은 ADHD가 있는 아동이 진단을 받지 않은 아동에 비해 물질사용 문제를 일으킬 가능성이 3.5배 더 높다는 것을 발견했다. 하지만 품행문제(ADHD가 있든 없든)가 있는 아동은 진단을 받지 않은 아동에 비해 물질사용장애가 발생할 가능성이 거의 여섯 배 높았다(그림 9.2). 두 번째 연구는 품행문제가 아동기 ADHD와 청소년기의 물질사용장애 사이의 관계성을 설명한다는 것을 보여주었다. 아동기의 ADHD는 아동을 품행문제의 위험에 빠뜨릴 수 있다. 품행문제는 결국 청소년기에 물질사용장애가 발생할 가능성을 증가시킬 수 있다.

품행문제가 있는 청소년이 알코올과 다른 약물을 사용하게 만드는 원인은 무엇인가? 한 가지 설명은 개인에게 품행문제와 물질사용장애 모두를 일으키는 공통적인 유전자 세트가 있다고 보는 것이다. 떨어져 자란 쌍생아와 입양아에 대한 연구는 아동의 유전자, 그리고 품행문제와 물질사용 문제 둘 다

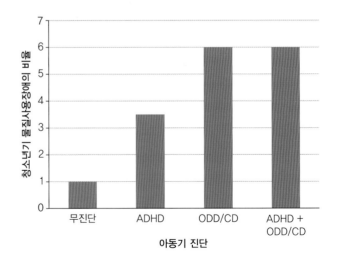

그림 9.2 ■ 아동기 품행문제가 청소년기 물질사용 문제를 예측한다

주 : Rochester 역학 프로젝트는 ODD 그리고/또는 CD가 있는 아동이 품행문제가 없는 아동보다 청소년기에 물질사용 장애를 일으킬 가능성이 여섯 배 더 높다는 것을 보여주었다. 출처 : Yoshimasu et al. (2016).

의 출현 간의 유의한 상관을 보여준다. 일부 연구자들은 아동에게 보상에 대한 민감성이 유전된다고 제안했다. 이 민감성은 품행문제(예 : 흥분 획득)와 물질사용(예 : 쾌락 획득) 둘 다에 대해 아동을 취약하게 만들 수 있다.

다른 증거는 파괴적 문제를 보이는 아동이 품행문제가 있는 더 나이 든 또래들을 통해서 알코올과 다른 약물을 처음 접하게 된다는 것을 시사한다. 나이가 더 많고 일탈하는 또래들은 물질에 접근할 기회를 주고 물질사용의 본보기가 되고 또래집단에 받아들여줌으로써 청소년에게 보상을 제공한다. 따라서 물질사용 문제는 일탈하는 또래들에 의해 조장된 품행문제에서 보이는 더 큰 증상 스펙트럼의 전형적인 일부이다 (Kimonis et al., 2015; Wilens & Zulauf, 2015).

학업문제

품행문제가 있는 아동은 보통 학교에서 어려움을 겪는다. 그들은 품행문제가 없는 아동보다 낮은 성적을 받고 유급을 하고 특수교육을 받게 될 가능성이 더 높다. 파괴적 문제를 보이는 아동은 대개 학업성취의 중요한 영역, 특히 읽기와 수학에서 문제를 보인다. 낮은 학업성취도는 아동이 ADHD와 품행문제를 동시에 가질 때 나타날 가능성이 특히 높다(Frick, 2012).

중기 아동기에 이르면, 아동의 학업적 어려움이 학교와 교사에 대한 부정적 태도로 이어지는 경우가 많다. 품행문제가 있는 아동은 종종 교육을 평가절하하고 학업에는 노력과 시간을 덜 들이며 학업능력에 대해 자신 없어 한다. 이러한 부정적 태도는 그들이 학교, 교사, 그리고 친사회적 또래들로부터 거리를 두게 할 수 있다.

학교 역시 때로는 품행문제를 유발하는 역할을 한다. 학업을 별로 중요하게 여기지 않고 학생들의 학업성취와 교실행동에 대한 기대가 낮고, 학생들에게 열악한 학습 환경을 제공하는 학교들은 아동의 파괴적 행동을 조장할 수 있다. 불행하게도, 이러한 특징들은 빈곤한 지역에 있는 학교들에서 종종 볼 수 있다.

최근의 전향적 종단연구는 조기 품행문제와 학업적 어려움이 아동을 부정적인 발달경로로 이끌 수 있다는 것을 보여준

다. 브레넌 등(Brennan, Shaw, Dishion, & Wilson, 2012)은 대규모 표본을 학령전기부터 청소년기까지 조사했다. 1학년 때의 학업문제와 품행문제는 학령기 동안의 낮은 학업성취도, 특수교육 배치, 정신건강서비스 의뢰, 중퇴를 예측했다. 이와 같은 종단연구들은 조기개입 프로그램이 장기적인 문제를 예방하는 데 매우 중요하다는 것을 시사한다.

불안과 우울

지역사회 기반 표본에서 품행문제가 있는 아이들 중 약 3분의 1은 공존하는 불안이나 우울도 가지고 있다. 클리닉에 의뢰된 아이들 중 품행문제가 있는 아이들이 보이는 불안이나 우울의 유병률은 75%에 이른다. 여아가 남아보다 공존하는 불안장애나 기분장애를 보일 가능성이 약 두 배 더 높다(Kimonis et al., 2015).

분노와 과민성을 반영하는 ODD 증상은 불안과 우울의 출현을 강하게 예측한다. 습관적으로 화가 나거나 예민하거나 다른 사람들에게 쉽게 짜증을 내거나 자주 성질을 부리는 어린 아동은 특히 정서적 문제를 일으킬 위험이 있다. 결과적으로, 어른들은 품행문제가 있는 아동의 파괴적 행동을 다루는 동시에 한편으로는 그들의 정서적 기능을 살펴봐야 한다 (Burke & Loeber, 2018).

품행문제가 있는 아동의 기분장애에 관한 전문가 의견은 연구에 따라 변화해왔다. 수년 전, 일부 전문가들은 우울과 기저하고 있는 낮은 자기가치감이 아동의 품행문제를 일으킨다고 생각했다. 어떤 이들은 아동의 기분문제가 그들의 파괴적이고 공격적인 행동에 의해 가려졌다고 생각했다. 최근의 경험적 연구는 이 생각을 지지하지 않는다(Toolan, 1962). 대신에 종단연구는 아동의 품행문제가 보통 정서적 어려움보다 먼저 발생하며 때로는 정서적 어려움을 초래하기도 한다는 것을 보여준다. 이중실패 모델(dual failure model)은 초기 품행문제와 이후의 우울 사이의 관계를 설명하기 위해 개발되었다. 이 모델에 따르면, 품행문제는 아동이 두 가지 중요한 영역인 (1) 또래 관계와 (2) 학업에서 실패를 경험하게 하고, 이 또래거부와 학업문제는 차례로 우울증과 낮은 자기가치감을 유발할 수 있다(Patterson, DeBaryshe, & Ramsey, 2018).

9.2 원인

유전적 요인과 신경학적 요인이 품행문제에 어떻게 기여하는가?

유전적 위험

품행문제는 유전된다. 품행문제가 있는 아동에게 품행문제나 반사회적 행동의 이력이 있는 일촌 친척이 있는 경우가 자주 있다. 여러 연구에서 유전요인은 광범위하게 정의된 아동의 품행문제에서 약 30~40%의 변량을 차지한다(Veroude et al., 2017).

행동유전학자들은 공유되지 않은 환경요인이 아동의 품행문제의 나머지 변량을 설명한다고 믿는다(Tackett, Krueger, Iacono, & McGue, 2005). 이 요인들에는 아동의 성별, 고유한 기질과 인지기능, 부모와의 상호작용, 또래집단, 방과 후 활동 및 관심사가 포함된다. 이러한 비공유 요인들은 아동의 품행문제의 발달을 설명하는 대부분의 모델에서 중요한 역할을 한다(그림 9.3).

대조적으로, 공유된 환경경험은 일반적으로 품행문제의 변량을 거의 설명하지 못한다. 공유된 요인들이 한 집에서 살고 있는 모든 아동에게 공통적인 환경경험을 반영한다는 것을 기억하라. 비록 건강관리, 영양, 그리고 주택과 같은 요인들이 품행문제의 발달에 영향을 줄 수 있지만 공유되지 않은 환경경험보다는 훨씬 덜 중요하다.

아동을 ODD와 CD의 위험에 빠뜨리는 유전자는 여전히 밝혀지지 않고 있다. 아동이 까다로운 기질을 갖게 되는 유전적 위험성, 낮은 생리적 각성과 고위험 행동경향 또는 보상과 처벌에 대한 비전형적 민감성을 물려받을 가능성이 높다. 이러한 특성들은 결국 나중에 아동기 또는 청소년기 품행문제에 대한 아동의 위험을 증가시킬 수 있다(Kendler, Aggen, & Patrick, 2014).

까다로운 기질과 정서조절 문제

까다로운 기질을 가진 유아들은 아동기에 품행문제를 일으킬

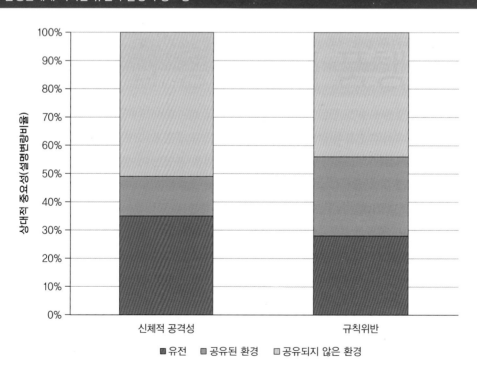

그림 9.3 ■ 품행문제에 미치는 유전과 환경의 중요성

주 : 유전과 공유되지 않은 환경요인이 아동의 품행문제, 특히 신체적 공격 수준의 대부분의 변량을 설명한다. 공유된 환경경험은 상대적인 설명 변량이 거의 없다. 출처 : Tackett et al. (2005); Kendler et al. (2014).

위험이 있다. 기질은 환경자극에 대한 아동의 전형적인 생리적, 정서적, 행동적 반응을 의미한다는 것을 기억하라. 아동의 기질은 주로 유전적 요인에 의해 결정되며, 기질은 유아기에도 관찰될 수 있다. 까다로운 기질을 물려받은 아동은 환경 스트레스 요인에 대해 부정적 감정으로 반응하는 경향이 있다. 그들은 금방 울고불고 쉽게 좌절하고 변화에 적응하는 데 어려움을 겪는다(Frick, 2012; Waller et al., 2015).

유아기의 까다로운 기질이 품행문제의 출현으로 이어지는 데에는 세 가지 방식이 있다(Hyatt-Burkhart et al., 2018). 첫째, 생애 초기의 까다로운 기질은 효과적인 정서조절 기술의 발달을 방해할 수 있다. 대부분의 유아들은 편안함과 지지, 안심을 얻기 위해 부모에게 의존함으로써 부정적 감정을 조절하는 법을 배운다. 하지만 까다로운 기질을 가진 아동의 부모는 자녀에게 민감하고 적절하게 반응하는 데 문제가 있을 수 있다. 결과적으로, 그들의 자녀들은 정서적 통제능력이 부족한 상태로 학령전기에 들어갈 수 있다. 정서조절 문제는 특히 반응적 공격성과 관련이 있다. 중요한 요인은 아동의 기질과 부모의 양육방식 사이의 적합성(goodness-of-fit)이다. 부모가 스트레스를 관리하고 민감하고 반응적인 방식으로 자녀의 요구에 반응할 수 있다면, 까다로운 기질을 가진 아동도 정서조절 기술을 충분히 발달시킬 수 있다(Snyder, 2016).

둘째, 유아기의 까다로운 기질과 학령전기의 정서조절 문제는 부모-자녀 상호작용의 질을 떨어뜨릴 수 있다. 울기, 소리 지르기, 공격하기는 아동이 규칙을 내재화하고 따르는 능력을 방해한다. 또한 이러한 감정표현은 부모들이 적대적이고 화를 내는 훈육방법을 사용하게 만들 수 있는데, 이는 아동에게 공격성의 본보기가 되거나 아동의 파괴적 행동을 부지불식간에 강화시킬 수 있다(Kochanska & Kim, 2013).

셋째, 부정적 감정을 강하게 표출하는 것은 또래거부를 유발할 수 있다. 정서조절에 어려움을 겪는 아동은 급우들에게 따돌림을 당할 수도 있다. 결과적으로, 그들은 그들에게 반사회적 행동을 알려주는, 파괴적 문제를 가지고 있는 다른 아동과 가까워질 수 있다(Chen, Drabick, & Burgers, 2015; Frick & Shirtcliff, 2016).

생리적 각성저하 및 처벌 둔감성

품행문제가 있는 일부 아동은 낮은 정서적 각성의 신경학적 징후를 일찍부터 보인다. 이러한 아동은 전반적 자율신경 활동의 감소(예 : 낮은 휴식 심박수, 저하된 뇌 활동, 낮은 피부전도도)를 보인다. 낮은 자율신경 각성은 아동이 즐거움, 흥분, 기쁨을 덜 경험하게 할 수 있다. 전형적인 발달을 보이는 아동은 적당한 수준의 자극(예 : 운동경기, 영화관람)에서 즐거움을 얻는 반면, 자율신경 활동이 낮은 아동은 동일한 쾌감을 경험하기 위해 고비율의 새롭고 때로는 위험한 활동(예 : 절도, 공공기물 파괴, 무모한 운전)을 필요로 한다. 많은 사람들은 이 아동을 '유별나게 대담한', '감각을 추구하는', '위험을 무릅쓰는 아이'라고 묘사한다. 이러한 고위험 행동은 아동을 위험하고 반사회적인 행위에 취약하게 만들 수 있다(Frick, 2012).

또한 반사회적 행동을 하게 되는 일부 아동은 성인으로부터 야단을 맞을 때 두려움과 죄책감을 덜 경험할 가능성이 있다. 결과적으로, 그들은 같은 연령대의 또래들에 비해 처벌에 덜 민감한 것처럼 보인다. 처벌에 대한 민감성의 결여는 피질변연계(corticolimbic) 경로, 즉 변연계(특히 편도체)에서 전두엽 피질로 이어지는 경로에 의해 조절된다. 세로토닌이 풍부한 이 경로는 우리가 우리 행위의 부정적인 결과로부터 배울 수 있도록 해준다. 반사회적 성향을 가진 일부 아동은 이 경로에서 저활동성을 보이고 낮은 세로토닌 활동 수준을 보이거나 둘 중 한 가지만 보이기도 하는데, 어느 쪽이든 처벌에 덜 반응하게 만든다(McCloskey & Drabick, 2018).

처벌에 대한 반응의 결여는 아동이 부모의 규칙과 금지를 내재화하는 능력, 양심의 발달, 상위 단계의 도덕적 추론 능력을 방해한다. 결과적으로, 이 아동은 종종 다른 사람들의 권리를 고려하지 않고 사전에 계획된 공격적 행동을 보인다. 처벌과 타인의 고통에 대한 민감성 결여는 미래의 반사회적 행동, 비행, 강력범죄를 예측한다 실제로 낮은 공감과 처벌 둔감성은 품행문제 자체보다 미래의 반사회적 행동을 더 잘 예측한다(Frick, Ray, Thornton, & Kahn, 2014).

양육행동이 품행문제에 어떻게 기여할까?

강압적인 부모-자녀 상호작용

유전적, 신경학적 요인들이 아동을 품행문제에 취약하게 만들 수 있다고 해도, 이러한 문제의 발달은 초기 학습경험에 의해 크게 좌우된다. 이러한 초기 학습경험 중 가장 중요한 것은 부모-자녀 상호작용의 질이다(Snyder & Dishion, 2016).

제럴드 패터슨 등(Patterson, Reid, & Dishion, 1992)은 강압적 가족 과정(coercive family process)으로 알려진, 특히 문제가 되는 부모-자녀 상호작용 패턴을 규명했다(그림 9.4). 강압적 가족 과정은 보호자가 부지불식간에 아동의 반항적이고 적대적인 행위를 강화하게 되는 부모-자녀 상호작용 패턴이다. 이 사이클은 학습이론, 특히 조작적 조건형성 원리를 기반으로 한다(Patterson, 2016).

강압적 부모-자녀 상호작용은 흔히 부모가 아동에게 지시를 할 때 시작된다. 예를 들어, 어떤 어머니가 거실에서 놀고 있는 딸에게 저녁식사를 위해 식탁에 수저를 놓아달라고 할 수 있다. 이 여아는 처음에 어머니의 요청을 무시할 수 있다. 행동주의 관점에서 보면, 이 여아는 어머니의 요구에 순종하고 강화를 주는 대신에 어머니의 행동을 소거시키려고(extinguish) 하는 것이다.

아마도 어머니는 이번에는 더 강력하게 요청을 반복할 것이다. 어쩌면 어머니는 잔소리를 하거나 고함을 지르거나 벌

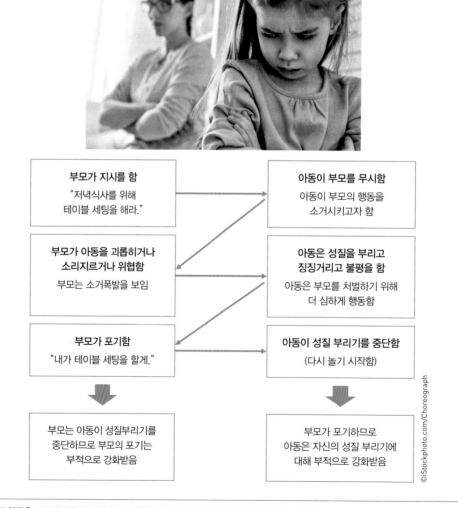

그림 9.4 ■ 강압적 부모 - 자녀 상호작용

부모가 지시를 함 "저녁식사를 위해 테이블 세팅을 해라."	아동이 부모를 무시함 아동이 부모의 행동을 소거시키고자 함
부모가 아동을 괴롭히거나 소리지르거나 위협함 부모는 소거폭발을 보임	아동은 성질을 부리고 징징거리고 불평을 함 아동은 부모를 처벌하기 위해 더 심하게 행동함
부모가 포기함 "내가 테이블 세팅을 할게."	아동이 성질 부리기를 중단함 (다시 놀기 시작함)
부모는 아동이 성질부리기를 중단하므로 부모의 포기는 부적으로 강화받음	부모가 포기하므로 아동은 자신의 성질 부리기에 대해 부적으로 강화받음

©iStockphoto.com/Choreograph

주 : 적대적이고 반항적인 행동은 부모와 아동이 상대방의 부적응적 행동을 부적으로 강화할 때 발생한다. 출처 : Patterson (2016).

을 주겠다고 위협을 할지도 모른다. 행동주의 관점에서 보면, 어머니는 소거 **폭발**(extinction burst)을 보이는 것이다. 소거 폭발은 행동이 강화받지 못했을 때 행동의 빈도나 강도가 현저하게 증가하는 것이다. 어머니의 잔소리에 반응하여, 식탁을 차리지 않기 위해서 딸은 더 강하게 거부하거나 불평하거나 소리를 지르거나 또는 성질을 부릴 수도 있다.

결국, 어머니는 자녀와 언쟁하는 것이 너무 힘들다고 생각하고 직접 식탁에 수저를 놓기로 마음먹는다. 어머니는 딸에게 한 요청을 철회하고 잔소리를 멈춘다. 행동주의 관점에서 보면, 어머니는 딸의 불평에 대해 부적 강화를 제공하는 것이다. 자녀의 불평에 대한 반응으로 어머니는 혐오자극(예 : 잔소리)을 철회하였고, 결과적으로 앞으로 자녀가 불평하거나 성질을 부릴 가능성이 커진 것이다.

동시에, 자녀도 어머니의 묵인을 부적으로 강화한다. 자녀는 어머니가 '포기하기'로 결정한 것에 대한 반응으로 불평과 징징거림을 중단하고 어머니를 더 이상 괴롭히지 않는다. 결과적으로, 어머니는 미래에 물러설 가능성이 더 높아질 것이다.

강압적 과정은 아동으로부터 시작될 수도 있다. 예를 들어, 한 여아와 아버지가 마트의 계산대에 있을 때 여아가 아버지에게 사탕을 좀 사달라고 요청할 수 있다. 아버지는 사탕을 먹으면 저녁을 맛있게 먹지 못하게 될 것이라고 말하면서 딸의 요청을 거절한다. 이 여아는 소거폭발을 보일 수 있다. 이 경우, 아버지가 사탕을 사주지 않겠다고 한 것에 대한 반응으로 징징거리거나 울거나 성질을 부리는 것의 극적인 증가를 보인다. 창피와 좌절감을 느낀 아버지는 묵인하고 딸에게 사탕을 사줄 수 있다. 딸은 성질부리기에 대한 정적 강화를 받은 것이다. 딸은 성질을 부리면 사탕을 얻을 수 있다는 것을 학습한 것이다. 아버지는 딸의 성질부리기에 굴복한 것에 대해 부적으로 강화받는다. 그는 딸에게 원하는 것을 주면 붐비는 가게에서 창피와 좌절감을 면할 수 있다는 것을 학습한다. 양자 모두 아동의 적대적이고 반항적인 행동을 강화하는 방식으로 행동하도록 상대방을 가르친다(Snyder, 2016).

적대적 양육행동

대부분의 강압적 교류에서, 부모들은 아동이 명령을 무시하거나 거역하는 것을 강화한다. 하지만 어떤 경우에는 부모들이 화가 나서 순종을 강요하기도 한다. 적대적 양육(hostile parenting) 행동은 아동의 공격적 행동의 발달과 관련있다. 적대적 양육은 고함치기, 싸우기, 구타하기, 비난하기 등 가혹한 훈육 방법을 포함한다. 적대적 양육은 또한 죄책감과 수치심을 이용하여 아동의 잘못된 행동을 바로잡거나, 아동이 요구나 명령을 따르도록 하기 위해 부모의 힘에 의존하는 것을 포함할 수 있다(Lovejoy, Weis, O'Hare, & Rubin, 1999).

파괴적 문제를 보이는 아동의 부모들은 지나치게 관대한 양육행동과 지나치게 적대적인 양육행동 사이를 오가는 경우가 빈번하다. 전형적으로, 이 부모들은 아마도 자녀들의 잘못된 행동을 바로잡는 것과 관련된 스트레스를 피하고 싶기 때문에 훈육에서 느슨해지는 것일 것이다. 하지만 이러한 부모들이 아동의 잘못된 행동 때문에 좌절하거나 위협을 느끼게 되면 적대적이거나 공격적인 방식으로 반응할 수 있다. 고함을 치거나 위협하거나 잡아채거나 때린다. 부모가 지나치게 관대하고 적대적인 양육행동에 의존하는 것은 어린 아동의 품행문제에 대한 가장 좋은 예측변인 중의 하나다(Stover et al., 2016; Weis & Toolis, 2010).

그럼에도 불구하고, 많은 부모들은 아동의 불복종을 처벌하기 위해 소리 지르고 때리고 유사한 전략에 의존한다. 단기적으로는 처벌이 효과적일 수 있지만 장기적으로는 최소 다섯 가지 단점이 있다.

1. 정적 처벌은 아동에게 적대적이고 공격적인 행동의 본보기가 될 수 있다. 아동은 소리를 지르고 때리는 것이 대인관계 갈등을 다루는 적절하고 효과적인 방법이라고 학습한다.
2. 정적 처벌은 아동에게 새로운 친사회적 행동을 가르치지 않는다. 처벌은 아동에게 무엇을 해야 하는지(예 : 어른에게 순종하기, 적절한 요구를 하기)보다 무엇을 하지(예 : 울기, 불평하기) 말아야 하는지를 가르친다.
3. 효과적이려면, 정적 처벌은 일관되게 사용되어야 한다. 하지만 부모들은 보통 간헐적으로, 특히 화가 났을 때 사용한다.
4. 자주 벌을 받는다면, 아동은 부적 강화를 통해 이러한 처벌을 회피하거나 도피하는 법을 학습한다. 아동은 부모와 상호작용하는 것을 피할 수 있다.
5. 부모가 화가 나거나 좌절했을 때 정적 처벌을 사용하게

되면 언어적 학대와 신체적 학대로 이어질 수 있다.

이러한 제한점 때문에 아동의 품행문제에 대한 치료는 주로 정적 강화, 계획된 무시, 그리고 타임아웃과 같은 부적 처벌을 활용한다.

부모의 모니터링 부족

후기 아동기와 초기 청소년기 초반이 되면 아동은 자신의 행동에 대해 더 큰 자율성을 갖게 된다. 그들은 하루를 계획할 수 있는 더 많은 자유가 있고, 부모의 감독 없이 더 많은 활동에 참여할 수 있다. 하지만 아동이 누리는 자율성의 증가는 그들에게 파괴적인 반사회적 행동에 참여할 수 있는 기회를 더 많이 제공한다.

부모의 모니터링 부족은 후기 아동기와 청소년기 품행문제의 발달과 밀접한 연관이 있다(그림 9.5). 부모 모니터링(parental monitoring)에는 세 가지 구성 요소가 있다. 첫째, 부모는 자녀의 행방, 활동, 또래를 알아야 한다. 둘째, 부모는 자녀의 활동에 대해 발달적으로 적절한 제한을 두어야 한다. 셋째, 부모는 자녀가 가족의 규칙을 지키지 않을 때 일관적인 훈육을 해야 한다(Snyder, Reid, & Patterson, 2003). 부모가 자녀

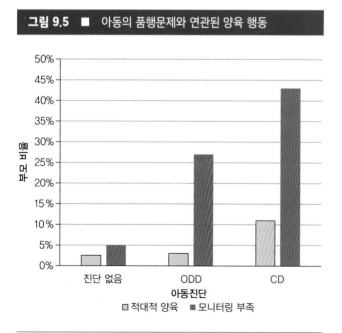

그림 9.5 ■ 아동의 품행문제와 연관된 양육 행동

주 : 품행문제가 없는 아동의 부모에 비해 품행문제가 있는 아동의 부모는 더 적대적인 양육행동을 하고 부모 모니터링은 더 적게 한다. 출처 : Rowe, Maughan, Pickles, Costello, & Angold (2002).

의 활동을 모니터링하거나 감독하지 않을 경우에 품행문제가 발생할 가능성이 높아졌다. 이와는 대조적으로 부모가 방과 후 활동에 대해 확고한 제한을 두는 아동은 비행률의 감소를 보였다(Kimonis et al., 2015).

부모의 모니터링 부족은 청소년기 발병 품행문제의 출현을 예측한다. 부모가 자녀의 활동을 모니터링 하지 않으면, 청소년은 절도, 무단결석, 공공기물 파손과 같은 행동을 할 수 있다. 흔히 임상가는 청소년기 발병 품행문제를 치료할 때, 부모가 자녀의 행동에 대한 명확한 기대치를 설정하고, 자녀의 활동을 감독하며, 자녀의 규칙위반에 대한 조치를 취할 것을 권장한다. 물론 이것이 현명한 제안이지만, 이러한 방법을 실제로 실행하는 것은 말처럼 쉽지 않다. 청소년은 비행 행동이 될 가능성이 있는 행동을 부모 모르게 하는 데 능숙하다(Frick, 2012; Lopez-Tamayo, LaVome Robinson, Lambert, Jason, & Ialongo, 2016).

부모의 인지와 정신건강

자녀의 잘못된 행동에 대한 부모의 생각은 부모의 양육행동과 자녀의 발달결과 모두에 영향을 미칠 수 있다. 어머니가 학령전기 아동이 늦은 오후에 종종 짜증을 낸다는 것을 알아챈다고 가정해보자. 어머니는 자녀의 잘못된 행동을 두 가지로 설명할 수 있다. 어머니는 자녀의 잘못된 행동을 외부적이고 불안정한 원인 탓으로 돌릴 수 있다. "아, 우리 애는 하루 중 그 시간대에 피곤해질 뿐이야. 낮잠이 좀 더 필요하겠어." 아니면, 어머니는 자녀의 짜증을 내부적이고 안정적인 원인 탓으로 돌릴 수 있다. "아, 우리 애는 정말 못된 아이야. 날 속상하게 하는 것을 즐기는 것처럼 보여."

품행문제가 있는 아동의 부모는 자녀의 잘못된 행동을 내부적, 안정적 요인 탓으로 돌릴 가능성이 높다. 내부적이고 안정적인 귀인은 부모가 자녀의 잘못된 행동에 대해 적대적이거나 강압적인 방식으로 반응할 가능성을 증가시킨다. 만약 자녀가 '나쁜 애'이거나 '고의적으로 못되게 굴기' 위해서 잘못된 행동을 한다고 믿는다면, 그 부모는 분노와 원망을 품기 쉽다. 그러나 부모가 자녀의 잘못된 행동을 일시적이고 상황적인 요인(예 : 피로, 배고픔, 지루함) 때문이라고 생각한다면, 부모는 인내심을 가지고 문제중심적인 방식으로 대응할 가능성이 더 높다(Colalillo, Williamson, & Johnston, 2014;

Webster-Stratton, 2016).

양육자가 자신의 양육능력에 대해 생각하는 방식도 훈육방법에 영향을 미칠 수 있다. 파괴적 문제를 보이는 아동의 부모는 종종 자녀들에 대해 무력감을 느끼며 자녀를 보살피는 능력에 대한 자신감이 거의 없다고 보고한다. 자녀의 행동에 대해 무력감을 느끼는 부모는 자녀를 훈육하려는 노력을 포기하고 자녀의 잘못된 행동을 부적으로 강화할 수 있다(Cunningham & Boyle, 2002; Johnston, 2005).

또한 부모의 정신병리도 아동의 품행문제에 대한 강력한 예측변인이다. 어머니의 우울증, 아버지의 반사회적 행동, 부모의 물질남용은 자녀들의 적대적, 반항적, 공격적 행동과 특히 관련이 있다. 게다가 부부갈등도 아동의 품행문제를 예측한다. 양육자의 정신건강 문제는 부모-자녀 상호작용의 질을 저해함으로써 아동의 파괴적 행동에 기여할 수 있다. 예를 들어, 우울증이 있는 어머니는 우울증이 없는 어머니보다 자녀들에게 덜 지지적이다. 그들이 겪는 정서적인 고통과 낮은 에너지는 자녀들을 제대로 보살피기 어렵게 만든다. 마찬가지로, 적대적이거나 비일관적인 훈육전략을 사용하는 아버지들은 무심코 가정에서의 공격성을 강화하고 본보기가 될 수 있다(McGilloway et al., 2014; Webster-Stratton, 2016).

우리는 양육행동과 아동의 잘못된 행동 사이의 관계가 교류적이라는 점을 기억해야 한다. 부모와 자녀는 시간이 지남에 따라 서로에게 영향을 미친다. 예를 들어, 감정을 조절하는 데 어려움을 겪는 아동은 또래의 다른 남아들보다 더 자주 울고 짜증을 낼 수 있다. 아동의 혐오적 감정 표현은 아동의 행동을 다루기 위해서 어머니가 적대적이거나 강압적인 전략을 사용하게 할 수도 있다. 이러한 바람직하지 못한 양육전략은 결국 더 심한 적대적이고 반항적인 행동과 미래의 품행문제를 야기할 수 있다(Lochman, Boxmeyer, Powell, & Dishion, 2016).

부모는 삶속에서 다른 스트레스들을 겪고 있을 수 있으며, 이는 자녀를 보살피는 데 어려움을 야기할 수 있다. 의학적 질병, 재정적 스트레스, 그리고 관계 문제는 민감하고 반응적인 양육행동을 저해할 수 있다. 비록 부적응적 양육이 품행문제의 발생에 영향을 미칠 수 있지만, 우리는 결코 이 문제들에 대해 부모들을 비난해서는 안 된다. 오히려 반대로, 매일 직면하는 수많은 심리사회적 스트레스 요인에도 불구하고 부모

-자녀 상호작용의 질을 향상시키기 위해 지속적인 시도를 하고 있는 부모를 지원할 필요가 있다(Fisher & Sexton, 2018).

아동의 인지가 어떻게 품행문제에 기여하는가?

사회정보처리 모델

품행문제가 있는 아동은 그들의 사회정보처리(social information processing), 즉 그들이 사회적 딜레마와 대인관계 분쟁을 인식하고 해석하고 해결하는 방식에서 특징적인 편향을 흔히 보인다. 니키 크릭과 켄 도지(Nicki Crick & Ken Dodge, 1994, 1996)는 아동이 대인관계 딜레마를 어떻게 해결하는지 설명하기 위해 사회정보처리 모델을 개발했다. 이 모델에 따르면, 아동이 사회적 상황에 대해 생각하고 느끼는 방식이 행동에 영향을 미친다(Dodge et al., 2013).

사회정보처리 모델을 이해하기 위해, 11세 남아가 점심을 먹기 위해 줄을 서서 기다리고 있다고 상상해보자. 이 남아는 갑자기 뒤에서 무엇인가가 부딪히고 등에 우유가 흘러내리는 것을 알아차린다. 이 남아는 더 크고 더 나이 많은 남자애가 무안해하면서 뒤에 서 있다는 것을 알게 된다. 식당에 있는 다른 아이들은 킥킥거리기 시작한다. 이 남아는 당황스럽고 혼란스러워한다.

이 모델에 따르면, 이 남아는 이 사회적 상황을 해결하기 위해 여섯 가지 문제해결 단계를 수행해야 한다(그림 9.6). 첫째, 사회적 상황에 대한 단서를 부호화해야 한다(encoding cues). 즉, 아동은 상황을 이해하기 위해 상황에 대한 정보를 입력해야 한다. 단서는 상황 자체에 대한 외부정보 또는 자신의 생각과 감정에 대한 내부정보를 포함할 수 있다. 예를 들어, 아동은 뒤에 있는 큰 소년의 표정, 우유가 등에서 떨어지고 있는 불편함 또는 자신의 당황스러운 감정에 주의를 기울일 수 있다

이 모델의 두 번째 단계에서는 의미가 통하도록 단서를 해석해야 한다(interpret cues). 아동은 반 친구가 실수로 우유를 엎질렀고 사과하고 싶어 한다고 추론할 수 있다. 아니면, 반 친구의 행동에 대해서 적대적 귀인을 하고 그 아이가 자신에게 창피를 주려고 일부러 우유를 엎질렀다고 생각할 수도 있다.

셋째, 이 남아는 사회적 상황에 대한 목표를 명확히 해야 한다(clarify goals). 즉, 자신이 그 상황에서 무엇을 성취하고 싶은지를 결정해야 한다. 한 가지 목표는 더 이상의 당황스러움을

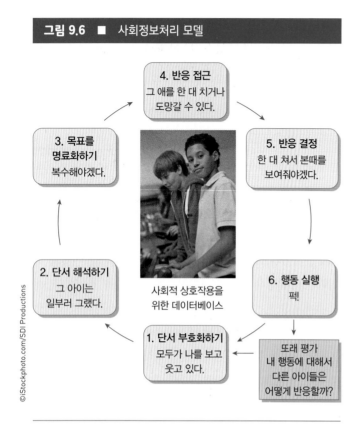

그림 9.6 ▪ 사회정보처리 모델

4. 반응 접근
그 애를 한 대 치거나 도망갈 수 있다.

3. 목표를 명료화하기
복수해야겠다.

5. 반응 결정
한 대 쳐서 본때를 보여줘야겠다.

사회적 상호작용을 위한 데이터베이스

2. 단서 해석하기
그 아이는 일부러 그랬다.

6. 행동 실행
퍽!

1. 단서 부호화하기
모두가 나를 보고 웃고 있다.

또래 평가
내 행동에 대해서 다른 아이들은 어떻게 반응할까?

주 : 품행문제가 있는 아동은 흔히 사회정보처리 과정에서 편향을 보인다. 치료자는 이 편향들을 피하고 문제를 더 효과적으로 해결하도록 가르친다. 출처 : Dodge et al. (2013).

피하고 깨끗이 씻는 것일 수도 있다. 또 다른 목표는 뒤에서 부딪힌 반 친구에게 복수를 하는 것일 수도 있다. 아동이 정한 목표가 아동의 행동에 영향을 미칠 것이다.

네 번째 단계인 **반응 접근 또는 구성**(response access or construction)에서는 가능한 행동 계획을 생성한다. 아동은 문제에 대한 새로운 해결책을 만들어 내거나 또는 비슷한 상황에 있었던 과거의 경험을 활용할 수도 있다. 아동이 여러 가지 가능한 해결책을 만들어내는 것이 바람직하다. 예를 들어, 아동은 그 상황에서 그냥 벗어나거나 다른 친구들하고 함께 자신의 불운에 대해 웃어버릴 수도 있고 또는 보복으로 더 나이 많은 소년을 때리는 것을 고려할 수도 있다.

다섯 번째 단계인 **반응 결정**(response decision)에서는 선택지들을 평가하고 최선의 행동방침을 선택한다. 이 단계에는 각 잠재적 해결책의 비용과 이점을 평가하고 어떻게 행동할지를 결정하는 작업이 포함된다. 예를 들어, 그 소년을 때리는 것은 단기적으로는 기분을 나아지게 할 수 있지만 신체적 부상

이나 정학으로 이어질 수 있을 것이다.

마지막으로, 아동은 최선이라고 생각하는 **해결책을 실행한다**(enacts the solution). 그리고 나서 아동이 자신의 해결책에 대한 다른 사람들의 반응을 처리하기 시작하면 사이클이 새로 시작된다. 식당에 있는 다른 아이들이 아동의 행동에 반응하는 방식은 다음 과정의 행동에 영향을 미칠 것이다.

정보처리 단계들은 빠르게 발생하며, 대개 아동은 자신이 정보처리에 관여하고 있다는 것을 알지 못한다. 아동의 사회적 상호작용의 역사, 즉 '사회적 데이터베이스'가 이 모델의 중심을 형성한다. 각각의 사회적 상호작용은 데이터베이스에 새로운 정보를 제공한다. 나아가, 아동은 새로운 사회적 문제를 다루기 위해 데이터베이스에 있는 경험으로부터 정보를 이끌어낼 수 있다.

공격적 아동이 보이는 편향

공격적 아동은 사회정보처리에서 편향을 보이는 경향이 있다. 이러한 편향은 아동이 반응적 공격성을 보이는지 아니면 선행적 공격성을 보이는지에 따라 달라진다.

반응적 공격성을 보이는 아동은 첫 두 단계, 즉 (1) 단서를 부호화하고 (2) 해석하는 단계에서 문제가 있다. 특히, 그들은 상황에 대한 정보를 적게 취한다. 예를 들어, 상황의 한두 가지 두드러진 특징(예 : 우유, 다른 아이들이 웃는 것)에만 주의를 기울이고 다른 잠재적으로 중요한 단서(예 : 뒤의 소년이 "미안해"라고 말하는 것)를 간과할 수 있다. 이 아동은 또한 상황에 대한 자신의 감정반응을 이해하는 데 어려움이 있다. 예를 들어, 당황한 감정을 분노의 감정으로 착각할 수 있다. 결과적으로, 반응적 공격을 하는 아동은 보통 다른 사람들의 행동에 대해 적대적 귀인편향을 보인다. 즉, 다른 사람들의 무해한 행동을 적대적이거나 위협적인 것으로 해석할 가능성이 크다(Dodge, 2003; Dodge & Pettit, 2003; Dodge et al., 2013).

선행적 공격성을 보이는 아동은 그다음 세 단계, 즉 (3) 목표의 명료화, (4) 반응 접근, (5) 반응 결정에서 어려움을 겪는 경향이 있다. 선행적 공격을 하는 아동은 관계적 목표보다 도구적 목표를 선택하는 경향이 있다. 이들의 목적은 친구를 사귀거나 관계를 유지하는 것이라기보다는 원하는 것을 취하는 것이다. 결과적으로, 다른 사람들의 감정을 존중하기 위해서

가 아니라 사리사욕을 위해서 행동하곤 한다.

잠재적 행동방안들을 평가할 때, 선행적 공격성을 보이는 아동은 공격성의 긍정적 측면(예 : 내가 원하는 것을 갖게 될 것이다)을 강조하고 부정적 측면(예 : 내가 곤경에 처할지도 모른다)을 최소화한다. 실제로, 이러한 아동은 가능한 처벌(예 : 외출 금지나 체포되는 것)보다는 잠재적 보상(예 : 휴대폰이나 차를 훔치는 것)에 과도하게 초점을 맞추는 것처럼 보인다. 결과적으로, 행동의 결과에 대해 미리 생각하지 않은 채 원하는 것을 얻을 수 있는 해결책을 선택하는 경우가 빈번하다(Barry et al., 2000; Dodge et al., 2013; Frick, Cornell, Barry, Bodin, & Dane, 2003).

사회정보처리 편향은 자동적이지만 바꿀 수 없는 것은 아니다. 우리가 보게 될 것처럼, 치료자는 아동이 이러한 편향을 피하고 공격 횟수를 줄이도록 도울 수 있다.

또래와 거주지역이 품행문제에 어떻게 기여하는가?

또래거부와 일탈훈련

아동기와 청소년기에 걸쳐, 친구들은 점차적으로 아동의 자아개념과 정서적 안녕에 더 큰 중요성을 갖게 된다. 더 큰 아동과 청소년은 친구들과의 상호작용을 통해 정체성을 발달시킨다. 친구들은 그들의 생각, 느낌, 행위에 영향을 미친다. 친사회적 또래들은 가족과는 독립적인 사회적 지지시스템을 제공함으로써 청소년을 스트레스 요인으로부터 보호할 수 있다. 하지만 파괴적 문제가 있는 또래는 아동의 품행문제에 기여할 수 있다(Frick, 2012; Simon & Olson, 2014).

학교에서 학업문제와 파괴적 행동을 보이는 남아는 친사회적 또래들에 의해 종종 거부당한다. 학업성취도가 낮은 아동은 집단프로젝트에서 선택받지 못하며 급우들에게 놀림을 받을 수도 있다. 이르게는 유치원 때부터 아동은 과잉행동적이거나 과도하게 파괴적 행동을 보이는 반 아이를 피한다. 어린 아동은 또한 거짓말과 도둑질 같은 내현적 반사회적 행동을 하는 반 아이도 피한다(Vitaro, Boivin, & Poulin, 2019).

흥미롭게도, 모든 유형의 외현적 공격성이 또래거부와 연관된 것은 아니다. 전형적으로, 반 아이들은 정서조절, 분노 또는 반응적 공격성 문제를 보이는 아동을 거부한다. 대조적으로, 도구적, 선행적 공격성을 보이는 아동은 항상 거부당하

지는 않으며 어떤 경우에는 인기가 있다(Hess & Scheithauer, 2015).

일단 거부당하면, 사회적으로 배척된 남아는 마찬가지로 거부당한 다른 남아들을 찾게 되는데, 이는 선택적 소속(selective affiliation)이라고 알려진 경향이다. 이러한 일탈적 또래들은 남아에게 신체적 공격, 공공기물 파괴, 무단결석, 절도, 물질 사용과 같은 더 심각한 반사회적 행동을 알려준다(Dishion & Snyder, 2016).

일탈훈련(deviancy training)은 남아들이 서로의 반사회적 행동을 모델링하고 강화하는 방법을 설명하기 위해 사용되는 용어다. 일탈훈련에서, 또래들은 친사회적 행동에 대한 이야기는 무시하면서 반사회적 활동에 대해 이야기하는 것을 정적으로 강화한다(Snyder, Schrepferman, Bullard, McEachern, & Patterson, 2012). 연구자들은 파괴적 또래집단과 비파괴적 또래집단의 대화를 비교했다. 비파괴적 또래집단의 남아들은 농담을 하거나 재미있는 이야기를 하는 것에 대해 서로를 강화하는 경향이 있었다. 대조적으로, 파괴적 또래집단의 남아들은 학교에서 문제를 일으키거나 가게에서 물건을 훔치거나 괴롭히는 것과 같은 반사회적 행동에 대해 이야기하는 것에 대해 서로를 강화했다. 게다가 파괴적 또래집단의 남아들은 영화와 스포츠 같은 친사회적 활동과 관련된 이야기는 거의 하지 않았다(Dishion, Kim, & Tein, 2015).

시간이 지남에 따라, 남아는 일탈 또래집단으로부터 더 많은 강화를 얻기 위해 점점 더 심각한 반사회적 행동을 하게 된다. 아동기 후반의 또래집단 구성원들 사이의 일탈적 대화는 초기 청소년기까지의 비행, 공격, 물질사용 문제를 예측한다. 일탈 또래들은 남아가 보이기 시작한 품행문제들을 증폭시키며 더 심각하고 문제가 되는 행동을 하게 만든다. 일탈훈련의 과정은 일찍 시작된다. 실제로, 또래들과의 일탈적 대화는 아주 어리게는 6세 아동의 미래 행동을 예측한다(Snyder et al., 2005; Snyder, 2016).

또한 파괴적 행동문제는 여아에게도 또래거부를 초래할 수 있다. 신체적 공격성은 여아의 또래거부와 강하게 연관되어 있는 반면에 관계적 공격성은 그렇지 않다. 〈퀸카로 살아남는 법(Mean Girls)〉을 본 사람이라면 누구나 알겠지만, 일부 여아는 또래들 사이에서 사회적 지위를 높이기 위해 관계적 공격성을 이용한다. 임상가들은 많은 여아들이 사회적 지위를 공

고하게 하기 위해서 관계적 공격성을 사용하기 때문에 여아의 관계적 공격성을 감소시키는 것이 어렵다는 것을 알게 된다(Waasdorp, Monopoli, Centeno, & Leff, 2018).

사춘기 시기도 여아의 품행문제의 출현을 예측한다. 메타분석에 따르면, 여아의 품행문제는 이른 초경과 공유되지 않은 환경 간의 상호작용에 의해 발생할 수 있다(Ullsperger & Nikolas, 2018). 어떻게 이것이 가능할까? 사춘기에 일찍 접어든 여아는 또래의 다른 여아들보다 신체적으로 더 성숙해 보일 수 있다. 결과적으로, 이들은 반사회적이고 성적으로 조숙한 행동을 알려주는 더 나이 많은 청소년(특히 남아들)과 가까워질 수 있다. 조숙한 여아는 사춘기 전에 파괴적 품행문제를 보이거나 또는 부모가 또래집단이나 방과 후 활동을 모니터링하지 않는다면 특히 위험하다(Harden & Mendle, 2013).

흥미롭게도, 조숙한 여아는 남녀공학에 다닐 경우에만 품행문제를 일으킬 위험이 있다(그림 9.7). 여학교에 다니고 남아들과의 접촉이 별로 없는 여아들은 사춘기 시기와 관계없이 품행문제 비율이 동등하게 나타난다(Moffitt, 2018).

거주지역 위험

아동의 거주지역도 품행문제의 발생 가능성에 영향을 미칠 수 있다(Tolan, 2016). 범죄율이 높은 소외된 지역의 아동은 다른 지역의 아동보다 ODD와 CD가 생길 가능성이 더 크다(Jocson & McLoyd, 2015; Rudolph, Stuart, Glass, & Merikangas, 2014).

거주지역은 여러 가지 방식으로 아동의 발달에 영향을 미칠 수 있다. 첫째, 거주지역은 지역공동체의 아동이 필요로 하는 교육자원이 부족할 수 있다. 예를 들어, 빈곤한 지역에는 질 낮은 보육시설과 공립학교가 있다. 아동은 최적의 교육서비스를 받지 못할 수 있다. 특히 발달장애나 학습장애가 있을 경우에 그렇다. 결과적으로, 그들은 학업적 어려움을 경험하고 배움을 평가절하하며 학교 안팎에서 문제행동을 보일 수 있다(J. V. Ray, Thornton, Frick, Steinberg, & Cauffman, 2016).

둘째, 거주지역은 특히 방과 후 아동의 활동에 대한 모니터링이 불충분할 수 있다. 예를 들어, 저소득 지역에 사는 아동은 친사회적 활동을 할 수 있는 기회가 많지 않을 수 있다. 수준 높은 레크리에이션 센터, 방과 후 프로그램, 그리고 조직화된 운동경기는 중상류층 지역에서 훨씬 더 많이 이용 가능하다. 친사회적 프로그램이 없는 경우, 소외된 지역의 아동은 관리감독 없이 반사회적인 행위를 하게 될 수 있다(Chang,

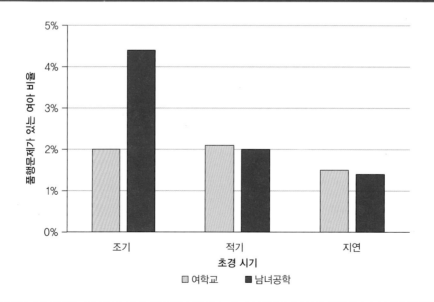

그림 9.7 ■ 이른 초경은 일부 여아들을 품행문제의 위험에 처하게 한다

주 : 조숙한 여아들은 위험한 행동을 알려주는 더 나이 많은 남아들과 어울릴 수 있다. 하지만 조숙한 여아들이 여학교에 다닐 경우에는 품행문제의 위험이 증가하지 않았다. 출처 : Moffitt (2018).

Foshee, Reyes, Ennett, & Halpern, 2015).

셋째, 빈곤하고 범죄율이 높은 거주지역은 취약한 사회통제 네트워크를 가지고 있다. 즉, 이러한 거주지역은 친사회적 행동을 장려하고 반사회적 활동을 제한하는 조직과 공동체 구성원이 부족한 경우가 많다. 예를 들어, 중상류층 거주지역 아동의 파괴적 행동은 경찰, 마을 방범대, 그리고 관심있는 공동체 구성원에 의해 제지된다. 밤에 주변을 배회하거나 재물파괴를 하는 청소년은 금방 주목을 받게 된다. 대조적으로, 빈곤한 지역에 사는 공동체 구성원들은 청소년이 보이는 더 높은 수준의 반사회적 행동도 묵인할 때가 많다. 결국, 범죄율이 높은 거주지역에서 청소년이 밤에 거리를 배회하거나 사소한 공공기물파손 행위를 하는 것은 다른 더 심각한 범죄 행위를 벌이는 성인만큼 관심을 받지 못하는 것이다(Chang, Wang, & Tsai, 2016).

물론, 불우한 거주지역에서 자란 대부분의 아동은 품행문제를 일으키지 않는다. 어떤 요인들은 주변환경이 부과하는 환경적 위험으로부터 아동을 보호할 수 있다. 한 가지 보호요인은 가족의 응집과 부모의 모니터링이다. 부모가 자녀의 행동에 큰 기대를 걸고 친사회적 활동을 지지하고 어디서 무엇을 하는지를 모니터링할 경우, 아동은 거주지역 위험과 관계없이 긍정적인 발달결과를 보일 가능성이 더 크다(Jennings & Fox, 2015).

두 번째 보호요인은 친사회적인 방과 후 활동의 이용가능성이다. 예를 들어, 사메크 등(Samek, Elkins, Keyes, Iacono, & McGue, 2015)은 대규모 청소년 표본을 대상으로 초기 청소년기부터 초기 성인기까지의 품행문제를 연구했다. 고등학교 스포츠와 다른 비교과 활동에 참여한 청소년은 성별 및 거주지역 위험과 관계없이 다른 청소년에 비해 품행문제가 발생할 가능성이 적었다.

품행문제로 향하는 세 가지 발달경로는 무엇인가?

여러분에게 적대적이고 반항적인 행동을 빈번하게 하는 까다로운 기질을 가진 자녀가 있다고 상상해보자. 여러분은 이 자녀가 단순히 어떤 시기를 지나가고 있고 저절로 좋아질지 아니면 나중에 나타날 더 심각한 품행문제를 예방하기 위해 도움이 필요할지 궁금해할 것이다. 다시 말해, 여러분은 아마도

시간에 따른 행동 경과를 예측하는 데 관심이 있을 것이다.

수년 전, 리 로빈스(Lee Robins)라는 역학자는 아동의 품행문제의 경과를 예측하는 것이 얼마나 어려운지를 보여주었다. 로빈스는 로빈스 역설(Robins paradox)로 알려지게 된 두 가지 사실을 제시했다.

1. 성인의 반사회적 행동은 사실상 아동기의 반사회적 행동을 요구하지만,
2. 대부분의 반사회적 아동은 반사회적 성인이 되지 않는다(Robins, 1978).

로빈스 역설은 우리가 반사회적 성인의 발달을 되짚어보면서 아동기 역사를 살펴보면, 매우 명확한 그림을 보게 된다고 말한다. 즉, 거의 모든 반사회적 성인이 어렸을 때 적대적이고 반항적이며 공격적인 행동을 했다. 하지만 만약 우리가 발달을 전향적으로 따라가면서 파괴적 문제를 보이는 아동의 발달 결과를 예측하려고 한다면, 결과는 훨씬 덜 확실하다. 아동발달은 복합적으로 결정되며, 일생에 걸쳐 직접적인 경로를 따르는 경우는 거의 없다.

아동기 품행문제를 아동 내에 존재하고 시간이 지나도 지속되는 안정적인 특성으로 보는 대신, 우리는 다양한 생물학적, 심리적, 사회-문화적 요인들이 결정론적 방식이 아닌 확률론적 방식으로 발달에 어떻게 영향을 미칠 수 있는지를 생각해야 한다(Russell & Odgers, 2017). 위험요인과 보호요인의 개수 자체만으로는 아동의 발달결과를 예측하기가 어렵다. 하지만 지난 30년 동안 발달정신병리학자들은 이 요인들을 조직화하고 초기 아동기에서 후기 청소년기에 이르기까지 품행문제의 경과를 이해하는 데 도움이 되는 세 가지 경로를 확인했다(그림 9.8).

적대적 반항장애 경로

첫 번째 경로는 아동기나 초기 청소년기에 ODD가 발병하지만 더 나중에 CD는 발병하지 않는 아동을 설명한다. 품행문제가 있는 대부분의 아동처럼 이 아동도 파괴적 행동에 대한 유전적 위험을 물려받으며 유아기와 초기 아동기에 까다로운 기질을 보이는 경우가 흔하다. 이 중 많은 아동이 일찍부터 과잉행동-충동성을 보이며, 약 50%가 ADHD 진단을 받는다.

그림 9.8 ■ 품행문제의 세 가지 발달경로

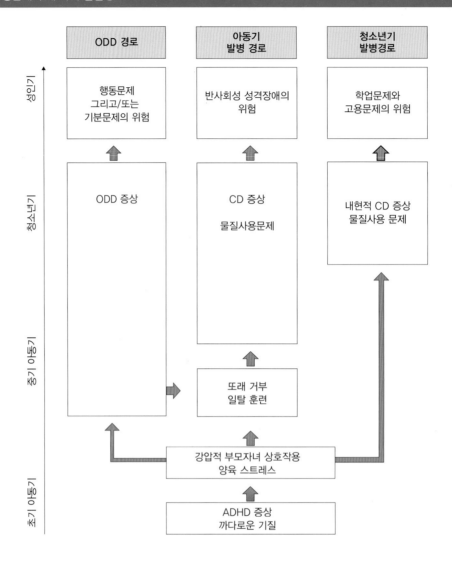

이들의 까다로운 기질과 ADHD 증상은 양육 스트레스를 유발할 수 있다. 이 양육 스트레스는 아동 기능의 긍정적 측면에 주의를 기울이고 일관된 훈육을 제공하는 양육자의 능력을 손상시킬 수 있다. 조기의 적대적이고 반항적인 행동은 강압적 부모-자녀 상호작용을 통해 부적으로 강화될 수 있다.

이 발달경로에 있는 아동은 학령전기 또는 초등학교 재학 중에 ODD 진단기준을 충족하는 경우가 흔하다. ODD 증상이 청소년기까지 지속될 수 있지만, 이 경로의 아동은 신체적 공격, 절도, 무단결석과 같은 유의한 CD 증상을 보이지는 않는다. ODD 증상은 후기 아동기와 청소년기에 감소하는 것이 전형적이다. 하지만 이들 중 다수는 젊은 성인으로서 행동

문제와 기분문제를 계속 경험한다(Frick, 2012; Kimonis et al., 2015).

아동기 발병 품행장애 경로

두 번째 경로에 있는 아동은 ODD만 발병하는 아동과 동일한 이력을 보여주는 경우가 흔하다. 이 아동은 품행문제에 대한 유전적 위험을 가지고 있는데, 이는 까다로운 기질, 초기 아동기의 과잉행동-충동성 행동, 성인에 대한 적대적, 반항적, 비순응적 행동 성향으로 표출된다. 이 아동 중 약 75%가 ODD 진단기준을 충족할 것이다(Woolard & Fountain, 2017).

이 아동이 보이는 파괴적 행동과 학업문제는 또래거부를

초래하고 더 나이 많고 일탈적인 아동과 어울리게 만들 수 있다. 일탈적 또래들은 심각성이 증폭되는 반사회적 행동들을 알려주고 강화할 수 있다. 이 경로의 아동은 또한 자주 사회적 문제해결의 결손을 보이는데, 이는 대인관계 분쟁을 해결하기 위해 공격성을 사용하는 경향의 원인이 된다. 이러한 아동 대부분은 후기 아동기나 초기 청소년기에 이르면 CD 진단기준을 충족한다. 이 아동 중 많게는 50%가 물질사용 문제도 보이게 된다(Russell & Odgers, 2017).

아동기 발병 CD가 있는 아이들 중 약 3분의 1은 또한 제한된 친사회적 정서를 보인다. 이 아이들은 초기 아동기에 각성저하를 보이는데, 이는 고위험의 쾌락적 활동을 추구하도록 하는 성향이다. 이 아이들은 또한 공감, 죄책감, 학업성취도에 대한 우려 등이 결여되어 있는 제한된 친사회적 정서를 보일 수 있다. 결과적으로, 이 아이들은 전형적인 훈육방법에 잘 반응하지 않으며, 더 외현적이고 공격적이며 파괴적인 행동을 할 가능성이 크다(Golmaryami & Frick, 2015; Vincent et al., 2017).

약 10%의 아동이 아동기 발병 CD 경로를 따른다. 이러한 아동의 행동문제는 초기 아동기부터 청소년기에 이르기까지 상당히 안정적으로 나타난다. 이 중 약 4분의 3은 성인이 되어서도 행동문제나 정서문제를 계속 경험하며, 약 40%가 ASPD 진단기준을 충족한다. 제한된 친사회적 정서를 가진 아동은 성인으로서 정신병질 특질을 발달시킬 수 있는 특별한 위험에 처해 있다(Dishion & Patterson, 2016).

청소년기 발병 품행장애 경로

마지막 경로는 청소년기 발병 품행문제가 있는 청소년이 보여준다. 정의에 의하면, 이러한 청소년은 사춘기 이전에는 유의한 품행문제를 보이지 않는다. 그러다가 재산파괴, 사기와 절도, 규칙위반에 관여하는 것이 전형적이다. 일반적으로 이러한 청소년은 반항적이고, 부모나 다른 권위 있는 인물들이 그들에게 부과하는 제약에 분개하며, 그들의 독립을 주장할 강한 욕구를 가지고 있다. 이러한 청소년의 반사회적 행동은 자율성을 주장하고 권위에 저항하려는 부적응적 시도를 반영하는 것일 수 있다(Woolard & Fountain, 2017).

전형적으로, 이러한 청소년은 친사회적 또래들에 의해 거부당하고 그들에게 반사회적 행위를 알려주는 일탈적 또래들과 가까워진다. 또한 이러한 청소년은 부모의 모니터링이 부족한 경우가 많으며, 이로 인해 절도, 공공기물 파괴, 무단결석, 물질사용에 관여할 수 있게 된다.

연구자들은 청소년기에 출현하는 품행문제가 단순히 정상적인 '청소년 반항'의 과장이라고 생각했었다. 사실, 연구자들은 이 경로를 '청소년기 한정 CD'라고 불렀는데, 대부분의 청소년이 초기 성인기에 이르면 반사회적 행동을 더 이상 하지 않기 때문이었다. 불행하게도, 최근의 연구는 덜 낙관적인 그림을 제시하고 있다. 비록 청소년기 발병 CD가 있는 대부분의 청소년이 성인기에 어떤 품행문제 기준도 충족시키지 않지만, 많은 청소년이 20대에도 여전히 문제행동을 하게 된다. 또한 이들은 건강 문제 및 물질사용 문제와 같은 다른 어려움을 자주 경험한다. 고등교육, 직업훈련, 그리고 고용에 참여할 기회가 이전의 반사회적 행동 때문에 제한될 때가 많다. 종합적으로, 이 자료들은 청소년기 발병 CD가 이러한 청소년을 잠재력을 제한하는 발달궤도에 올려놓는다는 점을 시사한다(Kimonis et al., 2015).

9.3 근거기반치료

몇몇 심리사회적 치료가 아동과 청소년의 품행문제를 줄이는 것으로 입증되었다(Bakker, Greven, Buitelaar, & Glennon, 2018). 일반적으로, 최적의 치료는 아동의 나이, 파괴적 행동의 성질, 가족의 사회적, 문화적 맥락에 따라 달라진다. 주로 적대적이고 반항적인 행동을 보이는 학령전기 아동과 어린 학령기 아동의 경우, 대부분의 전문가들은 부모가 자녀를 보다 효과적으로 관리하고 부모-자녀 상호작용의 질을 향상시키는 방법을 배울 수 있도록 행동치료를 권고한다. 적대적-반항적 그리고/또는 공격적 행동을 보이는 더 큰 아동과 청소년의 경우에는 공격성에 의존하지 않고 사회적 문제를 해결하도록 가르치기 위해 치료자가 인지행동 전략을 사용할 것을 권고한다. 더 심각한 반사회적 활동이나 범죄활동에 참여하는 청소년의 치료는 가정, 학교, 지역사회와 같은 다중체계에 걸쳐 청소년의 기능을 표적으로 삼아야 한다. 이 절에서는 치료에 대한 이 접근들과 각 접근을 뒷받침하는 증거를 설명하고자 한다(McCart & Sheidow, 2016).

어린 아동을 위한 근거기반치료는 무엇일까?

부모관리훈련

부모관리훈련(parent management training, PMT)은 어린 아동의 품행문제를 위해서 가장 널리 사용되고 가장 지지되는 치료법이다. PMT는 아동의 파괴적 행동이 강압적 부모-자녀 상호작용의 맥락에서 흔히 발달한다는 개념에 기반을 둔 행동적 개입이다(Patterson, 2016). 임상가는 부모-자녀 상호작용의 질을 평가하고 어떻게 부모가 무심코 적대적, 반항적 또는 공격적 행동을 강화하거나 본보기가 되는지에 주목한다. 치료과정에서 임상가는 부모에게 보다 적응적인 방식으로 자녀와 상호작용하고 강압적인 부모-자녀 언쟁을 피하라고 가르친다(Forgatch & Gewirtz, 2018).

몇 가지 효과적인 PMT 프로그램이 있다. 강력한 경험적 지지가 있는 두 가지 치료법은 제럴드 패터슨 등이 개발한 PMTO(Parent Management Training-Oregon Model)와 러셀 바클리가 개발한 반항적 아동 프로그램(Defiant Children program)이다(Burke & Loeber, 2018). 모든 PMT 프로그램에 공통적인 특정 요소가 있다. 대부분 부모가 자녀 없이 매주 PMT에 참여한다. 부모들은 매주 새로운 아동관리 기술을 배우고 집에서 이 기술을 연습한다. 예를 들어, 반항적 아동 프로그램에는 10개의 단계가 있다(Barkley, 2013a). 각 단계는 부모가 회기에서 학습하고 그 주에 집에서 적용해야 하는 원리 또는 기술로 구성된다(표 9.4). 이 단계들은 대략적으로 4개의 치료과정으로 구분될 수 있다.

첫 번째 과정(1단계)에서 부모는 자녀의 파괴적 행동의 원인에 대해 배운다. 치료자는 아동의 잘못된 행동이 부모, 자녀, 환경적 요인의 상호작용에 의해 영향을 받는다는 것을 보여줌으로써 부모의 죄책감이나 수치심을 줄이려고 노력한다. 치료자는 또한 부모가 자녀들에게 명확한 기대치를 설정하고 적절한 행동을 강화하며 적대적이고 강압적인 부모-자녀 교류를 피함으로써 좀 더 친사회적 방식으로 행동하도록 가르칠 수 있다는 점을 강조하여 희망을 심어주려고 노력한다.

두 번째 과정(2~4단계)에서, 부모는 정적 강화에 중점을 둔 기본적인 학습원리를 배운다. 치료를 찾는 부모는 대개 자녀의 잘못된 행동에 주로 주목한다. 따라서 치료자는 부모에게 자녀의 적절한 행동에 주목하고 칭찬하는 방법을 가르친다.

처음에 부모는 자녀의 적절한 행동에 주목하는 것을 배운다. 그러고 나면, 부모는 자녀의 순응 빈도를 증가시키기 위해 정적 강화 사용법을 배운다. 부모는 강화가 효과적이려면 적절한 행동에 수반되어야 한다는 것을 배운다. 즉, 강화는 적절한 행동 후에 즉시 주어져야 하며 일관된 방식으로 제공되어야 한다.

또한 부모는 프리맥의 원리(Premack's principle)를 사용하도록 배운다. 프리맥의 원리는 아동이 적절한 행동에 참여하도록 동기를 부여하기 위해 사용될 수 있다. 이 원리는 아동이 낮은 기저율의(원하지 않는) 활동을 한 결과로서 원래 더 하고 싶은 활동에 참여할 수 있게 된다는 것을 안다면 낮은 기저율의 활동을 할 가능성이 더 커진다는 것이다. 부모는 자녀가 더 많이 원하는 활동을 덜 원하는 활동에 대한 정적 강화로 사용할 수 있다. 예를 들어, 만약 자녀가 TV를 보고 싶어 한다면, 어머니는 자녀에게 먼저 방을 청소하라고 요구하는 것이다. 프리맥의 원리는 전통적인 상식에 바탕을 둔 것처럼 보이기 때문에 '할머니의 규칙(grandma's rule)'이라고 불리기도 한다. 하지만 그럼에도 불구하고 많은 양육자들이 때때로 간과하기도 한다(Russo, 2015; Thomas, 2015).

나중에, 부모는 계획적 무시(planned ignoring)를 통해 자녀의 부적절한 행동을 소거하는 법을 배운다. 부모는 혐오스럽지만 위험하지는 않은, 원치 않는 행동(예 : 성질부리기, 부모가 전화하는 동안 방해하기)을 체계적으로 무시한다. 마지막으로, 부모는 가정에서 토큰경제(어린 아동 대상) 또는 포인트 시스템(더 큰 청소년 대상)을 구축하는 법을 배운다. 아동은 규칙을 준수하거나 집안일을 하거나 숙제를 끝내는 것과 같은 적절한 행동에 수반되는 토큰이나 포인트를 얻는다. 아동은 이 토큰이나 포인트를 보상과 특전으로 교환할 수 있다.

세 번째 과정(5~7단계)에서 부모는 훈육과 환경구조화를 이용하여 자녀의 파괴적 행동을 줄이는 방법을 배운다. 첫째, 부모는 심각한 규칙위반에 대해 타임아웃(time-out)을 사용하는 방법을 배운다. 타임아웃을 집에서 처음 시행할 때는 한 가지 행동문제를 대상으로 한다. 나중에는 타임아웃을 집에서 다른 행동문제들에 대해서도 사용한다. 마지막으로, 부모는 타임아웃을 공공장소(예 : 식당, 식료품점)에서도 사용한다. 부모는 자녀가 잘 행동할 수 있도록 환경을 구성함으로써 행동문제를 피하는 방법을 배운다. 예를 들어, 쇼핑하러 가기

표 9.4 ■ 부모관리훈련

단계	주제
1	**왜 아이들은 잘못된 행동을 할까?** 부모는 자녀의 잘못된 행동의 원인과 가정에서 행동문제를 줄이기 위해 무엇을 할 수 있는지에 대해 배운다.
2	**주목하세요!** 파괴적 문제를 보이는 아동을 둔 많은 부모들은 자녀의 잘못된 행동에 초점을 맞춘다. 이 회기에서, 치료자는 부모에게 자녀행동의 긍정적인 측면에 주의를 기울이라고 가르친다.
3	**아동의 순응 증진시키기** 부모는 자녀의 적절한 행동을 강화하기 위해 관심과 칭찬을 사용하는 법을 배운다.
4	**토큰경제 사용하기** 부모는 순응을 강화하기 위해 가정에서 토큰경제를 실행하도록 배운다. 부모는 반응대가를 활용한 처벌의 형태로 토큰경제를 사용하는 것을 배운다. 부적절한 행위에 대한 대가로 토큰이 철회된다.
5	**가정에서 타임아웃 사용하기** 부모는 또한 집에서 타임아웃을 사용하는 법을 배운다. 처음에는 타임아웃을 한두 가지 문제 행동에 대해서만 사용한다.
6	**타임아웃 연습하기** 부모는 점차 타임아웃의 사용을 다른 행동문제로 확대한다.
7	**공공장소에서 아동 관리하기** 부모는 가게, 식당, 그리고 집 밖의 다른 장소에서 타임아웃을 사용하는 법을 배운다. 부모는 공공장소에서 자녀의 잘못된 행동에 대비하는 법을 배운다.
8	**학교행동 일일보고카드 활용하기** 교사는 학교에서 아동의 행동에 대한 일일보고카드를 작성하도록 요청받는다. 부모는 교사의 보고를 근거로 해서 학교에서의 적절한 행동을 강화하기 위해 가정 토큰경제를 사용한다.
9	**향후 행동 문제 다루기** 치료자와 부모는 미래의 행동문제와 어려운 상황에 대처하는 방법에 대해 의논한다.
10	**부스터 회기 및 추수 미팅** 부모는 훈련이 끝나고 한 달 후에 추수 회기에 참석하여 가족의 경과를 확인한다. 부모는 이 회기를 사용하여 새로운 문제를 해결하거나 토큰경제를 점차적으로 덜 사용하는 방법을 의논할 수 있다. 필요에 따라 3개월마다 추수 회기를 진행할 수도 있다.

출처 : Barkley (2013a).

전에, 부모는 자녀가 짜증을 부리거나 성질을 부리지 않도록 미리 간식과 작은 장난감 몇 개를 챙길 수도 있다.

네 번째 과정(8~10단계)은 아동의 적절한 행동을 학교환경에 일반화하고 행동변화를 미래에도 유지하는 것을 포함한다. 교사들은 학교에서의 아동행동에 대한 일일보고카드를 작성하도록 요청받는다. 부모는 일일보고카드를 이용하여 아동의 학교행동을 모니터링하고 집에서 보상을 준다. 가족의 장기적인 결과를 확인하기 위해, 많은 치료자들이 부모에게 훈련이 끝난 후 언젠가는 후속회기에 참석하도록 권고한다.

PMT는 상당한 경험적 지지를 받아왔다(Mendenhall et al., 2015). 메타분석에 의하면, 가족이 PMT를 받는 아동은 통제군에 비해 큰 효과 크기를 보여준다(ES = .80). 부모가 PMT에 참여하는 아동은 가정에서 친사회적 행동을 더 많이 보이고, 학교에서의 징계 문제가 적으며, 미래에 심각한 파괴적 행동을 보일 가능성이 더 적다. 치료 후 그들의 기능은 품행문제가 없는 또래들과 유사하다. 대부분의 종단연구는 치료효과가 적어도 1~3년 동안 지속된다는 것을 보여주었다. 하지만 일부 연구는 치료 종료 후 10~14년 동안 효과가 유지된다는 것을 보여주기도 했다(Capaldi & Eddy, 2015; Curtis et al., 2016).

PMT에도 몇 가지 한계가 있다. 첫째, PMT는 높은 스트레스를 경험하는 부모들에게는 덜 효과적이다. 한부모, 저소득층 부모, 부부갈등을 겪는 부모, 물질사용이나 정신건강에 문제가 있는 부모는 PMT를 중단하거나 진전이 더딘 경향이 있다. 심리사회적 스트레스 요인은 부모가 회기에 참석하고 기술을 연습하고 환경적 어려움에 직면하더라도 꾸준하게 참여하는 것을 어렵게 만들 수 있다. 둘째, PMT를 청소년 대상으로 적용한 경우에는 경험적 지지를 덜 받았다. 청소년은 일반적으로 어린 아동보다 더 심각한 품행문제를 보이는데, 아마도 이는 청소년을 치료에 더 저항적이게 만들 것이다. 더구나, 청소년 자녀의 환경에 대한 부모의 통제력은 더 적기 마련이며, 결과적으로 자녀의 행동을 바꾸기 위해 환경적 수반성을 변화시키는 능력이 더 적을 수밖에 없다. 셋째, 대부분의 지역사회 임상가는 PMT에 대한 공식적인 교육을 받은 적이 없다. 부모가 PMT에 참여하기를 원해도 숙련된 치료자를 찾지 못할 수도 있다(Capaldi & Eddy, 2015; Piffner & Kaiser, 2015).

부모-자녀 상호작용치료

부모–자녀 상호작용치료(parent-child interaction therapy, PCIT)는 파괴적 문제를 보이는 학령전기 아동이나 어린 학령기 아동이 있는 가정을 위해 고안된 PMT의 변형이다. PCIT는 다이애나 바움린드(Diana Baumrind, 2013)의 양육의 발달이론에 기반을 두고 있다. 바움린드가 양육행동은 두 가지 독립적인 차원, 즉 요구성(demandingness)과 반응성(responsiveness)을 기준으로 기술될 수 있다고 제안한 것을 기억해보자. 권위적인 양육(authoritative parenting)은 높은 수준의 요구성과 반응성이 특징이다. 부모는 자녀의 행동에 대한 높은 기대를 설정하고 그들이 그러한 기대를 충족하도록 돕기 위한 지원을 제공한다. 아동의 행동문제는 부모가 낮은 요구성(즉, 관대한 양육), 낮은 반응성(즉, 권위주의적 양육) 또는 둘 다 낮은 수준(즉, 무관심한 양육)을 보일 때 종종 발생한다. PCIT에서 치료자는 모델링과 정적 강화를 사용하여 부모에게 권위적인 양육행동을 하고 부모–자녀 상호작용의 질을 향상시키며 자녀의 행동문제를 감소시키도록 가르친다(Zisser-Nathenson, Herschell, & Eyberg, 2019).

PCIT의 한 가지 특징은 부모와 자녀가 함께 치료회기에 참여한다는 것이다. 회기에서 임상가는 부모와 자녀의 상호작용을 관찰하고 아동의 행동을 관리하는 방법을 부모에게 가르친다. 대개 부모는 옆방에서 상호작용을 관찰하고 있는 치료자와 의사소통을 할 수 있는 전자기기를 착용한다. 이러한 방식으로 아동이 알아차리지 못하는 상태에서, 치료자는 실시간으로 부모를 코칭할 수 있다(Hembree-Kigin & McNeil, 2013).

PCIT는 두 단계로 구분된다. 첫 단계인 아동 주도적 상호작용(child-directed interaction)에서 치료목표는 자녀에 대한 부모의 감수성과 반응성을 높이고 관계의 질을 향상시키는 것이다. 아동은 놀이활동을 선택하고 부모는 자녀가 하자는 대로 따른다. 이 치료단계의 한 가지 요소는 부모가 PRIDE라는 약자로 불리는 일련의 기술들을 발달시킬 수 있도록 돕는 것이다. 자녀와 함께 놀면서 부모는 열정적으로 자녀의 적절한 행동을 칭찬하고 반영하고 흉내내고 묘사하는 연습을 한다(표 9.5). 아울러, 부모는 놀이상황에 대해 너무 많은 통제를 하지 않고 질문이나 요구를 하지 않으며 자녀의 행동을 비난하지 않아야 한다. 이런 식으로 부모는 자녀의 적절한 행동을 강화하고 수용과 애정을 전달한다(Leineman, Brabson, Highlander, Wallace, & McNeil, 2018).

PCIT의 두 번째 단계인 부모 주도적 상호작용(parent-directed interaction)에서 치료목표는 부모가 자녀의 행동에 대해 보다 현실적인 기대를 형성하도록 돕고, 적대적이고 강압적인 부모–자녀 교류를 줄이고, 일관된 훈육을 촉진하는 것이다. 이 치료단계의 중요한 구성요소는 자녀에게 효과적으로 지시하는 방법을 배우는 것이다. 지시는 아동이 주의를 기울이고 있을 때 내려져야 한다. 지시는 명확하게 그리고 구체적으로 진술되어야 한다. 또한 지시에는 칭찬(이행 시)이든 타임아웃(불이행 시)이든 즉각적 결과가 뒤따라야 한다.

전체 PCIT 동안에 치료자는 부모의 교사이자 코치의 역할을 한다. 처음에, 치료자는 치료회기에서 부모에게 모든 기술을 시연한다. 그런 다음, 치료자는 부모가 자녀에게 적절하게 기술을 적용할 수 있을 때까지 회기에서 부모를 지도한다. 또한 치료자는 회기에서 발생하는 특정 행동문제를 해결하고 부모가 자녀의 특정 요구에 맞게 치료를 맞춤화할 수 있도록 돕는다. 부모가 칭찬과 격려를 사용하여 자녀의 적절한 행동을 정적으로 강화하듯이, 치료자도 칭찬과 격려를 통해 부모의 행동을 정적으로 강화한다.

PCIT는 아동의 행동문제를 줄이고 부모–자녀 상호작용의

표 9.5 ■ 부모 – 자녀 상호작용치료 : PRIDE 기술

기술	이유	예시
칭찬하기(PRAISE) 적절한 행동	자녀의 적절한 행동을 증가시키고 자존감을 구축함	부모 : 인형 정리를 잘했구나!
반영하기(REFLECT) 적절한 말	부모가 자녀에게 경청하고 있다는 것을 보여주고 언어를 향상시킴	아동 : 나무를 그렸어요. 부모 : 진짜 멋진 나무구나!
모방하기(IMITATE) 적절한 놀이	자녀가 주도하게 하고 차례대로 주고받기를 가르침	아동 : 아가를 침대에 눕힐 거예요. 부모 : 나도 아가의 언니를 침대에 눕힐 거야.
서술하기(DESCRIBE) 적절한 행동	부모가 자녀에게 관심 있다는 것을 보여주고 어휘를 확장함	부모 : 그것은 큰, 빨간 블록이네.
열정적 반응 보이기(ENTHUSIASM) 보여줘!	부모가 자녀와 보내는 시간을 즐거워한다는 것을 보여줌	부모 : 넌 정말 열심히 하는구나!

출처 : Lieneman et al. (2018).

질을 향상시키는 데 효과적이다. 메타분석 결과, PCIT에 참여한 아동은 통제군보다 파괴적 행동이 더 적었고(ES = −.87) 더 많이 순응적이었다(ES = .89). 게다가, PCIT에 참여한 부모들은 자녀의 행동을 관리하는 능력에 대한 자신감의 증가와 전반적인 양육 스트레스의 감소를 보고했다(Thomas, Abell, Webb, Avdagic, & Zimmer-Gembeck, 2018)

또한 PCIT를 민족적으로 그리고 문화적으로 다양한 가족의 요구에 맞게 수정하는 연구가 진행 중이다. 예를 들어, 정신건강 치료와 연관된 낙인을 줄이기 위해 '교사'라고 부르는 치료자들이 멕시코계 미국인 가족을 위해 특별히 설계된 PCIT 버전을 스페인어로 실시한다. 아울러 이 프로그램은 참여자들이 중요하게 여겼던 라포(rapport) 구축을 위해 더 많은 시간을 할애한다(McCabe, Yeah, Lau, & Argote, 2012). PCIT의 또다른 변형은 자폐스펙트럼장애(McNeil, Quetch, & Anderson, 2019), 기타 발달장애(Garcia, Magariño, & Bagner, 2019) 또는 학대를 받은 적이 있는 아동(Cotter, Wilsie, & Bestan-Knight, 2019)의 부모를 위해 개발되었다.

녹화된 모델링과 인크레더블 이어스 프로그램

전통적 PMT의 마지막 변형은 녹화된 모델링이다. 이 방법을 활용해서 캐럴린 웹스터-스트래튼(Carolyn Webster-Stratton)은 품행문제를 보이기 시작하는 아동을 위한 포괄적 프로그램을 개발했다. 인크레더블 이어스 프로그램(Incredible Years program)은 부모, 교사, 아동 각각을 위한 별도의 치료 모듈로 구성되어 있다. 이 프로그램은 전통적인 PMT에서 중도 하차할 가능성이 가장 큰, 소득 수준은 낮고 스트레스 수준은 높은 가정을 위해 특별히 고안되었다(Webster-Stratton & Reid, 2019).

인크레더블 이어스 기초(Incredible Years BASIC) 부모훈련 프로그램은 전통적인 PMT의 수정된 버전이다. 이 프로그램은 14개의 부모훈련 회기로 구성되며, 각 회기는 약 2시간씩 진행된다. 부모는 아동의 행동에 주의를 기울이고 적절한 행동을 강화하며, 부적절한 행위를 비강압적인 방법을 사용하여 처벌하는 것을 배운다. 치료자는 부모-자녀 상호작용의 비디오 영상을 제공한다. 이 영상들은 아동의 품행문제에 기저하고 있는 문제적인 부모-자녀 상호작용을 보여주며, 대안적이고 효과적인 양육전략을 가르치기 위해 제작되었다. 부모는 다른 부모들과 함께 비디오 영상을 시청한 다음에 부모끼리 그리고 치료자와 함께 아동관리 원칙과 양육기술에 대해서 토의한다. 치료자는 교사라기보다는 협력자이자 지지자 역할을 한다. 치료자는 가족의 필요에 맞추어 프로그램을 재단하기 위해 각각의 양육원칙을 어떻게 이행할 것인지를 부모 스스로 결정하도록 권장한다.

인크레더블 이어스 심화(Incredible Years ADVANCED) 부모훈련 프로그램은 기본 프로그램에 대한 보충 프로그램이다. 웹스터-스트래튼은 가정 내 스트레스와 갈등의 수준이 높은 부모는 기초 프로그램을 실천하고 자녀와의 적대적이고 강압적인 교류를 피하기가 어렵다는 것을 깨달았다. 고급 프로그램은 자기조절과 분노관리 전략, 의사소통 기술, 대인관계 문제해결 기술, 사회적 지원망 강화를 위한 기법 등을 가르치는 14개의 추가 회기로 구성된다. 이러한 회기들은 부모의 기분상태를 개선하고 가족의 긴장을 감소시키며 기초 프로그램을 효과적으로 실행하기 위해 필요한 지원을 부모에게 제공하기 위해 개발되었다.

기초 및 심화 프로그램을 보완하기 위해 인크레더블 이어스 학업기술 훈련(Incredible Years Academic Skills Training, SCHOOL)과 교사훈련(Teacher Training, TEACHER) 프로그램이 개발되었다. 이 프로그램들은 아동의 학교기능을 향상시키기 위해 개발되었다. 학업기술훈련 프로그램은 부모집단이 참여하는 4~6번의 회기로 구성된다. 이 프로그램은 부모가 자녀의 교육에 더 많이 관여하게 하고 교사와의 협력을 증진하며 자녀의 또래활동에 대한 모니터링을 더 많이 하도록 하는 데 초점을 맞추고 있다. 교사훈련 프로그램은 교사들을 위한 워크숍이다. 이 프로그램의 주제로는 교실관리 전략개발, 아동의 사회적 기술강화와 또래거부 피하기, 부모와의 의사소통 향상, 아동의 활동에 대한 모니터링, 그리고 학교에서의 신체적 공격과 괴롭힘 감소가 있다.

인크레더블 이어스 아동(Incredible Years CHILD) 프로그램은 품행문제가 있는 4~8세 아동을 위해 개발되었다. 이 22주간의 프로그램은 소집단의 아동을 대상으로 운영되며, 아동의 학교행동을 개선하기 위해 녹화된 일련의 상황극, 인형, 역할놀이 활동을 활용한다. 주요 인형은 디나 공룡이다. 따라서 이 프로그램은 종종 교실 공룡 커리큘럼(Classroom Dinosaur Curriculum, 이미지 9.1)이라고 불린다. 이 프로그램은 정서조절, 공감, 문제해결, 그리고 의사소통 기술을 가르치기 위해 개발되었다. 상황극을 관람한 후, 아동은 느낀점에 대해 토론하고, 사회적, 대인관계적 문제를 해결하는 방법에 대한 아이디어를 공유하고 평가하며, 새로운 기술을 연습한다. 게임, 노래, 예술 프로젝트, 역할놀이를 활용하여 개념들을 가르친다. 전반적 목적은 아동에게 어떻게 해야 수업시간에 잘 행동하고 친구를 사귀고 유지하며 또래와 적절하게 놀 수 있는지를 가르치는 것이다.

인크레더블 이어스 기초 프로그램은 부모의 자녀 양육에

이미지 9.1 디나 공룡은 인크레더블 이어스 프로그램에서 아동에게 정서조절 기술을 가르친다.

대한 태도, 부모-자녀 상호작용의 질, 그리고 자녀들의 행동을 개선하는 데 효과적이다. 프로그램에 참여하는 부모는 자녀에게 적대적이고 강압적인 행동을 더 적게 보이고, 자녀는 시간이 지날수록 품행문제를 더 적게 보인다. 기초 프로그램에만 참여하는 부모에 비해, 심화 프로그램에도 같이 참여하는 부모는 배우자와의 더 조화로운 상호작용, 가정에서의 더 나은 의사소통 및 문제해결 능력의 발휘, 그리고 더 높은 치료만족도를 보고한다. 관계의 질, 의사소통 및 문제 해결에서의 이러한 개선은 더 민감하고 반응적인 부모-자녀 상호작용과 상관이 있다(Gridley, Hutchings, & Baker-Henningham, 2015; Lees & Fergusson, 2015; Leijten, Raaijmakers, Orobio de Castro, van den Ban, & Matthys, 2015; Simon, 2016; Webster-Stratton, 2016).

또한 전체 프로그램의 효과가 품행문제가 발생하고 있는 아동과 품행문제가 발생할 위험이 있는 낮은 SES 가정의 아동을 대상으로 평가되었다. 전반적으로, 가족이 부모 기반, 학교 기반 또는 자녀 기반 개입에 참여하는 아동은 가족이 치료에 참여하지 않는 아동보다 행동에서 더 큰 개선을 보인다. 메타분석에 따르면, 전체 효과 크기는 0.40이다. 가족이 더 많은 치료 구성요소에 참여하는 아동은 한 가지 구성요소에만 참여하는 가족보다 더 나은 결과를 보인다. 여러 연구에서 기초 프로그램이 가장 효과적인 경향이 있다. 하지만 심화 프로그램은 우울증이 있는 어머니, 물질남용 전력이 있는 아버지, 높은 수준의 심리사회적 스트레스를 경험하고 있는 가족에게 특히 도움이 된다(Webster-Stratton & Reid, 2019).

더 나이 많은 아동과 청소년에게 어떤 근거기반치료가 가능할까?

문제해결기술 훈련

문제해결기술 훈련(problem-solving skills training, PSST)은 파괴적 행동문제를 가진 아동이 대인관계 문제를 인식하고 해

석하고 대응하는 방식에 특징적인 편향을 보인다는 개념에 토대를 두고 있다. 사회정보처리 편향은 친사회적 방식으로 대응하는 능력을 저해하고 적대적이고 공격적인 행동을 하게 할 가능성을 높인다(Kazdin, 2019).

사회적 정보처리가 (1) 사회적 상황에 대한 단서의 부호화, (2) 이러한 단서의 해석, (3) 목표의 명료화, (4) 실행가능한 계획 생성, (5) 문제 해결을 위한 최선의 계획 평가, (6) 실행이라는 6단계로 구성되어 있음을 기억하라. PSST는 공격적인 아동의 편향된 정보처리 스타일을 교정하기 위해서 더 적응적인 방식으로 이 사회적 문제해결 단계들을 사용하는 방법을 가르친다.

치료자는 처음에 아동에게 단순화된 사회적 문제해결 전략을 가르친다. 각 단계는 아동이 대인관계 문제의 특정한 측면에 관심을 가지도록 격려하고 친사회적 방식으로 문제를 해결하도록 돕는다.

첫째, 아동은 자신에게 질문한다. "내가 뭘 해야 하지?" 이

과학에서 실천으로
문제해결기술 훈련

네가 학교 식당에서 줄을 서있어. 그런데 누군가가 뒤에서 너한테 부딪혀서 네가 네 셔츠 앞부분에 우유를 쏟았어. 한 나이 많은 아이가 너를 놀리고 다른 아이들이 웃기 시작해. 최선의 대응방법을 찾기 위해서 문제해결 단계들을 사용해보자.

1단계 : 나는 무엇을 해야 할까?
　　나는 이 문제를 창피해하거나 싸우지 않고 해결하고 싶어요.

2단계 : 모든 가능성을 살펴보기
　　그냥 여기서 벗어나서 씻을 수 있어요.
　　괴롭히는 아이를 못 본 척하고 점심을 먹을 수도 있어요.
　　어설픈 내 자신을 보고 웃어버리고 농담을 할 수도 있어요.

3단계 : 각 가능성을 고려하기
　　만약 내가 그냥 자리를 떠나거나 괴롭히는 아이를 무시한다면, 싸움은 피해지겠지만 여전히 창피하게 느낄 거예요.
　　그 상황에 대해 웃어버리고 농담을 한다면, 그 상황을 진정시킬 수 있을 거예요.

4단계 : 선택하기
　　웃으면서 이렇게 말할 거예요, "내가 온몸에 우유를 쏟았다니 믿을 수가 없어."
　　"정말 뜻밖의 실패야(udder failure-udder가 '모유-우유'라는 의미이고 영어로는 운율이 살아서 농담이 됨_역주)"

5단계 : 결과 평가하기
　　나는 좋은 선택을 했어요. 모두가 웃어 버리고 나도 창피하게 느끼지 않아요.

질문에 답하려면 아동은 문제를 파악하고 그 상황에서 어떻게 행동해야 하는지를 결정해야 한다. 둘째, 아동은 "무엇이 가능할까?"라고 질문한다. 이 단계는 아동에게 가능한 한 많은 행동과정을 생성하도록 상기시킨다. 셋째, 아동은 "난 정신 차리고 집중을 해야겠어"라고 말한다. 이 단계는 아동이 가능한 행동 과정을 평가하도록 장려한다. 넷째, 아동은 "난 선택을 해야 해"라고 말한다. 이 단계는 아동이 최선의 반응을 선택할 것을 요구한다. 다섯째, 아동은 자신의 행위를 평가하고 "난 잘했어" 또는 "난 실수를 했어"라고 결론 내린다. 전체적으로, 이 단계들은 문제해결 과정을 늦추며 아동이 행동하기 전에 더 많은 정보를 고려하도록 돕는다. 이 단계들은 '과학에서 실천으로' 부분에서 확인할 수 있다.

치료자는 보통 아동이 일상생활에서 마주칠 수 있는 대인관계 문제, 즉 쉬는 시간 동안의 말다툼, 버스에서의 문제 또는 학교 복도에서의 다툼을 묘사하면서 회기를 시작한다. 그런 다음 치료자는 아동에게 문제를 해결하기 위해 이 단계들을 사용하는 방법을 보여준다. 다음으로, 치료자와 아동은 그 상황을 역할놀이를 통해 경험한다. 처음 몇 회기 동안, 아동은 문제를 풀어나가면서 각 단계를 소리내어 말한다. 아동이 단계들에 더 익숙해진 후에는 말을 하지 않으면서도 문제를 해결할 수 있다. 각 회기마다 치료자는 아동을 지도하고 칭찬과 격려를 제공한다. 가능하다면, 부모도 문제해결 단계를 배우고 아동이 집에서 이 단계들을 사용하도록 격려하고 보상하도록 권장된다.

PSST는 학령기 아동의 공격적이고 파괴적인 행동을 줄이는 데 효과적이다. 몇몇 연구에서, PSST에 참여한 아동은 주의력 조절 집단에 참여한 아동보다 더 큰 증상 감소를 보였다. 입원아동과 외래아동은 모두 통제군에 비해 기능이 향상된 모습을 보였고, 1년 뒤에도 치료효과가 유지됐다. 또한 PSST와 PMT에 모두 참여한 가족은 둘 중 한 가지 치료만 받은 가족보다 더 나은 결과를 경험했다(Kazdin, 2019; Michelson, Sugai, Wood, & Kazdin, 2013).

공격성 대체 훈련

공격성 대체 훈련(aggression replacement training, ART)은 파괴적, 공격적, 반사회적 행동 이력이 있는 청소년을 위해 개발된 다중양식 치료법이다(Glick & Gibbs, 2011). ART는 반사회적 행위를 하는 청소년에게 친사회적 행동의 기초가 되는 행동, 정서, 인지 능력이 부족하다는 전제에 토대를 두고 있다. 이러한 청소년은 사회적 문제해결, 정서조절, 그리고 도덕적 추론의 지연을 보이는데, 이는 순응적이고 건설적인 행동을 하는 능력을 방해한다. 더욱이, 파괴적이고 공격적인 행동은 이러한 청소년의 삶에서 특히 가족구성원들과 또래들에 의해 모델링되고 강화되곤 한다(Bränström, Kaunitz, Andershed, South, & Smedslund, 2016).

ART에서 청소년은 행동, 감정 및 인지 기술을 가르치기 위해 설계된 구조화된 집단활동에 참여한다(Goldstein & Martens, 2000). 구체적으로, ART는 (1) 스킬스트리밍, (2) 분노조절훈련, (3) 도덕적 추론훈련의 세 가지 요소로 구성된다.

ART의 행동요소인 스킬스트리밍(skillstreaming)의 목표는 청소년이 언쟁과 공격행위를 하지 않도록 돕기 위한 친사회적 기술을 향상시키는 것이다(McGinnis, 2011a, 2011b). 청소년은 이 기술들을 소집단에서 모델링, 역할극, 강화, 피드백의 조합을 통해 배우게 된다. 기술들은 여섯 가지 범주로 분류된다. (1) 초급 사회적 기술(예 : 경청하기), (2) 고급 사회적 기술(예 : 사과하기), (3) 감정과 관련된 기술(예 : 다른 사람의 감정을 이해하기), (4) 공격성에 대한 대안(예 : 싸움에 관여하지 않는 것), (5) 스트레스를 다루는 기술(예 : 집단 압력에 대처하는 것), (6) 계획과 관련된 기술(예 : 장기 목표 세우기).

먼저, 어떤 기술이 집단에게 소개된다. 다음으로, 그 기술은 하위 구성 부분으로 나누어지고 치료자가 각 부분의 모델 역할을 한다. 치료자는 각 집단 구성원이 자신의 일상생활에서 그 기술을 어떻게 활용할 수 있을지를 밝히도록 요청한다. 마지막으로, 자원한 집단구성원이 그 기술을 사용할 수 있는 상황에서 번갈아 가며 역할극을 한다. 각 집단구성원은 그 기술을 연습하고 다른 구성원들로부터 피드백을 받는다. 역할극과 피드백 과정은 모든 집단구성원이 그 기술을 연습할 수 있는 기회를 가질 때까지 반복된다. 그런 다음, 치료자는 각 집단구성원이 집단 밖에서 그 기술을 연습하도록 요청한다(Weis & Pucke, 2013).

분노조절훈련(anger control training)은 ART의 정서조절 요소다(Findler & Engel, 2011; Novaco, 1975). 분노조절훈련의 주요 목표는 청소년이 외부적 촉발자극과 내부적 단서가 어떻게 자신의 분노와 공격성을 자극할 수 있는지를 이해하도록 돕는 것이다. 첫째, 집단구성원들은 분노를 촉발할 수 있는 상황을 파악한다. 그런 다음, 치료자는 집단구성원들이 어떤 생리적 표지자(marker)가 그들이 화가 났다는 신호로 작용하는지 인식하도록 격려한다. 표지자는 감각(예 : '뜨거운' 느낌), 생리적 각성의 지표(예 : 땀, 근육의 긴장) 또는 행동(예 : 소리 지르기)을 포함할 수 있다. 다음으로, 심호흡과 같은 분노를 감소시키는 기술을 제시하고 연습하게 한다. 집단구성원들은 각성을 조절하기 위해 "진정하자" 또는 "침착하자"와 같은 자기진술을 사용하도록 배운다. 집단구성원들은 또한 사회적 문제를 해결하고 분노나 공격적인 표출을 피하기 위해 스킬스트리밍 기법을 확인하고 사용하도록 장려된다.

ART의 마지막 요소는 도덕적 추론훈련이다(moral reasoning training; Arbuthnot & Gordon, 1986; Gibbs, 2010). 치료자는 청소년이 도덕적 딜레마(예 : 부정행위, 절도, 싸움)를 직면하게 되는 연관성 있는 이야기를 집단에게 제시한다. 집단구성원들은 치료자가 제기한 질문들에 대해 토론하는데, 이 질문들은 행동하기 전에 다른 사람들의 권리와 감정을 고려해야 할 필요성을 강조하는 것이다. 토론을 하면서 치료자는 집단구성원들이 더 성숙하고 덜 자기중심적인 도덕적 결정을 채택하도록 도전적인 요구를 한다.

전반적으로, ART에 참여하는 공격적인 청소년은 ART를 받지 않은 청소년에 비해 사회적 기술을 배우고 적용하는 능력이 향상된 것으로 나타났다. 게다가 대부분의 연구에서 ART를 받은 청소년은 분노조절이 증가했고 도덕적 추론이 개선되었으며 범죄활동의 가능성이 감소한 것으로 나타났다(McCart & Sheidow, 2016).

청소년 사법체계나 위탁보호 중에 있는 청소년을 어떻게 도울 수 있을까?

다중체계치료

다중체계치료(multisystemic therapy, MST)는 가족 및 지역사회 기반 치료의 집중적인 형태로, 심각한 품행문제가 있는 청소년에게 특히 효과적이다. MST는 만성적 청소년 비행, 강력범죄, 물질사용 문제, 성범죄를 보이는 청소년에게 성공적으로 사용되었다. MST는 청소년 사법체계에서 청소년을 위한 가장 성공적인 개입 중 하나이다(Henggeler & Schaeffer,

2019).

MST는 브론펜브레너(Bronfenbrenner, 1979)의 생태체계모델을 기반으로 한다. 이 이론은 아동의 발달이 서로 상호작용하는 여러 체계의 맥락에서 가장 잘 이해된다고 가정하는 것을 기억하라. 이 체계들은 아동의 가족, 교사, 친구와의 미시적 관계에서부터 가족의 소득, 민족, 언어, 문화 등 아동의 발달에 영향을 미칠 수 있는 보다 거시적 사회-문화적 요인에 이르기까지 다양하다. 시간이 지남에 따라 각 수준은 다른 수준들과 상호작용하며 아동의 발달에 영향을 미친다.

예를 들어, 한 아동이 어린 나이에 주의력이나 학습문제를 보일 수 있다. 이 아동의 부모는 가족의 재정적 필요를 충족시키기 위해 많은 시간을 일해야 하기 때문에 이 문제들을 해결하지 못할 수 있다. 게다가 이 아동의 학교는 기금 삭감 때문에 양질의 교육서비스를 제공하지 못할 수 있다. 결과적으로, 이 아동은 더 큰 학업 문제를 겪게 되고 학교를 싫어하게 되고 반사회적 행동을 알려주는 일탈적 또래들과 어울리기 시작할 수 있다. 만약 이 아동이 빈곤한 동네에 살았다면, 위험요인들로부터 그를 보호할 수 있는 방과 후 자원들, 예컨대 스포츠, 클럽활동 또는 아르바이트와 같은 것에 접근할 수 없을 것이다. 결과적으로, 그의 파괴적 행동의 빈도와 심각도는 시간이 지남에 따라 증가할 수 있다(Henggeler & Schaeffer, 2016).

MST를 사용하는 치료자는 청소년 복지에 필수적인 세 가지 체계 즉, (1) 가족, (2) 학교, (3) 또래를 표적으로 삼는다. 첫째, 치료자는 부모가 집에서 청소년과 상호작용하는 데 더 효과적인 기술을 개발하도록 도울 수 있다. 예를 들어, 치료자는 부모관리훈련 프로그램을 시행하거나, 방과 후에 부모에게 자녀가 어디서 무엇을 하는지 모니터링하는 방법을 가르치거나, 청소년과의 갈등 상황을 피하는 법을 배우도록 도울 수 있다. 치료자는 또한 지지적이고 일관적인 보살핌을 제공하는 부모의 능력을 방해하는 장애물을 제거하려고 노력한다. 예를 들어, 치료자는 부모의 부부불화를 해결하거나, 부모가 알코올 사용문제를 극복하는 것을 돕거나, 한부모의 사회적 지지망을 확장시킬 수 있다. 치료자는 자신을 부모의 자원이자 동맹자로 본다. 치료자는 부모의 기술과 웰빙을 향상시킴으로써, 그들이 청소년 자녀의 행동을 더 효과적으로 관리하기를 기대한다.

치료의 두 번째 영역은 청소년의 학교를 표적으로 한다. 대부분의 MST 치료자는 청소년 교육에 대한 부모의 참여를 증진시키려고 한다. 치료자는 부모와 교사 사이의 연결고리 역할을 하거나 부모가 자녀의 교육적 필요를 지지하도록 도울 수 있다. 치료자는 부모에게 자녀의 학교 출석과 교실에서의 행동을 모니터링하도록 가르칠 수 있다. 치료자는 청소년의 학업 성취를 저해하는 장애물을 제거하려고 노력한다. 예를 들어, 치료자는 부모와 교사 사이의 갈등을 해결하거나 학부모가 학부모-교사 회의에 참석할 수 있도록 돕는 것과 같은 실제적 문제를 다루는 데 도움을 줄 수 있다.

세 번째 개입방법은 청소년의 또래를 포함한다. 일탈적 또래와의 관계는 청소년기 행동문제의 가장 좋은 예측변인이다. 결과적으로, 치료자는 일탈적 또래들과의 상호작용의 기회를 제한하고 친사회적 청소년과의 상호작용의 기회를 늘리려고 노력한다. 적어도 치료자는 부모와 청소년의 삶에 관련된 다른 사람들(예 : 가족, 교사, 경찰)이 특히 방과 후에 청소년의 행방을 면밀히 모니터링할 것을 권고한다. 동시에, 치료자는 청소년이 새로운 또래 네트워크를 형성하는 것을 도울 수 있다. 예를 들어, 치료자는 청소년에게 스포츠 팀에 들어가거나 학교에서 클럽에 가입하거나 지역사회에서 자원봉사를 하도록 격려할 수 있다. 치료자는 또한 청소년이 친사회적 또래들에게 받아들여질 가능성을 높이기 위해 사회적 기술을 향상시키는 데 도움을 줄 수 있다.

MST는 집중적이고 유연하며 가족중심적인 개입이다. 치료자는 보통 3~5명씩 팀을 이루어 일하며, 그들은 하루 24시간 일주일 내내 이용 가능하다. 치료자는 보통 가족의 참석과 참여를 증진하기 위해 사무실이 아닌 집이나 지역사회에서 가족과 만난다. MST는 보통 3~5개월 동안 지속된다 (Henggeler & Schaeffer, 2016).

품행문제가 있는 청소년을 위한 MST의 효과를 뒷받침하는 증거는 상당히 많다. 여러 무선통제 연구에서 가족이 MST에 참여한 청소년은 가족이 MST에 참여하지 않은 청소년보다 다시 체포될 가능성이 25~70% 낮았고 집에서 살 수 없게 되는 경우도 47~64% 더 낮았다. 치료는 가족기능과 양육기술을 향상시키는 것으로 보이며, 이는 차례로 청소년의 일탈적 또래와의 관계와 파괴적 행동을 감소시킨다.

미주리 비행 프로젝트(Missouri Delinquency Project)는 MST가 아동의 발달결과에 미치는 장기적 영향에 대한 최상의 정보를 제공한다(Henggeler & Schaeffer, 2020). 이 연구에서는 심각한 반사회적 행동을 한 이력이 있는 청소년을 MST 또는 지역사회의 개별치료에 무선적으로 배정했다. 연구를 시작할 때, 전형적인 청소년은 심각한 범죄 활동으로 약 네 번 체포되었고 표본의 거의 절반이 강력범죄(예 : 성폭력, 살해 의도가 있는 폭행구타)를 저질렀다. 치료 후 22년이 지난 후, MST에 참여했던 청소년은 지역사회에서 다른 형태의 치료를 받았던 청소년보다 또 다른 중범죄를 저지르거나 강력범죄에 연루되거나 민사소송에 휘말릴 가능성이 적었다(그림 9.9).

흥미롭게도, 청소년 범죄자의 형제자매도 MST의 가족치료적 구성요소로 인해 혜택을 받는다. 부모가 MST에 참여한 지 약 25년이 지난 후, 이 청소년의 형제자매 중 43%가 체포되었는데 개별치료에 참여한 청소년의 형제자매는 72%가 체포되었다. 이러한 결과는 MST가 치료에 의뢰되었던 청소년뿐만 아니라 전체 가족체계에 도움이 된다는 것을 시사한다 (Wagner, Borduin, Sawyer, & Dopp, 2014).

불행히도 MST 프로그램은 심각한 품행문제가 있는 청소년의 약 1%만이 이용할 수 있다. 대부분의 치료자는 MST에 관한 공식적인 훈련을 받은 적이 없고 이러한 치료 형태는 시간이 많이 걸린다. MST를 지원하는 지속적인 연구가 지역사회 내 더 많은 프로그램 개발로 이어지기를 바란다(Capaldi & Eddy, 2015; Wu et al., 2016).

오리건 치료 위탁보호

오리건 치료 위탁보호(Treatment Foster Care Oregon)는 오리건 사회학습센터에서 청소년사법체계, 아동복지제도, 정신건강관리체계와 관련있는 아이들을 위해 개발되었다. 이 아이들 대부분은 파괴적 행동문제, 범죄활동 또는 심각한 공격성 때문에 집에서 살 수 없게 된 상황에 있다. 오리건 치료 위탁보호 프로그램은 이 아이들을 수용시설이나 소년원이 아닌 특별히 훈련된 위탁보호 환경에 배치한다. 여기서 아이들은 행동과 감정을 조절하는 법을 배우게 된다(Dishion, Forgatch, Chamberlain, & Pelham, 2017).

이 프로그램은 사회학습이론에 기반을 두고 있다. 이 이론에 따르면, 까다로운 기질이나 과잉행동적-파괴적 행동을 하는 아동은 양육자를 화나게 하거나 좌절시키거나 무력감을 느끼게 할 수 있다. 그러면 양육자는 아동의 불복종에 굴복하

그림 9.9 ■ 미주리 비행 프로젝트 결과

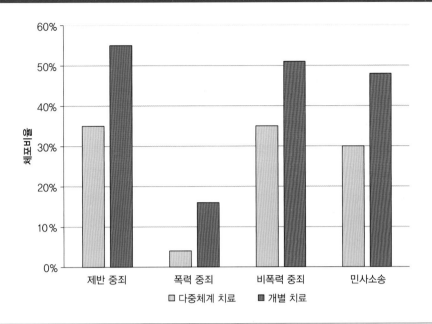

주 : 개별치료를 받았던 청소년에 비해 MST에 참여했던 청소년은 성인이 되었을 때 중대범죄를 저지르거나 민사소송에 연루될 가능성이 더 적었다. 출처 : Henggeler & Schaeffer (2020).

든 아니면 엄격한 훈육을 하게 되든 아동의 잘못된 행동에 대해 적대적이거나 강압적인 방식으로 반응할 수 있다. 양육자는 아동의 불복종 행동을 부적으로 강화할 수도 있고, 소리지르기, 때리기, 위협하기 등 공격적인 문제해결 전략의 본보기가 될 수도 있다. 시간이 지남에 따라, 아동은 가정과 지역사회에서 더 공격적이고 반사회적인 행동을 하게 된다.

사회학습이론은 또한 정적 강화와 비강압적 훈육을 사용하여 아동에게 비공격적이고 친사회적인 행동을 가르칠 수 있다고 가정한다. 새로운 행동들은 수용시설이나 소년원보다는 집과 학교처럼 자연적으로 발생하는 환경에서 가장 효과적으로 학습되고 일반화가 일어난다. 따라서 아동은 특별훈련을 받은 치료자들이 조작적 조건형성을 사용하여 더 적응적인 행동을 가르치는 치료적 위탁가정에 배치된다.

오리건 치료 위탁보호에는 두 가지 주요 목표가 있다. 첫째, 아동은 지역사회에서 성공적으로 살 수 있도록 새로운 행동과 정서조절 기술을 배우고 연습해야 한다. 둘째, 아동은 치료 후에 친부모와 다시 함께 살 준비를 해야 한다. 이 목표들을 달성하기 위해, 각 아동은 6~9개월 동안 다른 위탁가정에 보내진다. 훈련된 위탁부모는 토큰경제를 사용하여 적절

한 행동을 강화하고 반응대가(즉, 토큰과 특전 박탈)를 사용하여 부적절한 행동을 처벌하는 일상 행동관리 시스템을 사용한다. 아동은 또한 위탁보호 환경에 대한 적응을 돕는 개별 치료자와 자연스러운 환경에서 적절한 사회적 기술을 가르치는 '기술 코치'를 배정받는다. 또다른 치료자는 아동의 친부모에게 배정되어 부모관리 훈련을 제공하고 자녀와의 재결합을 준비시킨다.

몇몇 무선통제 연구는 오리건 치료 위탁보호가 남자 청소년의 비행행동의 수와 심각성을 줄이는 데 효과적이라는 것을 보여주었다. 통제군에 비해, 이 프로그램에 참여한 남아들은 체포될 가능성, 친가족과 떨어져 지내는 시간, 그리고 강력범죄를 저지를 가능성이 더 적다. 치료를 받은 남아들은 또한 통제군에 비해 니코틴, 마리화나, 그리고 다른 약물의 사용률이 더 낮다. 두 가지 요인으로 이 프로그램의 이점을 설명할 수 있다. 첫째, 이 남아들은 위탁보호 배치 기간 동안 일탈적 또래들을 피할 수 있었다. 둘째, 보호자들은 남아들의 파괴적 행동을 관리하기 위해 더 효과적인 전략을 사용했다.

또한 이 프로그램은 반사회적 여아들의 결과를 향상시키는 것으로 나타났기 때문에 주목할 만하다. 두 가지 무선통제 연

구는 파괴적 행동과 범죄활동의 이력이 있는 여자 청소년을 대상으로 치료효과를 조사했다. 가족과 재결합한 지 2년이 지난 후, 프로그램에 참여했던 여자 청소년 집단은 통제군에 비해 체포될 가능성이 더 적었고 학교에서 더 많은 참여를 보였다. 또한 이 프로그램에 참여했던 여자 청소년은 알코올과 다른 약물사용 문제를 경험할 가능성, 우울증에 걸릴 가능성, 그리고 임신할 가능성도 더 적었다. 이 치료효과에 대한 부분적 설명은 여자 청소년이 일탈적 또래를 피하고 학교와 다른 친사회적 활동에 더 많이 참여하는 데 이 프로그램이 도움이 되었을 것이라는 설명이다(Buchanan, Chamberlain, & Smith, 2019).

약물치료가 품행문제가 있는 아이들에게 도움이 될까?

현재로서는 아동과 청소년의 품행문제를 위해 승인된 치료약은 없다. 대부분의 연구는 가족, 사회, 문화적 요인을 반사회적 행동의 직접적인 원인으로 지목하기 때문에 심리사회적 치료가 선호된다(Fisher & Sexton, 2018).

메틸페니데이트와 같은 중추신경자극제(즉, 콘세르타, 리탈린)는 ADHD 아동의 공격적이고 적대적이고 반항적인 행동을 감소시킬 수 있다. 이 약물들이 주로 ADHD 증상을 치료하기 위해 사용되지만, 일부 아동, 특히 평균 미만의 인지기능을 가진 남아들의 파괴적 행동을 감소시킬 수 있다. 중추신경자극제는 아동과 부모의 상호작용의 질, 또래관계의 질, 학교에서의 참여도를 향상시킴으로써 파괴적 행동을 감소시킬 수 있다. 이러한 이득은 아동이 치료약을 계속 복용하는 한 유지되는 경향이 있다(Zaraa et al., 2018).

리스페리돈(즉, 리스페달)은 일부 아동의 파괴적 행동을 감소시키는 데 도움을 줄 수 있는 또 다른 약물이다. 리스페리돈은 조현병이나 양극성장애의 치료에 사용되는 비정형 항정신병 약물이다. 하지만 리스페리돈은 중추신경자극제만으로는 반응을 보이지 않는 ADHD 아동의 공격적 행동을 감소시킬 수도 있다.

TOSCA(Treatment of Severe Childhood Aggression, 중증 아동기 공격성 치료) 연구는 ADHD와 공존하는 공격적 행동을 보이는 학령기 아동 168명을 평가했다. 처음에는 모든 아동이 중추신경자극제를 복용하였고 양육자는 부모관리 훈련에 참여했다. 만약 중추신경자극제 치료와 부모훈련에도 불구하고 아동이 계속해서 공격성을 보인다면, 리스페리돈이나 위약 중 한 가지를 처방받는 집단에 무선적으로 할당되었다. 결과는 아동이 어느 처방을 받았는지 모르는 임상가, 부모, 교사에 의해 평가되었다(Barterian et al., 2018).

TOSCA 연구 결과는 중추신경자극제와 부모관리 훈련만 받는 것에 비해 이 두 가지 치료에 리스페리돈을 추가하면 파괴적 행동문제가 더 빠르게 그리고 약간 더 많이 감소된다는 것을 보여주었다(그림 9.10). ADHD와 제한된 친사회적 정서가 있는 아동이 리스페리돈의 효과를 가장 크게 보는 것 같다. 리스페리돈을 추가할 때의 주요 제한점은 이 약이 일부 아동에게서 체중 증가, 소화불량 및 기타 부작용을 가져온다는 것이다(Joseph et al., 2020).

무엇이 효과가 있고 무엇이 효과가 없으며 왜 그럴까?

지난 30년간 연구자들은 품행문제의 원인을 파악하고 이 문제를 감소시키기 위한 개입을 개발하는 데 큰 진전을 이루었다. 하지만 일부 임상가는 효과가 없거나 때로는 해롭기까지 한 치료에 계속 의존하고 있다(Viljoen, Brodersen, Shaffer, & McMahon, 2017).

수감과 엄격한 처벌방식은 청소년의 장기적인 반사회적 행동의 위험을 낮추는 데 효과적이지 않다. 청소년을 성인법원이나 교정시설로 보내는 것은 특히 비효과적이며 청소년이 성인이 되었을 때 다시 범죄를 저지르거나 범죄 행동에 계속 관여할 가능성을 높이게 된다.

청소년에게 겁을 주어 반사회적 행동을 하지 않게 하려는 규제 프로그램도 비행을 감소시키지 못한다. 예를 들어, '무서운 진실(Scared Straight)'이라는 프로그램은 위기의 청소년이 성인 교도소를 방문하여 수감자들이 교도소에서 벌어지는 폭력과 성폭력에 대해 해주는 이야기를 듣는 것을 장려했다. 몇몇 메타분석은 이 규제 프로그램에 참여한 청소년이 개입을 받지 않은 청소년보다 오히려 재범할 가능성이 더 높다고 결론지었다.

야생도전 프로그램도 비효과적이다. 이 프로그램들은 위기의 청소년에게 숲이나 다른 야외환경에서 필요한 생존 기술을 가르쳐줌으로써 반사회적 행동을 줄이려고 시도한다. 청

그림 9.10 ■ TOSCA 연구 결과

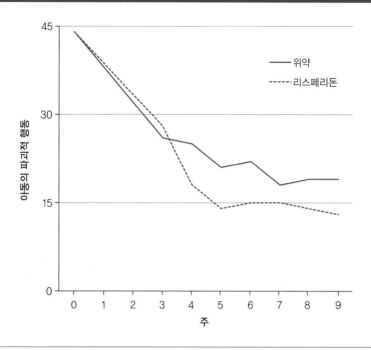

주 : ADHD를 위한 전통적 치료에 리스페리돈을 추가한 경우 위약을 추가했을 때보다 아동의 파괴적 행동이 더 크고 빠르게 감소하는 결과를 가져왔다. 출처 : Barterian et al. (2018).

소년은 또한 신체적으로 힘든 활동과 팀워크를 쌓는 운동을 하게 된다. 야생 프로그램에 참여한 청소년은 파괴적인 행동에서 별 개선을 보이지 않았다. 더구나 10대들이 경험한 반사회적 행동의 감소는 그들이 가족과 지역사회로 돌아간 후에 빠르게 사라진다.

마지막으로, 일부 집단개입은 위기의 청소년 사이에서 반사회적 행동을 실제로 증가시킬 수 있다. 예를 들어, 지지집단이나 다른 비구조화된 집단치료 프로그램에 참여하는 반사회적인 청소년은 집단 상호작용을 하면서 일탈훈련을 받게 될 수 있다. 이러한 청소년들끼리 공격행동, 무단결석, 물질사용에 대한 이야기를 나누면서 반사회적 활동을 정상화하고 서로 장려한다(Fisher & Sexton, 2018).

다행히도, 품행문제가 있는 아동을 위해서 이용할 수 있는 근거기반치료가 많이 있다. 이 프로그램들에는 다섯 가지 공통특징이 있다(Henggeler & Schaeffer, 2016). 첫째, 아동의 가족이 변화의 주요 주체이다. 거의 모든 효과적인 치료는 어떤 식으로든 부모를 포함한다. 부모가 자녀의 행동에 대한 명확한 규칙을 정해서 시행하게 하고, 부모–자녀 상호작용의 질을 높이고 적대적이고 강압적인 양육행동을 줄이도록 돕는 것이 성공적인 치료에 매우 중요한 것으로 보인다.

둘째, 임상가는 치료를 계획할 때 가족이 속한 더 광범위한 사회문화적 맥락을 고려한다. 효과적인 치료법은 아동이 일탈적 또래를 피하고 학교에서 더 참여하게 하고 지역사회에서 친사회적 활동에 참여하도록 돕는다. 치료는 또한 가족이 지역사회의 불이익, 빈곤, 범죄, 문화변용 또는 다른 사회–문화적 위험요인에 의해 야기되는 스트레스를 다루는 것을 돕는다.

셋째, 치료는 가정이나 지역사회에서 이루어진다. 치료자는 가족들이 돌봄서비스나 교통수단 또는 휴가부족과 같은 치료에 대한 장벽을 파악하고 극복할 수 있도록 돕는다. 그들은 가능한 한 가족들이 필요한 서비스를 이용할 수 있게 지원한다.

넷째, 개입은 행동적이고 개별화되어 있으면서 포괄적이다. 치료자는 아동의 행동을 개선하기 위해 정적 강화에 주로 의존하고, 가족의 즉각적 관심사를 다루기 위해 권장사항을 수정해서 맞추고, 가정, 학교, 그리고 지역사회에서 기능을 향상시키기 위해 작업한다.

마지막으로, 치료자는 치료의 효과를 평가한다. 근거기반 치료는 신뢰롭게 실행되고 가족의 욕구에 부합할 때만 효과

가 있다. 치료자는 치료 중과 치료 후에 아동의 기능을 주기적으로 평가하여 치료가 제대로 작용하고 있는지를 확인해야 한다.

주요 용어

간헐적 폭발장애(intermittent explosive disorder, IED) : 반복적인 분노폭발로 인해 언어 그리고/또는 신체적 공격이 발생하는 DSM-5 장애

강압적 가족 과정(coercive family process) : 부모가 자녀의 불복종을 부적으로 강화하는 한편 자녀는 부모가 자녀의 요구나 성질부리기에 굴복하도록 부적으로 강화하는 부모–자녀 상호작용의 한 유형

공격성 대체 훈련(aggression replacement training, ART) : 파괴적, 공격적, 반사회적 행동의 이력이 있는 청소년을 위해 설계된 다중양식적 인지행동치료. (1) 스킬스트리밍, (2) 분노조절훈련, (3) 도덕적 추론훈련으로 구성됨.

관계적 공격성(relational aggression) : 여아들이 불균형적으로 많이 보이는 공격성의 한 형태로서, 관계를 손상시키거나 조종함으로써 다른 사람들의 기분, 자기개념, 사회적 지위를 손상시킴.

내현적 증상(covert symptoms) : 대개 신체적 공격이나 다른 사람들과의 대립을 포함하지 않는 반사회적 행동. 예로는 무단침입, 절도, 거짓말, 무단결석, 가출 등이 있음.

다중체계치료(multisystemic therapy, MST) : 더 심각한 품행문제가 있는 청소년에게 효과적인 가족 및 지역사회 기반 집중치료. (1) 가족치료, (2) 학업/학교생활 지원, (3) 부모의 모니터링 증가로 구성됨.

더니든 다학제 건강 및 발달 연구(Dunedin Multidisciplinary Health and Development Study) : 아이들의 장기적 정신건강 결과를 조사한 40년간의 전향적 종단연구

로빈스 역설(Robins paradox) : (1) 반사회적인 행동을 하는 대부분의 성인은 아동기에 반사회적인 행동을 한 전력이 있지만 (2) 반사회적인 행동을 하는 대부분의 아동이 반사회적인 성인이 되지는 않음.

문제해결기술 훈련(problem-solving skills training, PST) : 파괴적 문제를 보이는 아이들이 대인관계 문제를 보다 효과적인 (덜 편향된) 방식으로 인식하고 해석하고 대응하는 방법을 배우는 인지적 개입

반사회성 성격장애(antisocial personality disorder, ASPD) : 타인의 권리에 대한 무시와 침해의 만연한 패턴으로 특징지어지는 DSM-5 장애. 징후와 증상에는 충동적이고 성마르고 공격적인 행동, 무모하거나 불법적 행위, 양심의 결여, 사회적 의무에 부응하지 못하는 것 등이 포함됨.

반응적 공격성(reactive aggression) : 위협, 좌절스러운 사건 또는 도발에 대한 반응으로 나타나는 신체적 폭력 또는 재산파괴

부모관리훈련(parent management training, PMT) : 부모가 아동의 적응적 행동에 주목하고 강화하며, 비강압적 훈육을 사용하여 불복종이나 반항적 행위를 감소시킬 수 있게 돕도록 고안된 행동적 개입

부모 모니터링(parental monitoring) : 양육자가 (1) 자녀의 행방, 활동, 또래를 알고 있는 정도, (2) 자녀의 활동에 대한 적절한 제한 설정, (3) 이러한 제한을 위반했을 때 일관적으로 자녀를 훈육하는 정도

부모–자녀 상호작용치료(parent-child interaction therapy, PCIT) : 부모와 자녀가 실시간으로 상호작용하면서 치료자의 지도를 받는 PMT의 변형

사회정보처리(social information processing) : 사회적 딜레마나 다툼을 지각하고 해석하고 해결하는 접근 방식으로 6단계로 구성됨. 공격적 아이들은 이 단계들에서 편향이나 결함을 보이는 경우가 흔함.

선택적 소속(selective affiliation) : 또래에게 거부당한 아동이 소셜 네트워크를 위해 다른 거부당한 아동을 찾는 경향

선행적 공격성(proactive aggression) : 원하는 목적을 획득하기 위해 의도적으로 실행된 신체적 폭력 또는 재산파괴

아동기 발병 품행문제(childhood-onset conduct problems) : 10세 이전에 품행문제를 처음 보이기 시작하는 발달경로. 청소년기에도 지속되는 품행문제 및 성인기의 반사회적 행동의 위험과 연관됨.

오리건 치료 위탁보호(Treatment Foster Care Oregon) : 청소년 사법, 아동복지 또는 정신건강관리 시스템에 관련된 청소년을 위한 행동치료. 치료 위탁가정에 살면서 적절한 행동을 할 때 강화를 받음.

외현적 증상(overt symptoms) : 관찰 가능하고 대립적인 반사회적 행위. 예로는 신체적 폭행, 무장강도, 괴롭힘이 있음.

이중실패 모델(dual failure model) : 아동이 품행문제로 인해 또래관계와 학업의 두 가지 중요한 기능영역에서 실패를 경험하게 된다고 가정함. 이 영역들에서의 실패는 우울증의 원인이 됨.

인크레더블 이어스 프로그램(Incredible Years program) : 부모, 교사, 아동을 위해 고안된 일련의 행동모듈. 치료자의 지도, 회기 내 활동, 바람직한 기술이나 행동을 모델링하는 비디오를 활용함.

일탈훈련(deviancy training) : 또래들이 반사회적 행동을 강화하고 친사회적 행동을 무시하거나 강화하지 않는 경향

적대적 반항장애(oppositional defiant disorder, ODD) : (1) 화나거나 과민한 기분, (2) 논쟁적이거나 반항적인 행동, 그리고/또는 (3) 타인에 대한 앙심을 특징으로 하는 DSM-5 장애. 최소 6개월 동안 지속되며 손상이나 심리적 고통을 유발함.

적대적 양육(hostile parenting) : 소리 지르기, 언쟁하기, 때리기, 비난하기, 죄책감 및 수치심 이용하기와 같은 가혹한 훈육방법

정신병질(psychopathy) : 반사회적 행동, 충동성, 피상적 감정, 자기애, 타인의 고통에 대한 무관심으로 특징지어지는 증후군을 설명하기 위해 일부 정신건강 전문가들이 사용하는 용어. 또한 냉담함, 정서적 반응의 결여, 그리고 피상적인 매력과 관련이 있음.

제한된 친사회적 정서(limited prosocial emotions) : CD가 있으면서 (1) 후회나 죄책감의 결여, (2) 냉담함 또는 공감의 결여, (3) 수행에 대한 무관심, (4) 피상적이거나 결여된 정서 중 두 가지를 보이는 아이들을 기술하는 DSM-5의 명시자

청소년기 발병 품행문제(adolescent-onset conduct problems) : 10세 이후에 품행문제를 처음 보이는 발달경로. 성인기 행동문제 및 고용문제의 위험과 연관 있음.

품행장애(conduct disorder, CD) : 타인의 기본권이나 연령에 맞는 사회적 규범이나 규칙을 침해하는 반복적이고 지속적인 행동패턴으로 특징지어지는 DSM-5 장애. 징후와 증상에는 (1) 공격성, (2) 재산파괴, (3) 사기 또는 절도, 그리고 (4) 심각한 규칙위반이 포함됨.

프리맥의 원리(Premack's principle) : 아동이 결과로서 더 원하는 활동에 참여할 수 있다는 것을 알 경우, 원하지 않는 활동을 수행하기 위한 동기부여가 증진될 것이라고 주장하는 행동학습법

TOSCA 연구[Treatment of Severe Child Aggression (TOSCA) study] : 전통적인 ADHD 치료에 리스페리돈을 추가하면 전통적인 치료만으로는 반응하지 않는 아동의 공격성을 줄일 수 있다는 것을 보여준 무선통제 연구

비판적 사고 연습

1. 왜 CD가 여자 청소년보다 남자 청소년에게 더 흔하게 진단되는가? CD 진단기준에 성적 편향이 있는가? 진단기준이 바뀌어야 하는가?

2. 데이비드는 10살짜리 남아다. 쉬는 시간 동안 데이비드는 킥볼에 머리를 맞아 얼굴과 셔츠에 진흙과 풀로 인한 얼룩이 생긴다. 데이비드는 그 공을 찬 사람이 골리앗이라는 것을 알아차린다. 골리앗은 근처에서 친구들과 킥볼을 하고 있는 나이가 더 많고 덩치도 더 큰 아이다. 사회정보처리 이론에 따르면, 데이비드는 이 사회적 문제를 해결하기 위해 어떤 단계를 거쳐야 할까? 만약 데이비드가 문제해결에서 적대적 귀인편향을 보인다면, 이 상황을 어떻게 해석하고 반응할까?

3. 모니카는 5살 난 아들 어거스틴과 함께 PCIT의 20개 회기에 참여했다. 치료 후, 어거스틴은 집에서는 행동문제가 현저하게 감소했지만 학교에서는 그렇지 않았다. 왜일까?

4. 당신이 빈곤한 거주지역을 활성화하고 재개발하기 위해 시에서 지원금을 받았다고 상상해보자. 그 지역에서 거주 중인 아이들의 품행문제의 유병률을 줄이기 위해 당신이 할 수 있는 세 가지 변화는 무엇인가?

5. 케임브리지-서머빌 청소년 연구는 품행문제가 있는 남아들을 위한 종합적인 치료 프로그램의 효과를 조사한 무선통제 연구였다. 이 연구의 일환으로, 남아들은 매해 여름마다 캠프에 참가할 수 있었다. 놀랍게도, 여름캠프에 여러 번 참석한 남아들은 캠프에 참석한 적이 없는 남아들보다 성인기에 행동문제를 보일 가능성이 10배 더 많았다. 왜 남아들이 여름캠프에 참가하도록 허용하는 것과 같은 선의의 개입이 이러한 예기치 않은 부정적인 결과를 초래하는가?

10

청소년기 물질사용 문제

10.1 물질사용 및 물질사용장애

베이핑(vaping)을 처음 시도해보려고 마음먹었을 때 시마 헤르만은 15세 고등학교 학생이었고 열정적인 댄서였다. 시마는 "저는 절 흡연자라고 생각하지 않았어요."라고 회상했다. "베이핑은 다른 것 같았고, 무언가 잘못하고 있는 것처럼 보이지 않았어요." 시마는 니코틴이 제공하는 들뜬 기분을 좋아했고 친구들과 함께 베이핑 하는 것을 즐겼다. 시마는 그 맛도 좋아했다. "만약 맛이 없었다면 저는 절대로 베이핑을 하지 않았을 거예요. 그냥 담배는 역겨워요. 하지만 망고맛 베이핑을 하고 있었는데 너무 맛있었어요"(이미지 10.1).

시간이 흐르면서, 시마는 더 일상적으로 베이핑을 하기 시작했다. 시마는 베이핑을 백팩, 지갑, 그리고 침실 베개 밑에 숨겼다. 시마는 동네 담배 가게에서 혹은 친구들에게서 팟(pod, 낱개 포장된 액상 전자담배용 물질_역주)을 샀다. 2년 후, 시마는 하루 종일 15분마다 베이핑을 했다. "그건 결국 저한테 산소 같은 존재가 됐어요. 베이핑 없이는 살 수 없었어요. 매일, 하루 종일 필요했어요." 시마는 대마초도 피우기 시작했다.

니코틴과 마리화나 사용이 시마의 삶에 영향을 미치기 시작했다. 시마는 호흡문제, 체중감소, 오심, 구토를 경험했다. 시마는 가족에게 베이핑을 숨기는 것에 대해 죄책감을 느꼈다. 시마는 결국 춤을 추지 않게 되었고 학교수업도 빼먹기 시작했다. 어느날 시마는 호흡곤란으로 급히 병원으로 이송되었다. 시마는 의학적으로 유도된 혼수상태에 놓였고 안정될

이미지 10.1 시마는 "베이핑은 결국 저한테 산소 같은 존재가 됐어요. 베이핑 없이는 살 수 없었어요. 매일, 하루 종일 필요했어요."라고 말했다.

때까지 인공호흡기를 달았다.

이틀 후 깨어났을 때, 시마는 다른 10대들에게 베이핑의 위험성에 대해 경고하기 위해 소셜 미디어 캠페인을 시작했다. 최근 통계에 따르면, 지난달에 고등학생의 27.5%가 니코틴 전자담배를, 14%가 마리화나 전자담배를 사용했다고 한다.

거의 5분의 1의 학생들이 시마처럼 매일 베이핑을 한다. 수십 명의 청소년들이 베이핑으로 인한 폐 합병증으로 사망했다(Cullen et al., 2020).

청소년의 베이핑, 음주, 기타 약물사용은 완전한 절제에서부터 일상적 사용과 의존까지 연속선상에 놓여있다. 많은 10대들이 니코틴, 알코올, 마리화나를 시험 삼아 해본다. 일부 청소년은 고통이나 손상을 유발하는 문제적 물질사용 양상을 발달시킨다.

일단 물질사용 문제가 생긴다면, 이는 청소년의 건강과 안녕에 즉각적 위험과 지연된 위험 둘 다를 가져온다. 단기적으로, 알코올과 다른 약물의 문제적 사용은 자동차 사고, 위험 감수, 범죄 피해자화, 의도하지 않은 부상으로 이어질 수 있다. 사용기간이 길어지면, 부모 및 또래들과의 관계 문제, 스포츠, 클럽, 기타 비교과 활동에서의 탈퇴, 부진한 학교성적으로 이어질 수 있다. 장기적 위험에는 만성질환, 교육 및 취업 문제, 불안 및 기분장애 등이 포함된다(Heath, Lynskey, & Waldron, 2010).

청소년기는 물질사용 문제의 출현에서 중요한 발달 시기다. 18세까지 중등도에서 고도에 이르는 물질사용이 시작되는 청소년은 알코올 및 기타 약물의 평생 소비량이 더 높고, 더 위험한 물질사용 양상을 보이며, 더 빈약한 사회적, 정서적 그리고 직업적 결과를 보인다. 대조적으로, 청소년기와 초기 성인기에 물질사용 문제를 보이지 않는 개인은 나중에 그러한 문제를 보일 가능성이 없다(Bukstein, 2015).

사례연구
알코올사용장애

에리카의 알코올 문제

에리카는 만취상태에서 차를 운전한 혐의로 체포된 후 소년법원에 의해 우리 클리닉으로 의뢰된 16세 여학생이다. 두 달 전, 에리카는 친구 집에서 열린 파티에 참석했었다. 에리카는 알코올 음료를 6개 정도 마시고 집으로 차를 몰았다. 한 경찰관이 에리카가 불규칙하게 운전하는 것을 발견하고 차를 세우게 했다. 에리카의 혈중 알코올 수치가 0.10인 것으로 확인되었고, 에리카는 체포되었다. 에리카의 아버지는 '교훈을 주기 위해' 에리카가 유치장에서 그날 밤을 지내게 했다.

에리카는 물질남용 상담자인 랜디를 만나야 하는 것에 분개했다. 에리카는 "내가 왜 여기 있는지 모르겠어요. 전 중독자도 아니고, 중독성 마약을 한 것도 아니잖아요. 제 또래의 다른 수많은 애들이 하지 않는 일은 저도 하지 않았어요." 그럼에도 불구하고 판사는 에리카에게 물질 남용 평가, 12회의 상담, 그리고 사회봉사에 참여하라고 명령했다.

에리카는 14살 때 친구들과 함께 파티에서, 그리고 주말에 술을 마시기 시작했다. 에리카는 맥주를 싫어하지만 달콤한 음료를 좋아한다고 말했다. 에리카는 "저는 긴장을 풀고 친구들과 재미있게 놀려고 술을 마셔요."라고 말했다. "애들은 저를 캡틴 쿡이라고 불러요. 그게 제가 좋아하는 샴페인 종류거든요. 술을 마시면 긴장이 풀리고 즐거운 시간을 보낼 수 있어요." 에리카는 또한 파티와 다른 사교 모임에서 마리화나를 사용한 사실을 인정했지만 다른 약물사용은 부인했다.

상담자는 "음주가 일상생활에 방해가 된 적이 있나요?"라고 물었다. 에리카는 "별로요. 올해 몇 번 숙취에 시달리기는 했지만요."라고 대답했다. 상담자가 물었다. "학교는 어때요?" 에리카가 대답했다. "고등학교에 입학했을 때보다 성적이 떨어진 것 같아요. 하지만 원래 친구들하고는 다른 애들하고 어울려서 그런 것 같아요. 술 때문은 아니라고 생

©iStockphoto.com/spfoto

각해요."

상담자가 "엄마 아빠랑은 사이가 어때요?"라고 물었다. 에리카는 "괜찮아요. 엄마는 의사고 아빠는 투자전문가라서 꽤 바쁘세요. 제가 좋은 성적을 유지하고 문제만 일으키지 않으면 절 내버려둬요. 지금은 제가 체포되는 바람에 야단났어요."

첫 회기가 끝난 후, 에리카는 "전 제가 여기 왔어야 한다는 것을 알겠어요. 제가 한 일에 대해 정말 죄송하게 생각해요. 하지만 저한테 음주문제는 분명히 없어요. 더구나 선생님 도움이 정말로 필요한, 저보다 더 어려운 사람들이 있을 것이라고 생각해요." 상담자는 "다음 주 약속을 잡고 좀 더 이야기해 보죠"라고 응수했다.

이 장에서는 물질사용장애와 물질로 유발된 장애에 대한 DSM-5 개념화에 초점을 맞출 것이다. 그리고 나서 우리는 청소년이 가장 흔히 사용하는 세 가지 물질, 즉 알코올, 마리화나, 니코틴을 살펴볼 것이다. 마지막으로 이 물질들이 청소년의 뇌와 행동에 미치는 영향을 공부하고, 청소년의 물질사용장애를 예방하고 치료하는 방법들을 배울 것이다.

물질사용장애란 무엇인가?

물질의 종류

청소년과 성인은 일상적 기능에 지장을 주거나 상당한 심리적 고통을 야기하는 알코올이나 기타 약물사용에서 문제적 양상을 보일 때 물질사용장애(substance use disorder) 진단을 받는다. 각 물질은 일군의 행동적, 인지적, 정서적, 생리적 징후 및 증상과 연관된다. 물질사용장애가 있는 사람들은 이러한 징후와 증상을 보이면서도 그것들을 일으키는 물질을 계속해서 사용한다(American Psychiatric Association, 2013). 알코올사용장애가 시작되고 있는 에리카를 생각해보라.

DSM-5는 오용되어 고통이나 손상을 가져올 수 있는 알코올, 불법약물, 합법약물 등을 지칭하기 위해 '물질(substance)'이라는 용어를 사용한다. 몇 가지 다른 종류의 물질들이 물질사용장애를 유발할 수 있다.

알코올은 뇌의 주요 억제성 신경전달물질인 감마아미노뷰티르산(GABA)을 증가시키는 진정제이다. 알코올은 또한 주요 흥분성 신경전달물질인 글루탐산을 차단한다. 이는 신경계에 이상적(二相的, biphasic) 효과를 가져온다. 저용량에서는 다행감과 사교성을, 고용량에서는 어눌한 말, 협응문제, 인지장해를 초래한다.

대마는 델타-9-테트라히드로카나비놀(THC)을 함유한 천연 약물이다. 섭취 시 광범위한 신경전달물질과 뇌 영역에 영향을 미친다. 그 효과는 다행감, 불안감소, 비정상적 지각과 생각, 느린 반응시간, 식욕증가, 목표지향적 활동에 대한 낮은 동기화를 포함한다.

환각제로는 리세르그산 디에틸아미드(LSD), 실로시빈('버섯'), 3,4-메틸렌디옥시메타암페타민(MDMA, '엑스터시') 등이 있다. 이 약물들은 전형적으로 세로토닌 수용체에 결합하고 많은 다른 뇌 영역을 조절하는 뇌의 영역인 청반(locus

coeruleus)을 자극한다. 전형적으로, 이 물질들은 비정상적 지각과 생각, 시간감각의 왜곡, 방향감각 상실, 불안감소를 야기한다. 그들은 또한 초조함, 기분문제, 편집증, 그리고 손상된 판단과 의사결정을 초래할 수 있다.

흡입제에는 가솔린, 접착제, 페인트 희석제, 스프레이 페인트, 가정용 세정제와 같은 물질이 포함된다. 이 물질들의 성분들을 섭취하면 중추신경계에 광범위한 영향을 미친다. 그 효과는 다행감, 불안감소, 그리고 수동성을 포함한다. 하지만 방향감각 상실, 어눌한 말, 느린 반응 시간, 빈약한 판단, 그리고 사망을 초래할 수도 있다.

아편계는 모르핀과 같은 천연 아편제, 헤로인과 같은 반합성 물질, 그리고 이 물질들처럼 작용하는 합성 약물인 코데인, 옥시코돈, 펜타닐 등을 포함한다. 진통작용을 위해서 합성 아편제가 처방되는 경우가 많다. 통증을 완화하는 것 외에도, 이 물질은 다행감을 유발하고 불안을 줄이고 방향감각을 잃게 할 수 있다. 사람들은 아편계에 금방 의존하게 될 수 있다. 금단증상으로는 심한 불행감, 오심과 구토, 불면증, 근육통, 발열이 있다.

진정제, 수면제, 항불안제에는 불안과 불면증을 치료하는 데 사용되는 약물(예 : 벤조디아제핀, 바르비투르산염)이 포함된다. 이 약물들은 GABA를 증가시키는 경향이 있는데, GABA는 중추신경계를 억제하고 졸음과 이완을 유도한다. 사람들은 이 약물들에 금방 의존하게 될 수 있다. 금단증상으로는 발한, 빠른 심박, 수전증, 불면증, 불안감 등이 있다.

자극제에는 일반적으로 중추신경계의 도파민 활성을 향상시키는 합법약물과 불법약물이 포함된다. 여기에는 코카인과 같은 불법약물뿐만 아니라 암페타민과 메틸페니데이트와 같이 ADHD를 치료하기 위해 사용되는 합법약물도 포함된다. 자극제는 뇌에 즉각적 영향을 미쳐서 극심한 다행감, 에너지, 사교성을 만들어낸다. 하지만 그들은 또한 불안, 초조함, 분노, 불규칙한 심박, 얕은 호흡, 그리고 인지적 문제를 일으킬 수 있다.

담배는 화학물질인 니코틴을 함유하고 있는데, 이는 자극적 효과와 불안감을 줄여주는 효과를 모두 가지고 있다. 단기간의 사용은 쾌락, 집중력 향상, 불안감소, 안절부절못함과 초조함의 감소를 가져올 수 있다. 장기적 사용은 건강문제와 관련이 있다.

사람들은 고통 그리고/또는 손상을 유발하는 각각의 약물에 대해 물질사용장애 진단을 받는다(Chassin, Colder, Hussong, & Sher, 2016). 예를 들어, 알코올을 남용하는 청소년은 알코올사용장애로 진단될 수 있는 한편, 마리화나를 남용하는 청소년은 대마사용장애로 진단될 수 있다. 한 사람이 여러 물질사용장애를 다중적으로 진단받을 수도 있다. 물질사용장애에 대한 진단기준은 알코올, 대마, 기타 물질에 대해서 동일하다. 따라서 이번 장에서는 보다 일반적으로 물질사용장애를 이해하고 치료하기 위한 모델로서 청소년의 알코올, 마리화나, 니코틴 사용을 중점적으로 다루고자 한다.

물질사용장애

DSM-5에 따르면, 물질사용장애는 임상적으로 현저한 손상 또는 고통을 초래하는 알코올 또는 기타 약물사용의 부적응적 양상이다(표 10.1). 아동과 청소년을 포함해서 물질사용장애가 있는 개인은 지난 12개월 이내에 가능한 징후나 증상 11가지 중 적어도 두 가지를 보인다. 징후와 증상은 (1) 손상된 통제, (2) 사회적 손상, (3) 위험한 사용, (4) 약물학적 기준의 네 가지 군집으로 구성될 수 있다(American Psychiatric Association, 2013). 청소년이 이 장애의 특징을 어떻게 보일지 살펴보자.

조절능력 손상

다량 사용. 청소년은 처음에는 파티에서 혹은 친구들과 함께 알코올이나 마리화나를 시도할 수 있다. 시간이 지남에 따라, 이 물질들을 더 자주 사용하거나 원래 의도했던 것보다 더 많은 양으로 소비할 수 있다.

감량 문제. 청소년은 자신이 원하는데도 불구하고 물질사용을 중단하거나 줄이는 것이 어렵다는 것을 경험한다. 자신이 원하지 않는 날(예 : 중요한 시험 전)에 술을 마시거나 파티에서 술을 거절할 수 없다는 것을 발견하게 된다.

물질을 얻거나 그 효과로부터 회복하는 데 소요되는 시간. 청소년은 알코올을 얻기 위해 또는 알코올의 영향으로부터 회복하기 위해 상당량의 시간이나 노력을 들일 수 있다.

표 10.1 ■ 물질사용장애의 진단기준

임상적으로 현저한 손상이나 고통을 초래하는 문제적 물질사용의 양상이 지난 12개월 사이에 다음 항목 중 최소한 두 가지 이상으로 나타난다.

조절능력 손상
1. 물질을 의도했던 것보다 더 많이 또는 더 오랫동안 사용함.
2. 물질사용을 줄이거나 조절하려는 지속적인 욕구가 있거나 그러한 노력을 했지만 실패함.
3. 물질을 구하거나 사용하거나 혹은 그 효과로부터 회복하기 위한 활동에 상당한 시간을 보냄.
4. 갈망감 혹은 물질사용에 대한 강한 욕구

사회적 손상
5. 반복적인 물질사용으로 인해 직장, 학교 또는 가정에서의 주요한 역할 책임 수행에 실패함.
6. 물질의 영향으로 인해 발생하거나 악화되는 사회적 또는 대인관계 문제가 지속되거나 반복됨에도 불구하고 계속해서 물질을 사용함.
7. 물질사용으로 인해 중요한 사회적, 직업적 또는 여가 활동을 포기하거나 줄임.

위험한 사용
8. 신체적으로 위험한 상황에서 물질을 반복적으로 사용함.
9. 물질로 인해 발생하거나 악화되었을 가능성이 있는 신체적 또는 심리적 문제가 지속되거나 반복됨을 알고 있음에도 불구하고 계속해서 물질을 사용함.

약물학적 진단기준
10. 내성. 다음 중 하나로 정의됨.
   a. 중독 효과를 얻기 위한 물질의 양이 현저하게 증가할 필요성
   b. 동일한 양의 물질을 계속 사용할 경우 효과가 현저하게 감소

11. 금단, 다음 중 하나로 나타남.
   a. 물질의 특징적인 금단 증후군
   b. 금단증상을 완화하거나 피하기 위해 물질을 사용함.

출처 : *Diagnostic and Statistical Manual of Mental Disorders*, Fifth Edition (2013). 미국정신의학협회 판권 소유. 재인쇄 허가받음.

알코올 관련 활동에서 보내는 시간이 일상적인 학교생활, 또래 활동, 비교과 활동을 방해하기 시작한다.

갈망. 청소년은 술을 마시거나 다른 약물을 사용하고 싶은 강한 욕망이나 강렬한 충동을 경험할 수 있다. 특정한 사람(예 : 술을 마시는 친구), 장소(예 : 음주 가능한 파티) 또는 상황(예 : 스트레스를 많이 받은 날)이 이러한 갈망을 촉발할 수 있다.

사회적 손상

주요 역할 책무의 불이행 반복. 청소년은 학교, 직장 또는 가족 활동을 빠트릴 수 있다. 청소년은 숙제를 끝마치는 것을 잊어버리거나 시험공부를 소홀히 해서 낮은 성적을 받을 수 있다. 또 알코올이나 다른 약물사용 또는 소지 때문에 학교에서 정학을 당할 수도 있다.

반복되는 대인관계 문제에도 불구하고 사용 지속. 알코올과 다른 약물을 남용하는 청소년은 물질사용이나 학교에서의 문제로 부모와 싸울 수 있으며 또래관계도 나빠질 수 있다. 청소년은 술에 취한 상태에서 다른 사람들과 말다툼하거나 신체적인 싸움을 할 수도 있다.

중요한 활동의 포기. 청소년은 예전에 즐겼던 스포츠, 클럽 또는 취미생활을 할 시간이 없는 것처럼 느낄 수 있다. 청소년은 이러한 활동에 대한 에너지나 동기의 감소를 경험할 수 있다. 또 술이나 다른 약물을 사용하지 않는 친구들과는 거리가 멀어질 수도 있다.

위험한 사용

물리적으로 위험한 상황에서 반복 사용. 청소년은 음주운전을 하거나 알코올이나 다른 약물의 영향을 받는 상태에서 반복적으로 위험한 사회적 상황에 처할 수 있다.

신체적 또는 심리적 문제에도 불구하고 지속 사용. 일부 청소년은 음주와 다른 약물사용이 건강, 기분, 관계, 그리고 학업 기능에 미치는 부정적인 영향을 인식한다. 그러나 이 문제들을 겪으면서도 계속해서 술을 마시거나 다른 약물을 사용할 수도 있다.

약물학적 기준

내성(tolerance)은 (1) 중독상태에 도달하기 위해 더 많은 물질이 필요한 경우 또는 (2) 반복 사용 시 동일한 양의 물질이 감소된 효과를 나타낼 때 발생한다. 청소년은 파티에서 '들뜬 기분'을 얻기 위해 맥주를 더 마셔야 하거나 불안을 줄이기 위해 더 많은 마리화나를 사용해야 한다는 것을 발견하게 될 수 있다.

금단증상(withdrawal)은 (1) 물질사용을 중단하거나 줄였을 때 부정적인 생리적 증상을 경험하거나 (2) 이러한 부정적 증상을 피하기 위해 다른 물질을 사용했을 때 발생한다. 니코틴을 몇 달 또는 몇 년 동안 사용하는 청소년은 사용을 중단하면 금단증상이 나타난다. 금단증상으로는 불안, 초조, 과민성, 집중 문제가 포함될 수 있다.

물질사용장애의 약물학적 기준은 물질의 종류에 따라 달라진다. 예를 들어, 알코올과 같은 진정제의 금단증상으로는 불안, 초조, 불면증이 흔하다. 대조적으로, 메타암페타민과 같은 자극제의 금단증상으로는 졸음과 피로감이 흔하다.

또한 사람들은 다양한 물질에 대한 민감성, 그리고 내성과 금단증상을 일으킬 가능성에서 다양성을 보인다. 어떤 사람들은 수년 동안 알코올과 다른 약물을 사용하고도 내성이 생기지 않지만 또 어떤 사람들은 거의 즉시 내성이 생긴다(American Psychiatric Association, 2013).

누군가가 물질사용장애의 진단기준을 충족하는 경우, 임상가는 문제의 심각도를 명시한다. 심각도는 충족된 기준의 개수에 따라 결정된다. 즉, 2~3개의 기준 충족은 경도, 4~5개의 기준 충족은 중등도, 6개 이상의 기준 충족은 고도 수준이다. 임상가는 또한 환자의 증상이 관해(remission)되었는지를 표기할 수 있다. 관해는 기존의 증상이 더 이상 존재하지 않는 상태를 가르킨다. '조기 관해'는 증상(갈망감 제외)이 없는 상태가 3~11개월 동안 지속되는 경우다. '지속적 관해'는 증상(갈망감 제외)이 없는 상태가 12개월 이상 지속되는 경우다.

물질사용장애는 청소년이 알코올이나 다른 약물을 유의한 고통이나 손상을 유발하는 방식으로 반복적으로 사용해야 진단된다. 따라서 물질사용장애는 재발과 청소년의 기능에 미치는 영향이라는 측면에서 물질사용과 구별 가능하다. '음주운전'은 심각한 문제이지만 한 번의 에피소드만으로는 청소년에게 알코올사용장애 진단을 내리는 데 충분하지 않다. 이 행동은 반복되어야 하며 진단을 받을 만한 또다른 증상이 하나

이상 존재해야 한다. 마찬가지로, 친구들과 반복해서 마리화나를 사용하는 것은 염려되는 일이지만, 대마사용장애를 진단하기에는 충분하지 않을 수 있다. 진단을 내리려면, 그 행동이 고통을 유발하거나 건강 또는 사회–정서적 기능을 손상시켜야 한다(Heath et al., 2010).

물질로 유발된 장애

물질사용장애는 고통이나 손상을 일으키는 징후와 증상에도 불구하고 알코올과 다른 약물을 지속적으로 사용하는 것이 특징이다. 정의에 의하면, 물질사용장애는 물질사용이 반복된 후에만 나타난다.

이와는 대조적으로, 물질로 유발된 장애(substance-induced disorders)는 알코올/약물의 섭취 또는 금단증상에 의해 발생하는 물질특이적 증후군을 기술한다. DSM-5는 세 가지 물질로 유발된 장애 즉, (1) 물질 중독, (2) 물질 금단, (3) 물질로 유발된 정신질환을 제시한다(표 10.2).

중독은 물질의 섭취로 인한 "지각, 각성, 주의, 사고, 판단, 정신 운동 그리고/또는 대인관계 상의 행동 장애"로 정의된다(American Psychiatric Association, 2013, p. 485). 대개 중독은 고통이나 손상을 야기하지 않는다. 보통 파티에서 한두 잔 마신 다음에 긴장이 풀리고 사교적인 모습을 보일 때처럼 말이다. 그러나 알코올이 고통이나 손상을 야기한다면, 그 사람은 알코올 중독으로 진단될 수 있다. 물질 중독의 구체적인 증상은 약물에 따라 다르다.

금단은 "과도하게 장기간 사용해온 물질의 사용 중단 또는 감량으로 인한… 물질특이적 문제적 행동 변화"로 정의된다(American Psychiatric Association, 2013, p. 486). 금단증상에는 외현적 행위(예 : 걸음걸이), 감정(예 : 불안), 인지(예 : 불쾌한 꿈), 생리적 기능(예 : 심박수 상승, 오심)의 변화가 포함될 수 있다. 정의에 의하면, 금단증상은 언제나 문제가 되며 학업, 직업 또는 사회적 기능에서 고통이나 손상을 유발한다. 구체적인 금단증상은 사용된 약물에 따라 달라진다.

마지막으로, **물질로 유발된 정신질환**은 어떤 사람이 물질의 사용이나 중단 때문에 발생하는 정신건강 문제를 일으킬 때 발생한다. 예를 들어 알코올과 수면제 등 진정제를 장기간 사용하면 때로는 우울장애가 생길 수 있으며, 사용을 중단하면 불안장애와 불면증이 생길 수 있다. 암페타민과 코카인 등 자극제는 사용 후에는 정신병적 장애를, 중단 시에는 우울증을 유발하기도 한다. 유전적으로 정신병적 장애의 발병 위험이 있는 일부 청소년은 자극제를 사용한 후 조현병에 걸릴 수도 있다(MacKenzie et al., 2017).

청소년의 물질사용장애와 성인의 물질사용장애는 어떻게 다른가?

증상 양상에서의 차이점

DSM-5에서 개념화한 물질사용장애는 성인을 염두에 둔 것이었다. 최근 연구는 청소년의 물질사용 문제가 성인과 중요한 면에서 다르다는 것을 시사한다. 따라서 일부 전문가들은 DSM-5 기준이 아동과 청소년에게 적용될 때 몇 가지 한계가 있다는 점을 지적했다(Bukstein, 2015; Weis & Ross, 2015).

표 10.2 ▪ 알코올, 대마, 니코틴 중독과 금단증상

물질	중독	금단
알코올	심리적 변화 : 불안정한 기분, 판단력 손상, 성적 혹은 공격적 행동 불분명한 언어 협응능력 결여 불안정한 보행 안구진탕[1] 주의력/기억력 손상 혼미 또는 혼수상태	자율신경계 항진 진전 불면증 오심 또는 구토 환각 정신운동성 초조 불안 대발작
대마	심리적 변화 : 다행감, 시간이 느리게 가는 느낌, 협응능력 그리고/또는 판단력 손상, 사회적 위축 결막충혈[2] 식욕 증가 구강건조증 빈맥	과민성, 분노 또는 공격성 신경과민 또는 불안 불면증 식욕 저하 안절부절못함 또는 초조 우울한 기분 복통 발열, 발한, 두통
니코틴 (담배)	DSM-5 진단 해당 없음	과민성, 좌절 또는 분노 불안 집중 곤란 식욕 증가 안절부절못함 우울한 기분 불면증

1 대상 추적 시 발생하는 불수의적이고 반복적인 안구 운동.

2 혈관 감염에 의한 눈의 충혈.

한 가지 비판은 DSM-5 기준이 발달적인 면에 둔감하다는 것이다. 알코올사용 문제의 징후들 중에서 청소년이 가장 자주 보이는 두 가지는 낮은 학교성적과 무단결석이다. 그러나 이 중 어느 것도 DSM-5 물질사용장애 진단기준에 포함되어 있지 않다. 결과적으로, 일부 연구자들은 청소년을 위해 더 발달적으로 적합한 기준을 개발했다. 이 기준에는 물질사용으로 인한 통금시간 위반, 부모에게 거짓말하기, 성적하락, 무단결석 등이 포함된다(Wagner & Austin, 2006; Winters, Martin, & Chung, 2011).

두 번째 비판은 성인에 비해 청소년에서 일부 진단기준이 과잉 인식될 가능성이다(그림 10.1). 두 연구(Harford, Grant, Yi, & Chen, 2005; Harford, Yi, Faden, & Chen, 2009)는 청소년(12~17세)과 성인(25세 초과) 간의 DSM-5 증상 빈도를 비교했다. 물질사용장애가 있는 청소년이 성인에 비해 훨씬 더 많이 보고하는 증상은 세 가지로 (1) 내성, (2) 물질 획득에 소비하는 시간, (3) 위험한 상황에서의 약물사용이다.

성인의 경우에는 알코올 내성이 수년간의 음주 후에 생기는 경향이 있다. 성인이 같은 수준의 중독상태를 얻기 위해 섭취해야 하는 알코올의 양은 시간이 지남에 따라 점진적으로 증가한다. 그러나 청소년은 일반적으로 음주에 익숙하지 않기 때문에, 내성이 더 빠르게 생길 수 있다. 예를 들어, 파티에서 술을 마시는 14세 청소년은 맥주 두 병만 마셔도 취하게

될 수도 있다. 만약 이 청소년의 음주가 몇 주 혹은 몇 달 동안 지속된다면, 그는 동일한 다행감 상태를 얻기 위해 서너 병의 맥주가 필요할지도 모른다. 따라서 청소년기의 내성은 성인기의 내성보다 더 쉽게 생길 수 있으며, 이는 청소년이 이 증상을 과잉 인식하는 것으로 이어질 수 있다.

물질과 관련된 활동에 많은 시간을 들이는 성인은 만성 알코올 문제와 다른 약물 문제를 가지고 있는 경향이 있다. 예를 들어, 처방받은 진통제에 의존하는 성인은 의사에게 약을 처방해 달라고 설득하는 데 상당한 시간을 들이거나, 약을 사기 위한 돈을 마련하기 위해 물건을 훔쳐서 팔거나, 약을 불법으로 구매할 수 있다. 이와는 달리, 물질과 관련된 활동에 많은 시간을 들인다고 자인한 청소년은 알코올과 다른 약물 관련해서 덜 심각한 문제를 겪는 경향이 있다. 일반적으로, 청소년은 술을 얻기 위해 상당한 시간을 쓸 수밖에 없기 때문에 이 진단기준을 인정한다. 예를 들어, 그들은 가짜 신분증을 만들 수도 있고, 그들을 위해 술을 살 나이 많은 친구를 찾으려고 하거나, 부모로부터 술을 훔칠 수도 있다. 이 청소년은 이 증상을 자인하는 성인보다 심각한 물질사용 문제를 가질 가능성이 훨씬 적다.

또한 성인에 비해 청소년은 위험할 수 있는 상황에서의 물질사용을 보고할 가능성이 더 크다. 청소년은 일반적으로 충동적인 고비율의 행동에 관여할 확률이 높기 때문에 위험한 상황에서 물질을 사용할 가능성이 더 크다. 청소년은 행위의 장기적 결과를 고려하는 능력이 덜 발달했기 때문에 중독상태에서 운전하거나 다른 고위험 행동을 할 가능성이 성인보다 더 높을 수 있다(Leukefeld et al., 2015).

청소년은 알코올 및 다른 약물사용에서 흔히 성인과 다른 양상을 보인다(Ray & Dhawan, 2011; Wagner & Austin, 2006). 예를 들어 청소년의 물질사용, 특히 알코올사용은 성인의 경우보다 더 일화적이다. 대부분의 청소년은 특히 파티에서 폭음하는 경향이 있지만, 보통 매일 술을 마시지는 않는다. 또한 전형적으로, 청소년은 성인보다 더 많은 수의 물질을 동시에 사용한다. 청소년은 알코올과 마리화나를 함께 남용하는 경우가 두 물질 중 하나를 남용하는 경우보다 더 흔하다. 대조적으로, 물질사용 문제를 보이는 대부분의 성인은 한 가지 물질을 선호한다.

청소년은 성인보다 그들의 물질사용 문제를 극복할 가능

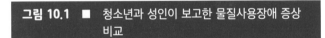

그림 10.1 ■ 청소년과 성인이 보고한 물질사용장애 증상 비교

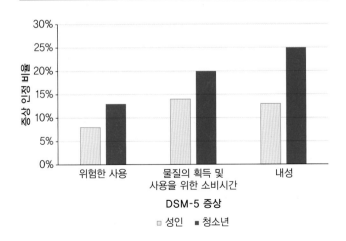

주 : 청소년은 성인에 비해 내성, 물질의 획득 및 사용을 위해 소비하는 시간, 위험한 사용 관련 문제를 더 많이 보고한다. 출처 : Harford et al. (2009).

성이 더 크다. 청소년기에 일어나는 많은 생리적, 심리사회적 변화들 때문에, 많은 청소년이 성인기에 이를 때까지 물질사용에서 점진적인 감소를 보여준다. 예를 들어, 많은 나이 든 청소년은 특히 10대 후반과 20대 초반에 꽤 정기적으로 술을 마신다. 그러나 대부분의 젊은 성인은 더 어른다운 책임(예 : 정규직 취업, 자녀 출생)을 지게 된 다음에는 알코올 소비를 극적으로 줄인다. 비록 모든 심각한 물질사용 문제가 나이에 상관없이 치료를 받아야 하지만, 대개 청소년은 성인과는 다른 물질사용 경과를 보인다.

공존하는 문제에서의 차이점

물질사용장애가 있는 청소년은 성인보다 공존하는 행동문제를 보일 가능성도 크다. 물질사용장애를 가진 지역사회 청소년의 약 50%가 적어도 하나의 다른 정신장애를 보인다. 치료에 의뢰된 청소년 사이에서, 공존장애 비율은 60~90%에 이른다. 성인은 물질사용과 관련된 기분 및 불안장애에 걸릴 가능성이 더 많은 한편, 청소년은 파괴적이고 반사회적인 행동을 보일 가능성이 더 많다(Bukstein, 2015).

ADHD는 물질사용장애가 있는 청소년이 가장 흔히 보이는 정신과적 상태다(Dennis et al., 2002, 2004). ADHD가 있는 청소년의 약 15~30%가 결국 물질사용장애를 겪게 된다. 반대로, 물질사용장애가 있는 청소년의 50~75%가 ADHD를 가지고 있다. ADHD와 물질사용문제를 모두 가지고 있는 청소년은 두 장애의 증상이 더 심하고 전반적인 기능장애가 더 크다. 그들의 물질사용은 ADHD가 없는 경우보다 더 오래 가고 치료에 더 저항적인 경향이 있다. ADHD가 없는 청소년과 비교했을 때 ADHD가 있는 청소년은 물질사용장애를 치료한 후에 재발할 가능성이 두 배 이상 높다(Latimer, Ernst, Hennessey, Stinchfield, & Winters, 2004).

물질사용장애와 ADHD의 높은 동시발생을 설명하기 위해 적어도 세 가지 가설이 제시되었다(Wilson & Levin, 2005). 첫째, ADHD와 물질사용 문제가 공통적인 유전적 또는 생물학적 원인을 가질 수 있다. 예를 들어, 두 가지 장애를 모두 가진 청소년은 집행기능과 행동억제에 문제를 보인다. 둘째, ADHD와 물질사용 문제 모두 다른 파괴적 행동장애와 상관관계가 있다. 예를 들어, ADHD가 있는 아동은 발달하면서 나중에 ODD와 CD가 발병할 가능성이 높다. ODD와 CD

는 차례로 청소년기 물질사용 문제와 연관이 있다. ADHD, ODD, CD 및 물질사용 문제는 발달하면서 펼쳐지는 외현화 행동 스펙트럼의 일부일 수 있다. 셋째, ADHD의 증상은 직접적으로 물질사용 문제의 가능성을 증가시킬 수 있다. 예를 들어, ADHD가 있는 사람들은 빈약한 의사 결정과 사회적 문제해결, 그리고 또래 관계를 보인다. 이 문제들은 또래거부, 사회적 고립, 우울증을 야기할 수 있다. ADHD가 있는 거부당한 아동은 또래들에게 수용받기 위해 또는 외로움을 다루기 위해 물질을 사용할 수 있다.

물질사용 문제가 있는 청소년의 약 25~50%가 우울하다. 종단 자료는 대부분의 청소년이 우울증을 다루기 위해서 알코올과 다른 약물을 사용한 것이 아니라는 점을 보여준다. 대신, 기분장애는 청소년의 물질사용 문제가 발생한 후 발병하는 경우가 많다. 공존하는 우울증과 물질사용 문제는 공유된 유전적 위험요인 및 심리사회적 위험 요인에 의해 때로는 설명될 수 있다(Goodwin, Fergusson, & Horwood, 2004).

물질사용 문제가 있는 청소년은 물질사용장애가 없는 청소년보다 자살사고(suicidal ideation), 자살시도, 자살로 인한 사망 가능성이 더 높다(Kaminer & Bukstein, 2005). 물질사용과 연관된 기분문제는 물질사용과 자살사고 사이의 관계를 부분적으로 설명한다. 그러나 적어도 한 연구는 공존하는 우울증을 통제한 후에도 자살시도 가능성이 여전히 상승되어 있다는 것을 보여주었다(Wu et al., 2005). 알코올과 다른 약물들은 불행감을 유발하고 자해에 대한 청소년의 억제를 낮추며 충동적이고 위험한 의사결정을 증가시킴으로써 청소년의 자살 가능성을 높일 수 있다.

물질사용 문제가 있는 청소년의 10~40%는 공존하는 불안을 가지고 있다(Kaminer & Bukstein, 2005). 물질사용과 불안 사이의 관계는 복잡하다. 일부 불안장애는 보통 청소년의 물질사용 문제가 생기기 전에 발생한다. 예를 들어, 어떤 청소년은 사회적 불안감이나 원치 않는 외상 기억을 다루기 위해 알코올과 다른 약물을 사용한다. 다른 불안장애는 보통 물질사용 문제가 생긴 다음에 발생한다. 예를 들어, 알코올의 만성적인 사용은 걱정과 일반화된 불안을 점차적으로 증가시킬 수 있다.

지역사회에 기반을 둔 세 가지 대규모 연구는 청소년의 마리화나 사용과 이후의 정신병적 증상 사이의 연관성을 입증했다. 정기적으로 마리화나를 사용한 청소년의 경우 마리화나를 사용하지 않은 청소년에 비해 정신병적 증상(예 : 환각, 망상)을 보고하거나 후기 청소년 또는 초기 성인기에 조현병에 걸릴 확률이 높았다. 청소년의 심리적 고통의 수준이 마리화나 사용과 정신병적 증상 사이의 연관성을 설명할 수 없었다. 따라서 결국 정신병적 증상을 보인 청소년이 정신병 초기 증상을 치료하기 위해 마리화나를 사용했을 가능성은 낮다. 대신, 이 자료는 반복적인 마리화나 사용이 특히 조현병에 대한 유전적 소인을 가진 청소년에게 정신병적 증상을 증가시킬 수 있음을 시사한다(Kelley et al., 2017).

청소년의 물질사용 문제는 얼마나 흔한가?

물질사용의 유병률

청소년 물질사용에 관한 최고의 자료는 MTF 연구(Monitoring the Future study; Miech et al., 2020)에서 나온 것이다. 매년, 연구자들은 중고등학생들에게 알코올과 다른 약물에 대한 태도, 이러한 물질들의 사용에 대한 인식된 위험성, 그리고 사용 빈도에 대해 질문한다. 약 5만 명의 중 2, 고 1, 고 3 학생들이 매년 익명으로 실시되는 설문조사에 응답한다. 이 자료를 통해 우리는 지난 40년간 청소년의 전형적인 물질사용과 그 추세를 확인할 수 있다(그림 10.2).

청소년의 알코올사용은 흔하다. 고등학교 3학년 때까지, 59%의 10대가 음주를 한 적이 있고, 약 53%가 지난 1년간 술을 마신 적이 있으며, 거의 3분의 1이 지난 한 달간 술을 마셨다. 더 어린 10대들 중 상당한 소수도 알코올사용을 보고한다. 중 2 학생들의 약 24%가 음주를 한 적이 있는 한편 8%는 지난달에 음주를 했다고 보고한다. 청소년의 알코올사용은 지난 20년 동안 감소했는데, 특히 더 나이가 많은 10대 사이에서 감소했다(Miech et al., 2020).

마리화나 사용도 상당히 보편화되어 있는데, 특히 나이가 많은 청소년 사이에서 꽤 널리 퍼져있다. 고 3 학생들의 약 44%가 마리화나를 적어도 한 번은 시도해봤고, 36%가 지난 1년 동안 마리화나를 사용한 적이 있으며, 22%가 지난 한 달 동안 마리화나를 사용한 것으로 보고됐다. 어린 10대들은 마리화나를 사용할 가능성이 훨씬 더 적다. 중 2 학생들 중 16%

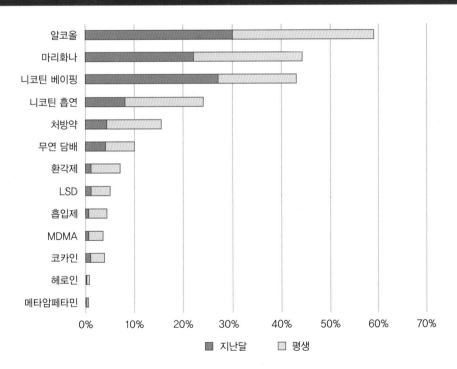

그림 10.2 ■ 청소년 물질사용의 빈도

주 : 알코올, 마리화나, 니코틴은 고 3 학생들 사이에서 가장 흔하게 사용되는 약물이다. 처방받은 진통제와 다른 약물들은 덜 자주 사용된다. 출처 : Miech et al. (2020).

만이 마리화나를 사용해봤고 7%는 지난 한 달 동안 사용했다고 보고했다. 청소년의 마리화나 사용은 최근 몇 년간 크게 변하지 않았다(Miech et al., 2020).

고 3 학생들의 약 24%가 적어도 한 번은 흡연을 해본 적이 있고 6%는 지난달에 흡연을 했으며 3%는 매일 흡연을 한다고 보고한다. 이 자료들은 청소년의 흡연이 1990년대 초반 정점에 다다른 이후에 급격히 감소하고 있음을 보여준다. 청소년 흡연의 이러한 큰 감소는 흡연의 위험성에 대한 인식 제고, 담뱃값 상승, 그리고 담배 제품에 대한 연방정부의 높은 세금 부과에 상응하는 결과다.

10대들의 담배 사용이 급격히 감소하고 있는 반면, 니코틴 베이핑은 극적으로 증가하고 있다. 최근 자료에 따르면 고 3 학생의 43%가 한 번이라도 베이핑을 시도해본 적이 있고, 37%가 지난 1년 동안 베이핑을 했으며, 28%가 지난 한 달 동안 베이핑을 했다고 보고한다. 베이핑은 더 어린 10대들 사이에서도 널리 퍼져있다. 중 2 학생의 약 22%가 베이핑을 시도해본 적이 있으며 거의 11%가 지난 한 달 동안 베이핑을 했다고 보고한다(Miech et al., 2020).

니코틴 베이핑이 청소년 사이에서 전통적인 담배 흡연을 대체하는 것으로 보인다(그림 10.3). 10대 흡연은 2011년 이후 62% 감소한 반면, 베이핑은 같은 기간 동안 1,700% 증가했다. 실제로 지난 한 달간 더 나이 많은 청소년이 흡연(6%)보다 베이핑(28%)을 할 가능성이 훨씬 더 크다. 10대들의 베이핑이 급격하게 증가한 데에는 베이핑이 흡연보다 덜 해롭고 사회적으로 용인될 수 있다는 인식이 일부 작용했을 것으로 보인다. 더구나 전자담배 회사들은 과일 맛, 박하 맛, 사탕 맛 제품을 제공하여 청소년에게 마케팅을 한다는 비난을 받아왔다(US Food and Drug Administration, 2020).

비록 많은 10대들이 술, 마리화나, 니코틴을 시도하지만, 대부분의 10대들은 다른 물질들을 시도하지 않는다. 10대들은 다른 불법 약물들보다 처방약을 오용할 가능성이 더 높다. 지난 1년간 고 3 학생들의 약 5.5%가 ADHD 치료를 위한 약을 오용했으며, 3.9%는 신경안정제를, 3.4%는 처방받은 진통제를, 3.4%는 기침약을 오용했다. 10대들 사이에서 처방된 진통제(예 : 옥시콘틴, 비코딘)의 사용은 지난 2년간 현저하게 감소했다. 이는 성인 사이에서의 사용 감소를 반영한다. 청소

그림 10.3　■　베이핑이 청소년의 흡연을 대체하다

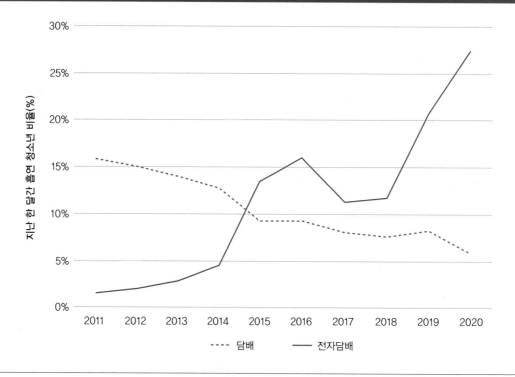

주 : 지난 10년 동안 청소년이 니코틴을 사용하는 주요 방법으로 베이핑이 흡연을 대체했다. 출처 : US Food and Drug Administration (2020).

년이 또래 또는 가족 구성원으로부터 처방약을 얻는 것이 일반적이므로, 이 약물들의 사용은 일반 모집단에서의 이용가능성 여부에 의해 크게 좌우된다(National Institute on Drug Abuse, 2020).

MTF 자료는 청소년기 알코올사용이 발달적으로 규준적이라는 것을 보여준다. 더욱이, 더 나이 많은 청소년의 베이핑과 마리화나 사용은 꽤 흔하며, 고 3 학생들의 거의 절반이 적어도 한 번은 이러한 물질들을 시도한 적이 있다고 인정한다. 다른 물질의 사용은 비교적 드물다. 청소년의 물질사용은 대체로 기회주의적이다. 10대들은 가족이나 친구들에게서 가장 쉽게 얻을 수 있는 약물을 사용하는 경향이 있다.

물질사용 문제의 유병률

청소년 물질사용 문제의 유병률을 평가하는 연구는 일관되지 않은 결과를 보여주었다. 결과는 연구된 청소년의 표본, 질문 방법, 문제적 사용에 대한 연구자의 정의에 따라 달라진다.

물질사용 문제의 빈도를 결정하는 한 가지 방법은 물질사용장애의 진단기준을 충족하는 청소년의 비율을 추정하는 것이다. 일반 모집단의 2~9% 사이의 청소년이 DSM-5의 물질사용장애 진단기준을 충족한다. 이 청소년 대부분은 경도 수준에서 중등도 수준의 증상과 가정 및 학교 기능에서의 문제를 경험한다. 일반 모집단의 1~5% 사이의 청소년은 심각한 물질사용 문제를 가지고 있다. 이 청소년들은 더 많은 수의 심한 증상과 더불어 학업 및 사회적 기능에서 현저한 손상을 경험한다(Bukstein, 2015; Weis & Ross, 2015).

문제적 물질사용을 파악하는 두 번째 방법은 잠재적으로 유해한 방법으로 알코올 및 기타 약물을 사용하는 청소년의 비율을 확인하는 것이다(그림 10.4). 예를 들어, 대부분의 전문가들은 폭음이 높은 수준의 중독, 건강문제, 그리고 고위험 행동과 관련이 있기 때문에 잠재적으로 해로운 것으로 간주한다. 고 3 학생들의 거의 14%가 지난 2주 동안 폭음을 했다고 보고한다. 마찬가지로, 매일 물질사용을 하는 것도 잠재적으로 해롭다. 고 3 학생들의 약 12%가 매일 전자담배를 사용하고, 6%는 마리화나를 사용하고, 3%는 흡연을 하고, 1%는

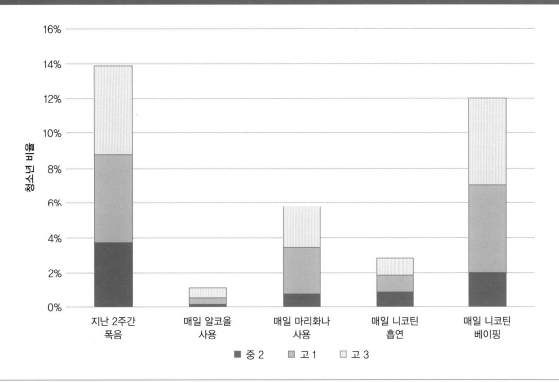

그림 10.4 ■ 청소년기 문제적 물질사용

주 : 고3 학생 10명 중 1명 이상이 지난 2주간 폭음을 하거나 매일 베이핑을 한다고 보고한다. 출처 : Miech et al. (2020).

술을 마신다. 흥미롭게도, 청소년의 물질사용과 위험인식 사이에는 중간 정도의 부적 상관관계가 있다. 폭음을 하거나 정기적으로 물질을 사용하는 청소년은 이러한 행동을 위험하다고 볼 가능성이 가장 낮다(Miech et al., 2020).

성별, 민족성 및 물질사용

물질사용 양상에는 약간의 성차가 있다. 대개 남아는 여아보다 이른 나이에 담배, 베이핑 제품, 알코올, 마리화나를 사용하기 시작한다. 어느 연령대에서든 이러한 물질을 사용해 본 적이 있는 남아의 비율이 여아의 비율보다 약간 더 높다. 또한 남아들은 여아들보다 폭음을 하기 쉽고 물질사용으로 인해 위험한 활동을 하고 학교에서 술이나 다른 약물 때문에 문제를 일으킬 가능성이 더 높다(Miech et al., 2020).

물질사용 문제의 양상은 청소년기 여아와 남아에게서 다르게 나타난다. 물질사용장애가 있는 남아들은 높은 비율의 충동성, 공격성, 그리고 반사회적 행동을 보인다. 또한 남아들은 여아들보다 물질사용과 관련된 법적 문제들을 경험할 가능성이 더 크다. 남아의 경우, 물질사용장애는 일반적으로 품행문제와 반사회적 행동과 연관된 더 전반적인 문제를 반영한다.

물질사용 문제가 있는 여아들은 종종 남아들보다 더 큰 정서적 문제를 보고한다. 이 여아들이 보이는 공존장애로는 우울, 불안, 신체적 증상 호소가 흔하다. 물질사용 문제가 있는 여아들은 또한 남아들보다 가정불화와 성적 학대의 이력이 있을 가능성이 더 크다(Weis & Ross, 2015).

물질사용은 민족에 따라 다르게 나타난다. 미국 원주민 청소년은 전체적으로 물질사용장애 비율이 가장 높으며, 백인 청소년과 라틴계 청소년이 그 뒤를 잇는다. 미국 원주민과 비라틴계 백인 청소년도 이른 나이에 알코올과 다른 약물을 사용하기 시작하며 미국에 사는 대부분의 다른 청소년들보다 공존하는 정신건강 문제를 더 많이 보일 수 있다(Wu & Blazer, 2015; Wu et al., 2013).

아프리카계 미국 청소년과 아시아계 미국 청소년은 가장 낮은 비율의 물질사용 문제를 보인다. 아프리카계 미국 청소년 사이의 낮은 물질사용 문제 비율은 그들이 낮은 사회경제적 지위(SES)와 같은 물질사용장애와 연합된 위험요인에 불균형적으로 많이 노출되기 때문에 주목할 만하다. 아프리카계 미국인 문화의 특정 측면이 어떻게 해서든 이 청소년을 물질사용 문제로부터 보호하는 것일 수 있다. 예를 들어, 확대가족 관계나 교회활동에 관여하는 것이 사회경제적 곤란의 잠재적으로 해로운 영향으로부터 이들을 보호할 수 있다.

보통 라틴계 청소년은 비라틴계 백인 청소년과 아프리카계 미국 청소년 사이의 유병률을 보인다. 그러나 미국에서 태어난 라틴계 청소년은 다른 나라에서 태어난 라틴계 청소년보다 더 높은 비율의 물질사용 문제를 보인다. 문화변용과 민족 정체성이 알코올 및 기타 약물사용의 가능성에 영향을 미치는 것으로 보인다(Miech et al., 2020).

경과

청소년은 차례대로 예측 가능한 방식으로 물질을 사용하는 경향이 있다. 알코올과 다른 약물을 사용하는 청소년의 경우, 전형적인 사용 양상은 니코틴으로부터 시작된다. 그다음에는 알코올을 사용하기 시작하고 마리화나를 시도할 것이다. 어떤 청소년은 그 후에 자극제나 처방약과 같은 다른 불법 약물들을 시도한다. 관문가설(gateway hypothesis)은 마리화나 및 다른 약물과 같은 불법 물질을 사용하기 전에 니코틴과 알코올을 먼저 사용하는 전형적인 양상을 지칭한다(Miller & Hurd, 2017).

관문가설을 뒷받침하는 증거는 혼재되어 있다. 한편으로, 종단연구 자료는 마리화나, 처방약 또는 불법 약물을 오용하는 거의 모든 청소년이 과거에 니코틴이나 알코올을 사용했다는 것을 보여준다. 청소년이 또래들과 함께 니코틴과 알코올을 먼저 사용한 적 없이 다른 약물들을 사용하기 시작하는 경우는 비교적 드물다. 다른 한편, 니코틴, 알코올, 마리화나를 사용하는 대부분의 청소년은 다른 물질을 사용하지 않는다. 따라서 소위 중독성 마약의 오용은 거의 항상 니코틴, 알코올 및 마리화나의 사용에 달려 있다고 결론 내릴 수 있다. 그러나 니코틴, 알코올 또는 마리화나의 사용이 다른 불법 물질로의 확대를 의미하지는 않는다(Romer & Szobot, 2019).

청소년 물질사용 문제의 가장 중요한 예측변인 중 하나는 청소년이 알코올이나 다른 약물을 처음 시도하는 나이다. 일반적으로, 청소년의 물질사용이 빨리 시작될수록 물질사용 문제가 발생할 가능성이 커진다. 13세 전에 흡연, 베이핑 또는 음주를 시작하는 청소년은 특히 위험하다(Romer & Szobot,

2019).

일부 청소년은 다른 약물들을 계속해서 사용하게 되는 한편 왜 대부분의 청소년은 니코틴, 알코올, 마리화나를 끊는가? 몇몇 종단 연구들에서 이 질문에 대한 답을 찾을 수 있다(Chung & Martin, 2012). 첫째, 충동적이고 파괴적인 행동 이력이 있는 청소년은 알코올과 다른 약물의 사용이 증가하고 물질사용장애를 일으킬 가능성이 더 높다. 그들의 물질사용은 파괴적이고 반사회적인 활동과 같은 더 큰 문제의 일부일 수 있다. 둘째, 과도한 물질사용의 본보기가 되는 부모를 둔 청소년은 물질사용 문제를 일으킬 위험이 더 증가된다. 지나친 음주나 다른 약물을 사용하는 부모들은 청소년에게 이 물질들에 접근할 기회와 사용 본보기를 제공할 수 있다. 셋째, 그리고 가장 중요한 것은, 친구들의 알코올과 다른 약물의 사용이 청소년의 사용 가능성의 증대를 강력하게 예측한다는 것이다. 또래들은 청소년에게 이러한 물질들을 소개하고 본보기가 되며 그들의 사용을 강화한다.

물질사용장애가 생긴 청소년은 수많은 유해한 결과를 겪게 될 위험이 있다. 알코올과 다른 약물은 청소년의 건강에 직접적인 위험을 가져온다. 예를 들어, 과도한 알코올사용은 일시적인 질병, 인지기능에서의 손상, 그리고 드물게 혼수상태와 사망도 초래할 수 있다. 물질사용은 또한 청소년을 위험한 상황에 처하게 할 수 있다. 예를 들어, 폭음을 하는 청소년은 술에 취한 상태에서 운전을 하거나 위험한 성행위를 하거나 공격적이거나 반사회적인 활동을 할 수 있다.

물질사용은 또한 심리사회적 위험을 수반한다. 물질사용 문제가 있는 청소년의 경우, 부모와의 갈등은 증가하고 의사소통은 감소하며, 학교 관련 문제와 학업의 어려움을 더 크게 보이며, 더 빈약한 또래관계를 보인다. 가족, 학교, 또래와의 문제는 부분적으로 청소년의 물질사용의 원인이 된다. 그러나 알코올과 다른 약물을 사용하는 청소년은 이러한 사회적 어려움을 더 심각하게 만들고 그들의 물질사용 문제를 악화시킬 수 있다.

청소년기에 알코올과 다른 약물을 사용하는 대부분의 청소년들은 성인이 되었을 때 더 이상 물질사용 문제를 보이지 않는데, 특히 물질사용의 시작이 청소년기 후반일 경우에 그렇다. 그러나 일부 청소년들, 특히 13세 전에 물질을 사용하기 시작하는 청소년들은 장기적인 물질사용 문제를 보인다. 이러한 청소년은 또한 낮은 수준의 사회적 유능성, 우울증과 범죄 행동의 가능성 증가, 그리고 나중에 취업의 어려움을 보일 가능성이 높다(Meier et al., 2017).

10.2 물질사용 문제의 원인

뇌의 보상경로는 무엇인가?

당신이 행복감을 느끼거나 짜릿한 쾌감을 느꼈던 때를 생각해 보라. 아마도 코치가 당신의 운동 실력에 대해 칭찬하거나, 당신이 할머니의 초콜릿 칩 쿠키를 한 입 베어 물거나, 당신이 좋아하는 누군가가 당신에게 키스를 했을 때일 것이다. 이러한 경험과 연합된 행복함이 이 경험들을 보상적으로 만든다. 우리는 이 경험들을 다시 하고 싶어 한다. 이러한 긍정적 감정과 그것들을 재경험하고 싶은 우리 욕구의 기초가 되는 신경회로가 보상경로이다.

두 명의 신경과학자 제임스 올즈와 피터 밀너(James Olds & Peter Milner, 1954)가 뇌의 보상경로를 발견했다(이미지 10.2). 그들은 쥐들이 어떤 행동을 했을 때 뇌의 특정 영역인 복측피개영역(ventral tegmental area, VTA)에 전기자극이 즉시 뒤따를 경우 그 행동을 반복한다는 것을 관찰했다. 예를 들어, 쥐들이 우리의 특정 위치에 있을 때 뇌 자극을 받는다면 더 많은 자극을 위해서 동일한 위치로 이동할 것이다. 올즈와 밀너는 쥐들이 우리 안에 있는 레버를 눌러서 스스로 뇌를 자

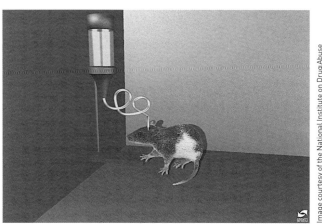

이미지 10.2 올즈와 밀너(1954)는 쥐들이 뇌의 보상경로를 자극하는 기회를 위해서 먹이와 물도 포기한다는 것을 발견했다.

극할 수 있게 했다. 레버를 누를 때마다 쥐의 VTA에 짧은 전류가 전달되었다. 쥐들은 완전히 지칠 정도로 레버를 눌렀으며 자기-자극을 할 기회를 위해서 먹이와 물조차도 포기했다. 한 쥐는 자극을 받기 위해 12시간 동안 레버를 7,500번 눌렀다. 쥐들은 뇌를 자극할 기회를 얻기 위해 고통스러운 충격을 견디면서 미로를 달리고 전기격자판을 건넜다. 각 실험에서, VTA의 전기적 자극은 쥐의 행동을 강화시켰다.

이후의 연구는 VTA가 뇌의 다른 영역들을 연결하는 신경세포 회로인 보상경로의 시작점이라는 것을 보여주었다. 이 경로의 신경세포들에는 도파민이 풍부하다. 도파민은 우리의 움직임을 조절하고 보상추구 행동의 기초가 되는 흥분성 신경전달물질이다(Roberts, 2019).

보상경로의 한 부분은 중뇌(즉, 'meso')에서 시작하여 변연계까지 확장되기 때문에 중뇌변연계 경로(mesolimbic pathway)라고 불린다(이미지 10.3). 자극을 받으면, VTA는 도파민을 측좌핵, 선조체, 해마를 포함한 다른 뇌 영역으로 보낸다. 측좌핵의 도파민 증가는 행복이나 쾌락의 주관적인 감정과 관련이 있다. 선조체의 자극은 접근추구 행동의 기초가 되는 것으로 보인다. 접근추구 행동은 우리에게 즐거움을 주는 상황에 더 근접하게 하는 행위를 하려는 경향이다. 해마의 자극은 우리가 그 상황들을 다시 찾을 수 있도록 기억하는 데 도움을 준다(Garrett & Hough, 2017).

보상경로의 나머지 다른 부분은 중뇌에서 시작하여 전두엽 피질까지 확장되기 때문에 중뇌피질 경로(mesocortical pathway)라고 불린다. 자극을 받으면, VTA는 도파민을 더 고차적인 집행기능을 조절하는 전두엽 피질로 보낸다. 이 뇌 영역의 자극은 우리가 미래에 보상을 얻을 수 있도록 일련의 행동을 계획하고 우선순위를 정할 수 있게 해준다.

중뇌변연계 경로와 중뇌피질 경로는 우리가 강화를 가져오는 것으로 경험하는 행동 대부분의 기초가 되는 것으로 여겨진다. 골프공을 딱 알맞게 치고 맛있는 초콜릿 칩 쿠키를 맛보고 '딱 내 타입'인 누군가에게 키스하는 것처럼 우리가 자연스럽게 강화받는 행동을 한 후에 경험하는 도파민의 급증은 미래에 그러한 행동이 반복될 수 있도록 우리가 그 행동을 학습하도록 돕는다.

보상경로는 또한 알코올과 다른 약물의 사용의 기초가 되며 물질사용장애의 생물학적 토대를 제공한다. 자극제와 같은 많은 중독성 물질은 보상경로에서 직접적으로 도파민을 증가시킨다. 니코틴, 알코올, 마리화나와 같은 대부분의 다른 중독성 물질은 다른 신경전달물질에 작용하여 이 경로의 도파민 수준을 간접적으로 증가시킨다. 특히 중뇌변연계 경로를 따라 도파민이 급증하는 것은 대부분의 사람들이 이 약물들을 사용할 때 경험하는 주관적 쾌감과 관련이 있다. 이 경로를 따라 뇌 영역이 활성화되는 것은 미래에 더 많은 약물을 찾고, 특정 사람, 장소 또는 상황과 약물을 연합시키고, 사용할 수 없을 때 약물을 갈망하는 경향을 부분적으로 설명할 수 있다. 또한 중뇌피질 경로를 따라 증가하는 도파민은 학교, 직장, 관계와 같은 다른 책임보다 약물사용을 우선시하는 경향을 설명하는 데 도움이 될 수 있다.

중독성 물질을 장기간 사용하게 되면 뇌의 보상경로의 기능에 영향을 받게 되며, 이는 내성과 금단으로 이어진다. 물질을 반복적으로 사용하면, 이 경로를 따라 높은 도파민 수준이 만성화된다. 이 경로의 신경세포들은 도파민 수용체 부위의 민감도나 개수를 감소시킴으로써 높은 도파민 수준을 상쇄한다. 신경과학자들은 반복되는 물질사용에 대한 반응으로 뇌에서 일어나는 물리적 변화를 설명하기 위해 신항상성(allostasis)라는 용어를 사용한다. 물질을 계속 사용하고 동일한 도파민 급증을 경험한다고 하더라도, 방출된 도파민이 보상경로의 신경세포에 의해 감지될 가능성이 적어진다. 결과적으로, 내성이 생긴다. 즉, 동일한 효과를 경험하기 위해 더 많은 물질을 사용해야 한다(Schatzberg & DeBattista, 2020).

만약 물질을 얻을 수 없다면, 금단증상을 경험할 수 있다.

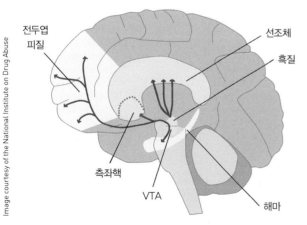

전두엽 피질

선조체

흑질

측좌핵

VTA

해마

이미지 10.3 중뇌변연계 경로는 VTA에서 측좌핵과 변연계로 뻗어나간다. 중뇌피질 경로는 VTA에서 전두엽 피질로 이어져 있다.

물질이 없으면 보상경로의 도파민 수준이 급격히 떨어진다. 더구나 이 경로의 도파민 수용체의 수와 민감도도 감소되어 있으므로, 이용 가능한 소량의 도파민마저 감지될 가능성이 희박해진다. 결국 강한 불쾌감 및 물질 자체의 효과와 정반대 방향의 신체적 징후와 증상을 경험한다. 예를 들어, 자극제 사용을 중단할 경우, 피로, 집중력 문제, 운동성 활동저하, 우울을 경험하게 된다. 이와는 대조적으로, 진정제(예 : 알코올) 사용을 중단할 경우, 전형적으로 불안, 초조, 자율신경계 각성 증상을 보인다(Preston, O'Neal, & Talaga, 2018).

알코올은 뇌와 행동에 어떻게 영향을 미치는가?

심리적 효과

알코올은 청소년이 가장 흔히 사용하는 약물이다. 알코올은 미국에서 널리 보급되어 있기 때문에 남용 가능성이 있는 약물로 인식되지 않는 경우가 흔하다. 알코올은 거의 미국 전역에서 합법적이며 광고도 많이 된다. 많은 청소년과 부모들은 알코올 소비를 10대 문화의 일부로 여긴다. 결국, 대부분의 청소년은 고등학교 시절에 적어도 가끔 알코올을 섭취한다. 이러한 이유로 청소년과 성인은 알코올사용과 관련된 위험을 축소시키는 경향이 있다(Miech et al., 2020).

알코올은 중추신경계의 활동을 늦추는 약물인 진정제이다. 알코올의 효과는 소비되는 양에 따라 달라진다. 전문가들은 알코올이 이상성 효과(biphasic effect)를 가지고 있다고 보통 설명한다(그림 10.5). 가벼운 정도에서 적당량의 알코올 섭취는 대체로 바람직한 일군의 효과, 즉 증가된 각성, 사교성, 다행감, 그리고 불안 감소를 가져온다. 과다한 알코올 섭취는 대체로 혐오적인 일군의 효과, 즉 진정, 인지 및 운동 손상, 심장 및 호흡기 문제, 기타 건강 위험을 초래한다(Schrieks et al., 2014).

가벼운 정도부터 적당량의 알코올 섭취가 보통 기분 좋은 효과를 내기 때문에, 많은 청소년은 이러한 주관적인 안녕감을 유지하거나 증진시키기 위해 계속해서 음주를 할 것이다. 어떤 사람들은 지속적인 음주를 통해 더 큰 다행감을 얻기 위한 시도를 묘사하기 위해 'chasing the high(물질사용에 대한 강박적 충동을 의미함_역주)'라는 용어를 사용한다. 그러나 어느 시점에서인가 사람들은 수확체감의 상태에 도달하게 된

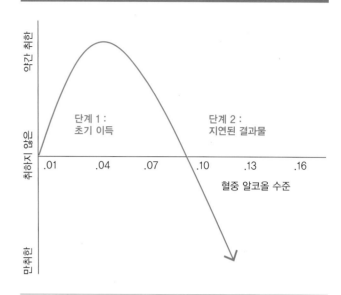

그림 10.5 ■ 알코올의 이상성 효과

주 : 초반의 알코올 섭취는 대체로 기분 좋은 효과를 가져오지만, 계속된 알코올 섭취는 더 부정적이고 때로는 위험한 결과와 관련되는 경우가 흔하다. 출처 : L. A. Ray, Bujarski, & Roche (2016).

다. 장기간의 음주는 원치 않는 그리고 때로는 위험한 결과를 가져오게 된다.

과도한 알코올 사용은 폭음을 초래할 수 있다. 폭음은 피로, 현기증, 오심, 그리고 의식상실을 일으킬 수 있다. 폭음은 또한 판단과 문제해결에서 심각한 손상을 일으킬 수 있다. 폭음은 균형과 협응의 장애, 불분명한 언어, 안절부절못함과 과민성, 그리고 심장박동 및 호흡 문제와 관련이 있다. 드물지만, 과도한 알코올 섭취는 혼수상태와 사망을 초래할 수 있다(Madson, Moorer, Zeigler-Hill, Bonnell, & Villarosa, 2013; Marshall, 2014).

생리적 효과

알코올은 위장관에서 빠르게 흡수되고 혈류 전체로 빠르게 확산된다. 알코올은 주로 간에서 대사된다. 알코올 탈수소효소(dehydrogenase)와 아세트알데히드 탈수소효소가 알코올의 대사에 주로 관여한다. 알코올이 기분, 인지, 행동에 영향을 미치는 정확한 기전은 알려져 있지 않다. 그러나 알코올은 도파민, 글루탐산, GABA를 포함한 여러 신경전달물질의 기능에 영향을 미치는 것으로 보인다(Jacobus & Tapert, 2013).

알코올 섭취는 다른 약물의 사용과 마찬가지로 뇌의 보상

경로, 특히 중뇌변연계 경로를 따라 도파민 수준을 증가시킨다. 도파민의 증가는 주관적 행복감 및 안녕감과 관련이 있다. 많은 사람들은 한두 잔의 음주 후 만족감, 즐거움 또는 사교성을 경험한다. 이러한 유쾌한 기분은 시간이 지남에 따라 지속적인 음주를 정적으로 강화할 수 있다.

동시에 알코올은 뇌의 주요 흥분성 신경전달물질인 글루탐산의 분비를 억제한다. 알코올은 NMDA(*N*-methyl-d-aspartate) 글루탐산 수용체와 결합하여 글루탐산의 흥분성 효과를 차단한다. 결과적으로, 신경세포는 발화할 가능성이 적어지고, 많은 사람들은 한두 잔의 음주 후에 긴장 이완과 스트레스 감소를 경험한다. 실제로 어떤 사람들은 사회적 불안을 줄이기 위해 파티나 스트레스 받는 행사 전에 술을 마실 것이다. 알코올의 불안감소 특성은 시간이 지남에 따라 지속적인 음주를 부적으로 강화할 수 있다.

마지막으로, 적당한 음주는 GABA에 영향을 미친다. GABA는 중추신경계의 수용체에 결합하여 세포가 음전하를 띤 염화 이온을 빠르게 흡수하게 한다. 음전하를 띤 이온의 증가는 세포가 발화할 가능성을 낮춘다. 알코올은 GABA 수용체에 결합하여 세포에 염화물이 빠르게 유입되고 신경세포 활동이 전반적으로 감소하게 한다. 신경세포 활동의 감소는 알코올의 여러 진정효과, 즉 인지적 굼뜸, 느려진 반응시간, 오심, 기억상실의 주요 원인이다(Schatzberg & DeBattista, 2020).

알코올을 사용하는 청소년은 두 가지 유형의 내성이 생길 수 있다. 청소년은 단 한 번의 음주 에피소드 동안 **급성 내성**(acute tolerance)을 경험할 수 있다. 예를 들어, 대부분의 사람들은 단지 몇 잔의 음주 후에 알코올의 최대 효과를 경험하고, 그다음에는 연속적으로 음주 효과가 떨어진다. 어떤 사람들은 **약역학적 내성**(pharmacodynamic tolerance)을 경험한다. 지속적인 일정 기간에 걸쳐 알코올에 반응하는 신경수용체의 수나 민감도가 점차 감소한다. 결과적으로, 동일한 효과를 얻기 위해서 더 많은 알코올이 필요해진다. 내성의 기초가 되는 생리학적 변화가 일반적으로 몇 년 동안 음주를 한 이후에야 발생한다는 점을 고려할 때, 약역학적 내성은 청소년보다 성인에서 훨씬 더 흔하다(Bowers, Weston, Mast, Nelson, & Jackson, 2020).

알코올의 갑작스러운 중단은 만성 음주자들에게 금단증상을 일으킬 수 있다. 알코올이 없으면 도파민과 글루탐산에 대한 신체의 민감도가 떨어진다. 결과적으로, 알코올사용을 중단한 만성 음주자는 이러한 신경전달물질의 상대적 저활성화로 인해 낮은 에너지, 피로, 우울과 같은 부정적 영향을 경험할 수 있다. 마찬가지로 감소된 GABA의 활동은 불안, 흥분성, 과민성, 안절부절못함, 과도한 운동활동을 일으킬 수 있다. 어떤 성인은 진전섬망을 경험하는데, 여기에는 진전, 발작, 혼미, 환시, 환촉이 포함된다.

알코올은 또한 간접적으로 다른 뇌 부위에 영향을 미친다. 예를 들어 알코올은 소뇌의 신경전달물질 활동에 영향을 미쳐 균형과 협응에 문제가 생긴다. 이 문제들이 느린 반응 시간과 결합되면, 음주 상태에서 차를 운전하는 것은 매우 위험한 일이 된다. 또 알코올은 해마의 신경전달물질 활동에도 영향을 미쳐 학습과 기억에서 문제가 발생한다(Carlson & Birkett, 2020).

마리화나는 뇌와 행동에 어떻게 영향을 미치는가?

심리적 효과

마리화나는 학명이 *Cannabis sativa*인 꽃이 피는 식물 대마에서 생산되는 약물이다. 대마는 신경계에 영향을 미치는 카나비노이드라고 불리는 약 70개의 다른 물질을 포함하고 있다. 가장 강력한 카나비노이드는 THC(delta-9-tetrahydrocannabinol)이다. 한 사람이 소비하는 THC의 양은 식물의 종류와 성별, 섭취하는 식물의 부위, 추출 방법에 따라 달라진다. 마리화나는 보통 흡입하거나 베이핑하거나 또는 음식으로 섭취된다.

마리화나를 피우면, THC의 약 절반이 폐로 들어가 빠르게 흡수된다. 첫 번째 흡입 후 몇 초 이내에 THC는 뇌로 들어가 행동, 인지, 기분에 영향을 미친다. 소량의 마리화나는 전형적으로 어지럼증, 현기증 또는 이상 감각을 특징으로 하는 '취한 기분'을 만든다. 중간 정도의 양은 행복감, 흥분감, 탈억제를 야기하며 이는 증가된 웃음과 사교성으로 드러난다. 마리화나를 계속 사용하면 불안감소, 전반적인 이완감, 만족감을 경험하게 된다. 어떤 사람들은 꿈꾸는 것 같은 상태, 떠다니는 느낌, 시각적 혹은 청각적 지각의 향상 또는 시간 경과의 둔화를 보고한다. 매우 많은 양의 마리화나는 증가된 불안, 초조, 지각 왜곡, 시각적 환각 또는 편집증 등 역설적 효과를 일으킬 수 있다.

대부분의 사람들은 마리화나에 대해 피부로의 혈류량 증가, 온감이나 홍조감, 그리고 심박수 증가를 포함한 다양한 생리적 반응을 경험한다. 또한 실험 연구들은 마리화나가 식욕을 증가시킨다는 것을 보여주었다. 사실, 의사들이 암과 같은 의학적 질병을 가진 환자들의 식욕을 촉진하기 위해 마리화나를 사용하기도 한다.

마리화나의 사용은 또한 인지 및 운동 기능의 저하와 관련이 있다. 실험실 연구는 마리화나가 기억, 학습, 문제해결을 방해한다는 것을 보여주었다. 비록 대부분의 사람들이 마리화나를 사용한 후에 일상업무를 수행할 수는 있지만, 숙제를 완료하는 것과 같은 더 도전적인 인지 활동을 수행하는 데 어려움을 겪을 수 있다. 또한 마리화나는 반응시간을 늦추는 경향이 있다. 결과적으로, 마리화나의 영향하에 운전하는 것은 위험할 수 있다.

마리화나 사용에 관한 법률은 복잡하고 빠르게 변화하고 있다. 미연방법에 따르면, 미국에서 THC 함량이 0.3%를 초과하는 대마초의 사용, 판매, 소지는 불법이다. 그러나 지방자치법은 다양하다. 일부 지역에서는 의료목적으로만 마리화나 사용이 허용되지만 어떤 지역에서는 마리화나를 처벌대상에서 제외했고 또 다른 지역에서는 레크리에이션용 사용도 허용한다. 그러나 21세 미만인 경우 마리화나의 사용은 모든 지역에서 금지되어있다. 그럼에도 레크리에이션 마리화나의 합법화와 소매상을 통한 구매 가능성의 증대는 청소년의 마리화나 사용 증가와 상관이 있다(Paschall & Grube, 2020).

생리적 효과

THC는 뇌, 면역계, 위장관에 위치한 카나비노이드 수용체(cannabinoid receptors)에 의해 감지된다. 이 수용체는 기저핵, 소뇌, 해마, 대뇌피질에 가장 많이 집중되어있다. THC의 구체적 효과는 감지되는 위치에 따라 달라진다. 예를 들어, 기저핵에 위치한 수용체에 의해 감지된 THC는 움직임과 협응에 영향을 미친다. 피질에서 감지된 THC는 사고, 판단, 문제해결에 영향을 미친다. 위장관에서 감지된 THC는 식욕에 영향을 미칠 수 있다.

오랫동안 과학자들은 왜 신체가 식물에서 만들어진 물질에 대해 자연적으로 발생하는 수용체를 가지고 있는지 궁금해했다. 그러다가 그들은 신체가 이 수용체에 작용하는 신경전달물질과 유사한 물질을 만든다는 것을 발견했다. 엔도카나비노이드(Endocannabinoids)는 신경전달물질처럼 작용하는 자연발생 물질로서 카나비노이드 수용체와 결합하며 신경세포 활동에 영향을 미친다.

THC는 자연적으로 발생하는 엔도카나비노이드와 유사하다. 카나비노이드 수용체와 결합하고 도파민, GABA, 글루탐산, 노르에피네프린, 세로토닌을 포함한 광범위한 신경전달물질의 방출에 영향을 미친다. THC의 영향을 받는 여러 뇌 영역과 신경전달물질은 THC가 사람들의 행동에 미치는 다양한 영향을 설명할 수 있다. 예를 들어, THC는 GABA의 방출을 늦춰 신경세포가 더 빨리 발화할 수 있게 하고 자율신경계 각성을 유발한다. THC는 또한 중뇌변연계와 중뇌피질 보상경로에서 도파민의 방출을 증진하여 다행감과 인지에서의 변화를 일으킨다.

전문가들은 마리화나의 장기적 사용이 미치는 생리적 영향에 대해 동의하지 않는다. 실험실 연구는 반복적인 사용 후에 동물들에게 THC에 대한 내성이 생긴다는 것을 보여준다. 장기 사용은 카나비노이드 수용체의 수 및 민감도의 감소와 관련이 있다. 그 결과, 약물이 처음 사용되었을 때와 동일한 생리적 효과를 내기 위해서는 더 많은 THC가 필요하다. 마찬가지로, 신경영상 연구는 정기적으로 마리화나를 사용하는 성인의 피질에서 카나비노이드 수용체의 감소를 보여주었다. 흥미롭게도, 약물을 끊은 지 4주 이내에 수용체의 수가 증가한다. 반면에, 많은 정기적인 마리화나 사용자들은 그들이 처음 사용하기 시작했을 때와 동일한 긍정적 효과를 경험한다고 보고한다. 따라서 어떤 사람들은 알코올 및 니코틴과 같은 다른 약물에 대해 생기는 내성이 마리화나에 대해서는 생기지 않는 것 같다.

마리화나를 과도하게 사용하다가 갑자기 중단할 경우, 금단의 위험이 있다. 금단증상에는 약물 자체의 효과와 반대되는 효과인 과민성, 불안, 초조, 우울한 기분, 불면증, 식욕 저하가 포함된다. 만성사용자였다가 마리화나를 끊은 사람도 특히 약물사용과 연합된 사람이나 상황을 만났을 때 갈망감을 보고하는 경향이 있다(Karila et al., 2014; Volkow et al., 2016).

일부 만성적인 마리화나 사용자들은 동기화와 목표지향적 행동의 저하를 보인다. 이는 무동기 증후군(amotivational syndrome)이라 불리는 현상으로서, 감정둔마, 장기계획의 결여, 부진한 학교성적 등이 특징이다. 전문가들은 이러한 동기화의 부족이 약물의 생리적 영향 때문인지 아니면 약물사용과 연관된 환경적 요인에 의해 발생하는지 확신하지 못하고 있다. 예를 들어, 마리화나를 자주 사용하는 사람들은 낮은 성취동기를 특징으로 하는 생활 방식을 취할 수 있다(Volkow et al., 2016).

아마도 만성적인 마리화나 사용의 가장 심각한 영향은 건강 문제일 것이다. 마리화나 흡연은 담배 흡연과 동일한 건강 위험, 즉 호흡기 문제, 순환기 문제, 그리고 암과 관련이 있다. 건강에 미치는 베이핑의 장기적인 영향은 알려지지 않았지만, 마리화나를 베이핑 하면 이러한 위험 중 일부를 줄일 수 있다. 마리화나는 또한 면역체계를 억제하고 감각과 운동기능을 손상시켜 질병이나 부상 가능성을 높일 수 있다(Volkow, Baler, Compton, & Weiss, 2014).

마지막으로, 초기 청소년기에 마리화나를 사용하거나 청소년기에 마리화나를 과도하게 사용할 경우, 일부 청소년은 성인기에 조현병을 보일 위험이 있다. 조현병에 걸릴 유전적 위험이 있는 청소년은 마리화나를 사용할 경우 약물사용을 하지 않을 때보다 발병 확률이 두 배 높다. 따라서 조현병이 발병한 생물학적 친척이 있는 청소년에게 마리화나를 피하라고 권고한다(Kelley et al., 2017).

니코틴 흡연과 베이핑은 뇌와 행동에 어떻게 영향을 미치는가?

심리적 효과

니코틴은 담배에서 발견되는 자연적으로 발생하는 액체 알칼로이드이다. 전자담배 액상(베이핑용)과 니코틴 대체치료(예 : 패치)에 사용되는 니코틴은 궐련 담배에 사용되는 것과 동일한 담배는 아니지만 일반적으로 담배과 식물에서 추출된다. 니코틴은 또한 합성될 수도 있다. 전형적인 궐련 담배는 약 16mg의 니코틴을 함유하고 있지만 이 양의 일부만이 뇌에 도달한다. 전자담배 액상의 니코틴 함량은 3mg(매우 낮음)에서 36mg(매우 높음)까지 다양하다.

니코틴은 반응시간이 짧은 자극제로서 기능한다. 흡입하거나 씹거나 피부를 통해 니코틴을 흡수한 후에 사용자는 가벼운 다행감과 자율신경계 각성 상태를 경험한다. 즉각적 사용은 일반적으로 혈류로 포도당을 방출하고 심박수, 호흡, 혈압의 상승을 유발한다. 니코틴에 의한 자율신경계 각성은 식욕을 억제하고 신진대사를 빠르게 한다. 니코틴을 사용하는 나이 많은 청소년과 성인은 니코틴 외의 물질을 사용하는 같은 나이와 성별의 사람보다 몸무게가 약 4.5Kg 적게 나간다.

니코틴을 사용하는 많은 사람들은 또한 증가된 각성과 더 나은 주의력과 집중력을 보고한다. 실험 연구에 따르면 니코틴 사용자는 금연 상태를 유지해야 할 때보다 흡연을 할 때 복잡한 주의, 기억, 문제해결, 운동 테스트에서 더 높은 점수를 받는다. 학생들도 주의력과 학습을 향상시키는 니코틴의 효과를 인정한다. 많은 사람들이 논문을 쓰거나 시험공부와 같이 중요한 활동을 시작하기 전에 니코틴을 사용한다.

어떤 사람들은 니코틴을 사용한 후에 평온감, 이완감 또는 불안 감소를 경험한다. 이러한 진정 효과가 약물 자체에 의한 것인지 아니면 약물을 사용하지 않음으로써 생기는 불쾌한 영향의 완화 때문인지는 불분명하다. 어느 경우든, 니코틴은 방과 후나 직장에서 쉬는 시간 또는 레크리에이션 활동 중에 이완하기 위해서 흔히 사용된다.

전자담배와 기타 전자 니코틴 전달시스템(예 : 베이프)은 연소로 인한 해로운 영향 없이 열을 가함으로써 액상 니코틴을 원자화한다. 베이핑이 궐련 담배에 있는 것과 동일한 암 유발 화학물질에 사용자를 노출시키지는 않더라도 여전히 건강에 상당한 위험을 초래한다. 베이핑 제품은 전형적으로 글리세롤, 프로필렌 글리콜, 벤조산, 다양한 오일, 추출물, 첨가제 및 신체에 미치는 영향이 알려지지 않은 향료를 포함하는 에어로졸화된 용액(aerosolized solutions)으로 구성된다(Glantz & Bareham, 2018). 더구나, 어떤 형태의 니코틴이든 뇌 발달과 기억, 학습에 영향을 미치는 것으로 나타났다(Yuan, Cross, Loughlin, & Leslie, 2015).

베이핑과 연관된 가장 즉각적인 건강 위험은 전자담배 또는 베이핑 제품 사용 관련 폐 손상(e-cigarette or vaping product use-associated lung injury, EVALI)이다. 베이핑 후, EVALI가 있는 환자들은 기침, 흉통, 호흡곤란을 포함해서 심각한 호흡기 문제를 경험한다. 환자의 4분의 3은 복통, 오심, 구토, 설사 등 독감이나 폐렴 같은 증상을 경험하기도 한다. 심할 경우 EVALI는 심부전 및 호흡부전으로 인한 사망을 초래할 수도 있다(Siegel, Jatlaoui, & Koumans, 2019). EVALI는 비타민 E 아세테이트와 관련이 있다. 비타민 E 아세테이트는 THC를 함유하고 있는 여러 베이핑 제품에서 증점제(thickening agent)로 사용된다. 비타민 E는 많은 식품과 화장품에도 있는데 소량으로 먹거나 피부에 바르는 것은 안전하다. 그러나 비타민 E를 흡입하면 심각한 호흡기 문제를 일으킬 수 있다(Centers for Disease Control and Prevention, 2020d).

미식품의약국(FDA)은 1994년까지 니코틴을 잠재적인 중독성 있는 약물로 분류하지 않았었다. 게다가 FDA는 2009년까지 니코틴 규제에 대한 통제권도 부여받지 못했었다. 오늘날 FDA는 청소년담배예방계획(Youth Tobacco Prevention Plan)을 시행하고 있다. 이 계획의 목적은 청소년의 니코틴 제품에 대한 접근을 예방하고 청소년을 대상으로 하는 니코틴 제품의 마케팅을 억제하고 청소년에게 담배와 전자담배 사용의 위험성에 대해 교육하는 것이다.

생리적 효과

흡입 후 약 10초 후에 니코틴은 혈류로 흡수되어 혈뇌 장벽을 통과한다. 니코틴은 자연적으로 발생하는 흥분성 신경전달물질 아세틸콜린의 화학적 구조와 꼭 닮아있다. 니코틴은 뇌 전체에 분포되어있는 니코틴 아세틸콜린 수용체(nAChRs)에 결합하여 양전하를 띤 나트륨과 칼륨 이온이 시냅스 영역으로 유입되게 한다. 이러한 양전하를 띤 입자는 신경세포의 발화율을 증가시켜 전반적인 흥분효과를 생성한다.

신경세포 활성화는 중뇌변연계 경로의 도파민 수용체를 자극하여 대부분의 사람들에게 가벼운 쾌감을 준다. 동시에 도파민은 중뇌피질 경로로도 방출되어 주의력과 집중력을 증가시킨다. 니코틴은 뇌간과 부신을 동시에 자극해 자율신경계 흥분과 각성을 유발한다. 이러한 초기 효과의 대부분은 쾌감을 주며 니코틴 사용을 정적으로 강화한다.

흥미롭게도, nAChR에 대한 니코틴의 화학적 영향이 니코틴 내성 및 금단현상에 기여한다. 니코틴을 감지한 직후, 이 수용체 부위는 순간적으로 둔감해져 추가적인 자극에 반응할 수 없게 된다. 반복되는 니코틴 사용은 이 둔감화 기간을 연장시켜 니코틴이 있을 때에도 신경세포가 발화할 가능성을 낮춘다. 결과적으로, 사람들은 니코틴으로부터 긍정적인 효과를 덜 경험하거나 같은 수준의 각성을 얻기 위해 더 많은 니코틴을 사용해야 한다.

니코틴은 간에서 빠르게 대사된다. 약 4~6시간의 금연(또는 하룻밤의 수면) 후 nAChR은 민감성을 회복한다. 자연적으로 발생하는 아세틸콜린에 대한 민감도가 높아지면 신경세포가 빠르게 발화하여 불쾌감, 과민성 또는 초조함을 유발한다. 니코틴 금단을 겪는 사람들도 흡연이나 베이핑을 갈망하는 경향이 있다. 이러한 금단증상은 다시 한번 니코틴을 사용해서 수용체를 둔감화시킴으로써 제거할 수 있다.

고용량의 니코틴은 독이 될 수 있다. 적게는 60mg도 청소년이나 젊은 성인에게 치명적일 수 있다. 과도한 베이핑이나 실수로 전자 액상니코틴을 섭취할 때 독성이 발생할 가능성이 가장 크다. 니코틴 중독(poisoning)의 초기 증상은 오심, 구토, 땀, 현기증, 혼미 등이다. 치료 없이 방치하면 호흡곤란, 의식 상실, 경련, 사망이 뒤따를 수 있다.

어떤 발달경로가 물질사용 문제로 이어지는가?

물질사용장애의 발달은 복잡하다. 물질사용 문제의 출현을 설명하는 모델은 광범위한 생물학적, 심리적, 사회문화적 요인을 고려해야 한다. 케네스 셔(Kenneth Sher) 등은 알코올사용 문제의 발달을 설명하기 위해 생물심리사회적 모델을 제시하였다(Chassin, Sher, Hussong, & Curran, 2013; Chassin et al., 2016; Sher, 1991; Sher, Grekin, & Williams, 2005). 이 모델은 알코올사용 문제의 발생을 설명하기 위해 개발되었지만, 모든 물질사용장애에 적용할 수 있다.

셔의 모델은 알코올사용 장애가 세 가지 발달경로를 따라 나타날 수 있다고 제안한다. 첫째, 알코올 문제는 사람들이 알코올의 영향에 대한 유전적 또는 생물학적 민감성을 물려받고 알코올의 사용에서 상당량의 쾌감을 얻을 때 발생할 수 있다(정적 강화 경로). 둘째, 알코올 문제는 사람들이 우울이나 불안을 다루기 위해 알코올에 의존할 때 발생할 수 있다. 이 경우 알코올사용은 고통의 완화에 의해 부적으로 강화된다(부적 강화 경로). 셋째, 알코올 문제는 더 광범위한 반사회적 행동 양상의 일부로 나타날 수 있다(품행 문제 경로). 이 세 가지 경로는 상호배타적이지 않다. 많은 사람들이 여러 가지 이유로 알코올과 다른 약물을 오용한다. 그러나 이 경로들은 청소년의 물질사용장애의 원인에 대한 이해를 체계화하는 데 유용하다(Chassin et al., 2013).

정적 강화 경로

이 모든 세 가지 발달경로의 시작에는 물질사용 문제의 발생에 대한 생물학적 소인이 있다(그림 10.6). 상당한 연구는 부모의 문제적 물질사용과 자녀의 물질사용장애의 발달 사이의 연관성을 보여주었다. 물질사용 문제를 보이는 청소년의 약 3분의 2는 생물학적 부모 중 적어도 한 명이 물질사용장애 병력을 가지고 있는데, 아버지인 경우가 특히 흔하다(Kendler et al., 2012).

물질사용장애 병력이 있는 부모가 있다면, 물질사용 문제가 발생할 가능성이 2~9배까지 높아진다. 쌍생아 및 가족 연구에 따르면 부모와 자녀의 물질사용 간의 상관은 적어도 부분적으로는 유전적이다. 유전이 알코올사용의 변량 60%를 그리고 다른 약물사용의 변량 33%를 설명한다. 유전적 요인들은 알코올과 다른 약물의 사용 가능성, 처음 물질을 사용하기 시작하는 나이, 그리고 물질사용장애의 전반적인 확률을 예측한다(Chassin et al., 2013).

정적 강화 경로(positive reinforcement pathway)는 유전적 위험이 자녀를 물질의 약물학적 효과에 비정상적으로 민감하게 만든다고 가정한다. 예를 들어, 이러한 유전적 위험을 가진 사람들은 알코올의 영향에 더 강하게 반응하거나, 음주를 통해 더 많은 쾌감을 경험하거나, 과음을 해도 부작용을 덜 경험할 수 있다(Finegersh & Homanics, 2014).

동시에, 청소년은 알코올과 다른 약물을 시도해보면서 이 물질들이 기분에 미치는 영향에 대해 알게 되며, 마침내는 물질이 쾌감을 줄 것이라고 기대하게 된다. 사용이 증가함에 따라 물질은 강화하는 특성을 띠게 된다(Samek, Keyes, Iacono, & McGue, 2013).

물질의 효과에 대한 생물학적 민감성과 물질이 긍정적 효과를 가져 올 것이라는 기대가 문제적 사용으로 이어질 수 있다. 예를 들어, 물질사용장애의 위험에 처한 청소년은 물질사용에 대해 비정상적으로 긍정적인 기대를 가지고 있는 경우가 흔하다. 즉, 그들은 물질이 문제점은 거의 없고 상당한 이득을 가져올 것으로 기대한다. 실제로 알코올의 긍정적 효과에 대한 왜곡된 신념이 음주 빈도나 양을 증가시킬 수 있다. 이와는 대조적으로, 알코올 및 기타 약물에 대한 부정적인 경험이 있는 청소년이나 물질사용에 대해 불안해하는 청소년은 물질사용 문제가 발생할 가능성이 더 적다(Margret & Ries, 2016; Sauer-Zavala, Burris, & Carlson, 2014).

부적 강화 경로

부적 강화 경로(negative reinforcement pathway)는 청소년이 스트레스와 부정적인 기분 상태에 반응하여 물질사용 문제를 발달시킬 수 있다고 가정한다(그림 10.7). 스트레스는 학대받거나 방임된 가정에서 성장하는 것과 같은 초기 아동기 경험을 통해 발생할 수 있다. 또한 스트레스는 가정폭력이나 갈등을 목격하거나 가족과 대인관계의 붕괴를 겪거나 학교에서 어려움을 겪는 것과 같은 향후 환경적 요인들에 의해서도 발생할 수 있다. 이러한 스트레스 요인은 결국 불안, 우울, 낮은 자기가치감을 야기할 수 있다. 이러한 부정적 감정들을 다루지 못하는 청소년은 심리적인 고통을 완화하기 위해 알코올과 다른 약물을 사용할 수 있다. 따라서 물질사용은 불안이나 우울의 감소에 의해 부적으로 강화된다. 시간이 지남에 따라 사용 빈도와 양이 증가하여 물질사용장애로 이어질 수 있다.

부적 강화 경로는 성인의 물질사용 문제를 설명하는 데 유용하지만, 청소년을 대상으로 한 경험적 지지 증거는 더 적다. 대부분의 횡단 연구는 청소년의 부정적 정서 평정과 알코올사용 간에 중간 정도의 상관을 보여주었을 뿐이다. 더구나 대부분의 종단 연구는 청소년이 물질사용 문제를 보이기 전에 불안과 우울 증상을 먼저 경험하지 않는다는 것을 보여주었다. 오히려 일부 자료는 정반대 효과를 지적한다. 청소년의 물질사용이 불쾌감을 유발하는 사회적, 학업적 문제로 이어진다.

그림 10.6 ■ 청소년 물질사용으로 가는 정적 강화 경로

유전적 위험 → 물질에 대한 민감성 → 긍정적 기대 → 물질사용 문제

그림 10.7 ■ 청소년 물질사용으로 가는 부적 강화 경로

생활 스트레스 → 물질사용 → 스트레스 감소 → 물질사용 문제

다른 한편, 부적 강화 경로는 학대를 받은 적이 있는 일부 청소년 집단에 적용될 수 있을 것이다. 신체적 학대를 받은 남아와 성적 학대를 받은 여아는 피해자화와 관련된 기분 문제가 생길 가능성이 증가한다. 그들은 이러한 기분 문제에 대처하기 위해 알코올 및 기타 약물에 의존할 수 있으며 시간이 지남에 따라 물질사용장애가 발생할 수 있다 (Goldstein, Faulkner, & Wekerle, 2013; Herrenkohl, Hong, Klika, Herrenkohl, & Russo, 2013).

더구나, 특정한 기분장애와 불안장애는 아동을 물질사용 문제의 위험에 처하게 할 수 있다. 예를 들어, 사회적 상황에서 극심한 불안을 경험하는 청소년은 예기불안에 대처하기 위해 알코올을 사용할 수 있다. 이러한 청소년은 파티에 가기 전에 긴장을 풀기 위해서 음주를 할 수 있다(즉, "pregaming"). 이들의 반복적인 알코올사용은 더 장기적인 문제로 이어질 수 있다(Black et al., 2015).

마지막으로, 부적 강화 경로는 부유한 가정의 청소년들에게 적용될 수 있다. 교외 지역에서 사는 부유한 가정의 청소년은 스트레스에 대처하기 위해 알코올과 다른 약물을 사용할 수 있다. 게다가 부유한 남자 청소년은 또래집단에서 사회적 지위를 얻기 위해 알코올을 사용한다. 그들은 해야 할 것이 지나치게 많고 학업과 운동은 물론 사회적으로도 뛰어나야 한다는 상당한 압박감을 경험한다. 동시에, 그들의 부모는 직업과 사회적 요구 때문에 자녀의 생활에 덜 관여한다. 높은 스트레스와 낮은 부모 감독의 조합은 부유한 청소년을 물질사용 문제의 위험에 처하게 한다(Luthar, Small, & Ciciolla, 2019).

품행문제 경로

품행문제 경로(conduct problems pathway)에 따르면, 청소년 물질사용의 원인은 다른 파괴적 행동문제의 원인과 유사하다. 이 원인들에는 (1) 신경행동 탈억제와 관련된 초기 문제, (2) 파괴적인 행동 및 학업 문제, (3) 또래거부 및 일탈적 또래와의 관계가 포함된다(그림 10.8).

신경행동 탈억제(neurobehavioral disinhibition)를 보이는 어린 아동은 나중에 물질사용 문제가 발생할 위험이 높다(Tarter et al., 2003). 신경행동 탈억제는 (1) 행동의 과소통제, (2) 감정적 반응성, (3) 집행기능의 결손이 특징이다.

첫째, 신경행동 탈억제 아동은 고비율의 위험하고 충동적

그림 10.8 ■ 청소년 물질사용으로 가는 품행문제 경로

인 행동을 한다. 이 아동은 흥분에 대한 강한 욕구를 가지고 있고 종종 '감각 추구자' 또는 '무모한 아이'로 묘사되곤 한다. 행동의 과소통제 경향은 유전되는 것 같다. 쌍생아 및 가족연구는 위험을 감수하고 감각을 추구하는 행동에 대한 강한 유전가능성을 보여준다. 물질사용장애가 있는 성인은 흔히 행동의 과소통제를 보이며 자녀에게 유사한 행동을 유전적 소인으로 전달할 수 있다(Chassin, 2015).

둘째, 신경행동 탈억제가 있는 아동은 높은 정서적 반응성을 보인다. 어린 아동일 때 그들은 까다로운 기질을 보인다. 양육자는 그들을 과민하고 까탈스럽다고 묘사한다. 아동기 후반에, 이 아동은 스트레스에 종종 과잉반응을 보이고 짜증, 분노, 그리고 공격적인 경향성을 보인다.

셋째, 신경행동 탈억제가 있는 아동은 집행기능에서 결함을 보인다. 집행기능은 아동이 즉각적 충동을 억제하고, 행동을 계획하고 우선순위를 정하며, 장기 목표를 달성할 수 있도록 한다. 집행기능에 결함이 있는 아동은 부주의, 과잉행동, 충동성 문제를 나타낸다.

신경행동 탈억제는 아동의 또래 상호작용에도 악영향을 미칠 수 있다. 또래들이 이 아동의 행동을 싫어하는 경우가 흔하다. 또래들은 교실과 쉬는 시간에 그들과 상호작용하는 것을 피할 수 있다. 또한 신경행동 탈억제는 학업 수행을 방해할 수 있다. 행동의 과소통제 문제를 보이는 아동은 교사에게 주의집중하고 교실규칙을 지키는 데 어려움을 겪을 수 있다. 그들은 또한 과제를 완수하고 시험을 완료하는 데 어려움을 겪을 수 있다. 집행기능의 결함은 또한 아동이 적시에 과제를 완수하고, 학업활동을 계획하고 조직하며, 장기 프로젝트를 끝내는 능력을 방해할 수 있다. 신경행동 탈억제가 있는 아동은 학교에 대해 부정적인 시각을 갖고 낮은 성적을 받고 학업적으로 어려움을 겪는 경우가 많다(Chassin et al., 2013; Chassin, 2015).

학업문제와 또래거부는 아동이 반 아이들과 주류 또래집

단으로부터 스스로 거리를 두게 할 수 있다. 친사회적 또래들과 사귀는 대신에 이 파괴적 문제를 보이는 아동은 다른 거부당한 아동들과 어울린다(Frick, 2012). 조기 물질사용은 거부당한 또래들이 아동에게 흡연, 베이핑 또는 알코올을 소개할 때 발생하는 경우가 흔하다. 이 또래들은 물질사용의 본보기 역할을 하며 실험적 사용을 조장하고 지속적인 사용을 강화한다. 거부당한 아동은 일탈적 또래집단에게 받아들여지기 위해서 처음으로 물질사용을 하게 될 수도 있다. 시간이 지남에 따라 반복적 사용은 사회적, 학업적 문제를 악화시키고 물질사용장애를 초래할 수 있다(Mrug et al., 2012; van Ryzin, Fosco, & Dishion, 2012).

거부당한 또래와 물질사용 사이의 관계는 남아와 여아에게서 다를 수 있다. 일부 여아는 남아들과 동일한 이유로 거부당한 또래들과 어울린다. 그들은 행동문제와 학업문제 때문에 친사회적 또래들로부터 소외당한다. 하지만 이른 사춘기 성숙도 여아가 일탈적 또래들과 어울릴 가능성을 증가시킨다. 특히 더 나이가 많은 남아들은 조숙한 여아들에게 알코올과 다른 약물을 소개하고 반사회적 행동을 장려하고 성적 활동을 하도록 압력을 가할 수 있다. 그들의 외모에도 불구하고, 이 조숙한 여아들은 사회적 압력에 저항할 성숙함이 부족할 수 있다. 실제로, 조숙한 여아는 전형적인 성숙을 보이는 여아보다 알코올과 다른 약물을 더 많이 사용한다. 또한 그들은 전형적인 성숙을 보이는 또래보다 물질사용 문제를 겪게 될 가능성이 더 크다(Hedges & Korchmaros, 2016; Hendrick, Cance, & Maslowsky, 2016).

10.3 근거기반치료

임상가는 물질사용 문제의 위험에 처한 청소년을 어떻게 도울 수 있을까?

보편적 스크리닝

예전에는, 물질사용 문제가 있는 청소년은 물질사용으로 인해 가정, 학교 또는 지역사회에서 문제를 일으킨 후에야 부모, 교사 또는 경찰관에 의해 파악되었다. 청소년의 물질사용이 음주운전과 같은 위험한 행동으로 이어지고 나서야 치료에 의뢰되는 경우가 많았다.

오늘날 대부분의 전문가들은 물질사용장애의 확인과 예방, 치료를 위한 3단계 모델을 채택하고 있다. 이 SBIRT(Screening, Brief Intervention, and Referral to Treatment) 모델은 문제적 알코올사용과 기타 물질사용을 확인하고 줄이고 예방하기 위해 사용되는 근거기반 접근방법이다. SBIRT 모델은 미의학연구소에 의해 개발되었으며, 물질사용 문제에 대한 지역사회 기반 선별 및 개입에서 모범 사례로 간주된다(Substance Abuse and Mental Health Services Administration, 2020).

SBIRT 모델의 첫 번째 단계는 보편적 스크리닝(universal screening)이다. 1차 진료센터, 학교기반 진료소 또는 청소년 사법시설에 있는 모든 청소년을 대상으로 물질사용 문제를 발달시키는 위험을 평가하는 스크리닝을 한다. 미국의 경우, 85%가 넘는 청소년이 정기검진, 가벼운 질병, 운동 전 신체검사 관련해서 매년 의사의 진료를 받는다. 미소아과학회는 청소년이 진료를 받으러 오면 물질사용 문제의 위험이 있는 청소년을 파악하기 위해서 정기적인 스크리닝을 할 것을 권고한다(Levy & Williams, 2017).

CRAFFT 스크리닝 방법은 청소년의 물질사용 문제에 대한 위험을 평가하는 한 가지 방법이다(Shenoi et al., 2020). 먼저 임상가는 청소년에게 지난 1년 동안 술을 마셨는지, 마리화나를 피웠는지, 다른 약물을 사용했는지를 묻는다. 청소년이 "네"라고 답하면 임상가는 CRAFFT라는 약어로 표기되는 일련의 질문들을 한다.

C : 알코올이나 약물을 사용한 사람(본인 포함)이 운전하는 차(CAR)를 탄 적이 있나요?

R : 긴장(RELAX)을 풀거나 자신에 대해 더 좋게 느끼거나 적응하기 위해서 알코올이나 약물을 사용한 적이 있나요?

A : 혼자(ALONE) 있을 때 알코올이나 약물을 사용한 적이 있나요?

F : 알코올이나 약물을 사용하는 동안 했던 일들을 잊어버린(FORGET) 적이 있나요?

F : 가족이나 친구들(FRIENDS)이 음주나 물질사용을 줄여야 한다고 말한 적이 있나요?

T : 알코올이나 약물을 사용하는 동안 문제(TROUBLE)가 생긴 적이 있나요?

여섯 가지 CRAFFT 질문 중 어느 하나에라도 "네"라고 대답한 경우에는 물질사용장애에 대해 보다 면밀한 평가가 이루어져야 한다(Winters, Botzet, & Lee, 2019).

다른 임상가들은 ASSIST(Alcohol, Smoking, and Substance Involvement Screening Test)를 활용한다(National Institute on Drug Abuse, 2019). ASSIST의 이점 중 하나는 청소년이 니코틴, 마리화나, 처방약(진통제, 수면제, ADHD 치료약 등)을 포함하여 광범위한 물질을 사용하는지를 스크리닝한다는 것이다. 임상가는 청소년에게 지난 2주 동안 각 물질을 얼마나 자주 사용했는지 묻는다. ASSIST의 두 번째 장점은 청소년과 부모 모두에게 실시될 수 있다는 것이다. 청소년은 때때로 사용 빈도와 심각성을 부인하거나 최소화하기 때문에 부모와 청소년 모두의 자료를 수집하는 것이 중요하다. 게다가 부모는 때때로 자녀의 물질사용의 광범위성에 대해 알지 못한다. 실제로 부모가 보고한 알코올사용량과 청소년이 보고한 알코올사용량 사이의 전체 일치율은 약 22%이다. 따라서 청소년의 물질사용에 대한 가장 완전한 그림을 얻기 위해서는 부모와 청소년의 자료가 모두 필요하다(Källmén, Berman, Jayaram-Lindström, Hammarberg, & Elgán, 2020).

변화의 단계

청소년이 알코올이나 다른 약물을 사용하지 않는다면, 임상가는 청소년에게 계속 절제하라고 격려한다. 청소년이 물질사용 이력을 보고하는 경우, 임상가는 SBIRT 모델의 두 번째 단계인 단기개입(brief intervention)으로 진행한다(Becker, Ozechowski, & Hogue, 2019). 단기개입은 일반적으로 단일 치료 회기로 구성된다. 단기개입의 목표는 청소년에게 물질사용을 줄이거나 덜 위험한 방법으로 물질을 사용하도록 장려하는 것이다.

단기개입은 변화단계모델(stages of change model)을 기반으로 한다(그림 10.9). 이 모델에 따르면, 음주 및 다른 약물사용을 변화시키려는 청소년의 동기는 매우 낮은 수준부터 매우 높은 수준까지 다양할 수 있다. 치료자의 임무는 청소년의 행동변화를 위한 준비도를 높일 수 있도록 하는 것이다

(Connors, DiClemente, Velasquez, & Donovan, 2012).

동기강화치료란 무엇인가?

동기강화 이론

청소년의 물질사용 문제를 위해 가장 널리 사용되는 단기개입 중 하나는 동기강화치료이다(Arkowitz, Miller, & Rollnick, 2015). 동기강화치료(motivational enhancement therapy)의 주요 목표는 청소년이 현재 물질사용에 대한 양가감정을 극복하고 변화하려는 의지를 증진시키는 것이다. 동기강화치료를 하는 임상가들은 대부분의 청소년이 부모, 교사 또는 다른 성인에 의해 치료에 의뢰된다는 것을 알고 있다. 결과적으로, 청소년은 대개 치료에 참여할 동기가 낮고 음주나 베이핑 습관을 바꾸려는 동기도 별로 없다.

동기강화 치료자는 흡연, 음주 또는 다른 약물을 사용하는 청소년이 자신의 물질사용에 대해 양가감정을 느낀다고 믿는다. 분명히 그들의 물질사용은 이점도 있지만 대가도 수반된다. 동기강화 치료자는 청소년에게 왜 물질사용을 줄이는 것이 이로운지에 대해 이야기하도록 장려함으로써 이러한 양가감정을 해결하려고 노력한다. 그들은 청소년이 물질사용을 줄일 의향이 있다는 것을 나타내는 진술이라면 아무리 사소한 얘기더라도 강화한다.

동시에, 동기강화 치료자는 청소년에게 충고를 하거나 무엇을 해야 한다고 말하지 않는다. 그들은 바로잡기 반사(righting reflex), 즉 사람들에게 그들의 문제를 해결하는 방법을 알려주는 자연스러운 경향을 피한다. 바로잡기 반사가 왜 도움이 되지 않는지 이해하기 위해서, 여러분이 바꾸고 싶은 행동이나 나쁜 습관을 생각해 보라. 아마도 당신은 운동을 충분히 하지 않거나 온라인 쇼핑에 돈을 너무 많이 쓰거나 중요한 학교 숙제를 미루고 있을 것이다. 이제 치료자가 여러분의 행동을 바꾸는 것이 얼마나 중요한지 말해주고, 변화를 위한 전략을 몇 가지 제안하고 여러분이 그 조언을 따르기만 하면 성공할 것이라고 확신한다고 상상해 보라. 여러분은 어떤 반응을 보일까? 만약 여러분이 대부분의 사람들과 마찬가지라면, 아마도 "네, 하지만…"이라고 반응하면서 왜 치료자의 계획이 여러분에게 효과가 없을지에 대해서 많은 이유를 나열할 것이다. 어쩌면 여러분은 화가 나거나 방어적으로 되거나

그림 10.9 ■ 변화단계모델

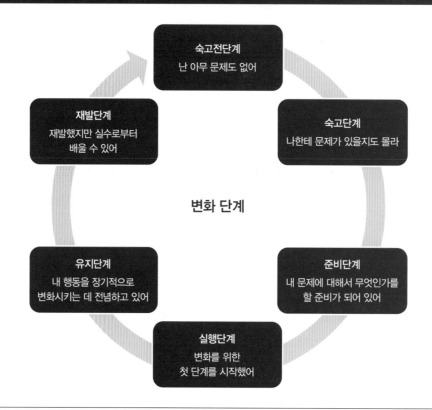

변화 단계

- **숙고전단계** 난 아무 문제도 없어
- **숙고단계** 나한테 문제가 있을지도 몰라
- **준비단계** 내 문제에 대해서 무엇인가를 할 준비가 되어 있어
- **실행단계** 변화를 위한 첫 단계를 시작했어
- **유지단계** 내 행동을 장기적으로 변화시키는 데 전념하고 있어
- **재발단계** 재발했지만 실수로부터 배울 수 있어

주 : 치료자는 청소년이 변화할 준비가 되어 있지 않은 상태(숙고 전)에서 변화할 준비가 되어 있는 상태(실행 및 유지)로 진전하도록 돕는다. 만약 재발한다면, 청소년은 그 재발 경험으로부터도 배울 수 있다. 출처 : Krebs, Norcross, Nicholson, & Prochaska (2020).

불편감을 느끼거나 낙담할 수도 있다.

동기강화를 활용하는 치료자는 조언을 하는 대신에 여러분이 오래된 습관을 고치고 행동을 바꾸고 싶어 하는 이유를 경청할 것이다. 예를 들어, 그들은 다음과 같이 물을 수 있다.

당신은 당신의 행동을 어떻게 바꾸고 싶습니까?

당신이 행동을 바꾸려는 가장 큰 세 가지 이유는 무엇입니까?

이러한 변화를 만드는 것이 당신에게 얼마나 중요하며 그 이유는 무엇입니까?

성공하기 위해서는 그것을 어떻게 해야 할까요?

일반적으로 이와 같은 질문들은 사람들에게 수용받고 이해받으며 치료에 참여할 권한을 부여받았다는 느낌을 준다(Miller & Rollnick, 2012).

동기강화의 과정

동기강화치료는 관계 형성하기, 초점 맞추기, 유발하기, 계획하기라는 네 가지 중첩된 과정으로 구성된다(그림 10.10). 각 과정은 나머지 다른 과정들 위에 구축된다. 첫 번째 과정은 관계 형성하기(engaging)이다. 치료자는 공감적이고 비판단적인 방식으로 청소년의 관점을 경청함으로써 청소년과의 관계를 형성한다. 치료자는 인간중심치료 기법을 활용한다. 즉, 청소년이 이야기하도록 격려하는 개방형 질문을 하고, 청소년의 강점을 인정하고, 감정을 반영하고, 청소년의 관점을 요약하여 이해받는다는 느낌을 받게 한다.

궁극적으로는, 치료자는 청소년의 물질사용에 논의의 초점을 맞추어야 한다(focusing). 그러나 이 논의는 청소년의 관심사를 중심으로 진행되어야 한다. 예를 들어, 부모와 교사는 청소년의 음주와 낮은 성적에 초점을 맞추는 치료를 원할 수 있다. 대조적으로, 청소년은 운동 경기나 대인관계에 미치는 알코올의 영향에 더 관심을 가질 수 있다. 청소년이 개인적으로

그림 10.10 ■ 동기강화치료의 네 가지 과정

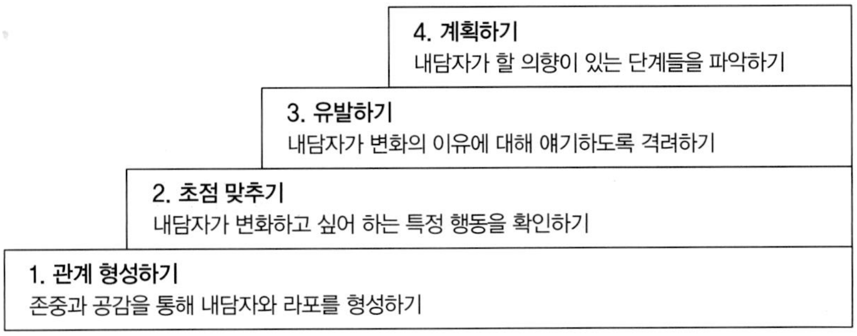

4. 계획하기
내담자가 할 의향이 있는 단계들을 파악하기

3. 유발하기
내담자가 변화의 이유에 대해 얘기하도록 격려하기

2. 초점 맞추기
내담자가 변화하고 싶어 하는 특정 행동을 확인하기

1. 관계 형성하기
존중과 공감을 통해 내담자와 라포를 형성하기

출처 : Miller & Rollnick (2012).

의미 있는 목표를 향해 작업할 수 있게 한다면 치료에 더 기꺼이 참여할 것이다.

유발하기(evoking)는 동기강화치료의 핵심이다. 이 치료 단계에서, 치료자는 물질사용을 변화시키려는 청소년 자신의 동기를 끌어내려고 노력한다. 치료자는 청소년에게 무엇을 해야 하는지 말하기보다 청소년이 스스로 결정을 내릴 수 있도록 도와준다. 널리 사용되는 한 가지 기법은 청소년의 음주 또는 약물사용에 대한 개별화된 피드백(individualized feedback)을 제공하는 것이다(DiBello, Miller, Neighbors, Reid & Carey, 2019). 많은 임상가들이 청소년이 자신의 물질사용을 같은 나이와 성별의 다른 청소년과 비교할 수 있는 컴퓨터 프로그램을 사용한다. 많은 경우, 청소년은 또래들의 알코올과 다른 약물의 사용을 과대평가하거나 자신의 물질사용 문제의 심각성을 과소평가한다. 그들은 대부분의 청소년이 그들만큼 알코올이나 다른 약물을 사용하지 않는다는 개별화된 피드백에 놀란다. 개별화된 피드백은 보통 청소년의 건강과 행동에 미치는 물질의 영향에 대한 교육과 결합된다. '과학에서 실천으로' 부분은 임상가가 어떻게 개별화된 피드백을 사용하여 에리카가 음주 행동을 바꾸도록 동기를 부여했는지 보여준다.

또 다른 동기강화 전략은 의사결정 균형(decisional balance) 기법을 사용하는 것이다. 이 기법은 치료자가 청소년에게 자신의 물질사용에 따른 비용과 이익을 생각해보게 하는 것이다(Rios, Herval, Ferreira, & Freire, 2019). 치료자는 알코올이나 다른 약물의 사용에 이점이 있다는 것을 인정한다. 이점이

없었다면 청소년은 애초에 그것들을 사용하지 않았을 것이다. 예를 들어, 파티에 가기 전에 한두 잔 마시는 것은 긴장을 풀고 즐거운 시간을 보내는 데 도움이 될 수 있다. 그러나 이러한 이점은 잠재적인 단점들에 의해 상쇄될 수 있다. 청소년은 술을 너무 많이 마셔서 아플 수도 있다. 결국 나중에는 죄책감을 느낄지도 모른다. 부모는 화가 나서 자녀에 대한 신뢰를 잃을 수도 있다. 이러한 비용을 인식할 수 있는 청소년은 앞으로 음주를 줄일 가능성이 더 높을 것이다.

계획하기(planning)는 동기강화치료의 마지막 단계이다. 치료자는 청소년에게 자신에게 알맞은 '다음 할 일'을 파악할 것을 요청한다. 예를 들어, 치료자는 "네가 파티에서 마시는 주량에 변화를 주려면 어떻게 해야 할까?"라고 질문할 수 있다. 청소년이 특정한 행동(예 : 파티에서 알코올과 무알코올 음료를 번갈아 마시기)을 한 후에, 치료자는 청소년이 이러한 변화를 꾸준히 지속하는 것의 이점과 그러한 노력에 방해가 될 만한 장애물을 파악하도록 요청한다. 청소년이 자신의 행동변화에 대한 더 큰 동기와 행동변화를 위한 구체적 실천방안을 확보한 상태에서 회기를 마치게 된다면 이상적일 것이다(Tevyaw et al., 2019).

동기강화치료를 하는 치료자는 대개 금주를 치료의 일차적 목표로 보지 않으며, 대신에 폐해감소(harm reduction) 접근법을 채택한다(Boyd, Howard, & Zucker, 2013; Marlatt, Larimer, & Witkiewitz, 2012). 폐해감소 관점에 따르면 치료의 일차적 목표는 청소년이 물질사용의 잠재적 폐해가 크다는 것을 인식하고 피하도록 돕는 것이다. 예를 들어, 청소년의 부모는

과학에서 실천으로
동기강화치료 : 개별화된 피드백

©iStockphoto.com/spfoto

에리카는 경도의 알코올사용장애 진단 기준을 충족했다. 특히 에리카는 친구들이 파티에서 술을 마시라고 부추기고 부모는 모니터링을 하지 않았기 때문에 더 심각하고 장기적인 물질사용 문제의 위험에 처해 있다. 치료자는 음주행동의 변화를 위한 에리카의 준비도를 증진시킬 수 있도록 돕기 위해 동기강화치료를 사용했다. 에리카는 자신이 또래의 다른 여자애들보다 술을 더 많이 마신다는 사실에 놀랐다.

　치료자 : 이 회기에서 우리는 너의 음주량과 네 또래 다른 10대 여자애들의 음주량을 비교했어. 밖에서 술을 마실 때, 넌 또래 여자애들 10명 중 8명보다 더 많이 마시고 있어.

　에리카 : 말도 안돼요! 그럴 리가 없어요. 저보다 훨씬 더 많이 마시는 친구들이 있는데요.

　치료자 : 이 얘기가 혼란스러울 수 있을 것 같아. 친구들과 비교했을 때 술을 많이 마신다는 느낌이 전혀 들지 않는구나. 이해가 잘 안되겠지.

　에리카 : 맞아요. 내 친구들 중 몇몇은 6캔을 문제없이 마실 수

있어요. 완전 괜찮다구요.

　치료자 : 그래. 이 수치들은 10대들을 대상으로 한 대규모 설문 조사에서 나온 것이야. 어떤 10대들은 너보다 더 많이 마시고, 어떤 애들은 덜 마시고, 어떤 애들은 전혀 마시지 않아. 이 피드백은 전체 애들과 비교했을 때 네가 어디쯤에 있는지를 보여주는 것이야.

　에리카 : 하지만 내 친구들은요? 걔들은 대부분 저보다 술을 더 많이 마시는데요.

　치료자 : 우리는 우리와 비슷한 사람들이랑 주로 어울리고 같은 일을 하는 경향이 있어. 술을 좋아하는 사람들은 보통 술을 좋아하는 친구들이 있거든. 그래서 대부분의 10대들이 너만큼 마시거나 오히려 더 많이 마시는 것처럼 보일 수 있어. 왜냐하면 그게 네가 경험하는 것이니까. 사실은 너보다 덜 마시는 네 또래 여자애들이 더 많단다.

　에리카 : 우와, 믿기 어렵네(놀란 듯이 보이고 말이 없어짐).

　치료자 : 이건 정말로 네가 자신에 대해 생각하고 있는 것과 다르구나.

　에리카 : 네. 어떻게 생각해야 할지 모르겠어요. 솔직히 저는 그렇게 많이 마신다고 생각한 적이 전혀 없거든요.

　에리카와 치료자는 에리카가 파티에서 술을 전혀 마시지 않는 것은 아마도 비현실적일 것이라는 데 동의했다. 하지만 치료자는 낮은 학교 성적 및 체포되는 것과 같은 잠재적인 비용과 함께 음주의 이점(예 : 즐거운 시간 보내기)을 가늠하는 것을 도왔다.

　에리카는 의무적인 치료와 사회봉사를 마쳤다. 치료를 마친 지 몇 달 후, 에리카는 치료자에게 전화를 걸어서 자신의 치료자가 되어준 것에 대해 감사를 표했다. 에리카의 친구 중 한 명이 알코올 관련 교통사고로 부상을 당했다고 한다. 에리카는 "그 친구가 저일 수도 있었을 것 같아요."라고 말했다.

출처 : Tevyaw, Spirito, Colby, & Monti (2019).

맘에 들어 하지 않겠지만, 치료자는 파티에서 맥주를 네 잔 미만으로 마시기로 한 청소년의 결정을 지지할 수 있다. 위험이나 잠재적 폐해를 감소시키는 알코올사용의 감소는 어느 것이든 성공적인 것으로 간주된다.

　일부 사람들은 청소년에게 폐해감소 접근법을 사용하는 것

에 대해 윤리적 의문을 제기한다(Bukstein, 2015). 불법행위를 하겠다는 청소년의 결정을 지지하는 것이 적절한가? 이와 같은 윤리적 문제에 쉽게 답할 수는 없지만, 우리는 세 가지 점을 고려해야 한다. 첫째, 폐해감소 관점을 채택하는 치료자는 반드시 치료 전에 부모의 동의를 얻어야 한다. 청소년이 자

율성과 자기결정에 대한 기본권을 가지고 있지만, 부모는 자녀의 복지와 발전에 대한 궁극적인 책임을 지고 있다. 치료자는 부모의 동의 없이 치료에 대한 폐해감소 접근법을 윤리적으로 진행할 수 없다. 둘째, 폐해감소 관점을 채택하는 대부분의 치료자도 아마 금주가 치료의 이상적인 목표라고 주장할 것이다. 금주 가능성이 낮은 만큼 알코올사용 감소는 어떤 것이든 이로운 것으로 볼 수 있다. 마지막으로, 치료자는 치료에 대한 폐해감소 접근법의 장점을 판단할 때 개인적 신념 외에 경험적 자료를 고려할 필요가 있다. 폐해감소 접근이 효과가 있는데도 사용하지 않는다면, 정당하다고 볼 수 있을까(Maziak, 2014; McKeganey, 2012)?

단기 동기강화치료에 참여한 청소년은 대기자 통제군이나 지역사회에서 평소처럼 치료를 받는 청소년보다 니코틴, 알코올, 대마초의 사용에 더 큰 감소를 보이는 것으로 확인되었다(Lundahl, Kunz, Brownell, Tollefson, & Burke, 2010). 개별화된 피드백, 의사결정 균형 및 폐해감소 전략의 사용은 물질사용 문제의 감소와 가장 강하게 연관된다(Tanner-Smith & Lipsey, 2015).

물질사용 문제가 있는 청소년에게 입원치료는 어떻게 사용되는가?

치료 의뢰

니코틴, 알코올 그리고/또는 마리화나를 사용하는 대부분의 청소년은 단기개입으로도 폐해 가능성을 줄이는 데 도움을 받을 수 있다. 하지만 중등도에서 심도에 이르는 물질사용 문제로 위험에 처한 청소년은 더 장기적인 치료를 받아야 한다(Becker et al., 2019). 대부분의 청소년은 치료에 참여하는 것을 거부한다. 전형적으로, 치료자는 청소년이 치료에 참여하도록 격려하기 위해 청소년의 강점과 미래를 위한 목표를 강조한다. 예를 들어, 치료자는 다음과 같이 말할 수 있다.

> 음주 때문에 정학을 당하기 전까지, 너는 너희 농구팀에서 스타 선수였어. 그게 가능했던 것은 네가 많은 시간과 노력을 들였기 때문이야. 내가 보기엔 네가 마음먹기만 한다면 어떤 일이든 해낼 수 있을 것 같아. 난 네가 음주 행동을 바꾸기 위해서 마찬가지로 노력할 의향이 있는지

궁금하구나.

또한 치료자는 부모가 자녀의 치료에 적극적으로 참여하도록 격려한다. 대부분의 치료자는 부모가 치료에 참여하는 것의 중요성을 강조하기 위해서 마찬가지로 강점기반 접근법을 사용한다.

> 따님에게 최선인 것을 바라고 안전하게 지키기 위해 열심히 애쓰시는 것 같아요. 따님이 부모님을 정말 사랑하고 부모님의 의견을 소중히 여긴다는 것은 분명해 보여요. 제 경험에 따르면, 부모님이 함께 해주시면 10대들은 치료에 대해서 더 마음을 열게 돼요. 따님을 돕는 데 저와 함께 해주실 수 있을까요?

약물치료

물질사용장애가 있는 일부 청소년은 28일간의 입원치료 프로그램에 참여한다. 다양한 입원치료 프로그램이 있지만, 대부분은 세 가지 목표를 가지고 있다: (1) 청소년의 즉각적인 의학적 필요를 해결하고 신체를 해독하는 것, (2) 청소년이 자신의 건강과 기능에 미치는 물질의 해로운 영향을 인식하도록 돕는 것, 그리고 (3) 청소년과 다른 사람들 간의 관계의 질을 향상시키는 것.

이 목표들을 달성하기 위해, 거의 모든 입원 프로그램은 청소년이 치료 중에 알코올과 다른 약물을 끊도록 요구한다. 의료진은 청소년에게 물질사용의 생리적, 심리적, 사회적 영향에 대해 교육한다. 입원 프로그램은 일반적으로 청소년에게 개인치료와 집단치료를 제공한다. 의료진은 또한 부모-청소년 의사소통과 문제해결의 개선을 목적으로 개발된 가족치료를 제공한다. 치료가 끝나기 전에 의료진은 청소년과 가족구성원들이 학교와 가정으로의 복귀에 대비하도록 돕는다.

몇 가지 약물이 니코틴, 알코올 및 기타 물질사용장애가 있는 성인을 치료하는 약물로 승인되었다. 하지만 물질사용 문제가 있는 청소년을 치료하는 약물은 아직까지 승인된 것이 없다. 따라서 청소년에게 끼치는 이 약물들의 효과에 관한 정보가 제한적이므로 이 약물들은 신중하게 사용되어야 한다(Greydanus, 2018).

날트렉손(ReVia)은 성인의 알코올사용장애 치료용으로 승

인된 약물이다. 날트렉손은 뇌에서 자연적으로 발생하는 오피오이드 수용체를 차단함으로써 작용한다. 결과적으로, 날트렉손은 뇌의 보상경로에서 도파민의 방출을 늦추고, 알코올과 다른 약물의 긍정적 효과를 감소시킨다. 제한된 연구들은 날트렉손이 더 나이 많은 청소년의 음주 충동을 낮춘다는 것을 시사한다. 결과적으로, 날트렉손을 복용하는 청소년은 음주 충동에 저항하고 치료를 완료할 가능성이 더 커질 것이다(Greydanus, 2018).

또한 몇몇 연구들은 약물치료가 청소년의 흡연 충동을 줄이는 데 도움을 줄 수 있다고 제안한다. 몇몇 니코틴 대체치료가 성인용으로 승인되었다. 이 약물치료에서는 껌, 흡입기, 정제, 비강 스프레이 또는 패치(예 : 니코레트, 니코틴)의 형태로 환자에게 저용량 니코틴을 투여한다. 적어도 두 가지 무선통제 연구 결과는 이 약물치료가 청소년의 흡연도 감소시킬 수 있다는 것을 보여주었다(Miranda & Treloar, 2019).

니코틴이 아닌 두 가지 약물도 성인의 금연치료에 보조적으로 사용 가능한 것으로 승인되었다. 바레니클린(챈틱스)은 니코틴성 아세틸콜린 수용체와 결합하여 니코틴의 쾌락적 효과를 차단하는 한편 가벼운 다행감을 생성하여 금단증상을 완화시킨다. 항우울제인 부프로피온(자이반)은 뇌에서 아세틸콜린과 노르에피네프린 모두에 영향을 주어 흡연을 줄일 수 있지만, 정확한 작용 기전은 명확하지 않다. 제한된 자료는 두 약 모두 청소년의 흡연 충동을 감소시키기는 하지만 장기 금연으로 이어지지 않을 수 있음을 시사한다(Miranda & Treloar, 2019).

또한 약물치료는 공존하는 정신건강 문제가 있는 청소년을 치료하는 데도 사용된다. 무선통제 연구들은 약물치료가 알코올사용 문제가 있는 청소년에서 공존하는 ADHD, 불안장애, 기분장애를 완화하는 데 유용할 수 있다는 것을 입증했다(Humphreys, Eng, & Lee, 2013).

임상가들은 많은 향정신성 약들이 오용될 가능성이 있다는 것을 기억해야 한다. 예를 들어, 일부 ADHD 청소년은 ADHD 치료를 위해 처방받은 자극제를 판매하는데, 이를 전용(轉用, diversion)이라고 한다. 또는 다행감과 에너지 급증을 위해서 일부 정신자극제를 분쇄해서 섭취하기도 한다. 벤조디아제핀은 항불안 성질을 고려할 때 오용의 가능성이 높다. 따라서 의사, 치료자, 부모는 이 약물들을 처방받은 물질사용

장애 청소년을 모니터링해야 한다(Cortese et al., 2013).

12단계 치료

대부분의 입원 프로그램은 12단계 철학을 치료에 통합한다. 가장 잘 알려진 12단계 프로그램(12-step programs)은 익명 알코올중독자 모임(Alcoholics Anonymous, AA)과 익명 마약중독자 모임(Narcotics Anonymous, NA)이다. 이 프로그램의 지지자들은 알코올과 다른 약물사용을 질병으로 개념화한다. 이러한 관점에서 볼 때, 물질사용장애는 유전 때문에 발병하고, 생물학 및 신경화학적인 이유 때문에 유지되며, 당사자의 사회적, 정서적 기능에 악영향을 미치는 의학적 상태이다. 12단계 프로그램의 지지자들은 개인들이 병에 걸렸다는 것을 인정해야 하고, 혼자서는 그것을 극복할 수 없다는 것을 인식해야 하며, 금주에 전념해야 한다고 주장한다(Mendola & Gibson, 2016).

참가자들은 금주상태를 유지하도록 돕기 위해 고안된 일련의 12단계를 거친다. 그들은 물질사용 문제를 극복할 수 없다는 것을 인식해야 하며, '더 높은 힘'에 자신을 맡겨야 한다. 전통적인 AA 프로그램의 참여자들은 술을 마시거나 다른 약물을 사용하려는 충동에 대처하기 위해 영성과 다른 사람들의 지원에 의지하도록 교육받는다. 참가자들은 물질사용장애로 고생하는 다른 사람들의 지지를 얻기 위해 집단 모임에 참석한다. 또한 각 참여자는 멘토링과 개인적 지원을 제공하는 후원자를 선택한다(Kelly, Yeterian, Christello, Kaminer, Kahler, & Timko, 2016).

12단계 프로그램은 미국에서 물질사용장애를 치료하기 위해 가장 자주 사용되는 수단이다. 전형적으로, 12단계 프로그램은 입원 치료 중에 시작된다. 입원 치료를 마친 후, 환자는 지역사회의 12단계 프로그램에 계속 참여하도록 권고받는다. 참여자는 필요한 만큼 자주 12단계 모임에 참석할 수 있다. 일부 공동체에서는 일주일 내내 모임이 제공된다. 개인치료를 받으면서 동시에 12단계 집단 모임에 참여하는 경우도 매우 많다.

여러 전향적 종단연구는 12단계 프로그램이 청소년에게 안전하고 유익하다는 것을 보여준다. 평균적으로, 청소년은 AA나 NA 모임에 참석할 때마다 금주를 이틀 더 한다. 매주 두세 번의 모임에 참석하는 것은 8년 동안의 완전한 금주와 상관이

있었다(Kelly, Cristello, & Bergman, 2019).

입원 치료에서 벗어난 후에 청소년이 모임에 참석하도록 설득하는 것은 때로 어렵다. 모임에 참석하지 않거나 개별 통원치료에 참여하지 않는 청소년은 3개월 이내에 60%, 1년 이내에 75%에 이르는 높은 재발률을 보인다(Margret & Ries, 2016). 치료자는 청소년에게 계속적인 치료노력을 상기시키면서 모임 참석을 권장할 수 있다. "입원 치료는 정말 짧고 금세 끝나버릴 텐데, 너는 건강하게 지내기 위해서 무엇을 해야 할까?" 치료자는 특히 가정과 학교로 돌아간 후 청소년의 모임 참석 의지를 높이기 위해 동기강화치료의 원칙을 사용할 수도 있다(Kelly et al., 2019).

물질사용 문제가 있는 청소년에게 효과적인 외래 치료는 무엇인가?

물질사용 문제를 위한 인지행동치료

물질사용장애를 위한 인지행동치료(CBT)는 최근 상당한 인기를 얻고 있다. CBT 치료자는 문제적 물질사용을 네 가지 방식으로 습득되고 유지되는 학습된 행동으로 본다(Nathan & Gorman, 2016).

첫째, **고전적 조건형성**(classical conditioning)을 통해 사람들은 물질사용을 특정한 상황이나 기분상태와 연합시키는 것을 학습한다. 예를 들어, 청소년은 특정 집단의 친구들과 마리화나를 사용할 수 있다. 이 청소년은 이 친구들과 담배를 피우는 것이 긴장을 풀고 즐거운 시간을 보낼 수 있게 해준다는 것을 발견한다. 고전적 조건형성을 통해, 그는 이 친구집단을 마리화나 사용과 연결시킨다. 장차 이 친구들은 이 청소년이 물질을 다시 사용하게 하는 촉발요인이나 자극단서 역할을 할 수 있다.

둘째, **조작적 조건형성**(operant conditioning)을 통해 물질사용이 유지된다. 알코올과 다른 약물은 사람들에게 주관적인 만족감과 안녕감을 주거나 사회적 상호작용 동안 즐거움을 증진시키는 정도만큼 정적으로 강화될 수 있다. 또한 물질은 긴장을 감소하거나 통증을 완화하는 정도만큼 부적으로 강화될 수 있다.

셋째, **사회적 학습**(social learning)이 청소년의 물질사용에 한 몫을 한다. 가족구성원들은 때때로 물질사용의 본보기가 된다. 청소년은 물질사용을 스트레스에 대처하거나 사회적 상호작용을 촉진하기 위해 사용가능한 수단으로 볼 수 있다. 마찬가지로, 또래들도 종종 약물 및 알코올사용의 본보기가 되고 알코올사용을 강화한다. 이 또래들은 약물 및 알코올사용이 허용될 뿐만 아니라 그들의 승인을 얻기 위해서 필요하다는 것을 알게 한다.

넷째, 청소년의 인지(cognitions)는 물질사용을 촉발하는 사건들과 알코올 및 다른 약물의 소비 간의 관계를 매개한다. 엄밀히 말하면, 사건 때문에 사람들이 물질을 사용하게 되는 것이 아니다. 그보다는 사건에 대한 사람들의 해석과 생각이 물질사용 혹은 금주로 이어진다. 청소년은 물질사용을 촉진하는 상황에 대해 왜곡된 신념을 가지고 있는 경우가 흔하다. 이러한 왜곡된 신념은 음주나 다른 약물사용을 유발할 수 있다(Barlow, 2014; Graham & Reynolds, 2013).

인지가 사건과 행동 사이의 관계를 매개하는 방식을 이해하기 위해서, 파티에 초대된 수줍은 고 1 학생인 샘을 생각해보자. 샘의 친구들이 샘을 데리고 파티에 가면서 긴장을 풀라고 약간의 맥주를 준다. 샘이 술을 마실지 말지를 결정하는 것은 이 상황에 대한 샘의 생각이다. 만약 샘이 "술을 두어 잔 마시면 마음이 편안해지고 기분이 좋아질 거야"라고 생각한다면, 음주를 할 가능성이 크다. 반대로, 만약 샘이 "술을 안 마셔도 괜찮을 거야. 브리도 안 마시잖아."라고 생각한다면, 그 제안을 거절할 것이다.

CBT에 사용되는 기법은 물질사용 문제가 발생하고 유지되는 네 가지 방식, (1) 고전적 조건형성, (2) 조작적 조건형성, (3) 사회적 학습 및 (4) 인지를 목표로 한다. 첫째, 치료자는 청소년에게 자신의 물질사용을 모니터링하고 물질사용에 선행하는 환경적 요인이나 기분 상태를 기록하도록 요청한다. 예를 들어, 한 청소년은 파티 전에 긴장할 때 술을 마신다는 것을 발견할 수 있다. 이 정보를 가지고, 치료자와 청소년은 음주를 유발하는 불안감을 피할 수 있는 방법을 찾으려고 시도한다. 그 청소년은 너무 불안해지지 않기 위해서 친구에게 파티에 함께 가자고 부탁하기로 마음먹을 수도 있다.

둘째, 치료자는 청소년에게 물질사용의 결과를 살펴보도록 장려한다. 특히, 치료자와 청소년은 의사결정 균형을 사용할 수 있다. 예를 들어, 한 청소년은 파티에 참석하기 전에 술을 마실 경우의 이점들을 나열할 수 있다. 음주는 긴장을 풀도록 도와주고 좋은 시간을 보낼 수 있게 해준다. 하지만 이 이점들은 잠재적인 단점으로 인해 상쇄될 수 있다. 그 청소년은 술을 너무 많이 마셔서 아프거나 나중에 결국 죄책감을 느낄 수 있고 부모는 화를 내게 될 것이다.

셋째, 치료자는 알코올의 강화효과를 줄이기 위한 구체적인 기술을 내담자에게 가르친다. 이 기술들은 청소년이 물질을 사용하는 이유에 따라 크게 달라진다. 파티 전에 불안감을 줄이기 위해 술을 마시는 청소년은 긴장이완 훈련이나 사회성 훈련이 도움이 될 것이다. 만약 그들이 파티 전에 더 편안하게 혹은 자신감 있게 느낀다면 술을 마시고 싶은 욕구를 덜

경험할 것이다. 또래에게 받아들여지기 위해 술을 마시는 청소년은 알코올을 거부하는 방법을 배울 수 있다. 회기 중에 치료자와 청소년은 또래가 술을 권할 때 거부하는 방법을 고안해서 연습할 수 있다.

넷째, 치료자는 알코올과 다른 약물사용에 대한 부적응적 신념을 검토하고 도전한다. 많은 청소년은 알코올의 이점을 과대평가하고 잠재적으로 해로운 영향을 무시한다. 청소년은 "친구들과 함께 음주를 하는 것은 즐겁다. 우리는 언제나 멋진 시간을 보낸다"라고 생각할 수 있다. 치료자는 청소년이 알코올사용의 부정적 결과물들을 살펴보게 함으로써 자신의

과학에서 실천으로
음주에 관한 부적응적 신념에 도전하기

치료자 : 우리는 꽤 오랫동안 이야기를 나누었는데, 네가 놀러 다닐 때 술을 마시려고 스스로한테 너무 많은 부담을 준다는 것을 알게 되었어.

아 담 : 뭐, 좀 그렇죠. 다른 애들이 저한테 더 많은 부담을 주는 것 같아요. 대개는 그 애들과 함께 있어도 괜찮아요. 다만 파티에 가거나 그러면 좀 힘들어요.

치료자 : 그러면, 그런 파티에 갈 때 어떠니?

아 담 : 글쎄요, 저는 보통 친구들과 학교에서 온 다른 애들을 많이 봐요. 그 애들은 술을 마시면서 재미있게 놀고 있는 것처럼 보여요. 그 애들이 저도 술을 마시기를 기대하는 것 같아요. 저도 즐거운 시간을 보내고 싶어요. 재미있게. 그 애들을 실망시키고 즐거운 분위기를 망치고 싶지 않아요.

치료자 : 술을 마시지 않으면 그 애들의 즐거운 시간을 망칠 수도 있다는 말이니?

아 담 : 네, 그런 것 같아요. 그냥 전 그 애들이 "애는 뭐가 문

제야? 재미있게 놀고 싶은 것 아니야? 자기가 우리보다 낫다고 생각하나 봐?" 이런 생각을 할 것 같아요. 그러면 전 막 불안해져요.

치료자 : 그러면 그 애들의 마음속으로 어떤 생각을 하고 있는지를 어떻게 아니? 증거가 뭘까?

아 담 : 모르겠어요. 그냥 알 수 있어요. 전 그 상황이 진짜 신경 쓰이고 초조해져요. 그게 그 애들의 생각이라는 것을 그냥 알 수 있어요.

치료자 : 머리가 아니라 감정으로 추론하는 것처럼 들리네. 그렇게 하면, 우리는 더 많은 문제에 빠지게 되고 초조하고 불안해질 수 있어. 그 상황을 좀 더 객관적으로 볼 수 있는지 알아보자. 파티에 있던 나머지 애들도 모두 술을 마셨니?

아 담 : 네, 대부분요.

치료자 : 하지만 모두는 아니었고?

아 담 : 네, 술을 마시지 않는 애들도 몇 명 있었어요.

치료자 : 나머지 애들이 그 애들을 놀렸니?

아 담 : 아니요. 모두 괜찮아했어요.

치료자 : 그리고 너는 (술을 마시지 않은) 그 애들이 왠지 괴상하거나 이상하거나 너보다 낫다고 생각했니?

아 담 : 아니요. 그런 생각을 전혀 하지 않았던 것 같아요. 모두가 즐거운 시간을 보내길 원했어요.

치료자 : 그러면 그 파티에 참석한 누구도 누가 술을 마시고 누가 안 마시는지에 별 관심이 없었구나. 애들은 모두 스스로 즐기는 것에 더 관심이 있었네.

아 담 : 네, 그런 것 같아요, 지금 생각해 보니까.

알코올사용을 보다 객관적으로 보게 할 수 있다. '과학에서 실천으로' 부분은 치료자가 부적응적 생각에 어떻게 도전할 수 있는지를 보여준다.

물질사용 문제가 있는 청소년을 대상으로 수행된 수십 건의 무선통제 연구결과는 CBT가 효과적이라는 것을 보여준다. CBT에 참여한 청소년은 지지적 개인치료, 집단치료 또는 물질사용 문제에 대한 정보만 받은 청소년보다 물질사용에서 더 큰 감소를 보였다(Tanner-Smith, Wilson, & Lipsey, 2013).

물질사용 문제를 위한 기능적 가족치료

가족치료는 청소년 물질사용 문제를 위한 치료법으로 가장 광범위하게 연구되었다(Bitter, 2013; Sexton & Lebow, 2015). 가족치료자들은 가족을 하나의 체계, 즉 서로 독립적으로 이해될 수 없는 상호연결된 하나의 집단으로 본다는 것을 기억하라. 체계관점에서 볼 때, 청소년의 물질사용장애를 이해하려면 청소년의 가족과 주변 사회환경을 함께 고려해야 한다. 따라서 가족치료자들은 청소년의 부모와의 관계, 가정환경, 학교가 청소년의 물질사용에 어떤 영향을 미치는지에 관심이 있다. 세 가지 생태학적 요인들이 모두 상호연결되어 있기 때문에, 어떤 한 요인의 변화는 다른 모든 요인들에 영향을 미칠 수 있다. 예를 들어, 청소년의 학업 활동에 대한 부모의 참여를 증가시키면 청소년의 학교에 대한 태도와 수행을 향상시킬 수 있다. 또 다르게는 청소년의 분노관리를 돕는 것은 부모와의 관계를 개선하고 사회적으로 거부된 또래들로부터 지지를 구할 가능성을 감소시킬 수 있다.

가족치료자들이 사용하는 전술은 다양하지만, 대체로 두 가지 목표를 공유한다. 한 가지 목표는 부모들이 청소년 자녀의 물질사용을 모니터링하고 관리하는 것을 돕는 것이다. 이 치료요소는 청소년의 규준적 발달, 청소년의 물질사용의 원인과 결과, 청소년의 알코올 및 기타 약물사용에서 부모가 하는 역할에 대한 교육을 포함한다. 치료자는 대개 청소년의 행동에 발달적으로 적절한 제한을 두는 것, 공정하고 일관된 방식으로 청소년을 훈육하는 것, 청소년의 활동을 모니터링하는 것의 중요성을 강조한다.

가족치료의 두 번째 목표는 가족 기능의 질을 향상시키는 것이다. 전형적으로, 치료자는 청소년과 부모를 함께 만나 가족 상호작용의 질을 관찰한다. 대부분의 치료자는 주로 가족

구성원들 사이의 의사소통 양상에 관심이 있다. 예를 들어, 어떤 가족은 서로 직접적인 대립을 피하고 그들을 화나게 하거나 걱정하게 하거나 속상하게 하는 주제에 대해 거의 이야기하지 않는다. 다른 가족은 감정폭발을 자주 보이고 서로를 비난하여 가족구성원들이 고립되거나 거부감을 느끼게 한다. 치료자는 이러한 의사소통 양상을 지적하고 가족구성원들에게 다른 보다 효과적인 전략을 사용하도록 가르친다(Hogue & Dauber, 2013; Hogue et al., 2015).

기능적 가족치료(functional family therapy)는 물질사용 문제가 있는 청소년과 그 가족을 위해 널리 사용되는 치료법이다. 기능적 가족치료자들은 청소년 물질사용장애가 부적응적 가족관계의 맥락에서 발생한다고 믿는다. 청소년의 물질사용은 청소년에게 어떤 기능이나 목적을 제공한다. 치료자는 이 목적을 규명하고 음주 및 다른 약물사용을 보다 적응적이고 친사회적 행동으로 대체하며, 가족 내 관계의 질을 향상시키기 위해 가족과 함께 작업한다(Waldron, Brody, & Hops, 2018).

기능적 가족치료자는 청소년과 부모를 함께 만난다. 치료자는 가족과 합류하기(joining)로 치료를 시작한다. 즉, 가족구성원들이 당면한 고민을 들어주고 편안하게 해주며 치료가 도움이 될 것이라는 희망을 심어줌으로써 치료관계를 구축하기 시작한다. 또한 치료자는 순환 질문(circular questioning)을 한다. 즉 각 가족 구성원에게 각자의 관점에서 상황을 설명하도록 요청하여 각자 치료자가 경청해주고 인정받는다고 느낄 수 있게 한다. 치료자는 청소년의 안녕에 미치는 가족관계의 중요성을 강조한다. 치료자는 또한 가족의 강점을 강조함으로써 현재의 문제를 긍정적인 시각으로 재정의하려고 노력한다. 예를 들어, 치료자는 "내가 보기에는 너의 부모님이 널 아끼고 보호하고 곤란한 문제를 겪게 하지 않으려고 하시기 때문에 잔소리를 많이 하시는 것이 분명해"라고 말하면서 청소년과 부모님 사이의 언쟁을 재정의할 수 있다.

기능적 가족치료의 주요 목표는 청소년의 알코올이나 다른 약물의 사용에 기여하는 관계 문제나 결손을 확인하는 것이다. 일부 청소년은 가정에서 갈등을 회피하거나 도피하기 위해서 물질을 사용한다. 이 경우, 치료자는 의사소통과 문제해결 기술을 향상시키기 위해 가족과 함께 작업할 수 있다. 다른 청소년은 불안, 우울, 외로움을 다루기 위해 알코올이나 다른 약물을 사용한다. 이런 경우, 치료자는 청소년에게 더 적응적

인 대처기술을 가르치고 이 기술을 집에서도 연습할 수 있게 부모와 함께 작업할 수 있다. 또 다른 청소년은 특정 또래들이나 특정 상황에서만 물질을 사용한다. 치료자는 이 청소년이 새로운 또래들과 관계를 발전시키거나 다른 방과후 활동에 참여하도록 돕는다. 동시에, 치료자는 부모가 자녀의 활동을 좀 더 주의 깊게 모니터링하고 금주를 할 경우에 특전으로 보상을 주도록 장려할 수 있다(Waldron et al., 2018).

메타분석 결과는 기능적 가족치료를 완수한 청소년이 시간이 지남에 따라 물질사용에서 유의한 감소를 보인다는 것을 보여준다. 더구나 기능적 가족치료는 우울증이 있는 청소년의 물질사용을 감소시키는 데 효과적이다(Waldron et al., 2018). 기능적 가족치료는 심리교육과 집단치료보다 더 효과적이며 청소년 물질사용 문제를 위한 CBT만큼 효과적이다. 따라서 기능적 가족치료는 물질사용장애가 있는 청소년을 위한 일차적 치료로 간주된다(Tanner-Smith et al., 2013).

물질사용 문제를 위한 다차원 가족치료

다차원 가족치료(multidimensional family therapy, MDFT)는 가족기능의 네 가지 측면을 표적으로 한다: (1) 청소년의 물질사용, (2) 청소년 부모의 돌봄 연습, (3) 가족관계의 질, (4) 청소년의 물질사용에 영향을 미칠 수 있는 지역사회 요인들, 예를 들어 또래관계, 학교 참여, 그리고 방과 후 활동(Liddle, 2016).

MDFT는 청소년과의 개별회기, 부모와의 개별회기, 가족회기로 구성되며 수개월 동안 진행된다. 가족에게는 청소년과 함께 작업하는 주 치료자, 부모와 만나는 또 다른 치료자, 그리고 가족에게 실질적인 지원을 제공하는 사례관리자가 배정된다(Rowe & Liddle, 2018).

청소년과의 개별회기는 친사회적 또래와의 관계와 사회적 기술을 향상시키고, 부정적인 감정을 인식하고 관리하는 데 도움을 주며, 일탈적 또래집단과의 접촉을 줄이는 데 중점을 둔다. 또한 치료자는 청소년이 물질사용의 원인이 될 수 있는 불안과 우울 같은 다른 정신건강 문제를 다루는 것을 도울 수 있다.

부모와의 개별회기는 청소년 물질사용장애의 원인에 대한 교육을 제공하고, 양육행동이 이 장애의 원인이 될 수 있는 방식을 개략적으로 설명하며, 부모가 청소년 자녀의 행동을 모니터링 하도록 돕는 것을 포함한다. 또한 치료자는 부모가 자신의 정신건강을 돌볼 필요성뿐만 아니라 자녀의 활동에 관여하는 것의 중요성을 강조한다.

가족회기는 의사소통과 문제해결 기술을 향상시키는 데 전념한다. 치료회기는 전형적으로 가족이 일상적 문제를 더 효과적으로 해결하도록 돕고 서로 감정적 연결을 강화하는 것을 포함한다.

치료과정 내내, 치료팀은 가족이 가족체계 밖의 스트레스 요인을 관리하는 것을 돕는다. 예를 들어, 사례관리자는 부모가 취업을 하게 돕거나 회기에 참석할 수 있게 믿을 만한 교통수단을 연결해줄 수 있다. 치료자는 청소년의 법원명령 사회봉사 참여나 정학 후의 복학이 원활하게 이루어지게 도울 수도 있다(Rowe & Liddle, 2019).

MDFT는 다수의 무선통제 연구에 의해 지지되었다. 예를 들어, 리들(Liddle, 2004)은 마리화나 사용 문제를 가진 80명의 아동과 청소년을 MDFT 또는 집단치료에 무선적으로 할당했다. 치료 시작 후 6주와 치료 종료 시에 치료결과를 평가했다. 연구 결과는 두 집단의 청소년 모두 마리화나 사용이 감소했다는 것을 보여주었다. 그러나 MDFT가 더 빠른 결과를 가져왔고, 청소년의 행동적, 사회정서적, 학업적 기능을 향상시키는 데 있어 집단치료보다 더 효과적이었다. 다른 연구들의 결과는 MDFT가 통제군에 비해 알코올, 마리화나 및 다른 약물의 사용을 줄이는 데 효율적이라는 것을 나타낸다. 또한 MDFT는 개인지지치료, 집단지지치료, 물질사용에 관한 교육보다 더 효율적인 것으로 나타났다(Henderson, Dakof, Greenbaum, & Liddle, 2010; Liddle, 2016).

어느 치료가 최선일까?

최근까지 청소년 물질사용 문제를 위한 치료의 상대적 효과에 대해서는 알려진 바가 거의 없었다. 가장 유망한 치료법들인 동기강화치료, CBT, 가족체계치료는 개별적으로 연구되었다. 그러다가 물질남용치료센터(Center for Substance Abuse Treatment)가 시간과 비용 면에서 가장 효과적인 방식으로 청소년의 물질사용을 감소시키는 치료법을 확인하기 위해서 최초의 대규모 비교연구를 진행했다. 이 비교 연구는 대마 청소년 치료 연구(Cannabis Youth Treatment Study)로서 연구자와 임상가에게 청소년 물질사용 문제의 치료에 관한 중요한 정보를 제공한다(그림 10.11).

연구자들은 대마사용 문제가 있는 청소년 600명과 그들의 부모들을 대상으로 두 가지 연구를 수행했다. 대부분의 청소년은 매일 또는 매주 마리화나를 사용한다고 보고했다. 거의 20%는 매일 또는 매주 알코올을 사용한다고 보고했다(Dennis et al., 2004).

첫 번째 연구에서, 청소년은 세 가지 치료 조건 중 하나에 무선할당 되었다. 첫 번째 집단은 동기강화치료와 CBT를 5회기 받았고(MET/CBT 5), 두 번째 집단은 동일한 치료를 12회기 받았다(MET/CBT 12). 세 번째 집단은 12회기의 동기강화치료와 CBT, 그리고 6회기의 기능적 가족치료를 추가로 받았다(MET/CBT 12+기능적 가족치료). 연구자들은 치료 결과를 치료 후 12개월이 지났을 때 평가했다. 첫 번째 연구 결과는 세 가지 치료 형태가 모두 청소년의 물질사용을 줄이는 데 동등하게 효율적이라는 것을 보여주었다. 따라서, 5회기의 MET/CBT가 시간과 비용 면에서 가장 효율적이었다.

두 번째 연구에서도 청소년은 세 가지 치료 조건 중 하나에 무선할당 되었다. 첫 번째 집단은 5회기의 MET/CBT를 받았다. 두 번째 집단은 기능적 가족치료에 참여했다. 세 번째 집단은 15회기의 MDFT에 참여했다. 두 번째 연구에서도 비슷한 결과가 나왔다. 세 가지 치료 모두에서 청소년은 물질사용에서 비슷한 감소를 보였다. 그러나 이 연구에서는 5회기의 기능적 가족치료가 시간과 비용 면에서 가장 효율적인 개입이었다.

다른 연구는 임상가가 MET/CBT와 기능적 가족치료를 결합해야 한다고 제안한다. 리들 등(Liddle, 2016; Liddle & Rowe, 2006)은 알코올사용 문제가 있는 청소년을 대상으로 CBT와 기능적 가족치료를 비교하였다. 전반적으로, 그들은 CBT와 기능적 가족치료 모두 물질사용을 줄이는 데 효과적이라는 것을 발견했다. 그러나 때로는 CBT보다 가족치료가 알코올사용을 더 빠르게 줄이고 더 지속적인 효과를 낳았다(Hogue, Liddle, Dauber, & Samuolis, 2004).

그림 10.11 ■ 대마 청소년 치료 연구

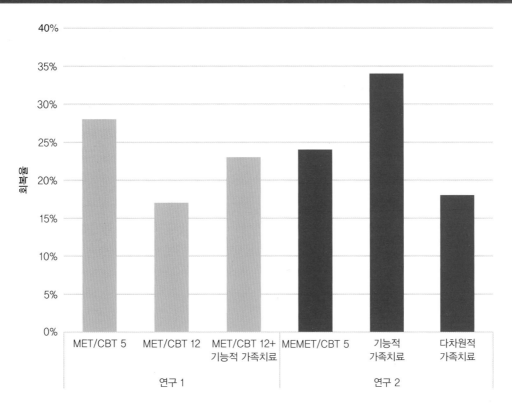

주 : 결과는 동기강화치료(MET)와 인지행동치료(CBT)로 구성된 5회기 치료 또는 기능적 가족치료가 물질사용 문제가 있는 청소년에게 가장 효과적이라는 것을 보여주었다.

오늘날, 대부분의 전문가들은 동기강화치료나 CBT를 가족치료와 결합하는 것을 추천한다. 가족치료는 가족갈등 감소, 의사소통 향상, 양육기술 강화에 중점을 두기 때문에 가족치료를 추가하는 것이 중요하다. 전형적으로, MDFT는 동시발생하는 행동문제나 법적 문제, 교육 실패 또는 심각한 가족 스트레스를 경험하는 청소년에게 권장된다(Bukstein, 2005; Henderson et al., 2010).

재발예방이란 무엇인가?

대마 청소년 치료 연구 결과는 청소년 물질사용장애 치료에서 두드러진 문제를 강조했다. 바로 치료에 반응하는 대부분의 청소년이 결국에는 재발한다는 사실이다. 대마 치료 연구에서 치료에 참여한 청소년의 66~83%가 치료에 반응하지 않았거나 12개월 이내에 재발한 것으로 나타났다. 알코올사용 문제가 있는 청소년을 대상으로 한 다른 연구들에서도 약 50%의 청소년이 치료 후 3개월 이내에 재발하고, 6개월 후에는 66%가, 1년 후에는 75~80%가 재발한다(Wagner & Austin, 2006).

재발예방(relapse prevention)은 치료자와 내담자가 재발에 대한 체계적인 계획을 세우는 치료의 구성요소이다(Hendershot, Witkiewitz, George, & Marlatt, 2011; Witkiewitz & Marlatt, 2011). 청소년이 물질사용의 감소를 보인 후, 치료자는 재발 가능성에 대해 논의하기 시작한다. 치료자는 청소년이 고위험 상황에 직면했을 때 재발할 가능성이 높다는 얘기를 할 수도 있다. 고위험 상황은 일반적으로 물질사용을 촉발하는 자극단서를 포함한다. 단서에는 특정 사람(예 : 청소년 내담자의 음주를 기대하는 친구), 상황(예 : 파티 또는 혼자 있는 것) 및 부정적 기분 상태(예 : 우울감이나 지루한 느낌)가 포함될 수 있다.

많은 사람들은 일정 기간 사용을 줄였다가 물질을 사용하기 시작하면 절제파기효과(abstinence violation effect)를 경험한다. 그들은 절제기간을 어긴 후에 수치심이나 죄책감을 느낄 수 있다. 그들은 또한 약한 도덕성, 의지력 부족 또는 자신의 삶을 통제하지 못하는 일반적 무능력 탓을 할 수도 있다. 결과적으로, 그들은 절제가 불가능하다고 믿고 계속해서 술을 마시거나 다른 약물을 사용한다(Collins & Witkiewitz, 2013).

치료에 재발예방을 통합하는 치료자는 내담자가 재발에 대응하기 위한 계획을 세우는 것을 도울 뿐만 아니라 재발경험으로부터 배울 수 있도록 가르친다. 첫째, 치료자는 재발로 이어질 수 있는 자극단서를 식별하고 이 단서들을 피할 수 있는 방법을 마련하도록 장려한다. 둘째, 치료자와 내담자는 재발을 다루기 위한 구체적 전략을 수립할 수 있다. 예를 들어, 청소년은 만약 음주를 하게 되면 더 마시기 전에 즉시 치료자나 지지집단의 구성원에게 연락하는 것에 동의할 수 있다. 치료자나 친구는 재발 촉발 상황을 피하고 금주 상태를 유지하기 위한 조치를 취하도록 격려할 수 있다. 치료자는 내담자가 재발의 원인을 개인적 약점보다는 외부 원인(예 : 스트레스가 많은 날, 친구들의 압력)으로 돌리도록 도울 수 있다.

마찬가지로, 치료자는 음주가능성을 더욱 높일 수 있는 청소년의 파국적 생각이나 다른 인지 왜곡에 도전한다. 치료자는 청소년에게 재발을 실패의 징후라기보다는 가능한 학습경험으로 보도록 장려한다. 만약 청소년 내담자가 재발을 "다시 밑바닥으로 돌아갔다"는 표식으로 본다면, 훨씬 더 심하게 술을 마실지도 모른다. 그 대신에, 치료자와 내담자는 재발의 선행자극과 결과물을 분석하고 미래에 또 다른 재발을 피할 수 있는 방법을 고안할 수 있다. '과학에서 실천으로' 부분에 한 10대가 재발로부터 배우는 것을 치료자가 어떻게 도울 수 있는지에 대한 예시가 있다.

연구자들은 고등학생들 사이에서 재발 가능성에 영향을 미치는 요인들을 이제 막 연구하기 시작했다. 청소년의 재발에 대한 우리의 현재 지식은 다음과 같이 요약할 수 있다. 첫째, 청소년은 성인과는 다른 이유로 재발하는 것 같다. 성인에 비해 청소년은 물질을 사용하는 또래들에게 노출되는 것, 친구들로부터의 압력이나 부추김, 그리고 기분을 좋게 하거나 약물의 즐거운 효과를 즐기려는 욕구 때문에 재발할 가능성이 높다. 대조적으로, 성인은 우울하거나 외롭거나 불안할 때 재발하곤 한다(Curry et al., 2012; Ramo, Anderson, Tate, & Brown, 2005).

둘째, 청소년의 절제능력에 대한 자기효능감은 재발가능성과 반비례한다. 물질의 쾌락적 효과에 저항하고 사회적 압력을 피할 수 있다고 확신하는 청소년은 절제를 유지할 가능성이 더 높다(Burleson & Kaminer, 2005).

셋째, 자신의 물질사용을 문제시하지 않는 청소년은 장기

과학에서 실천으로
재발예방

마이크 : 어느새, 전 파티에서 맥주를 대여섯 잔 마셨고 바보 같은 짓을 막 하고 있었어요. 처음에는 정말 기분이 좋았어요. 하지만 금방 "이런 한심한 놈"이라는 생각이 들었어요. 몇 달씩이나 술을 안 마셨었는데 다 날려 버렸잖아요.

치료자 : 네가 했던 모든 노력이 헛수고처럼 느껴지니?

마이크 : 맞아요. 무슨 짓을 해도 아빠처럼 술주정뱅이가 될 거예요. 무슨 소용이 있겠어요?

치료자 : 너 자신에게 좀 너무 심하게 구는 것 같구나. 그날 밤 파티에서 술을 몇 잔 마셨다고 해서 정말 술꾼이 되는 걸까? 결국, 그날 밤 술을 마시라고 친구들이 옆에서 많이 부추기지 않았니?

마이크 : 뭐, 네. 저는 다른 사람들과 함께 좋은 시간을 보내고 싶었을 뿐이었어요.

치료자 : 그리고 지난번 차 사고처럼 심각한 문제는 없었잖니?

마이크 : 없었어요. 집에 잘 왔어요.

치료자 : 그렇다면, 그 상황을 조금 더 자세히 살펴보고 무엇인가를 배울 수 있을 것 같아. 어쩌면 우리는 네가 술을 마실 결정을 하게 만든 촉발요인이 무엇인지 알아낼 수 있을 거야. 그러면 또 앞으로 이 촉발요인들을 어떻게 피할 수 있을지 그 방법을 찾아낼 수 있을 거야.

적 행동변화에 전념하는 청소년보다 재발 가능성이 훨씬 더 높다(Callaghan et al., 2005; Ramo et al., 2005). 상황적 요인(예 : 또래)과 인지적 요인(예 : 신념, 변화를 위한 준비)이 모두 재발 가능성에 영향을 미치기 때문에 두 가지 모두 재발예방 개입의 표적이 된다.

주요 용어

개별화된 피드백(individualized feedback) : 동기강화치료 및 CBT에 사용되는 기법으로, 치료자는 청소년의 물질사용을 같은 연령 및 성별의 다른 청소년의 물질사용과 비교하는 자료를 제시함.

관문가설(gateway hypothesis) : 마리화나를 사용하는 청소년이 다른 물질을 사용할 위험이 증가한다고 가정함. 연구 문헌에서의 지지증거는 혼재되어 있음.

관해(remission) : 과거에는 존재했지만 지금은 더 이상 존재하지 않는 물질사용 징후 및 증상을 기술하기 위해 사용되는 명시자

금단(withdrawal) : (1) 물질사용을 중단하거나 줄였을 때 부정적인 생리적 증상을 경험하거나 (2) 이러한 부정적 증상을 피하기 위해 다른 물질을 복용했을 때 발생함.

기능적 가족치료(functional family therapy) : 물질사용 문제가 있는 청소년을 치료하기 위한 체계접근법. 치료자는 가족 내 관계의 본질과 상호작용의 질을 바꾸려고 노력함.

내성(tolerance) : (1) 중독을 달성하기 위해 더 많은 물질이 필요하거나 (2) 반복 사용 시 동일한 양의 물질이 감소된 효과를 나타낼 때 발생함.

다차원 가족치료(multidimensional family therapy, MDFT) : 가

족기반 치료의 한 유형으로, (1) 청소년의 물질사용, (2) 양육 행동, (3) 부모-자녀 상호작용, (4) 또래/학교 등을 다룸.

대마 청소년 치료 연구(cannabis youth treatment study) : 청소년의 마리화나와 알코올사용 문제를 위한 심리사회적 치료의 상대적 효능을 조사한 대규모 연구

델타-9-테트라하이드로카나비놀(Delta-9-tetrahydrocannabinol, THC) : 마리화나에서 발견된 가장 강력한 카나비노이드

동기강화치료(motivational enhancement therapy) : 치료자가 능동적 경청 및 지지적 질문을 활용하여 물질사용에 대한 내담자의 변화 의지를 높이는 단기치료

물질로 유발된 장애(substance-induced disorder) : 물질의 섭취 또는 중단으로 인한 특정 증후군을 기술하는 DSM-5 장애. (1) 물질 중독, (2) 물질 금단, (3) 물질로 유발된 정신장애를 포함함.

물질사용장애(substance use disorder) : 물질사용의 문제적 양상으로 고통이나 손상을 가져오며, (1) 통제력 손상, (2) 사회적 문제, (3) 위험 감수, 그리고/또는 (4) 내성 또는 금단이 특징임. DSM-5에서는 사용 물질의 유형에 따라 진단됨(즉, 알코올사용 장애, 대마사용 장애).

바로잡기 반사(righting reflex) : 다른 사람들에게 조언을 하거나 문제를 해결하는 방법을 알려주려는 자연스러운 경향. 대개 도움이 되지 않고 원망이나 좌절로 이어질 수 있음.

변화단계모델(stages of change model) : 내담자의 변화를 위한 준비도를 설명하는 범이론적 모델. (1) 숙고 전, (2) 숙고, (3) 준비, (4) 실행, (5) 유지 단계를 포함함.

부적 강화 경로(negative reinforcement pathway) : 물질사용장애의 출현을 설명하기 위한 발달경로. 물질사용이 스트레스 또는 부정적 정서의 완화에 의해 부적으로 강화된다고 가정함.

순환 질문(circular questioning) : 치료자가 각 가족 구성원에게 문제나 상황을 설명하도록 요청하는 가족치료 기법

신항상성(allostasis) : 반복적인 물질사용으로 인해 뇌에서 일어나는 물리적 변화(예 : 수용체 개수나 민감도의 감소).

의사결정 균형(decisional balance) : 동기강화치료 및 CBT에 사용되는 기법으로 치료자와 청소년이 (1) 물질사용의 지속과 (2) 물질사용 감소의 비용과 이점을 확인함.

이상성 효과(biphasic effect) : 알코올이 개인에게 미치는 영향에 대한 설명. 가벼운 정도에서 중간 정도의 알코올사용은 대체로 바람직한 효과를 생성하는 반면, 더 심한 사용은 대체로 부정적인 영향을 끼침.

재발예방(relapse prevention) : 물질사용 문제를 위한 CBT의 구성요소로서 치료자와 내담자가 재발 가능성을 예상하고 대응계획을 수립함.

전자담배 또는 베이핑 제품 사용 관련 폐 손상(e-cigarette or vaping product use-associated lung injury, EVALI) : 베이핑과 관련된 심각한 건강 위험. 증상에는 기침, 흉통, 호흡곤란, 독감 유사 증상, 소화 문제, 호흡부전, 심부전이 포함됨.

절제파기효과(abstinence violation effect) : 절제기간을 어긴 후 수치심이나 죄책감을 느끼는 것. 종종 이러한 부정적 감정을 완화하기 위한 계속적인 물질사용을 초래함.

정적 강화 경로(positive reinforcement pathway) : 물질사용장애의 출현을 설명하기 위한 발달경로. (1) 유전적 위험, (2) 물질의 효과에 대한 민감성, (3) 물질사용에 대한 긍정적 기대를 포함함.

중뇌변연계 경로(mesolimbic pathway) : 뇌의 보상경로의 한 부분. 중뇌의 복측피개 영역에서 변연계의 측좌핵, 편도체, 해마까지 이어짐. 주관적 만족감, 접근 추구 행동 및 학습의 기초가 됨.

중뇌피질 경로(mesocortical pathway) : 뇌의 보상경로의 한 부분. 중뇌의 복측피개 영역에서 전두엽 피질까지 이어짐. 보상을 가져오는 행동을 계획하고 우선순위를 매기는 능력의 기초가 됨.

카나비노이드 수용체(cannabinoid receptors) : 식욕, 통각, 기분 및 기억을 조절하는 신경전달물질 수용체

폐해감소(harm reduction) : 치료의 주요 목표는 내담자가 폐해 가능성이 높은 물질사용을 식별하고 피하는 데 도움이 되는 것이라고 주장함. 치료목표가 반드시 금주일 필요는 없다고 봄.

품행문제 경로(conduct problems pathway) : 물질사용장애의 출현을 설명하기 위해 사용되는 발달경로. (1) 신경행동 탈억제, (2) 파괴적 행동 및 학업 문제, (3) 또래거부 및 물질사용을 소개하고 강화하는 일탈적 또래가 포함됨.

합류하기(joining) : 치료자가 가족들의 고민을 들어주고 공

감해줌으로써 가족과 라포를 형성하는 가족치료 기법

12단계 프로그램(12-step programs) : 물질사용 문제를 질병으로 개념화하고 절제를 달성하기 위한 겸손과 사회적 지지의 필요성을 강조하는 치료 접근법. 물질사용 문제가 있는 다른 사람들과의 정기적인 모임에 참석하는 것을 포함함.

ASSIST : 청소년의 광범위한 물질사용 문제를 스크리닝하기 위해 청소년과 부모에게 실시하는 검사

CRAFFT : 청소년의 물질사용장애를 검사하기 위해 사용되

는 약어(car, relax, alone, forget, friends, trouble).

MTF 연구(monitoring the Future) : 미시간대학교 사회연구소가 약 5만 명의 청소년을 대상으로 실시한 연간 연구. 물질사용, 문제, 접근성 및 태도를 평가함.

SBIRT(screening, brief intervention, and referral to treatment) : 물질사용 문제의 위험에 처한 청소년을 파악하고 물질사용장애를 예방하는 현재 가장 모범적인 사례를 기술함.

비판적 사고 연습

1. 잭은 17살의 고등학생이다. 잭은 친구들과 파티에서 위스키와 다른 알코올 음료를 마신다. 그는 또한 사교 모임에서 친구들과 여러 번 마리화나를 사용했다. 잭의 물질사용이 학업적, 가족적, 사회적, 혹은 법적 문제로 이어진 적은 없다. 잭의 행동은 발달적으로 어느 정도까지 규준적인가? 잭은 물질사용장애의 진단기준을 충족하는가? 만약 당신이 잭의 부모라면, 걱정하겠는가?

2. 사티바는 니코틴과 마리화나를 2년 동안 베이핑하고 있는 고등학생이다. 최근 사티바는 심한 기침과 호흡곤란으로 힘들었다. 이 호흡기 문제가 크로스컨트리 팀에서의 활약을 방해했다. 사티바의 친구는 사티바가 베이핑을 끊고 진료를 받아보라고 권한다. 왜 이런 충고를 하는 것이 아마도 도움이 되지 않을까? 치료자는 사티바가 행동을 변화시키도록 격려하기 위해 동기강화를 어떻게 사용할 수 있을까?

3. 베일리는 오랜 알코올사용 문제가 있는 고등학생이다. 베일리가 음주운전 때문에 운전면허를 취소당한 후, 판

사는 12회기 물질남용 상담에 의무적으로 참여하라고 명령했다. 베일리는 치료를 싫어한다. 왜냐하면 그 치료가 12단계 접근법을 채택하고 매주 지지집단에 참석하는 것을 포함하기 때문이다. 12단계 치료의 개념을 설명하라. 이 치료가 알코올사용 문제가 있는 청소년에게 효과적인가? 베일리가 알코올사용을 줄이는 데 도움이 될만한 다른 근거기반치료는 무엇인가?

4. 베일리의 치료자는 청소년의 물질사용장애를 치료하는 데 있어서 가장 큰 효과를 보려면 부모가 치료에 관여해야 한다는 것을 알고 있다. 베일리가 알코올사용을 줄이는 데 도움이 될 수 있는 두 가지 가족기반 치료접근법에 대해 설명하라.

5. 일부 임상가는 치료에서 폐해감소 접근법을 채택한다. '폐해감소'는 무엇을 의미하는가? 이 폐해감소 접근법이 청소년에게 적용될 경우에 논쟁의 여지가 있는 것은 왜인가?

정서 및 사고 장애

PART IV

©iStockphoto.com/Liderina

11

불안 및 강박 장애

11.1 아동기 및 청소년기의 불안장애

정상 불안과 불안장애 간 차이점은 무엇인가?

적응적 불안 vs. 부적응적 불안

우리 모두는 불안이 무엇인지 안다. 최근에 있었던 중요한 시험이나 면접을 보기 전 기분이 어땠는지 생각해 보자. 당신은 아마도 속이 울렁거리고, 심장이 빨리 뛰거나 손바닥에 땀이 나는 것과 같은 생리적 증상을 경험했을 것이다. 당신은 또한 옷을 만지작거리거나 서성거리거나 안절부절못하고 동요하는 행동을 통해 불안을 드러냈을 수도 있다. 아마도 생리적, 행동적 증상에 동반하는 특정 생각도 있었을 것이다. 이러한 생각에는 "나는 꼭 시험을 잘 봐야 해" 혹은 "나는 취업을 해야만 해" 또는 "실패하면 어떡하지?"와 같은 자기 진술이 포함된다. 불안(anxiety)은 위협적인 자극에 대한 정서적, 행동적, 생리적, 인지적 반응을 반영하는 복잡한 심리적 고통의 상태이다(Barlow, Conklin, & Bentley, 2015).

심리학자들은 불안을 두 가지 유형으로 구분한다: (1) 두려움(fear), (2) 걱정(worry)(Weems, Graham, Scott, Banks, & Russell, 2013). 두려움(fear)은 주로 즉각적 위협에 대한 행동적, 생리적 반응이며 임박한 위험에 대한 반응이다. 사람은 두려운 자극에 맞서거나(예 : 싸움) 피하는 것으로 반응한다(예 : 도망). 중요한 시험을 제대로 준비하지 못했을 때 우리는 두려움 경험할 수 있다. 시험지를 보면서 맥박이 빨라지고 호흡이 가빠지고 머리가 어지러울 수 있다. 공포 혹은 두려움에 대한 느낌과 상황에서 벗어나고 싶은 강한 욕구를 주관적으로 경험하기도 한다.

대조적으로 걱정(worry)은 주로 위협에 대한 인지적 반응으로, 미래에 발생할 수 있는 위험이나 불행에 대해 생각하고 준비하는 것이다. 우리는 다음 주에 있을 시험, 다가오는 취업 면접, 혹은 내일 있을 큰 경기에 대해 걱정할 수 있다. 걱정은 근심, 우려, 긴장을 유발할 수 있는 만성적인 심리적 고통 상태이다. 걱정은 전형적으로 미래에 대한 자기 진술과 사고가 동반되는데, 예를 들면 다음과 같다. "시험에 무엇이 나올까?", "면접 때 뭘 입어야 할까?", "만약 내가 실수를 해서 게임에서 지면 어떡하지?"(Donovan, Holmes, & Farrell, 2016).

대부분의 경우 불안은 유익하다. 즉 불안은 온전한 상태를 위협하는 상황에 즉각적으로 대처할 수 있도록 돕거나 미래의 위험에 대비할 수 있도록 동기화시킨다. 예를 들면, 적당한 불안은 우리가 천둥번개가 치는 상황에서 차를 운전할 때 정신을 차리고 조심하도록 도움을 줄 수 있다. 유사한 예로, 중요한 시험을 치르기 전에 느끼는 적당한 불안은 공부를 하도록 동기화시킬 수 있다(Rudland, Golding, & Wilkinson, 2020).

부적응적 불안(maladaptive anxiety)은 적어도 세 가지 방식에서 적응적 불안과 구분된다: (1) 강도, (2) 만성적 정도, (3) 손상 정도. 첫째, 부적응적 불안은 불안 반응을 유발하는 위협의 정도와 비례하지 않을 정도로 강렬하다. 예를 들면, 많은 학생들이 수업 시간에 앞에서 발표를 하는 것에 불안을 경험한다. 대부분의 경우에 적당한 불안은 적절하고 적응적이다. 즉 불안은 발표를 준비할 수 있도록 동기화시킬 수 있다. 그러나 불안이 극심한 고통이나 심리적 불편감을 불러일으킨다면 부적응적이다. 예를 들어, 부적응적 불안으로 발표 중에 '백지 상태'가 될 수도 있고 예기불안으로 발표 직전 신체적 증상이 나타날 수도 있다(Ramirez, Feeney-Kettler, Flores-Torres, Kratochwill, & Morris, 2006).

둘째, 부적응적 불안은 만성적인 경향이 있다. 걱정은 다가오는 시험을 준비하도록 동기화시키고 시험이 끝난 후에 사라지기 때문에 적절하고 적응적이라고 볼 수 있다. 그러나 만성적인 걱정은 부적응적이다. 만성적인 걱정을 하는 사람들은 항상 극단적인 불행이 발생할 것이라 예상하고 신체적, 정서적 불편감과 함께 장기적인 초조함을 경험하는 경향이 있다.

셋째, 부적응적 불안은 일상생활을 수행하는 데 지장을 준다. 예를 들어, 대부분의 사람들은 면접 전에 적당한 불안을 경험한다. 불안을 유발하는 면접을 피하려고 임금이 낮은 현재의 직업에 남아있게 된다면 예기불안은 부적응적이다. 유사하게, 많은 사람들이 비행기를 타기 전 적당한 걱정을 하는데, 만약 어떤 사람이 비행에 대한 공포로 친한 친구의 결혼식에 참석하지 못한다면 이러한 불안은 문제가 된다.

발달적 맥락에서의 불안

아동의 불안은 발달적으로 예측 가능하고 적응적인 것에서부터 이탈되고 부적응적인 것까지 연속선상에 존재한다(표 11.1). 어떠한 특정 시기에 아동의 두려움과 걱정은 인지적, 사회적, 정서적 발달의 현재 단계를 반영한다(Pine & Klein, 2010). 예를 들어, 유아기의 핵심적 발달 과제는 위험이나 고통의 상황에서 안전과 보호를 제공할 수 있는 주양육자와 기본적인 신뢰감을 형성하는 것이다. 대상영속성(4~10개월), 낯선 이 불안(6~12개월), 분리불안(12~18개월)의 자연스러운 출현은 사회정서적 과업의 숙달을 촉진한다. 이는 발달적으로 규준적이며 유아들은 어머니와 떨어져 있을 때 낯선 사람에 대해 경계하고 고통을 보일 것으로 예상된다. 그러나 일부 아동은 비정상적 강도, 만성화되거나 혹은 심한 손상을 보이는 분리불안을 나타낸다. 아동의 두려움은 실제 경험하는 위협에 비례하지 않는 수준으로 나타날 수 있다(예 : 어린이집에서 어머니와 분리될 때 소리를 지르거나 매달리는 것). 더욱이, 이러한 아동의 불안은 전형적 발달 시기를 넘어 확장될 수 있다(예 : 걸음마기 이후). 마지막으로, 아동의 불안은 이후에 다른 발달 과제를 달성하기 위한 능력을 제한할 수 있다. 예를 들어, 분리를 두려워하는 아동은 친구의 집에서 놀거나 자는 것을 거부할 수 있다. 이러한 발달상 예측을 벗어나는 불안의 징후는 불안장애를 나타내는 것일 수 있다(Wehry, Beesdo-Baum, Hennely, Cornally, & Strawn, 2015).

초기 청소년기의 중요한 과업은 사회적 유능성을 발달시키는 것이다. 즉, 친밀한 우정을 형성하고 학교, 과외활동 혹은 스포츠 활동에서 의미있는 사회적 역할을 하는 것이다. 청소년의 공감 능력과 상위 인지 능력(즉, 자신의 생각에 대한 생각)의 발달은 사회적 상호작용에 도움을 준다. 그러나 이러한 능력은 자기 의심과 불안정성을 유발할 수 있다. 예를 들면, 어린 청소년들이 자의식이 늘어나고 자기중심적 경향을 보이는 것은 발달적으로 정상적이다(Elkind & Bowen, 1979). 그러나 일부 아동들의 두려움과 의심은 비정상적인 수준으로 강렬하며 전형적 발달 시기를 넘어서고 전반적 기능을 제한한다. 또래 및 교사와의 상호작용 혹은 학교에 대한 강렬한 불안은 수면 문제, 과민함 또는 사회적 상황에 대한 회피를 일으키는 원인으로 작용할 수 있다. 이러한 증상을 보일 때 불안장애로 분류될 수 있다.

그러므로 아동의 두려움, 불안, 그리고 걱정은 연속선상에 존재한다. 이 연속선의 한 극단에는 발달적으로 예측 가능하고 적응적인 불안이 존재한다. 불안은 아동이 발달 과제를 성취하고 세상과 효과적으로 상호작용하도록 도울 수 있다. 불안은 아동이 시험을 대비해 공부하고, 발표를 준비하고, 위험에 처했을 때 안전을 확보하도록 돕는다. 연속선의 반대 극단에는 강렬한 불안, 두려움 또는 걱정이 존재하는데, 일상적 발달 시기 이상으로 확장되고 삶을 살아가며 예상되는 도전에 대응하는 아동의 능력을 방해한다. 많은 아동이 양극단 사이의 어느 지점에 위치한다. 연속선상에서 정상적인 불안이 끝나고 불안장애가 시작되는 지점을 결정하기 위해서는 임상적 기술과 과학적 지식이 필요하다(Ollendick, King, & Yule, 2013).

아동기 불안장애는 얼마나 흔한가?

아동기 불안의 발병

DSM-5(American Psychiatric Association, 2013)는 아동, 청소년 및 성인을 진단내릴 수 있는 일곱 가지 불안장애를 포함한다: (1) 분리불안장애(separation anxiety disorder, SAD), (2) 선택적 함구증(selective mutism), (3) 특정공포증(specific

표 11.1 ■ 아동기 공포와 걱정의 연속선

연령	발달적으로 예측 가능한 두려움/걱정	장애일 가능성이 있는 증상	DSM-5 불안장애 해당
걸음마기 (2~3세)	양육자로부터 분리에 대한 두려움 낯가림, 낯선 이 불안	2세 이후에 분리될 때 극심한 공포, 수면 곤란, 분리 시 발작, 집 밖에서 타인과의 대화에 실패	분리불안장애 선택적 함구증
학령전기 (4~5세)	어린이집/유치원에 갈 때 부모와 분리되는 것에 대한 두려움 천둥/번개, 어둠, 악몽에 대한 공포 특정 동물에 대한 공포	부모에게 매달림, 울음, 발작, 얼어붙음, 밤에 부모의 침대로 몰래 들어감, 두려운 자극을 피함, 수면 거부, 야뇨증	분리불안장애/선택적 함구증 특정공포증(자연환경형) 특정공포증(동물형)
초등 저학년 (6~8세)	특정 대상에 대한 공포(동물, 괴물, 유령) 세균, 질병에 대한 공포 자연재해, 부상에 대한 공포 학교에 대한 불안	두려운 자극의 회피, 등교 거부, 시험 중 극심한 불안/두려움, 학업 문제	특정공포증(동물형/상황형)
초등 고학년 (9~12세)	학교나 시험에 대한 불안, 과제를 끝마치는 것에 대한 걱정 친구를 사귀고 친구관계를 유지하는 것에 대한 걱정, 다른 사람을 기쁘게 하는 것과 관련한 걱정	학교 거부, 학업 문제, 미루는 버릇, 불면, 긴장 또는 안절부절못함, 사회적 철수, 소심함, 사회적 상황에서 극도로 수줍음, 지속적인 걱정	사회불안장애 범불안장애
중·고등학교 (13~18세)	또래 및 교사로부터의 수용/거부에 대한 걱정 성적, 스포츠 활동, 관계에 대한 걱정	학업 문제, 지속적인 걱정, 수면/식욕 문제, 우울한 기분 또는 과민함, 물질 남용, 반복적 공황 발작, 사회적 철수	사회불안장애 범불안장애 공황장애, 광장공포증

phobia), (4) 사회불안장애(social anxiety disorder), (5) 공황장애 (panic disorder), (6) 광장공포증(agoraphobia), (7) 범불안장애 (generalized anxiety disorder, GAD)가 있다. 이러한 장애는 아동 발달에 따라 각기 다른 시기에 나타나는 경향이 있다(그림 11.1).

초기 또는 중기 아동기에 나타나는 전형적인 4개의 장애는 다음과 같다: (1) 분리불안장애, (2) 선택적 함구증, (3) 특정공포증, (4) 사회불안장애. 이 장애들은 특정 대상 혹은 상황에 대한 반복적이며 원하지 않는 두려움으로 특징지어진다. 분리불안장애 아동은 학교 등교로 부모님과 떨어져야 하는 것에 두려움을 느낄 수 있고 선택적 함구증 아동은 학교에서 교사나 또래와 말을 하지 않을 수 있다. 특정공포증 아동은 뱀이나 거미에 대한 공포를 느낄 수 있고 사회불안장애 아동은 파티에 참석하거나 다른 사회적 모임에 참석하는 것에 두려움을 느낄 수 있다. 이러한 장애들은 보통 '두려움(fear)' 장애로 간주되며, 아동의 사회정서적 기능과 삶의 질을 크게 제한하는 지속적이고 원치 않는 두려움으로 특징지어진다.

다음으로 공황장애와 광장공포증은 사춘기 이전의 아동에게는 드물며 이 장애들은 청소년기나 성인기에 나타나는 경향이 있다. 이 장애들은 강렬한 불안, 두려움, 혹은 극심한 공포(panic)로 특징지어진다. 공황장애와 광장공포증은 종종 함께 발생하지만 항상 그런 것은 아니다. 공황장애 청소년과 성인은 극심한 수준의 자율신경계 각성 삽화(예 : 빠른 호흡과 심박수, 부정적 사고, 느낌, 행동)로 나타나는 강렬한 공황 발작을 반복적으로 경험한다. 광장공포증 청소년과 성인은 도망치기 어렵거나 당혹스러울 수 있는 상황(예 : 영화관, 쇼핑몰)에 대한 두려움을 느낀다. 때때로 청소년들은 이러한 상황에서 공황 발작을 경험하게 될까 봐 두려움을 느끼고 결과적으로 이런 상황을 피한다.

마지막으로 범불안장애는 두려움이나 극심한 공포보다는 지속적인 걱정이 특징이기 때문에 다른 불안장애와 차이가 있다. 범불안장애 청소년들은 특정 상황, 대상, 사건에 대한 두려움은 갖지 않는다. 대신 미래에 다가올 불행에 대한 만성적인 걱정을 나타낸다. 범불안장애는 보통 후기 아동기나 청

그림 11.1 ■ 발달연령에 따른 불안장애

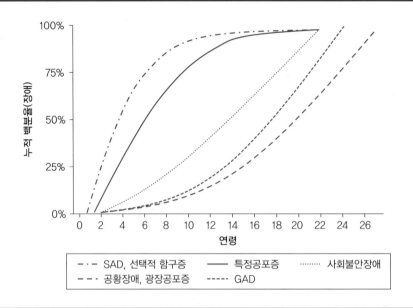

주 : 분리불안장애(SAD), 선택적 함구증, 특정공포증, 사회불안장애는 보통 아동기에 발생함. 범불안장애(GAD), 공황장애, 광장공포증은 청소년기나 초기 성인기에 발생하는 경향이 있음. 출처 : Higa-McMillan, Francis & Chorpita (2014); Muris & Ollendick (2015); Simon (2016); Zinbarg, Anand, Lee, Kendall & Nunez (2015).

소년기가 되기 전까지는 발달하지 않는데, 어느 정도 연령이 높아져야 미래에 일어날 일을 숙고하거나 걱정할 수 있는 인지 능력을 가지게 되기 때문이다.

유병률 및 경과

불안장애는 아동과 청소년에게 가장 자주 진단되는 정신장애 중 하나이다(Essau & Petermann, 2013). 아동과 청소년의 약 20%가 성인기가 되기 전에 불안장애로 진단된다(그림 11.2).

그림 11.2 ■ 아동 및 청소년의 불안장애 유병률

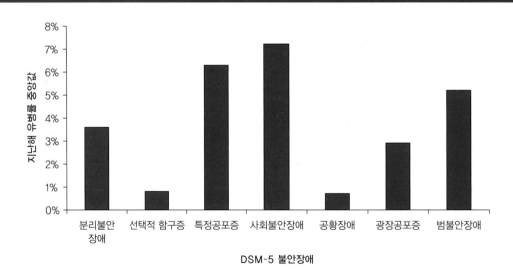

주 : 약 20%의 청소년이 성인이 되기 전에 불안장애를 경험하게 될 수 있음. 어느 시기든 대략 5%의 아동 · 청소년이 적어도 하나의 불안장애를 가지고 있음. 출처 : Connolly, Suarez, Victor, Zagoloff & Bernstein (2015); Higa-McMillan et al. (2014); Simon (2016); Zinbarg et al. (2015).

어느 시기든 대략 5%의 아동·청소년들은 불안장애를 가지고 있다. 불안장애의 유병률은 어린 아동보다 청소년에서 더 높다. 유병률 또한 남아보다 여아에게서 더 높게 나타난다. 불안장애의 성별에 따른 비율은 연령이 증가할수록 높아지는 경향이 있으며, 청소년기에는 1:2 또는 1:3까지 나타난다.

불안장애는 아동기와 청소년기에 걸쳐 지속되는 경향이 있다(Beesdo, Knape, & Pine, 2009). '정신병리에 대한 초기 발달 단계(Early Developmental Stages of Psychopathology, EDSP)' 연구에서 많은 아동들이 시간이 지남에도 계속해서 불안장애를 가지고 있었다. 특정 불안장애로 진단받은 아동의 25~30%는 10년 후에도 동일한 불안장애 진단기준을 충족했다. 아동의 진단에서 이렇듯 안정성을 나타내는 것은 동형연속성(homotypic continuity)의 한 예라는 것을 기억하라. 불안장애 진단기준을 충족한 아동의 약 70%가 10년 후 다른 불안장애나 기분장애의 진단기준을 충족했다. 시간이 지남에 따라 유사한(그러나 동일하지 않은) 불안장애나 기분장애를 가지는 경향은 이형연속성(heterotypic continuity)의 한 예라는 것도 기억하라. 불안장애 각각의 안정성은 높지 않지만, 일반적으로 불안 문제의 안정성은 높다(Wigman et al., 2013).

여러 종단연구에서 아동기 불안장애가 청소년기 및 초기 성인기의 우울장애 발달과 연관됨이 입증되었다(Cummings et al., 2014). 아동기 불안장애는 주요우울장애, 물질사용장애, 자살 행동을 포함한 부정적인 발달 결과를 예측한다. 평균적으로 우울증은 불안이 발병하고 5년이 지나서 나타나는 경향이 있었다. 특히 만성적인 걱정이나 극심한 공포의 특징을 가지는 아동기 불안장애는 이후에 우울증을 예측한다(Moffitt, Caspi, & Harrington, 2007). 이러한 연구 결과들은 많은 연구자들이 불안과 관련된 초기 문제가 아동의 발달 경로에 부정적인 영향을 미칠 수 있다는 결론을 내리게 했다(Pine & Klein, 2010).

분리불안장애

분리불안장애란?

분리불안장애(separation anxiety disorder, SAD) 아동은 양육자 및 정서적 애착을 가지는 다른 타인과 떨어지는 것에 대한 과도한 불안을 나타낸다(표 11.2). 이러한 아동·청소년은 분리된 시간 동안 자신이나 양육자에게 안 좋은 일이 닥칠 것이라는 두려움에 사로잡히게 된다. 예를 들어, 분리불안장애를 가진 어린 아동들은 부모가 없는 동안 괴물이 자신을 납치할 것이라고 생각할 수 있다. 좀 더 나이가 있는 아동들은 부모가 쇼핑하는 동안 아프거나 직장에서 다치게 될까 봐 두려워할

표 11.2 ■ 분리불안장애 진단기준

A. 애착 대상과의 분리에 대한 공포나 불안이 발달 수준에 비추어 볼 때 부적절하고 지나친 정도로 발생한다. 다음 중 세 가지 이상으로 나타나야 한다.
1. 집 또는 주 애착 대상과 떨어져야 할 때 과도한 고통을 반복적으로 겪음
2. 주 애착 대상을 잃거나 질병이나 부상, 재앙 혹은 죽음 같은 해로운 일들이 일어날 것이라고 지속적으로 과도하게 걱정함
3. 곤란한 일(예 : 길을 잃거나, 납치당하거나, 사고를 당하거나, 아프게 되는 것)이 발생하여 주 애착 대상과 떨어지게 될 것이라고 지속적으로 과도하게 걱정함
4. 분리에 대한 공포 때문에 집을 떠나 학교, 직장 혹은 다른 장소로 외출하는 것을 지속적으로 거부하거나 거절함
5. 집이나 다른 장소에서 주 애착 대상과 떨어져 있거나 혼자 있는 것에 대해 지속적으로 과도하게 두려워하거나 거부함
6. 집을 떠나 밖에서 자거나 주 애착 대상과 떨어져 자는 것을 지속적으로 과도하게 거부하거나 거절함
7. 분리 주제와 연관된 반복적인 악몽을 꿈
8. 주 애착 대상과 떨어져야 할 때 신체 증상을 반복적으로 호소함(예 : 두통, 복통, 오심, 구토)

B. 공포, 불안, 회피 반응이 아동·청소년에서는 최소한 4주 이상, 성인에서는 전형적으로 6개월 이상 지속되어야 한다.

C. 장해가 사회적, 직업적 또는 다른 중요한 기능 영역에서 임상적으로 현저한 고통이나 손상을 초래한다.

D. 장해가 다른 정신질환으로 더 잘 설명되지 않는다. 예를 들어, 자폐증에서 변화에 대한 저항으로 인해 집 밖에 나가는 것을 회피하는 것, 정신병적 장애에서 분리에 대한 망상이나 환각이 있는 경우, 광장공포증으로 인해 믿을 만한 동반자 없이는 밖에 나가기를 거부하는 경우, 범불안장애에서 건강 문제나 다른 해로운 일이 중요한 대상에게 생길까 봐 걱정하는 것

출처 : *Diagnostic and Statistical Manual of Mental Disorders*, Fifth Edition (Copyright 2013)의 허락을 받고 사용함.

수 있다. 분리불안장애 아동은 보통 양육자가 가까이 머물러 주기를 고집하며 분리 시 화를 내거나, 괴로워하거나, 신체적으로 아픈 모습을 보일 수 있다. 많은 아동이 분리를 피하기 위해 학교, 여름방학 캠프 또는 친구들과의 활동에 참여하는 것을 거부한다(American Psychiatric Association, 2013).

어느 정도의 분리불안은 영유아에게 적응적이고 발달적으로 예측 가능하다(Bernstein & Victor, 2010). 분리에 대한 두려움은 생후 6개월의 영아에게 나타나는 경향이 있으며 13~18개월 사이에 절정에 이른다. 걸음마기 아동들은 양육자의 가용성에 대한 신뢰감이 발달하면서 분리불안이 나타난다. 분리불안은 영유아를 양육자와 가까운 거리에 두게 하여 위험으로부터 영유아를 보호하는 데 도움이 된다. 분리불안은 전형적으로 3~5세 사이에 줄어든다. 그러나 학령전기 및 어린 학령기 아동들은 무섭거나, 화가 나거나, 확신이 없는 상황에서는 계속해서 양육자가 안심시켜주기를 요구한다. 겁이 나거나 슬플 때 양육자를 찾는 경향은 어린 아동이 부모에게 편안함과 보살핌을 제공받기를 기대하고 있다는 것을 나타낸다.

간헐적인 분리에 대한 걱정은 학령기 아동에게서도 흔히 나타난다. 약 70%의 학령기 아동이 부모와 헤어질 때 가끔 불안을 느끼며, 15%는 유괴되거나 사랑하는 대상이 해를 입는 것에 대한 악몽을 가끔 보고한다. 그러나 학령기 아동의 약 15%만이 분리에 대한 지속적인 두려움을 보고하고 있으며, 3~4%는 분리불안장애의 진단기준을 충족한다. 분리불안장애는 불안의 강도, 지속성, 전반적 기능 손상의 정도에 따라 발달적으로 예측 가능한 분리에 대한 두려움과 구별된다(Connoly et al., 2015).

분리불안장애의 발현 양상은 연령에 따라 다르다(Higa-McMillan et al., 2014). 분리불안장애를 가진 어린 아동은 생각지 못한 방식으로 자신 혹은 부모에게 신체적으로 해로운 일이 닥칠까 봐 걱정을 한다. 예를 들어, 분리불안장애를 가지고 있는 7세 남아는 학교 가는 길에 유괴되거나 부모가 일하는 동안 강도에게 납치당할까 봐 걱정하기도 한다. 분리불안장애를 가진 어린 아동은 학교에 가는 것을 거부하고 강제로 가게 할 경우 발작을 보일 수도 있다. 부모가 집에 있을 때, 어린 아동들은 방에서 방으로 그림자처럼 따라다니거나 다른 방식으로 달라붙어 있을 수도 있다. 부모들은 종종 이러한 아동을 과도하게 요구적이라고 생각할 수 있다. 부모는 안심시

켜주기를 바라는 아동의 강한 욕구에 좌절할 수도 있다. 분리불안장애를 가진 어린 아동은 종종 자신이나 가족들이 해를 입는 악몽을 꾸기도 한다. 아동은 자러 가는 것을 힘들어할 수 있고 부모가 자신의 방에 남아 있기를 고집하거나 부모와 함께 자고 싶어 할 수 있다. 만약 이런 요구가 거부된다면, 일부 아동들은 부모와 가깝게 있으려고 부모의 침실 문 밖에서 잠을 잘 수도 있다.

좀 더 나이가 있는 분리불안장애 아동들은 자신이나 부모에게 해를 입힐 수 있는 더 현실적인 사건에 대해 걱정한다. 예를 들어, 분리불안장애인 12세 아동은 부모가 끔찍한 병에 걸리거나 차 사고를 당할까 봐 걱정할 수 있다. 분리불안장애 청소년들은 종종 분리에 대한 확산된 두려움을 나타낸다. 부모나 사랑하는 대상과 떨어져 있으면 '나쁜 일이 생길 것 같다'라는 막연한 느낌만 보고할 수도 있다.

분리불안장애를 가진 나이가 든 아동과 청소년들은 대개 어린 아동들보다는 분리를 더 잘 견딘다; 그러나 나이 든 아동들도 여전히 분리될 때 상당한 불안과 슬픔을 경험한다. 어떤 아동들은 부모로부터 강제적으로 분리된 경우 신체적으로 아플 수 있다. 다른 경우는 심각한 사회적 철수, 집중력 문제, 우울의 징후를 보인다. 많은 아동 및 청소년은 가족과 가까이 있기 위해 또래와 보내는 시간을 희생한다. 종종 이러한 분리에 대한 불안은 학업적 및 사회적 기능을 방해한다(Ollendick et al., 2013). 분리불안장애를 가진 청소년인 발레리의 사례를 살펴보자.

분리불안장애는 보통 7~9세 사이에 발병한다. 발레리와 같은 일부 청소년들은 스트레스 사건 후에 처음으로 증상을 보인다. 부모나 아동의 안전을 위협할 수 있는 사건들은 분리불안장애를 유발할 가능성이 가장 높다: 가족 구성원의 질병, 부모의 이혼, 가정이나 학교의 변화. 그러나 많은 가족들은 발병과 관련된 특정 스트레스 요인을 찾을 수 없다(Bernstein & Victor, 2010).

전문가들은 분리불안장애의 경과에 대해서 다른 의견을 가진다. 대부분의 아동들은 시간이 지나면서 분리에 대한 불안이 현저히 줄어든다(Zinbarg et al., 2015). 예를 들어, 종단연구에서 분리불안장애로 진단받은 아동 중 약 20~25% 사례만이 18개월이 지난 후에 진단기준을 완전히 충족하였다. 그러나 대부분의 아동들은 자신(혹은 가족)에게 고통을 주는 역치

사례연구
분리불안장애

엄마에 대한 걱정

발레리는 14살 여아로 지속적으로 학교에 가는 것을 거부하여 의뢰되었다. 아버지는 발레리가 집에 머물기 위해 꾀병을 부리고 거짓말을 하며 분노발작을 보이는 등 "거의 모든 것"을 했다고 보고하였다. 아버지는 다음과 같이 설명했다. "지난주에 아이는 학교에 가기로 약속했어요. 나는 아이가 버스에 타는 것을 지켜봤지만, 아이는 결국 학교에 가지 않았어요. 아이는 배가 아프다면서 25분 후에 집으로 돌아왔어요"

발레리의 어머니는 추가로 덧붙였다. "발레리의 행동은 문제예요. 아이가 원하는 것은 '집에 있는 거'예요. 내가 발레리에게 친구네 집에 놀러 가거나 친구와 쇼핑하러 가는 것이 어떤지 물어봤지만 아이는 항상 우리와 있기를 원해요"

심리학자 산더스 박사는 발레리에게 학교에 가는 것을 꺼리는 이유에 대해 물었다. "학교에서 안 좋은 일이 있었니? 학교에서 무슨 문제라도 있니?" 발레리는 대답했다. "아니요. 저는 다른 아이들과 잘 지내고 성적도 좋아요. 저는 그냥 집에서 엄마랑 같이 있는 게 더 좋아요." 산더스 박사는 발레리의 어머니가 코로나19와 관련된 호흡기 질환에서 회복된 후인 지난 가을부터 발레리가 등교를 거부했다는 사실을 알게 되었다. 발레리는 아버지가 회사에 있는 동안 어머니를 돌보았다. 그 이후로 발레리는 특히 어머니에게 강한 애착을 보였다.

몇 회기의 상담이 끝난 후, 산더스 박사는 발레리에게 물었다. "어머니가 다시 아프거나 어머니에게 나쁜 일이 일어날까 봐 걱정되니?" 발레리는 대답했다, "물론 아니죠! 의사 선생님들은 엄마가 괜찮다고 말

했어요." 오랜 침묵 후, 발레리는 덧붙였다, "나는 단지 확실하게 하고 싶을 뿐이에요."

이하의 증상을 지속적으로 나타냈다. 어떤 경우에 분리불안장애는 청소년기와 성인기까지 지속되기도 한다. 대규모 역학 연구에서는 어렸을 때 분리불안장애의 병력을 보고한 성인의 36%가 사랑하는 대상과의 이별에 대한 불안을 지속적으로 보고하는 것으로 나타났다(Bögels, Knape, & Clark, 2013).

원인

다른 불안장애와 비교해, 분리불안장애에서는 유전적인 요인의 역할이 상대적으로 크지 않다. 유전적 요인은 낯선 상황에서 불안과 자율신경계 각성 수준을 증가시켜 아동이 분리불안장애에 취약해지게 할 수 있다. 결과적으로 이러한 아동들은 자신의 생리적 각성을 조절하고 안전감을 느끼기 위해 부모가 안심시켜주고 편안하게 해주기를 자주 요구한다(Barlow et al., 2015).

부모-자녀 상호작용의 질, 특히 초기 애착 관계는 분리불안장애를 포함한 불안 문제의 발달에 중요한 역할을 할 가능성이 있다(Goldberg, 2014). 양육자-아동 간 애착(attachment)의 목적은 아동에게 '안전기지(secure base)', 즉 세상을 탐험하기 위한 안전감과 안정감을 제공하는 것임을 기억하라. 무서울 때 부모에게 접근하는 것과 같은 애착 행동은 진화적으로 적응적이다. 애착 행동은 아동을 안전하게 하고 양육자와 가까이 있도록 한다(Bowlby, 1988).

몇몇의 전향적인 종단연구들에서는 영유아기의 불안정 애착이 아동기와 청소년기의 불안 문제를 예측한다고 제안한다(Madigan, Atkinson, Laurin, & Benoit, 2013; Mikulincer & Shaver, 2012). 워런, 휴스턴, 에겔란, 스로프(Warren, Huston, Egeland & Sroufe, 1997)는 영유아기 애착 관계의 질과 청소년기의 분리불안장애를 포함한 불안장애 유병률 간 관계를 조

사하였다. 생후 12개월에 엄마와 불안정 애착을 보인 영유아들은 10대가 되었을 때 불안장애를 가질 가능성이 더 높았다. 게다가 불안정 애착의 특정 패턴은 이후의 불안을 예측하였다. 불안정-저항 애착은 일관성이 없는 부모의 돌봄과 관련이 있다. 부모로부터 비일관적인 돌봄을 경험한 아동들은 스트레스를 받을 때 언제 부모가 도움을 줄지 모르기 때문에 불안을 경험할 수 있다. 이러한 아동들은 편안함을 느끼고 보호를 받을 수 있는 안전 기지가 없는 것처럼 보인다(Esbjørn, Bender, Reinholdt-Dunne, Munck, & Ollendick, 2012).

반면에, 영유아와 어린 아동에게 민감하고 반응적인 돌봄을 제공하는 부모들은 이후 아동기에 분리불안장애와 같은 다른 불안 문제의 발생을 예방할 수 있다. 워런과 지멘스(Warren & Simmens, 2005)는 까다로운 기질이나 수줍음이 많은 영유아의 가정에서 부모-자녀 상호작용의 질을 조사했다. 연구자들은 부모의 민감하고 반응적인 돌봄을 받은 영아들이 비일관적인 돌봄을 받은 영아보다 걸음마 동안 불안 문제를 가질 가능성이 더 낮다는 것을 발견했다. 부모 개인의 불안 및 불안정감은 자녀의 분리불안장애에 기여할 수 있다. 분리불안장애를 가진 아동들의 부모는 종종 자녀의 행동에 지나치게 관여하고, 통제하고, 보호하는 것처럼 보인다. 이러한 부모들은 자녀가 독립적으로 놀이하고 탐색하도록 지지하기보다는 부모가 자녀에게 불안과 두려움의 본보기가 되면서 자녀를 과도하게 조심시키는 방식으로 반응할 수 있다. 과도하게 통제하고 과잉보호하는 경향은 원가족과의 관계에서 불안정 애착의 이력을 가진 어머니들 사이에서 가장 강하게 나타났다(Kohlhoff, Barnett, & Eapen, 2015).

선택적 함구증

선택적 함구증이란?

선택적 함구증(selective mutism)은 말할 것으로 예상되는 사회적 상황에서 말하는 데 지속적으로 실패하는 불안장애이다(표 11.3). 전형적으로 이 장애는 유치원 시기나 초기 학령기 아동에게 나타나며, 학교에서 혹은 낯선 사람과 말하는 것을 거부하지만 가까운 가족들과 있을 때나 가정에서는 말을 한다. 선택적 함구증 아동 중 많은 수가 사회적 상황에서 억제되거나, 소극적이거나, '얼어붙는' 특징을 보인다. 이러한 행동 패턴은 적어도 한 달 이상 나타나야 하며, 많은 아동이 수업 참여를 힘들어하는 학교 입학 후 첫 1개월에만 국한되지 않고 이후에도 계속 증상이 지속된다. 정의에 따르면, 말을 하지 않는 증상은 아동의 학업적 또는 사회적 기능을 방해한다. 예를 들어, 선택적 함구증이 있는 아동은 교사가 특정 학습 교과목(예 : 읽기)의 수행 상태를 점검할 수 없게 하고 도움을 요청하기를 꺼리기 때문에 학교에서 뒤처질 수 있다. 또한 친구들과 말을 하지 않기 때문에 사회적 기술을 발달시키지 못할 수 있다(American Psychiatric Association, 2013). 유치원에 다니는 선택적 함구증 아동 러셀의 사례를 살펴보자.

선택적 함구증은 특정 사회적 상황에서 사용되는 언어에 대한 지식이 부족하거나 익숙한 언어가 아니기 때문에 말을 하지 않는 것이 아닐 때에만 진단된다. 예를 들어, 영어가 모국어가 아닌 이민가정 아동들은 제한된 언어 능력이나 수줍음 때문에 학교에서 말하기를 꺼릴 수 있다. 또한 선택적 함구증은 의사소통장애나 자폐스펙트럼장애(ASD)와 같은 다른 정신질환에 국한된 것이어서는 안 된다. 예를 들어, 어떤

표 11.3 ■ 선택적 함구증 진단기준

A. 다른 상황에서는 말을 할 수 있음에도 불구하고 말을 해야 하는 특정 사회적 상황(예 : 학교)에서 일관되게 말을 하지 않는다.

B. 장애가 학습이나 직업상의 성취 혹은 사회적 소통을 방해한다.

C. 이러한 증상이 최소 1개월 이상 지속된다(학교생활의 첫 1개월에만 국한되지 않는 경우).

D. 사회적 상황에서 필요한 말에 대한 지식이 부족하거나, 언어가 익숙하지 않아서 말을 하지 않는 것이 아니다.

E. 장해가 의사소통장애(예 : 아동기 발병 유창성장애)로 더 잘 설명되지 않고, 자폐스펙트럼장애, 조현병 또는 다른 정신병적 장애의 경과 중에만 발생하지는 않는다.

사례연구
선택적 함구증

말을 하지 않는 러셀

러셀은 언어적 문제와 발달 지연이 의심되어 교사로부터 의뢰된 3세 남아이다. 러셀은 유치원에 다닌 지 4주가 되었으나, 아직 교사나 반 친구들에게 한마디도 하지 않았다.

"러셀은 수줍음이 많지만 친절한 아이예요"라고 교사가 보고했다. "러셀은 웃으며 눈을 잘 마주치지만, 아무 말도 하지 않아요" 말하는 대신, 러셀은 대부분 몸짓과 고개를 끄덕이는 방식으로 의사소통을 했다.

러셀의 어머니는 러셀의 초기 발달 이정표가 적절했다고 보고했다. 그리고 어머니는 덧붙여서 보고했다. "약 1년 전, 러셀의 아버지와 제가 헤어졌을 때, 러셀은 다른 사람들과 말하는 것을 멈추었어요. 러셀은 우리끼리 있을 때만 말을 해요. 그리고 동생에게 속삭이거나 입모양으로 얘기하겠죠. 하지만 러셀은 선생님, 다른 사람들, 심지어 아버지와도 말을 하지 않을 거예요"

러셀의 교사는 다음과 같이 언급했다. "러셀은 정말 착한 아이지만, 저는 러셀이 걱정이에요. 만약 아이가 수업시간에 전혀 말을 하지 않는다면, 아이의 언어 능력을 발달시키는 것을 도울 수 없을 거예요. 그리고 아이가 유치원에서 필요한 사회 기술을 배우지 못할까 봐 걱정돼요. 우리가 할 수 있는 일이 있기를 바랍니다"

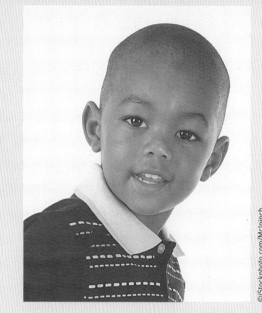

©iStockphoto.com/McInnich

출처 : Conn & Coyne (2014).

아동들은 말을 더듬거나 발음이 좋지 않기 때문에 학교에서 말하는 것을 피할 수 있다. 선택적 함구증을 가진 많은 아동들이 의사소통장애를 가지고 있지만, 이 아동들이 말하는 것에 실패하는 것은 의사소통장애 때문만은 아니다(American Psychiatric Association, 2013).

선택적 함구증은 드문 질환으로 일반 인구의 1% 미만인 어린 아동에서 영향을 미친다. 일부 연구들에서는 여아가 장애를 보일 가능성이 남아보다 두 배 더 높은 것으로 나타났다. 걸음마기 또는 학령전기(2.7~4.2세)에 평균적으로 발병하지만, 일반적으로 아동이 학교에 다니기 시작하여 반 친구 및 교사와의 대화를 거부하기 전까지는 진단되지 않는다. 학교를 입학하기 전에 선택적 함구증을 가진 아동은 가족 이외의 낯선 사람, 부양자(provider), 베이비시터 또는 이모, 삼촌, 조부모와 같은 친척들과 말을 하지 않을 수 있다(Gensthaler et al., 2016a).

종단연구들에서 선택적 함구증은 장기적으로 지속되는 것으로 시사된다. 치료를 하지 않을 경우, 장애의 평균 지속기간은 약 8년이다. 선택적 함구증 아동은 이후 아동기와 청소년기에 다른 정신질환에 걸릴 위험이 있다. 치료를 받지 않는 사례 중 94%가 사회적 상황에 대한 불안과 회피를 특징으로 하는 사회불안장애를 가지게 된다. 선택적 함구증 아동·청소년은 또한 학교에서 말을 하지 않기 때문에 학업 문제를 경험할 수 있으며 또래로부터 거부될 위험이 있다(Genstahler et al., 2016a).

원인

최근 연구에서 선택적 함구증이 유전, 기질, 그리고 초기 사회 학습의 상호작용으로 발생한다고 제시하였다(Muris & Ollendick, 2015). 가족 연구에서 선택적 함구증의 유전적 영향이 제안되었으며, 선택적 함구증이 드문 질환이지만 선택적 함구증 아동의 아버지 중 9%, 어머니 중 18%, 형제자매 중 18%가 동일한 장애를 나타냈다. 게다가 선택적 함구증 아동의 부모 중 약 50%는 사회적 상황에 대한 극도의 수줍음을 보였던 과거력을 가지고 있었다. 유전학자들은 특정 유전자(CNTNAP2)의 대립 형질이 아동을 사회불안에 취약하게 하고 선택적 함구증, 사회불안장애 및 유사한 문제를 일으킬 가능성을 크게 증가시킨다는 것을 밝혀내었다(Genstahler et al., 2016b).

이러한 유전적 위험은 아동을 높은 행동억제 기질의 성향을 갖게 할 가능성이 있다(Muris, Hendricks, & Bot, 2016). 행동 억제(behavioral inhibition)는 낯선 사람이나 상황을 접했을 때 놀이와 언어적 표현을 억제하고, 철회하며, 양육자를 찾는 경향이다. 제롬 케이건(Jerome Kagan)은 높은 행동억제를 가진 아동이 낯선 자극을 경험했을 때 각성되고 고통을 경험한다는 것을 증명했다. 예를 들어, 행동억제가 높은 영유아는 모빌을 보여줬을 때 팔과 다리를 흔들며 울었던 반면 행동 억제가 낮은 영유아는 움직이지 않고 앉아서 모빌을 관심있게 지켜봤다. 케이건은 높은 행동억제를 가진 영유아(전체 영유아의 약 15%)가 낯선 자극을 피하거나 물러나면서 이러한 고조된 각성에 대처하는 경향이 있음을 보여주었다. 아동기 후반과 청소년기에 이 아동들은 사회적 상황에서 극도로 수줍음을 보일 위험이 있었다(그림 11.3; Fox et al., 2015). 후속 연구에 따르면 선택적 함구증 아동은 일반적으로 매우 높은 행동 억제와 사회불안을 보이는 것으로 나타났다(Muris et al., 2016).

모러의 불안 2요인 이론(Mowrer's two-factor theory of anxiety)은 아동의 선택적 함구증에 대한 원인과 지속을 설명하는 데 사용될 수 있다. 이 이론에 따르면, 선택적 함구증은 아동이 특정 상황에서 말하는 것을 각성 및 심리적 고통이 고조되는 것으로 연관시키면서 고전적 조건형성이 발생한다. 그러나 선택적 함구증의 지속은 조작적 조건형성, 특히 부적 강화와 관련된다. 아동은 말을 하지 않음으로써 자신의 각성을 낮추고 고통을 피할 수 있다는 것을 학습한다. 시간이 지남에 따라 특정 상황에서 습관적인 침묵은 말하기와 사회적 기술을 억제하게 되고, 부적 강화의 연결 고리를 깨고 목소리를 낼 가능성은 점점 더 적어진다(Muris & Ollendick, 2015; Scott & Beidel, 2011).

그림 11.3 ■ 영유아의 행동억제는 아동기의 불안 문제를 예측한다

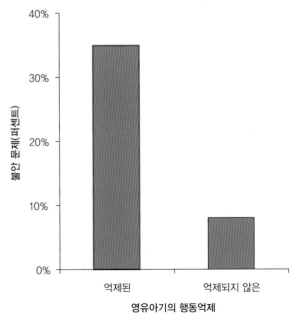

특정공포증

특정공포증이란?

특정공포증(specific phobia)은 아동과 청소년에서 가장 흔하고 가장 치료되지 않는 불안장애 중 하나이다. 특정공포증은 명확하게 구분할 수 있고 제한된 대상이나 상황에 대한 뚜렷한 두려움으로 특징지어진다(표 11.4). 사람들은 다양한 자극에 두려움을 가질 수 있지만, 대부분의 공포는 다섯 가지 범주로 나뉜다.

1. **동물** : 뱀, 거미, 개, 새에 대한 공포
2. **자연환경** : 천둥번개, 높은 곳, 물에 대한 공포
3. **혈액, 주사, 손상** : 주사 맞기, 피를 보는 것에 대한 공포
4. **특정 상황** : 비행기, 엘리베이터, 밀폐된 곳에 대한 공포
5. **기타 자극** : 질식, 가장 복장의 캐릭터에 대한 공포

특정공포증을 가진 사람들은 두려운 상황이나 대상을 마주쳤을 때 즉각적으로 불안을 경험한다. 때때로 이들은 심장 두근거림, 빠르고 얕은 호흡, 땀에 젖은 손바닥, 어지러움, 다른 신체적인 증상들로 특징지어지는 극심한 공황을 보일 수 있다. 어린 아동은 울거나, 분노발작을 보이거나, 얼어붙거나, 부모에게 매달릴 수 있다. 특정공포증이 있는 사람들은 종종 두려운 자극에 직면할 상황을 피한다. 예를 들어, 개를 무서워하는 아동은 학교에 갈 때 이웃집 개와 마주치지 않는 방향

으로 가는 길을 계획할 수 있다. 특정공포증을 가진 일부 사람들은 자신의 공포가 과도하고 불합리하다는 것을 인식하지만, 많은 아동은 이러한 정도의 통찰은 가지고 있지 않다(American Psychiatric Association, 2013).

특정공포증을 가진 사람들이 보이는 두려움은 특정한 대상이나 상황이 초래하는 실제 위험 정도를 넘어선다. 일반적으로 부모나 임상가에게 두려움이 실제 위험에 비례하지 않는지를 결정하는 것은 꽤 쉽다. 친구의 생일 파티에서 광대를 보고 겁에 질려 있는 아동은 분명히 상황과 맞지 않는 불안을 보이고 있다. 그러나 아동의 반응이 적절한지 결정하는 것은 간단하지 않다. 예를 들어, 폭풍에 대한 아동의 두려움은 허리케인이나 토네이도에 시달리는 지역에 사는 경우에 적절할 수 있다(American Psychiatric Association, 2013).

아동의 (1) 예기불안이나 공포가 일상적인 기능을 현저하게 방해하거나 (2) 증상이 상당한 고통을 야기하는 경우에 특정공포증으로 진단된다. 피를 보는 것을 두려워하고 잔인한 영화를 보는 것을 피하는 청소년의 경우 그 두려움이 일상 활동에 심각한 영향을 미치지 않기 때문에 특정공포증으로 진단되지 않을 것이다. 그러나 만약 의사가 되기를 원하지만 혈액에 대한 두려움 때문에 다른 진로를 찾아야 한다면, 특정공포증에 대한 진단이 적절할 수 있다. 개에 대한 특정공포증이 있는 소녀 메리를 살펴보자.

특정공포증은 아동과 청소년의 약 2~9%에서 나타난다(LeBeau et al., 2010). 동물에 대한 공포증이 가장 흔한 유형인

표 11.4 ■ 특정공포증 진단기준

A. 특정 대상이나 상황에 대해서 뚜렷한 공포나 불안이 유발된다(예 : 비행기 타기, 높은 곳, 동물, 주사 맞기, 피를 봄).
   주 : 아이들의 경우 공포나 불안은 울기, 발작, 얼어붙거나 매달리는 것으로 표현될 수 있다.

B. 공포 대상이나 상황은 대부분의 경우 즉각적인 공포나 불안을 유발한다.

C. 공포 대상이나 상황을 능동적으로 회피하거나 아주 극심한 공포나 불안을 지닌 채 참아낸다.

D. 공포나 불안이 특정 대상이나 상황이 초래하는 실제 위험에 대한 것보다 더 극심하며 사회문화적 맥락에서 통상적으로 받아들여지는 것보다 심하다.

E. 공포, 불안, 회피 반응은 전형적으로 6개월 이상 지속된다.

F. 공포, 불안, 회피는 사회적, 직업적 또는 다른 중요한 기능 영역에서 임상적으로 현저한 고통이나 손상을 초래한다.

G. 장애가 다른 정신질환으로 더 잘 설명되지 않는다. 공포, 불안, 회피가 광장공포증에서 공황 유사 증상이나 무력하게 만드는 다른 증상들과 관련된 상황, 강박장애에서 강박 사고와 연관된 대상이나 상황, 외상후 스트레스장애에서 외상사건을 상기시키는 것, 분리불안장애에서 집이나 애착 대상으로부터 분리되는 것, 사회불안장애에서의 사회적 상황과 연관된 경우가 아니어야 한다.

출처 : *Diagnostic and Statistical Manual of Mental Disorders*, Fifth Edition (2013), 미국정신의학협회 판권 소유. 재인쇄 허가받음.

데, 3~9%의 아동·청소년이 적어도 하나의 특정 동물에 대해 강한 공포를 보인다. 자연환경형 공포증 또한 흔하다. 자연환경과 관련한 모든 자극을 하나의 범주(예 : 폭풍, 물, 높은 곳)로 묶으면, 대략 3~7%의 아동·청소년이 자연 자극을 두려워한다. 혈액, 주사, 손상에 대한 공포는 3~4.5%의 아동·청소년에게서 발생한다. 상황형 공포증은 덜 흔한 편이며, 비행 공포증(2.7%)과 밀폐된 공간에 대한 공포증(3.2%)을 포함한다. 어둠에 대한 공포는 특히 어린 아동들(3~4%) 사이에서 흔하다.

아동과 청소년이 보이는 두려움은 대개 인지 발달 수준을 반영한다(Warren & Srooufe, 2004). 어린 아동은 동물이나 괴물 같은 구체적인 대상에 대한 공포를 느끼는 경향이 있다. 실제로 동물 공포증은 평균 8~9세 사이에 나타나는 경향이 있다. 더 나이가 많은 아동들은 자신이나 타인이 피해를 당할 수 있는 상황을 두려워하는 경향이 있다. 혈액-주사-손상형 공포증의 평균 발병 연령은 9~10세이며, 자연재해와 관련한 공포증의 발병 연령은 일반적으로 청소년기 초기(13~14세)이다. 청소년의 공포는 사회적 상호작용과 성취에 대한 관심을 반영한다. 청소년들 사이의 흔한 공포증에는 혼자 있는 것에 대한 공포와 시험에 대한 공포가 있다(LeBeau et al., 2010).

여아가 남아보다 대부분의 공포증 유형들을 나타낼 가능성이 더 많다. 특정 동물(91% 여아), 상황(87% 여아), 자연재해(70% 여아)에 대한 공포는 여아에게 훨씬 더 흔하다. 대조적으로, 혈액-주사-손상형 공포증은 남아와 여아에서 유사하게 발생한다(LeBeau et al., 2010).

특정공포증을 가진 아동들은 두려운 자극에 마주칠 때, 인지, 생리, 행동에서 변화를 나타낸다. 인지와 관련하여, 아동은 상황의 위험을 극대화하고(예 : "그 개가 나를 물 것이다"), 자신의 대처 능력은 최소화하는 부정적인 자기 진술(예 : "내가 그것을 막기 위해 할 수 있는 것은 없다")을 만들어 낸다. 생리적 반응과 관련하여, 아동은 심박수 증가, 빠른 호흡, 땀, 어지럼증 또는 배탈과 같은 자율신경계 기능에 변화를 보인다. 마지막으로, 행동과 관련하여, 아동은 그 상황에서 벗어나려고 시도할 수 있다. 만약 도망칠 수 없다면, 아동은 달라붙어 떨어지지 않으려 하거나, 공황 상태에 빠지거나, 과민한 모습을 나타낼 수 있다(Kane, Braunstein, Ollendick, & Muris, 2015; Waters, Bradley, & Mogg, 2014).

공포증은 일반적으로 1년 또는 2년 동안 지속되며 치료하

사례연구
특정공포증

메리와 사람의 가장 친한 친구

메리 발렌타는 개에 대한 극심한 공포 때문에 의뢰된 6세 여아이다. 메리는 개의 크기에 상관없이 개를 볼 때마다 몸이 긴장되었고 즉시 도망가거나 부모에게 매달리려고 했다. 만약 개 근처에 있어야만 한다면, 메리는 울고, 분노발작하고, 심지어 과호흡을 보일 것이다! 메리의 개에 대한 공포는 2년 전 코커 스패니얼이 오빠를 물어뜯는 것을 보았을 때 시작되었다.

메리의 어머니는 다음과 같이 말했다. "우스운 일이지만, 메리의 개에 대한 공포는 정말로 우리 가족에게 부정적인 영향을 끼쳤어요. 메리는 개를 키우는 친구들과 놀 수 없어요. 그렇게 되면 메리는 발작을 일으킬 거예요. 할머니 집에는 검은색 큰 개가 있기 때문에 아주 조심해야 돼요. 메리는 할머니 집에 있는 내내 어깨 너머로 개를 보고 있어요. 긴장을 풀지 못해요." 메리의 공포증은 가족이 최근에 개를 키우는 옆집으로 이사를 해서 더욱 심각해졌다. 메리의 어머니는 "이제 메리는 밖에 나가 노는 것도 싫어해요. 우리는 뭔가를 해야만 해요."

©iStockphoto.com/KathyDewar

지 않고 방치하는 경우 상당한 고통과 손상을 일으킨다. 대부분의 아동기 공포증은 성인기까지 지속되지 않는다. 하지만 아동의 공포증은 이후에 다른 불안, 기분, 그리고 신체적인 건강 문제로 발전할 수 있다. 따라서 아동기 공포증이 심각한 손상이나 고통을 유발할 경우 임상적 관심을 받을만하다(Higa-McMillan et al., 2014).

원인

유전은 대부분의 공포증 발생에서 상대적으로 적은 역할을 한다(Zinbarge et al., 2015). 특정 자극(예 : 개, 광대)에 대한 공포는 보통 유전되지 않는다. 대신에 사람들은 불안과 관련한 일반적인 경향성을 물려받을 수 있고, 이는 나중에 특정 공포로 발전할 수 있다. 유전은 혈액-주사-손상형 공포증 발생에 더 큰 역할을 한다. 혈액-주사-손상형 공포증을 가진 사람들은 피, 주사바늘, 노출된 상처를 보았을 때, 어지러워하거나 기절하게 된다. 이러한 반응은 혈압의 급격한 증가와 갑작스러운 감소를 포함하는 생리적 반응인 혈관 미주신경 반응(vasovagal response)의 비정상적 민감성 때문일 수 있다. 혈액과 주사바늘에 대한 부모와 자녀의 공포증 사이에는 강한 연관성이 있으며, 이는 혈액-주사-손상형 공포증에서 공유된 유전 인자가 일부 원인이 될 수 있음을 보여준다(Oar, Farrell, & Ollendick, 2015).

많은 공포증은 고전적 조건형성을 통해 획득된다. 왓슨과 레이너(Watson & Rayner, 1920)가 두 자극을 시간 내에 함께 짝지음으로써 공포가 생길 수 있다는 것을 증명했다는 것을 기억하라. 유명한 연구인 '꼬마 알버트' 연구에서, 왓슨과 레이너는 11개월 된 남아에게 흰 쥐를 큰소리와 짝지어서 공포 반응을 유도하였다. 처음에 아동은 쥐(중립자극[NS])를 무서워하지 않았지만, 큰소리(무조건 자극[UCS])는 강렬한 공포반응(무조건 반응[UCR])을 일으켰다. 쥐와 큰소리가 반복적으로 짝지어 제시된 후, 흰 쥐(조건 자극[CS])만 제시했을 때에도 공포 반응(조건 반응[CR])이 생성되었다. 고전적 조건형성은 흔한 아동기 두려움의 일부를 설명할 수 있다. 예를 들어, 개에게 물리거나 밤에 이상한 소리에 겁먹었던 아동은 각각 개 공포증이나 어둠에 대한 공포증이 생길 수 있다.

공포가 생기는 두 번째 방식은 관찰 학습을 통한 습득이다. 아동은 다른 사람들이 특정한 대상, 사건, 상황에 대해 두려워하거나 회피하는 것을 봄으로써 공포가 생길 수 있다. 예를 들어, 부모가 예방주사를 맞는 동안 공포를 보이거나 치과에 가는 것을 피하는 경우 이러한 불안을 자녀에게 전달할 수 있다. 메리는 누군가가 개에게 물리는 것을 목격한 후 개에 대한 공포가 커졌던 것으로 보인다.

공포감 습득과 관련한 세 번째 방식은 정보 전달을 통해서이다. 아동은 다른 사람들과 대화하거나 다른 사람들의 대화를 엿들음으로써 대상이나 상황을 두려워하게 될 수 있다. 예를 들어, 친구의 개가 물었다는 이야기를 듣거나 어둠 속에서 길을 잃은 아이에 대한 이야기를 읽는 것은 공포증 발병에 기여할 수 있다.

모러(Mowrer)의 불안 2요인 이론은 아동의 공포증이 시간이 지나도 지속되는 이유를 설명할 수 있다. 이 이론에 따르면 공포증은 고전적 조건형성과 사회적 학습을 통해 생기지만, 공포증은 부적 강화를 통해 유지된다(Mowrer, 1960). 개에게 물린 아이는 그 후 개 공포증이 생긴다. 아동은 개를 볼 때마다 극심한 공포를 경험한다. 아동은 개를 피하면 불안이 감소된다는 것을 알게 된다. 부적 강화를 통해, 아동은 불안을 다루는 방식으로 개를 피하는 법을 배운다.

비록 회피는 공포증이 있는 아동이 단기적으로는 기분이 나아지도록 하지만, 이는 아동의 장기적 기능을 방해한다. 예를 들어, 개 공포증이 있는 아동은 개를 키우는 친구나 가족을 방문하기 어려울 수 있고, 개를 피하기 위해 학교에서 더 멀리 걸어서 집에 가야 할 수도 있다. 게다가 두려운 자극을 피하는 것은 불안을 다루기 위한 대처 전략의 발달을 방해한다. 만약 아동이 개에 대한 공포에 직면하지 않는다면, 아동은 불안을 유발하는 다른 상황에 대처하는 법을 배울 수 없을지도 모른다.

사회불안징애

사회불안장애란?

사회불안장애(social anxiety disorder)는 면밀하게 관찰되거나 당혹스러울 수 있는 사회적 상황 또는 수행 상황에 대한 현저하고 지속적인 두려움으로 특징지어진다(표 11.5). 특정공포증이 있는 개인과 마찬가지로, 사회불안장애를 가진 사람들은 두려운 상황을 직면했을 때 즉각적인 불안이나 공포 증상을 보인다. 사회불안장애를 가진 사람들에게 두려움의 상황

표 11.5 ■ 사회불안장애 진단기준

A. 타인에게 면밀하게 관찰될 수 있는 하나 이상의 사회적 상황에 노출되는 것을 극도로 두려워하거나 불안해한다. 그러한 상황의 예로는 사회적 관계(예 : 대화를 하거나 낯선 사람을 만나는 것), 관찰되는 것(예 : 음식을 먹거나 마시는 자리), 다른 사람들 앞에서 어떤 일을 수행하는 것(예 : 연설)을 들 수 있다.
　주 : 아동의 경우 공포와 불안은 성인과의 관계가 아니라 또래 집단 내에서 불안할 때만 진단해야 한다.

B. 다른 사람들에게 부정적으로 평가되는 상황(수치스럽거나 당황한 것으로 보임, 다른 사람을 거부하거나 공격하는 것으로 보임)으로 행동하거나 불안 증상을 보일까 봐 두려워한다.

C. 이러한 사회적 상황이 거의 항상 공포나 불안을 일으킨다.
　주 : 아동의 경우 공포와 불안은 울음, 분노발작, 얼어붙음, 매달리기, 움츠러듦 혹은 사회적 상황에서 말을 하지 못하는 것으로 표현될 수 있다.

D. 이러한 사회적 상황을 회피하거나 극심한 공포와 불안 속에서 견딘다.

E. 이러한 불안과 공포는 실제 사회 상황이나 사회문화적 맥락에서 볼 때 실제 위험에 비해 비정상적으로 극심하다.

F. 공포, 불안, 회피는 전형적으로 6개월 이상 지속되어야 한다.

G. 공포, 불안, 회피는 사회적, 직업적 또는 다른 중요한 기능 영역에서 임상적으로 현저한 고통이나 손상을 초래한다.

H. 공포, 불안, 회피는 물질(예 : 남용약물, 치료약물)의 생리적 효과나 다른 의학적 상태로 인한 것이 아니다.

I. 공포, 불안, 회피는 공황장애, 신체이형장애, 자폐스펙트럼장애와 같은 다른 정신질환으로 더 잘 설명되지 않는다.

J. 만약 다른 의학적 상태(예 : 파킨슨병, 비만, 화상이나 손상에 의한 신체 훼손)가 있다면, 공포, 불안, 회피는 이와 무관하거나 혹은 지나칠 정도다.

다음의 경우 명시할 것 :
수행형 단독 : 만약 공포가 대중 앞에서 말하거나 수행하는 것에 국한될 때

출처 : *Diagnostic and Statistical Manual of Mental Disorders*, Fifth Edition (2013), 미국정신의학협회 판권 소유. 재인쇄 허가받음.

은 다른 사람들에 의해 판단, 비판 또는 부정적으로 평가될 수 있는 사회적 환경을 포함한다. 이러한 상황에는 대중 앞에서의 말하기, 파티 또는 사교 모임에 참석하거나 사람들 앞에서 수행하는 것이 포함된다. 사회불안장애를 가진 사람들은 다른 사람들 앞에서 당황하거나, 사람들이 자신을 '이상하거나' '바보 같다고' 생각할까 봐 또는 사람들이 불안 증상(예 : 손 떨림, 손바닥의 땀)을 알아차릴까 봐 걱정한다. 사회불안장애를 가진 사람들은 종종 사회적 상황 또는 수행 상황을 피한다. 사회적 모임에 참석해야 하는 경우 극심한 고통 속에서 상황을 버틴다. 어렸을 때부터 사회불안장애를 가지고 있었던 대학생 에린의 사례를 살펴보자.

사회불안장애를 가진 일부 사람들은 오직 수행 상황에서만 불안을 경험한다. 이러한 경우 다른 사회적 환경은 두려워하지 않는다. 예를 들어, 사회불안장애를 가진 어떤 청소년이 피아노 연주회나 운동회 혹은 수업시간에 발표하는 것을 두려워할 수 있으나, 자신이 관중으로 있는 운동 경기나 모임(파티) 같은 수행 상황이 아닌 경우에는 완전히 편안해질 수 있다. 이러한 경우 DSM-5에서는 '사회불안장애, 수행형 단독'으로 진단하게 하여 그 사람의 불안 특성을 전달한다

(American Psychiatric Association, 2013).

사회불안장애는 보통 후기 아동기나 초기 청소년기에 나타난다. 실제로, 10세 이전에는 일반적으로 진단되지 않는다(Mesa, Beidel, & Bunnell, 2014). 사회불안장애가 있는 아동·청소년이 가장 두려워하는 두 가지 상황은 공식적인 발표와 비구조화된 사회적 상호작용 상황이다. 사회불안장애를 가진 많은 아동·청소년은 수업시간에 큰 소리로 읽거나, 발표를 하거나, 무대에 서서 사람들 앞에서 공연을 하거나, 운동 경기에 참가하는 것에 강한 불편감을 호소한다. 사회불안장애가 있는 아동·청소년은 낯선 사람들과 대화를 시작하거나 질문을 하거나 파티에 참석할 때 자주 불안을 경험한다.

타인에 의해 부정적으로 평가되거나 판단될 수 있는 어떠한 상황도 사회불안장애를 가진 사람에게는 잠재적으로 고통의 근원이 될 수 있다. 사회불안장애를 가진 많은 아동들은 선생님의 비난을 두려워하기 때문에 시험을 치르는 동안 괴로움을 경험한다. 어떤 아동들은 다른 사람들이 식습관이나 식사 예절을 비난할 수 있다고 믿기 때문에 공공장소에서 먹는 것에 대해 불안을 경험한다(그림 11.4).

사회불안장애가 있는 아동·청소년은 사회·정서적 기능

사례연구
사회불안장애

에린의 사회불안

나는 10살 아니면 11살 때부터 사회불안장애를 가지고 있었습니다. 나는 중학교 내내 매일 울면서, 친구가 없는 것 같다고 느꼈고, 그냥 평범할 수는 없는 걸까 궁금해하면서 고군분투했어요! 내가 "정상적"이라고 생각해보려고 주변에 다른 친구들 없이 새로운 사람들을 만나는 것은 매우 어려웠어요. 나는 파티, 댄스, 인터뷰, 수업 발표, 그리고 친해지기 위한 유형의 게임들을 싫어했어요. 나는 어떤 사회적 환경도 두려웠어요.

반의 모든 아이들과 친하긴 했지만 나는 작문 수업에서 내 글을 공유하고 싶지 않았어요. 내가 창의적이 되는 건 어렵다는 걸 알게 됐죠. 나는 모든 아이디어를 너무 '이상하고' '멍청하게' 편집했어요. 나는 항상 내가 어떻게 보일지에 대해 걱정했어요. 나는 또한 친구들에게 전화를 하거나 함께 무언가를 하자고 하기가 걱정됐어요. 내가 친구들을 괴롭히고 있는 것 같다고 생각했어요.

나는 많은 것을 혼자 간직하고 내가 느낀 것을 아무에게도 말하지 않았어요. 친구들이 나에게 뭐가 문제인지 물었을 때, 나는 친구들이 나를 우습게 생각할 것이라고 확신했어요

주 : 저자의 허가를 받아 사용함.

그림 11.4 ■ 사회불안장애를 가진 아동이 두려워하는 상황들

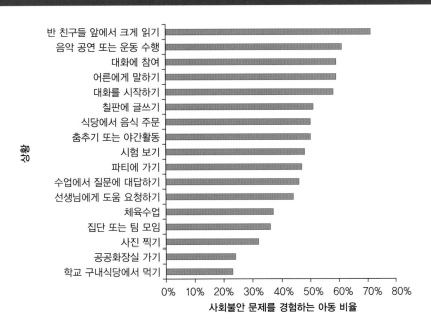

에서 상당한 손상을 경험한다. 보통 사회불안장애가 있는 아동·청소년은 불안을 유발하는 상황을 피한다. 사회적 회피는 불안이 감소되면서 부적으로 강화된다. 예를 들어, 사회불안장애 아동은 학교 구내식당을 피함으로써 반 친구들과의 상호작용과 관련된 불안을 경험하지 않을 것이다. 하지만 사회적 회피는 또래와 접촉하는 것을 감소시키고 또래에 대한 회피는 시간이 지남에 따라 사회적 기능을 제한할 수 있다. 사회불안장애가 있는 아동·청소년의 약 60%는 학교 생활에

서 문제를 보이고, 53%는 친구가 부족하며, 27%는 스포츠 활동, 동아리 및 기타 여가 활동을 하는 데 어려움을 보고한다. 사회불안장애 아동은 특히 우울증, 사회적 고립, 외로움을 경험할 위험이 있다. 사회불안장애 청소년은 물질 사용 문제에 대한 추가적인 위험이 있다(Connolly et al., 2015; Essau & Petermann, 2014).

원인

유전적 요인은 아동의 사회불안장애 발생의 위험요인이다. 쌍생아 연구에서 사회불안장애 아동의 증상에서 50%는 유전자에 기인하고 있음을 보여준다. 사회적 상황에서 불안을 경험하는 경향, 특히 사회불안장애는 가족력을 가진다(Higa-McMillan et al., 2014).

행동억제 기질이 높은 영유아는 사회불안장애로 발전할 위험이 있다. 아동은 사회적 상황을 피함으로써 고조된 생리적 각성에 대처하는 방법을 배우게 된다. 시간이 지나면서 습관적인 회피는 부적 강화를 통해 지속된다. 사회적 회피가 아동의 학교 공부, 방과 후 활동 또는 또래관계에 지장을 주기 시작하면 사회불안장애가 된다(Gensthaler et al., 2016a).

부모-자녀의 상호작용도 사회불안장애의 발생에 기여할 수 있다. 사회불안장애 아동의 부모 자신이 사회불안의 문제가 있을 가능성이 높다. 이는 부모에서 자녀로 불안의 유전을 시사할 뿐만 아니라 불안한 부모가 부모-자녀 간 상호작용에서 자녀에게 불안 반응을 가르칠 수 있음을 의미한다(Gulley, Oppenheimer, & Hankin, 2014).

첫째, 사회불안장애 아동의 부모들은 종종 불안하지 않은 아동의 부모들보다 더 **통제적인** 것으로 묘사된다. 예를 들어, 불안 문제가 있는 아동의 부모는 종종 아동의 행동에 간섭하고 아동이 스스로 결정을 내리는 것을 허락하지 않는다. 이러한 과도하게 통제적인 행동은 아동의 자율성 발달을 억제하게 된다. 과도하게 통제적인 부모는 아동이 살아가며 도전에 대처할 능력이 없다는 메시지를 전달하게 된다. 그 결과, 지나치게 통제적인 부모의 자녀는 과제를 완료하거나 문제를 해결할 때 자주 재확인을 요구하게 된다(Majdandžić, Möler, de Vente, Bögels, & Van den Boom, 2014).

둘째, 사회불안장애 아동의 부모들은 종종 **과잉보호** 경향을 가지는 것으로 묘사된다. 즉, 부모는 아동이 해를 입는 것을 두려워하기 때문에 아동의 탐색과 놀이를 지나치게 제한한다. 예를 들어, 엄마가 14살 된 딸이 어른의 감독 없이 나이가 많은 남자아이들과 어울려 술을 마시는 파티에 가려는 것을 금지하는 것은 합당하다. 하지만 엄마가 14살 된 딸이 어른의 감독하에 동갑내기 또래들과 음료수를 마시는 파티에 가려는 것을 금지하는 것은 아마도 합당하지 않을 것이다. 비록 세상은 위험한 장소가 될 수 있으나, 과잉보호 유형의 부모들은 자녀에게 과도한 위험과 걱정을 전달할 수 있다. 아동은 주변 환경의 위협 정도를 과대평가하고 과도하게 억제될 수 있다(Budinger, Drazdowski, & Ginsburg, 2013).

셋째, 사회불안장애 아동의 부모들은 종종 아동에게 높은 수준의 적대적이고 **비난하는** 행동을 보인다. 이러한 부모들은 매우 통제적일 뿐만 아니라 아동이 부모의 높은 기대에 부응하지 못할 때 아동을 비난하고 거부하는 경향이 있다. 이러한 비난하는 행동은 세상이 적대적이고 위험한 장소이며, 모험을 하고 실패할 경우 양육자의 지지를 기대해서는 안 된다는 메시지를 아동에게 전달할 수 있다(Scanlon & Epkins, 2015).

넷째, 사회불안장애 아동의 부모들은 무심코 **아동이 사회적 상황에서 불안을 느끼도록 가르칠** 수 있다. 특히, 이러한 부모들은 불안을 모델링하게 하고 아동의 불안 반응을 강화시킬 수 있다. 대즈와 동료들(Dadds, Barrett, Rapee, & Ryan, 1996)은 불안한 아동들과 부모들이 가상적이고 모호한 사회적 상황에 대해 토론하는 것을 관찰했다. 그 상황들 중 일부는 배탈과 같은 신체적인 질병을 경험하는 사람들에 대한 것이었다. 다른 상황들은 모호한 사회적 상황들을 포함하는데, 예를 들면 한 무리의 또래들이 웃고 농담하는 것과 같다. 불안장애를 가진 아동·청소년들은 이러한 모호한 상황을 부정적으로 해석했다. 예를 들어, 그들은 종종 배탈을 심각한 질병의 징후로 해석하거나 웃는 친구들을 놀리거나 괴롭히는 것으로 해석했다. 불안한 아동의 부모들 또한 모호한 상황에 대해 많이 위험하고 적대적인 것으로 해석했다. 보다 중요한 것은, 부모들은 종종 이러한 상황에 과잉 반응하는 아동의 결정을 지지했다(Pereira, Barros, Mendonça, & Muris, 2014).

다섯째, 부모들은 **정서적인 논의를 피함**으로써 자녀의 사회불안에 기여할 수 있다. 아동의 정서적 안녕감은 정서에 대해 논의하고 성찰하는 능력에 의해 크게 좌우된다. 아동이 자신의 정서를 인식하고, 이해하고, 논의하는 것을 배우는 한 가지 방법은 부모와의 상호작용을 통해서이다. 부모들은 정서 표현의 모델이 되고, 아동에게 정서를 명명하는 방법을 가르치고, 사회적으로 용인되는 방법으로 다른 사람들과 정서를 공유하도록 소통한다. 하지만 불안한 아동의 부모들은 종종 아동의 정서에 대한 논의를 피한다. 이렇듯 가족 내 정서적 표현이 부족한 경우 아동에게 정서를 명명하고, 표현하고, 처리할 수 있는 기회를 제한할 수 있으며, 결과적으로 이는 아동의 사회불안에 기여할 수 있다.

부모-자녀 상호작용은 양방향적이라는 것을 명심하라(Ginsburg & Schlossberg, 2002). 비록 부모의 요인이 아동의 불안에 대한 원인이 될 수 있으나, 아동의 행동 또한 부모가 과도하게 통제하거나, 보호하거나, 비난하게 하도록 할 수 있다. 예를 들어, 행동억제 수준이 높은 어린 아동은 종종 부모가 상당한 정도로 안심시켜주고 보호해주기를 요구한다. 아동의 행동억제는 또한 가혹하고 비난이 많고 요구적인 양육태도를 이끌어낼 수 있다. 발달 전반에 걸쳐 부모와 아동의 행동이 서로 영향을 주고 받으면서 함께 아동의 불안에 기여할

가능성이 있다(Rapee, 2012; Yap, Pilkington, Ryan, Kelly, & Jorm, 2014).

공황장애

공황장애란?

공황장애(panic disorder)는 예기치 못한 극심한 고통이나 손상을 일으키는 공황 발작이 반복적으로 발생하는 것을 특징으로 하는 심각한 질환이다(표 11.6). **공황발작**(panic attack)은 심리적 고통과 자율신경계 각성에 대한 갑작스럽고 강렬한 삽화를 말한다. 발작이 일어나는 동안 사람들은 다음 세 가지의 군집으로 구분되는 증상과 징후를 경험한다: (1) 인지적 증상(예 : 통제력을 잃거나 미칠 것 같은 생각), (2) 정서적 증상(예 : 비현실감 또는 이인증), (3) 생리적 증상(예 : 심장 두근거림, 가슴 통증, 어지럼증). 공황발작을 경험하는 사람들은 자신이 심장마비를 겪고 있는 것처럼 느끼거나, 자신이 죽어가고 있다고 믿을 수 있고, 그 상황에서 벗어나고 싶

표 11.6 ■ 공황장애 진단기준

A. 반복적으로 예상하지 못한 공황발작이 있다. 공황발작은 극심한 공포와 고통이 갑작스럽게 발생하여 수분 이내에 최고조에 이르러야 하며, 그 시간 동안 다음 중 네 가지 이상의 증상이 나타난다.
1. 심계항진. 가슴 두근거림 또는 심장 박동 수의 증가
2. 발한
3. 몸이 떨리거나 후들거림
4. 숨이 가쁘거나 답답한 느낌
5. 질식할 것 같은 느낌
6. 흉통 또는 가슴 불편감
7. 메스꺼움 또는 복부 불편감
8. 어지럽거나 불안정하거나 멍한 느낌이 들거나 쓰러질 것 같음
9. 춥거나 화끈거리는 느낌
10. 감각 이상(감각이 둔해지거나 따끔거리는 느낌)
11. 비현실감(현실이 아닌 것 같은 느낌) 혹은 이인증(나에게서 분리된 느낌)
12. 스스로 통제할 수 없게나 미칠 것 같은 두려움
13. 죽을 것 같은 공포

B. 적어도 1회 이상의 발작 이후에 1개월 이상 다음 중 한 가지 이상의 조건을 만족해야 한다.
1. 추가적인 공황발작이나 그에 대한 결과(예 : 통제를 잃음, 심장발작을 일으킴, 미치는 것)에 대한 지속적인 걱정
2. 발작과 관련된 행동으로 현저하게 부적응적인 변화가 일어난다(예 : 공황발작을 회피하기 위한 행동으로 운동이나 익숙하지 않은 환경을 피하는 것 등).

C. 장애는 물질(예 : 남용약물, 치료약물)의 생리적 효과나 다른 의학적 상태(예 : 갑상선기능 항진증, 심폐 질환)로 인한 것이 아니다.

D. 장애가 다른 정신질환으로 더 잘 설명되지 않는다(예 : 사회불안장애에서처럼 공포스러운 사회적 상황에서만 발작이 일어나서는 안 된다. 특정공포증에서처럼 공포 대상이나 상황에서만 나타나서는 안 된다. 강박장애에서처럼 강박 사고에 의해 나타나서는 안 된다. 외상후 스트레스장애에서처럼 외상성 사건에 대한 기억에만 관련되어서는 안 된다. 분리불안장애에서처럼 애착 대상과의 분리 때문이어서는 안 된다).

출처 : *Diagnostic and Statistical Manual of Mental Disorders*, Fifth Edition (2013), 미국정신의학협회 판권 소유. 재인쇄 허가받음.

은 강한 욕구를 경험한다. 공황발작은 발작이 매우 심각하게 일어나고 발작의 시작을 거의 통제하지 못하는 것으로 보여지기 때문에 극도로 공포스러울 수 있다(American Psychiatric Association, 2013).

공황발작은 성인의 경우 약 10분 이내에 최고조에 달할 수 있다. 그러나 많은 연구 결과에서 청소년들은 훨씬 더 빠르게 발작이 시작됨을 시사하고 있다. 여러 연구에 따르면 청소년들은 공황발작 후 3~4분 이내에 최대 심박수에 도달한다고 한다(Essau & Petermann, 2014).

일반적으로 공황발작을 경험하는 청소년과 젊은 성인은 네 가지 또는 그 이상의 증상을 보고한다. 가장 흔하게 보고되는 증상은 심장 두근거림(78~97%)과 어지럼증(73~96%)이다. 가장 흔하지 않은 증상은 무감각 혹은 따끔거리는 느낌(26~29%)과 질식(24%)이다. 경험하는 증상의 수가 많을수록 개인이 치료를 받으러 갈 가능성은 높아진다. 한 연구에서, DSM-5에서 요구하는 네 가지 증상을 넘어 모든 증상을 경험하는 청소년의 경우 응급실로 이송될 위험은 20% 증가하였다(Crashke et al., 2010).

공황발작의 지속 시간은 가변적이며, 지속 시간의 중간값(median)은 약 12.6분이다. 그러나 아동 또는 청소년에서는 나이와 성별에 따라 평균 지속 시간이 23.6~45분 사이로 나타난다(Crashke et al., 2010).

일반적으로 공황발작은 '예기치 못하게' 일어난다. 즉, 발작은 '갑작스럽게' 발생한다. 예를 들어, 어떤 청소년은 물리실험 과제를 하고 있을 때 갑자기 심장 박동을 느끼기 시작하고, 호흡이 얕아지고, 손바닥에 땀이 나기 시작할 수 있다. 어지럽거나 덥다고 느껴질 수 있고 교실 밖으로 뛰쳐나가고 싶은 충동을 느낄 수도 있다. 이 학생은 교실을 나와서 화장실에 들어가 얼굴에 열을 식히기 위해 세수를 할지도 모른다. 예기치 못한 발작을 경험하는 청소년들은 종종 심장마비가 일어났거나 공포에 사로잡혔다고 느낀다. 반복된 공황발작을 겪으면서 공황장애의 가능성이 있는 폴의 사례를 살펴보자.

예기치 못한 공황발작이 어떤 느낌인지 알기 위해서, 운전을 하고 있는 중에 백미러에서 라이트가 번쩍이는 경찰차를 발견했을 때를 떠올려보자. 순간적으로 당신은 두근거리는 심장, 빠른 호흡, 어지럼증 같은 공황의 많은 생리적인 증상들을 경험했을지도 모른다. 더하여 아마도 "내가 뭘 잘못했

지?" 또는 "아이고, 이제 큰일났다"와 같은 생각들이 순식간에 지나갔을 수 있다. 이제 이런 감각들이 갑자기 나타났다고 상상해 보자. 즉, 경찰차의 라이트는 전혀 보지도 않은 상태에서 운전 중에 갑자기 증상이 나타난 것이다. 당신은 스스로에게 이렇게 물을지도 모른다. "내가 왜 이러지?, 내가 미쳐가는 걸까? 아니면 죽어가는 걸까?" 마지막으로, 이러한 느낌들이 5분 동안 심해지고 30분 동안 지속되었다고 상상해보자.

공황장애로 진단받기 위해서 반복되고 예기치 못한 공황발작에 뒤따라서 반드시 다음과 같은 증상이 있어야 한다: (1) 추가적인 공황발작이 일어날 것에 대한 지속적인 걱정, (2) 공황발작의 결과에 대한 걱정, (3) 공황발작으로 인한 일상생활의 중요한 변화. 예를 들어, 공황발작을 겪은 많은 사람들은 추가적인 공황발작을 두려워한다. 사람들은 발작이 정신 증이나 심각한 신체적 질병의 징후라고 믿을지도 모른다. 또한 사람들은 재발을 막기 위해 과거에 발작을 경험했던 상황을 피할 수도 있다. 어떤 사람들은 예기치 못한 공황발작을 경험하지만 이에 대해 걱정하지 않거나 일상적인 행동을 바꾸지 않는다. 공황 발작이 개인에게 상당한 고통이나 손상을 유발하지 않는 경우 공황장애의 진단기준에 부합하지 않는다(American Psychiatric Association, 2013).

공황발작은 청소년들 사이에서는 비교적 흔하다. 10대 아동·청소년 중 18%가 적어도 한 번은 진단기준에 완전히 충족되는 공황발작을 경험한다. 게다가 청소년의 60%는 기준에 충족되지는 않지만 공황 증상을 경험한다. 공황발작은 남아와 여아에게 똑같이 흔하지만, 여아에게 더 심각할 수 있다(Asselmann et al., 2014).

공황발작이 비교적 빈번하게 발생하지만, 공황장애는 청소년기에는 흔하지 않고 아동기에는 매우 드물다. 공황장애의 발병은 보통 15~19세 사이이다. 그러나 드물게 사춘기 이전에 발병하는 사례도 있다. 아동·청소년 공황장애 사례의 대부분은 잘 발견되지 않는다. 부모와 의사들은 보통 공황 증상을 의학적 문제로 해석한다. 그 결과, 결국 공황장애 진단을 받게 된 청소년은 자신의 장애가 제대로 확인되고 치료될 때까지 평균 12.7년을 기다린다(Zinbarge et al., 2015).

연구자들은 공황장애가 사춘기 이전의 아동들에게서 거의 나타나지 않는 이유에 대해서는 확신하지 못한다. 분명히, 어린 아동도 공황발작을 경험할 수 있다. 예를 들어, 사

16살의 심장마비

폴은 16세 소년으로, 일주일 동안 두 차례의 '심장 문제'를 겪은 후 병원 응급실로 보내졌다. 폴의 어머니는 의사에게 폴이 집에서 저녁을 먹은 후 심장마비 증상을 겪었다고 말했다. 구체적으로 폴은 심장이 마구 뛰었고 호흡이 얕아졌으며 어지럼증을 느꼈고 피부를 만져보았을 때 축축했다. "증상은 갑자기 나타났어요"라고 폴이 설명했다. "가슴이 터질 것 같았어요. 그러고 나서, 도망치고 싶은 끔찍한 충동을 느꼈지만, 그럴 수 없었어요. 나는 그냥 얼어버렸어요. 무서웠고 온몸이 떨렸어요." 의사는 폴이 의학적으로 건강하며 심장 질환의 징후를 나타내지 않는 것으로 보였다.

병원의 아동심리학 박사 드레서는 폴이 공황발작을 일으켰다고 제안했다. "불안 문제의 가족력이 있나요?" 드레서 박사가 물었다. 폴의 아버지는 불안과 우울로 약물 처방을 받고 있다고 했다. 폴은 걱정하며, "제가 이런 발작을 더 겪게 될 수 있다는 뜻인가요?"라고 했고, 드레서 박사는 대답했다. "가능성이 있답니다. 그래서 재발할 경우 대처하는 방법을 배우는 것이 중요합니다. 도움이 될 수 있는 몇 가지 기술을 배우고 싶은가요?"

람들로 붐비는 가게에서 부모와 분리된 어린 아동은 극심한 공황을 경험할 수 있다. 그러나 아동에서 공황장애로 발전하는 경우는 거의 없다. 일부 연구에서는 어린 아동이 상위인지(metacognition)와 관련된 인지적 능력, 즉 자신의 생각과 감정에 대해 생각하는 능력이 부족하기 때문에 공황장애로 발전하지 않는다는 것을 보여준다. 실제로 적어도 한 번의 공황발작을 경험한 어린 청소년들은 더 나이 든 청소년과 성인들에 비해 추가적인 발작에 대해 덜 걱정하고 이러한 발작이 미치는 결과에 대해 덜 생각한다. 어린 아동의 인지적 미성숙은 반복되는 공황에 대해 생각하고 걱정하는 것으로부터 아동을 보호한다(Beran, 2012).

또한 청소년기 또는 성인기의 공황장애는 아동기에 발병한 분리불안장애와 관련이 있다. 가족연구에 따르면 공황장애를 가진 성인들은 분리불안장애의 자녀를 가질 위험이 높다. 게다가 분리불안장애를 가진 아동은 후기 청소년기나 초기 성인기에 공황장애가 발생할 가능성이 3.5배 더 높다. 실제로, 분리불안장애를 가진 아동과 공황장애를 가진 성인 모두 호흡에 있어 미묘한 이상을 보이는데, 이는 공황 증상(즉, 빠르고 얕은 호흡)에 취약하게 만들 수 있다. 일부 전문가들은 이 두 장애가 동일한 기저질환에 대한 다른 발달적 증상이라고 주장해왔다(Kosowsky et al., 2013).

원인

공황장애의 원인은 복잡하다. 어떤 단일 이론도 공황장애의 모든 특징을 적절하게 설명할 수 없다. 그러나 공황장애의 인지적 및 행동적 모델은 청소년을 포함하는 연구들에 의해 가장 많은 경험적 지지를 받았다. 이 모델에 따르면, 반복되는 공황발작은 생물학적, 인지적 및 행동적 요인의 상호작용으로 생긴다(Barlow et al., 2015).

공황장애에 취약한 사람은 불안민감성(anxiety sensitivity), 즉 불안 증상을 극도로 고통스럽고 해로운 것으로 인식하는 경향에 대한 생물학적 기질을 물려받았을 가능성이 있다. 예를 들어, 대부분의 사람들은 중요한 시험 전에 중간 수준의 불안을 경험한다. 불안민감성이 낮은 사람은 자신의 불안을 인정하고 불안 증상에 대처하면서(예 : 심호흡하기) 시험을 볼 수 있다. 반대로 불안민감성이 높은 사람은 시험 전에 경험하는 불안에 극도로 고통스럽고 공포스럽게 반응할 수 있다. 이러한 비정상적인 민감성은 공황으로 이어질 수 있다(Taylor, 2014).

공황의 기대 이론(expectancy theory of panic)에 따르면 불안민감성이 높은 사람은 불안 각성의 생리적 증상에 매우 민감하다. 구체적으로, 불안민감성이 높은 개인은 불안의 초기 징후로 나타나는 심박수와 얕은 호흡의 증가에 특히 주목한다. 또한 이러한 개인은 불안 증상을 악화시키는 특징적인 사고방식을 보여준다(Capron, Norr, & Schmidt, 2013).

첫째, 이러한 개인들은 부정적인 사건을 **개인화**하는 경향이 있다. 즉, 부정적인 사건이 일어났을 때 자신을 탓한다. 예를 들어, 시험 중에 불안을 경험하는 불안민감성이 높은 청소년은 "내가 충분히 공부하지 않았어. 준비가 안 된 것은 내 잘못이야"라고 자책할 수 있다. 개인화는 청소년의 불안을 악화시키고 불안에 대처하는 것을 방해한다.

둘째, 불안민감성이 높은 청소년은 자주 **파국적 사고**를 한다. 고통스러운 상황에서 가능한 최악의 결과를 예상한다. 예를 들어, 불안민감성이 높은 청소년이 시험 전에 가벼운 불안을 경험할 때, 자신의 불안이 너무 고조되어 통제할 수 없게 될 것이라고 예상한다. 이 청소년은 이렇게 생각할 수도 있다. "이럴 수가, 나에게 또 이런 일이 생기는군. 내가 공부했던 모든 걸 다 잊어버리고 백지처럼 되겠지! 나는 어떻게 해야 하지?" 파국적 사고는 종종 자기충족적이며, 이는 심리적 고통을 증가시킨다.

불안민감성, 그리고 부정적 사건을 개인화하고 파국화하는 경향은 공황발작을 유발할 수 있다. 불행하게도, 한 번의 공황발작이 청소년들로 하여금 앞으로의 발작에 대한 초기 경고 신호에 과도하게 주의를 기울이게 할 수 있다. 결과적으로, 이 청소년들은 불안 각성의 가장 가벼운 징후에도 예민해진다. 심지어 가벼운 각성에 대해서도 "안 돼! 내가 또 그런 발작을 겪게 될까?"라고 생각하도록 만들 수 있다(Bentley et al., 2013).

광장공포증

광장공포증이란?

광장공포증(agoraphobia)은 상당한 노력이나 당혹감 없이 벗어나거나 도움을 받는 것이 불가능한 장소나 상황에 대한 반복된 불안을 특징으로 한다(표 11.7). 광장공포증이라는 명칭은 고대 그리스 도시국가의 중앙 집회 장소였던 '광장(agora)'에서 유래되었다. 실제로, 광장공포증이 있는 일부 사람들은 쇼핑몰, 영화관 또는 경기장과 같은 공공장소를 두려워한다. 그러나 광장공포증을 가진 사람들은 타인으로부터의 도움을 구하거나 탈출하기 어려운 다른 장소 혹은 상황, 예를 들어 비행기, 지하철, 군중 또는 단순히 집 밖에 혼자 있는 상황에 대해서도 두려워할 수 있다(American Psychiatric Association, 2013).

모든 광장공포증이 있는 사람들은 공황발작, 유사 공황 증상, 당혹스러운 증상을 경험할 때 벗어나는 게 어려울 것으로 믿기 때문에 이러한 상황들을 두려워한다. 예를 들어, 어떤 여자는 공황발작이 일어났을 때 비행기에서 쉽게 나갈 수 없다는 것을 알기 때문에 비행기 여행을 피할 수 있다. 여자는 특정공포증(즉, 비행에 대한 공포)을 가지고 있지 않다. 대신에 탈출이 불가능하거나 극도로 어려운 장소 또는 상황에 대한 공포를 가지고 있다. 비슷하게, 과민성 대장 증후군을 가진 어떤 남자는 실금에 대한 공포로 큰 경기장에서 열리는 스포츠 경기를 피할 수도 있다. 그 남자는 자신이 가장 좋아하는 축구팀을 보는 것을 좋아하지만, 관중이 붐비는 경기장에서 자신이 난처해질까 걱정되서 경기를 피한다. 남자는 사회불안장애(즉, 사회적 또는 수행 상황에 대한 두려움)를 가지고 있지 않다. 대신에 그는 탈출이 극도로 어려운 장소나 상황을 두려워한다.

광장공포증을 가진 사람들은 두려운 상황을 피하려고 노력한다. 예를 들어, 집을 떠나 학교에 가는 것을 두려워하는 청소년은 집에 머무르기 위해 분노발작을 일으키거나, 꾀병을 부리거나, 학교를 결석한다. 대규모의 사람이 많은 공공장소를 두려워하는 청소년은 쇼핑이나 콘서트에 가자고 하는 친구들의 초대를 거절할 수 있다. 광장공포증에서 나타나는 회피는 청소년의 학업적 및 사회적 기능을 제한할 수 있다. 광장공포증은 청소년의 학교 출석, 방과 후 활동 참여, 그리고 친구들과 시간을 보내는 청소년의 능력을 제한한다.

가끔 광장공포증을 가진 청소년들은 두려운 상황으로 내몰린다. 예를 들어, 집을 떠나는 것을 두려워하는 청소년도 결국 학교에 가야 할 것이다. 특정한 대중교통 수단을 두려워하는 청소년도 결국엔 가족 휴가를 위해 비행기를 타게 되기도

표 11.7 ■ 광장공포증 진단기준

A. 다음 다섯 가지 상황 중 두 가지 이상의 경우에서 극심한 공포 또는 불안을 느낀다.

   1. 대중교통을 이용하는 것(예 : 자동차, 버스, 기차, 배, 비행기)
   2. 열린 공간에 있는 것(예 : 주차장 시장, 다리)
   3. 밀폐된 공간에 있는 것(예 : 상점, 공연장, 영화관)
   4. 줄을 서 있거나 군중 속에 있는 것
   5. 집 밖에 혼자 있는 것

B. 공황 유사 증상이나 무능력하거나 당혹스럽게 만드는 다른 증상(예 : 노인의 낙상에 대한 공포, 실금에 대한 공포)이 발생했을 때 도움을 받기 어렵거나 그 상황에서 벗어나기 어려울 것이라는 생각 때문에 그런 상황을 두려워하고 피한다.

C. 광장공포증 상황은 거의 대부분 공포와 불안을 야기한다.

D. 광장공포증 상황을 피하거나, 동반자를 필요로 하거나, 극도의 공포와 불안 속에서 견딘다.

E. 광장공포증 상황과 그것의 사회문화적 배경을 고려할 때 실제로 주어지는 위험에 비해 공포와 불안의 정도가 극심하다.

F. 공포, 불안, 회피 반응은 전형적으로 6개월 이상 지속된다.

G. 공포, 불안, 회피가 사회적, 직업적 또는 다른 중요한 기능 영역에서 임상적으로 현저한 고통이나 손상을 초래한다.

H. 만약 다른 의학적 상태(예 : 염증성 장 질환, 파킨슨병)가 동반된다면 공포, 불안, 회피 반응이 명백히 과도해야 한다.

I. 공포, 불안, 회피가 다른 정신질환으로 더 잘 설명되지 않는다. 예를 들어, 증상이 특정공포증의 상황 유형에 국한되어서는 안 된다. (사회불안장애에서처럼) 사회적 상황에서만 나타나서는 안 된다. (강박장애에서처럼) 강박 사고에만 연관되거나 (신체이형장애에서처럼) 신체 외형의 손상이나 훼손에만 연관되거나, (외상후 스트레스장애에서처럼) 외상사건을 기억하게 할 만한 사건에만 국한되거나, (분리불안장애에서처럼) 분리에 대한 공포에만 국한되어서는 안 된다.

※ 광장공포증은 공황장애의 유무에 관계없이 진단된다. 만약 공황장애와 광장공포증의 기준을 모두 충족한다면, 두 진단이 모두 내려져야 한다.

출처 : *Diagnostic and Statistical Manual of Mental Disorders*, Fifth Edition (2013), 미국정신의학협회 판권 소유. 재인쇄 허가받음.

한다. 많은 경우, 청소년들은 이러한 상황에서 극심한 정서적 불편감을 견뎌낼 것이다. 어떤 경우에는 그들을 안심시켜주고 안전감을 주는 동반자(예 : 부모, 형/누나, 친한 친구)에게 의존한다.

광장공포증은 청소년기에는 드물다. 성인에게서 광장공포증의 전체 유병률은 1.7%이지만 청소년의 유병률은 0.5% 미만이다. 광장공포증의 전형적인 발병 연령은 18~29세 사이이다. 보통, 이 장애는 개인이 점점 더 많은 장소와 상황을 두려워하게 되면서 서서히 나타난다. 치료를 받지 않는 경우, 장애는 성인기까지 지속될 수 있다(Connolly et al., 2015).

원인

광장공포증은 유전적 위험요인과 환경적 요인의 상호작용에 의해 발생한다(Wittchen, Gloster, Beesdo-Baum, Fava, & Craske, 2010). 광장공포증의 유전 가능성은 특히 높은데, 광장공포증의 회피와 관련한 위험요인 중 61%는 유전적 요인에 기인할 수 있다. 게다가 다른 불안장애를 가진 많은 아동 ·

청소년처럼 광장공포증을 가진 청소년들의 가족은 종종 낮은 온정, 높은 요구, 과잉보호의 특징을 가진다. 이러한 부모들은 자녀에게 큰 기대를 걸고 있지만, 자녀가 이러한 기대에 도달하도록 충분한 지지를 제공하지 못하는 경우가 많다. 더욱이, 부모는 세상이 위협적인 곳이라고 자녀에게 전달할 수도 있다. 유전적 위험요인과 권위주의적 양육 행동의 결합은 청소년에게 광장공포증의 발생 가능성을 증가시킨다.

공황장애를 겪은 청소년 및 젊은 성인의 50~75%가 광장공포증으로 발전한다. 이러한 경우, 광장공포증은 개인이 고전적 조건형성을 통해 특정 장소나 상황을 공황발작과 연관시킬 때 발생한다. 예를 들어, 쇼핑하는 동안 공황발작을 경험한 청소년은 쇼핑몰을 피할 수 있다. 비슷하게, 학교에서 공황발작을 경험한 소녀는 학교에 가는 것을 거부할 수도 있다. 광장공포증의 회피는 부적 강화를 통해 유지된다. 쇼핑몰이나 학교를 피함으로써, 청소년은 일시적으로 불안이 감소되는 것을 경험한다. 그 결과, 이후에 이러한 장소들을 피할 가능성이 더 높아진다. 반복되는 공황발작 후에 광장공포증이

사례연구
광장공포증(공황장애 동반)

비상사태에 대한 계획

라이더는 집 근처의 도심 지역에 있는 불안장애 클리닉으로 의뢰된 15세 소년이다. 몇 달 전, 라이더는 아파트 엘리베이터에서 공황발작을 경험했다. "목이 조이기 시작했고 숨을 쉴 수 없었어요. 끔찍했어요"라고 라이더는 회상했다. 어머니가 덧붙였다. "우리 둘 다 너무 걱정됐어요. 아이를 즉시 병원으로 옮겼지만 모든 검사에서 음성으로 나왔어요."

라이더는 일주일 후 침실에 혼자 앉아 있을 때 예기치 못한 두 번째 공황발작을 경험했다. 그는 "똑같은 증상이 있었는데, 이번에는 거기에 더해서 어지럽고 속이 메스꺼웠어요"라고 보고했다. 그 이후로 라이더는 12번의 발작을 더 경험했다. "저는 계속해서 더 많은 증상을 경험하게 될까 봐 걱정돼요"라고 말했다. 최근 라이더는 발작 때문에 활동을 제한하기 시작했다. 그는 6층을 걸어 다니면서 엘리베이터를 타는 것을 거부한다. 지하철 혹은 버스를 타거나 친구들과 영화를 보러 가는 것도 거부한다. "라이더의 핸드폰이 최근에 고장났어요" 어머니가 보

고했다. "라이더는 911에 전화해야 할 경우를 대비해 새 핸드폰을 사려고 돈을 모았어요. 아이는 핸드폰 없이 집에서 나가는 것을 두려워해요"

출처 : Anxiety Disorders Association of Canada (2016).

생긴 라이더의 사례를 살펴보자.

전문가들은 광장공포증의 회피는 공황의 과거력 이후에만 발생할 수 있다고 믿어왔다. 그러나 오늘날 광장공포증이 있는 사람 중 25~50%가 공황장애의 과거력이 없거나 광장공포증의 회피 증상을 먼저 보인 후에 공황 증상이 나타난 것으로 알려져 있다(Witchen et al., 2010). 이 사람들은 어떻게 광장공포증을 갖게 되었을까?

광장공포증은 공황장애가 없을 때 적어도 세 가지 방식으로 발생할 수 있다(Hoffart, Hedley, Svan lange, Langkaas, & Sexton, 2016). 첫째, 어떤 사람들은 공황과 유사한 증상을 경험하지만 실제 공황발작은 경험하지 않는다. 공황과 유사한 증상으로는 두통, 편두통, 위장 문제를 포함하며 이러한 증상이 고통이나 당혹감을 경험하는 원인이 될 수 있다. 고전적 조건형성을 통해, 개인은 이러한 증상들을 특정한 상황과 연관시키는 것을 학습한다. 부적 강화를 통해, 그들은 이러한 상황을 피하는 방법을 배우게 된다. 예를 들어, 학교에서 편두통이 발생한 아동은 편두통을 다시 경험할 것을 두려워하기 때문에 학교에 대한 광장공포증의 회피 증상이 생길 수 있다.

아동은 공황발작보다는 반복되는 편두통을 가지고 있었기 때문에 공황장애 진단을 받지 않을 것이다.

둘째, 어떤 사람들은 특정 장소에서 혐오스러운 경험을 하여 그 장소나 상황에 대한 회피 증상을 발달시키게 된다. 예를 들어, 학교에서 괴롭힘을 당한 아동이나 수영장에서 또래에게 놀림을 당한 청소년은 이러한 장소에 대한 광장공포증이 생길 수 있다.

셋째, 광장공포증이 있는 일부 사람들은 만성적으로 높은 불안과 의존에 대한 욕구를 보인다. 이러한 사람들은 앞으로 다가올 불행에 대해 많이 걱정하고 심리·사회적 스트레스에 대처하는 데 자신의 능력을 의심하는 것처럼 보인다. 이들은 종종 낮은 자기효능감을 보고하고 다른 사람들이 안심시켜주기를 요구한다. 이러한 사람들은 가족 구성원이나 안심시켜 줄 수 있는 가까운 친구가 동반하지 않으면 특정 장소나 상황에 대한 광장공포증의 회피 반응이 생길 수 있다. 예를 들어, 어떤 청소년은 자신이 식료품점이나 쇼핑몰을 혼자 갈 수 있다고 믿지 않기 때문에 언니에게 함께 가줄 것을 고집할 수 있다.

범불안장애

범불안장애란?

범불안장애(generalized anxiety disorder, GAD)는 두 가지 측면에서 다른 불안장애와 다르다. 첫째, 범불안장장애는 두려움이나 공포보다는 걱정이 특징이다. 범불안장애를 가진 사람들은 특정한 대상, 상황 또는 신체감각을 두려워하지 않는다. 대신, 그들은 미래에 닥칠 불행을 걱정한다(Andrews et al., 2010). 둘째, 범불안장애는 다른 불안장애들과 비교했을 때 우울증과 더 밀접한 관련이 있다. 범불안장애 아동은 이후에 우울증이 발생할 위험이 특히 높다. 범불안장애 청소년들은 자주 우울한 기분과 불쾌감(dysphoria)을 동반한다(Goldberg, Krueger, Andrews, & Hobbs, 2009).

범불안장애의 특징은 우려하는 예측(apprehensive expectation), 즉 미래에 대한 과도한 걱정이다(표 11.8). 범불안장애를 가진 성인은 직장에서 일을 완수하는 것, 재정을 관리하는 것, 약속을 지키는 것, 집안일을 하는 것과 같은 일상생활 측면에 대해 걱정한다. 범불안장애를 가지고 있는 아동과 청소년 또한 일상에서의 활동과 사건들, 특히 시험, 학교 과제, 운동 그리고 과외활동에 대해 걱정한다. 또한 친구관계, 가족의 건강과 행복, 또래의 다른 아이들이 겪는 일상적인 사소한 골칫거리들에 대해 걱정하기도 한다. 정의에 따르면, 범불안장애를 가진 아동·청소년은 두 가지 이상의 활동이나 사건에 대해 걱정해야만 한다. 그러나 평균적으로, 범불안장애를 가진 대부분의 청소년들은 많은 걱정을 보고한다(Niles, Lebeau, Liao, Glenn, & Craske, 2012).

걱정은 미래의 부정적인 사건과 그 결과에 대해 반복해서 생각하고 점점 더 생각이 정교해지는 것을 특징으로 하는 인지적 활동이다. 아동은 다가오는 시험, 공부를 충분히 하지 못할 가능성, 낮은 성적을 받거나 교사와 부모의 비난을 받는 것의 결과에 대해 걱정하기도 한다. 아동은 4세나 5세 무렵에 걱정을 할 수 있는 능력을 보이기 시작한다. 그러나 먼 미래의 부정적인 사건에 대해 되풀이해서 생각하는 능력은 8세 이후에나 나타나는 것처럼 보인다. 범불안장애의 발병은 보통 걱정에 대한 인지적 능력이 발달한 이후인 8~10세 사이이다. 걱정을 하는 능력이 연령에 따라 증가함에 따라 범불안장애의 빈도와 심각도도 증가한다(Connolly et al., 2015).

범불안장애를 가지고 있는 아동 및 청소년은 학교, 스포츠, 대인관계, 그리고 미래를 위한 목표 달성과 같이 범불안장애가 없는 사람들과 같은 주제에 대해 걱정한다(Layne, Victor,

---

표 11.8 ■ 범불안장애 진단기준

A. (직장이나 학업과 같은) 수많은 일상 활동에 있어서 지나치게 불안해하거나 걱정(우려하는 예측)을 하고, 그 기간이 최소한 6개월 이상으로 그렇지 않은 날보다 그런 날이 더 많아야 한다.

B. 이런 걱정을 조절하기 어렵다고 느낀다.

C. 불안과 걱정은 다음의 여섯 가지 증상 중 적어도 세 가지 이상의 증상과 관련이 있다. (지난 6개월 동안 적어도 몇 가지 증상이 있는 날이 없는 날보다 더 많다).
   주 : 아동에서는 한 가지 증상만 만족해도 된다.
   1. 안절부절못하거나 낭떠러지 끝에 서 있는 느낌
   2. 쉽게 피곤해짐
   3. 집중하기 힘들거나 머릿속이 하얗게 되는 것
   4. 과민성
   5. 근육의 긴장
   6. 수면 교란(잠들기 어렵거나 유지가 어렵거나 밤새 뒤척이면서 불만족스러운 수면 상태)

D. 불안이나 걱정, 혹은 신체 증상이 사회적, 직업적 또는 다른 중요한 기능 영역에서 임상적으로 현저한 고통이나 손상을 초래한다.

E. 장해가 물질(예 : 남용약물, 치료약물)의 생리적 효과나 다른 의학적 상태(예 : 갑상선기능항진증)로 인한 것이 아니다.

F. 장해가 다른 정신질환으로 더 잘 설명되지 않는다(예 : 공황장애에서 공황발작을 일으키는 것, 사회불안장애[사회공포증]에서 부정적 평가, 강박장애에서 오염이나 다른 강박 사고, 분리불안장애에서 애착 대상과의 분리, 외상후 스트레스장애에서 외상사건을 상기시키는 것, 신경성 식욕부진증에서 체중 증가, 신체증상장애에서 신체적 불편, 신체이형장애에서 지각된 신체적 결점, 질병불안장애에서 심각한 질병, 조현병이나 망상장애에서 망상적 믿음의 내용에 대해 불안해하거나 걱정하는 것).

출처 : *Diagnostic and Statistical Manual of Mental Disorders*, Fifth Edition (2013), 미국정신의학협회 판권 소유. 재인쇄 허가받음.

& Bernstein, 2009). 범불안장애가 있는 사람들과 없는 사람들의 걱정의 차이는 걱정의 수, 강도, 그리고 지속 시간에 있다(그림 11.5). 첫째, 범불안장애가 있는 사람들은 범불안장애가 없는 사람들보다 더 많은 수의 걱정을 한다. 둘째, 범불안장애를 가진 사람들은 그렇지 않은 사람들보다 걱정이 더 강렬하거나 고통스럽다고 평가한다. 게다가 범불안장애를 가진 사람들은 종종 걱정과 관련된 더 큰 손상을 보고한다(낮 동안 안절부절못함, 수면 문제, 피로, 근육 긴장, 과민함, 집중의 어려움). 셋째, 범불안장애를 가진 사람들은 대부분의 다른 사람들보다 하루 중 걱정으로 보내는 시간이 더 많다(Niles et al., 2012).

범불안장애 아동이 보이는 걱정은 일상생활에 지장을 준다. 첫째, 걱정은 고통을 유발하고 시간과 에너지를 소모하게 한다. 둘째, 걱정은 부모의 말을 듣거나 숙제를 끝내는 것과 같이 중요한 활동에 집중하는 능력을 방해한다. 셋째, 걱정은 기분(mood) 문제, 좌절, 그리고 과민한 상태의 원인이 될

수 있다. 넷째, 걱정은 두통, 불면증, 피로와 같은 신체적 문제를 일으킬 수 있다. 마지막으로, 걱정은 더 적응적인 대처 전략의 발달을 제한할 수 있다. 걱정을 자주 하는 아동은 휴식을 취하거나 놀거나 부모 혹은 친구와 정서를 공유하거나, 스포츠나 취미에 참여하는 것과 같은 불안을 다루는 다른 방법을 배우지 못할 수도 있다. DSM-5 진단기준에서는 범불안장애 아동의 경우 걱정의 결과로 적어도 한 가지 증상을 경험해야 한다. 대조적으로, 범불안장애 성인은 적어도 세 가지 증상을 보여야 한다(American Psychiatric Association, 2013).

범불안장애 아동들은 자주 부모와 교사들에 의해 '작은 어른'으로 묘사된다(Kendall, Krain, & Treadwell, 1999). 이러한 아동·청소년은 종종 완벽주의적이고, 시간을 엄수하며, 남의 기분에 맞추려고 애쓴다. 그들은 보통 다른 사람들, 특히 어른과 권위자들이 있는 상황에서 상당히 시선을 의식한다. 그들은 또한 규칙과 사회적 규범에 매우 잘 따르는 경향이 있다. 이러한 이유로, 전문가들은 범불안장애 아동들이 실제보

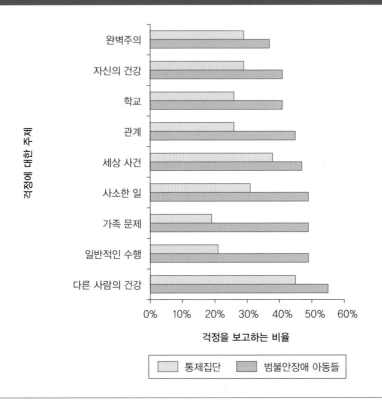

그림 11.5 ■ 범불안장애가 있는 아동과 없는 아동은 유사한 주제에 대해 걱정한다

주 : 그러나 범불안장애를 가진 아동은 범불안장애를 가지고 있지 않은 또래들보다 더 많은 수의 걱정과 관련된 증상들을 보고한다(예 : 안절부절못함, 집중 곤란, 수면 곤란). 출처 : Layne et al. (2009).

다 자신을 더 정서적으로 유능해 보이게 하는 '성숙에 대한 착각(illusion of maturity)'을 만들어 낸다고 제안한다.

이러한 성숙에 대한 착각에 맞지 않게, 범불안장애 아동은 자기 의심, 자기 비난, 그리고 불확실성에 대한 느낌을 가진다. 그들은 숙제를 할 때, 피아노 연주회를 준비할 때 또는 체육 대회를 위해 연습할 때 완벽을 기하기 위해 노력할 수 있다. 하지만 그들은 미래의 불행을 막을 수 있고 자신이 성공할 것이라는 확신을 얻기 위해 교사나 가정교사 혹은 코치가 안심시켜 주기를 요구하곤 한다. 또한 범불안장애 아동은 자신의 수행이 완벽하다고 확신할 때까지 숙제를 제출하거나, 끝내고 놀거나, 시합을 시작하기를 거부할 수도 있다. 그들은 종종 불완전함의 징후(예 : 숙제에서의 실수, 잘못 처리된 기록, 2등을 하는 것)를 실패와 무가치함의 지표로 해석한다. 범불안장애를 가지고 있는 소녀 타미를 살펴보자.

범불안장애는 다른 어떤 불안장애보다 더 우울증과 밀접한 관련이 있다(Goldberg et al., 2009). 다음의 세 가지 증거는 우울증과의 밀접한 관련성을 보여준다. 첫째, 범불안장애와 주요우울장애는 좀 더 나이가 있는 아동과 청소년에게서 높은 공병률을 보인다. 범불안장애를 가지고 있는 아동·청소년의 약 50%는 우울증을 함께 가지고 있다.

둘째, 종단연구에서 범불안장애 아동이 이후의 삶에서 우울증을 가지게 될 위험이 특히 높다는 것을 보여준다. 예를 들어, 모핏과 동료들(Moffitt et al., 2007)의 연구에서는 청소년기부터 초기 성인기까지 범불안장애와 우울증을 가진 사람들로 구성된 대규모 표본을 조사했다. 대부분의 경우(68%) 연구 참여자들의 불안 문제는 우울 증상이 있기 전에 나타나거나

사례연구
범불안장애

타미의 잠 못 이루는 밤

타미는 불면증 때문에 부모에 의해 병원으로 의뢰된 11세 소녀다. 타미의 어머니는 다음과 같이 설명했다. "몇 달 전에 타미는 잠드는 게 어렵다고 불평하기 시작했어요. 우리가 타미를 재우려고 했는데, 아이는 몇 시간 동안 깨어있었어요. 그리고 나서, 아이는 방에서 나와 물 한 잔을 달라고 했어요. 가끔 11시 30분이나 자정까지 잠들지 못했고 다음날 기진맥진해 있어요."

발드윈 박사는 타미의 발달력과 치료력, 식습관, 잠자기 전 습관 등을 검토했다. 하지만 그는 타미의 수면 문제에 대한 어떤 이유도 찾을 수 없었다. 타미의 아버지는 말했다. "타미는 문제가 된 적이 없어요. 타미는 아주 똑똑하고 학교에서 너무 잘하고 있어요. 아이는 친구가 많아요. 타미는 나이에 비해 아주 성숙하고 엄마와 내 말을 거의 항상 잘 듣습니다"

발드윈 박사는 타미와 면담을 했다 "밤에 침대에 누워있을 때, 기분이 어떠니?" 타미는 대답했다. "처음에는 너무 피곤해서 기분이 좋아요. 그러고 나서는 좀 긴장되고 불안해져요. 뱃속이 욱신거려요" 발드윈 박사는 물었다. "침대에 있을 때, 어떤 생각이 드니?" 타미는 대답했다. "저는 내일 학교에서 해야 하는 모든 것에 대해 생각하기 시작해요. 숙제, 시험, 배구… 이런 것들에 대해 걱정해요. 그러고 나면 저는 점점 더 긴장되고 욱신거려요. 생각을 멈출 수가 없어요. 입술을 깨물거나 손톱에서 피가 날 때까지 뜯기 시작해요. 이것도 지긋지긋해지면 침대에서 내려와요"

발드윈 박사는 계속해서 말했다. "너가 스스로를 편안하게 하고 잠

들기 위해 할 수 있는 일이 있니?" 타미는 대답했다. "엄마나 아빠가 저를 안아주시거나 말을 걸면, 저는 보통 걱정을 멈추고 다른 생각을 하고 진정할 수 있어요. 하지만 가끔은 걱정이 다시 시작되고 긴 밤이 되겠구나 생각하게 돼요"

©iStockphoto/spfoto

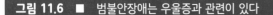

그림 11.6 ■ 범불안장애는 우울증과 관련이 있다

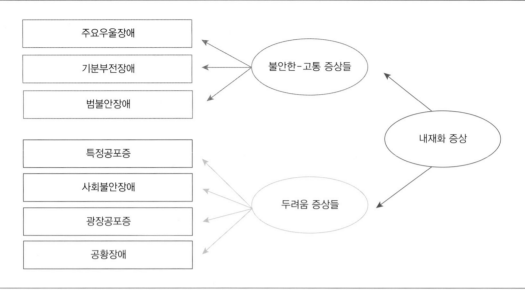

주 : 아동의 내재화 증상은 증상들이 일반적으로 공존하는 방식에 따라 두 그룹으로 나눌 수 있다 : '두려움' 증상과 '불안한-고통' 증상. 범불안장애는 다른 불안장애보다 우울증에 더 가까운 경향이 있다. 출처 : Goldberg et al. (2009).

혹은 우울 증상과 동시에 나타났다. 연구 참여자들 중 약 3분의 1만이 우울증이 있고 난 후에 불안 문제를 경험했다. 평균적으로 청소년들은 불안이 나타나고 5년 후에 우울 증상을 보인다.

셋째, 요인분석에 따르면 범불안장애와 우울 증상은 일반 인구에서 자연스럽게 공존하는 경향이 있다(Michel et al., 2013). 요인분석은 관찰 가능한 특성 또는 증상 간 관계를 설명하는 근본적인 구성요소 또는 '요인'을 확인하는 통계적 기술이다. 이 경우 함께 나타나는 경향이 있는 증상의 군집을 확인하여 요인분석을 수행한다. 여러 요인분석 연구는 아동의 내재화 증상이 두 가지 요인에 의해 설명될 수 있다는 것을 보여주었다(그림 11.6). '두려움(fear)' 요인은 불안, 공포, 공황으로 특징지어지는 대부분의 불안장애(특정공포증, 사회불안장애, 광장공포증, 공황장애)들 간 관계를 설명한다. 그러나 두 번째 '불안한-고통(anxious-misery)' 요인은 범불안장애, 주요우울장애, 기분부전장애(다른 우울장애) 사이의 관계를 설명한다. 범불안장애를 가지고 있는 아동은 두려움이나 공황의 증상보다 우울을 동반한 문제를 더 많이 보인다.

원인

불안장애의 위험요인 중 많은 것들이 일반적으로 범불안장애에도 적용된다. 예를 들어, 까다로운 기질, 행동억제 기질, 부적절한 부모-자녀 상호작용은 다른 불안장애에 더하여 범불안장애에 대한 위험요인이 된다(Higa-McMillan et al., 2014; Simon, 2016).

범불안장애는 두려움이나 공황보다는 걱정이 특징이기 때문에 다른 불안장애와 차이가 있다. 행동적 관점에서, 걱정은 이치에 맞지 않는 것처럼 보인다. 대부분의 사람들은 걱정을 피하고 싶은 활동으로 간주하는데, 즉, 걱정은 강화적 속성이 없는 것처럼 보인다. 그러나 인지행동 학자들은 걱정이 범불안장애를 가진 아동과 청소년에게 특별한 목적을 제공한다고 제안한다. 인지적 회피 이론(cognitive avoidance theory)에 따르면, 걱정은 사람들이 정서적 그리고 신체적으로 고통스러운 심상(mental image)을 피하도록 돕는다(Borkovec & Inz, 1990; Roemer & Borkovec, 1993). 걱정은 사람들이 현재 곧 닥쳐올 위험과 관련한 과도한 감정적 이미지들을 미래의 불행에 대한 더 추상적이고 분석적인 사고로 대체하게 해준다. 따라서 걱정은 회피의 한 형태이며 부적으로 강화된다.

걱정이 어떻게 부적으로 강화될 수 있는지를 이해하기 위해, 범불안장애를 가진 완벽주의자 12세 엘사를 살펴보자. 엘사의 선생님은 엘사에게 세 명의 반 친구들과 함께 과학 과제를 하도록 배정했다. 그룹 활동에서 학생들은 과제를 완수해야 하며 포스터를 만들어야 하고, 과제 결과를 학교의 과학행사 때 발표해야 한다. 대부분의 아동들은 이 과제를 받았을 때 어느 정도 불안을 경험할 것이다. 그러나 엘사는 큰 고통을 보인다. 엘사는 자신의 그룹이 실험에 처참하게 실패하고, 포스터에 셀 수 없이 많은 실수를 하고, 발표 동안 창피를 당하는 것에 대해 상상한다. 게다가 엘사는 선생님과 부모님이 비난을 하거나 질책할 것에 대해 예상한다. 이러한 심상(mental image)에 대처하기 위해, 엘사는 상황을 더 추상적인 형태로 언어화하여 생각한다. 즉 걱정을 한다. 엘사는 "만약 친구들이 과제에서 맡은 부분을 제대로 하지 않는다면 어떡하지?" 또는 "포스터에 적힌 글자를 다시 확인하는 게 좋을 것 같아" 또는 "발표에 대한 준비가 충분히 되어 있지 않은 것 같아. 한 번 더 연습해야겠다"고 혼자 생각한다. 이러한 걱정은 엘사의 시간과 에너지를 소모하게 하지만, 중요한 역할을 하기도 한다. 걱정은 엘사가 과제에 실패하는 끔찍한 결과를 상상하는 것을 피하도록 해준다. 엘사와 같은 아동들이 고통스러운 이미지를 회피하거나 벗어나게 하는 범위 안에서, 걱정은 부적으로 강화될 수 있다.

인지적 회피 이론(cognitive avoidance theory)을 뒷받침하는 대부분의 자료는 범불안장애를 가진 성인들을 대상으로 한 것이다. 그러나 최근의 몇몇 연구들은 과도한 걱정을 하는 아동과 청소년이 보통 정도의 걱정을 하는 아동·청소년보다 더 많은 인지적 회피 전략을 사용한다는 것을 보여준다. 예를 들어, 만성적으로 걱정을 하는 아동은 미래의 문제를 다루는 것을 회피하기 위해 종종 주의를 전환시키거나(예 : 비디오 게임을 하는 것) 사고를 억제하는 것(예 : 특정 주제에 대해 생각하지 말라고 스스로에게 말하는 것)과 같은 전략을 사용한다. 이에 반해서, 걱정을 적게 하는 아동은 문제를 직접적으로 다루도록 돕는 보다 적극적인 문제해결 전략을 사용하는 경향이 있다(예 : 다가오는 시험을 위한 공부). 더욱이 아동이 사용하는 회피 전략의 수는 걱정의 심각도를 예측한다(Dickson, Ciesla, & Reilly, 2012).

사실 범불안장애 아동은 문제를 해결하기 위해서가 아니라 문제에 대해 생각하는 것을 피하기 위해 걱정을 한다. 대부분의 아동은 미래에 다가올 문제를 예상하고 가능한 해결방안을 미리 만들기 위해 걱정을 한다. 예를 들어, 앞으로 있을 시험에 대해 걱정하는 한 아동은 "시험이 매우 어려울 거라서, 시험을 잘 보려면 (매일 밤 조금씩) 공부를 바로 시작해야 할 거야"라고 생각할 수 있다. 이 경우, 걱정은 긍정적인 문제해결의 기능을 가진다. 반대로, 범불안장애를 가진 아동은 걱정을 하는 동안 문제가 거의 해결되지 않는다(그림 11.7). 대신에, 이러한 아동들은 부정적인 사건에 대해 단순히 반추한다. 예를 들어, 미래에 다가올 시험을 걱정하는 범불안장애를 가진 아동은 이렇게 생각할 수 있다. "시험이 정말 어려울 것 같아. 실패하면 어쩌지? 엄마가 뭐라고 하실까?" 범불안장애를 가진 아동은 자신의 걱정에 대한 해결책을 만들어 낼 가능성이 더 적기 때문에, 걱정은 통제할 수 없을 정도로 지속된다(Ruscio et al., 2015).

마지막으로, 범불안장애를 가진 많은 아동·청소년은 걱정을 악화시키는 인지 왜곡을 사용한다. 윔스와 와츠(Weems & Watts, 2005)는 범불안장애 아동에게서 볼 수 있는 세 가지

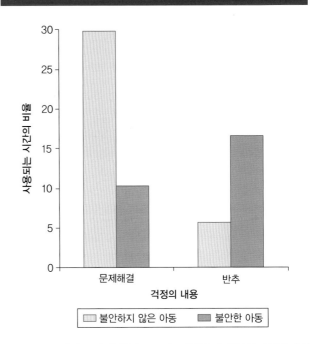

그림 11.7 ■ 당신은 어떻게 걱정하나요?

주 : 불안장애가 없는 아동은 걱정을 할 때 미래의 문제에 대한 해결방안을 만들려고 하는 경향이 있다. 이와 반대로, 범불안장애와 같은 불안장애를 가진 아동은 미래에 생길 가능성이 있는 문제에 대해 반추하는 경향이 있다. 출처 : Szabó & Lovibond (2004).

인지 왜곡을 확인했다. 즉, 파국화(catastrophizing), 과잉일반화(overgeneralizing), 개인화(personalizing)이다. 파국화는 아동이 약간의 안 좋은 사건에서도 매우 부정적인 결과를 예상할 때 일어난다. 예를 들어, 댄스 공연을 앞두고 있는 범불안장애를 가진 소녀는 '댄스화를 안 가져오고, 무대 위에서 발을 헛디디고, 가족들을 창피하게 할지도 모른다'는 매우 불행한 결과를 예상할 수 있다. 과잉일반화는 아동이 한 번의 실패를 미래의 불행에 대한 지표라고 가정할 때 일어난다. 예를 들어, 첫 공연에서 실수를 한 아동은 이후의 모든 공연에서 실수를 할 것이라고 예상할 수 있다. 마지막으로, 개인화는 아동이 불행에 대해 자신을 탓할 때 일어난다. 예를 들어, 댄스 공연을 하는 동안 발을 헛디딘 아동은 자신의 실수에 대해 바닥이 미끄러워서 그랬다고 생각하기보다는 자신이 서투른 탓이라고 생각할 수 있다. 이러한 왜곡은 상황을 더 위협적으로 보이게 만

들면서 현실을 왜곡시킨다. 그 결과, 이러한 왜곡은 지속적인 걱정, 반추, 그리고 부정적 정서의 원인이 된다.

11.2 강박 및 관련 장애

강박장애란?

강박장애(obsessive-compulsive disorder, OCD)는 반복적이고 원치 않는 강박 사고 또는 강박 행동으로 나타나는데, 강박 사고나 행동은 과도하게 시간을 소모하게 만들어 현저한 고통을 유발하거나 일상 기능을 크게 손상시킨다(표 11.9). 강박 사고(obsessions)는 "침투적이고 원치 않는 방식으로 경험되는 반복적이고 지속적인 생각, 충동 또는 심상"이다(American

---

표 11.9 ■ 강박장애 진단기준

A. 강박 사고나 강박 행동 혹은 둘 다 존재하며,
강박 사고는 (1)과 (2)로 정의된다.

  1. 반복적이고 지속적인 생각, 충동 또는 심상이 장애 시간의 일부에서는 침투적이고 원치 않는 방식으로 경험되며 대부분 현저한 불안이나 괴로움을 유발함.
  2. 이러한 생각, 충동 및 심상을 경험하는 사람은 이를 무시하거나 억압하려고 시도하며 또는 다른 생각이나 행동을 통해 이를 중화시키려고 노력함(즉, 강박 행동을 함으로써).

  강박 행동은 (1)과 (2)로 정의된다.

  1. 예를 들어, 손 씻기나 정리정돈하기, 확인하기와 같은 반복적 행동과 기도하기, 숫자 세기, 속으로 단어 반복하기 등과 같은 심리 내적 행위를 개인이 경험하는 강박 사고에 대한 반응으로 수행하게 되거나 엄격한 규칙에 따라 수행함.
  2. 행동이나 심리 내적인 행위들은 불안감이나 괴로움을 예방하거나 감소시키고 또는 두려운 사건이나 상황의 발생을 방지하려는 목적으로 수행됨. 그러나 이러한 행동이나 행위들은 그 행위의 대상과 현실적인 방식으로 연결되지 않거나 명백하게 지나침.
  주 : 어린 아동의 경우 이런 행동이나 심리 내적인 행위들에 대해 인식하지 못할 수도 있다.

B. 강박 사고나 강박 행동은 시간을 소모하게 만들어(예 : 하루에 1시간 이상), 사회적, 직업적 또는 다른 중요한 기능 영역에서 임상적으로 현저한 고통이나 손상을 초래한다.

C. 강박 증상은 물질(예 : 남용약물, 치료약물)의 생리적 효과나 다른 의학적 상태로 인한 것이 아니다.

D. 장애가 다른 정신질환으로 더 잘 설명되지 않는다(예 : 범불안장애에서의 과도한 걱정, 신체이형장애에서의 외모에 대한 집착, 수집광에서의 소지품 버리기 어려움, 발모광에서의 털 뽑기, 피부뜯기장애에서의 피부 뜯기, 상동증적 운동장애에서의 상동증, 섭식장애에서의 의례적인 섭식 행동, 물질 관련 및 중독 장애에서의 물질이나 도박에의 집착, 불안장애에서의 질병에 대한 과다한 몰두, 변태성욕장애에서의 성적인 충동이나 환상, 파괴적인 충동조절 및 품행장애에서의 충동, 주요우울장애에서의 죄책감을 되새김, 조현병 스펙트럼 및 기타 정신병적 장애에서의 사고 주입 혹은 망상적 몰입, 자폐스펙트럼장애에서의 반복적 행동 패턴).

다음의 경우 명시할 것:
  • 좋거나 양호한 병식 : 강박적 믿음이 진실이 아니라고 확신하거나 진실 여부를 확실하게 인지하지 못한다.
  • 좋지 않은 병식 : 강박적 믿음이 아마 사실일 것으로 생각한다.
  • 병식 없음/망상적 믿음 : 강박적 믿음이 사실이라고 완전하게 확신한다.

다음의 경우 명시할 것 :
  • 틱 관련 : 현재 또는 과거 틱장애 병력이 있다.

출처 : *Diagnostic and Statistical Manual of Mental Disorders*, Fifth Edition (2013), 미국정신의학협회 판권 소유. 재인쇄 허가받음.

Psychiatric Association, 2013, p. 235). 강박 사고에는 오염에 대한 생각(예 : 문 손잡이와 같은 더러운 물체를 만지는 것), 반복되는 의심(예 : 누군가가 문을 잠그지 않고 나간 건 아닌지 의심), 질서나 대칭에 대한 요구(예 : 수건이 특정 방식으로 배열되어 있는 것), 공격적이거나 끔찍한 충동(예 : 교회에서 욕설을 하는 생각), 성적 이미지 등이 포함된다.

강박장애를 가진 대부분의 사람들은 강박 사고를 무시하거나 억압하려고 한다. 그러나 강박 사고를 무시하는 것은 대개 불안, 긴장 또는 고통을 증가시킨다. 이러한 부정적 느낌을 낮추기 위해, 대부분의 사람들은 강박 행동을 한다. 강박 행동(compulsions)은 "한 개인이 강박 사고에 대한 반응이거나 혹은 엄격한 규칙에 따라 수행해야 한다고 느끼는 반복적 행동 또는 심리 내적인 행위"이다(American Psychiatric Association, 2013, p. 235). 흔하게 보이는 강박 행동에는 씻기, 청소, 숫자 세기, 확인하기, 반복하기, 배열하기 및 정리하기가 포함된

다. 강박 행동은 대개 엄격한 방식으로 수행되며, 종종 독특한 특정 규칙에 따라 수행된다. 예를 들어, 성적인 이미지를 포함하는 반복적인 강박 사고를 가진 어떤 청소년은 불안이나 죄책감을 완화하기 위해 기도를 해야 한다고 느낄 수 있다. 만약 그 청소년이 기도를 하는 중 실수를 한다면, 기도문을 완벽하게 암송할 때까지 기도를 반복하도록 스스로에게 요구할 수 있다(그림 11.8 참조).

강박장애를 가진 많은 성인과 청소년들은 원치 않는 생각, 충동 또는 심상이 자신의 마음으로부터 나온 것임을 인식한다. 이러한 생각, 충동 또는 심상은 '실현될' 가능성이 낮음을 인식한다. 하지만 강박장애를 가진 어린 아동은 자신의 강박 사고가 실현될 것이라고 확신할 수도 있다. DSM-5는 임상의에게 강박 증상에 대한 개인의 병식을 명시하도록 한다. 병식에 대한 명시는 병식이 양호한 사람이 병식이 부족하거나 결여된 사람보다 치료에 참여하려는 동기가 더 클 수 있다는 점

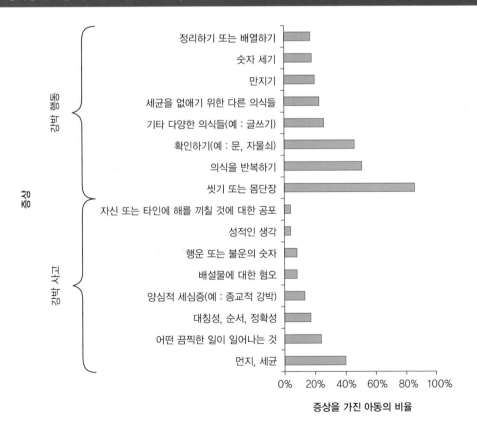

그림 11.8 ■ 강박장애 아동·청소년의 강박 사고와 강박 행동

에서 중요하다(Geller, 2010; Piacentini, Chang, Snorason, & Woods, 2014).

아동 및 청소년의 약 1~2%가 강박장애를 가지고 있다. 역학 연구에 의하면 이 아동들의 90%는 어느 시점에서도 장애에 대한 치료를 받지 않고 있다. 아동기의 강박장애는 여아 보다 남아에게 더 흔하며, 성비는 2:1이다. 청소년기 후반이 되면, 많은 여아들이 장애를 보이기 시작하고 성별에 따른 분포가 거의 같아진다(Geller, 2010).

아동의 강박 사고와 강박 행동은 성인과는 다소 차이가 있다. 첫째, 시간이 지남에 따라 강박 사고 그리고/또는 강박 행동이 변화하는 것은 아동에게 드물지 않다. 둘째, 아동의 강박 사고와 강박 행동은 종종 성인보다 더 모호하고, 마술적이거나, 미신적이다. 셋째, 많은 아동은 자신의 강박 사고를 설명하기 어려워한다. 예를 들어, 아동은 오염이나 비대칭에 대해 보고하기보다는 '나쁜 일'이 일어날까 봐 두려워한다고 보고할 수 있다. 넷째, 강박 사고를 분명하게 말할 수 있는 일부 아동은 이를 소리 내어 말하게 되면 상상했던 두려운 결과가 일어날 것이라는 불안을 가지고 있기 때문에 말하기를 꺼린다.

엄밀히 말하면, 강박 사고 혹은 강박 행동 중 하나라도 보이면 강박장애 진단을 받을 수 있다. 실제적으로는, 대부분의 아동은 강박장애의 두 가지 특징을 모두 보여준다. 때때로, 아동의 강박 행동이 정신적 의식 행위로 나타나기 때문에 강박 사고만 가지는 것처럼 보인다. 예를 들어, 사랑하는 사람이 해를 입는 것과 관련한 강박 사고는 숫자 세기나 기도하기와 같은 특정 의식 행위를 동반할 수 있다. 이러한 정신적 행위는 부모와 임상의가 어떤 강박 행동도 존재하지 않는다고 잘못 결론짓게 하면서 쉽게 간과될 수 있다. 실제로 '행동적' 강박 행동보다 '정신적' 강박 행동의 치료가 더 어려운 것은 정신적 강박 행동의 발견과 감시가 어렵기 때문이다. 강박장애를 가진 소년 토니의 사례를 살펴보자.

아동기 강박장애는 오랜 시간에 걸쳐 지속되는 심각한 질환이다. 평균적으로 강박장애를 가진 아동·청소년의 41%가 5년이 지난 후에도 장애에 대한 진단기준을 계속 충족하였다. 다른 20%의 아동·청소년은 계속해서 역치하의 강박 증상을 보인다. 초기에 증상이 발병한 아동·청소년은 증상의 지속 기간이 더 길며, 입원이 필요할 정도의 증상들은 지속적인 문제로 나타날 가능성이 매우 높다. 그러나 강박장애를 가진 아동·청소년의 40%는 청소년기 후반이나 성인기 초기에 현

사례연구
강박장애

'꼭 맞는' 일을 하는 것

토니 제프리스는 12세 남아로 집 주변에서 계속해서 '이상한 의식'을 하는 것을 어머니가 알게 되어 의뢰되었다. 어머니는 토니가 방에 들어가거나 나가기 전에 여러 번 불을 켜고 끄는 지속적인 습관을 알게 되면서 토니가 이상하다는 것을 처음 알아차렸다. 어머니가 이 습관에 대해 물었을 때, 토니는 당황한 듯 "아무것도 아니에요"라고 일축했다. 어머니는 그 후 다른 의식들을 알게 되었다. 토니는 길가에서 금이 간 부분을 피해서 걷고, 문을 여러 번 열고 닫았으며, 방을 여러 번 드나들다가 나갔다. 어머니가 토니에게 이런 행동들을 직면시켰을 때, 토니는 강박 행동을 한 것에 대해 인정했다.

이후에, 토니의 치료사는 강박 사고에 대한 정보를 모으기 위해 노력했다. 치료사는 "이런 행동을 하기 전에 어떤 생각이 떠오르니?"라고 물었다. 토니는 머뭇거리며 대답했다. "네, 하지만 그것을 뭐라고 표현하기 어려워요. 저는 긴장감을 느껴요. 저나 엄마한테 나쁜 일이 생길 것 같은 느낌이 들어요. 제가 학교에서 F학점을 받게 되거나 엄마가 직

©iStockphoto.com/spfoto

장을 잃게 되는 것 같은 일이요. 그리고 저는 불을 세 번 켜고 끄거나, 문을 세 번 열었다 닫거나, 방을 세 번 드나드는 것과 같은 어떤 특별한 뭔가를 해야 한다고 느껴요." 치료사가 물었다. "항상 세 번이니?" 토니는 말했다. "네, 세 번이 꼭 맞아야만 기분이 나빠지지 않아요."

저하게 증상이 감소된다. 많은 청소년들은 증상이 완전히 관해될 것이다. 그럼에도 불구하고 강박장애를 가진 아동·청소년은 일반적인 또래들에 비해 초기 성인기에 대인관계, 직업, 정서적 문제에 대한 위험이 상당히 높다(Geller & March, 2012).

원인

강박장애는 유전적 위험요인과 뇌 구조 및 기능 이상이 결합되어 발생하는 신경발달적 장애로 가장 잘 간주된다(Rapoport & Shaw, 2010). 강박장애는 유전 가능성이 있다. 강박장애 성인의 일차 친족에서 강박장애 발병률이 높다. 강박장애를 가진 청소년의 약 10~25%는 적어도 한 명의 부모가 장애를 가지고 있다. 쌍생아 연구에 따르면 유전적 요인(45~58%)과 공유되지 않은 환경적 요인(42~55%)이 동일한 비율로 강박장애 증상을 설명한다. 양육방식이나 SES와 같은 공유된 환경적 경험은 강박장애 증상의 차이를 거의 설명하지 않는다(Geller, 2010).

피질-기저-신경절 회로(cortico-basal-ganglionic circuit)로 알려진 신경 경로는 강박장애를 설명하는 데 특히 중요한 것으로 보인다(그림 11.9). 이 회로는 3개의 뇌 영역을 포함하는 피드백 루프(feedback loop)를 형성한다: (1) 안와전두피질, (2) 대상회, (3) 미상핵이라고 불리는 기저핵의 일부.

안와전두피질(orbitofrontal cortex)은 환경의 이상이나 불규칙성을 감지하고 이러한 불규칙성을 바로잡기 위한 행동적 반응을 일으키는 역할을 한다. 예를 들어, 어떤 사람이 손의 먼지를 알아차렸을 때 안와전두피질이 활성화될 수 있다. 안와전두피질로부터의 신호는 변연계의 일부인 대상회(cingulate)로 보내진다. 대상회의 활성화는 인지적 반추(예 : "이 먼지가 정말 나를 괴롭힌다")와 불안, 걱정 또는 긴장을 느끼는 것과 관련된다. 마지막으로, 신경 신호는 뇌 깊숙이 위치한 기저신경절의 일부인 미상핵(caudate)으로 보내진다. 미상핵은 이러한 부정적인 생각과 느낌을 줄이기 위해 행동적 반응을 준비한다(예 : 손을 씻는다). 그리고 나서 미상핵은 이상이나 불규칙성을 바로잡았다는 것을 알려주기 위해 안와전두피질에 피드백을 제공한다.

대부분의 사람들의 경우, 미상핵이 안와전두피질과 대상회로부터 정보를 억제하여 사람이 경험하는 고통의 양을 조절한다. 그러나 강박장애를 가진 사람들은 대상회의 과다 활동과 미상핵에 의해 억제의 저하가 자주 관찰된다. 결과적으로, 이러한 사람들은 주변 환경의 이상 또는 불규칙성을 감지했을 때 비정상적으로 높은 수준의 고통을 경험한다(Fullana et al., 2014).

피질-기저-신경절 회로에 세로토닌이 풍부하다는 것은 주목할 만하다. 결과적으로 세로토닌은 아동의 강박장애 발

그림 11.9 ■ 강박장애의 기저 요인 : 피질 - 기저 - 신경절 회로의 과다활동

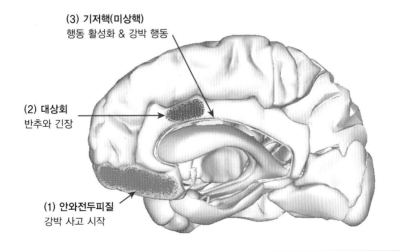

(3) 기저핵(미상핵)
행동 활성화 & 강박 행동

(2) 대상회
반추와 긴장

(1) 안와전두피질
강박 사고 시작

출처 : Brennan et al. (2015).

생과 치료에 중요한 역할을 하는 것으로 여겨진다. 뒤에서 다루겠지만, 세로토닌을 조절하는 플루옥세틴(프로작)과 같은 약물은 강박장애를 가진 많은 아동·청소년의 강박장애 증상을 감소시킨다. 더욱이 세로토닌의 활동을 인위적으로 증가시키는 약물은 종종 강박장애 증상을 악화시킨다. 결과적으로, 연구자들은 강박장애 증상이 부분적으로는 지나치게 높은 수준의 세로토닌에 의해 유발된다고 본다(Romanelli, Wu, Gamba, Mojtabai, & Segal, 2014).

비록 유전적, 생물학적 요인이 강박장애의 기저 요인이 될 수 있지만, 장애는 학습을 통해 유지될 가능성이 있다. 강박 사고는 사람들이 특정한 환경 자극을 고통스러운 신념이나 생각과 연관시킬 때 생긴다. 예를 들어, 문의 손잡이는 오염에 대한 생각과 짝지어질 수 있다. 나중에, 이 사람은 씻는 행위가 이러한 걱정을 줄여준다는 것을 학습한다. 결과적으로, 그는 이후에 손을 씻을 가능성이 더 높다. 이에 따라 강박 행동은 고통이 감소되는 것에 의해 부적으로 강화된다(Piacentini et al., 2014).

게다가 청소년들의 사고방식은 강박장애 증상을 악화시킬 수 있다. 특히 두 가지 인지 왜곡이 중요할 수 있다. 첫째, 강박장애 청소년은 불행에 대한 과도한 책임을 느낀다(Mathieu, Farrell, Waters, & Lightbody, 2015). 예를 들어, 어머니가 직장에서 해고되거나, 아버지가 퇴근길에 차 사고를 당하면 청소년들은 자신의 운이 나빠 그런 것이라고 자책할 수 있다. "내가 너무 엄마에게 짐이 되어서 엄마가 직장을 잃은 거야. 엄마는 나를 돌보면서 일까지 할 수는 없어" 또는 "내가 지난주에 아빠에게 차를 빌렸을 때 뭔가 건드려서 아빠가 사고가 난거야. 이건 내 잘못이야"라고 생각할 수 있다. 불행에 대한 이러한 판단은 죄책감과 자기 의심을 가지게 한다.

둘째, 강박장애 청소년들은 종종 사고-행위 융합을 보이는데, 단순히 어떤 사건을 생각한 것만으로도 사건이 일어날 가능성이 높아진다는 잘못된 신념을 가진다(Bailey, Wu, Valentiner, & McGrath, 2014). 예를 들어, 강박장애가 있는 어떤 여자 청소년은 할아버지의 죽음에 대해 단순히 생각하는 것만으로도 할아버지가 병에 걸릴 가능성이 높아질 수 있다고 믿을 수 있다. 왜냐하면 청소년들은 순간적으로 부정적인 생각을 했을 때 매우 큰 고통을 느끼게 되고 자신의 생각이 문제의 원인이라고 믿게 되기 때문이다. 대부분의 사람들은 이러한 생각을 '비이성적인' 또는 '불가능한' 것으로 치부하는 반면, 강박장애 청소년들은 현실 세계에서 일어나는 일에 자신이 정신적으로 영향을 줄 수 있다고 믿기 때문에 이러한 생각들을 심각하게 받아들일 수 있다(Piacentini et al., 2014).

소아 강박장애에서 일부 사례들은 베타-용혈성 연쇄상구균 감염에 의해 발생한다(Swedo et al., 2015). 이 유형에서 가장 흔하게 일어나는 감염은 폐혈성 인두염이다. 연쇄상구균 감염으로 인한 소아 자가면역 신경정신장애의 이론[(Pediatric Autoimmune Neuropsychiatric Disorder Associated with Streptococcus, PANDAS theory)]에 따르면, 이러한 감염을 보이는 아동의 그룹은 강박장애 증상과 틱(즉, 불수의적인 동작 또는 음성)의 급격한 발병을 나타낸다. 이러한 아동들은 과민성, 야뇨증, 불안, 미세운동기술(예 : 글씨 쓰기)의 저하와 같은 다른 증상들을 가질 수 있다. 이러한 증상은 뇌가 기능하는 것을 방해하는 자가면역 반응에 의해 발생한다. 항생제 치료는 이러한 증상의 발병을 예방하는 데 효과적이지 않다. 대부분의 경우, 아동은 이후에 강박장애 진단을 받고 장애에 대한 치료를 받아야 한다(Ferretti, Stevens, & Fischetti, 2016).

강박장애와 관련된 장애로 어떤 장애가 있나?

강박장애는 때때로 아동기 및 청소년기에 나타나는 다른 DSM-5 장애들과 유사점을 가진다: (1) 틱장애와 투렛장애, (2) 발모광, (3) 피부뜯기장애. 이러한 장애를 가진 아동·청소년은 강박장애를 가진 아동·청소년처럼 종종 불안, 걱정, 좌절 또는 긴장과 같은 부정적 정서를 보고한다. 또한 매우 큰 고통이나 일상적 기능의 손상을 야기하는 강박적 집착, 원하지 않는 충동 그리고/또는 반복적 행동의 증상을 공통적으로 가진다(Stein, Craske, Friedman, & Phillips, 2011; Stein et al., 2010a, 2010b).

틱장애

틱(tics)은 갑작스럽고, 빠르며, 비율동적이고, 정형화된 불수의적 행동이다. 틱은 운동적(예 : 얼굴 찡그리기, 목 까딱거리기, 사지를 움직이기) 또는 음성적(예 : 킁킁거리기, 새소리 내기, 목 가다듬기)일 수 있다. 또한 틱은 단순하게 나타나거나 복합적일 수 있다. 단순 틱은 짧은 시간(예 : 1/1000초 단위) 동안 지속되며, 한 가지 종류의 운동(예 : 눈 깜빡임, 어깨 움츠리기) 또는 음성(예 : 혀 차는 소리, 킁킁거리기) 틱으로 구성된다. 복합 틱은 몇 초 동안 지속되며 일반적으로 여러 개의 단순 틱(예 : 동시에 고개를 돌리고 어깨를 으쓱하는 것)이 조합되어 구성된다. 틱을 가진 일부 사람들은 성적 또는 외설적인 몸짓이나(외설 행동), 부적절하게 비방하는 말을 하거나(욕설증), 다른 사람의 행동을 모방하고(반향운동증), 소리나 단어를 반복한다(반향언어증). 그러나 모든 경우에 틱은 목적이 없으며 불수의적으로 행해진다(Chen et al., 2013).

틱은 강박장애와 유사하다 : 두 장애 모두 일련의 사건(event)을 포함하는데, 즉 자극에 뒤이어 대체로 습관적인 반응이 일어난다. 강박장애의 경우 자극은 강박 사고이고 반응은 강박 행동이다. 틱의 경우, 자극은 갑작스럽고 원치 않는 충동이며, 반응은 운동이나 음성 행동이다. 게다가 틱과 강박 사고는 모두 짧은 시간 동안 억제될 수 있지만, 오래 억제될수록 점점 더 큰 불편감을 야기한다(Leckman & Bloch, 2010).

강박장애와 틱은 또한 서로 차이가 있다. 강박장애를 가진 사람들은 거의 항상 특정한 강박 사고 또는 정신적 심상에 반응하여 강박 행동을 수행한다. 이와 대조적으로, 틱을 가진 모든 사람이 운동 또는 음성 행동을 촉발하는 강박 사고를 보고하지는 않는다(Phillips et al., 2010). 틱 장애를 가진 사람들 중 약 절반만 틱에 앞서 일어나는 특정 강박 사고를 보고한다. 이러한 강박 사고는 종종 대칭성이나 순서에 대한 생각을 포함한다. 그러나 틱장애가 있는 사람의 50~80%는 틱에 앞서는 전조 충동(premonitory urge)만을 보고한다. 이러한 충동은 자주 신체의 특정 부위에 국한된 가려움이나 근육의 긴장처럼 '신체적 특성'을 갖는 것으로 기술된다(Towbin, 2015).

틱의 심각도는 경도에서 고도까지 다양하다. 많은 아동·청소년은 틱에 대해 원치 않는 충동으로, 코를 긁고 싶거나 재채기를 하려고 할 때 가질 수 있는 느낌과 비슷하다고 말한다. 보통, 짧은 시간 동안 이 충동을 무시하거나 억누를 수 있다. 그러나 충동을 억제하는 것은 대개 그 강도와 불편감을 증가시킨다. 이러한 이유로 틱은 대개 '대부분 불수의적'으로 간주되며, 아동·청소년은 짧은 시간 동안만 틱을 통제할 수 있다(Towbin, 2015).

몇 가지 다른 틱장애들이 있다. DSM-5는 최소에서 가장 심각한 순서에 따라 위계적 방식으로 이 장애들을 배치한다.

첫째, 잠정적 틱장애는 1년 미만의 기간 동안 한 가지 또는 다수의 운동 혹은 음성(또는 둘 다) 틱으로 특징지어진다. 둘째, 지속성 운동 또는 음성 틱장애는 1년 이상 지속되는 다수의 운동 또는 음성 틱(단, 둘 모두를 가지지 않음)에 의해 정의된다. 마지막으로, 투렛장애(Tourette's disorder)는 1년 이상 지속되는 다수의 운동과 음성 틱에 의해 정의된다. 많은 사람들은 투렛장애가 외설적인 단어들을 불수의적으로 말하는 외설증에 의해 정의된다고 믿는다. 실제로는 투렛장애 환자 중 10% 미만이 외설증을 가지고 있다(Leckman & Bloch, 2010).

투렛장애의 평생 유병률은 0.4~1.8% 사이이다. 만성 틱장애는 아동과 청소년에서 2~4%로 나타나며 보다 흔하다. 5~18% 사이의 아동·청소년은 종종 삶에서 스트레스를 받을 때 일시적인 틱을 경험한다. 틱은 여아보다 남아에게 2배에서 10배 더 흔하다(Towbin, 2015).

틱장애와 강박장애는 아동기나 청소년기에 흔히 나타난다. 틱의 발병 중위연령(median age)은 5.5세이다. 이와는 대조적으로, 강박장애는 보통 아동기 후반이나(남아에게서) 청소년기(여아에게서)에 나타난다. 두 장애 모두 시간이 지남에 따라 증상이 좋아졌다 나빠졌다 하는 경향이 있으며 보통 심리·사회적 스트레스에 의해 악화된다. 예를 들어, 기말고사나 중요한 운동 경기 전에, 이러한 장애를 가진 아동·청소년은 흔히 원치 않는 충동의 강도가 커지고 빈도가 잦아지는 경험을 한다. 일반적으로 증상은 청소년기 초중반에 최고조에 달하고 성인 초기에는 감소한다(Bloch, Craiglow, & Landeros-Weisenberger, 2009).

틱장애는 강박장애와 공존 확률이 높다. 만성 틱장애 또는 투렛장애를 가진 아동·청소년 중 25~50%는 청소년기 또는 초기 성인기의 어느 시점에 강박장애를 가질 수 있다. 반대로 강박장애를 가진 아동·청소년 중 약 30%는 틱장애나 투렛장애를 보인다. 틱이 일반 인구에서 드물기 때문에, 강박장애와의 높은 공존 가능성은 두 장애 간 공통적으로 기저하는 원인이 있음을 시사한다.

사실, 틱장애와 강박장애는 모두 유전성의 질환이다. 일란성 쌍생아(MZ)의 틱장애 일치성은 77~94%에 이르는 반면, 이란성 쌍생아(DZ)의 일치성은 23%에 불과하다. 게다가 두 질환은 모두 유전된다. 틱장애가 있는 아동은 틱의 병력이 있는 생물학적 친족을 가질 확률이 15~53%이다. 또한 틱장애가 있는 아동은 그렇지 않은 아동보다 강박장애를 가진 가족을 가질 가능성이 10~20배 더 높다(Towbin, 2015).

발모광

발모광(trichotillomania)을 가진 아동·청소년은 반복적으로 털을 뽑고 탈모를 일으킨다. 예를 들어, 어떤 여아는 머리 정수리에서 머리카락을 뽑거나 얼굴에 늘어뜨린 긴 머리카락을 물고 뜯을 수 있다. 이와 다른 방식으로, 어떤 청소년기 남아는 의례적 행동으로 구레나룻이나 턱에서 수염을 뽑을 수도 있다. 비록 개인의 탈모가 다른 사람들에게는 눈에 띄지 않을 수 있지만, 털을 뽑는 행위는 개인에게 고통을 주거나 개인의 기능을 제한한다. 털 뽑기 맥락에서의, '고통'은 통제의 상실, 당혹감 또는 수치심과 같은 부정적인 감정을 포함한다. 예를 들어, 어떤 아동은 자신의 털을 뽑는 것을 멈출 수 없다고 느끼기 때문에 매우 힘들어 할 수 있다. 다른 방식으로 어떤 청소년은 털을 뽑는 것과 관련해 아침에 너무 많은 시간을 보내기 때문에 학교에 계속 늦을 수도 있다. 발모광 증상을 가진 많은 사람들은 불안을 완화하기 위해(예 : 시험공부를 하는 동안) 또는 지루함을 줄이기 위해(예 : 이 책을 읽는 동안) 털을 뽑는다. 발모광은 털 뽑기가 반복되고 그 결과로 고통 또는 손상을 초래할 때만 진단된다(American Psychiatric Association, 2013).

임상적 관찰 및 경험적 연구로 발모광의 두 가지 아형(subtype)이 확인되었다. '집중형(focused)' 털 뽑기는 의식적이고 의도적인 뽑기를 포함하며, 보통 불쾌한 생각이나 느낌에 반응한다. 집중형 털 뽑기를 하는 청소년은 털을 뽑기 직전에 고통을 보고하고 털을 뽑고 난 직후에는 고통이 완화된다고 보고하는 경향이 있다. 집중형 털 뽑기는 강박장애에서 나타나는 많은 특징들과 유사점을 가진다. 이와 대조적으로, '자동형(automatic)' 털 뽑기는 습관적인 뽑기 행동을 포함하며, 보통 무의식적으로 일어난다. 자동형 털 뽑기는 보통 청소년이 다른 과제(예 : 숙제 마치기, 소셜 미디어 검색)를 하는 동안 발생하며, 고통 혹은 부정적 정서에 의해 유발되지 않는다(Stein et al., 2010b).

강박장애와 마찬가지로, 발모광도 고통을 유발할 수 있는 반복적인 행동을 포함한다. 게다가 발모광을 가진 많은 청소년들은 털 뽑기와 관련된 의례적인 행동을 한다. 예를 들어,

어떤 아동은 몸의 특정 부분에서만 털을 제거하는 반면, 다른 아동은 털을 뜯기 전에 의식적으로 '입'에 넣는다.

발모광은 여러 측면에서 강박장애와 차이가 있다. 첫째, 발모광을 가진 사람들은 보통 강박 사고나 정신적 심상을 보고하지 않는다. 그에 반해서, 강박장애를 가진 거의 모든 환자들은 강박 사고를 보고한다. 둘째, 발모광을 가진 사람들은 때때로 털 뽑기로 즐거움이나 만족감을 보고한다. 이와 비교해 강박장애를 가진 사람들은 보통 강박 행동을 수행한 후에 (즐거움이 아니라) 안도감을 보고한다. 셋째, 발모광을 가진 사람들은 보통 자신의 행동이 이상하다는 것을 인지하지만, 강박장애를 가진 일부 개인(특히 아동)은 그렇지 않을 수 있다(Stein et al., 2010b).

발모광과 강박장애는 유사한 발병 및 경과를 가진다(이미지 11.1). 두 장애 모두 일반적으로 초기 청소년기에 나타난다. 발모광의 평균 발병 연령은 11.8세이지만 유아기 및 학령전기 아동에서도 관찰되고 있다. 증상의 시작은 보통 은밀히 이루어지며(즉, 느리게 나타나고 점점 더 심각해짐), 증상은 심리·사회적 스트레스와 함께 악화되는 경향이 있다. 강박장애의 증상은 청소년기에 정점에 도달하는 경향이 있지만, 발모광의 증상은 그보다 조금 뒤인 초기 성인기에 정점에 이르는 경향이 있다. 발모광과 강박장애의 증상이 공존할 수 있다. 비록 발모광은 일반 인구의 1% 미만에서 발생하지만, 강박장애를 가진 사람의 9%가 발모광 증상을 가지고 있다.

발모광과 강박장애도 유사한 기저 원인을 가진다. 두 장애는 유전 가능성이 있다. 한 연구에서, 발모광 환자의 5%는 강

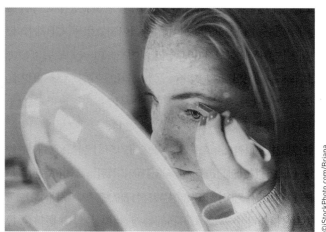

이미지 11.1 발모광과 강박장애는 유사한 발병 및 경과를 가진다.

박장애를 가진 친족을 가지고 있었다. 이에 반해, 장애가 없는 통제 집단의 1% 미만에서 강박장애를 가진 가족 구성원을 가지고 있었다. 또한 두 장애 모두 선조체의 기능 장애와 관련이 있다. 그러나 흥미롭게도 강박장애에 종종 효과적인 약물(예 : 세로토닌 재흡수 억제제)은 발모광에 덜 효과적이며, 이는 두 장애 사이에 차이가 존재할 가능성을 시사한다(Phillips et al., 2010).

피부뜯기장애

피부뜯기장애(excoriation disorder)는 DSM-5에 새롭게 등장한 장애이다. 피부뜯기의 반복으로 피부 병변이 발생하는 것이 특징이다. 피부뜯기장애가 있는 사람들은 피부뜯기를 줄이거나 멈추기 위해 반복적인 시도를 하지만 증상을 멈추지 못한다. 습관적으로 피부를 뜯는 것, 혹은 피부 뜯기를 멈추지 못하는 것은 학교, 직장 또는 사회적 기능과 관련해 고통과 손상을 유발한다(American Psychiatric Association, 2013).

피부 뜯기는 보통 사소한 문제나 나쁜 습관으로 여겨진다. 대부분의 경우, 사람들은 잡티, 연성 섬유종(skin tag) 또는 다른 작은 결점을 제거하기 위해 자신의 피부를 뜯는다. 그러나 피부뜯기장애가 있는 아동·청소년의 경우 피부 뜯기가 반복되고 멈추기 어렵다. 청소년과 젊은 성인의 2~5.4%가 피부뜯기장애를 가지고 있다. 보통 이 장애를 가진 사람들은 얼굴, 머리, 목의 피부를 뜯는다. 일부 사람들은 핀셋, 가위, 네일파일 또는 다른 물건들을 사용하지만, 보통 손톱으로 피부를 뜯는다. 반복적인 뜯기는 병변, 찰과상, 흉터를 유발할 수 있다. 일반적으로 피부뜯기장애가 있는 아동·청소년은 피부조직의 손상 때문에 소아과나 피부과 의사를 먼저 찾게 된다. 때로는 감염으로 인해 약물치료가 필요하며, 드물게 피부의 손상을 복구하기 위해 성형수술이 필요하다(Grant et al., 2012).

피부뜯기장애는 일반적으로 부정적인 정서나 고통을 느끼면서 증상이 유발되기 때문에 강박장애와 유사점을 가진다. 모든 경우가 그런 것은 아니지만 피부뜯기장애를 가진 많은 사람들은 심리·사회적 스트레스를 받은 직후에 뜯고 싶은 충동을 경험하고 피부를 뜯고 난 직후에 부정적 정서가 완화된다고 보고한다. 강박장애를 가진 사람들처럼, 피부뜯기장애를 가진 사람들은 매일 강박 행동을 하느라 몇 시간을 보낼 수 있다. 피부뜯기는 학교, 직장, 그리고 대인관계를 크게 방해할 수 있다. 게다가 강박장애와 피부뜯기장애를 가진 청소년은 대체로 자신의 증상에 대해 창피해한다. 대부분은 발각되는 것을 피하기 위해 많은 노력을 하고 치료받기를 매우 꺼릴 것이다.

피부뜯기장애는 강박장애, 발모광, 우울, 불안장애와 흔히 공존한다(Stein et al., 2010b). 피부뜯기장애와 이러한 다른 장애 간 공존은 공통적인 유전적 위험과 신경 회로(neural pathway) 때문일 수 있다(Snorrason, Belleau, & Woods, 2012). 피부뜯기장애는 또한 강박적 도박, 쇼핑, 절도(병적 도벽), 강박적 성행위와 같은 충동 조절 문제가 있는 젊은 성인에게서도 나타날 수 있다(Odlaug et al., 2013).

11.3 근거기반치료

행동치료는 공포증과 선택적 함구증 치료에 어떻게 사용될 수 있을까?

아동기 불안장애에 대한 효과가 있는 거의 모든 심리사회적 치료에는 노출 치료가 포함된다(Graczyk & Cornly, 2015). 대부분의 불안장애가 부적 강화를 통해 유지된다는 것을 기억하자. 아동은 부정적인 정서를 조절하기 위해 두려운 자극(예 : 개, 말하기, 사회적 환경)을 피하는 방법을 학습한다. 노출 치료(exposure therapy)는 아동이 별도의 시간 동안 이러한 두려운 자극에 직면할 때 일어난다. 시간이 지남에 따라, 그리고 여러 번의 직면을 통해, 아동의 불안은 점차 사라진다. 노출 치료는 여러 방식으로 진행될 수 있다. 노출은 점진적으로(즉, 점진적 노출) 또는 급속하게(즉, 홍수법) 일어날 수 있다. 아동은 실제 대상, 사람 또는 상황(즉, 실제적 노출)에 직면하거나 두려운 자극(즉, 심상적 노출)을 상상할 수 있다. 노출은 몇 주 동안 여러 번(즉, 분산된 노출) 또는 몇 시간 혹은 며칠 동안(예 : 집중적 노출) 발생할 수 있다.

아동의 공포증에 대한 행동치료는 거의 100년 동안 존재해 오고 있다. 존 왓슨(John Watson)의 제자인 메리 커버 존스(Mary Cover Jones, 1924)는 토끼를 무서워하는 피터라는 학령전 아동의 공포를 줄이기 위해 행동치료 기법을 사용했다. 존스는 피터의 공포를 줄이기 위해 세 가지 기법을 사용했다. 첫

이미지 11.2   매리 커버 존스(1924)는 피터의 토끼에 대한 공포를 줄이기 위해 노출 치료를 사용했다. 이러한 기법은 현재에도 대부분의 근거기반치료에서 한 부분으로 여전히 사용되고 있다.

째, 점진적으로 더 오랜 시간 동안 피터를 토끼에게 노출시켰다. 처음에 그 토끼는 방의 반대편의 우리 안에 있었다. 이후의 회기에서 토끼를 우리에서 풀어주고 피터에게 더 가까이 데려왔고, 피터에게 토끼를 만지게 격려했다. 둘째, 피터는 토끼가 같이 있는 것을 견딜 때마다 사탕을 받았다. 즉, 피터는 토끼와 접촉하고 도망가지 않은 것에 대해 정적인 강화를 받았다. 셋째, 토끼를 무서워하지 않는 피터 또래의 다른 아동들이 토끼가 있는 동안 피터와 함께 놀도록 했다. 피터는 아이들이 토끼를 두려워하지 않고 쓰다듬는 것을 보았다. 몇 주 동안, 피터의 토끼에 대한 공포는 줄어들었다(이미지 11.2).

유관성 관리

피터의 공포증을 치료하기 위해 사용된 것과 같은 행동치료 기술은 오늘날에도 여전히 사용되고 있다. 존스(1924)의 주요 치료 기법은 유관성 관리(contigency management)라고 불린다. 유관성 관리는 조작적 조건형성의 원칙에 기초한다. 이는 아동을 두려운 자극에 노출시키고 노출 여부에 따라 아동에게 정적 강화를 준다. 동시에 아동은 두려운 자극을 피하거나 자극으로부터 물러나는 것이 허용되지 않는다. 존스는 점차적으로 피터를 토끼에게 노출시키고 아동의 행동을 사탕으로 강화시켰다. 그리고 존스는 피터가 토끼를 피해 도망가지 못하도록 했다.

오늘날 유관성 관리를 사용하고자 하는 치료사는 먼저 가족과 만나 행동 계약을 맺을 것이다. 계약에는 아동에게 기대되는 행동과 아동이 이러한 기대에 부응했을 때 어떤 강화를 줄 것인지를 정확히 명시한다. 보통 아동과 부모는 위계적 방식으로 행동의 순위를 매긴다. 가벼운 불안을 유발하는 행동이 먼저 제시되고, 높은 불안을 유발하는 행동은 마지막에 제시된다.

아동은 두려운 자극에 점점 더 가까이 그리고 더 오랜 시간 다가가야 한다. 아동이 요구된 행동을 성공적으로 마치면, 아동은 정적 강화된다(예 : 칭찬, 장난감 또는 게임). 동시에 아동은 두려운 자극으로부터 도망가거나, 분노발작하거나, 피하는 것이 허용되지 않는다. 아동은 불안이 소거될 때까지 두려운 자극에 직면하도록 격려된다.

체계적 둔감화

공포증을 치료하기 위한 두 번째 행동치료 기법은 고전적 조건형성의 원리에 근거한 체계적 둔감화(systematic desensitization)이다. 체계적 둔감화에서는 아동이 두려움과 양립할 수 없는 반응과 두려운 자극을 연합시키는 법을 배운다. 일반적으로 양립할 수 없는 반응으로 이완이 포함된다.

처음에는 부모와 아동이 유관성 관리에서와 같이 두려운 자극에 대한 위계를 만든다. 목표는 아동을 더 오랜 시간 동안 두려운 자극에 노출시킴으로써 점진적으로 두려움의 위계를 높여가는 것이다. 그러나 노출이 시작되기 전에 아동은 두려운 자극에 직면했을 때 사용하기 위한 두려움과 양립할 수 없는 반응을 배운다. 일부 치료사들은 아동의 긴장을 푸는 것을 돕기 위해 심호흡 기술을 가르친다. 다른 치료사들은 아동에게 근육을 이완시키는 방법을 가르친다.

그리고 나서, 아동은 점진적으로 공포의 위계를 높여간다. 아동이 불안을 느낄 때, 아동은 자신의 이완 기술들을 사용하여 두려움과 양립할 수 없는 (이완) 반응을 만들어 낸다. 고전적 조건형성을 통해, 아동은 이전에 두려워했던 자극과 이완 반응을 연결하게 된다.

모델링

존스(1924)가 사용한 마지막 기술은 관찰학습 또는 모델링이다. 모델링(modeling)에서 아동은 성인이나 다른 아동이 두려운 자극에 마주하는 것을 지켜본다. 예를 들어, 개 공포증이 있는 아동은 치료 회기 동안 치료사가 개에게 접근하고, 쓰다

듣고, 함께 노는 것을 관찰한다. 아동은 또한 자기 또래의 다른 아이들이 동일하게 행동하는 것을 볼 수도 있다. 아동은 두려운 자극을 마주하는 것이 처벌(예 : 관찰학습의 모델이 개에게 물리지 않음)의 결과를 가져오지 않으며 종종 정적 강화(예 : 모델이 개와 노는 것을 즐거워함)를 가져오는 것을 보게 된다. 존스는 피터의 공포를 소거하기 위해 모델링을 사용했고, 피터는 다른 또래 아동들이 토끼에게 다가가서 노는 것을 지켜봤다.

모델링은 실생활(즉, 실제 상황 내 모델링) 안에서 또는 비디오테이프 시청(즉, 녹화된 모델링)을 통해 일어날 수 있다. 일부 치료사들은 참여자 모델링이라고 불리는 세 번째 전략을 사용한다. 참여자 모델링에서는 치료사가 먼저 모델이 되어 아동에게 목표 행동을 보여주고 난 후에 아동이 스스로 행동을 수행할 수 있도록 도와준다.

행동적 개입의 효과

특정공포증을 가진 아동·청소년에 대한 행동치료의 효과가 연구를 통해 지지되고 있다(Connolly et al., 2015; Graczyk & connolly, 2015). 행동치료 기술은 일반적인 대상(예 : 동물, 어둠, 높은 곳)에서 특이한 대상(예 : 월경, 배변)까지 공포를 완화하는 데 성공적으로 사용되어 왔다.

또한 행동치료는 선택적 함구증을 가진 어린 아동의 치료에 효과적이다(Oerbeck, Stein, Wentzel-Larsen, Langsrud, & Kristensen, 2014). 예를 들어, 통합적 행동치료는 임상의가 점진적 노출법과 체계적 둔감화를 사용하여 병원과 학교에서 아동의 말하는 것에 대한 두려움을 완화하기 위한 근거기반 치료이다(Bergman, Gonzalez, Piacentini, & Keller, 2013). 처음에 치료사는 부모, 아동과 함께 '말하기 사다리(낮은 수준에서 높은 수준의 불안을 유발하는 말하기 상황에 대한 위계적 구조)'를 만들기 위한 작업을 한다. 그러고 나서 임상의는 부모와 교사가 아동이 더 높은 위계로 올라갈 때 제공할 수 있게 사용 가능한 강화물을 확인하도록 돕는다. 초반 회기에서는 아동이 병원에서 말하거나 속삭이는 단순한 반응을 요구하는 반면, 이후의 회기에서는 학교에서 선생님이나 반 친구들에게 큰 소리로 말하는 것을 포함할 수 있다. 때때로, 치료사들은 아동이 말하는 것을 격려하기 위해 모델링과 자연적인 보상을 사용한다. 예를 들어, 말하는 것을 두려워하는 아동은

다른 아이들과 "duck, duck, goose[1]" 또는 "무궁화 꽃이 피었습니다(red light, green light)" 놀이에 초대될 수 있다. 아동은 또래들이 (말을 해야 하는) 이러한 게임을 재미있게 하는 것을 보면서 또래들의 행동을 모델링할 수 있다(Conn & Coyne, 2014; Klein, Armstrong, Skira, 2016).

분리불안장애, 사회불안장애, 범불안장애를 치료하기 위해 인지행동치료가 어떻게 사용될 수 있을까?

인지행동치료(cognitive-behavioral therapy, CBT)는 아동기에 나타나는 많은 불안장애, 특히 분리불안장애, 사회불안장애, 범불안장애에 효과적인 치료법이다. 인지행동치료가 한 사람의 생각, 감정, 행동 사이에 밀접한 관계가 있다는 것을 기본 전제로 하고 있음을 기억하라. 생각의 변화는 사람들이 느끼고 행동하는 방식에 영향을 미칠 수 있다. 비슷하게, 직접적인 행동의 변화는 생각 패턴과 감정에 영향을 미칠 수 있다. 인지행동치료에서 불안장애를 가진 아동은 자신의 감정을 인식하고 보다 통제가 가능할 정도까지 불안을 줄이기 위한 인지적·행동적 대처 전략을 학습한다(Graczyk & Cornly, 2015).

필립 켄달과 동료들(Kendall, 2012)은 아동을 위한 16주 인지행동치료 프로그램의 효과를 조사했다. 이 프로그램은 (1) 교육, (2) 실습의 두 단계로 나뉜다. 첫 번째 단계에서, 아동은 생각과 감정, 그리고 행동의 관계에 대해 배우고, 불안과 걱정에 대처하는 새로운 방법을 학습한다. 치료는 개별화된 FEAR 계획을 중심으로 구성되어 있다. 계획의 단계는 감정(feelings), 기대(expectations), 태도(attitudes) 및 결과(results)의 축약어인 FEAR로 대표된다(표 11.10). 아동이 불안을 유발하는 상황에 직면했을 때, 불안을 다루기 위해 FEAR 계획을 사용한다.

첫째, 아동은 불안과 관련된 감정과 신체적 감각을 알아차리는 것을 배운다. 아동은 스스로에게 다음과 같이 질문하도록 배운다: "내가 두려움을 느끼고 있나?" 아동은 두려움을 느낄 때 고통을 줄이기 위해 근육을 이완하는 방법을 사용하도

---

[1] 수건 돌리기와 유사한 게임으로, 술래인 아동이 다른 친구들의 머리를 짚으며 'duck'이라고 외치다가 한 아동의 뒤에서 'goose'라고 외친 후 도망간다. 선택된 아동이 술래를 잡지 못하면 술래가 된다_역주

표 11.10 ■ 발표 불안이 있는 아동을 위한 FEAR 계획 예시

단계	예시
F : 두려움을 느끼나요?	"글쎄요, 가슴이 조마조마하고 손바닥에 땀이 좀 나요"
E : 나쁜 일이 일어날 거라고 예상하나요?	"난 망칠 거예요" "다른 아이들이 저를 놀릴 거예요" "나는 바보처럼 보일 거고, 애들은 저를 비웃을 거예요"
A : 도움이 될 수 있는 태도와 행동	"미리 연습해서 내가 무슨 말을 할 건지 확실히 할 수 있어요" "지난번에는 실수하지 않았고 선생님께서 잘했다고 말씀하셨어요" "만약에 내가 망친다고 해도, 모든 사람이 가끔 망치기도 하니까 그게 큰 문제는 아닐 거예요"
R : 결과와 보상	"처음에는 긴장했지만, 마지막에는 괜찮다고 느꼈어요" "아무도 날 비웃지 않았어요" "나는 내가 꽤 잘했다고 생각하고 정말 열심히 노력했어요" "나의 보상은 이번 주말에 엄마, 아빠와 영화를 보러 가는 거예요"

출처 : Kendall et al. (2005).

록 배운다.

다음으로, 아동은 불안에 기여하는 부정적인 생각이나 인지 왜곡을 인식하고 수정하는 것을 배운다. 아동은 다음과 같이 스스로에게 질문한다: "나는 나쁜 일이 일어날 거라고 예상하나?" 치료사는 생각의 변화가 어떻게 감정과 행동의 변화를 이끌 수 있는지를 보여주기 위해 워크북, 게임, 그리고 역할극 훈련을 사용한다. 예를 들어, 코핑캣 워크북(Coping Cat Workbook : Kendall, Crawley, Benjamin, & Mauro, 2012)은 아동에게 부정적인 생각을 인식하고 변화하도록 가르치기 위해 만들어진 연습 내용 시리즈로 구성되어 있다(그림 11.10).

치료사는 아동이 부정적 자기 진술의 빈도를 줄이도록 돕는다(Keehn, Lincoln, Brown, & Chavira, 2013). 불안장애를 가진 아동은 더 많은 부정적 자기 진술을 사용하지만, 긍정적 자기 진술의 횟수는 불안하지 않은 아동과 동일하다. 치료사의

그림 11.10 ■ 코핑캣 프로그램

어떤 생각은 사람들이 그 상황에 대처하는 것을 도울 수 있는 반면, 어떤 생각은 사람들을 더 긴장시키거나 두렵게 만들 수도 있어요. 이 장면을 한번 보세요. 가장 무서워할 것 같은 고양이에 동그라미 치세요. 왜 그 고양이가 더 무서워할 거라고 생각하나요?

주 : 아동의 생각과 감정을 연결하는 것을 돕기 위해 코핑캣 워크북을 완성한다. Kendall (1992)에서 발췌, 허가를 받고 사용함.

목표는 아동의 긍정적 인식을 높이는 것이 아닌데, 즉 아동이 '장미빛 안경(낙관적 시각)'을 통해 세상을 볼 수 있도록 돕는 것이 아니다. 오히려, 치료사는 부정적이거나 비극적으로 세상을 보지 않고 아동이 세상을 좀 더 현실적으로 볼 수 있도록 돕는 데 초점을 맞춘다. 켄달(1992)에 따르면, 치료의 목표는 아동에게 '부정적이지 않은 사고의 힘'을 가르치는 것이다. 부정적인 사고의 감소는 치료의 성공을 예측한다.

다음 치료 회기에서 아동은 불안을 유발하는 상황에 대처하기 위해 고안된 인지적 문제해결 기술을 배운다. **아동은 도움이 되는 태도를 발달시키기 위해 노력한다.** 문제해결 훈련은 아동이 사회적 상황 혹은 문제를 현실적으로 볼 수 있도록 돕고, 이러한 문제에 대해 가능한 한 많은 해결방안을 만들어내고, 각 해결방안의 이득과 비용을 고려하고, 최선의 행동 방안을 선택하도록 고안되었다(Beidel & Reinecke, 2016).

마지막으로, **결과와 보상** 측면에서 아동은 자신의 문제해결 기술의 효과를 판단해 보고 두려운 상황을 대처한 것에 대해 스스로 보상하게끔 격려된다. 불안한 아동은 스스로에 대한 비현실적인 기대를 갖거나 부정적인 사건을 과장해서 보기 때문에, 결과를 현실적인 시각으로 바라보고 불안을 유발하는 상황에 대처하려고 시도한 것에 자부심을 가지는 것이 중요하다(Creswell, Waite, & Cooper, 2014; Kendall, 2012).

치료 회기에서 FEAR 계획을 활용하는 방법을 배운 후에, 아동은 FEAR를 주변 환경에서 적용하기 시작한다. 일상 주변 환경에서 FEAR 계획을 사용하는 것은 단계별 노출을 포함한다. 노출의 종류는 아동의 장애에 따라 크게 달라진다. 사회 불안장애를 가진 아동은 놀이를 하고 있는 또래 집단에게 다가가도록 요구받을 수 있다. 분리불안장애를 가진 청소년은 쇼핑을 하는 중 15분 동안 부모와 떨어져 있도록 촉진할 수 있다. 처음에 아동은 노출 후 극심한 불안을 호소한다. 하지만 아동이 불안을 유발하는 상황에 익숙해지면, 불안 수준은 떨어진다. 아동은 노출이 최악의 결과를 초래하지 않는다는 것을 배운다.

여러 무작위 대조군 연구에서는 인지행동치료(CBT)가 효과적이라는 것을 보여준다(Kendall, 2012). 연구는 일반적으로 사회불안장애, 분리불안장애, 범불안장애로 진단된 7~13세까지의 아동들을 대상으로 한다. 인지행동치료는 대조군과 비교하여 자기보고, 부모보고, 행동관찰을 통한 아동의 불안

증상 개선과 연관되었다. 또한 불안의 감소는 임상적으로 유의한 경향이 있는 것으로 나타났다. 인지행동치료에 참여한 대부분의 아동들은 치료 후 더 이상 진단기준에 맞지 않았으며, 이러한 증상의 개선은 1~7년 후까지 유지되었다. 또한 아동의 인지행동치료는 집단으로 동시에 운영될 수도 있다.

최근 연구에 따르면, 인지행동치료의 가장 중요한 두 가지 요소는 (1) 아동을 두려운 자극에 노출시키는 것과 (2) 이러한 사건에 대한 부정적인 사고에 도전하는 것이다. 예를 들어, 페리스와 동료들(Peris et al., 2015)은 인지행동치료에 참여했던 아동들의 불안 증상을 평가했다. 아동들은 스스로를 두려운 자극에 노출시키고 왜곡된 사고방식에 도전하는 법을 배우면서 상당한 불안 감소를 보였다. 이와는 대조적으로, 이완 기술만을 가르쳤을 때 증상의 감소는 상대적으로 거의 나타나지 않았다. 이러한 연구 결과는 치료의 인지적 요소와 행동적 요소 모두 인지행동치료의 효과에 필수적이라는 것을 시사한다(그림 11.11).

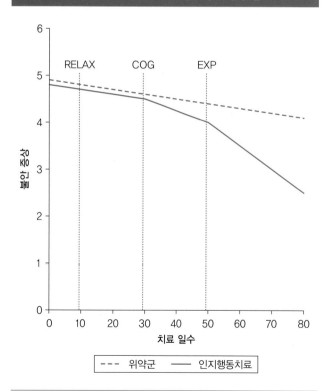

그림 11.11 ■ 인지행동치료에서 아동의 증상 감소

주 : 연구자들은 인지행동치료 동안 아동의 불안을 관찰했다. 아동들은 이완 훈련 (RELAX) 중에는 약간의 불안 감소가 나타났으나 부정적인 인지(COG)를 바꾸고 두려운 자극(EXP)에 스스로를 노출시킬 때는 불안의 감소가 더 크게 나타났다. 출처 : Peris et al. (2015).

인지행동치료 프로그램은 아동과 청소년이 컴퓨터로 참여할 수 있도록 수정되었다(Spence, March, Vigerland, & Serlachius, 2016). 컴퓨터 시행 버전의 **코핑캣**은 사회불안장애, 분리불안장애, 그리고 범불안장애를 가진 아동을 위해 개발되었다. 아동을 위한 다른 프로그램으로는 Camp Cope-A-Lot과 BRAVE for Children이 있다. BRAVE for Adolescents와 Cool Teens 프로그램이 청소년을 위해 개발되었다. 이러한 프로그램들은 전통적인 대면으로 진행되는 인지행동치료를 보완하는 데 사용될 수 있으며, 농촌지역에 사는 가정에서 전통적인 인지행동치료를 대신해서 사용될 수 있다(Donovan, Spence, & March, 2013; Graczyk & Cornly, 2015).

공황장애를 치료하기 위해 인지행동치료가 어떻게 사용될 수 있을까?

공황장애를 가진 청소년을 위한 인지행동치료는 (1) 이완 훈련, (2) 내수용 노출, (3) 인지 재구성, (4) 점진적 실제 노출의 네 가지 요소를 포함한다(Connolly et al., 2015; Simon, 2016). 이완 훈련에서는 청소년이 공황을 경험하기 시작할 때 생리적인 각성을 줄이는 방법을 배운다. **이완 훈련**(relaxation training)은 청소년의 불안민감성과 스트레스에 과민하게 반응하는 경향을 방지하기 위해 고안되었다. 대부분의 치료사들은 청소년들이 긴장을 푸는 것을 돕기 위해 호흡 연습, 근육 이완 또는 진정시키는 자기 진술을 가르친다.

내수용 노출(interoceptive exposure)은 공황장애의 치료에 특화된 기법이다. 내수용 노출에서 청소년은 공황의 생리적 증상 중 일부를 일으키고 이러한 증상들에 대처하기 위해 이완 기술을 사용하는 것을 배운다. 공황과 유사한 증상은 의자를 회전시키거나, 종이봉투에 과호흡을 하거나, 1~2분 정도 제자리 뛰기를 하면서 의도적으로 일으킬 수 있다. 공황 증상을 유사하게 만들어내는 것은 적어도 세 가지 이점을 가진다. 첫째, 청소년은 공황 증상이 의도적으로 발생할 수 있으며 따라서 항상 통제를 벗어나는 것은 아니라는 것을 인식한다. 둘째, 청소년은 공황으로 죽거나 기절하지 않을 것이라는 것을 배운다. 고통스럽기는 하지만, 공황 증상은 시간이 지남에 따라 감소한다. 셋째, 청소년은 이완 기술이 공황 증상에 효과

적으로 대처하는 데 사용될 수 있다는 것을 배운다.

인지적 재구성(cognitive restructuring)은 공황장애를 치료하는 데도 사용된다. 인지적 재구성의 기술은 일반적으로 공황 발작을 유발하는 인지 왜곡에 도전한다. 인지적 재구성의 주요 대상은 파국적 사고이다. 일부 치료사들은 공황 발작 동안 파국적 사건이 일어날 가능성을 비판적으로 평가하는 것을 돕기 위해 청소년 내담자와 '탐정 게임'을 한다. 예를 들어, 치료사는 내담자의 왜곡된 신념에 대한 증거와 반대되는 증거에 대해 질문하면서 도전할 수 있다. '과학에서 실천으로'에서는 치료사가 공황장애를 가진 여아를 돕기 위해 어떻게 인지적 재구성을 사용하는지 보여준다.

공황장애에 대한 인지행동치료의 마지막 구성요소는 점진적 노출이다. 점진적 노출은 주로 광장공포증의 회피 반응을 수정하기 위해 사용된다. 치료사와 청소년은 중간 수준의 고통 자극에서 매우 힘든 자극의 범위까지 상황 혹은 사건의 위계를 만든다. 청소년은 공황의 감소를 경험할 때까지 각각의 두려운 상황에 직면하도록 격려된다.

공황장애를 가진 개인에 대한 인지행동치료와 내수용 노출의 효과를 뒷받침하는 상당한 증거가 있다(Barlow et al., 2015). 유감스럽게도, 거의 모든 무작위 대조군 연구는 아동이나 청소년보다는 성인을 대상으로 이루어졌다. 따라서 공황장애를 가진 아동 · 청소년에게 인지행동치료는 일차치료로 고려되지만, 아동에 대한 자료가 제한적이므로 신중하게 사용되어야 한다.

강박 및 관련 장애를 치료하기 위해 인지행동치료가 어떻게 사용될 수 있을까?

강박장애에 대한 치료

인지행동치료는 현재 강박장애 아동 · 청소년을 위한 최선의 치료이다(Geller & March, 2012; Olatunji, Davis, Powers, & Smits, 2013). 일반적으로 인지행동치료는 세 가지 요소로 구성된 치료 프로그램으로 시행된다: (1) 정보 수집, (2) 노출 및 반응 방지(EX/RP), (3) 일반화.

첫째, 임상의는 부모와 아동을 면담하여 가족의 심리 · 사회적 과거력, 아동의 증상, 장애의 발병과 경과에 대한 정보를 얻는다. 임상의가 아동이 어떤 종류의 강박 사고와 강박 행

과학에서 실천으로

공황에 이르게 하는 파국적 사고에 도전하기

마 리 : 저에게 그런 느낌이 들기 시작할 때, 심장이 빠르게 뛰고 숨이 가빠져요. 그때 저는 심장마비가 오는 것 같은 느낌을 받아요. 죽을 것 같은 느낌이랑 비슷하게요!

치료사 : 당신이 그렇게 느낄 때 실제로 죽을 가능성은 얼마나 될까요?

마 리 : 꽤 높을 거예요. 적어도 그렇게 느껴져요.

치료사 : 그렇죠, 하지만 전에도 이런 발작이 많이 있었잖아요.

마 리 : 네.

치료사 : 그리고 당신은 분명히 발작 때문에 죽지는 않았죠.

마 리 : 그래요.

치료사 : 그리고 당신은 기절하거나 의식을 잃은 적도 전혀 없었어요. 맞나요?

마 리 : 네, 그런 적은 없었어요.

치료사 : 그렇다면, 당신이 앞으로 발작으로 죽거나 기절하거나 의식을 잃을 가능성은 얼마나 될까요?

마 리 : 한 번도 그런 적이 없는 걸 보니 아마 좀 낮을 것 같아요.

치료사 : 당신 말이 아마 맞을 거 같네요. 발작이 일어날 것 같다고 느낄 때, '괜찮을 거야', '죽거나 의식을 잃거나 기절하지는 않을 거야'라고 스스로에 말해볼 수도 있어요.

마 리 : 네, 하지만 발작이 오면 정말 그럴 것 같다는 느낌이 들어요.

치료사 : 맞아요, 그런 느낌이 들 수 있어요. 하지만 그런 일이 일어날 것 같은 느낌이 드는 것과 정말 기절하는 것은 완전히 별개의

일이죠. 이외에 일어날 수 있는 최악의 일은 무엇일까요?

마 리 : 글쎄요, 온몸에 땀이 나고, 숨이 가빠지고 창백해지고 피부가 축축해질 수도 있어요. 괜찮아지려면 교실을 뛰쳐나가서 화장실에 가야 할 거 같아요. 선생님이랑 다른 친구들은 내가 미쳤다고 생각할 거예요.

치료사 : 그래요, 그럼, 당신이 죽거나 기절하지는 않을 거라는 것에 대해서는 동의하는 거지요. 맞나요?

마 리 : 네, 하지만 저는 아마 바보 같은 짓을 하겠죠.

치료사 : 음, 만약에 당신이 반에 다른 친구가 갑자기 땀에 흠뻑 젖어 보이고 화장실을 가려고 교실을 뛰쳐나가는 것을 보게 되면, 당신은 어떻게 생각할까요?

마 리 : 저는 그 친구가 아파서 그랬을 거라고 생각할 거예요.

치료사 : 그 친구가 미쳤다고 생각하게 될까요?

마 리 : 아뇨, 독감에 걸렸다고 생각할 것 같아요.

치료사 : 당신은 수업이 끝난 후에 그 친구를 놀릴 건가요? 아니면 친구들과 그 친구에 대해 얘기할 건가요?

마 리 : 물론 그렇게 하지 않을 거예요. 저는 아마 그 친구에게 가서 괜찮냐고 물어봤을 거예요.

치료사 : 만약 당신이 같은 행동을 보였을 때 선생님과 반 친구들이 당신과 똑같은 방식으로 반응할 거라고 생각하지 않나요?

마 리 : 맞아요, 그럴 거 같아요.

동을 경험하는지 정확히 알아내는 것이 중요하다. 예를 들어, 아동의 의례적 행동(예 : 손 씻기, 확인하기)을 다루기 위해서는 아동의 정신적 의식 행위(예 : 숫자 세기, 기도하기)를 다루는 것과는 다른 방법을 필요로 한다.

다음 단계는 노출 및 반응 방지(exposure and response prevention, EX/RP)이다. 면접 동안 수집된 정보를 사용하여 아동과 임상의는 강박 사고를 유발하는 자극의 위계를 만들어낸다. 몇 주에 걸쳐, 아동은 각각의 자극에 자신을 노출시키고, 점진적으로 위계를 높여간다. 동시에 아동은 자극에 직면하고 나서 유발되는 의식 행위를 해서는 안 된다(Essau & Ozer, 2015).

노출 및 반응 방지(EX/RP)를 설명하기 위해 오염에 대한 강박 사고를 가지고 있는 10살 소년을 상상해보자. 아동은 '더럽다'고 생각하는 특정 물건을 만지고 나면, 손을 씻어야 한다고 느낀다. 아동의 강박 사고는 '더러운' 물체에 의한 오염이며, 강박 행동은 의례적인 씻기이다. 아동과 치료사는 가벼운 불안이나 고통을 유발하는 행동(예 : 치료사의 의자에 앉는 것)에서부터 강한 불안이나 고통(예 : 공중화장실 변기를 만지는 것)에 이르기까지 위계를 만들어낸다. 각 회기 동안, 아동과 치료사는 점차 위계를 올려가면서 다른 자극에 직면하게 된다. 치료사는 아동이 노출 동안 부정적 감정에 대처하도록 돕기 위해 호흡 조절과 같은 이완 기술을 가르칠 수 있다. 치료사는 또한 모델링, 정적 강화, 그리고 치료사-아동 간 치료적 관계를 통해 아동이 성공적으로 자극에 맞설 수 있도록 도울 수 있다. 동시에 치료사는 아동이 씻는 것을 금지시킨다. 노출 및 반응 방지(EX/RP)는 소거의 원리로 작동된다.

처음에는 노출로 인해 고통이 급격히 증가한다. 그러나 시간이 지남에 따라 아동의 고통은 줄어들고 보다 다루기 쉬워진다.

강박장애를 가진 더 나이가 많은 아동과 청소년은 노출 및 반응 방지(EX/RP)에 더하여 인지치료가 유용할 수 있다. 인지적 기법은 보통 강박장애 행동을 직접적으로 감소시키는 것은 아니다: 그것보다 인지적 기법은 일부 아동이 노출 및 반응 방지(EX/RP) 연습을 할 수 있도록 돕는다. 많은 치료사들은 아동이 지나치게 부정적인 시각보다는 더 현실적인 방식으로 두려운 상황을 보게 하기 위해 인지적 재구성을 사용한다. 예를 들어, 아동은 처음에 이렇게 생각할 수 있다. "저 의자는 너무 더러워요. 모든 곳에 세균이 있고 만지면 병이 날 것 같아요." 치료사는 "다른 사람들도 그 의자에 많이 앉았는데, 그 사람들이 모두 병에 걸렸니?"라고 질문함으로써 아동의 생각에 도전할 수 있다. 일부 치료사들은 아동의 자기 패배적이고 부정적인 자기 진술을 보다 현실적인 진술로 대체하도록 돕는다. 예를 들어, 고통스러운 자극에 직면한 후, 아동은 처음에 다음과 같이 말할 것이다. "나는 못 참겠어요. 씻어야 해요." 치료사는 아동에게 이렇게 말하도록 격려할 수도 있다. "힘들지만, 나는 할 수 있어. 나는 버텨야만 해"(Franklin, March, & Garcia, 2007).

인지행동치료의 마지막 구성요소는 일반화 훈련과 재발 방지를 포함한다. 여기에서는 부모가 중요한 역할을 한다. 치료사는 부모에게 노출 및 반응 방지(EX/RP) 과제를 통해 어떻게 자녀에게 코칭을 해야 하는지 가르치고 부모와 자녀가 치료 환경 밖에서 자극에 계속 직면하도록 요청한다. 마지막 회기에서는 치료사, 아동, 부모가 증상이 재발할 경우 어떻게 해야 할지에 대해 논의한다. 대부분의 치료사들은 재발을 실패의 징후라기보다는 학습하는 경험으로 보기를 제안한다. 재발이 발생하면 가족은 노출 및 반응 방지(EX/RP) 기술을 사용하거나 치료사에게 추가적 지원을 요청할 수 있다.

아동과 청소년을 위한 인지행동치료의 효과는 여러 무작위 대조군 연구를 통해 지지된다. 전반적으로 강박장애를 가진 아동 · 청소년은 인지행동치료에 참여하고 초기에 50~67%의 증상 감소를 보인다. 더욱이, 인지행동치료와 약물치료를 병행하는 것은 인지행동치료를 단독으로 사용했을 때 반응하지 않는 대부분의 아동 · 청소년에게 도움이 되는 것으로 보인다. 증상의 감소는 치료 후에도 지속되는 경향이 있다. 대부분의 연구는 노출 및 반응 방지(EX/RP)가 치료의 가장 중요한 구성요소임을 시사한다. 종종 강박장애 치료 프로그램의 일부로 포함되는 이완 훈련과 인지적 개입은 유용할 수 있지만 치료의 성공에 있어 핵심적 요인으로 보이지는 않는다 (Skarphedinson et al., 2015).

틱, 발모광, 피부뜯기에 대한 치료

아동 및 청소년의 틱 및 관련 장애의 심각도와 빈도를 줄이는 데 두 가지 행동적 개입이 효과적이다(Christophersen & Vanscoyoc, 2013). 첫 번째 방법은 자기관찰(self-monitoring)이다. 아동은 부모의 도움을 받아 하루 중 틱이 나타나는 빈도를 관찰하고 기록하도록 요청받는다. 가족들은 작은 노트북, 휴대용 클리커(handheld clicker) 또는 스마트폰 앱을 사용할 수 있다. 때때로, 아동은 자신의 틱이 나타나는 빈도를 알지 못한다. 이러한 경우, 자기관찰은 아동에게 틱에 대한 인식을 높이게 하고 빈도를 감소시킨다. 드문 경우이긴 하나, 자기관찰이 아동을 불편하게 하고 실제로 문제를 악화시킬 수도 있다. 자기관찰이 아동의 행동을 바꾸지 않더라도 틱의 빈도, 시간 및 위치에 관한 기준 자료를 제공할 수 있다(Azrin & Peterson, 1988).

두 번째 행동적 방법은 습관반전훈련(habit reversal training)이다(Peterson & Azrin, 1992). 습관반전훈련은 아동에게 틱을 만드는 것을 불가능하게 하는 행동을 하도록 가르치는 것을 포함한다. 예를 들어, 목이나 팔 관련 틱을 가진 어떤 남아는 물리적으로 틱을 하는 것이 불가능한 방식으로 근육을 긴장시키도록 배울 수 있다. 그렇지 않으면, 음성 틱이 있는 여아는 틱과 양립할 수 없는 특정 방법으로 호흡하는 법을 배울 수 있다. 습관반전훈련은 틱의 빈도를 줄이는 데 매우 효과적일 수 있다. 게다가 습관반전기술은 보통 다른 사람들에 의해 눈에 띄지 않는다. 틱을 가진 사람들은 배우기 위해 동기부여되고 실천하기 위해 연습할 것이다.

아동기 불안장애에 약물치료가 효과적일까?

노출을 기반으로 하는 심리 · 사회적 개입은 대부분의 소아 불안장애에 대한 일차치료이다. 그러나 많은 아동이 노출 기반 치료에 반응하지 않거나, 가족을 만족시킬 만큼 증상의 감소가 충분히 빠르게 일어나지 않을 수 있다. 이러한 아동에게는 약물치료가 때때로 도움이 될 수 있다(Connolly et al., 2015).

아동기 불안장애를 위한 약물치료

여러 연구는 아동과 청소년의 불안장애 치료에 선택적 세로토닌 재흡수 억제제(SSRIs)의 효과를 입증했다. 플루옥세틴(프로작), 설트랄린(졸로프트), 플루복사민(루복스), 파록세틴(팍실) 약물이 아동의 불안을 치료하는 데 위약보다 뛰어나다. 예를 들어, 연구자들은 분리불안장애, 사회공포증 또는 범불안장애를 가진 128명의 아동과 청소년에게 플루복사민(루복스) 또는 위약을 투여하도록 무작위로 할당했다(Research Unit on Pediatric Psychopharmacology Anxiety Study Group, 2001). 8주 후, 약을 복용한 아동·청소년은 대조군보다 더 큰 증상 감소를 보였다. 또 다른 연구에서 연구자들은 분리불안장애를 가진 74명의 아동들에게 플루옥세틴(프로작) 또는 위약을 무작위로 할당했다. 약을 복용한 아동·청소년(61%)이 위약 상태의 아동·청소년(35%)에 비해 약 두 배 정도 증상이 개선되었다. 연구에 따르면, 이러한 약물을 처방받은 아동·청소년의 약 45~65%가 적어도 중간 정도의 증상 개선을 보인다(Bernstein & Victor, 2010).

약물치료와 인지행동치료의 결합은 아동의 치료 결과를 향상시킬 것이다. '아동/청소년 불안 복합 연구(The Child/Adolescent Anxiety Multimodal Study, CAMS)'는 분리불안장애, 사회공포증 또는 범불안장애를 가진 488명의 아동·청소년을 대상으로 다양한 치료를 비교했다(Walkup et al., 2008). 아동·청소년은 (1) 설트랄린(졸로프트) 단독, (2) 인지행동치료 단독, (3) 설트랄린＋인지행동치료 또는 (4) 위약의 네 가지 조건 중 하나에 무작위로 배정되었다. 세 가지 치료 모두 위약 조건보다 효과적이었다(그림 11.12). 그러나 약물치료와 인지행동치료를 모두 받은 아동·청소년은 약물치료나 인지행동치료를 단독으로 받은 아동·청소년보다 증상이 개선될 가능성이 더 높았다(Compton et al., 2010).

선택적 세로토닌 재흡수 억제제(SSRIs)는 선택적 함구증을 가진 어린 아동을 돕는 데 효과적일 수 있다. 전반적으로, 선택적 함구증을 가진 아동의 84%가 선택적 세로토닌 재흡수 억제제를 복용한 후 호전을 보인다. 그러나 선택적 세로토닌 재흡수 억제제의 유용성을 뒷받침하는 대부분의 연구는 대조군 그룹을 포함하지 않았다. 따라서 치료 결과는 주의 깊게 해석되어야 한다(Manassis, Oerbeck, & Overgaard, 2016).

그림 11.12 ■ 아동/청소년 불안 복합 연구(CAMS)의 결과

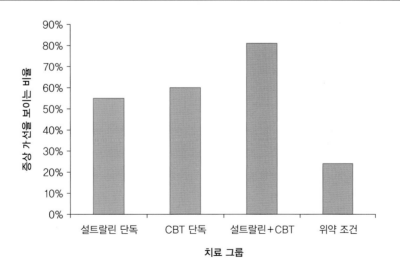

주 : CAMS에서는 설트랄린(졸로프트)과 인지행동치료를 모두 받은 불안장애를 가진 아동·청소년이 한 가지 치료만 단독으로 받은 아동·청소년보다 증상이 호전될 가능성이 더 높은 것으로 나타났다. 출처 : Compton et al. (2010).

아동기 강박장애 및 관련 장애를 위한 약물치료

소아 강박장애 치료 연구(The Pediatric OCD Treatment Study, POTS; 2004)는 아동기 강박장애에 대한 약물 및 인지행동치료의 상대적 효과를 조사했다. 연구자들은 강박장애를 가진 112명의 아동·청소년(7~12세)을 연구하였다. 아동들은 (1) 설트랄린(졸로프트) 단독, (2) 인지행동치료 단독, (3) 설트랄린+인지행동치료 또는 (4) 위약 조건 중 하나에 배정되었다. 12주의 치료 후 인지행동치료와 약물치료를 병행한 아동은 인지행동치료나 약물치료를 단독으로 받은 아동보다 더 큰 증상의 감소를 보였다. 두 가지 치료 중 하나를 받은 아동들은 거의 동일한 증상 감소를 보였다. 또한 두 치료 중 하나만 받은 아동은 위약 조건의 아동보다 증상이 더 크게 감소했다(그림 11.13). 연구자들은 또한 각 집단에서 치료 후에 더 이상 유의한 수준의 강박장애 증상을 보이지 않는 아동에 대한 비율을 조사했다. 결과는 두 가지 치료를 병행한 집단의 53.6%, 인지행동치료 단독 집단의 38.3%, 약물치료 단독 집단의 21.4%, 위약 집단의 3.6%가 더 이상 강박장애 진단기준을 충족하지 않는다는 것을 보여주었다. 이러한 결과는 인지행동치료와 약물치료 모두 아동의 강박장애 증상을 감소시키는 데 효과적이라는 것을 시사한다(Essau & Ozer, 2015).

POTS는 인지행동치료를 약물치료와 병행하는 것이 약물치료를 단독으로 사용하는 것보다 더 효과적이라는 것을 보여주었다. 그러나 인지행동치료는 실시하기 위해 많은 회기가 필요할 수 있다. 게다가 아동에 대한 인지행동치료를 실시하도록 훈련받은 임상의가 충분하지 않다. 연구자들은 아동과 부모에게 인지행동치료에 대한 정보와 노출 및 반응 방지(EX/RP)를 실시하는 방법에 대한 지침을 제공했을 때 실제 인지행동치료를 실시하는 것만큼 강박장애 증상을 완화시키는 데 효과적일 수 있는지 알고자 했다. 이 질문에 답하기 위해, '소아 강박장애 치료 연구 II 팀(Pediatric OCD Treatment Study II team, Franklin et al., 2011)'은 강박장애를 가진 124명의 아동과 청소년을 조사하여 다음의 세 가지 조건 중 하나에 무작위로 할당하였다: (1) 설트랄린 단독 복용 조건의 아동·청소년, (2) 설트랄린 복용 및 인지행동치료에 참여하는 아동·청소년, 그리고 (3) 노출 및 반응 방지(EX/RP)에 대한 지침과 강박장애에 대한 정보를 받은 설트랄린 복용 아동·청소년. 연구 결과, 약물치료와 실제로 인지행동치료를 받은 아동·청소년이 약물치료(30%)나 약물치료와 지침(34%)을 제공받은 아동·청소년에 비해 증상의 개선 가능성(68.6%)이 유의하게 높았다. 훈련된 인지행동치료사는 효과적인 치료를 위해 필수적인 것으로 보였다.

약물은 또한 틱과 관련 장애의 행동치료를 보완하는 데 사

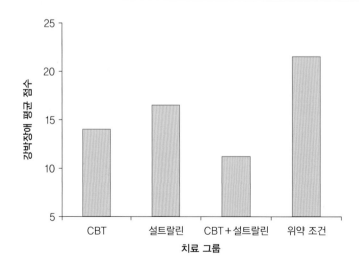

그림 11.13 ■ 소아 강박장애 치료 연구의 결과

주 : 치료 후, 인지행동치료 혹은 약물치료를 받은 강박장애의 아동·청소년은 위약 조건의 아동·청소년보다 더 적은 증상을 보였다. 약물치료와 인지행동치료를 병행했을 때 인지행동치료나 약물치료 중 한 가지만 받았을 때와 비교해 더 적은 증상을 나타냈다. 출처 : Pediatric OCD Treatment Study Team (2004).

용될 수 있다. 약물치료의 목표는 틱을 없애는 것이 아니라 줄이는 것이다. 의사들은 많은 부작용을 가지지 않으면서 가정, 학교, 그리고 친구들과 함께 있을 때 아동이 기능할 수 있는 수준으로 틱을 감소시키는 약물을 찾기 위해 시도한다. 뇌에서 도파민 활동을 차단하는 항정신병 약물 복용이 종종 권장된다. 대체로, 할로페리돌(할돌)과 피모자이드(오랍)와 같은 보다 예전에 나온 약물과 리스페리돈(리스페달)과 지프라시돈(게돈)과 같은 새롭게 나온 약물은 위약에서 증상이 16% 감소한 것에 비해 22%에서 56%의 틱 증상 감소를 가져온다. 이 약물들은 진정 작용, 체중 증가, 대사 문제와 관련이 있다. 이러한 부작용으로 인해 무려 40%에 이르는 아동·청소년들이 약물을 중단하고 있다(Towbin, 2015).

틱 치료에 사용되는 두 번째 종류의 약물에는 알파-2 아드레날린 작용제가 포함된다. 이러한 약물은 정중솔기핵(median raphe nucleus)이라고 하는 뇌 영역에서 세로토닌과 노르에피네프린에 영향을 미쳐 도파민 활성을 감소시킨다. 보통 항정신병 약물과 관련된 부작용 없이 틱을 감소시키는 데 효과가 있다. 알파-2 아드레날린 작용제의 효능을 조사한 연구는 엇갈린 결과를 보였다. 일부 연구에서는 클로니딘(카타프레스) 또는 구안파신(테넥스)과 같은 약물을 사용할 때 틱이 20~31% 감소하는 것으로 나타났지만 다른 연구에서는 이러한 약물과 관련된 증상의 개선을 보이지 않았다. 알파-2 아드레날린 작용제의 주요 부작용은 진정 작용과 저혈압이다(Towbin, 2015).

주요 용어

강박 사고(obsessions) : 침습적이고 원치 않는 방식으로 경험되는 반복적이고 지속적인 사고, 충동 또는 심상

강박장애(obsessive-compulsive disorder, OCD) : 시간을 소모하게 만들고 현저한 고통이나 손상을 유발하는 강박 사고 및/또는 강박 행동을 특징으로 하는 DSM-5의 장애

강박 행동(compulsions) : 개인이 강박 사고 또는 경직된 특정 규칙에 따라 해야 한다고 느끼는 반복적인 행동 혹은 정신적 행위

걱정(worry) : 위협에 대한 인지적 반응으로 미래에 일어날 수 있는 위험 혹은 불행에 대해 생각하고 준비하려고 하는 것

공황발작(panic attack) : 강렬한 두려움 또는 고통이 갑작스럽게 밀려오고 10분 이내에 증상은 최고조에 이르며 부정적 정서와 생리적 각성이 고조되는 것을 특징으로 함. 증상은 그 자체로 또는 불안장애이 매라에서 발생할 수 있다.

공황의 기대 이론(expectancy theory of panic) : 공황장애의 발생에 대해 설명하기 위한 이론. 불안에 대한 높은 민감성을 가진 사람들은 공황발작에 불안해지기 쉬운 경향을 가지고 있는 것으로 상정한다.

공황장애(panic disorder) : 반복적이고 예기치 못한 공황발작과 1개월 동안의 추가적 공황발작에 대한 우려나 발작 때문에 행동의 변화가 나타나는 것을 특징으로 하는 DSM-5의 장애

광장공포증(agoraphobia) : 탈출 혹은 도움을 받기에 상당한 노력이 요구되거나 당혹스럽게 만드는 장소 또는 상황에 대한 뚜렷한 불안을 특징으로 하는 DSM-5의 장애

내수용 노출(interoceptive exposure) : 공황장애의 치료에 특화된 행동적 개입. 의도적으로 공황의 생리적인 증상을 만들어낸 다음 이러한 증상들에 대처하기 위해 이완 기술을 사용한다.

노출 및 반응 방지(exposure and response prevention, EX/RP) : 강박장애를 치료하기 위해 사용되는 행동적 개입. 강박 사고를 유발하는 일련의 자극에 자신을 노출시키고 강박 사고에 동반하는 강박 행동을 막는 절차를 포함한다.

노출 치료(exposure therapy) : 불안과 관련 장애를 치료하기 위해 사용되는 행동치료익 한 형태. 불안이나 부정적 정서가 줄어들 때까지 별도의 시간 동안 반복적으로 두려운 자극에 직면하는 절차를 포함한다.

두려움(fear) : 즉각적인 위협에 대한 행동적, 생리적 반응으로, 이러한 상황에서 사람은 자극에 맞서거나 피하는 방식으로 임박한 위험에 반응한다.

모델링(modeling) : 아동이 다른 행동을 모방함으로써 새로운 행동을 습득하도록 하는 행동적 개입(예 : 관찰학습)

모러의 불안에 대한 2요인 이론(mowrer's two-factor theory of anxiety) : 불안에 대한 일반 이론으로 장애는 고전적 조건형성을 통해 생기고 부적 강화를 통해 유지된다고 상정한다.

발모광(trichotillomania) : 탈모를 야기하고, 고통 혹은 손상을 일으키는 반복된 털 뽑기를 특징으로 하는 DSM-5의 장애

범불안장애(generalized anxiety disorder, GAD) : 지속적인 걱정을 특징으로 하는 DSM-5의 장애. 걱정을 조절하는 것이 힘들며 안절부절못함, 집중력 저하, 피로, 과민함, 긴장 및/또는 수면 문제와 관련된다.

부적응적 불안(maladaptive anxiety) : 다음과 같이 특징지어진다. (1) 실제 지각된 위험 정도와 맞지 않는 수준의 강도, (2) 즉각적인 위협이 사라졌음에도 그 이상으로 지속되는 만성적 경향, (3) 손상

분리불안장애(separation anxiety disorder, SAD) : 애착 대상과의 분리에 대한 발달적으로 부적절하고 과도한 두려움으로 특징지어지는 DSM-5의 장애. 아동의 경우 증상은 최소 4주 동안 지속되며, 고통이나 손상을 유발한다.

불안(anxiety) : 위협적인 자극에 대한 정서적, 행동적, 생리적, 인지적 반응을 반영하는 심리적으로 고통스러운 정서적 상태

불안민감성(anxiety sensitivity) : 불안 증상을 고통스럽고 해로운 것으로 인식하는 경향. 불안민감성은 공황장애가 발생할 가능성을 설명할 수 있다.

사회불안장애(social anxiety disorder) : 타인에 의해 면밀하게 관찰될 수 있는 하나 이상의 사회적 상황에 대한 뚜렷한 두려움 또는 불안으로 특징지어지는 DSM-5의 장애. 증상은 적어도 6개월 동안 지속되며 고통이나 손상을 유발한다.

상위인지(metacognition) : 자신의 생각과 감정에 대해 생각하는 능력

선택적 함구증(selective mutism) : 말을 해야 하는 것으로 기대되는 특정 사회적 상황에서(예 : 학교) 일관되게 말을 하지 않는 것으로 특징지어지는 DSM-5의 장애. 증상은 적어도 한 달 동안 지속되며 아동의 기능을 손상시킨다.

습관반전훈련(habit reversal training) : 원치 않는 행동을 감소시키기 위해 사용하는 행동적 기법. 원하지 않는 행동을 하는 것을 불가능하도록 만드는 어떤 행동을 하는 것이다.

애착(attachment) : 생애 초기 몇 해 동안 양육자와 아동 간

정서적 유대. 안전을 증진하고 아동이 자신의 환경을 탐색할 수 있도록 한다.

연쇄상구균 감염으로 인한 소아 자가면역 신경정신장애 이론[Pediatric Autoimmune Neuropsychiatric Disorder Associated with Streptococcus(PANDAS) theory] : 아동기 강박장애의 일부 원인에 대해 설명하기 위한 이론. 연쇄상구균 감염이 자가면역반응을 일으켜 강박장애와 유사한 증상, 틱, 과민성을 유발하는 것으로 상정한다.

우려하는 예측(apprehensive expectation) : 범불안장애의 필수적 특징. 미래에 대한 과도한 걱정

유관성 관리(contingency management) : 행동적 개입의 하나로, 두려운 자극에 직면했을 때 정적 강화를 받고 자극에서 벗어나거나 피하는 것은 허용되지 않는다.

이완 훈련(relaxation training) : 생리적 각성을 줄이고 공황을 막기 위해 고안된 인지행동적 개입. 보통 근육 이완, 호흡의 조절, 그리고 즐거운 이미지나 자기 진술을 포함한다.

인지적 재구성(cognitive restructuring) : 부정적인 정서를 지지하는 객관적 증거를 찾는 과정을 통해 부정적인 정서로 이끄는 편견과 왜곡에 대한 도전을 포함하는 인지적 개입

인지적 회피 이론(cognitive avoidance theory) : 걱정(그리고 범불안장애)이 부적 강화를 통해 유지된다는 가정. 개인은 곧 닥칠 수 있는 긴박한 위험에 대한 이미지를 미래의 불행에 대한 보다 추상적이고 분석적인 생각으로 대체한다.

인지행동치료(cognitive-behavioral therapy, CBT) : 행동의 변화를 만들어내기 위해 인지적 그리고 행동적 개입을 통합한 치료. 인지행동치료는 생각 또는 외현적 행동의 변화가 감정에 영향을 미칠 수 있다고 전제한다.

자기관찰(self-monitoring) : 원하지 않는 행동을 치료하기 위한 행동적 개입. 하루 동안 특정 행동의 빈도를 관찰하고 기록한다.

체계적 둔감화(systematic desensitization) : 고전적 조건형성에 기반한 행동적 개입: 두려운 자극과 양립할 수 없는 반응을 연합시킨다(예 : 이완).

투렛장애(tourette's disorder) : 1년 이상 지속되는 다수의 운동 틱과 음성 틱이 존재하는 것을 특징으로 하는 DSM-5의 장애

특정공포증(specific phobia) : 특정 대상이나 상황에 대한 뚜

렷한 공포나 불안으로 특징지어지는 DSM-5의 장애. 증상은 적어도 6개월 동안 지속되며 고통이나 손상을 야기한다.

틱(tics) : 불수의적인 특징을 가지는 갑작스럽고, 빠르고, 비율동적이며, 정형화된 행동. 운동 혹은 음성 틱으로 나타날 수 있다.

피부뜯기장애(excoriation disorder) : 반복된 피부뜯기로 병변이 발생하는 것을 특징으로 하는 DSM-5의 장애. 이러한 피부 뜯기는 고통이나 손상을 일으킨다.

피질-기저-신경절 회로(cortico-basal-ganglionic circuit) : 강박장애의 기저 원인이 되는 신경 회로 : (1) 안와전두피질, (2) 대상회, (3) 미상핵으로 구성

행동억제(behavioral inhibition) : 낯선 사람이나 상황을 접했을 때 활동과 표현을 억제하고, 철회하며, 양육자를 찾는 특성

혈관 미주신경 반응(vasovagal response) : 혈압의 급격한 증가와 갑작스러운 저하를 포함하는 생리적 반응. 혈액-주사-손상형 공포증을 가진 사람들에게 나타난다.

비판적 사고 연습

1. 뱀에게 물린 적이 있는 아동은 비교적 적지만, 많은 아동들이 뱀을 무서워한다. 만약 어떤 아동이 뱀에게 공격당한 적이 없다면, 어떻게 뱀 공포증이 생길 수 있을까?

2. 말로리는 16세의 소녀로 학교에 있는 동안 두 번의 공황발작을 경험했다. 그 이후로, 말로리는 학교에 가는 것을 피하고 있다. 말로리의 등교 거부를 설명하기 위해 학습이론이 어떻게 사용될 수 있을까?

3. 대부분의 사람들은 걱정을 매우 싫어한다. 걱정은 어떻게 부적 강화될 수 있을까?

4. 브라이언은 최근 강박장애 진단을 받은 14세 소년이다. 의사는 브라이언에게 장애와 관련해 선택적 세로토닌 재흡수 억제제(SSRI)를 복용하고 심리학자에게 노출 치료도 받을 것을 제안한다. 브라이언과 어머니는 약물치료에는 동의하지만 심리치료도 꼭 받아야 하는지에 대해 궁금해한다. 만약 당신이 브라이언의 주치의라면, POTS I과 II의 연구 결과를 고려할 때, 브라이언과 어머니의 걱정에 대해 어떻게 반응할 수 있을까?

5. 크리스티안은 범불안장애를 가지고 있는 14세 소년이다. 중요한 농구 경기를 하는 동안, 크리스티안은 실수로 상대 팀에게 공을 패스했고, 그의 팀은 경기에서 졌다. 경기 후, 크리스티안은 생각했다. "내가 어떻게 그 정도로 멍청할 수 있었는지 믿을 수가 없어. 감독님은 다시는 나를 경기에 뛰게 하지 않을 거야! 나 때문에 경기를 망쳤어." 사건에 대한 크리스티안의 생각이 부정적인 감정에 어떻게 기여하고 있는지 설명하라. 인지치료사는 크리스티안의 생각에 어떻게 도전할 수 있을까?

12

외상 관련 장애와 아동학대

학습목표

이 장을 학습한 다음에 여러분은 다음을 할 수 있어야 한다.

12.1 영아와 어린 아동의 발달에서 사회적 및 정서적 박탈의 영향을 기술할 수 있다.

12.2 위험 관점과 회복탄력성 관점에서 아동학대의 잠재적 결과를 평가하고 학대나 방임을 경험한 아동을 도울 수 있는 최선의 방법을 설명할 수 있다.

12.3 PTSD의 핵심 특징을 서술하고 아동의 성격 기능과 외상 노출에 따라 그 징후와 증상이 다양하게 나타나는 것을 설명할 수 있다. PTSD를 가진 아동 · 청소년을 위한 근거기반 치료를 설명할 수 있다.

2018년 2월 14일, 플로리다주 파크랜드에 있는 마조리 스톤맨 더글라스 고등학교에서 총기를 소지한 사람이 학생 14명과 교직원 3명을 쐈다. 이 사고는 미국 내 고등학교에서 발생한 최악의 총기사고였다. 불행하게도, 우리는 외상과 생명을 위협하는 사건에 노출된 수많은 아동들을 보아왔다. 콜럼바인, 샌디 훅과 산타 페의 학교 총기 사고, 아프가니스탄, 시리아와 남수단의 내전, 아프리카와 중앙 아메리카에서 폭력을 피해 도망가는 가족들. 뉴스에 나올 법한 이러한 사건들보다 일상적인 외상을 경험한 아동들에 대한 관심이 상대적으로 적지만 이러한 일상적인 외상 경험이 덜 해로운 것은 아니다: 사고를 겪은 아동들, 사망이나 이민으로 인해 부모와 헤어진 아동 · 청소년들, 그리고 (가장 흔한) 아동학대와 방임 사례들(Lambert, Meza, Martin, Fearey, & McLaughlin, 2018).

이러한 주제들을 연구하는 것은 유쾌한 일은 아니지만 매우 중요하다. 30%의 아동 · 청소년이 아동기의 어느 시점에 심각한 외상사건에 노출되고 그들 중 약 3분의 1이 PTSD 증상을 보인다. 또한 미국 내 아동의 1~2%가 아동학대 피해자로 확인되었지만, 학대 피해를 받고도 관계자들의 관심을 받지 못하는 아동들도 많다. 우리는 이러한 아동 · 청소년들을 식별하고 치료하기 위한 최선의 방법을 찾기 위해 헌신적인 연구자들이 절실히 필요하고 고통스러운 경험을 한 아동과 그 가족을 돕는 실천가들이 필요하다(Hamblen & Barnett, 2020).

이 장에서 우리는 세 가지 종류의 외상사건 후 일부 아동들이 경험하는 심리적 문제를 살펴볼 것이다. 첫째, 우리는 영아와 어린 아동들에게서 나타나는 사회적, 정서적 박탈의 영향을 논의할 것이다. 다음으로 우리는 학령기 아동과 청소년에 대한 아동학대의 영향에 대해 살펴볼 것이다. 마지막으로 우리는 잠재적으로 생명을 위협하는 사건에 대한 부정적인 반응인 외상후 스트레스장애를 살펴볼 것이다.

12.1 영아기 사회-정서적 박탈

어린 아동들이 부모로부터 분리되는 것은 가장 충격적인 사건이다(Nelson, Fox, & Zeanah, 2016). 부모와 다른 양육자는 편안함과 지지, 그리고 안심의 원천이다. 아동은 부모의 보호, 양육과 지도가 필요하다. 더욱이 인간은 양육자와 정서적 관계를 맺고, 스트레스를 받을 때 지지를 받기 위해 양육자에게 의지하는 생물학적 경향성을 가지고 있다. 양육자가 없을 때, 영아와 어린 아동은 환경에 효율적으로 대처할 수 있도록 도와주는 주요 지지의 원천을 잃게 된다(Sroufe & Waters, 1977).

전 세계적으로 약 1,500만 명의 영아와 아동들이 부모를 잃는다. 이들 중 약 3분의 1은 조부모나 양부모와 같은 주양육자가 없다(United Nations Children's Fund, 2020). 이 중 대부분의 아동 · 청소년들은 고아원, '아동센터'나 다른 공공기관에서 자라게 된다. 많은 고아원들이 과거에 혹은 현재, 전체주의 정권(예 : 루마니아, 북한)이 지배하고 있거나 전쟁이나 질병으로 고통받거나(예 : 중앙아프리카, 남수단, 시리아) 재정적 불안정성과 범죄로 어려움을 겪는(예 : 남미, 중앙아메리카 일부 지역) 지역에 위치해있다. 일부 기관은 아동에게 적절한 신체적 돌봄과 인지적 자극을 제공하고 있지만, 다른 곳들은 학대적이고 열악하다고 보고된다(이미지 12.1).

이러한 기관들 중 많은 곳들이 몇 가지 공통적인 특성을 보인다. 아동과 양육자의 비율이 1:8에서 1:31로 높다. 또한 양육자 교체율이 높아 첫 18개월 동안 유아는 50~100명의 양육자에게 노출된다. 많은 아동들이 이러한 기관에서 고립되

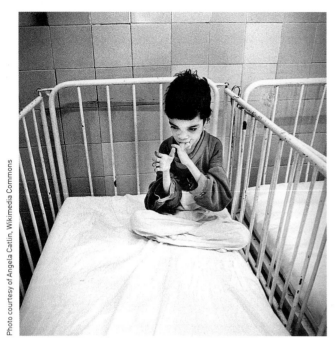

이미지 12.1 이 루마니아 소년처럼 고아원에서 자란 일부 아동들은 심각한 박탈로 인한 인지적, 사회정서적 문제를 나타낼 수 있다.

어서 오랜 시간 양육된다. 한 기관의 아동은 매일 3.5시간 동안 놀이를 하고 17.5시간 동안 유아용 침대에서 지냈다. 이러한 기관 대부분에서 양육자는 아동의 사회적, 정서적 안녕보다는 신체적 건강에 주로 중점을 둔다(Nelson, Fox, & Zeanah, 2014; van IJzendoorn et al., 2011).

DSM-5는 생애 초기에 부모나 주양육자로부터 발달적으로 적절한 돌봄을 충분히 받지 못할 때 영아와 유아에서 발생할 수 있는 장애 두 가지를 제시한다: (1) 반응성 애착장애(RAD) (2) 탈억제성 사회적 유대감 장애(DSED). 일반적으로 이러한 장애는 고아원, 그룹홈이나 다양한 위탁기관에서 자라는 영아와 어린 아동에게서 나타난다. 드물게는 심각하게 학대받고 방임된 아동들도 이러한 장애를 가질 수 있다.

반응성 애착장애란?

설명

반응성 애착장애(reactive attachment disorder, RAD)는 극도의 박탈을 경험한 영아와 어린 아동에게서만 국한되어 나타나는 흔치 않은 장애이다. RAD를 가진 아동·청소년은 매우 불안해 보이거나 발달적으로 부적절한 애착 행동을 보인

다. 대부분의 아동들은 두렵거나 화가 날 때, 혹은 주변 상황이 불확실할 때 애착 행동을 보인다. 울기, 매달리기, 안아달라는 시늉과 같은 애착 행동은 아동이 양육자 가까이 갈 수 있게 하고 아동이 안전을 획득하도록 돕는다(Ainsworth et al., 1978; Bowlby, 1969). RAD 아동은 고통스러울 때 양육자에게서 편안함을 찾지 않고 편안함을 제공하였을 때 이에 적절하게 반응하지 않는다. 그 대신, 억제된 행동을 하고 양육자로부터 정서적으로 철회된 상태를 유지한다. 양육자는 종종 이러한 아동들을 "정서적으로 부재하다"고 표현한다. 이러한 아동들의 대부분은 부모-영아 상호작용에서 특징적으로 나타나는 일상적인 사회적 호혜성이 부족하다. 또한 RAD 영아와 걸음마기 유아는 종종 양육자에게 긍정 정서를 거의 보이지 않는다. 예를 들어, 좀처럼 웃거나 안거나 뽀뽀하지 않는다. 그 대신 슬픔, 불안함과 짜증을 보인다(American Psychiatric Association, 2013).

RAD는 병리적인 양육 때문에 발생한다(표 12.1). 미국의 경우, 대부분의 RAD는 친밀한 양육자-아동 간 상호작용이 부재한 질 낮은 고아원에서 생애 첫 12~24개월을 보낸 국제 입양아에게서 나타난다. 또한 RAD는 심각하게 방임된 영아 및 걸음마기 아동과 생애 첫 1년을 여러 위탁 가정에서 지낸 어린 아동들에게서도 가끔 나타난다(Glowinski, 2011).

애착 관계는 9개월 이후까지 발달하지 않기 때문에 9개월 미만의 아동에게는 RAD 진단을 내리지 않는다. 마찬가지로 애착 관계는 일반적으로 학령기 이전에 형성되기 때문에 5세 이후에 RAD를 처음 진단해서는 안 된다(American Psychiatric Association, 2013).

역사

심리학자들은 제2차 세계대전 동안 부모를 잃거나 부모와 분리된 영아와 어린 아동들의 발달에 관심을 가지게 되었다. 지그문트 프로이트의 딸인 안나 프로이트가 선구적 역할을 하였는데, 그녀는 영국에 햄스테드 전쟁 보육원을 열었다. 일부 아동은 런던의 폭격 공습을 피하기 위해(『사자와 마녀와 옷장』의 아이들처럼), 다른 아동들은 부모가 전쟁에 참여해야 해서 부모와 분리되어 보육원에 보내졌다(Burlingham & Freud, 1962). 이후에 프로이트와 동료들은 강제 수용소에서 살아남은 아동들을 위한 2차 거주시설을 세웠다. 프로이트

표 12.1 ■ 영아기 박탈로 인한 DSM-5 장애

	반응성 애착장애	탈억제성 사회적 유대감 장애
필수 특징	양육자에 대한 억제되고 감정적으로 위축된 행동: (1) 고통받을 때 위안을 거의 찾지 않음 (2) 다른 사람이 제공하는 위안에 최소한으로 반응함	사회적 억제의 부족과 관련되어 있으며, 낯선 성인에 대한 무분별한 접근과 상호작용
관련 특징	• 타인에 대한 최소한의 사회적, 감정적 반응성 • 제한된 긍정적 정서 • 설명되지 않는 과민성, 슬픔 또는 무서움	• 낯선 성인과 상호작용할 때 두려움이 부족함 • 과도하게 친숙한 언어적 또는 신체적 행동(경계의 결핍) • 낯선 환경에 있을 때 양육자를 돌아보지 않음 • 낯선 성인을 따라가는 데 주저함이 적거나 없음
원인	영아기와 초기 아동기에 충분한 돌봄이 극도로 부족함: • 사회적 및 정서적 방임 혹은 박탈 • 주양육자의 반복적인 교체 • 아동-양육자 비율이 높은 기관에서 성장	
유병률	기관 양육 아동에서 드물게 나타남, 입양아에서 거의 나타나지 않음	기관 양육 아동, 수차례 위탁 가정이 바뀐 입양아, 학대아동에서 종종 나타남
애착의 질	아동은 명확한 애착 관계가 결핍됨	아동은 양육자에게 애착이 있으며 애착은 안정적일 수 있음
예후	아동이 생애 초기에 민감한 부모에게 입양될 경우 예후가 좋음	무분별하게 친숙한 행동은 종종 아동기와 청소년기까지 지속됨

주 : *Diagnostic and Statistical Manual of Mental Disorders*, Fifth Edition (2013), 미국정신의학협회 판권 소유. 재인쇄 허가받음.

(1956)는 이러한 아동들의 정서적 건강에 모성 박탈이 미치는 악영향을 최초로 설명하는 몇 개의 논문을 발표했다.

비슷한 시기에 르네 스피츠와 캐서린 울프(René Spitz & Katherine Wolf, 1946)는 미국의 고아들에 대한 관찰 연구를 수행했다. 고아들은 태어나면서부터 기관에서 자랐다. 신체적 욕구는 충족되었지만 직원들과 거의 접촉 없이 대부분의 시간을 유아용 침대에서 보냈다. 연구자들은 엄마가 투옥되어 감옥 보육원에서 자란 다른 영아 그룹과 이 고아들을 비교하였다. 비교군의 아기들은 엄마와 교도소 직원들로부터 하루 종일 돌봄과 애정을 받았다.

고아원에서 자란 아동들과 교도소 보육원에서 자란 아동들은 생애 첫 4개월간 비슷한 발달을 보였다. 그러나 1년이 되었을 때, 고아원에서 자란 아동들은 호기심과 놀이성이 더 적었고 질병 감염이 더 높았다. 그들은 점점 더 슬퍼보였고 위축되었으며 직원들에게 덜 반응적이었다. 또한 걷기, 말하기를 비롯한 다른 발달 이정표에서도 심각한 지연을 보였다. 대부분의 아동들이 두렵거나 화가 났을 때조차 양육자에게 접근하지 않았다. 많은 영아들은 저체중이었고 일부는 반복적인 손동작이나 신체 움직임과 같은 상동증을 보였다. 스피츠와

울프는 이러한 영아들이 '의존성 우울(anaclitic depression)'-부모의 상실 및 유대감을 맺을 대체 양육자의 부재로 인한 슬픔과 철회를 경험했다고 생각했다. 다음의 사례 연구에서 의존성 우울증을 가진 아동에 대한 설명을 볼 수 있다.

제2차 세계대전 직후, 존 보울비(John Bowlby, 1951)는 세계보건기구(World Health Organization)의 요청으로 전쟁 후 유럽에서 박탈을 경험한 아동들의 발달적 결과에 대한 연구를 검토했다. 보울비는 고아원, 그룹홈 및 기타 기관에서 양육된 아동·청소년들을 연구한 연구자들과 임상가들을 만났다. 보울비도 생후 첫 해에 주양육자를 박탈당한 영아와 어린 아동들에서 '우울'의 양상을 발견했다. 그는 이런 아동들을 '무기력하고 조용하고 불행하고 비반응적'이라고 묘사했다. 보울비(1954)는 다음과 같이 덧붙였다.

전반적으로 불안하고 슬픈 정서를 보인다. 그 아동은 자신을 둘러싼 모든 것에서 철회되어 있다. 그는 종종 힘이 없고 멍한 상태로 앉거나 누워 있다. 수면 부족이 흔하고 식욕 부진이 일상적으로 나타난다. 체중이 줄고 전반적 발달이 급격히 저하된다(pp. 23-24).

사례연구
반응성 애착장애

의존성 우울

르네 스피츠와 캐서린 울프(1946)는 고아원 직원으로부터 거의 애정을 받지 못하며 성장한 영아들의 발달을 관찰했다. 연구자들은 아동들이 민감하고 반응적인 돌봄이 부족하여 발생하는 의존성 우울('다른 사람에게 의지하는')로 고통받는다고 설명하였다. 오늘날, 이런 아기들의 상당수가 반응성 애착장애를 가지고 있다고 볼 수 있다. 다음은 그 고아 중 한 명에 대한 내용이다:

보통 수준의 지능을 가진, 아주 큰 파란 눈을 가진 유난히 예쁜 아이이다. 11개월 된 이 아동은 거의 활동적이지 않았고 실험자와 함께 하는 놀이에 점점 흥미를 잃었다. 2주 후 행동은 더욱 눈에 띄었다. 아동은 수동적이었을 뿐만 아니라 제공된 놀잇감을 만지는 것조차 거부하였다. 아동은 한동안 멍하게 허공을 응시했다. 관찰자가 다가갈 때에도, 다른 아동들이 보이는 불안감을 보이지 않았다. 놀잇감을 접촉하게 하였을 때 아동은 침대의

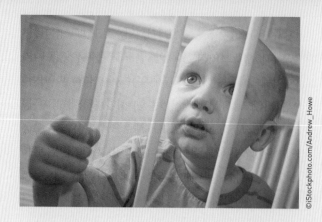

가장 먼 구석으로 가서 눈을 크게 뜨고 멍한 상태로 접촉과 움직임 없이 경직된 표정으로 앉았다.

보울비는 영아와 주양육자 사이의 "온정적이고, 친밀하며 지속적인 관계"가 아동의 신체적, 인지적, 사회정서적 발달에 필수적이라는 결론을 내렸다.

무엇이 반응성 애착장애를 일으키는가?

애착의 부재

박탈된 아동에 대한 보울비의 관찰은 애착이론의 발달로 이어졌다. 보울비(1969, 1973)는 영아가 생애 첫 1년 동안 1명 혹은 2명의 주양육자와 애착 관계를 형성하는 생물학적 경향성을 가지고 있다고 가정했다. 애착은 진화적으로 적응적이다. 영아가 위험하거나 불확실한 상황에서 주양육자에게 접근하게 한다.

애착 이론가들은 아동이 자신과 양육자에 대한 내적 작동 모델(예 : 도식 혹은 정신적 표상)을 형성한다고 믿는다(Bowlby, 1988; Main, Kaplan, & Cassidy, 1985). 이러한 모델은 아동과 양육자 간의 상호작용 경험에 기반하여 만들어진다. 일부 영아들은 애착 안정성에 기반하여 모델을 발달시킨다. 그들은 두렵거나 화가 나거나 불확실한 상황에서 양육자가 민감하고 적절한 방식으로 돌봄, 편안함과 지지를 제공해 줄 것이라고 기대한다(Ainsworth et al., 1978). 다른 영아들은 애착 불안정에 기반하여 모델을 발달시킨다. 그들은 양육자가 무시하거나 침습적/혹은 비일관적인 돌봄을 제공할 것이라고 기대한다. 그들은 곤경에 처했을 때 도움을 받으려 다른 사람에게 의지해서는 안 된다고 생각할 수 있다. 마지막으로, 일부 영아는 비조직화된 애착 모델을 발달시킨다. 이러한 아동들은 고통 상황에서 양육자에게 일관적인 기대를 가지고 있지 않다. 때때로 양육자는 도움이 될 수 있지만, 비반응적이거나 무서울 수도 있다.

보울비의 애착 개념에는 몇 가지 핵심 요소가 있다(Bretherton, 1992). 첫째, 애착은 경험-기대 과정(experience-expectant process)이다. 인간은 애착을 형성하는 생물학적 경향성이 있고 애착은 진화적으로 적응적이므로 생애 초기에 주양육자에게 노출된 모든 영아는 양육자와 애착을 형성할 것이다. 주양육자에게 학대를 당한 영아들조차 그러한 양육자와 애착관계를 형성한다. 6~12개월에는 애착 형성에 특히 민감한 시기이다. 즉 이 시기에 인간의 신경계는 한 명 혹은 그 이상의 애착 대상이 주는 돌봄에 대한 반응으로 특별히 체

계화되도록 준비되어 있다. 6개월 이전의 아동은 주양육자에 대한 선호를 거의 보이지 않지만, 6개월 이후에는 아동이 낯가림을 비롯한 많은 애착 행동을 보이기 시작한다.

둘째, 보울비의 이론은 애착 관계가 질적인 면에서 다양하게 나타난다고 주장했다. 일부 관계는 안정적이고, 일부는 불안정하며, 일부는 비조직화되어 있다. 애착을 형성하는 것은 경험-기대적이고 모든 인간에서 보편적이며, 형성된 애착의 질은 경험-의존 과정(experience-dependent process)이다. 각각의 양육자-영아 쌍은 독특하며 오랜 시간에 걸친 상호작용의 질에 기반한다(Nelson, Bos, Gunnar, & SonugaBarke, 2011; Nelson et al., 2014).

RAD는 보울비의 애착 개념과 어떻게 상통하는가? RAD는 영아가 애착 형성의 민감기(예 : 생후 6개월 이후)에 주양육자의 돌봄을 박탈당했을 때 발생한다. 이러한 박탈의 결과로 명확한 애착 관계와 그에 상응하는 애착 행동(예 : 눈맞춤, 미소짓기, 껴안기, 편안함의 수단으로 양육자 이용하기)이 결핍된다. 결과적으로 RAD 영아는 무기력하고 철회되어 있으며 슬퍼 보인다. RAD를 불안정 애착이나 비조직적인 애착과 혼동해서는 안 된다. 불안정하거나 비조직화된 아동은 주양육자와 애착 관계를 형성하지만, RAD 아동은 어떠한 양육자와도 애착을 맺지 못하거나 최소한의 애착만을 가진다(Nelson et al., 2011, 2014).

부카레스트 조기 개입 프로젝트

부카레스트 조기 개입 프로젝트(Bucharest Early Intervention Project, BEIP)는 아동 발달에서 생애 초기 박탈의 영향과 시간의 흐름에 따라 그 영향을 경감시키는 방법을 조사하기 위해 설계된 무작위 통제 연구이다. 루마니아의 공산주의 지도자 니콜라에 차우셰스쿠는 나라의 노동력을 늘리기 위해 20년 넘게 부부에게 자녀를 많이 낳도록 명령하였다. 그는 이러한 출산 정책을 강제하기 위해 5명 미만의 자녀를 둔 부부에게 과도한 세금을 부과하였다. 부모들은 자녀들을 키울 능력이 없었기 때문에, 공산주의 정권이 붕괴되었을 때 17만 명의 아동들이 고아원에서 자라게 되었다. 고아원의 상황은 끔찍했다. 많은 아동들이 영양실조 상태였고 직원 대 아동 비율은 극도로 높았으며 아동들은 오랜 시간 동안 유아용 침대에 방치되어 있었고 직원과 아동 간에는 사회적 상호작용이 거의

혹은 전혀 없었다. 더 나쁜 것은 나라에 효과적인 위탁 돌봄 체계가 없다는 것이었다. 새로운 루마니아 정부는 이러한 아동들을 돌보기 위해 국제 사회에 도움을 요청했다(Fox, Almas, Degnan, Nelson, & Zeanah, 2011; Gleason et al., 2011; Nelson et al., 2014).

이에 대한 대응책으로 연구자들은 BEIP를 시작했다. 첫 번째 단계로 그들은 루마니아 고아원에 살고 있는 영아들을 돌봐줄 미국과 영국의 위탁 부모들을 구했다. 영아를 돌볼 위탁 부모가 부족했기 때문에 연구자들은 영아들을 무작위로 위탁 가정 혹은 기존의 돌봄 방식인 고아원에 배정하였다. 그 후, 연구자들은 그 결과를 알아보기 위해 54개월까지 아동의 발달을 평가하였다. BEIP는 전향적인 무작위 통제 연구였기 때문에, 연구가 진행됨에 따라 기관에서 양육되는 아동들의 결과와 위탁 양육이 이러한 영아들의 결과를 개선시키는지 확인할 수 있었다(McLaughlin et al., 2011, 2012; Zeanah, Fox, & Nelson, 2012).

BEIP의 결과에서 RAD 징후와 증상이 영아기 및 초기 아동기의 애착 부족과 관련이 있다는 강력한 증거가 확인되었다(그림 12.1). BEIP 팀은 세 집단의 아동을 비교했다: (1) 루마니아 고아원에서 양육된 아동들, (2) 루마니아 고아원에서 양육되었지만 24개월 이전에 위탁 가정에 배정된 아동들, (3) 친부모와 같이 사는 루마니아 아동들. 24개월에 기관에서 양육되지 않는 모든 아동들(예 : 입양아나 친부모와 함께 사는 아동들)은 주양육자에게 분명한 애착을 보였다. 이에 비해, 기관에서 양육된 양육원 아동의 3.2%만이 분명한 애착 양상을 보였다. 실제로, 기관에서 양육된 양육원 아동의 9.5%가 양육자에 대한 애착 행동을 보이지 않았고, 익숙한 성인과 낯선 성인을 구분하지 못했다. 기관에서 양육된 영아의 25.3%는 낯선 성인에 비해 양육자를 약간 선호했지만 양육자와 상호작용할 때 긍정 정서를 보이지 않았다. 연구자들은 RAD의 심각도가 영아가 받은 돌봄의 질과 부적 상관이 있다는 점도 발견했다: 돌봄이 더 민감하고 반응적일 때 아동들은 RAD 징후를 거의 보이지 않았다(Gleason et al., 2011; Nelson et al., 2014).

긍정적인 결과로, BEIP 팀은 위탁 양육이 RAD를 줄이는 데 효과적이라는 사실을 발견했다. 고아원에 남겨진 아동들은 초기 아동기에 상대적으로 안정적인 RAD를 보였지만 위탁 양육 아동들은 시간이 지남에 따라 RAD가 감소했다.

그림 12.1 ■ 부카레스트 조기 개입 프로젝트의 결과

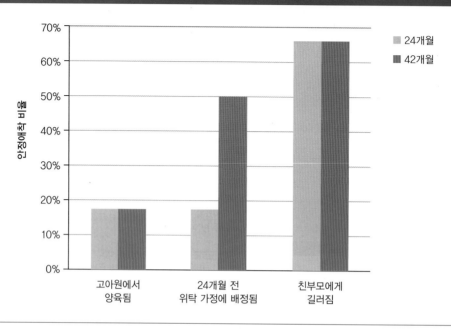

주 : 24개월 이전에 위탁 가정에 보내진 아동들은 기관에 남아있던 아동들보다 안정 애착을 형성할 확률이 높았다. 출처 : Nelson et al. (2014).

BEIP의 결과와 우크라이나 연구소(Bakermans-Kranenburg, Dobrova-Krol, & van IJzendoorn, 2012)가 실시한 유사한 연구에서, 극심한 박탈 조건에서도 기관에서 생활하는 아동의 대부분이 애착 관계를 형성한다는 사실이 밝혀졌다. 그러나 소수의 아동들은 애착 관계가 전혀 없었고 정서적으로 단조로우며 수동적으로 행동하는 모습이 나타났다. 이러한 아동들은 RAD의 진단 기준에 부합할 가능성이 크다. 좋은 소식은, 24개월 이전에 기관을 떠난 아동들은 위탁 부모와 애착 관계를 형성할 수 있었다는 점이다. 또한 돌봄의 질은 이전의 박탈을 극복하는 아동의 능력을 상당 부분 예측한다(Bos et al., 2011).

탈억제성 사회적 유대감 장애란?

설명

탈억제성 사회적 유대감 장애(disinhibited social engagement disorder, DSED)를 가진 어린 아동은 낯선 사람에 대해 문화적으로 그리고 발달적으로 부적절하고 과도하게 친숙한 행동을 보이는 행동 양식이다. 6개월 혹은 7개월부터 대부분의 아동들은 낯선 사람에게 경계심을 보이기 시작한다. 이와 대조

적으로 DSED 아동은 낯선 성인에게 쉽게 접근하고 상호작용한다. 동일 연령의 또래들과 달리 DSED 아동은 자신이 안전하고 양육자가 자신의 소재를 알고 있다는 것을 확실히 하기 위해 양육자를 '재확인(check back)'하지 않는다. 가장 우려되는 점은 DSED 아동이 종종 낯선 사람에게 말을 걸고 그들의 무릎에 앉거나 손을 잡고, 양육자에게 알리거나 허락을 받지 않고 돌아다닌다는 것이다(American Psychiatric Association, 2013).

DSED는 심각한 방임이나 박탈 경험이 있는 아동에게만 진단된다. DSED를 가진 많은 아동들이 기관에서 박탈을 경험하였다. 그러나 DSED의 징후는 생후 첫 1년 동안 양육환경에서 잦은 변화를 경험한 아동들에게서도 나타난다. 예를 들어 DSED는 여러 위탁 가정을 전전한 일부 아동들과 부모의 학대나 방임으로 인한 비일관적인 양육을 경험한 아동에게서 관찰된다. DSED를 가진 유아인 프레디의 사례를 살펴보자.

역사

보울비(1954)는 세계보건기구의 연구에서 '무분별하고 피상적인 친밀함'(p. 29)을 보이는 아동군을 설명하였다. 이 아동들은 낯선 사람을 포함한 거의 모든 성인들과 사회적, 정서

사례연구
탈억제성 사회적 유대감 장애

친절한 프레디

프레디의 양부모는 3세인 프레디의 진료를 의뢰하였다. 양부모는 6개월 전에 과테말라에서 프레디를 입양했다. 그들은 프레디가 영아기와 걸음마기에 여러 아동 센터와 위탁 가정에서 살았다는 것을 제외하고는 발달력에 대해 아는 것이 많지 않았다. 프레디가 가정에 왔을 때 건강상태가 좋지 않았다. 저체중이었고 체격이 작았으며 사용할 수 있는 스페인어 어휘가 제한적이었다.

가족들은 프레디를 가족으로 환영했고 프레디가 유치원에서 또래 수준을 따라잡을 수 있도록 물심양면으로 도왔다. 스페인어를 할 줄 아는 양부는 프레디의 언어 능력 발달을 위해 노력했고, 양모는 영양가 있는 음식, 교육적인 견학과 많은 애정을 제공했다.

실제로 양모는 견학 중에 '과도하게 친밀한' 행동이라고 묘사한 프레디의 모습을 보았다. 직장에서 온 메시지를 휴대폰으로 살펴보고 있을 때 프레디는 공원에서 낯선 남자에게 접근하여 그의 무릎에 앉고 그를 껴안았다. 놀란 남자는 프레디를 엄마에게 되돌려주면서 크게 사과했다. 그때부터 프레디는 낯선 사람과 돌아다니고 부주의하게 마당을 벗어나고 다른 사람과 과도하게 친근한 행동(그들의 무릎에 앉고 손을 잡고 뽀뽀하기)을 하는 특이한 경향성을 보였다.

"저는 프레디를 매의 눈으로 지켜봐야 해요." 양부가 말했다. "언제

©iStockphoto.com/ajr_images

프레디가 누군가와 사라져버릴지 몰라요. 친구 아이들 중에 이런 행동을 하는 아이는 없었어요." 양모는 덧붙여 말했다. "항상 웃고 있고 사교적이어서 모두들 프레디를 좋아해요. 프레디는 다른 사람에게 다가가거나 같이 노는 것을 전혀 무서워하지 않아요. 심지어 모르는 사람도요. 그래서 귀엽고 사랑스럽지만, 저는 프레디가 좀 덜 다정했으면 좋겠어요."

적 접촉을 추구하였다. 고아원의 성인들에게는 이런 아동들이 매력적으로 보이고 보육 직원들 사이에서도 종종 인기가 있지만, 그들의 관계는 피상적이고 일방적이다. 보울비(1951, 1954)는 무분별하게 친절한 이러한 아동들이 생애 첫 1년 동안 양육 관계에서 잦은 교체를 경험했다고 언급했다. 그는 또한 이러한 아동들이 기관을 떠난 후 양부모와 유대감을 형성하는 것에 어려움을 가진다는 것을 관찰하였다.

바버라 티자드(Barbara Tizard)와 동료들은 이러한 과도하게 친숙하고 사람을 믿는 아동들을 대상으로 최초의 체계적인 종단 연구를 수행하였다(Tizard & Hodges, 1978; Tizard & Rees, 1974, 1976). 그들은 런던의 보육원에서 생애 첫 1년을 보낸 65명의 아동들을 연구했다. 아동들에게는 충분한 영양, 신체적 돌봄, 장난감과 책이 제공되었다. 그러나 양육자들은 아동들과 유대감을 갖지 말라고 분명하게 지시받았다. 또한 보육기관 양육자의 교체율도 높았다. 영아들은 애착 관계를 형성할 기회가 거의 없었다.

티자드는 기관에서 4.5세까지 양육된 아동 26명 중 18명이 사회정서적 문제를 보였다고 밝혔다. '정서적으로 위축되고 비반응적인' 8명의 아동들은 어떠한 양육자와도 애착 관계를 형성하지 않은 것처럼 보였고, 고통감을 보이거나 친밀감과 사회적 참여를 위한 노력도 하지 않았다. 오늘날 이런 아동들은 RAD로 진단될 수 있다.

티자드는 다른 10명의 아동을 "무분별하고, 관심을 추구하며, 사회적으로 피상적"이라고 설명했다. 이러한 아동들은 모든 양육자에 대하여 "유난히 애정 넘치는" 모습을 보였고, 방에 들어오는 모든 사람에게 관심과 신체적 근접을 추구하고 낯선 사람에게 경계심을 보이지 않았다. "지나치게 다정하고 관심을 추구하는" 이러한 행동은 발달 단계에 거쳐, 심지어 16세까지도 지속되며 다른 사람들과 계속 피상적인 관계를 보였다(Hodges & Tizard, 1989). 이러한 아동들에 대한 티자드의 설명은 DSM-5에서 DSED를 개념화하는 기반이 되었다(Zeanah & Gleason, 2010).

무엇이 탈억제성 사회적 유대감 장애를 일으키는가?

사회적 억제의 결핍

BEIP를 수행한 연구자들은 루마니아 고아원 영아들의 무분별하게 친숙한 행동 증상도 평가하였다. 약 31.8%가 DSED의 특성을 보였다. 흥미롭게도 DSED의 징후와 증상은 영아가 기관이나 위탁 가정에서 받은 양육의 질과 일관된 상관을 보이지 않았다. 또한 영아의 애착 안정성과 DSED 간에는 거의 관련이 없었다. 안정 애착 영아들조차 종종 DSED를 보였다. DSED 영아들은 이후 아동기에 주의 집중과 사회적 억제(social inhibition), 사회적 상황에서 충동 조절하기에 어려움을 보였다.

영아기 후기와 초기 아동기는 사회적 억제 능력의 발달에 민감한 시기일 수 있다. 부모들은 영아와 어린 아동의 사회적 행동 조절을 돕는 중요한 역할을 한다(Hofer, 2006). 예를 들어, 부모들은 특히 잠재적인 위험 상황에서 어린 아동들의 주의를 사회적 상황과 단서로 향하게 하고, 적절한 사회적 상호작용을 모델링하고 강화하며 충동 조절을 가르친다. 얼마나 자주 부모가 당신에게 주의를 주었는가? "길 건널 때 양쪽을 살펴봐라" 또는 "모르는 사람과 말하지 마라." 부모나 양육자가 없는 걸음마기 아동은 이러한 사회적 학습 경험을 많이 놓칠 수 있다. 결과적으로, 그들은 사회적 억제에서 지연이나 결손을 보일 수 있다. 낯선 사람을 만지거나 낯선 사람과 돌아다니는 것과 같은 무분별하게 친숙한 행동은 이러한 기저의 결손을 반영하는 것일 수 있다(Bakermans-Kranenburg et al., 2011).

경험적 연구

DSED가 사회적 억제 기저의 결손으로 발생한다는 가설을 검증하기 위해 연구자들은 중국, 동유럽과 한국의 고아원이나 위탁 가정에 입양된 아동의 행동적, 사회정서적 기능을 측정하였다(Bruce, Tarullo, & Gunnar, 2009). 예상한 바와 같이, 입양아들은 입양되지 않은 아동에 비해 사회적 억제에서 더 많은 문제를 보였다. 또한 기관이나 여러 위탁 가정에서 더 많은 시간을 보낸 아동들은 7세에 무분별하게 친숙한 행동을 더 많이 보였다. 흥미롭게도, 무분별하게 친숙한 행동은 아동의 애착과는 관련이 없었다. 이는 오로지 사회적 억제의 결손과 관련이 있었다.

사회적 억제 가설을 지지하는 추가 자료는 학대받은 93명의 위탁 가정 아동과 지역사회에서 부모와 사는 60명의 아동을 비교한 두 번째 연구에서 도출되었다(Pears, Bruce, Fisher, & Kim, 2010). 예상한 바와 같이, 위탁 가정 아동이 비교군에 비해 무분별하게 친숙한 행동 증상을 더 많이 보였다. 게다가 위탁 양육 가정이 더 많이 바뀐 아동은 무분별하게 친숙한 행동을 더 많이 보였다. 가장 중요한 발견은 아동의 사회적 억제가 위탁 가정 변경 횟수와 무분별하게 친숙한 행동의 관계를 매개하였다는 점이다. 위탁 변경 횟수는 사회적 억제 문제를 예측하였고 사회적 억제 문제는 DSED 증상을 예측했다.

종합적으로 이러한 자료는 DSED가 애착의 붕괴를 반영하는 것이 아니라는 점을 시사한다. 대신, 무분별하게 친숙한 행동은 사회적 억제 기저의 문제를 드러내는 것일 수 있다. 무분별하게 친숙한 행동을 보이는 기관 아동이 ADHD 아동과 유사하게(그러나 동일하지는 않게) 종종 행동 통제와 조절에 장애를 보인다는 증거가 속속 나타나고 있다. 무분별하게 타인과의 신체적 접촉을 추구하고 낯선 사람과 충동적으로 돌아다니는 것은 애착보다는 사회적 억제 문제를 반영하는 것일 수 있다. 따라서 DSED를 가진 대부분의 아동은 민감하고 반응적인 양육자에게 입양된 이후에 사회적 행동에서 유의한 개선을 보이지 않는다(Potter, Chevy, Amaya-Jackson, O'Donnell, & Murphy, 2009; Schechter, 2012).

RAD와 DSED에는 어떤 치료가 효과적인가?

반응성 애착장애(RAD)를 위한 치료

메리 도지어(Mary Dozier)는 애착 문제의 위험이 높은 영아와 그들의 위탁 부모 간의 애착 안정성을 촉진하기 위한 개입법을 개발하였다. 애착 및 생물행동적 만회(Attachment and Biobehavioral Catch-Up, ABC) 개입법은 부모-아동이 함께하는 10회기로 구성되어 있으며 회기당 1시간이 소요된다(Dozier, Bernard, & Roben, 2018).

ABC 개입법의 첫 번째 목표는 **돌봄 능력**을 성장시키는 것이다. 부모들은 영아가 필요로 하는 것들, 명확하게 소통되지 않는 욕구까지도 충족시켜주도록 교육받는다. RAD를 가진 많은 아동들이 수동적이며 돌봄받는 것에 거의 관심을 보이지 않는다는 점을 기억해야 한다. 위탁 부모는 아동이 적절하게 접촉을 요청하지 못하거나 아동이 부모의 노력을 적극적으로 거절할 때조차 따뜻하고 민감한 돌봄을 제공하는 것이 중요하다는 점을 배우게 된다. 치료사는 아동들이 부모의 돌봄 시도를 회피하거나 저항하는 사례를 기록하도록 부모들에게 요청한다. 치료사는 이러한 기록을 부모와 함께 살펴보고, 아동이 수동적이거나 짜증낼 때도 민감하고 반응적인 양육을 계속 제공할 수 있는 방법을 찾도록 돕는다(Dozier & Roben, 2015).

ABC 개입법의 두 번째 목표는 **동시성(synchrony)**, 즉 부모-자녀 관계의 자연스러운 주고받음(give-and-take)을 향상시키는 것이다. 치료사는 부모가 영아에게 많은 자율성을 주고 놀이 중에 영아의 욕구와 신호에 민감하게 반응하도록 장려한다. RAD 아동은 주변 환경을 통제해본 경험이 거의 없다. 그들은 세상이 예측 불가능하고 양육자는 무신경하거나 침습적이라고 생각할 수 있다. 위탁 부모는 자녀의 자율성과 자기-결정을 존중해주는 방식으로 자녀와 소통하도록 교육받는다. 치료사는 자녀가 상호작용의 주도성을 더 많이 가질 수 있는 활동을 선택하도록 부모에게 요청한다. 이러한 활동에는 먹기, 그림책 보기와 블록 놀이 등이 있다. 치료사는 부모에게 실시간 코칭을 제공하면서 아동이 놀이의 주도성을 가질 수 있도록 부모를 안내한다. 활동을 동영상으로 녹화하여 치료사와 부모가 살펴보면서 민감하고 반응적인 양육 시도와 진전 정도를 평가할 수 있다.

ABC 개입법의 마지막 목표는 부모의 **침습적이거나 겁주는 행동**을 줄이는 것이다. 위탁 아동은 어떻게 양육해야 할지 정보가 부족하기 때문에 부모는 종종 자신만의 양육 경험에 의지하게 된다. 자신이 학대나 방임적인 양육을 경험한 양육자는 아동의 욕구를 충족시켜주는 것이 어려울 수 있다. 예를 들어, 부모는 자녀에게 화가 나거나 좌절하거나 인내심을 잃을 수 있다. 부모는 민감하고 반응적인 태도 대신, 소리를 지르거나 아동을 붙잡거나 아동의 활동을 방해할 수 있다.

치료사는 어머니 자신의 양육 경험이 현재의 부모-자녀 관계에 부정적인 영향을 줄 수 있다는 사실을 인식하도록 가르친다. 일부 치료사는 '과거의 목소리'가 현재의 양육 행동을 방해할 때 이를 인식하도록 가르친다. 예를 들어, 자신의 부모로부터 신체적 학대를 받은 어머니는 "애들이 하는 말을 믿으면 안 되고 직접 지켜봐야 한다." 혹은 "매를 아끼면 애를 망친다."라는 암묵적 믿음을 가질 수 있다. 치료사는 어머니가 가진 이러한 믿음이 화를 내게 만들고 침습적이면서 잠재적으로 공포감을 주는 태도를 취하게 한다는 사실을 인식하도록 돕는다. 치료사는 어머니가 이러한 '목소리들'을 무시하고 자녀에게 더 인내심 있고 민감한 방식으로 반응하도록 가르친다. '과학에서 실천으로'는 치료사가 이러한 기술을 사용하는 예시를 보여준다.

다른 치료사들은 '죠스 음악' 비유를 사용한다. 영화 〈죠스〉를 보면 상어가 등장하기 전에 불길한 음악이 나온다. 그 음악을 들으면 즉시 불안감을 느끼게 된다. 부정적인 양육 경험 기억은 죠스 음악과 같다. 기억은 불안, 분노 혹은 다른 부정적인 정서를 일으켜서 자녀의 욕구와 신호에 반응하려는 부모를 방해한다. 치료사들은 부모가 죠스 음악으로 향하는 상황을 인식하고 이러한 상황에 좀 더 효과적으로 대처하도록 돕는다(Dozier & Roben, 2015).

여러 무작위 통제 연구에서 부모-자녀 쌍에 대한 ABC 개입법의 효과가 입증되었다. 예를 들어, 버나드와 동료들(2012)은 120명의 위탁 부모와 어린 자녀를 ABC 개입법과 통제 그룹에 무선할당했다. 모든 아동들은 가정폭력, 부모의 약물남용, 방임이나 박탈로 인한 애착 문제의 위험을 가지고 있었다. 치료 후, ABC 개입을 받은 부모-자녀 쌍(52%)이 통제군(33%)에 비해 더 많이 안정 애착을 형성했다. 또한 ABC에 참여한 부모-자녀 쌍(32%)은 통제군(57%)에 비해 비조직화된 애착을 덜 나타냈다.

ABC 개입법은 또한 아동의 발달에 장기적 효과가 있었다. ABC 개입법에 참여한 아동들은 생리적 스트레스 반응에서 개선을 보였고 치료 효과는 3년 후까지 유지되었다. ABC에 참여한 아동들은 참여하지 않은 아동들에 비해 유치원에서 더 효과적인 대처 기술과 실행 기능을 보였다. ABC를 받은 아동들은 또한 힘들거나 좌절을 주는 과업에 참여했을 때 부정적 정서를 더 잘 조절했다. 이러한 연구 결과들은 애착 문제 위험성이 있는 어린 아동들에 대한 첫 번째 치료법으로서 ABC가 적절하다고 지지한다(Osofsky, Stepka, & King, 2018).

탈억제성 사회적 유대감 장애(DSED)를 위한 치료

대부분의 연구들에서 기관에서 자란 영아들 중 6개월 이전에

과학에서 실천으로
과거의 목소리

ABC 치료를 시행하는 치료사들은 어머니 자신의 양육력이 자녀 양육을 방해하는 방식에 집중한다. 이러한 '과거의 목소리'를 알아차리는 것은 치료에서 중요한 단계이다.

치료사 : 아기가 울 때, 무슨 생각이 드세요?

어머니 : 끔찍해요. 아무것도 할 수 없어요. 저는 아기를 진정시키기 위해 할 수 있는 모든 것을 하지만 아기를 진정시킬 수 없어요.

어머니 : 웃기지만 제가 어렸을 때 우리 엄마가 생각나요. 엄마는 내 옆에 있어주지 않았어요. 엄마는 언제나 일했고 저와 여동생과 함께 하는 시간이 전혀 없었어요. 저는 "내가 엄마가 되면, 나는 엄마처럼 되지 않을 거야. 나는 내 아이에게 따뜻하게 대하고 사랑해주고 돌봐 줄 거야."라고 생각하곤 했어요.

치료사 : 그리고 이제 당신은 엄마예요.

어머니 : 네. 제가 뭘 해도 아기는 저에게 반응하지 않는 것 같아요. 어르거나 달래도 안 좋아해요. 아기는 제가 필요 없는 것 같아요. 내가 거기 없는 것 같아요.

치료사 : 당신의 엄마처럼요.

어머니 : 비슷해요.

돌봄 가정으로 입양된 아동들은 두드러지는 DSED 증상을 보이지 않는다고 밝히고 있다. 따라서 DSED 예방을 위해 6개월 이전에 위탁 가정에 배정되도록 하는 것이 최선이다. 6개월 이후에 기관에 남아있거나 여러 위탁 가정을 전전한 영아들은 무분별한 행동을 보일 가능성이 높아진다(Gunnar, 2010).

6~24개월 사이에 경험하는 양육자의 수와 양육 환경 붕괴는 아동의 사회적 탈억제 정도와 연관된다. 이에 따라, 연구자들은 DSED를 줄이기 위해 기관에서 자라는 영아들에게 더 안정적이고 일관된 양육을 제공하기 위해 노력해왔다(Rutter et al., 2011a; Rutter, Sonuga-Barke, & Castle, 2011b; Zeanah, Berlin, & Boris, 2011).

한 가지 예로, 연구자들은 루마니아 고아원에 사는 아동들을 두 집단으로 나누어 비교하였다: (1) 기존의 양육 방식에 배정된 아동들, (2) 아동이 노출되는 양육자의 수를 줄이도록 설계된 프로그램에 배정된 아동들. 두 집단의 아동-양육자 비율(1:12)은 동일했다. 그러나 기존 양육방식 집단의 아동들은 다양한 양육자들에게 노출되었고, 치료 프로그램의 아동들은 매일 같은 양육자를 만났다. 시간 경과 후, 치료 프로그램의 아동들은 기존 방식의 양육을 받은 아동들에 비해 RAD와 사회적 탈억제 증상을 덜 나타냈다(Smyke, Dumitrescu, & Zeanah, 2002; Smyke, Zeanah, Fox, Nelson, & Guthrie, 2010).

두 번째 연구는 러시아 고아원에서 양육되는 아동들을 대상으로 이루어졌다. 연구자들은 세 집단의 아동들을 비교하였다. 첫 번째 집단 아동들의 관리자들은 아동에게 민감하고 반응적인 양육을 제공하도록 특별히 훈련받았다. 그리고 집단 내 양육자 대 아동 비율을 낮추었다. 두 번째 집단 아동들의 관리자들은 훈련만 받았다. 이 집단의 양육자 대 아동 비율은 기존과 동일하게 높았다. 세 번째 집단의 아동들은 기존 방식의 양육을 제공받았다. 예상한 바와 같이, 첫 번째 집단의 영아들이 가장 좋은 결과를 보였다. 그들은 더 많은 긍정 정서, 탐색과 놀이, 양육자와의 근접성을 얻기 위한 시도를 보였으며 무분별하게 친숙한 행동은 덜 나타냈다(McCall & St. Petersburg-USA Orphanage Research Team, 2008).

세 번째 연구는 DESD 징후를 보이기 시작하는 기관 양육 아동들의 조기 입양 효과를 입증했다(그림 12.2). 연구자들은 24개월 이전에 위탁 가정에 배정된 아동들의 DSED 징후

그림 12.2 ■ DSED를 위한 위탁 돌봄 치료

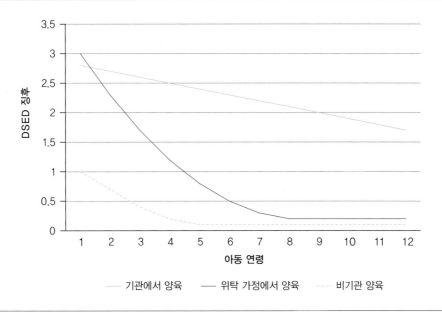

주 : 기관에서 자란 영아가 24개월 이전에 안정적인 위탁 가정에 보내진 경우 DSED가 빠르게 개선되는 경향을 보였으며 이 아동들의 행동은 결과적으로 비기관 아동과 유사하였다. 기관에 남겨진 아동들은 시간이 지남에 따라 DSED를 보이는 경향이 있었다. 출처 : Guyon-Harris et al. (2019).

와 증상이 눈에 띄게 감소하는 것을 발견했다. 이와 대조적으로 기관에 남은 영아들은 12세까지 상대적으로 안정적인 DSED 징후와 증상을 보였다(Guyon-Harris, Humphreys, Fox, Nelson, & Zeanah, 2018).

사회적 억제 능력이 이미 부족한 아동들에게는 무엇을 해 줄 수 있을까? 세 가지 대규모 종단연구에 따르면, 걸음마기와 학령전기 아동들이 보이는 사회적으로 탈억제된 행동은 종종 아동들이 양육 가정에 입양된 이후에도 지속된다(Guyon-Harris et al., 2018). 시간이 지남에 따라 사회적 탈억제성이 천천히 줄어들기는 하지만, 후기 아동기와 초기 청소년기까지도 사회적 탈억제성은 아동의 부모 및 또래와의 상호작용을 계속 방해할 수 있다(Guyon Harris et al., 2019). 생애 초기의 박탈은 아동의 행동 조절 능력 발달에 큰 피해를 주는 것으로 시사된다. 기저의 신경학적 결손은 일단 나타나면 변화가 어렵고 과잉행동, 충동성과 위험감수의 형태로 발현될 수 있다(Ghera et al., 2009). 더 많은 연구를 통해 이러한 아동·청소년들을 위한 효과적인 치료법을 찾아야 한다.

12.2 아동학대

미국 내 생애 초기 박탈의 비율은 상대적으로 적지만, 불행히도 다른 형태의 아동학대는 흔하다. 매년 약 350만 명의 아동들이 아동학대 의심으로 아동 보호 서비스에 의뢰된다. 검토와 조사 후, 67만 4,000건이 아동학대로 밝혀졌다. 이러한 통계는 매년 약 1%의 아동·청소년이 학대받거나 방임되고 있다는 것을 시사한다. 이 추정치에는 보고되지 않은 수많은 학대 아동들은 포함되지 않았다(US Department of Health and Human Services, 2019).

아동학대는 아동, 가족 그리고 사회에 상당한 재정적 부담을 순다. 가장 분명한 것은 직접적인 재정적 비용이다: 피해자에 대한 의학, 정신건강 및 주거지 서비스 제공, 범죄를 저지른 양육자에게 훈련과 복귀 서비스를 제공하는 비용, (일부 사례에서) 성인 범죄자를 기소하고 구금하는 비용. 부차적으로 학대와 관련된 간접적 재정 지출이 있다: 피해자의 낮은 학업 성취와 불완전 고용, 부모의 낮은 임금 수준과 감소된 생산성, 그리고 정신건강 서비스를 받지 못한 많은 학대 아동들이 보이는 반사회적 행동으로 인한 지역사회의 부정적 영향. 학

대로 인한 비용은 일생에 걸쳐 피해자당 21만~83만 1,000달러 정도 된다. 또한 미국 내 아동학대로 인한 경제적 지출 추정액은 매년 약 4억 2,800만 달러이다(Peterson, Florence, & Klevens, 2019).

더 중요한 것은, 아동학대가 정량화할 수 없는 정서적 비용을 발생시킨다는 점이다. 아동 피해자는 상당한 정서적 고통과 심리적 고통을 경험하며, 가족 구성원들은 갈등이 증가하고 삶의 질이 저하되었다고 보고하며 가해자들은 수치심부터 수감자에 대한 사회적 배척에 이르는 행동의 대가를 마주해야만 한다. 아동학대는 피해자, 가족과 사회에 심각한 영향을 미친다.

아동학대란?

아동학대의 정의에 대한 합의가 부족하여 이에 대한 공공정책과 연구는 제한적이다. 아동학대의 첫 번째 정의는 「1974년 아동학대 예방 및 치료에 관한 법률(Child Abuse Prevention and Treatment Act of 1974, PL 93-247)」에 제시되어 있다. 이 조항에서는 학대를 다음과 같이 정의하고 있다: "아동의 건강이나 복지가 손상되거나 위협받는다는 것을 시사하는 환경에서 아동의 복지에 책임이 있는 사람에 의한 18세 이하 아동의 신체적 혹은 정신적 손상, 성학대, 착취, 방임적 취급 혹은 학대"

다소 모호하기는 하지만, 이 정의에서는 네 가지 종류의 아동학대를 제시하고 있기 때문에 주목할만하다: (1) 신체적 학대, (2) 성학대, (3) 심리적 학대(예 : '정신적 피해'), (4) 방임(Gerrity, Borbon, & Strain, 2019).

DSM-5는 이와 동일한 네 가지 유형의 학대를 공식적으로 제시한다. 그러나 아동학대는 DSM-5에서 정신장애로 고려되지 않는다. 대신, 학대를 경험하는 아동은 그들이 나타내는 증상의 징후에 기반하여 진단된다. 예를 들어, 학대를 경험한 아동은 그들이 보이는 문제에 따라 불안장애, 우울, 그리고/혹은 불면증으로 진단될 수 있다.

신체적 학대

DSM-5에서는 아동 신체적 학대(child physical abuse)를 아동에 대한 비우발적인 신체 상해로 정의하고 있으며, 그 정도

사례연구
아동의 신체적 학대

카일라의 이야기
내가 12살 때 할머니가 돌아가셨고 나에게는 정신장애가 있는 오빠, 할아버지밖에 없었다. 나는 거의 1년 동안 매일 맞았다. 할아버지는 항상 내게 소리를 질렀다. 내가 쓸모없고, 못생기고, 실망스럽다는 등의 말을 했다. 오빠가 신체적, 정서적 고통을 겪지 않게 하려고 나는 오빠의 일도 감당했다.

어느 날 밤, 나는 조금 전 당한 언어적 학대 때문에 방에서 혼자 울고 있었다. 나는 칼을 들어서 내 팔과 손목을 긋기 시작했다. 어떤 이유에선지 그렇게 하니까 기분이 좋아졌다. 나는 자살을 시도하기 위해 진통제를 먹었다. 한번은 병원에 입원했고 지역정신건강센터에서 면담을 위해 누군가 왔다. 할아버지가 바로 옆에 서 있었기 때문에, 나는 그의 질문에 사실대로 말할 수 없었다. 할아버지가 또 나를 때릴까 봐 무서웠다.

©iStockphoto.com/fasphotographic

주 : 저자의 허락을 받고 사용함

는 가벼운 멍부터 심각한 골절 혹은 죽음에까지 이른다. 신체학대에는 부모, 양육자 혹은 아동에 대한 책임이 있는 사람에 의한 주먹질, 구타, 발길질, 물어뜯음, 흔들어댐, 내동댕이침, 찌름, 목 조름, 때림, 화상 입힘이 포함된다. 이러한 상해는 양육자가 아동을 다치게 하려는 의도의 여부에 관계없이 학대로 고려한다. 엉덩이 때리기나 찰싹 때리기와 같은 체벌은 이치에 맞고 아동에게 신체상 상해를 일으키지 않았다면 학대로 고려되지 않는다(American Psychiatric Association, 2013). 신체학대에 노출된 카일라의 사례를 살펴보자.

신체적 학대를 고려할 때, DSM-5에서는 학대적인 행동 여부의 식별에 피해 기준(harm standard)을 사용한다. 즉, 학대적인 행동은 반드시 아동에게 신체적 피해를 남겨야 한다. 이와 대조적으로, 일부 법적 정의에서는 위험 기준(endangerment standard)을 사용하고 있으며 이 경우에는 피해 가능성만으로도 신체적 학대로 분류할 수 있다. 예를 들어, 벌을 주려고 작은 아이를 발코니 너머에 매달아 두는 것은 아이가 신체적 부상을 당하지 않았다 하더라도 위험 기준에 따라 신체적 학대로 볼 수 있다(Renzetti & Adair, 2019).

성학대

DSM-5에서는 아동 성학대(child sexual abuse)를 부모, 양육자 혹은 아동에 대한 책임이 있는 타인이 성적 희열을 제공하도록 강요되는 아동에게 일어나는 모든 성적 행동으로 정의한다. 성학대에는 아동의 생식기를 애무하는 것, 삽입, 근친상간, 강간, 항문 성교, 성기 노출과 같은 행동들이 포함된다. 또한 아동과 학대자 사이에 직접적 신체 접촉 없이 타인의 성적 희열을 위한 행위에 가담하도록 아동을 강요, 기만, 유인, 위협, 압박하는 행위도 포함된다(American Psychiatric Association, 2013). 성학대를 경험한 10대 소녀 안젤라의 사례를 살펴보자

DSM-5의 성학대 정의는 명료하지만, 몇몇 사례는 아동에 대한 성학대로 구분하기가 쉽지 않다(Mathews & Collin-Vezina, 2019). 우리가 '아동'을 어떻게 정의하는지부터 고려해라. 대부분의 사법권에서 아동은 만 18세 미만으로 정의된다. 그러나 일부 전문가들은 성적 행동의 결과를 이해하는 능력과 동의할 수 있는 능력이 생물학적 나이보다 더 중요하다

고 주장한다. 다른 전문가들은 아동과 행위 가해자 간의 나이 차를 강조한다. 16세 아동과 18세 성인 간의 성관계는 학대적인가?

전문가들은 학대를 구성하는 성적 행동의 유형에도 다른 의견을 가진다. 일부 사람들은 삽입만을 성학대로 고려한다. 다른 사람들은 신체적 접촉을 포함하는 모든 성적 행동이 성학대의 정의에 해당한다고 주장한다(예 : 애무, 입을 벌리는 키스). 또 다른 전문가들은 신체적 접촉을 포함하지 않는 성적 행동도 그러한 행동들이 아동을 향하며 성인의 성적 희열을 위한 의도라면 학대의 정의에 포함시킨다. 이러한 관점에서는 관음증, 노출증 및 노골적인 성적 사진이나 동영상에 아동을 이용하는 것도 성학대에 해당한다.

마지막으로 전문가들은 학대의 정의 자체에 동의하지 않는다. 일부 사람들은 학대로 고려하기 위해 성적 행동을 위한 신체적 강요나 강제가 필요하다고 주장한다. 다른 사람들은 성적 행동에서 가해자와 피해자 간의 힘의 차이를 고려한다. 일부에서는 설사 자발적으로 보이더라도 아동이나 청소년을 포함하는 모든 성적 활동이 학대라고 믿는다.

루시 베를리너(Lucy Berliner, 2000)에 따르면, 아동 성학대는 동의하지 않거나 동의권을 줄 수 없는 아동과의 모든 성적 행동을 포함한다. 베를리너의 정의는 상호작용이 신체적이든 비신체적이든 관계없이 모든 성적 행동을 포함한다. 신체적 접촉(예 : 만지기, 삽입)과 비신체적 성적 상호작용(예 : 관음증, 노출증, 포르노그래피에 노출) 모두 성학대로 고려할 수 있다(Fitzgerald & Berliner, 2014).

성학대에 대한 베를리너의 정의는 성인과 성인이 아닌 사람(예 : 아동과 청소년) 간의 모든 성적 상호작용도 포함한다. 성인이 아닌 사람은 성적 행동에 대한 동의가 불가능하기 때문에 성인과 아동, 청소년 간의 성적 접촉은 언제나 학대적이다. 동의하기 위해서는 (1) 성적 행동과 관련된 영향을 이해해야 하고 (2) 외부의 압력 없이 성적 활동에 참여할 것을 자유롭게 결정해야 한다. 대부분의 아동ㆍ청소년은 성인과 성적 행동하는 것의 영향을 완전히 인식할 수 없다. 게다가 연령과 발달적 수준에서, 아동과 청소년은 언제나 성인과의 관계에서 힘의 약세에 있다. 결과적으로 그들은 결정에 영향을 주는 성인이 없이는 성적 활동에 결코 동의할 수 없다.

사례연구
아동 성학대

불행한 가족

13살인 안젤라는 성학대로 클리닉에 의뢰되었다. 위탁 가정으로 가기 전, 안젤라는 어머니, 의붓아버지, 3명의 이부여동생들과 함께 살았다. 안젤라는 어수선한 집에서 자랐다. 친아버지는 공격적이고 반사회적인 행동 전력이 있었다. 그는 평가 당시 가정폭력으로 구금되어 있었다. 어머니는 알코올 남용 전력이 있었으며 마약 판매로 두 번 체포되었었다. 어머니는 안젤라를 임신 중일 때 알코올, 코카인 등의 마약을 사용했다. 안젤라는 미숙아로 태어났고 인지 발달 지연을 보였다.

안젤라의 어머니는 안젤라가 6살일 때, 의붓아버지와 결혼했다. 의붓아버지는 안젤라와 여동생에게 안정적인 가정을 줄 수 있는 것처럼 보였다. 그러나 안젤라의 치료 의뢰 몇 주 전, 어머니는 의붓아버지가 안젤라와 성관계를 갖는 것을 발견했다. 충격과 혐오감을 느낀 어머니는 의붓아버지와 안젤라 모두에게 소리를 질렀고 집에서 나가라고 했다.

안젤라는 적어도 5년간 반복적으로 성학대를 당했다. 의붓아버지는 딸들에게 접근하기 위해 '정서적으로, 재정적으로 취약한' 안젤라의 어머니에게 의도적으로 접근했음을 시인했다. 의붓아버지는 학대가 들통 날 경우 그가 감옥에 가고 가족들은 뿔뿔이 흩어지며 안젤라의 어머니가 다시 가난해지고 마약 남용을 하게 될 것이라며 안젤라에게 아무에게도 절대 말하지 말라고 협박했다.

안젤라는 위탁 가정에서 불안과 우울 문제를 보였다. 수면에 어려움이 있었고 어두운 곳을 무서워했으며 자주 학대와 관련된 악몽을 꾸었다. 한번은 안젤라가 교회에 있는 동안 학대 기억이 떠올랐다. 예배 중

©iStockphoto.com/Halfpoint

에 안젤라는 극도의 공황을 보이며 신자들 사이에서 뛰쳐나와 반복적으로 "난 나빠요!"라고 소리질렀다.

안젤라는 위탁 가정에서 동갑의 여자아이들보다는 6~7세 아이들과 같이 노는 것을 더 좋아했다.

안젤라는 학교에서 친구가 거의 없었다. 그녀는 쉬는 시간에 "키스 해달라"는 여러 남자아이들에게 키스를 한 일로 훈계를 받았다. 위탁 가정과 학교에서 안젤라는 무기력하게 행동하거나 특별대우를 받기 위해 '애기 말투'를 사용하곤 했다. 무엇보다도, 안젤라는 끊임없이 어른들의 인정과 안심이 필요한 것처럼 보였다. 위탁모는 안젤라를 "애정에 굶주렸고" "가벼운 야단이나 평가에도 좌절한다"고 설명했다.

심리적 학대

DSM-5에서는 아동 심리적 학대(child psychological abuse)는 아동의 부모나 양육자에 의해 이루어지며 아동에게 심각한 심리적 위해를 일으키는(혹은 가져올 가능성이 충분한) 비우발적인 언어적 혹은 상징적 행위라고 정의하고 있다. 예를 들면 아동을 질책하거나 비난하거나 폄하하거나 굴욕감을 주는 것, 아동을 위협하는 것, 아동이 좋아하는 사람이나 물건에 위해를 가하거나 버리는 것, 신체적 혹은 비신체적 처벌을 통해 과도하게 아동을 훈육하는 것(American Psychiatric Association, 2013). 수년간의 심리적 학대를 당한 토냐의 사례를 살펴보자.

심리적 학대는 아동에게 그들이 가치없고 결함이 있으며 사랑받지 못하고 다른 사람이 원하지 않으며 위험에 처해있거나 다른 사람의 욕구를 충족시켜줄 때에만 가치가 있다는

메시지를 전달한다(Myers, 2010). 심리적 학대는 인간으로서 내재된 아동의 가치와 존엄성을 거부한다. 여기에는 다섯 가지 행동 유형이 포함된다:

배척하기 : 아동을 거절하거나 비하하는 언어적, 비언어적 행동. 아동이 정서를 드러냈다고 조롱하는 것, 공개적으로 아동에게 창피를 주는 것이나 다른 아동 앞에서 한 아동을 극도로 편애하는 행동들이 포함된다.

공포감 주기 : 아동이나 아동이 사랑하는 대상을 다치게 하거나 버리겠다는 위협. 예를 들어 복종하지 않으면 다치게 하거나 버리겠다는 위협, 아동에게 가정폭력을 목격하게 하는 것 또는 아동의 애완동물을 죽이겠다는 협박

고립시키기 : 집 밖의 또래나 성인과 상호작용할 기회를 부

사례연구
아동 심리적 학대

말도 사람을 아프게 할 수 있어요

어느 토요일 밤, 친구와 함께 음식점에 갔다. 엄마가 알게 되었고 음식점으로 찾아와서 친구들 앞에서 나에게 소리를 질렀다. 엄마는 나를 집으로 끌고 와서 바닥에 던지고 발로 차고 손으로 때리기 시작했다.

다음 날 엄마는 나를 엄마의 침실로 불러서 내가 엄마 말을 안 들어서 엄마가 나를 때리게 만든 것은 내 잘못이라고 2시간 동안 가르쳤다. 나는 듣지 않았다. 그러고 나서 나는 엄마가 나를 때리게 만든 것에 대해 반성문을 써야 했다. 그건 맞을 때마다 항상 했던 것이다. 엄마는 항상 우리를 때리게 만들어서 미안하다고 말하게 했고, 우리는 우리를 위해 때려줘서 고맙다고 말해야만 했다.

매일 밤 잠들 때 우리는 우리가 저지른 일에 대한 강의를 듣기 위해 조만간 일어나야 할 것을 알고 있었다. 2~3시간은 족히 걸릴 것이다. 끝나기만을 바라면서 우리는 엄마가 옳았다고 동의해야만 했다. 엄마는 우리가 엄마를 따라 말하게 했다.

"나는 게으르고 굼뜬 여자애다."

"나는 멍청하다"
"나는 부모님을 충분히 존경하지 않는다"

주 : 저자의 허락을 받고 사용함

정하는 것. 예를 들어, 아동이 친구와 노는 것을 허락하지 않거나 부모와의 면접교섭을 거부하는 것

착취하기 : 아동에게 부적응적이거나 반사회적인 행동을 하도록 부추기는 것. 예를 들어, 아동이 불법 행동을 목격하게 하거나 아동에게 마약 판매나 운반을 시키는 것

정서적 반응 부인 : 관심과 정서적 상호작용을 위한 아동의 노력을 무시하는 것. 예를 들어, 양육자는 냉정하고 정서적으로 거리감 있게 행동하거나 애정을 거의 보이지 않거나 아동이 고통스러워할 때 위로를 제공하지 않는 것

특히 더 문제가 되는 심리적 학대의 한 가지 유형은 특별한 언급이 필요하다: 가정폭력에 아동을 노출시키는 것. 미국에서 장기적 관계의 4분의 1에서 가정폭력이 일어난다. 얼마나 많은 아동들이 매년 가정폭력을 목격하는지는 추산이 불가능하다. 그러나 가정폭력이 아동에게 미치는 영향은 엄청나다. 가정에서 범죄에 노출된 아동들은 우울, 불안, 품행 문제, PTSD와 같은 광범위한 내재화 및 외현화 문제를 보인다. 더욱이 자신의 배우자를 신체적으로 학대하는 많은 성인들은 아동학대도 저지른다(Lieberman & Chu, 2016).

방임

DSM-5에서는 아동 방임(child neglect)은 연령에 적절한 아동의 기본적인 욕구를 박탈하고 결과적으로(혹은 타당한 잠재적 결과로서) 아동에게 신체적, 심리적 위해를 가져오는 부모나 양육자의 행동이라고 정의하고 있다. 아동 방임은 유기, 적절한 관리감독의 실패, 정서적 혹은 심리적 욕구 충족 실패, 필요한 교육, 치료, 영양, 주거와/또는 의복 제공의 불이행(American Psychiatric Association, 2013)을 포함한다.

신체적 방임(physical neglect)은 양육자가 아동을 위험으로부터 보호하지 못하거나 아동이 신체적으로 필요한 것들을 제공하지 않을 때 발생한다. 음식, 쉴 곳과 의복을 제공하지 않는 것은 일반적으로 방임으로 고려된다. 그러나 신체적으로 방임하는 부모와 경제적 어려움으로 자녀에게 필요한 것을

사례연구
아동 방임

잃어버린 아이

마이클은 6세 남아로, 아동보호전문기관에서 의뢰되었다. 마이클과 동생은 방임으로 인해 할머니에게서 분리조치 되었다. 아이들은 먹을 것도, 낮 동안 지켜보는 사람도 없는 더러운 아파트에서 발견되었다. 그들은 건강관리를 꾸준히 받지 못했고(예 : 예방접종, 아동건강검진) 영양실조 상태였으며 전반적으로 위생상태가 좋지 않았다. 아동들 모두 신체적 질병이 있었고 마이클의 2살 터울 여동생은 극심한 기저귀 발진이 있어서 치료가 필요했다.

마이클은 평균 이하의 사회적 기술과 자조 기술을 보였다. 위탁 가정에 도착하였을 때, 적절하게 세수하거나, 양치, 목욕을 할 수 없었다. 마이클은 음식을 모아두었고 식사 예절이 형편없었다. 이는 썩어 있었다.

위탁 가정에서 마이클은 낮은 사회적 기술을 보였다. 그는 장난감 나눠 갖기, 순서 기다리기, 옷 입기, 가정 규칙 따르기를 거부하였다. 그는 다른 사람과의 갈등을 대부분 신체적 폭력으로 해결했다. 마이클은 주일학교 반 친구를 때려서 퇴학을 당했다.

마이클의 위탁모는 마이클이 집 안의 다른 아이들을 위협하고 괴롭

©iStockphoto.com/mactrunk

혔다고 말했다.

"마이클은 요구적인 아이에요" 위탁모가 설명했다. "그는 계속 안심시켜 달라고 요구해요. 그는 항상 사고를 치고 나서 이렇게 물어요 '나 착해요?'"

제공하지 못하는 부모를 구분하는 것은 종종 어렵다. 신체적 방임을 경험한 마이클의 사례를 살펴보자.

의학적 방임(medical neglect)은 아동의 기본적인 의료 서비스 필요가 충족되지 않을 때 발생한다. 기본적인 의료 서비스란 관리하지 않았을 때 심각하게 아동의 건강을 위협할 수 있는 의학적 수술이나 치료를 말한다. 의학적 방임에는 아동에게 필수 예방접종을 하지 않거나, 심각한 질병이 있을 때 의학적 검사를 받게 하지 않는 것 또는 심각한 질병의 치료나 관리에서 의사의 권고를 따르지 않는 것이 포함될 수 있다.

교육적 방임(educational neglect)은 부모가 자녀를 학교에 입학시키지 않거나 교육을 제공하지 않을 때 발생한다. 교육적 방임은 부모가 반복적으로 자녀가 학교에 빠지게 할 때에도 일어날 수 있다(Stoltenborgh, Bakermans-Kranenburg, & van IJzendoorn, 2013).

아동학대는 얼마나 흔한가?

전반적인 유병률

아동학대 유병률을 알아보기 위한 가장 좋은 자료는 부모와 양육자에 대한 인구 기반 조사인 아동 폭력 노출에 관한 국가 연구(National Study of Children's Exposure to Violence)에서 얻을 수 있다. 이 연구의 참가자들은 미국 내 가족들의 인구통계학적 구성을 반영하고 있다. 또한 자료에는 다양한 학대에 노출된 아동은 물론 경찰이나 아동 보호 서비스에 보고되지 않는 사건들까지 포함되어 있다(Office of Juvenile Justice and Delinquency Prevention, 2019).

전반적으로, 15%의 아동·청소년이 한 해 동안 적어도 한 가지 유형의 학대를 당하였으며, 25%는 성인기 이전 어느 시점에 학대를 받는다. 이러한 비율에 따르면, 미국 내에서 매년 약 1,110만 명의 아동·청소년이 학대를 받으며 1,850만 명의 아동·청소년이 성인기 이전에 학대를 경험하게 된다. 학대의 1년 및 평생 발생률은 남아와 여아가 비슷했다.

신체적 학대, 심리적 학대와 방임

가장 흔한 학대의 유형은 방임이다. 약 15%의 아동·청소년들이 성인기 이전의 어느 시점에 방임을 경험한다. 방임 중 가장 흔한 유형은 물질 남용으로 인한 부모의 무능력, 장기적 부모 부재와 위험하고 비위생적인 가정 위생이다. 한부모 가정

이나 낮은 SES 가정의 아동들이 방임될 확률이 가장 높다. 비라틴계 백인 부모는 흑인이나 라틴계 부모보다 자녀를 더 많이 방임하는데, 이는 보통 비라틴계 백인 부모의 물질 사용 장애 위험이 높기 때문이다(Vanderminden et al., 2019).

약 14%의 아동 · 청소년들이 심리적 학대를 경험한다. 어린 아동들보다 청소년들이 심리적 학대를 더 많이 경험할 수 있다. 또한 여아가 남아보다 더 자주 심리적 학대를 경험한다(Finkelhor, Turner, Shattuck, & Hamby, 2015).

약 8%의 아동 · 청소년이 양육자에게 신체적 학대를 받는다. 신체적 학대를 경험하는 아동들 중 10명 중 4명이 멍, 자상, 골절이나 치료가 필요한 부상을 당한다. 한부모 가정의 아동이 신체적 학대를 받을 위험이 가장 높다. 또한 남아가 여아보다 신체적 학대를 경험할 가능성이 더 높다(Simon et al., 2018).

약 4%의 아동 · 청소년들이 성인기 이전의 어느 시점에 양육권 간섭이나 가족에 의한 납치를 경험한다. 이러한 행동은 아동이 다른 가족 구성원 만나는 것을 부모나 양육자가 막거나, 양육권을 잃을까 봐 자녀를 납치할 때 전형적으로 발생한다. 양육권 간섭과 납치는 학대 범주로 명료하게 분류되지는 않지만 아동을 신체적, 심리적 위험에 빠뜨린다(Greenberg, 2019).

성학대와 성폭행

약 1%의 아동 · 청소년이 양육자나 다른 성인(예 : 코치, 교사)에게 성학대를 받는다. 그러나 훨씬 많은 아동 · 청소년들이 다른 형태의 성적 피해를 경험하고 있으며 이것은 심각한 고통과 손상을 야기한다. 예를 들어, 연구자들은 청소년들이 일생 중 겪은 성학대 경험의 자기보고형 자료를 조사하였다. 이 자료는 전적으로 청소년의 자기보고로 수집하였고, 모든 유형의 성학대(예 : 애무, 접촉, 삽입)를 포함하였으며, 또래가 가한 성학대도 포함하였기 때문에 주목할 가치가 있다.

세 가지 중요한 결과가 발견되었다. 첫째, 여성의 약 4분의 1과 남성의 20분의 1이 성학대를 보고했다. 둘째, 여성은 15~17세 사이에 성학대 비율이 극적으로 증가하였는데, 이것은 청소년기 후기에 여성이 특히 취약하다는 점을 시사한다. 셋째, 대부분의 사례에서 성인보다는 다른 청소년에 의한 성적 피해였다. 또래 간 성적 피해는 가해자가 다른 청소년(예 :

남자친구 혹은 반 친구)이기 때문에 연구자들은 이를 '아동학대'가 아닌 '성폭력(sexual assault)'으로 보았다. 이러한 피해는 아동 성학대의 정의에는 부합하지 않으나 청소년의 안녕과 발달을 위협하는 사건이다(Finkelhor, Shattuck, Turner, & Hamby, 2014a).

아동학대는 어떤 영향을 미치는가?

건강 문제

아동에 대한 신체적 학대와 방임은 아동의 신체적 건강에 큰 피해를 준다. 심각하게 방임된 영아는 바른 성장에 대한 비기질성 실패를 보일 수 있다. 연령에 기대되는 체중과 머리둘레에 미달되는 것은 성장 실패의 특징이며, 이는 장기적인 건강 및 행동 문제 혹은 죽음으로 이어질 수 있다(Brege, Louis, & Giardino, 2020).

신체적 학대를 경험하는 아동들은 종종 멍, 골절, 화상과 흉터에 시달린다. 이러한 부상은 종종 머리 외상 혹은 비정상적으로 상승한 스트레스 호르몬으로 인한 신경학적 손상을 수반한다. 신체적 학대를 받은 아동의 약 3분의 1이 장기적 손상을 방지하기 위한 의학적, 정신적 치료를 요하는 심각한 부상을 당한다. 이러한 아동들 대부분은 3세 미만이다(Finkelhor, Vanderminden, Turner, Hamby, & Shattuck, 2014b).

가장 심각하고 잠재적으로 치명적인 방임의 유형 중 하나는 흔들린 아이 증후군(shaken baby syndrome)으로 불리는 학대성 두부 외상이다. 흔들린 아이 증후군은 양육자가 격렬하게 영아를 앞뒤로 흔들 때 발생하며 두개골 안에서 뇌의 빠른 가속과 감속을 유발한다. 이러한 흔들기는 뇌 조직에 심각한 손상을 일으킬 수 있다. 흔들린 아이 증후군은 초기에는 졸음이나 졸림으로 시작하며 외부 자극에 대한 반응실패, 호흡 문제, 구토, 발작, 혼수상태와 죽음을 특징으로 한다. 대부분의 경우 피해가 발생한 후 몇 시간 혹은 며칠 동안 증상이 분명하게 나타나지 않는다(Narang, Fingarson, & Lukefahr, 2020).

대부분의 흔들린 아이 증후군은 생후 3개월 무렵 발생한다. 흥미롭게도 이 월령은 영아가 가장 많이 울고 가장 심한 수면 문제를 보이는 발달적 시기이기도 하다. 일부 부모는 영아 자녀를 조용히 시키거나 억지로 재우기 위해 흔든다. 예를 들어, 한 부모는 "아들을 진정시킬 수 없을 때, 팔 아래를 단단하게 잡고 앞뒤로 움직여요. 이렇게 흔들고 나면 아들이 지쳐서 자요"라고 보고했다. 다른 부모는 "화가 치밀어 올랐어요. 딸아이가 계속 울었어요. 그럴 때면 전 딸을 흔들었어요. 두 달 넘게 딸을 세게 쳤어요."라고 인정했다. 매년 영아 10만 명 중 27~33명이 흔들린 아이 증후군을 겪는다(Becker-Blease & Kerig, 2017).

행동 문제

신체적 학대나 방임을 경험한 아동들은 파괴적 행동 문제를 일으킬 위험이 있다. 학대 경험이 있는 아동 중 많은 수가 적대적 반항장애(ODD)로 진단된다. 이런 아동들은 가정에서 양육자에게 종종 앙심을 품고 논쟁적이다. 학교에서는 파괴적이고 반항적인 모습을 자주 보인다. 대부분의 연구에서 이러한 부정적이고 파괴적인 행동적 경향성이 아동기와 초기 청소년기까지 지속된다고 보고한다. 신체적 학대나 방임을 경험한 아동들은 특히 다른 아동들에 대한 공격성 위험도 증가한다. 이러한 아동들은 주도적 공격성(예 : 원하는 것을 얻기 위해)과 반응적 공격성(예 : 좌절에 대한 반응)을 모두 보이는 경향이 있다(N'zi & Eyberg, 2013; Wekerle, Wolfe, Dunston, & Alldred, 2014).

신체적 학대와 방임 경험이 있는 더 나이 든 아동과 청소년들은 품행장애(CD)를 가질 위험이 있다. 학대받은 아동·청소년은 절도, 사기, 신체적 폭력과 장기 무단결석과 같은 심각한 반사회적 행동에 관여할 가능성이 매우 높다. 신체적 학대를 받은 청소년은 학대 전력이 없는 청소년에 비해 체포될 확률이 5배, 폭력적인 범죄로 유죄 판결을 받을 확률이 11배 높다. 학대를 경험한 남아는 반사회성 성격장애를 가질 가능성이 성인만큼 증가하였다. 신체학대나 방임을 경험한 여아는 이후의 불완전 고용과 매춘 위험이 증가하였다(Becker-Blease & Kerig, 2017).

학대받은 아동들은 왜 파괴적 행동을 보일 가능성이 증가하는가? 이에 대한 한 가지 해석은 학습이론에 근거한다. 신체적 학대를 받은 아동들은 양육자의 적대적이고 공격적인 행동을 모델링할 수 있다. 실제로 아동학대에 노출된 아동들은 종종 가정폭력, 부모의 반사회적 행동과 폭력적 범죄와 같은 다른 공격적인 행동을 자주 목격한다. 아동들은 관찰을 통해 파괴적이고 공격적인 행동이 인간관계 문제를 해결하는 효과적인 방법이라고 학습할 수 있다(Topitzes, Mersky, & Reynolds, 2012).

생애 초기 학대와 이후의 파괴적 행동 간의 관계에 대한 또 다른 설명은 사회적 정보처리 이론에 기반하고 있다. 이 이론에 따르면, 아동들은 일련의 문제 해결 단계를 통해 사회적 문제를 해결한다. 신체적 학대를 받은 아동들은 이러한 단계들에서 어려움을 보여 대인 간 문제를 해결할 때 적대적이고 공격적인 수단을 사용할 가능성이 높아진다(Dodge et al., 2013).

첫째, 신체적 학대를 받은 아동들은 사회적 문제를 해결할 때 적대적 귀인 편향을 보인다. 즉, 그들은 다른 사람들이 적대적이고 공격적인 태도로 행동할 것을 기대한다. 결과적으로 그들은 다른 사람의 상냥한 행동을 적대적이고 공격적이라고 빈번하게 오해석한다. 둘째, 학대받은 아동들은 종종 사회적 문제에 대한 해결책을 강구하는 데 어려움을 겪는다. 게다가 그들이 강구할 수 있는 해결책은 대개 적대적이고 공격적이다. 셋째, 학대받은 아동들은 충동적으로 행동 계획을 선택한다. 즉, 행동 전에 행동의 결과를 고려하지 않는다. 이러한 사회적 문제해결력 결핍은 모호한 사회적 상황에서 공격적으로 행동할 가능성을 높인다(Runions, Shapka, Dooley, & Modecki, 2013; Young & Widom, 2014).

방임된 아동·청소년들은 어떠한가? 그들도 파괴적이고 반사회적인 행동을 보일까? 방임을 경험한 아동들은 종종 또래 관계 문제와 낮은 사회적 기능을 가진다. 실제로 많은 방임 아동·청소년들은 친구가 거의 없고 반 친구들에게도 거부당한다. 방임 아동들은 친사회적인 또래들에게 거부당하기 때문에 거부당한 다른 아동들과 종종 우정을 추구한다. 방임 아동은 거부당한 또래들을 통해 공격성, 비행과 물질 사용과 같은 파괴적이고 반사회적인 행동을 접할 수 있다. 게다가 자녀를 방임한 부모는 대개 자녀의 행동을 충분히 관리감독하지 않는다. 결과적으로 방임 아동은 성인의 감독 없이 자유롭게 반사회적 행동에 참여할 수 있다. 일탈적인 또래 집단과 부실한 부모의 관리감독은 품행 문제의 주요 예측인자이다(Merlo & Benekos, 2016).

애착 문제와 기분장애

학대 경험이 없는 아동의 3분의 1이 불안정 애착을 보이는 것에 비해 학대받은 아동은 약 3분의 2가 양육자와 불안정 애착을 보인다. 학대를 당한 아동은 불신과 자기의심에 기반한 내적작동모델을 채택하도록 유도된다. 이러한 내적작동모델은 다음과 같은 신념을 포함하고 있다: "세상은 위험해. 나는 다른 사람을 믿을 수 없어. 나는 나 자신을 의지해야 해. 나는 다른 사람들에게 도움받을 만한 가치가 없어." 이러한 모델은 아동의 모든 미래 관계와 자신에 대한 관점에 영향을 미친다. 그 결과로 파괴적인 행동, 사회적 고립과 여러 가지 기분 및 불안 문제를 경험할 수 있다(Cicchetti & Doyle, 2016; Erickson & Egeland, 2002; Wekerle et al., 2014).

학대받은 일부 아동들은 양육자에 대한 비조직화된 애착 양상을 보인다(Main et al., 1985). 비조직화된 애착을 형성한 아동은 낯선 상황 실험에서 변덕스럽고 예측불가능한 방식으로 행동한다. 예를 들어, 일부 아동은 어머니와 분리될 때 고통스러워했지만 어머니가 방에 다시 들어왔을 때 어머니로부터 도망치려 했다. 다른 아동들은 분리된 동안 울었지만 어머니가 돌아왔을 때 어머니 대신 무생물 대상에게서 편안함을 찾았다. 또 다른 아동들은 어머니를 무서워하는 것처럼 보였다. 비조직화된 애착은 신체학대나 방임을 경험한 아동에게서 가장 흔하다. 학대는 아동에게 부모가 예측 불가능하고 위협적인 방식으로 행동할 것이라고 예상하게 만든다(Cicchetti, 2016b; Lyons-Ruth, 2015).

초기 아동기의 불안정 애착과 비조직화된 애착은 후기 아동기와 청소년기의 기분장애에 기여한다. 학대받지 않은 아동의 15%가 성인기 전에 우울장애를 겪는 반면, 학대받은 아동은 약 30~40%가 성인기 전에 우울장애를 경험한다. 우울증은 특히 여아와 복합적인 학대를 받은 아동·청소년에서 흔하다(Follette & Vechiu, 2018). 한편, 학대 시점이 매우 중요하다고 시사된다. 던과 동료들(Dunn et al., 2013)에 따르면, 학령전기에 신체학대나 방임을 경험한 아동들은 다른 시기(예: 후기 아동기, 청소년기)에 학대를 경험한 아동들에 비해 기분장애 발생 가능성이 77% 높았다. 연구자들은 애착 관계와 내적작동모델이 발달하는 초기 아동기가 학대 영향에 특히 더 민감할 수 있다고 제안하였다(Cicchetti & Rogosch, 2014; Dunn et al., 2013).

실제로, 학대는 아동이 자신, 타인과 미래에 대한 부정적 관점을 가지게 할 수 있다. 비학대 아동에 비해, 학대 아동들은 자신이 선천적으로 무가치하고 나쁘거나 결함이 있다고 믿는다. 학대에 대한 아동들의 귀인이 내재화 증상의 심각도를 예측한다. 학대에 대해 자신을 비난하는 아동들은 학대에 대한 책임감을 갖지 않는 아동들에 비해 훨씬 심한 기분장애를 보인다(King & Osofsky, 2019).

학업 문제

학대와 방임을 경험한 아동들은 학업에서도 어려움을 가질 위험이 있다. 학대받고 방임된 아동들은 그렇지 않은 아동들에 비해 보충교육 서비스가 필요하거나 특수교육에 의뢰되거나 유급당할 가능성이 더 높았다. 심각한 학대와 방임을 경험한 아동들은 그렇지 않은 아동·청소년에 비해 고등학교를 자퇴할 가능성이 두 배 높았다. 이러한 좋지 못한 학업 결과는 낮은 SES나 이웃 폭력과 같이 결과에 영향을 줄 만한 다른 요인들을 통제한 후에도 나타났다(Tanaka, Georgiades, Boyle, & MacMillan, 2016).

아동학대는 적어도 세 가지 형태의 교육적 어려움으로 이어질 수 있다. 첫째, 신체적 학대와 방임은 학습을 방해하는 신경학적 손상을 직접적으로 일으킬 수 있다. 예를 들어, 신체학대로 인한 두부 외상 혹은 방임으로 인한 영양실조를 겪은 아동은 신경학적 문제와 관련된 학업적 어려움을 경험할 수 있다. 실제로, 영아기에 폭력에 노출된 아동은 폭력에 노출되지 않은 아동들에 비해 IQ점수가 7점 낮았다(Kolko & Berkout, 2018).

둘째, 초기 아동기의 방임은 아동의 학습 기회를 제한함으로써 간접적으로 아동의 인지 발달에 영향을 미칠 수 있다. 연구자들은 SES가 상/중/하 수준인 가족들의 부모-자녀 상호작용을 아동의 생애 첫해에 평가하였다. 3세가 되었을 때, SES가 상 수준인 가족의 아동들은 SES가 하 수준인 가족의 아동들보다 3,000만 개 더 많은 단어에 노출되었다. 또한 SES가 하 수준인 가족 아동의 학령전기 학습준비도는 SES 상 수준 가족의 아동보다 6개월 지연되었다(Fernald, Marchman, & Weisleder, 2013; Hart & Risley, 2003).

셋째, 심리적 문제는 아동학대와 더 낮은 학업적 결과의 관계를 매개할 수 있다. 아동학대는 파괴적 행동, 불안과 우울을 일으킬 수 있다. 이러한 심리적 어려움은 아동의 학업적 성취를 방해할 수 있다(Osofsky et al., 2018).

성 발달

성학대받은 아동은 학대를 받지 않은 또래에 비해 종종 더 성애화된 행동(sexualized behaviors)을 보인다. 성애화된 행동은 아동의 연령에서 전형적이지 않거나 사회적 상황에서 부적절한 행동을 뜻한다. 아동들은 성적 희열, 정서 조절 혹은 다른 사람의 관심을 얻기 위해 이러한 행동을 한다. 성적 행동의 예로 과도하거나 공개적인 자위, 성애화된 인형놀이, 놀이 친구와의 강요된 성적 활동, 유혹적인 언어와 행동이 있다(Grossi, Lee, Schuler, Ryan, & Prentky, 2016).

아동의 전형적인 성적 행동에 대한 연구가 거의 진행되지 않았기 때문에 규준적이고 비규준적인 아동의 성적 행동을 구분하기는 사실상 어렵다. 일부 성애화된 행동은 특정 연령에서는 규준적이다. 예를 들어 많은 걸음마기 유아들이 자기 자극을 하고, 학령전기 아동들은 어른들이 발가벗었거나 옷을 벗을 때 보려 하며, 학령기 아동들은 부모에게 섹스 관련 질문을 한다. 그러나 성애화된 인형놀이, 강요된 성적 행동이나 성적 신체 부위에 물건을 집어넣는 것과 같은 성적 행동은 아동기에는 발달적으로 매우 부적절하다.

그러나 연령에 부적절한 성적 행동이 아동의 성학대를 가늠하는 신뢰로운 지표로 사용될 수는 없다. 성학대받은 많은 아동들이 성애화된 행동을 보이지만 대부분은 그렇지 않다. 가장 문제가 되는 성애화된 행동(예 : 놀이친구에게 성적 행동을 강요하는 아동)조차 75%의 확률로 성학대 여부를 구분할 뿐이다. 그 대신 조숙한 성적 지식으로 성학대받은 아동과 그렇지 않은 아동을 더 잘 구분할 수 있다고 시사하는 자료들이 증가하고 있다. 성학대받은 어린 아동은 그렇지 않은 또래에 비해 종종 성행동에 대한 상당한 지식을 가지고 있다(Wolfe & Gentile, 2013).

아동 성학대는 특히 여아들의 성적 성숙을 가속화할 수 있다. 성학대 여아는 그렇지 않은 여아들보다 약 1년 먼저 초경을 시작한다. 아동 성학대가 초경을 앞당기는 매커니즘은 아직 밝혀지지 않았다. 학대적 행동 자체보다 학대받은 스트레스가 여아의 성적 발달을 가속화할 가능성이 있다. 이러한 스트레스가 여아의 에스트로겐 활성화에 영향을 끼쳐 성적 성숙을 개시하게 하는 호르몬을 더 빨리 방출시키는 것으로 보인다(Becker-Blease & Kerig, 2017).

성적으로 학대받은 아동들은 성인이 되었을 때 성적 피해자가 될 위험이 있다. 아동기의 성학대와 성인기의 성범죄 간의 관련성을 조사한 메타 연구에서 평균 효과 크기는 .59로 나타났다. 전반적으로, 성학대받은 여아는 학대를 경험하지 않은 여아에 비해 성인기에 성범죄를 경험할 확률이 두세 배 높았다. 성학대받은 남아는 학대받지 않은 남아에 비해 성인기에 성범죄를 경험할 위험이 여섯 배 높았다. 아동기 학대는 아동의 애착 안정성, 대인 관계에 대한 신념과 성적 발달을 변화시켜 아동 · 청소년을 위험에 빠뜨릴 수 있다(Follette & Vechiu, 2018).

실제로 아동 성학대는 외상성 성애화(traumatic sexualization)로 이어질 수 있다. 즉 성생활과 관련된 불안이 발생하고 친밀하고 신뢰로운 관계를 수립하는 것이 어려울 수 있다(Finkelhor & Browne, 1985). 성학대에서 살아남은 성인은 종종 배우자로서 자신의 가치감을 부정적으로 인식하고 승인을 과도하게 요구하며 타인에 대한 전반적인 불신을 갖는다고 보고한다. 이러한 불안감과 불안정감은 관계의 질을 위태롭게 할 수 있다. 많은 생존자들이 배신감과 무력감에 사로잡혀 가까운 관계를 회피한다고 보고한다. 결과적으로 그들은 친밀감이 부족한 일회성의 위험한 성행위를 하거나 성적 관계 자체를 회피한다(Frias, Brassard, & Shaver, 2014; Herman, 1992).

외상성 성애화는 이후 삶에서 성기능 장애로 이어질 수 있다. 예를 들어, 성학대를 받은 여아는 학대를 받지 않은 또래보다 성인이 되었을 때 더 높은 비율의 성적 각성 문제를 보인다. 아동기에 성학대를 당한 다른 여성들은 과도한 성적 행동(hypersexual behavior)을 보일 수 있다. 그들은 학대받지 않은 또래에 비해 더 문란한 성생활을 하고, 일회성 성관계와 같은 위험한 성행위 혹은 매춘을 하거나 성병에 더 많이 감염될 수 있다. 성학대의 전력이 있는 남성도 학대를 당하지 않은 사람들에 비해 더 많은 성적 적응 문제를 보일 수 있다. 잠재적 문제로 성기능 장애(예 : 조루, 발기부전, 낮은 성욕), 파트너에 대한 성적으로 강압적이고 공격적인 행동, 난교, 위험한 성행동과 성병이 있다(Follette & Vechiu, 2018).

우리는 학대에 노출된 아동을 어떻게 도울 수 있을까?

부모-아동 인지행동치료

부모–아동 인지행동치료(parent-child cognitive-behavioral therapy, PC-CBT)는 신체학대에 관여한 양육자와 그들의 자녀를 위한 근거기반 치료 프로그램이다. 신체학대나 방임을 경험한 대부분의 아동들은 영구적으로 부모로부터 분리될 수 없기 때문에, 재결합을 조성하고 미래의 학대를 방지하기 위한 치료 프로그램이 중요하다. PC-CBT는 부모의 신체적 처벌을 줄이고 부모–자녀 상호작용의 질을 높이며 아동의 행동과 정서 문제를 줄이도록 설계되었다(Runyon & Deblinger, 2019).

PC-CBT는 4단계, 총 16~20회기로 구성된다. 대부분의 회기는 반으로 나누어 진행하며 치료사가 부모와 아동을 분리하여 만난다. 부모와 아동은 각자의 회기에서 비슷한 기술을 배우고 이러한 기술을 한 주 동안 가정에서 실습하게 된다. 마지막 몇 회기는 통합 회기로서, 부모와 아동이 정보를 공유하고 함께 의사소통 기술을 발달시키게 된다.

참여(engagement)는 PC-CBT의 첫 번째 단계이다. 이 단계의 주요 목표는 치료에 대한 부모의 참여 동기를 높이는 것이다. 치료사는 동기강화 원리와 공감을 사용하여 부모의 변화 욕구를 높인다. 또한 치료사는 부모가 치료 프로그램을 통해 미래의 학대를 방지하고 부모–자녀 상호작용의 질이 향상될 것이라는 희망을 가지도록 북돋아준다.

치료사는 아동과도 라포를 형성하기 위해 노력한다. 처음에는 아이스 브레이킹 활동을 활용하여 아동, 가족 그리고 부모가 치료에 의뢰된 원인(사건)에 대해 이야기할 수 있도록 아동을 격려한다. 치료사는 아동학대의 유병률, 신체학대를 당한 아동들이 갖는 일반적인 생각과 느낌, 그리고 사람들이 문제를 해결하기 위해 소리 지르기, 때리기 혹은 폭력을 사용했을 때 일어나는 문제들에 대한 정보를 제공한다.

기술 개발(skill building)은 PC-CBT의 두 번째 단계이다. 치료사는 부모와 아동을 각각 만나 생각, 느낌과 행동 간의 관계에 대해 논의한다. 대부분의 치료사들은 사건 자체보다 사건에 대한 사람들의 신념이 그들의 행동과 정서적 결과에 영향을 미친다는 선행사건–신념–결과(antecedent-belief-consequence, ABC) 모델을 사용한다. 학대적인 부모는 종종 자녀들에 대한 비현실적인 신념을 가지고 있으며 자녀들의 행동에 극도로 높은 기대를 설정한다. 자녀들이 기대에 부응하지 못하면 부모는 자녀가 버릇없다고 여기고 화를 낼 수 있다.

부모를 위한 인지적 개입에서는 학대로 이어지는 양육자의 왜곡된 생각을 반박한다. 예를 들어, 부모는 "내 아이는 항상 버릇이 없어. 내 말을 절대 안 들어"라고 생각할 수 있다. 치료사는 이러한 주장을 지지하고 반대하는 증거를 요청함으로써 왜곡된 신념에 도전할 수 있다. 사실, 아동이 부모에게 순종하는 많은 사례들이 있지만 이러한 사례들은 자주 비순응 행동에 가려진다.

또 다른 인지적 기술은 부모의 문제해결기술을 향상시키는 것이다. 부모는 자녀의 나쁜 행동 때문에 자신이나 아동을 비난하지 않도록 교육받는다. 그 대신, 부모는 아동의 행동화에 대해 대안적인 이유를 찾도록 안내받는다. 예를 들어, 아동이 쇼핑 중 파괴적 행동을 보이면, 부모는 자신을 비난하거나(예 : "나는 형편없는 부모야") 아동을 비난하기(예 : "버릇없는 아이야") 시작할 수 있다. 치료사는 부모가 아동의 버릇없는 행동을 상황 요인에 귀인하도록 격려한다(예 : "오늘 낮잠을 못 잤어" 혹은 "지루해서 뭔가 할 것이 필요해"). 부모나 아동을 비난하지 않는 대안적인 귀인은 죄책감, 무력감이나 분노, 결과적으로는 학대 가능성을 줄일 수 있다.

다른 개입법은 부모의 정서 대처 기술을 높여주는 것이다. 많은 경우 고통, 억울함과 분노가 아동학대에 선행하기 때문에 부모가 부정적인 정서 상태를 줄이는 방법을 배우는 것이 중요하다. 치료사들은 부모의 욕구와 선호도에 따라 적절한 기술을 사용한다. 일부 부모는 이완 기술을 선호할 수 있고, 다른 부모들은 마음챙김 연습을 선호할 수 있으며, 또 다른 부모들은 일기 쓰기나 운동을 좋아할 수 있다. 또한 많은 치료사들이 부모의 양육 스트레스를 줄이기 위해 부모의 사회적 지지망을 넓힐 수 있도록 노력한다.

치료사들은 부적응적인 사고방식을 식별하고 반박할 수 있는 방법을 아동들에게도 가르친다. 예를 들어 많은 아동들은 자신이 나쁘기 때문에 학대를 받을 만하다고 믿는다. 치료사는 이러한 신념에 도전하고 아동의 자존감을 강화한다. 치료사들은 아동의 정서 폭발 빈도와 강도를 줄이기 위해 이완과 분노 조절 기술도 가르친다.

안전 계획은 PC-CBT의 세 번째 단계이다. 부모가 화가 나서 아동에게 적대적이거나 학대적인 행동을 하려 할 때 부모와 아동이 사용할 수 있는 안전 계획(safety plan)을 세우도록 돕는 것이 이 단계의 목표이다. 여기에는 다음과 같은 것들이 포함된다: (1) 학대가 일어날 징후를 식별하는 방법 학습(예 : "엄마가 엄청 화가 나서 날 위협하기 시작한다", "아빠가 다시 술을 마시기 시작한다"), (2) 아동을 안전하게 지키기 위한 즉각적인 행동 실행(예 : 이완이나 분노 조절 전략을 사용한다, 집을 벗어난다) (3) 믿을 수 있는 성인에게 도움을 요청하기(예 : 할머니, 이웃)

대부분의 안전 계획은 "침착해(CoolOut)"나 "Jell-O"와 같은 중립 코드를 포함한다. 누군가 화를 내고 폭력적 행동을 할 것이라고 느껴질 때 부모나 아동이 큰소리로 이 코드를 말할 수 있다. 누군가 코드 단어를 말하면 모든 가족은 잠깐 동안 집 안의 각기 다른 장소로 이동하여 계획을 실행한다.

학대 명료화(abuse clarification)는 PC-CBT의 마지막 단계이다. 아동은 학대 경험을 묘사하는 **학대 내러티브**(abuse narrative)를 적는다(이미지 12.2). 학대 내러티브는 아동이 학대 경험을 처리하고 부모와 그 경험을 나눌 수 있게 한다. 일부 아동들은 경험을 직접적으로 쓰기를 주저한다(Runyon & Deblinger, 2014). 이럴 경우, 치료사는 다른 접근을 시도할 수 있다:

먼저 그림을 그려보자. 그리고 글을 쓰자…

무슨 일이 일어났는지 시로 써보자. 쓸만한 좋은 단어에는 무엇이 있을까?

너는 토크쇼에 초대받은 스타이고 나는 널 인터뷰할 거야. ~~에 대해 말해줘.

무슨 일이 일어났는지 노래로 써보자. 무슨 악기가 필요해?

바로 잡을 수 있게, 무슨 일이 일어났는지 시간대별로 써보자.

내 컴퓨터를 사용해서 무슨 일이 일어났는지 만화로 그려보자.

이때, 부모는 학대 행동을 묘사하는 명료화 편지를 자녀에게 쓴다. 부모는 학대 책임을 받아들이고 학대가 자녀의 잘못이 아님을 자녀에게 다시금 알려준다. 합동 회기에서, 부모와 아동은 각자 적은 것을 나누고 공감적인 방식으로 서로에게 반응한다. 치료사는 다음과 같은 문장을 사용하여 부모와 자녀가 열린 의사소통과 감정 표현을 할 수 있도록 환경을 조성한다.

아빠가 말한 것에 대해 어떻게 생각하니?

당신이 부모로서 노력하려는 것을 자녀가 알아차린 것 같네요. 어떤 느낌이 드세요?

엄마는 너를 사랑한대. 어떻게 생각해? 엄마에게 뭐라고 말하고 싶어?

신체학대를 경험한 가족을 도울 때 PC-CBT가 효과적이라는 사실이 연구를 통해 지지되었다. PC-CBT는 아동의 불안, 분노발작과 행동 문제 감소와 유의한 상관이 있었다. PC-CBT는 또한 부모-자녀 상호작용의 질 향상, 아동의 행동을 다루기 위한 신체적 체벌 사용의 감소, 더 일관적인 양육

이미지 12.2 학대 내러티브를 적고 양육자와 공유하는 것은 치료의 중요한 구성요소이다. 아동이 위와 같이 내러티브를 만화로 그리도록 하는 치료사들도 있다.

과 관련이 있다. PC-CBT에 참여한 부모들은 치료 프로그램에 참여하지 않은 학대 위험의 부모들보다 치료 과정에서 더 적은 분노와 우울을 보고했으며 아동에게 적대적이거나 학대적인 행동을 덜 하였다. PC-CBT는 다양한 사회문화적 배경을 가진 가족들에게 시행했을 때에도 유사한 효과를 나타냈다(Runyon & Deblinger, 2019).

수정된 부모-자녀 상호작용치료

부모-자녀 상호작용치료(PCIT)가 학령전기 아동과 영아의 양육자를 위해 설계된 부모 훈련 프로그램이라는 사실을 기억하라. PCIT는 두 가지 구성요소를 포함하고 있다: 놀이하는 동안 부모가 아동의 주도를 따르고 민감하고 반응적인 양육을 제공하는 아동 주도 상호작용, 부모가 아동의 순응을 늘리기 위해 정적 강화를 사용하는 부모 주도 상호작용. 부모에 대한 코칭과 실용적인 팁, 격려를 제공받으면서 부모와 아동은 함께 기술을 연습한다(Osofsky et al., 2018).

PCIT는 PC-CBT에 참여하기에 너무 어린 학대 아동들을 돕기 위해 수정되었다. 첫째, 치료사는 치료 시작 때 추가 시간을 할애해 부모와 라포를 형성한다. 신체학대나 방임을 한 부모는 종종 자신의 행동을 부끄러워한다. 일부 부모는 다른 사람이 치료 참여를 강제했다는 것에 분개한다. 치료사는 부모의 생각, 느낌과 행동을 이해하기 위해 공감과 동기강화기술을 사용한다. 이러한 구성요소들은 PCIT의 성공적인 치료에 매우 중요하다. PCIT에 참여하는 부모의 동기는 재범 가능성을 예측한다(Chaffin et al., 2009; Chaffin, Funderburk, Bard, Valle, & Gurwitch, 2011).

둘째, 치료사는 아동의 잘못된 행동을 아동의 학대력에 비추어 재구성해야 한다. 대부분의 적대적이고 반항적인 행동은 비일관적이고 강압적인 양육 때문에 나타나지만, 일부 아동들은 학대 경험 때문에 분노, 짜증과 공격성을 보일 수 있다. 일부 사례를 살펴보면, 아동들은 양육자의 적대적이고 공격적인 행동을 모델링한다: 소리 지르기, 때리기나 위협하기. 다른 사례에서는 학대력이 정서조절기술 발달을 방해하였다. 치료사는 부모가 아동의 문제 행동의 원인을 학대로 인식하고 민감성과 인내심을 가지고 고쳐야 하는 것으로 바라볼 수 있도록 격려해야 한다.

셋째, 치료사는 학대의 일면을 반복하거나 재현하는 아동

의 놀이에 부모가 반응할 수 있도록 도와야 한다. 예를 들어, 가정 폭력으로 죽은 엄마를 목격한 아동은 '고아가 된' 동물 인형을 가지고 가장 놀이를 할 수 있다. 치료사는 아동의 양부모가 동물 인형의 슬픔을 인정하고, 다른 어른 동물을 사용하여 아동을 돌볼 새로운 양육자의 도착을 시연하도록 권할 수 있다(Gurwitch, Messer, & Funderburk, 2018).

마지막으로, PCIT는 신체학대나 방임을 한 부모의 생각과 정서조절기술에 많은 주의를 기울여야 한다. 이런 부모들 중 많은 수가 아동의 행동에 대해 비현실적으로 높은 기대를 가지고 있으며 자신이 아동의 잘못된 행동을 제대로 관리하지 못한다고 여기고 아동이 비순응적인 태도로 행동할 때 감정을 조절하기 어려워한다. 치료사는 발달적으로 적절한 아동의 행동을 부모에게 교육하고 부모가 자신의 감정을 조절하는 데 사용할 수 있는 이완과 분노 조절 전략을 가르친다(Osofsky et al., 2018).

많은 무작위 통제 연구를 통해 PCIT가 신체학대나 방임을 한 부모들에게 효과적이라는 결과가 밝혀졌다. 예를 들어, 체이핀과 동료들(Chaffin et al., 2004)은 무작위로 부모를 3개의 치료 조건에 배정했다: (1) PCIT, (2) PCIT+부모에 대한 개인 치료, (3) 전통적인 집단 기반 양육 훈련 프로그램. 그 결과 PCIT를 단독으로 실시한 경우(집단 1) 혹은 개인 치료와 병행한 경우(그룹 2)가 전통적인 양육 프로그램(그룹 3)보다 부모의 재범 가능성을 낮추는 데 탁월한 효과가 있었다. 이러한 결과는 PCIT에서 사용한 실천형 '코칭' 접근법이 고위험 부모들에 특히 유용하다는 점을 시사한다. 최근에 러니어, 콜, 벤츠, 스윙어, 드레이트(Lanier, Kohl, Benz, Swinger & Drake, 2014)는 PCIT에 참여한 부모들의 장기적 결과를 평가했다. 치료 후 1~3년 사이에, 지역사회에서 기존 치료를 받은 부모의 50%가 재범을 저지른 것과 대조적으로 PCIT에 참여한 부모는 12.5%가 재학대를 저질렀다. 이러한 결과는 학대를 경험한 어린 아동들을 위한 최우선 치료법으로 PCIT가 적절하다는 점을 지지한다.

성학대 생존자를 위한 인지적 재구성

PC-CBT는 성학대를 받은 아동들을 돕는 데도 사용할 수 있다. 여러 무작위 통제 연구 결과, 인간중심치료나 지지적 치료, 지역사회에서 일반적으로 사용하는 치료보다 PC-CBT가

성학대를 경험한 아동·청소년들의 불안과 우울을 줄이는 데 효과적이었다(Cummings & O'Donohue, 2019).

성학대 피해자를 위한 PC-CBT는 신체학대와 방임 피해자의 PC-CBT와 세 가지 중요한 차이가 있다. 첫째, 성학대 아동은 학대하지 않은 부모 혹은 양육자와 치료에 참여한다. 학대를 저지른 성인과 통합 회기에 함께 참여하지 않는다.

둘째, 치료사들은 학대를 가하지 않은 양육자와 오랜 시간을 들여 아동 성학대에 대한 오해를 바로잡고 양육자들이 자신이나 자녀에 대해 가질 수 있는 부적응적인 신념을 바꾸는 작업을 한다. 예를 들어, 학대를 저지르지 않은 양육자는 종종 자녀가 당한 학대에 대해 다음과 같은 부정확하거나 도움이 되지 않는 신념을 갖고 있다: "내 아이의 삶은 망가졌어.

아이는 이 일에서 절대 회복하지 못할 거야. 우리 가정은 파괴됐어. 우리는 절대로 다시 행복하고 평범한 가족이 될 수 없을 거야. 나는 이런 일이 일어날 것을 미리 알고 내 아이를 안전하게 보호했어야 해." 치료사들은 도움이 되지 않는 이러한 신념을 반박한다.

셋째, 치료사들은 아동이 자신, 타인과 세상에 대해 갖는 부적응적인 사고를 식별하고 수정하는 것을 돕기 위해 인지적 재구성(cognitive restructuring)을 사용한다. 예를 들어, 성학대받은 아동은 종종 자신을 부정적으로 평가한다. 그들은 자신을 무가치하거나 '망가진 물건'이라고 생각하거나 혹은 다른 사람들로부터 사랑받을 수 없다고 생각한다(Cohen, Mannarino, & Deblinger, 2013). 성학대받은 아동은 다른 사

과학에서 실천으로
학대에 대한 부적응적인 신념 반박하기

미셸은 양아버지에게 성학대받은 14살 소녀이다. 치료사는 미셸의 죄책감에 기여하는 부적응적인 사고를 조심스럽게 반박한다.

치료사 : 지금 학대를 떠올린다면, 어떤 느낌이 드니?

미 셸 : 음, 그 모든 것에 대해 죄책감이 들어요.

치료사 : 좋아, 때때로 우리의 생각이 우리의 감정에 영향을 준다고 말했던 것을 기억하니? 죄책감이 들 때 어떤 생각이 드는지 말해줄 수 있니?

미 셸 : 그냥 아빠가 나에게 그런 짓을 하도록 내가 뭔가 한 것이

틀림없다는 느낌이에요.

치료사 : 네가 무엇을 한 것 같니?

미 셸 : 모르겠어요. 아빠는 항상 제가 입은 옷 때문에 소리를 질러서, 저는 제가 뭔가 잘못 입었다고 생각했어요.

치료사 : 네 옷이 뭐가 잘못되었다고 생각했니?

미 셸 : 정말 모르겠어요. 저는 다른 아이들처럼 옷을 입었는데, 아빠는 제가 너무 어른처럼 섹시하게 보이려고 한다고 말했어요. 아빠는 때때로 내가 너무 짧은 바지와 미니스커트를 입고 돌아다녀서 아빠가 그런 짓을 하게 만들었다고 말했어요.

치료사 : 음, 그것에 대해 자세히 생각해보자. 너는 네가 다른 아이들처럼 입었다고 말했지?

미 셸 : 네, 정말로요.

치료사 : 그리고, 그렇게 입은 모든 아이들도 성학대를 유발한다고 생각하니?

미 셸 : 음, 모두는 아니구요, 아니요. 사실, 저는 제 친구 누구에게도 이런 일이 일어날 거라고 생각하지 않아요.

치료사 : 그래서, 만약 그렇게 입는 것이 그들에게 성학대를 유발하지 않았다면, 네가 학대를 일으켰다는 것도 말이 안 된다, 그렇지?

미 셸 : 네, 그런 것 같아요.

출처 : Heflin & Deblinger (2003).

람을 신뢰할 수 없고 사람들은 자기중심적이며 강압적이라고 생각할 수 있다. 결과적으로 그들은 다른 사람의 동기를 의심하고 다른 사람들에게 도움이나 지지를 요청하지 않으려 한다. 마지막으로 성학대받은 아동들은 세상과 미래에 대해 부정적인 관점을 가질 수 있다. 학대받은 아동들은 종종 세상을 위험한 곳으로 본다. 일부 아동들은 미래에 대해 비관적인 태도를 가지고 있으며 장기적 계획을 생각하는 것이 불가능하다고 보고한다(Deblinger, Mannarino, Cohen, Runyon, & Heflin, 2015).

자신, 타인 그리고 세상에 대한 아동의 사고방식은 그들의 경험에 부정적인 영향을 주고 감정과 행동에도 영향을 미친다. "누구도 믿을 수 없다"고 생각하는 아동은 양육자, 친구들과 애착을 형성하는 데 어려움을 가질 수 있다. "나는 무가치해. 심지어 아빠조차 날 학대했어"라고 믿는 청소년은 낮은 자아존중감과 자기효능감의 문제를 가질 수 있다(Kruczek & Vitanza, 2015).

인지적 재구성의 핵심은 피해자인 자신에 대한 비난을 줄이는 것이다. 이를 위한 한 가지 전략으로 청소년들이 그들이 한(혹은 하지 않은) 행동을 후회하는 것과 학대에 책임감을 느끼는 것 사이의 차이점을 볼 수 있도록 돕는 것이다. 예를 들어, 10대 소녀가 파티에서 술을 너무 많이 마신 후 모르는 소년들의 차를 얻어 타고 집으로 가다가 그들에게 성폭행을 당했다. 소녀는 술을 너무 많이 마시고 모르는 사람의 차를 얻어 타는 좋지 못한 결정을 했지만, 소년들의 행동에 책임이 있는 것이 아니다. '과학에서 실천으로'에서는 치료사가 피해자의 부정적인 생각을 조심스럽게 반박하여 자기 비난을 줄이도록 하는 예시를 보여준다.

비난을 줄이는 또 다른 전략은 '책임감 파이'라는 비유를 사용하는 것이다. 양아버지에게 학대당한 소년은 아버지에게 책임이 있다는 것을 알지만 여전히 어느 정도 자신에게 책임을 부과할 수 있다. 치료사는 소년에게 이렇게 물을 수 있다. "너에게 파이가 있고 학대 책임감을 나눈다면, 너의 새아버지, 어머니, 너에게 얼마만큼의 조각을 주고 싶어?" 그다음 치료사는 소년이 학대에 대해 가지고 있는 부적응적인 신념에 도전하고 자기비난 정도를 줄이도록 도울 수 있다.

비난을 줄이는 마지막 기술은 역할놀이이다. 치료사는 아이의 역할을 맡고 아이는 가장 친한 친구의 역할을 맡는다. 아동의 과제는 비난이나 죄책감을 유발하는 '친구'의 부적응적인 생각을 반박하는 것이다. 역할놀이는 아동이 그들의 학대 경험을 더 공감적이고 비판단적인 방식으로 바라볼 수 있게 해준다(Cohen, Mannarino, & Deblinger, 2019).

12.3 외상후 스트레스장애

외상후 스트레스장애란?

외상후 스트레스장애(posttraumatic stress disorder, PTSD)는 DSM-5에 포함된 정신 장애로, 생명을 위협하는 사건에 노출된 후 일련의 행동적, 인지적, 정서적, 생리적 증상을 나타내는 것을 특징으로 한다(표 12.2). 약 3분의 1의 아동들이 성인기 전에 적어도 하나의 외상적 사건을 경험한다. 이러한 사건들에는 아동에 대한 신체학대 및 성학대, 가정폭력이나 이웃 폭력에의 노출, 신체적 폭행이나 학교 폭력, 자연재해, 자동차나 가정 내 사고, 테러 공격, 전쟁 관련 범죄와 박탈 그리고 이민과 관련된 심각한 역경 등이 있다. 이러한 외상사건을 경험한 아동들이 모두 PTSD로 발전하는 것은 아니지만 많은 수가 PTSD 증상으로 발전하고 사회적, 정서적 회복을 돕기 위한 치료가 필요하다(Osofsky, Osofsky, Speier, & Hansel, 2019).

외상의 노출

PTSD의 정의에 따르면, PTSD는 하나 혹은 그 이상의 외상사건에 노출되어 발생한다. DSM-5에서 외상사건(traumatic event)은 실제적이거나 위협적인 죽음, 심각한 신체적 부상이나 성폭력을 포함하는 심리사회적 스트레스 요인으로 정의되어 있다. 외상사건은 의도적인 것(예 : 신체 학대), 사고에 의한 것(예 : 자동차 사고) 혹은 자연적인 것일 수 있다(예 : 화재). 아동과 청소년은 사건이 일어나는 동안 혹은 그 직후에 불안이나 고통을 보이지 않을 수 있으나 외상 이후 일정 시점에 특징적인 증상을 경험해야 한다.

외상사건은 아동에게 직접 혹은 가까운 가족 또는 친구에게 발생해야 한다. 지인이나 모르는 사람에게 일어난 외상사건(예 : 신문 기사)에 대해 듣는 것은 진단기준을 충족하지 않

표 12.2 ■ 외상후 스트레스장애의 진단기준

A. 실제적이거나 위협적인 죽음, 심각한 부상 또는 성폭력에의 **노출**이 다음과 같은 방식 가운데 한 가지 또는 그 이상에서 나타난다:
   1. 외상성 사건에 대한 직접적인 경험
   2. 그 사건이 다른 사람들, 특히 주양육자에게 일어난 것을 목격함.
   3. 외상성 사건이 가족, 가까운 친척 또는 친한 친구, 특히 부모나 주양육자에게 일어난 것을 알게 됨.

B. 외상성 사건과 관련이 있는 **침습 증상**의 존재가 다음 중 한 가지(또는 그 이상)에서 나타난다:
   1. 외상성 사건의 반복적, 불수의적이고, 침습적인 고통스러운 기억. 아동에서는 외상성 사건들의 주제 또는 양상이 표현되는 반복적인 놀이로 나타날 수 있다. *6세 이하의 아동들에게서는, 기억이 고통스럽게 나타나야만 하는 것은 아니며 놀이를 통한 재현으로 나타날 수도 있다.*
   2. 외상성 사건과 관련되는 반복적으로 나타나는 고통스러운 꿈. 아동에서는 내용을 알 수 없는 악몽으로 나타나기도 한다. *6세 이하의 아동에서는, 꿈의 무서운 내용이 외상성 사건과 연관이 있는지 아닌지 확신하는 것이 가능하지 않을 수 있다.*
   3. 외상성 사건이 재생되는 것처럼 그 개인이 느끼고 행동하게 되는 해리성 반응(예 : 플래시백). 아동에서는 외상의 특정한 재현이 놀이로 나타날 수 있다.
   4. 외상성 사건의 양상과 닮은 내부 또는 외부의 단서에 노출되었을 때 나타나는 극심하거나 장기적인 심리적 고통
   5. 외상성 사건의 양상과 닮은 내부 또는 외부의 단서에 대한 뚜렷한 생리적 반응. *6세 이하 아동은 외상성 사건을 상기시키는 단서에 대한 극심한 생리적 반응을 보일 수 있다.*

C. 외상성 사건과 관련이 있는 자극에 대한 지속적인 **회피**가 다음 중 한 가지 또는 두 가지 모두에서 명백하다*
   1. 외상성 사건에 대한 고통스러운 기억, 생각 또는 감정의 회피. *6세 이하 아동은 외상 기억을 상기시키는 활동이나 장소에 대한 회피를 보일 수 있음.*
   2. 외상성 사건의 고통스러운 기억을 상기시키는 외부적 암시(예 : 사람, 장소, 사물, 상황)를 회피. *6세 이하 아동은 외상 기억을 상기시키는 사람, 대화 혹은 상황을 회피할 수 있음.*

D. 외상성 사건과 관련된 **인지와 감정**의 부정적인 **변화**가 다음 중 두 가지(또는 그 이상)에서 나타난다*
   1. 외상성 사건의 중요한 부분을 기억할 수 없는 무능력. *이 증상은 6세 이하 아동에는 적용되지 않음.*
   2. 자신, 다른 사람 또는 세계에 대한 지속적이고 과장된 부정적인 믿음(예 : "나는 나쁘다." "누구도 믿을 수 없다." "이 세계는 위험하다"). *이 증상은 6세 이하 아동에는 적용되지 않음.*
   3. 외상성 사건의 원인 또는 결과에 대한 지속적인 왜곡된 인지로 인해 자신 또는 다른 사람을 비난함. *이 증상은 6세 이하 아동에는 적용되지 않음.*
   4. 지속적으로 부정적인 감정 상태(예 : 공포, 경악, 화, 죄책감, 수치심). *6세 이하 아동에서는 이러한 부정적 감정 빈도의 증가로 나타날 수 있음.*
   5. 주요 활동에 대해 현저하게 저하된 흥미 또는 참여. *6세 이하 아동은 놀이에 대한 흥미 저하로 나타날 수 있음.*
   6. 다른 사람과의 사이가 멀어지거나 소원해지는 느낌. *6세 이하 아동에서는 사회적으로 철회된 행동으로 나타날 수 있음.*
   7. 긍정적 감정(예 : 행복, 만족, 사랑)을 경험할 수 없는 지속적인 무능력. *6세 이하 아동에서는 긍정적 감정 표현의 감소로 나타날 수 있음.*

E. 외상성 사건과 관련이 있는 뚜렷한 **각성과 반응성의 변화**가 다음 중 두 가지(또는 그 이상)에서 현저하다:
   1. 자극이 거의 없거나 아예 없이 전형적으로 사람 또는 사물에 대한 언어적 또는 신체적 공격성으로 표현되는 민감한 행동과 분노폭발. *6세 이하 아동은 극심한 분노발작을 보일 수 있음.*
   2. 무모하거나 자기파괴적 행동. *이 증상은 6세 이하 아동에는 적용되지 않음.*
   3. 과각성
   4. 과장된 놀람 반응
   5. 집중력의 문제
   6. 수면 교란

F. 장애의 기간이 **1개월 이상**이어야 한다

G. 장애가 임상적으로 현저한 **고통이나 손상**을 초래한다. *6세 이하 아동은 부모, 형제, 또래 또는 다른 양육자와의 관계 또는 학교생활에서 문제를 보일 수 있음.*

H. 장애가 물질의 생리적 효과나 다른 의학적 상태로 인한 것이 아니다.

출처 : 6세 이하 아동을 위한 진단적 차이는 이탤릭체로 기재하였다. *Diagnostic and Statistical Manual of Mental Disorders*, Fifth Edition (2013), 미국정신의학협회 판권 소유. 재인쇄 허가받음.

* 6세 이하 아동은 진단 기준 충족을 위해 C 혹은 D에서 한 가지(또는 그 이상)의 증상이 있어야 한다.

는다. 이와 유사하게, TV나 영화에서 실제 혹은 허구의 외상 사건을 보는 것은 PTSD로 진단하기에 불충분하다(American Psychiatric Association, 2013).

침습적 증상

외상사건 노출 후, PTSD 아동 · 청소년은 네 가지의 특징적인 증상군을 보인다. 첫 번째 증상군은 외상과 관련된 침습 증상을 포함한다. PTSD 아동 · 청소년은 종종 반복적인 꿈, 순간

적인 영상, 혹은 원치 않는 생각의 형태로 사건을 지속적으로 재경험한다. 예를 들어, 자동차 사고를 겪은 청소년은 악몽을 꾸거나 학교 수업 중에 갑자기 머릿속에 사고 영상이 반복적으로 떠오를 수 있다. 종종 외상사건과 관련된 자극이 침습을 촉발할 수 있다. 일례로, 자동차 사고를 당한 청소년은 사고 당시 자동차 라디오에서 흘러나오던 노래를 듣고 사고가 생각날 수 있다. 일부 PTSD 사례에서는 해리성 반응이나 '플래시백'을 경험할 수 있다. 플래시백이란 외상사건이 현재 일어나고 있는 듯한 일시적인 느낌을 말한다.

학령기 아동은 종종 놀이를 통해 침습 증상을 보인다. 외상의 양상을 재현하는 반복적인 놀이는 원치 않는 침습적 생각을 암시하는 것일 수 있다. 예를 들어, 폭풍으로 집이 파괴되는 것을 목격한 7세 소녀는 재난에 대한 지속적인 생각을 할 수 있다. 부모는 소녀가 놀이에서 사건을 재현하거나(예 : 인형의 집을 가지고) 인형들이 폭풍에 대해 '말하는' 것을 관찰할 수 있다.

회피 증상

두 번째 증상군은 외상사건의 양상을 회피하려는 아동의 시도를 기술한다. PTSD를 가진 일부 아동은 외상사건에 대해 이야기하거나 외상과 관련된 그들의 느낌을 다른 사람과 나누기를 거부할 수 있다. 다른 아동들은 외상사건과 관련된 사람, 장소, 상황을 회피하기도 하는데, 이것이 고통스러운 기억이나 강렬하고 부정적인 정서를 불러일으키기 때문이다.

회피 행동은 부적 강화를 통해 유지된다. 외상사건과 관련된 생각, 느낌과 외적 자극을 회피함으로써 아동은 고통을 피하거나 고통으로부터 벗어날 수 있다. 회피는 순간적인 안도감을 주지만 장기적 문제를 일으킬 수 있다.

회피의 주요 문제는 외상사건을 직면하여 효과적으로 대처할 수 있는 방법을 익힐 기회를 제한한다는 점이다. 실제로, PTSD 치료에는 아동의 불안, 우울이나 분노가 진정될 때까지 안전한 환경에서 아동을 외상과 관련된 생각, 느낌과/혹은 외적 자극에 체계적으로 노출시키는 과정이 포함된다. 외상 관련 자극에 아동을 노출시키는 것은 단기적으로는 강렬한 정서를 일으킬 수 있지만, 장기적으로 아동이 부정적인 경험을 직면하고 극복할 능력이 있음을 그들에게 가르친다.

회피가 가져오는 또 다른 문제는 발달적으로 적절한 활동을 제한한다는 것이다. 예를 들어, 밤에 성학대를 경험한 아동은 어둠에 대한 공포가 생길 수 있다. 아동은 이전에 즐겼던 밤샘 파티와 같은 활동에 더 이상 참여하지 못할 수 있다. 이와 유사하게 아버지가 자동차 사고로 죽는 것을 목격한 청소년은 자동차 운전면허 취득을 주저하게 된다. 외상과 관련된 자극을 회피하는 것은 즐거운 활동에 참여하는 기회를 제한하고(예 : 밤샘 파티, 영화 보러 가기 위해 운전하는 것) 사회적 기능을 방해할 수 있다(Cohen et al., 2018).

인지와 정서의 변화

세 번째 증상군은 아동의 감정이나 생각에서 나타나는 부정적 변화이다. PTSD를 가진 아동은 불안, 우울, 죄책감과 분노를 포함하는 다양한 부정적 정서를 경험할 수 있다. 외상이 갑작스럽고 예측 불가능한 것이었다면 불안이 발달할 수 있다. 아동은 미래의 외상사건으로부터 자신을 보호하는 것에 대해 불안해하거나 걱정할 수 있다. 우울은 아동이 외상의 결과로 심각한 상실을 경험할 때(예 : 부모의 죽음, 집의 파괴) 혹은 신뢰나 권위의 위치에 있는 누군가에 의해 손상을 당했을 때(예 : 주양육자, 코치나 교사에 의한 학대) 발생할 수 있다. 죄책감이나 분노는 아동이 외상에 대해 자신이나 다른 사람을 비난할 때 나타날 수 있다(Cohen et al., 2018).

일부 PTSD 아동은 정서적 '마비'를 경험할 수 있다. 정서적 마비는 행복과 다른 긍정적인 감정을 경험할 수 없고 전에는 즐겼던 활동에 대한 관심이 사라지고 거리감이나 소외감을 나타내는 것을 특징으로 한다. 이는 모든 정서를 차단하고 사회적 상호작용에서 철회함으로써 외상과 관련된 부정적인 느낌을 회피하는 방법이라고 볼 수 있다.

각성과 반응의 변화

PTSD의 마지막 증상군은 아동의 생리적 각성이나 반응 수준의 변화를 기술한다. 이러한 증상에는 신체 스트레스 반응의 과민성과 정서조절 곤란이 포함된다. PTSD를 가진 많은 아동들이 과각성, 즉 생리적 각성 수준이 높아진 상태를 보인다. 이러한 상태에서 아동들은 주변 환경의 위험요소를 살핀다. 과각성은 외상과 관련된 자극에 과도한 반응을 일으키게 한다. 예를 들어, 충격을 목격한 아동은 총소리와 비슷한 소리를 들었을 때 뛰거나 근육이 긴장되거나 바닥에 엎드릴 수 있다(Jovanovic et al., 2010).

　PTSD를 가진 많은 아동들은 쉽게 짜증을 낸다. 일부는 과민하게 행동하고 화를 내거나 분노에 차서 다른 사람을 비난할 수 있다. 좀 더 큰 아동과 청소년들은 난폭운전, 알코올 사용이나 비자살적 자해(예 : 자상, 화상)와 같이 위험하고 자기 파괴적인 행동을 할 수 있다. 높아진 각성과 반응은 집중력과 수면 문제로 이어질 수 있다(Nader & Fletcher, 2014).

고통, 손상, 지속시간

PTSD 아동은 사회적 상호작용, 학교, 스포츠, 클럽이나 취미 활동에서 심각한 고통이나 손상을 보인다. 과거에 PTSD는 불안장애로 여겨졌다. 임상가들은 PTSD를 가진 사람이 항상 외상사건에 대한 공포, 무력감 혹은 경악의 반응을 나타낸다고 믿었다(Brewin, Lanius, Novac, Schnyder, & Galea, 2009). 최근 연구에서 생명을 위협하는 사건에 대해 사람들이 다양한 정서적 반응을 보인다는 것이 밝혀졌다. PTSD를 가진 대부분의 아동들이 불안(39.6%), 슬픔(39.6%)이나 공포(32.1%)를 보이지만 일부 아동들은 초기에 흥분(22.6%), 즐거움(3.8%)을 보이거나 혹은 어떠한 감정도 보이지 않는다(11.3%; Scheeringa, Zeanah, & Cohen, 2011). 결과적으로 PTSD는 DSM-5에서 외상 관련 장애이다(American Psychiatric Association, 2013).

　PTSD를 진단하기 위해서 아동은 적어도 1개월간 증상을 경험해야 한다. 증상은 외상사건 직후에 시작되지 않아도 된다. 일부 사례에서, 아동은 외상 후 몇 주 혹은 몇 달 동안 증상을 보이지 않는다. 그러나 PTSD 진단기준을 충족시키기 위해 적어도 1개월간 증상을 경험해야 한다. 증상이 1개월 미만으로 나타난다면 임상가는 급성 스트레스 장애(acute stress disorder)로 진단할 수 있다. 이 장애는 DSM-5에 있는 장애로 PTSD와 유사하지만 짧은 유병 기간을 요구한다. 1개월간의 증상 발현 후 임상가들은 아동의 진단명을 PTSD로 바꿀 수

사례연구
청소년의 PTSD

생존자의 죄책감

17세 소년인 프레스턴은 심각한 우울과 자해로 부모에 의해 치료가 의뢰되었다. "사고 이후로 달라졌어요"라고 어머니가 보고했다. "그날 밤, 세 엄마가 아들을 잃었어요. 하지만 나도 아들을 잃었어요(자기 가슴을 가리키며)."

　프레스턴은 키가 크고 잘생긴 고등학교 3학년 학생이었다. 그는 크로스컨트리에서 탁월했고 친구가 많았다. 3개월 전에 발생한 자동차 사고 이전에 프레스턴은 정서적, 행동적 문제가 없었다.

　프레스턴과 세 친구들은 파티 후에 교외 고속도로를 운전하여 귀가하고 있었다. 프레스턴은 술을 마시지 않았지만 친구들은 맥주를 여러 병 마시고 난동을 부렸다. 운전을 하던 프레스턴은 주의가 흐트러졌다. 그의 차는 도로 옆 길가로 벗어나 배수로에 빠져서 굴렀다. 차는 전신주를 들이받고 겨우 멈췄다. 프레스턴은 팔과 쇄골이 부러졌다. 두 친구는 즉사했고, 다른 한 명은 다음날 병원에서 사망했다.

　"이제 진짜 아무것도 하고 싶지 않아요. 나도 그날 밤 다른 친구들처럼 죽었어야 한다고 생각해요" 프레스턴은 포스터 박사에게 설명했다. "그 사고는 나 때문이란 걸 알아요. 그 친구들이 아니라 내가 죽었어야 해요."

　포스터 박사가 물었다 "그 사고에 대해 많이 생각하니?" 프레스턴이 대답했다 "사실, 생각하지 않으려고 해요. 학교나 일 생각으로 주의를

©iStockphoto.com/hjalmeida

환기하려 해요. 하지만 소용없어요. 밤에 잠을 잘 수 없어서 앰비언(진정제)을 먹고 있고 악몽을 꿔요. 낮에는 부모님과 누나에게 항상 말대꾸해요. 학교에서 집중할 수 없어요. 친구 가족들을 계속 생각해요. 졸업식에 갈 수 없어요."

　"너는 팔을 그어서 나한테 보내졌어." 포스터 박사가 덧붙였다.

　긴 침묵과 깊은 한숨 후에 프레스턴이 답했다 "제가 뭔가를 느낄 수 있는 유일한 방법이에요."

있다(American Psychiatric Association, 2013).

이제 PTSD 진단기준을 살펴보며 청소년들이 어떤 징후와 증상을 보이는지 알아보자. 외상사건의 기억을 감당해내고 있는 프레스턴의 사례를 살펴보자.

해리증상

PTSD 진단에 요구되지는 않지만, 외상사건에 노출된 일부 사람들은 해리 증상을 경험한다. 해리 증상은 자신 혹은 자신의 주변 환경으로부터 지속적 혹은 반복적인 분리감을 느끼는 것이다(American Psychiatric Association, 2013). 해리 증상은 극도의 외상사건으로부터 인지적 혹은 정서적인 거리감을 두려는 개인의 대처 시도이다. PTSD와 관련하여 두 가지 종류의 해리 증상이 있다: 이인증, 비현실감

이인증(depersonalization)은 자신의 신체 혹은 정신 과정으로부터 떨어져 있는 것 같은 지속적 혹은 반복적인 경험을 뜻한다. 이인증 삽화를 경험하는 사람은 종종 영화나 꿈에서 자신을 본다고 느끼거나 자신의 생각이나 행동으로부터 분리되었다고 느낀다. 예를 들어, 일부는 "내가 둥둥 떠다니는 것처럼 느껴져요", "육체로부터 분리되거나, 연결이 끊기거나 내 자신으로부터 멀게 느껴졌어요" 혹은 "주변의 모든 것을 보고 들을 수 있었지만 반응할 수 없었어요"라고 보고한다.

비현실감(derealization)은 주변의 것이 현실이 아니라는 지속적이거나 반복적인 생각 혹은 지각을 뜻한다. 비현실감 삽화를 경험하는 사람은 주변 세상을 특이하거나 왜곡된 태도로 바라본다. 일부 개인은 "내 주변이 비현실적이고 멀게 느껴졌어요", "이상한 렌즈나 안경을 통해 모든 것을 보고 있는 것처럼 느껴졌어요" 또는 "사물이 작거나, 생기 없거나 인공적으로 보였어요"라고 보고한다.

아동의 해리 증상을 식별하는 것은 어려울 수 있다(Bailey & Brand, 2017). 어린 아동의 해리 증상은 다음과 같은 것들을 포함한다:

아동이 비반응적인 몇 초 혹은 몇 분간 지속되는 기억 공백 상태
가족이나 친구의 이름을 잊는 등 특이한 기억력 쇠퇴
오후인데 아침이라고 생각하거나 가정이나 학교에서 정규 일과를 혼동하는 등 시간 감각이 떨어짐

8세 아동이 손가락을 빨거나 아기처럼 말하는 등의 퇴행 행동
비난하거나, 질책하거나 아동에게 나쁜 행동을 명령하는 '목소리', '유령' 혹은 '상상의 친구들' 소리를 들음
다른 목소리나 인격으로 자신과 언쟁하거나 비난함

해리 증상은 더 심한 장애 혹은 나쁜 예후를 예측하기 때문에 해리 증상을 식별하는 것은 중요하다. 예를 들어, PTSD를 가지고 있으면서 해리 증상까지 경험하는 아동·청소년들은 PTSD만 가진 아동·청소년들에 보다 불안과 정서 장애가 동반이환될 가능성이 높고 위험하고 자해적인 행동을 더 많이 한다. PTSD와 해리 증상을 가진 아동·청소년들은 가족과 또래 관계에서 더 큰 손상을 경험하고 PTSD만을 가진 아동·청소년에 비해 치료에 덜 반응적이다. DSM-5에서는 PTSD를 가진 사람이 해리증상까지 보일 경우 PTSD 진단과 함께 '해리 증상 동반'이라는 명시자를 추가하도록 되어 있다(Choi et al., 2019; Hébert, Langevin, & Daigneault, 2017; Rock, Geier, Noll, & De Bellis, 2019).

유아의 PTSD 증상은 어떠한가?

외상사건에 노출된 학령전기 아동은 학령기 아동, 청소년 및 성인과 같은 방식으로 PTSD를 보이지 않을 수 있다. 유아는 종종 자신의 생각과 감정을 분명히 표현하는 데 어려움이 있다. 결과적으로 임상가들은 다른 사람들을 진단할 때와 동일한 진단기준을 학령전기 아동들에게 사용하는 것이 어려울 수 있다(Wheeler & Jones, 2015).

유아는 외상사건 후에 수면 문제와 무서운 꿈을 경험할 때, 이 꿈의 내용이 외상과 관련이 있는지 결정하는 것은 어렵거나 불가능할 수 있다. 이와 유사하게, 대부분의 학령전기 아동들은 생각과 느낌의 부정적인 변화나 회피를 설명하는 것이 불가능하다. 이것은 더 나이 든 아동, 청소년과 성인의 PTSD에 필수적인 특성이다. 그 대신, 부모가 침습적 사고나 꿈, 외상과 관련된 사람이나 장소 회피, 행동이나 정서에서의 부정적인 변화를 발견할 가능성이 더 크다(Puff & Renk, 2015). PTSD 징후를 보이는 학령전기 아동 아마르를 살펴보자.

매우 어린 아동은 성인과는 다른 형태로 PTSD를 발현하

기 때문에, DSM-5는 학령전기 아동을 위한 별도의 PTSD 진단기준을 제시하였다(표 12.2에 이탤릭체로 기재). 이 진단기준은 더 나이 든 아동, 청소년, 성인들의 DSM-5 PTSD 진단기준과 네 가지 방식에서 차이가 있다(Goldbeck & Jensen, 2017).

첫째, DSM-5에서는 학령전기 아동이 자신의 부모나 양육자에게 일어난 외상사건을 목격하거나 알게 되었을 때 PTSD가 발생할 수 있다고 특별히 언급하고 있다. 이것은 어린 아동이 보호와 생존을 위해 다른 사람에게 상당히 의지하고 있다는 점을 강조한다. 부모나 양육자에 대한 심각한 위협은 자신에 대한 심각한 위협을 의미한다(Becker-Blease & Kerig, 2017).

둘째, 학령전기 아동들은 더 나이 든 아동, 청소년, 성인과는 다른 양상의 침습 증상을 보인다. 어린 아동들은 원치 않는 기억이나 플래시백을 보고하는 대신 외상사건의 양상을 재현하는 반복적인 놀이를 한다. 또한 어린 아동들은 놀이 중에 고통을 보이지 않지만 매우 사실적으로 외상을 재현할 수 있다. 예를 들어, 토네이도로 집이 파괴된 아동은 인형들을 가지고 '지하실로 달려가는' 장면을 재현할 수 있다. PTSD를 가진 어린 아동들도 외상 후 악몽을 경험할 수 있지만 꿈의 내용을 외상 사건 자체와 연결하는 것이 불가능할 수 있다.

셋째, 학령전기 아동들은 회피 증상 중 1개 혹은 인지나 감정의 변화를 시사하는 증상 중 1개만 보여도 PTSD로 진단할 수 있다. 이와 대조적으로, 더 나이 든 아동, 청소년, 성인은 진단 기준을 충족하기 위해 반드시 한 가지의 회피 증상과 두 가지의 인지나 감정의 변화 증상을 보여야 한다. 학령전기 아동에 대한 더 낮은 기준은 대부분의 아동들이 자신의 생각과 감정을 설명하는 것이 어렵기 때문이다(Karatzias et al., 2018).

학령전기 아동을 위한 진단 기준은 타인에 의한 관찰 가능한 행동을 강조하고 있다. 더 나이 든 아동과 청소년들이 외상

사례연구
학령전기 아동의 PTSD

시리아 탈출

아마르는 수면교란과 불안으로 치료에 의뢰된 5살 남아였다. 그의 부모는 시리아 내전을 피해 탈출하여 터키의 난민 캠프에 머물다 미국으로 이주했다. 다른 많은 난민들과 마찬가지로 아마르와 그의 가족은 시리아 정부와 반군 모두의 잔혹한 행위에 노출되었다. 아마르의 아버지는 내과 의사로 탈출 전에 알레포(시리아 북부 도시)에서 부상당한 사람들을 치료했다. 아마르는 친척, 친구들의 죽음과 이웃집이 파괴되는 것을 목격했다.

"저희는 아마르의 수면이 가장 걱정이에요"라고 어머니가 보고하였다. "아마르는 저희 침대에서 자려고 고집을 부려요. 저희가 안 된다고 하면 소리를 지르고 분노폭발을 해요." 그의 아버지가 덧붙였다. "그리고 악몽을 꾸는데, 보통 1주일에 여러 번 꿔요. 무슨 악몽인지 설명할 수 없다고 하지만 불과 폭발이 나온다고 했어요."

추가적인 질문을 통해 초기 아동기 PTSD의 여러 징후가 드러났다. 학교에서 아마르는 슬프고 위축된 태도로 행동하였다.

"또래의 다른 아이들과 같은 즐거움을 보이지 않고 놀고 싶은 욕구도 안 보여요." 교사가 보고하였다. "아마르가 마음을 열 수 있게 미술, 음악, 스포츠, 특수교육을 시도했지만 아마르는 저희들로부터 문을 걸어잠근 것 같아요."

아마르는 과장된 놀람 반응도 보였다. 큰소리에 그는 벌떡 일어나고

울거나 공황 반응을 보였다. "독립기념일 불꽃놀이를 심하게 무서워했어요. TV로도 불꽃놀이를 보고 싶어 하지 않았어요." 어머니가 설명했다. "아마르는 자주 저희에게 물어요 '괜찮아요?' 저희는 말해줘요 '그래 우리는 지금 미국에 있어. 모든 것이 괜찮을 거야.' 하지만 아마르는 저희를 믿지 않아요."

과 관련된 생각이나 감정을 회피하는 것에 비해 학령전기 아동은 외상과 관련된 사람, 장소나 상황을 회피하는 경향이 있다. 예를 들어, 토네이도에서 살아남은 어린 소년은 사건에 대한 자신의 생각을 설명하는 것이 불가능할 수 있지만 큰소리, 강한 바람이나 태풍을 두려워할 수 있다. 이와 유사하게 소년은 토네이도 후 자신의 기분 변화를 설명하는 것이 어려울 수 있지만 성인은 그가 유치원에서 덜 놀고 또래들로부터 철회되고 부모와의 분리를 거부한다는 점을 주목할 수 있다 (Cicchetti & Toth, 2016).

마지막으로, 학령전기 아동의 증상은 반드시 고통을 유발하고, 학교에서의 행동을 방해하거나, 부모, 형제자매 혹은 주양육자와의 관계를 손상시켜야 한다. 이와 대조적으로 더 나이 든 아동, 청소년과 성인의 PTSD 증상은 개인 자신(타인에 대해서는 필수적이지 않지만)에게 고통이나 장애를 초래해야 한다. 이러한 진단기준의 차이는 학령전기 아동과 부모, 교사, 다른 양육자와의 관계가 중요함을 강조한다(Goldbeck & Jensen, 2017).

PTSD는 아동에게 얼마나 흔한가?

아동의 외상 노출

외상사건에 노출된 아동과 관련된 가장 좋은 자료는 그레이트 스모키 마운틴 연구(Great Smoky Mountains Study)에서 얻을 수 있다. 그레이트 스모키 마운틴 연구는 초기 아동기를 거쳐 성인기까지를 측정한 전향적 종단연구이다. 이 연구에서 연구자들은 발달단계를 거쳐 몇 년에 한 번씩 아동의 외상사건 노출을 측정하였다는 점에서 주목할 만하다. 성인기에 이르렀을 때 31%의 아동·청소년이 적어도 하나의 외상사건에 노출되었고 23%는 적어도 2개 이상, 5%는 3개 이상의 외상사건을 경험하였다. 전체 유병률은 성별, 인종이나 민족에 따른 차이가 없었다(Copeland et al., 2019).

아동·청소년들이 경험하는 가장 흔한 외상은 신체적 폭력에 대한 직접적인 노출이다. 4분의 1의 아동·청소년이 양육자에 의한 신체학대나 방임, 또래에 의한 심각한 신체적 폭행, 지역사회에서 부상 혹은 위협을 포함하는 폭력을 경험하였다. 약 4분의 1의 아동·청소년은 가정폭력, 이웃 간의 폭행이나 총격 혹은 형제자매나 친구에 대한 심각한 부상 등과

같이, 다른 사람에게 일어난 외상사건을 목격하였다. 5분의 1은 가까운 가족이나 친구에게 발생한 폭력적이거나 생명을 위협하는 사건에 대해 알게 되었다.

연구자들은 외상 대처 준비가 가장 덜 된 가족들이 가장 많은 외상을 경험했음을 발견했다. 특히 낮은 SES 가정, 한부모 가족, 높은 심리사회적 스트레스를 경험하는 가정의 아동들이 다양한 외상을 경험할 가능성이 가장 높았다(Copeland et al., 2019).

PTSD 유병률

외상사건을 경험한 아동·청소년의 약 3분의 1이 PTSD로 발전하였다. 가장 흔한 증상으로는 외상과 관련된 사람과 장소에 대한 지속적인 회피, 외상사건을 떠올릴 때의 고통이나 불안을 느끼거나, 과민함이나 분노 발작 증가와 수면 문제가 있다(McLaughlin, Brent, & Hermann, 2019).

외상에 노출된 아동·청소년의 약 16%가 PTSD의 진단기준을 모두 충족하였다(Gunaratnam & Alisic, 2018). PTSD의 발병 가능성은 질병, 사고, 자연재해보다, 복합적인 외상사건에 노출된 아동·청소년, 반복적인 학대와 같이 계속 진행 중인 외상을 경험한 아동·청소년, 사건을 자신이 겪은 아동·청소년(사건을 목격하거나 다른 사람에게 일어난 사건을 알게 된 경우 보다), 의도적이며 대인관계에서 발생한 외상을 경험한 아동·청소년(예 : 폭행, 학대) 사이에서 가장 높았다. 예를 들어, 전쟁 중인 국가의 피난민 아동의 약 60%가 PTSD 진단기준을 충족하였다. 이와 유사하게 반복적인 학대를 경험하거나 가정폭력을 목격한 아동·청소년의 40%가 PTSD를 보인다. 이와 대조적으로 일회성의 가정 내 부상, 자동차 사고, 화재나 자연재해를 겪은 아동·청소년의 8% 미만이 장애를 보였다(Smith, Dalgleish, & Meiser-Stedman, 2019).

여아는 남아에 비해 PTSD에 걸릴 확률이 두세 배 높은데 이것은 여아들이 성폭행과 같은 의도적이며 대인관계적 외상을 경험할 가능성이 높기 때문이다. 그러나 일부 연구자들은 외상의 유형을 통제한 후에도 여아들이 남아보다 PTSD에 걸릴 확률이 더 높다는 것을 발견했다. 다른 연구자들은 사춘기 시기의 여성 호르몬 분비나 여아들이 전형적으로 사용하는 대처 전략이 그들의 장애의 위험을 증가시킬 수 있다고 시사하였다(Garza & Jovanovic, 2018; McLaughlin et al., 2019).

아동기 PTSD의 경과와 동반이환은 어떠한가?

경과

아동과 청소년의 PTSD 경과를 평가하기 위해 여러 종단 연구가 실시되었다. 외상사건 1개월 후 16%의 아동·청소년이 PTSD 진단기준을 충족했다. 유병률은 외상 3개월 후 15%, 6개월 후 12%, 1년 후 11%로 자연스럽게 낮아졌다. 1년 후 유병률은 상대적으로 안정적이었다. 약 8%의 아동·청소년이 외상 3~4년 후에도 진단기준을 계속 충족하였다(Hiller et al., 2016).

이러한 자료들은 PTSD를 가진 아동·청소년의 절반이 일반적으로 외상 후 몇 달 안에 치료 없이 회복된다는 것을 보여준다. 자연적인 회복은 외상 전에 좋은 사회정서적 기능을 가지고 있고, 외상 후 부모로부터 높은 수준의 지지를 받았으며, 시간이 지남에 따라 외상사건에 대해 다른 사람과 기꺼이 이야기 나눈 아동에게서 가장 많이 일어났다(McLaughlin et al., 2019).

동반이환

연구자들은 PTSD를 가진 아동·청소년에서 동반하는 정신건강 문제도 평가하였다(Copeland et al., 2019). 자료에서 성인기 전 아동이 경험한 외상사건의 수와 다른 정신건강 문제의 발생 가능성 간의 명확한 관계가 있음이 드러났다. 예를 들어, 정신건강 문제의 동반이환 비율은 한 가지 외상사건을 경험한 아동에서 15%였지만 3개 이상의 외상사건을 경험한 아동에서 46%로 높아졌다. 가장 흔한 동반이환은 품행문제 (21%), 우울(19%), 불안(17%), 물질사용장애(12%)였다(Cohen et al., 2018).

성인기의 결과 : ACE 연구

부정적 아동기 경험 연구(Adverse Childhood Experiences, ACE study)는 외상에 노출된 아동·청소년의 장기적 결과를 조사한 첫 번째 주요 연구였다. 연구에는 많은 성인 표본이 포함되었다. 각 성인들은 아동기나 청소년기 동안의 부정적 경험에 대한 설문지에 응답했다. 이러한 경험에는 여러 가지 아동학대 유형(예 : 신체학대, 성학대)과 가족 문제(예 : 부모의 죽음이나 유기, 어머니에 대한 폭력)가 포함되었다. 연구자들은 또한 각 성인의 신체적, 정신적 건강에 대한 자료도 수집하였다(Felitti et al., 2019).

성인의 절반 이상이 아동기의 부정적 경험을 적어도 하나 이상 회상하였다. 게다가 아동기 동안의 부정적 경험의 수와 성인기 현재의 건강 상태 간에 직접적인 관련이 있었다(그림 12.3). 아동기 부정적 사건의 수는 성인의 전반적인 신체 건

그림 12.3 ■ ACE 연구 결과

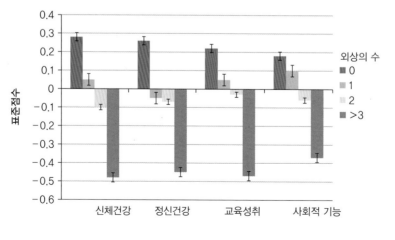

주 : 외상을 많이 경험한 아동들이 적게 경험한 아동들보다 성인기에 더 부정적인 결과를 보였다. 출처 : Copeland et al. (2019).

강, 비만 및 흡연 가능성, 위험한 성적 행동과 관련이 있었다. 아동기 부정적 사건의 수는 성인기의 알코올 및 다른 물질 사용 문제, 우울과 자살시도와도 관련이 있었다(Goldstine-Cole & Groves, 2019).

ACE 연구는 아동기 부정적 사건의 수와 이후의 신체적, 정신적 건강 문제 사이의 관계를 입증했다. 그러나 이 연구는 두 가지 제한점을 가지고 있다. 첫째, 연구는 역경이 발생한 시점의 경험에 대한 부모 혹은 아동의 보고가 아닌 성인의 아동기 부정적 경험 회고에 의존한다. 일부 성인은 먼 과거에 발생한 사건을 잘못 기억할 수도 있고 현재의 역경이 아동기 경험 회상에 편향을 발생시킬 수 있다. 둘째, 연구자들은 자연재해, 또래에 의한 신체적 폭행이나 이웃 폭력 목격과 같은 다른 잠재적 외상사건의 영향은 보지 않았다(Finkelhor, Shattuck, Turner, & Hamby, 2016; Sacks & Murphey, 2019).

이러한 한계를 다루기 위해 연구자들은 그레이트 스모키 마운틴 연구의 전향적 종단 자료를 사용하여 아동기의 외상 경험이 성인기 건강에 미치는 영향을 평가하였다. 이 연구의 참여자들은 초기 아동기부터 중년기까지 매 3년마다 평가에 참여하였다(Copeland et al., 2019).

연구 결과는 기존의 ACE 연구와 일치하였다: 아동기 외상사건의 수는 성인기의 신체적, 정신적 건강 문제를 예측하였다. 예를 들어, 아동기에 4개 이상의 외상사건을 경험한 연구 대상자는 성인기에 불안, 우울이나 물질사용장애를 가질 확률이 외상에 노출되지 않은 연구 대상자보다 두 배 높았다. 아동기 외상 노출은 성인기의 건강 문제, 재정 및 교육적 어려움, 사회적 어려움과 범죄 행동도 예측하였다. 아동기에 가정폭력이나 이웃 폭력을 반복적으로 경험하거나 목격하는 것은 일회성 사고 외상을 경험하는 것보다 더 강하게 성인기의 부정적 결과를 예측했나.

정리하면, ACE 연구와 유사한 연구는 아동기의 외상사건 노출의 장기적 위험을 입증하였다. 이러한 연구들은 미래의 신체적, 정신적 건강 문제를 예방하기 위해 외상사건에 노출된 아동들을 위한 근거기반 정신 건강 서비스가 중요하다는 점을 강조하였다.

무엇이 PTSD의 출현을 예측하는가?

많은 아동들이 외상사건을 경험하지만, PTSD로 발전하는 경우는 상대적으로 매우 적다. 외상에 노출된 아동 중 왜 일부만이 PTSD 증상을 보이는지 이해하기 위해, 연구자들은 장애에 대한 위험과 회복탄력성 접근법을 개발하였다. 위험요인은 아동이 특정 장애로 발전할 가능성을 증가시키는 것에 반해, 회복탄력성 요인은 잠재적으로 해로운 영향을 완충하는 역할을 한다. 장애의 출현은 상당 부분 위험요인과 회복탄력성 요인의 상호작용에 달려있다(Ford & Greene, 2018).

외상 전 아동의 기능

외상사건 전 아동의 사회정서적 기능 수준이 외상 후 증상의 심각도를 예측한다(Trickey, Siddaway, Meiser-Stedman, Serpell, & Field, 2012). 아동의 외상 전 기능의 중요성은 플로리다를 강타한 가장 치명적인 태풍 중 하나인 허리케인 앤드루의 생존자들에 의해 처음으로 입증되었다. 허리케인 몇 달 전, 심리학자 아네트 라 그레카와 동료들(Annette La Greca & et al., 1998)은 마이애미 데이드 카운티에 사는 아동 표본의 심리적 기능을 측정하였다. 허리케인이 이 지역을 강타한 후, 연구자들은 폭풍의 노출 정도와 PTSD 증상을 평가하기 위해 아동들을 재측정하였다.

예상한 대로, 허리케인 노출은 3개월 후 아동들의 PTSD 증상을 예측하였다. 예를 들어, 집이 부서지거나 파괴되는 것을 보거나, 가족이나 애완동물이 부상당하거나, 잔해에 맞았다고 보고한 아동들은 이러한 사건들을 경험하지 않은 아동에 비해 증상이 나타날 가능성이 높았다. 연구자들은 허리케인이 강타하기 전에 높은 불안, 주의력 문제, 학업적 어려움을 가졌던 아동들이 태풍 후 더 많은 PTSD 증상을 보였다는 점노 발선했다. 실제로 허리케인 7개월 후, 아동의 외상 전 기능만이 PTSD 증상의 심각도를 예측하였다.

다른 연구자들은 외상사건 전 아동의 기능이 사고 후 그들의 PTSD 증상을 예측한다는 것도 발견하였다. 예를 들어, 2001년 9월 11일 테러 이전에 높은 수준의 불안 혹은 우울을 가졌던 아동들은 정서장애가 없는 아동들에 비해 테러 몇 달 후 더 많은 PTSD 증상을 보였다. 연구자들이 아동의 외상 전 기능을 통제했을 때, 테러 노출과 PTSD 증상 간의 관계가 사라졌다(Aber, Gershoff, Ware, & Kotler, 2004; Lengua, Long, Smith, & Meltzoff, 2005). 이와 유사하게, 뉴올리언스의 허리케인 카트리나 이전 아동의 정서적 기능은 태풍 후 그들의 PTSD, 일반적 불안과 우울의 가능성을 예측하였다(Weems et al., 2007).

이러한 결과들은 종합해보았을 때, 불안이나 우울 문제를 가진 아동들이 외상사건 이후 PTSD에 민감하다는 것이 밝혀졌다. 외상사건이 위기 상태 아동들의 대처 기술을 압도하고 그들의 고통과 손상을 악화시킬 수 있다(McLaughlin et al., 2019).

아동의 외상에 대한 근접성

PTSD 발생 가능성은 아동이 외상사건과 얼마나 근접했는지에도 달려 있다. 근접성의 중요성은 9·11테러 이후 뉴욕시 교육부에서 실시한 연구에서 시사되었다. 연구자들은 아동(혹은 가까운 가족)이 받은 직접적인 충격 유형의 개수로 공격에의 노출을 측정하였다. 직접적인 영향으로는 다음과 같은 것이 있다: 테러를 직접 목격함, 테러로 부상당함, 먼지, 연기

혹은 잔해 속에 혹은 근처에 있었음, 구급대원이 대피시킴. 심각하게 노출된 아동은 두 가지 이상의 방식으로 직접적인 영향을 받았다. 중등도의 노출을 겪은 아동들은 한 가지 방식으로 직접적인 영향을 받았다. 약하게 노출된 아동들은 뉴욕시에 살지만 간접적으로만 테러를 경험하였다(예 : TV).

테러 6개월 후, 연구자들은 아동의 PTSD 증상과 사회정서적 기능을 측정하였다(그림 12.4). 뉴욕시 밖에 사는 아동들 중 3%만 PTSD 진단기준을 충족시킨 것에 비해, 뉴욕시에 사는 아동들 중 11%가 PTSD의 진단기준을 충족하였다. 높은 노출 그룹의 아동들(18%)은 중등도 노출 그룹(10%), 약한 노출 그룹(4%)에 비해 PTSD를 더 많이 나타냈다.

두 가지 흥미로운 점이 발견되었다. 첫째, 아동의 테러 노출은 불안과 우울장애의 발현도 예측했다. 특히, 약한 노출 아동에 비해 높은 노출 아동이 분리불안, 공황장애나 광장공포증을 나타낼 가능성이 두세 배 높았다. 둘째, 가족 중에 테러 피해와 관련 있는 사람이 있었을 때, 본인이 직접 공격을 경험한 것보다, PTSD와 다른 정신건강 문제를 더 강하게 예측했다. 이러한 발견은 아동의 안녕감에 가족의 복지가 얼마

그림 12.4   ■   외상사건에의 근접성이 PTSD를 예측함

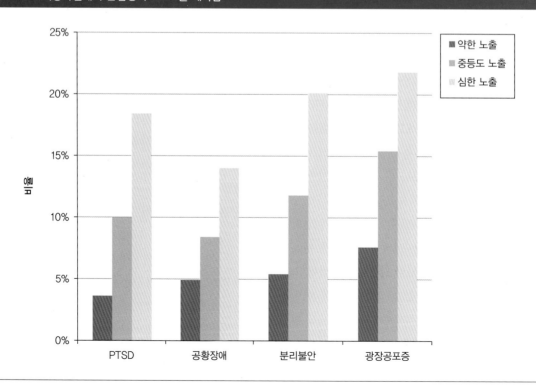

주 : 9·11 세계무역센터 공격 이후 아동의 PTSD와 불안장애 발병 가능성은 테러에 대한 노출 수준에 달려 있었다. 출처 : Hoven et al. (2005).

나 중요한지 시사한다.

외상에의 근접성과 PTSD 증상의 심각도 간 관계와 유사한 결과가 다른 연구에서 관찰되었다. 그 예로, 웬들링(Wendling, 2009)은 2명의 학생이 살해당하고 13명이 다친 학교 총격사건 생존자들의 PTSD 증상을 측정하였다. 총 247명의 학생들이 다른 사람이 총을 맞거나 의학적 치료를 받는 것(즉, 직접 노출)을 목격했고, 590명이 멀리서 총이 발사되는 것을 듣거나 보았으며(즉, 간접 노출) 323명은 학교에 있었으나 사건이 일어나는 것을 알아채지 못했다. 총 4.9%의 학생이 PTSD 진단기준을 충족하였다. 비율은 외상에 직접적으로 노출된 학생들이 가장 높았고(9.7%), 간접적으로 노출되거나(3.7%), 노출되지 않은 학생들(3.4%)은 낮았다. 이러한 결과는 외상사건에 근접할수록 아동·청소년의 PTSD 발병률이 높다는 점을 암시한다. 그러나 외상에 근접하지 않은 아동·청소년도 PTSD 증상이 나타날 수 있다.

외상의 심각도

외상의 심각도도 아동의 PTSD 가능성을 예측한다. 일반적으로, 아동이 사건을 더 위협적이거나 위험하다고 인식할수록 PTSD 증상이 심했다. 예를 들어, 피해를 거의 입히지 않는 진도 3.0의 지진보다 진도 9.2의 지진 이후 아동들이 PTSD를 더 많이 겪는 것으로 확인되었다. 자동차 사고, 화재, 학교 총기사고와 같은 다른 외상사건에서도 위협 정도와 PTSD 발생 가능성 간에 유사한 상관이 발견되었다(Trickey et al., 2012).

반복적인 대인 간 폭력행동도 일회성 외상에 비해 PTSD를 더 잘 일으킨다. 또래에게 반복적으로 폭행당한 아동, 양육자에게 신체학대 혹은 성학대를 당한 아동 또는 가정폭력에 노출된 아동은 특히 더 위험했다. 반복적인 대인 간 외상을 경험한 아동·청소년의 PTSD 유병률은 30~40%였다.

현재 진행 중인 조직폭력에 의한 폭행이나 전쟁에 노출된 아동들은 PTSD 위험이 더 크다. 미국의 특정 도시지역에 사는 아동과 청소년의 75%가 신체적 폭행이나 성폭행, 총격이나 살인과 같은 심각한 폭력 행동을 적어도 한 번 목격한다. 세계적으로 2억 3,000만 명의 아동·청소년이 조직폭력, 내전이나 다른 유형의 무력 분쟁의 영향을 받는 지역에 살고 있다. 최근 몇 년간 아동들은 이러한 분쟁에서 군인으로 복무하도록 강요받고 있다. 전쟁 지역에 거주하는 아동·청소년들

의 PTSD 발병률은 50%를 넘어선다.

마지막으로, 최근 연구들은 집에서 쫓겨나거나 피난민으로 살고 있는 아동들이 높은 비율로 PTSD를 보인다고 밝혔다. 지난 10년간 5,000만 명 이상의 아동·청소년이 시리아, 이라크, 예멘, 남수단과 같은 전쟁 국가에서 도망쳤다. 온두라스, 과테말라, 니카라과와 엘살바도르의 가족들은 범죄와 가난 때문에 조국을 떠나 멕시코로 이주한다. 이러한 많은 아동·청소년이 대인 간의 반복적 폭력, 빈곤하거나 위험한 거주 조건, 구금이나 추방, 그리고 양육자로부터의 분리를 포함한 복합적인 외상사건을 경험한다. 평균적으로, 피난민 아동·청소년의 약 3분의 1이 PTSD 진단기준을 충족한다(MacLean et al., 2019; Rojas-Flores, Clements, Hwang Koo, & London, 2018; Soykoek, Mall, Nehring, Henningsen, & Aberl, 2018).

아동의 인지적 평가

인지적 평가 이론(cognitive appraisal theory)은 사람들이 스트레스 상황을 생각하고 평가하는 방법이 정서에 영향을 준다고 주장한다. 개인적으로 관련이 있거나 사건에 어떠한 책임이 있다고 믿는 외상사건을 경험한 아동들은 파국적인 사건으로부터 인지적 거리를 두는 아동들보다 더 큰 고통을 나타낸다(Brenner, 2016).

예를 들어, 9·11 테러 공격을 당한 사람을 알거나 가까운 미래에 자신 혹은 가족이 유사한 공격의 피해자가 될 수 있다고 믿는 아동들은 다른 아동들보다 PTSD 증상이 생길 가능성이 더 높았다. 테러 현장 근처에 거주하였거나 근처의 학교에 다녔던 아동들의 진술을 살펴보자(Hock, Hart, Kang, & Lutz, 2004):

> 무서웠어요. 세계무역센터에 그렇게 할 수 있는 사람들이라면 우리 집도 그렇게 할 수 있었을 거예요. 너무 많은 사람들이 죽어서 괴로웠어요.

> 군인들이 너무 많이 죽어서 아빠가 군인으로 뽑혀갈까 봐 무서워요. 엄마는 간호사라서 걱정돼요.

> 그 일이 일어나고 일주일 후에 아빠가 [도시 이름]까지 비행기를 타고 가야 했어요. 너무 무서웠어요.

이러한 생각들은 아동들이 불안과 걱정(다른 공격이 일어날 것이라는), 분개나 분노(공격을 저지른 사람들에 대한), 그리고 비난과 죄책감(그 일을 막을 수 없었다는 것에 대한)과 같은 부정적인 정서를 경험하게 한다. 부정적인 정서는 아동의 PTSD 증상의 심각도와 강한 상관이 있다(Trickey et al., 2012).

이와 대조적으로, 추가 테러 공격에 가족들이 다치지 않을 것 같다고 믿는 아동들은 불안과 기분 문제를 거의 보이지 않았다. 테러 공격을 목격한 아동들의 진술에서 이러한 유형의 인지적 평가를 볼 수 있다(Hock et al., 2004):

세상에는 10억 명의 사람들이 있어요. 그런 일에 제게 일어날 확률은 10억 분의 1이에요.

아니요, 저는 그런 나쁜 일이 제 부모님께 일어날 것 같지 않아요. 아빠는 큰 빌딩에서 일하지 않아요. 겨우 20층이에요. 그리고 엄마는 겨우 1층짜리 건물에서 일해요.

그 일은 절 화나게 만들었고 저는 미국이 복수할 수 있기를 바랐어요. 걱정이 되지는 않았어요. 저는 비행기 타본 적이 없어요.

이러한 평가는 더 객관적이며 아동들이 불쾌감을 덜 느끼게 하며 PTSD와 다른 문제의 발생 가능성을 낮춘다(Trickey et al., 2012).

메타 연구에서 외상사건에 대한 아동의 평가와 PTSD 증상의 심각도 사이에 강한 상관이 있었다(ES = 1.62). 외상사건과 개인적으로 관련이 있거나 자신이 외상에 어떻게든 책임이 있다고 믿을수록 아동들이 PTSD가 될 확률이 높았다(Mitchell, Brennan, Curran, Hanna, & Dyer, 2017).

아동의 대처 전략

외상사건에 대한 아동의 대처 전략도 PTSD 가능성과 강한 상관이 있다. 대처란 스트레스 사건에 뒤따르는 심리적 손상으로부터 자신을 보호하는 생각과 행동을 의미한다. 대처는 스트레스와 개인의 행동적 혹은 정서적 반응 간의 관계를 매개한다. 대부분의 대처 이론에서 스트레스 요인 자체보다 개인의 대처 전략이 심리사회적 스트레스 요인에 대한 반응을 결정한다고 주장한다. 결론적으로, 동일한 스트레스 요인은 다른 사람에게 다른 효과를 일으킬 수 있다(Armstrong, Basquin, & Tadeschi, 2019).

심리학자들은 두 가지 대처 양식으로 구분한다: (1) 문제-중심 대처, (2) 도피-회피 대처.

문제-중심 대처(problem-focused coping)는 대개 더 적응적이라고 간주된다. 문제-중심 대처에는 심리사회적 스트레스 요인을 발생시킨 조건을 수정하거나 소거하는 방법, 혹은 문제를 줄이거나 중화시킴으로써 경험에 대한 인식을 변화하는 방법이 있다. 많은 경우에, 일단 외상사건이 발생하면 아동과 청소년들은 그것을 바꿀 수 없다. 그러나 상황에 대한 통제감을 더 많이 느끼기 위해 스트레스 요인에 대한 사고 방식을 바꿀 수 있다. 예를 들어, 심각한 자동차 사고로 죽은 친구들을 목격한 청소년은 자동차 사고 자체를 바꿀 수는 없다. 하지만 그는 사랑하는 사람에게 사고에 대해 이야기하고 자신이 잘못이 없다는 것을 깨달음으로써 죄책감이나 상실감을 줄일 수 있을 것이다.

반대로, 도피 혹은 회피 대처(escape or avoidance coping)는 스트레스 상황과 그것의 행동적, 인지적, 정서적 결과에서 철회하는 것을 뜻한다. 외상사건 후 대부분의 사람들은 사건과 관련된 사람, 장소, 생각, 느낌을 피하고 싶어 한다. 그들은 갈수록 고립되거나 다른 활동으로 주의를 돌리려고 시도할 것이다. 일부는 부정적인 정서에 대처하려고 약, 알코올 등의 약물을 사용하기도 하고, 일부는 어떠한 느낌이라도 피하고자 정서적으로 '셧다운'한다.

도피-회피 대처는 일시적으로 심리적 고통을 줄여 주기 때문에 부적으로 강화된다. 짧은 기간 동안 도피-회피 대처도 적응적일 수 있는데, 주요 스트레스 요인을 겪은 직후 즉시 학교, 직장 혹은 가족의 의무를 면할 수 있게 해준다. 그러나 도피-회피 대처는 장기적으로 사회정서적 문제, 특히 불안장애와 PTSD에 취약해지게 한다. 개인이 스트레스 요인과 관련된 사람, 상황, 생각과 감정에 맞서지 않기 때문에 부정적인 정서는 오래 머물고 장기적인 장애로 이어진다. 예로, 9·11 테러에 대해 사회적, 정서적 철회된 반응을 보인 청소년들은 가장 나쁜 결과를 보였다: 우울, 절망감, 자살관념과 PTSD. 반면에 부모, 친구들과 외상에 대한 그들의 생각과 감정을 적극적으로 나눈 아동·청소년은 이러한 문제를 덜 경험하는 것으로 나타났다(Khamis, 2015; Marsac, Kassam-Adams, Delahanty, Widaman, & Barakat, 2014).

PTSD 발생을 설명할 수 있는 이론은 무엇인가?

학습 이론

학습 이론에 따르면, PTSD는 고전적 조건화를 통해 획득된다. 외상사건(즉, 무조건 자극)이 아동이나 가까운 가족의 안전과 안정을 위협한다. 사건은 폭행이나 부상으로 야기되는 고통, 예를 들면 메스꺼움이나 공황과 같은 불쾌한 생리적 각성 혹은 두려움, 무력감이나 극도의 공포(즉, 무조건 반응) 등의 강렬한 불쾌감을 일으킨다. PTSD 아동은 사건이 일어나는 동안 있었던 광경, 소리, 냄새, 시간대, 장소 혹은 사람 등의 중립적 자극을 외상사건과 연결시킨다. 이러한 중립적 자극은 고전적 조건화를 통해 외상사건과 유사한 부정적 감정을 일으킨다. 예를 들어, 턱수염이 난 남자에게 신체적 학대를 당한 남아는 턱수염이 있는 다른 남자들을 보면 불안을 경험할 수 있다. 이와 유사하게, 학교 총기사고에서 살아남은 여학생은 학교 버스를 보면 두려움을 느낄 수 있다. 행동주의적 용어로, 이러한 중립적 자극(즉, 턱수염, 버스)은 고통, 공황이나 공포와 같은 조건화된 반응을 끌어내는 조건 자극이 된다(Capaldi, Zandberg, & Foa, 2018).

PTSD는 조작적 조건화, 특히 부적 강화를 통해 유지된다. 아동이 외상과 관련된 자극을 회피할 때 고통, 각성이나 불쾌감의 감소를 경험한다. 결과적으로 그들은 미래에 이러한 자극을 회피할 가능성이 높다. 조건화된 자극을 회피하는 것은 단기적으로 부정적인 감정을 줄여 주지만, 장기적 문제를 일으킬 수 있다. 조건화된 자극을 마주하지 않으면 아동들은 절대 공포를 소거할 수 없다. 결과적으로 아동들은 이러한 부정적인 정서를 계속 경험하게 되고 일상 활동을 제한한다. 예를 들어, 턱수염 난 남자를 무서워하는 남아는 얼굴에 수염을 기른 코치와 야구하는 것이 불가능할 수 있다. 이와 유사하게, 학교를 두려워하는 여학생은 학업성취에서 또래에 뒤처질 수 있다.

학습 이론은 PTSD의 침습과 회피 증상의 많은 부분을 설명한다. 고전적 조건화를 통해 아동들은 외상사건과 비슷한 신호에 노출되었을 때 강렬한 고통이나 생리적 각성을 경험

한다. 아동들은 고통이나 각성을 관리하기 위해 일반적으로 외적 상기자를 회피한다. 그러나 학습 이론은 PTSD 아동·청소년이 경험하는 인지와 정서의 부정적 변화를 적절히 설명하지는 않는다. 이러한 증상을 설명하기 위해 우리는 두 번째 이론을 살펴볼 필요가 있다. 두 번째 이론은 PTSD 아동·청소년이 생각과 감정을 처리하는 방식을 더 잘 설명한다(Ford & Greene, 2018).

정서 처리 이론

정서 처리 이론(emotional processing theroy)은 PTSD의 인지적, 정서적 증상의 많은 부분을 설명한다(Foa, Huppert, & Cahill, 2006). 이 이론에 따르면, 정서는 우리 기억 안에서 인지적 구조나 네트워크로 조직된다. 각각의 정서적 구조는 자극에 대한 정신적 표상, 생리적 혹은 정서적 반응, 우리가 자극 및 반응과 연관짓는 의미로 구성된다.

예를 들어, 토네이도로 집이 파괴된 아동은 기억 안에서 이 사건에 대한 공포 구조를 만들 수 있다. 이 구조에는 자극(즉, 토네이도), 생리적 혹은 정서적 반응(예 : 빠른 심장 박동, 거친 호흡, 달아나고 싶은 욕망), 그리고 그가 자극과 반응에 부여하는 의미(예 : "세상은 위험한 곳이야. 내가 안전할 수 있는 곳은 없어")가 포함된다. 아동의 신념이 불안과 무력감에 기여하기 때문에 이러한 공포 구조는 부적응적이다(Osofsky et al., 2019).

외상사건을 경험한 대부분의 아동·청소년은 외상사건과 연관된 자극을 마주할 수 있고 그것에 새로운 의미를 부여할 수 있기 때문에 PTSD로 발전하지 않는다. 아동들은 공포가 진정될 때까지 오랜 시간 동안 자극을 직면하며 새로운 연합을 배운다. 예를 들어, 토네이도를 경험한 소년은 안전하다고 안심시켜주는 부모와 함께 천둥번개를 지켜볼 수 있다. 소년은 폭풍이 대개는 위험하지 않고 자신이 그것을 마주하고 극복할 수 있는 능력이 있다는 것을 배울 것이다(Narayan & Masten, 2019).

이와 대조적으로, 외상 관련 자극을 새로운 의미와 연합시키는 것을 배우지 않은 아동은 PTSD로 발전할 수 있다. 그들은 지속적으로 외상과 관련된 자극을 회피하거나 도피한다. 예를 들어, 토네이도를 경험한 소년은 천둥번개가 칠 때 방에 숨을 것이다. 결과적으로 폭풍은 계속해서 부정적 정서(예 :

공포, 걱정), 생리적 반응(예 : 신경과민, 공황), 그리고 원치 않는 생각(예 : 악몽, 플래시백)을 생성한다.

정서적 처리 이론은 PTSD의 인지적, 정서적 증상의 많은 부분을 설명한다. 예를 들어, 좀 더 나이가 많은 아동과 청소년은 외상사건에 대한 새로운 의미 구성을 하지 못하고 그것을 자신의 다른 인생 경험과 통합하지 못하여 외상사건에 대한 침습적 기억, 꿈 혹은 플래시백을 경험할 수 있다. 이러한 아동·청소년들은 그들의 집중력, 기억과 수면을 방해하는 외상의 양상에 사로잡혀있다.

아동은 또한 공포 자극과 자신에게 부여한 부정적 의미 때문에 생각과 감정에서 뚜렷한 변화를 경험한다. 예를 들어, 많은 아동들이 외상에 대해 자신 혹은 다른 사람을 비난하고 그 결과로 강렬한 죄책감 혹은 분노를 경험한다. 다른 아동들은 외상을 이해하기 위해 자신, 타인 그리고 세상에 대한 관점을 바꾼다. 그들은 자신이 힘이 없고 취약하며, 자신을 보호하기 위해 타인을 믿어서는 안 되고 세상은 원래 위험하다고 믿는다(Gallagher, Hembree, Gillihan, & Foa, 2018).

PTSD의 주요 치료법은 노출 치료이다. 아동은 고통이 줄어들 때까지 외상 경험의 신체적 자극이나 기억을 마주해야만 한다. 동시에, 그들은 외상과 관련된 자극에 새로운 의미를 부여해야 한다. 예를 들어, 폭풍을 두려워하는 소년은 "비는 나를 다치게 하지 않을 거야. 비는 정원에도 좋아", "무슨 일이 생기면 내가 대처할 수 있어"를 배울 수 있다(Capaldi et al., 2018).

생리적 이론

생리적 이론은 PTSD 아동·청소년이 경험하는 각성과 반응성에서의 부정적 변화를 설명하는 데 사용될 수 있다. 이러한 증상은 신체 스트레스 반응의 이상 때문에 발생한다. 두 가지 신경 내분비 체계가 이 스트레스 반응을 조절한다. 이 체계는 신경계(즉, 신경과 신경전달물질)와 내분비계(즉, 분비선과 호르몬)의 일부로 구성되었으므로 '신경 내분비 체계'라고 불린다.

교감-부신-수질(sympathetic-adrenal-medullary, SAM) 축은 신체의 즉각적인 투쟁-도피 반응을 조절한다. 이 반응은 자동적 각성과 관련 있는 교감신경계의 일부이다. 우리가 자동차의 백미러에 비치는 경찰차의 불빛처럼 위협적인 자극을 접하면 편도체가 활성화된다. 이것이 해마를 자극하여 정보가 척추를 타고 신장 바로 위에 있는 부신으로 전달된다. 부신의 가장 안쪽 부위인 부신 수질은 두 가지 화학물질을 우리의 혈류로 방출한다: 에피네프린(아드레날린이라고도 불림)과 노르에피네프린(노르아드레날린이라고도 불림). 이 화학물질들은 우리의 혈액 속을 빠르게 이동하여 심장 박동을 가속화하고 혈압을 높이며 얇고 빠른 호흡을 유도한다. 또한 우리의 근육을 활성화하여 투쟁 혹은 도피를 위한 행동을 취할 수 있게 한다. SAM 축의 활성화는 몇 초밖에 걸리지 않고 대체로 무의식적으로 일어난다(Everly & Lating, 2019).

SAM 축은 자기조절체계로 위협이 지나간 후 저절로 비활성화된다. 뇌의 두 가지 부위가 조절을 책임진다. 편도체는 투쟁-도피 반응을 활성화한다. 그것은 또한 위협 자극을 처리해서 기억하게 한다. 예를 들어, 경찰이 우리를 속도위반으로 잡는다면 우리의 두려움 반응은 정당한 것이고 심장이 멎을 것 같이 느껴지며 '과속 카메라'의 위치를 기억하여 다음에는 다시 적발되지 않을 것이다. 다른 뇌 부위인 전전두엽 피질에서는 위협을 평가하고 필요에 따라 투쟁-도피 반응을 억제한다. 예를 들어, 전전두엽 피질은 불빛이 실제로는 오도가도 못하는 운전자를 돕는 견인차에서 나온 것이라는 사실을 알아챌 수 있을 것이다. 이 경우, 우리의 공포반응은 정당하지 않으며 비활성화될 수 있다(Bami, Fernando, & Donnelly, 2019).

외상사건은 두 가지 방식으로 SAM 피드백 고리를 방해할 수 있다. 첫째, 하나의 외상사건은 편도체를 민감하게 만들어 사건과 관련된 양성(benign) 자극에 반응하게 한다. 예를 들어, 심각한 자동차 사고를 겪은 아동은 경찰차 경광등을 외상사건의 장면과 연관지을 수 있다. 유사한 자극(예 : 경찰차 경광등, 사고 장소, 사고가 일어났을 때 라디오에서 나오던 음악)이 기억에 부호화되어 공포반응을 불러일으킬 수 있다. 실제로 PTSD 아동·청소년 중 일부는 트라우마에 노출되지 않은 아동·청소년보다 편도체의 크기와 활성도가 증가하였다(Osofsky et al., 2018).

둘째, 지속적인 외상에의 노출은 투쟁-도피 반응을 억제하는 피질의 능력을 상실하게 할 수 있다. 예를 들어, 반복적으로 이웃 폭력을 목격한 아동은 이러한 사건과 관련된 자극을 직면했을 때 신체의 공포반응을 비활성화시키지 못할 수 있다. 편도체는 뇌의 이성적인 영역을 '장악하여(hijacks)' 필요하지 않을 때조차 공포와 각성을 일으킨다(Goleman, 1995). 실제로 PTSD 아동은 외상에 노출되지 않은 아동들에 비해 피질의 크기가 6% 작은 경향을 보인다. 외상을 생애 초기에 경험하고, 더 많은 외상사건을 겪고, 더 심한 PTSD 증상을 경험한 아동의 피질의 크기가 가장 많이 줄어드는 경향성을 보인다(Killion & Weyandt, 2020).

시상하부-뇌하수체-부신 축(hypothalamic-pictuitary-adrenal, HPA axis)은 더 지연된 스트레스 반응을 조절한다(이미지 12.3). 이 축은 신체의 세 부위로 구성된다: 시상하부(뇌 속), 뇌하수체(뇌 밑면), 부신(콩팥 윗부분). 이 세 부위는 혈류를 통해 더 천천히 이동하는 일련의 호르몬을 통해 소통한다. 호르몬은 부신 피질이나 부신의 바깥 껍질을 자극한다. 이로 인해 신체의 주요 스트레스 호르몬인 코르티솔이 방출된다. 코르티솔은 글루코코르티코이드이며 이것이 우리가 스트레스에 반응할 수 있도록 저장된 지방을 에너지로 전환하도록 해준다. 코르티솔은 또한 즉각적인 위협을 마주쳤을 때, 덜 중요한 두 가지 과정인 소화와 신체 면역 반응을 억제시킨다. HPA 축의 완전한 활성화는 몇 분 정도 소요되며 불안감, 불편감이나 '울렁거림'과 같은 주관적 느낌을 야기한다(Daskalakis, McGill, Lehrner, & Yehuda, 2017).

HPA 축은 자기조절체계이기도 하다. 시상하부가 HPA 축을 활성화시키고 해마는 이를 억제시킨다. 해마는 코르티솔 수용체가 가득한 뇌 부위이다. 해마가 높은 수준의 코르티솔을 감지하면 시상하부의 활성화를 억제하고 생산을 중단한다(Koss & Gunnar, 2018).

만성적인 스트레스나 반복적인 외상을 경험하는 아동들은 HPA 축의 조절 장애를 보인다. 외상사건에 노출된 어린 아동들은 종종 높은 코르티솔 수치와 비대해진 해마를 보인다. 이와 대조적으로 반복적인 외상이나 만성적 스트레스에 노출된 청소년과 성인들은 종종 낮은 코르티솔 수치와 작은 해마로 특징지어지는 약화된 HPA 반응을 보인다. 코르티솔의 과도한 생산이 지속되면 해마가 손상될 수 있다. 해마는 단기 기억을 장기 기억으로 전환시키는 역할을 하기 때문에 이 뇌 영역의 손상은 심각한 문제가 될 수 있다. 해마의 손상은 PTSD를 가진 사람이 겪는 원치 않는 기억, 플래시백, 악몽과 관련이 있다(Lehrner, Daskalakis, & Yehuda, 2017; Osofsky et al., 2018).

PTSD 아동들에게 효과적인 근거기반 치료는?

외상-기반 치료

국가 아동 외상 스트레스 네트워크(National Child Traumatic Stress Network, NCTSN)는 외상에 노출된 아동·청소년들에게 근거기반 서비스를 제공하려는 연구자들, 건강 관리 근로자, 정신건강 전문가, 아동 및 가족 지지 그룹으로 이루어진 조직이다(Gerrity et al., 2019). NCTSN은 외상-기반 치료(trauma-informed care)를 강조하는데, 외상-기반 치료는 생명을 위협하거나 외상적인 사건에 노출된 아동·청소년과 그 가족들을 치료하기 위한 매우 중요한 접근법이다. 외상-기반 치료는 특정한 유형의 치료가 아니다. 민감하고 반응적인 치료를 생존자에게 제공하기 위한 전반적인 접근이다(Brown & Frances, 2018).

NCTSN에 따르면, 아동과 청소년을 위한 외상-기반 치료는 여섯 가지의 큰 원리를 포함한다(Gerrity et al., 2019):

> 안전 : 아동이 안전하고 그들의 즉각적인 요구를 충족시켜 주기 위해 성인들이 있다는 것을 확실히 알려주어야 한다.

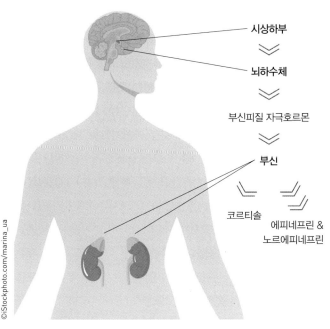

시상하부

뇌하수체

부신피질 자극호르몬

부신

코르티솔

에피네프린 & 노르에피네프린

이미지 12.3 시상하부-뇌하수체-부신(HPA) 축은 신체의 스트레스 반응을 조절한다. PTSD 아동은 종종 이 축에서 조절장애를 보인다.

지지 : 부모와 양육자들이 외상사건과 관련된 그들의 정서를 관리하도록 돕고 회복 기간 동안 자녀를 지지할 수 있도록 도와주어야 한다.

교육 : 외상에 대한 아동의 반응과 근거기반 대처 전략에 대한 정보를 제공해야 한다.

정서조절 : 아동과 양육자들의 대처에 도움이 될 수 있는 이완, 심상법 등의 기술을 가르쳐라.

외상-처리 : PTSD나 관련 문제를 가진 아동들이 준비가 되었을 때 다른 사람들에게 그들의 경험을 이야기함으로써 경험을 처리할 수 있도록 격려해야 한다.

희망 : 외상에 대응함으로써 가족들이 얼마나 성장하고 강해질 수 있을지에 중점을 두어야 한다.

외상 기반 치료의 원리는 우선순위에 따라 대략적으로 구성되어 있다. 외상사건 직후 즉시 아동과 가족에게 안전과 지지를 제공하는 것은 매우 중요하다. 거의 모든 아동·청소년은 이 예방 전략으로 도움을 받을 것이다. 일부 아동과 가족은 PTSD 증상을 완화시키기 위해 가족치료나 개인 치료와 같은 더 집중적인 서비스가 필요할 수 있다. 가족들의 요구와 선호도에 따라 PTSD에 대한 정보를 제공하고 이완 및 대처 기술을 가르치며 아동이 외상 경험을 처리하도록 격려하는 것은 이후에 실행할 수 있다(de Young & Kenardy, 2018).

심리적 응급처치

심리적 응급처치(psychological first aid, PFA)는 파국적 사건에 노출된 아동·청소년의 PTSD와 다른 심리적 문제를 예방하기 위해 설계된 근거기반 개입법이다(Watson, Brymer, & Bonanno, 2011). PFA는 보통 외상 현장의 응급 의료요원이나 정신건강 전문가가 수행한다. PFA는 피해자에게 안전감과 안정감을 제공하며 그들의 즉각적인 신체적, 사회적, 정서적 욕구를 충족시킨다(Fox et al., 2012).

PFA 제공자는 피해자의 즉각적이고 분명한 욕구에 초점을 맞춘다(이미지 12.4). 그들은 아동이 안전함을 느끼게 하고 아동의 부모와 사랑하는 사람들도 위험으로부터 자유로우며 곧 다시 만날 수 있다고 안심시킨다. 전문가는 아동이 외상에 대해 말하도록 압박하지 않는다. 실제로 외상 직후 사건에

대해 말하라고 격려하는 것은 불안을 완화시키는 데 도움이 되지 않고 때때로 그들의 전반적인 고통을 증가시킨다(Rose, Bisson, Churchill, & Wessely, 2010). 대신, 전문가는 가능한 모든 방법으로 아동을 지원한다. 전문가는 아동에게 자신을 소개하고 편안함과 안도감을 주려고 시도한다:

안녕, 리사, 난 너와 네 가족을 돕고 싶어서 왔어. 지금 당장 필요한 것이 있니? 저기 물이랑 주스가 좀 있고 저 상자 안에는 담요가 있어. 엄마는 여기 계시고 많은 사람들이 너와 네 가족이 안전할 수 있게 열심히 일하고 있어. 우리가 너를 안전하게 지키기 위해 무엇을 하는지 궁금하니?(Brymer et al., 2006, p. 24).

다음으로, PFA를 제공하는 사람은 안전 이외의 아동의 욕구를 알아내기 위해 노력하고 그 욕구를 충족시키기 위한 계획을 아동 및 가족과 함께 세운다.

들어보니 넌 여러 가지가 많이 걱정되는 것 같구나, 무슨 일이 일어났고, 엄마, 아빠가 언제 오시고, 다음에 무슨 일이 일어날지. 모두 중요한 것들이야. 그중에서 지금 가장 중요한 게 무엇인지 생각해보고 계획을 세워보자(Brymer et al., 2006, p. 66).

이미지 12.4 구조대원이 허리케인 마리아 강타 후 푸에르토리코의 소녀에게 보급품을 나누어주면서 심리적 응급처치를 제공하고 있다. 태풍으로 아동들의 약 50%가 집이 망가지거나 파괴되는 피해를 겪었다. 7%의 아동은 PTSD를 보였다. 출처 : Orengo-Aguayo, Stewart, de Arellano, SuárezKindy, & Young (2019).

Image courtesy of David Micallef, US Coast Guard

그다음, PFA 제공자는 아동이 실제적이거나 정서적인 지원이 필요할 때 기꺼이 도우려는 어른들이 있다는 것을 강조한다:

> 어른들에게 네가 필요한 것이 무엇인지 알려주다니 정말 대단해. 다른 사람들에게 너를 어떻게 도와줄 수 있는지 계속 알려주는 것이 중요해. 네가 도움을 더 많이 받을수록 더 많은 것들이 좋아질 수 있어. 어른들도 이럴 때에는 도움이 필요해(Brymer et al., 2006, p. 72).

때때로, PFA는 아동의 정서 조절을 돕기 위해 집중 호흡과 같은 간단한 이완 전략을 가르칠 수 있다. 이완은 아동의 수면에도 도움이 된다:

> 몸을 차분하게 만들어주는 호흡법을 연습해보자. 한 손을 네 배에 이렇게 올려놔[시범]. 좋아, 우리는 코로 숨을 들이쉴 거야. 들이쉴 때, 우리 몸은 많은 공기로 채워질 거고 배가 이렇게 올라올 거야[시범]. 그런 다음에 우리는 입으로 내쉴 거야. 우리가 내쉴 때 우리 배가 이렇게 쑥 들어갈 거야[시범]. 우리가 풍선이라고 상상해보자, 공기를 채우고 공기를 내보내고, 천천히. 내가 셋을 세는 동안 우리는 아주 천천히 숨을 쉴 거야. 우리가 숨을 내쉴 때에도 셋까지 셀 거야. 같이 해보자(Brymer et al., 2006, p. 83).

마지막으로, PFA 전문가는 상황의 심각성을 고려했을 때 아동과 가족이 보이는 정서적 반응이 당연하다고 명시적으로 언급하면서 아동과 가족의 스트레스 반응을 정상화하려고 시도한다. 치료가 필요할 수 있으므로 전문가들은 일반적으로 가족들에게 정신건강 전문가의 이름과 연락처를 전달한다.

지속적인 노출 치료

지속적인 노출 치료(prolonged exposure therapy, PET)는 PTSD를 가진 좀 더 나이 많은 아동과 청소년을 위한 근거기반 치료이다. 지속적인 노출 치료는 정서 처리 이론에 기반하고 있다. 이 이론에 따르면 아동·청소년들이 습관적으로 외상과 관련된 자극을 회피하거나 도피할 때 PTSD 증상이 나타난다. 자극으로부터 회피하거나 도피하는 것은 일시적인 안도감을 주지만, 그러한 자극들이 처음 나타났을 때만큼 위험하지 않

다는 것과 그들이 대처할 능력을 가지고 있다는 것을 배울 수 있는 기회를 방해한다. 결과적으로, 이들은 계속해서 부정적인 감정, 생리적 반응과 원치 않는 사고를 경험한다(Foa et al., 2006).

지속적인 노출 치료에서는 아동의 부정적 정서와 생리적 반응이 감소할 때까지 아동에게 외상 관련 자극을 제시한다. 동시에 치료사는 아동이 이러한 자극에 "생각했던 것만큼 무섭지 않아" 혹은 "이러한 기억들에 대처할 정도로 나는 충분히 강해"와 같은 새로운 의미를 부여하도록 돕는다(Capaldi et al., 2018).

첫째로 치료사는 PTSD, 외상에 대한 일반적인 반응, 치료의 간략한 근거에 대한 정보를 제공한다. 대부분의 치료사는 노출을 진행하는 동안 외상 기억 대처에 도움이 될 만한 이완 기술도 가르친다. 그중 한 가지가 **4-7-8 호흡**이다: 아동·청소년들은 진정될 때까지 4초간 숨을 들이쉬고 7초간 참은 후 8초 동안 숨을 내뱉는다.

가능하다면, 아동·청소년과 치료사는 **실제 노출 치료**를 실시한다. 그들은 고통이나 다른 강렬한 감정을 불러일으키는 자극을 가장 약한 단계부터 가장 강한 단계까지 위계를 설정하여 목록화한다. 각 자극에 그것이 야기하는 고통의 양을 점수로 매긴다. 예시로, 학교 총기사고를 겪은 소년은 다음과 같이 목록화하였다:

10	학교에서 온종일 보내기(점심시간 포함)
8	학교에서 반나절만 지내기
6	엄마와 함께 학교 매점(사건이 일어난 곳)에 가기
4	엄마와 학교에 몇 분간 머물기
2	엄마와 함께 차 타고 학교 지나가기

소년은 가장 쉬운 항목부터 시작해 점차적으로 상위 위계 목록으로 올라간다. 이러한 활동을 하는 동안 소년은 치료사, 부모, 교사나 반 친구의 지지를 받으며 각 활동의 고통 수준이 줄어들 때까지 견뎌낸다. 소년은 자신의 고통이 줄어들 때까지 회피나 도피하려는 충동에 저항해야 하고, 이것을 통해 자극이 위험하지 않고 스스로 효과적으로 대처할 수 있다는 사실을 배울 수 있다.

치료에는 심상 노출도 포함된다. 치료사는 아동에게 눈을

감도록 요청하고 외상사건이 현재 일어나고 있다고 상상하게 한다. 치료사의 도움을 받으며 아동은 정서적 구조의 요소들(사람, 장소, 감정)에 집중하여 사건을 묘사한다. 치료사는 또 아동에게 외상 중 '최악의 순간'을 묘사하도록 요청한다. 치료사는 여러 회기에 걸쳐 이러한 활동을 아동에게 반복하여 요청한다. 아동은 매번 더 자세하게 설명하게 된다.

심상 노출을 진행하는 동안 치료사는 주기적으로 아동이 고통 수준을 평정하도록 한다. 고통이 너무 커지면 치료사는 아동의 각성을 조절하기 위해 이완 전략을 사용하도록 권하고 다시 과제로 돌아간다. 결국 고통은 줄어들고 치료사는 아동이 외상에 새로운 의미를 부여하도록 도울 수 있다. 예를 들어, 아동은 자신이 사건에 책임이 없으며 더 이상 위험하지 않음을, 혹은 경험을 통해 더 성장하거나 가족, 친구들과 더 가까워진다는 사실을 깨달을 수 있다(Narayan & Masten, 2019).

대규모 연구에서 더 나이 든 아동과 청소년에 대한 지속적인 노출 치료의 효과성이 입증되었다. 여러 무작위 통제 실험의 결과는 이 치료가 대기자 통제군에 비해 PTSD, 불안, 우울과 죄책감 증상을 줄인다는 점을 시사한다. 지속적인 노출은 또한 내담자-중심 치료, 지지적 치료와 정신역동치료보다 효과가 탁월하다. 약 80%의 PTSD 아동·청소년이 12~15회기 안에 회복되었으며 치료적 효과는 10년 뒤까지 유지되었다(Capaldi et al., 2018).

외상-중심 인지행동치료

외상-중심 인지행동치료(trauma-focused cognitive-behavioral therapy, TF-CBT)는 외상에 노출된 아동·청소년을 위한 증거-기반 치료이다. TF-CBT는 인지행동적 개입과 애착 이론, 인간중심치료와 가족치료의 요소를 결합한다. 이 치료법은 PTSD를 가진 아동·청소년을 위해 개발되었지만 외상사건 후 불안, 우울과 파괴적 행동 문제를 가진 아동·청소년에게도 사용할 수 있다(Cohen, Mannarino, & Deblinger, 2019).

TF-CBT의 핵심 요소는 PRACTICE라는 약어로 표현된다(표 12.3). 이 약어는 TF-CBT에 참여하여 외상에 대한 새로운 행동과 사고방식을 학습하고 실천하려는 아동·청소년에게 매우 적합하다(Cohen, Deblinger, & Mannarino, 2019).

치료의 첫 번째 구성요소는 심리교육과 양육 기술에 중점을 둔다. 치료사는 아동이 노출된 외상사건의 개수, 외상에 대한 일반적 반응과 회복 과정에 대한 정보를 가족에게 제공한다. 목표는 가족들이 소외감, 사건에 대한 죄책감을 덜 느끼도록 돕는 것이다. 치료사는 또한 민감하고 책임감 있는 양육을 아동에게 제공하고 효과적인 대처 전략을 모델링하고 외상에 대한 그들의 생각과 감정을 관리함으로써 부모가 아동의 회복을 촉진할 수 있다고 강조한다(Hanson & Jobe-Shields, 2018).

다음으로 치료사는 아동과 가족이 스트레스에 대한 부정적인 정서와 생리적 반응을 다룰 수 있도록 이완과 마음챙김 기

표 12.3 ■ 외상-중심 CBT의 원리
PRACTICE
심리교육과 양육 기술(**P**sychoeducation and Parenting Skills)
이완과 마음챙김(**R**elaxation and Mindfulness)
정서 조절(**A**ffective Regulation)
인지적 대처(**C**ognitive Coping)
외상 내러티브 개발과 처리(**T**rauma Narrative Development and Processing)
단계적 실제 노출(**I**n-vivo Gradual Exposure)
부모-아동 합동 회기(**C**onjoint Parent-Child Sessions)
안전 강화하기(**E**nhancing Safety)

©iStockphoto.com/Antonio_Diaz

출처 : Cohen et al. (2019).

술을 가르친다. 이완 기술에는 느리고 고른 호흡, 점진적 근육 이완과 긍정적 심상이 포함된다. 어떤 치료사들은 아동·청소년이 부정적인 정서를 알아차리고 비판단적인 자세로 그것을 수용할 수 있도록 격려하기 위해 마음챙김 전략을 가르친다(Santiago, Raviv, & Jaycox, 2019).

치료의 세 번째 구성요소는 **정서 조절**이다. 치료사는 아동이 자신의 감정을 명명하고 부정적인 정서를 처리할 수 있는 전략을 발달시키도록 돕는다. 예를 들어, 허리케인의 피해자인 아동은 슬픔, 분노와 걱정의 혼합정서를 경험할 수 있다. 치료사는 아동이 이러한 감정들을 변별하고 각각에 대처하는 방법을 찾도록 도울 수 있다. 아동은 친구들과 함께 시간을 보내면서 슬픔을 줄이고, 자전거를 타면서 분노를, 심호흡 연습으로 불안을 줄일 수 있을 것이다.

치료의 **인지적 대처** 구성요소에는 외상사건과 관련된 부적응적인 사고를 식별하고 도전하는 것이 포함된다. 이러한 부적응적인 사고는 불안, 우울 등의 부정적 정서를 증가시키고 사건에 대해 기꺼이 말하려는 아동의 자발성을 줄일 수 있다. 예를 들어, 외상 후 일부 아동들은 "세상은 무서운 곳이야. 안전한 곳은 없어"라고 믿을 수 있다. 치료사는 그 신념에 도전하고 "부모님과 함께 있으면 난 안전해"와 같이 더 도움이 되고 실제적인 진술로 대체할 수 있다. 다른 아동들은 "내 기분은 절대 좋아지지 않을 거야"라고 생각한다. 치료사는 진술의 비관적인 관점을 다음과 같이 대체하도록 도울 수 있다: "엄마와 이야기 나누면 돼. 그러면 보통 기분이 좋아져."

치료 중반의 주요 활동은 **외상 내러티브 개발과 처리**이다. 여러 회기에 걸쳐 치료사는 아동이 외상사건을 점점 자세하게 묘사하도록 격려한다. 대개 아동은 짧은 글쓰기를 한다. 그러나 일부 아동들은 치료사에게 이야기를 받아 적게 하거나, 사건을 시처럼 묘사하거나 직접 그린 그림으로 표현하기도 한다. 방법에 상관없이 치료사는 아동이 외상을 겪는 동안의 생각, 감정과 감각에 집중하고 사건을 "마치 지금 일어나고 있는 것처럼" 묘사하도록 아동을 격려한다.

외상 내러티브(trauma narrative)의 주요 목적은 아동이 외상기억을 마주하고 회피를 줄이도록 하는 것이다. 처음에 이러한 기억은 강렬한 정서를 끌어낸다. 치료사는 아동의 정서 조절을 위해 이완과 마음챙김 활동을 사용하고 이야기로 돌아가도록 격려한다. 재진술을 통해 이러한 느낌의 강도는 줄어든다. 외상 내러티브는 또한 치료사가 아동이 사건에 대해 가지고 있는 부적응적인 사고를 수정할 기회를 제공해 준다. 마지막으로, 재진술은 아동이 외상 경험을 자신의 나머지 인생의 내러티브에 통합하게 해준다. 아동은 외상이 아동의 성격을 (부정적으로) 정의하는 것이 아니라, 자신의 정체성과 자기개념의 일부분에 불과하다는 것을 깨닫게 된다. 내러티브의 마지막에, 아동은 그 경험에서 무엇을 배웠는지 혹은 어떻게 온전한 사람으로 성장했는지 설명할 수 있다. 공포나 상실 대신 성장에 초점을 맞추면 아동 안에 희망이 스며들게 할 수 있다(Armstrong et al., 2019). '과학에서 실천으로'에서는 외상 내러티브의 예시를 보여준다.

때때로 아동의 외상 회피 극복을 돕기 위해 단계적 **실제 노출**을 진행할 수 있다. 아동들은 가장 쉬운 단계에서 시작하여 점진적으로 상위 위계로 진행한다.

종결이 가까워지면 아동과 부모는 **합동 회기**에 참여하고 아동이 외상 내러티브를 공유한다. 대부분의 가족은 이 활동이 고통스러우면서도 치유적이라는 것을 깨닫게 된다. 치료사는 이 활동을 상처를 씻어내거나 신체적 치료를 받는 것에 비유할 수 있다. 처음에는 기분이 좋지 않지만 회복이 촉진된다. 합동 회기는 아동이 자신의 생각과 감정을 더 편안하게 부모와 이야기하게 해주고 부모에게는 자녀의 이야기를 기꺼이 듣고 자녀를 지지하는 것을 시연할 수 있는 기회가 된다. 치료사는 또한 "내가 그 자리에 있어서 아이를 보호했어야만 해", 혹은 "이 일이 벌어진 건 내 탓이야"와 같이 자녀의 외상에 대한 부정확하거나 도움이 되지 않는 생각을 수정하도록 돕는다.

안전 강화하기는 치료의 마지막 구성요소이다. 부모와 양육자는 아동이 안전하고 부모가 그들을 보호할 수 있다고 안심시킨다(Runyon, Risch, & Deblinger, 2019).

30여 년간의 연구를 통해 TF-CBT가 PTSD를 가진 아동과 청소년에게 중요한 치료법으로 지지되었다. TF-CBT는 9·11 테러와 뉴올리언스 허리케인 카트리나에서 살아남은 미국 아동들의 회복을 위해 사용되었다. 또한 콩고민주공화국과 잠비아 내전으로 고통받은 아프리카 아동들을 돕기 위해서도 사용되었다. 그러나 대부분의 연구는 아동학대와 가정폭력을 경험한 아동의 치료에서 TF-CBT의 유용성을 검증하였는데, 이들 중 많은 수가 복합적이고 현재 진행 중인 외상을 경험하였다(Hanson & Jobe-Shields, 2018; Runyon et al., 2019).

과학에서 실천으로
외상 내러티브

우리 엄마

1장 : 이것은 내 이야기야. 내 이름은 이사벨라야. 나는 12살이야. 나는 링컨 초등학교에 다녀. 내 취미는 연기와 그림 그리기야. 우리 가족으로는 아빠, 여동생, 그리고 강아지가 있어. 나는 초콜릿을 가장 좋아해.

2장 : 우리 엄마. 엄마는 똑똑해. 엄마는 책을 엄청 많이 읽어. 엄마가 나를 도서관에 데려갔어. 엄마는 책을 진짜 좋아해. 내가 어렸을 때, 엄마는 언제나 책을 읽어줬어.

3장 : 엄마가 죽었어. 엄마는 진짜 따뜻한 날 죽었어. 엄마는 퇴근하는 길에 총을 맞았어. 모르는 사람에게 총을 맞았어. 엄마가 죽을 때 난 제일 친한 친구 집에 있었어. 아빠가 와서 소식을 알려줬어. 난 울음을 멈출 수 없었어. 아빠는 나를 꽉 안아줬어. 아빠도 울고 있었어. 난 엄마에게 잘 가라고 인사를 하지 못해서 너무 화가 났어. 경찰은 누가 우리 엄마를 죽였는지 모른대.

4장 : 나머지 이야기. 엄마가 죽은 날 밤, 이모와 이모부가 왔어. 이모와 이모부도 슬펐지만, 두 분은 내 기분을 나아지게 해주셨어. 두 분은 엄마가 나를 얼마나 사랑했는지 말해주셨고, 내가 엄마를 얼마나 사랑하는지 안다고 하셨어. 장례식 때 모든 가족과 친구들이 왔어. 약간 파티 같았지만 그때 나는 생각했어, "나는 다시는 엄마를 볼 수 없어" 그리고 다시 슬퍼졌어. 왜 사람들은 다른 사람을 죽이는 것처럼 끔찍한 일을 할까? 왜 누군가 필요할 때 죽일까? 엄마는 다시는 나와 함께 도서관에 갈 수 없어. 장례식장을 떠날 때가 가장 힘들었어. 난 다시는 엄마를 볼 수 없을 거야. 난 너무 화가 났어. 집으로 돌아왔을 때, 난 아빠와 얘기를 했어. 아빠가 남아 있어서 너무 다행이야.

내가 배운 것 :

내 감정을 걱정하는 사람에게 이야기했다.
나는 정말 힘든 것에서 살아남았다.
나는 상담에 와서 기쁘다.
엄마 이야기를 하는 것은 괜찮다.

주요 용어

경험-기대 과정(experience-expectant process) : 생물학적 성향이 있다고 가정되며 최소한의 환경적 자극의 존재에만 의존하는 발달의 양상

경험-의존 과정(experience-dependent process) : 환경적 자극의 지속시간, 특성과/혹은 질에 크게 의존한다고 가정되는 발달의 양상

교감-부신-수질 축(sympathetic-adrenal-medullary axis, SAM) : 교감신경계를 부신 수질과 연결하는 신경 내분비 피드백 체계. 신체의 투쟁-도피 반응을 조절함

급성 스트레스 장애(acute stress disorder) : PTSD와 유사하지만 더 짧은 지속기간을 요구하는 DSM-5 장애

도피 혹은 회피 대처(escape or avoidance coping) : 스트레스적인 상황에서의 철회와 그로 인한 행동적, 인지적, 정서적 결과

문제-중심 대처(problem-focused coping) : 심리사회적 스트레스 요인을 일으키는 조건을 수정 혹은 제거하거나 경험에 대한 인식을 변화시켜 문제를 줄이거나 중화하는 것

반응성 애착장애(reactive attachment disorder, RAD) : 억제적이고, 양육자에게서 정서적으로 철회된 행동을 보이며, 편안함에 대한 반응에 실패하고, 과민함/부정적 정서 삽화를 나타내는 DSM-5 장애로서 영아와 아동에게서 나타남. 생애 초기의 사회정서적 박탈과 관련 있음

부모-아동 인지행동치료(parent-child cognitive-behavioral therapy, PC-CBT) : 학대나 방임을 경험한 아동·청소년과 그들의 양육자를 위한 근거기반치료. 회기는 참여, 기술 개발, 안전 계획과 학대 명료화에 중점을 둠

부정적 아동기 경험(adverse childhood experiences, ACE) 연구 : 아동기에 겪은 부정적 사건의 개수와 이후의 신체적·정신적 건강 문제의 발생 가능성 간의 상관을 입증한 대규모 회고적 연구

부카레스트 조기 개입 프로젝트(Bucharest Early Intervention Project, BEIP) : 고아가 된 아동들의 기관 양육과 입양 효과

를 조사한 종단 연구. RAD가 영아기 양육자의 애착 부족으로 발생할 수 있음을 보여줌

비현실감(derealization) : 왜곡된 지각 혹은 시간 개념을 수반하는 해리 증상

사회적 억제(social inhibition) : 사회적 상황에서 아동이 충동을 조절할 수 있는 능력, DSED를 가진 많은 아동들에게서 손상됨

성애화된 행동(sexualized behaviors) : 발달적으로 비전형적이거나 사회적 상황에서 사회적 맥락의 충동에 부적절한 성적 행동. DSED를 가진 많은 아동들에서 손상됨

시상하부-뇌하수체-부신 축(hypothalamic-pituitary-adrenal axis, HPA) : 시상하부, 뇌하수체와 부신피질을 연결하는 신경 내분비 피드백 체계. 신체의 지연된 스트레스 반응을 조절함

심리적 응급처치(psychological first aid, PFA) : 외상사건에 노출된 아동·청소년을 위한 근거기반치료. 사건 직후의 안전, 자기효능감, 사회적 지지를 강조함

아동 방임(child neglect) : 아동의 부모 혹은 다른 양육자가 연령에 적절한 아동의 기본적인 욕구를 박탈하는 행동으로 아동에게 신체적 또는 심리적 위해를 가져오거나 그럴 만한 타당한 가능성이 있음

아동 성학대(child sexual abuse) : 부모, 양육자 혹은 아동에게 책임이 있는 사람에게 성적 희열을 제공하도록 강요되는 아동에게 일어나는 모든 성적 행동. 성적 접촉과 비접촉적 착취를 포함함

아동 신체적 학대(child physical abuse) : 부모, 양육자 혹은 아동에 대한 책임이 있는 사람에 의한 비우발적인 신체적 손상

아동 심리적 학대(child psychological abuse) : 부모, 양육자 혹은 아동에 대한 책임이 있는 사람에 의한 비우발적인 언어적 혹은 상징적 행동으로 아동에게 심각한 심리적 위해를 가져오거나 그럴 만한 타당한 가능성이 있음

안전 계획(safety plan) : 미래의 학대 삽화를 다루기 위한 전략. 다음을 포함함 (1) 잠재적 학대 징후 식별 (2) 안전함을 위한 즉각적 행동 (3) 믿을 만한 성인에게 도움 청하기

애착 및 생물행동적 만회(attachment and biobehavioral catch-up, ABC) : 부모와 어린 아동 간의 애착의 질을 향상시키기 위해 설계된 치료

외상 내러티브(trauma narrative) : 외상 경험을 점진적으로 더 자세히 묘사함, 이야기, 시 혹은 아동이 다른 사람과 공유할 수 있는 다른 창조적 작업으로 구성될 수 있음

외상사건(traumatic event) : 실제적 혹은 위협적인 죽음, 심각한 신체적 부상 혹은 성폭력을 포함하는 심리사회적 스트레스 요인

외상성 성애화(traumatic sexuallization) : 개인의 성생활과 관련된 불안, 공포, 혐오감 혹은 다른 부정적인 정서의 발달

외상후 스트레스장애(posttraumatic stress disorder, PTSD) : 죽음, 심각한 부상 혹은 성폭력에 노출된 후 발생하는 DSM-5 장애. 다음과 같은 특징이 있음 (1) 침습적 증상, (2) 사건과 관련된 자극 회피, (3) 생각과 기분의 부정적 변화, (4) 고통 혹은 장애를 유발하는 각성과 반응성의 변화가 최소 1개월 지속됨

외상-기반 치료(trauma-informed care) : 생명을 위협하는 사건에 노출된 아동·청소년과 가족을 돕기 위한 매우 중요한 접근법. 안전, 지지, 교육, 정서 재인식, 외상 처리와 희망을 강조함

외상-중심 인지행동치료(trauma-focused cognitive-behavioral therapy, TF-CBT) : PTSD를 위한 근거기반치료로 치료사는 (1) 아동이 외상 경험을 점진적으로 회상하도록 돕고, (2) 부정적 정서에 대처하기 위해 이완 기술을 사용하며, (3) 인지 왜곡을 식별하고 그것에 도전한다.

이인증(depersonalization) : 신체에서 분리되는 느낌을 수반하는 해리 증상

인지적 재구성(cognitive restructuring) : 인지치료에서 사용하는 기술로 치료사는 부정적 정서에 기여하는 아동의 부적응적인 신념을 부드럽게 반박함

인지적 평가 이론(cognitive appraisal theory) : 불안장애, PTSD 및 기분장애의 발달 모델. 사람들이 심청에 대한 느끼는 방식이 상황에 대한 그들의 평가에 달려있다고 주장함

정서 처리 이론(emotional processing theory) : 정서는 자극, 반응, 의미로 구성된 인지 네트워크로서 기억에 구조화된다고 주장함. 공포 구조의 강도와 침습성을 줄이기 위해 지속적인 노출 치료와 인지 치료를 사용할 수 있음

지속적인 노출 치료(prolonged exposure therapy) : PTSD를 가진 더 나이 든 아동·청소년을 위한 근거기반치료로 정서 처

리 이론에 기반을 둠. 아동은 고통이 줄어들 때까지 실제 노출 혹은 심상 노출을 연습함

탈억제성 사회적 유대감 장애(disinhibited social engagement disorder, DSED) : 영아 혹은 어린 아동에게서 나타나는 장애로, 발달적으로 기대되지 않는 방식으로 친숙하지 않은 성인에게 반복적으로 접근하거나 상호작용하는 DSM-5 장애

학대 내러티브(abuse narrative) : 아동이 경험한 학대에 대한 아동의 이야기로 학대나 방임과 관련된 생각, 감정과 행동을 포함한다. 종종 양육자와 공유한다.

비판적 사고 연습

1. 안젤라와 브레드는 태어난 직후 엄마에게 버림받은 외국 아이를 입양할 계획을 가지고 있다. 아이는 이제 3세가 되었고 고아원에서 거의 돌봄을 받지 못했다. 이 아동은 왜 사회정서적 문제를 가질 위험이 있을까?

2. 아동학대나 방임의 발생 여부를 결정하는 데 가족의 경제적, 사회문화적 배경을 고려하는 것이 왜 중요할까?

3. 16세인 베아트리체는 단테라는 23세 남성과 성관계를 가졌다. 베아트리체와 단테는 약 6개월간 교제하였다. 그들의 관계는 학대적인가? 왜 그런가 혹은 왜 그렇지 않은가?

4. 부모–아동 인지행동치료(PCIT)는 일반적으로 학대를 경험한 아동과 학대를 한 양육자를 치료에 참여시킨다. 치료에 양육자를 참여시키는 것의 장점과 한계는 무엇인가? 어떠한 경우에 부모를 아동의 치료에 참여시키면 안 되는가?

5. 친구의 10대 아들이 심각한 자동차 사고로 친구 1명이 죽었다고 상상해보라. 사건은 3개월 전에 일어났지만 친구의 아들은 사고에 대해 이야기하는 것을 거부하고 있고 그것이 아들에게 고통을 야기하고 일상생활 기능을 방해한다. 당신의 친구는 "그 일을 과거로 남겨두고 앞으로 나아가는 것"이 아들에게 가장 좋을 것이라고 생각한다. 친구의 제안에 당신은 어떻게 대답할 것인가?

13

우울장애 및 자살

학습목표

이 장을 학습한 다음에 여러분은 다음을 할 수 있어야 한다.

13.1 파괴적 기분조절부전장애의 임상적 특징을 알 수 있으며, 아동의 기분과 행동에 영향을 주는 유사한 장애와 구별할 수 있다. 파괴적 기분조절부전장애의 원인과 이 장애를 가진 아동의 치료를 돕기 위한 근거기반치료들을 설명할 수 있다.

13.2 주요우울장애, 지속성 우울장애의 임상적 특징을 알 수 있으며, 성인과는 다르게 아동에게 나타나는 증상들을 알 수 있다. 아동과 청소년의 우울증의 원인을 생물학적, 심리적, 사회-문

화적으로 분석할 수 있다. 아동·청소년의 우울증 치료에서 약물치료, 심리치료 및 병합치료의 효과 및 안정성에 대해 평가할 수 있다.

13.3 자살적 자해와 비자살적 자해를 구별할 수 있고, 성별, 나이, 사회-문화적 배경에 따른 유병률의 차이를 설명할 수 있다. 자해의 주요 원인과 근거기반 전략들을 규명하여 아동 청소년들의 자해를 예방하거나 줄일 수 있다.

디멘터들은 이 지구상에서 걸어다니는 가장 불결한 동물들 가운데 하나란다. 그것들은 가장 어둡고 가장 더러운 곳에 몰려들고, 부패와 절망을 자랑으로 여기며, 주위에 있는 평화와 희망과 행복을 고갈시켜 버리지. 머글들조차 그것들의 존재를 느끼기는 하지만, 그들은 디멘터들을 보지는 못한단다. 디멘터에게 가까이 가면 좋은 기분과 행복한 기억은 모두 너에게서 빠져나갈 거야.

(Rowling, 1999)

『해리포터와 아즈카반의 죄수』에서 루핀교수가 해리포터를 디멘터로부터 구해냈다. 디멘터는 어둠의 마법생물로 희생자들의 부정적인 생각과 경험들을 먹고산다(이미지 13.1). 디멘터의 키스를 받은 사람들은 살아있지만 영혼이 없이 육체만 남은 빈껍데기와 같은 상태가 되어 의미와 목적, 기쁨의 감각이 없이 살아가게 된다.

Image courtesy of Carlos Cruz, Wikipedia Commons

이미지 13.1 해리포터의 마법세계 안에서, 아동들은 디멘터들, 즉 아동 주위의 공기로부터 희망, 행복, 평화를 고갈시키는 생명체에게 공격당할 수 있다.

해리포터의 마법세계 밖에서, 우리는 우울증에서 같은 특징을 볼 수 있다. 우리는 이러한 특징들을 우울장애로 이해한다. 우울장애는 심각한 기분장애로 슬픔과 공허감, 과민성을 특징으로 한다. 디멘터와 같이 우울증은 아동과 청소년의 긍정적인 감정, 평소에 즐겁게 참여하던 활동에서 즐거움과 만족을 느낄 수 있는 능력을 빼앗아간다. 우울장애는 아동의 학업성취, 대인관계, 스포츠와 취미활동에 악영향을 미칠 수 있다(American Psychiatric Association, 2013).

아동과 청소년의 우울장애는 지난 수십 년간 연구자들과 임상가들만의 진지한 관심 대상이었다. 한 세대 전에 많은 정신건강 전문가들은 아동이 우울증을 경험할 수 없을 것이라고 믿었다. 이제 우리는 기분장애가 아동·청소년에게도 존재한다는 것뿐 아니라 상당히 흔하다는 것을 알고 있다. 미국 아동·청소년 인구의 11%가(대략 800만 명) 성인기에 이르기 전에 우울증을 경험한다(Child Trends, 2020; Neuhut et al., 2019).

이 장에서 세 가지 형태의 우울장애를 살펴볼 것이다: 파괴적 기분조절부전장애, 주요우울장애, 지속성 우울장애. 우리는 또한 이러한 상태와 연관된 부정적 감정을 동반하는 현상인 자살과 자해에 대해 학습할 것이다(Haas, Hendin, Harkavy-Friedman, Mortali, 2019).

루핀 교수는 초콜릿을 주면서 해리가 디멘터와의 만남으로부터 회복할 수 있도록 도움을 주었다. "좀 괜찮아질 거야" 루핀이 웃으며 건넸다. 해리는 "정말 도움이 되었나"고 내뱉는다. 하지만 해리는 절망과 무력감으로부터 자신을 보호할 수 있는 유일한 방법은 스스로의 생각과 행동을 바꾸는 것이라는 것을 배우게 된다. 머글들은 마법을 사용할 수 없지만, 대신 근거기반치료에 의지할 수 있다: 우리 자신, 타인, 세상에 대해서 현실적이고 유연한 방식으로 생각해보기, 스트레스 사건에 대해 적극적인 문제해결 중심의 전략을 활용하기, 가족과 친구들의 지지를 가능한 활용하기. 인지행동적이고 대인관계적 전략은 심각한 기분장애 문제에서 아동과 가족들이 희망을 발견하도록 도울 수 있을 것이다.

13.1 파괴적 기분조절부전장애

파괴적 기분조절부전장애란?

파괴적 기분조절부전장애(disruptive mood dysregulation disorder, DMDD)는 지속적인 과민함과 반복적인 분노 폭발을 특징으로 하는 우울장애의 한 형태이다. 많은 아동들이 분노발작을 보이지만, DMDD 아동들은 강도나 지속기간의 측면에서 과도한 분노폭발을 보인다(표 13.1). 분노발작은 언어 또는 행동으로 나타날 수 있다. 예를 들어, DMDD 아동들은 갑작스럽고 강렬한 언어적 분노폭발을 보이는데, 이는 관찰자가 보기에 '분개' 혹은 '발작'이라고 묘사된다. 이들은 명백한 이유 없이 지나치게 오랜 시간 비명을 지르고, 소리치고, 울음을 터트릴 것이다. DMDD를 가진 다른 아동들은 사람이나 재산을 대상으로 강한 신체적 공격성을 보일 수 있다. 분노폭발 동안 아동들은 다음과 같은 행동을 할 수 있다: 장난감이나 가구 파손하기, 물건을 던지기, 다른 사람을 때리거나 뺨을 때리거나 물기, 그 밖의 해를 끼치는 행동을 하기. 종종 아동들의 분노 폭발은 언어적, 행동적으로 함께 나타난다. 모든 사례에서 분노폭발은 아동의 발달수준에 맞지 않다. DMDD로 진단받기 위해서는 분노폭발이 평균적으로 1주일에 3회 이상 발생하여야 한다(APA, 2013).

DMDD 아동들은 지속적으로 과민하거나 분개한 기분을 보이는데, 이는 다른 사람들에 의해 관찰될 수 있다. 과민함은 많은 아동기 장애들의 특징 중 하나이다. 예를 들어, 적대적 반항장애, 범불안장애, 기타 우울장애에서도 과민성을 보일 수 있다. 그렇지만, DMDD 아동에서 보이는 분노는 하루 중 거의 대부분, 거의 매일 '지속적이다'. 부모, 교사, 또래 집단들은 이 아동들을 습관적으로 화를 잘 내는, 까칠한, 불평이 많은, 쉽게 폭발하는 특성으로 묘사한다(Meyers, DeSerisy, & Roy, 2017).

요약하면, DMDD 아동들은 지속적으로 과민하고 화가 나 있는 기분 상태와 심각하고 반복적인 분노 폭발이 겹쳐서 나타나게 된다. DMDD는 파괴적 행동장애가 아닌 우울장애로 간주된다. 이는, 과민함과 분노의 두 가지 주요한 특징을 보이기 때문이다. 더욱이 DMDD 아동은 이후에 우울장애와 불

표 13.1 ■ 파괴적 기분조절부전장애(DMDD)의 DSM-5 진단기준

A. 고도의 재발성 분노발작이 언어적(예 : 폭언) 또는 행동적(예 : 사람이나 사물에 대한 물리적 공격성)으로 나타나며, 이는 상황이나 도발 자극에 비해 그 강도나 지속 시간이 극도로 비정상적이다.

B. 분노발작이 발달 수준에 부합하지 않는다.

C. 분노발작이 평균적으로 일주일에 3회 이상 발생한다

D. 분노발작 사이의 기분이 지속적으로 과민하거나 거의 매일, 하루 중 대부분의 시간 동안 화가 나 있으며, 이것이 객관적으로 관찰될 수 있다(예 : 부모, 선생님, 또래 집단).

E. 진단기준 A~D가 12개월 이상 지속되며, 진단기준 A~D에 해당하는 모든 증상이 없는 기간이 연속 3개월 이상 되지 않는다.

F. 진단기준 A와 D가 세 환경(예 : 가정, 학교, 또래 집단) 중 최소 두 군데 이상에서 나타나며 최소 한 군데에서는 고도의 증상을 보인다.

G. 이 진단은 6세 이전 또는 18세 이후에 처음으로 진단될 수 없다.

H. 과거력 또는 객관적인 관찰에 의하면, 진단기준 A~E의 발생이 10세 이전이다.

I. 진단기준 A를 만족하는 기간을 제외하고 양극성장애의 조증이나 경조증 삽화의 모든 진단기준을 만족하는 뚜렷한 기간이 1일 이상 있지 않아야 한다.

J. 이러한 행동이 주요우울장애의 삽화 동안에만 나타나서는 안 되며, 다른 정신질환[예 : 자폐스펙트럼장애, 외상후 스트레스장애, 분리불안장애, 지속성우울장애(기분저하증)]으로 더 잘 설명되지 않는다. (주의 : 이 진단은 적대적 반항장애, 간헐적 폭발장애 또는 양극성 장애와 동반이환할 수 없으나, 주요우울장애, 주의력결핍 과잉행동장애, 품행장애, 물질사용장애와는 동반이환할 수 있다. 파괴적 기분조절부전장애와 적대적 반항장애의 진단기준을 모두 만족시키는 증상을 가진 경우 파괴적 기분조절부전장애만 진단을 내려야 한다. 만일 조증 또는 경조증 삽화를 경험했다면 파괴적 기분조절부전장애의 진단을 내려서는 안 된다.)

K. 증상이 물질의 생리적 효과나 다른 의학적 또는 신경학적 상태로 인한 것이 아니다.

출처 : *Diagnostic and Statistical Manual of Mental Disorders*, Fifth Edition (2013), 미국정신의학협회 판권 소유. 재인쇄 허가받음.

안장애로 발달할 위험이 높다(Meyer et al., 2017). DMDD를 가진 리스의 사례를 살펴보자.

DSM-5에서 진단기준에 만성화, 심각도, 발병 연령을 구체적으로 명시하는 네 가지 추가적인 기준을 포함하고 있다. 첫째, 분노폭발과 기분문제는 최소 12개월 이상 지속되어야 한다. 이 기준은 문제의 만성적인 특성을 강조하고 주요우울장애나 양극성장애와 같이 기분부전, 과민성, 흥분의 개별적인 삽화로 특징지어지는 장애들과 구별된다.

둘째, 분노폭발과 기분의 문제는 최소한 두 군데 이상의 상황(예를 들어, 집, 학교, 또래와 함께 있을 때)에서 나타나야 하고, 최소한 한 가지 이상의 환경에서 심각해야 한다. 이 기준은 문제의 심각성을 강조하고 DMDD를 파괴적 행동장애와 구별하게 하는데, 파괴적 행동장애는 분노발작이 하나의 상황에서 발생한다(예를 들어, 집안일을 피하기 위해 집에서만 분노폭발을 나타나거나, 학습 문제로 인해 학교에서만 분노를 나타냄).

셋째, 진단은 6~18세 사이에 처음 진단 내려져야 하며, 발병 연령은 10세 이전이어야 한다(증상의 발현은 10세 이전). 이 기준은 DMDD가 아동기 장애라는 사실을 강조하고 있다(걸음마기나 학령전기 아동에게 진단되어서는 안 됨). 어린 아동은 발달적으로 DMDD 증상이 아닌 분노발작(tantrums)을 보일 수 있다. 또한 청소년기에 처음 나타나는 기분 문제나 분노폭발(temper outbursts)은 우울증이나 심리사회적 스트레스 요인에 적응하는 데 어려움과 같이 DMDD 이외의 다른 문제들을 반영하고 있을 가능성이 있다(Birmaher & Brent, 2016).

마지막으로, DMDD 아동에게서 보이는 분노폭발은 아동의 발달수준에 맞지 않고, 심하고 비전형적이다. 분노발작은 학령전기 아동에게 흔하게 나타난다. 그렇지만 단지 10%

사례연구
파괴적 기분조절부전장애

기분문제와 통제력 상실

©iStockphoto.com/jeffbergen

9세 여아 리스는 소아과 의사에 의해 의뢰되었다. 그녀의 주치의는 리스의 과각성 및 파괴적인 행동을 치료하기 위해 몇 년 동안 리탈린을 포함한 다양한 약물치료를 시도하였으나 효과가 거의 없었다. 리스의 어머니는 분노발작의 조절을 돕기 위해 부모교육 프로그램에 참여하였지만, 더 나아지기보다 악화되는 듯이 보였다.

리스는 오랫동안 행동문제를 가지고 있었다. 리스의 어머니가 말하기로 아동은 영아기에 경련이 있었으며, 잘 달래지지 않는 아기였다고 했다. 걸음마기에 리스는 자주 분노발작을 일으켰으며, 반항적이고, 비순응적이었다. 그리고 빈번하게 파괴적인 행동을 보이기 시작했으며, 파괴적인 행동은 가정과 유치원에서 주의집중과 규칙 따르기를 어렵게 하였다. 유치원을 다니면서 아동은 ODD와 ADHD로 진단되었다. 소아과 이사는 중추신경자극제를 투여하여 아동의 과각성된 행동을 조절하고자 하였다. 하지만 이 약물들은 파괴적인 행동에 거의 효과가 없었다.

초등학교 1학년이 되었을 때 아동은 폭력적인 분노발작으로 인해 두 학교로부터 퇴학을 당했다. 분노발작의 한 사례에서 아동은 교사에게 의자를 집어던졌다; 다른 분노발작 상황에서 교실에서 친구를 물었고, 여자 친구를 연필로 찔렀다. 면담을 진행할 당시, 아동은 '정서장애(emotional disturbance)'가 있는 아이들을 위한 특수교육 프로그램을 받았다. 리스는 가정과 학교에서 일주일에 여러 번 분노발작을 보이고 있었다. 분노발작의 지속시간은 30분에서 2시간이었다. '통제불능 상태(melt down)' 동안 아동은 비명을 지르고, 울고, 장난감과 옷을 집어 던졌으며, 마지막에는 기진맥진하여 쓰러졌다.

리스는 기분문제에 대한 과거력도 있었다. 리스의 어머니는 아동이 '항상' 과민하고, 공격적이며, 까칠하다고 했다. 아동은 종종 그녀의 방에서 울음을 터뜨렸고, 그것은 보통 분노발작으로 이어졌다.

리스의 엄마는 다음과 같이 말했다. "아이를 어떻게 대해야 할지 모르겠어요. 아이가 너무 무서워요. 누구에게 도움을 요청해야 할지 모르겠어요. 다들 이 아이는 좀 더 훈육을 할 필요가 있다고 해요. 하지만 제 생각에는 그렇게 간단한 문제가 아니에요."

의 학령전기 아동만이 매일 분노발작을 보였으며, 학령기 아동의 5% 미만에서 일주일에 1회 이상의 분노발작을 보였다. 심지어 학령전기 아동에게서도 분노와 공격적인 또는 파괴적인 분노발작은 거의 없었다. 심각하고, 공격적–파괴적인 증상은 발달 규준에 맞지 않으며, DMDD의 징후일 수 있다 (Copeland, Brotman, & Costello, 2015; Wakschlag et al., 2012).

유병률과 경과

대규모 역학 연구 결과, 지역사회의 학령기 아동 2~4%가 DMDD를 가지고 있는 것으로 나타났다. 그러나 청소년기에 정신건강 전문기관에 치료로 의뢰되는 DMDD의 유병률은 훨씬 더 높다. 외래 진료 아동의 거의 3분의 1이 진단기준을 충족하는 것으로 나타났다. DMDD의 특징인 지속적인 과민함과 심하고 반복적인 분노발작은 가족들이 치료를 찾게 되는 가장 흔한 이유이다(Baweja, Mayes, Hameed, & Waxmonsky, 2016; Freeman, Youngstrom, Youngstrom & Findling, 2016).

DMDD는 새롭게 추가된 진단이기 때문에 그 경과에 대해서는 잘 알려지지 않았다. 종단적 연구에서 DMDD를 가진 아동들은 DMDD가 없는 아동에 비해 심각한 품행 문제를 보일 가능성이 두 배, ADHD로 진행될 가능성이 세 배 더 높았다. 또한 이후에 우울증으로 발전될 가능성은 13배가 더 높았다. 초기 아동기에 DMDD를 가진 아동들은 DMDD가 아닌 아동들보다 학교에서 특수교육 서비스를 필요로 하거나, 상담이나 약물치료에 의뢰될 가능성이 더 높았다. 또한 왕따를 경험하고 또래로부터 배척당할 가능성이 더 높았다 (Dougherty et al., 2016).

DMDD 아동들 중 대략 3분의 1은 청소년에 이르기까지 유의미한 증상이 지속적으로 나타났다. 그 외 대다수의 아동들에서 과민함과 분노 폭발은 점차적인 감소를 보였다. 하지만 학업적인 능력 및 사회정서적인 기능의 손상은 지속되었다. 연구 결과를 종합해 볼 때, 장기적인 손상을 예방하기 위해서는 아동들의 치료가 중요함을 알 수 있다(Mayes et al., 2015).

다른 아동기 장애와 어떻게 감별 진단하는가?

DMDD에서 보이는 과민함과 분노폭발은 다른 정신장애에서도 나타날 수 있다. 75~90%의 DMDD 아동들이 적어도 하나 이상의 다른 정신건강 문제를 가지고 있다. 높은 동반이환은 DMDD를 단독으로 가지고 있다고 보는 것을 어렵게 한다. DMDD를 다음의 질환들과 감별하는 것은 어려울 수 있다. 파괴적 기분조절부전장애와 유사한 세 가지 장애는 다음과 같다: 주의력결핍 과잉행동장애(ADHD), 적대적 반항장애(ODD), 양극성 장애(bipolar disorder)(Kircanski, Leibenluft, & Brotman, 2019).

주의력결핍 과잉행동장애(ADHD)

ADHD는 부주의, 과잉행동, 충동적인 행동을 특징으로 하는 신경발달장애이다. ADHD와 DMDD의 감별은 두 가지 측면에서 가능하다. 첫째, DMDD는 기분장애이지만, ADHD는 행동장애이다. DMDD의 주요한 특징은 이러한 상태의 아이들에게서 보이는 지속적으로 과민하거나 화난 기분이다. 반면에, ADHD 아동은 전형적으로 화난 기분 또는 과민한 기분을 보이지 않는다. 둘째, DMDD는 심각하고 반복적인 분노폭발을 특징으로 하지만, ADHD에서는 그렇지 않다. 많은 ADHD 아동이 충동적으로 행동하지만, 사람이나 재산을 향한 언어적 분노표출이나 신체적 공격을 전형적으로 보이지는 않는다.

DSM-5에서 DMDD를 가진 아동은 ADHD로도 진단될 수 있다. 사실상, 두 장애는 자주 동반이환한다. 임상 클리닉에 의뢰된 DMDD 아동의 80%는 ADHD도 가지고 있는데, 이는 ADHD가 DMDD 아동·청소년들에게서 가장 흔하게 공존하는 장애임을 의미한다(Freeman et al., 2016).

적대적 반항장애(ODD)

ODD 아동은 적대적이고 반항적인 행동과 다른 사람에 대한 보복적인 행동을 특징으로 하는 파괴적 행동장애이다. DMDD와 같이 ODD는 아동기에 나타나며, 과민한 기분과 분노폭발을 특징으로 한다. ODD의 몇몇 진단기준은 DMDD의 진단적 특징과 매우 유사하다: (1) 자주 욱하고 화를 냄, (2) 자주 화를 내거나 분개함, (3) 자주 과민하거나 다른 사람에게 쉽게 화를 냄. 또한, ODD와 DMDD의 특징들은 지속적이다. 몇 개월 또는 몇 년 동안 증상이 지속된다.

ODD와 DMDD는 높은 동반이환을 보인다. DMDD 아동의 90%는 ODD의 진단기준을 충족한다. 그러나 ODD 아동의 2분의 1에 해당하는 아동만이 DMDD의 진단을 충족한다. 결론적으로 일부 연구자들은 DMDD를 과민함, 분노, 정서적인 폭발이 두드러진 특징으로 나타나는 ODD의 심각한 형태로 보아야 한다고 주장한다(Freeman et al., 2016; Mayes, Waxmonsky, Calhoun, & Bixler, 2016). 이런 이유로 아동들은 ODD와 DMDD 모두 진단될 수는 없다. 두 장애의 진단기준을 모두 충족하는 경우, 더 심각한 형태인 DMDD로만 진단을 내린다(APA, 2013).

그럼에도 DMDD와 ODD를 감별진단 할 수 있는 몇 가지 방법이 있다(Stringaris & Goodman, 2009). 첫째, ODD 아동이 보이는 파괴적인 행동은 전형적으로 다른 사람을 향한다는 점이다. 예를 들어, ODD 아동은 부모가 집안일을 하도록 요청할 때 소리를 지를 수 있다. 반면, DMDD 아동의 경우 사람과 재산에 대한 직접적인 분노와 공격성을 보인다. 예를 들어, DMDD 아동은 분노발작 동안에 자신의 방안에서 자신의 장난감을 부수고 가구들을 망가뜨릴 수 있다. 둘째, ODD 아동은 전형적으로 특정한 사람을 향해 적대적인 행동을 보인다. 예를 들어, 어떤 아동은 엄마에게 분노발작을 하지만, 아빠에게는 그렇지 않을 수 있다. 반면, DMDD 아동은 많은 상황에서 다양한 사람들에게 분노폭발을 보이게 된다. 셋째, ODD 아동이 보이는 분노발작은 DMDD 아동·청소년이 보이는 분노발작에 비해 덜 심각하고 지속시간이 더 짧다. ODD 아동은 부모의 요구를 무시하거나 부모의 요구에 순응하는 것에 대해 고집스럽게 거부할 수 있지만, DMDD 아동은 고함치고, 비명을 지르고, 때리고, 발로 차며 물건을 부수는 것으로 분노를 표출한다. 이 분노 폭발은 거의 유발 자극이 없을 때도 일어날 수 있고, 종종 예상보다 오래 지속된다(Drabick & Gadow, 2012).

소아기 양극성 장애

양극성 장애는 개별적인 조증 삽화 또는 경조증 삽화를 특징으로 하는 심각한 기분장애이다. 이 삽화들은 일반적으로 고양된 기분, 에너지, 증가된 목표지향적 행동을 특징으로 한다. 양극성 장애를 가진 어린이와 청소년들도 과민함과 침울함(moody)의 기간을 보인다(Americal Psychiatric Association, 2013).

1990년대부터 임상의들은 가정, 학교, 친구들에게 과잉행동, 과민함, 심각한 분노폭발을 보여서 그들의 삶을 크게 손상시키는 아동과 청소년을 관찰하기 시작했다(Leibenluft, 2020). ADHD 또는 ODD와 같은 다른 진단들로는 그들의 과민함, 분노, 파괴적인 행동의 심각성을 이해할 수 없었기 때문에 많은 아동들이 양극성장애로 진단되었다. 일부 전문가들은 아동들의 양극성 장애는 어른과 다른 양상을 나타낸다고 주장했다. 성인 양극성 장애의 경우는 전형적으로 몇 주 또는 몇 개월간 지속되는 개별적인 조증 삽화와 우울증 삽화를 나타내지만, 양극성 장애 아동의 경우 개별적인 조증이나 우울증 삽화를 보이지 않는다고 믿었다. 대신, '소아기 양극성 장애'를 가지고 있는 아동들의 경우에 빈번하고 심각한 분노 폭발 또는 '분개함'과 함께 나타나는 비교적 지속적인 불쾌감(dysphoria)을 보일 수 있다고 주장했다. 또한 아동들의 기분 삽화는 단지 몇 시간 또는 며칠 동안만 지속될 수 있다. 이러한 초급속 순환형(ultra-rapid cycling) 기분전환, 즉 지속적인 과민함, 분노, 반복적인 분노 폭발이 아동의 양극성 장애의 독특한 양상으로 여겨졌다. 소아기 양극성 장애의 확장된 정의로 인해 양극성 장애로 진단받은 아동 및 청소년의 수가 40배 증가하였다(Baweja et al., 2016; Leibenluft, Uher, & Rutter, 2012).

그러나 최근 연구 결과에서 지속적 과민함과 분노 폭발을 보이는 아동은 양극성 장애를 가지고 있지 않는다는 사실이 나타났다. 대신, DMDD의 핵심적 특징을 가진 아동들은 우울증과 더 일치하는 정서적인 문제를 가지고 있는 것처럼 보인다. DMDD를 양극성 장애보다는 우울증으로 보는 것이 더 적합하다는 생각을 지지하는 두 가지 연구결과는 다음과 같다.

첫째, 가족연구의 결과에서 DMDD를 가진 아동과 부모의 우울증 사이의 강한 연관성을 보여준다. 예를 들어, 대략 15%의 우울증을 가진 성인에서 지속적인 과민함과 빈번한 분노 폭발을 보이는 자녀가 있었다. 대조적으로 양극성 장애를 가진 성인의 3%에서만 이런 특징을 가진 자녀가 있었다(Propper et al., 2017).

둘째, 종단 연구에 따르면 DMDD를 가진 아동은 청소년기 또는 성인기에 우울증이나 범불안장애로 발전할 위험이 증가하였다. 이와는 대조적으로, 파괴적 기분조절부전장애를 가진 아동들의 아주 소수에서만 이후에 양극성 장애를 보였다(Leibenluft, Charney, Towbin, Bhangoo, & Pine, 2003; Stringaris, Cohen, Pine, & Leibenluft, 2009; Stringaris et al., 2010).

임상가들은 지속적인 과민성과 분노 폭발을 보이는 아동들을 DMDD로 진단하고 전형적인 조증 증상을 보이는 청소년들을 위해 양극성 장애 진단을 보류할 것을 강력히 권고하고 있다(Leibenluft, 2020).

파괴적 기분조절부전장애(DMDD)의 원인은?

엘렌 라이벤러프트(Ellen Leibenluft)와 동료들은 DMDD의 원인을 설명하는 모델을 개발했다(그림 13.1). 이 모델은 왜 DMDD를 가진 아동들이 만성적인 과민함을 경험하고 거의 도발 자극이 없는데도 화를 내는지를 설명한다. 연구자들은 DMDD 아동들이 정서조절의 내재적인 문제가 있다고 주장하고 있다. 즉, 일의 차질이나 실망에 대한 반응으로 표현되는 감정이나 정서를 약화시킬 수 없다(Kircanski, Leibenluft, & Brotman, 2019).

증가된 좌절

이 모델의 핵심은 사소한 성가신 일에 좌절과 분노로 반응하는 아이들의 경향성이다. 예를 들어, 아버지가 아동에게 게임기(Xbox)를 끄고 숙제를 할 시간이라고 말하는 것을 상상해

보자. 대부분의 아동들이 아버지의 요구에 짜증을 느낄 수 있지만, 마지못해 순응할 것이다. DMDD 아동들은 자신의 감정을 조절할 수 없고 결과적으로, 또래에 비해 더 부정적인 정서와 과각성(hightened arousal) 상태를 경험하게 된다. 강렬하고 부정적인 정서는 이들이 공격성과 분노발작에 취약하게 만든다.

DMDD 아동의 정서적인 반응에 대해 연구하기 위해, 연구자들은 아동·청소년들의 뇌활동을 모니터 하는 동안 간단한 컴퓨터 게임을 하도록 했다. 연구자들은 이 아동·청소년들이 좌절되는 사건에 어떻게 반응하는지에 관심이 있었기 때문에, 아동들이 정답을 입력했을 때조차도, 참가자들이 자주 게임에서 지도록 조작했다. 연구자들은 DMDD 아동·청소년들이 이 좌절 과제 동안 훨씬 적은 행복감과 더 많은 불안 초조 및 생리적 각성을 경험했다는 것을 발견했다(Rich et al., 2011).

아마도 더 중요한 것은, 연구자들이 증가된 좌절감과 관련된 뇌 영역을 확인했다는 것이다. DMDD 아동·청소년들은 뇌의 중심부에 위치하여 뇌량을 부분적으로 둘러싸고 있는 전대상피질(anterior cingulate cortex)의 과각성된 반응성을 보였다. 전대상피질은 고통 및 좌절감과 관련이 있다. 또한 DMDD 청소년들은 흥분하거나 화가 났을 때, 효과적으로 적절한 반응을 계획하고 정서조절을 담당하는 부위인 선조체와 전두엽 영역의 활동 저하를 보인다. 이와 같은 자료는 DMDD 아동·청소년들이 높은 수준의 좌절감을 경험하고 사소한 도발 자극에 반응하여 정서를 조절하는 능력이 저하되어 있다는 것을 암시한다(Deveney et al., 2013; Hirsch &

그림 13.1 ■ DMDD를 위한 정서 조절 모델

주 : DMDD 아동들은 정서 조절에 어려움이 있다. 이들은 내재된 인지 편향으로 인해 좌절감의 증가를 경험한다. 출처 : Kircanski et al. (2019).

Hulvershorn, 2020).

주의 편향

DMDD 아동들은 왜 그렇게 쉽게 좌절하는지에 대해 부분적으로 설명할 수 있는 두 가지 인지 편향을 보인다. 첫 번째 편향은 위협적인 자극에 주의를 집중하려는 경향성이다. 예를 들어, 아들이 비디오 게임을 그만하고 숙제 시작을 머뭇거릴 때 아버지가 얼굴을 찌푸릴 수 있다. 대다수 아동이 아버지의 감정표현을 알아차리지 못할 수 있지만, DMDD 아동들은 다른 사람들의 분노, 과민함과 부정적 정서의 아주 작은 표현에도 특히 주의를 기울인다. 이 주의 편향은 이들을 더 쉽게 좌절하고 화나게 할 가능성을 높인다(Vidal-Ribas, Brotman, Valdivieso, Leibenluft, & Stringaris, 2017).

몇 가지 실험연구에서 DMDD 아동들이 정서적으로 위협적인 자극에 주의를 기울이는 주의 편향이 있다는 결과를 보였다. 연구자들은 DMDD 아동과 DMDD가 아닌 아동을 대상으로 시각 추적 과제(visual probe task)를 시행했다(그림 13.2). 첫째, 대상 아동들은 컴퓨터 화면의 중심에 시선을 고정시켰다. 그러고 나서 0.5초 동안 두 얼굴이 스크린 화면에 잠깐 나타난다. 어떤 경우는 한 얼굴은 화난 표정이고 다른 얼굴은 중립적이었다. 다른 경우는 한 얼굴은 행복하고 다른 얼굴은 중립적이었다. 마지막으로 감정이 표현되는 얼굴 또는 중립적인 얼굴의 위치에 점이 나타난다. 아동은 가능한 빨리 버튼을 눌러 점의 위치가 스크린의 오른쪽인지 왼쪽인지 표시해야 했다.

DMDD 아동들은 행복하거나 중립적인 얼굴에 비해 분노한 얼굴의 위치에 점이 나타났을 때 반응속도가 빨랐다. 이 빠른 반응시간은 DMDD 아동들이 화난 얼굴과 같은 위협적인 정서적 자극에 특히 주의를 기울인다는 것을 나타낸다. 이러한 결과는 DMDD 아동들이 다른 사람의 부정적 정서 표현에 몹시 민감해서 쉽게 분노 폭발에 이르는 경향을 보인다는 것을 제시한다는 점에서 중요하다(Hommer et al., 2014; Salum et al., 2017).

정서 인식 편향

DMDD 아동들은 또한 정서 인식 편향을 보인다. 특히, 이들은 다른 사람들의 무해한 행동이나 정서적 표현을 적대적이거나 위협적인 것으로 잘못 해석하는 경향이 있다. 예를 들어, 아이가 숙제하기를 거부할 때 아버지가 한숨을 쉴 수 있다. 아버지의 행동이 상대적으로 무해함에도, DMDD 아동은 이를 분노나 도발의 신호로 오해할 수 있다.

연구자들은 DMDD 아동들이 다른 사람의 정서를 잘못 해석하는 경향이 있다는 결과를 입증하였다. 그들은 아동·청소년들에게 얼굴 사진을 보거나 목소리를 듣는 것으로 타인의 정서를 인식하도록 요청했다. DMDD 아동·청소년들은 DMDD가 없는 아동·청소년에 비해 정확한 정서를 인식하는데 유의하게 더 많은 오류를 보였다. 또한 행복한 자극을 분노나 두려움으로 잘못 지각하는 경향이 있었다(Vidal-Ribas et al., 2018).

또 다른 연구에서 DMDD 아동·청소년들에게서 나타나

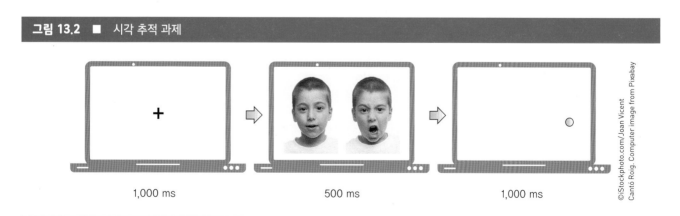

그림 13.2 ■ 시각 추적 과제

1,000 ms   500 ms   1,000 ms

©iStockphoto.com/Joan Vicent Cantó Roig. Computer image from Pixabay

주 : 일반적으로 청소년들은 더 어린 아동들보다 장애를 경험할 가능성이 더 크다. 그러나 자폐증이나 분리불안 같은 일부 장애들은 어린 아동들에게 더 흔히 나타난다. 출처 : Kessler et al. (2012a); Perou et al. (2016).

는 정서 인식 결함은 다른 정신건강 문제를 가진 아동들에게는 나타나지 않는다는 것이 입증되었다. 연구자들은 정서 인식 과제를 수행하는 동안 정신건강 문제가 있는 아동과 그렇지 않은 아동들의 fMRI 자료를 수집했다. DMDD 아동·청소년들은 ADHD, 양극성 장애, 건강한 대조군에 비해 유의미하게 더 많은 인식 오류를 보였다. 또한 이러한 결함은 타인의 정서를 인식하고 반응하는 것을 담당하는 뇌의 영역인 편도체의 활동저하와 관련이 있었다(Kircanski et al., 2019).

요약하면, DMDD 아동들은 타인의 부정적인 정서표현 특히, 분노의 표현에 선택적으로 주의를 기울이는 것으로 나타났다. 이들은 또한 타인의 정서표현을 해석하는 데 있어 종종 어려움을 겪는데, 행복하거나 무해한 표현을 화가 났거나 적대적인 것으로 해석하는 결함을 보였다. 주의 편향과 정서인식의 편향은 부모, 교사, 또래 아동과의 부정적인 상호작용으로 이어질 수 있다. DMDD 아동이 화가 나게 되면, 이들은 같은 나이의 또래 아동들보다 더 정서를 조절하는 데 어려움을 보인다. 시간이 지나면서 이런 어려움은 부모나 교사와의 관계의 질에 부담감으로 작용하고 또래의 거부를 초래할 수 있다(Stringaris, Vidal-Ribas, Brotman, & Leibenluft, 2018).

파괴적 기분조절부전장애(DMDD)를 가진 아동·청소년을 위해 사용 가능한 근거기반치료법은?

약물치료

DMDD는 새롭게 추가된 진단이기 때문에 효과적인 치료에 대한 정보는 제한적이다. 초기에, 전문의들은 DMDD 아동들을 치료하기 위해 리튬(lithium)을 사용한 치료를 시도했다. 리튬은 양극성 장애가 있는 성인에게 사용되는 기분안정제이다. 유감스럽게도, 무선 통제 연구에서 아동·청소년들에게 있어서 리튬은 위약효과 이상의 효과를 내지 않는 것으로 나타났다(Dickstein et al., 2009).

반면에, 항정신병 약물인 리스페리돈(리스페달)은 DMDD를 가진 후기 아동기 아동 및 청소년에게 과민함과 분노를 감소시켜주는 효과를 보였다. 무선 통제 연구에서 리스페리돈은 위약에 비해 아동들의 공격적인 폭발을 줄이는 데 효과가 있었다. 그러나 공격성에 대한 리스페리돈의 효과는 매우 유동적이다(이 약을 복용하는 일부 아동에게만 효과가 있었다).

또한 장기간 리스페리돈의 복용은 체중 증가, 골밀도의 감소 및 성적 성숙의 지연을 초래한다(Baweja etl al., 2016).

DMDD와 ADHD가 동반이환된 아동의 경우 중추신경자극제는 주의력을 향상시키고 충동성을 감소시키는 데 도움이 될 수 있다. 여러 연구에서 중추신경자극제는 파괴적 기분조절부전장애와 동반이환 하지 않는 아동·청소년 모두에게 효과적이었다. 그러나 중추신경자극제는 일반적으로 아동의 과민함과 공격성을 감소시키는 데는 효과가 없었다(Baweja et al., 2017).

현재 대부분의 전문가들은 DMDD 치료에 약물치료보다는 심리사회적 개입을 권장한다. 약물치료는 ADHD와 같은 공존질환이 있는 경우 또는 행동치료 단독으로는 반응하지 않는 심각한 공격성을 치료하는 데 가장 적합하다(Grier, Jeffords, & Dewey, 2020).

통합적 가족치료

DMDD 아동의 과민함과 분노 폭발을 해결하기 위해, 일부 임상가는 분노 관리, 사회적 기술 및 사회적 문제해결기술을 향상시키기 위해 고안된 인지행동적 중재를 사용하였다. DMDD 아동·청소년들이 종종 타인의 부정적인 정서에 선택적으로 주의를 기울이며, 무해한 사건을 적대적이거나 위협적인 것으로 해석하고, 즉각적이면서도 부정적 정서 반응 양식으로 사건에 반응한다는 것을 기억해야 한다. 인지행동 개입은 아동·청소년들에게 문제에 대해 더 유연하고 적응적인 방식으로 반응하며, 자신의 정서를 조절하는 방법을 교육함으로써 이러한 결함에 초점을 둔다(Hendrickson, Girma, & Miller, 2020).

왁스몬스키와 동료들(Waxmonsky et al, 2012)은 DMDD 아동·청소년과 부모를 위한 통합적 가족치료 프로그램(comprehensive family therapy program)을 개발했다. 이 치료에는 DMDD에 대한 교육, 전통적인 부모훈련, 아동들이 자신의 정서를 조절하는 것을 돕기 위한 인지행동적 개입 등이 포함된다. 모든 회기들은 부모와 자녀 집단이 동시에 실행된다. 아동 집단이 방에서 정서조절과 사회 기술을 배우고 실습하는 동안, 부모 집단은 근처의 방에서 유사한 아동 관리 기술을 배운다. 동시에 진행되는 회기들은 부모가 자녀와 동일한 기술을 습득해서, 부모가 가정에서 이러한 기술을 적용하

표 13.2 ■ 파괴적 기분조절부전장애를 위한 통합적 가족치료		
	부모 회기	아동 회기
1	DMDD에 대한 정보제공 : 유관성 관리에 대한 안내	아이스브레이커 활동 : 기분이 좋아지게 하는 정서 키트 개발
2	아동의 긍정적인 행동에 주의 기울이기	자신과 타인의 정서 인식하기
3	아동의 분노 알아차리기	분노 : 내 안의 분노는 어떤 모습일까?
4	아동이 분노에 대처하도록 돕기 : 일관성의 중요성	분노에 대처하기 : 호흡법, 이완훈련, 시각적 심상화
5	아동의 문제행동에 반응하기 : 무시하기와 타임아웃	통제력을 유지하기 : 놀림과 좌절에 대처하기
6	분노를 촉발하는 것과 부모-자녀의 부정적 상호작용을 알기	다른 사람들의 감정과 생각을 고려해보기 & 행동하기 전에 생각하기
7	부모-자녀 의사소통 증진하기	경청과 의사소통을 잘하기
8	문제해결 기술	
9	우울증에 대처하기	
10	프로그램 돌아보기와 졸업식	

출처 : Wazmonsky et al. (2012).

도록 격려하고 강화시킬 수 있도록 한다. 부모회기 동안 부모들은 서로에 대한 지지와 격려를 제공할 수 있다(Mendenhall, Fristad, & Early, 2009).

부모 회기에서는 적절한 아동의 행동에 주의를 기울이며 칭찬하고, 부적절한 행동은 무시하고, 효과적으로 지시하고, 반항 행동을 줄이기 위해 타임아웃이나 반응 대가를 활용하는 것의 중요성을 강조한다. 이후에, 부모들은 아동의 분노 폭발에 대처하는 전략을 배우게 된다. 예를 들어, 아동들이 과민한 기분 상태일 때를 인식하는 방법과 분노폭발을 초래할 수 있는 유발요인을 피하는 방법을 배운다. 또한 아동의 분노발작을 악화시킬 수 있는 부모 자신의 부정적인 정서에 대처하는 법을 배우게 된다. 다른 회기에서는 양육의 일관성이 필요함을 강조한다. 부모들은 아동의 수면-각성 주기 및 일상 활동을 조절하는 것의 중요성에 대해 토의한다.

아동 회기는 부모 회기를 반영하여 진행된다. 각 회기에서 치료자들은 아동의 행동을 모니터하고 토큰체계를 사용하여 주의집중과 참여를 강화한다. 초기 회기는 아동들이 자신과 타인의 정서를 정확하게 인식하도록 돕는 데 중점을 둔다. 이어지는 회기에서는 분노에 초점을 두고 진행된다: 어떻게 느껴지는가, 화가 났을 때 스스로 진정시키는 방법, 문제해결을 위한 공격적이지 않은 해결법을 찾기. 아동들은 분노 폭발을

일으키는 상황, 생각, 감정을 인식하는 방법과 분노 촉발에 효과적으로 대처하는 방법을 배우게 된다. 기술들은 신체활동, 비디오로 녹화된 장면, 게임, 토론 등을 결합하여 학습된다.

통합적인 치료 프로그램의 초기 평가는 가족들이 아동의 파괴적인 행동을 줄이고, 우울증을 완화하며, 부모-자녀 상호작용 질의 향상에 도움이 된다는 것을 발견했음을 시사하였다. 대다수 아동에서 과민함과 분노 폭발이 현저하게 감소했으며, 아동·청소년의 약 절반이 우울 증상의 개선을 보였다(Waxmonsky et al., 2012).

해석편향 훈련

DMDD 아동·청소년들이 종종 타인의 정서표현을 적대적이고 분노한 것으로 잘못 인식하는 경향이 있음을 기억할 것이다. 이와 같은 정서 인식 편향은 분노 폭발을 야기하고 다른 부정적 상호작용으로 이끈다. 연구자들은 아동들이 타인의 정서를 더 정확하고 편향되지 않은 방식으로 해석하도록 도움으로써 아동들의 분노와 과민함을 감소시키기 위해 노력해왔다(Benarous et al., 2017).

해석편향 훈련(interpretation bias training)은 아동에게 분명하게 '행복한' 표정에서 분명하게 '화가 난' 표정에 이르기까지 일련의 표정을 컴퓨터 화면에 보여주는 것을 포함한다(이

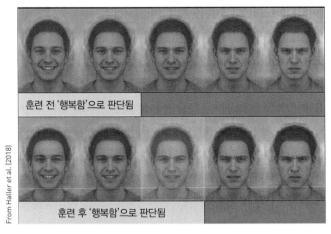

이미지 13.2 해석편향훈련은 DMDD 아동들이 중립적인 표정을 더 정확하게 볼 수 있도록 돕는다.

미지 13.2). 각 표정이 화면에 제시될 때 아동들은 '화가 난'이나 '행복한' 등으로 정서를 정확하게 명명해야 한다. 연속선의 양극단에 있는 정서를 정확하게 명명하는 것은 쉽지만, 표정이 더 모호한 연속선상의 중간 부분에서 정확하게 정서를 명명하는 것은 더 어렵다. 훈련하기 전에 DMDD 아동들은 적대적인 해석편향을 보인다. 즉, 가장 분명하게 행복한 표정만을 '행복한' 것으로 명명하고, 대부분의 중립적인 표정은 '화가 난' 것으로 명명하는 경향이 있었다.

치료사들은 DMDD 아동들에게 피드백을 제공하여 표정을 더 정확하게 인식하도록 훈련시킨다. 아동들이 표정을 바르게 말하거나 잘못 말하면 이를 알려주었다. 시간이 지남에 따라, 훈련을 받은 아동들은 표정에 대한 해석을 바꾸어 대부분의 행복하거나 중립적인 얼굴을 '행복한' 표정으로 명명하고, 가장 분명하게 화가 난 얼굴만을 '화가 난' 얼굴로 명명하였다. 더 중요한 것은 해석편향 훈련을 받은 아동들은 또한 가정에서 과민함이 감소하고 전반적인 기능의 향상을 보였다는 점이다(Stoddard et al., 2016).

흥미롭게도 해석편향 훈련은 정서인식과 조절을 담당하는 뇌 영역의 활성화 증가와 연관성이 있다. 네 번의 훈련 회기가 끝난 후, DMDD 아동·청소년들은 편도체와 왼쪽 안와전두피질의 활동이 증가하였는데, 이는 전형적으로 DMDD 아동들에게는 활동이 저하된 영역이다. 이와 같은 결과는 해석편향 훈련이 DMDD 아동들에게 유망한 새로운 비약물적 훈련임을 시사한다(Haller et al., 2018).

13.2 주요우울장애와 기분저하증

주요우울장애란?

주요우울장애(major depressive disorder, MDD)로 진단되기 위해서는 **주요우울 삽화**, 즉, 적어도 2주 동안 지속되는 별도의 불쾌감의 기간을 경험해야 한다(표 13.3). 주요우울 삽화를 겪는 사람들은 아홉 가지 증상 중 적어도 다섯 가지 이상을 경험해야 한다. 최소한 한 가지 증상은 (1) 우울한 기분 또는 과민한 기분이거나 (2) 대부분의 활동에서의 즐거움 혹은 흥미의 상실이어야 한다.

아동과 청소년이 우울증의 증상을 경험하는 방식을 살펴보자.

1. **우울하거나 과민한 기분.** 우울증을 경험하는 사람은 종종 슬프고, 우울하고, 울적함을 느낀다. 대부분의 사람들은 이런 감정들을 직접적으로 보고한다. 다른 경우에는 표정이나 비언어적 행동을 통해 슬픔이나 정서적인 고통의 징후를 보인다. 또 다른 경우, 특히 아동들은 두통이나 복통과 같은 신체적 불편감을 통해 불쾌감을 표현한다. 아동과 청소년은 전형적인 우울한 기분보다는 주로 과민한 기분을 보일 수 있다. 이러한 아동들은 화가 나거나, 예민하거나, 분노를 터뜨리거나, 짜증이 난 것처럼 보일 수 있다. 부모와 다른 어른들은 이들을 지나치게 민감하거나 까다롭다고 묘사할 수 있다. 과민함(84%)과 우울함(78%)은 우울증을 가진 아동이 경험하는 가장 흔한 증상이다(Possel & Meyer, 2018).

2. **대부분의 활동에 대한 흥미 혹은 즐거움의 상실.** 나이에 상관없이 우울증을 경험하는 대부분은 사람들은 이전에 즐겁게 참여하던 활동에 대한 흥미나 관심이 현저하게 저하되는 것을 경험한다. 우울증을 경험하는 아동들은 이전에 즐겁게 참여했던 스포츠나 클럽활동을 중단할 수 있다. 또한 우울증을 경험하는 청소년은 파티나 사교모임을 피할 수도 있다. 이러한 흥미의 상실을 종종 무쾌감(anhedonia) ― 말 그대로 즐거움의 결여 ― 이라고 부른다.

3. **식욕과 체중의 유의미한 변화.** 우울증을 가진 많은 사람들

표 13.3 ■ 주요우울장애의 DSM-5 진단기준

A. 다음 증상 가운데 다섯 가지(또는 그 이상)의 증상이 2주 연속으로 지속되며 이전의 기능 상태와 비교할 때 변화를 보이는 경우, 증상 가운데 적어도 하나는 (1) 우울 기분이거나 (2) 흥미나 즐거움의 상실이어야 한다.

  1. 하루 중 대부분 그리고 거의 매일 지속되는 우울 기분에 대해 주관적으로 보고(예 : 슬픔, 공허감 또는 절망감)하거나 객관적으로 관찰됨(예 : 눈물 흘림) 주 : 아동 · 청소년에서는 과민한 기분으로 나타나기도 함.
  2. 거의 매일, 하루 중 대부분 거의 또는 모든 일상 활동에 대해 흥미나 즐거움이 뚜렷하게 저하됨.
  3. 체중조절을 하고 있지 않은 상태에서 의미 있는 체중의 감소나 체중의 증가, 거의 매일 나타나는 식욕의 감소나 증가가 있음. 주 : 아동에서는 체중 증가가 기대치에 미달되는 경우.
  4. 거의 매일 나타나는 불면이나 과다수면
  5. 거의 매일 나타나는 정신운동 초조나 지연(객관적으로 관찰 가능함)
  6. 거의 매일 나타나는 피로나 활력의 상실
  7. 거의 매일 무가치감 또는 과도하거나 부적절한 죄책감을 느낌
  8. 거의 매일 나타나는 사고력이나 집중력의 감소 또는 우유부단함
  9. 반복적인 죽음에 대한 생각, 구체적인 계획 없이 반복되는 자살사고 또는 자살 시도나 자살 수행에 대한 구체적인 계획

B. 증상이 사회적, 직업적 또는 다른 중요한 기능 영역에서 임상적으로 현저한 고통이나 손상을 초래한다.

C. 삽화가 물질의 생리적 효과나 다른 의학적 상태로 인한 것이 아니다.

D. 주요우울 삽화가 조현병 스펙트럼 및 기타 정신병적 장애로 더 잘 설명되지 않는다.

E. 조증 삽화 혹은 경조증 삽화가 존재한 적이 없다.

출처 : *Diagnostic and Statistical Manual of Mental Disorders*, Fifth Edition (2013), 미국정신의학협회 판권 소유. 재인쇄 허가받음.

이 뚜렷한 식욕 감소를 보인다. 이들은 종종 "배가 고프지 않다"고 보고하며, 먹는 것을 상기시키고 격려해야 할 수 있다. 식욕 감소는 종종 체중 감소로 이어진다. 아동과 청소년의 경우에는 연령에 기대되는 체중 증가에 미치지 못할 경우, 이 기준에 충족된다. 우울증을 가진 일부의 경우는 식욕과 체중의 증가를 보이기도 한다. 식욕의 증가와 체중 증가는 전형적이지 않으며, 아동 · 청소년보다는 성인에게 더 자주 나타난다.

4. **수면에서 유의미한 변화.** 우울증을 가진 사람들에게서 나타나는 가장 흔한 수면 문제는 불면증이다. 전형적으로, 우울증을 가지고 있는 사람들은 밤중이나 이른 아침시간에 깨고 다시 잠들 수 없을 것이다. 불면증은 후기 아동기와 초기 청소년기 기분장애의 가장 중요한 예측 인자이다. 반면, 과다수면은 우울증을 경험하는 청소년보다는 성인에게서 더 흔하게 나타난다.

5. **정신운동 초조나 지연.** 정신운동 초조는 운동 활동이 눈에 띄게 증가하는 것을 말한다. 정신운동 초조가 있는 아동과 청소년은 계속 앉아 있지 못하고, 방 안을 돌아다니거나, 손이나 옷을 만지작거리며, 가만히 있지 못하는 것처럼 보인다. 이러한 행동은 목적이 없어 보이며,

아동들의 일상적인 활동 수준의 증가를 반영한다. 정신운동 초조는 다른 사람들에게 관찰될 수 있을 만큼 심해야 한다. 일부 사례에서 우울증을 경험하는 사람들은 정신운동 지연을 보이기도 한다. 즉, 일반적으로 느린 움직임과 굼뜬 행동이다. 정신운동 지연은 아동과 청소년의 우울증보다 성인 우울증에서 더 흔하게 나타난다.

6. **피로나 활력의 상실.** 우울증을 가진 대부분의 사람들은 에너지가 저하되고 피곤함을 느낀다. 성인과 청소년의 경우, 일상적인 아주 작은 일에도 상당한 노력이 요구된다고 보고할 수 있다. 우울증을 경험하는 청소년은 짧은 과제를 완료하거나 등교 준비를 하는 데 어려움을 겪을 수 있다. 아동은 성인 혹은 청소년에 비해 피로나 에너지 상실을 덜 보고한다. 대신, 집안일을 하도록 요구하거나 가족과 함께하는 활동에 참여하도록 했을 때 과도하게 저항하거나 반대하는 것처럼 보일 수 있다.

7. **무가치함이나 죄책감.** 우울증을 경험하는 많은 사람들은 무가치함이나 죄책감에 사로잡혀 있게 된다. 전형적으로, 과거에 실패했던 개인적인 사소한 일이나 단점에 대한 집착이나 반추를 보이며, 강점이나 성공을 간과한다. 예를 들어 우울증을 보이는 아동은 과민한 기분으로 인

해 부모와 자주 말다툼을 할 수 있다. 그리고 논쟁을 벌이게 된 것에 대해 과도한 죄책감을 느껴 부모님의 사랑을 받을 가치가 없다고 믿게 될 것이다. 유사하게 우울증을 경험하는 청소년은 자신이 재능이 없거나 무가치하다고 믿게 되어 과제를 끝내지 못하거나, 스포츠 활동을 중간에 그만둘 수 있다.

8. **사고력이나 집중력 문제.** 우울증을 경험하는 사람들은 종종 주의력과 집중력의 문제를 보고한다. 쉽게 산만해지거나, 사고능력의 문제 또는 우유부단함을 보인다. 또한 판단이 흐려지거나 기억력의 문제를 보일 수 있다. 예를 들어, 우울증을 경험하는 아동과 청소년은 과제에 집중하거나 악기 연습에 집중하지 못할 수 있다. 집중력 문

제는 갑작스러운 성적 하락으로 이어질 수 있다.

9. **죽음이나 자살에 대한 반복적인 생각.** 우울증을 경험하는 많은 청소년들이 자살 사고를 경험한다. 또 다른 아동들은 자살 시도를 하거나 자해를 하기도 한다. 자살 위험이 높은 아동을 식별하고 자살 행동을 예방하는 것이 정신건강 전문가들이 직면하고 있는 가장 어려운 과제 중 하나이다.

요약하면, 주요우울장애는 아동의 정서, 인지, 행동 및 신체적 건강에 영향을 주는 심각한 기분장애이다. 주요우울장애가 있는 한나의 사례를 살펴보자.

임상가는 아동 또는 청소년이 주요우울 삽화의 기준을 충

사례연구
주요우울장애

제대로 이해받지 못한 한나

한나는 10세 여아로 자살 시도로 병원 응급실에 오게 되었다. 전날 저녁, 한나는 방을 청소하라고 요구하는 엄마와 싸웠다. 15분 동안의 소리를 지른 후에 한나는 욕실에 틀어박혀 아세트아미노펜 한 병을 통째로 삼켰다.

병원의 아동심리학자는 한나와 그녀의 어머니를 면담했다. 그녀의 어머니에 따르면, 한나는 지난 몇 달 동안 기분이 점차 나빠지는 모습을 보였다. 한나는 점점 과민해지고, 자주 짜증을 내었다. 어머니에 따르면, "한나는 뚜렷한 이유 없이 갑자기 버럭 화를 냈어요. 아이에게 식탁을 차리는 것을 돕거나 TV를 끄라고 하면 비명을 지르거나 욕을 하거나 분노발작을 보였어요. 그리고는 방으로 달려가서 울어버렸어요." 어머니는 한나가 자해를 할지도 모른다는 것을 가장 걱정했다. "두 번이나, 한나가 벽에 머리를 박는 것을 저지해야 했어요. 한나는 '죽고 싶어. 죽었으면 좋겠어'라며 울었어요."

한나는 또한 신체적인 건강과 대인관계 기능에도 문제를 보였다. 최근 몇 달 동안 식욕이 크게 감소하였고, 수면에 어려움을 겪었다. 한나는 학교에 항상 친구들이 많았는데, 최근 몇 달 동안은 또래와 놀지 않았다. 한나는 이전에 즐겁게 참여했던 두 가지 활동인 걸스카우트와 4-H 클럽(4-H 클럽 : 지성, 덕성, 근로, 건강의 네 가지. 서로 도우며 조직 활동을 강조하는 활동_역주)를 중간에 탈퇴했다. "한나는 성적도 좋고, 집안일을 잘 도우며 저를 기쁘게 하기 위한 일은 무엇이든 하려고 하는 완벽한 아이였어요. 지금은 저를 일부러 화나게 하려고 하는 것 같아요."라고 어머니는 말했다.

한나의 가정생활에는 스트레스가 많았다. 그녀의 어머니는 우울증 병력이 있었고, 두 번의 자살 시도가 있었다. 항우울제를 복용했지만,

©iStockphoto.com/SDI Productions

극심한 슬픔과 외로움의 시기에는 입원을 해야 했다. 사진작가인 한나의 아버지는 오랫동안 지속된 알코올 문제가 있었다. 어머니의 말에 따르면, "한나는 아버지를 좋아해요. 남편은 술에 취하면 정말 재미있거든요. 저는 숙제를 시키고, 방을 치우게 하고, 채소를 먹게 하는 사람이기 때문에 싫어한다고 했어요."

아동심리학자는 한나를 면담하려고 시도했다. 한나는 목탄 찌꺼기를 입에 문 채 다음과 같이 말했다. "너무 힘들어요." 아동심리학자는 한나에게 "몸에서 아세트아미노펜을 다 제거하기 위해서 위에 목탄을 넣어야 한단다."라고 설명했다. 한나는 "엄마에게 진심이라는 것을 보여주고 싶었을 뿐 죽고 싶었던 것은 아니에요. 내가 싫다고 하면 싫다는 뜻이에요. 엄마는 내 인생이 얼마나 불행한지 이해하지 못해요. 아무도 이해하지 못해요".

족하는지 결정하고 나면, 아동이 과거에 우울 삽화를 경험했는지 평가한다. 현재 경험하고 있는 우울 삽화가 유일한 삽화라면, 아동은 주요우울장애, 단일삽화로 진단될 것이다. 그러나 우울증의 과거 병력이 있다면 주요우울장애, 재발성 삽화로 진단될 것이다. 재발성 삽화는 예후가 좋지 않고, 치료효과가 덜하기 때문에, 단일삽화와 재발성 삽화를 구별하는 것이 중요하다(Birmaher & Brent, 2016).

마지막으로 임상가는 가장 최근 삽화에서 증상의 심각도를 결정한다. 심각도는 경도, 중등도, 고도로 명시된다. 심각도는 그 사람이 경험한 우울증상의 개수, 그것이 일으키는 고통, 증상이 기능을 손상시키는 정도를 기준으로 한다(Americal Psychiatric Association, 2013).

지속성 우울장애(기분저하증)란?

성인의 지속성 우울장애(persistent depressive disorder)는 적어도 2년 동안, 거의 항상 나타나는 만성적으로 우울한 기분의 존재로 정의된다(표 13.4). 아동과 청소년의 경우는 만성적으로 우울하거나 과민한 기분이 최소 1년 이상 지속되는 것이 특징이다. 이 장애는 종종 '나쁜 기분'을 의미하는 그리스어에서 유래된 '기분저하증(dysthymia)'으로 불린다. 이 장애의 또다른 특징은 불면 또는 과다 수면, 식욕 부진 또는 과식, 기력의 저하, 자존감 저하, 집중력의 감소, 절망감을 포함한다(American Psychiatric Association, 2013).

기분저하증을 경험하는 아동들은 종종 슬프다거나 울적하다, 굼뜨고, 짜증이 난다고 기술한다. 기분저하증이 있는 청소년의 경우는 종종 스스로를 호감이 가지 않고 재미가 없으며, 효율적이지 않다고 여긴다. 예를 들어, 기분저하증이 있는 청소년은 친구가 그녀와 시간을 보내려 한다거나 집단활동의 일부로서 자신을 선택한다는 것을 믿지 않을 수 있다. 일부 청소년의 경우에는 자신이 스포츠팀을 만들 수 있다거나, 대학에 입학할 수 있는 능력이 있다는 것을 의심할 수 있다. 기분저하증이 있는 청소년은 또한 자기비판적인 경향이 있다. 그들은 자신의 결점을 반복해서 생각하고 다른 사람들 앞에서 자신을 비하하며, 끊임없이 자신과 자신의 능력을 의심한다. 이들은 종종 낮은 자존감을 보이고 미래에 대해 비관적이며 절망감을 표현한다(Cash, Valley-Gray, Worton, & Newman, 2018).

진단명이 암시하듯이 지속성 우울장애는 장기간 지속되는 상태이다. 주요우울장애를 심각한 독감이라고 한다면, 기

표 13.4 ■ 지속성 우울장애(기분저하증)의 DSM-5 진단기준

A. 적어도 2년 동안 하루의 대부분 우울한 기분이 있고, 우울 기분이 없는 날보다 있는 날이 많으며, 이는 주관적으로 보고하거나 객관적으로 관찰된다. 주 : 아동이나 청소년에서는 기분이 과민한 상태로 나타나기도 하며, 적어도 1년이 되어야 한다.

B. 우울 기간 동안 다음 두 가지(또는 그 이상) 증상이 나타난다.
 1. 식욕 부진 혹은 과식
 2. 불면 혹은 과다 수면
 3. 기력 저하 또는 피로감
 4. 자존감 저하
 5. 집중력 감소 또는 우유부단
 6. 절망감

C. 장애가 있는 2년 동안(아동이나 청소년에서는 1년) 연속적으로 2개월 이상, 기준 A나 B의 증상이 존재하지 않았던 경우가 없다.

D. 주요우울장애의 진단기준을 만족하는 증상이 2년간 지속적으로 나타날 수 있다.

E. 조증 삽화, 경조증 삽화가 없어야 하고, 순환성장애의 진단기준을 충족하지 않아야 한다.

F. 장애가 지속적인 조현정동장애, 조현병, 망상장애, 달리 명시된 또는 명시되지 않은 조현병 스펙트럼 및 기타 정신병적 장애와 겹쳐서 나타나는 것이 아니다.

G. 증상이 물질(예 : 약물남용, 치료약물)의 생리적 효과나 다른 의학적 상태(예 : 갑상선 기능저하증)로 인한 것이 아니다.

H. 증상이 사회적, 직업적 또는 다른 중요한 기능 영역에서 임상적으로 현저한 고통이나 손상을 초래한다.

출처 : *Diagnostic and Statistical Manual of Mental Disorders*, Fifth Edition (2013), 미국정신의학협회 판권 소유. 재인쇄 허가받음.

분저하증의 대부분의 경우는 알레르기와 같은 만성적인 문제에 비유할 수 있다. 증상이 심각하지는 않지만 오래 지속되며, 삶의 질의 다양한 측면에 영향을 미치게 된다. 기분저하증의 증상이 너무 오랫동안 유지되었기 때문에 이 장애를 가지고 있는 사람들은 심지어 기분 문제가 있다는 것을 알아차리지 못할 수 있다. 기분저하증이 있는 일부 청소년은 증상을 성격의 일부로 여긴다. 이들은 "나는 늘 이래왔던 것 같아" 또는 "나는 원래 그런 사람이야"라고 믿는다. 기분저하증이 있는 청소년 에피의 사례를 살펴보자.

기분저하증과 주요우울장애는 지속기간, 심각도, 발병시기 등에서 구분이 가능하다. 기분저하증은 대개 서서히 발생한다. 반면에, 주요우울장애의 발병은 매우 급격하게 일어난다. 분명히, 주요우울장애는 대개 몇 개월 동안 지속되지만, 기분저하증은 장기간 지속되는 상태이다. 주요우울장애와 기분저하증은 일부 동일한 증상을 공유하지만, 주요우울장애의 경우 증상이 더 심각하다. 무쾌감증(anhedonia)이나 자살 관념과 같은 증상은 주요우울장애의 특징이지만, 기분저하증의 증상은 그렇지 않다(American Psychiatric Association, 2013).

주요우울장애와 기분저하증은 별개의 진단이지만 동시에 발생할 수 있다. 심리학자들은 아동이 1년 동안 주요우울삽화와 기분저하증을 동시에 모두 가지고 있다면 지속성 주요우울삽화 동반 명시자를 사용한다. 심리학자들은 지속성 우울장애(기분저하증)를 가지고 있지만 이전 해의 일부 동안 주요우울삽화를 경험했다면, 간헐적인 주요우울 삽화 명시자를 사용한다. 마지막으로, 심리학자들은 아동이 이전 해에 우울 삽화를 경험하지 않았지만, 기분저하증을 보이고 있다면 순수한 기분저하 증후군 동반 명시자를 사용한다. 기분저하증 아동의 약 70%는 이후에 주요우울삽화를 경험한다(Cash et al., 2018).

사례연구
지속성 우울장애

나쁜 유전자

에피는 16세 소녀로 어머니에 의해 의뢰되었다. 어머니에 따르면, 에피는 우울감과 과민함의 문제를 장기간 경험해왔다. 어머니는 "에피가 한동안 위축되고 울적해했어요. 가끔, 아이는 학교에서 집으로 돌아오자마자 방에 틀어박혀 다음 날 아침이 되어서야 볼 수 있어요. 다른 경우에도 아이는 누구와도 아무것도 하고 싶지 않아 하며, 그저 집안을 어슬렁거리기만 했어요. 무슨 일인지 묻자 아이는 우리에게 덤벼들며, "아무것도 아냐, 나를 좀 그냥 내버려 둘 수 없어?"라고 했어요."

에피는 아동기에 많은 스트레스를 겪어야 했다. 어머니는 과거 우울증 병력을 가지고 있었다. 에피가 초등학교 2학년에 아버지는 그녀와 어머니를 떠났다. 에피는 장기간 학업적인 문제가 있었다. 그녀는 매우 열심히 공부했음에도 대부분 C와 D를 받았다.

면접이 진행되는 과정에서 에피는 지속적으로 "그다지 옳지 않은" 감정을 느낀다고 인정했다. 에피는 가족구성원에게 덤벼들었다는 것을 인정했고, 울적한 기분과 사회적으로 고립되는 경향과 낮은 자존감으로 인해 친구를 잃게 되었다는 것을 보고했다. 에피는 이어서 말했다. "친구들은 나를 격려하기 위해 다가왔지만, 나는 항상 화가 나게 하는 바보 같은 말을 하거나 그들을 보내버렸어요. 그리고 나서 끔찍한 기분을 느끼게 돼요. '왜 그렇게 못되게 굴었을까?' 하는 의문이 들었지만, 다시 혼자 있기를 선택하게 되었어요." 에피는 대부분의 시간 동안 우울한 기분과 피로감을 느낀다는 것을 인정했다. 그녀는 매일 저녁

©iStockphoto.com/martin-dm

9~10시간 잠을 자고 있음에도 매일 오후에 낮잠을 잤다. 그녀는 종종 피로감과 마치 일을 끝마칠 수 없을 것 같은 기력의 저하를 느꼈다.

자살 사고는 부인했으며, 미래에 대해 과도한 비관주의를 보였다. "나는 뭘 해도 부족해요" "집에서는 엄마가 항상 잔소리를 해요. 학교에서는 열심히 공부하고 아무 데도 가지 않았어요. 친구들은 나를 거들떠 보지 않아요. 난 아마 엄마처럼 될 거예요. 아니면 아빠처럼 구제 불능에 무능력자가 될 거예요."그것을 어떻게 알 수 있는지 치료자가 물었을 때 에피가 대답했다. "그냥 알 수 있어요. 유전자에 있다구요"

아동기 우울의 유병률과 경과는?

전체 유병률

아동·청소년의 대략 10.6%는 성인이 되기 전에 어느 시점에 주요 우울증을 경험한다. 여아들(14.2%)은 남아들(7.2%)보다 우울증을 경험할 가능성이 약 두 배 더 높다. 우울증을 경험하는 아동·청소년의 3분의 2는 성인이 되기 전에 여러 번의 우울 삽화를 경험한다(Neuhut et al., 2019).

아동·청소년의 주요 우울삽화의 연간 유병률은 대략 2.7%이다. 12개월 유병율도 여아들(3.7%)이 남아들(1.8%) 보다 높다. 우울삽화의 가능성은 사춘기 이전 아동(1.6%)보다 청소년(3.8%)에서 훨씬 높았다.

아동·청소년의 기분저하증은 연간 유병률이 대략 1%이다. 12개월 유병률은 여아들(1.2%) 이 남아들(0.7%)보다 더 높았으며, 청소년(1.1%)이 사춘기 이전의 아동(0.8%)보다 높았다. 기분저하증을 경험하는 대부분의 아동들은 성인이 되기 전에 주요우울증을 경험하게 된다(Neuhut et al., 2019).

더 많은 아동·청소년들이 우울증 증상을 경험하지만 공식적으로 진단되지는 않았다. 아동과 청소년의 대략 18%는 성인이 되기 전에 적어도 한 번의 우울 삽화를 보고한다. 대략 9%의 아동·청소년들이 작년 한 해 동안 주요우울삽화를 보고했다. 이 자료는 아동·청소년 5명 중 1명이 심각한 우울 증상을 경험한다는 것을 나타낸다(Lu, 2019; Mojtabai, Olfson, & Han, 2016).

종단 연구에서 지난 10년 동안 우울 장애와 우울 삽화의 유병률이 크게 증가한 것으로 나타났다. 예를 들어, 2011년에는 대략 13%의 청소년들이 우울 삽화를 경험한 것에 비해 최근에는 대략 18%의 청소년이 우울 삽화를 경험한다고 보고했다(Lu, 2019).

여아의 우울

아동기에서 청소년기까지의 우울증 유병률이 급격히 증가한 것은 이 장애를 가지고 있는 청소년기 여아의 수가 현저하게 증가했기 때문이다. 대부분의 연구에서 사춘기 이전의 남아와 여아 간 우울증의 유병률은 거의 차이가 없는 것으로 나타났다. 그러나 청소년기 이후 여아들이 우울증으로 진단받을 가능성이 남아보다 약 두 배 높으며, 우울 삽화를 경험할 비율은 세 배 더 높았다(Avenevoli, Swendsen, He, Burstein, & Merikangas, 2015; Ghandour et al., 2019; Lu, 2019).

우울증은 청소년기 여아에게 더 흔하게 발생하며 손상의 정도도 더 큰 것으로 나타났다. 우울증을 가진 사춘기 남아와 비교했을 때 여아들이 증상의 수가 더 많고 심각도가 더 컸으며, 자해를 할 가능성도 높았다. 청소년기 여아의 경우 초기 우울 삽화는 남아에 비해 더 오래 지속되며, 장기적인 기분문제나 불안의 문제로 이어질 가능성이 더 컸다(Costello & Angold, 2016).

키넌과 힙웰(Keenan & Hipwell, 2005)은 성별에 따른 차이를 설명하기 위한 이론적 모델을 개발하였다. 이 모델에 따르면, 우울증의 위험이 높은 여아들은 기분 문제를 갖기 쉬운 세 가지 성격 특성을 가지고 있다.

첫째, 일부 여아들은 **과도한 공감**(excessive empathy)을 표현한다. 즉, 타인의 정서적 안녕감에 매우 민감하며 타인의 부정적인 정서에 과도한 책임감을 느끼게 된다. 결론적으로 여아들은 타인의 문제를 해결하려고 노력하며, 타인의 고통을 덜어줄 수 없을 때 죄책감과 무력감을 경험하게 된다.

둘째, 일부 여아들은 **과도한 순응**(excessive compliance)을 보인다. 즉, 이들은 타인의 욕구를 충족시키고 그들의 승인을 얻고자 하는 강한 욕구를 가지고 있다. 종종 이들은 타인을 기쁘게 하기 위해 자신의 안녕감과 자율성을 희생하기도 한다. 과도한 순응은 문제가 많을 수 있다. 타인의 요구에 순응하지 않는 것이 더 적절한 상황에서조차 순응할 때 우울증이 발생할 수 있다(예 : 성관계를 원하는 소년의 요구에 응하는 소녀). 우울증은 또한 여아들이 타인의 사회적 기대를 충족하기 위해 대인관계 상황에서 지속적으로 수동적인 태도로 남아있을 때 발생할 수 있다(예 : 수업 시간에 자기 생각을 소신껏 말하기를 꺼리는 소녀). 과도한 순응은 자율성과 개성의 발달을 억압하여 자존감과 자기가치감의 저하를 가져올 수 있다.

셋째, 일부 여아들은 **정서적 과잉통제**(emotional overcontrol)를 보인다. 이들은 부정적인 정서에 대처하기 위한 전략의 수가 제한적이다. 부정적인 정서를 개방적이고 적응적인 방식으로 표현하기보다는 자신의 감정을 숨기고 기분문제를 일으키게 된다.

생물학적 요인과 환경적 요인의 결합은 여아들의 과도한 공감, 과도한 순응, 정서적 과잉통제로 이어질 수 있다. 사실 어린 여아들은 남아들에 비해 이 세 가지 위험요인의 특징 모두 높은 수준을 보일 가능성이 크다. 이 세 가지 특징은 여아들의 사회적, 정서적 유능감과 자기 확신, 자기 주장, 정서 표현성 모두를 제한할 수 있다. 청소년기에 들어서면서 이들은 사춘기의 생물학적 및 심리학적 스트레스 요인을 대처할 수 있는 준비가 되지 않았을 수 있다. 결론적으로, 소녀들이 소년들보다 우울증을 보일 확률이 훨씬 높다.

소수 인종 및 가난한 가정 아동·청소년의 우울증

대부분의 연구에서 인종 간 우울증의 유병률은 유의미한 차이를 보이지 않았다(Lu, 2019; Mojtabai et al., 2016). 그럼에도 일부 전문가들은 소수 인종 아동·청소년에서 밝혀지거나 다뤄지지 않은 역치 이하의 증상을 높은 수준으로 경험하고 있는 경우가 많다고 주장해 왔다. 예를 들어 아프리카계 미국인 아동은 백인 아동에 비해 신체적 불편감(예: 두통, 오심)과 같은 우울 증상을 많이 경험하며, 슬픔과 절망감의 감정을 부정하는 경향이 있었다. 문화적 신념 또한 정신건강전문가들로부터 우울증에 대한 도움을 구하려는 소수 인종 아동·청소년의 의지를 감소시킬 수 있다. 대신, 소수 인종 아동·청소년들은 성직자나 다른 성인들에게 의존하려 하거나 스스로 슬픔을 극복하려 한다(Breland-Noble, 2016).

SES가 낮은 가정의 아동·청소년들이 우울증의 위험이 높았다. 우울증의 1년 유병률은 중산층(2.8%), 부유층(2.4%)보다 빈곤층 아동·청소년(4.8%)의 유병률이 훨씬 높았다. 마찬가지로, 한부모 가정의 아동과 청소년이 우울증 진단을 받을 가능성이(5.9%)이 부모가 모두 있는 가정의 아동과 청소년(2.3%)보다 두 배 이상 높았다. 가난과 우울증의 관계는 경제적 어려움과 관련된 가족 관련 스트레스로 설명이 된다. 대부분의 경우, 가난은 부모-자녀 관계의 질, 학업적 성취, 아동의 삶에서 보호 요인을 저해한다. 이러한 방해 요인들은 결국 아동을 기분장애의 위험에 빠뜨린다(Ghandour et al., 2019; Neuhut et al., 2019).

경과와 동반이환

우울증의 증상은 시간에 걸쳐 상대적으로 안정적이다. 치료를 받지 않을 경우 우울 삽화의 전형적인 기간은 아동의 경우 8~12개월, 청소년의 경우 3~9개월 사이이다(Simons, Rohde, Kennard, & Robins, 2005).

재발은 상당히 흔하다. 우울증을 경험한 아동·청소년의 60%에서 회복 후 2년 이내에 또 다른 우울 삽화가 있었으며, 회복 후 5년 이내에 우울 삽화를 경험하는 경우는 72%였다. 우울증을 경험한 아동·청소년은 우울증을 겪지 않았던 또래보다 성인기에 기분장애의 문제를 경험할 가능성이 네 배 더 높았다(Hammen, Rudolph, & Abaied, 2014).

점화가설(kindling hypothesis)은 우울한 사람들이 미래에 우울 삽화를 경험할 확률이 높다는 것을 설명한다. 이 가설에 따르면, 초기의 우울 삽화는 개인이 스트레스 생활 사건과 불쾌감에 민감하게 만든다. 여러 번의 우울 삽화 이후에는, 스트레스 자극이 보다 쉽게 주요우울장애의 발병을 유발할 수 있다(Post, 2016).

우울증을 경험하는 아동·청소년은 우울증이 없는 아동·청소년보다 다른 정신장애를 가질 가능성이 네 배 더 높다. 우울증을 가진 아동·청소년이 경험하는 가장 흔한 동반이환 장애는 ADHD, 물질관련장애, 파괴적 행동장애 및 불안장애이다(Avenevoli etal., 2015).

아동기 불안과 우울의 관계는 특히 복잡하다. 대부분의 경우에서 불안장애가 우울증 전에 나타난다. 결과적으로 우울증을 가진 아동·청소년의 75%가 불안장애의 과거력을 가지고 있다. 대조적으로, 불안장애를 경험하는 아동·청소년의 15%에서만이 우울증의 과거력이 있었다. 연구자들은 발달 과정에서 아동기 불안과 우울증의 출현을 설명하는 두 가지 주요 발달 경로를 규명하였다(Cummings et al., 2014).

첫째, 불안이 아동을 우울증에 취약하게 할 수 있다. 이 경로에서 아동은 초기 아동기에 분리 불안이나 사회 불안을 경험한다. 이러한 불안장애는 대인관계 기능과 사회적 활동에서 즐거움을 얻는 능력을 방해하게 된다. 예를 들어, 사회 불안장애를 가진 아동은 종종 파티에 가거나, 그룹 활동에 참여하거나, 새로운 친구를 사귀는 것을 피하게 된다. 그 결과, 이 아동들은 청소년기에 사회적 고립, 외로움과 우울증을 경험하게 된다.

둘째, 아동이 불안과 우울에 취약한 소질을 타고났을 수 있고 시간이 지남에 따라 불안과 우울이 나타나게 된다. 이 경로에서 일부 아동들은 부정적 정서에 대한 유전적 취약성을 타고난다. 이 아동들이 심리사회적 스트레스를 직면하게 되면,

이들은 고통, 절망, 과민함과 걱정과 같은 부정적인 혼합정서를 경험하기 쉬운 경향성을 가지고 있다. 이러한 감정은 후기 아동기와 청소년기에 범불안장애나 우울증의 출현으로 이어지게 된다.

연구자들은 아동의 우울증 발현 예방을 목적으로 이 모델을 활용해 왔다. 실크와 동료들(Silk et al., 2019)은 불안의 문제를 가진 아동·청소년이 인지행동 치료에 참여하여 증상을 관리할 것을 요청하였다. 2년 후 연구자들은 이 아동들이 우울증에 걸렸는지 조사하였다. 연구자들은 불안에 대한 치료에 효과가 있었던 아동이 치료에 반응을 보이지 않았던 아동에 비해서 우울증에 걸릴 확률이 현저하게 낮았다는 것을 발견했다. 이러한 결과는 임상가들이 초기 아동기에 불안의 관리를 돕는 것을 통해서 우울증 예방에 도움이 될 수 있다는 것을 보여준다.

아동기 우울증에 기여하는 생물학적 요인

유전자와 신경전달물질

우울증은 유전 가능한 질환이다. 아동기 우울 증상의 30~50% 변량(variance)이 유전적인 요인으로 설명 가능하다. 우울한 부모의 아동들이 우울증으로 발전할 가능성이 다른 아동들에 비해 두세 배가 더 높다. 우울의 유전가능성은 생의 초기에 우울증을 경험하고 불안장애를 공존으로 가지는 사람들에게서 가장 높다(Fristad & Black, 2018).

유전적 요인은 아동의 신경전달물질 기능에 영향을 미쳐 우울증에 기여하는 것으로 보인다. 우울증에 대한 모노아민 가설(monoamine hypothesis)은 유사한 화학 구조를 가진 신경전달물질이 우울 장애에 영향을 미친다고 주장한다: (1) 세로토닌, (2) 노르에피네프린, (3) 도파민. 이러한 신경전달물질은 모노아민이라고 불리며 이 가설의 이름이기도 하다. 모노아민은 정서조절, 사회적 기능, 긍정적인 정동의 경험을 포함하는 많은 중요한 기능을 담당하고 있다. 우울증은 하나 또는 그 이상의 모노아민 조절장애와 관련이 있다고 본다(Berrettini & Lohoff, 2019).

모노아민 가설에 대한 증거는 주로 청소년과 성인을 대상으로 한 연구에서 나왔다. 모노아민 가설은 세로토닌과/또는

노르에피네프린을 조절하는 기능을 하는 항우울제 약물이 성인의 우울증을 완화시킬 수 있다는 사실에 의해 뒷받침되고 있다. 항우울제 치료를 받은 청소년에서 세로토닌 기능의 변화가 관찰되었다. 세로토닌 기능 변화의 크기는 청소년이 경험하는 기분의 개선 정도와 직접적인 연관을 보였다(Cowen, 2019).

기질

기분장애의 발현에 대한 유전적 요인의 기여를 설명할 수 있는 두 번째 기전은 기질이다. 기질은 아동이 새로운 자극을 만났을 때 전형적으로 나타내는 생리적, 정서적, 행동적인 반응을 의미한다는 것을 기억할 것이다. 기질은 대부분 유전적으로 결정되지만, 아동의 초기 경험을 통해 수정될 수 있다(Stifter & Dollar, 2016).

기질은 적어도 세 가지 방식으로 기분장애의 발현에 기여할 수 있다(Cummings et al., 2014). 첫째, 까다로운 기질은 부정정서를 증가시켜 아동의 우울 증상에 기여할 수 있다. 기질이 까다로운 아동들은 종종 부정적인 생활 사건에 과잉반응을 보이고 정서를 조절하는 데 어려움을 겪게 된다. 까다로운 아동들은 또래의 다른 아동보다 더 많은 고통을 경험할 수 있다.

둘째, 아동의 까다로운 기질은 양육자와 또래로부터 부정적인 반응을 이끌어 낼 수 있다. 예를 들어, 초기 아동기의 과민성은 양육자로 하여금 분노하고, 적대적이며, 강압적인 양육방식을 취하도록 유도할 수 있다. 부정적인 양육행동은 부모-자녀 갈등, 품행 문제, 우울증과 같은 문제들을 초래하는 원인이 된다.

셋째, 까다로운 기질의 아동은 초기 아동기 스트레스 요인에 대처하는 데 더 큰 어려움을 보일 것이다. 대처의 어려움은 결국 정서적인 문제의 발생을 초래할 것이다. 예를 들어, 기질이 까다로운 아동들은 스트레스 생활사건을 만나게 되면 압도당하기 쉽다. 심리사회적 스트레스에 직면하게 될 때 이런 아동들은 높은 수준의 분노를 보일 수 있다. 그렇지 않으면, 기질이 까다로운 다른 아동들은 정서적인 철회, 위축, 불안과 우울을 발현시킴으로써 스트레스 요인에 대처하는 것을 피할 수도 있다.

스트레스 생활 사건이 어떻게 우울증으로 이어질 수 있나?

스트레스 생활사건

여러 연구에서 주요 생활 스트레스 요인이 우울증의 발병을 예측할 수 있다는 것을 보여주었다. 학업적 실패, 가족 갈등, 관계의 단절은 아동의 기분에 부정적인 영향을 줄 수 있다. 50~80%의 아동·청소년이 첫 우울 삽화가 발병하기 전에 적어도 하나의 주요한 스트레스 요인을 경험하는 것으로 나타났다(Monroe & Cummins, 2019).

우울증을 가진 아동·청소년들은 우울하지 않은 또래에 비해 더욱 자주 문제가 되는 생활 사건을 경험한다고 보고했다. 또한 아동의 우울증 위험은 그들이 경험하는 스트레스 생활사건의 수와 직접적으로 연관이 있었다. 스트레스 생활사건의 시기와 종류 또한 중요할 수 있다. 예를 들어, 부모의 이혼은 아동기에 특히 주요한 요인이 될 수 있지만, 청소년기에는 또래관계의 문제가 특히 더 해로울 수 있다(Hammen et al., 2014).

스트레스 생활사건이 아동의 우울증 위험을 증가시키지만, 기분장애의 강력한 예측 인자는 아니다. 우울증을 가진 아동·청소년의 20~50%는 우울 삽화를 유발하는 명확한 스트레스 요인이 없다. 또한 많은 아동들이 끔찍한 어려움을 겪지만 우울증을 보이지 않았다. 우울 삽화를 유발하는 데 스트레스 생활 사건의 중요성은 시간이 지남에 따라 감소할 수 있다. 청소년의 첫 번째 우울 삽화는 종종 부정적인 생활 사건과 관련이 있었지만, 이후의 삽화는 특정 스트레스 요인과 덜 밀접한 연관성을 보였다(Monroe & Cummins, 2019).

유전과 환경의 상호작용

왜 어떤 아동들은 스트레스가 많은 상황에 직면하여 적응유연성을 보이지만, 다른 아동들은 우울증을 경험하게 될까? 한 가지 답은 부정적인 생활 사건이 아동의 기분에 미치는 영향이 그들의 유전자에 달려있다는 것이다. 많은 연구자들은 모노아민 세로토닌과 도파민의 재흡수를 조절하는 유전자를 연구하였다. 심리사회적 스트레스 상황에 노출된 아동들은 우울증의 위험이 증가하였지만, 우울증에 걸리기 쉬운 유전자를 부모로부터 물려받은 경우에만 발병의 위험이 높았다

(Cowen, 2019; D'Souza et al., 2016).

예를 들어, 한킨과 동료들(Hankin et al., 2015)은 시냅스에서 세로토닌의 활성화를 조절하는 세로토닌 운반체 유전자의 일부를 연구했다. 아동들은 이 유전자를 부모로부터 1개씩, 2개를 물려받는다. 이 유전자는 긴(L) 또는 짧은(S) 두 가지 유전자 변이체 또는 대립 형질로 나타난다. 연구자들은 중등도에서 높은 수준의 사회적 스트레스를 경험한 청소년에서 우울증으로 발전할 가능성이 증가한다는 것을 발견하였다. 그러나 단지 짧은(S) 대립 형질을 물려받은 경우에만 우울증에 걸릴 확률이 높았다. 이와는 대조적으로, 긴 대립 형질(L)을 물려받은 청소년들은 사회적 스트레스가 기분에 영향을 미치는 것을 완충하는 효과가 있었다.

유사한 연구로, 해펠과 동료들(Haeffel et al., 2008)은 시냅스에서 도파민의 활성화를 조절하는 도파민 운반체 유전자의 일부를 연구했다(그림 13.3). 아동들은 부모로부터 1개씩 2개의 유전자를 물려 받는다. 이 유전자는 주동유전자(major gene)와 미동유전자(minor gene)의 두 가지 대립 형질 집단으로 분류되었다. 연구자들은 부모의 거절(예 : 적대감, 신체적 체벌, 심각한 비난)을 경험한 청소년 중에서 2개의 미동 대립 형질 유전자를 물려받은 경우에서만 우울증의 위험이 증가한다는 것을 발견했다. 적어도 하나의 주동 대립 형질 유전자가 존재할 때 가혹한 양육의 부정적 영향으로부터 아동을 보호할 수 있었다.

스트레스와 대처

스트레스 생활사건에 대처하는 방식이 정서적 기능에 영향을 미칠 수 있다. 피터 르윈손(Peter Lewinsohn, 1974)은 아동·청소년들이 보상을 받지 못하는 행동을 반복적으로 할 때 우울증이 발현된다고 주장했다. 예를 들어, 부모님을 기쁘게 하려고 노력하지만 계속 가정에서 비난을 받게 될 수 있다. 끊임없이 공부하지만 낮은 성적을 받을 수 있다. 농구연습을 했지만, 팀에서 계속 제외될 수 있다. 그의 행동들은 즐거움과 성취감을 주지 않는다. 결과적으로 이러한 활동에 참여하고 싶지 않아진다. 행동학적 관점에서, 청소년이 낮은 비율의 반응-유관성 정적 강화(response-contingent positive reinforcement)를 경험하였다고 한다. 즉 자신의 행동에 보상을 받지 않아서, 시간이 지날수록 행동의 빈도가 줄어드는 것이다. 정적 강

그림 13.3 ■ 유전 – 환경 상호작용이 우울 위험성을 예측한다

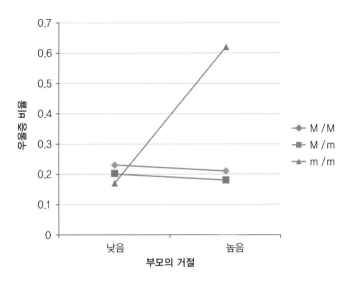

주 : 부모의 거절은 청소년의 우울증 위험을 증가시키지만, 청소년이 도파민 운반체 유전자 2개의 미동 대립유전자(m/m)를 물려받았을 때만 증가시켰다. 주동 대립유전자는 아동을 가혹한 양육으로부터 보호하였다. 출처 : D'Souza et al. (2017).

화의 결핍은 적응적 행동(집안일을 돕기, 시험공부 하기, 스포츠나 레크레이션 활동에 참여하기)을 사라지게 만드는 것이다.

동시에, 아동·청소년들은 잠재적으로 즐거운 활동들을 회피하거나 중단함으로써 부정적인 경험에 대처할 수 있다. 예를 들어, 청소년은 부모와의 논쟁을 피하기 위해 방에서 더 많은 시간을 보내거나, 실패를 느끼고 싶지 않아서 시험공부를 하지 않을 수 있다. 또는 타인의 거부나 실망을 경험할 기회를 줄이기 위해 스포츠나 기타 사회활동을 포기한다(Rohde, 2018).

단기적으로, 이런 회피 전략은 불쾌한 경험과 정서를 감소시키기 때문에 부적 강화의 효과가 있다. 그러나 시간이 지남에 따라, 청소년들은 사람들로부터 고립되고 잠재적으로 즐거울 수 있는 활동들의 접근도 감소하게 된다. 예를 들어, 자기 방에 고립된 청소년은 가족 또는 친구들과 즐겁게 지내기 어렵게 된다. 회피적인 대처는 다른 사람들에게 소리 지르기, 알코올 및 약물 남용의 문제, 자해 행동과 같은 부적응적이고 잠재적으로 유해한 행동이 수반될 수 있다(Hubley & Dimidjian, 2019).

우울증의 행동 치료는 청소년들이 활동적이고 잠재적으로

즐거운 활동에 참여하도록 격려하여 정적 강화를 받을 기회를 증가시키는 것을 포함한다. 동기가 부족할 수 있지만, 우울증에 걸린 아동·청소년들은 스스로 가족과 상호작용하고, 친구들과 시간을 보내며, 미술, 음악, 운동과 같이 평소에 즐겁게 참여하던 예술 활동에 참여하도록 해야 한다(Martin & Oliver, 2020).

아동의 사고는 어떻게 우울증에 기여하나?

부정적 귀인

스트레스 생활사건이 아동의 기분에 미치는 영향 또한 아동의 귀인 또는 사건에 대한 해석에 달려 있다. 마틴 셀리그먼(Martin Seligman, 1975)은 무력감이 우울증 발현에 기여할 것이라는 가설을 세웠다. 한 유명한 연구에서, 셀리그먼과 마이어(Seligman & Maier, 1967)는 개를 묶어두고 가벼운 전기충격을 주어 공포의 조건 형성을 시도하였다. 연구자들은 개를 묶어둔 줄이 제거되면, 개들은 적극적으로 뛰어 도망쳐 전기 충격을 피할 것이라고 예상했다. 놀랍게도, 개들은 탈출하거나 피할 기회가 주어졌을 때에도 전기충격에 수동적으로 굴복했다. 셀리그먼은 개들이 전기충격을 견디는 법을 배웠다고 믿

었다. 개들은 계속해서 전기충격을 통제할 수 없었기 때문에, 나중에 기회가 주어졌을 때도 전기충격을 피하지 않았다.

셀리그먼은 학습된 무력감(learned helplessness)이 인간의 우울증을 설명할 수 있을 것이라고 제안했다. 그는 스트레스를 주지만 명백하게 통제할 수 없는 생활 사건에 노출된 사람들은 수동적이고 우울해질 것이라고 제안했다. 이들은 스트레스 요인에 적극적으로 대처하지 않고, 대신에 고통과 절망의 감정에 굴복하고 포기할 것이다(Hiroto & Seligman, 1975).

우울증에 대한 셀리그먼의 초기 설명은 너무 단순했다. 많은 사람들이 끔찍한 상황을 겪었지만 기분장애를 경험하지 않았다. 결과적으로, 애브람슨, 셀리그먼, 티즈데일(Abramson, Seligman & Teasdale, 1978)은 부정적인 생활사건이 우울한 기분에 어떻게 기여할 수 있는지 설명하기 위해 학습된 무력감에 대한 이론을 재구성하였다. 그들은 삶의 성공이나 실패 상황에 대한 우리들의 귀인방식이 기분에 영향을 미친다고 제안했다. 특히, 우울한 사람들은 부정적인 사건에 대해 내부, 안정적, 전반적 귀인을 한다. 예를 들어, 청소년기 남아가 여아에게 데이트 신청을 하여 거절을 당했다면, 그는 이 거절을 내적, 안정적, 전반적 요인으로 귀인할 수 있다. 그는 '내가 못생겼기 때문에 거절당했다'(내부 귀인), '나는 늘 이렇게 못생겼다'(안정적 귀인), '어느 누구도, 아무리 절박하더라도, 나처럼 못생긴 사람과 사귀고 싶어하지 않을 것이다'(전반적 귀인)라고 추론할 것이다. 이런 부정적 귀인양식(negative attributional style)이 무력감, 절망감, 우울증을 유발할 수 있다.

우울한 사람들은 긍정적인 생활사건을 외적이고 불안정한 특수적인 원인의 탓으로 돌리는 경향이 있다. 예를 들어, 우울한 10대가 시험에서 A를 받았다면, 그녀는 성공을 교사가 점수를 후하게 주는 사람(외부 귀인)이어서, 자신이 운이 좋았다거나(불안정적 귀인), 우연히 시험에 나오는 부분을 공부했기 때문(특수적 귀인)이라고 귀인할 수 있다. 귀인은 부정적인 기분과 낮은 자존감에 기여할 수 있다. 많은 연구자들이 후기 아동기, 청소년기, 성인기에 부정적 귀인 양식과 우울한 기분 사이의 연관성을 입증하였다(Alloy, Salk, Strange, & Abramson, 2019).

우울에 대한 벡의 인지이론

아론 벡(Aaron Beck, 1967, 1976)은 주로 사람들의 인지에 초점을 두고 우울 모델을 개발하였다. 벡에 따르면, 생각, 감정, 행동은 복잡하게 연결되어있다. 사람들이 생각하는 방식이 느끼고 행동하는 방식에 영향을 미친다. 벡은 우울한 사람들은 우울한 기분과 문제 행동에 기여하는 부적응적인 사고 패턴을 보인다고 주장하였다.

벡은 사람들을 우울에 취약하게 하는 세 가지 수준의 부적응적 사고를 규명하였다. 즉각적인 수준에서 역경에 직면했을 때 부정적인 자동적 사고를 경험할 수 있다. 자동적 사고(automatic thoughts)는 부정적인 사건이 일어날 때 마음속에 거의 자동적으로 촉발되는 일시적인 인지나 정신적 심상이다. 예를 들어, 어떤 남아는 결승 골을 실패했을 때 "정말 패배자야!"라고 생각할 수도 있고 관중석에서 실망스럽게 자신을 바라보는 부모님의 모습을 상상할 수도 있다. 유사하게, 수업 발표를 실수한 여아가 "정말 바보 같다"고 생각하거나 뒤에서 그녀를 비웃는 반 친구들의 이미지를 떠올릴 수 있다. 이런 부정적인 자동적 사고는 너무나 즉각적이고 습관적으로 일어나기 때문에 대부분의 사람들은 그런 사고를 가지고 있다는 것조차 인식하지 못한다. 그러한 사고들은 슬픔, 당황, 분노와 같은 즉각적이고 부정적인 정서로 이어진다.

중간 수준에서, 우울증을 가진 사람들은 시간이 지나도 상대적으로 안정적인 인지 편향과 왜곡을 가지는 경향이 있다. 인지 편향(cognitive bias)은 우리가 사건의 부정적인 측면에만 주의를 기울이고, 긍정적인 측면은 무시하거나 축소할 때 발생한다. 예를 들어, 찰리 브라운은 이웃의 파티 초대장을 기대하며 우편함을 들여다 볼 수 있다. 상자가 비어있는 것을 보고 찰리는 낙담하며 걸어가다가, "아무도 항상 나를 파티에 초대하지 않아"라고 외친다. 찰리의 말은 인지 편향을 보여준다. 초대장을 하나도 받은 적이 없다(이는 사실이다)는 사실에 주의를 기울이면서 찰리에게는 자기를 사랑하는 많은 친구들과 충성스러운 개가 있다는 사실을 무시하고 있다.

인지 왜곡(cognitive distortion)은 실제보다 더 문제가 많은 것으로 사건을 왜곡할 때 발생한다. 예를 들어, 찰리 브라운은 집으로 돌아가면서 '아무도 날 신경 안 써'라고 생각할 수 있다. 이 말은 두 가지 이유에서 인지 왜곡이다. 첫째, 그의 말은 초대장을 받지 않았다는 즉각적인 문제를 더 악화시킨다.

이제 찰리는 아무도 자신을 신경 쓰지 않으며 자신은 쓸모없고 사랑스럽지 않다고 믿는다. 둘째, 찰리의 진술은 사실이 아니었다. 찰리를 신경 쓰는 많은 친구들이 있다.

벡은 우울증을 초래할 수 있는 몇 가지 인지적 편향과 왜곡을 규명하였다. 일반적인 인지오류는 다음과 같다:

긍정적인 것을 무시하기(ignoring the positive) : 긍정적인 경험을 무시하거나 축소하여 부정적인 세계관을 유지한다. 예를 들어, 시험에서 좋은 점수를 받은 소년이 "운이 좋았다"고 하거나 선생님이 모두에게 점수를 후하게 주었다고 주장할 수 있다.

지나친 비약으로 결론 내리기(jumping to conclusions) : '예언자 오류(fortune telling)'나 '독심술 오류(mind-reading)'로 자신의 믿음을 뒷받침할 어떤 증거 없이 미래에 나쁜 일이 일어날 것이라고 믿거나 사람들이 자신에 대해 부정적으로 생각할 것이라고 믿는다. 예를 들어, 반 여자 친구가 버스에서 "안녕"이라고 인사하지 않았다면, 그 아이는 친구가 자신에게 화가 났다고 추측할 것이다.

최악을 가정하기(thinking the worst, 즉 파국화 catastrophizing) : 파국적인 결과나 대처할 능력이 없다고 예상하는 것이다. 예를 들어, 수업에서 발표를 해야 하는 소년이 자신은 실수를 할 것이고, 교사가 그를 비난할 것이며, 학급 친구들이 자신을 비웃을 것이라고 확신한다.

흑백논리(all-or-none 즉, 이분법적 사고 dichotomous thinking) : 상황을 유연하게 보기보다 경직되고, 흑백논리 범주로 보는 것이다. 예를 들어, 자신이 선택한 최고의 대학에 입학하지 못하면, 자신은 실패한 것이고 가족을 실망시켰다고 믿는다.

개인화(personalization) : 자기 자신을 자신에게 책임이 없는 부정적인 사건의 원인으로 생각하는 것이다. 예를 들어 한 소녀는 부모의 이혼에 대해 자신을 비난할 수 있다.

실제로, 다양한 유형의 인지 편향과 왜곡을 구별하는 것은 때때로 어렵다. 이 모든 것들은 부정적인 사건을 과장하고, 자신의 대처 능력을 축소하며, 객관적인 근거를 사용해서 유연한 방식으로 상황에 대해 생각하기를 꺼리는 경향으로 특징지어진다(Beck, 2020).

가장 깊은 수준에서, 벡은 우울증을 가진 사람들이 자신, 세상, 미래에 대한 부정적 인지 도식(negative schema)이나 정신적 구조를 발달시킨다고 믿었다. 예를 들어, 우울증을 가진 청소년은 자기 자신에 대해 '나는 쓸모없어', 타인에 대해 '아무도 나를 소중하게 여기지 않는다', 미래에 대해 '상황이 결코 변하지 않을 것이기 때문에 내 상황은 절망적이다'라는 핵심신념을 발달시킬 수 있다. 이러한 부정적 인지 도식의 세 가지 요소는 인지 삼제를 형성하여 생각, 감정, 행동에 영향을 미치고 모든 경험을 왜곡한다(Dozois & Beck, 2009).

벡은 부정적 인지 도식이 아동기 역경에 의해 형성된다고 믿었다. 아동들이 상실, 고난, 거부 및 실망을 경험하면서 이러한 부정적인 핵심신념이 형성되어 자아감으로 통합될 수 있다. 이러한 핵심신념은 부정적인 자동적 사고와 인지 왜곡을 이끌어내며, 이는 자기, 세상, 미래에 대한 비관적인 관점을 지속시킨다(Beck & Haigh, 2015).

우울한 아동·청소년은 우울하지 않은 아동·청소년들보다 부적응적인 사고를 더 많이 한다. 또한 우울한 아동·청소년이 보여주는 인지 편향과 왜곡의 수는 우울증 증상의 심각도와 관련이 있다. 우울한 아동·청소년은 또한 그들의 기분 문제와 관련된 특정한 인지 편향과 왜곡을 보인다. 예를 들어, 우울한 아동·청소년은 종종 패배와 상실로 특징지어지는 신념을 보고하는 반면, 불안한 아동·청소년은 위협과 취약성에 대한 생각을 보고할 가능성이 높다(Wells, 2013).

아동의 관계는 우울에 어떻게 기여하는가?

부모의 우울

부모의 우울증은 아동기 우울증의 주요한 위험 요인이다. 대략 우울한 부모의 60%에서 스스로 우울승을 발달시키는 자녀가 있었다. 우울증의 위험은 우울하지 않은 부모와 비교하여 어머니가 우울한 경우에 자녀의 우울증 위험이 여섯 배가 더 높았고, 아버지가 우울한 경우 세 배 더 높았다. 종단 연구에서 경제적인 불이익, 가족 구성 및 스트레스 생활 사건과 같은 다른 변수를 통제하더라도, 우울증이 있는 부모는 아동기 우울증 발현을 예측하는 것으로 나타났다(Rice et al., 2019).

부모와 아동 우울증의 관계는 복잡하고 완전히 밝혀지지

않았다. 경험적 연구 자료에서는 부모의 우울이 아동을 위험하게 할 수 있는 몇 가지 방식을 제시하고 있다. 첫째, 유전자는 부모와 아동 우울증의 관계를 부분적으로 설명한다(DiFonte & Gladstone, 2017).

둘째, 임신 중 어머니의 불안과 불쾌감은 자녀의 신경계 및 내분비계의 발달을 저해할 수 있다. 이와 같은 발달 문제들이 결국 아동기의 우울증으로 이어질 수 있다. 예를 들어, 임신 기간 동안 여성의 불안과 우울 수준이 자녀의 스트레스에 대한 반응을 조절하는 주요기전인 시상하부-뇌하수체-부신피질(HPA) 축의 발달을 저해할 수 있다. HPA 축의 손상과 코르티솔 방출은 아동의 정서를 조절하는 능력을 제한할 수 있다(Apter-Levi et al., 2016; Laurent et al., 2013).

셋째, 우울한 부모는 종종 비효율적인 문제해결기술의 본보기가 되고 최적이 아닌 방식으로 자녀를 훈육하게 된다. 종단 연구에 따르면 우울한 부모는 종종 적대적이고 비판적인 양육 행동을 보이며, 자녀에게 따뜻함과 반응성의 수준이 낮았다. 이러한 양육 행동은 자녀의 우울증과 과민함의 발생을 예측하였다. 대조적으로, 높은 수준의 어머니의 따뜻함은, 사회경제적 불이익이나 또래 문제 등의 어려움을 겪을 때조차도, 자녀를 우울증으로부터 보호하는 것으로 나타났다(Fristad & Black, 2018).

최근의 여러 연구에서 아동기 우울증은 우울한 부모를 치료함으로써 예방할 수 있다고 제안하고 있다. 예를 들어, 한 대규모 연구에서, 항우울제 또는 인지행동치료에 효과를 보인 우울한 부모의 자녀들이 치료에 효과를 보이지 않는 우울증 부모의 자녀들보다 기분 문제를 적게 경험하는 것으로 나타났다(Wickramaratne et al., 2011). 결과적으로 대부분의 임상가들은 부모가 자신의 정서적 안녕감을 향상시키고 자녀에게 따뜻하고 일관된 양육을 제공할 수 있도록 하는 치료에 시간을 할애한다(DiFonte & Gladstone, 2017).

또래문제

다른 연구자들은 아동과 청소년 우울증에서 또래의 역할을 조사했다. 설리번(Sullivan, 1953)은 아동의 정서적 안녕감에 미치는 또래 관계의 중요성을 설명했다. 경험적 연구에 따르면 또래의 수용이 아동의 자아 개념과 정서적 기능에 중요하다는 것이 확인되었다. 예를 들어, 메타 분석에서 또래 아동

의 사회적 지지에 대한 아동의 지각과 우울 증상의 개수 및 심각도 사이에 유의한 역상관 관계가 나타났다. 아동의 친구 관계에 대한 부모와 교사의 평정은 아동의 우울 증상과도 역상관 관계를 보였다(Possel & Meyer, 2018).

또래들에게 거부당하거나 괴롭힘당하는 아동들은 특히 기분 문제를 일으킬 가능성이 높다(Ha, Dishion, Overbeek, Burk, & Engels, 2014). 신체적 괴롭힘과 관계적 공격(예 : 놀리기, 소문 퍼트리기)은 남아와 여아들의 우울증과 관련이 있다. 한 연구에서, 관계적 공격은 신체적 괴롭힘보다 청소년의 우울증을 더 잘 예측했다. 이러한 발견은 '말로는 무슨 말을 못하냐, 몽둥이나 돌을 들던지!("sticks and stones.", 말로는 상처받지 않는다는 의미_역주)라는 옛말과 모순된다. 또한 이러한 연구결과는 괴롭힘을 줄이기 위해 개발된 학교기반 중재들이 아동의 기분문제를 예방하기 위해 신체적 공격과 관계적 공격 모두를 개입대상으로 보아야 한다고 제안한다(Rubin, Bowker, Barstead, & Coplan, 2018).

사회적 정보처리 편향

앞 장에서 우리는 아동의 사회적 정보처리 편향이 어떻게 행동 문제로 이어질 수 있는지 살펴보았다. 우울한 아동들 또한 사회적 정보처리 편향을 보인다(Bell, Luebbe, Swenson, & Allwood, 2009). 정보처리 모델은 아동들이 대인관계 상황에서 해석하고 반응하는 데 여러 단계로 구성되어 있다는 것을 기억해보자. 연구자들이 아동들에게 고려해보도록 제시한 상황 하나는 다음과 같다.

> 너는 학교에서 칠판의 글씨가 잘 안보여서 안경을 써야 해. 부모님은 콘택트렌즈를 하기에 네가 너무 어리다고 하셨어. 새 안경을 쓰고 학교에 걸어 들어갈 때 친구들이 웃고 있어.

이 상황을 해결하기 위해 아동은 (1) 상황에 대한 정보를 부호화하기, (2) 친구들의 행동에 대해 귀인을 하면서 상황을 해석하기(예 : 그들이 왜 웃고 있을까?), (3) 상황에 대한 목표를 분명히 하기(예 : 너는 무슨 일이 일어나기를 원하는가?), (4) 문제에 대한 가능한 해결책에 접근하기, (5) 최선의 반응을 결정하기, (6) 행동하기.

아동은 빠르고 매우 자동적인 방식으로 이러한 과정에 참여하게 된다(그림 13.4)

우울증을 경험하는 아동들은 이와 같은 사회적인 상황을 처리할 때 두 가지 편향을 보인다. 첫째, 그들은 **모호한 사회적 상황을 부정적으로 해석하는** 경향이 있다. 예를 들어, 우울한 아동은 새 안경을 쓰니 바보 같아 보이기 때문에 친구들이 자신을 비웃고 있다고 믿을 수 있다. 이와 같은 부정적인 귀인은 상황을 절망적으로 보이게 하고 아동이 무력감을 느끼게 한다. 둘째, 우울한 아동은 덜 적극적이고, 문제를 해결하기 위한 능동적이고 친사회적인 방식을 더 적게 만들어내고 선택하는 경향이 있다. 대신 문제를 피하거나 상황에서 위축되는 방식으로 문제에 대처하는 경향이 있다. 예를 들어, 우울한 아동은 문제 해결의 가장 좋은 방법은 교실을 떠나, 안경을 벗어버리고, 다시는 착용하지 않기로 결정할 수 있다.

이와 같이 상황을 피하고 철수하는 방식은 단기간에는 기분이 나아질 수 있다. 그러나 장기적으로 볼 때는, 또래로부터 더 고립되거나 조롱과 거절의 기회가 될 수 있다. 예를 들어, 소녀가 수치심에 교실을 뛰쳐나간다면, 그녀를 놀린 반 친구들의 관심을 끌게 될지 모른다. 반 친구들의 놀림은 자신이 바보 같고 다른 사람들이 자신을 좋아하지 않을 것이라는 소녀의 믿음을 확고하게 할 것이다(Luebbe et al., 2010).

경험적 연구에서 아동들의 정보처리 편향과 우울 증상의 심각성 사이에 직접적인 연관성이 있음을 보였다. 더 중요한 것은, 이러한 편향의 감소는 아동의 사회적 기능과 기분을 향

그림 13.4 ■ 우울증의 사회적 정보처리 모델

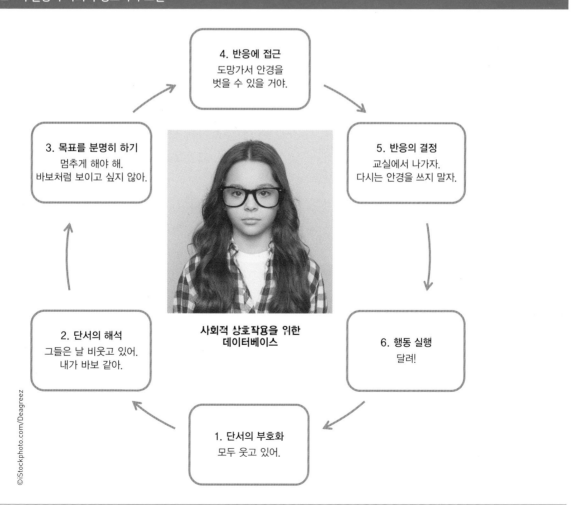

4. 반응에 접근
도망가서 안경을
벗을 수 있을 거야.

3. 목표를 분명히 하기
멈추게 해야 해.
바보처럼 보이고 싶지 않아.

5. 반응의 결정
교실에서 나가자.
다시는 안경을 쓰지 말자.

사회적 상호작용을 위한
데이터베이스

2. 단서의 해석
그들은 날 비웃고 있어.
내가 바보 같아.

6. 행동 실행
달려!

1. 단서의 부호화
모두 웃고 있어.

©iStockphoto.com/Deagreez

주 : 우울증이 있는 아동들은 종종 문제를 해석하고 해결하는 방식에서 편향을 보인다. 출처 : Luebbe, Bell, Allwood, Swenson & Early (2010).

상시킬 수 있다는 것이다. 치료자는 내담 아동이 같은 상황을 보다 객관적이고, 유연한 방식으로 바라볼 수 있도록 도울 수 있을 것이다. 예를 들어, 학급 친구들은 그녀를 놀린 것이 아닐 수 있다. 상관없는 다른 이유가 있어서 웃었을 수 있다. 치료자는 또한 아동이 보다 적극적이고 친사회적인 방식으로 문제해결을 하도록 격려할 수 있다. 예를 들어, 그 소녀는 교실에 들어가서 누군가가 자신의 안경에 대해 이야기하는 것을 들어볼 수 있다. 만약 그렇게 한다면, 소녀는 그 의견을 모욕이 아닌 보완점으로 해석할 수 있을 것이다(Rynn, Brent, Crits-Chistoph, Findling, & Wagner, 2019).

인지행동치료는 우울증이 있는 아동·청소년을 어떻게 도울 수 있는가?

인지행동이론

인지행동치료(cognitive-behavioral therapy, CBT)는 사고와 행동을 목표로 하여 아동의 기분을 향상시키기 위해 노력한다 (Weersing, Jeffreys, Do, Schwartz, & Bolano, 2017). 인지행동치료의 인지적 요소는 우울증을 가지고 있는 아동이 우울한 기분을 만들어내는 부적응적인 생각을 한다는 전제에 근거한다. "난 정말 멍청해. 아무도 나를 좋아하지 않아"와 같은 인지 왜곡은 아동이 가족과 친구들을 피하고 자신, 세상, 미래에 대한 부정적인 관점을 지니게 한다. 임상가들은 아동들이 이러한 사고에 도전하고 더욱 유연하고 현실적인 방식으로 세상을 바라보도록 가르침으로써 아동의 기분을 개선시키도록 노력한다(Beck, 1967).

인지행동치료의 행동적 요소는 아동이 주변 환경에서 즐거움이나 만족감을 얻을 수 없을 때 우울증이 발생한다는 개념에 기반한다. 그들은 아무리 노력해도 항상 실패하는 것처럼 보인다. 셀리그먼의 개들처럼, 이 아동들도 결국 노력하는 것을 포기하고 다른 사람들로부터 자신을 고립시킨다. 그들은 친구를 피하고, 클럽과 스포츠를 그만두고, 학교를 희망없는 노력이라고 느끼게 된다. 임상가들은 아동들의 사회활동을 증가시키고 문제해결기술을 향상시켜 절망감을 완화하려 노력한다(Lewinsohn, 1974).

인지행동치료는 두 가지 중요한 원칙에 따라 진행된다: 협력적 경험주의와 소크라테스식 질문. 협력적 경험주의 (collaborative empiricism)는 치료사와 내담자가 관찰 자료에 근거하여 함께 가설 검증을 할 때 생겨난다. 예를 들어, 최근에 엄마와 언쟁이 있었던 청소년은 엄마가 자신을 "싫어한다"고 믿을 수 있다. 치료사는 청소년이 엄마와의 실제-생활 경험을 활용하여 가설 검증을 하도록 격려할 수 있다. 엄마가 그녀를 싫어한다는 증거는 무엇인가? 반대로 엄마가 그녀를 사랑하고 보살펴준 증거는 없는가?

소크라테스식 질문(socratic questioning)는 치료사가 내담자로부터 정보를 끌어내기 위해 질문을 함으로써 내담자의 신념에 도전할 때 나타난다. 이 질문 방법은 그리스의 철학자 소크라테스에 의해 개발되었는데, 소크라테스는 사람들이 배울 수 있는 가장 좋은 방법이 자신의 신념에 대해 질문을 하는 것이라고 믿었다. 강의나 잔소리 대신, 인지행동 치료사는 일련의 신중한 질문을 통해서 아동 스스로 정보를 이끌어내고, 결론에 도달할 수 있도록 돕는다(Beidel & Reinecke, 2016).

인지행동치료는 일반적으로 치료 패키지의 일부로 실시된다. 예를 들어, ACTION 프로그램은 9~13세 아동을 대상으로 고안된 치료 패키지이다(Stark, Wang, & Banneyer, 2018). 청소년 우울 대처 과정(Adolescent Coping With Depression course)은 일반적으로 청소년 집단에서 진행되는 프로그램이다(Rohde, 2018). 가장 최근의 MATCH 프로그램은 임상가들이 개별적인 인지행동적 요소들을 선택해서 개별 아동·청소년에게 맞춤형 치료를 제공하도록 한다(Martin, Murray, Darnell, & Dorsey, 2019). 인지행동치료 패키지는 몇 가지 공통적인 구성요소를 가지고 있다. 이런 구성요소와 이러한 요소들이 실제에 어떻게 시행될 수 있는지 살펴보자.

심리교육

인지행동 치료사는 처음 몇 회기 동안 아동 및 가족과 라포를 형성하고 우울증의 원인과 치료에 대한 정보를 제공한다. 심리교육의 목표는 우울증이 무엇인지, 어떻게 효과적으로 치료할 수 있는지에 대해 치료사와 가족이 비슷하게 이해하도록 하는 것이다. 대부분의 임상가들은 가족들이 가질 수 있는 비난이나 죄책감을 완화시키려고 노력할 것이다. 우울증은 삶의 모든 측면, 즉 가정, 학교 및 친구들과의 상호작용에 영향을 미치는 심각한 정신건강 문제라고 임상가들은 강조한다. 우울증이 있는 아동·청소년들은 쉽게 '기운을 낼 수'

없다. 그들은 생각하고 행동하는 방식을 변화시켜 정서를 조절하는 법을 배워야 한다. 부모와 가족 구성원들은 그 과정을 함께하며 그들을 지지할 수 있다(Craigshead, Beardslee, & Johnson, 2019).

심리교육의 필수 구성요소는 아동 · 청소년들이 생각, 감정, 행동 간의 관련성을 인식하도록 돕는 것이다. 나이 든 아동들이나 청소년들에게, 임상가는 삼각형의 꼭지점을 '생각', '감정', '행동'이라고 명명해서 그릴 수 있다. 그리고 나서 치료사는 청소년에게 최근 행복하다고 느낀 때는 언제인지 설명하고, 그리고 그때 가진 생각과 행동은 무엇인지 확인하도록 요청할 수 있다. 예를 들어, 한 청소년은 중요한 축구 경기에서 승리하고, 동료들과 축하하며, 팀의 일원이 되는 것이 얼마나 대단한지를 생각한 경험을 말할 수 있다. 임상가는 또한 청소년에게 최근에 슬펐던 때는 언제인지 설명하고 그때 가진 생각과 행동은 무엇인지 확인하도록 요청할 수 있다. 이 경우에, 청소년은 친구가 파티에 가서 혼자서 보내야 했던 금요일 저녁을 떠올릴 수 있다. 아무도 자신을 신경쓰지 않는다고 생각하면서 울었다는 경험을 말할 수 있다.

어린 아동들과 함께할 때, 임상가들은 신체(body), 뇌(brain), 행동(behavior)의 3B를 교육할 수 있다. 아동들은 강렬한 감정을 경험할 때마다, 그들의 몸에서 일어나는 느낌, 뇌에서 일어나는 생각, 외현적인 행동에 주의를 기울여야 한다는 것을 배운다(Stark et al., 2018).

이와 같은 활동을 통해, 임상가들은 생각, 감정, 행동이 어떻게 연결되는지 보여주기 시작한다. 직접적으로 감정을 나아지게 하는 것은 어렵지만, 우리가 행동하고 생각하는 방식을 바꾸면 간접적으로 감정이 개선될 수 있다. 예를 들어, 외로운 청소년이 다르게 행동하거나(예 : 친구에게 전화하거나, 운동하러 가기). 다르게 생각하면(예 · 나를 초대하려고 했지만, 잊어버렸을 수도 있어) 기분이 나아질 것이다(Curry & Meyer, 2018).

목표 설정과 기분 점검

목표 설정은 아이들로 하여금 치료를 위한 현실적인 목표를 확인하도록 돕는 것을 포함한다. 많은 치료사들이 아동들로 하여금 SMART 목표(SMART goals)를 설정하도록 격려한다. 즉, 구체적으로 명시되고(specifically stated), 측정 가능하며

(measurable), 흥미를 끌고(appealing), 현실적이며(realistic), 기한이 있는(timed) 목표를 설정하도록 격려한다. 예를 들어, 아동은 처음에 '기분 좋아지기'와 같은 광범위한 목표를 세울 수 있다. 치료사는 아동의 이러한 목표를 매주 치료의 초점이 될 수 있을 만큼 작고 구체적인 단계로 나누도록 돕는다. 예를 들어, '기분이 좋아지는' 과정의 초기 단계는 방과 후에, 적어도 두 번, 다음 주까지 신체적인 활동을 하는 것일 수 있다. 활동은 쉬운 것(예 : 강아지 산책시키기) 또는 활발한 것(예 : 2마일 달리기)이 될 수 있다. 그러나 목표는 구체적이고 현실적이며 명확한 기간이 있어야 한다.

목표에 대한 아동들의 진전을 측정하기 위해, 임상가는 아동이 자신의 기분을 관찰하도록 가르칠 수 있다. 한 가지 기법은 시각적 측정도구인 기분 온도계(mood thermometer)를 사용하여 일주일 동안 매일 아동이 자신의 감정을 평정하도록 하는 것이다(그림 13.5). 아동들은 매우 강렬한 감정과 관련된 상황, 행동, 생각에 주의를 기울이는 법과 매일의 변화 상황을 기록하는 법을 배운다.

우울증이 있는 일부 아동들은 자신의 감정을 인식하고 명명하는 데 도움이 필요하다. 예를 들어, 많은 어린 아동들은 '행복한'과 '슬픈'만을 구분할 수 있다. 치료사는 감정 플래시 카드, 제스처 게임, 역할극을 활용하여 이러한 기분 상태를 구별하는 법을 가르칠 수 있다. 예를 들어, '당황스럽다'는 감정에 동반되는 표정과 신체적인 감각은 '화가 난다', '소외감을 느낀다'는 감정의 특징과는 다르다.

행동 활성화

우울증이 있는 아동들은 전형적으로 에너지를 빼앗기고 상호작용이 제한되는, 정적인 활동이나 혼자서 하는 활동에 참여한다. 침실에서 넷플릭스를 보는 것은 힘든 하루를 보낸 뒤에 휴식하는 좋은 방법이 될 수 있지만, 습관적으로 방에 스스로를 고립시키는 것은 장기적으로 기분 문제를 야기하고 관계를 위축시킬 수 있다. 행동 활성화의 목표는 신체적 및 사회적 활동을 증가시켜 정적 강화와 즐거움의 기회를 증가시키는 것이다.

대부분의 치료사들은 활동 계획하기(activity scheduling)라고 불리는 기법을 활용한다. 첫째, 아동에게 간단하고 즐거운 활동 목록을 작성하도록 요청한다. 이상적으로, 활동들은 신체

그림 13.5 ■ 기분온도계

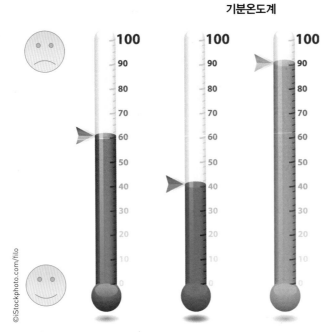

기분온도계

가끔 우리는 내가 어떻게 느끼는지 다른 사람에게 설명하기가 어렵다. 누군가 슬프다고 말하면, 슬퍼하는 것이 어떤 것인지 이해할 수 있지만, 그러한 감정이 그에게 얼마나 강한지는 알 수 없다. 사람들은 약간 슬플 수도 있고, 적당히 슬플 수도 있고, 매우 슬플 수도 있다. 내가 오늘 당신의 기분이 어떤지 이해할 수 있게, 당신의 기분 온도계를 측정해보자.

연습해보자.

- 만약 디즈니 월드 여행에 당첨된다면 기분이 어떨 것 같니?
- 학교에서 시험을 망쳤다면?
- 지금 기분이 어때?
- 기분이 100이었던 적이 있니? 그때에 대해 말해주렴.

주 : 치료사들은 이와 같은 기분온도계를 사용하여 아동의 감정들을 평가하고, 각 감정과 관련된 사건을 살펴본다. 출처 : Dietz, Weinberg & Mufson (2018).

적이면서 사회적인 활동이다(예 : 얼티밋 프리스비 게임하기, 친구와 쇼핑하기). 창의적이고 표현적인 취미(예 : 그림 그리기, 기타 연주하기)와 자기관리 활동(예 : 손톱 칠하기)들도 아동이 즐거운 활동이라는 것을 안다면 좋은 선택이 될 수 있다. 다음에는, 아동이 이 중에서 두세 가지 활동을 선택하고 동기부여가 되지 않더라도 다음 주에 활동에 참여할 것을 약속한다. 아동은 부적 강화의 고리를 끊고 신체활동과 사회적 상호작용을 피하려는 추동에 저항해야 한다. 치료사와 아동은 이러한 활동을 하는 데 잠재적인 장애물을 확인하고 이러한 장애물을 극복하는 방법을 찾을 수 있을 것이다.

치료사는 아동이 이 활동들을 작은 실험으로 볼 수 있도록 격려한다. 활동에 참여할 때 이와 관련된 감정의 변화를 경험하였는가? 또한 아동이 즐거운 활동에 참여하는 동안에 자신의 생각에 주의를 기울이도록 격려할 수 있다. "친구들이 나와 시간을 보내는 것을 좋아해" 또는 "내가 기타를 꽤 잘 치는구나." '과학에서 실천으로'에서 활동 계획하기의 예시를 볼 수 있다.

사회적 정보처리 훈련

우울증이 있는 아동은 종종 사회적 문제해결 기술을 발달시키는 데 도움이 필요하다. 치료사들은 아동이 논쟁, 슬픔, 사회적 위축을 피하도록 이러한 상호작용을 다루는 단계를 교육할 수 있다. 예를 들어, 아동이 체육관에 들어갔을 때 친구들이 농구경기를 함께 앉아서 보며 자신을 무시했던 상황을 설명할 수 있다. 친구들이 그녀를 소외시켰기 때문에 수치심을 느끼고 상처를 받을 수 있다. 체육관을 나와서 집으로 향하기 전에 화장실에서 울었을 수도 있다. "나는 정말 패배자야. 나한테 무슨 문제가 있는 게 틀림없어"라고 생각했을 수 있다.

치료사는 아동들이 사회적 정보처리 단계를 기억하도록 돕기 위해 첫 글자를 조합하여 RIBEYE를 활용한다(Curry & Meyer, 2018).

이완하기(Relax): 몇 번 심호흡을 깊게 하라. 도망치기보다, 그 상황을 해결해야 할 문제로 생각하라.

문제를 파악하라(Identify the problem): 상황을 감정적으로

과학에서 실천으로
우울을 줄이기 위한 활동 계획하기

당신이 일상적인 하루에 하는 활동을 떠올려보세요. 당신에게 중요하기 때문에 기분을 좋게 만드는 일이 있습니까? 당신의 감정 경험을 바

꾸고 기분이 좋게 만드는 몇 가지 활동을 떠올려 볼 수 있나요? 만약 활동을 떠올리기 어렵다면, 다음의 예시를 활용하세요.

재미있는 활동 : 머리 손질하기, 애완동물과 놀기
숙달 활동 : 예술과 공예, 만들기, 음악, 글쓰기
신체 활동 : 댄스, 달리기, 팀 스포츠, 걷기, 요가
봉사 활동 : 이웃 돕기, 과외 봉사, 자원 봉사
사회적 활동 : 친구에게 전화하기, 다른 사람들과 쇼핑하기, 외출하기

자신에게 의미가 있고 다음 주 동안 할 수 있는 활동을 2~3개 적어보세요. 그런 다음 이런 활동이 마음에 내키지 않더라도 이 활동들을 하기로 약속하세요. 작은 실험이라고 생각하세요. 다음 주에 우리는 당신이 이 활동을 수행했는지, 당신의 기분에 어떤 영향을 미쳤는지 살펴볼 거예요.

출처 : Ehrenreich-May et al. (2017).

보지 말고 객관적으로 보라. "친구들이 관람석에 앉아 있는데 네가 온 것을 알아차리지 못하고 있어."

가능한 해결책을 브레인스토밍하라(Brainstorm possible solutions) : 처음에는 어리석어 보일지라도 가능한 문제를 해결할 방법을 많이 만들어내라. 도망치거나 화를 내는 즉각적인 반응을 하지 마라.

해결책을 평가하라(Evaluate each solution) : 단기적으로는 도망가는 것이 좋을 수 있지만, 네가 진정으로 원하는 것은 친구들과 시간을 보내는 것이다. 두려울 수 있지만, 같이 앉아도 되는지 물어볼 수도 있다. 어쩌면 그들은 당신이 들어오는 것을 보지 못했을 수 있다.

'예'라고 말하기(Yes) : 가장 좋은 해결책에 '예'라고 말하고 그것을 시도해보는 것이다.

자신을 격려하라(Encourage yourself) : 문제를 효과적으로 해결했다면, 용기 있게 행동하고 유연하게 생각한 것에 대해 자신을 칭찬하라. 친구들이 아직도 너에게 못되게

대한다면, 단계를 다시 밟아간다. 넌 할 수 있어!

문제해결 단계를 배우는 데는 시간과 연습이 필요하다. 처음에는 치료사가 회기 내에 아동과 함께 역경이 되는 상황을 역할극으로 해볼 수 있다. 나중에는 아동들이 가족과 또래들과 함께 이 단계들을 활용하여 연습하고 매주 경험을 보고할 수 있다(Stark et al., 2018).

인지적 재구성

우울증이 있는 아동들은 종종 편향되거나 왜곡된 사고를 한다. 이들은 어두운 안경을 끼고 세상을 바라보며, 사건의 부정적인 측면에 선택적으로 주의를 기울이거나 상황을 왜곡하여 문제가 더 크게 보이게 한다. 인지적 재구성(cognitive restructuring)은 아동들의 기분을 개선하기 위해 이런 사고방식을 인식하고 도전하도록 가르치는 것을 포함한다.

치료사들은 이러한 부적응적인 인지를 '생각 함정'이라고 언급할 수 있고, 비전문적인 용어를 사용하여 아동이 부적응

적인 인지를 깨달을 수 있도록 도울 수 있다. 예를 들어, 가장 일반적인 '생각 함정'에는 지나친 비약으로 결론 내리기, 부정적인 것에 초점 맞추기, 최악을 생각하기 등이 있다.

스타크와 동료들(Stark et al, 2018)은 어린 아동들이 부정적인 생각에 도전하는 것을 돕기 위해 몇 가지 게임을 제안한다. '증거가 무엇인가?' 게임은 아동이 지나친 비약으로 결론을 내릴 때 그들의 신념을 지지할 근거를 찾을 것을 요구한다. 예를 들어, 아동이 읽기 수업에서 낮은 점수를 받는다면, 자신이 그다지 똑똑하지 않다고 결론지을 수 있다. 치료사는 아동의 주장을 뒷받침하는 증거를 요구하고, 그 반대의 증거를 제시하도록 도전시키면서 아동의 믿음에 도전할 수 있다. 아동이 읽기에 어려움을 겪더라도, 수학이나 음악에 재능이 있을 수 있다.

또 다른 게임은 '대안적인 해석'으로 치료사가 아동에게 사건을 바라보는 다른 방식을 생각해 보도록 하여 부정적인 것에 초점을 맞추는 아동의 경향에 도전한다. 만약 아동이 복도를 걸어가고 있을 때 반 친구에게 무시당했다면, 반 친구가 그녀에게 화가 났다고 결론 내릴지도 모른다. 치료사는 친구의 행동에 다른 가능성을 고려할 수 있도록 격려할 수 있다. 아마도 그녀를 보지 못했거나, 수업에 늦어서 서둘러 가고 있었을 수 있다.

세 번째 전략은 '만약 …라면 어떻게 될까' 기법이다. 치료사는 아동들이 자신에게 가지는 비합리적인 기대와 파국적인 사고를 하기 쉬운 경향에 도전하기 위해 이 기법을 활용한다. 예를 들어, 낮은 점수를 받은 소년은 "나는 우등상을 타지 못할 거야, 부모님이 나를 가만 두지 않으실 거야!"라고 생각할 수 있다. 이때 치료사는 "만약 우등상을 타지 못한다면 어떻게 되지?, 부모님이 정말 널 가만두지 않으실까?, 너와 의절할까?, 너를 외출 금지시킬까?" 대부분의 아동이 이런 끔찍한 일이 일어날 가능성이 매우 낮다는 것을 인정한다. 대신 상황은 그들이 예상했던 것만큼 절망적이지 않을 것이고, 결국 대처할 수 있을 것이다. '과학에서 실천으로'에서 인지적 재구성의 다른 예시를 볼 수 있다.

인지적 재구성이 긍정적인 생각이나 항상 삶의 밝은 면을 보라고 강조하는 것이 아니라는 점을 기억하라. 때로는 아동들이 가족을 잃거나, 부모의 부부 갈등, 학교 폭력과 같은 객관적으로 유해하거나 상처가 되는 삶의 역경을 경험하게 된

다. 치료사는 이러한 경험이 주는 정서적인 고통을 인정하고 아동들이 문제를 해결될 수 있는 현실적인 것으로 바라보도록 격려해야 한다. 따라서 인지적 재구성은 '부정적이지 않은 사고'의 힘을 강조하고, 어린 내담자들에 대한 상당한 용기와 신뢰를 필요로 한다.

대인관계치료가 우울증을 가진 아동·청소년에게 어떻게 도움을 주는가?

대인관계이론

대인관계심리치료(interpersonal psychotherapy, IPT)의 기본 전제는 우울증이 다른 사람들과의 관계 맥락에서 가장 잘 이해될 수 있다고 본다. 우울증을 가진 아동·청소년들은 매우 자주 대인관계에서 불화를 경험하거나 높은 수준의 대인관계 스트레스를 경험한다. 대인관계 문제는 그들의 우울한 기분이 지속되도록 하는 데 기여한다. 대인관계심리치료(IPT)는 청소년이 보다 만족스럽고 의미있는 관계를 발전시키고, 사랑했던 사람의 상실에 대처하고, 사회적 문제와 고립감을 완화하도록 도움으로써 청소년의 대인관계기능을 개선시키는 것을 추구한다(Gunlicks-Stoessel & Mufson, 2016).

우울한 청소년을 위한 대인관계심리치료(interpersonal psychotherapy for depressed adolescents, IPT-A)는 12세 이상 아동·청소년에게 적용 가능한 12주 치료이다. 치료는 개별적으로 또는 청소년 집단으로 제공될 수 있다(Miller, Hlastala, & Mufson, 2015).

대인관계 치료사들은 우울증을 청소년 삶의 모든 영역에 방해가 될 수 있는 의학적 질병으로 개념화한다. 청소년들의 과민한 기분, 성적 저하, 동기의 결여 등이 이 질병의 징후이다. 청소년의 행동에 대해 비난하는 대신, 부모들은 청소년들이 제한된 환자 역할을 하고 있다고 가정할 수 있도록 격려받는다. 치료사들은 제한된 환자 역할(limited sick role)을 다음과 같이 설명할 수 있다.

> 감기나 독감에 걸렸을 때, 우리는 그들이 삶의 모든 영역에서 100% 기능하기를 기대하지 않는다. 우리는 그들이 휴식을 취하고, 더 나은 기분을 느끼고, 점차 정상적인 활동으로 돌아갈 것을 기대한다. 마찬가지로, 우울증을 경

과학에서 실천으로
우울증 감소를 위한 인지적 재구성

마　크 : 어제 제일 친한 친구와 싸웠어요. 무슨 일로 싸웠는지 기억조차 나지 않아요. 믿을 수가 없어요. 우리는 아마 다시는 서로 이야기하지 않을 거예요. 그리고 우리가 서로 말하지 않으면, 같이 어울리는 친구들과 어울릴 수도 없을 거예요.

치료사 : 저런. 매우 안타깝구나. 혹시 이 상황을 우리가 배운 기술을 연습하는 데 활용할 수 있을지 궁금하구나. 그리고 우리는 이 문제에 대한 너의 해석이 현실적인지 살펴보면 좋을 것 같아. 기억해. 우리의 역할은 형사처럼 증거를 수집하는 거야. 네 마음을 바꾸라고 하는 게 아니라, 어떤 증거가 있는지 살펴보자는 거야.

마　크 : 노력해 볼게요. 하지만 이 싸움으로 우리 관계는 끝났다고 확신해요.

치료사 : 좋아. 첫 단계는 네 생각을 확인해보는 거야.

마　크 : 방금 말했던 것처럼. 진짜 이 싸움으로 가장 친한 친구와 다른 친구들을 모두 잃게 될 거라고 생각하고 있어요.

치료사 : 분류해야 할 생각이 많구나. 우선 한 번에 하나씩 해보자. 먼저, 어떤 생각의 함정에 빠지고 있지 않은지 살펴보자.

마　크 : 최악의 상황을 가정하고 있는 것 같아요. 우리 우정이 끝났는지 확실히 알 수는 없지만, 정말 그런 것 같은 느낌이 들어요.

치료사 : 좋은 시작이야. 이제 이 싸움이 정말로 우정을 끝내게 될 것인지 아닌지에 대해 증거를 찾아보자. 이전에 친구와 싸운 적이 있니?

마　크 : 몇 주 전에 다른 문제로 다투기는 했어요. 그렇지만 그렇게 큰 싸움은 아니었어요..

치료사 : 좋아. 싸우고 나서 무슨 일이 있었지?

마　크 : 며칠 동안 서로 말을 하지 않았어요. 그러고 나서 친구가 제게 전화를 했어요. 친구가 전화했을 때 안심이 되었어요.

치료사 : 좋아. 지난번에 비슷한 일이 있었을 때, 친구가 네게 전화했고, 너는 안심이 되었구나. 싸움이 크지는 않았지만, 너는 그것을 해결할 수 있었네. 이것은 마음에 새겨 둘 좋은 정보였어. 이 사실이 네 기분의 변화를 가져왔니?

마　크 : 조금 희망적인 것 같아요.

치료사 : 훌륭해! 희망이 있을 때 해결책을 향해 시도하고 작업해야 할 이유가 생긴단다.

출처 : Ehrenreich-May et al. (2017).

험하는 사람은 집, 학교, 친구들과의 관계에서 최대 능력을 발휘하지 못할 수도 있음을 알고 있다. 실수를 하거나 해야 할 일을 해낼 에너지가 없다고 해도, 이것은 그(그녀)의 잘못이 아니다. '우울해서 그런 것이다' 우리는 기분이 나아질 수 있도록 시간을 갖기를 원하지만, 또한 평상시의 활동으로 돌아갈 수 있도록 가능한 많은 노력을 하기를 바란다.

한편으로는 제한된 환자 역할을 부여하는 것은 청소년들과 부모들이 청소년의 기능 저하에 대해 그들을 비난하는 것을 줄여준다. 다른 한편으로는 청소년들이 집에서 가사 일을 돕고, 학교에 다니고, 다른 사람들과 상호작용 하는 것과 같은 일상적인 책임을 다하려고 노력할 것을 기대한다(Miller, Hlastala, Mufson, Leibenluft, & Riddle, 2016).

대인관계척도

대인관계심리치료의 초기 작업은 **대인관계척도**(interpersonal inventory)를 실시하는 것이다. 대인관계척도는 청소년의 삶에서 중요한 타인을 탐색하는 것이다. 이 척도의 목적은 대인관계의 수와 질, 그리고 시간의 경과에 따른 이러한 관계의 변화, 그리고 어떤 관계가 청소년의 기분에 가장 강력하게 영향을 미치는지에 대해 평가하는 것이다(Miller, Hlastala, Mufson,

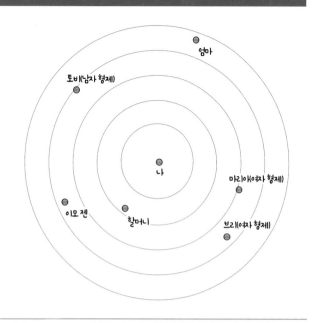

그림 13.6 ■ 대인관계척도

주 : 대인관계척도는 청소년이 그들의 삶에서 다른 사람들과 얼마나 가깝게 느끼는지, 그리고 자신의 관계가 자신의 기분에 어떻게 영향을 미치는지를 보여준다. 출처 : Dietz, Weinberg & Mufson (2018).

Leibenluft, Yenokyan, & Riddle, 2018).

대인관계 치료사들은 청소년이 그들의 관계와 각 사람에게 가지는 애착과 관계를 시각적으로 보여주기 위해 '친밀감의 원(closeness circle)'을 사용한다(그림 13.6). 친밀감의 원은 청소년의 이름이 중심에 있는 4개의 동심원들로 이루어져 있다. 청소년이 그 사람과 얼마나 가깝게 느끼는지에 따라 내부 또는 외부 원에 그들을 배치한다.

친밀감의 원이 완성되면, 치료사는 청소년에게 자신의 기분에 가장 큰 영향을 미치는 4~5명의 사람들(긍정적, 부정적 모두)을 확인하고, 각 관계의 빈도와 질을 표시하도록 한다. 일반적으로 치료사와 청소년은 대인관계척도를 활용해서 지지자원이 되는 관계뿐 아니라 청소년의 우울에 기여하는 관계도 알아차리도록 할 수 있다.

대인관계 문제영역

청소년과 치료사는 대인관계척도(Interpersonal Inventory)를 활용하여 치료의 초점이 될 1~2개의 대인관계문제를 선택한다. 이러한 문제들은 다음의 대인관계 주제들 중 하나에 초점을 둔다(Miller et al., 2018): (1) 슬픔과 상실, (2) 대인관계 역할 갈등, (3) 역할 전환, (4) 대인관계 결핍

어떤 청소년들은 중요한 관계의 상실 이후에 우울감을 경험한다. 청소년들은 가족 구성원의 죽음, 부모로부터의 분리 또는 친구와의 이별로 슬퍼할 수 있다. 사랑하는 사람과의 관계에 문제가 생겼을 때 청소년은 불안정감과 무력감을 경험할 수 있다. 애착 이론의 관점에서, 이러한 청소년들은 편안함과 자신감을 얻을 수 있는 안전 기지를 잃어버린 것이다. 결과적으로, 일부 청소년들은 불안해하거나, 두려워하고, 자기 확신을 하지 못하게 된다. 다른 이들은 위축되거나 무기력해지기도 한다. 또 다른 이들은 행동화하기도 한다. 대인관계 치료사는 청소년들이 관계의 상실을 슬퍼하고 대안적인 지지 자원을 개발하도록 돕는다.

다른 청소년들은 대인관계 역할 갈등으로 인해 우울해질 수 있다. 역할 갈등은 청소년과 부모 사이에서 발생하며 기대 또는 가치의 차이를 반영한다. 청소년기에는 의견 불일치가 일반적이지만, 해결되지 않은 채 방치되면 문제가 될 수 있다. 부모를 동정심이 없고 무관심하다고 지각하는 청소년은 무가치감과 무력감을 느낄 수 있다. 치료사는 부모와 청소년에게 보다 효과적인 의사소통 기술과 부모의 권위와 청소년의 자율성이 조화를 이룰 수 있는 방식으로 불일치를 해결하는 방법을 가르칠 수 있다.

청소년들은 또한 대인관계 역할 전환 후에 우울증을 경험할 수 있다. 청소년들은 상당한 인생의 전환을 경험한다. 중학교와 고등학교에 입학하고, 데이트를 하며 진지한 낭만적인 관계를 경험하고, 가족으로부터 독립하고, 대학에 들어가거나 처음 직장을 갖게 된다. 다른 때에는, 새로운 형제자매의 탄생, 가족 구성원의 군대 배치 또는 팬데믹으로 인한 격리 기간과 같은 강제적으로 인생의 전환을 경험하게 되기도 한다. 대인관계 치료사는 청소년이 새로운 사회적 역할을 정의하고, 수용하고, 대처할 수 있도록 돕는다. 대처에는 이전 역할의 상실을 슬퍼하고, 새로운 기술을 습득하며, 새로운 책임이나 환경에 맞게 생활 방식을 조정하는 것이 포함될 수 있다.

마지막으로, 청소년들은 대인관계 결핍으로 인해 우울해질 수 있다. 적절한 사회적 기술이 부족한 청소년들은 친구를 사귀고, 사회활동에 참여하고, 친밀한 관계를 발전시키는 데 어려움을 겪을 수 있다. 청소년들의 자아개념은 또래의 영향을 많이 받기 때문에, 친구 관계의 문제는 사회적 고립과 자기 가

치의 결여를 초래할 수 있다. 치료사는 청소년의 사회적 지지 네트워크를 증가시키기 위해 사회적 기술을 가르칠 수 있다 (Miller, 2018).

의사소통 분석

대인관계의 문제 영역에 관계없이, 대부분의 청소년들이 의사소통 분석을 통해 도움을 받는다. 의사소통 분석 (communication analysis)은 청소년의 우울 증상과 관련된 대화, 상호작용, 논쟁을 면밀히 점검하는 것을 포함한다. 의사소통 분석의 목표는 대화를 검토하고 관계의 질을 향상시키기 위해 더욱 효과적인 상호작용 방식을 찾는 것이다 (Whisman, 2019).

의사소통 분석을 수행하기 위해 치료사는 청소년에게 분노, 슬픔, 절망감, 무력감을 느끼게 했던 지난주에 발생한 상호작용을 찾아보라고 요청한다. 그다음에 청소년은 그 상호작용을 가능한 자세히 설명해서 각각의 참가자가 무엇을 말했고 행동했는지, 그 상호작용이 어떻게 자신의 기분에 영향을 미치는지, 그리고 그 상호작용이 청소년이 원하는 방식으로 마무리가 되었는지 등을 결정한다. 대부분의 사례에서, 치료사와 청소년은 그 상황의 긴장을 완화시키거나 더 나은 결과를 얻기 위해 다르게 행동했을 수도 있는 상호작용의 하나 혹은 두 가지 측면을 찾을 수 있을 것이다. 치료사는 청소년의 의사소통 기술을 향상시키고 더 나은 관계를 구축하는 데 필요한 몇 가지 팁을 제공할 수 있을 것이다(Jacobson, Mufson, & Young, 2018).

> 적절한 타이밍을 찾아라 : 대화의 적절한 타이밍을 찾아라. 다른 사람들이 화가 나 있거나, 짜증이 나 있거나, 산만해져 있거나, 피곤할 때 화제를 꺼내지 마라.
>
> 얻기 위해서는 주라 : 대화를 시작할 때, 공감을 표현하고 상대방의 관점을 인정하면서 시작하라.
>
> 나-메시지를 활용하라 : 다른 사람을 비난하지 않기 위해 나 자신의 감정에 대해 이야기해라(예 : "나는 슬퍼요…").
>
> 해결책을 염두에 둬라 : 불평하기보다는 타협을 시도하라. 문제를 해결할 수 있는 몇 가지 방법을 제안하라.
>
> 포기하지 마라 : 관계 발전에는 시간과 노력이 든다.

대부분의 대인관계 치료사는 치료 회기에서 청소년들과 역할극 상호작용을 한다. 역할극을 통해 청소년들은 안전한 환경에서 새로운 의사소통 기술을 시도할 수 있다. 역할극은 또한 치료사가 피드백과 격려를 제공할 수 있게 한다. '과학에서 실천으로'에서 의사소통 분석의 예시를 볼 수 있다.

우울증을 가진 아동·청소년을 위한 효과적인 치료는?

심리치료의 효과

아동·청소년 임상심리협회(Society of Clinical Child and Adolescent Psychology)와 미국소아과학회(American Academy of Pediatrics)에 따르면 CBT와 IPT는 소아기 우울증에 유일한 근거기반치료이다. 어린 아동들에게 CBT는 선택사항으로 고려된다. 나이 든 아동과 청소년에게 CBT와 IPT는 잘 확립된 치료(well-established treatment)이다(Cheung et al., 2018; Weersing, et al., 2017).

최근의 메타분석 연구에서는 이러한 권고 사항을 지지한다. 아동 및 청소년의 우울 증상에 대한 CBT(ES = .47) 및 IPT(ES = .60)의 전반적인 효과는 중간 정도(medium)이다. 이러한 치료 중 하나를 받는 아동·청소년들은 치료를 받지 않는 아동·청소년들보다 거의 2분의 1 표준편차 이상의 호전을 보였다(Zhou et al., 2016).

CBT와 IPT는 또한 지역사회의 임상가들이 제공하는 다른 치료법들보다 효과적이다. 예를 들어, 클라크와 동료들(Clark et al., 2016)은 대규모의 우울증 청소년 표본을 모집하였다. 표본의 절반은 CBT에 무선 할당하고, 나머지 절반은 평소와 같은 치료를 받았다(treatment as usual, TAU). 평소와 같은 치료(TAU) 집단은 치료사, 사회복지사, 학교 상담사로부터 상담을 받았다. CBT를 받은 아동·청소년들은 TAU 집단의 아동·청소년들보다 더 빨리 회복되었고, 추석 관찰에서 더 나은 기능을 보였다(그림 13.7).

약물치료의 효과

1990년대 초반까지 아동 및 청소년 우울증에 약물치료는 제한적이었다. 대부분의 의사들은 클로미프라민(아나프라닐)과 이미프라민(토프라닐)과 같은 삼환계 항우울제(tricyclic antidepressants)를 처방했다. 이러한 약물은 화학 구조가 3개

과학에서 실천으로

대인관계 증진을 위한 의사소통 분석

©iStockphoto.com/SDI Productions

이마니 : 친구와 전화 통화를 하고 있었는데, 엄마가 들어와서 집에서 아무것도 하지 않는다고 소리치기 시작했어요.

치료사 : 엄마가 소리치기 전에 무슨 일은 없었나요?

이마니 : 아니요. 엄마는 방금 퇴근하고 집에 오자마자 소리치기 시작했어요. 항상, 다른 사람에게는 그렇게 하지 않고 나에게만, 소리를 쳐요. 내가 통화하는 것을 알고 창피를 주려고 그러는 거예요. 내가 친구를 사귀는 것을 바라지 않는 거죠.

치료사 : 알겠어요. 지금 내가 원하는 것은 이마니와 엄마가 서로에게 했던 다른 말을 말해주는 거예요.

이마니 : 정확히 기억나지 않아요.

치료사 : 그냥 최선을 다해서 해봐요.

이마니 : 엄마는 "이마니, 전화로 뭐하고 있니? 집이 엉망이야. 너는 부엌도 청소하지 않았고, 니 책이랑 신발이 거실에 어질러져 있어. 전화를 끊고 청소를 좀 해줘"라고 말했어요.

치료사 : 그 이야기를 들었을 때 기분이 어땠나요?

이마니 : 엄마가 나를 방해해서 미칠 듯이 화가 났어요. 엄마는 항상 그런 식이에요.

치료사 : 그리고 엄마에게 뭐라고 말했나요?

이마니 : 저는 엄마에게 전화를 끊겠다고 했지만 전화를 끊지 않았어요.

치료사 : 엄마는 어떤 기분이 들었을까요?

이마니 : 엄마가 원하는 것이 무엇이든 내가 상관하지 않는다고 생각하는 것 같았어요. 엄마를 조금도 배려하지 않는 것처럼 느낄 것 같아요. 엄마가 그런 표정을 지어서 나는 전화를 끊고, 내 물건을 집어 들고 방에서 나갔어요.

치료사 : 처음으로 돌아가서 상황을 더 좋게 만들 수 있는 말과 행동이 있는지를 한번 생각해 볼까요? 엄마가 집에 도착해서 너에게 전화를 끊으라고 했을 때 더 나은 기분과 결과를 이끌어 낼 수 있는 말이나 행동은 어떤 것이 있을까요?

이마니 : 제가 '좋아'라고 말할 수 있었어요. 그렇게 화나고 짜증 난 것처럼 들리지 않게요. 그러고 나서 바로 전화를 끊을 수도 있었어요.

치료사 : 그게 시작이지만, 그게 어떻게 느끼게 만들었을까요?

이마니 : 저는 엄마를 화나게 한 일에 대해서는 그렇게 나쁘게 생각되지는 않아요. 그렇지만, 엄마가 내게 달려들어 전화를 끊게 한 것에 대해서는 아직도 화가 나요.

치료사 : 그럼. 다르게 해볼 수 있는 일은 뭐가 있을까요?

이마니 : 일단 엄마가 진정하시고 나면, 나는 엄마가 직장에서 힘든 하루를 보낸 것을 알고 있고, 집이 엉망이어서 미안하다고 말할 수 있었어요. 그러고 나서 내가 얼마나 친구와 이야기하고 싶은지 설명할 수 있었을 거예요.

[청소년이 어떻게 적절한 타이밍을 활용하고, 공감을 전하며, 나 전달법을 활용하고 있는지를 주목하라.]

치료사 : 나를 엄마인 것처럼 생각하고 한번 말해볼까요.

이마니 : 엄마, 오늘 하루 힘들었던 거 알아요. 집에 오셨을 때 부엌이 엉망이라 속상하셨죠. 죄송해요. 친구와 이야기를 나눈 뒤에 청소하려고 했어요. 친구에게 다시 전화해서 대화를 마저 하고 나서 치워도 될까요?

[청소년이 해결책을 제시하는 부분에 주목하라.]

치료사 : 엄마와 나의 기분은 어떨까요?

이마니 : 서로의 기분을 이해했기 때문에 조금 나아졌을 것 같아요.

치료사 : 엄마가 뭐라고 대답하셨을 것 같아요?

이마니 : 친구와 다시 전화 통화를 하도록 허락했을 것 같아요. 아마도 소리 지른 것에 대해 사과할 수도 있을 것 같아요.

출처 : Mufson et al. (2018).

의 고리를 포함하고 있어서 '삼환계'라고 불린다. 여러 연구에서 이러한 약물은 시냅스에 세로토닌과 노르에피네프린에 영향을 주어 성인의 우울증을 경감시키는 데 효과적이었다는 것이 밝혀졌다(Emslie, Croarkin, Chapman, & Mayes, 2016).

삼환계 항우울제는 오늘날 두 가지 이유에서 아동들에게 거의 처방되지 않고 있다. 첫째, 여러 연구에서 이러한 약물들이 아동 · 청소년의 우울증을 완화시키는 데 위약보다 더 효과적이지 않았다는 것이 밝혀졌다. 삼환계 항우울제는 약

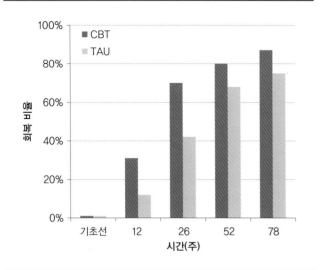

그림 13.7 ■ 우울증에 대한 인지행동치료 VS 평소와 같은 치료

주 : 인지행동치료에 참여한 우울증 청소년들은 지역사회에서 상담을 받는 청소년들보다 더 빨리 회복되었다. 출처 : Clarke et al. (2016).

물이 작용하는 세로토닌과 노르에피네프린 신경전달물질 시스템이 후기 청소년기 또는 초기 성인기까지 완전히 발달하지 않아서 아동들에게는 효과적이지 않을 수 있다(Cipriani et al., 2017). 둘째, 삼환계 항우울제는 아동들에게 심장 부정맥, 경련 및 사망을 포함한 심각한 부작용을 일으킬 수 있다(Dulcan & Ballard, 2016).

1990년대 초에, 의사들은 우울증을 가진 아동·청소년들에게 선택적 세로토닌 재흡수 억제제(selective serotonin reuptake inhibitors, SSRI)를 처방하기 시작했다. 현재 아동 또는 청소년을 대상으로 네 가지 SSRI가 승인되었다. 에스시탈로프람(렉사프로), 플루옥세틴(프로작), 플루복사민(루복스), 설트랄린(졸로프트). 이러한 약물들은 세로토닌의 재흡수를 늦추어 신경전달물질이 시냅스 간극에 더 오래 머물 수 있게 한다. SSRI 약물들은 과거의 삼환계 항우울제와 다른 화학 구조를 가지고 있어서 더 효과적이며 위험한 부작용이 적었다. SSRI의 일반적인 부작용으로는 구강 건조, 변비, 두통, 메스꺼움 등이 있다(Bowers et al., 2020).

최근에는 세로토닌과 노르에피네프린의 재흡수를 늦추는 새로운 항우울제가 아동기 우울증 치료에 사용되고 있다. 세로토닌-노르에피네프린 재흡수 억제제(SNRI)에는 벤라팍신(이펙사)과 둘로섹틴(심발타)이 포함된다. 부작용은 SSRI와 유사하다(Bowers et al., 2020).

SSRI와 SNRI는 아동·청소년의 우울증 치료에 효과적인가? 최근의 메타 분석으로 대답은 "예"이지만, 몇 가지 주의 사항이 있다(Locher et al., 2018). 이 새로운 항우울제를 복용한 아동·청소년들은 대기자 통제 집단에 비해 기분이 현저히 개선되었음을 보였다. 그러나 약물치료의 효과는 위약효과, 즉 약물치료가 효과가 있을 것이라는 사람들의 기대가 상당 부분 설명력을 가진다. 위약효과와 비교해서, 이러한 약물치료의 전반적인 효과는 유의미하였지만, SSRI(ES = .21), SNRI(ES = .16)에서는 작았다.

또 다른 메타분석 연구에서 14개의 다른 항우울제가 아동에게 미치는 영향을 연구했다. 플루옥세틴(프로작)만이 위약보다 아동의 증상을 줄이는 데 훨씬 더 효과적이었다. 결과적으로 플루옥세틴은 약물치료를 고려하고 있는 가족들에게 1차 치료제로 고려되고 있다(Cipriani et al., 2017).

항우울제의 안전성

20년 전, 특정 항우울제가 우울증 아동·청소년의 자살사고와 자살행동의 위험을 증가시킬 수 있다는 우려가 있었다. 2004년 국립정신건강연구소(National Institute of Mental Health, NIMH)의 연구자들은 항우울제와 자살의 연관성에 관한 기존 연구 문헌들을 검토했다. 이들의 분석에는 4,500명 이상의 아동·청소년들이 참여하는 23개의 무선 통제 실험들이 포함되었다.

연구자들은 항우울제를 처방받은 아동들 중 아무도 자살을 완수하지 않았다는 것을 발견했다. 그러나 SSRI를 복용하는 아동·청소년의 3~4%는 증가된 자살 사고를 경험했으며, 이는 위약을 복용하는 아동·청소년보다 대략 두 배 높은 비율이었다. 이에 대해 미국식품의약국(FDA)은 항우울제에 대한 경고문을 발표했는데, 이러한 약물들이 아동과 청소년들의 자살 사고를 증가시킬 수 있다는 것을 지적하였다. 이 경고는 아동·청소년 항우울제 사용을 현저히 감소시켰다(Bachmann et al., 2017; Saunders & Bloch, 2018).

보다 최근의 메타분석연구에서 위약에 비해 항우울제를 처방받은 아동·청소년 집단에서 자살관념(suicidal ideation)의 위험이 더 높았다는 결과를 확인했다. 현재까지 가장 대규모의 연구에서 SSRI 또는 SNRI를 복용하는 아동·청소년의 7%

가 자살 사고의 증가를 경험했다(Locher et al., 2018). SNRI 약물인 벤라팍신(이펙사)은 다른 항우울제보다 유의미하게 더 높은 위험을 보였다(Cipriani et al., 2017; Gibbons et al., 2015).

오늘날 대부분의 전문가들은 아동들에게 있어서 항우울제의 이점이 자살사고 증가 위험보다 더 클 것이라고 믿고 있다. 더 많은 아동·청소년들이 항우울제를 처방받은 곳에서는 자살을 완수하는 아동·청소년의 수가 실제로 감소했다(Cheung et al., 2018; Dulcan & Ballard, 2016).

우울증을 치료하기 위해 약물치료와 심리치료를 병행해야만 하는가?

미국아동청소년정신의학회(American Academy of Child and Adolescent Psychiatry)와 미국소아과학회(American Academy of Pediatrics)는 중등도에서 고도의 우울증을 경험하는 아동·청소년들에게 항우울제 약물치료와 심리치료(IPT/CBT)를 모

두 받을 것을 권장한다. 그들의 권고는 우울한 아동·청소년을 위해 약물치료와 심리치료의 장점을 비교한 세 가지 대규모 연구를 기초로 하고 있다(Calles & Nazeer, 2018b; Cheung et al., 2018).

TADS

우울증 청소년의 치료연구(Treatment for Adolescents with Depression Study, TADS)는 중등도에서 고도의 우울증을 가진 청소년들에게 약물치료와 심리치료의 장단기 효과를 조사하였던 대규모 무선 할당 연구이다(그림 13 8). TADS에서 우울증을 가진 439명의 청소년들을 네 집단으로 무선 할당하였다: (1) 플루옥세틴(프로작) 약물 단독치료, (2) CBT 단독치료, (3) 약물치료와 CBT 병행치료, (4) 위약 집단. 모든 치료는 12주 동안 실시되었다. 결과 평가를 위해, 연구자들은 청소년의 우울 증상, 사회−정서적 기능, 자살 사고와 자살 행동 등을 평가하였다(Treatment for Adolescents With Depression Study Team, 2004).

그림 13.8 ■ TADS 연구결과

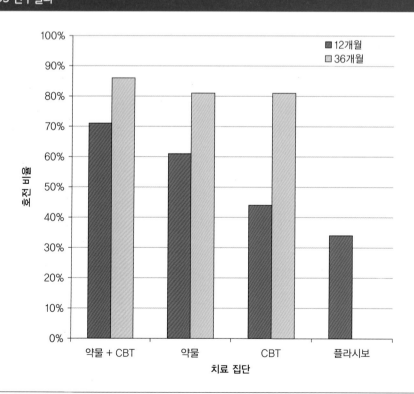

주 : 치료 12주 후(어두운 막대), 약물 단독치료 및 인지행동치료＋약물치료 병행 집단의 청소년이 가장 큰 호전을 보였다. 치료 36주 후에는 세 그룹의 치료군 모두 동등하게 개선되는 결과를 보였다. 출처 : Engler & Qayyum (2019).

12주 치료 후, 개선을 보인 청소년의 비율은 병행 치료집단이 71%, 약물 단독치료 집단이 60.6%, CBT 단독치료 집단이 43.2%, 위약 집단이 34.8%였다. 병행치료 또는 약물치료 단독 집단이 CBT 단독치료 또는 위약 집단에 비해 개선될 가능성이 더 높았다. 병행치료 집단과 약물 단독집단의 차이는 통계적으로 유의하지 않았다. 그러나 병행치료를 받은 청소년이 약물 단독치료 청소년보다 빨리 호전됐다.

세 치료 집단의 청소년들은 연구 과정에서 자살관념(suicidal ideation)과 자살행동의 감소를 보였다. 또한 병행치료를 받은 청소년은 약물 단독치료 집단의 청소년(14.7%)에 비해 자살사고나 자살행동을 경험할 가능성이 8.4% 더 낮았다.

치료 36주 후, 유의미한 개선을 보인 청소년들의 비율은 병행치료 집단(86%), 약물 단독치료 집단(81%), CBT 단독치료 집단(81%)에서 비슷하게 나타났다. 대부분의 청소년들이 유의미한 개선을 보였지만, 40%는 지속되는 우울 증상과 손상을 보였다.

전반적으로 TADS의 결과는 병행치료가 약물 단독치료나 CBT 단독치료보다 더 빠른 회복과 자살관념 및 자해 위험이 적은 것으로 나타났다. 그러므로 중등도에서 고도의 우울증을 경험하는 청소년에게는 SSRI와 심리치료의 병행이 권장된다.

SOFTAD

청소년 우울증 치료 추적 조사연구(Survey of Outcomes Following Treatment for Adolescent Depression, SOFTAD)는 원래 TADS에 참여한 196명의 청소년들의 장기적인 결과를 추적한 자연적 연구였다(Yu, Kratochvil, Weller, Mooreville, & Weller, 2010). 치료 약 3년 후, 대부분의 청소년들은 초기 우울 삽화에서 회복되었다. 예상했던 대로, 원래 TADS 연구에서 치료에 반응을 보인 청소년들(96%)은 그렇지 않았던 청소년들(79%)보다 완전한 회복을 보일 가능성이 더 컸다. 초기 TADS 연구에서 치료에 반응한 청소년들이 반응하지 않았던 청소년들보다 더 좋은 발달 궤적과 정신건강 결과를 보였다. 예를 들어, 치료에 반응을 보였던 청소년들은 치료에 반응을 보이지 않았던 경우보다 정신건강 서비스를 필요로 할 가능성이 적었고, 약물남용의 문제가 생길 가능성도 적었으며, 학교에 입학하거나 취업할 가능성도 더 높았다(Brenner et al., 2015; Curry et al., 2011; Peters et al., 2016).

불행하게도, TADS 연구에서 초기 우울 삽화에서 회복된 청소년들의 47%는 3년 이내에 두 번째 우울 삽화를 경험했다. 회복에서 두 번째 우울 삽화까지 기간의 중간값은 20개월이었다(Curry et al., 2012). 종합해보면, SOFTAD 연구 결과는 근거기반치료가 우울증을 경험하는 청소년들의 장기적인 결과에 미치는 영향이 매우 크다는 것을 암시한다. 그러나 치료를 받더라도 우울증 청소년의 재발율은 높은 것으로 나타났다.

TORDIA

기존 TADS 연구에서 약물 단독치료나 병행 치료를 받은 청소년들의 약 3분의 1은 처음 12주 동안 크게 개선되지 않았다. 이 청소년은 '치료-저항 집단'(treatment-resistant)으로 분류되었는데, 이들은 우울 증상, 손상의 증거, 자해의 위험이 계속해서 유의하게 나타났기 때문이다. SSRI-저항형 우울증 청소년의 치료연구(treatment of SSRI-resistant depression in adolescents, TORIDA)의 목표는 치료 저항을 보이는 아동·청소년들을 어떻게 도울 수 있을지 결정하기 위해 시행되었다(Brent et al., 2008, 2016).

TORDIA 연구에는 중등도에서 고도의 우울증을 가진 334명의 청소년들이 참여했다. 모든 청소년들은 SSRI를 처방받았지만 유의미한 증상의 개선을 보이지 않았다. 연구자들은 청소년의 약물치료를 중단하였다. 그런 다음 각 청소년을 다음의 네 집단으로 무선 할당하였다: (1) 다른 SSRI 약물, (2) 다른 SSRI 약물+CBT, (3) SSRI 계열이 아닌 항우울제 벤라팍신(이펙사), (4) 벤라팍신+CBT

12주 후에 연구자들은 약물과 CBT의 병행치료(55%)에서 약물 단독치료(41%)보다 더 많은 청소년들이 반응을 나타냈다는 것을 발견했다. 다른 SSRI로 변경하는 것은 벤라팍신으로 변경하는 것과 비슷하게 효과적이었다. 연구자들은 또한 약물치료와 CBT를 병행으로 치료하는 것이 불안과 같은 공존 정신건강 문제를 가진 청소년들에게 특히 도움이 된다는 것을 발견했다. 이러한 연구 결과는 SSRI에 반응하지 않는 우울한 청소년들에게 다른 SSRI로 변경하고 심리치료를 병행하는 것이 도움이 될 수 있음을 보여준다(Emslie et al., 2010).

심리치료와 약물치료의 병행이 효과적이라는 데 동의하지만, 대다수의 아동·청소년은 병행치료를 받지 못하고 있

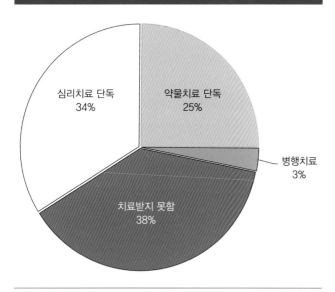

그림 13.9 ■ 우울증을 가진 아동·청소년들을 위한 치료

주 : 중등도에서 고도의 우울증을 경험하는 아동·청소년들에게 심리치료와 약물치료를 병행한 치료가 권장되지만, 단지 3%의 아동·청소년만이 병행치료를 받고 있다. 우울증을 가진 아동·청소년의 38%는 전혀 치료를 받지 못하고 있었다. 출처 : Soria-Saucedo et al. (2016).

다(그림 13.9). 한 대규모 연구에서 우울한 아동·청소년의 58%만이 치료를 받았다: 이 중에서 34%는 심리치료만 받았고, 25%는 약물치료만 받았고, 3%가 병행치료를 받았다. 또한 약물을 복용하는 아동·청소년의 75%는 경험적 지지가 제한적인 약물을 처방받았다. 이러한 발견은 우울증을 가진 아동·청소년들을 위한 근거기반치료의 더 많은 활용이 필요함을 강조한다(Soria-Saucedo, Walter, Cabral, England, & Kazis, 2016).

13.3 자살과 비자살적 자해

아동과 청소년의 자살은 얼마나 흔한가?

정의와 유병률

자살적 자해(suicidal self-injury)는 고의적인, 스스로 가한 상해 또는 죽고자 하는 의도가 있는 잠재적인 상해를 말한다. 예시로는 목매달기, 질식, 도로에 뛰어들기, 건물이나 다리에서 뛰어내리기, 독극물 섭취 또는 약물 과다 복용 등이다(Centers for Disease Control and Prevention, 2020e).

국가폭력사망보고체계(National Violent Death Reporting System, NVDRS)는 매년 자살로 사망하는 아동·청소년의 수를 추정하고 있다. 많은 자살 사건은 우발적인 원인에 기인하거나 희생자의 의도를 알 수 없어서 정확한 숫자를 확보하기 어렵다. 매년 1만 명당 7명의 아동·청소년이 자살을 완수한다. 이러한 유병률은 자살이 미국 아동·청소년의 두 번째 사망 원인이라는 것을 의미하며, 매년 대략 5,500명이 사망한다는 것이다(Centers for Disease Control and Prevention, 2019a).

자살사고(suicidal thoughts)와 자살시도에 대한 가장 최선의 자료는 국가동반이환조사(National Comorbidity Survey)이며, 이 자료는 국가 차원에서 청소년 대표 표본으로부터 수집되었다. 전체적으로 12.1%의 청소년들이 자살관념(suicidal ideation) 과거력을 보고했으며, 4%는 자살계획을 수립했고, 4.1%는 적어도 한 번 자살을 시도했다고 주장하였다. 자살을 시도한 청소년의 비율은 자살 계획을 수립한 청소년의 비율보다 약간 높았다. 그 이유는 일부 청소년들은 사전에 행동을 계획하지 않고 자살을 시도하기 때문이다.

종합하면, 이러한 자료는 자살사고, 자살계획 및 자살행동이 미국 청소년들 사이에서 비교적 흔하다는 것을 보여준다. 25명의 학생으로 구성된 고등학교 교실에서 평균 3명의 학생이 자살관념을 경험했고 1명의 학생은 자살을 계획하거나 시도했을 것이다(Spirito, Esposito-Smythers, & Wolff, 2018)

성별, 연령, 인종

자살사고와 자살행동의 유병률은 성별에 따라 차이를 보인다. 청소년기 여아들은 남아들보다 자살사고나 자살계획 가능성이 두 배 더 높으며, 자살시도는 세 배 더 높다. 자살로 사망할 가능성은 남아들이 여아들보다 두 배 더 높다. 남아들이 더 치명적인 방식을 선택하기 때문이다. 예를 들어, 남아(45%)는 여아(21%)보다 총기 사용 가능성이 높지만, 여아(11%)는 남아(3%)보다 독극물이나 약물과다 복용 가능성이 높다(Centers for Disease Control and Prevention, 2019a; Karch, Logan, McDaniel, Floyd, & Vagi, 2013).

미국 청소년들의 자살이 유의하게 증가한 것은 10년 전에 비해 지금 더 많은 여아들이 자살을 완수하고 있기 때문이다. 남아들의 자살 사망률은 지난 10년간 1만 명당 7.6에서 9.7명으로 증가했다. 대조적으로, 여아들의 자살은 같은 기간 동안

1만 명의 청소년당 2.3명에서 4.2명으로 증가했다. 여아들은 여전히 남아들보다 자살을 완료할 가능성이 적었지만, 지난 10년 동안 자살시도의 치명률이 거의 50% 증가했다(Twenge, Joiner, Rogers, & Martin, 2018).

자살사고와 자살행동의 유병률은 연령에 따라 차이를 보인다. 사춘기 전 아동들의 자살률은 매우 낮았다: 아동·청소년 1만 명당 0.2명이었다. 자살관념 또한 어린 아동들 사이에서는 드물다. 초기 청소년기 동안 자살관념은 약간 더 흔해지며, 15~18세 사이에 현저하게 증가하다가, 결국 청년기에는 약 12%에 달한다. 자살로 인한 사망도 연령에 따라 증가한다. 아동·청소년 1만 명당, 아동은 3.8명(10~14세), 초기 청소년은 6.9명(15~16세), 후기 청소년은 10.4명(17~18세)이 매년 자살을 한다(Centers for Disease Control and Prevention, 2019a; Sheftall et al., 2016).

자살 유병률은 인종에 따른 차이를 보인다. 아메리카 원주민 청소년의 자살률이 가장 높았으며(1만 명당 23명), 비라틴계 백인(1만 명당 8.9명), 아시아계 미국인(1만 명당 4.9명) 순이었다. 라틴계 및 아프리카계 미국인 청소년(1만 명당 4.1명)이 가장 낮은 자살 유병률을 보였다. 많은 연구자들은 청소년의 사회문화적 배경과 정체성이 자살행동에 차이를 부분적으로 설명한다고 믿고 있다. 청소년과 가족 및 지역사회의 신념과 가치는 청소년을 자살로부터 보호하거나 반대로 자해의 가능성을 높일 수 있다(Goldston, Weller, & Doyle, 2014).

아동과 청소년의 자살을 예측하는 요인은 무엇인가?

자살과 자해 과거력

미래의 행동을 예측하는 가장 좋은 예측인자는 과거의 행동이다. 이전의 자살사고와 자살행동은 미래의 자살시도를 예측하는 가장 좋은 예측인자이다. 자살을 시도하는 청소년의 약 88%는 시도 이전에 자살사고를 경험한다. 또한 자살로 사망한 청소년의 40%는 과거에 적어도 한 번의 시도를 했다. 이러한 결과들은 자살행동 위험군을 선별하고 자살시도를 예방하는 가장 좋은 방법 중 하나는 청소년에게 현재의 자살사고, 과거의 자살시도에 대해 직접 물어보는 것임을 암시한다(King, Foster, & Rogalski, 2013).

정신건강과 물질사용문제

정신병리는 자살의 가장 일반적인 위험요인 중 하나이다. 한 대규모 연구에서, 자살을 한 청소년의 약 90%는 적어도 한 가지의 정신장애를 가지고 있었다(King et al., 2013). 가장 흔한 장애는 우울증이다. 자살한 남아의 61%와 여아의 73%가 사망 당시 우울증을 가지고 있었다(Karch et al., 2013). 우울증과 자살의 연관성은 주요우울장애의 증상 중 하나가 죽음에 대한 반복적인 생각이나 자살관념이라는 점을 고려해보면 놀라운 일이 아니다(American Psychiatric Association, 2013).

양극성 장애를 가진 아동·청소년의 약 3분의 1이 자살시도를 보고했다. 유망하고 종단적인 연구에 따르면 양극성 장애로 입원한 청소년의 약 20%가 퇴원 1년 이내에 자살을 시도했다. 또한 양극성 장애로 입원한 청소년의 25%가 10년 이내에 자살했다(Karch et al., 2013; King et al., 2013).

물질사용이 있는 청소년들은 자살 위험이 높다. 물질사용 문제를 가진 청소년들은 또래보다 자살을 시도할 가능성이 남아는 15배, 여아는 3배 더 높은 것으로 나타났다. 물질사용 문제에 더하여 여러 가지 물질을 남용하거나, 폭음하거나, 기분장애를 경험하는 청소년들은 특히 위험하다(Haas, 2018).

심리사회적 스트레스 요인과 가족문제

많은 청소년들이 자살을 시도하기 직전에 심리사회적 스트레스 요인을 경험한다(Karch et al., 2013). 자살행동을 유발하는 가장 흔한 사건들로는 부모나 친구와의 관계 문제(51%), 생활 스트레스 요인 또는 위기상황(42%), 연인 관계의 문제 또는 임신 가능성(27%), 학교 관련 문제(26%)가 있다.

부모가 자살한 청소년은 자살 위험이 높다. 구체적으로 어머니가 자살로 사망한 청소년의 경우는 다섯 배, 아버지가 자살로 사망한 청소년의 경우는 두 배 더 자살 위험이 높았다. 쌍생아 연구에서 자살 위험은 중간 정도의 유전 가능성을 보였다; 또한 자살과 관련된 장애의 경우(예 : 양극성 장애, 우울증) 중등도에서 높은 수준의 유전 가능성을 보였다. 부모로부터 아동에게 자살 행동의 위험이 있는 유전자가 전해질 가능성이 크다. 그와 동시에, 자살행동을 하는 부모는 종종 발달시기의 자녀에게 상당한 스트레스가 될 수 있다. 이 스트레스로 인해 결국 기분 문제와 자살행동으로 이어질 수 있다(King et al., 2013).

실제로, 정신장애를 가진 부모들은(자살사고나 자살행동이 없다 하더라도) 자녀들을 자살의 위험에 처하게 한다. 기분장애나 물질사용 문제가 있는 부모의 청소년 자녀는 특히 위험도가 높다(King et al., 2013).

부모의 애착이나 지지가 부족한 청소년들 또한 자살사고나 자살행동을 더 많이 보고했다. 흥미롭게도, 부모의 지지에 대한 청소년의 지각이 실제 부모가 제공하는 지지보다 더 자살을 예측했다. 일부 우울한 청소년들은 부모와 가족에 대한 견해가 지나치게 비관적으로 왜곡되었을 가능성이 있다(King et al., 2013).

아동 학대는 청소년 자살의 중요한 예측 인자이다. 종단 연구에 따르면 신체학대 또는 성학대나 심각한 방임을 경험한 청소년들은 자살 및 자해 위험이 높았다(Miller, Esposito-Smythers, Weismoore, & Renshaw, 2013). 청소년의 우울증 수준이나 다른 심리사회적인 스트레스 요인을 통제했을 때조차도 아동학대는 유일하게 자살을 예측하는 요인이었다. 학대가 심할수록, 청소년들이 나중에 자살사고를 경험하거나 자해를 시도할 가능성이 커진다(Miller et al., 2013).

소셜 미디어 사용

일부 연구자들은 소셜 미디어의 과도한 사용이 청소년들을 우울증과 자살의 위험에 처하게 한다고 믿는다. 한 대규모 연구에서, 연구자들은 청소년의 소셜 미디어 사용, 우울 증상의 심각성, 자살관념 사이에서 유의한 상관관계가 있음을 발견했다. 이와는 대조적으로, 운동을 하거나, 가족 및 친구와 시간을 보내거나, 종교 예배에 참여하는 것과 같은 면대면 사회 활동에 더 많이 참여한 청소년들은 기분 문제를 덜 경험했다. 연구자들은 과도한 소셜 미디어의 사용이 사회적 고립과 외로움에 기여하여 청소년들을 우울증과 자해의 위험에 처하게 한다고 추측했다(Twenge et al., 2018).

몇몇 실험 연구에서 소셜 미디어 사용이 불쾌감을 초래할 수 있다는 추가적인 증거를 제시한다. 예를 들어, 연구자들은 대규모 페이스북 사용자들 표본을 모집하여 두 가지 조건에 무선 할당했다. 중재 그룹의 참가자들에게는 일주일 동안 페이스북 사용을 자제하도록 요청했다. 다른 참가자들에게는 페이스북을 계속 사용할 수 있도록 했다. 일주일이 지났

을 때, 페이스북을 잠깐 중단한 참가자들은 대조군보다 더 긍정적인 정서와 더 큰 삶의 만족도를 보고했다. 그 이득은 페이스북의 과도한 사용자들이나 소셜 미디어에서 다른 사람들과 비교하는 경향이 있는 사람들에게서 가장 컸다(Tromholt, 2016).

또 다른 연구에서 소셜 미디어 사용의 유해한 영향은 참가자들을 직접적인 사회활동을 증가시키도록 격려함으로써 변화될 수 있었다(Shakya & Christakis, 2017). 클럽, 스포츠, 취미 활동에 참여하는 것과 같은 즐거운 사회활동을 계획하는 것이 우울증의 효과적인 치료법이라는 것을 기억해보자(Lewinsohn, 1974).

괴롭힘과 사이버 괴롭힘

괴롭힘은 아동 · 청소년 자살의 위험 요인이 된다(Chu et al., 2015). 괴롭힘(bullying)은 권력을 가진 사람이 권력이 낮은 사람을 향해 의도적이고 반복적이며 공격적인 행동을 하는 것으로 정의된다. 괴롭힘은 신체적(예 : 때리기, 발로 차기, 꼬집기), 언어적(예 : 욕하기, 놀리기, 협박) 또는 관계적(루머 퍼뜨리기, 따돌림)으로 이루어진다. 학령기 아동들의 약 20~30%가 괴롭힘의 문제를 보고한다(Holt, 2015).

사이버 괴롭힘(cyber bullying)은 청소년들이 디지털 미디어를 사용하여 누군가를 해치거나, 위협하거나, 괴롭히거나, 창피를 주는 특정한 형태의 괴롭힘이다. 사이버 괴롭힘의 예로는 소셜 미디어에 상처를 주거나 곤란하게 하는 이미지를 게시하거나, 온라인 위협을 하거나, 악의적인 문자를 보내는 것이다. 사이버 괴롭힘은 공격이 잔인하고, 쉽게 퍼지며, 통제하기 어려울 수 있기 때문에 특히 치명적이다. 청소년들의 약 10~30%가 사이버 괴롭힘의 문제를 보고했다(Bauman & Bellmore, 2016).

어떤 종류의 괴롭힘도 청소년들을 자살의 위험에 빠뜨린다. 중학생을 대상으로 한 대규모 연구에서, 괴롭힘 피해자의 60%와 사이버 괴롭힘 피해자의 38%가 자살관념을 보고했다. 흥미로운 사실은, 집단 괴롭힘 가해자의 경우에도 48%, 사이버 괴롭힘 가해자도 32%에서 자살사고를 보고했으며, 이에 비해 괴롭힘에 관여하지 않는 청소년의 경우 12%에 불과하였다(Haas, 2018).

성소수자 정체성

레즈비언, 게이 또는 양성애자 청소년은 이성애자 또래에 비해 자살 위험이 높다. 평균적으로 레즈비언, 게이, 양성애자 청소년은 이성애자 동급생에 비해 자살사고를 보고할 가능성이 2~5배 높고, 자살을 시도할 가능성이 2~4배 높다. 자살관념과 자살시도는 게이 또는 양성애자 소년 및 청년들 사이에서 가장 높았다(Poteat & Rivers, 2015).

생물학적 성에 불응하는 청소년들은 자살사고와 자살행동에 대한 더 큰 위험을 보여준다. 트랜스젠더 청소년의 83%가 자살관념을 보고하고, 이들의 약 3분의 1이 자살을 시도했다(Testa & Hendricks, 2015).

성소수자 청소년들 사이에서 괴롭힘은 특히 흔하다. 국가 학교환경조사(National School Climate Survey)에 따르면, 레즈비언, 게이 또는 양성애자 청소년의 80~90%가 학교에서 욕설 또는 다른 형태의 언어폭력을 경험했다. 또한 55%는 사이버 괴롭힘을 경험했으며, 40%는 성적 정체성 때문에 신체적 괴롭힘을 당하거나 폭행을 당했다(Ybarra, Mitchell, Kosciw, & Korchmaros, 2015).

성소수자 청소년들은 괴롭힘의 빈도와 심각성을 통제한 후에도 자살에 대한 위험이 증가했다. 한 대규모 연구에서, 연구자들은 괴롭힘 노출을 통제한 후에도 게이 청소년이 이성애자인 동급생보다 자살관념을 경험할 가능성이 두 배 더 높다는 사실을 발견했다. 마찬가지로, 레즈비언 청소년들은 괴롭힘을 통제한 후에도 이성애자 또래들보다 자살사고를 경험할 가능성이 대략 3.5배 더 높았다. 부모와 가족의 지지 결여와 같은 다른 요인들도 성소수자 청소년의 자살 행동의 증가에 기여 하는 것으로 보인다(Mueller, James, Abrutyn, & Levin, 2015).

아동과 청소년의 자살을 설명하는 이론은 무엇인가?

자살의 무력감 이론

연구자들은 자살의 위험요인이 서로 어떻게 연관되는지 설명하고 자해를 예측하는 이론을 개발하였다(Barzilay & Apter, 2014). 한 가지 영향력 있는 모델은 자살의 무력감 이론(hopelessness theory of suicide)이다. 이 이론은 무력감을 특징으로 하는 특정 유형의 우울증이 자살의 강력한 예측 인자라

고 가정한다(Abramson, Metalsky, & Alloy, 1989).

이 이론에 따르면, 무력감은 개인이 사랑하는 사람의 상실이나 새로운 가정이나 학교로 옮겨 가는 것 또는 또래들의 거부와 같은 부정적인 생활 사건을 경험할 때 시작된다. 하지만 부정적인 사건만으로는 무력감을 초래하기 충분하지 않다. 무력감을 일으키기 위해서는 인지적 취약성이나 부정적인 사건에 대해 무력감을 느끼게 하는 특징적인 사고방식을 가져야 한다(Hewitt, Caelian, Chen, & Flett, 2014). 구체적으로, 무력감을 경험하는 사람들은 부정적인 사건에 대해 다음의 세 가지 방식으로 사고하는 경향이 있다:

그들은 부정적인 사건을 일반적이고 안정적 요인으로 귀인한다. 예를 들어, 한 소녀가 SAT에서 낮은 점수를 받은 것을 지능이 낮아서라고 믿는다. 그녀는 자신이 점수를 향상시키기 위해 할 수 있는 일이 없다고 생각하여 무력감을 느낄 수 있다.

그들은 부정적인 사건의 결과가 매우 중요하다고 믿는다. 예를 들어, 이 소녀는 낮은 SAT 점수로 인해 자신이 원하는 대학에 입학할 수 있는 능력이 제한될 것이라고 믿기 때문에 무력감을 느낄 수도 있다.

그들은 부정적인 사건이 무가치함의 지표라고 생각한다. 예를 들어, 이 소녀는 좋은 대학에 들어갈 수 없어서 자기 자신을 무가치하다고 느끼거나 부모님이 그녀를 인정하지 않을 거라 믿을 수 있다.

이러한 세 가지 사고방식은 무력감을 예측한다: (1) 부정적인 사건을 일반적, 안정적 요인으로 귀인, (2) 부정적인 사건이 중요한 결과를 가져왔다고 믿음, (3) 부정적인 사건으로 인해 자기가치감을 의심. 무력감은 결과적으로 자살을 예측한다(Abramson et al., 2000)

무력감 이론은 자살행동의 예방과 치료를 위한 방안을 제시한다. 치료사들은 아동에게 무력감을 유발할 가능성이 적은 사고방식을 가르칠 수 있다. 예를 들어, 낮은 SAT 점수를 불안정 또는 상황 귀인(예 : 시험 볼 때 컨디션이 좋지 않았다)을 하거나, 사건의 중요성을 재구성(예 : 데니슨대학교 같은 여러 우수한 대학은 SAT 점수를 제출하지 않아도 된다)하거나, 자기 가치를 시험 점수와 별개(예 : 내가 어느 대학을 가

건, 엄마는 나를 지지할 것이다)로 본다면 무력감을 덜 느끼게 될 것이다(Steeg etl.,2016).

자살에 대한 대인관계심리이론

최근에 연구자들은 관계 문제가 자살사고와 자살행동을 초래하는 방식을 설명하기 위해 자살의 대인관계심리이론(interpersonal-psychological theory of suicide)을 개발했다(Joiner et al., 2009). 이 이론에 따르면, 자살은 세 가지 요인에 의해 유발된다. (1) 짐이 된다고 지각함, (2) 좌절된 소속감, (3) 자살 수행 능력(그림 13.10).

첫째, 자살 위험에 처한 청소년들은 부모나 또래와 같이 중요한 사람들에게 자신이 짐이 된다고 믿는다. 예를 들어, 한 소년은 "내가 왜 엄마를 그렇게 괴롭게 하나? 엄마는 내가 없는 게 더 나을 거야"라고 생각할 지도 모른다. 둘째, 청소년들이 소속감이 부족하다거나 주변 사람들과의 연결성이 부족하다고 느낀다. 예를 들어, 한 소녀는 친구들에게 따돌림을 당한다고 느끼거나 가족 활동에서 소외되었다고 느낄 수 있다.

짐이 된다는 느낌의 지각과 좌절된 소속감은 자살사고에 기여한다. 셋째, 자살 수행 능력은 왜 일부 청소년들이 그런 생각에 따라 행동하고 자해를 시도하는지 설명한다. 청소년들이 자해하거나 잠재적인 위험 행동을 하면서, 죽음에 대한 두려움이 줄어든다. 결과적으로, 자살을 시도할 가능성이 더 커지게 된다(Cha & Nock, 2014).

연구 결과는 일반적으로 자살에 대한 대인관계심리이론을 지지한다. 우리가 보았듯이, 가족이나 친구들로부터 멀어지거나, 양육자에 의해 학대당하거나, 동급생들에게 괴롭힘을 당하는 경우 위험성이 높았다. 이와는 대조적으로, 가족과 지역사회와 연결되어 있다고 느끼는 청소년들은 자살과 자해로부터 보호받을 수 있다(Barzilay & Apter, 2014).

경험적 연구에서 위험한 행동을 하거나 이전의 자해 경험이 자살행동의 억제를 줄이고 자해 수행 능력을 증가시킨다는 개념을 지지한다. 예를 들어, 학대를 경험하거나, 알코올 남용 및 기타 약물을 남용하거나 또는 과거에 자살을 시도했던 청소년들은 자살관념에서 자살시도로 전환할 가능성이 훨씬 더 크다(Cha, Wilson, Tezanos, DiVasto, & Tolchin, 2020).

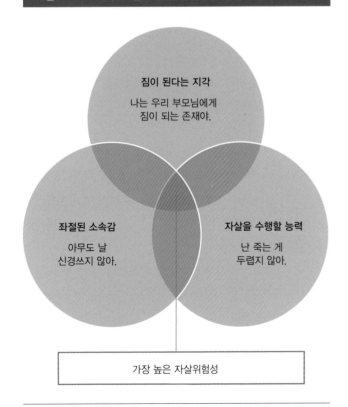

그림 13.10 ■ 자살에 대한 대인관계 심리 이론

짐이 된다는 지각
나는 우리 부모님에게
짐이 되는 존재야.

좌절된 소속감
아무도 날
신경쓰지 않아.

자살을 수행할 능력
난 죽는 게
두렵지 않아.

가장 높은 자살위험성

주 : Joiner et al. (2009).

비자살적 자해란?

비자살적 자해(nonsuicidal self-injury, NSSI)는 출혈, 타박상 또는 통증을 유발하는 방식으로 직접적이고, 고의로, 반복적으로 신체 표면에 해를 가하는 행위이다. 비자살적 자해를 하는 개인은 죽기를 원치 않는다. 대신 이들은 경미하거나 중등도의 신체적 손상만을 초래할 것이라는 기대로 자해를 한다. 청소년과 초기 성인들 사이에서 가장 흔한 자해 방법은 칼로 베기(79~90%), 치기 또는 때리기(20~40%), 불로 지지기(15~35%)이지만, 많은 청소년들이 여러 가지 다양한 방법을 사용한다(Rodham & Hawton, 2009).

NSSI는 놀랍게도 지역사회 청소년들에게서 흔하게 볼 수 있다. 사춘기 이전 아동의 3% 미만이 비자살적 자해를 한다. 유병률은 초기 청소년기(11~14세)에 8%로 증가하고 후기 청소년기(15~18세)의 유병률은 18~23%이다. 초기 성인기의 6%에서만 NSSI를 보였다. 이는 사춘기 후반이 발달적으로 NSSI가 가장 흔하게 나타나는 시기임을 시사한다. NSSI는 시간이 지남에 따라 적당히 안정적이다. 청소년기 초기에 자해를 시작한 청소년의 약 50%는 2.5년 후에도 계속 자해를 했다 (Hankin & Abela, 2011).

정신건강 치료에 의뢰된 청소년들 사이에 NSSI는 매우 흔하다. 입원 치료하는 청소년의 40%와 초기 성인의 21%가 NSSI를 보였다(Klonsky, Muehlenkamp, Lewis, & Walsh, 2012; Muehlenkamp, Claes, Havertape, & Plener, 2012).

초기 청소년기에, 여아들은 남아들에 비해 NSSI를 보일 가능성이 약 네 배 더 높다. 후기 청소년기 또는 초기 성인기까지, 성별 분포는 대략 균등해진다. 다른 연구들에서 청소년이 자해에 사용하는 방법에서 성별 차이가 있다고 제안했다. 여아들은 남아들보다 칼로 베거나, 할퀴기를 많이 했다. 이와는 대조적으로, 남아들은 자신을 때리거나 주먹으로 치는 경우가 더 많았다(Victor et al., 2018).

비자살적 자해를 설명하는 이론은?

사회적 전염

사회적 학습 이론은 비자살적 자해의 발달에 중요한 역할을 할 것으로 보인다. NSSI를 보고하는 청소년들은 종종 친구(38%) 또는 소셜 미디어의 누군가(13%)를 따라서 처음 자해를 시도했다고 말했다(Morris & Wester, 2020)

자해의 사회적 전염 모델(social contagion model)은 NSSI가 또래와의 상호작용을 통해서 확산된다고 가정한다. 청소년 또래 집단의 한 구성원이 NSSI를 하기 시작하면 친한 친구들도 NSSI를 할 가능성이 높아진다. 연구자들은 지역사회의 청소년들에게 NSSI의 빈도와 강도를 보고하도록 요청했다. 그러고 나서 연구자들은 이 청소년들의 가장 친한 친구를 대상으로 NSSI를 모니터했다. 연구자들은 이후 2년 동안 청소년들의 가장 친한 친구들 사이에서 NSSI가 크게 증가하였다는 것을 밝혀, 사회적 전염의 개념을 지지했다(Wester, Morris, & Williams, 2018).

미디어 또한 청소년들의 NSSI 실행에 기여할 수 있다. TV, 영화, 음악 및 인터넷 사이트는 NSSI의 다양한 방법들을 설명하고, 시연하며 강화한다. 예를 들어, 연구자들은 NSSI를 묘사하는 가장 인기 있는 유튜브 동영상 100개를 분석했다. 이 동영상은 200만 회 이상 재생되었으며, 대부분 일반 대중이 접근 가능했다. 동영상의 약 90%가 노골적인 상해(예 : 칼로

베기, 불로 지지기)를 보여주었으며, 28%는 NSSI 행동을 시연했다. 대부분의 동영상이 무력감이나 우울한 메시지를 전달했다. 그러나 구독자들은 이 영상들을 긍정적으로 평가했다. 연구자들은 이 동영상들이 NSSI 실행을 피할 수 있는 청소년들에게 자해행동을 정상화시킬 수 있다고 결론지었다(Lewis, Heath, St. Denis, Noble, 2012).

학습이론

학습이론은 청소년들이 왜 시간이 지남에 따라 NSSI를 지속하는지 설명하는 데 사용될 수 있다. 이 이론에 따르면 NSSI는 조작적 조건형성을 통해 유지된다. NSSI의 네 가지 기능 모델(four-function model of NSSI)에 따르면, 자해 행동은 정적 강화(자극을 제공) 또는 부적 강화(자극의 회피 또는 제거)를 통해 유지된다. 또한 강화유형은 자동적(즉, 개인 내적)이거나 사회적(즉, 대인관계적)이다.

대부분의 NSSI 사례들은 **자동적 부적 강화**(automatic negative reinforcement)를 통해 유지된다. 자해 직후, 많은 청소년들이 혐오스러운 생각과 감정이 줄어든다고 보고한다. 예를 들어, 이들은 더 차분하게 느끼거나, 긴장이나 분노를 덜 경험하거나, 더 명확하게 사고할 수 있었다. 이러한 혐오적인 기분과 인지적인 상태의 감소나 제거는 시간이 지남에 따라 NSSI를 강화할 수 있다.

NSSI의 일부 사례는 **자동적 정적 강화**(automatic positive reinforcement)를 통해 유지된다. 일부 청소년들은 무기력, 무력감, 정서적 마비를 보고한다. 이들은 자극이 적당히 고통스럽더라도 NSSI를 통해 무언가를 느끼고자 한다. 일부 생리학 연구에서 NSSI가 엔돌핀의 분비를 유도할 수 있다고 제안한다. 내인성 오피오이드인 엔돌핀은 천연 진통제로 작용하여 자해와 관련된 통증을 줄일 뿐 아니라 쾌감을 유발할 수 있어 정적 강화될 수 있다.

NSSI는 자해 행동으로 인해 사회적 요구를 제거하거나 회피할 수 있게 되어 **사회적 부적 강화**(social negative reinforcement)를 통해 유지된다. 예를 들어, 일부 청소년은 NSSI를 활용하여 학교에 다니거나 또래와 함께하는 활동과 같은 연령에 적합한 책임을 회피한다.

보다 일반적으로, NSSI는 **사회적 정적 강화**(social positive reinforcement)를 통해 유지된다. 자해 행동을 함으로써 주변

사람들로부터 관심과 지지를 끌거나 동정심을 얻게 된다. 예를 들어, 한 종단적 연구에서 NSSI 행동을 보이는 청소년들이 자해 직후 아버지의 관심이 크게 증가되는 경험을 한 것으로 나타났다. 연구자들은 이러한 증가된 관심이 무심코 자해를 강화시킬 수 있다고 추측했다(Bentley, Nock, & Barlow, 2015).

임상가가 자살과 자해의 위험이 있는 청소년을 어떻게 도울 수 있는가?

자살 위험 평가

정신건강 전문가들은 정기적으로 자살사고와 자살행동의 위험이 있는 청소년들을 변별해내야 한다(Busby, Hatkevich, McGuire, & King, 2020). 일반적으로, 선별 검사는 진단 면접 동안 이루어진다. 임상가들은 종종 죽음에 대한 청소년의 현재 생각을 평가하기 위한 질문으로 시작한다. 그런 다음 자살사고와 자살행동에 대해 질문한다.

> 죽음에 대한 생각(thoughts of death) : 나는 너가 우울해서 죽음을 생각해 본 적이 있는지 혹은 너가 죽었으면 하고 바랐던 적이 있는지 궁금하단다.
>
> 자살 사고(suicide thoughts) : 정말 기분이 안 좋은 것 같구나. 가끔 사람들이 너처럼 크게 낙심하게 될 때, 자살에 대한 생각을 하기도 한단다. 너는 자살에 대해 생각해 본 적이 있니? 얼마나 자주? 얼마나 오래 지속되는지? 그 생각들을 마음속에서 지우는 것이 얼마나 어려울까?
>
> 자살 계획(suicide plans) : 어떻게 자살을 할지 방법을 생각해 보았니? 이 계획을 실행하기 위해 뭔가를 한 적이 있니?
>
> 자살 시도(suicide attempt) : 죽고 싶은 마음이 있니? 너의 자살을 막는 것은 무엇이니? 다음 주, 다음 달 또는 내년을 살고 싶게 하는 이유는 무엇이니?

임상가들은 민감하고 정중한 태도로 자살에 대해 질문하지만, 보기 좋게 꾸며 말하거나 완곡한 표현을 쓰지는 않는다. 임상가는 자살 평가에서 분명하고 직접적이어야 한다. 연구에 의하면 청소년에게 죽음과 자살에 대해 직접적으로 묻는

다고 해서 자살 가능성이 높아지는 것은 아니다. 사실상, 자살 행동에 대해 묻는 것은 자살의 예방과 치료에 필수적이다(Miller & Mazza, 2018).

자살 위험의 판단은 다음의 세 요소에 달려있다. 첫째, 임상가는 청소년이 과거에 자살시도를 했는지 여부를 판단한다. 둘째, 임상가는 주요우울증, 물질사용 또는 학대와 같은 자살 가능성을 증가시키는 다른 위험 요소가 존재하는지를 평가한다. 마지막으로, 임상가는 청소년이 자살할 수 있는 실행 가능한 수단을 가지고 있는지 여부를 판단한다. 예를 들어, 총, 진통제, 항우울제에 접근할 수 있는가?(Berona, Horwitz, Czyz, & King, 2020).

입원과 안전 계획하기

자살을 시도하거나 자살 위험이 높은 청소년들은 입원하게 된다(Capuzzi & Golden, 2015). 청소년의 생명을 보호하기 위해 입원이 필요하지만, 입원은 일반적으로 청소년, 가족 및 임상가에게 스트레스가 된다. 입원의 목표는 자살시도 후 필요한 의학적 치료를 제공하고 단기적으로는 청소년을 안전하게 지키고, 청소년이 집으로 돌아갈 수 있도록 안전 계획을 수립하는 것이다(Miller & Mazza, 2018).

안전 계획(safety plan)은 퇴원 후 청소년을 안전하게 지키기 위해 고안된 청소년, 양육자, 치료사 사이의 합의서이다(그림 13.11). 안전 계획의 첫 번째 구성요소는 자살 수단을 제한(means restriction)하는 것이다. 즉, 치료사들은 양육자들로부터 하여금 청소년들이 치명적인 자살 수단에 접근하는 것을 확인하고 제한하도록 도와준다. 예를 들어, 응급실 자살수단 제한 교육프로그램(Emergency Department Means Restriction Education program)은 보호자가 가정에서 총기를 제거하고, 약물과 술을 안전한 곳에 보관하고, 청소년의 활동을 모니터하는 근거기반 개입이다(Asarnow, Berk, Hughes, & Anderson, 2015).

안전 계획의 두 번째 구성요소는 청소년이 자살 시도를 유발할 수 있는 생각, 감정, 상황을 확인하고 유발요인에 대처하는 방법을 알려주는 것이다. 예를 들어, 청소년은 학교 수업이나 가정 문제로 압도당할 때 불쾌감을 경험할 수 있다. 이 청소년은 부정적인 감정에 대처할 수 있는 효과적인 방법으로 '강아지를 산책시키기' 또는 '달리기' 두 가지를 찾아 낼 수

그림 13.11 ■ 자살 예방을 위한 안전계획 예시

안전계획

1. 자살 사고나 자해 행동을 유발하는 요인은 무엇인가?
   내가 안전하고 안녕감을 유지해야 할 때를 어떻게 알아차릴 수 있을까?
   - 유발요인 : 혼자라고 느껴질 때, 아무도 나에게 관심이 없다고 느껴질 때
   - 인식하기 : 내가 가족들을 차단하고 있었다.

2. 이와 같은 유발요인, 자살사고, 충동을 경험하게 될 때 내가 취할 조치들
   - 긴장을 이완하기 : 기타 연주, 그림 그리기
   - 활동적인 신체적 활동을 하기 : 달리기, 운동하기
   - 기분 전환하기 : 드라이브 하기, 강아지 산책시키기
   - 대처진술을 활용하기 : 나 자신에게 시간을 준다면, 나는 내 문제에 대한 해결책을 생각할 수 있을 것이다.
   - 가족, 친구, 지지적인 사람과 연락하기
     할머니 xxx - xxx - xxxx
     이모 xxx - xxx - xxxx
     절친 xxx - xxx - xxxx
   - 나의 상담사 또는 응급실 전화번호 :
     응급구조 요청 : 119
     치료사/상담사 : xxx - xxx - xxxx
     자살예방상담 : 1393
   - 자해의 수단과 방법으로부터 멀어지기 : 자해 수단에 접근을 제한하는 것에 가족이나 지지적인 사람을 포함시키기

3. 나에게 매우 중요하고 살 가치가 있게 하는 일들은 다음과 같다.
   - 강아지와 함께 시간을 보내기
   - 주말에 할머니를 뵈러 가기
   내담자 : Margaret Sellers
   치료자 : Dr. Williams
   부모/보호자 : Jennifer Brown

출처 : Harkavy-Friedman & Hendin (2018b).

있다(King et al., 2013).

안전 계획의 최종 구성요소는 앞으로 있을 위기 상황에서 청소년을 위한 지지 자원을 찾는 것이다. 예를 들어, 청소년들은 정서적으로 압도당했을 때 의지할 수 있는 친구들의 이름이나 전화번호를 나열할 수 있다. 마찬가지로 치료사는 자신의 연락처 정보와 자살예방 핫라인 번호를 제공할 수 있다(Czyz, King, & Biermann, 2020).

약물치료

항우울제가 기분 문제를 완화시키는 데 도움이 되지만, 일부 청소년들은 약물을 복용하는 중에 자살관념을 지속적으로 경험한다. 또한 일부 청소년들은 항우울제를 복용한 후 자살관념의 증가를 경험한다. 연구자들은 청소년 자살에 대한 치료와 약물 효과를 판단하기 위해 **청소년 자살시도자들에 대한 치료**(treatment of adolescent suicide attempters, TASA) 연구를

실시했다.

TASA 연구에서는, 자살을 시도한 124명의 청소년들에게 항우울제(일반적으로 SSRI), 자살을 줄이기 위해 고안된 CBT 프로그램 또는 항우울제와 CBT의 병행 치료를 제공하였다. 6개월의 연구 기간 동안, 청소년의 24%가 자살관념이나 자살시도를 경험하였다. 이는 자살시도의 과거력이 있는 청소년에 의해 일반적으로 보고된 비율보다 훨씬 낮은 비율이다(Maksimowski & Qayyum, 2018). 또한 자살의 위험은 세 가지 조건에 따른 차이를 보이지 않았다. 마지막으로, 세 가지 치료 모두 우울증의 감소에 효과적이었다(Maksimowski & Qayyum, 2018).

TASA 연구는 항우울제가 자살의 과거력이 있는 청소년에게 안전하고 효과적으로 사용될 수 있다는 최선의 근거를 제공한다. 이 연구의 제한점은 모든 청소년들이 치료를 받았고(즉, 통제 집단이 없었다) 각 치료 조건에 무선 할당이 되지 않

았다는 점이다. TASA 연구에서 나타난 개선이 치료에 의한 것인지 아니면 부분적으로 위약효과에 의한 것인지 결정하기 위해서 앞으로 추가 연구가 필요하다(Harkavy-Freidman & Hendin, 2018a).

변증법적 행동치료

변증법적 행동치료(dialectical behavior therapy, DBT)는 비자살적 자해 행동을 보이는 청소년을 위한 치료로 추천된다. 마샤 리네한(Marsha Linehan)은 정서조절의 어려움, 불안정한 자아 정체감, 격동적인 관계 등의 특징을 나타내는 경계성 성격 장애를 가진 성인들을 치료하기 위해 변증법적 행동치료를 개발했다. 경계성 성격장애를 가진 성인은 심리적 고통을 표현하기 위한 목적이나 감정을 조절하기 위해서 또는 타인의 관심을 얻기 위해 자해를 하는 경우가 많다. 변증법적 행동치료가 경계성 성격장애를 가진 성인의 자해를 감소시키는 것으로 나타났으므로, 임상가들은 자해하는 청소년에게 변증법적 행동치료 접근을 적용하기 시작했다(Rathus, Miller, & Bonavitacola, 2019).

리네한은 자해하는 사람들에게는 정서적 취약성이 유전되었다고 믿었다. **정서적 취약성**(emotional vulnerability)을 가진 사람들은 심리사회적 스트레스에 대한 반응으로 다른 사람들보다 더 빠르고 강렬한 부정적인 정서를 경험한다. 리네한은 이들이 고통을 경험하는 경향을 '정서적 화상(emotional sunburn)'이라고 부르는데, 이들은 아주 작은 실망이나 좌절에도 유난히 민감하게 반응하게 된다. 이에 더해, 이들은 분노, 과민함, 슬픔의 감정에서 회복하는 데 더 오래 걸린다(Rathus, Berk, & Walker, 2020).

정서적 취약성은 개인이 심리사회적 스트레스를 경험할 때 문제가 된다. 리네한은 특히 중요한 스트레스 중 하나가 **비수인적 환경**(invalidating environment)이라고 했다. 즉, 개인의 정서적 고통의 정도를 무시하거나, 묵살하거나, 경시하는 가족이나 동료들의 분위기를 말한다. 비수인적 환경은 학대적 관계에서 나타나기 쉬우며, 이 관계에서 아동의 신체적, 사회적, 정서적 요구는 무시되거나 축소될 수 있다. 시간이 지남에 따라, 아동과 청소년은 비수인적 환경을 내면화하여 자신의 감정을 의심하거나 무시하고, 자신의 사회정서적 욕구를 무시하며, 자아감, 자율성 또는 정체감을 잃어버리게 된다.

결과적으로, 그들은 심리사회적 스트레스에 대해 강렬한 부정적인 정서를 경험하지만, 적응적으로 대처할 수 있는 개인 내적 및 대인관계 자원이 부족하다. 대신 그들은 부정적인 정서를 조절하기 위해 자해를 할 수 있고, 자신들의 고통을 떨쳐버리기보다 다른 사람들에게 수인하도록 촉구한다(Carson, 2016).

치료사는 내담자를 돕는 주요 전략으로 변증법을 활용한다. 리네한은 변증법을 한편으로는 내담자를 있는 그대로 수용해 주어야 하는 것과 동시에 다른 한편으로는 내담자가 행동을 변화시키도록 격려하는 것 사이에서의 '춤(dance)'이라고 묘사한다(그림 13.12). 수용과 수인은 치료사가(다른 사람들과는 다르게) 내담자의 행동, 성격 측면의 좋은 면과 나쁜 면 모두를 수용할 것임을 보여주기 때문에 중요하다. 치료사는 내담자의 감정에 관심을 보이며 경청하고 과거 경험과 현재 관계의 맥락에서 내담자를 이해하려고 노력한다. 치료사는 또한 내담자의 관점에서 자해 행동을 이해하려 노력하며, 자해 행동이 정서적 또는 사회적 기능을 가질 수 있다는 것을

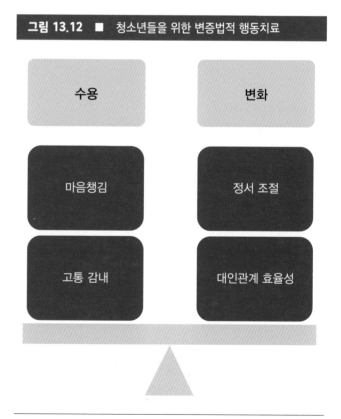

그림 13.12 ■ 청소년들을 위한 변증법적 행동치료

수용	변화
마음챙김	정서 조절
고통 감내	대인관계 효율성

주 : 변증법적 치료는 다음의 균형을 이루는 것이다. (1) 비판단적으로 자신과 타인을 수용하기, (2) 정서적 및 대인관계적 기능의 변화. 출처 : Sayrs & Linehan (2019).

이해한다(Sayrs & Linehan, 2019).

치료사는 또한 내담자가 현재 행동을 변화시킬 것을 고려해보도록 격려한다. 일반적으로 치료사는 시간을 두고 내담자의 정서적 고통을 충분히 수용한 후에야 행동 변화를 격려할 수 있다. 그러나 수용과 수인은 동의어가 아니다. 수인적인 관계 맥락에서(아마도 내담자가 경험한 첫 번째 사람), 치료사와 내담자는 부정적 감정을 감내하고, 자신과 타인을 보다 유연하고 용서하는 방식으로 바라보며, 내담자의 대처기술을 증진시킬 방법을 찾을 것이다(Sayrs & Linehan, 2019).

래서스와 밀러(Rathus & Miller, 2015)는 자해 청소년을 위해 고안된 보완된 변증법적 행동치료 프로그램을 기술하고 있다. 청소년과 부모들은 16주 동안 다가족 집단 회기(multifamily group sessions)에 참여한다. 가족들은 비슷한 문제를 겪고 있는 다른 가족들과 함께 참여하여 서로를 지지할 수 있다. 각 회기는 다음의 다섯 가지 기술 중 하나를 다룬다: (1) 마음챙김, (2) 고통 감내, (3) 정서조절, (4) 대인관계 효율성, (5) 중도의 길 걷기.

마음챙김(mindfulness)은 불교 철학에 기반을 두고 있지만, 그 적용에서는 종교적인 마음가짐을 요구하지는 않는다. 마음챙김은 사람과 사건을 비판단적이며 평가 없이, 지금 여기에서 있는 그대로 보는 능력을 말한다. 이것은 주의를 집중하여 자신과 타인 그리고 주위 환경을 수용하는 자세로 알아차리는 것이다. 마음챙김 사고는 자해를 하는 사람들의 인지적인 왜곡과 상반되는 것이다. 부정적인 감정을 피하려 하거나, 감정에 압도되거나, 흑백 논리로 사고하는 대신, 마음챙김은 일어나는 긍정적이고 부정적인 생각과 감정들을 경험하고 수용할 것을 요구한다(Heath, Carsley, De Riggi, Mills, & Mettler, 2017).

고통 감내(distress tolerance)는 밀접하게 연관된 기술이다. 많은 사람들이 부정적인 정서를 피하고자 하지만, 변증법적 행동치료에 참여하는 청소년들은 불쾌한 감정을 인식하고 받아들이는 법을 배운다. 치료의 기본 전제는 청소년들이 고통을 수용하고 감내함으로써 의미를 찾을 수 있다는 것이다. 예를 들어, 사랑하는 사람의 죽음이나 연애 관계의 상실은 매우 속상한 일이지만, 성장과 기회의 원동력이 될 수 있다. 치료 과정에서 내담자들은 강력한 부정적인 정서에 대처하는 전략(예를 들어, 자기 위안하기 기술과 명상)을 배울 수 있다. 내담자들은 또한 부정적인 정서를 수용하고 그것으로부터 배우는 방법을 찾기 위해 노력한다(Chow, Ruhl, & Buhrmester, 2015).

정서조절훈련(emotion regulation training)은 치료의 핵심적인 요소이다. 정서조절훈련은 내담자가 다양한 부정적인 정서를 인식하고 구별하도록 돕는 것부터 시작한다. 예를 들어, 분노의 다양한 측면들(예 : '비통', '질투심', '노여움')을 발견하고 묘사하도록 격려받는다. 묘사한 뒤에는 이 정서를 불러일으키는 사건이나 인지를 확인하여 각 정서를 구별하도록 요청한다. 예를 들어, '비통함'은 '그는 내게 그런 짓을 하지 말았어야 한다'와 같은 생각이 떠오를 때 느낄 수 있는 감정이다. '노여움'은 '혼내 줘야겠어'라는 생각이 있을 때 느끼는 감정이다. 내담자들은 또한, 자기 처벌의 형태로 자해하거나(비통함 때문에), 죄책감을 느끼게 하기 위한 자해를 하는(노여움 때문에) 것과 같은 정서에 부적응적으로 반응하는 방식을 확인한다. 가장 중요한 것은, 내담자가 종종 부적응 행동을 이끄는 사고를 바꾸기 위한 작업을 한다는 것과 부정적인 정서에 대처하는 새롭고 적응적인 대처방식을 찾는 것이다(Petts, Duenas, & Gaynor, 2018).

치료의 네 번째 요소는 대인관계 효율성 훈련(interpersonal effectiveness training)이다. 대인관계 효율성 훈련의 한 측면은 문제를 확인하고 가능한 해결책을 만들며, 최상의 해결책을 선택하고 실행하여, 결과를 평가하는 전략을 교육하는 것이다. 내담자들은 대인관계 문제에서 충동적인 반응을 하는 경우가 많아서 치료사들은 문제에 대한 문제해결을 수행하기 전에 행동의 결과를 고려해야 할 필요성을 강조한다. 자해는 가족과 또래로부터 즉각적인 동정을 받을 수 있지만, 장기적으로는 관계의 질을 해친다. 대인관계 효율성 훈련의 또다른 측면은 효과적인 의사소통 능력을 향상시키는 것이다. 일부 청소년들은 주위의 관심을 얻거나 고통이 표현 방식으로 사해한다는 것을 기억해보자. 집단치료에서, 내담자들은 자신이 원하는 것을 직접적으로 요구하고, 적절할 때 '아니요'라고 말하며, 관계에서 자율성과 진실성을 유지하는 법을 배운다.

치료의 마지막 요소는 중도의 길 걷기(walking the middle path)이다. 가족은 변증법적 사고, 즉 자신이나 타인의 좋은 면과 나쁜 면 모두를 수용하고 인정하는 법을 배운다. 예를 들어, 한 청소년은 과거에 자신을 여러 번 실망시킨 자신의 어머니에 대해서 괴로움과 동정심을 모두 느낄 수 있다. 어머니를 끔찍한 사람이라고 비방하거나, 자신을 '하자가 있는 물건'이 라고 보기보다는 어머니와 자신에 대해서 공감적이고 비판단 적인 방식으로 수용할 수 있다(Sayrs & Linehan, 2019).

주요 용어

고통 감내(distress tolerance) : 변증법적 행동치료의 구성요소로 청소년들이 불쾌한 정서에 반응하는 대신 이를 인식하고 수용하는 것

괴롭힘(bullying) : 권력을 가진 사람으로부터 권력이 낮은 사람을 향하는 의도적이고 반복적이며 공격적인 행동

기분 온도계(mood thermometer) : 아동이 정서의 강도를 평가하는 데 활용할 수 있는 시각적 측정기

대인관계심리치료(interpersonal psychotherapy) : 우울증에 적용 가능한 근거기반 심리사회적 치료로 아동의 관계에서 불화 및 결핍을 목표로 한다.

대인관계척도(interpersonal inventory) : 대인관계 치료에서 아동의 삶에서 중요한 관계를 탐색하고 기분 문제에 기여할 수 있는 이러한 관계의 변화를 모색하기 위해 사용된다.

마음챙김(mindfulness) : 변증법적 행동치료의 구성 요소 중 하나로 청소년들이 사건을 지금 여기에서 비판단적으로 관찰하는 것을 배우는 기법

모노아민 가설(monoamine hypothesis) : 우울증이 신경전달물질인 세로토닌, 노르에피네프린과/또는 도파민의 조절 장애에서 기인한다고 가정함

반응-유관성 정적 강화(response-contingent positive reinforcement) : 자신의 행동을 통해 즐거운 경험을 획득하는 것

변증법적 행동치료(dialectical behavior therapy) : 자해 행동을 보이는 기분장애 청소년을 위한 심리사회적 치료, 내담자를 수용하는 것과 내담자가 변화하도록 격려하는 것 사이의 균형

부정적 귀인양식(negative attribution style) : 부정적인 사건을 내적, 안정적, 일반적으로 귀인하며, 긍정적인 사건을 외적, 불안정적, 상황적 요인으로 귀인하는 경향

부정적 인지 도식(negative schema) : 벡의 우울에 대한 인지이론에서 사건에 대한 인식에 영향을 주는 자기, 세상, 미래에 대한 부정적인 시각

비자살적 자해(nonsuicidal self-injury, NSSI) : 스스로 상해를 입히며 부상을 입게 하거나 잠재적 부상을 입게 할 수 있으나 사망할 의도는 없는 모든 행동

사이버 괴롭힘(cyberbullying) : 개인이 디지털 미디어를 사용하여 누군가에게 상처를 주거나 위협하거나 괴롭히고, 창피를 주는 괴롭힘의 한 형태

사회적 전염 모델(social contagion model) : 또래들이 자해행동을 모델링하고 강화한다고 가정하는 이론

삼환계 항우울제(tricyclic antidepressants) : 세로토닌과 노르에피네프린에 영향을 미치지만 위약과 비교했을 때 아동의 우울 증상 감소에 효과적이지 않았던 오래 전에 사용된 항우울제, 심각한 부작용이 있다.

소크라테스식 질문(socratic questioning) : 인지행동치료에서, 치료사가 아동에게 질문을 하여 정보를 얻어 내는 방법으로 아동의 신념에 도전하는 경향성

안전 계획(safety plan) : 자살 행동의 가능성을 줄이기 위해 고안된 청소년, 양육자, 치료사 간의 구두 및 서면 합의

의사소통 분석(communication analysis) : 대인관계 치료에서, 아동과 다른 사람 사이의 상호작용에 대한 면밀한 조사를 시행하는 것, 이것의 목표는 상호작용의 질과 아동의 기분을 개선시키는 것이다.

인지 왜곡(cognitive distortion) : 벡의 우울에 대한 인지이론에서, 현실을 왜곡하여 사건을 실제보다 더 문제가 있는 것으로 만드는 경향

인지적 재구성(cognitive restructuring) : 치료사가 아동이 객관적이고 유연한 방식으로 상황을 바라보도록 요청함으로써 인지 편향이나 왜곡에 도전하는 인지치료의 기법

인지 편향(cognitive bias) : 벡의 우울에 대한 인지 이론에서, 사건의 부정적인 측면에 주의를 기울이고, 긍정적인 측면을 경시하거나 무시하는 경향

자동적 사고(automatic thoughts) : 벡의 우울에 대한 인지 이론에서, 스트레스 요인 이후에 거의 자동적으로 촉발되는 부정적인 생각과 심상

자살 수단 제한(means restriction) : 자살 행동을 감소시키는 기술로 유해한 수단이나 환경(예 : 총이나 진통제)에 아동의 접근을 제한함

자살에 대한 대인관계심리이론(iinterpersonal-psychological theory of suicide) : 자살이 다음의 세 가지 요인에 의해 유발된다고 가정한다 : (1) 짐이 된다고 지각함, (2) 좌절된 소속감, (3) 자살 수행 능력

자살의 무력감 이론(hopelessness theory of suicide) : 자살의 위험은 다음의 경우에 증가한다 : (1) 부정적인 사건을 일반적, 안정적 요인으로 귀인, (2) 부정적인 사건이 중요한 결과를 가져온다고 믿음, (3) 자신이 무가치하다고 믿음

자살적 자해(suicidal self-injury) : 상처를 입게 하거나 잠재적인 상처를 입게 될 수 있는, 스스로 상해를 입히는 모든 행동으로 사망할 의도가 있는 행동

점화가설(kindling hypothesis) : 초기 우울 삽화가 개인을 스트레스 생활 사건에 민감하게 하고 미래에 우울 삽화를 경험할 가능성이 높아진다고 가정한다.

제한된 환자 역할(limited sick role) : 대인관계심리치료에서 아동의 문제를 아동 자신을 비난하기보다 우울증에서 기인하는 것으로 본다.

주요우울장애(major depressive disorder) : DSM-5의 장애로 적어도 2주 동안 지속되는 우울한 기분, 무쾌감증, 그 외 불쾌감의 증상들로 특징지어지며 유의한 고통 또는 손상을 유발함

지속성 우울장애(persistent depressive disorder) : DSM-5 장애로 적어도 2년 동안(아동은 최소 1년) 만성적으로 우울하고/하거나 과민한 기분을 특징으로 하며 심각한 고통이나 손상을 초래함

통합적 가족치료(comprehensive family therapy) : 파괴적 기분조절부전장애 아동과 부모를 위한 치료 프로그램, 회기들은 심리교육에 초점을 두고 아동의 행동 관리를 위한 조작적 조건화의 활용과 정서조절 기술을 사용한다.

파괴적 기분조절부전장애(disruptive mood dysregulation disorder) : DSM-5 우울 장애의 한 형태로 (1) 고도의 재발성 분노 폭발, (2) 지속적으로 과민하거나 화가 난 기분을 특징으로 한다.

학습된 무력감(learned helplessness) : 사람들이 실패를 자주 경험할 때 우울해진다는 가정. 시간이 지남에 따라 이들은 효과적으로 대처하기보다는 절망한다.

해석편향 훈련(interpretation bias training) : 파괴적 기분조절부전장애 아동이 다른 사람의 정서표현을 정확하게 인식하기 위한 컴퓨터 기반 치료 프로그램

협력적 경험주의(collaborative empiricism) : 인지행동치료에서 치료사와 객관적인 증거를 사용해서 내담자의 신념을 검증하기 위해 치료사와 내담자가 함께 작업하는 경향성

활동 계획하기(activity scheduling) : 우울한 아동에게 긍정적인 강화를 받을 기회를 증가시키기 위해 즐거운 활동에 참여도록 하는 행동 치료의 방법

NSSI의 네 가지 기능 모델(four-functional model of NSSI) : 정적 강화와 부적 강화로 청소년이 비자살적 자해 행동을 하게 된다고 가정한다. 또한 자동적 또는 사회적 강화로 인해 일어날 수도 있다.

SMART 목표(SMART goals) : 인지행동치료에서 목표는 구체적이며, 측정 가능하고, 흥미를 끌고, 현실적이며, 기간이 정해져 있어야 한다.

SNRI(serotonin-norepinephrine reuptake inhibitors) : 세로토닌과 노르에피네프린의 재흡수를 억제하여 이 신경전달물질이 시냅스 간극에서 보다 쉽게 발견될 수 있도록 하는 항우울제. 아동의 우울증 감소에 효과적이다.

SOFTAD(survey of outcomes following treatment for adolescent depression) : TADS 연구에 대한 후속 연구로 대부분의 청소년들이 초기 우울삽화에서 회복되지만 3년 이내에 재발이 많았다.

SSRI(selective serotonin reuptake inhibitors) : 세로토닌의 재흡수를 어제히어 시냅스 간극에서 세로토닌이 보다 쉽게 발견될 수 있도록 하는 항우울제. 아동의 우울증 치료에 효과적이다.

TADS(treatment for adolescents with depression study) : 대규모 무선 통제 연구로 우울증을 경험하는 청소년들에게 약물치료와 인지행동치료의 병행치료가 약물치료만 적용한 집단보다 약간 더 나은 결과를 보였다는 것을 보여줌

TASA(treatment of adolescent suicide attempters study) : 항우울제가 이전에 자살을 시도한 청소년의 자살 행동을 감소시켰음을 입증한 연구

TORIDA(treatment of SSRI-resistat depression in adolescents) :

대규모 무선 통제 연구로 치료 저항형 우울증을 경험하는 청소년들에게 약물치료와 인지행동치료의 병행치료가 약물치료 단독에 비해 효과가 좋다는 것을 보여줌

비판적 사고 연습

1. 당신이 중학교 상담교사라고 상상해보자. 당신은 학교에서 선생님들이 청소년 우울증의 증상과 징후를 인식하도록 돕고자 한다. 위험에 처한 학생을 선별하는 데 활용할 수 있는 증상 목록(예시 포함)을 작성해보라.

2. 킴벌리는 지난 3개월 동안 기분 문제를 경험하고 있는 14세 소녀이다. 그녀는 자신을 끔찍하게 느끼고, 친구가 없다고 믿으며, 가족에게 분노하고 분개한다. 그녀는 연습을 못해서 토론팀에서 제외되었고, 성적이 많이 떨어졌다. 킴벌리는 이런 부정적인 사건에 대해 어떻게 귀인하고 있을까?

3. 당신이 최근에 15세 소년을 우울증으로 진단한 심리학자라고 상상해보자. 소년의 부모는 항우울제가 기분 문제를 극복하는 데 도움이 될 수 있는지, 그리고 안전한지 알고 싶어 한다. 본문에 제시된 자료에 근거하여 당신은 부모에게 어떻게 설명할 수 있을까?

4. 아릴다는 우울증을 위한 인지치료에 참여하고 있다. 치료가 진행되는 동안, 아릴다는 "어제 수학 시험을 망쳐서 D를 받았어요. 도저히 공부를 할 수가 없어요. 나는 잘하는 게 하나도 없어요."라고 말했다. 당신이 아릴다의 치료사라면 아이의 사고방식을 변화시키기 위해 인지적 재구성을 어떻게 활용할 수 있을까?

5. 줄스는 우울증에 대한 변증법적 행동치료에 참여하고 있다. 그녀는 생모의 방임과 계부의 학대를 포함하여 삶에서 많은 심각한 스트레스 요인을 경험하였다. 그녀는 치료사에게 다음과 같이 말했다. "치료가 나에게 도움이 될지 모르겠어요. 나는 내 과거의 이런 부정적인 경험들을 차단할 수 없을 것 같아요. 이 일들을 생각할 때, 나는 너무 쓸모없고 부끄럽게 느껴져요." 치료사는 줄스의 걱정에 대해 반응하기 위해 마음챙김 또는 고통감내의 개념을 어떻게 사용할 수 있을까?

14

소아 양극성 장애와 조현병

학습목표

이 장을 학습한 다음에 여러분은 다음을 할 수 있어야 한다.

14.1 양극성 장애 I형, II형, 그리고 순환성 장애를 변별할 수 있으며, 성인과는 다르게 아동이 보여주는 이러한 장애가 어떻게 나타나는지 설명할 수 있다.

양극성 장애의 유전적, 생물학적, 사회가족적 공통 원인이 무엇인지 기술할 수 있다.

청소년 양극성 장애의 예방과 치료에 있어 약물과 심리치료의 효과성을 평가할 수 있다.

14.2 조현병의 주요 특징을 기술하고, 성인과는 다르게 아동이 보여주는 조현병의 징후(sign)와 증상(symptom)이 어떻게 나타나는지 설명할 수 있다.

어린이와 청소년이 보이는 조현병의 신경발달적 모델을 서술할 수 있다.

청소년 조현병의 예방과 치료에 있어 효과적인 약물치료와 심리사회적 치료를 기술할 수 있다.

14.1 아동·청소년의 양극성 장애

양극성 장애란 무엇인가?

양극성 장애는 심각한 기분장애로, 조증 증상의 발현으로 정의할 수 있다. 조증(mania)이란 들뜨고, 의기양양하며, 과민한 기분 상태가 존재하며 에너지나 활동도 상당히 증가한 상태를 의미한다. 양극성 장애를 갖는 모든 청소년들은 조증 증상을 경험한다. 양극성 장애를 갖는 대부분(전부는 아님)의 청년들은 우울 증상을 나타낸다. 따라서 우리는 단극성 우울과 반대되는 개념으로 양극성(예 : 조증-우울증) 기분장애라고 일컫는다.

DSM-5(American Psychiatric Association , 2013)는 아동과 청소년에게 해당되는 양극성 장애를 세 가지로 분류한다. (1) 양극성 1형 장애, (2) 양극성 2형 장애, (3) 순환성 장애이다. 이러한 분류는 연속선상에 나타나는 증상의 심각도에 따라 달라진다. 양극성 1형 장애는 주요 조증 증상이 모두 발현된 가장 심한 형태이며, 순환성 장애는 역치하 수준의, 상대적으로 덜 심각한 기분 문제가 나타나지만 장기간 지속된다. 정리하면 모든 양극성 장애들은 심각하며 아동 및 가족의 웰빙에 상당히 부정적 영향을 미친다(Fitzgerald & Pavuluri, 2015).

양극성 1형 장애

양극성 1형 장애(bipolar I disorder)로 진단되기 위해서 개인은 반드시 한 번 이상의 조증 삽화(표 14.1)를 가져야 한다.

조증 삽화(manic episode)란 비정상적이며 지속적으로 들뜨고, 의기양양하며, 과민한 기분 상태와 지속적으로 증가된 에너지와 활동 상태가 일정 기간 동안 나타나는 것을 의미한다(American Psychiatric Association , 2013, p. 127). 정의상 조증 삽화는 최소 일주일 이상 지속되며, 증상은 하루 대부분에 나타나며, 거의 매일 지속된다. 입원이 필요한 개인의 경우 진단기준을 충족하기 위한 기간(예 : 일주일)은 축소될 수 있다.

조증 삽화 동안 양극성 1형 장애를 가진 성인들은 행복감에 차 있고, 즐거우며, 고양되고, 신이 난 상태로 기분을 기술한다. 그들은 무한한 에너지를 가진 것처럼 보이며, 자신을 '세상의 정상에 서 있는' 혹은 굉장한 영향력을 가진 사람으로 기술한다. 어린이와 청소년의 경우 전형적으로 의기양양한 기분과 들뜬 기분, 증가한 에너지를 보고한다. 대부분의 전문가들은 신이 난 기분과 증가한 에너지를 양극성 1형 장애의 가장 중요한 특징으로 본다. 평균적으로 양극성 1형 장애를 가진 청소년의 70%가 평소답지 않게 신이 나거나, 의기양양하고, 행복감을 보인다. 이러한 청년의 약 90%가 극적으로 증가한 에너지를 보여준다. 이러한 증상들은 양극성 장애에 나타나는 매우 고유한 양상으로, 다른 정신과 질병을 가진 청소년들에게는 상대적으로 흔하지 않다. 따라서 어린이와 청소년에서 양극성 장애를 진단할 때 특히 유용하다(Youngstrom & Algorta, 2014).

어린이와 청소년은 또한 조증 삽화 동안 종종 과민한 기분을 나타낸다. 기분은 종종 과민하고, 화를 잘 내며, 적대적이거나 반응적이다. 조증을 가진 어린 아동들은 잘 투덜

표 14.1 ■ 양극성 1형 장애의 진단 기준

A. 진단 기준은 최소 한 번 이상의 조증 삽화 기준을 충족시킨다. 조증 삽화란 다음과 같다:
  • 비정상적으로 들뜨거나, 의기양양하거나, 과민한 기분, 그리고 목표지향적 활동과 에너지의 증가가 적어도 일주일간(만약 입원이 필요한 정도라면 기간과 상관 없이) 거의 매일, 하루 중 대부분 지속되는 분명한 기간이 있다.
  • 기분장애 및 증가된 에너지와 활동을 보이는 기간 중 다음 증상 가운데 세 가지(또는 그 이상)를 보이며(과민한 기분만 나타난다면 네 가지) 평소 모습에 비해 변화가 뚜렷하고 심각한 정도로 나타난다.
    1. 자존감의 증가 또는 과대감
    2. 수면에 대한 욕구 감소(예 : 단 3시간의 수면으로도 충분하다고 느낌)
    3. 평소보다 말이 많아지거나 끊기 어려울 정도로 계속 말을 함
    4. 사고의 비약 또는 사고가 질주하듯 빠른 속도로 꼬리를 무는 듯한 주관적인 경험
    5. 주관적으로 보고하거나 객관적으로 관찰되는 주의산만(예 : 중요하지 않거나 관계없는 외적 자극에 너무 쉽게 주의가 분산됨)
    6. 목표지향적 활동의 증가(직장이나 학교에서의 사회적 활동 또는 성적 활동) 또는 정신운동 초조(예 : 목적이나 목표 없이 부산하게 움직임)
    7. 고통스러운 결과를 초래할 가능성이 높은 활동에의 지나친 몰두(예 : 과도한 쇼핑 등 과소비, 무분별한 성행위, 어리석은 사업 투자 등)
  • 기분장애가 사회적, 직업적 기능의 현저한 손상을 초래할 정도로 충분히 심각하거나, 자해나 타해를 예방하기 위해 입원이 필요하거나 또는 정신증적 양상이 동반된다.
  • 삽화가 물질(예 : 남용약물, 치료약물)의 생리적 효과나 다른 의학적 상태로 인한 것이 아니다.
B. 조증 삽화는 조현병이나 다른 정신증적 장애로 더 잘 설명되지 않는다.

출처 : *Diagnostic and Statistical Manual of Mental Disorders*, Fifth Edition (2013), 미국정신의학협회 판권 소유. 재인쇄 허가받음.

대고, 쉽게 감정을 폭발시킨다. 그들은 오랜 시간 분노발작(tantrum)을 보이는데, 소리지르고, 울며, 다른 사람들을 신체적으로 공격하는 양상으로 나타난다. 좀 더 나이가 든 아동과 청소년들은 분노폭발(outburst)이나 '정서적 폭풍' 양상을 보이기도 한다. 이런 분노발작은 종종 아주 작은 도발에도 일어난다(van Meter, Burke, Kowatch, Findling, & Youngstrom, 2016).

과민함은 양극성 장애를 가진 청소년에게 매우 흔한 증상으로, 의기양양함이나 증가한 에너지를 보이는 청소년들에게서도 나타난다. 평균적으로 양극성 장애를 가진 청소년의 81%가 눈에 띄는 과민함의 증가를 보인다. 그러나 과민함은 양극성 장애만의 고유 증상은 아니다. 과민함은 아동기 우울증, 불안, 적대적 반항장애(ODD)에서도 나타난다. 따라서 많은 임상가들은 과민함을 양극성 장애의 특정 지표로 보기보다는, '무언가 잘못된' 상태의 일반적 지표로 여긴다. 과민함은 아플 때 나는 열과 같다. 열이 난다는 의미는, 어딘가 아프다는 것을 의미하지만 어떤 병인지 정확히 알 수 없는 것과 마찬가지이다(Youngstrom, Birmaher, & Findling, 2008).

기분과 에너지의 변화 외에도, 조증은 최소 3개의 징후나 증상(과민한 기분만 보인다면 4개 증상)을 보인다. 이러한 징후나 증상을 두음어 GRAPES+D로 기억할 수 있다. 평균적

으로, 청소년은 조증 삽화 때 5~6개의 징후나 증상을 보인다(표 14.2; Diler & Birmaher, 2012). 어린이와 청소년이 이런 징후나 증상을 어떻게 보이는지 살펴보자.

과대감 혹은 자존감의 증가. 성인에게서 나타나는 과대감(grandiosity)은 극도의 자신감, 과장된 자존감, 지나치게 평가된 자기 중요성을 특징으로 한다. 일부 성인은 자신이 특별한 능력, 재능, 기술을 가졌다는 잘못된 믿음을 가진다. 조증을 가진 청년 역시 과대감이나 자존감의 증상을 보일 수 있다. 아동의 경우 자신이 특별하며, 초능력이나 마법을 가졌다고 주장하는 과대한 생각으로 나타나기도 한다. 예를 들면, 아동은 자신이 특별한 운동능력을 가졌다고 믿으며, 지붕에서 뛰어내리는 시도를 하기도 한다. 후기 아동이나 청소년은 자신이 특별한 재능이나 지능을 가졌다고 믿으며, 자신의 운동 코치에게 팀을 어떻게 운영하라거나, 학교 선생님에게 수업을 어떻게 가르치라는 등의 이야기를 하기도 한다.

질주하는 사고 혹은 사고의 비약. 조증을 가진 성인은 사고가 너무 빨리 전개되어 다른 사람들에게 분명하게 표현하기 어려워하는, 사고의 질주를 보인다. 일부 조증 환자는 이러한 양상을 동시에 2~3개의 TV 프로그램을 보고 있는 것 같다고 묘사하기도 한다. 질주하는 생각은 종종 사고의 비약(flight of idea)으로 불리기도 한다. 아동과 청소년 역시 사고의 질주를

표 14.2 ■ 조증의 징후와 증상

DSM-5의 조증 징후와 증상을 두음어 GRAPES+D를 이용하여 암기할 수 있다.

Grandiosity or inflated self-esteem(과대감 또는 자존감의 증가)

Racing thoughts or flight of idea(질주하는 사고 또는 사고의 비약)

Activity level increase or psychomotor agitation(활동의 증가 또는 정신운동성 초조)

Pressured speech or excessive talkativeness(병적 수다 또는 말이 많아짐)

Excessive involvement in potentially harmful activities(잠재적으로 위험한 활동에 지나치게 몰두)

Sleep disturbance(수면 혼란. 예 : 수면 욕구의 감소)

Distractibility(주의산만).

Image from Wikimedia Commons

출처 : Diler & Birmaher (2021).

보고한다. 예를 들면 생각이 시속 140킬로로 달리고 있다고 말하기도 한다(Kowatch et al., 2005, p. 216).

증가한 활동 혹은 정신운동성 초조. 조증을 가진 성인은 종종 목표지향적 활동(goal-directed activity)의 현저한 증가를 보고한다. 즉 다양한 새로운 활동과 행동을 시작한다. 예를 들면 조증을 가진 성인은 자동차 엔진을 다시 만들거나, 소설을 쓰거나, 아무런 준비 없이 새로운 사업을 시작하려고 한다. 대개 이런 목표지향적 활동은 잘 계획되거나 집행되지 않는다. 조증을 가진 어린이 역시 증가된 목표지향적 활동을 보인다. 예를 들면 아동들은 그리기, 색칠하기, 정교한 레고 타워를 쌓기도 한다. 후기 청소년은 컴퓨터를 분해하는 것과 같은 야심찬 일련의 계획들을 시작한다. 조증을 가진 어린이 역시 과잉활동적이고, 가만히 못 있으며, 충동적인 특성을 보이는 정신운동성 초조(psychomotor agitation)를 나타낸다. 이들은 종종 목적이 없어 보이는 짧지만 광적인 활동에 사로잡힌다.

병적 수다(끊기 어려울 정도로 말을 계속 함) 혹은 평소보다 말이 많아짐. 조증을 가진 성인은 질주하는 생각을 따라잡기 위해 말을 빨리 한다. 이러한 말하기는 대개 빠르고, 시끄럽고, 이해하기 어렵다. 조증을 가진 청소년 역시 말을 빨리 한다. 그들의 말하기는 끊기 어려운데, 침묵을 피하기 위한 것처럼 보인다. 때로는 한 주제에서 다른 주제로 빨리 변화한다.

고통스러운 결과를 가져올 수 있는 활동에 지나치게 몰두. 조증을 가진 성인은 부정적 결과를 가져올 수 있는 쾌락 추구적 행동에 몰두한다. 예를 들면 조증을 가진 일부 성인들은 흥청망청 쇼핑하기, 도박을 위한 여행 떠나기 또는 위험한 성관계 등에 몰두한다. 조증을 가진 청소년은 즐겁지만 무모한 활동에 관여한다. 어린 아동들은 위험한 교차로에서 자전거를 타거나 스케이트보드로 위험한 곡예를 보인다. 나이가 든 아동과 청소년들은 돈을 무분별하게 쓰거나, 무모하게 운전하기, 가게에서 물건 훔치기 또는 술이나 다른 약물을 사용한다. 조증을 가진 일부 청소년들은 성적 활동에 지나치게 몰두하기도 한다. 예를 들면 포르노물에 지나친 관심을 나타낸다. 다른 청소년들은 부적절한 성적 활동에 참여한다. 예를 들면 가족에게 유혹적인 춤을 추거나, 가족의 성적 부위를 만지려고 하거나, 가족과 진한 입맞춤을 하려고 한다. 이들은 성적 학대를 전혀 경험하지 않았음에도 불구하고 지나친 성적 활동을 보인다.

수면 욕구의 감소. 조증을 가진 많은 성인들은 3시간만 자도 푹 잤다고 느낀다. 어떤 이들은 며칠 동안 피곤하거나 졸립다고 전혀 느끼지 않는다. 조증을 가진 청소년 역시 수면 욕구의 감소를 보인다. 조증을 가진 많은 어린이들은 밤에 4~5시간만 자도 에너지의 충만감을 느끼며 이른 아침에 일어난다. 일부 어린이들은 새벽까지 집안을 어슬렁거리거나, 비디오 게임이나 TV를 시청한다.

주의산만함. 조증을 가진 성인은 관련없는 외부 자극이나 중요하지 않은 세부사항에 쉽게 주의가 산만해진다. 예를 들면 대화하는 사람의 넥타이 패턴 혹은 밖에서 일어나는 사건에 주의가 흐트러져 조증을 가진 성인은 다른 사람과 대화하는 것이 어렵다. 조증을 가진 어린이도 거의 대부분 주의산만함을 보인다. 그들은 학교 과제에 집중하거나 허드렛일을 끝내는 게 어렵다. 선생님이나 부모님들은 그들을 무질서하다거나 변덕이 심하다고 본다. 이러한 주의산만한 문제들은 ADHD에서 보이는 일반적 문제라기보다는, 특정한 행동의 뚜렷한 변화로 나타난다.

다음의 조증 문제들은 어린이의 양극성 장애를 진단하는 데 특히 유용하다: (1) 과대감, (2) 수면욕구의 감소, (3) 위험할 수 있는 성적 활동 참여(Youngstrom et al., 2008). 양극성 장애를 가진 어린이의 약 80%는 일정 형태의 과대 사고를 보인다. 과대감이 에너지와 고양감과 같이 나타난다면, 조증의 훌륭한 지표이다.

양극성 장애를 가진 대부분의 어린이(70%)는 또한 수면 욕구의 감소를 보인다. 2~3시간밖에 자지 않았음에도 피곤하다고 느끼지 않는다. 수면 욕구의 감소는 조증의 훌륭한 지표이다. 왜냐하면 불안이나 우울 같은 다른 장애들은 수면을 취하거나 수면을 유지하는 데 어려움이 있기 때문이다. 첫 번째 조증 삽화를 경험하는 청소년인 에밀리의 사례를 보자.

위험할 수 있는 성적 활동에 참여하는 것은 양극성 장애의 특징적 징후이다. 사춘기 전 아동이 학교에서 성적으로 유혹적인 행동이나 옷을 입기 시작하거나, 혹은 청소년이 성인과 위험하거나 착취적인 성적 활동에 참여하기 시작한다. 발달적으로 기대되지 않은 혹은 지나치게 변화된 성적 활동은 양극성 장애와 성학대에서만 나타나는 징후이다. 부모나 임상가가 이런 변화를 어린이에게서 목격하였고, 특히 이러한 행동이 고양감이나 에너지의 증가와 함께 나타난다면 양극성

에너지가 넘치는 에밀리

16살의 에밀리 겔러는 부모님에 의해 우리 병원에 의뢰되었다. 어머니의 보고에 따르면 최근 몇 주 동안 에밀리는 혼자 있으며, 시무룩하고, 기분 변화가 심했다고 하였다. 에밀리는 종종 무례하고, 과민하며, 기분이 안 좋았다. 어머니가 저녁식사 후 정리를 하라고 하자, 에밀리는 "엄마가 하지 그래요? 그게 어쨌거나 엄마가 잘하는 전부잖아요"라고 대답하였다. 지난 4주 동안 에밀리는 그녀가 좋아하는 두 가지 학교활동을 빼먹었으며, 잠을 거의 자지 않고, 적게 먹었으며, 대개 느릿느릿하게 집안을 힘 없이 어슬렁거렸다.

에밀리는 우리 병원의 사회복지사인 브렌다 터너와 첫 회기를 시작하였다. 브렌다는 에밀리를 우울증으로 진단하고 대인관계치료(interpersonal therapy, IPT)를 사용하여 에밀리의 기분을 개선하려고 하였다. 그러다가 네 번째 회기에서 브렌다는 에밀리의 감정과 행동의 극적인 변화를 알아차렸다. 에밀리는 평소와는 다르게 치료시간에 기분 좋게 도착하였다. "오늘 기분이 너무 좋아요, 브렌. 왠지 무엇이든 할 수 있을 것 같아요. 사랑에 빠져서 그런 것 같아요"라고 빠른 속도로 이야기하였다. 브렌다는 에밀리의 목소리가 지나치게 크고 에밀리의 생각을 따라가기 힘들다는 것을 알았다. "혹시 오늘 술 마셨니?"라고 브렌다가 묻자, 에밀리는 들뜬 목소리로 "오늘은 아니에요. 술을 마실 필요가 없어요"라고 대답하였다.

치료 시간에 브렌다는 에밀리가 주의산만하다는 것을 알아차렸다. 에밀리는 의자에 앉아 쉴 틈도 없이 꼼지락거렸고, 방을 서성거렸으며, 앉아서 이야기하는 것이 얼마나 지루한지 불평불만을 늘어놓았다. 에밀리는 활력과 기분의 급작스러운 변화를 보고하였으며, 덧붙여 "저 다 나은 것 같아요. 더 이상 선생님을 만날 필요가 없을 것 같아요"라고 말

하였다. 에밀리는 지난 이틀 동안 3~4시간밖에 자지 않는데 피곤하지 않으며, 그저께 새벽 3시에 방에 페인트 칠을 하기로 결심했다고 하였다. "감사하게도 24시간 여는 월마트가 있잖아요. 거기서 페인트도 판다구요".

치료가 끝나고, 브렌다는 에밀리의 엄마에게 전화를 걸어 그녀의 염려를 전달하였다. 그러자 에밀리의 엄마는 에밀리가 밝은 녹색으로 한쪽 벽을 칠하고 다른 벽을 반 정도 칠하고 나더니, 다른 계획으로 넘어갔다고 이야기하였다. 또한 에밀리가 그 주에 학교를 빼먹었고, 밤새 깨어 있었으며, 엄마의 카드로 아마존에서 흥청망청 쇼핑을 하였다고 보고하였다. "에밀리는 최근 들어 주의가 산만해지고 변덕이 심해졌어요. 도대체 무슨 생각을 하는지 모르겠어요. 에밀리가 평범한 10대 같다고 생각하세요?"라고 말하였다. 브렌다는 "아니오, 그렇지 않은 것 같아요"라고 대답하였다.

장애를 의심해야 한다(Klimes-Dougan, Kennedy, & Cullen, 2016).

양극성 2형 장애

양극성 2형 장애(bipolar II disorder)로 진단되기 위해서 개인은 반드시 한 번 이상의 주요 우울 삽화와 한 번 이상의 경조증 삽화(hypomanic episode)를 가져야 한다(표 14.3). 접두사 경(hypo)은 '아래'라는 의미로, 경조증은 조증 증상보다 덜 심각하다는 것을 의미한다. 조증처럼 경조증도 들뜨고, 의기양양하며, 과민한 기분 상태와 에너지의 증가가 일정 기간 동안 나타나는 것을 의미한다. 게다가 경조증의 7개 증상도 조증 증상과 동일하다. 경조증은 조증과 세 가지 측면에서 다르다.

1. 경조증은 일주일이 아니고 최소 4일 이상 지속된다.
2. 경조증은 학교, 직업, 혹은 학업적 기능에서 심각한 손상을 일으키지 않는다.
3. 경조증은 입원을 필요로 할 만큼 심각하지 않다.

정의상 조증 삽화를 경험했다면 양극성 2형 장애로 진단내리지 않는다. 조증 삽화를 경험했다면 양극성 1형 장애로 진단내린다. 양극성 2형 장애로 진단받은 많은 사람들은 나중에 조증 삽화를 경험하고 난 후 양극성 1형 장애로 다시 진단내려진다.

아동과 청소년에게서 경조증을 진단하는 것은 쉽지 않다. 정의상 현저한 고통이나 기능의 손상을 가져오지 않고, 입원을 필요로 하지 않기 때문이다. 결과적으로 부모들은 경조증 자녀를 치료에 데려오지 않는다. 또한 경조증을 정상적인 발달 행동과 구별하는 것도 쉽지 않다. 예를 들면 많은 청소년들이 충동적이고 기분의 변화가 심하며, 불규칙적인 수면 습관을 가지기 때문이다(Youngstrom, van Meter, & Algorta, 2010).

양극성 2형 장애를 가진 어린이들은 반드시 한 번 이상의 주요 우울 삽화를 경험한다. 우울 삽화는 경조증 삽화 이전 혹은 이후에 나타난다. 대부분의 경우 경조증 삽화보다는 우울 삽화 때 치료를 받으러 온다. 따라서 임상가는 우울증을 경험하는 아동이 조증 혹은 경조증 삽화를 과거에 경험하였는지

표 14.3 ■ 양극성 2형 장애의 진단 기준

A. 진단 기준은 최소 한 번 이상의 경조증 삽화 기준과 최소 한 번 이상의 주요 우울 삽화를 충족시킨다. 경조증 삽화란 다음과 같다:
- 비정상적으로 들뜨거나, 의기양양하거나, 과민한 기분, 그리고 활동과 에너지의 증가가 적어도 4일간 거의 매일, 하루 중 대부분 지속되는 분명한 기간이 있다.
- 기분장애 및 증가된 에너지와 활동을 보이는 기간 중 다음 증상 가운데 세 가지(또는 그 이상)를 보이며(과민한 기분만 나타난다면 네 가지) 평소 모습에 비해 변화가 뚜렷하고 심각한 정도로 나타난다.
  1. 자존감의 증가 또는 과대감
  2. 수면에 대한 욕구 감소(예 : 단 3시간의 수면으로도 충분하다고 느낌)
  3. 평소보다 말이 많아지거나 끊기 어려울 정도로 계속 말을 함
  4. 사고의 비약 또는 사고가 질주하듯 빠른 속도로 꼬리를 무는 듯한 주관적인 경험
  5. 주관적으로 보고하거나 객관적으로 관찰되는 주의산만(예 : 중요하지 않거나 관계없는 외적 자극에 너무 쉽게 주의가 분산됨)
  6. 목표지향적 활동의 증가(직장이나 학교에서의 사회적 활동 또는 성적 활동) 또는 정신운동 초조(예 : 목적이나 목표 없이 부산하게 움직임)
  7. 고통스러운 결과를 초래할 가능성이 높은 활동에의 지나친 몰두(예 : 과도한 쇼핑 등 과소비, 무분별한 성행위, 어리석은 사업 투자 등)
- 삽화가 증상이 없을 때의 개인 특성과는 다른 명백한 기능 변화를 동반한다.
- 기분의 장애와 기능의 변화가 타인에 의해 관찰된다.
- 삽화가 사회적, 직업적 기능의 현저한 손상을 일으키거나 입원이 필요할 정도로 심각하지 않다. 만약 정신증적 양상이 있다면, 이는 조증 삽화이다.
- 삽화가 물질(예 : 남용약물, 치료약물)의 생리적 효과나 다른 의학적 상태로 인한 것이 아니다.

B. 조증 삽화가 나타난 적이 없다.

C. 경조증 삽화는 조현병이나 다른 정신증적 장애로 더 잘 설명되지 않는다.

D. 우울 증상 또는 우울증과 경조증의 잦은 순환으로 인한 예측 불가능성이 사회적, 직업적 또는 다른 중요한 기능 영역에서 임상적으로 현저한 고통이나 손상을 초래한다.

출처 : *Diagnostic and Statistical Manual of Mental Disorders*, Fifth Edition (2013), 미국정신의학협회 판권 소유. 재인쇄 허가받음.

표 14.4 ■ 순환성 장애의 진단 기준

A. 최소 2년 동안(아동·청소년의 경우 최소 1년) 다수의 경조증 기간(경조증 삽화의 진단 기준을 충족하지 않는)과 우울증 기간(주요 우울 삽화의 진단 기준을 충족하지 않는)이 있어야 한다.

B. 위의 2년 동안(아동·청소년의 경우 1년), 경조증 기간과 우울증 기간이 최소 절반 이상 차지해야 하고, 증상이 없는 기간이 2개월 이상 지속되어서는 안 된다.

C. 주요 우울 삽화, 조증 삽화 또는 경조증 삽화가 존재하지 않는다.

D. 진단기준 A의 증상이 조현병이나 기타 정신증적 장애로 더 잘 설명되지 않는다.

E. 증상이 물질(예 : 남용약물, 치료약물)의 생리적 효과나 다른 의학적 상태로 인한 것이 아니다.

F. 증상이 사회적, 직업적 또는 다른 중요한 기능 영역에서 임상적으로 현저한 고통이나 손상을 초래한다.

출처 : *Diagnostic and Statistical Manual of Mental Disorders*, Fifth Edition (2013), 미국정신의학협회 판권 소유. 재인쇄 허가받음.

반드시 평가해야 한다. 만약 조증 삽화를 경험하였다면 양극성 1형 장애로, 경조증 삽화를 경험하였다면 양극성 2형 장애로 진단해야 한다(Fitzgerald & Pavuluri, 2015).

순환성 장애

순환성 장애(cyclothymic disorder)는 아동과 청소년에게는 잘 진단내려지지 않는 양극성 장애이다(표 14.4). 이 장애의 이름은 그리스 어원인 *kyklos*(순환)와 *thymos*(기분)에서 유래하였다. 순환성 장애는 일정 기간 나타나는 (1) 경조증 증상이 경조증 삽화의 진단 기준을 충족하지 못하고 (2) 우울증 증상이 주요 우울 삽화의 진단 기준을 충족하지 못하는 것을 의미한다. 아동과 청소년은 반드시 위에서 기술한 경조증과 우울 증상을 최소 1년 이상 경험해야 하며, 증상이 없는 기간이 2개월 이상 지속되어서는 안 된다.

양극성 1형과 2형 장애는 인플루엔자와 비슷하다. 그들은 갑자기 나타나고, 심각한 증상을 동반하며, 상대적으로 빨리 지나간다. 그러나 순환성 장애는 만성적인 알레르기와 비슷한다. 천천히 나타나고, 지속적으로 괴롭히며, 오랜 기간 유지된다.

순환성 장애를 가진 아동이 가장 많이 보고하는 문제는 과민성과 과도한 활동인데, 이러한 문제는 최소 1년 동안 나타났다 사라지기를 반복한다. 과민성과 과도한 활동은 다른 심리 장애에서도 나타나고, 건강한 아동에서도 때로는 나타나기 때문에, 순환성 장애는 종종 잘못 진단되거나 간과되기 쉽다(van Meter, Youngstrom, Demeter, & Findling, 2012; van Meter, Youngstrom, & Findling, 2012).

양극성 장애 변별하기

세 가지 종류의 양극성 장애에 대한 요약을 그림 14.1에서 표현하였다. 살펴보면, 양극성 1형 장애는 최소 한 번의 조증 삽화가 나타난다. 어린이들은 우울증도 경험하지만, 우울 삽화가 양극성 1형 장애 진단에 반드시 요구되지는 않는다.

양극성 2형 장애는 최소 한 번의 경조증 삽화와 최소 한 번의 우울 삽화로 정의되며, 조증 삽화를 경험하지 않는다. 아동이나 청소년이 조증 삽화를 경험한다면, 양극성 1형 장애로 진단내려져야 한다.

순환성 장애는 경조증 삽화를 만족하지 않는 경조증 기간과 주요 우울 삽화를 만족하지 않는 우울증 기간으로 정의된다. 더해서 아동의 기분 증상은 최소 1년 이상 지속되어야 한다.

소아 양극성 장애는 어떤 문제들과 관련 있는가?

정신증적 양상

양극성 1형 장애 어린이의 약 20%는 환각이나 망상을 경험한다. 환각(hallucinations)은 현실과 맞지 않는 잘못된 지각으로, 어떤 감각으로도 나타날 수 있지만 환청이 가장 흔하다. 예를 들면 우울 삽화 동안 죄를 지었다거나 가치없다고 말하는 속삭임을 듣는다. 망상(delusions)은 지각이나 경험을 잘못 해석하는 그릇된 믿음이다. 이러한 믿음은 대개 기이하거나 타당화하기 어렵다. 예를 들면 조증 삽화 동안 청소년은 자신이 특별한 임무를 수행하도록 부름을 받았다거나(관계 망상), 특별한 신분이나 힘을 가졌다고(과대 망상) 믿는다. 우울 삽화를 경험하는 청소년의 경우 반 친구가 자신에 대해 음모를 꾸민

그림 14.1 ■ 양극성 장애 변별하기

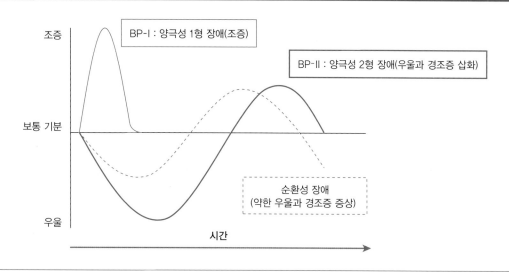

주 : BP-I는 최소 한 번의 조증 삽화로 정의된다. BP-II는 최소 한 번의 우울 삽화와 최소 한 번의 경조증 삽화(조증 삽화는 아님)로 정의된다. 순환성 장애는 우울과 경조증 기간으로 정의된다(기분 삽화가 아님).

다거나, 자신의 내부가 서서히 썩어들어가고 있다고 믿기도 한다.

DSM-5는 임상가가 양극성 1형 장애를 진단할 때 환각이나 망상이 있을 경우 명시하도록 지시한다. 정신증 증상을 명시하는 것은 양극성 1형 장애를 진단할 때 중요하다. 망상이나 환각을 가진 청소년은 그렇지 않은 청소년들보다 좋지 않은 예후를 보이기 때문이다. 해리 포터에서도 헤르미온느는 "마술사의 세계에서도 환청을 듣는 것은 좋은 징조는 아니다"라고 말한다(그림 14.2; Fristad, Arnold, & Leffler, 2011).

혼재성 양상

양극성 1형 장애를 가진 성인의 대부분은 조증과 우울 삽화가 구별되어 나타나는 전형적인 양상을 보인다. 성인 환자의 경우 첫 번째 조증 삽화가 나타나기 전까지는 상당히 잘 기능한다. 그러다가 대개 18~25세 사이에 조증 삽화가 나타나면서 행복감, 자존감의 증가와 과대감, 수면 욕구의 감소, 질주하는 사고와 빠르게 말하기, 위험을 무릅쓰는 행동을 경험한다. 2~3주 지속되는 명백한 조증 삽화를 경험하고 나면, 개인은 몇 주 혹은 몇 달간 지속되는 주요 우울증을 경험하게 된다. 우울증이 줄어들게 되면, 개인은 다음 조증 삽화가 나타나기 전까지 상당히 잘 기능하게 된다(Vieta et al., 2019).

양극성 장애를 가지는 아동과 청소년은 위와 같은 전형적인 조증과 우울증 양상을 거의 보이지 않는다(Richards & Bearden, 2018). 대개 어린이는 조증 삽화 동안 혼재성 징후와 증상을 보인다. 혼재성 기분(mixed mood)이란 아동이 조증이나 경조증 삽화를 만족하면서 역치하 우울 증상을 동시에 보일 때 사용된다. 때로는 혼재성 기분은 주요 우울 증상을 만족하면서 역치하 경조증 증상을 동시에 보일 때 사용된다(American Psychiatric Association , 2013).

아동이나 청소년이 어떻게 조증이나 경조증을 보이면서 동시에 우울증을 나타내는 걸까? 혼재성 기분을 이해하기 위해서 전문가는 이들을 디저트에 비유하여 설명한다(그림 14.3; Youngstrom & Algorta, 2014). 혼재성 기분은 초코 우유와 비슷하다: 조증과 우울증의 증상은 각 증상이 따로 존재하는 것이 아닌, 균질하게 초코 우유에 섞여 들어긴 상태를 의미한다. 혼재성 기분을 경험하는 아동들은 변덕스러움, 과민함, 화, 높은 에너지, 흥분의 혼합체를 보여준다.

또 다른 혼재성 기분은 파르페와 비슷하다: 조증 증상과 우울 증상이 디저트에 얹어 있는 덩어리처럼 존재하여 아동의 행동에서 각 증상을 확인할 수 있다. 아동의 기분은 과민함, 울먹거림, 무기력감이 두드러지는 상태에 고양감과 에너지가 충만한 짧은 상태가 순환하며 나타난다. 어떤 어린이는 이런

그림 14.2　■　정신증 증상의 유무에 따른 양극성 1형 장애

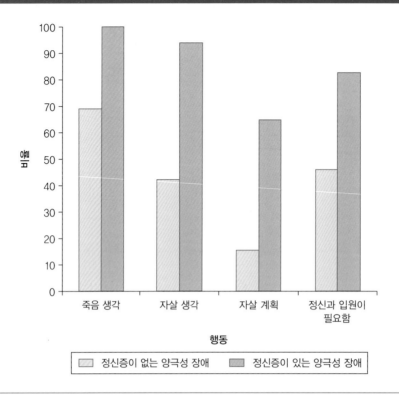

주 : 정신증 증상을 가진 어린이는 그렇지 않은 어린이에 비해 더 심각한 손상을 보인다. 출처 : Caetano et al. (2006).

그림 14.3　■　혼재성 기분을 이해하기

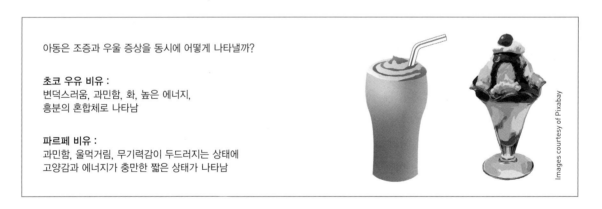

출처 : Youngstrom et al. (2008).

기분의 변동을 하루에도 여러 번 경험한다. DSM-5는 혼재성 기분 증상이 나타나는 경우 양극성 장애 진단에 '혼재성 양상'을 명시하도록 권고하고 있다(American Psychiatric Association, 2013).

혼재되어 있으며, 변동하는 기분 상태는 양극성 장애를 가진 어린이에게 흔한 편이다. 연구를 살펴보면, 양극성 장애를 가진 아동의 81%가 24시간 동안 경조증에서 정상 기분으로, 그리고 다시 우울증으로 변화되는 것이 관찰되었다. 또 다

혼재성 기분을 가지는 맥스

맥스는 9살 소년으로, 자살시도로 보이는 행동으로 인해 우리 병원에 의뢰되었다. 엄마와 같이 자동차로 등교하는 길에, 맥스는 통제할 수 없을 정도로 이야기하고 웃더니 갑자기 안전띠를 풀어 움직이는 차에서 뛰어내려 심하게 다쳤다. 응급실에서 치료를 받은 후에, 소아 심리학자인 손더스 박사가 맥스와 엄마를 면담하였다.

맥스는 배앓이(colicky)가 심하여 종종 울고 보채는 진정시키기 어려운 유아였다. 그러다가 걷기 시작하면서 우는 것이 줄어들었고, 에너지가 넘치고 호기심이 많은 아동으로 성장하였다. 맥스는 과잉행동과 충동성으로 인해 3년 전에 ADHD로 진단되었다. 부모가 보기에는 여전히 다루기 힘든 아이였지만, 맥스는 각성제 약물치료에 잘 반응하였고, 호감이 가는 친절한 소년이었다.

그런데 이 사고 6개월 전에 맥스의 성향이 변하기 시작하였다. 치료약물이 맥스의 과잉행동을 조절하는 데 더 이상 효과적이지 않은 것처럼 보였으며 맥스는 칭얼거리고, 불평불만을 늘어놓으며 가족들에게 말대꾸하기 시작했다. 맥스는 밤에 잠들기 어려워하더니, 잠자리에 드는 것을 거부하였으며, 아침에는 과민하고 변덕스러웠다. 또한 맥스는 슬프게 우는 아이가 되었다. 맥스 엄마는 맥스가 종종 '아무도 날 사랑하지 않는다'며 흐느껴 우는 것을 들었다고 보고하였다.

맥스의 기분은 입원 전주에 더 나빠졌다. 맥스는 집과 학교 모두에서 굉장히 활동적이고 잠시도 가만히 있지 못하게 되었다. 밤에는 피곤하지 않다며 자러 가는 것을 거부하였으나, 낮에는 기분이 좋지 않다며 쉽사리 울음을 터뜨렸다. 자는 것 대신에 맥스는 자기 방에서 나와 TV를 보거나 비디오 게임을 하고, 심지어 자전거의 원리를 알고 싶다며 자전거를 분해하기도 하였다. 또한 맥스 엄마는 맥스가 컴퓨터의 성인물 사이트를 보는 것을 목격하기도 하였다.

사고 이틀 전에, 맥스는 점심시간에 싸움을 일으켜 학교에서 정학당하였다. 맥스의 급우가 옆자리에 맥스가 앉는 것을 거절하자, 맥스는 그 친구에게 음식을 던지고 급식판으로 때렸으며, 교장실에 불려가서

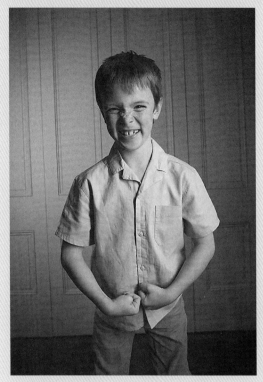

도 맥스 엄마가 도착하기 전 1시간 동안 계속 소리를 지르고 분노발작을 일으켰다.

손더스 박사는 맥스에게 자살시도처럼 보이는 행동에 대해 질문하였다. 맥스는 자신이 자살하려고 그런 것이 아니라고 대답하였다. 맥스는 "엄마한테 학교에 가기 싫다고 했는데 엄마가 내 말을 듣지 않았어요. 그래서 내가 아주 빨리 달리면, 자동차 속도에 뒤쳐지지 않게 자동차에서 뛰어내릴 수 있다고 생각한 것뿐이에요"라고 설명하였다.

른 연구에서도 양극성 장애를 가진 청소년의 3분의 1이 이렇게 빠르게 변화하는 기분 변동을 보여주었다. 대조적으로, 양극성 장애를 가진 성인은 빠르게 변화하는 기분이 드물게 나타난다. 혼재성 기분을 가진 맥스를 살펴보자(Youngstrom & Algorta, 2014).

소아 양극성 장애는 다른 아동기 장애와 어떻게 변별할 수 있는가?

외현화 행동 문제

양극성 장애를 가진 아동의 70%, 청소년의 31%의 정도가 ADHD를 갖는다(Birmaher et al., 2009). 수다스러움, 쉽게 주의가 분산됨, 지나친 활동성이라는 ADHD와 조증의 공통 증상으로 인해, 공존이환으로 여겨질 수 있지만, 많은 어린이들이 변별되는 ADHD나 조증을 경험한다. 즉 증상의 중복에도

불구하고, 두 장애는 변별될 수 있다. ADHD를 가진 어린이가 차도로 뛰어든다면 차가 오는 것을 깜박한 경우이고, 양극성 장애를 가진 어린이가 차도로 뛰어든다면 자신이 차보다 빨리 달릴 수 있다고 생각하기 때문이다(Fristad et al., 2011).

양극성 장애를 가진 어린이들은 ADHD로 진단받을 가능성이 높으나, 그 반대는 성립되지 않는다. 즉 ADHD 아동이 양극성 장애로 발전할 위험은 높지 않다. ADHD로 진단받은 아동·청소년을 대상으로 한 대규모의 연구에서 단지 한 아동만이 양극성 장애 진단 기준을 충족하였다(Hassan, Agha, Langley, & Thapar, 2011).

파괴적인 행동 장애도 공존이환으로 여겨질 수 있으나, 유병률은 발병 시기에 달려 있다(Birmaher et al., 2009). 아동기 발병 양극성 장애를 가진 아동은 대부분 ODD(43%)로 발전하지만, 청소년기 발병 양극성 장애를 가진 어린이는 품행 장애(CD; 16%) 혹은 물질 사용 장애(23%)로 진단받을 가능성이 높다. 품행 문제와 양극성 장애를 변별하는 것은 어려운 일이다. 일반적으로 품행 장애 어린이는 의도적으로 비순응적이라면, 양극성 장애 어린이는 기분 문제로 인해 규칙에 순응하기 어려워한다(Fristad et al., 2011).

파괴적 기분조절 부전장애

아동과 청소년의 양극성 장애를 찾아낸 초기 진단가 중 한 명이 정신과 의사인 에밀 크레펠린(Emil Kraepelin)이었다. 크레펠린은 약 100명의 아동에게서 조증, 우울, 과민성 삽화를 설명하였다. 크레펠린은 아동·청소년이 보이는 양극성 장애의 핵심 양상인 수 일 혹은 수 주 지속되는 심각한 기분 삽화와 기능의 현저한 손상이 성인의 양상과 일치한다고 보았다(Leibenluft et al., 2003).

크레펠린의 초기 관찰에도 불구하고, 양극성 장애는 아동에게는 거의 나타나지 않는, 성인의 장애로 여겨졌다. 그러다가 1980년대에 들어서 가브리엘 칼슨(Gabrielle Carlson)이 심각한 과민성과 빠르게 변화하는 혼재성 기분 상태로 특징지어지는 사춘기 전 아동의 양극성 증상을 기술하였다. 칼슨의 기술은 소아 양극성 장애를 연구하는 연구자와 임상가의 흥미를 다시 일깨웠으며 두 가지 견해가 등장하게 되었다.

크레펠린과 일치하는 첫 번째 견해는 양극성 장애의 핵심 양상은 아동기, 청소년기, 성인기에 걸쳐 변화하지 않는다는

것이다. 양극성 장애를 가진 모든 개인은 나이와 상관 없이 구별되는 기분 삽화를 보이며, 현저한 기능 손상을 동반하는 조증 증상(과 우울 증상)으로 특징지어진다고 보았다(Leibenluft et al., 2003).

두 번째는 양극성 장애가 만성적 과민성과 분노 폭발을 보이는 어린이들을 포함해야 한다는 견해이다. 이 견해에 따르면, 지속적인 과민성, 분노, 폭력적 혹은 파괴적 분노발작으로 특징지어지는 만성적 기분 문제는 양극성 장애와 부합하는, 근본적인 기분장애를 반영한다는 것이다(Biederman, Milberger, & Faraone, 1995; Wozniak et al., 1995).

양극성 장애의 정의를 확장하자, 이러한 상태를 가진 어린이의 진단이 현저하게 증가하게 되었다. 이러한 진단의 증가는 〈타임〉 주간지의 커버 스토리와 〈뉴욕타임즈〉 신문의 주요 사설에 의해 더욱 부붙게 되었다(Egan, 2008; Kluger & Song, 2002; Papolos & Papols, 2000). 유명 잡지에 기고되면서 많은 부모들과 임상가들은 종종 욱하고, 분노발작이나 격노한 양상을 보이는 만성적으로 화를 내고, 과민하며, 기분 변화가 심한 아동들이 양극성 장애를 가졌을지 모른다고 생각하게 되었다. 그 결과 양극성 장애의 실제 유병률은 변화하지 않았지만, 의원과 병원의 외래 환자들의 양극성 장애 진단이 급격하게 늘어났다(Parens & Johnston, 2010).

라이벤루프트와 그 동료들은 이러한 문제를 해결하기 위해 연구를 진행하였다(Leibenluft & Dickstein, 2008). 연구자들은 많은 아동들이 과민성과 분노 폭발이라는 만성적 어려움을 가지지만, 이러한 아동들이 소아 양극성 장애를 갖지 않는다고 주장하였다. 양극성 장애는 기분 삽화로 정의되는 질병이지만, 이러한 어린이들은 과민성, 불쾌감, 분노라는 만성적 어려움을 나타낸다고 보았다. DSM-5 이전에 이러한 아동들은 정서적 문제를 가지고 있어 도움이 필요하나, 어떠한 진단명에도 부합되지 않는 '진단적 고아'로 보았다. 많은 임상가들이 이런 어린이들을 양극성 장애로 진단하여, 해당 어린이들은 치료를 받을 수 있었다(Leibenluft et al., 2003).

이러한 아동들의 증상에 맞도록 DSM 진단기준을 변화시키기보다는 라이벤루프트와 그 동료들은 만성적 과민함 혹은 분노, 폭력적 혹은 파괴적 분노 폭발과 과잉행동-충동성으로 정의되는 심각한 기분조절 부전(severe mood dysregulation, SMD)이라는 새로운 진단 기준을 만들었다. 연구자들은 대

규모 SMD 아동을 대상으로 증상의 발현, 과정, 병인을 살펴보는 연구를 진행하였다. 그들은 SMD를 가진 어린 아동들이 청소년기와 초기 성인기에 우울증과 불안장애로 종종 발전하지만, 양극성 장애로는 거의 발전하지 않는 것을 발견하였다. 나아가 SMD를 가진 어린이의 가족들이 종종 우울증이나 불안장애를 보이지만, 양극성 장애는 보이지 않는다는 것을 발견하였다. 따라서 연구자들은 만성적 과민성과 분노 폭발은 우울증을 반영하는 것이지, 양극성 장애를 반영하는 것은 아니라고 결론지었다.

이 연구로 인해, DSM-5에 파괴적 기분조절 부전 장애(disruptive mood dysregulation disorder, DMDD)라는 새로운 진단명이 포함되게 되었다. DMDD는 과민성과 분노 폭발이라는 지속적 문제로 특징지어지는 우울증의 한 종류임을 상기해야 한다.

DMDD와 양극성 장애 각각을 가진 어린이들은 과민성과 분노 폭발을 보인다. 그러나 DMDD 아동은 이러한 문제를 지속적으로 보이지만, 양극성 장애 아동은 기분 삽화 동안에만 이러한 문제가 눈에 띄게 나타난다. 양극성 장애보다는 우울증과 불안장애와 더 많이 닮아 있기 때문에, DMDD는 우울 장애로 보아야 한다(Fitzgerald & Pavuluri, 2015).

양극성 장애는 아동·청소년에게 얼마나 흔하게 나타나는가?

유병률

아동과 청소년의 양극성 장애 역학 연구는 매우 드물다. 양극성 1형 장애의 어린이 평생 유병률은 약 0~1.9%로, 성인의 평생 유병률인 1%와 비슷하다(Merikangas & Pato, 2009). 그러나 모든 유형의 양극성 장애의 평생 유병률은 3~4%로(Youngstrom, Freeman, & Jenkins, 2009), 성인 양극성 장애의 대부분은 아동기에 발병(15~28%)되거나 청소년기에 발병(50~66%)한다고 보고되었다(Miklowitz, Mullen, & Chang, 2008).

치료를 위해 의뢰된 아동과 청소년의 양극성 장애 유병률은 지역사회 어린이와 비교할 때 훨씬 높다. 외래 정신건강 클리닉에 온 어린이의 약 6~7%가 양극성 장애를 가지며, 정신과 병원에서 치료를 받는 어린이 중에서 26~34%는 양극성 증상으로 진단받는다(Youngstrom et al., 2009).

성, 연령, 인종

아동과 청소년의 양극성 장애의 경우 성차에 대한 연구는 드물다. 청소년과 성인 연구에서 남자와 여자는 동일하게 양극성 1형 장애로 발전한다고 보았다. 그러나 양극성 장애의 증상은 성차가 나타난다. 남자는 여자보다 좀 더 일찍 발병하고, 조증 삽화가 더 흔하다. 반면에 여자는 남자보다 혼재성 삽화와 정신증 양상이 더 흔하다. 양극성 2형 장애는 여자에게 좀 더 흔하다. 한 역학 연구에 따르면 여자 청소년(3.3%)이 남자 청소년(2.6%)보다 살짝 높은 유병률을 보여주었다(Birmaher et al., 2009). 이러한 성차는 우울 삽화가 여자에게 좀 더 흔하기 때문인 것으로 보인다(Duax, Youngstrom, Calabrese, & Findling, 2007).

양극성 1형 장애를 가지는 남자 및 여자 청소년은 서로 다른 공존이환 증상을 보인다. 남자(91%)는 여자(70%)보다 ADHD를 공존이환으로 가지며, 여자(61%)는 남자(46%)보다 불안장애를 공존이환으로 가진다(Biederman et al., 2004b).

인종과 관련하여 소아 양극성 장애의 차이를 살펴본 연구는 매우 드물다. 미국계 흑인들의 양극성 장애 유병률은 비라틴계 백인의 유병률과 비슷하다. 그러나 어떤 연구들은 양극성 장애의 발현 양상이 인종에 따라 달라진다고 보고한다. 양극성 장애를 가진 미국계 흑인 청소년은 비라틴계 백인보다 더 많은 정신증 증상, 특히 환청을 보고한다. 연구자들은 무엇이 이런 차이를 가져오는지 아직 잘 알지 못한다(Patel, DelBello, Keck, & Strakowski, 2006).

경과와 결과

양극성 장애의 발병은 전형적으로 잠행적이다(즉, 점진적으로 나타나 처음에는 알아차리기 어려움). 어린이는 대개 첫 기분 삽화가 나타나기 수개월 혹은 수년 전에 역치하 기분 문제가 나타나는 전구기(prodromal)를 보인다. 한 연구에 따르면, 어린이의 52%가 첫 기분 삽화가 나타나기 1년 전에 경미한 기분 문제를 경험하였다고 보고하였으며, 어린이의 4%만이 급작스럽게 증상이 나타났다고 보고하였다. 가장 흔하게 보고되는 기분 문제는 불쾌감, 주의집중의 어려움, 과민성과 초조이다. 이런 문제는 건강한 어린이들도 때때로 경험하기 때문에, 대부분 간과되고 치료받지 않은 채로 넘어간다(Luby & Navsaria, 2010).

완전히 진행된(full-blown) 기분 삽화를 경험하게 되면, 증상은 대개 한동안 지속된다. 아동과 청소년의 양극성 장애 경로에 대한 최고의 연구는 양극성 어린이의 경과와 결과 연구[Course and Outcome of Bipolar Youth(COBY) study]에서 나온다. 이 연구에서 연구자들은 양극성 1형, 2형, 역치하 조증 증상을 가진 413명의 어린이(7~17세)들을 모집하였으며, 모든 어린이들은 치료, 특히 약물치료를 받고 있었다. 연구자들은 어린이의 정서 기능을 4년 동안 9개월마다 측정하여 결과가 어떻게 나타나는지 살펴보고자 하였다.

첫 번째 기분 삽화로부터 약 2.5년 후에 어린이의 대부분이 (81.5%) 완전히 회복되었다. 회복에 걸리는 평균 시간은 124주였다. 그러나 연구가 끝나는 1.5년 후에, 대부분(62.5%)은 다른 기분 삽화인 우울증을 경험하였다. 평균적으로 회복 후 재발하는 데 71주가 걸렸으며, 재발을 경험한 어린이의 절반 가량이 4년간의 연구 기간 동안 복합적인 기분 삽화를 보여주

었다(그림 14.4).

연구자들은 가족들에게 아동의 정서 기능에 대한 의견을 주 단위로 물어보았다. 아동들은 구별되는 기분 삽화를 보였으며, 대개 우울 삽화가 더 오래 나타났다. 이러한 삽화를 보이지 않을 때에도, 어린이들은 역치하 수준의 슬픔과 과민성을 보고하였다. 회복된 후에도 어린이들은 대부분의 시간(60%)에 증상이 나타났는데, 이들은 흥분에서 과민성으로 그리고 슬픔으로 변하는 혼재성 기분 증상을 보였다. 이들은 평균적으로 1년간 12회의 극단적 기분을 경험하였다.

아동기 발병 및 청소년기 발병 양극성 장애를 가진 개인은 성인기 발병 양극성 장애보다 부정적 양상을 보고한다(Masi et al., 2006). 칼슨, 브로멧, 시버스(Carlson, Bromet, & Sievers, 2000)는 초기 발병과 성인기 발병 양극성 장애의 결과 변인들을 비교하였다. 그들은 청소년기 발병 증상이 성인기 발병보다 더 빈번한 조증 증상, 더 적은 수의 증상 감소, 더 빈번한 재발, 더 많은 정신과 입원 문제가 있다는 것을 발견하였다. 게다가 초기 발병은 성인기 발병보다 교육, 고용, 물질사용 문제가 더 많이 나타나는 것을 발견하였다.

양극성 장애는 치료받지 않은 채로 두면 더 악화된다. 약물치료를 받지 않은 환자들은 높은 비율의 조증과 우울증 삽화의 반복, 고용과 관계의 문제, 법적 문제, 입원, 물질 사용 장애, 자살을 경험할 수 있다. 이러한 결과는 양극성 장애를 가능한 조기 발견하여 치료하는 것이 얼마나 중요한지를 말해준다(Youngstrom & Algorta, 2014).

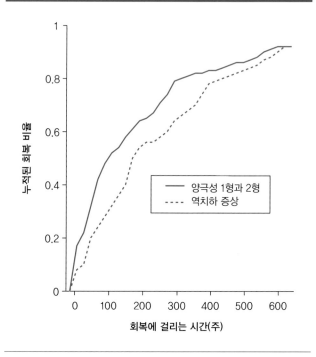

그림 14.4 ■ 아동기 양극성 장애에 대한 COBY 연구 결과

주 : 회복하는 데 평균 124주가 걸렸지만, 양극성 장애를 가진 어린이의 대부분은 첫 번째 기분 삽화로부터 회복되었다. 양극성 1형 또는 2형 장애를 갖는 어린이는 역치하 증상을 갖는 어린이보다 회복이 빨랐다. 그러나 회복된 어린이의 62.5%가 18개월 이내에 재발하였다(Birmaher et al., 2009).

어린이 양극성 장애의 원인은 무엇인가?

유전

양극성 장애의 단일 위험 요인은 양극성 장애를 가지는 생물학적으로 연결된 가족 구성원을 가지는 것이다(Birmaher et al., 2010). 이란성 쌍둥이보다 일란성 쌍둥이의 일치율이 훨씬 높다(Merikangas & Pato, 2009). 양극성 장애의 유병률이 일반 인구에서 약 1% 정도이지만, 양극성 장애 성인의 아동들이 보이는 유병률은 5~10%에 이른다(Klimes-Dougan et al., 2016).

피츠버그 양극성 자녀 연구(Pittsburgh Bipolar Offspring Study, BIOS)에서 연구자들은 부모가 양극성 장애를 가진

그림 14.5 ■ 피츠버그 양극성 자녀 연구

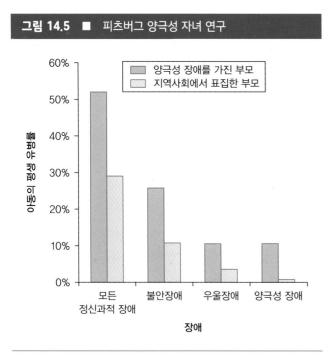

주 : 피츠버그 양극성 자녀 연구는 양극성 장애를 가진 성인의 자녀를 연구하였다. 아동들은 양극성 장애, 불안, 우울증으로 발전할 위험성이 높았다. 출처 : Birmaher et al. (2009).

아동을 지역사회 아동과 비교하였다(Birmaher et al., 2009, 2010). 인구통계학적 변인을 통제 후, 양극성 장애를 가진 성인의 아동(6~18세)들은 양극성 장애, 다른 기분장애, 불안장애로 발전할 위험성이 높았다. 또한 아무런 정신건강 문제를 가지지 않는 부모의 아동보다 정신과적 장애를 가질 확률이 두 배 정도 높았다. 양극성 장애를 가지는 성인의 미취학 아동(2~5세) 역시 정신과적 장애, 특히 파괴적 행동 문제(그림 14.5)를 가질 위험성이 높게 나타났다.

뇌 구조와 기능

여러 뇌영상 연구에서 양극성 장애 어린이와 양극성 장애가 없는 어린이의 뇌를 비교하였다. 일관된 신경해부학적 결과는 양극성 장애를 가진 어린이는 그렇지 않은 어린이에 비해 뇌가 좀 더 작았다. 양극성 장애 청소년은 양극성 장애가 없는 청소년에 비해 뇌 용적이 5% 정도 작다는 결과를 보고하였다. 이런 결과들은 유전적 요인이 신경 발달에서 불규칙성을 야기하여 뇌의 크기가 적은 결과를 가져오는 것을 시사한다(Carlson, Pataki, & Meyer, 2015).

양극성 장애는 기분장애이므로, 연구자들은 정서 처리와

조절을 담당하는 뇌 영역을 연구하였다. 연구자들은 양극성 장애를 가진 아동과 성인들이 종종 타인의 표정을 잘못 명명하는 문제가 있다는 것을 알고 있었다. 다양한 정서가 드러나는 사진을 보여주면, 양극성 장애를 가진 사람들은 종종 이러한 표정을 잘 인식하지 못하였다. 특히 이들은 유순한 표정을 슬프거나 화를 내거나 적대적인 것으로 잘못 해석하였다. 이러한 정서 인식의 문제는 기분 삽화를 경험하지 않을 때도 나타난다. 타인의 정서 표현을 인식하는 데 문제가 있는 것은 사회적 상황을 해석하고 적절히 행동하는 것을 방해할 수 있다(Luby & Navsaria, 2010).

양극성 장애를 가진 어린이는 정서 조절을 담당하는 뇌 영역의 이상을 나타낸다. 첫째, 양극성 장애를 가진 어린이는 정상군과 비교할 때 편도체의 과잉활동을 보여준다. 편도체는 변연계의 일부로, 공포와 분노와 같은 부정적 정서의 경험과 표현에 매우 중요한 뇌 기관이다. 양극성 장애 어린이는 타인의 부정적 얼굴 표현을 지각할 때, 보다 부정적인 정서를 느끼고 이 뇌 영역에서 과잉활동을 보여준다.

둘째, 양극성 장애를 가진 어린이는 얼굴 정보 처리를 할 때 전전두엽 피질에서 과소활동을 보여준다. 기능적 자기공명 영상(fMRI) 연구 결과, 배측면(dorsolateral)과 복측면(ventrolateral)의 전전두엽 피질의 과소활동이 관찰된다. 전전두엽 피질은 뇌의 '집행' 능력을 담당하는 곳으로, 계획하고, 우리 행동의 장기적 결과를 고려하며, 장기적 목표에 영향을 미칠 수 있는 행동억제에 관련되어 있음을 상기해 보라. 배측면 전전두엽 피질은 주의를 가리키고, 전환하며, 유지하는 데 중요한 역할을 담당한다. 부정적 자극이 제시될 때, 배측면 전전두엽 피질은 우리의 행동을 억제하고 주의를 다른 곳으로 돌려 정서를 조절한다. 복측면 전전두엽 피질은 스트레스를 받으면 활성화되는 신체 영역인 말초신경계, 내분비계, 운동계를 부분적으로 조절한다. 복측면 전전두엽 피질의 과소활동은 이런 신체영역의 조절을 어렵게 하여, 정서와 행동의 흥분을 불러일으킨다(그림 14.6; Luby & Navsaria, 2010).

흥미롭게도, 편도체(와 다른 변연계)는 전전두엽 영역과 기능적으로 연결되어 있다. 양극성 장애를 가진 어린이들은 종종 다른 사람의 정서 표현을 적대적이거나 위협적으로 잘못 인식한다. 아마도 타인의 부정적 표현으로부터 주의를 돌리기 어려워, 결과적으로 부정적 정서를 더욱 경험하는 것일 수

그림 14.6 ■ 양극성 장애를 가진 어린이의 뇌 이상성

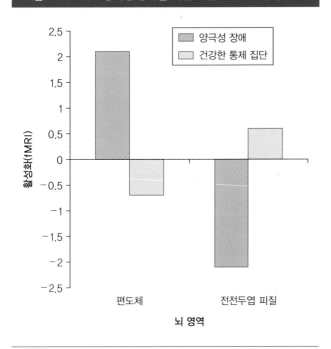

주 : 건강한 청소년들과 비교할 때, 양극성 장애를 가진 어린이들은 좌절 과제에서 편도체의 과잉활동과 전전두엽의 과소활동을 보여준다. 이러한 이상성은 정서 조절의 어려움과 관련되어 있다. 출처 : Garrett et al. (2012).

있다. 이들은 공포, 분노나 초조함을 경험하기 시작하면, 이러한 정서를 조절하거나 행동을 억제하는 데 어려움을 느끼는 것으로 보인다. 행동하기 전에 생각하기보다는 정서적으로 혹은 신체적으로 먼저 행동화하는 경향이 나타난다(Garrett et al., 2012).

정서 조절

연구자들은 양극성 장애를 가진 어린이들이 왜 작은 스트레스나 좌절에 쉽게 기분이 안 좋아지는지에 대해 설명하고자 노력해 왔다. 이 질문에 대답하기 위해 리치와 동료들(Rich et al., 2011)은 양극성 장애를 가진 어린이와 그렇지 않은 어린이에게 간단한 컴퓨터 게임을 해 보도록 요청했다. 어린이들은 화면에 나타나는 자극이 왼쪽 혹은 오른쪽인지에 따라 2개의 버튼 중에 1개의 버튼을 누르도록 요청받았다. 정답일 경우, 축하 메시지(예 : 정답입니다. 25센트를 획득했습니다)와 돈이 보상으로 제시되었다. 과제는 쉬웠지만, 참가자들을 좌절시키기 위해 고안되었기 때문에, 절반 이상의 시행에서 참가자들의 반응과는 상관없이 틀렸다거나(예 : 틀렸습니다. 25

센트를 잃어버렸습니다), "너무 느리다"는 메시지가 제시되었다. 참가자들이 게임을 하는 동안, 연구자들은 참가자들의 뇌 활동을 기록하였다.

양극성 장애 유무에 따라 어린이들의 뇌 활동은 현저한 차이가 나타났다(Rich et al., 2011). 예상했던 대로, 양극성 장애를 가진 어린이들은 좌절 과제에서 더 많은 슬픔과 부정적 정서를 보고하였다. 특히 통제군과 비교할 때, 우측 뇌이마이랑(superior frontal gyrus)은 과잉활동을, 좌측 섬엽은 과소활동을 나타냈다. 뇌이마이랑은 주의집중과 작업기억을 포함한 많은 기능을 담당하는 전두엽의 상당 부위를 차지하는 영역이며, 섬엽(insula)은 변연계와 가까우며, 뇌의 중앙에 위치한 부위로, 정서 조절에 중요한 역할을 담당한다. 이러한 발견들은 양극성 장애를 가진 어린이들이 부정적 정서나 경험으로부터 주의를 전환하는 데 어려움이 있음을 시사한다. 즉 이들은 기분이 나쁘면 문제를 효과적으로 다루는 데 필요한 정서 조절의 어려움을 가질 수 있다(그림 14.7).

물론 뇌영상 연구는 이러한 뇌 활동의 차이가 양극성 장애를 야기했는지, 양극성 장애의 증상이 정서 조절의 결핍을 가져왔는지 또는 제3의 발견되지 않은 변인이 뇌와 행동에 영향

그림 14.7 ■ 양극성 장애를 가진 어린이의 뇌 활동

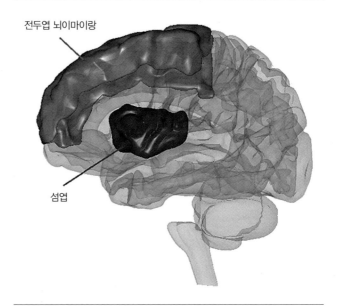

전두엽 뇌이마이랑

섬엽

주 : 양극성 장애를 가진 어린이들은 전두엽 뇌이마이랑의 과잉활동과 섬엽의 과소활동을 종종 보여준다. 이러한 차이는 부정적 상황을 다루는 것과 관련되어 있는 것으로 여겨진다. 출처 : Rich et al. (2011).

을 미쳤는지 말해주지 않는다. 양극성 장애를 가진 어린이를 대상으로 한 종단적 뇌영상 연구를 통해서만이 인과관계에 대한 질문에 답할 수 있을 것이다(Carlson et al., 2015).

삶의 스트레스 사건

양극성 장애를 가진 성인들의 경우 스트레스 사건이 조증과 우울 삽화를 불러 일으키는 것으로 알려져 있다. 사랑하는 사람의 죽음, 실직 또는 가정에서의 위기 역시 재발을 일으킨다. 흥미롭게도 부정적 사건만이 재발을 일으키지 않는다. 매일매일의 일상적인 일들에 영향을 미치는 어떤 사건이라도 기분의 변화를 일으킬 수 있다. 예를 들면, 양극성 장애를 가진 성인이 결혼을 한다거나, 이직 또는 아기가 태어나는 것이 위험 요소로 작용할 수 있다(Subramanian, Sarkar, Kattimani, Rajkumar, & Penchilaiya, 2018).

COBY 연구에서 양극성 장애를 가진 어린이는 상당히 높은 빈도의 스트레스 사건들을 보고하였다. 양극성 장애를 가진 어린이가 보고한 스트레스 사건들은 우울증을 가진 어린이가 보고한 스트레스 사건만큼 많았다. 게다가 이러한 부정적인 사건들은 어린이 자신의 파괴적 행동의 결과였다. 예를 들면, 조증 삽화 동안 청소년은 학교에서 정학을 당하거나 아니면 오랫동안 사귀었던 여자친구와 헤어졌다. 스스로 만들어 내는 부정적 사건들이 기분 문제가 만성화되는 것을 설명하는 것으로 보인다(Romero et al., 2009).

양극성 장애를 가진 어린이들은 우울증을 가진 어린이들이 보고하는 것보다 훨씬 적은 수의 긍정적 사건들을 보고한다. 게다가 긍정적 사건의 부족은 어린이들의 행동 문제에 달려 있는 것으로 보인다. 예를 들면, 과민하거나 우울한 청소년들은 가족이나 친구들과 친밀한 관계를 만들어 가는 데 어려움이 보인다. 제한된 사회적 지지와 강력한 가족 간 유대는 결국 청소년의 불쾌감을 심화시킨다(Romero et al., 2009).

가족의 기능

양극성 장애를 가진 개인들은 긴장된 가족 관계를 종종 경험한다. 가족의 긴장은 전형적으로 세 가지 양상으로 나타난다. 첫째, 양극성 장애를 가진 아동이나 청소년을 돌보는 것은 부모에게 엄청난 스트레스이다. 양육자는 "약 먹는 걸 잊어버리면 어떡하지? 조증 징후가 다시 시작되는 것일까? 학교에서 정학을 당하면 어떡하지?" 등의 걱정을 한다. 양육 스트레스는 가정의 긴장을 만들어내고, 민감하고 일관적인 돌보기를 방해한다. 둘째, 양극성 장애를 가진 어린이는 자신의 파괴적 기분과 행동으로 인해 종종 가족 구성원의 부정적 생각, 감정, 행동을 불러일으킨다. 예를 들면 부모들은 자녀의 기분 문제를 무례나 불복종의 징후로 보고 자녀의 불쾌한 기분을 비난한다. 부모들은 자녀의 파괴적 행동을 고의적인 악의로 귀인하기 때문에, 자녀에 대해 더욱 화가 나고, 적대적이며, 분개하게 된다. 셋째, 양극성 장애를 가진 어린이의 부모들 역시 기분장애를 가지고 있다. 본인의 조증 혹은 우울증으로 인해, 부모들은 자녀의 증상에 보다 효과적으로 반응하기 어려워 한다(Youngstrom & Algorta, 2014).

표출 정서(expressed emotion, EE)는 양육자가 정신건강 문제를 가진 가족 구성원에게 보이는 비판, 적대감 또는 정서적 과잉간섭(예 : 과보호, 과도한 자기희생)을 의미한다. 전형적으로 EE는 면담 혹은 간단한 관찰 회기에서 양육자가 자녀에게 보이는 비판적이고, 적대적인 혹은 정서적으로 과잉간섭하는 진술의 총량을 평가한 것이다. 예시는 다음과 같다.

> 비판 : 너는 대체 네 또래의 다른 아이들처럼 책임감이 없고 숙제하는 것을 까먹는 거니?
>
> 적대감 : 네가 그런 식으로 행동할 때 나는 네 곁에 있고 싶지 않아. 넌 정말 날 피곤하게 해.
>
> 과잉간섭 : 밤중에 네 걱정을 하며 깨어 있었어. 넌 안전한 거야? 누구랑 같이 있는 거지?

EE는 양극성 장애, 우울증, 조현병을 가진 개인의 재발을 예측하기 때문에 중요하다. 정신과 치료를 받고 퇴원 후, 높은 EE를 보이는 가족과 지내는 개인은 낮은 EE를 보이는 가족들과 지내는 개인보다 2년 동안 두세 배 더 많이 재발한다(Miklowitz, 2012).

대조적으로 따뜻하고, 지지적인 부모-아동 상호작용은 양극성 장애를 가진 어린이의 기분 삽화를 예방한다(그림 14.8). 높은 온정과 반응성을 갖는 어머니를 가진 어린이는 기분 삽화에서 회복 후 2년이 지난 시점에서 네 배나 적은 재발율을 보였다. 회복 후 4년이 지난 시점에서 높은 온정을 보이

그림 14.8   ■   어머니의 온정이 양극성 장애를 가진 자녀를 재발로부터 보호한다

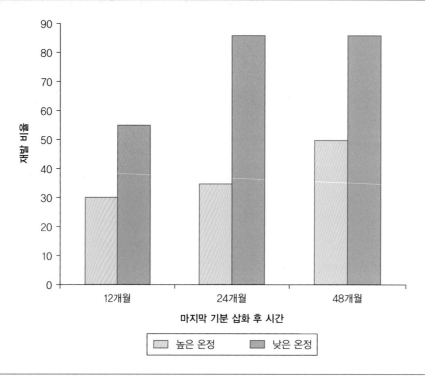

주 : 민감하고 반응적인 돌봄 수준을 보여주는 어머니를 둔 자녀는 4년의 시간 동안 낮은 재발 비율을 보인다. 민감하고 반응적인 돌봄을 제공하고, 갈등을 피하도록 도와주는 부모가 소아 양극성 장애 치료에 있어 가장 중요한 심리사회적 요소이다. 출처 : Geller et al., 2004).

는 가정에서 성장한 아동(50.3%)은 낮은 온정을 보이는 가정에서 성장한 아동(85.9%)보다 재발율이 훨씬 낮았다(Geller, Tillman, Craney, & Bolhofner, 2004).

양극성 장애를 가진 어린이에게 약물치료는 효과적인가?

약물치료는 양극성 장애에 주요한 치료 방법으로 고려된다(Pfeifer, Kowatch, & DelBello, 2010). 미국 아동 및 청소년 정신의학회는 어린이의 가장 최근 기분 삽화를 치료하기 위해서 약물치료가 반드시 시행되어야 한다고 권고한다. 아동이 약물치료에 부분적으로만 반응한다면, 원하는 결과를 얻을 때까지 추가 약물치료가 시행될 수 있다. 세 가지 종류의 약물이 소아 양극성 장애 치료제로 사용된다: 기분 안정제(예 : 리튬), 항경련제(예 : 디발프로엑스), 그리고 비정형 항정신약물(예 : 리스페리돈)이다.

기분 안정제와 항경련제

기분안정 약물인 리튬(lithium, 에스칼리스)은 한때는 소아 양극성 장애를 치료하는 최적의 약물로 여겨졌다. 수차례의 무선 통제 연구는 양극성 장애를 가진 성인의 조증을 감소시키는 데 효능이 있음을 보여주었다. 리튬이 조증을 어떻게 감소시키고 기분을 안정화시키는지에 대한 기제는 알려져 있지 않다. 리튬은 기분과 정서 표현에 중요한 역할을 담당하는 신경전달물질인 노르에피네프린과 세로토닌의 활동을 감소시키는 것으로 보인다(Carlson et al., 2015).

양극성 장애를 가진 어린이에게 리튬의 효능을 살펴본 무선통제 연구들이 최근 출판되었다(Liu et al., 2011). 한 연구에서 연구자들은 리튬과 양극성 장애를 치료하는 다른 치료약물을 비교하였다(Geller, Luby, & Joshi, 2012). 연구자들은 어린이의 35.6%만이 리튬에 반응하며, 32.2%의 어린이는 리튬 사용을 점차 중단하고 시행 8주가 되기 전에 연구에 더 이상 참여하지 않음을 발견하였다. 리튬 사용은 메스꺼움, 두통, 체중 증가, 갑상선 이상, 당뇨, 떨림(진전)과 같은 부작용과 관련이 있다. 이러한 이유로 리튬은 어린이에게는 최우선의 치료로 대개의 경우 고려되지 않는다.

발작을 치료하는 약물로 설계된 항경련제 역시 성인의 조증을 치료하는 약물로 사용되었다. 항경련제는 억제성 신경전달물질인 GABA(감마 아미노 부티르산)를 증가시키고, 활동성 신경전달물질인 글루탐산염(glutamate)을 감소시켜, 전반적 신경계 활동을 감소시킨다. 따라서 간질과 조증에 모두 효과적일 수 있으며, 가장 많이 연구된 항경련제는 디발프로엑스(데파코트)이다. 일부 연구들은 양극성 장애를 가진 청소년의 조증을 감소시키는 데 항경련제가 효과적일 수 있다고 제안하였지만, 약물 반응율이 위약효과보다 조금 높은 24%에서 53%로 나타났다(Geller et al., 2012; Pfeifer et al., 2010). 흔한 부작용은 진정효과, 소화기계 문제, 체중 증가가 있으며, 드물지만 심각한 부작용으로는 췌장 염증, 간 독성작용, 불임을 유발할 수 있는 다낭성 난소 증후군이 있다(Carlson et al., 2015).

비정형 항정신약물

비정형 항정신약물은 양극성 장애를 가진 어린이에게 가장 많이 처방되는 약물이다. 비정형 항정신약물이 아동과 청소년의 조증 및 혼재성 기분 증상을 감소시키는 데 효과적임이 무선 통제 연구를 통해 밝혀졌다(Singh, Ketter, & Chang, 2010). 반응율은 쿠에티아민(쎄로켈)의 경우 73%에서 올란자핀(자이프렉사)의 경우 49%에 이른다(Liu et al., 2011). 아동(10~17세)에게 아리피프라졸(아빌리파이), 쿠에티아민, 리스페리돈(리스페달)의 사용이 허가되었으며, 올란자핀은 청소년(13~17세)에게 허가되었다. 위약을 먹는 어린이의 4분의 1 정도가 효과를 보인다면, 이런 약물을 먹는 어린이의 약 반 정도가 조증이나 혼재성 증상에 유의미한 감소를 보인다(그림 14.9).

연구자들은 생애 초기 조증 치료(treatment of early age mania, TEAM) 연구에서 약물치료의 효과를 직접 비교해 보

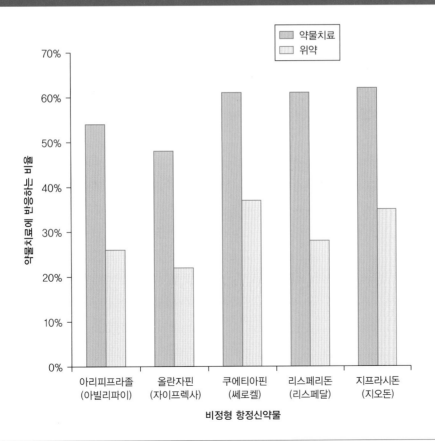

그림 14.9 ■ 소아 양극성 장애를 위한 비정형 항정신약물

주 : 평균적으로, 양극성 장애를 가진 어린이의 50%가 25%의 증상 감소를 보인 위약 집단과 비교할 때, 조증 증상의 의미 있는 감소를 보인다. 출처 : Singh et al. (2010).

았다. 양극성 장애를 가진 279명의 아동과 청소년(6~15세)이 전통적인 기분 안정제인 리튬, 항경련제인 디발프로엑스 또는 비정형 항정신약물인 리스페리돈에 무선 할당되었다. 모든 어린이들은 과거에 조증 삽화를 경험했지만 양극성 장애 약물치료를 받아본 적이 없었다. 8주의 약물치료 후 어린이의 41.9%가 약물에 반응하였으며, 많은 어린이들이 리튬(35.6%)이나 디발프로엑스(24.0%)보다는 리스페리돈(68.5%)에 반응하였다. 이러한 결과는 조증 아동의 비정형 항정신약물 사용을 지지한다(Geller et al., 2012).

비정형 항정신약물도 한계가 있다. 첫째, 어린이의 약 반 정도만 이러한 약물에 반응한다. 따라서 증상 감소를 위해서는 다수의 약물치료가 시행되어야 한다. 둘째, 약물 반응율이 상대적으로 높기는 하지만, 완벽한 회복 비율은 낮다. 어린이 대부분이 약물치료를 받을 때 향상을 보이지만, 대부분이 증상을 계속해서 보인다. 셋째, 부작용이 흔하게 나타난다. 흔한 부작용인 체중 증가는, 비정형 항정신약물을 먹는 어린이의 7~42%가 경험한다(Singh et al., 2010).

양극성 장애를 가진 어린이에게 심리치료는 효과적인가?

양극성 장애에 대한 심리사회적 치료는 대개 약물치료와 혼용하여 사용된다. 심리사회적 치료의 주요 목적은 두 가지이다. 첫째, 약물치료에 대한 아동의 순응을 높이고, 둘째, 재발 시 대처 방법과 가족 간 의사소통 기술을 가르치기 위해서다. 양극성 장애를 가진 어린이의 근거기반 심리사회적 개입은 지난 수십 년간 현저하게 증가하였으며, 다음과 같은 공통의 치료요소가 있다.

심리교육 : 치료자는 내담자에게 양극성 장애, 병인, 경과, 치료에 대해 가르친다.

가족 참여 : 치료에 양극성 장애를 가진 어린이와 주양육자, 그리고 때로는 형제자매들이 참여한다.

비난 감소 : 가족 구성원들은 종종 어린이의 기분 문제를 어린이 탓 혹은 자신 탓으로 돌리기 때문에, 치료자는 비난을 감소시키고, 죄책감을 경감시키기 위해 노력한다.

기술 쌓기 : 치료자들은 종종 양극성 장애를 가진 어린이와 부모에게 부족한 기술을 가르친다. 이러한 기술은 자신의 정서를 알아차리고 조절하며, 사회적 문제를 해결하고, 가족 내 원활한 의사소통하기와 수면-각성 주기를 일관되게 유지하는 것이다.

양극성 장애의 어린이에게 사용 가능한 근거기반 개입이 다양하지만, 아동기 및 청소년기를 관통하는 심리사회적 개입의 세 가지 측면을 살펴보고자 한다: (1) 아동과 가족 중심의 인지행동치료(CFF-CBT), (2) 심리교육적 심리치료(PEP), (3) 청소년을 위한 가족 중심 치료(FFT-A).

아동과 가족 중심의 인지행동치료

아동과 가족 중심의 인지행동치료(child-and family-focused cognitive-behavioral therapy, CFF-CBT)는 양극성 장애를 가진 7~13세 아동과 그들의 주양육자를 위한 포괄적, 근거기반 심리사회적 치료이다(West, Weinstein, & Pavuluri, 2020). 치료는 12회기로 구성되어 있으며, 어떤 회기는 자녀만이, 어떤 회기는 부모만이, 어떤 회기는 자녀와 부모 모두가 참여한다. 회기는 양극성 장애에 대한 정보를 제공하고, 아동의 기분 및 사회문제를 해결하는 기술을 향상시키기 위해 인지행동적 전략을 가르친다(표 14.5)

CFF-CBT는 양극성 장애를 가진 어린이가 정서를 처리하고 조절하는 데 관여하는 신경계에 어려움이 있다고 가정한다(West & Weinstein, 2012). 이러한 아동은 대개 집이나 학교에서 적절하게 행동하고 싶어 하나, 기분조절의 어려움으로 인해 그렇게 행동할 수가 없다. 치료는 아동과 부모에게 아동의 정서를 조절하고 기분 삽화의 빈도나 심각도를 감소시킬 수 있는 전략을 가르친다.

첫째, 치료자는 아동에게 부정적 정서를 알아차리고 조절할 수 있도록 가르친다. 이러한 전략은 감정을 알아차리고 이름을 붙이며, 불쾌감을 야기할 수 있는 촉발원인을 알아차리고 피하며, 과대감이나 과민하고 슬픈 기분 상태에 대처할 수 있는 전술 개발을 포함한다. 치료자들은 부모에게 어떻게 아동의 기분을 관찰하며, 아동이 스트레스 상황에서 정서조절 기술을 사용할 수 있도록 촉구하는 기술을 가르친다. 부모는 또한 자신의 양육 스트레스를 관리할 수 있는 스트레스 감소

표 14.5 ■ 아동과 가족 중심의 인지행동치료		
R	일상 만들기(Routine)	기분 문제를 피하기 위해, 가족들은 일상적인 일들을 따르는 것이 중요하다. 기상, 취침, 식사, 활동, 약물 복용을 잘 지켜야 한다. 변화는 천천히 그리고 예상되어야 한다.
A	감정 조절(Affect regulation)	부모와 아동은 아동의 기분을 매일 관찰해야 한다. 가족들은 대처 전략과 상황을 진정시키는 양육 전술을 활용하여 부정적 정서를 감소시킬 수 있다.
I	나는 할 수 있어(I can do it!)	부모와 아동은 분쟁과 논쟁을 긍정적인 방법으로 해결할 수 있다. 부모는 조용한 확신과 차분한 목소리, 공감을 통해 아동의 부정적 기분을 감소시킬 수 있도록 도울 수 있다.
N	부정적인 생각 안 하기(No negative thoughts)	부모와 아동은 부정적 기분에 기여하는 인지 왜곡을 찾아내고 변경할 수 있다. 부정적 사고(예 : 내 아이는 최악이야. 내가 도울 방법은 없어)는 보다 현실적으로 재구성될 수 있다(예 : 내 아이의 행동은 내가 해결할 수 있는 문제야).
B	좋은 친구되기(Be a good friend)	친구를 만들고 유지할 수 있는 사회 기술을 아동에게 가르친다. 부모는 균형잡힌 생활방식, 사회적 지지망을 개발하기, 그리고 스트레스를 감소시키는 방법들을 찾도록 격려된다.
O	자, 문제를 어떻게 해결할까(Oh, How can we solve the problem?)	부모와 아동은 사회 문제를 대처하는 문제해결 전략을 배울 수 있다. 큰 문제를 작은 단계로 나누고, 가능한 해결방법을 찾아내며, 최선의 방법을 선택하여 실행해 보고, 도움이 되는 결과를 평가한다.
W	격려를 얻는 방법들(Ways to get support)	아동은 기분 문제가 있을 때 자신을 도울 수 있는 가족 구성원, 다른 성인 또는 친구들을 찾을 수 있다. 부모와 치료자는 아동들이 학교에서 격려를 얻어낼 수 있도록 아동들을 지지한다.

주 : 두음어 RAINBOW는 치료의 원리를 가족들에게 상기시키기 위해 사용된다. 출처 : West et al. (2020).

기술을 개발하도록 권장된다.

둘째, 부모와 아동은 부모-자녀 상호작용과 자녀의 사회적 기능을 향상시킬 수 있는 인지 기술을 배운다. 어떤 치료 회기는 분노나 논쟁 없이 가족 구성원 간 반목을 해결할 수 있는 문제해결 기술에 초점을 두며, 다른 치료 회기는 사회적 기술을 강조한다. 역할극과 토의를 통해, 부모와 아동들은 긍정적인 방법으로 어떻게 서로를 경청하고, 감정을 전달할지를 배운다.

셋째, 치료자는 부모에게 화가 나고 과민한 기분인 아동을 다루기 위한 행동관리 전략을 가르친다. 전통적인 부모 훈련에서, 치료자들은 부모에게 아동의 행동에 한계를 설정하고, 정확한 지시를 하며, 불순응에 즉각적으로 대처하도록 가르친다. 그러나 양극성 장애를 가진 아동은 이러한 전술에 더욱 동요된다. 따라서 엄격한 한계설정과 처벌보다는, 격앙된 정서를 진정시킬 수 있는 양육 전략에 양극성 장애 아동들은 잘 반응한다. 부모들은 차분한 목소리를 사용하며, 자신의 감정을 잘 다스리고, 스트레스 상황에서 공감적이고 협동적인 문제해결 접근을 강조하도록 권장된다.

CFF-CBT의 타당성은 두 가지 연구를 통해 확인되었다. 첫 번째 연구는 양극성 장애를 가진 어린이와 가족이 참여하였으며, 프로그램에 상당히 높은 만족도를 보고하였다. 또한 아동은 장시간에 걸쳐 기능 전반에 걸친 향상과 더불어 우울증, 조증, 정신증 증상, 수면 문제의 감소를 보고하였으며(Pavuluri et al., 2004), 가족들은 치료에서 얻은 이득을 3년이 지난 시점에서도 유지하였다(West, Henry, & Pavuluri, 2007). 두 번째 연구에서 연구자는 부모와 아동 집단을 대상으로 치료의 타당도를 살펴보았다. 양극성 장애를 가진 아동과 부모가 같이 치료 회기에 참석하였다. 치료 후 부모는 아동의 대처 기술이 증가하고, 조증 증상이 감소하였다고 보고하였다(West et al., 2009).

최근 연구에서, 연구자들은 69명의 양극성 장애 아동을 CFF-CBT와 일상적인 지역사회 치료에 할당하였다. 아동들은 기저선, 치료과정 중, 치료 후, 몇 개월 후에 평가되었는데, CFF-CBT를 받은 아동들은 지역사회 치료를 받은 아동들보다 조증, 우울증, 전반적 기능이 현저하게 향상되었다. 자녀에 대한 부모의 태도와 상호작용의 변화는 이러한 성공에 중요하게 작용하였는데, 양육기술 및 대처기술을 향상시킨 부모들과 아동의 기분 문제를 보다 융통성 있고 긍정적으로 변화시킨 부모들은 치료에서 가장 많은 성과를 얻은 자녀들의 부모인 경향이 있었다(MacPherson, Weinstein, Henroy, & West, 2017).

심리교육적 심리치료

심리교육적 심리치료(psychoeducational psychotherapy, PEP)는 메리 프리스타드와 동료들(Mary Fristad et al., 2017)이 양극성 장애와 기타 기분장애를 가진 어린이들을 돕기 위해 개발하였다(표 14.6). PEP는 8~12세 아동과 그들의 양육자들을 위해 개발되었지만 종종 더 어리거나 나이 많은 아동들에게도 사용된다. PEP는 CFF-CBT처럼 한 가족에게도 시행될 수 있으며(IF-PEP), 여러 가족에게도 동시에 시행될 수 있다(MF-PEP). MF-PEP의 경우 아동 집단이나 부모 집단은 서로 다른 사람들에게서 정보, 수행 기술, 지지를 얻을 수 있다.

이름이 암시하듯이, PEP는 심리교육을 강조한다. 가족들이 기분장애를 이해하고 그 증상, 경과, 원인, 치료를 이해할 수 있도록 상당한 시간이 사용된다. 치료자는 기분장애가 생물학적 토대를 가지고 있으나 두뇌의 잘못이 아닌 장애(no-fault brain disorder)라고 개념화한다. PEP의 근본적인 원리는 치료의 모토에서 찾아볼 수 있다 : "네 잘못이 아니야. 그렇지만 도전해야 해(It's not your fault, but it's your challenge"). 가족들이 양극성 장애를 유발하는 것은 아니지만, 아동의 증상에 반응하는 방식은 아동의 문제를 약화시킬 수도 있으며 악화시킬 수도 있다(Mendenhall et al., 2015).

PEP의 주된 목표는 아동의 증상으로 인한 비난을 아동이 아닌 다른 것으로 전환하는 것이다. 아동은 '적군 이름 붙이기(naming the enemy)'라는 활동에 참여하는데 기분 문제를 무언가 외부적인 것으로 바라보게 하여, 치료를 위한 목표로 설정할 수 있다. 부모 역시 아동과 아동의 증상을 구별하고 아동 행동의 긍정적인 면에 주의를 기울이도록 지시받는다('과학에서 실천으로' 참고). 그들은 자녀들의 기분 증상을 모니터하여 기록하고 치료를 위한 실질적인 목표를 세운다.

PEP의 두 번째 요소는 정서조절 훈련으로, 아동은 처음에는 정서를 조절할 수 있는 기술을 배운다. 예를 들면 치료자는 불안과 분노를 감소시키기 위한 세 가지 호흡 기술(3Bs)을 가르친다: (1) 복식(belly) 호흡(예 : 횡격막을 사용한 깊은 호흡), (2) 거품(bubble) 호흡(천천히 침착하게 내뱉기), (3) 풍선(balloon) 호흡(입술을 오므리고 천천히 내뱉기). 회기 후반에 아동들은 부정적 정서를 다룰 때 사용할 수 있는 기술들의 '도구 세트(tool kit)'를 만든다. 도구 세트에 있는 대처 기술은 아동들이 CARS라는 두음어로 기억할 수 있는, 네 가지 범주로 나눌 수 있다 : 창조적인(creative, 예 : 그리기), 활동적인(active, 예 : 밖에서 놀기), 쉬고 이완하기(rest and relaxation, 예 : 호흡), 그리고 사회적인(social, 예 : 친구들과 시간 보내기).

치료자들은 또한 아동이 그들의 생각, 감정, 행동을 간의 관계를 이해할 수 있도록 돕는다. 생각하고, 느끼고, 실천하기 연습에서 아동들은 문제를 생각하는 방식이 어떤 감정을 느낄지에 영향을 미친다는 것을 배운다(그림 14.10). 만약 아

표 14.6 ■ 심리교육적 치료(PEP)의 구성 요소

1. 부모와 자녀들은 집단의 목적과 기분장애의 증상에 대해 토론한다.

2. 부모와 자녀들은 기분장애를 치료하는 약물, 그 기대 효과, 그리고 일어날 수 있는 부작용에 대해 배운다. 부모와 자녀들은 약물 효과를 모니터할 수 있는 일지 사용법을 배운다.

3. 부모는 돌봄 체계에 대해 배운다: 즉 자녀의 학교와 병원의 전문가들이 포괄적 치료를 제공하기 위해 어떻게 협력할 수 있는지에 대해 배운다. 아동들은 부정적 상황과 감정에 대처할 수 있도록 설계된 일련의 기술인 '도구 세트'를 만든다.

4. 부모는 자녀의 기분 증상이 가정에서 어떻게 갈등을 일으킬 수 있는지 배운다. 부모는 '적군 이름 붙이기' 연습에 참여함으로써 아동과 아동의 증상을 구별할 수 있다. 이 연습은 증상이 어떻게 아동의 긍정적 측면이나 장점을 덮어버리는지 보여준다. 아동은 생각하고-느끼고-행동하기 연습에 참여함으로써 생각, 감정, 행동의 연결점을 배울 수 있다. 치료자는 생각이 어떻게 사건과 행동 반응 간의 관계를 매개하는지 보여준다.

5. 부모와 자녀는 사회적 문제를 여러 단계로 나누는 것을 배운다: (1) 멈춘다, (2) 생각한다, (3) 계획한다, (4) 실행한다, (5) 점검한다.

6. 치료자와 부모는 자녀와의 대화에서 '도움'이 되는 방법과 '상처'가 되는 방법을 토론하며 아동은 역할연기를 통해 두 방법 간의 차이를 배운다.

7. 부모는 특정 증상을 관리하는 기술을 배운다. 아동은 의사소통 기술을 배우고 연습한다.

8. 가족은 그들이 배운 것에 대해 복습하고, 가족/아동의 장점에 관한 피드백을 받는다. 그들은 또한 관련 자료를 얻는다(예 : 책, 지역 사회의 지지 집단).

출처 : Kowatch & Fristad (2006).

과학에서 실천으로
적군 이름 붙이기

애니

그림을 매우 잘 그리는 화가
동물(특히 고양이)에게 잘한다
제일 멋진 미소를 짓는다
운동을 잘한다 : 수영, 축구, 야구
언제나 남동생을 기꺼이 도와준다
다른 사람과 잘 나눈다
매우 다정하다
재밌고, 농담을 잘한다
밖에서 아빠를 잘 도와준다

애니의 증상

조증
잠을 충분히 자지 않거나 자기를 거부한다
바보같이 굴거나, 엉뚱한 짓을 하거나 걷잡을 수 없을 때가 있다
말을 많이 한다, 조용히 앉아 있지 않는다
분노발작, 물건을 던지거나 부순다
우울증
과민하고, 짜증을 잘 내고, 자기 주장이 강하다
잘 울고, 훌쩍거린다
운동을 하지 않거나 다른 사람과 같이 있으려 하지 않는다

주 : 기분장애를 가진 아동을 위한 심리교육적 심리치료의 구성 요소 중 하나인 적군 이름 붙이기 활동을 통해 부모는 아동과 아동의 증상을 구별하는 법을 배운다.
출처 : Fristad et al. (2011).

동이 상처가 되는 생각(예 : 걔는 일부러 나한테 못되게 굴었어)이나 행동(예 : 욕하기, 고함 지르기)을 도움이 되는 생각(예 : 내 기분을 망치려고 일부러 한 것은 아닐 거야)이나 행동(예 : 미소 짓기)으로 바꿀 수 있다면, 그들은 스트레스 상황에서도 기분이 나쁘지 않을 것이다.

PEP의 세 번째 요소는 가족의 문제해결 기술을 향상시키는 것이다. 부모와 자녀는 아동의 기분장애가 개선되어야 할 문제로 바라보도록 교육받으며 아동은 간단한 문제해결 단계를 배운다:

멈춘다 : 마음을 침착하게 하자.
생각한다 : 문제를 정의하고 가능한 해결방법을 만들어 보자.
계획한다 : 사용할 최상의 해결방법을 짜자.
실천한다 : 그 해결방법을 실천해 보자.
확인한다 : 결과를 평가하고 다음에 무엇을 할지 결정하자.

부모들은 비난, 적대감 또는 비난에 기대지 않고 아동의 기분 증상에 대처하는 법을 연습한다. 부모들은 공감적이고 도움이 되고 싶어 하지만, 아동의 행동을 조절하려는 노력이 실패로 끝나면, 종종 좌절에 빠진다. 부모들은 기분 변화가 심한 아동에게 반응하는 '할 것과 하지 말 것(dos and don'ts)'을 배운다. 그들은 아동들과 부정적 상호작용을 피하기 위해 분노, 좌절 혹은 죄책감의 초기 징후를 인식하는 법을 배운다.

IF-PEP는 20~24주 가족 회기로 구성되며, 각 회기는 45~50분 정도 소요된다. 각 회기는 부모 회기와 아동 회기를 번갈아 가며 구성된다. MF-PEP는 8주 회기로, 각 회기는 90분이다. 전형적으로 6~8 가정(부모와 아동들)이 처음과 마지막 회기에 같이 만나지만, 대부분의 회기는 아동과 부모 집단이 따로 만나, 비슷한 주제에 대해 이야기한다. 이런 방식으로 부모는 다른 양육자의 지지를 얻으며, 아동은 또래들과 같이 기술을 관찰하고 연습한다(Davidson & Fristad, 2008).

PEP에 대한 지지는 기분장애를 가진 165명의 아동(8~12세)

그림 14.10 ■ 생각하고 - 느끼고 - 실천하기 연습

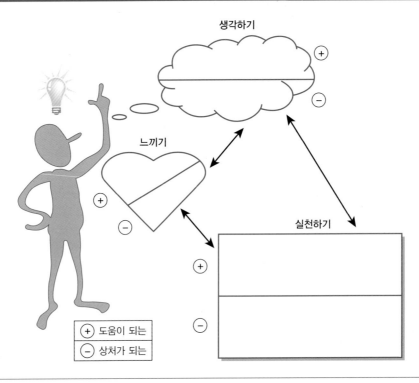

주 : 아동들은 이 연습에서 감정(하트), 생각(구름), 실천(상자) 간의 관계를 배운다. 기분 문제를 가진 아동들에게 나쁜 감정이 사라지기를 바라는 것은 비현실적이지만, 그들은 활동이나 생각을 바꾸어 부정적 감정을 변화시킬 수 있다. 출처 : Goldberg-Arnold & Fristad (2003).

과 그 부모에 대한 대규모 무선 통제 연구에서 나온다(Fristad, Verducci, Walters, & Young, 2009). 약 70%의 아동이 양극성 장애를 가지고 있었으며, 그 가족은 8회기로 구성된 MF-PEP를 즉시 받거나, 아니면 12개월 동안 기다리는 통제 집단에 할당되었다. 양쪽 집단의 아동들은 기분장애에 대한 약물치료는 계속 받을 수 있었다. 1년 후, MF-PEP에 참여했던 아동들은 통제집단에 할당된 아동들보다 유의미하게 적은 기분 증상을 보고하였다. 대기자 집단에 할당 후 MF-PEP에 참여하게 된 아동들 역시 기분 증상의 감소를 보고하였다. 이런 결과는 MF-PEP가 소아 양극성 장애의 약물 효과를 증가시키는 데 도움이 될 수 있음을 시사한다.

MF-PEP는 또한 어린 아동에게서 양극성 장애의 발병을 예방하는 데(혹은 지연시키는 데) 효과적일 수 있음이 밝혀졌다. 한 연구에서 연구자들은 우울 증상과 조증 전환기 증상을 가지는 대규모의 아동들에게 MF-PEP를 실시하였다. 어린이들과 그들의 부모들은 MF-PEP를 즉각적으로 받거나 대기자 집단에 할당되었다. 12개월 동안 대기자로 할당된 어린

이의 45%가 양극성 장애를 나타냈다면, MF-PEP를 받은 어린이의 12%만이 양극성 장애를 발전시켰다. 즉, MF-PEP가 네 배나 적은 질병 감소에 기여했다고 볼 수 있다. 연구자들은 MF-PEP가 가족들을 정신 건강 돌봄의 대상이 되도록 도움으로써, 스트레스를 감소시키고 사회적 지지의 증가를 통해서, 그리고 가족 기능의 향상을 통해서 양극성 장애의 예방 혹은 지연 효과가 있을 수 있음을 제안하였다(NadKarni & Fristad, 2010).

청소년을 위한 가족 - 중심 치료

청소년을 위한 가족–중심 치료(family-focused treatment for adolescents, FFT-A)는 성인 양극성 장애성 환자들을 위해 와 데이비드 미클로비츠와 동료들(David Miklowitz et al., 2012)이 개발한 프로그램이다. 최근에 이 치료는 양극성 장애를 가진 청소년과 나이 많은 아동들을 위해 변형되었다(표 14.7). 이상적으로 FFT-A는 부모와 형제자매를 포함하는 모든 가족 구성원이 참여하며, 전형적으로 9개월에 걸쳐 21회기가 진행

표 14.7 ■ 양극성 장애를 가진 청소년을 위한 가족 - 중심 치료

회기	모듈	기술
1~9	심리교육	가족은 양극성 장애의 원인, 경과, 치료에 대해 배운다. 가족은 "유전은 운명이 아니다"라는 점을 배운다. 청소년은 기분 삽화를 유발하는 스트레스를 피하거나 감소시키는 방법을 배울 수 있다. 가족들은 일어날 수밖에 없는 재발에 대한 계획을 세운다.
10~15	의사소통 향상 훈련	역할극을 통해 가족들은 집에서의 의사소통을 향상시킬 수 있는 네 가지 기술을 훈련한다: 경청, 긍정적인 감정 표현하기, 다른 사람의 행동을 변화시킬 수 있는 긍정적 요구하기, 건설적인 부정적 피드백 제공하기. 가족들은 부정적 의사소통의 악순환을 파악하여 악순환을 깨뜨린다.
16~21	문제해결 기술	가족들은 사회적 문제를 해결하고 논쟁을 피하는 방법들을 배운다: 문제를 작게 나누고, 가능한 해결방안을 찾고, 최선의 방안을 선택하여 실천에 옮기고 결과를 평가한다. 회기는 청소년 자녀의 자율성을 존중하면서도 그들의 파괴적 문제를 조절하는 데 중점을 둔다.
≥21	유지	치료자는 정기적으로 가족들과 만나 문제들을 분석, 해결하고 주요 원칙을 점검한다. 종종 회기는 의사소통과 문제해결 기술을 리허설하는 데 사용된다.

출처 : Miklowitz et al. (2020).

된다.

FFT-A의 주요 목적은 가족 내에서의 EE를 감소시키는 것이다. 높은 EE 가족들은 세 가지 측면에서 자녀의 기분 증상을 종종 악화시킨다. 첫째, 가족들은 아동의 파괴적 행동을 의학적 질병이라고 보기보다는 내적이며, 안정적이고, 개인적인 요인으로 귀인한다. 예를 들면 그들은 자녀의 파괴적 활동을 비난하면서, 자녀들의 버릇없음을 무례함 혹은 악의적 징후로 해석한다. 따라서 FFT-A의 첫 번째 구성요소는 교육이다. 가족들은 양극성 장애의 증상, 경과, 그리고 원인에 대해 교육받는다. 치료자들은 부모가 자녀의 파괴적 행동을 무책임감 혹은 무례함으로 바라보지 않고 의학적 질병의 증상으로 바라보게 돕는다.

양극성 장애를 가진 어린이들은 부모에게 부정적 생각, 감정, 행동을 불러일으킨다. 예를 들면, 청소년이 조증 삽화일 때 학교를 빼먹거나, 우울 삽화일 때 부모님께 소리를 지르는 행동은 부모들에게 분노나 억울하다는 반응을 불러일으킨다. 종종 가족들은 의사소통의 부정적 악순환(negatively escalating cycle of communication)에 빠지는데, 가족의 한 사람이 시작한 비난이 다른 가족의 비난을 불러 일으켜 결국에는 원만하게 해결하기 어려운 지경에 이른다. 미클로비츠(Miklowitz, 2008)는 이것을 의사소통의 '공격 - 반격(attack-counterattack)' 순환이라고 부르는데 대개 다음과 같은 '세 번의 받아치기 과정(three-volley sequence)'이 따른다:

부 모 : 학교에서 돌아오면 네 방에 숨어서 음악을 듣는 대신에 네 물건들을 정리 좀 해라.

청소년 : 엄마가 그렇게 잔소리하지 않고 엄마 할 일만 신경 쓰면 내가 왜 방에 숨겠어요?

부 모 : 잔소리한다고? 엄마가 잔소리하지 않는다면 너는 아무것도 제대로 하지 못할 거야.

FFT의 두 번째 요소는 **의사소통 향상 훈련**이다. 부모는 분노, 적대감 또는 슬픔을 지나치게 드러내는 것을 피하기 위해 강한 정서를 드러내는 부정적 상호작용 감소시키기를 역할극을 통해 배운다. 가족들은 즉각적인 부정적 감정으로부터 주의를 돌리고 건설적인 방법으로 자신의 생각과 감정을 전달하는 방법을 배운다. 전형적으로 의사소통 향상 훈련은 가족들에게 비난이나 비판으로 끝나지 않는, 서로에게 귀를 기울이고 긍정적 감정을 나누며 긍정적으로 요청하고, 서로에게 피드백해주는 것을 포함한다.

셋째, 높은 EE 가족은 사회적 문제를 해결하는 데 어려움을 겪는다. 문제가 생기면, 대개 가족은 비효과적인 두 가지 전략에 의존한다. 앞에서 기술했던 것처럼 어떤 가족들은 비판과 적대감에 빠져, 문제를 해결하기보다는 감정적으로 서로를 공격한다. 다른 가족들은 문제를 회피한다. 예를 들면 엄마는 자녀의 파괴적 행동 문제가 너무 지나쳐 화가 폭발하기 전까지는 그 문제를 무시한다.

FFT-A는 가족들에게 사회적 문제 해결 기술을 가르친다. 첫째, 가족은 추상적이고 큰 문제를(예 : 우리는 서로를 존중하지 않아), 객관적이며, 작은 문제로 쪼개는 것을 배운다(예 : 서로 이야기할 때 낮은 톤의 목소리를 사용할 필요가 있어). 그리고 나서 가족들은 실제 가족 문제를 해결할 수 있는 방안들, 각 해결방안의 장단점, 그리고 실행에 옮길 최선의 해결방안을 고른다. 전형적으로 문제해결 훈련은 과학에서 실천에서 기술된 것처럼 치료 회기 중에 소개되고 집에 가서 연습해 온다.

FFT는 양극성 장애 성인을 대상으로 다수의 무선 통제 연구를 통해 평가되었다(Miklowitz, 2012). 전반적으로 FFT에 참여했던 성인은 전통적 지지 치료(60%)나 응급 치료(83%)에 할당된 성인에 비해 덜 재발하였다(36~46%).

나아가, 한 무선 통제 연구는 FFT-A를 받은 양극성 장애 청소년이 우울 증상에서 더 빠르게 회복하였음을 보여준다. 미클로비츠와 동료들(2009)은 청소년을 FFT-A와 약물치료 집단이나 '향상된 돌봄'과 약물치료 집단에 할당하였다. FFT-A 집단은 9개월간 21회기로 이루어졌으며, 청소년, 부모, 그리고 (때로는) 형제자매들이 참여하였다. 향상된 돌봄 집단은 매주 한 번씩 3회기로 이루어지며, 가족들은 양극성 장애, 약물관리, 가정에서 갈등을 피하는 것의 중요성에 대한 정보를 제공받았다.

연구가 시작한 지 2년이 지났을 때, 청소년의 91.4%는 첫 기분 삽화로부터 회복되었으며, 회복율은 두 치료 집단 모두 비슷하였다. 그러나 FFT-A를 받은 청소년(10.2주)은 통제 집단(14.1주)보다 더 빠르게 우울 증상으로부터 회복하였다. 또한 통계적으로 유의미하지는 않았지만 조증 증상에서도 FFT-A를 받은 청소년(7.6주)이 통제 집단(13.8주)보다 더 빠르게 회복하였다. 연구자들은 가족 갈증을 감소시키고, 사회적 지지를 향상시키며, 대인관계 기술을 가르치는 FFT-A가 우울증의 감소에 효과적임을 제안하였다.

FFT-A는 또한 양극성 장애를 발전시킬 가능성이 높은 아동에서 장애를 예방하는 데 효과적일 수 있다. 한 예비 연구에서 미클로비츠와 동료들(2011)은 양극성 장애를 가지고 있는 생물학적 부모를 둔 나이 든 아동과 어린 청소년에게 수정판 FFT-A를 실시하였다. 참여한 어린이들은 양극성 장애에 대한 유전적 위험도가 높기 때문에 선택되었다. 1년 후 어린이들은 우울증, 경조증, 사회적 기능에 있어 유의미한 향상을 보여주었다. 이 예비연구는 통제 집단이 없었기 때문에, 이러한 이득을 FFT-A 영향으로 귀인하기에는 한계가 따른다. 현재 양극성 장애 위험이 있는 어린이를 대상으로 무선 통제 FFT-A 치료와 개인치료를 비교하는 연구가 진행되고 있다(Miklowitz et al., 2020).

과학에서 실천으로
양극성 스펙트럼 장애를 가진 청소년을 위한 문제해결 훈련

문제해결 훈련은 양극성 장애를 가진 청소년의 치료에 있어 중요한 요소이다. 치료자와 청소년은 치료자나 가족들이 만들어낸 가설적 상황에서 사회적 문제해결 전략을 연습한다:

다가오는 토요일 밤에 우리 학교에서 큰 규모의 홈커밍 댄스 파티가 있다. 내가 진짜 좋아하는 친구와 춤을 출 예정이어서 그날이 정말 기대된다. 그런데 그날 내 댄스 파트너와 모든 내 친구들은 새벽 1시 반까지 밖에 있어도 되지만 나는 자정까지는 집에 가야 해서, 정말 어떻게 해야 할지 모르겠다. 우리 부모님은 나를 싫어한다: 그들은 내가 유명해지기를 원하지 않는다!

나만 일찍 집에 가야 하기 때문에 춤만 추고 파티의 나머지를 다 놓칠 것이다. 모든 아이들은 내가 구리다고 생각할 것이다. 그래서 나는 늦게까지 밖에 있을 수 있는 구실을 만들려고 한다. 당신은 내가 어떻게 해야 한다고 생각하나? (Danielson et al., 2004).

사회적 문제-해결을 꼼꼼하게 배우기 위해서, 청소년은 행동에 옮기기 전에 각 문제의 가능한 해결방안의 장단점을 따져야 한다. 이러한 방법은 청소년이 충동적으로 행동하여 문제상황에 빠지고 부정적 기분 상태를 경험할 가능성을 낮춰 준다.

14.2 소아 조현병

조현병이란 무엇인가?

주요 특징

조현병(schizophrenia)은 개인의 생각, 감정, 행동이 현실과 단절되어 있는 정신병적 장애로, 다음 징후와 증상들이 두 가지이상 존재한다: 환각, 망상, 와해된 언어, 극도의 이상 행동, 감소된 정서 표현 혹은 운동 활동의 결여(표 14.8). 조현병은 대개 성인의 장애로 생각되지만, 아동과 청소년에게서도 나타날 수 있다(Palmen & van Engeland, 2012). 드물기는 하지만 아동기 그리고 청소년기에 발병하는 조현병은 아동과 청소년 그리고 가족의 삶에 심각한 영향을 미친다.

아동과 청소년 조현병의 가장 흔한 증상은 환각이다. 환각은 외부 자극이 없음에도 불구하고 지각되는 것처럼 느껴지는 경험을 의미한다(American Psychiatric Association, 2013, p. 87). 환각은 명령을 내리거나 위협하거나 어린이의 생각과 행동에 대한 언급하는 환청이 주로 나타나며(그림 14.11), 때로는 웃음, 콧노래, 휘파람 혹은 속삭임 등으로 나타난다. 환시

도 조현병 아동 및 청소년에게서 종종 나타나는데, 그림자, 빛 또는 짧지만 불투명한 이미지로 나타난다. 때로는 분명한 이미지로 보이기도 하는데, 예를 들면 동물 모양(예 : 거미), 신비한 존재(예 : 요정), 괴물 또는 만화 속 주인공으로 나타난다. 환후(냄새), 환미(맛), 환촉(촉감)은 아동과 청소년에게는 드물다. 만약에 환후, 환미, 환촉이 나타난다면 환청과 환시와 더불어 나타난다(David et al., 2011).

조현병 어린이들은 종종 망상을 경험한다. 망상이란 '증거와 상충되더라도 쉽게 바뀌지 않는 확고한 믿음'을 의미한다(American Psychiatric Association, 2013). 이러한 믿음은 지각이나 경험의 잘못된 해석으로 본질적으로 기이한 특성이 있다. 예를 들면 다른 사람들이 자신의 행동이나 생각을 조절하려고 한다거나(조절 망상), 다른 사람들이 자신을 잡으려고 한다거나(피해 망상), 다른 사람들이 자신에게 특별한 메시지나 신호를 보낸다고(관계 망상) 믿는다. 또는 자신들이 특별하거나 특정 임무를 수행하기 위해 부름을 받았다거나(과대 망상), 자신의 몸에 결함이 있거나 기형이라고 믿기도 한다(신체 망상). 이러한 망상들은 대개 비전형적이지만, 내용을 살펴보면 자율성에 대한 욕구, 청소년의 자기중심성 또는 사춘기와

| **표 14.8 ■ 조현병의 진단 기준** |

A. 다음 증상 중 둘(또는 이상)이 1개월의 기간 동안 상당 부분의 시간에 존재하고(성공적으로 치료되면 그 이하), 이들 중 최소한 하나는 (1), (2) 또는 (3)이어야 한다:
  1. 망상
  2. 환각
  3. 와해된 언어(예 : 빈번한 탈선 또는 지리멸렬)
  4. 극도로 와해된 혹은 긴장성 행동
  5. 음성 증상(감퇴된 정서 표현 혹은 무욕증)

B. 장애의 발병 이래 상당 부분의 시간 동안 일, 대인관계 혹은 자기관리 같은 주요 영역의 한 가지 이상에서 기능 수준이 발병 전 성취된 수준 이하로 현저하게 저하된다(혹은 아동기 또는 청소년기에 발병한 경우, 기대 수준의 대인관계, 학문적, 직업적 기능을 성취하지 못한다).

C. 장애의 지속적 징후가 최소 6개월 동안 계속된다. 이러한 6개월의 기간은 진단기준 A에 해당하는 증상(예 : 활성기 증상)이 있는 최소 1개월(성공적으로 치료되면 그 이하)을 포함해야 하고, 전구 증상이나 잔류 증상의 기간을 포함할 수 있다. 이러한 전구기나 잔류기 동안 장애의 징후는 단지 음성 증상으로 나타나거나, 진단 기준 A에 열거된 증상의 두 가지 이상이 약화된 형태(예 : 이상한 믿음, 흔치 않은 지각 경험)로 니디닐 수 있다.

D. 정신병적 양상을 동반한 우울 뚜는 양극성 징애는 배제된다. 왜냐하면 (1) 주요우울 또는 조증 삽화가 활성기 증상과 동시에 일어나지 않거나 (2) 기분삽화가 활싱기 승상 동안 일어났어도, 병의 활성기 및 잔류기 전체 지속 기간의 일부에만 존재하기 때문이다.

E. 장애가 물질(남용약물, 치료약물)의 생리적 효과나 다른 의학적 상태로 인한 것이 아니다.

F. 자폐스펙트럼장애나 아동기 발병 의사소통장애의 과거력이 있는 경우, 조현병의 추가 진단은 조현병의 다른 필요 증상에 더하여 뚜렷한 망상이나 환각이 최소 1개월(성공적으로 치료되면 그 이하) 동안 있을 때에만 내려진다.

출처 : *Diagnostic and Statistical Manual of Mental Disorders*, Fifth Edition (2013), 미국정신의학협회 판권 소유, 재인쇄 허가받음.

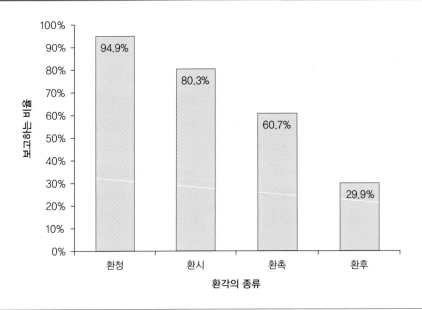

그림 14.11 ■ 조현병을 경험하는 어린이들이 보고하는 환각

주 : 환청과 환시가 가장 흔하다. 다른 환각은 대개 환청과 환시를 동반한다. 출처 : David et al. (2011).

관련된 외모나 신체적 변화에 대한 집착 등 발달과 관련된 염려를 반영한다. 구체화되고 정교화된 망상은 상대적으로 조현병을 가진 어린 아동에게서는 나타나지 않는다. 이러한 망상은 보다 지적인 인지 능력을 획득하는 청소년기에 흔하다(Hollis, 2010).

조현병을 가진 아동과 청소년은 종종 기묘한 말투와 언어를 보인다(Clark, 2011). 어떤 어린이들은 거의 말을 하지 않지만(언어빈곤), 다른 어린이들은 지나치게 수다스럽다(병적 다변증). 어떤 어린이들은 단어나 구를 반복하고(보속성), 고도로 경직되고 정형화된 언어를 사용하거나 특정 주제에 매우 사로잡힌 것처럼 보인다. 어떤 어린이들은 다른 사람의 단어나 구를 반복해서 말하거나(반향언어증), 기존 언어에 새로운 단어를 사용한다(신어조작증).

아동의 언어는 인지 기능에 대한 단서를 제공할 수 있다. 조현병 아동은 사고 흐름의 중단(사고의 단절)을 보여주거나, 한 주제에서 다른 주제로 건너 뛰거나(연상의 이완), 일탈되거나 전혀 주제와 상관없는 이야기를 하거나, 모호한 표현을 사용한다. 드물게 어떤 어린이는 마치 다른 사람이 이야기하는 것처럼 자신의 생각이 들린다고 불평하기도 한다(사고반향). 또는 사람들이 생각을 자신의 마음에 주입한다거나(사고

주입), 자기 생각이 다른 사람에게 방송된다거나(사고방송), 누군가 자신의 생각을 훔친다고 보고한다(사고철수)(Caplan, 2016).

조현병을 가진 어린이들은 대개 움직임과 협응에서도 장해를 보이는데(Hollis, 2010), 그들은 서툴러 보이거나, 상동증적인 행동을 하거나, 강박적인 행동이나 의식을 나타낸다. 그들은 기운이 빠져 보이거나 천천히 걸으며, 드물게는 기괴한 자세를 취하거나 움직이지 않거나 상당 기간 동안 반응하지 않는다(긴장증).

조현병을 가진 어린이들은 대부분 감정에서도 장해가 나타난다. 줄어든 감정표현이 나타나는데, 미소, 웃음, 눈맞춤, 놀라움 또는 슬픈 주제에 대해 논의할 때 눈물을 흘리는 등의 전형적인 감정을 보이지 않는다. 또한 무욕증이 나타나기도 하는데, 욕구, 에너지 또는 의미있는 목표지향적 행동의 결핍을 보인다. 그들은 생기 없어 보이거나 친구, 운동, 취미 등에 관심을 갖지 않은 것처럼 보인다. 또한 단조롭게 이야기하고 무기력하거나 무관심해 보인다. 때로는 부적절한 감정을 보이는데, 부적절한 감정이란 발화의 내용과 일치하지 않는 정서 표현을 의미한다. 예를 들면 학교에서 퇴학당하거나 최근 자살 시도에 대해 이야기하면서 키득거리는 것을 예로 들 수 있

다(Clark, 2011).

조현병 어린이들은 종종 기분의 문제도 보고한다. 어떤 아동들은 자신의 기분을 불안한, 두려운, 긴장된 또는 안절부절하다고 묘사한다. 다른 아동들은 무관심하거나 우울하다고 보고한다. 또는 민감하거나 화를 잘 내거나 과민하다고 이야기한다. 대부분 대인관계에서 상당한 어려움을 경험하고, 종종 또래관계를 회피한다(Kuniyoshi & McClellan, 2014).

조현병으로 진단받으려면, 질병의 5개의 가능한 양상 중에서 최소한 두 가지 이상을 보여야 한다: (1) 환각, (2) 망상, (3) 와해된 언어, (4) 이상 행동, (5) 감퇴된 정서 표현. 게다가 이러한 증상들은 조현병의 가장 두드러진 양상인 망상, 환각, 혹은 와해된 언어 중에 하나 이상을 반드시 포함해야 한다. 대개 조현병 아동은 대부분의 증상을 나타낸다. 숨길 수 없는 조현병 양상을 보이기 시작하는 청소년인 미나를 살펴보자.

DSM-5는 조현병으로 진단받기 위해서는 최소한 6개월 동안 질병의 징후를 나타내야 한다. 최소 1개월 동안 정신증 증상이 존재해야 하며(예 : 망상, 환각, 와해된 언어), 나머지 5개월 동안 개인은 이러한 정신증 증상을 계속해서 보이거나 또는 덜 심각한 증상이나 감퇴된 정서 표현을 보여주어야 한다.

어린이가 기분장애를 경험하면서 동시에 정신증 증상을

사례연구
조현병(청소년기 발병)

미나의 섬뜩한 환영

15세의 미나는 경찰에 의해 우리 병원 응급실로 내원하였다. 경찰 보고서에 따르면, 미나는 가족과의 언쟁 중에 엄마를 공격하였다고 한다. 사건과 관련하여 미나의 심적 상태가 어떠한지 평가하고, 치료 방법을 찾기 위해 해링턴 박사에게 의뢰되었다.

미나는 검사실에 들어갔을 때 해링턴 박사를 쳐다보지 않았다. 미나는 깔끔하였지만 그녀의 행동은 조용하고, 거의 수동적이며 철수되어 있었다. 그녀는 해링턴 박사의 질문에 천천히 단조로운 목소리로 눈을 내리깔고 대답하였다. 그녀의 감정은 제한되어 보였다: 그 사건에 대해서 이야기하는 동안에도 목소리 톤은 단조로웠으며 표정 변화도 없었다. 미나는 자기 침대 위의 병원 담요를 세상에서 가장 흥미로운 물건인 것처럼 바라보면서 이야기하였다.

미나는 "엄마를 다치게 하고 싶지 않았어요"라고 보고하였다. "그러나 저는 그렇게 해야만 한다고 느껴졌어요. 그것만이 그 상황을 멈출 수 있는 유일한 방법이었어요".

해링턴 박사는 "그 상황에 대해 이야기해 달라"고 질문하였다.

오랜 침묵 끝에, 미나가 말을 이어 나갔다. "제가 듣는 목소리요, 특히 상황이 나빠질 때 들려요. 나쁜 남자의 목소리인데, 정말 빠르고 목이 쉰 듯한 목소리예요. 목소리는 저에게 다른 사람을 다치게 하거나 죽이라고 말해요. 저도 그게 진짜가 아니라는 걸 알아요. 그러나 머리 속에 계속 반복해서, 내가 해서는 안 되는 일들을 하라고 시켜요"

해링턴 박사는 미나가 13세 때 환청을 경험하기 시작했다는 것을 알게 되었다. 환각은 처음에는 속삭임으로 시작되었으나 점차 남자 목소리로 변화되었으며, 미나에게 다른 사람을 다치게 하거나, 죽이거나 목을 조르라고 말하였다. 수개월 전부터 미나는 짧지만 생생한 환시를 경험하기 시작하였다. 대개 찔리거나 사지가 절단된, 피가 흥건하면서 훼손된 신체나 시체들을 보았다. 각 장면들은 5~10초간, 매주 여러 번

©iStockphoto.com/schmidt-z

나타났다. 그 결과 이러한 환청과 환시로 인해 미나는 심각한 수준의 스트레스를 경험하였으며 학교에서의 수행이나 가족과 친구와의 상호작용이 방해받기 시작하였다.

"목소리나 이미지를 멈추기 위해 했었던 것이 있을까?"라며 해링턴 박사가 질문하였다.

미나는 "때때로 무엇을 해야 할지 모르겠어요. 단지 침내 이불로 기어들어가, 그것들로부터 숨기 위해 노력해요. 그렇지만 대개 성공적이지는 않아요. 자살에 대해 생각해 보지만, 그건 너무 무서워요. 그리고 저는 엄마를 홀로 남겨 두고 떠나고 싶지 않아요"라고 답했다.

"목소리나 네가 보는 이미지에 대해 누가 또 알고 있니?"라고 해링턴 박사가 질문하였다.

"아무도 없어요, 제가 미쳤다고 사람들이 생각하게 하고 싶지 않아요"라고 답하였다.

보이는 경우 조현병으로 진단되어서는 안 된다. 예를 들면 MDD 혹은 양극성 1형 장애를 가진 어린이는 환청을 경험하기도 한다. 임상가는 어린이의 정신증 증상이 우울증이나 조증에 의해 야기될 수 있는 가능성을 배제한 후에 조현병 진단을 내려야 한다. 비슷하게 정신증이 의학적 질병, 치료약물이나 다른 약물에 의해 야기된 경우에도 조현병으로 진단내려서는 안 된다. 여러 질병들, 치료약물, 다른 약물들은 정신증 증상을 흉내낼 수 있어 쉽게 조현병으로 오해받는다.

마지막으로 조현병을 가진 어린 아동들은 사회적 의사소통의 결손이나 상동증과 같은 자폐스펙트럼장애(ASD)의 양상들을 보이기도 한다. 그러나 대부분의 ASD 아동들은 상당히 오랜 기간 나타나는 환각이나 망상을 보이지 않는다. 환각과 망상이 존재할 때, ASD 아동들에게 조현병을 진단할 수 있다(Kuniyoshi & McClellan, 2014).

양성 증상과 음성 증상

임상가는 조현병의 증상을 두 가지로 종종 구분한다: (1) 양성 증상, (2) 음성 증상(Crow, 1980). 양성 증상(positive symptoms)은 '행동의 과발현(behavioral overexpression)'을 의미한다. 양성 증상은 정상 기능에 과하게 덧붙여진 증상을 말한다. 양성 증상의 예로는 환각, 망상, 와해된 행동, 흥분, 과대감, 의심, 그리고 적대감이 있다. 음성 증상(negative symptoms)은 행동의 '저발현(underexpression)'을 의미한다. 정상 기능과 관련한 행동이 없거나 저하된 상태를 의미한다. 음성 증상의 예로는 둔마된 감정, 무욕증, 사회적 철수, 수동성 혹은 무감동, 그리고 자발성의 부족이 있다. 양성 증상과 음성 증상 모두 시간에 따라 변화한다(Kodish & MaClellan, 2015).

증상을 양성 증상과 음상으로 구분하는 것은 최소한 세 가지 이유에서 전문가에게 도움이 된다(Remschmidt & Theisen, 2012). 첫째, 양성 증상과 음성 증상은 근본적으로 서로 다른 신경생물학적 원인을 가진다. 예를 들면 뇌 중앙 영역에서 나타나는 도파민의 과잉활동은 양성 증상과 관련되어 있지만, 전두엽 영역의 과소활동은 음성 증상과 관련되어 있다. 둘째, 양성 증상과 음성 증상의 빈도와 심각도는 종종 질병의 경과에 따라 다르게 나타난다. 전형적으로 정신증 삽화는 주로 양성 증상과 함께 시작되지만 점차 음성 증상으로 대체된다. 셋째, 양성 증상과 음성은 치료에 서로 다르게 반응한다. 항정신증 약물은 양성 증상의 감소에는 효과적이지만, 음성 증상을 치료하는 데는 덜 효과적이다.

아동과 청소년에서 조현병은 얼마나 흔한가?

유병률

조현병 연구자들은 조현병을 증상의 발병 시기에 따라 세 가지로 분류한다. 성인기-발병 조현병이 가장 흔한 형태로, 대개 18세 이상에서 발병된다. 성인 조현병의 평생 유병률은 약 1%로, 남자는 20~24세, 여자는 25~29세에 나타난다(Gur et al., 2005).

청소년기-발병 조현병(13~17세 사이에 발병)은 성인기-발병 조현병에 비해 훨씬 드물다. 조현병이 나타나는 사람의 약 5%가 청소년기에 증상이 나타난다. 대규모 역학 연구가 아직 진행되지는 않았지만, 청소년기에 조현병으로 발전하는 비율은 청소년 중에서도 최대 0.23%에 불과할 것으로 여겨진다.

아동기-발병 조현병(12세 이전 발병)은 더 드물다. 조현병으로 발병하는 사람 중에 사춘기에 조현병 증상이 나타나는 사람은 1%에 불과하다. 아동기에 발병하는 조현병의 비율은 대략 0.0019%이다. 많은 임상가들은 경력을 통틀어 조현병으로 발병하는 아동을 본 적이 없었다고 이야기한다(Remschmidt & Theisen, 2012). 만약 아동기-발병 조현병에 대해 알고 싶다면, 수년 전 우리 병원에 방문했던 캐롤라인 사례를 읽어보길 권한다.

남아는 여아보다 두 배 더 아동기 혹은 청소년기에 조현병으로 발병한다(Kodish & McClellan, 2015). 아마도 남성이 여성보다 평균 5~7년 일찍 조현병 증상을 보이기 때문일 것이다. 성인 중기에 이르러서 조현병의 유병율은 남녀가 비슷해진다(Nugent, Daniels, & Azur, 2012).

경과

조현병을 가진 개인은 수개월 혹은 수년간 여러 단계를 걸치면서 진행된다. 각 단계는 다른 증상과 기능의 집합체로 나타난다(그림 14.12). 환자의 각 단계를 정확히 알아야 각 단계에 맞는 치료를 할 수 있다(Caplan, 2016).

사례연구
조현병(아동기 발병)

캐롤라인 이야기

8살인 캐롤라인은 지난 6개월 동안 그녀의 운동, 언어, 사회적 기능이 현저하게 저하된 것을 지켜본 그녀의 소아과 의사를 통해 우리 병원에 의뢰되었다. 소아과 의사는 신체 검사와 광범위한 검사를 실시했음에도 불구하고 이러한 문제의 원인을 찾을 수 없었다. 최근 캐롤라인은 옷을 혼자서 입을 수 없었고 다른 사람들과 눈 맞춤도 되지 않으며 말도 하지 않았고, 이상한 동작이나 혼자 이야기하는 기이한 행동을 보였다.

캐롤라인은 운동과 언어 발달에서 지연을 나타냈다. 18개월이 되어서야 걸었고, 이후에도 균형과 조정의 어려움을 보였으며, 미취학 아동이 되어서도 서투른 행동을 보였다. 의미 있는 단어를 26개월이 되어서야 표현했으며, 4살까지는 분명한 문장을 말하지 못하였다. 유치원에서 캐롤라인은 조금의 진전을 보였지만 신체적으로, 언어적으로, 인지적으로 그녀의 또래보다는 뒤처졌다.

"약 1년 전부터, 행동의 변화가 생겼어요"라고 캐롤라인의 엄마가 설명하였다. "혼잣말을 시작했어요. 마치 대화를 하는 것처럼요. 손동작이나 다른 동작들을 하곤 했어요. 저는 '아이들은 상상력이 풍부하지'라고 생각하면서 처음에는 걱정하지 않았어요. 그런데 이런 대화 속에서 이상한 이야기를 듣기 시작했어요. 예를 들면, '내 친구는 죽었어. 다른 사람이 칼로 찔러 죽였어'라든가 '무덤을 찾아서 묻어줘야 해'라거나 또는 고양이에게 '로스코(고양이 이름), 왜 네 입에서 벌레가 나오는 거니?'라고요. 이런 이야기 때문에 걱정이 돼요".

캐롤라인의 이상한 행동이 증가하면서 그녀의 기분과 사회 기술은 줄어들기 시작했다. 밤에 잠자리에 드는 것을 어려워하고, 악몽에 대해 불평하거나 혼자 자러 가는 것에 대한 두려움을 보이기 시작했다. 또한 낮에도 종종 눈물을 흘리거나 과민하고 때로는 지독한 분노발작을 보였다. 현저하게 과잉활동적이 되고 반항적이 되었으며, 혼자서 해 오던

아침에 옷 입기, 머리를 빗거나 이 닦기, 식사하기 등을 점진적으로 거부하기 시작했다. 또한 학교나 이웃 친구들과 노는 것에 대해서도 더 이상 신경을 쓰지 않았다.

실버만 박사는 캐롤라인과 그녀의 엄마를 병원 놀이실에서 관찰하였다. 캐롤라인은 눈 맞춤을 거의 하지 않았으며 박사가 그녀와 같이 놀려고 시도하자, 캐롤라인은 박사를 공허하고 의미없이 쳐다본 후 고개를 돌렸다. 캐롤라인은 회기의 대부분 시간을 조용히 혼잣말을 하면서 보냈다.

실버만 박사는 캐롤라인의 가족에 대해 엄마에게 물었다. 엄마는 "저는 캐롤라인과 캐롤라인의 이복 남동생과 같이 살아요. 캐롤라인의 아빠는 우리가 결혼하고 얼마 지나서 조현병을 보여서, 몇 개월 후에 헤어졌어요. 수년 째 캐롤라인 아빠와는 연락을 안 하고 있어요".

병전 상태 : 초기 생애에서의 문제

병전 상태는 임신에서부터 시작하여 조현병의 첫 번째 징후가 나타나기까지를 의미한다. 표면적으로 병전 상태 아동은 외현적 증상을 보이지 않는다. 그러나 일부 연구를 보면 조현병으로 발병하는 아동들은 유아기와 초기 아동기 때 운동 기술과 사회-성적 기능의 결손을 보인다. 이런 결손은 당시에는 부모나 선생님에 의해 인지되지는 않지만, 조현병을 가진 개인의 신경계 이상이 생애 초기에 나타남을 의미한다.

조현병의 초기 결손을 평가하는 방법은 부모들에게 아동의 운동 기술과 언어 발달과 같은 발달력에 대해 질문하는 것이다. 후향적 연구를 보면 조현병으로 발병한 개인들은 유아기 때 기기, 걷기, 물건 다루기, 대소변 가리기 등을 또래보다 늦게 습득한다. 비슷하게 이들은 언어표현과 다른 아동이나 성인과 대화하는 능력에서도 현저한 지연을 나타낸다. 이러한 결손은 아주 이른 생애 초기에서도 관찰된다(Kodish & McClellan, 2015).

후향적 연구의 한계는 편향적 보고이다. 부모들은 자녀의 현재 문제를 설명하기 위해 실제는 매우 경미했던 지연을 과장해서 설명할 수 있다. 이러한 연구의 단점을 극복하기 위해, 연구자들은 성인 조현병으로 발병한 개인의 유아동기 가족 비디오를 조사하였다(Walker & Lewine, 1990, 1993). 연구의 의도를 모르는 전문가들이 비디오 내용에 의거하여 아동

그림 14.12   ■   아동기 - 발병 및 청소년기 - 발병 조현병의 단계

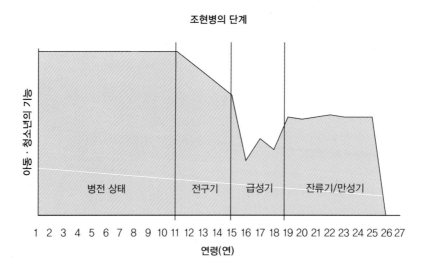

조현병의 단계

아동 · 청소년의 기능

병전 상태   전구기   급성기   잔류기/만성기

1 2 3 4 5 6 7 8 9 10 11 12 13 14 15 16 17 18 19 20 21 22 23 24 25 26 27

연령(연)

주 : 운동, 언어, 인지기능의 지연은 병전 상태에서 종종 관찰된다. 전구기는 행동과 기분의 변화로 특징지어진다. 정신증적 증상은 급성기에 나타나며, 잔류기는 대개 오랜 기간 지속되며, 대부분의 아동 · 청소년은 병전 기능 수준으로 돌아가지 않는다. 출처 : Gur et al. (2005).

의 운동과 사회-정서적 기능을 평가하도록 부탁받았다. 이들의 평가는 부모의 보고와 일치하였다: 조현병으로 발병했던 아동은 비디오에서 운동 기술과 사회적 행동의 지연을 보여주었다.

초기 발달 지연과 후기 조현병의 발현 간의 관계를 검증하기 위해 종단 연구가 시행되었다. 연구자들은 유아기부터 시작하여 초기 성인기에 이르기까지 주기적으로 발달을 평가하였다. 성인 조현병으로 발병한 유아는 앉기, 서기, 걷기에서 지연이 나타났다. 그들의 어머니들은 언어 습득에서 지연이 있었다고 보고하였으며, 학교 관계자는 정규 교육이 시작되는 시기에도 이들의 발화와 언어에서 지연이 있었다고 보고하였다. 평균적으로 나중에 조현병으로 진단된 아동의 72%가 초기 언어 습득, 발화, 운동 발달에서 지연을 보였다. 당시에는 부모나 학교 관계자들은 이러한 지연을 심각하게 받아들이지는 않았지만, 조현병에 대한 초기 경고로 생각해 볼 수 있다(Haut, Schvarcz, Cannon, & Bearden, 2016).

나중에 조현병으로 발병하는 아동들은 초등학교에서도 지속적으로 문제를 나타낸다. 초등학교와 중학교 시기의 발달 과업은 기본적인 학업 기술과 친구를 만들고 사귀는 능력의 습득이다. 불행하게도 나중에 조현병으로 발병하는 아동들은 이러한 발달 과업 획득에 상당한 어려움을 경험한다. 평균

적으로 이들의 인지 기능은 평균보다 1 표준편차 아래에 있으며, 학업 수행은 좋지 않은 편이다. 또한 대인관계서도 상당한 어려움을 경험한다. 가족들은 이들이 혼자서 시간을 보내며, 또래들과의 상호작용에서 자신감이 없음을 종종 목격한다. 교사와 친구들은 이들이 사회적 상호작용에서 화를 잘 내고, 과민하거나 기분변화가 심하다고 기술한다. 이러한 문제는 종종 부모와 교사를 걱정시키지만, 조현병의 초기 지표로 여기지는 않는다. 학업 및 또래 문제는 아동기에 흔하기 때문에, 흔하지 않은 장애를 예측하기에는 구체성이 부족하기 때문이다(Gur et al., 2005).

전구기 단계 : 눈에 띄는 변화

전구기 증상은 첫 번째 정신증 삽화가 나타나기 전인 2~6년 전에 나타난다. 전구기는 아동의 학업, 행동, 사회-정서적 기능의 현저한 변화로 특징지어진다. 전구기 때 아동과 청소년은 조현병의 양성 증상을 나타내지 않을 수 있지만(예 : 환각, 망상), 가족들은 전반적 기능의 악화를 눈치채게 된다. 대부분의 아동 · 청소년은 주의와 집중에 유의미한 문제를 나타낸다. 그들은 안절부절못하고 숙제를 끝내거나 시험공부를 하는 데 어려움을 겪으며 결과적으로 성적이 하락하기 시작한다. 부모들은 아동을 변덕스럽거나 철수되었다고 묘사한

다. 이러한 아동들은 가족과 친구들과의 만남을 회피하기 시작하며, 대부분의 시간을 혼자서 보내는 것을 좋아한다. 그들은 동아리, 운동, 혹은 다른 교외활동을 그만두거나, 때로는 과민해져서 다른 사람들을 의심하기도 한다. 많은 어린이들은 외모나 위생에 대해 신경을 쓰지 않기 시작한다(Asarnow & Kernan, 2008).

급성기 단계 : 양성 증상과 손상

급성기는 양성 증상의 출현과 같이 시작된다. 전형적으로 어린 아동들의 발병은 잠행적(눈에 띄지 않으며 천천히)이지만, 청소년의 발병은 대개 급진적이다. 얼마나 신속하게 약물치료가 시행되며, 아동이 약물에 어떻게 반응하느냐에 따라 급성기 상태는 대개 1~6개월 지속된다(Kodish & McClellan, 2015).

잔류기 단계 : 만성적 문제

정신증 삽화의 출현 이후, 수개월에서 수년에 이르는 잔류기 상태가 시작된다. 이 단계에서의 기능은 변화가 크다. 어떤 어린이들은 행동과 사회-정서적 기술에서 눈에 띄는 향상을 경험하여, 전구기 전과 유사한 상태로 회복된다. 그러나 대부분의 어린이들은 정신증 삽화 이후 음성 증상을 지속적으로 보이며, 기저선 기능 수준으로 돌아가지 않는다. 이러한 어린이들은 철수되고 변덕스럽고 과민하며, 관계에서나 학교에서 장기적인 어려움을 경험한다. 이들의 대부분이 청소년이나

성인기에 추가적인 정신증 삽화를 경험하며, 삽화 이후 그들의 기능은 종종 더 악화된다. 따라서 이러한 어린이들은 시간이 흘러도 지속되는 어려움을 경험한다.

결과

조현병 어린이의 단기적 예후는 좋지 않다. 정신증 증상은 대개 수개월간 나타나며, 치료를 받은 후에도 지속되기도 한다. 한 연구에 따르면 조현병을 가진 사람들 중 12%만이 퇴원할 때 완벽하게 증상에서 회복되었다. 회복되었어도 대개 발병 후 3개월 이내이며, 환자의 5분의 1만이 양성 증상의 경감, 경미한 음성 증상, 그리고 병전 수준의 전반적 기능 회복으로 특징지어지는 좋은 예후를 보고하였다. 그렇지만 이들 역시 장기적으로는 사회적 기능, 우정, 연인 관계에서의 어려움이 종종 나타났다(Hollis, 2010).

연구자들은 조현병 어린이의 장기적 결과를 예측하는 몇 가지 변인들을 확인하였다(표 14.9). 가장 강력한 변인은 발병 연령이다. 대부분의 연구들은 아동기나 청소년기에 장애가 나타날 경우 성인기에 장애가 나타난 사람보다 안 좋은 예후를 가진다고 제안한다. 예를 들면 레이, 블란즈, 하트만, 슈미트(Lay, Blanz, Hartmann & Schmidt, 2000)는 조현병으로 정신과 병원에 입원한 청소년의 결과를 살펴보았다. 성인이 된 이들의 66%가 사회적 기능과 대인관계에서 심각한 결손을 보고하였고, 75%는 가족들에게 의지하고 있었다. 후향적 연구 역시 이와 유사한 부정적 결과를 보여주었다(Reichert,

표 14.9 ■ 조현병을 가진 어린이의 예후	
긍정적 예후	부정적 예후
정신증의 가족력이 없음	정신증을 가진 가까운 가족이 있음
발달기준을 충족함	유아기 및 초기 아동기에서 발달 지연이 있음
발병 이전에 좋은 기능 수준	병전 기능이 좋지 않음
늦은 청소년기 혹은 성인기에 발병	아동기 혹은 초기 청소년기에 발병
첫 정신증 삽화의 짧은 기간	첫 정신증 삽화의 오랜 기간
증상의 발견과 치료가 신속하게 진행됨	증상을 발견하지 못하거나 치료가 안 됨
경미한 수준에서 중간 정도의 증상	입원이 요구되는 심각한 증상

출처 : Remschmidt & Theisen (2012).

Kreiker, Mehler-Wex, & Warnke, 2008). 연구 참여자의 22%가 급성 정신증을 경험하고 있었으며, 31%는 우울증을 보고하였고, 37%는 자살사고나 행동에 참여하였다. 청소년기-발병 조현병을 가진 대부분의 성인들은 지속적으로 자신의 부모들과 살거나(48%), 생활지원기관(33%)에서 살았다. 19%에 못 미치는 사람들만이 고등학교를 졸업하였다.

두 번째로 중요한 예측변인은 전구기 증상의 발현과 치료 시작 간의 시간 간격이다. 약물치료나 심리치료 없이 전구기와 초기 정신증 증상을 경험한 어린이들은 적기에 치료받은 어린이들에 비해 대개 더 심각하고 지속적인 증상을 보고하였다(Remschmidt & Theisen, 2012).

아동과 청소년에서 조현병의 원인은 무엇인가?

유전

조현병은 유전된다(Helenius, Munk-Jorgensen, & Steinhausen, 2012). 1980년 이후 출판된 주요 연구들은 조현병이 집안 내력임을 보고하였다(그림 14.13). 평균적으로 조현병을 가진 친한 친척이 있는 개인이(5.9%) 그렇지 않은 개인에 비해

(<0.5%) 유의미하게 조현병으로 발병할 확률이 높았다. 쌍둥이 연구에서도 이러한 유전적 영향력에 대해 추가적 설명을 제공한다. 일란성 쌍둥이의 경우 일치율은 55.8%였지만 이란성 쌍둥이의 경우 일치율은 13.5%로 떨어진다. 더욱 설득력 있는 증거는 조현병을 가진 부모에게서 태어났으나 조현병이 없는 부모에게 입양된 아동의 연구에서 나온다. 조현병이 있는 생부모를 둔 입양 아동은 조현병이 없는 생부모를 둔 아동보다 빈번하게 발병하였다(Escudero & Johnstone, 2014; Greenwood et al., 2016).

유전의 위험성은 조현병 가족력을 가진 커플들에게 중요한 의미를 가진다. 예를 들면, 부모나 형제는 조현병이 있지만 조현병이 없는 여성의 경우, 훗날 조현병으로 발병할 아이를 가질 비율은 약 2~3%가 된다(남편이 조현병의 가족력이 없는 경우). 만약 여성이 조현병을 가지고 있는 경우, 자녀가 조현병으로 발병할 확률은 7%로 증가한다. 만약 그녀와 그녀의 남편 모두 조현병을 가지고 있다면 자녀의 위험도는 27%까지로 껑충 뛴다(Corvin & Sullivan, 2016; Walters et al., 2011).

연구자들은 조현병 발병에 중요한 역할을 하는 여러 개의 후보 유전자를 확인하였다. 청소년기-발병 조현병을 일으

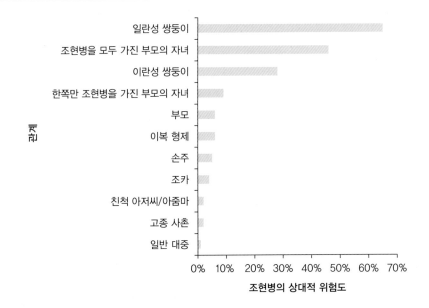

그림 14.13 ■ 조현병의 유전 가능성

주 : 조현병의 위험률은 대략 약 1%이다. 조현병 발병 위험은 생물학적 친척이 조현병을 가지고 있을 경우 증가한다. 그러나 100%의 유전적 유사성을 가진 일란성 쌍둥이더라도 모두 조현병으로 발병하지 않는다는 점은 환경 요소가 중요함을 의미한다. 출처 : Walters, O'Donovan, & Owen (2011).

키는 가장 중요한 유전자는 카테콜-오-메틸트랜스페라제(catechol-O-methyltransferase, COMT) 유전자이다. COMT 유전자는 여러 뇌 영역의 도파민을 조절하는 효소를 생산한다. 뇌 영역의 지나친 도파민 활동은 양성 증상에, 도파민 활동의 감소는 음성 증상에 관여한다(Caspi, Moffitt, & Cannon, 2005).

조현병 아동은 건강한 또래에 비해 높은 비율의 유전적 이상과 돌연변이를 가지고 있다. 예를 들면 조현병을 가진 어린 아동들은 유전 물질의 결손, 중복, 혹은 돌연변이를 보인다. 22번 염색체 일부에 유전적 정보가 없는 디죠지 증후군(DiGoerge syndrome)을 가진 아동을 떠올려 보라. 디죠지 증후군을 가진 어린이의 10~30%는 생애 후기에 조현병 혹은 정신증적 장애가 나타난다(Kuniyoshi & McClellan, 2014).

유전의 위험성은 조현병 발병에 필요 조건이지만, 충분 조건은 아니다. 동일한 유전적 유사성을 가지고 있는 일란성 쌍둥이의 경우에도 약 절반가량은 조현병으로 발병하지 않는다. 따라서 연구자들은 유전자뿐만 아니라 조현병의 출현을 보다 잘 설명할 수 있을 초기 환경의 영향력에 대해 연구하고 있다.

대뇌 발달

30년간의 연구를 통해 조현병을 가진 성인과 그렇지 않은 성인의 세 가지 다른 대뇌 구조를 살펴보면, 첫째, 조현병을 가진 성인에서 확대된 측뇌실(lateral ventricles)이 나타난다. 측뇌실은 대뇌의 중앙에 위치하며, 뇌척수액(그림 14.14)으로 가득 찬 관이다. 전형적으로 조현병을 가진 개인은 건강한 성인보다 40% 더 커진 뇌실을 보여준다. 둘째, 조현병을 가진 성인은 전전두엽, 측두엽, 두정엽의 전체 용적과 두께가 감소되어 있으며, 건강한 성인보다 10% 줄어든 대뇌 피질 용적을 보인다. 셋째, 조현병을 가진 성인은 대뇌의 중앙에 위치하며, 행동을 통합하는 데 관여하는 해마와 시상의 크기가 줄어들어 있다. 이러한 대뇌 부위는 평균적으로 건강한 성인보다 5~10% 정도 작은 크기이다(Kuniyoshi & McClellan, 2014).

최근까지 연구자들은 이러한 뇌의 이상이 조현병의 원인인지, 결과인지 혹은 약물치료와 같은 제3 변인의 결과인지 알지 못하였다. 미국 국립 정신보건연구원(National Institute of Mental Health, NIMH)은 이러한 질문에 답하기 위해 초기 아동기부터 초기 성인기에 이르는 아동기-발병 조현병을 가진 어린이의 대뇌 구조와 기능에 대해 연구하기 시작했다. MRI(magnetic resonance imaging, 자기공명 영상)를 통해 이러한 어린이들과 건강한 어린이의 뇌영상을 비교연구하였다. 환자가 어리고, 광범위한 약물치료를 받지 않았으며, 시간을 두고 경과를 살펴볼 수 있기 때문에 연구자들은 대뇌 구조와 정신증 증상의 관계를 밝혀낼 수 있을 것이다(Kodish &

그림 14.14 ■ 조현병을 가진 성인의 측뇌실

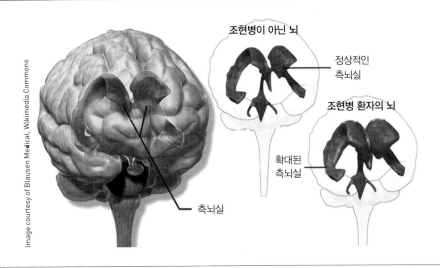

조현병이 아닌 뇌
정상적인 측뇌실

조현병 환자의 뇌
확대된 측뇌실

측뇌실

Image courtesy of Blausen Medical, Wikimedia Commons

주 : 측뇌실은 대개 뇌척수액으로 가득 차 있는데, 성인 조현병 환자는 종종 확대된 측뇌실을 보여준다.

McClellan, 2015).

NIMH 연구는 세 가지 주요한 결과를 도출해 내었다. 첫째, 조현병을 가진 나이 든 아동과 청소년은 성인 조현병 환자와 거의 비슷한 대뇌 이상을 보여주었다. 이것은 어린이-발병 조현병과 성인-발병 조현병이 같은 질병임을 시사하는 중요한 발견이다(Hollis, 2010).

둘째, 어린 환자들이 나타내는 대뇌 이상은 조현병 경과에서 비교적 초기에 나타나는 경향이 있었다. 이것은 대뇌 이상이 나중에 출현하는 질병의 징후와 증상을 일으키는 원인임을 시사한다(Rapoport & Gogtay, 2011).

셋째, 아마 가장 중요한 이유로, 어린 조현병 환자들은 정신증의 발병을 예측하는 회백질의 급격한 감소를 보여주었다(Kuniyoshi & McClellan, 2014). 건강한 어린이들은 유아 및 초기 아동기 때 시냅스 연결의 과생성이 나타나고, 회백질이 후기 아동기와 청소년기에 걸쳐 해마다 1~2% 감소한다. 이러한 회백질의 감소는 정상적인 '솎아내기(pruning)' 과정을 반영한다. 덤불이 잘 성장하기 위해서는 솎아내기가 필요하듯이, 필요하지 않은 신경연결 역시 청소년기에 사라져, 다른 신경연결이 보다 효율적으로 기능할 수 있도록 해 준다. 이러한 솎아내기 과정은 아동기에는 하위 대뇌 영역(중앙 영역, 두정엽)부터 시작하여 청소년기 및 성인기에는 상위 대뇌 영역(예 : 전두엽, 전전두엽)으로 진행되어 간다. 정상적인 솎아내기의 결과 청소년은 보다 복잡하고, 고상하며, 효율적인 인지 및 사회-정서적 과제를 수행할 수 있게 된다(Kodish & McClellan, 2015; Whalley, 2016).

그러나 조현병을 가진 아동은 보다 급진적이고 과도한 신경 솎아내기가 진행된다(그림 14.15). MRI 결과, 회백질이 평균 매년 3~4% 감소하며, 회백질의 손실은 아동의 첫 정신증 삽화 직후에 일어나는 경향이 있다. 흥미롭게도 신경연결의 손실은 건강한 아동이 보이는 두정엽에서 전두엽으로 이동하는 패턴과 동일하다. 그러나 조현병을 가진 어린이는 보다 극적이고 빠른 손실을 나타내며, 회백질의 손실은 조현병의 징후와 증상이 나타나는 것과 일치한다(Kuniyoshi & McClellan, 2014).

신경 경로

조현병에 관여하는 2개의 대뇌 경로가 있다: (1) 중간변연 경로와 (2) 중간피질 경로이다(그림 14.16). **중간변연 경로**(mesolimbic pathway)는 도파민이 풍부한 신경 경로로 중뇌의 복측피개영역(ventral tegmental area, VTA)에서 시작하여 변연계의 여러 구조(편도체, 해마, 측중격핵)를 연결한다. 또한 협응과 움직임을 담당하는 대뇌 깊은 곳에 자리 잡은 선조체(striatum)에도 연결된다.

도파민 가설(dopamine hypothesis)은 중간변연 경로에 위치

그림 14.15 ■ 조현병 아동의 회백질 손실

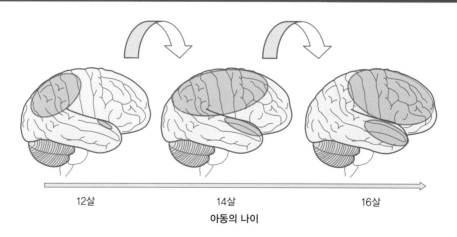

12살　　　　14살　　　　16살

아동의 나이

주 : 조현병을 앓고 있는 동일한 아동에 대해 12~16세 사이에 스캔된 뇌 영상은 건강한 아동에서는 보이지 않는 회백질의 점진적인 악화를 보여주고 있다. 시간이 흐르면서 두정엽에서 전두엽과 측두엽 영역으로 회백질의 손상이 옮겨가는 것을 관찰해 보라. 이러한 손실은 아동의 첫 번째 정신증 삽화와 일치한다. 출처 : Rapoport & Gogtay (2011). 그림은 Creative Commons의 P. J. Lynch에 기초하였다.

그림 14.16 ■ 조현병 어린이의 중간변연 및 중간피질 경로

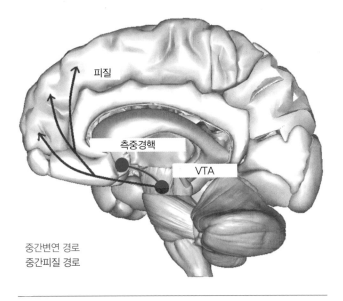

피질

측중경핵

VTA

중간변연 경로
중간피질 경로

주 : 조현병 어린이는 종종 중간변연 경로와 과잉활동과 중간피질 경로의 과소활동을 보인다.

한 도파민 수용체(D2 수용체)의 과잉 자극에 의해 조현병이 생긴다고 가정한다. 과잉의 도파민 활성화는 조현병의 환각와 망상과 같은 다양한 양성 증상을 만들어 낸다고 알려져 있다. 이 가설은 양성 증상을 감소시키는 항정신병 약물이 D2 수용체와 반대로 작용한다는 증거를 통해 지지되었다. 이들은 D2 수용체를 차단하고 정신병의 양성 증상을 감소시킨다. 게다가 특정 흥분제 약물은 D2 수용체처럼 작용한다. 이들은 조현병에 취약한 개인에게 도파민 활동을 증가시키고 환각과 망상을 만들어 낸다(Asarnow & Kernan, 2008).

중간피질 경로(mesocortical pathway)는 도파민 활성화와 관련 있는 또 다른 경로이다. 중뇌의 VTA에서 시작하지만, 배외측 전전두엽(dorsolateral prefrontal cortex)까지 연결되어 있다. 배외측 영역은 동기와 정서 표현을 담당한다고 알려져 있다. 배외측 전전두엽 영역의 도파민 수용체(D1 수용체)의 과소활동을 뜻하는 전두엽 활동량 감소 가설(hypofrontality hypothesis)을 지지하는 증거들이 축적되고 있다. 이러한 과소활동은 둔마된 감정과 무관심과 같은 조현병의 음성 증상과 관련되어 있다고 알려져 있다(Asarnow & Kernan, 2008).

조현병을 치료하는 것이 어려운 이유는 한 경로는 지나친 도파민 활동을 차단하면서 동시에 다른 경로는 활동을 증가 시켜야 하는 약물을 찾아야 하는 것이다. 게다가 상황이 더 복잡한 이유는 도파민이 중추신경계의 다른 중요한 활동들, 예를 들면 움직임을 통제하고 물질대사를 조절하는데도 관여하기 때문이다. 도파민 수용체에 영향을 미치는 약물은 이러한 활동에 부정적 영향을 미쳐, 많은 환자들에게 참을 수 없는 부작용을 만들어 낸다(Kline et al., 2015).

환경적 위험

조현병 발달에 영향을 미치는 다수의 초기 환경적 위험 요인들이 있다. 이런 요인들은 자궁 내 스트레스, 질병에 대한 노출, 출산 시기, 출산 전후의 합병증 등을 포함한다(Palmen & van Engeland, 2012). 최근 종단 연구에 따르면 주요 생활 사건들 역시 유전적으로 질병에 취약한 개인에게는 조현병 발병을 예측한다고 보았다. 통제할 수 없다고 지각되는 사건들 역시 정신증의 명백한 예측요인이다. 게다가 긍정적 혹은 부정적 사건 모두 개인을 취약하게 만든다. 예를 들면, 많은 청소년에게 긍정적 사건으로 여겨지는 집을 떠나 대학에 가는 것도 질병에 취약한 어린이에게는 증상을 야기할 수 있다(Kodish & McClellan, 2015).

많은 연구들이 청소년의 대마초 사용과 조현병의 관계에 대해 살펴보았다. 초기 연구는 어린 청소년의 대마초 사용과 후기 청소년 및 초기 성인기의 조현병 발병의 높은 가능성에 대한 상관관계를 보고하였다. 예를 들면 스웨덴 청소년 및 초기 성인들을 대상으로(남성 인구의 97% 이상) 대마초 사용에 대한 연구가 진행되었는데, 연구자들은 대마초의 이른 사용과 5년 후 조현병의 직접적 관련성을 발견하였다. 게다가 이들의 관계는 투여량에 따라 달라졌는데, 투여량이 많을수록 조현병 발병의 가능성도 증가하였다(Zammit, Allebeck, Andreasson, Lundberg, & Lewis, 2002). 그러나 연구자들은 대마초가 직접적으로 정신증을 유발하는지, 아니면 전구 증상으로 인해 청소년늘이 대마초를 사용하는지, 아니면 제3의 변인(예 : 충동성)이 대마초 사용과 조현병 모두에 영향을 미치는지 밝혀내지는 못하였다.

이 질문에 답하기 위해, 아스노 등(Arseneault, Cannon, Witton & Murray, 2004)은 대마초와 조현병의 인과관계를 살펴보기 위해 선행 연구들을 고찰하였다. 그들은 세 가지 결론을 내렸다. 첫째, 청소년의 대마초 사용은 초기 성인기 조현병 발병의 가능성을 두세 배 증가시킨다. 둘째, 청소년기에 더 일찍, 더 자주 대마초를 사용할수록, 정신증의 가능성이 증가한다. 셋째, 대마초 단독으로 조현병을 일으키지 않는다. 청소년이 유전적으로 조현병에 취약한 경우에만 대마초 사용이 조현병을 유발한다(Milin, 2008).

카스피와 모핏(Caspi & Moffitt, 2006)은 청소년의 대마초 사용이 유전자와 어떻게 상호작용하여 청소년의 조현병 발병 가능성을 높이는지 알아보기 위해 전향적인 장기 종단 연구를 실시하였다. 이 연구는 뉴질랜드 더니든 지역의 11~26세 사이의 대규모 코호트 집단을 대상으로 실시되었다. 연구자들은 후기 아동기 참가자의 정신증적 증상, 청소년기의 대마초 사용, 그 뒤를 따르는 성인기의 정신증적 증상을 평가하였다. 연구자들은 또한 이들의 유전자형을 연구하기 위해 DNA를 수집하였다. 이들은 대마초 사용과 정신증 간의 관계를 설명할 수 있는 의미있는 유전자-환경의 상호작용을 발견하였다.

COMT 유전자는 2개의 이형(또는 대립형질)을 가지는데 (1) COMT 발린 대립형질과 (2) COMT 메티오닌 대립형질이다. 아동들은 2개의 발린 대립형질, 2개의 메티오닌 대립형질 혹은 각 이형에서 1개의 대립형질을 물려받을 수 있다. 어떤 대립형질을 물려받았던 간에, 대마초를 사용하지 않았던 청소년들은 대마초를 사용했던 청소년에 비해 정신증 위험도가 낮게 나타냈다. 그러나 대마초를 사용하고 COMT 발린 대립형질을 최소한 하나라도 물려받은 경우, COMT 발린 대립형질을 물려받지 않고 대마초를 사용한 청소년보다 정신증을 발전시킬 확률이 높았다. COMT 발린 대립형질은 도파민을 조절하는 효소를 생산해 내는데, 대마초를 사용한 청소년에 한정해서 성인기 조현병의 발생 가능성을 높이는 것으로 보인다. 반대로 COMT 메티오닌 대립형질은 대마초 사용 여부와 상관없이 청소년을 정신증에서 보호하는 것으로 보인다(그림 14.17).

신경발달 모델

오늘날 대부분의 전문가는 아동기 발병과 청소년기 발병 조현병을 신경발달장애로 본다. 조현병의 신경발달 모델 (neurodevelopmental model for schizophrenia)은 조현병으로 발병하는 개인은 조현병에 대한 취약성을 가지고 태어난다는 개념에 근거한다. 이러한 주장은 조현병의 높은 유전가능성

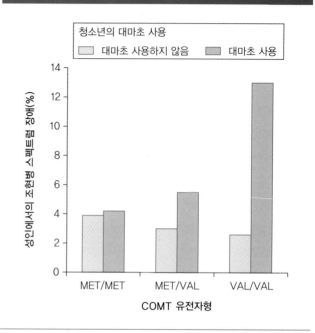

그림 14.17 ■ 대마초 사용은 일부 청소년에게 있어 성인기 조현병 발병을 예측한다

주 : COMT 유전자의 VAL 대립형질을 물려받았으며 대마초를 사용한 청소년은 조현병 발병 위험이 높다. 따라서 조현병 가족력을 가진 청소년은 대마초 사용을 피해야 한다. 출처 : Caspi & Moffitt (2006).

을 말해주는 행동 유전학 및 특정 유전자가 높은 발병 가능성을 만든다는 분자 유전학 연구에서 나온다. 유전적 위험도는 조현병 발달에 있어 특히 중요한 것으로 여겨진다: 조현병 발병 가능성은 가족력이 없는 경우 0.5% 이하이다.

그러나 유전의 위험만으로 조현병을 설명하는 것은 충분하지 않다. 신경발달 모델은 생물학적 위험 요인과 함께 초기 환경 스트레스가 중추신경계 조직화와 발달에 이상을 야기한다고 가정한다. 알려진 환경의 위험 요인은 임신 중인 어머니의 스트레스와 질병, 산부인과적 합병증, 영양실조, 가난, 이민, 문화적응 등을 들 수 있다. 중추신경계의 이상은 처음에는 병전 차이로 나타난다. 나중에 조현병으로 발병하는 걸음마기 아동과 미취학 아동은 언어, 사회적 상호작용, 운동 기술에서 종종 결손을 나타낸다.

나중에 대뇌 조직화와 발달의 이상은 전구기 징후와 증상으로 나타난다: 현저히 감소된 사회적 행동, 기분, 그리고 인지적 기능. 이러한 특성들은 첫 번째 정신증 삽화보다 일찍 나타나며, 하위 수준에서 시작하여 상위 수준으로 옮겨가는 대뇌의 지나친 솎아내기가 시작되고 있음을 의미한다. 즉 정신

증의 출현은 사고, 추론, 정서 조절을 담당하는 대뇌 회백질의 극적인 감소와 시기를 같이 한다. 첫 번째 정신증 삽화는 출생 시(혹은 출생 전) 시작하는 일련의 사건의 첫 번째 단계일 것이다(Rapoport & Gogtay, 2011).

조현병은 예측되고 예방될 수 있는가?

조현병을 예측하기 : 약화된 정신증 증후군

연구자들은 아동, 청소년, 초기 성인에게서 조현병을 가능한 빨리 발견하는 것에 관심을 가진다(DSM-5 Psychosis Work Group, 2013). 조현병의 장기적 예후는 조현병이 치료되지 않은 채 얼마나 많은 시간이 흘렀는지와 관련되어 있기 때문에 조기 발견은 매우 중요하다. 조현병을 가진 개인이 치료를 빨리 받을수록 그 예후도 좋아진다.

따라서 DSM-5는 약화된 정신증 증후군(attenuated psychosis syndrome, APS)을 '추가 연구가 필요한 진단적 상태'에 포함시켰다. APS는 완전히 진행된 조현병 발병 이전에 정신증의 첫 번째 징후와 증상을 경험하는 아동, 청소년, 초기 성인에게 진단된다. 진단되기 위해서 개인은 반드시 (1) 망상 또는 망상적 생각, (2) 환각 또는 지각의 이상, (3) 와해된 언어나 의사소통을 경험해야 한다. 이러한 특성들은 지난 달 최소한 일주일에 한 번씩은 나타나고, 지난 1년 전 시작되었거나 악화되었어야 한다. 게다가 이러한 징후와 증상들은 개인 혹은 그 가족들에게 전문가의 도움을 찾도록 만들 만큼 충분한 불편감이나 손상을 야기해야만 한다(American Psychiatric Association , 2013).

APS와 관련한 연구들은 순조롭게 진행되고 있어, 초기 연구들은 진단이 신뢰롭게 내려지고 있음을 시사한다. APS는 후기 정신증과 관련되어 있는데 APS 진단기준을 만족하는 개인의 18%가 6개월 이내 정신증으로 발전하였으며, 12개월 이내는 22%, 24개월 이내는 29%, 36개월 이내는 36%로 나타났다. 정신증을 경험하는 환자의 대부분(73%)은 조현병으로 발전하며, 나머지 환자들도 정신증 증상을 가지는 기분장애를 나타낸다(예 : 양극성 1형 장애).

맥고리와 동료들(McGorry et al., 2002)은 정신증 증상 발병 이전에 실시된 치료가 증상의 발현을 막을 수 있는지 살펴보기 위해 무선 통제 연구를 실시하였다. 연구자들은 생물학적

부모 중 한 사람 혹은 양쪽이 모두 조현병을 가지고 있어, 조현병 발병 위험이 높은 청소년 집단을 찾아 냈다. 그리고 이들을 적은 용량의 항정신증 약물과 심리치료를 받는 집단 또는 '요구-중심 치료(need-based treatment)'를 받는 집단에 할당했다. 후자에 속한 청소년들은 증상이 나타났을 때만 약물치료와 심리치료를 받았다. 치료 시작 후 조기 개입에 할당된 환자들은 통제 집단보다 정신증 증상을 낮은 빈도로 나타냈다. 12개월 차 추수 회기 때, 집단 간 차이는 대부분 사라졌다. 그러나 환자가 항정신증 약물을 지속해서 복용했는지에 따라 결과가 달라졌다. 약물치료를 꾸준히 받은 환자는 낮은 비율의 정신증을 나타냈다(그림 14.18). 이러한 결과는 정신증 예방에 있어 조기 치료 및 약물 순응성의 중요성을 보여준다.

조기 개입 프로그램

전구기나 초기 정신증 증상을 보이는 청소년과 초기 성인을 위하여 미국과 유럽에서 조기 발견 및 치료 프로그램이 개발되었다. 예를 들면 영국에서는 조현병의 조기 지표를 보이는 개인들을 찾아내기 위해 버킹엄 통합정신건강케어 프로젝트(Buckingham Integrated Mental Health Care Project)가 만들어졌다(Falloon, Wilkinson, Burgess, & McLees, 2016). 주치의들은 전구기 증상을 보이는 개인을 정기적으로 선별한 후 조기 개입 프로그램으로 보내도록 훈련받았다. 이러한 개입은 적은 용량의 항정신증 약물치료, 정신증에 대한 교육, 그리고 환자들의 스트레스 관리를 위한 심리치료로 구성되어 있다. 매년 10만 명 중 7.4명이 조현병으로 발병하였는데 이 프로그램 실시 후 그 비율은 10만 명 중 0.75명으로 떨어졌다.

호주에서는 초기 정신증 예방과 개입 센터(Early Psychosis Prevention and Intervention Centre, EPPIC)에서 조기 발견 및 예방 프로그램을 개발하였다. EPPIC은 정신증 증상이 발병되기 전에 조현병으로 발전할 위험이 높은 어린이들을 찾아내기 위해 노력한다. 이 프로그램은 질병의 영향을 약화시키기 위해 약물치료, 교육, 그리고 심리치료 서비스를 어린이와 가족들에게 제공한다. 또한 청소년들이 학교와 직장에서 벗어나지 않도록 지원을 아끼지 않는다. EPPIC에 참여한 청소년들은 참여하지 않은 개인에 비해 더 좋은 결과를 보여준다. 구체적으로 이야기하면 EPPIC에 참여한 청소년들은 더 적은 양성 증상, 더 나은 적응적 기능, 더 적은 정신증 삽화, 더 좋은

그림 14.18 ■ 고위험군 어린이의 조현병 예방

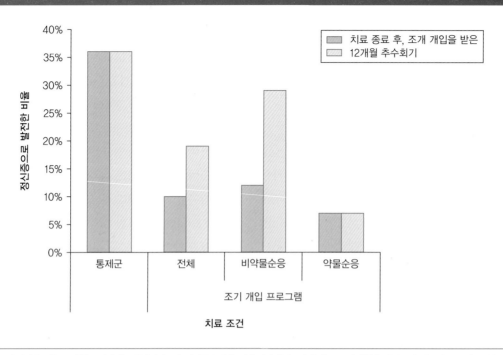

주 : 치료 종료 후 조기 개입을 받은 고위험군 어린이는 통제집단보다 정신증 증상을 적게 나타냈다. 1년 후에도 조기 개입을 받았으며 약물치료를 계속 받은 어린이들은 증상을 보이지 않았다. 출처 : McGorry et al. (2022).

직업 적응을 보인다. 이러한 결과는 조기 발견과 개입의 중요성을 말해준다(Amminger et al., 2011).

또 다른 조기 발견과 예방 프로그램으로 노르웨이에서 만든 정신증 연구의 치료 및 개입(Treatment and Intervention in Psychosis Study, TIPS) 프로젝트와 미국에서 만든 포틀랜드 인식 및 초기 의뢰 프로그램(Portland Identification and Early Referral Program, PIER)이 있다. 이러한 프로그램을 통해 청소년 및 초기 성인에서 전구기 및 초기 정신증 증상을 발견할 수 있었으며, 약물치료와 심리치료로 구성된 조기 개입은 정신증 삽화의 발병을 늦추는 데 효과적이라고 평가된다. 그러나 이러한 프로그램들이 정신증 발병을 완전히 예방하지는 못한다(Kline et al., 2015).

약물치료는 조현병 어린이에게 효과적인가?

정형적 항정신병 약물

조현병의 가장 중요한 치료는 항정신병 약물치료이다. 조현병에 효과적인 약물치료는 두 가지로 나눌 수 있다: (1) 정형

적 항정신병 약물과 (2) 비정형적 항정신병 약물이다.

정형적 항정신병 약물은 지난 50년간 성인 조현병을 치료하기 위해 사용되었다. 정형적 항정신병 약물은 변연계 경로에서 D2 수용체와 결합하여 도파민 길항제로 작용한다. 결과적으로 환각과 망상과 같은 조현병의 양성 증상을 감소시키는 데 매우 효과적이다. 가장 많이 알려진 정형적 항정신병 약물은 할로페리돌(할돌), 몰린돈(모반), 페르페나진(트릴라폰)이 있다. 정형적 항정신병 약물은 조현병 아동과 청소년의 양성증상 감소에도 효과적이다(Mattai, Hill, & Lenroot, 2010). 위약 집단과 비교할 때(0~38%; Leucht et al., 2013; Rapopart, Gogtay, & Shaw, 2008), 약물치료 동안 청소년의 54~93%는 증상의 감소를 경험한다.

정형적 항정신병 약물은 두 가지 문제점이 있다. 첫째, 무감동, 제한된 정서 표현, 사회적 철수, 정신운동 문제와 같은 조현병의 음성 증상 감소에는 효과적이지 않다. 가장 중요한 이유인 둘째는 이러한 약물치료가 일부 환자들에게는 불편감과 때로는 삶을 위협하는 부작용을 야기한다.

추체외로 부작용(extrapyramidal side effect)이 가장 흔한 부

작용이며, 몸의 움직임을 통제하는 신경망인 추체외로계가 관여하여 붙여진 이름이다. 추체외로계의 대뇌 영역은 흑질(substantial nigra), 기저핵(basal ganglia), 소뇌(cerebellum)를 포함하는데, 이 영역들은 도파민 수용체가 풍부한 지역이라 도파민을 차단하는 항정신병 약물로 인한 부정적 영향이 나타난다.

부작용으로 자발적 움직임을 시작할 수 없거나(운동불능), 매우 초조하면서 가만히 앉아 있는 것이 어렵고(정좌불능증), 파킨스병의 증상과 유사한 떨림 등이 나타난다. 기타 불수의적 움직임의 문제로는 얼굴과 입 근육의 경련, 손이나 손목의 비뚤어짐, 미세한 혀 내밀기나 입맛 다시는 행동 등이 있다. 성인의 경우 얼굴, 입, 턱의 불수의적이며, 목적이 없고, 반복적인 움직임인 지연성 운동장애(tardive dyskinesia)가 나타나기도 한다(Leucht et al., 2013; Rapoport et al., 2008). 드물지만 잠재적으로 생명을 위협할 수 있는 부작용으로 신경이완제 악성 증후군(neuroleptic malignant syndrome, NMS)이 있다. 징후와 증상으로는 심각한 근육 경직성, 운동 통제의 상실, 높거나 변동이 심한 체온과 혈압을 들 수 있다(Rajamani, Kumar, & Rahman, 2016).

비정형적 항정신병 약물

지난 20년 동안, 정신과 의사는 성인 조현병 환자를 치료할 때 비정형적 항정신병 약물을 사용해 왔다. 정형적인 항정신병 약물처럼, 비정형적 항정신병 약물도 도파민 길항제로 작용하며, 양성 증상을 감소시키는 데 효과적이다. 정형적 항정신병 약물과는 다르게, 비정형적 항정신병 약물은 도파민 수용체와의 결합이 느슨하여, 추체외로 부작용이 나타날 가능성을 감소시킨다. 또한 대부분의 비정형적 항정신병 약물은 세로토닌 수용체와의 결합력이 높아, 정서를 조절하고 음성 증상을 감소시키는 데도 효과적이다(Harvey, James, & Shields, 2016; Harvey, Shields, & James, 2015).

가장 빈번하게 사용되는 비정형적 항정신병 약물은 아리피프라졸, 올란자핀, 팔리페리돈, 쿠에티아핀, 리스페리돈, 지프라시돈이다. 위약을 복용한 경우 청소년의 26~35%가 증상 감소를 보였다면, 비정형적 항정신병 약물을 복용하는 청소년의 38~72%가 증상의 감소를 보였다(Correll, 2015).

새로운 항정신병 약물은 적은 수의 부작용을 나타내므로,

조현병의 최우선 치료로 사용된다(Correll, 2015). 그러나 한 대규모 연구를 통해 정형적인 항정신병 약물에 대한 비정형적 항정신병 약물의 우수성에 의문이 제기되었다(Sikich et al., 2008). 조기 발병 조현병 스펙트럼 장애 치료(Treatment of Early Onset Schizophrenia Spectrum Disorders, TEOSS) 연구에서, 119명의 조현병 청소년들은 세 가지 약물치료 조건에 할당되었다: (1) 몰린돈, 정형적 항정신병 약물, (2) 올란자핀, 비정형적 항정신병 약물, (3) 리스페리돈, 비정형적 항정신병 약물. 연구자들은 치료 8주 차에 결과를 살펴보았으며, 치료 효과는 중간 정도로 나타났다. 게다가 몰린돈(50%), 올란자핀(34%), 리스페리돈(46%)을 복용한 청소년들 간에 의미 있는 차이는 나타나지 않았다(Findling et al., 2010).

비정형적 항정신병 약물 역시 부작용을 가진다. 올란자핀이나 리스페리돈을 처방받은 아동과 청소년의 대략 절반이 추체외로 부작용을 나타냈으며, 5~10%는 중간 정도에서 심한 정도의 운동 통제의 어려움을 나타냈다. 가장 흔한 비운동성 부작용은 체중 증가와 진정(sedation) 작용이다. 아리피프라졸을 복용한 청소년의 4~5%, 리스페리돈을 복용한 경우 15~16%, 올란자핀을 복용한 경우 45~46%가 체중 증가를 나타냈다. 체중 증가는 물질 대사와 관련된 당뇨, 비만, 높은 중성 지방과 콜레스테롤 등의 위험성을 높인다. 또한 또래들에게 놀림을 당하거나 외면당하게 만들기도 한다. 진정 작용의 비율은 약물에 따라 다른데, 아리피프라졸이 가장 낮고(0~33%), 올란자핀이 가장 높다(46~90%). 진정 작용은 아동의 학업적, 사회적 기능을 방해하기도 한다. 또한 비정형적 항정신병 약물은 어린이의 22~35%에서 간 효소 이상을 야기한다. 따라서 아동의 물질대사를 조심스럽게 모니터해야 한다(Caccia, 2013; Correll, 2015).

비정형적 항정신병 약물은 정신증 증상이 나타난 후 6~18개월 동안은 사용되어야 한다. 그러나 부작용 때문에 대부분의 어린이는 오랜 시간 약물을 복용하는 것을 꺼린다. 한 연구에 따르면 조기 발병 조현병으로 인해 비정형적 항정신병 약물을 처방받은 어린이의 71~77%는 첫 약물 복용 후 180일 내에 약물 복용을 중단하였다(Olfson, Blanco, Liu, Wang, & Correll, 2012). 높은 비율의 약물 중단은 재발을 예측한다. 평균적으로 약물 복용을 중단한 환자는 약물 복용을 꾸준히 하는 환자와 비교할 때 정신증 삽화를 7~28배 더 경험한다(Subotnik et al., 2011). 따라서 임상가는 약물 순응을 향상시키기 위해 약물치료에 심리치료를 더한다(Kodish & McClellan, 2015).

심리치료는 조현병 어린이에게 효과적인가?

대부분의 전문가들은 조현병 어린이를 치료할 때 약물치료와 심리치료를 같이 사용하도록 권장한다(그림 14.19). 대부분의 심리사회적 치료는 다섯 가지 공통점을 가지고 있다(Kline et al., 2015; Remschmidt & Theisen, 2012).

첫째, 치료자들은 어린이와 그 가족에게 질병에 대한 **정보**를 제공한다. 심리교육은 치료의 성공에 있어 매우 중요하다. 가족들은 질병 및 증상에 대처하는 가장 좋은 방법을 알고자 한다. 또한 치료자들은 조현병에 대한 미신들을 없애고, 조현병 아동을 돌볼 때의 어려움에 대해 귀를 기울여 준다.

둘째, 치료자들은 어린이와 그 가족들과 작업하면서 **약물 순응**을 격려한다. 항정신병 약물은 체중 증가와 같은 불쾌한 부작용이 있기 때문에 청소년들은 장기간 약물 복용을 꺼린다. 잔소리하기, 애원하기, 뇌물 공세는 약물 순응을 높이는 데 비효과적이다. 대신에 치료자는 동기강화의 원리를 이용하여 약물 순응을 높일 수 있다. 청소년에게 약을 복용해야 한다고 강요하기보다는, 치료자는 동기강화를 이용하여 청소

년의 염려를 인정하고 이해하려고 노력한다. 치료자는 또한 약물 순응의 장단점을 재고하도록 돕기 위해 의사결정 분석(decisional analysis)을 사용할 수 있다. 물론 치료자는 청소년들이 약물에 비순응하기보다는 순응하는 것이 좋다는 결정을 내리기를 희망한다. 치료의 목표는 청소년이 약물 거부에서 수용으로 천천히 바꾸도록 하는 것이다(Schafer & Kavookjian, 2018).

셋째, 조현병 청소년은 인지-행동적 개입을 통해 도움받을 수 있다. 예를 들면, 조현병 청소년은 부모나 선생님에 의해 공정한 대접을 받지 못했다고 느낄 수 있다. 인지치료자들은 청소년들에게 그러한 믿음에 대한 증거를 요청하고, 어른들의 행동을 보다 현실적으로 해석하는, 대안적 사고를 제안한다. 행동적 접근은 부모나 선생님과의 관계의 질을 향상시킬 수 있는 구체적인 의사소통 기술 가르치기를 들 수 있다. 예를 들면 치료자들은 언쟁하지 않고 어른들에게 자신의 염려를 표현하는 방법을 역할극을 통해 가르칠 수 있다. 또한 행동적 개입은 조현병의 특정 증상들에 대처하는 방법을 연습할 수 있다. 예를 들면 환청이 들릴 때 주의를 다른 곳으로 돌리거나 보다 합리적인 방법으로 대처하는 방법을 배울 수 있다(예 : "음, 목소리가 또 들리는군. 내 삶의 전면이 아닌 배경 속에 머물도록 할 방법을 찾아야겠군").

그림 14.19 ■ 소아 조현병을 위한 다중 치료

조현병을 위한 다중 치료			
약물치료	**심리치료**	**가족치료**	**재활**
정형적 항정신병 약물이 효과적이기는 하지만, 대개 비정형적 항정신병 약물을 우선적으로 사용한다. 치료에 저항하는 경우 클로자핀은 마지막 수단으로서 사용한다.	조현병에 대해 가르칠 때 개인상담이 사용되기도 한다. 약물 순응도를 높이기 위해 동기강화를 사용한다. 인지-행동 기법 및 대처 기술 훈련 역시 효과적이다.	가족 구성원들은 조현병 및 어린이의 약물 순응도를 높이는 방법에 대해 교육받는다. 치료를 통해 가족 간 의사소통을 향상시키고, 표출 정서를 감소시키며, 긍정적 상호작용을 증가시킬 수 있다.	치료자들은 (어린이가) 입원 후 학교 및 지역사회로 돌아가는 것을 도울 수 있다. 장기적 손상이 흔하게 나타나므로, 치료자들은 가족을 도와 어린이의 독립적 생활을 위한 계획을 세울 수 있다.

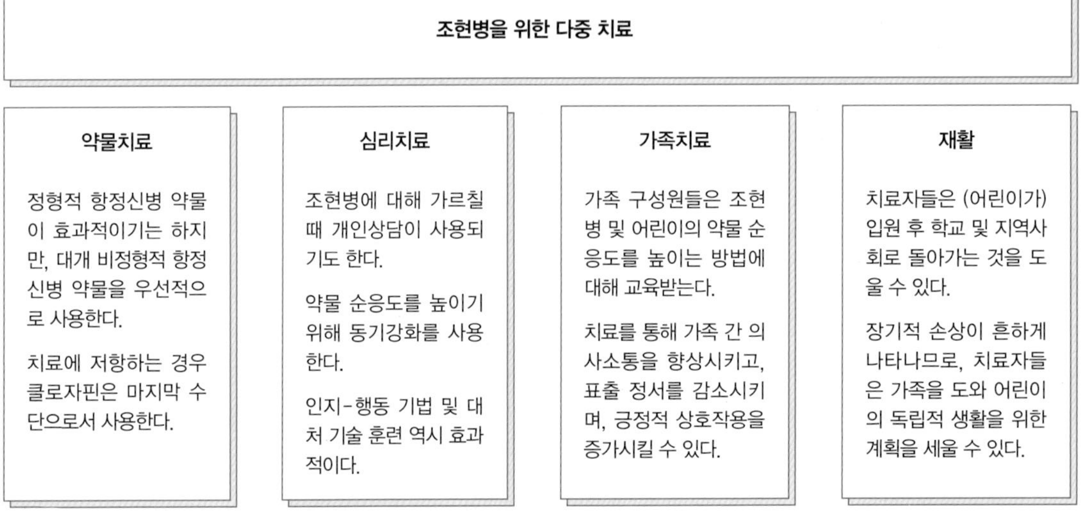

주 : 대부분의 치료 프로그램은 (1) 약물치료, (2) 개인 심리치료, (3) 가족치료, (4) 학교 및 가족으로의 복귀에 대한 계획 세우기를 포함한다. 출처 : Clark (2011).

넷째, 치료는 가족-근거 개입을 들 수 있다. 부모가 조현병을 일으킨 것은 아니지만, 조현병의 심각도나 경과는 가족체계에 의해 영향받는다. 가족치료자는 가족 구성원들과 치료적 협력 관계를 형성하도록 우선적으로 노력한다. 이 과정에는 가족의 염려에 공감적으로 귀 기울이기와 정보 및 정서적 지지를 제공하는 것을 들 수 있다. 가족들과 협력적 관계를 구축한 후에, 치료자는 갈등이나 긴장감에 대해 이야기한다. 예를 들면, 가족치료자는 부작용 때문에 약물 복용을 회피하는 청소년에 대한 부모의 걱정에 대해 이야기할 수 있다. 치료자들은 청소년의 자율성과 부모의 걱정 간의 균형을 잡을 수 있도록 노력한다. 또한 치료자들은 조현병을 가진 형제/자매로 인해 부모의 관심과 에너지를 모두 뺏겨서 자신만 외톨이라고 느끼는 건강한 형제/자매의 기분에 대해 이야기할 수 있다.

다섯째, 치료자들은 재활에 관여하여, **지역사회로 돌아가기 위한 통합**에 대해 다룬다. 정신증 삽화는 어린이와 그 가족들에게 고통과 분열을 가져다 준다. 일부 어린이들은 입원이나 거주형 치료가 요구되어, 가족으로부터 분리된다. 많은 어린이들이 몇 주 혹은 몇 달 동안 학교를 가지 못할 수 있다. 교사나 친구와의 관계도 상당히 지장을 받는다. 과외활동으로 운동을 했거나, 아르바이트를 했다면 이 역시 중단된다. 치료자들은 어린이가 치료에서 다시 집, 학교, 지역사회로 돌아갈 수 있도록 돕는다(Remschmidt & Theisen, 2012).

정신증 삽화를 경험하는 어린이의 약 40%는 기능의 병전 수준으로 돌아가지 못한다. 이러한 어린이들은 불쾌감, 무관심, 사회적 철수와 같은 조현병의 음성 증상을 지속적으로 경험한다. 이런 어린이들을 위해서는 병전 수준의 '옛 생활'로 돌아가는 것이 아니라, 질병에 대처하는 새로운 방법을 찾는 것이 재활의 목표가 된다.

효능

심리사회적 개입이 조현병에 효과적인가? 성인 조현병의 인지행동적 개입에 대한 두 가지 고찰은 실망을 안겨주는 결과를 내 놓았다. 출판된 연구를 질적으로 살펴본 고찰에서, 디커슨(Dickerson, 2000)은 CBT는 조현병의 양성 증상, 특히 명백한 정신증 증상을 가진 환자들의 양성 증상을 감소시키는 데 중간 정도의 효과가 있다고 발표하였다. 그러나 그녀는 CBT가 음성 증상을 완화시키거나 사회적 기능을 향상시키는 증거는 찾을 수 없었다고 보고하였다. 코맥, 존스, 캠벨(Cormac, Jones & Campbell, 2014)은 조현병에 사용된 다양한 심리치료의 효과성을 살펴보는 메타 분석을 실시하였다. 그들은 지지치료와 CBT 간 효과의 차이를 찾을 수 없었으며, 약물치료에 CBT가 추가되어도, 약물치료만 실시했을 때보다 입원율이나 재발이 줄어들지 않음을 보고하였다.

조현병을 가진 어린이를 위한 CBT의 효과성을 살펴본 무선 통제 연구는 드문데, 두 가지 연구가 보고되었다. 루이스와 동료들(Lewis et al., 2002)은 최초의 정신증 삽화를 경험한 청소년과 초기 성인의 치료 효과성을 살펴보았다. 이들은 CBT와 약물치료, 지지치료와 약물치료 또는 약물치료만 하는 조건에 할당되었다. 개입은 5주간 지속되었는데, 다른 두 가지 개입과 더불어 CBT도 조현병 급성 단계에서의 빠른 회복을 돕는 데 중간 정도의 효과가 있었다(그림 14.20).

또 다른 연구는 급성 정신증 삽화 후 퇴원한 청소년과 성인에 대한 연구이다(Hogarty et al., 1997). 이들은 두 가지(지지치료 혹은 행동기술 훈련)의 심리사회적 조건에 무선적으로 할당되었다. 행동기술훈련은 심리사회적 스트레스에 대처하는 점진적이며, 복잡한 기술로 구성되었다. 예를 들면 환자는 부정적 정서를 야기하는 사람과 상황을 인지하고, 이러한 자극을 피하며, 이완 기법을 사용하는 것을 배웠다. 또한 이들은 사회적 상호작용을 향상시키고 지역사회에 적응하는 기술을 배웠다. 결과는 3년 동안 6개월 단위로 평가되었다. 두 조건에 할당된 환자의 약 3분의 1이 재발하였지만, 결과는 환자가 치료받는 동안 가족들과 생활하였는지 아니면 독립적으로 생활하였는지에 따라 달라졌다. 가족들과 생활했던 환자들의 경우 기술 훈련은 재발을 감소시키는 데 매우 효과적이었지만(13%만이 재발하였다), 독립적으로 생활하였던 환자들의 경우 기술 훈련은 재발을 막지 못하였다(44%가 재발하였다). 이러한 결과는 치료의 효과가 치료 자체보다는 가족의 지지나 생활의 안정성에 달려 있음을 제안한다.

일반적으로 가족치료는 조현병 아동과 청소년을 위한 치료에서 권장된다. 그러나 어린이 조현병 환자의 가족치료의 효능성을 살펴본 연구는 제한되어 있다. 첫 정신증 삽화를 경험하여 진단된 — 나이 든 청소년과 젊은 성인들이 많이 참여한 — 547명의 환자들을 대상으로 한 연구에서(Petersen, Jeppesen, & Thorup, 2005) 연구자들은 이들을 두 가지 치료

그림 14.20 ■ 조현병 아동에 대한 CBT의 효과성

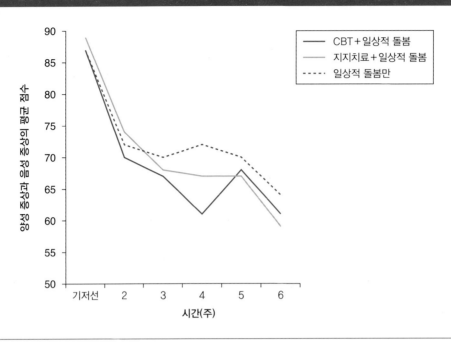

주 : 일상적 돌봄(약물)에 CBT를 추가하면 조현병 청소년이 회복하는 속도를 중간 정도로 향상시킨다. 지지치료와 약물치료 혹은 약물치료만 받은 어린이들도 CBT만큼의 향상을 보고하였다. 출처 : Lewis et al. (2002).

조건에 할당하였다: (1) 약물치료, (2) 약물치료와 가족치료. 가족치료를 받은 환자들은 알코올이나 다른 약물을 적게 사용하였으며, 약물 순응도가 높았으며 치료에 보다 만족하였다.

또한 가족치료가 조현병을 가진 어린 환자들을 돕는다는 다른 증거도 있다. 한 연구에서 조현병을 가진 어린이는 (1) 약물치료나 (2) 약물치료와 가족치료 조건에 무선적으로 할당되었다(Rund, 1994). 치료 후 2년이 지났을 때 약물치료와 가족치료를 같이 받은 어린이는 양호한 전반적 기능과 재발율을 보였다. 그러나 재발율은 상당히 높아서, 조기 발병 조

현병은 치료에 매우 저항적이라는 주장을 지지하였다. 르누아와 동료들(Lenior, Dingemans, Linszen, de Haan, & Schene, 2001)은 조현병을 가진 청소년과 젊은 성인들을 표준치료나 가족치료를 포함한 표준치료에 할당하였다. 가족치료를 받은 환자들은 표준치료만 받은 환자들보다 거주형 치료 시설에서 평균적으로 10개월 적은 시간을 보냈음을 추수 회기에서 확인할 수 있었다. 가족치료는 조현병 어린이에게 도움이 되는 개입으로, 이들의 효과성을 확대시킬 수 있는 후속 연구가 필요하다.

주요 용어

경조증 삽화(hypomanic episode) : 일주일 미만에서 최소한 4일 이상 지속되며, 거의 매일 대부분의 시간 동안, 비정상적이며 지속적으로 들뜨고, 의기양양하며, 과민한 기분 상태와 활동과 에너지의 증가가 나타나는 일정한 기간

과대감(grandiosity) : 극도의 자신감, 과장된 자존감, 지나치게 평가된 자기 중요성

도파민 가설(dopamine hypothesis) : 조현병의 양성 증상이 중간변연 경로에 위치한 특정 도파민 수용체(D2 수용체)의 과

잉 자극에 의해 야기된다고 가정한다.

리튬(lithium; 에스칼리스, eskalith) : 성인의 양극성 장애를 치료하는 기분을 조절하는 약물로, 노르에피네프린과 세로토닌을 조절한다.

망상(delusion) : 대개 지각이나 경험의 잘못된 해석이 나타나는, 잘못되었거나 기이한 신념

목표지향적 활동(goal-directed activity) : 다양한 새로운 활동을 개시하려는 경향

사고의 비약(flight of idea) : 조증 혹은 경조증을 가진 사람들이 종종 경험하는 질주하는 사고

생애 초기 조증 치료(treatment of early age mania, TEAM) **연구** : 아동의 정신증 증상의 감소를 보여주는, 정형적 항정신병 약물과 비정형적 항정신병 약물의 중간 정도이나 유의미한 효과를 보여주는 대규모 연구

섬엽(insula) : 정서조절, 자기인식, 대인관계 기능을 담당하는, 뇌의 중앙에 위치한 대뇌 영역

순환성 장애(cyclothymic disorder) : 경조증 증상(경조증 삽화는 아님)과 우울증 증상(주요 우울증 삽화는 아님)이 특징인 DSM-5 장애로, 아동과 청소년의 경우 최소 1년 이상 지속된다.

신경발달 모델(neurodevelopmental model for schizophrenia) : 유전적 위험 요인과 더불어 조기 환경적 스트레스가 중추신경계의 조직화와 발달의 이상을 일으킨다고 가정하며, 이러한 이상이 조현병을 야기할 수 있다.

신경이완제 악성 증후군(neuroleptic malignant syndrome, NMS) : 정형적 항정신병 약물을 초기에 고용량을 사용하여 야기되는 희귀한 상태로, 심각한 근육 경직성, 운동 통제의 상실, 고열, 높은 혈압으로 특징지어진다.

심리교육적 심리치료(psychoeducational psychotherapy, PEP) : 8~12세의 양극성 아동과 그들의 양육자들을 위한 치료로, 개인 혹은 집단치료로 실시된다. 가족들에게 기분장애, 정서 조절, 문제해결 기술을 가르친다.

아동과 가족 중심의 인지행동치료(child-and family-focused cognitive-behavioral therapy, CFF-CBT) : 양극성 장애를 가진 7~13세 아동과 그들의 주양육자를 위한 치료로, (1) 정서의 모니터링과 조절, (2) 부모-자녀 상호작용 향상, (3) 아동의 파괴적 행동 관리로 구성되어 있다.

약화된 정신증 증후군(attenuated psychosis syndrome, APS) : 정신증의 초기 징후와 증상(예 : 망상, 환각, 와해된 언어)을 기술하는 용어로, 정신증 삽화가 없는 상태에서 최소한 1년 동안 매주 발생한다. DSM-5의 '추가 연구가 필요한 진단적 상태'

양극성 1형 장애(bipolar I disorder) : 최소 한 번 이상의 조증 삽화가 특징인 DSM-5 장애로, 기능의 현저한 손상을 일으키고, 입원이 필요하며, 정신증적 특성을 보인다.

양극성 2형 장애(bipolar II disorder) : 최소 한 번 이상의 경조증 삽화와 주요 우울증 삽화가 특징인 DSM-5 장애로, 기능의 현저한 변화를 가져오지만 손상이나 입원이 요구되지는 않는다.

양극성 어린이의 경과와 결과(course and outcome of bipolar youth, COBY) **연구** : 양극성 장애를 가진 어린이의 경과를 살펴본 대규모 연구로 양극성 장애를 가진 대부분의 어린이는 증상에서 회복되었지만 기분 문제를 지속적으로 경험하였으며, 또 다른 기분 삽화를 보고하였다.

양성 증상(positive symptoms) : '행동의 과발현(behavioral overexpression)'을 반영하는 조현병의 특성으로, 환각, 망상, 와해된 행동, 흥분, 과대감, 의심, 적대감이 나타난다.

음성 증상(negative symptoms) : 행동의 '저발현(underexpression)'을 반영하는 조현병의 특성으로, 둔마된 감정, 무욕증, 사회적 철수, 수동성, 무관심, 자발성의 결여가 나타난다.

의사소통의 부정적 악순환(negatively escalating cycle of communication) : 가족 중 한 사람이 시작한 비난이 다른 가족의 비난을 불러 일으켜 결국에는 원만하게 해결하기 어려운 지경에 이르는 부모-자녀 상호작용으로, 세 번의 받아치기 과정이 포함된다.

전구기(prodromal) : 한 장애가 나타나기 전에 보이는 징후나 증상

전두엽 활동량 감소 가설(hypofrontality hypothesis) : 중간피질 경로에 위치한 특정 도파민 수용체(D1 수용체)의 과소활동이 조현병의 음성 증상과 관련되어 있다고 가정한다.

정신운동성 초조(psychomotor agitation) : 과잉활동, 안절부절감 또는 충동성으로 특징지어지는 외현화된 행동

조증(mania) : 비정상적이며 지속적으로 들뜨고, 의기양양하며, 과민한 기분 상태와 활동과 에너지의 증가가 나타나는

일정한 기간으로, 모든 DSM-5 양극성 장애의 핵심적 특성

조증 삽화(manic episode) : 최소한 일주일 이상 지속되며, 거의 매일 대부분의 시간 동안, 비정상적이며 지속적으로 들뜨고, 의기양양하며, 과민한 기분 상태와 활동과 에너지의 증가가 나타나는 일정한 기간

조현병(schizophrenia) : 최소한 6개월 동안 기능의 손상을 야기하는 환각, 망상, 와해된 언어와 행동, 그리고 감소된 정서 표현 혹은 운동 활동의 결여가 특징인 DSM-5의 정신증 장애

지연성 운동장애(tardive dyskinesia) : 정형적 항정신병 약물의 장기간 사용에 의해 야기되는 부작용으로, 얼굴, 입, 턱의 불수적이며 목적이 없고 반복적인 운동이 특징이다.

청소년을 위한 가족-중심 치료(family-focused treatment for adolescents : FFT-A) : 양극성 장애를 가진 청소년과 그 가족들을 위한 가족 체계 치료로, 부모-자녀 의사소통 향상과 문제해결을 추구하며, 표출 정서를 감소시켜 미래 기분 삽화를 막고자 한다.

추체외로 부작용(extrapyramidal side effect) : 정형적 항정신병 약물의 사용과 관련된 부작용으로, 움직임을 시작할 수 없거나, 안절부절한 기분, 지연성 운동장애를 포함한다.

측뇌실(lateral ventricles) : 대뇌의 중앙에 위치하며, 뇌척수액으로 채워진 관으로, 조현병을 가진 성인은 종종 확장되어 있다.

표출 정서(expressed emotion : EE) : 정신과적 장애를 가진 가족 구성원에게 표출되는 비판, 적대감 또는 정서적 과잉간섭

피츠버그 양극성 자녀 연구(pittsburgh bipolar offspring study, BIOS) : 양극성 장애를 가진 개인의 아동은 양극성 장애, 기분장애, 불안장애를 가질 위험이 높아진다는 것을 보여준 대규모 연구

혼재성 기분(mixed mood) : 조증이나 경조증 삽화를 만족하면서 역치하 우울 증상을 보이거나, 주요 우울증 삽화를 만족하면서 역치하 경조증 증상이 나타나는 것

환각(hallucinations) : 현실과 맞지 않는 잘못되고, 종종 기이한 지각

비판적 사고 연습

1. 조디는 15세 소녀로 단일의 조증 삽화를 경험하였지만 주요우울장애는 경험하지 않았다. 조디를 양극성 1형 장애로 진단내릴 수 있을까?

2. 루이자는 양극성 1형 장애를 가진 10세 소녀로, 약물치료와 가족치료를 받으며 증상을 관리하고 있다. 루이자의 어머니는 루이자의 증상이 돌아올까 봐 걱정하고 있다. COBY 연구 결과를 기반으로 할 때 어머니의 걱정은 정당화될 수 있을까?

3. 잭슨은 조현병의 가족력을 가진 13세 소년이다. 잭슨의 아버지는 성인 초기에 조현병으로 진단받았다. 잭슨이 청소년기에 대마초 사용을 피하고자 하는 이유는 무엇인가?

4. 매기는 종교에 매우 심취한 17세 소녀이다. 매일 수차례 기도를 올리며, 예배에 정기적으로 참석하고, 청소년 집단 종교 활동과 자선 행사에 정기적으로 참여한다. 최근에 매기는 어머니와 친구들에게 자신이 신과 "이야기하였으며", 신이 자신에게 자신의 삶에 대한 메시지를 보냈다고 이야기하였다. 매기는 또한 기도할 때 신과 천사들을 보았다고 보고하였다. 매기의 어머니는 매기의 생생한 종교적 체험이 걱정되었다. 임상가는 이러한 경험을 망상 혹은 환각과 어떻게 변별할 수 있을까?

5. DSM-5의 "추가 연구가 필요한 진단적 상태"에 포함된 약화된 정신증 증후군에 대해서는 논란이 많다. 임상가는 왜 조기 조현병의 특성을 보이는 청소년에게 이 진단을 내리기를 원하지 않을까?

건강 관련 장애

PART V

15

급식 및 섭식 장애

급식 및 섭식 장애는 DSM-5(American Psychiatric Association, 2013)에서 단일 진단 범주로 함께 분류된다. 급식장애는 일반적으로 영아, 유아 및 어린 아동에게 나타나지만 발달장애가 있는 아동 및 성인에게도 나타날 수 있다. 이러한 장애는 음식 섭취의 현저한 장애로 특징지어지는데, 보호자에게는 상당한 고통을 야기하며 아동에게는 영양 실조 또는 신체적 질병의 위험에 처하게 한다. 대조적으로, 섭식장애는 거의 대부분 아동 후기, 청소년 및 성인에게 나타난다. 이러한 장애는 매우 낮은 체중, 폭식 및 체중 증가를 피하기 위한 위험한 전략의 사용을 초래하는 식사장

애를 특징으로 한다. 섭식장애는 청소년의 건강에 미치는 영향과 우울증, 절망감, 자해와의 밀접한 관계 때문에 모든 정신질환 중에서 가장 치명적이다(American Psychiatric Association, 2013).

이번 장에서, 먼저 영아와 어린 아동들에게 전형적으로 나타나는 급식장애, 즉 이식증, 되새김장애, 그리고 회피적/제한적 음식 섭취 장애를 살펴볼 것이다. 그다음, 아동후기와 청소년들에게 가장 흔한 세 가지 섭식장애인 신경성 식욕부진증, 신경성 폭식증, 폭식장애를 살펴볼 것이다.

15.1 어린 아동의 급식장애

삶의 첫 2년을 지나면 서서히 젖먹이에서 이유식 단계로 변화한다. 이 변화는 쉬워 보일 수 있지만, 아동의 신체적, 운동, 사회-정서적 발달에 상당히 의존한다. 첫째, 아동의 미각과 소화계는 맛, 질감, 모양이 다른 이유식을 받아들이고 소화시켜야 한다. 둘째, 아동은 음식을 입에 넣고, 숟가락을 사용하고, 컵으로 마시는 동작을 조율할 수 있으며 더불어 베어 물고, 씹고, 삼키는 능력을 가져야 한다. 셋째, 아동은 식사시간에 충분히 집중하고, 음식을 받아들이고, 충분한 열량을 소모할 수 있도록 주의력, 정서, 행동을 조절할 수 있어야 한다. 마지막으로, 아동은 배고픔과 배부름에 대한 신호를 인식하고, 급식 과업을 수행하기 위해(예 : 숟가락은 누가 들까?) 보호자와 협상할 줄 알아야 한다. 급식은 보호자와 아동 간의 사회적 활동이다: 스스로 먹을 수 있다는 것은 영아기의 자율성과 정체감에 있어 중요한 사건이다(Lyons-Ruth, Zeanah, Benoit,

Madigan, & Mills-Koonce, 2014).

10개월 된 영아의 식사시간은 지저분할 수 있으며, 불안과 좌절의 원인이 되기도 한다. 약 25~50%의 부모는 영유아가 적어도 중간 정도의 급식 문제를 가지고 있다고 보고한다. 약 1~2%의 어린 아동은 급식장애(feeding disorder)를 가지고 있는데, 심각한 급식 문제는 음식 회피, 제한된 식습관, 부적절한 식습관 또는 반복되는 구토로 특징지어진다(Chatoor & Ammaniti, 2007). 급식장애는 가족을 고통스럽게 하고, 아동을 영양실조, 탈수, 성장 억제, 행동문제의 위험에 처하게 한다(Chatoor, 2009).

이식증과 되새김장애는 무엇인가?

발달장애가 있는 어린이들에게는 이식증과 되새김장애라는 두 가지 급식장애가 가장 흔하게 나타난다. 이식증(pica)은 적어도 1개월 동안 영양분이 없는, 음식이 아닌 물질을 지속적

표 15.1 ■ 이식증을 가진 아동들이 가장 자주 섭취하는 물질

불탄 성냥개비

코킹, 콘크리트, 유리

담배꽁초

동전, 너트, 볼트, 나사

크레파스, 분필, 풀, 연필

흙, 모래, 점토

섬유, 베개/장난감 충전재, 카펫, 천, 스펀지

잔디, 잎, 도토리, 솔방울

머리카락

벌레

세탁용 풀

페인트 조각

종이, 화장실 휴지

플라스틱 장난감 부품

돌, 자갈, 조약돌

나무, 나무껍질, 작은 가지

Image courtesy of Pixabay

출처 : Stiegler (2005).

으로 섭취하는 것을 말한다. 'pica'라는 이름은 먹을 수 있는 물질과 먹을 수 없는 물질을 모두 먹어 치우는 까치를 뜻하는 라틴어에서 유래되었다. 표 15.1은 이식증을 가진 어린이들이 섭취하는 물질을 나열한다. 이식증을 가진 일부 아이들은 음식이 아닌 물질을 무차별적으로 먹거나, 아니면 특정한 물질을 선호한다. 이식증은 음식이 아닌 물질을 입에 넣거나 섭취하는 것이 발달적으로 적절하다고 간주될 때는 진단되지 않는다. 예를 들면, 바닥에서 발견한 작은 물건을 먹는 영아는 이식증으로 진단되지 않는다(Lyons-Ruth et al., 2014).

이식증은 대개 고도나 최고도 지적장애(ID)와 관련이 있다. 지적장애를 가진 개인의 약 15%가 이식증을 가지고 있다. 이식증은 이러한 개인에게 구강 및 미각적 자극을 제공할 가능성이 있다. 또한 이식증은 때때로 철분 또는 아연 결핍과 관련이 있다. 이러한 결핍과 관련된 의학적 장애(예 : 복강 질병, 신장 및 간 질환, 겸상 적혈구 질환)가 있는 어린이는 때때로 이식증을 나타낸다. 철분 결핍이 있는 임산부도 이식증에 걸릴 수 있다. 이 사람들은 필요한 무기질을 얻기 위해 이러한 물질을 섭취하는 것일 수 있다. 이식증은 또한 주요 생활 사건, 빈곤한 가정 환경 또는 사회적 방임과 같은 환경 스트레스

요인과 관련이 있다. 마지막으로, 이식증을 가진 아이들이 섭취하는 물질 자체 때문에 강화되기도 한다. 예를 들면 이식증을 가진 많은 청소년들은 니코틴이 들어있는 담배 꽁초를 섭취한다(Stiegler, 2005).

정상 발달 중인 아동의 경우, 이식증은 대개 자연스럽게 사라진다. 그러나 발달장애가 있는 어린이의 경우, 이식증은 시간의 경과에도 불구하고 지속되는 경향이 있다. 두 가지 경우 모두 음식이 아닌 물질을 섭취하는 것과 관련된 위험 때문에 이식증은 반드시 치료되어야 한다. 일반적 위험은 소화되지 않는 물질(예 : 머리카락, 자갈)의 섭취로 인해 장 및 대장이 막히고, 유해한 박테리아나 기생충의 섭취, 날카로운 물체(예 : 유리, 손톱)로 인한 소화계의 천공, 납이 들어있는 페인트 조각의 반복적인 섭취로 인한 납 중독을 포함한다(Sturmey & Williams, 2016).

되새김장애(rumination disorder)는 발달장애를 가진 아이들 사이에서도 가장 흔하게 볼 수 있다. 신체적 되새김 혹은 반추는 위장의 내용물을 입으로 반복적으로 역류시키는 것을 의미한다. 역류된 음식은 되씹거나, 되삼키거나, 혹은 뱉을 수 있다. 이 행동이 적어도 1개월 동안 반복되면 어린이는

되새김장애로 진단된다. 되새김장애가 있는 아동은 습관적으로 역류한다. 위식도 역류 질환(gastroesophageal reflux disease, GERD)과 같은 불수의적 역류가 나타나는 의학적 문제가 있을 경우 되새김장애로 진단되지 않는다. 또한 신경성 식욕부진증이나 폭식증이 있는 일부 사람들의 경우처럼 체중 증가를 피하기 위해 음식을 역류시키는 경우에도 되새김장애로 진단되지 않는다(Silverman & Tarbell, 2009).

되새김장애는 일반적으로 어린 시절에 나타나며, 여아들보다 남아들에게 다섯 배 더 흔하다. 조작적 조건 형성, 특히 강화는 보통 역류를 유지시킨다. 일부 어린이들은 보호자나 또래(사회적 정적 강화)에게 관심을 받기 때문에 역류를 한다. 다른 아동들은 원하지 않는 과제(사회적 부적 강화)를 피하기 위해 역류를 한다. 예를 들면, 집단 활동에 참여하기를 원하지 않는 어린이는 사회적 접촉을 피하기 위해 역류를 할 수 있다. 때때로 되새김은 자기 자극(자동적 강화)의 한 형태다. 되새김은 우리에게는 유쾌한 것은 아니지만 심각한 장애가 있는 일부 청소년에게는 즐거운 자극이 될 수 있다(Bryant-Waugh & Watkins, 2015).

음식의 반복적인 역류는 신체적으로, 사회적으로 부정적 결과를 초래할 수 있다. 가장 흔한 신체적 문제는 체중 감소와 영양 실조, 위산으로 인한 치아 부식, 체액 손실로 인한 전해질의 불균형이다. 되새김장애는 종종 보호자와의 부정적인 사회적 상호작용과 또래에 의한 거부를 초래할 수 있다. 시간이 지남에 따라 이러한 부정적인 사회적 경험은 아동의 사회적 기술과 관계의 발전을 방해할 수 있다(Lyons-Ruth et al., 2014).

회피적/제한적 음식섭취장애는 무엇인가?

회피적/제한적 음식섭취장애(avoidant/restrictive food intake disorder, ARFID)는 일반적으로 정상 발달 중인 영유아, 발달장애가 있는 아동, 만성적 건강 문제가 있는 어린이에게 나타나는 급식장애이다(표 15.2). ARFID를 가진 아동들은 먹는 것에 대해 관심이 부족하고, 감각적 특징(예 : 식감, 색, 냄새)에 근거하여 특정 음식을 피하거나, 먹는 것에 대한 부정적인 결과(예 : 메스꺼움, 질식, 구토)에 대해 걱정한다. ARFID를 가진 모든 어린이들은 필요한 영양 또는 에너지를 충족시키는 데 지속적인 문제가 있다. 예를 들면, 이들은 체중을 늘리거나 성장하지 못하거나 영양 결핍을 일으키거나, 충분한 영양을 얻기 위해 급식 튜브가 필요할 수 있다. 또한 이들은 식사 중에 가만히 있지를 않는다: 식사를 피할 수만 있다면 말하고, 울고, 분노 발작을 보이고, 등을 구부리고, 음식을 던지거나, 자리를 떠난다(Bryant-Waugh & Watkins, 2015).

ARFID는 세 가지 주요 하위 유형이 있다. 각각은 다른 원인과 치료와 관련이 있다.

1. 충분히 먹지 않고, 음식에 거의 관심을 보이지 않는 어린이(유아 식욕부진증)

표 15.2 ■ 회피적/제한적 음식섭취장애 진단기준

A. 섭식 또는 급식의 어려움(예 : 섭식이나 음식에 대한 명백한 흥미 결여, 음식의 감각적 특성에 근거한 회피, 섭식의 부정적 결과에 대한 걱정)이 지속적으로 나타나 적절한 영양 그리고/또는 에너지가 부족하게 되고, 이는 다음 중 하나 이상과 관련이 있다.
  1. 심각한 체중 감소(혹은 아동에게 기대되는 체중에 미치지 못하거나 더딘 성장)
  2. 심각한 영양 결핍
  3. 위장관 급식 혹은 경구 영양 보충제에 의존
  4. 심리사회적 기능을 현저하게 방해

B. 장애는 구할 수 있는 음식이 없거나 문화적으로 허용되는 처벌 관행으로 인한 것으로 더 잘 설명되지 않는다.

C. 섭식문제는 신경성 식욕부진증이나 신경성 폭식증의 경과 중 나타나는 것이 아니고, 사람의 체중이나 체형에 관한 문제로 나타났다는 증거가 없어야 한다.

D. 섭식문제는 동반되는 의학적 상태로 인한 것이 아니고, 다른 정신질환으로 더 잘 설명되지 않는다. 만약 섭식문제가 다른 상태나 질환과 관련하여 발생한다면, 섭식문제의 심각도는 일반적으로 나타나는 것보다 더 심하거나 별도의 임상적 관심을 받아야 할 만큼 심각한 것이다.

2. 맛이나 식감과 같은 감각적 특성 때문에 특정 음식을 피하는 어린이(감각적 음식 혐오)

3. 먹는 것과 관련된 과거의 혐오스러운 경험 때문에 음식을 거부하는 어린이(외상후 급식)

세 가지 아형을 가진 아이들은 ARFID로 진단된다(American Psychiatric Association, 2013).

소아 식욕부진증

급식장애가 있는 일부 어린이들은 먹는 것에 거의 관심을 보이지 않으며 배고픔을 거의 보고하지 않는다(이미지 15.1). 이 어린이들은 음식을 조금 먹거나 우유를 한 모금 마시고 배가 부르다고 표현한다. 그들은 종종 음식을 멀리하고, 유아용 의자나 어린이용 보조의자를 떠나려고 하거나, 자신이나 부모를 음식으로부터 주의를 돌리려고 한다. 예를 들면, 그들은 음식이나 식기를 가지고 장난치거나, 말을 하거나, 분노 발작을 보일 수도 있다. 음식에 대한 관심이 부족하고 식사를 기피하기 때문에, 이 아이들은 보통 나이와 성별에 비해 체중이 적거나 작다(Norris, Spettigue, & Katzman, 2015).

두말할 것도 없이, 대부분의 부모들은 아이들의 음식에 대한 관심 부족, 낮은 체중, 그리고/또는 성장 실패에 대해 걱정한다. 결과적으로, 부모는 달래고, 애원하며, 장난감으로 주의를 돌리고, 신체적 처벌로 위협하며, 강제로 먹이는 다양한

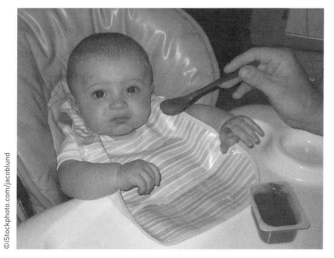

©iStockphoto.com/jacoblund

이미지 15.1 회피/제한적 음식섭취장애를 가진 어린이는 음식에 대해 관심을 거의 보이지 않는다. 부모들은 자녀들이 배고파 보이지 않고, 식사를 거른다거나, 체중이 늘지 않는 것에 대해 불편해 한다.

전략을 사용하여 아이들이 먹도록 시도한다. 식사 시간은 결국 아이들과 부모들이 힘들어하는, 스트레스를 받고 시간을 소모하는 과정이 된다. 아이들은 음식에 거의 관심을 보이지 않으며, 자율성을 주장하는 아동으로 인해 부모와 종종 싸우기 때문에, 아이들은 말 그대로 '음식에 대한 관심 부족'인 유아 식욕부진증으로 묘사된다.

유아 식욕부진증은 모유나 분유 수유에서 이유식(예 : 6~36개월)으로 전환하는 과정에서 발생하는 경향이 있다. 이 기간 동안 어린이들은 부모로부터 더 큰 자율성을 발달시키기 시작한다. 그들은 마음대로 움직이고, 아니라고 말하고, 부탁을 거부하고, 배변이나 수면과 같은 신진대사 기능에 대한 더 많은 통제권을 원한다. 먹기는 후기 영유아가 자율성을 발달시키는 또다른 영역이다. 특히 그들은 배고픔과 포만감의 신호를 인식하고, 먹고 싶은 욕구를 전달하고, 먹고 싶은 음식을 얻기 위해 부모와 작업하는 법을 배워야 한다.

불행히도, 유아 식욕부진증을 가진 어린이는 이와 같은 성장의 민감한 시기에 이러한 자율적 행동을 발달시키지 못한다. 결과적으로 음식에 대한 이들의 낮은 관심은 시간이 지나도 사라지지 않는다. 한 종단연구에서 유아 식욕부진증을 가진 어린이를 추적 연구하였는데, 4~6세의 68%는 경미–중등도의 영양실조를 보였고, 13%는 심각한 영양실조를 보였다. 7~8세가 되었을 때, 21%만이 정상 수준에 드는 체중을 보였다(Lucarelli, Cimino, Petrocchi, & Ammaniti, 2007). 이 어린이들은 또한 적대적 반항장애, 불안, 등교 거부, 신체건강 문제의 비율이 높게 나타났다.

무엇이 유아 식욕부진증을 유발하는가? 샤투르(Chatoor, 2009)의 급식장애에 대한 교류 모델(transactional model for feeding disorder)에 따르면 장애는 아동과 보호자 특성의 상호작용에 기인한다고 가정한다. 첫째, 최신 자료에 따르면 유아 식욕부진증을 가진 어린이는 종종 높은 생리적 각성을 보인다. 즉 그들은 활동적이고, 많은 인지적 자극이 필요하며, 끊임없이 움직인다. 결과적으로, 그들은 배고픔 신호(예 : 위장 수축, 허전한 느낌, 피로)에 덜 민감하게 반응하게 된다. 둘째, 이 어린이들은 종종 '강한 의지(strong willed)'로 묘사되는 기질을 가지고 있어, 식사 시간에 통제권 싸움에 관여할 가능성이 높다. 셋째, 이 어린이들의 부모는 자녀들의 섭식과 성장에 상당한 불안을 보고한다(그림 15.1). 결과적으로, 최선

그림 15.1 ■ 걱정은 급식 문제에 기여한다

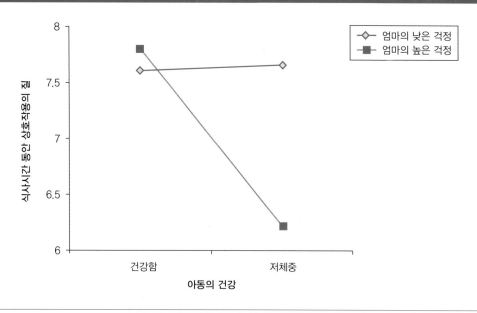

주 : 건강한 영아의 엄마들은 식사시간 동안 영아와 양질의 상호작용을 가진다. 그러나 저체중 아동 엄마들의 급식 행동은 엄마가 자녀의 체중에 대해 걱정하는 정도에 따라 결정된다. 아동에 대해 걱정을 더 많이 하는 엄마는 식사시간 동안 덜 구조적이고 더 침투적이었다. 출처 : Gueron-Sela, Atzaba-Poria, Meiri, & Yerushalmi (2011).

의 의도를 가지고, 부모들은 자녀를 속이거나, 강압적이거나, 억지로 먹이려고 노력한다. 그 결과 아동의 식사는 부모에 의해 완전히 통제되어, 어린이들은 자신의 배고픔 신호를 인식하고 반응하는 방법을 전혀 배우지 못한다. 치료는 아동이 배고픔 단서를 인식하고 부모가 아닌 자신에게 의존하여 먹는 것과 포만감을 결정하도록 가르치는 것을 포함한다(Owens & Burnham, 2009).

감각적 음식 혐오

ARFID를 가진 어린이들은 배고픔을 보고하고 음식을 요구하지만 제한된 음식만 섭취한다. 대부분의 경우, 그들의 식단은 과일, 채소, 고기 없이 탄수화물과 곡물로만 이루어진다. 그들은 음식의 맛, 식감, 온도 또는 냄새에 근거하여 특정 음식을 꺼린다. 예를 들면, 어린이들은 특정 브랜드의 식품(예 : 타이슨 치킨 너겟만), 특정 색상의 식품(예 : '노란색' 및 '흰색'만) 또는 특정 포장지(예 : 맥도날드 포장지)의 식품만 먹는다.

'까다로운' 섭취는 유아 및 미취학 아동들 사이에서 흔한 문제이다. 부모의 50%는 그들의 자녀가 편식한다고 보고한다. 그러나 이들의 편식이 건강에 영향을 미치거나 가정에 심각한 혼란을 야기하지 않는 한 ARFID로 진단받지 않는다

(Norris et al., 2015).

감각적 음식 혐오를 가진 몇몇 어린이들은 식감에 과민한 것 같다. 나중에 감각적 음식 혐오를 발달시키는 영아의 17% 정도가 우유에서 이유식 단계로 혹은 1단계(퓨레)에서 2, 3단계(약간 질감이 느껴지는 음식)로 넘어갈 때 어려움을 겪는다. 다른 아이들은 특정한 맛, 특히 쓴맛, 매운맛, 기름진 맛에 매우 민감한 것 같다. 특정한 맛에 대한 이런 과민함은 유전적이며, 어린이 혀의 특이한 용상유두와 미뢰(taste bud) 수용체와 관련이 있다. 이러한 아이들 중 다수가 다른 촉각 자극에 과민 반응을 보인다. 그들은 손이 더럽거나, 이를 닦거나, 머리를 감는 것을 싫어할 수 있다(Chatoor, 2009).

음식의 혐오와 제한된 식습관은 보통 고전적 조건형성을 통해 형성되고, 조작적 조건형성을 통해 유지된다. 부모가 제공하는 음식은 부정적인 반응(예 : 메스꺼움, 구역질)을 유발하는데, 음식과 부정적인 반응의 연합은 음식에 대한 혐오를 일으킨다. 어린이들은 이러한 학습된 연관성을 토대로 비슷한 식감, 냄새, 색깔을 가진 음식에 대해서 일반화하고, 당연히 아이들은 울거나, 짜증내거나 다른 부적절한 행동을 함으로써 미래에 이런 음식들을 피하게 된다. 이런 부적절한 행동은 부적 강화를 통해 유지되어, 아동은 혐오스러운 음식 섭취

를 피하게 된다. 부적 강화를 통해 부모의 묵인 역시 유지되는데, 부모는 아이들이 좋아하는 음식만 제공함으로써 부적절한 행동을 멈추거나 피할 수 있다는 것을 알게 된다. 부적 강화는 강압적인 부모-자녀 상호작용을 유지시킨다. 그러므로 치료는 울거나 짜증내어도 먹고 싶은 음식만 먹을 수 없다는 것을 아동에게 가르쳐 이러한 상호작용을 깨도록 해야 한다(Norris et al., 2015).

외상 후 급식

어떤 아이들은 입, 목 또는 위장기관에 대한 하나 또는 그 이상의 외상성 손상을 경험한 후 ARFID를 발달시킨다. 예를 들어, 일부 영아는 식도로 위산이 불수의적으로 배출되는 GERD(위식도 역류 질환)를 가지고 있다. 위산은 (속쓰림과 비슷한) 자극, 메스꺼움, 기침 또는 구토를 일으킨다. 이런 증상들은 보통 먹은 후에 나타나기 때문에, 영아에게는 매우 고통스럽다. 즉 고전적인 조건화를 통해 아이들은 먹기와 GERD를 연합시키게 된다(Eddy et al., 2015).

외상 후 급식 문제는 의학적 질병이 없는 상태에서도 일어날 수 있다. 예를 들면 어떤 아이들은 우유나 분유에서 이유식으로 전환하면서 숨이 차거나, 질식하거나 토한다. 어떤 경우에는 이런 부정적인 사건이 먹는 것과 연합이 되면서, 아이들은 모든 이유식을 거부하게 되기도 한다.

아동들은 이유식을 먹지 않음으로서 부정적 증상을 피할 수 있다는 것을 배우기 때문에, 부적 강화를 통해 먹는 것을 회피하게 된다. 일부 아동들은 우유, 분유, 묽은 음식(퓨레)은 먹지만, 다른 아이들은 이것조차 먹지 않으려고 해서, 밤에 자고 있어서 먹는다는 것을 깨닫지 못할 때, 젖병에 넣어 먹인다. 심한 경우 의사는 위관을 통한 영양섭취를 권할 수 있다. 외상후 스트레스장애(PTSD) 치료와 유사하게, 급식 문제는 노출 치료를 이용한다: 두려워하는 자극(예 : 음식)을 거절, 도망 혹은 회피 없이 제시한다(Fisher et al., 2014).

유병률

대략 1~2%의 유아와 어린이들이 ARFID를 가지고 있다. 이 장애는 의학적 질병(10~49%), 발달장애(23~43%), 신체장애(26~90%)를 앓고 있는 아이들 사이에서 더 흔하다. 급식장애를 가진 영유아의 3분의 2는 영양결핍과 저체중(연령과 성별에 따라 분류된 성장표준표에서 5% 미만에 해당하는)을 나타나는 의학적 상태인 성장장애(failure to thrive)로 분류된다(Lyons-Ruth et al., 2014).

ARFID의 아형은 상대적으로 잘 구별된다. 아형은 하나의 특정 원인을 가지고 있기 때문에 ARFID를 가진 대부분의 아이들은 한 아형만을 나타낸다. 그러나 일부 어린이들은 두 가지 이상의 아형 증상을 가지고 있다. 예를 들어, 급식 문제가 있는 어린이의 13%는 소아 식욕부진증과 감각적 음식 혐오를 모두 보여준다. 이들은 전형적으로 더 심각한 급식 문제를 가지고 있으며 치료에 더 저항적이다(Chatoor & Ammaniti, 2007).

어떤 치료가 급식장애에 효과적인가?

이식증과 되새김장애 치료

이식증과 되새김장애의 치료에는 대개 조작적 조건형성이 이용된다(Glasofer, Attia, & Timothy Walsh, 2015). 심리학자들은 언제나 정적 강화를 먼저 사용하려고 하는데, 정적 강화는 발달상 적절한 행동을 가르치고 혐오적이지 않기 때문이다. **상반행동 차별강화**(differential reinforcement of incompatible behavior, DRI)는 특히 유용하다. 이식증이나 되새김과 양립할 수 없는 행동은 정적으로 강화된다. 예를 들어, 정적으로 강화되는 행동인 껌 씹기는 그 자체가 강화물이면서 이식증과 되새김장애와는 양립할 수 없는 행동이다.

정적 강화의 또 다른 형태는 **제로 행동의 차별적 강화**(differential reinforcement of zero behavior, DRO)이다. 아이들은 이식증이나 되새김 행동을 하지 않았을 때 강화된다. 예를 들어, 아이가 바람직하지 않은 행동을 하지 않을 때마다 부모는 아이가 좋아하는 간식이나 음료수를 줄 수 있다.

마지막 기술은 이식증 상자(pica box)를 만드는 것이다. 부모와 치료자는 아이가 먹는 물체의 감각 특성을 식별하고 이러한 물체를 비슷한 특성을 가진 음식으로 대체한다. 예를 들어, 보호자는 플라스틱 장난감은 감초사탕으로, 모래나 자갈은 포도-견과류 시리얼로, 나무껍질이나 가지는 육포로 대체한다. 음식은 낚시 도구 상자 또는 이와 유사한 통(칸막이가 여러 개 있는 통_역주)에 보관하다가 아동이 이식증 행동을 하면 아동에게 음식물을 제공한다(Sturmey & Williams, 2016).

정적 강화가 효과가 없고, 아이의 급식 문제가 아동에게 심각한 손상을 가져올 경우, 치료자는 처벌을 사용하기도 한다. 처벌은 부모의 동의를 얻은 후에 최후의 수단으로만 사용된다. 정적 처벌의 한 가지 방법은 **과도한 수정(overcorrection)**이다. 아이는 이식증이나 되새김 행동을 한 후에는 상당히 길고 약간은 혐오스러운 일련의 행동을 해야만 한다. 예를 들어, 되새김하는 아이는 즉시 이를 닦고, 구강세척제로 입을 헹구고, 세수를 해야 한다.

이식증을 치료하는 데 사용되는 또 다른 정적 처벌 방법은 **얼굴 가리개(facial screening)**의 사용이다. 이식증 행동을 하면, 어린이는 짧은 시간 동안 마스크나 턱받이를 착용해야만 한다. 가리개 사용은 약간 불편하고 미래의 이식증 행동을 제한한다. 얼굴 가리개는 이식증 행동이 질병이나 손상을 일으킬 가능성이 매우 높은 경우에만 부모의 동의하에 사용해야 한다(Stiegler, 2005; Sturmey & Williams, 2016).

회피적/제한적 음식섭취장애의 치료

앞서 살펴본 것처럼, ARFID는 학습 이론의 관점에서 개념화될 수 있다. 어떤 아이들은 배고픔을 인식하거나, 독립적으로 혼자서 먹는 기술을 배우지 못했다. 다른 아이들은 감각적 특성에 근거하여 특정 음식이나 이유식을 피하는 법을 배웠다. 따라서 치료는 (1) 먹는 것에 대한 아이들의 동기를 높이고 (2) 아이들이 음식을 수용할 가능성을 높이기 위해 식사의 선행사건을 바꾸고 (3) 식사시간에 적절한 행동을 강화하고 부적절한 행동을 감소시키기 위해서 먹고 난 후의 결과를 변경하는 세 가지 요소로 구성된다.

경도에서 중간 정도의 급식장애는 일반적으로 외래 치료 기반으로 치료된다. 부모는 병원에서 기술을 배우고 자녀와 함께 집에서 연습한다. 심각한 급식장애는 어린이 전용 의료 센터에서 가장 잘 치료된다. 병원에서 치료를 하면 의료 전문가들이 아이들의 칼로리 섭취와 건강을 모니터하고, 필요하다면 수액이나 영양분을 제공할 수 있게 해 준다. 병원은 또한 심리학자들이 언제, 어떻게, 누구에 의해 음식이 제공되는지 아이의 환경을 통제할 수 있게 도와준다. 이런 방식으로 심리학자들은 급식의 선행사건과 결과를 모두 통제할 수 있다(Martin & Dovey, 2011).

식욕 조작

치료는 (1) 식욕 조작, (2) 유관성 관리, (3) 부모 상담의 세 가지 요소로 이루어진다. 식욕 조작은 특히 식욕을 거의 보이지 않는 아이들에게 중요하다. 식욕 조작(appetite manipulation)에서 아이들은 수분 공급을 유지하기 위해 수액과 필수 전해질은 공급받지만 간식을 먹는 것은 금지되어 있다. 어린이들에게 하루 3~4회 정도, 3~4시간 간격으로 치료식 동안에만 음식이 제공된다. 칼로리 제한을 통해 음식이 제공될 때 아동들은 배고픔을 인식하고 먹는 것에 대한 동기를 증가시킬 수 있게 되며, 아이들은 음식 자체가 강화물이라는 것을 깨닫게 된다(Silverman & Tarbell, 2009).

유관성 관리

매 식사마다 유관성 관리가 실행된다. 처음에는 훈련된 치료자가 부모가 없는 방에서 아이들에게 음식을 제공한다. 치료사들은 음식 제공(선행사건)과 아이들의 음식 거부의 결과를 완전히 통제할 수 있다.

앞서 살펴본 것처럼, 대부분의 급식 문제는 조작적 조건형성, 특히 부적 강화를 통해 유지된다. 아동의 음식 거부와 식사 때의 파괴적 행동에 대한 부모의 반응을 연구했기 때문에, 급식 문제가 조작적 조건형성을 통해 유지된다는 것을 알고 있다(Vaz & Piazza, 2011). 대부분의 부모들은 다음 세 가지 방법 중 하나로 반응한다: (1) 아이들이 음식을 먹어야 한다는 요구를 철회하거나, (2) 아이를 혼내거나 불쾌감을 표현하거나, (3) 아이의 주의를 산만하게 하거나 아이에게 장난감이나 원하는 물건을 제공하려고 한다. 첫 번째 전략(요구를 철회)은 가장 일반적으로, 음식 거부에 대해 어린이를 부적으로 강화한다. 다른 두 가지 전략은 종종 아이들을 정적으로 강화한다: 부모는 아이들에게 관심을 기울이거나 원하는 물건을 얻게 하여, 결국 음식 거부를 증가시킨다. 그러므로 치료는 정적 또는 부적 강화를 사용하지 않으면서, 아이에게 음식이 제공되어야 한다(Piazza & Addison, 2007).

도피 소거(escape extinction)는 치료에 매우 중요한 요소이다. 도피 소거는 아동이 항의나 짜증을 부려도 먹는 것을 피하지 못하도록 하는 것이다. 도피 소거는 전형적으로 (1) 숟가락을 치우지 않기, (2) 물리적 힘 사용하기로 구성된다. 아동이 유아용 의자에 앉은 후, 치료자는 숟가락에 소량의 음식을 놓고 숟가락을 아이의 입술 위에 놓는다. 아동이 음식을 먹을 때까지 숟가락을 치우지 않는다. 아이가 몇 초 내에 음식을 먹지 않으면, 치료자는 아이의 턱관절에 부드러운 압력을 가하여 음식을 아이의 입 속에 들어가게 한다. 결국 아이는 음식을 먹을 때까지는 울거나 항의한다고 해서 그 상황에서 빠져나올 수 없다(Linscheid, 2006).

대부분의 치료자들은 도피 소거에 정적 강화를 추가한다. 정적 강화에는 칭찬, 원하는 물건을 아동에게 주기, 먹는 동안 좋아하는 비디오 시청하기 등이 포함된다. 이러한 자극은 아이의 먹기 행동과 관련되어 나타난다(Cornwell, Kelly, & Austin, 2010).

일부 치료자들은 또한 식사 중에 나타나는 행동 문제를 줄이기 위해 타임 아웃을 사용한다. 타임 아웃은 아동의 음식 거부와 관련되어 모든 정적 강화 자극을 잠시 동안 철회하는, 부적 처벌의 한 형태이다. 예를 들어, 아이가 분노 발작을 보이면, 치료자는 몇 초 동안 유아용 의자를 다른 쪽으로 돌려 아이의 주의를 끌려는 시도를 무시할 수 있다. 아이가 조용해지면, 치료자는 음식을 다시 놓고 아이가 음식을 먹도록 지시한다(Linscheid, 2006).

식사는 아동이 소비하는 열량에 관계없이 20~25분으로 제한하며, 아동은 다음 회기까지 기다려야 다시 먹을 수 있다.

부모 훈련과 지원

대부분의 전문가들은 부모를 치료에 포함시키는 것이 중요하다는 것을 알고 있다. 부모는 행동주의에 근거한 급식 개입 및 식사 시간의 부적절한 행동을 부주의하게 강화하지 않는 것을 배워야 한다. 치료자를 통해 아이들이 다양한 음식을 먹기 시작하면, 치료자는 유관성 관리 절차를 부모에게 가르쳐 준다. 부모가 참석하면, 아이들의 음식 거부가 종종 재발한다. 행동주의적 입장에서 보면, 부모는 아이들에게 차별적 자극 역할을 한다: 아이들은 음식 거부가 치료자가 아닌 부모에 의해 강화될 것을 알고 있다. 따라서 치료자는 부모에게 유관성 관리를 가르쳐 아이들이 적절하게 먹을 때만 강화하도록 한다. 치료자는 부모가 성공할 때까지 부모를 코칭한다(Lyons-Ruth et al., 2014).

부모는 또한 자녀의 치료를 끝까지 실시할 수 있는 능력에 영향을 미치는 생각과 감정을 다루는 개인상담을 통해 도움을 받을 수 있다. 가령 급식장애 아동의 부모는 아이의 배고픔과 포만감 신호에 대한 민감성과 반응성이 부족하고, 자녀의 식습관에 대한 비현실적인 기대를 갖고 있거나 식사 일정을 정하는 데 어려움을 겪는 경우가 많다. 때로 부모들은 불안, 우울증, 가정이나 직업 스트레스 또는 자신의 양육 과거사에 지나치게 사로잡혀 치료를 성공적으로 실행하기 어려워 한다. 일부 부모는 문제 해결이나 정서조절기술이 부족하여, 참을성을 가지고 객관적인 방식으로 어린이의 음식 거부에 반응하기 어렵다. 영양실조나 만성질환을 앓고 있는 아이들의 부모들은 아이들의 건강을 지나치게 염려하여, 아이들의 배고픔 동기를 개발하기 위해 먹는 것을 제한하는 것을 어려워한다. 이런 부모들은 자신들의 염려에 대해, 상담을 통해 도움을 얻을 수 있다(Bryant-Waugh & Watkins, 2015; Gueron-Sela et al., 2011).

효과성

급식장애에 대한 행동치료를 지지하는 대부분의 자료는 단일-피험자 연구를 통해 나왔다. 전반적으로 이러한 연구는 행동 치료, 특히 유관성 관리를 강력하게 지지한다(Sharp, Jaquess, Morton, & Herzinger, 2010). 치료에 대한 전반적 효과 크기(effect size, ES)는 매우 크다(ES=2.46). 도피 소거는 치료에 필수적인 요소로 여겨진다: 도피 소거가 없는 경우, 아이들은 유의미한 향상을 거의 보이지 않는다. 도피 소거에 정적 강화와 타임 아웃이 추가될 때, 그 이득은 더욱 커진다. 부모 훈련과 지원 역시 집에서 아이들의 급식 행동을 일반화하는 데 중요한 역할을 한다(Groher & Crary, 2015).

15.2 아동 후기와 청소년의 섭식장애

어떤 섭식장애가 어린이와 청소년에게 영향을 미칠 수 있는가?

신경성 식욕부진증

신경성 식욕부진증(anorexia nervosa, AN)을 갖는 개인은 세 가지 핵심적 특징을 가지고 있다(표 15.3). 첫째, AN을 가진 사람은 정상 체중을 유지하지 못한다. 특히, 체중은 나이, 성별,

표 15.3 ▪ 신경성 식욕부진증의 진단기준

A. 필요한 양에 비해 지나친 음식물 섭취 제한으로 연령, 성별, 발달 과정 및 신체적인 건강 수준에 비해 현저하게 저체중을 유발하게 된다. 현저한 저체중은 최소한의 정상 수준보다 체중이 덜 나가는 것으로 정의되며, 아동과 청소년의 경우, 해당 발달 단계에서 기대되는 최소한의 체중보다 체중이 적게 나가는 것을 의미한다.

B. 체중이 증가하거나 비만이 되는 것에 대한 극심한 두려움, 혹은 체중 증가를 막기 위한 지속적인 행동, 이러한 행동은 지나친 저체중일 때도 이어진다.

C. 기대되는 개인의 체중이나 체형을 경험하는 방식에 장해, 자기평가에서의 체중과 체형에 대한 지나친 압박, 혹은 현재의 저체중에 대한 심각성 인식의 지속적 결여가 있다.

현재 상태를 명시할 것 :
제한형 : 지난 3개월 동안, 폭식 혹은 제거행동(즉, 스스로 구토를 유도하거나 하제, 이뇨제, 관장제를 오용하는 것)이 반복적으로 나타나지 않는다. 해당 아형은 저체중이 주로 체중 관리, 금식 및 과도한 운동을 통해 유발된 경우를 말한다.
폭식/제거형 : 지난 3개월 동안, 폭식 혹은 제거 행동(즉, 스스로 구토를 유도하거나 하제, 이뇨제, 관장제를 오용하는 것)이 반복적으로 나타난다.

현재의 심각도를 명시할 것 :
성인의 경우, 심각도의 최저 수준은 현재의 체질량 지수(body mass index, BMI)를 기준으로 한다. 아동/청소년의 경우, BMI 백분위 점수를 기준으로 한다. 아래의 범위는 세계보건기구(WHO)에서 제공하는 성인의 마른 정도의 범주에 따른다. 아동/청소년의 경우 BMI 백분위 점수에 해당하는 기준을 사용한다. 심각도의 수준은 임상 증상, 기능적 장애 정도, 그리고 관리의 필요성을 반영하여 증가될 수도 있다.

경도 : BMI ≥ 17 kg/m^2
중등도 : BMI 16 – 16.99 kg/m^2
고도 : BMI 15 – 15.99 kg/m^2
극도 : BMI < 15 kg/m^2

주 : American Psychiatric Association 로부터 DSM-5 진단기준 사용에 대한 허락을 받음

전반적인 신체 건강을 고려할 때 기대되는 것보다 현저히 낮다(American Psychiatric Association, 2013).

개인이 '심각하게 낮은 체중'인지 아닌지를 결정하는 것은 세심한 측정과 임상적 판단을 필요로 한다. DSM-5는 체중을 키의 제곱으로 나눈(예 : kg/m^2) 성인의 체질량 지수(body mass index, BMI)를 임상의가 잘 계산하도록 권유한다. 그런 다음 성인의 BMI를 규준 자료와 비교하여 같은 나이와 성별의 다른 사람들보다 현저히 저체중인지 여부를 결정할 수 있다. DSM-5에 따르면 BMI 17점 미만은 현저하게 낮은 저체중을 의미한다. 예를 들어, 160cm인 18세 여성의 BMI 17점은 몸무게 43.5kg에 해당된다(World Health Organization, 2016).

어린이와 청소년의 경우 DSM-5는 임상의가 아동의 BMI를 계산하고, 그 점수를 규준 자료와 비교할 것을 권고한다. 같은 나이와 성별의 아동과 비교할 때 하위 5% 백분위 점수에 해당되면, 현저하게 낮은 저체중에 해당된다. 예를 들어, 157cm인 14세 소녀의 체중이 39.5kg일 때, 하위 5% 백분위 점수에 해당된다(World Health Organization, 2016).

또한 임상의는 AN으로 인한 저체중인지 판단하기 위해서, 개인의 발달 상태와 병력을 염두에 두어야 한다. 예를 들어,

하위 5% 백분위 점수를 살짝 넘지만, 식이와 마름에 대해 지나치게 집착하는 경우 임상의는 AN으로 진단해야 한다. 반대로 저체중이지만 의학적 질병에서 회복하고 있다면, AN으로 진단내려서는 안 된다.

둘째, AN을 가진 개인은 자신의 체형과 체중에 대해 과도한 걱정을 나타낸다. AN 청소년들의 대부분은 살이 찌는 것이 두렵다고 이야기한다. 그러나 정확히 말한다면 그들은 어떤 식으로든 몸무게가 느는 것에 대한 극심한 공포를 가진다고 할 수 있다. 이러한 청소년들의 자존감은 체중을 통제하는 능력, 매력적으로 보이기, 다른 사람의 인정과 승인을 얻는 것과 밀접한 관련이 있다. 체중을 통제하지 못하는 것은 나약함의 증거이며 자존감에 대한 위험으로 여겨진다. AN을 가진 청소년들은 500g 정도 살이 찌면 자신이 비만, 또래의 거부, 무가치의 길로 들어섰다고 생각한다.

셋째, AN을 가진 사람들은 보통 낮은 체중의 심각성을 부인한다. AN을 가진 사람들은 자아동질적(ego-syntonic)인 경향이 있다. 즉, AN을 가진 사람들은 자신의 식사에 문제가 있다고 생각하지 않는다(Roncero, Belloch, Perpiná, & Treasure, 2013). 대신에 AN을 가진 대부분의 청소년들은 식사를 제한

하거나 체중 증가를 피할 수 있는 능력에 자부심을 느낀다. 그들은 종종 심각한 영양부족임에도 불구하고 먹고 싶은 유혹에 저항하는 것에 기쁨을 얻는다. 먹고 싶은 유혹에 저항하는 것은 통제의 표시로 여겨지며 식사 조절은 개인적인 성취로 간주된다. 부모나 친구 같은 다른 사람들이 의지력이나 날씬한 몸매에 대해 언급할 때 심각한 식단 조절은 이중으로 강화된다. 그들의 자존감은 체중 증가를 피하는 능력에 달려 있기 때문에 그들은 치료에 저항한다. 먹고 살찌우는 것과 관련된 치료는 통제력의 상실과 자존감의 감소를 나타낸다. AN을 가진 소녀, 줄리에 대해 생각해보자.

DSM-5는 임상의가 BMI를 기반으로 장애의 심각성을 명시해야 한다고 본다. 심각한 체중 손실을 나타내는 낮은 BMI 점수는 즉각적 개입의 필요성을 전달한다(American Psychiatric Association, 2013).

신경성 폭식증

신경성 폭식증(bulimia nervosa, BN)의 본질적인 특징은 반복적인 폭식이다(표 15.4). 폭식은 (1) 비정상적으로 많은 양의 음식을 일정 기간(예 : 2시간 이내)에 소비하고, (2) 먹는 동안 통제 불능이라고 느낄 때 발생한다. 폭식 삽화 동안 BN을 가진 사람들은 하루의 절반에서 종일에 해당하는 칼로리인 1,000~2,000칼로리를 소비한다. BN을 가진 대부분의 사람들은 빵, 케이크, 파스타, 후식 같은 설탕과 지방이 많은 음식을 선호한다(Stice, Marti, & Rohde, 2013).

정의에 따르면, BN을 가진 사람들은 체중 증가를 막기 위해 부적절한 보상 행동을 한다. BN을 가진 대부분의 사람들은 제거 행동을 한다. 즉 칼로리 흡수를 피하기 위해 구토를 유도하거나 하제, 이뇨제 또는 관장제를 사용한다. BN을 가진 일부 사람들은 제거 행동을 하지 않는다. 대신 주로 과도

신경성 식욕부진증

아주 평범한

17살 소녀 줄리는 영양실조와 탈수로 인해 병원에 의뢰되었다. 줄리의 키는 165cm였지만, 몸무게는 40kg이 되지 않았다. 그녀의 피부는 건조하고 노란 빛을 띠었으며, 유행하는 옷을 입고 있었으나 헐렁하게 몸통에 걸려 있는 인상이었다. 마티아스 박사는 줄리와 그녀의 어머니를 진료실로 안내했다.

"학교에서 체육수업을 마치고 줄리가 기절해서 병원에 데려갔어요." 엄마가 설명했다. 줄리가 엄마의 말을 막았다. "아무것도 아니었어. 그냥 현기증이 났어." 그녀의 어머니는 울먹이며 끼어들었다. "나는 얘가 너무 걱정돼요. 얘는 내 말을 듣지 않아요. 얘는 항상 짜증나 있죠."

"줄리, 오늘 아침과 점심으로 뭘 먹었니?" 마티아스 박사가 물었다. 줄리가 말했다. "아침으로 완숙란과… 점심은 요거트를 조금 먹은 것 같아요."

마티아스 박사는 줄리의 야윈 몸을 알아차렸다. 그녀의 갈비뼈와 골반뼈가 뚜렷하게 보였다. 그녀의 머리카락은 건조하고 쉽게 부서졌다. 얼굴과 팔에는 추위로부터 그녀를 보호할 부드러운 솜털이 나 있었다. 마티아스 박사는 줄리의 심장 소리를 들은 후, "규칙적으로 생리를 하니?" 라고 물었고, 줄리. "네… 전에는 그랬는데 지금은 아니에요"라고 답하였다.

"줄리, 네가 저체중이라는 것은 알고 있니?" 마티아스 박사가 물었다. "제가 텔레비전이나 영화에 나왔다면, 저는 아주 평범할 거예요. 제가 고등학교에 다니고 있기 때문에 모두들 제가 너무 말랐다고 생각하

©iStockphoto.com/PhotoEuphoria

는 거예요." 줄리가 단호하게 말했다.

마티아스 박사는 줄리에게 펜을 건넸다. 진찰대를 가리키며 "저 위에 앉아 있는 걸 상상해 보자. 내 펜으로 진찰대 위에 너의 허벅지 너비를 표시해 보렴." 줄리는 한숨을 쉬며 펜을 잡고 진찰대 위에 펼쳐진 종이에 2개의 자국을 표시하였다. 그 거리는 거의 120cm에 달하였다.

표 15.4 ■ 신경성 폭식증의 진단기준

A. 반복되는 폭식 삽화. 폭식 삽화의 특징은 다음 두 가지다
  1. 일정 시간 동안(예 : 2시간 이내) 대부분의 사람이 유사한 상황에서 동일한 시간 동안 먹는 것보다 분명하게 많은 양의 음식을 먹음
  2. 삽화 중에 먹는 것에 대한 조절 능력의 상실감을 느낌(예 : 먹는 것을 멈출 수 없거나, 무엇을 혹은 얼마나 많이 먹어야 할 것인지를 조절할 수 없는 느낌)

B. 체중이 증가하는 것을 막기 위한 반복적이고 부적절한 보상 행동, 예를 들면 스스로 유도한 구토, 이뇨제, 관장약, 다른 치료약물의 남용, 금식 혹은 과도한 운동 등이 나타난다.

C. 폭식과 부적절한 보상 행동이 둘 다, 평균적으로 적어도 3개월 동안 일주일에 1회 이상 일어난다.

D. 체형과 체중이 자기평가에 과도하게 영향을 미친다.

E. 이 장애가 신경성 식욕부진증의 삽화 기간 동안에만 발생하지 않는다.

현재의 심각도를 명시할 것 :
심각도의 최저 수준은 부적절한 보상 행동의 빈도를 기반으로 하고 있다. 심각도 수준은 다른 증상 및 기능적 장애의 정도를 반영하여 증가할 수 있다.
  경도 : 평균적으로 일주일에 1~3회의 부적절한 보상 행동 삽화가 있다.
  중증도 : 평균적으로 일주일에 4~7회의 부적절한 보상 행동 삽화가 있다.
  고도 : 평균적으로 일주일에 8~13회의 부적절한 보상 행동 삽화가 있다.
  극도 : 평균적으로 일주일에 14회 이상의 부적절한 보상 행동 삽화가 있다

출처 : *Diagnostic and Statistical Manual of Mental Disorders*, Fifth Edition (2013), 미국정신의학협회 판권 소유. 재인쇄 허가받음.

한 금식이나 운동을 통해 체중 증가를 피한다. 예를 들어, 밤중에 1,200칼로리를 먹은 청소년들은 다음날 금식을 하거나 6킬로미터를 더 달리는 것으로 '보상하기'를 선택한다. BN을 가진 사람들은 폭식하고 체중 조절을 위한 보상적인 방법을 매주 적어도 두 번은 사용한다. 극단적인 일부 개인의 경우 매일 여러 번 폭식과 보상적인 행동을 보인다.

AN을 가진 사람들처럼, BN을 가진 사람들도 몸매와 체중에 지나친 집착을 가지고 있다. 실제로 BN을 가진 개인의 자아존중감과 기분은 외모에 대한 인식과 밀접하게 연관되어 있다. AN과는 달리 BN은 대개 자아이질적(ego-dystonic) 장애이다(Roncero et al., 2013). BN을 가진 사람들은 자신의 먹는 행동을 문제라고 인식한다. 그래서 BN을 가진 사람들은 폭식이 죄책감과 수치심을 불러 일으키기 때문에 남몰래 폭식을 한다. 청소년들은 몇 달 혹은 몇 년간 폭식과 제거행동을 가족에게 숨기기 위해 상당한 노력을 기울인다. BN을 가진 청소년들은 사랑하는 사람들로부터 식습관을 더 이상 숨길 수 없게 된 후에야 장애를 위한 치료를 받는다(Stice et al., 2013).

BN 진단에 있어 어려움은 '폭식'을 무엇으로 정의하느냐이다. 폭식은 일반적으로 대부분의 사람들이 비슷한 기간과 상황에서 먹는 음식보다 확실히 많은 양의 음식으로 정의된다. 하지만 많은 양을 개념화하는 것은 사람마다 다를 수 있다. 이런 정의와 관련된 문제는 BN을 가진 많은 사람들이 폭식을 할 때 그렇게 많은 양의 음식을 먹지 않는다는 것이다. 한 연구에서 BN 환자의 3분의 1이 폭식할 때 600칼로리 미만의 음식을 먹었는데, 이는 하루 식사량의 3분의 1에 해당한다. 대부분의 전문가들은 폭식 삽화 동안 정확히 얼마나 많이 먹는지보다는 식사에 대한 통제 불능이라는 주관적 느낌이 BN 진단에 더 중요하다고 믿는다. 따라서 일부 전문가들은 상대적으로 적은 칼로리의 음식들을 먹더라도, 먹는 동안 통제 불능의 느낌을 묘사하기 위해 **주관적 폭식**이라는 단어를 사용한다(Watson, Fursland, Bulik, & Nathan, 2013).

폭식장애

폭식장애(binge-eating disorder, BED)는 체중 증가를 피하기 위한 부적절한 보상행동이 없는 반복적인 폭식 삽화가 특징이나(표 15.5). 폭식을 하는 동안, BED를 가진 사람들은 통제 불능이라고 느끼면서 먹는 것을 멈추는 것이 매우 어렵다는 것을 알게 된다. 예를 들어, BED를 가진 소년은 큰 프레첼 한 봉지, 감자칩 한 통 전체, 한 손 가득 담은 몇 번의 크래커, 아이스크림 한 그릇을 30분 동안에 먹어치울 수 있다(American Psychiatric Association, 2013).

종종 BED를 가진 사람들은 폭식을 할 때 주관적으로 배고

표 15.5 ■ **폭식장애 진단 기준**

A. 반복되는 폭식 삽화. 폭식 삽화의 특징은 다음 두 가지다.
 1. 일정 시간 동안(예 : 2시간 이내) 대부분의 사람이 유사한 상황에서 동일한 시간 동안 먹는 것보다 분명하게 많은 양의 음식을 먹음
 2. 삽화 중에 먹는 것에 대한 조절 능력의 상실감을 느낌(예 : 먹는 것을 멈출 수 없거나, 무엇을 혹은 얼마나 많이 먹어야 할 것인지를 조절할 수 없는 느낌)

B. 폭식 삽화는 다음 중 세 가지(혹은 그 이상)와 연관된다.
 1. 평소보다 많은 양을 급하게 먹음
 2. 불편하게 배가 부를 때까지 먹음
 3. 얼마나 많이 먹는지에 대한 부끄러운 느낌 때문에 혼자서 먹음
 4. 폭식 후 스스로에 대한 역겨운 느낌, 우울감 혹은 강한 죄책감을 느낌

C. 폭식으로 인해 현저한 고통이 있다.

D. 폭식은 평균적으로 최소 3개월 동안 일주일에 1회 이상 발생한다.

E. 폭식은 신경성 폭식증에서 관찰되는 것과 같은 부적절한 보상 행동과 연관되어 있지 않으며 신경성 폭식증 혹은 신경성 식욕부진증의 기간 동안에만 발생하지 않는다.

현재의 심각도를 명시할 것 :
심각도의 최저 수준은 폭식 행동의 빈도를 기반으로 하고 있다. 심각도 수준은 다른 증상 및 기능적 장애의 정도를 반영하여 증가될 수 있다.
 경도 : 평균적으로 일주일에 1~3회의 부적절한 폭식 행동 삽화가 있다.
 중등도 : 평균적으로 일주일에 4~7회의 부적절한 폭식 행동 삽화가 있다.
 고도 : 평균적으로 일주일에 8~13회의 부적절한 폭식 행동 삽화가 있다.
 극도 : 평균적으로 일주일에 14회 이상의 부적절한 폭식 행동 삽화가 있다.

출처 : *Diagnostic and Statistical Manual of Mental Disorders*, Fifth Edition (2013), 미국정신의학협회 판권 소유. 재인쇄 허가받음.

프지는 않다. 예를 들면, BED를 가진 소녀는 저녁을 먹고 한 시간 후에 숙제를 하면서 침실에서 폭식을 할 수 있다. BED를 가진 사람들은 종종 불쾌하게 배가 부를 때까지 먹는다. 그런 다음 그들은 그렇게 많은 칼로리를 먹어치우고 통제력이 부족하다는 것에 대해 역겨워하고, 부끄러워하며, 죄책감을 느끼기도 한다.

BED를 가진 대부분의 사람들은 자신의 식습관을 부끄러워한다. 따라서 그들은 대개 혼자서 폭식을 한다. BED를 가진 어린이나 청소년이 이 장애를 몇 달 동안 숨기는 경우도 흔하다. BED를 가진 소년 마테오에 대해 생각해 보자.

BED로 진단을 받기 위해서는 적어도 3개월 동안 일주일에 한 번은 폭식이 나타나야 한다. 빈도 및 지속 시간 기준은 BN과 동일하다. 그러나 BN을 가진 사람들과는 달리, BED를 가진 사람들은 체중 증가를 피하기 위한 보상 행동을 하지 않는다. 보상 행동 때문에 BN을 가진 대부분의 사람들은 평균 체중이거나 살짝 평균 이상이다. 그러나 BED를 가진 대부분의 사람들은 과체중이거나 비만이다(American Psychiatric Association, 2013).

섭식장애 변별하기

신경성 식욕부진증 대 신경성 폭식증

많은 사람들은 AN은 과도한 다이어트에 의해, BN은 폭식과 제거 행동에 의해 정의된다고 생각한다. 그러나 어떤 장애도 이런 식으로 정의되지 않는다. AN을 가진 개인은 현재 발현되는 증상에 따라 두 가지 하위 유형으로 분류된다. AN-제한형을 가진 사람들은 칼로리 제한, 즉 극심한 다이어트 또는 금식을 통해 저체중을 유지한다. 대조적으로, AN 폭식/제거형을 가진 사람들은 주로 폭식 및 제거를 통해 저체중을 유지한다(American Psychiatric Association, 2013).

비슷하게, BN을 가진 사람들은 제거형이나 비제거형 행동을 보일 수 있다. BN을 가진 대부분의 사람들은 제거 행동을 한다. 그들은 체중 증가를 피하기 위해 정기적으로 구토를 유도하거나 하제, 이뇨제 또는 관장제를 사용한다. 그러나 BN을 가진 사람들 중 일부는 체중 증가를 피하기 위해 과도한 금식이나 운동과 같은 보상 행동을 한다.

AN과 BN의 차이점은 금식이나 제거 행동을 하느냐 하지 않느냐에 달려 있지 않다. 사실, AN을 가진 일부 사람들은 폭

사례연구
폭식 장애

개미!

마테오는 특이한 식습관 때문에 어머니에 의해 우리 병원 외래 진료소에 의뢰된 10살 소년이었다. 키가 작고 과체중인 소년 마테오는 약속 시간에 심리학자 사무실에 들어가기를 거부했고, 대신 대기실에 남아 있는 것을 선호했다.

그의 어머니는 "저는 항상 깔끔한 집을 유지하려고 노력했고 마테오에게도 방을 깨끗하게 유지하라고 했어요. 그런데 집에 개미가 있다는 것을 발견했어요. 집에 개미가 있던 적이 없어서 이상하다고 생각했어요. 그 개미들을 따라 가 보니 마테오의 방이었고, 그의 침대 밑에는 쿠키, 비스킷, 캔디바의 포장지와 치즈볼, 그리고 과자 부스러기들을 발견했답니다. 심지어 몇 달 전의 핼러윈 사탕 포장지도 발견했어요! 저는 마테오에게 그것에 대해 물었지만, 마테오는 남동생이 그랬다고 했어요"라고 설명했다.

결국 심리학자는 마테오를 설득하여 그녀의 사무실로 들어오게 한 후, 마테오와의 면담을 시작하였다. "나는 네가 왜 여기에 왔는지 안다고 생각해"라고 그녀가 말했다. 마테오가 대답했다. "네, 침대 문제 때문이에요. 엄마는 모든 것에 대해 화를 내요".

심리학자가 이야기하였다. "엄마가 네가 먹는 다른 종류의 음식에 대해 말해 주었어. 언제 그 음식들을 먹는지 말해 줄래?" 마테오가 대답했다. "학교에서 집에 오면 먹어요. 배가 고파서, 저녁 전에 먹을 수 있는 간식이 좀 필요해요."

"일리가 있어"라고 심리학자가 덧붙였다. "다른 시간에도 먹니?" 마테오가 대답했다. "저녁 식사 후에 방에서 TV를 보거나 비디오 게임을 할 때도 먹어요. 가끔은 그냥 심심할 때 먹어요. 가끔은 학교나 다른 일들을 잊어버리고 싶을 때가 있어요. 계속 먹고 또 먹어서, 먹는 것을 멈출 수가 없을 것 같아요. 제 자신한테도 말하곤 해요, '좋아, 이제 충분해' 그런데도 계속 먹게 되요".

"그럼 그 후에 기분이 어떠니?" 심리학자가 물었다. 마테오가 말했다. "끔찍해요. 토하고 싶을 때도 있어요". 심리학자가 되물었다. "그렇게 하니?" 마테오가 대답했다. "아니오. 그건 역겨워요".

식과 제거 행동을 하지만, BN을 가진 일부 사람들은 거의 제거 행동을 하지 않는다. 대신 AN과 BN은 두 가지 방법으로 변별할 수 있다. 첫째, AN을 가진 모든 사람들은 체중이 현저히 적게 나간다. 대조적으로, BN을 진단할 때는 저체중이 요구되지 않는다. 실제로 BN을 가진 대부분의 사람들은 정상 범위 내의 체중을 가지고 있으며, BN을 가진 몇몇 사람들만 과체중을 나타낸다. 둘째, BN을 가진 모든 사람들이 반복되는 폭식 행동을 보여주지만, AN을 가진 모든 사람들이 폭식을 하는 것은 아니다(American Psychiatric Association, 2013).

폭식장애 대 신경성 식욕부진증과 신경성 폭식증

AN은 저체중에 의해 BED와 변별할 수 있다. 정의에 따르면, AN을 가진 개인은 매우 낮은 체중을 가지고 있으나, BED를 가진 개인은 보통 과체중이거나 비만이다. BN을 가진 사람들이 체중 증가를 피하기 위해 제거행동이나 다른 보상 전략을 사용하는 점에서 BN과 BED는 변별할 수 있다. 대조적으로, BED를 가진 사람들은 폭식 후에 제거행동, 단식 또는 지나친 운동을 하지 않는다. BN을 가진 사람들은 음식과 다이어트에 대해 생각하면서 많은 시간을 보내는 경향이 있다. 대조적으로, BED를 가진 사람들은 보통 음식에 대한 강박 관념을 보이지 않으며 심지어 음식을 부정적으로 보기도 한다(Wilson & Sysko, 2009).

BED와 BN은 별개의 장애이지만, 어떤 사람들은 시간에 따라 한 장애에서 다른 장애로 전환되기도 한다(Bryant-Waugh & Watkins, 2015). BED를 가진 개인이 제거행동이나 다른 보상 행동을 시작하는 것이 가장 일반적이다. 예를 들어, 피치터와 크바트플리크(Fichter & Quadflieg, 2007)는 2년간 BED를 가진 60명을 연구하였다. 환자 중 누구도 AN으로 발전하지 않았지만, 많은 환자들이 나중에 BN의 기준을 충족시켰다. BN에서 BED로의 전환은 덜 흔하다. BED를 가진 여성의 10%만이 BN의 병력을 보고하였다(Hilbert et al., 2014).

섭식장애와 관련된 조건은 무엇인가?

신체건강문제

신경성 식욕부진증/폭식증

섭식장애는 심각한 건강 문제를 일으킬 수 있다(Smolak, Striegel-Moore, & Levine, 2013). 섭식장애와 관련된 빈번하고 심각한 건강상 합병증은 전해질 불균형(electrolyte imbalance)이다. 전해질은 칼슘, 나트륨, 칼륨을 함유하고 있는 몸에서 발견되는 무기질이다. 이 무기질은 몸 전체에 적절한 체액 수준을 유지하도록 도와주며, 또한 중요한 신진대사 기능을 조절하기도 한다. 신체가 과도한 양의 체액(구토, 이뇨제 또는 하제의 과도한 사용)을 잃게 되면 전해질 불균형을 초래할 수 있다.

전해질 불균형은 심장 부정맥(불규칙한 심박수)과 사망을 불러일으킬 수 있다. 낮은 칼륨 수치로 인한 저칼륨혈증(hypokalemia)은 생명에 치명적일 수 있다. AN을 가진 사람들은 치료 차원에서 체중 증가를 시도할 때, 특히 심장 부정맥에 취약하다. 실제로 의사들은 치료 첫 7~10일 동안 AN 환자들이 보여주는 심장 및 기타 건강 관련 문제를 설명하기 위해 재급식 증후군(refeeding syndrome)이라는 용어를 사용한다. 부정맥의 위험 때문에, 재급식은 천천히 그리고 의학적 감독하에 진행되어야 한다.

AN과 관련된 또 다른 심각한 의학적 합병증은 골감소증(osteopenia), 즉 뼈 질량 감소이다. 건강한 소녀들은 아동기와 초기 청소년기에 골밀도가 증가한다. 소녀들의 골밀도의 60% 정도가 초기청소년기에 형성된다. 그러나 AN은 골밀도의 증가를 방해한다. 영양 부족, 무월경으로 인한 에스트로겐 수치 감소, 과도한 운동의 조합은 골밀도를 현저하게 낮출 수 있다. 골밀도 손실은 척추와 엉덩이에서 가장 두드러진다. AN을 가진 청소년과 초기 성인의 약 90%가 골다공증과 고관절부 골절을 야기하는 골감소증을 보인다. 뼈의 손실은 되돌릴 수 없을 수도 있다.

AN과 관련된 다른 의학적 합병증은 일시적인 것일 수 있다. AN은 호르몬과 내분비 기능의 문제를 일으켜, 식욕, 신체

성장, 심박수, 체온 조절을 방해할 수 있다. 체지방 부족은 때로는 몸통, 팔다리 및 얼굴의 솜털이 자라도록 만든다. 이 부드러운 솜털은 체온을 유지하는 데 도움이 된다. 머리카락은 부서지기 쉽고 피부는 노란빛을 띨 수 있다. AN과 관련된 영양실조는 집중력, 기억력, 문제 해결 능력에도 문제를 일으킬 수 있다.

BN과 관련된 의학적 합병증은 주로 폭식과 제거 행동에서 기인한다. 앞서 언급했듯이, 저칼륨혈증은 BN과 관련된 가장 심각한 의료적 위험 요인이다. 빈번한 구토는 침샘의 확대, 치아 법랑질의 부식, 식도 손상 등을 일으킬 수 있다. 손가락을 이용해 구토를 유도하는 사람들은 두 번째 또는 세 번째 손가락 마디 피부의 일시적인 흉터가 나타난다(이미지 15.2). 하제를 자주 사용하면 위장 질환, 특히 변비의 원인이 될 수 있다(Sarafino & Smith, 2014).

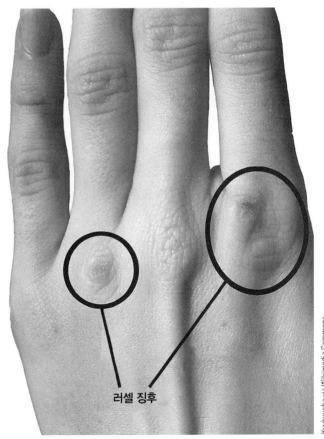

러셀 징후

이미지 15.2 AN이나 BN을 가진 일부 사람들은 반복되는 자기-유도 구토로 인해 손가락 마디에 굳은살[러셀 징후(Russell's signs)]이 생긴다. 굳은살은 손가락 마디가 앞니와 반복적으로 접촉될 때 발생한다.

폭식장애

BED가 없는 사람의 15.8%가 비만일 때, BED를 가진 사람의 41.7%가 비만이다. 비만은 광범위한 건강 관련 문제를 야기한다. 이러한 문제는 당뇨병, 고혈압, 높은 콜레스테롤, 심장질환, 만성 통증 등을 포함한다(Kessler et al., 2013).

BED는 또한 비만 치료를 방해한다(Wonderlich, Gordon, Mitchell, Crosby, & Engel, 2009). 체중 감량 프로그램에 참여하는 BED를 가진 개인은 BED가 없는 개인보다 더 적은 감량을 보이고, 중간에 낙오될 가능성이 더 높다. 게다가 위절제술을 받은 성인 중 BED가 있는 성인은 그렇지 않은 성인에 비해 수술 후 체중이 회복될 가능성이 높다. 체중 감량과 관련된 어려움은 빈번한 폭식에 기인한다.

BED를 가진 대부분의 아동들은 과체중이거나 비만이기 때문에, 또래들에게 놀림받거나 배척당할 위험이 있다. 그들은 종종 사회적 상황을 회피하고, 낮은 자존감과 자신감을 보고한다. 불행하게도, 이러한 부정적인 감정은 우울과 불안의 원인이 되고 미래의 폭식 삽화를 이끌어 낼 수 있다.

실제로 BED를 가진 아동과 청소년은 불안과 우울 및 기타 내재화 장애의 위험에 취약하다(Bryant-Waugh & Watkins, 2015). 연구자들은 체중 감량 치료를 받는 비만 청소년의 폭식 유병률을 조사했는데, 약 30% 정도가 BED 진단기준을 충족하였다. 게다가 BED를 가진 비만 청소년은 BED가 없는 비만 청소년보다 식사, 체형, 체중에 대한 우려가 더 높았다. 또한 BED를 가진 청소년은 비만이지만 폭식하지 않은 청소년보다 우울과 불안과 관련한 더 많은 문제를 나타냈다(그림 15.2).

정신건강 문제

섭식장애를 가진 청소년의 대략 80% 정도가 진단기준을 충족하는 하나 이상의 다른 정신건강 문제를 가진다. 가장 흔한 동반 질환은 우울, 불안, 물질 사용 문제이다(Herpertz-Dahlmann, 2015).

우울과 자살

섭식장애를 가진 청소년의 가장 흔한 동반 정신질환은 주요 우울장애이다. 섭식장애인의 우울증 평생 유병률은 50~60% 정도이다. 섭식장애 청소년의 우울증 유병률은 일반 청소년

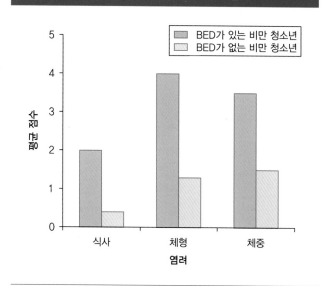

그림 15.2 ■ BED를 가진 청소년의 신체 염려

주 : 체중감량 치료를 받으려는 비만 청소년들은 식사 행동, 체형, 체중에 대해 걱정한다. BED를 가진 비만 청소년들은 BED가 없는 비만 청소년들보다 더 많은 우려를 보고한다. 출처 : Glasofer et al. (2007).

집단보다 훨씬 높다. 그러나 섭식장애가 있는 청소년의 우울증 유병률은 섭식 문제가 없이 센터에 의뢰된 아동의 우울증 비율과 유사하다(Hughes et al., 2013).

AN과 BN의 경우, 우울증은 일반적으로 섭식장애가 시작된 후에 나타나며 종종 섭식 문제가 치료된 후에도 지속된다. 한 연구에 따르면, AN으로 고통받던 사람의 약 70%가 우울증을 경험했다(Halmi et al., 1991). 따라서 우울증은 이러한 조건의 주요 원인이 아니라, AN과 BN의 결과이다.

BED를 가진 성인 역시 일반적으로 폭식 후 우울증과 기타 정서적 문제를 경험한다. 그러나 BED를 가진 어린이와 청소년은 폭식 전에 우울증을 경험하는 경향이 있다. BED를 가진 아이들은 비만인 경향이 있고 종종 체중이나 체형 때문에 또래들에게 소외되고 놀림을 당한다. 또한 이들은 BED가 없는 아이들에 비해 부모가 정신건강 문제, 낮은 자존감, 우울증을 가지는 경향이 높다. 이러한 아이들은 외로움과 다른 부정적인 기분에 대처하기 위해 음식을 사용한다(Faulconbridge et al., 2013; Kessler et al., 2013).

섭식장애가 있는 개인도 자살 행동의 위험이 높아진다(그림 15.3). 섭식장애를 가진 청소년의 약 40%는 자살 사고를 보고하고, 10%는 자살 계획을, 15%는 적어도 한 번은 자살을 시도했다고 인정한다. 자살 계획보다 자살 시도를 더 많이

그림 15.3 ■ 섭식장애 청소년의 자살 행동

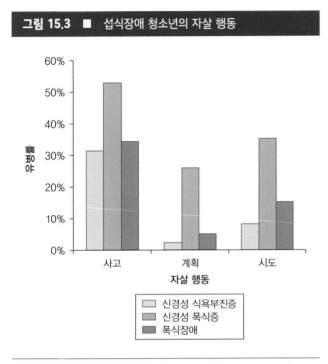

주 : 자살 시도는 신경성 폭식증에서 가장 높다. 이런 청소년들은 종종 감정 조절과 충동성에 문제가 있다. 출처 : Swanson et al. (2011).

보고하는 청소년들은 충동적인 자해 행위를 하고 있음을 의미한다. 실제로 BN 아동들에서 충동성 및 정서적 조절 결함과 관련된 자해는 상당히 흔하다(Swanson, Crow, Le Grange, Swendsen, & Merikangas, 2011).

불안장애

사회불안장애는 섭식장애를 가진 여성의 30~50%에게 영향을 미친다. 사회불안장애는 일반적으로 AN과 BN보다 먼저 나타나고 치료 후에도 지속된다. 섭식장애가 있는 많은 여자 청소년들과 여성들은 다른 사람들의 비판에 매우 민감하고 부정적으로 평가받을 수 있는 상황을 회피했던 과거력을 가지고 있다. 이러한 개인들은 또래의 인정을 상당히 필요로 한다. 일부 사람들은 타인의 승인을 충족하고, 사회적 지위를 향상시키는 신체적 모습을 가정하여 식단의 제한/제거 행동을 보인다. 시간이 지남에 따라 이러한 행동들은 AN이나 BN으로 이어질 수 있다(Levinson et al., 2013).

섭식장애가 있는 사람의 약 30~40%는 강박장애를 나타낸다. 대부분의 연구는 완벽주의와 강박 증상이 종종 섭식 문제보다 선행되었음을 보여준다. 섭식장애가 있는 여성들은 종종 오래 지속되어 온 경직되고 강박적인 사고를 가지고 있다. 경직된 사고 방식은 섭식 문제의 위험을 높인다(Halmi et al., 2005).

공통의 유전적 또는 환경적 요인도 섭식장애와 불안장애의 공동 발생을 부분적으로 설명할 수 있다. 킬과 동료들(Keel, Klump, Miller, McGue & Iacono, 2005)는 16~18세의 일란성(MZ) 쌍둥이 14명을 조사하였는데, 섭식장애가 일치하게 나타나지 않았다: 쌍둥이 중 한 명은 섭식장애가 있었지만 다른 쌍둥이는 그렇지 않았다. 그런 다음 연구자들은 섭식장애가 없는 쌍둥이들 사이에서 불안장애의 유병률을 조사하였는데, 불일치 쌍둥이가 일반 인구의 개인보다 불안장애를 가질 확률이 두 배 더 높았다. 이러한 결과는 어떤 공통 요인들이 섭식장애와 불안장애의 기저에 있음을 의미한다. 그러나 이러한 요인들이 유전적 요인인지, 환경적 요인인지 혹은 두 가지의 조합인지(가장 그럴 것 같지만) 알 수 없다(Levinson & Rodebaugh, 2012).

물질사용장애

물질 사용 문제는 섭식장애와 함께 자주 발생한다. AN이나 BN을 가진 청소년과 초기 성인 대부분은 니코틴, 알코올, 대마초 및 처방 진통제를 자주 사용한다. 전반적으로 섭식장애를 가진 20~25%의 개인들은 물질사용장애를 공병으로 가지고 있다(Mann et al., 2014).

물질사용장애의 유병률은 섭식장애의 하위 유형에 따라 변화된다. 특히 폭식 행동을 자주 하는 개인은 섭식장애가 있으나 폭식 행동을 하지 않는 사람에 비해 세 배 이상의 물질 사용 문제를 보인다. 전문가들은 충동성의 기저에 있는 문제가 폭식 행동과 알코올 및 기타 약물의 오용 경향을 설명할 수 있다고 생각한다. 대부분의 경우, 섭식장애를 겪는 동안 또는 그 이후에 물질사용장애가 나타난다. 결과적으로, 섭식장애를 가진 많은 사람들은 불안과 불쾌함을 줄이기 위해 알코올과 다른 약물을 사용하는 것으로 보여진다(Bulik, 2004).

성격

AN의 중심 성격 특성은 경직되고 비현실적인 절대적 행동 기준을 추구하는 성격 특성인 **완벽주의**(perfectionism)이다. 40여 년 전 힐데 브루흐(Hilde Bruch, 1973)는 AN을 가진 청소년들을 지나치게 순응적이고, 남을 기쁘게 하고 싶어 하며, 자율적 자아가 부족하다고 묘사하였다. AN을 가진 청소년에 대한 후속 연구는 일반적으로 브루흐의 개념이 사실임을 보여준다.

AN의 진단 기준을 충족시키기 전에도 이러한 청소년은 일반적으로 완벽주의적이고, 의욕이 넘치며, 목표지향적인 것으로 묘사된다. 그들은 종종 과잉성취자이며, 인기가 많고, 학문적으로 성공적이다. 그들은 외모와 다른 사람들에게 자신을 보여주는 방식에 있어 매우 신경을 쓴다. 또한 그들은 실수하거나 가족이나 또래들의 인정을 잃고 싶지 않기 때문에, 위험을 감수하기를 꺼린다(Levine, Piran, & Jasper, 2015).

둘째, AN 청소년의 성격 특성은 경직과 과잉통제이다 (Rowsell, MacDonald, & Carter, 2015). AN을 가진 청소년은 종종 행동, 감정, 생각에 있어 경직된 모습을 보여준다. 행동과 관련하여, 많은 이들은 편안함을 느끼기 위해 '자신만의 방식'을 고수한다. 그들은 상황에 대한 통제력이 잃을 경우, 화를 내기도 한다. 다른 사람들은 AN을 가진 청소년들을 '강박적'이거나 지나치게 조직화되어 있다고 묘사한다.

감정과 관련하여, AN을 가진 청소년들은 종종 신중하고, 감정을 잘 드러내지 않는다. 이들은 특히 슬픔, 좌절, 분노를 직접적으로 표현하기를 꺼리며, 이러한 감정을 숨기거나 부인하는 편이다.

인지와 관련하여, AN을 가진 청소년들은 이분법적 또는 흑백논리적 사고(dichotomous or black-or-white thinking)를 보인다. 즉 이들은 종종 자신과 타인, 그리고 상황을 '좋거나' '나쁘거나'로 바라본다. 이분법적 사고는 세상을 경직되고 가혹하며 지나치게 단순하게 보이게 한다. 예를 들어, 0.5kg의 체중이 늘면, 스스로를 '가치 없는' 혹은 '완전한 실패'로 여긴다(Alberts, Thewissen, & Raes, 2012; Egan et al., 2013).

아마도 BN을 가진 청소년들의 가장 두드러진 특징은 낮은 자기평가일 것이다. AN을 가진 청소년과 달리, BN을 가진 청소년은 정서적으로 더 불안정하고 충동적인 경향이 있다. BN을 가진 청소년들은 종종 화를 잘 내거나 행동화(acting -out) 문제를 보이거나, 자해를 하거나 알코올이나 다른 약물을 오용하는 경우도 있다. BN을 가진 많은 청소년들은 만성적인 정서 조절 문제를 가지고 있다(Pisetsky, Utzinger, & Wonderlich, 2015).

가족 문제

섭식장애를 가진 소녀들은 가족 문제가 있다고 보고되고 있다. AN을 가진 청소년들은 종종 매우 경직되어 있고 과보호적인 가정에서 성장한다. AN을 가진 청소년들의 부모는 전형적으로 권위주의적 양육 방식을 취한다. 자녀의 행동에 대해서는 지나친 기대를 하지만 자녀의 필요에 대한 반응성은 낮다. 부모들은 보통 자녀들의 삶을 상당히 통제하고 있고, 자녀들이 스스로 의사결정하는 것을 허용하지 않는 편이다.

BN을 가진 청소년들 역시 높은 복종과 성취를 바라는 가정에서 성장한다. 그런데 이들 가정은 대개 혼란스럽고 스트레스로 가득하다. 이러한 청소년들은 가족 갈등이 높거나 가정폭력을 보고하기도 한다. BN을 가진 청소년들은 섭식 문제가 없는 청소년에 비해 불안정 애착의 비율이 높은 편이다.

섭식장애를 가진 소녀들의 가정에서 다이어트, 체중, 체형은 관심의 대상이다(Levine et al., 2015). AN을 가진 소녀들은 부모가 살을 빼기 위해 다이어트를 자주 했으며, 자신의 체중과 신체적 외모에 대해 정기적으로 평가하였다고 보고하였다. 많은 소녀들은 섭식장애를 가진 가까운 친척들이 있다고 보고하였다. 이와 대조적으로, BN을 가진 소녀들의 가족은 때때로 비만하거나 과체중이다. 이 여학생들은 식사시간 중 상당한 긴장감을 보고하며, 살을 빼도록 격려하는 부모나 체중, 체형, 외모 등을 놀리는 가족구성원에 대해 이야기한다.

체중과 체형에 대한 부모의 논평은 여학생의 신체적 불만, 낮은 자존감, 건강에 해로운 식습관을 예측한다(Levine et al., 2015). 한 연구에서 중학교 여학생의 23%가 적어도 한 명의 부모가 외모에 대해 놀렸다고 말했다(Keery, Boutelle, van den Berg, & Thompson, 2005). 아버지의 놀림은 신체적 불만, 식습관 제한, BN 증상과 관련이 있었으며, 어머니의 놀림은 우울증과 관련이 있었다. 어머니 자신의 체중에 대한 어머니의 논평도 딸들의 신체적 불만과 관련이 있었다. 이러한 연관성은 부모의 논평이 딸들의 외모에 대해 기분 나쁘게 느끼도록 하지는 않지만, 체형과 체중에 대한 논평이 딸의 신체에 대한 감정과 관련이 있음을 의미한다(Bauer, Bucchianeri, & Neumark-Sztainer, 2013).

어린이와 청소년의 섭식장애는 얼마나 흔한가?

유병률

청소년의 섭식장애 유병률을 두 가지 이유로 추정하기 어렵다. 첫째, 섭식장애를 가진 대부분의 사람들, 특히 청소년들은 증상을 인정하는 것을 꺼린다. 익명의 조사조차도 유병률을 과소평가할 수 있다. 둘째, 섭식장애는 비교적 드물며, 청소년의 경우 특히 더욱 그렇다. 따라서 연구자들은 정확한 추정치를 얻기 위해 많은 사람들의 자료를 수집해야 한다.

이용 가능한 최고의 자료는 국가 공병률 조사(National Comorbidity Survey Replication) 연구에서 나온다. 이러한 연구는 성인과 청소년을 대표하는 표본을 바탕으로 했다(그림 15.4). 연구결과 성인이 되기 전 AN(0.3%), BN(0.9%), BED(2.5%)의 진단기준을 충족시키는 청소년은 매우 적었다. 성인의 유병률이 약간 높게 나타나는 점은, 대부분의 섭식장애가 후기 청소년기나 초기 성인기에 발병한다는 것을 시사한다(Swanson et al., 2011).

청소년의 경우 섭식장애가 비교적 드물지만 부적응적 섭식행동은 흔하다(그림 15.5). 5세 소녀의 5분의 1, 9세 소녀의 3분의 1, 사춘기 이전 소녀의 절반이 체중에 대한 염려를 보

고한다. 여자 청소년의 80%가 체형이나 체중에 대한 불만을 보고했고, 77%가 체중 감량을 위해 다이어트를 했으며, 16%는 최소 1회 이상 제거 행동을 하였다. 여자 청소년의 약

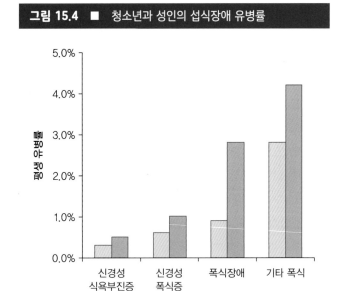

그림 15.4 ■ 청소년과 성인의 섭식장애 유병률

출처 : Ranson & Wallace (2014).

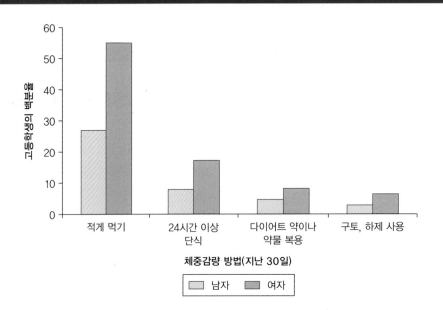

그림 15.5 ■ 지난 한달간 고등학생들이 사용한 체중 감량 방법

주 : 9~12학년 청소년 1만 4,000명을 대상으로 한 자료를 바탕으로 한다. 대부분의 청소년들은 섭식장애가 없지만 많은 청소년(특히 소녀)들이 체중 감량을 위해 위험한 방법을 사용한다. 출처 : Youth Risk Behavior Surveillance System, Centers for Disease Control and Prevention, (2016b).

14%가 진단 기준을 거의 만족하는 섭식 문제를 보여준다(von Ranson & Wallace, 2014).

성차

평균적으로, 여학생이 남학생보다 섭식장애를 일으킬 가능성이 더 높다. 국가 공병률 조사 연구의 자료에 따르면, 여학생과 남학생은 동일하게 AN 진단 기준을 충족시킨다(0.3%). 하지만 여학생(1.5%)이 남학생(0.1%)보다 역치하(subthreshold) AN 증상을 더 많이 보고한다.

마찬가지로, 여자 청소년(1.3%)은 성인기 이전에 BN으로 발전할 가능성이 남자 청소년(0.5%)보다 약 세 배 더 높다. 비슷하게, 여자 청소년(2.3%)은 남자 청소년(0.8%)보다 BED 진단 기준을 충족할 확률이 약 세 배 더 높다(Swanson et al., 2011).

AN과 BN 대신에, 일부 남자 청소년들은 체중과 체질량, 근육을 늘리려는 욕구로 인해 섭식 문제의 위험이 있다. 많은 소년들은 건강한 음식을 먹고 운동을 하는 것과 같은 적절한 방법으로 체질량과 근육을 증가시키려고 한다. 그러나 일부 소년들은 과식, 지나친 운동 또는 다이어트 보조제와 같은 위험한 방식에 의존한다.

남자 청소년의 25~50%가 체질량을 높이기 위해 다이어트 보조제(예 : 단백질 셰이크, 크레아틴, 에페드린 등)를 사용하였다고 보고한다. 3~12%는 근육을 키우기 위해 근육강화제를 사용하였다. 남자 청소년의 약 5% 정도는 매주 7회 이상 운동을 하거나 통증과 부상에도 불구하고 운동을 하고, 운동을 하지 못하는 날에는 죄책감이나 우울을 경험한다.

문화, 인종, 사회경제적 지위
문화 간 차이

수년간 전문가들은 섭식장애가 주로 높은 사회 경제적 집단인, 서구의 산업화된 국가에서만 나타난다고 믿었다. 오늘날 우리는 모든 문화와 사회경제적 계층에 섭식장애가 있다는 것을 알고 있다(von Ranson & Wallace, 2014).

AN과 BN은 국가와 문화에 걸쳐 존재하는 보편적인 현상처럼 보인다. 예를 들어, 서유럽과 북미뿐 아니라 아시아, 아프리카, 중동, 카리브해, 태평양 제도, 동유럽 등에서도 섭식장애가 확인됐다. 그러나 서구사회가 아닌 곳과 산업화 이전

국가보다 서구 사회와 산업화된 나라에서 섭식장애가 더 많이 발생한다. 예를 들어, 동유럽, 일본, 싱가포르, 남아프리카 공화국, 이스라엘에서 섭식장애의 유병률은 대개 미국의 섭식장애 유병률과 동일하다. 나이지리아와 벨리즈(카리브해 위치한 나라_역주)와 같은 서구사회가 아닌, 산업화 이전 국가에서는 유병률이 낮다(Anderson-Frye & Becker, 2004).

세계화가 산업화된 나라에서 개발도상국으로 섭식장애를 확산시켰다는 상당한 증거가 있다. 예를 들어, 섭식장애는 한 세대 전에는 남태평양의 피지 섬에 크게 알려지지 않았다. 그러나 텔레비전과 다른 대중매체에 의해 서구 문화가 소개된 이후 섭식장애의 유병률이 급격히 증가했다. 마찬가지로, 개발도상국에서 미국으로 이민 온 청소년들은 처음에는 낮은 섭식장애율을 보인다. 그러나 미국에서 수년간 살게 되면 섭식장애의 가능성이 급격히 증가한다(Anderson-Frye & Becker, 2004, Polivy, Herman, Mills, & Wheeler, 2003). BN 증상이 나타나는 미국으로 이민 온 그레이스를 생각해 보자.

서구 문화나 산업화가 섭식장애 증가에 어떻게 기여하였는지에 대한 전문가들의 의견이 분분하다. 한 가지 유명한 해석은 비서구권 및 개발도상국 문화권의 소녀와 여성이 서구 대중매체에서 묘사된 모델과 여배우의 이미지와 자신을 비교한다는 것이다. 이런 비교는 비서구권 및 개발도상국의 소녀들이 자신의 몸에 만족하지 않고 다이어트를 하고 체중을 줄이기 위해 안전하지 않은 방법을 사용하게 된다.

대안적 가설은 소녀와 여성이 서구 모델의 신체적 매력과 부, 사회적 지위 및 행복을 나타내는 지표 사이의 관계를 알아차린다는 것이다. 자신의 사회적 지위를 높이기 위해, 그들은 체중 감량을 통해 이 모델들과 여배우들을 모방하려고 시도한다. 예를 들어, 서구의 대중매체가 피지에 소개된 직후, 많은 소녀들이 살을 빼려는 욕구를 보였다. 그들은 텔레비전에 나오는 모델이나 여배우처럼 매력적이라면, 더 성공적인 삶을 살 수 있을 것이라고 믿는다(Becker, Burwell, Gilman, Herzog, & Hamburg, 2002). 다른 개발도상국의 섭식장애 위험이 높은 소녀와 여성들은 대개 신분 상승을 지향하는 가정에서 나타나는 경향이 있다. 예를 들어, 퀴라소(서인도 제도의 섬_역주)와 벨리즈에서 부와 사회적 지위를 성취하고자 하는 포부를 가지고 있거나 관광을 통해 서구 문화와 경제적 유대를 맺고 있는 소녀와 여성은 미국 여성과 비슷한 섭식장

사례연구
신경성 폭식증과 문화

보는 사람의 눈

그레이스는 14살 소녀로, 아프리카 르완다의 내전으로 인해 부모님과 함께 미국으로 이주했다. 그레이스의 가족은 다수민족인 후투족이었음에도 불구하고, 그녀의 아버지는 극단주의자인 후투족 민병대에 의해 학살당한 소수민족 투치족을 돕고 보호했다. 보복을 두려워한 가족은 해외로 도망쳤고 결국 미국에 망명 신청을 했다.

아프리카에서 그레이스는 지적이며 아름다운 소녀로 여겨졌다. 그러나 미국에서는 외모 때문에 또래들로부터 수용되기 어려웠다. 서구 기준에 따르면 그레이스는 키가 작고 과체중이었다. 그녀는 학교에서 다른 소녀들에게 놀림을 받고 반 친구들에게 따돌림을 당하는 것이 익숙하지 않았다. 고등학교에 입학한 지 6개월이 되었을 때, 그레이스는 신경성 폭식증 증상을 나타냈다. 그녀는 폭식 후 제거 행동을 매주 여러 번 하기 시작했다. 그녀의 부모는 그레이스의 부적응적인 다이어트, 폭식, 제거행동, 우울한 기분 때문에 도움을 요청했다.

©iStockphoto.com/valeriebarry

애 비율을 보였다. 신분 상승을 희망하는 남아프리카 공화국의 흑인 여성들은 백인인 남아프리카 공화국 여성들보다 섭식장애의 유병률이 더 높다. 일부 소녀와 여성에게 나타나는 AN과 BN은 사회적, 경제적 번영을 누리고자 서구 문화를 모방하는 부적응적 시도를 반영하는 것이다(Anderson-Frye & Becker, 2004).

미국 내 특성

일부 전문가들은 미국의 소수 민족이 백인 청소년보다 섭식장애를 일으킬 가능성이 적다고 제안했다. 이 전문가들은 소수 민족 청소년들이 날씬한 것에 덜 강조를 둔 하위 문화에서 자랐기 때문에 다이어트나 문제가 되는 섭식을 덜 할 것이라고 주장한다. 사실, 라틴계와 아프리카계 미국 여자 청소년들은 체중이 더 나가고, 곡선미 있는 체형에 대해 비라틴계 백인 여자 청소년들보다 더 관대한 경향이 있다. 또한 라틴계와 아프리카계 미국 소녀들은 종종 체중 증가에 대해 비라틴계 백인 여자 청소년들보다 덜 걱정한다(McKnight Risk Factor Study, 2003).

그러나 섭식장애는 미국의 모든 민족 집단에 걸쳐 존재하며, 체중과 체형에 대한 문화적 선호가 소수 민족 소녀들을 섭식장애로부터 보호하지 못할 수도 있다.

국가 공병률 조사 연구의 자료에 따르면 AN은 비라틴계 백인 여자 청소년(0.4%)에서 가장 널리 퍼져 있고 아프리카계 미국 청소년(0.1%) 사이에서 가장 흔하지 않은 것으로 나타났다. 반면에 라틴계 여자 청소년(1.6%)은 비라틴계 백인 여자 청소년(0.7%)보다 BN 진단을 받을 가능성이 높다. 마찬가지로, 라틴계 여자 청소년(2.4%)은 아프리카계 미국인(1.5%)이나 비라틴계 백인 여자 청소년(1.4%)보다 성인기 전에 BED를 나타낸다.

전반적으로 섭식장애의 유병률은 SES에 따라 달라지지 않는다. 예를 들어, 부모의 교육, 결혼 상태 또는 가계 소득에 따라 유병률이 크게 다르지 않다(Swanson et al., 2011).

신경성 식욕부진증과 폭식증의 경과

AN과 BN은 보통 청소년기 초반에 시작된다. 가장 최신 자료는 세 가지 섭식장애의 증상이 일반적으로 10~14세 사이에 나타난다고 제안한다. 소녀들이 AN으로 처음 진단되는 나이는 이원화되어 있는데, 하나는 초기 청소년기(11~14세)이며 다른 하나는 초기 성인기(18~24세)이다. 대조적으로, BN과 BED는 후기 청소년기 혹은 초기 성인기(17~25세)에 처음 진단된다. 섭식장애는 어느 나이에나 나타날 수 있지만 사춘기 이전 어린이들 사이에서는 드물며, 25세 이후에는 잘 나타나지 않는다(Swanson et al., 2011).

AN의 경과는 다양하다. AN을 가진 개인의 50% 정도가 장애에서 회복되고 30%는 개선되지만 AN이나 BN 진단기준을 계속 충족하며, 10~20%는 만성적인 AN 증상을 가진다. 만성 증상이 있는 개인은 영양실조나 자살로 사망할 위험이 가장 높다. 증상이 발생한 직후에 치료받은 AN 청소년들은 회복 가능성이 가장 높다(Smink, van Hoeken, & Hoek, 2012, 2013).

BN의 예후는 AN보다는 조금 낫다. 이전에 BN으로 진단받은 개인에 대한 대규모 연구에 따르면, 15%만이 5년 후에도 BN 진단 기준을 계속 충족시켰다. 그러나 36%의 환자들은 계속해서 역치하 섭식 문제를 보였으며, 41%는 주요 우울장애에 대한 진단 기준을 충족시켰다. BN이 AN보다 회복 가능성이 더 높지만, BN이나 AN 섭식장애 진단을 받은 대다수의 사람들은 수년 후에도 정신과적 문제를 계속 나타낸다(Smink et al., 2012, 2013).

섭식 문제가 있는 청소년의 상당수는 진단 이동(diagnostic migration)이라고 불리는 현상인, 시간이 지남에 따라 진단분류가 변화한다. 예를 들어, 개인이 처음엔 AN 진단기준을 충족하지만, 나중에는 BN으로 진단받을 수 있다. 한 대규모 연구에서 AN 환자의 36%가 나중엔 BN을 나타냈다. 또한 BN 환자의 27%가 나중엔 AN으로 발전했다(Bryant-Waugh & Watkins, 2015). 진단 이동은 특히 섭식장애가 있는 청소년에게 잘 나타나며, 대개 첫 진단 후 5년 이내에 발생한다.

폭식장애의 경과

최근 연구에 따르면 청소년은 성인과 다른 BED 양상을 보인다(Fairburn & Gowers, 2010). 마커스와 칼라치안(Marcus & Kalarchian, 2003)은 초기 발병과 후기 발병 BED를 변별하였다. 초기 발병 BED는 11~13세 사이에 나타나는 경향이 있다. 마테오처럼 초기 발병 BED를 가진 청소년은 어린 시절에 체중 문제나 비만을 가지고 있다. 이들은 일반적으로 아동 후기(평균연령 12세)에 폭식을 시작하고 몇 년 뒤(평균연령 14세)에 다이어트를 시작한다. 그들은 종종 우울, 불안, 혼란스러운 가족 관계 문제를 보인다. 이들은 성인이 되었을 때 BN 발

병의 위험이 있다.

대조적으로, 후기 발병 BED는 초기 성인기에 나타나는 경향이 있다. 후기 발병 BED가 있는 사람은 아동기보다 성인 초기에 체중 문제나 비만을 경험하는 경향이 있다(평균 연령 19세). 더구나 폭식(평균연령 28세)을 하기 전에 다이어트를 시작하는 경우가 많다. 후기 발병 BED는 BN과 덜 밀접하게 연관되어 있다.

이러한 결과는 아동과 청소년의 BED가 우울과 불안과 같은 정서적 문제와 밀접하게 관련되어 있음을 시사한다. 음식과 섭식은 이런 어린이들에게 정서 조절의 한 방법이 될 수 있다. 대조적으로, 성인의 BED는 식이 제한과 더 밀접하게 연관되어 있다. BED를 가진 성인은 다이어트를 하면서 경험하는 허기짐, 공허함, 불쾌함을 완화하기 위해 폭식을 하는 것으로 보인다(Marcus & Kalarchian, 2003).

사람들은 다른 섭식장애보다 BED에서 회복될 가능성이 더 크다. 페어번, 쿠퍼, 돌, 노먼, 오코너(Fairburn, Cooper, Doll, Norman & O'Connor, 2000)는 BED를 가진 젊은 여성의 85%가 첫 진단 후 5년간 BED 진단 기준을 충족하지 않았음을 발견하였다. 두 번째 종단 연구 또한 진단 후 2년(65%)과 6년(78%) 차일 때 높은 회복율을 발견하였다(Fichter & Quadflieg, 2007).

아동 · 청소년의 섭식장애의 원인은 무엇인가?

유전적 위험

유전자는 섭식장애 발달에 중요한 역할을 한다(Bulik, 2004). 행동 유전학자들은 섭식장애가 집안 내력이라고 주장한다. 일촌 가족 중 섭식장애가 있는 여성은 섭식 문제 가족력이 없는 여성에 비해 섭식장애가 발생할 확률이 4~11배 높다(Strober, Freeman, Lampert, Diamond, & Kaye, 2000). 섭식장애에 대한 이러한 유전적 위험 증가는 AN이나 BN에만 국한되지 않는다. 가령, BN을 가진 가족 구성원은 생물학적 친척을 BN뿐만 아니라 모든 섭식장애의 위험에 빠뜨린다.

행동 유전학자들은 또한 섭식장애가 유전적 요인 대 환경적 요인에 의해 얼마나 설명될 수 있는지를 결정하려고 노력을 기울여 왔다. 쌍둥이 연구에 따르면 AN의 유전율은 표본에 따라 48~74% 사이였다(Bulik, 2004). 쌍둥이 연구에서 BN

의 유전율 역시 비슷하여 59~83% 사이였다. 나머지 변산은 주로 비공유된 환경 요인, 즉 한 쌍둥이에게는 특정화되었지만(예 : 다른 친구, 교사, 스포츠 또는 취미), 다른 쌍둥이 청소년에게는 그렇지 않은 사건과 경험에 의해 설명된다. 공유된 환경 요인(예 : 같은 부모, 집, SES)은 AN 또는 BN을 설명하는 데 상대적으로 덜 중요한 역할을 하는 것처럼 보인다.

분자 유전학자들은 섭식 병리의 위험에 빠뜨리는 데 책임이 있는 특정 유전자를 찾기 위해 노력해 왔다(Bulik, 2004). 불행히도, 이러한 일련의 연구는 일관성 없는 결과를 낳았다. 지금까지 연구자들은 AN이나 BN과 연관되는 단일 유전자나 유전자 조합체를 찾지 못하였다. 일부 연구에서 염색체 1(chromosome 1)이 제한형 AN 발병과 날씬함에 대한 집착에 관여한다고 보고하고 있다. 다른 연구들은 염색체 10(chromosome 10)이 제거 행동, 특히 구토의 발병에 중요한 역할을 한다고 보고하고 있어, 더 많은 연구가 필요한 실정이다.

세로토닌과 콜레시스토키닌

신경전달물질인 세로토닌은 섭식장애, 특히 AN의 발달과 관련되어 있는 것 같다. 건강한 개인에 있어 세로토닌은 신진대사, 기분, 성격의 조절과 관련되어 있다. 신진대사와 관련하여 세로토닌은 식욕에 결정적인 역할을 하는데, 포만감을 느끼는 데 일정 역할을 한다고 알려져 있다. 기분과 관련하여, 세로토닌은 정서 조절에 중요한 역할을 한다. 세로토닌 기능의 비정상성은 우울과 관련 있는 것으로 알려져 있다. 성격과 관련하여, 높은 수준의 세로토닌은 심리적 스트레스에 대한 민감성, 완벽주의, 질서와 조직에 대한 필요성과 관련되어 있다.

섭식장애를 겪는 일부 개인은 세로토닌 수준에서 문제가 나타난다. 예를 들면, AN을 가진 사람은 대개 AN에서 회복된 이후에도 매우 높은 세로토닌 수준을 나타낸다. 유사하게, BN을 가진 개인도 발병 때와 회복 후에도 비정상적인 세로토닌 수준을 나타낸다. 케이, 바스티아니, 모스(Kaye, Bastiani & Moss, 1995)는 증가된 세로토닌이 특정 개인을 심리적 불편감, 불안, 완벽주의에 취약하게 만들 것이라고 제안하였다. 제한적 다이어트는 일시적으로 세로토닌의 수준을 감소시켜, 부정적 정서를 감소시킨다. 따라서 제한적 다이어트는 부적 강화되어 시간이 지나도 유지된다(Castellini et al., 2013).

또한 세로토닌의 문제는 폭식과 제거 행동의 원인으로 제

안되어 왔다. 건강한 개인에 있어 세로토닌은 식사를 제한하는 중요한 역할을 한다. 그러나 BN을 가진 개인은 세로토닌 조절 문제를 보인다. 이러한 조절의 어려움은 불쾌감을 야기하고, 이러한 불쾌감은 폭식과 제거 행동을 촉발한다. 흥미롭게도, BN에서 회복한 개인은 세로토닌 수준을 잘 조절하는데, 이는 BN에서의 회복이 부분적으로는 세로토닌 활동성의 변화와 관련 있음을 나타낸다(Goethals et al., 2014).

BN을 가진 사람들은 콜레시스토키닌(cholecystokinin, CCK)이라고 불리는 호르몬의 수치가 낮다. 건강한 개인에 있어 CCK는 과식 후 분비된다. 이 호르몬은 포만감을 유발하여 섭취할 음식량을 조절한다. 그러나 BN을 가진 사람들은 식사할 때 적은 CCK가 분비되는데, 이는 포만감을 경험하지 않아 폭식을 하게끔 만든다(Rigamonti et al., 2014).

세로토닌, CCK, 섭식장애의 연관성을 보여주는 연구들은 횡단 설계를 이용하였다. 이러한 연구는 신경전달물질이나 호르몬의 이상이 섭식장애의 원인인지 혹은 결과인지 이야기해 줄 수 없다. 예를 들어, AN을 가진 개인은 다른 신경전달물질인 노르에피네프린의 높은 수준을 보고한다. 그러나 최근 연구에 따르면 노르에피네프린의 감소는 심각한 체중 감량의 결과일 뿐, AN을 유발하지 않는다고 보고되었다. 상관관계에서 인과관계를 추론하고자 하는 것은 매우 유혹적이지만, 이러한 추론은 섭식장애에 대한 부정확한 이해를 야기할 수 있다(Hannon-Engel, Filin, & Wolfe, 2013).

성적 발달과 성적 학대
사춘기 시기

전문가들은 섭식장애의 발생에서 사춘기의 역할에 상당한 관심을 보인다. 섭식장애는 보통 사춘기 동안 혹은 사춘기가 끝나면서 발병하며, 사춘기 이전이나 25세 이후에는 잘 발생하지 않는다.

사춘기와 섭식장애 사이의 연관성에 대한 설명 중 하나는 사춘기 특징인 신체적 변화가 여자 청소년에게 특히 스트레스로 다가간다는 것이다. 사춘기 이전에 소녀들은 상대적으로 체지방이 적은 비교적 날씬한 몸매를 가진다. 그들의 체중과 체형은 서구 사회에서 어필되는, 사회적으로 인정되는 이상적인 체형에 가깝다. 사춘기의 시작과 함께, 소녀들은 체중과 체지방이 늘면서, 소녀들의 몸매는 서양의 이상향과 덜 일

치하게 된다. 체중 증가와 체형의 변화는 일부 소녀들이 신체에 불만을 갖게 되고, 사춘기 이전의 체형을 되찾기 위한 다이어트를 하게 한다(Smolak et al., 2013).

관련 가설로 사춘기 시기가 섭식장애의 발달에 중요한 영향을 미칠 수 있다. 일찍 성숙한 소녀들은 신체 불만족과 섭식 병리의 위험에 더욱 노출되어 있다. 이 소녀들은 사회적으로 인정되는 체중과 체형에 대한 이상향이 훼손되었을 뿐만 아니라, 또래들이 비슷한 방식으로 발달하지 않을 때 이러한 변화가 나타나기 때문에 더욱 문제가 된다. 일찍 성숙한 소녀들은 그들의 조숙한 신체 발달 때문에 놀림을 당하기도 한다.

경험적 연구들은 사춘기, 신체 불만, 섭식 문제와 관련된 이러한 가설들을 일관성 있게 지지하지 못하고 있다. 어떤 연구에서는 사춘기 발달, 사춘기 시기, 신체 불만의 관계가 유의하게 나타났지만, 관계의 강도는 크지 않았다. 다른 연구에서는 사춘기 발달, 사춘기 시기, 신체 불만의 관계를 지지하지 못하였다. 사실 이 가설을 검증하는 유일한 종단연구에서 사춘기가 사춘기 이후 신체 불만의 원인이라는 주장을 지지하지 못하였다(Rohde, Stice, & Marti, 2015).

사춘기 발달, 사춘기 시기, 섭식장애의 관계를 조사하는 연구에서도 역시 일관성 있는 결과를 도출하지 못하였다. 사춘기 발달과 시기가 다이어트와 관련 있다는 연구도 있었지만, 그렇지 않은 연구도 있었다. 그러나 사춘기 발달과 시기는 약하지만 섭식장애의 가능성과 상관이 있는 것으로 나타난다. 이를 통합해 보면, 사춘기는 청소년이 신체불만과 섭식 병리의 발생에 취약한 발달적 시간 틀(developmental time frame)일 수 있다. 그러나 사춘기 그 자체가 섭식 문제나 섭식장애를 야기한다고 할 수는 없겠다.

아동 성적 학대

어떤 전문가들은 섭식 병리, 특히 BN의 발병과 아동기의 성적 범죄 피해(sexual victimization)가 관련 있다고 추측한다(Oppenheimer, Howells, Palmer, & Chaloner, 2013). 이러한 이론가들에 따르면, 성적 학대 경험은 소녀들을 무기력하고 수치스럽게 느끼도록 만든다. 학대를 당한 소녀들은 자신의 신체를 혐오하거나 학대 행동에 의해 '더럽혀졌다'고 여긴다. 어떤 소녀들은 굶거나, 폭식하거나, 제거 행동을 통해 그들의 신체에 해를 입히면서 이러한 수치심과 혐오스러움을 표현하기도 한다. 다른 소녀들은 다이어트를 통해 신체에 대한 통제를 되찾고자 노력한다. 어떤 방식이든 소녀들은 학대의 결과로서 섭식장애를 발달시키는 위험에 노출된다.

아동 성적 학대가 섭식장애, 특히 BN과 관련되어 있다는 많은 근거가 있다. 학대 아동, 섭식장애를 가진 청소년과 지역사회 어린이가 참여한 연구들에서 성적 학대를 당한 소녀가 나중에 섭식장애로 발전할 가능성이 높음을 보여준다. 게다가 섭식장애를 가진 청소년과 성인들은 종종 섭식 문제가 발병하기 전에 성적 범죄 피해를 입었다고 보고한다(Pérez-Fuentes et al., 2013).

한편 아동 성적 학대는 아동을 섭식장애뿐만 아니라 많은 정신과적 문제의 위험에 처하도록 하는 것으로 보인다. 페이번, 쿠퍼, 돌, 웰치(Fairburn, Cooper, Doll & Welch, 1999)는 102명의 BN 여성과 102명의 다른 정신과적 장애(대개 우울증)를 가진 여성, 204명의 정신건강에 문제가 없는 여성이 참여하는 일련의 연구를 수행하였다. BN 여성이나 다른 정신과적 장애를 가진 여성은 현재 정신장애가 없는 여성에 비해 더 많은 성적 학대를 경험했다고 보고하였다. 그러나 성적 학대 과거력은 다른 정신과적 문제가 있는 여성만큼이나 BN 여성에게 흔하였다(Fairburn et al., 1999; Welch & Fairburn, 1996). 이러한 결과는 아동 성적 학대가 섭식 병리만의 원인이 아니라, 많은 정신과적 장애의 위험요인임을 시사한다(Pérez-Fuentes et al., 2013).

인지 - 행동 이론

섭식장애의 인지행동적 개념화는 생각, 감정, 행동이 밀접하게 연관되어 있다는 개념에 기초한다. 행동의 각 구성요소가 다른 요인에 영향을 미친다. 인지행동 이론가들은 섭식장애가 이러한 세 요인들의 장애(disturbance)에 의해 유발된다고 생각한다: (1) 낮은 자존감으로 특징지어지는 **감정의** 장애, (2) 체중, 체형, 신체상의 왜곡으로 인하여 특징지어지는 **인지적** 장애, (3) 부적응적 섭식 습관에 의해 두드러지는 **행동의** 장애(Pike, Devlin, & Loeb, 2004).

섭식장애의 인지행동모델의 중심에는 낮은 자존감이 있다. AN과 BN의 위험에 처한 청소년은 불쾌감이라는 근본적인 문제가 있다고 여겨진다. 낮은 자존감의 원천은 알려져 있지 않지만, 유전과 환경적 요인의 조합에서 유래할 가능성이 크다.

예를 들면, 섭식장애의 위험을 가진 개인은 심리적 스트레스에 민감하고 자신과 타인에게 비판적인 성격 성향을 가진다. 게다가 섭식장애를 가진 많은 청소년들은 낮은 자기 가치에 기여하는 파괴적이거나 스트레스가 많은 가족 환경에서 성장한다. 이러한 부정적 정서 때문에, 청소년들은 그들의 신체적 외모, 특히 체중이나 체형에 많은 가치를 두게 된다. 이들은 특정 체중이나 체형에 도달할 때, 낮은 자존감이나 자기 가치를 극복할 수 있다고 믿는다(그림 15.6).

대부분의 청소년들은 이상적인 체중과 체형에 도달하기 위해 다이어트를 한다. 혹독한 체중관리는 낮은 자존감의 감소를 통해 부적으로 강화된다. 청소년들은 살을 빼고 다른 사람들로부터 칭찬을 받으면서 일시적으로나마 자신과 자신의 외모에 대해 기분이 좋아진다. 그러나 혹독한 체중 관리는 시간이 지나면서 청소년의 불쾌감을 악화시킨다. 먼저, 청소년은 혹독한 다이어트에도 불구하고 절대 도달할 수 없는, 체중과 체형에 대한 비현실적이고 이상적인 목표를 가지고 있다. 둘째, 식이 제한은 배고픔, 과민함, 피로감을 야기한다.

좌절감, 배고픔, 피로감을 보상하기 위해, 많은 청소년들은 다이어트를 중단하고 폭식한다. 폭식은 부정 정서의 일시적 감소를 통해 부적으로 강화된다. 하지만 폭식 후 빠르게 죄책감, 혐오감, 신체적 불편감이 지속된다.

죄책감을 완화하고 체중 증가를 피하기 위해, 일부 청소년들은 부적절한 보상 행동에 참여한다. 처음에는 단식이나 심한 운동을 한다. 단식은 체중 증가에 대한 죄책감과 불안을 줄임으로써 부적으로 강화된다. 하지만 단식은 장기간의 불편감과 배고픔을 초래한다. 다른 청소년들은 체중 증가를 막기 위해 제거 행동을 한다. 제거 행동도 마찬가지로 불안의 일시적인 감소를 통해 부적으로 강화된다. 하지만 제거 행동은 대개 시간이 지나면서 죄책감과 혐오감을 악화시킨다. 게다가 제거 행동 후에 청소년들은 종종 폭식 전에 존재했던 공허감과 불편감을 똑같이 느낀다.

요약하자면, 낮은 자존감과 불편감은 섭식장애의 인지행동모델의 기초를 형성한다. 음식의 제한은 불편감의 일시적 감소를 일으키지만(부적 강화), 장기적으로 좌절감과 배고픔의 원인이 된다. 폭식은 배고픔을 감소시키지만(부적 강화), 체중 증가에 대한 죄책감과 불안을 야기한다. 단식과 제거 행동은 체중 증가에 대한 죄책감과 두려움을 완화하지만(부적 강화), 낮은 자기 가치감을 악화시킨다. 그러므로 섭식장애는 내재되어 있는 기분 문제에 의해 야기되고, 문제가 되는 생각과 부적 강화의 순환에 의해 유지된다.

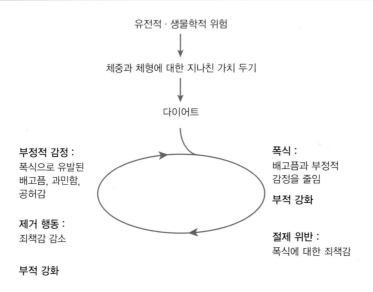

그림 15.6   ■   폭식과 제거 행동의 인지행동이론

유전적 · 생물학적 위험

체중과 체형에 대한 지나친 가치 두기

다이어트

부정적 감정 :
폭식으로 유발된 배고픔, 과민함, 공허감

제거 행동 :
죄책감 감소

부적 강화

폭식 :
배고픔과 부정적 감정을 줄임

부적 강화

절제 위반 :
폭식에 대한 죄책감

주 : 폭식은 배고픔과 공허감의 감소에 의해 부적 강화되고, 제거 행동은 죄책감 감소에 의해 부적 강화된다.

사회문화 이론

이중경로 모델

연구자들은 사회문화적 요인이 어떻게 섭식장애의 발생에 기여할 수 있는지에 관심을 가진다. 스티스(Stice, 2016)는 폭식을 설명하는 가장 영향력 있는 사회문화 모델 중 하나인 이중경로 모델(dual pathway model)을 제안했다. 이중경로 모델에 따르면, 섭식장애는 두 가지 경로를 통해 발달한다. 하나는 음식 제한이고, 다른 하나는 부정적 정서이다(Rohde et al., 2015).

이중경로 모델의 중심에는 사회가 여자 청소년들이 살을 빼고 매력적으로 보이도록 요구한다는 개념을 강조한다. 많은 소녀들은 사회가 승인하는 이상적 마름(thin ideal)을 내면화한다. 이상적 마름을 보여주는 소녀들은 다른 사람들로부터 강화되고, 그들의 외모가 이러한 기준을 위반할 때 처벌받기 때문이다. 예를 들어, 여자 청소년들은 종종 살을 뺀 친구는 칭찬하고 살찐 친구는 괴롭힌다. 영화 〈퀸카로 살아남는 법〉에서 칭찬(정적 강화)과 놀리거나 괴롭힘(처벌)은 강한 동기 부여를 제공한다.

마름의 이상화는 아주 어린 소녀에게도 신체 불만의 원인이 된다(Smolak et al., 2013). 소녀들이 스스로의 신체에 불만을 느끼면, 체중을 줄여 이상적인 체중과 체형에 도달하기 위해 음식 제한을 하게 된다. 불행하게도, 다이어트는 장기적인 체중 조절에 효과적인 방법이 아니다. 다이어트는 대개 배고픔, 과민함, 피로감을 초래한다. 게다가 체중 감량과 이상적인 마름에 도달하지 못하면, 낮은 자존감, 좌절감, 부정적 정서가 야기된다(이미지 15.3).

일부 소녀들은, 음식 제한과 부정적 정서가 폭식으로 이어진다. 폭식은 배고픔과 부정적 정서의 일시적인 감소를 야기한다. 폭식 음식은 위안 음식(comfort foods)으로 대개 지방과 탄수화물이 높은 경향이 있다. 하지만 섭식장애의 인지행동 모델에서 기술된 것처럼, 폭식은 증가된 죄책감과 제거 행동이나 다른 보상 행동의 개입 가능성을 유도한다.

삼자 영향 모델

섭식장애의 발달을 설명하는 대안적 모델로 삼자 영향 모델(tripartite influence model)이 있다(Keery, van den Berg, & Thompson, 2004; Rodgers, McLean, & Paxton, 2015). 이 모델

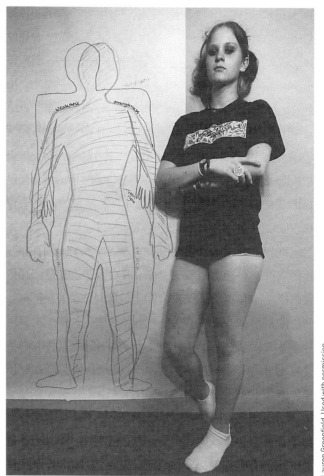

이미지 15.3 브리트니가 섭식장애 소녀를 위한 치료 회기에서 자신의 신체 투사 그림 옆에 서 있다. 신체 투사 그리기 과제는 브리트니의 실제 몸과, 치료자가 그린 실제 몸과, 브리트니가 지각하는 몸의 차이를 인식하도록 돕는다.

에 따르면, 세 가지 사회문화적 요인이 여자 청소년의 섭식 행동에 영향을 미친다: (1) 친구, (2) 부모, (3) 대중 매체(그림 15.7).

또래는 체중이나 체형에 중요성을 두거나, 외모로 다른 소녀를 놀리거나, 다이어트를 할 때, 여자 청소년의 섭식에 영향을 줄 수 있다. 부모들은 자신의 체중, 체형, 외모에 대해 이야기하거나, 다이어트를 하면서 자녀의 외모를 비판하거나, 자녀에게 체중을 줄이라고 요구할 때, 소녀들의 섭식 행동에 영향을 미친다. 대중 매체도 소녀들의 섭식 행동에 영향을 줄 수 있다. 텔레비전, 영화, 잡지의 모델들이 소녀들의 웰빙에서 신체적 매력의 중요성을 전달할 수 있다. 유사하게, 텔레비전과 잡지는 소녀들에게 다이어트, 운동, 체중 감량에 대한 부적응적인 견해를 제공할 수 있다(이미지 15.4).

그림 15.7　■　섭식 문제의 삼자 영향 모델

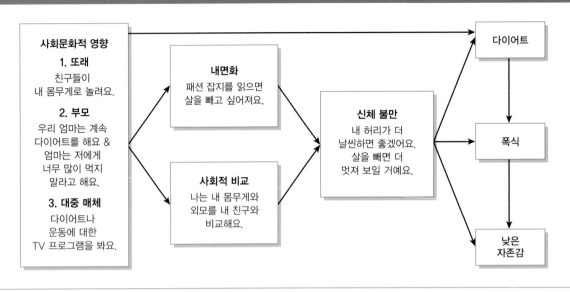

주 : 삼자 영향 모델에 따르면, 사회문화적 요인(예 : 또래, 부모, 대중매체)은 소녀들이 체형에 대한 비현실적인 기준을 내면화하고 다른 사람과 스스로를 비교하도록 만든다.

이미지 15.4 여자 청소년은 남자 청소년에 비해 섭식장애를 발전시킬 가능성이 높은데, 아마도 우리 사회가 어린 소녀들에게 어떻게 행동해야 한다고 가르치는 방식 때문일 것이다.

삼자 영향 모델에 따르면, 또래, 부모, 대중 매체는 세 가지 방법으로 섭식 문제를 야기할 수 있다. 첫째, 세 요소는 소녀들이 다이어트 하도록 직접적으로 동기화하여 섭식 행동에 영향을 줄 수 있다. 예를 들어, 자신의 엄마, 가장 친한 친구, 가장 좋아하는 가수가 다이어트 하는 것을 보는 소녀는 다이어트를 발달상 정상적이고 사회적으로 기대되는 체중 감량법으로 여길 것이다. 소녀들은 그녀의 삶에서 중요한 사람들과 비슷하게 보이기 위해 다이어트를 결심할 수도 있다. 그러

나, 음식 제한은 체중을 조절하는 장기적으로 효과적인 방법은 아니다. 사실 이것은 종종 부정적 정서를 야기하여 폭식으로 이어질 수 있다.

둘째, 세 가지 사회문화적 요소와 소녀들의 섭식 관계는 이상적인 마음의 내재화를 통해 매개될 수 있다. 체형, 체중, 매력에 대한 또래, 부모, 대중 매체의 메시지로 인해 소녀들은 서구 문화가 전달하는 아름다움에 대한 비현실적인 기준을 내면화한다. 예를 들어, 패션 잡지를 읽는 소녀들은 이런 잡지에 나오는 모델이 전달하는 체형과 체중에 대한 기준을 내면화한다. 이런 기준을 내면화한 소녀들은 결국 자신의 체중과 체형에 대해 불만을 경험하게 된다. 이러한 신체 불만족은 다이어트, 부정적 정서, 폭식 증상으로 이어지게 된다.

셋째, 세 가지 사회문화적 요소와 소녀들의 섭식 관계는 다른 사람들과 자신의 외모를 비교하는 경향을 통해 매개될 수 있다. 예를 들어, 또래들은 유난히 마르고 매력적이거나 과체중이고 매력 없는 급우에 대해 이야기한다. 결국 여자 청소년들은 자신의 체중과 체형을 매력적이거나 매력이지 않은 급우와 비교하게 된다. 신체 불만은 다이어트, 정서적 문제, 섭식장애로 이어지게 된다.

청소년과 성인의 자료를 통해 삼자 영향 모델은 다이어트와 섭식 병리의 발생에서 또래, 부모, 대중매체의 잠재적인

영향을 설명하는 유용한 방법이 될 수 있다(Keery et al., 2004; Rodgers et al., 2015). 추후 연구에서는 다양한 연령대의 소녀에서 세 가지의 사회문화적 영향의 상대적 중요성을 평가하는 데 초점을 맞춰야 할 것이다. 예를 들면 후기 청소년은 또래의 영향을 크게 받지만, 초기 청소년은 부모의 영향을 더 크게 받을 것이다.

아동/청소년의 폭식장애에 대한 이론

BED를 가진 개인은 BED에 대한 유전적 소질을 물려받는 것으로 여겨진다. 쌍둥이 연구에서 폭식의 유전 가능성을 .39로 보고하였다. 게다가 BED를 가진 성인의 50% 정도는 가족 구성원들이 비만이나 폭식장애를 가지고 있었다. 불행하게도, 유전적 지표는 일관적으로 확인되지 않았지만, 그럼에도 많은 증거는 세로토닌과 도파인 전달체 유전자의 이상을 제안한다(Wonderlich et al., 2009).

뇌영상 연구 또한 BED의 생물학적 기반에 대해 엇갈리는 결과를 내 놓았다. 대다수의 연구에서 BED를 가진 사람들은 음식의 특정 성질(예 : 색깔, 냄새, 질감, 맛)에 대해 이상할 정도로 민감한데, 이것이 더욱 폭식하도록 만든다. 예를 들어, 두 연구에서 특정 음식이 제시되었을 때(예 : 탄수화물, 지방, 염분이 많은 음식; Wonderlich et al., 2009), 전두엽과 전전두엽의 과잉활성화가 나타났다.

BED를 가진 아동은 대개 과체중이거나 비만이다. 종단 자료를 보면, 이러한 아동들은 종종 폭식을 시작하기 전에 이미 체중 문제를 겪고 있음을 보여준다. 게다가 이러한 아동들은 종종 체중 문제를 가지고 있는 부모가 있으며, 가족 구성원들이 자신의 체형, 체중, 섭식 습관에 대해 부정적 의견을 밝힌다. 게다가 BED를 가진 아동의 부모는 종종 섭식에 대해 엄격한 규칙을 가지고 있다. 그들은 아동이 식사시간에 '접시를 깨끗하게 비우거나', 간식이나 디저트에 접근하는 것을 엄격하게 제한한다. 종단 연구를 보면, 자신의 체중, 아동의 체중 또는 아동의 다이어트에 대한 부모의 집착은 아동의 부적응적인 섭식의 발달을 예측한다. 예를 들어, 유치원 시기에 간식에 대한 접근을 엄격하게 제한한 부모의 자녀는 아동기 후기에 과식하는 경향을 보인다(Osborn et al., 2013).

아동과 청소년의 BED는 우울 및 불안과 밀접하게 관련되어 있다. BED를 가진 성인과는 다르게, 장애를 가진 어린이는 다이어트를 시작하기 수년 전부터 폭식을 한다. BED를 가진 아동은 종종 체중이나 체형 때문에 또래로부터 소외되고 놀림받는다. 그들은 또한 BED가 없는 아동보다 부정적인 아동기 경험이나 부모가 정신건강 문제를 가졌을 가능성이 높다(Marcus & Kalarchian, 2003).

폭식은 불안, 우울, 걱정, 지루함의 완화를 통해 부적 강화될 가능성이 높다. 존슨, 코헨, 코틀러, 카슨, 브룩(Johnson, Cohen, Kotler, Kasen & Brook, 2002)은 후기 아동기에서 초기 성인기에 이르는 아동을 대상으로 전향적 연구를 수행하였다. 그들은 기저선 우울이 청소년기와 성인기 폭식을 예측한다고 보고하였다. 이와 유사하게, 스티스, 베커, 요컴(Stice, Becker & Yokum, 2014)은 대규모 여자 청소년 집단을 추적 연구하였다. 그 결과 부정적 정서가 제거 행동이 없는 폭식을 예측했다. 이러한 결과는 BED를 가진 어린이가 불안, 우울, 불편감 완화를 위해 폭식한다는 것을 의미한다.

15.3 섭식장애의 근거기반치료

신경성 식욕부진증을 가진 어린이에게 효과적인 치료는 무엇인가?

입원 치료

AN을 위한 입원치료는 청소년의 정서적 고통 완화보다는 청소년의 섭식 행동의 변화에 주된 초점을 맞춘다(Petti, 2015). 치료의 주된 목표는 청소년의 신체적 건강을 관찰하고 체중이 증가하도록 돕는다. 영양실조가 심각한 환자에게 빠른 체중 증가는 위험하기 때문에, 의사는 영양을 제공하는 과정을 관찰한다. 전형적으로, AN 청소년은 입원 후 며칠 동안 하루에 1,500칼로리를 섭취해야 한다. 그 후, 칼로리 섭취 목표가 3,500칼로리에 도달할 때까지 약 500칼로리를 격일로 늘린다(체중 유지에 필요한 하루 칼로리의 거의 두 배임). 하루 3,500칼로리 섭취는 대개 주당 약 0.9~1.8kg의 체중 증가를 가져온다(Linscheid & Butz, 2003).

대다수의 AN 청소년은 아주 조금의 체중 증가도 두려워하기 때문에, 입원 치료에 저항한다. 융통성 없는 흑백논리적인 사고로 인해, 청소년은 500g 정도만 살이 찌더라도, 섭식 행동에 대한 모든 통제를 잃어버리고, 비만이 될 것이라고 믿는다. 게다가 AN 청소년은 체중을 조절할 수 있는 능력을 통해 종종 자기확신을 얻는다. 이런 청소년들에게 체중 증가는 정체감과 자존감의 상실을 의미한다.

소녀들의 체중 증가를 돕기 위해, 치료팀은 칼로리 섭취와 치료 프로그램의 참여를 강화하는 행동 계획을 실행한다. 대개 이 행동 계획은 AN을 가진 소녀들이 체중 증가를 두려워한다는 개념에 기초한다. 이 두려움을 극복하기 위해, 소녀들은 예정된 식사시간에 매우 다양한 음식을 소비하고, 살이 찌는 것을 방지하는 행동들(예 : 제거 행동, 운동)을 피하도록 요구된다.

식사 끝내기는 병원 직원에 의해 정적으로 강화된다. 치료를 시작할 때, 청소년들은 집에서 누리던 대부분의 특권이 차단된다: 텔레비전 보기, 소셜 미디어 보기, 전화 받기, 친구의 방문, 화장품, 좋아하는 옷이나 액세서리에 접근하기. 청소년들은 식사를 하고 다양한 치료 프로그램에 참여함으로써 이러한 특권을 얻을 수 있다.

환자들은 또한 체중 증가를 피하는 보상 행동을 하는 것이 금지된다. 직원들은 제거행동이나 은밀하게 운동하지 않도록 환자들을 관찰한다.

집단치료

대부분의 입원 치료 프로그램에서 청소년은 집단치료에 참여한다(Pretorius et al., 2012; Voriadaki, Simic, Espie, & Eisler, 2015). 집단은 입원 치료 프로그램에 새로 참여하는 청소년들과 거의 프로그램을 끝내가는 청소년들로 구성된다. 환자들 사이의 지지적 직면(supportive confrontation)은 집단치료자에 의해 장려된다. 지지적 직면에서 기존 구성원은 새로운 구성원이 인지 왜곡과 음식 강박에 도전하도록 권장한다. 예를 들면, 먹도록 강요되는 음식이 자신을 뚱뚱하게 만들 것이라고 불평하는 새로운 집단 구성원은 회기 중에 '몸매 이야기(fat talk, 몸매에 대한 부정적이고 자기 비하적인 대화_역주)'를 피하는 다른 집단 구성원에 의해 도전받는다. 살을 빼거나 직원보다 한 술 더 뜨려는 시도는 집단에 의해 저지되고 또래 거부로 이어진다. 치료자는 치료 밖에서 청소년의 섭식 문제에 기여했던 또래 압력을, 건강한 섭식을 촉진하기 위해 회기 중에 동일하게 사용한다.

집단치료는 청소년에게 섭식장애를 가르치고, 정서를 관리하며, 낮은 자존감에 대처하고, 사회적 기술을 개발하며, 건강한 다이어트를 유지하고, 문제 섭식으로 이어질 수 있는 믿음에 도전하기 위해 고안된 여러 과제들로 구조화되어 있다(표 15.6). 섭식장애를 가진 개인은 두 가지의 인지 왜곡을 종종 보인다. 첫째, 자기 가치가 직접적으로 체중과 연관되어 있다는 잘못된 믿음이다. 청소년들은 "만약 날씬한 것이 좋은 것이라면, 가장 날씬한 게 최고야"라고 생각한다(Linscheid & Butz, 2003, p. 645). 두 번째 왜곡은 이분법적 사고(흑백 논리)이다. 특히, 이들은 먹기 시작하면, 멈출 수 없을 것이라고 믿는다(Linscheid & Butz, 2003). 치료자는 그들의 잘못된 믿음을 인지하고 비판적으로 평가하도록 환자를 가르친다.

AN을 위한 입원 집단치료의 효능을 지지하는 증거는 많지 않다. 일부 연구자들은 AN을 가진 개인의 영양 실조가 심각하기 때문에 집단치료에 참여하기 어렵다고 생각한다. 예를 들면, 영양 실조로 인해 야기된 주의집중과 문제해결의 어려움은 인지 왜곡을 인식하고 비판적으로 평가하는 청소년의 능력을 방해할 수 있다(Linscheid & Butz, 2003).

구조적 가족치료

AN 청소년이 충분히 체중을 늘린 후에, 대다수의 전문가들은 가장 중요한 심리사회적 치료로 가족치료를 추천한다(Levine et al., 2015). 많은 종류의 가족치료가 가능하지만, 가장 잘 알려지고 널리 사용되는 것은 구조적 가족치료이다.

구조적 가족치료는 가족 구성원 간 관계의 질과 양상에 주로 초점을 맞춘다. 치료자는 청소년의 섭식 행동 그 자체에는 거의 중점을 두지 않는다. 사실, 청소년의 증상은 주의를 다른 곳으로 돌리기만 한다. 가족 구성원이 청소년의 문제 섭식에 그들의 에너지와 노력을 기울이는 한, 그들은 문제의 진정한 근원인 가족 관계와 소통에 초점을 맞출 수 없다. 가족치료자들은 섭식장애를 가진 청소년만이 아니라, 가족 전체를 그들의 '의뢰인'으로 바라본다(Minuchin, Rosman, & Baker, 1978).

구조적 가족치료의 개발자인 살바도르 미누친은 AN을 가진 청소년은 지나치게 통제하고 과보호적인 가족에서 성장한다고 본다. 그는 부모와 아동 간 경계가 흐릿하거나 분산된 가족 관계를 묘사하기 위해 밀착(enmeshment)이라는 용어를 사

표 15.6 ■ 청소년 섭식장애의 집단치료

주제	내용
심리교육	청소년에게 섭식장애에 대한 정보를 제공한다.
행동적 회복	섭식장애를 야기하는 인지 왜곡을 인식하고 도전하도록 청소년을 가르친다. 집단 구성원들 사이에서 지지적 직면을 통해 체중 증가와 건강한 섭식을 촉진한다.
이완 훈련	심호흡, 형상화(imagery), 요가, 명상과 같은 이완 및 정서조절기술을 청소년에게 가르친다.
영양	기초적인 영양, 다이어트와 관련된 위험, 체중을 관리하면서 건강한 음식을 섭취하는 대안적 방법을 청소년에게 가르친다.
식사 계획	균형잡힌 식사와 건강한 1인분을 선택하도록 청소년을 돕는다. 식사할 때의 사회적 기술을 가르친다.
신체상	신체와 관련된 부적응적 신념을 교정하고, 텔레비전과 잡지에 나오는 여성 신체상을 비판적으로 평가하도록 청소년을 가르친다.
자존감	자기 신뢰(self-confidence)를 향상시키도록 자기주장 훈련과 의사소통 기술 훈련을 청소년에게 제공한다.
가족 문제	가족 관계가 건강하거나 문제가 있는 섭식으로 이어질 수 있다는 것을 이해하도록 청소년을 돕는다. 청소년이 보다 건강한 가족과의 상호작용 방식을 개발할 수 있도록 돕는다.
재발 예방	문제가 있는 섭식을 일으키는 환경적 사건이나 기분 상태를 인지하고 피하도록 청소년을 가르친다. 가족과 학교에 돌아가는 계획을 세우도록 청소년을 돕는다.

주 : 섭식장애 청소년을 위한 대다수의 입원 치료 프로그램은 환자가 집단치료에 참여하도록 요구한다. 존스홉킨스 섭식장애 프로그램의 환자는 매일 세 집단에 참여한다. 각 회기는 상기의 주제 목록 중 하나를 다룬다. 출처 : Guarda & Heinberg (2004).

용했다. 밀착된 가족에서 부모는 청소년 자녀의 삶의 너무 많은 측면을 통제하고, 청소년이 발달적으로 적절한 수준의 자율성을 표현하도록 허락하지 않는다. 예를 들어, 부모는 청소년의 방과후 활동의 선택에 지나친 요구를 하고, 청소년의 사생활에 대한 존중이 부족하며, 경직된 가족 규율에 대한 엄격한 복종을 고집한다. 동시에, AN 청소년의 부모는 다른 사람에게 보이는 가족의 모습을 지나치게 신경 쓴다. 가족 구성원은 다른 구성원과의 갈등을 피하고, 가족 문제를 솔직하게 의논하기보다는 무시하는 것을 선호한다. 미누친에 따르면, 밀착된 가족에서 성장한 청소년들은 그들이 통제할 수 있는 삶의 유일한 측면인 그들의 신체를 통제하는 것이 자율성을 주장하기 위한 하나의 수단이며, 이를 통해 AN을 발달시킨다고 보았다(이미지 15.5).

구조적 가족치료자들은 두 가지의 주된 목표를 갖는다. 첫째, 그들은 가족 구성원들 사이의 소통을 향상시키려고 노력한다. 특히, 치료자들은 가족 구성원들이 청소년의 섭식 문제 때문에 가족 내 다른 관계 문제, 예를 들면 어머니의 과도한 알코올 사용이나 아버지의 분노 성향에 주의를 기울이지 않는 것을 깨닫도록 돕는다. 가족 구성원, 특히 부모 간 향상된

©iStockphoto.com/pixdeluxe

이미지 15.5 구조적 가족치료는 가족 갈등을 줄이고 부모-청소년 소통을 향상하도록 돕는다.

소통은 청소년의 섭식 문제의 원인이 될 수 있는 가족 내 전반적인 긴장 상태를 줄일 수 있다.

둘째, 치료자들은 가족들이 청소년의 자율성에 대한 요구를 인지하고, 발달상 주도성을 적절하게 표현할 방법을 찾도록 돕는다. 예를 들어, 부모는 청소년의 방에 들어갈 때 노크를 하고, 자녀가 집에 없을 때 방을 기웃거리지 않으며, 자녀 몰래 전화를 엿듣지 않는 것을 동의할 수 있다. 또한 부모들은

자녀가 수업이나 과외 활동을 선택할 더 많은 자유를 허락할 수 있다. 동시에 치료자들은 가족 갈등을 줄이기 위해 청소년이 부모에게 직접적이면서도 성숙한 방법으로 염려를 표현하도록 도울 수 있다.

가족치료의 효능에 대한 자료는 매우 한정되어 있다. AN 청소년이 상당한 통제와 밀착된 가족에서 생겨난다는 미누친의 생각도 충분히 검증되지 않았다. 게다가 구조적 가족치료는 무선 통제 실험을 통해 충분히 평가되지 않았다. 통제되지 않은 구조적 가족치료 실험에서 AN 청소년의 66~86%가 가족치료 후 체중이 증가되는 양상이 나타났다(Lock & Le Grange, 2015). 이런 평판에도 불구하고, AN을 위한 효과적인 치료로서 구조적 가족치료를 확고히 하기 위해서는 더 많은 연구가 필요하다.

모즐리 병원 접근

구조적 가족치료가 인기 있는 AN 외래 치료 형태이긴 하지만, 런던의 모즐리 병원에서 개발된 가족치료 역시 상당한 경험적 지지를 받고 있다. 사실, 모즐리 병원의 접근법을 연구하기 위한 여러 무선 통제 실험이 진행되었는데, 이것이 AN을 치료하는 데 가장 잘 연구된 가족 접근법이 되도록 하였다(Lock & Le Grange, 2005; Wallis et al., 2013).

외견상으로는 모즐리 병원 접근(Maudsley Hospital approach)은 구조적 가족치료와는 상당히 다르다. 모즐리 접근은 가족의 의사소통 양상보다는, 청소년의 섭식 문제 증상을 목표로 삼는다. 치료의 첫 단계에서 치료자들은 부모가 청소년의 섭식 행동을 조절하고 자녀의 체중 증가를 위한 계획을 짜도록 격려한다. 치료자는 부모가 같이 작업하는 한, 청소년의 섭식 통제를 위해 사용하는 전략에 대해 신경쓰지 않는다. 동시에, 치료자는 청소년의 체중 감소를 가족이나 가족 관련 문제로 보지 않고, 섭식장애 문제로 본다. 초기 치료 단계의 목표는 청소년의 섭식에 대한 주도권을 부모가 느끼고, 청소년의 체중 증가를 돕는 것이다.

사실 모즐리 접근의 초기 단계는 구조적 가족치료의 초기 단계와 유사하다. 두 치료 모두 부모 관계를 확고히 하고, 상호 의사소통을 중요하게 본다. 구조적 가족치료자들은 부모 간 의사소통 양상에 초점을 맞춤으로써 이러한 목표를 명백히 밝힌다. 모즐리 접근의 임상가들은 부모들이 청소년들을 '재급식(refeed)'하는 방법을 찾도록 격려함으로써 이러한 목표를 암묵적으로 만든다. 재급식 과제의 성취를 통해 부모들은 의사소통하고 공동의 문제를 해결하기 위해 함께 작업하게 된다.

모즐리 접근의 두 번째 단계에서 부모는 청소년에게 재급식하는 책임을 점진적으로 자녀에게 옮기도록 격려한다. 다시 말해, 이러한 책임을 자녀에게 넘기는 '옳은 방법'을 치료자가 가족에게 말하는 것보다는, 가족들이 스스로 어떻게 이 책임을 자녀에게 넘길지 작업하는 것이 중요하다. 이 과제를 성취하기 위해서는 가족이 청소년에게 섭식 행동에 대한 자유와 자율성을 주는 것이 요구된다.

치료의 세 번째 단계는 청소년이 충분한 체중에 도달했을 때 시작된다. 이 단계에서, 치료는 청소년의 섭식 행동에 초점을 덜 맞추고, 자율성을 발달시키는 데 더 초점을 둔다. 모든 가족 구성원을 만족시키는 권리와 책임에 대해 타협하도록 돕기 위해 부모와 청소년은 함께 작업한다.

모즐리 가족치료 접근은 약 1년 정도의 시간이 소요된다. 무선 통제 실험은 최근 AN이 발병한 청소년을 치료하는 데 모즐리 접근이 효과적임을 보여준다. 게다가 모즐리 접근은 개인 심리치료보다 더 빠른 체중 증가를 보여준다(Lock & Le Grange, 2015).

신경성 폭식증을 가진 어린이에게 효과적인 치료는 무엇인가?

인지행동치료

인지행동치료(CBT)는 BN을 위한 외래 치료로 가장 널리 사용되는 방법이다(Waller et al., 2014). 인지행동치료자들이 BN을 기분, 인지, 섭식의 어려움으로 개념화하였음을 상기할 필요가 있다(Pike et al., 2004). 세 가지 측면의 기능들은 모두 밀접하게 관련되어 있다. 초기에 청소년들은 상당히 이상화되어 도달할 수 없는 체중이나 체형을 가지기 위해 다이어트를 한다. 이런 이상적인 신체를 가지게 되면, 낮은 자기 가치감을 극복할 수 있을 것이라고 믿는다. 불행하게도, 다이어트는 종종 폭식으로 이어져, 죄책감을 느끼고 통제감을 상실하도록 한다. 많은 청소년들은 부정적인 느낌을 완화하기 위해 추가적인 식이 제한을 하지만, 지속적인 다이어트는 더 많은 부정적 정서를 초래한다. 다른 청소년들은 체중 증가에 대한 두려움을 줄이기 위해 제거행동을 하지만, 제거행동은 죄책감과 낮은 자존감을 악화시킨다. 폭식의 순환은 부적 강화를 통해 유지된다. 폭식은 극심한 다이어트로 인한 배고픔, 과민함, 피로를 일시적으로 완화시켜 부적으로 강화된다. 제거행동도 폭식으로 인한 죄책감과 불쾌감을 일시적으로 감소시켜 부적으로 강화된다.

CBT의 목표는 정상적인 음식량을 알려주고, 체중 증가를 회피하는 제거행동이나 다른 부적응적인 방법을 사용하지 않도록 하여, 이 부적 강화의 순환을 깨는 것이다. 내담자들은 처음에 음식을 섭취하고 체중 감소 전략을 회피하는 것에 상당한 불편감을 경험한다. 그러나 시간이 지나면서 불안은 줄어들고, 보상 행동은 더 이상 부적으로 강화되지 않는다.

폭식증의 CBT는 보통 20회기로 매주 진행되고, 3단계로 나뉜다. 첫 단계에서, 치료자들은 BN의 인지행동 모델을 소개하고, 내담자의 정서, 사고, 섭식행동이 어떻게 밀접하게 연결되어 있는지 보여준다. 치료 초기에, 치료자들은 청소년에게 폭식이나 제거 행동을 촉발하거나 촉발하지 않는 상황

이나 사건을 찾아보도록 요청한다. 사라의 치료자가 사라의 촉발 요인을 확인하도록 돕는 '과학에서 실천으로'의 축어록을 살펴보자.

다른 초기 목표는 청소년의 섭식 행동을 바꾸도록 동기를 증진시키는 것이다. BN 청소년은 대개 섭식장애를 가지고 있다는 것을 인지하지만, 뚱뚱해지는 것이 두려워 제거 행동을 포기하지 못한다. 치료자들은 이러한 행동의 손실과 이득을 평가하는 결정 분석을 해 보도록 청소년에게 요청한다. 첫째, 치료자는 청소년이 현재의 섭식 습관을 유지할 때의 긍정적이고 부정적인 결과를 고려하도록 요청할 수 있다. 지각된 손실은 통제감 상실인 반면에, 지각된 이득은 체중 감소이다. 둘째, 치료자는 청소년이 섭식 습관을 바꿀 때의 이득과 손실을 생각해 보도록 요청할 수 있다. 가능한 이득은 폭식과 제거 행동에 대한 죄책감을 덜 느끼는 것으로, 잠재적 문제점은 청소년의 체중 증가이다.

청소년이 결정 분석을 마친 후, 치료자는 현재의 섭식 습관을 유지하는 것의 지각된 이득과 폭식과 제거 행동을 줄이는 것의 지각된 손실을 비판적으로 평가하도록 요청한다. 결정

과학에서 실천으로
폭식과 제거 행동의 원인 찾기

치료자 : 그래. 이제 네가 폭식을 할 때와 토할 때에 대해서 나랑 다음의 양식을 완성해 볼 거야. 거의 언제나 폭식하는 상황에 대해 말해줘.

사　라 : 음… 선생님도 아시겠지만, 집에 혼자 있을 때 폭식을 많이 해요. 그러니까, 우리 오빠가 학교에서 오거나 부모님이 일하고 집에 오기 전에요.

치료자 : '많이'는 무슨 뜻일까? 시간의 전부를 의미하는 거니?

사　라 : 아뇨, 반 정도일 거예요. 매주 서너 번 정도일 거예요.

치료자 : 그래. 집에 혼자 있을 때, 절반 정도는 폭식을 하게 된다고 말할 수 있겠구나. 거의 항상 네가 폭식하게 되는 상황이나 기분은 뭐니?

사　라 : 기분이요?

치료자 : 응. 때때로 폭식하게 만드는 특정 기분을 말하는 거야.

사　라 : 그러니까, 남자친구랑 싸운다거나, 걔가 날 신경쓰지 않는다고 느끼거나, 나한테 화난 것 같을 때요.

치료자 : 그게 너를 거의 항상 폭식하게 만드는 이유니?

사　라 : 전부요. 속으로 끔찍하다고 느끼구요, 선생님도 아시겠지만,

우울해요. 그리고 그다음에 먹어요.

치료자 : 그래. 그리고 절대 폭식하지 않는 상황은 어떨 때니?

사　라 : 음, 친구나 가족과 같은 사람들이 주변에 있으면 절대 폭식하지 않아요. 그리고 다른 애들이랑 재밌게 놀 때도 절대 폭식 안 해요.

치료자 : 그래. 그러니까 다른 사람과 있을 때, 특히 친구랑 즐겁게 놀 때는 절대 폭식하지 않는 거지?

사　라 : 네.

치료자 : 그래. 폭식의 원인이 되는 특정 상황과 기분을 찾았구나. 혼자 있을 때나 남사친구 때문에 우울한 것처럼 말이야. 다른 상황이나 기분이 좋을 때는, 절대 폭식을 안 하는 것도. 상황과 기분이 폭식에 대해 어떻게 영향을 미치는지 알겠니?

사　라 : 네.

치료자 : 또, 폭식이 완전히 통제 불가능한 게 아닌 걸 알겠니? 어떤 상황에서는 폭식을 절대 안 하니까, 그렇지?

사　라 : 네. 그런 식으로는 한 번도 생각해 본 적 없는 것 같아요.

과학에서 실천으로
제거행동의 이득과 손실

치료자 : 자, 제거행동을 그만두고 싶지만 제거행동이 살 빼는 데 도움이 된다고 했어. 맞니?

베　카 : 네. 토하거나 운동하는 거를 멈추면, 아마 체중이 금방 30kg 이나 늘어날 거예요.

치료자 : 음, 잠깐 그 믿음을 들여다 보자꾸나. 지금 너는 폭식한 후 제거행동을 꽤 자주 하지… 아마 하루에 한 번이나 두 번 정도. 저번 달에 얼마나 살을 뺐니?

베　카 : 음, 전혀요. 근데 살이 찌지도 않았죠.

치료자 : 그런데 제거행동이 살을 빠지게 하지는 않았네?

베　카 : 네.

치료자 : 음, 우리 대안을 찾아보자꾸나. 만약 네가 제거행동을 멈추면, 진짜로 '갑자기' 30kg 이나 늘어날까?

베　카 : 30까진 아니고요, 아마도 13 정도요.

치료자 : 만약 네가 13kg 늘어나면, 네 친구들이 너를 거부할 거라 생각하니?

베　카 : 몰라요. 걱정은 돼요.

치료자 : 음, 만약 네 절친 마시가 그 정도로 살이 찌면, 너는 걔랑 친구 안 하거나 놀리거나 그런 비슷한 걸 할 거니?

베　카 : 절대 아니죠.

치료자 : 그럼 넌 마시에게 그렇게 안 할 건데, 마시는 너에게 그럴 것 같니?

베　카 : 안 그럴 거예요. 진짜 친구라면, 제가 살이 쪄도 그렇게 하지 않을 거예요.

분석은 종종 치료에 기꺼이 참여하고자 하는 마음을 향상시킨다. '과학에서 실천으로'에서 제거행동의 이득과 손실을 저울질하는, 베카와 치료자의 상호작용을 살펴보자.

치료의 두 번째 단계에서, 치료는 주로 청소년의 섭식장애에 기여하는 역기능적 생각을 찾고 도전하는 것에 초점을 맞춘다. 청소년들은 상황과 사건이 직접적으로 행동에 영향을 주지 않는다는 것을 배운다. 대신에 신념이 선행사건과 행동 결과 간 관계를 매개한다는 것을 배운다. 많은 치료자들은 선행사건, 믿음, 결과 간의 관계를 분석하기 위해 청소년에게 ABC 접근을 가르친다. '과학에서 실천으로'에서 헤더와 치료자 간의 대화를 살펴보자.

치료자들은 청소년들이 폭식과 제거행동으로 이어지는 왜곡된 생각을 알아차리고 도전하도록 가르치는 데 두 번째 치료 단계의 대부분을 사용한다. '과학에서 실천으로'의 예시에서, 헤더는 이분법적 사고를 가지고 있다. 그녀는 모두 좋거나 혹은 모두 나쁜, 흑백논리적으로 자신을 바라본다. 따라서 다이어트 규칙을 위반한다면, 섭식을 통제하지 못하는 끔찍한 사람이라고 스스로 믿게 된다.

치료의 마지막 단계에서, 치료자와 내담자는 종결과 재발에 대비한 계획을 준비한다. BN을 가진 개인에게 재발은 흔하게 나타나므로, 치료자는 미래의 어느 시점에서 청소년이 폭식과 제거행동을 할 수도 있다는 가능성에 대해 솔직하게 이야기한다. 치료자는 청소년이 재발을 촉발할 수 있는 고위험 상황을 예측할 수 있도록 격려한 후, 치료자와 내담자는 이러한 고위험 상황을 대처할 수 있는 전략을 개발한다.

여러 무선 통제 실험을 통해 BN에 대한 CBT의 효능이 검증되었다(Pike et al., 2004). CBT는 폭식, 제거 행동, 식이 제한, 체형과 체중에 대한 걱정을 감소시키는 것으로 나타났다. 게다가, CBT는 임상적으로 의미 있는 증상의 감소를 가져왔다. 치료 후, 많은 청소년들은 더 이상 BN 진단기준을 충족하지 않았다(Lundgren, Danoff-Burg, & Anderson, 2004). CBT는 폭식 감소와 체중 및 체형에 대한 염려에는 덜 효과적이지만, 다이어트와 제거 행동의 감소에는 가장 효과적인 것으로 나타났다(그림 15.8).

BN 청소년을 위한 치료로 CBT가 가장 널리 사용되고 있지만, CBT는 만병통치약은 아니다(Agras, Crow, et al., 2000; Agras, Walsh, Fairburn, Wilson, & Kraemer, 2000). CBT를 시작한 개인의 20~30%는 CBT를 중도에 그만두고, CBT를 마친 사람들 중에서, 50%는 폭식과 제거행동을 다시 시작한다. 마지막으로, CBT의 효능을 살펴본 대다수의 연구는 후기 청소년과 성인을 대상으로 하였다. 따라서 어린 청소년들을 대상으로 유용성을 살펴보는 더 많은 연구가 필요하다.

과학에서 실천으로

섭식 문제의 A-B-C 접근

치료자 : 자, 이번 주에 폭식을 많이 했고, 완전히 통제를 잃었다고 느꼈다고 했지?

헤 더 : 네. 선생님도 아시겠지만, 다이어트를 진짜 잘 했거든요. 이틀은 진짜 조금 먹었어요. 저지방 요거트랑 찐 야채랑 그런 것들만요. 그러고 나니, 진짜 배고프고 좀 싫증도 나서 감자칩을 좀 먹기 시작했어요. 그게 처음에는 진짜 맛있었는데, 그 뒤에는 다이어트를 망친다는 생각에 굉장히 죄책감이 들었어요. 그렇지만 멈출 수가 없었어요. 한 봉지를 다 먹고도, 배가 완전히 부를 때까지 계속 먹었어요. 그날은 부모님이 외출하신, 수요일이었어요. 나중엔 제가 돼지가 된 것 같은 끔찍함을 느꼈어요. 선생님도 아시겠지만, 진짜 더럽고 엄청 살찐 것처럼 느껴졌어요. 그래서 토했죠. 그러고 나니 기분이 더 엉망이 되었어요. 최근에 정말 잘하고 있었는데, 그런데 또 배가 고파지다니.

치료자 : 그래. 그럼 상황을 더 자세히 들여다 보자꾸나. 너는 배가 고프고 싫증이 났어. 그래서 감자칩을 먹기 시작했지? 그게 폭식하게 만든 사건이지?

헤 더 : 네. 그러고 나서, 전 계속 먹었어요.

치료자 : 그런데 그 사이에 뭔가가 있었어. 네가 감자칩을 먹기 시작할 때, 네 머릿속에 무슨 생각이 지나갔을까?

헤 더 : 몰라요… 아무것도요.

치료자 : 다이어트를 망쳤다는 것에 죄책감을 느꼈다고 하지 않았니?

헤 더 : 네. 이런 생각 같아요. "에라, 이게 뭐야. 다이어트는 망했으니 감자칩 한 봉지를 다 먹고, 나머지도 다 먹어치우는 게 차라리 나아"

치료자 : 바로 그게 내가 의미하는 거야. 감자칩 한 개를 먹은 게 네가 감자칩 한 봉지와 남은 음식을 다 먹은 이유가 아니야. 네 생각이 폭식한 이유야. 너는 "에이, 다이어트를 망치다니 정말 끔찍해. 차라리 돼지처럼 다 먹어치우는 게 나아"라고 생각했고, 그게 네 폭식의 원인이야.

헤 더 : 그런 것 같아요.

치료자 : 음, 만약 네가 그때 다른 생각을 한다면, 다르게 행동하지 않을까? 예를 들면, "음, 감자칩을 조금 먹어서 다이어트를 조금 방해했네. 근데 진짜 배고파. 좀 더 건강한 걸 먹어야겠어."라고 생각했다면, 아마도 넌 폭식하지 않았을 거야.

헤 더 : 네. 아마도요.

그림 15.8 ■ 신경성 폭식증을 위한 인지행동치료의 효과

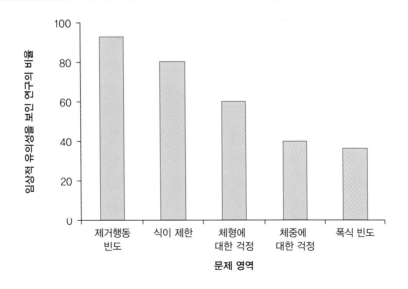

주 : CBT는 제거행동과 식이제한을 감소시키는 데 가장 효과적이고, 체중에 대한 걱정과 폭식 빈도를 감소시키는 데는 가장 덜 효과적이다. 출처 : Lundgren et al. (2004).

대인관계치료

BN 청소년을 위한 치료로 CBT가 가장 널리 사용되고 있지만, 모든 환자가 CBT에 잘 반응하는 것은 아니다. 대안적 치료로 대인관계치료(interpersonal therapy, IPT)가 있다. 대인관계치료는 내담자의 관계의 질에 초점을 둔다는 것을 상기하자. 치료자들은 대인관계 문제가 섭식장애를 야기하였다고 믿지는 않지만, 섭식장애 증상이 청소년의 사회적 기능과 관련되어 있음을 인정한다. 따라서 대인관계치료에서는 섭식장애 증상보다는 청소년의 가족 구성원과 친구와의 관계에 보다 초점을 맞춘다(Murphy, Straebler, Basden, Cooper, & Fairburn, 2012).

IPT는 정신병리의 의학적 모델에 기초를 두고 있다. 즉, 내담자들에게 BN이 신체적, 심리적, 사회적 웰빙을 방해하는, 의학적 질병이라고 이야기한다. 청소년들은 환자 역할을 가정한다. 즉 섭식장애를 가지고 있다고 해서 비난받지 않으며, 증상을 개인의 나약함으로 보지 않는다.

치료자들은 청소년에게 BN에 대해 가르치며, 어떻게 대인관계 문제가 부적응적 섭식과 같이 일어나는지(때로는 유발하는지)에 대해 설명한다. 사실 섭식장애를 가진 사람의 75%가 섭식문제가 발생하기 직전에 유의미한 대인관계 스트레스를 경험한다. 치료자는 청소년의 대인관계 질을 향상시키도록 도와, 청소년 스스로 괜찮다고 느끼며, 섭식을 더 잘 조절할 수 있도록 만든다.

대인관계 치료자들은 청소년의 섭식문제와 관련된 한두 가지의 대인관계 영역을 목표로 삼는다. 이러한 문제는 대략 네 가지 대인관계 문제 영역, 즉 (1) 애도, (2) 역할 변화, (3) 역할 논쟁, (4) 관계기술 부족으로 분류할 수 있다. 첫째, 어떤 청소년의 증상은 애도, 특히 사랑하는 사람의 죽음이나 가족으로부터의 분리와 연관되어 있다. 예를 들어, 청소년은 어머니가 군 복무를 위해 해외로 파병 간 후 심각한 우울과 중간 정도로 심각한 BN을 경험할 수 있다. 어머니의 부재로 인해, 청소년은 집에서 살림과 돌봄을 도맡게 될 것이라 생각할 수 있고, 어머니로부터의 분리와 관련된 부정적인 기분을 잘 대처할 수 없게 된다. 대인관계 치료자들은 어머니와의 동반자 관계에 대한 상실을 애도하도록 돕는다.

둘째, 섭식장애 증상은 청소년의 삶에서의 역할 변화와 관련되었을 수 있다. 새로운 학교 생활이나, 새로운 지역으로 이사 가기, 부모의 이혼에 대처하는 것과 같은 변화된 삶을 경험하는 것은 청소년으로 하여금 새로운 역할을 시도해 보도록 요구한다. 이러한 역할 변화는 청소년의 자존감을 위태롭게 한다. 예를 들어, 고등학교에 진학한 청소년은 중학교에서 통했던 오래되고 편안한 역할을 버리고, 새로운 사회적 역할을 만들어야 한다. 어떤 청소년에게는 이러한 전환이 위협적일 수 있다. 대인관계 치료자들은 청소년이 예전의 사회적 역할에 대해 애도하고, 새로운 주변환경의 도전을 받아들이도록 돕는다. 치료자들은 사회적으로 유능한 새로운 영역을 개발할 수 있도록 청소년을 응원한다.

셋째, 청소년 섭식장애는 대인관계 역할 논쟁과 관련 있을 수 있다. 역할 논쟁은 대개 청소년과 부모가 서로의 행동에 대해 일치하지 않는 기대를 할 때 일어난다. 예를 들어, 15세 청소년은 자신이 데이트를 할 수 있는 충분한 나이라고 생각할 수 있다. 하지만 부모는 최소한 1년은 더 기다려야 하고, 부모들이 인정한 소년과만 데이트해야 한다고 생각할 수 있다. 자녀는 자신들이 특정 권리와 책임을 질 수 있는 나이가 되었다고 여긴다. 하지만 부모는 여전히 자녀를 보호와 지도가 필요한 아동으로 본다. 역할 논쟁은 가정 내 긴장으로 이어지고, 청소년은 이해받지 못하고, 부당하게 대접받았다고 느끼게 된다. 만약 역할 논쟁이 성공적으로 해결되면, 그들은 더 강력한 부모-청소년 관계로 이어질 수 있다. 대인관계 치료자의 목표는 부모-청소년 의사소통을 활성화시켜서, 당사자 모두 서로의 관점을 더 잘 이해할 수 있도록 하는 것이다.

넷째, 섭식장애는 청소년의 대인관계 기술 부족과 연관될 수 있다. 일부 청소년들은 친구를 만들고 유지하는 데 적절한 사회 기술이 부족하고, 다른 청소년들은 사회적으로 철수되거나 파괴적이기 때문에 또래로부터 거절당한다. 예를 들면, 극도로 부끄럼을 타는 청소년은 필사적으로 친구를 원하지만, 어떻게 또래 집단에 참여할지에 대해 자신이 없을 수 있다. 자신이 더 매력적이라면 또래들과 잘 지낼 수 있을 것이라고 믿으면, 그녀는 살을 빼기 위해 다이어트나 제거행동을 시작할 것이다. 대인관계 치료자는 자기주장 기술을 발달시켜 또래와 만날 때나 사회적 관계를 넓힐 때 더 편안함을 느끼도록 도울 수 있다.

대인관계 치료는 BN 증상의 감소, 특히 폭식과 제거 행동의 빈도를 줄이는 데 효과적이라고 예비 연구를 통해 밝혀졌

그림 15.9 ■ 신경성 폭식증 치료에서 CBT와 IPT 비교

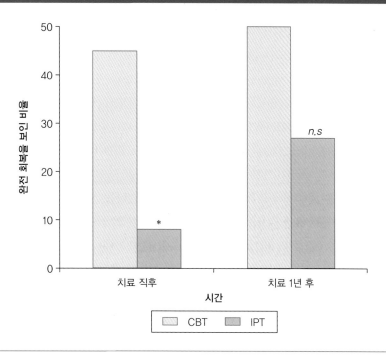

주 : 치료 직후, 더 많은 사람들이 CBT를 받고 향상되었다. 치료 1년 후, CBT와 IBT를 받은 사람들은 비슷한 결과를 나타냈다. 출처 : Wilson, Fairburn, Agras, Walsh, & Kraemer (2002).

* $P<.05$. n.s. = 유의하지 않음

다(Murphy et al., 2012). 대규모의 무선 통제 연구에서는 CBT 와 IPT를 직접적으로 비교하였는데(Agras, Walsh, Fairburn, Wilson, & Kraemer, 2000), 220명의 BN 여성과 소녀가 20주 과정의 CBT나 IPT 치료를 받았다. 치료 결과는 치료 직후와 1년 후를 추적하여 평가되었다. 치료 직후, CBT를 받은 내담자는 IPT를 받은 내담자보다 더 큰 개선 효과를 보였다. 한편 추적관찰에서 IPT에 참여한 내담자는 개선 효과가 지속적으로 향상되어, CBT에 참여한 내담자와 비슷한 기능 수준을 나타냈다. 이러한 경과는 CBT에 반응하지 않는 청소년을 위한 대안으로 IPT의 높은 가능성을 보여준다(그림 15.9).

약물치료

BN을 치료할 때 항우울제가 종종 사용된다. 의사들은 세 가지 이유를 들어 항우울제가 효과가 있을 것이라 예상한다. 첫째, 섭식장애와 우울 사이에는 높은 동반이환을 보인다: 섭식장애를 가진 개인의 80%가 유의미한 기분 문제를 보였다. 둘째, 많은 사람들은 섭식장애의 기저에 낮은 자존감과 불쾌감

이 있다고 본다. 약물로 불쾌감을 줄이는 것은 섭식장애 증상을 완화시킬 수 있다. 셋째, 세로토닌은 기분 조절과 포만감 모두와 관련되어 있다. 세로토닌에 영향을 미치는 항우울제는 기분과 섭식을 향상시킬 수 있다(Bühren et al., 2014).

안타깝게도 삼환계 항우울제와 SSRI 계열이 AN을 치료하는 데 효과가 없는 것으로 무선통제실험을 통해 나타났다(de Vos et al., 2014). 두 약물은 위약과 비슷한 체중 증가 효과를 보였다. 한 연구에서 SSRI인 플루옥세틴(프로작)이 적절한 체중 증가를 보인 환자의 재발 방지에 효과적일 수 있다고 보고 되었다. 그러나 다른 연구에서는 SSRI와 심리치료 두 가지를 다 치료받은 환자들이 심리치료만 받은 환자에 비해 더 좋지 않은 결과를 나타냈다. 따라서 AN 치료에 있어 약물치료는 가장 중요한 치료로 여기지 않는다.

항우울제는 BN을 조절하는 데 효과적이다(Flament, Furino, & Godart, 2005). BN을 가진 700명 이상의 환자들이 참여한 2개의 무선통제실험에서 플루옥세틴은 위약보다 폭식과 제거행동의 감소에 효과적이었다(Fluoxetine Bulimia

그림 15.10 ■ 신경성 폭식증을 위한 약물치료와 심리치료의 효과

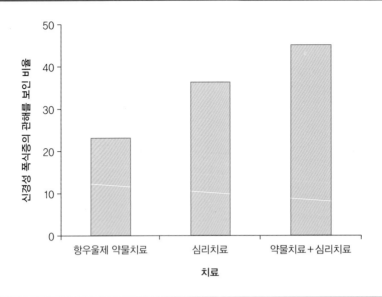

주 : SSRI와 심리치료(특히 CBT)의 결합은 단독 심리치료보다 BN 감소에 경미하게나마 더 효과적이었다. 약물치료 단독은 가장 좋지 않은 결과를 보여준다. 출처 : Bacaltchuk et al. (2000).

Nervosa Collaborative Study Group, 1992; Goldstein, Wilson, & Thompson, 1995). 두 번째 SSRI인 플루복사민(루복스)은 BN에서 회복한 환자들의 재발 방지에 효과적이었다(Fichter, Kruger, Rief, Holland, & Dohne, 1996). 그러나 약물치료를 받은 대다수의 환자들은 폭식과 제거행동을 멈추지 않았다. 약 75~80%의 환자는 약물치료를 받았지만 증상을 계속 보였다. 따라서 약물은 증상을 줄일 수는 있지만, 없애지는 못한다(그림 15.10).

추가적인 자료는 항우울제가 심리치료를 대신할 수 없다고 나타난다(Flament et al., 2005). 4개의 무선통제 연구에서 CBT와 항우울제 약물치료를 비교한 결과, CBT가 약물치료 단독보다 효과가 뛰어났다. 최근 자료 역시 항우울제와 심리치료를 결합한 치료가 CBT 단독보다 약간 더 효과적일 수 있다고 보고하였다. 따라서 약물치료는 CBT의 보조 역할이나 치료 후 재발을 방지하는 수단으로 사용되는 것이 가장 좋을 것으로 보인다.

폭식장애를 가진 어린이에게 효과적인 치료는 무엇인가?

인지행동치료

아동 · 청소년에게서 나타나는 BED 치료는 거의 연구되지 않았다. 다만 성인 BED를 위한 근거기반치료는 다수 확인되었다. 이러한 치료는 어린이들을 위한 개입이 개발될 때까지 아동과 청소년을 위해 변형되어 사용될 수 있을 것이다 (Campbell & Peebles, 2014).

CBT는 BED를 가진 후기 청소년과 초기 성인에게 가장 좋은 치료법이다(Vocks et al., 2010). BED를 위한 치료는 BN을 위한 치료와 비슷하다. 치료의 초기 목표는 내담자에게 폭식 삽화를 촉발하는 상황, 기분, 생각을 인지하도록 가르치는 것이다. '과학에서 실천으로'에서 마고와 치료자의 상호작용을 살펴보자. 마고의 치료자는 폭식의 선행사건이 무엇인지 마고가 인지하도록 돕고자 한다.

나중에 내담자와 치료자는 이러한 선행사건과 부정적인 생각이나 기분을 바꾸는 것에 대해 작업한다. 특히, 회기는 폭식을 촉발하는 섭식과 신체상과 관련된 특정한 자동적 사고를 찾고 그것에 도전하는 것에 초점을 맞춘다. 치료는 또한 부

과학에서 실천으로
폭식장애의 선행사건 찾기

치료자 : 자 이번 주는, 숙제로 폭식하는 시간, 언제 어디서 폭식하는지, 뭘 하였고, 무엇을 느꼈는지를 기록했었지. 이 과제를 하느냐고 정말 고생이 많았구나.

마　고 : 네. 이번 주에는 세 번 폭식했어요.

치료자 : 폭식에서 어떤 양상을 발견했었니? 매일 같은 시간에 폭식하니?

마　고 : 아니요. 대신 제 방에서 컴퓨터를 할 때 언제나 폭식했어요. (공책을 본다) 한번은 인스타그램 할 때구요, 다른 두 번은 숙제 할 때예요.

치료자 : 그럴 때 기분은 어땠니?

마　고 : 거의 우울했죠. 옛 친구의 사진을 보고 있었어요. 작년에 걔가 저한테 못되게 굴어서 더 이상 친구가 아니에요. 그 친구가 좀 그렇고 해서 기분이 안 좋았어요.

치료자 : 또 다른 때는?

마　고 : 좌절감을 느꼈어요. 아시겠지만 제가 학교에서 잘 생활하지도 않고, 숙제도 하기 싫어하잖아요. 저는 먹기 시작했고, 멈

출 수가 없었어요.

치료자 : 그래. 그러니까, 지난주에 네 방에서 컴퓨터를 하거나, 숙제를 할 때 언제나 폭식했구나. 또한 폭식 전에 우울과 좌절감을 느꼈고. 이 정보를 가지고 이번 주 계획을 어떻게 세울 수 있을까?

마　고 : 음. 제가 다른 사람들과 같이 있으면 폭식하지 않는다는 걸 알아요. 그러니까 우리 엄마나 동생이 주변에 있으면 폭식할 수가 없어요.

치료자 : 네 노트북을 부엌 식탁으로 옮기고 거기서 작업할 수 있을까?

마　고 : 아마도요. 아마도 조금 산만해지겠지만, 최소한 폭식은 안 할 거예요. 근데 기분에 대해서는 제가 할 수 있는 게 많지 않은 것 같아요.

치료자 : 아마 스스로에게 약속할 수 있을 거야. 우울하거나 좌절감이 들면, 네 방에서 벗어나고 누군가에게 거기에 대해 얘기하기로 말이야. 얘기할 만한 사람이 있니?

마　고 : 네. 좋은 친구 두 명이 있어요. 한 주 동안 이 계획대로 해 보고 지켜볼게요.

모-자녀 상호작용의 질을 향상시키기 위해 가족 회기를 포함할 수 있다.

　메타분석에서는 CBT가 BED 성인의 폭식을 줄이는 데 효과가 있음을 보여준다(Vocks et al., 2010). 평균적으로, 참가자는 통제집단에 비해 폭식을 1.5 표준편차만큼 줄이는 것으로 나타났다. 게다가 약물(대다수의 연구에서 항우울제) 또한 폭식을 줄이긴 하지만, 효과는 CBT에 비해 작았다. CBT와 약물 치료의 결합은 CBT 단독보다 약간 더 좋은 효과만 나타냈다.

　복스와 동료들(Vocks et al., 2010) 또한 BED를 가진 사람들의 행동적 체중 감소 프로그램의 효과를 평가하였다(그림 15.11). 이러한 프로그램은 폭식을 촉발할 수 있는 불쾌한 기분이나 부적응적 인지보다는 체중 감소에 초점을 맞춘다. 대체로, BED를 위한 체중 감소 프로그램의 효과는 중간 정도로, CBT 효과의 절반 정도였다. 이러한 결과는 BED를 위한 치료에서 식이 습관에만 초점을 두기보다는, 폭식에 선행하는 심리적 스트레스, 생각, 느낌을 다루어야 한다는 것을 보여준다(Wonderlich et al., 2009).

대인관계 치료

데니스 윌플리와 동료들(Wilfley, Frank, Welch, Spurrell, & Rounsaville, 1998)은 BED 아동과 청소년을 돕기 위해 IPT를 개정하였다(그림 15.12). IPT는 특히 BED 어린이에게 유용할 수 있는데, 부모와의 갈등이나 또래로부터의 거절과 같은 대인관계 문제가 종종 폭식과 밀접하게 연관되기 때문이다. 이러한 문제는 우울과 낮은 자존감을 유발한다. 어린이들은 일시적으로 부정적인 느낌을 완화시키기 위해 폭식한다. 폭식은 대개 시간이 지나면서 더 큰 불쾌감과 체중 증가를 낳는다. 만약 IPT가 불편감과 낮은 자존감에 기여하는 대인관계 문제를 완화할 수 있다면, 폭식과 체중 증가를 줄이는 데 유용할 수 있을 것이다.

　IPT의 핵심은 낮은 자존감과 폭식과 관련된 대인관계 문제를 발견하는 것이다. 치료자들은 아동이 치료를 위해 한 가지 대인관계 문제 영역을 찾도록 돕는다. 그리고 나서 치료자와 내담자는 대인관계 문제를 해결하고 내담자의 기분과 사회적 기능을 향상시키기 위해 협력한다.

　예를 들어, BED를 가진 12세 소녀는 어머니와의 잦은 언

그림 15.11 ■ 폭식장애의 인지행동치료

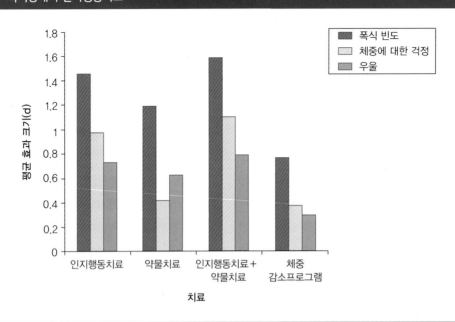

주 : CBT는 BED를 가진 어린이가 나타내는 폭식과 체중에 대한 걱정을 줄일 수 있다. CBT와 약물치료의 결합은 CBT 단독보다 약간 더 좋은 효과를 보인다. 체중 감소 프로그램 단독은 가장 효과가 작았다. 출처 : Vocks & Colleagues (2010).

그림 15.12 ■ 폭식장애를 위한 대인관계 치료

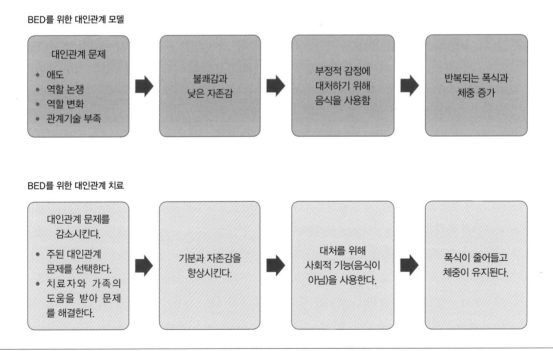

주 : 대인관계 치료는 우울과 폭식에 기여하는 대인관계 문제를 파악하고 완화시키고자 한다. 특히 가족이나 친구와의 관계에 따라 기분이 변하는 아동과 청소년에게 대인관계 치료는 유용하다 출처 : Tanofsky-Kraff et al. (2007).

쟁을 보고할 수 있다. 특히, 어머니가 딸의 체중, 나쁜 학교 수행, 후줄근한 외모에 대해 종종 잔소리한다고 치자. 이러한 언쟁은 집에서 슬픔과 긴장을 느끼는 원인이 된다. 그녀는 긴장을 풀고 만족감을 얻기 위한 도구로서 음식을 사용한다. 대인관계 치료자는 그녀의 문제를 그녀와 어머니 사이의 '역할 논쟁'으로 개념화할 수 있다. 치료의 목표는 소녀가 어머니와의 언쟁을 피하고, 만약 언쟁이 생긴다면 침착하도록 도울 수 있다. 치료는 소녀의 의사소통 기술을 향상시키는 데 초점을 맞춘다. 처음에, 소녀와 치료자는 집에서 어머니와 더 효과적으로 상호작용하는 방법(소리 지르거나 비명 지르거나 냉소적이지 않게)을 역할극을 통해 작업할 수 있다. 나중에, 치료자는 어머니를 회기에 초대하여 의사소통 기술을 함께 연습할 수 있다.

또 다른 아동은 사회적으로 고립되거나 체중 때문에 또래로부터 놀림받을 수 있다. 그는 친구가 없거나 학교 밖에서 취미나 관심사가 전혀 없을 수도 있다. 따돌림 때문에 외롭고 우울해지면, 그는 이러한 기분을 대처하기 위해 음식을 먹게 될

것이다. 대인관계 치료자는 소년을 '관계기술이 부족'한 사람으로 볼 수 있다. 치료의 목표는 친구를 만들고 유지하는 것을 배움으로써 이런 부족함을 극복하도록 돕는 것이다. 처음에 회기는 또래집단에 자신을 어떻게 소개할지, 게임이나 활동에 어떻게 참여할지, 놀림에 어떻게 반응할지와 같은 기본적인 사회적 기술을 배우는 데 초점을 맞춘다. 그 뒤에, 부모의 도움을 바탕으로 아동과 치료자는 아동이 방과후 활동에 더 참여할 수 있는 방법을 찾을 수 있다. 예를 들어, 만약 그가 운동에는 소질이 없지만 예술에 탁월하다면, 학교 농구팀보다는 미술반에 들어 가도록 한다.

IPT는 성인의 BED를 완화하는 데 CBT만큼 효과적이라고 보고되었다. 게다가, 폭식을 감소시키는 데 행동적 체중 감소 프로그램보다 IPT가 더욱 효과적이다. IPT는 자존감을 향상하고 불쾌감을 줄여 내담자를 돕는 것으로 보인다. 아동에게서 유용성을 입증하기 위해서는 추가적인 연구가 필요하다 (Cooper et al., 2016; Fairburn et al., 2015).

주요 용어

골감소증(osteopenia) : 뼈의 질량 감소로, 식욕부진증을 가진 개인에게서 종종 나타남

급식장애(feeding disorder) : 먹는 것과 관련된 지속적 장애로, 음식을 일반적인 방법 외의 다른 방법으로 섭취 혹은 흡수하며, 신체적 건강을 방해하는 DSM-5의 분류 중 하나. 이식증, 되새김, ARFID가 해당됨

급식장애에 대한 교류 모델(transactional model for feeding disorder) : 급식장애가 부모-자녀의 상호작용에서 온다고 가정하며, (1) 높은 생리적 각성과 (2) 까다로운 기질을 보이며, (3) 자녀의 음식 섭취에 대해 불안해하는 부모를 둔 아동들에게서 나타남

되새김장애(rumination disorder) : 적어도 한 달 동안 반복적으로 음식 게워내기를 특징으로 하는 DSM-5의 급식장애. 의학적 상태 혹은 섭식장애가 있는 사람들이 보이는 제거 행동으로 인해 야기되지 않음

모즐리 병원 접근(Maudsley Hospital approach) : AN을 가진 어린이들을 치료하는 방법 중 하나로 (1) 부모를 통해 어린이들을 재급식하고, (2) 의사소통을 향상시키기 위한 구조적 가족치료를 하며, (3) 청소년의 주도권을 증가시키는 세 가지 구성 요소로 이루어짐

밀착(enmeshment) : 구조적 가족치료자들이 부모와 아동 간의 경계가 희미하고 분산된 가족 관계를 설명하기 위해 사용하는 용어

삼자 영향 모델(tripartite influence model) : 섭식장애의 발달에 기여하는 세 가지 위험 요인을 가정하며(또래, 부모, 대중매체), 이러한 요인들이 시간이 지나면서 이상적 마름, 사회적 비교, 신체 불만족을 내면화시킴

성장장애(failure to thrive, FTT) : 영양 결핍과 저체중(연령과 성별에 따라 분류된 성장 표준표에서 5% 미만에 해당)을 특징으로 하는 의학적 상태

식욕 조작(appetite manipulation) : 아동은 수분 공급을 유지하기 위해 수액과 필수 전해질을 제공받지만, ARFID 아동

의 먹고자 하는 동기를 증가시키기 위해 식사 사이에 간식을 먹는 것은 금지됨

신경성 식욕부진증(anorexia nervosa, AN) : (1) 현저한 저체중을 유발하는 칼로리 섭취 제한, (2) 체중이 증가하거나 살이 찌는 것에 대한 극심한 두려움, (3) 체중이나 체형 인식의 장애를 특징으로 하는 DSM-5의 섭식장애

신경성 폭식증(bulimia nervosa, BN) : (1) 반복되는 폭식 삽화, (2) 체중이 증가하는 것을 막기 위한 반복적이고 부적절한 보상 행동, (3) 체형이나 체중에 의해 과도하게 영향을 받는 자기평가를 특징으로 하는 DSM-5의 섭식장애. 증상은 적어도 3개월 동안 일주일에 1회 이상 발생함

얼굴 가리개(facial screening) : 이식증 치료에 사용되는 정적 처벌의 한 형태. 물질 섭취를 제한하기 위해 턱받이 혹은 느슨한 마스크로 입을 일시적으로 가림. 다른 개입이 실패하고 물질 섭취가 잠재적으로 위험한 경우 보호자의 동의하에서 사용됨

완벽주의(perfectionism) : 식욕부진증을 가진 어린이들에게서 나타나는 성격 특성으로, 경직되고 비현실적인 절대적 행동 기준을 추구함. 지나치게 순응적이고, 남을 기쁘게 하고자 하는 강력한 욕구가 나타나며, 자율적 자아가 부족함

이분법적 사고(흑백논리)[dichotomous (black-or-white) thinking] : 개인이 경직되게 자신, 타인, 세상을 전부 '좋은 것' 또는 전부 '나쁜 것'으로 보는 인지 왜곡

이상적 마름(thin ideal) : 섭식장애에 대한 사회적–문화적 이론에 따르면 비현실적이면서 문화적으로 구성된 완벽하다고 여겨지는 여성 몸매로, 대중매체와 사회적 상호작용을 통해 확산됨

이식증(pica) : 적어도 한 달 이상 영양분이 없거나, 음식이 아닌 물질의 지속적 섭취를 특징으로 하는 DSM-5의 급식장애. 발달적이며 문화적인 기대에서 벗어나야 함

이식증 상자(pica box) : 이식증을 가진 아동이 먹는 물질과 비슷한 감각적 특성을 가진 음식물이 들어 있는 상자

이중경로 모델(dual pathway model) : 섭식장애가 (1) 음식의 제한과 (2) 부정적 정서라는 두 가지 경로를 통해 발달한다는 가정

자아동질적(ego-syntonic) : 문제가 있는 것으로 여기지 않거나 개인의 목표와 가치와 일치되는 상태나 장애를 설명하는 데 사용되는 용어

자아이질적(ego-dystonic) : 문제가 있거나 창피한 것으로 여기거나 개인의 목표나 가치와 일치하지 않는 상태나 장애를 설명하는 데 사용되는 용어

재급식 증후군(refeeding syndrome) : 식욕부진증을 보이는 환자가 치료 7~10일 차에 보이는 심장 및 기타 건강 관련 문제

저칼륨혈증(hypokalemia) : 낮은 칼륨 수치를 의미하는 것으로, 반복된 제거 행동과 관련되어 있으며, 잠재적으로 위험함

전해질 불균형(electrolyte imbalance) : 수분 공급과 신진대사를 조절하는 신체에서 발견되는 무기질(예 : 칼슘, 나트륨, 칼륨)의 장애. 제거행동에 의해 유발될 수 있음

지지적 직면(supportive confrontation) : 섭식장애의 입원환자 집단치료에서 사용되는 기술로, 기존 집단 구성원이 새로운 구성원의 인지 왜곡과 음식 강박에 도전하도록 권장됨

진단 이동(diagnostic migration) : 섭식장애를 가진 사람이 시간이 지나면서 진단 분류가 바뀌는 경향, 특히 AN에서 BN으로 이동하는 것

콜레시스토키닌(cholecystokinin, CCK) : 건강한 개인에서 포만감을 주어 섭식을 줄이게 하는 소장에서 분비되는 호르몬

폭식장애(binge eating disorder, BED) : (1) 반복되는 폭식 삽화, (2) 관련된 특징(예 : 빠르게 먹는다, 우울할 때 먹는다, 부끄러워한다), (3) 현저한 고통을 특징으로 하는 DSM-5의 섭식장애. 증상은 적어도 3개월 동안 일주일에 1회 이상 발생함

회피적/제한적 음식섭취장애(avoidant/restrictive food intake disorder, ARFID) : (1) 급식에 대한 흥미 결여, (2) 음식의 감각적 특성에 근거한 회피, (3) 섭식의 부정적 결과에 대한 걱정을 특징으로 하는 DSM-5의 급식장애. 체중 감소, 영양결핍, 다른 건강/사회적 손상의 원인이 됨

비판적 사고 연습

1. 행동치료는 일반적으로 급식장애를 가진 영유아를 위한 치료 방법으로 여겨진다. 급식장애를 가진 아동들의 부모를 위해 치료자가 인지 혹은 지지치료를 제공하는 것이 중요한 이유는 무엇인가?

2. ARFID의 치료를 위해 식욕 조작이 종종 사용되는 이유는 무엇인가? 식욕 조작을 반대하는 일부 치료자들도 있는데 이유는 무엇인가?

3. 폭식하고 제거행동을 하는 15세 소녀를 AN으로 진단할 수 있는가? 제거행동을 전혀 하지 않는 15세 소녀를 BN으로 진단할 수 있는가?

4. 사바나는 BN을 가진 16세 소녀로, 먹는 것을 통제할 수 없다고 느낀다. 그러나 체중이 증가할 수 있다고 느끼기 때문에 치료에 참여하는 것을 두려워한다. 당신이 사바나의 치료자라면 사바나 행동의 장점과 단점을 고려하고, 변화에 대한 그녀의 동기를 높이는 데 결정 분석을 어떻게 사용하겠는가?

5. 로니는 초기 BN 징후를 보이는 15세 소녀이다. 치료 중에 로니는 상담자에게 "저는 피자, 아이스크림, 탄산음료를 먹은 후에, 제가 혐오스러워졌어요. 마치 제가 자제력이 없는 못생긴 게으름뱅이처럼 느껴졌어요. 다른 아이들도 저를 보았기 때문에 그렇게 생각할 거라는 것을 알았어요. 그래서 화장실에 가서 다 토해 냈어요"라고 말하였다. 만약 당신이 로니의 상담자라면, 로니의 사고방식에 어떻게 도전하겠는가?

16

건강 관련 장애 및
소아 심리학

학습목표

이 장을 학습한 다음에 여러분은 다음을 할 수 있어야 한다.

16.1 아동기 배설장애의 특성, 원인, 그리고 근거기반치료를 기술할 수 있다.

16.2 소아 불면증의 특성을 기술하고, 어린 아동의 수면 문제는 청소년이나 성인과 어떻게 다른지 설명할 수 있다.
소아 불면증의 주요 원인 및 근거기반치료를 확인할 수 있다.
아동과 청소년에게 영향을 미치는 다른 수면-각성 장애의 예

를 들 수 있다.

16.3 소아 심리학의 분야를 정의하고, 소아 심리학자의 주요 전문 활동을 설명할 수 있다.
소아 심리학자가 만성적 의학 문제를 가진 어린이들을 어떻게 도울 수 있는지 제시할 수 있다.

젊은 부모에게 자녀와 관련된 주된 걱정을 기술하라고 하면, 아마 이 두 가지가 목록의 가장 위에 나올 것이다: (1) 배변 훈련, (2) 수면. 화려하지는 않지만 배변 훈련과 '밤새 자는 것'은 모든 어린 아동들이 직면하고 해결해야 할 중요 발달 과업이다. 자녀들이 이러한 목표에 도달하고 이러한 발달 과업을 순조롭게 진행하도록 돕는 방법은 자녀의 자율성과 자기효능감뿐만 아니라 부모의 유능감과 웰빙에도 지대한 영향을 미친다(CHristophersen & Vanscoyoc, 2013).

배설(배변 훈련)과 수면 장애는 적어도 세 가지 공통점을 가진다. 첫째, *전형적 발달로부터의 일탈*이라는 개념으로 가장 잘 설명될 수 있다. 생애 첫 몇 년 동안, 대부분의 아동들은 대소변 조절과 스스로 잠드는 법을 습득한다. 그러나 배설 및 수면 장애는 대부분의 아동들이 보이는 전형적 발달 경로로부터 근본적으로 지연 혹은 일탈된 것을 의미한다. 일부 아동의 경우 발달의 민감한 시기에 이러한 기술을 획득할 수 있는 기회를 놓친 것일 수 있다. 예를 들면 배변 훈련을 배워야 하는 초기 아동기에 가족의 일상에 혼란이 생긴 경우 이러한 기술을 배우지 못하게 되고 나중에도 기술 습득에 어려움을 경험하게 된다. 따라서 이러한 장애를 가진 아동들을 치료하기 위해서는 유사한 발달상에 놓여 있는 또래들이 가지고 있는 이러한 기술을 습득하도록 도와 초기 발달상의 지연이나 결핍을 수정하도록 해야 한다(Lyons-Ruth et al., 2014).

둘째, 배설과 수면 장애는 *아동의 신체와 행동상 건강 간의 복잡한* 상호관계를 보여준다. 예를 들면 유분증을 가진 많은 아동들은 만성적인 변비를 가지고 있다. 그러나 변비만을 치료한다고 해서 바지를 더럽히는 문제가 해결되는 것이 아니다. 대신에 아동에게 약물치료와 더불어 배변 훈련(예 : 가고 싶을 때를 알아차리기)과 당황, 저항 혹은 두려움을 감소시키도록 가르쳐야 한다. 따라서 장애를 평가하고 치료하는 과정에는 거의 언제나 의학적, 행동적 전문가가 동반해야 한다(Sulik & Sarvet, 2015).

셋째, 아동의 배설 및 수면 기술의 습득은 *보호자와의 관계*라는 맥락 속에서 나타난다. 따라서 이 장애들은 아동의 문제라기보다는, 부모와 아동의 관계 속에 존재하는 것으로 바라보아야 한다. 예를 들면 많은 아동들은 잠들기 어려워한다. 물을 마신다거나, 이야기를 더 읽어 달라고 하거나, 화장실을 가야 하기 때문이다. 이런 수면의 어려움은 아동의 시간 끌기를 간헐적으로 강화하는 부모에 의해 유지된다. 이런 수면의 어려움은 부모와 자녀의 상호작용 패턴을 반영한다. 따라서 이들 장애의 치료는 부모와 자녀 모두를 대상으로 한다(Ivanenko & Johnson, 2016).

이번 장에서는 영유아 및 아동에게서 흔히 볼 수 있는 배설장애와 수면 장애에 초점을 맞출 것이다. 그다음에는 의학적 질병과 장해를 가지고 있는 아동들을 돕는 임상 아동 심리학의 한 영역인 소아 심리학(pediatric psychology)에 대해 토의할 것이다. 더불어 아동의 문제가 발달상의 일탈, 아동의 신체적·심리적 웰빙의 상호작용, 그리고 치료에 있어 부모-자녀 상호작용의 중요성을 어떻게 반영하는지 살펴볼 것이다.

16.1 배설장애

유뇨증이란 무엇인가?

기술

평균적으로 아동은 2세 반이 되면 주간에, 3세가 되면 야간에 소변을 가리게 된다(Houts, 2010). 그러나 약 1,000만 명의 미국 어린이들은 주간 혹은 야간 유뇨증을 경험하며, 4~5%는 아동기 유뇨증 진단 기준을 만족한다(Shreeram, He, Kalaydjian, Brothers, & Merikangas, 2009).

유뇨증(enuresis)은 5세 이상의 어린이가 반복적으로 침대나 옷에 소변을 보는 것으로 정의된다(표 16.1). 진단 기준을 만

표 16.1 ■ 아동의 배설장애	
유뇨증	**유분증**
수의적이든 불수의적이든, 반복적으로 침대나 옷에 소변을 본다.	수의적이든 불수의적이든, 대변을 부적절한 장소(예 : 옷, 바닥)에 본다.
적어도 3개월 동안 일주일에 2회 이상 나타나거나 스트레스/손상을 야기한다.	적어도 3개월 동안 한달에 1회 이상 나타난다.
아동은 최소한 5세 이상이어야 한다(또는 이와 동일한 발달 수준).	아동은 최소한 4세 이상이어야 한다(또는 이와 동일한 발달 수준).
약물이나 의학적 상태로 인한 것이 아니다.	약물(예 : 설사약)이나 변비를 제외한 의학적 상태로 인한 것이 아니다.
명시 : 야간형 단독 주간형 단독 주야간형 복합	명시 : 변비와 범람 요실금 동반 변비와 범람 요실금 동반하지 않음

출처 : American Psychiatric Association (2013).

족하는 소변보기는 적어도 3개월 연속으로 일주일에 2회 이상 나타나야 한다. 또한 소변보기를 증가시키는 것으로 알려진 이뇨제나 선택적 세로토닌 재흡수 억제제(selective serotonin reuptake inhibitors, SSRI)와 같은 약물에 의해 유뇨증이 야기되지 않아야 한다. 유뇨증은 야간형(밤에만 나타남), 주간형(낮에만 나타남), 혹은 주야간형이 있다(Friman, 2008).

진단 기준에는 들어 있지 않지만, 대부분의 임상가는 유뇨증을 일차성인지 이차성인지 명시한다. 일차성 유뇨증(primary enuresis)은 한 번도 소변 가리기를 하지 못한 아동에게 붙여진다. 이차성 유뇨증(secondary enuresis)은 적어도 6개월 동안 소변 가리기를 하였으나 다시 유뇨증이 시작하였을 때 붙여진다. 유뇨증이 있는 아동의 75~80%는 일차성 유뇨증을, 나머지는 이차성 유뇨증으로 분류된다(Friman, Resetar, & DeRuyk, 2009). 일차성 유뇨증을 가진 트레버를 살펴보자.

일차성과 이차성 유뇨증의 구별을 통해 임상가는 유뇨증의 원인을 알 수 있다. 예를 들면, 일차성 유뇨증을 가진 아동들 대부분은 행동적, 정서적 문제가 없으나, 이차성 유뇨증을 가진 아동들은 ADHD나 적대적 행동 문제를 보인다(Garralda & Rask, 2015). 또한 이차성 유뇨증은 새로운 집으로 이사 가기, 동생의 출생, 부모의 별거와 같은 스트레스 상황에서 발생한다. 한 연구에 따르면, 아동의 81%가 이차성 유뇨증 발병 한 달 전에 스트레스 상황을 경험하였다(Friman, 2008; Friman et al., 2009).

역학

아동 10명 중 1명은 주간형 혹은 야간형 유뇨증을 보인다(Houts, 2010). 8~11세 사이의 아동 중 약 4.5%가 유뇨증 진단 기준을 만족한다. 유뇨증은 소녀(2.5%)보다는 소년(6.2%)에게서 보다 흔한데, 아마도 소년의 신경계 및 배설계의 성숙 지연 때문일 것이다. 유뇨증의 빈도는 나이가 들면서 감소한다. 8세 아동의 유뇨증 빈도는 7.8%인데 반해, 9세 아동의 경우 3.8%이며 이후 지속적으로 감소한다(Shreeram et al., 2009). 매년 유뇨증 아동의 15%가 치료 없이 회복되는데, 아마도 신체적 성숙 때문일 것이다. 그러나 청소년의 1~2% 및 성인의 1%는 유뇨증을 가지고 있어, 유뇨증이 일부 개인에게는 지속됨을 알 수 있다(Brown, Pope, & Brown, 2010; Mikkelsen, 2015).

연관된 문제

유뇨증의 초기 이론들은 정신역동 이론에 근거를 두었기 때문에 유뇨증은 잠재적 정신건강의 문제를 반영한다고 보았다. 최근의 경험적 연구는 이런 가설을 지지하지 않는다. 유뇨증이 있는 아동이나 없는 아동이나 사회적 혹은 정서적 문제에 있어 아무런 차이가 없다고 부모나 교사에 의해 보고되었다. 아동이 낮은 자존감 같은 정서적 문제를 보이더라도, 이것은 유뇨증의 원인이라기보다는 유뇨증의 결과이다. 유뇨증 아동이 커 갈수록 그들의 자존감은 더 낮아졌다. 사회-정서적 문제는 대부분 여아들, 이차 유뇨증을 보이는 어린이들, 그리고 주뇨증을 가진 아동들에서 나타난다(Garralda & Rask,

사례연구
유뇨증

슬립오버에 갈 수가 없어요

유뇨증이 있는 트레버는 9살 소년으로 소아과 의사의 권유로 우리 병원에 의뢰되었다. 트레버는 낮에는 실수하지 않지만, 밤에는 야뇨증 문제가 있다. 트레버의 야뇨증 문제가 처음 생겼을 때 부모들은 힘든 시간을 가졌다. 트레버를 반복적으로 체크했고, 트레버가 실수할 때마다 한밤중에 그를 깨웠으며, 침구를 새로 바꾸었다. 수개월 동안 부모님들은 트레버가 실수하지 않도록 저녁 식사 후 음료를 적게 먹이거나, 한밤중에 화장실을 가도록 깨웠으며, 보상을 주기도 하였다. 이런 방법들이 먹히지 않을 때, 부모들은 트레버에게 풀업(pull-ups, 팬티처럼 입는 기저귀_역주)을 입게 하거나 방수요 위에서 자게 하였다. 대부분의 밤에 트레버는 잠들고 1~2시간 내에 침대에 실수하였으며 아침까지 깨지 않았다.

트레버의 어머니는 "풀업을 입을 채로 자게 하는 게 훨씬 쉬워요. 트레버가 실수하지 않도록 노력을 기울였지만, 정말 온 가족이 힘들어요. 남편과 저도 하루 종일 피곤하고, 트레버도 학교에서 졸려 해요. 트레버와 같은 방을 쓰는 동생도 이 소란 때문에 언제나 잠에서 깨요"라고 이야기했다. 트레버의 아버지도 "트레버가 실수하지 않으면 정말 좋겠지만, 그게 안 되네요"라고 덧붙였다.

나중에 트레버와 단독으로 면담을 하게 되었을 때, 심리학자가 물었다. "풀업을 입고 자는 게 귀찮니?" 트레버는 "그렇지 않아요. 이제 적응했구요, 저희 가족들은 그것에 대해 아무 말도 하지 않아요"라고 대

©iStockphoto.com/JBryson

답했다. 트레버는 잠시 멈췄다가 덧붙였다. "그런데 친구들이 작년에 세 번 슬립오버(하룻밤 자고 오는 것_역주)에 초대를 했는데, 갈 수가 없었어요. 그중에 한 번은 절친의 생일 파티였는데, 참석할 수가 없어요. 걔가 저한테 '날 좋아하지 않아서 파티에 오지 않는 거야?'라고 물었지만 사실대로 이야기할 수 없었어요".

심리학자는 "실수하지 않는 것을 배울 수 있다면, 많은 것들이 쉬워지겠지? 방법을 찾아보자꾸나"라고 이야기하였다.

2015).

한편 유뇨증이 ADHD와 관련 있다는 연구들이 있다(Ghanizadeh, 2010). 유뇨증을 가진 아동의 35%가 유의미한 ADHD 증상을 보였으며, ADHD를 가진 아동은 그렇지 않은 아동에 비해 세 배 이상 유뇨증을 보였다. ADHD는 주뇨증을 가진 남아에게서 가장 흔하다. 두 장애의 기저에는 각성의 어려움이 내재되어 있다. ADHD 아동은 각성과 주의집중에 어려움이 있다면, 유뇨증 아동은 야간 및 주간 활동 동안 방광이 꽉 찼다는 것을 알아차리거나 이에 반응하는 데 어려움이 있다(Elia et al., 2009; Shreeram et al., 2009).

야뇨증은 온 가족에게 스트레스이다. 아동은 밤에 실수하는 것에 대해 종종 창피하거나 부끄러움을 느낀다. 부모 역시 자신을 탓하거나 아동을 탓하기도 한다. 또한 야뇨증은 모든 가족의 수면 주기에 영향을 미치며 부부 갈등을 야기하기도 한다. 이미 심리사회적 스트레스, 예를 들면 한부모 혹은 낮

은 사회경제적 지위(socioeconomic status, SES)를 가진 가족에게 유뇨증은 추가적인 부담을 제공한다(Houts, 2010).

부모가 유뇨증을 유발하는 것은 아니지만, 유뇨증을 유지시키거나 악화시키기도 한다. 일부 부모들은 아동의 유뇨증을 게으름 혹은 반항으로 여긴다. 다른 부모들은 자신들이 아동의 유뇨증을 통제하지 못하기 때문에, 부모로서 무기력감을 느낀다. 따라서 그들은 아동의 유뇨증에 대해 소리 지르기, 엉덩이 때리기 또는 죄책감 유발하기(예 : 왜 이렇게 힘들게 하니? 조심성이 없구나) 등의 적대적이거나 강압적인 방법을 취한다. 이러한 귀인은 아동의 유뇨증에 대처하는 부모의 능력에 제한을 두게 한다. 또한 이러한 생각은 부모-자녀 갈등을 야기하고 스트레스와 부정적 감정을 유발한다(Cobussen-Boekhorst, van Genugten, Postma, Feitz, & Kortmann, 2013; Friman, 2008).

부모들은 때로는 아동의 유뇨증에 오히려 역효과를 낳는

방식으로 대처한다(van Dommelen et al., 2009). 예를 들면 많은 부모들은 야뇨증이 있는 어린 아동들에게 기저귀나 풀업을 입게 한다. 이런 속옷류는 소변을 흡수하여 아동을 편안하게 하지만, 아동이 실수하여도 깨지 않도록 만든다. 따라서 이 아동들은 방광이 꽉 찼다거나 실수하지 않기 위해 방광에 힘을 주는 법을 배울 수 없게 된다. 어떤 부모들은 밤에 실수하지 않기 위해, 의도를 가지고 저녁 식사 후 아동의 음료를 제한하기도 한다. 음료 제한은 야뇨증을 줄이거나 지연시키지만, 아동이 방광이 꽉 찬 느낌을 인식하고 이에 제대로 대처하지 못하도록 한다. 마지막으로 일부 부모들은 '들어올리기' 방법을 쓴다: 아동이 침대를 적시면 아동을 화장실로 들고 가거나 아동을 깨우지 않고 아동을 씻긴다. 들어올리기는 아동을 부끄럽게 만들지는 않지만, 아동이 밤새 침대에 실수하지 않는 방법을 역시 배우지 못하게 한다(Christophersen & Friman, 2010; van Herzeele, De Bruyne, De Bruyne, & Walle, 2015).

유뇨증의 원인은 무엇인가?

야뇨증의 원인

야뇨증이 있는 아동의 약 85%는 단일 증상 일차성 유뇨증(monosymptomatic primary enuresis, MPE)을 보인다. 이들은 밤에만 실수하며, 6개월 이상 야뇨증을 보이며, 야뇨증과 관련하여 의학적인 이유는 없다(Houts, 2010). MPE 아동은 잠들고 얼마 지나지 않아 실수하고, 평상시와 비슷한 양의 소변을 보며, 실수한 후에도 깨지 않는다. 이런 아동들은 대개 행동 문제나 정서 문제를 보이지 않는다(Mikkelsen, 2015).

연구들은 MPE의 원인을 네 가지로 보았다. 첫째, MPE는 높은 빈도로 유전된다. 야뇨증 아동이 밤에 소변을 가리는 나이를 예측하는 가장 확실한 요인은 부모가 이러한 성취를 해냈을 당시의 나이이다. 만약 부모 모두가 유뇨증의 과거력을 가지고 있다면, 아동의 77%가 유뇨증으로 발병한다. 만약 부모 중에 한 명만 유뇨증의 과거력을 가지고 있다면, 자녀의 유병률은 44%으로 떨어진다(Christophersen & Friman, 2010).

둘째, MPE를 가진 아동의 약 20%는 소변을 농축시켜 소변량을 감소시키는 호르몬인 아르기닌 바소프레신(arginine vasopressin, AVP)이 적게 분비된다. 낮은 AVP 분비로 인해 방광의 용량을 넘어서는 소변을 생산하게 되어 아동이 밤에 침대에 실례하게 만든다(Rittig & Kamperis, 2015).

셋째, MPE를 가진 대부분의 아동은 잠자는 동안 방광이 꽉 찼다는 신호에 적절하게 반응하지 못한다. 부모들은 이런 아동들을 '깊은 잠'에 빠졌다고 묘사하지만, 수면 연구 결과 MPE는 수면의 전 단계에 걸쳐 일어나며, MPE 아동들은 비전형적 수면 패턴을 보이지도 않는다. 그러나 대부분의 MPE 아동들은 수면 중 각성에 어려움이 있다. 각성은 중요한 단계로, 아동들로 하여금 방광이 꽉 찼음을 인식하고 1) 소변을 참고, 2) 일어나서 화장실에 가도록 한다. 그러나 MPE 아동들은 방광이 꽉 찼음을 인식하지 못하며, 침대에서 실수를 하여도 깨지 않게 된다(Houts, 2010).

넷째, MPE 아동의 대부분은 수면 중에 소변을 참는 것이 어렵다. 4살 반 무렵까지 대부분의 아동들은 꽉 찬 방광을 인식하고, 수면 중에 골반기저근육을 수축시켜 소변을 참는다. 그러나 MPE 아동들은 소변을 참지 못하고 침대를 적시게 된다. 소변을 참지 못하는 것은 아마도 유전적으로 신체적 성숙이 지연되었거나, 생성되는 소변량이 많거나, 방광이 꽉 찬 것을 인식하지 못하거나, 꽉 찬 방광과 소변을 참기 위해 필요한 수축을 연합시켜 학습하지 못했기 때문일 것이다. MPE의 치료에는 아동에게 꽉 찬 방광을 인식하고, 이러한 감각에 반응하여 소변을 참도록 하는 과정이 포함된다(Houts, 2010; Mikkelsen, 2015).

야뇨증이 있는 아동의 약 15%는 다증상 야뇨증(polysymptomatic nocturnal enuresis, PSNE)을 보인다. MPE 아동과는 다르게, PSNE를 가지는 아동은 밤새 침대를 적시며, 적은 양의 소변을 배출하며, 배출 후 잠에서 깬다. PSNE 아동은 또한 낮에도 실례를 하는 경향이 있으며, 자주 그리고 갑자기 배뇨의 욕구를 느낀다.

PSNE는 복합적인 문제로 광범위한 생물학적 그리고 심리학적 요인에 의해 유발되나, 두 가지 요인이 가장 흔하다. 첫째, PSNE 아동의 약 3분의 1은 안정적이지 않은 방광 상태를 보인다. 즉 밤중에 방광 수축을 통제하지 못하기 때문에, 소변을 즉각적으로 배출하게 된다. 둘째, PSNE를 갖는 일부 아동은 기능적 방광 용량이 적어서, 배출하고자 하는 욕구를 느낄 때, 적은 양의 소변만을 참을 수 있다. 따라서 PSNE 아동은 종종 주간과 야간 모두에서 화장실에 가고 싶은 욕구를 보고한다(Brown et al., 2008).

주뇨증의 원인

주뇨증의 유병률에 대해서는 알려진 바가 없다. 그러나 5~7세 아동의 약 1~2%가 낮 시간에 실수를 한다(Christophersen & Friman, 2010). 주뇨증을 보고하는 이유는 다양하다. 주뇨증을 보고하는 대부분의 아동들은 주간과 야간 모두에서 불안정한 방광 상태를 보인다(예 : 방광 수축을 통제하지 못함). 이들은 갑자기 그리고 예측하지 못한 배출의 욕구를 경험하는 전형적인 PSNE를 나타낸다. 불안정한 방광으로 인한 주뇨증은 대부분 여아에게서 흔하며, 요도관 감염과 같은 의학적 이유와 관련되어 있으며, 심리사회적 스트레스로 인해 야기되기도 한다.

주뇨증의 또 다른 이유는 배뇨 지연(voiding postponement)이다. 대부분의 부모나 교사들이 알고 있듯이, 어떤 아동들은 (대부분은 남아) 일과 활동에 너무 열중한 나머지 방광이 꽉 찼다는 것을 인식하지 못하여 낮에 실수를 하게 된다. 다른 아동들은 과잉활동적이고 충동적이어서 화장실에 가는 시간을 갖지 않는다. 배뇨 지연이 나타나는 아동들은 눈에 띄는 아동들로, 화장실에 자주 가지 않으며, 소변을 참는 방법을 사용하며(예 : 다리를 꼬거나, 안절부절 못하거나), 어른들이 재촉해야 화장실에 간다(Christophersen & Friman, 2010).

적은 수의 일부 아동들, 특히 여아들은 배뇨를 담당하는 근육들의 조절 부족으로 인해 주뇨증이 나타난다. 이 아동들은 배뇨를 담당하는 외요도 괄약근을 이완하는 대신 수축한다. 그 결과 이들은 소변을 보기 위해 안간힘을 쓰고, 나오는 소변이 중단되었다가, 남은 소변은 종종 볼 일을 다 본 후에 나오기 시작한다(Garralda & Rask, 2015).

유뇨증 아동에게 효과적인 치료법은 무엇인가?

야뇨증 치료

유뇨증은 심각한 문제인가? 치료의 대상인가? 유뇨증을 가지는 대부분의 아동이 결국에는 소변을 참을 수 있게 되지만, 회복은 종종 느리고 스트레스를 가져다 준다. 유뇨증은 아동의 자존감, 삶의 질을 낮추고 아동의 사회적 활동(예 : 캠프, 슬립오버)을 방해하며, 부모에게 부담을 준다. 대부분의 아동은 치료를 받으면서 주뇨증이나 야뇨증을 의미 있게 감소시키며, 효과적인 치료는 아동의 웰빙과 사회적 기능을 향상시킬 수 있다. 그럼에도 많은 부모들은 아동들이 나이가 들면 자연스럽게 유뇨증이 멈출 것이라 바라본다. 미국의 경우 유뇨증 아동의 36%만이 치료를 받았다(Brown et al., 2008; Sheeram et al., 2009).

유뇨증의 성공적인 치료는 의사, 행동건강 전문가, 가족 간 협동을 통해 가능해진다(van Herzeele et al., 2015). 치료 전에 소아과 의사는 아동의 유뇨증이 의학적 상태로 인해 유발되었는지 여부를 검사를 통해 평가한다. 예를 들면, 요도관 감염, 당뇨병, SSRI는 아동에게 유뇨증을 유발하기도 한다. 대변이 방광에 압력을 주어 생기는 변비 또한 유뇨증을 유발할 수 있다. 아주 드문 경우지만, 해부학적 이상을 가진 아동의 경우 유뇨증이 발생하기도 한다. 그러나 90~95%의 경우, 유뇨증은 의학적 이유를 갖지 않기 때문에, 행동 개입이 효과적이다(Campbell, Cox, & Borowitz, 2009; Williams, Jackson, & Friman, 2008).

행동 개입은 가족의 지원과 동기에 달려 있다. 치료자는 첫 치료 회기를 가족들과 시간을 보내면서 아동 유뇨증의 본질 및 치료에 참여하고자 하는 가족의 능력과 자발성을 평가한다. 행동치료는 전형적으로 부모와 아동의 시간과 노력을 필요로 하며(야뇨증의 경우 수면 부족도 포함), 이러한 개입에 대한 가족들의 이해와 헌신이 중요하다. 종종 치료자는 부모와 아동에게 치료에 참여하는 가족 구성원들에게 기대되는 활동이 무엇인지 적혀 있는 행동 계약서에 사인하도록 한다(Mikkelsen, 2015).

행동치료

야뇨증 치료에 선택되는 방법은 소변 경보이다(Perrin, Sayer, & While, 2015). 소변 경보(urine alarm)는 아동의 팬티에 착용하는 작은 기계장치로, 밤에 실례를 할 때 젖게 되는 부위이다(그림 16.1). 이 장치는 건전지로 작동되며, 아동의 잠옷에 부착되는 작은 경보(알람)에 연결되어 있다. 아동이 실수를 하면, 소변이 기계의 전기 회로를 활성화시켜 경보가 울리게 된다. 경보는 대개 아동을 깨우게 되어 아동이 밤에 실수한 것을 깨닫게 한다(Axelrod, Tornehl, & Fontanini-Axelrod, 2014).

소변 경보는 고전적 조건형성을 통해 배뇨을 중단하는 것

그림 16.1 ■ 야뇨증을 위한 소변 경보

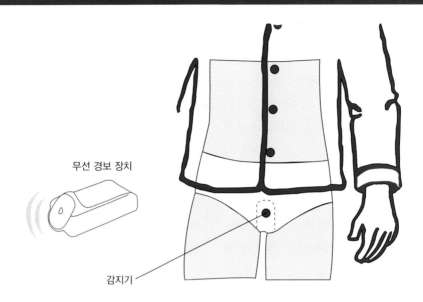

무선 경보 장치

감지기

으로 여겨진다. 경보는 아동을 놀라게 하여 골반기저근육의 수축을 유발한다. 이러한 수축이 배뇨를 억제한다. 고전적 조건 반응(conditioned response, CR)은 부적 강화 혹은 회피 학습을 통해 유지된다. 시간이 지나면서, 아동은 방광이 꽉 찼다고 느낄 때 골반기저근육을 수축하여 경보가 울리는 것을 피할 수 있음을 학습한다. 결국 아침까지 수축을 통해 수면 중 배뇨를 지연시킬 수 있다(Lyons-Ruth et al., 2014).

소변 경보를 사용하는 아동의 약 59~78%는 8~14주가 지나면 야뇨증을 멈추게 된다. 증상이 향상되지 않는 대부분의 아동들은 경보에도 깨지 않거나 경보에 익숙해 버린다(Houts, 2010). 만약 소변 경보가 단독으로 효과적이지 않으면, 임상가는 전체 스펙트럼 가정 훈련(full spectrum home training, FSHT)으로 전환한다(Mellon & Houts, 2007).

FSHT는 (1) 교육과 행동적 계약, (2) 소변 경보 훈련, (3) 청결 훈련, (4) 보유 조절 훈련, (5) 과잉 학습이라는 5개의 구성 요소로 이루어졌다.

첫째, 치료자는 야뇨증의 해부학적 및 생리학적 지식에 대해 가족들에게 가르친다. 행동 치료자는 야뇨증을 방광이 꽉 찬 것과 수면중 배뇨 억제를 관련지어 학습하지 못한 문제라고 기술한다. 치료는 경보를 이용하여 아동을 깨움으로써 이러한 관련성을 가르친다. 부모는 야뇨증으로 아동을 비난하거나 혼내지 말라고 교육받으며, 사실 그대로 상황을 이야기하도록 지시받는다(예 : "아, 침대가 젖었구나. 씻으러 가자"). 부모는 또한 학습을 방해할 수 있는 두 가지 전략인 밤에 아동의 음료를 제한하거나 풀업 입히는 것을 피하라고 교육받는다. 마지막으로 치료자는 가족 구성원들의 역할이 기술되어 있는 행동 계약서에 가족들이 사인하도록 요청한다.

둘째, 가족들은 가정에서 소변 경보 사용을 시작한다. 가족들은 벽면 차트를 이용하여 밤에 실수하지 않은 날을 기록한다. 목표는 아동이 연속으로 14일 동안 밤에 실수하지 않는 것이다. 아동이 밤에 실수하지 않으면, 아동은 칭찬과 더불어 작은 선물이나 스티커를 얻게 된다. 만약 아동이 실수를 하여 경보가 울리게 되면, 아동이 즉각적으로 일어나 경보를 끄도록 한다. 일단 깨고 나면 아동은 화장실로 가서 소변을 보도록 한다.

셋째, 경보로 인해 깨고 난 다음에 부모는 청결 훈련(cleanliness training) 연습을 시작한다. 아동의 나이에 따라 부모는 아동에게 젖은 침구와 잠옷을 세탁기에 넣도록 지시한다. 그리고 나서 새 침구와 잠옷으로 갈아입고 잠들기 전에 소변 경보 장치를 다시 가동시킨다. 아동의 야뇨증 횟수에 따라, 경보를 듣고 청결 훈련을 하는 것이 하룻밤에도 몇 번씩 일어날 수 있다.

넷째, 아동은 보유 조절 훈련(retention control training)을 한다. 보유 조절 훈련의 목적은 아동의 기능적 방광 용량을 향상

표 16.2 ■ 야뇨증 치료		
	성공율(14일 밤을 연속하여 실수하지 않음)	
치료	치료 후 즉시	1년 후
소변 경보	59~78%	34~43%
전체 스펙트럼 가정 훈련	64~86%	45~75%

주 : 전체 스펙트럼 가정 훈련은 소변 경보 단독보다 야뇨를 멈추는 데 조금 더 효과적이다. 출처 : Houts (2010).

시켜 배뇨 전에 좀 더 참을 수 있도록 하는 것이다. 낮 시간 동안 부모는 아동에게 물을 많이 마시게 한 후 3분 동안 화장실에 가지 못하게 한다. 아동이 이 과제를 성공하면 작은 보상을 준다. 아동이 최대 45분 동안 배뇨를 지연시킬 수 있을 때까지, 매일 참는 시간을 3분 간격으로 늘린다.

다섯째, 아동이 24일 밤을 연속하여 실수하지 않으면 부모는 과잉 학습 절차를 시작한다. 과잉 학습(overlearning)이란 아동의 재발을 방지하기 위해 방광의 감각과 배뇨를 참는 수축의 관계를 더 연습시키는 것이다. 아동이 자러가기 15분 전에 120g의 물을 마시도록 하고 밤에 실수하지 않는지 지켜본다. 아동이 이 과정을 성공하면, 부모는 점진적으로 물의 양을 늘려 240~300g의 물을 마셔도 실수하지 않도록 훈련시킨다.

소변 경보만을 사용하는 것보다는 FSHT를 사용하는 것이 밤에 실수하는 것을 멈추는 데 좀 더 효과적이다(표 16.2). 또한 FSHT처럼 다중 구성으로 이루어진 치료법이 소변 경보 단독보다 재발을 방지하는 데 훨씬 효과적이다(Houts, 2010; Murphy & Carr, 2013).

약물치료

많은 의사들은 유뇨증 치료로 단독 혹은 행동 개입과 더불어 사용하는 약물치료를 추천한다. 그러나 약물치료는 일반적으로 장기간 사용이 권장되지 않는데, 약물치료가 항상 야뇨증을 감소시키는 것이 아니며, 복용할 때만 효과가 있기 때문이다(Mikkelsen, 2015).

데스모프레신(desmopressin, DDAVP)은 야뇨증 치료를 위해 가장 많이 처방되는 약물이다. 이것은 야간 소변 생성을 감소시키는 바소프레신이라는 호르몬의 합성물이다. DDAVP는 코에 뿌리는 스프레이 혹은 입속에서 녹는 냉동건조 형태의 약물로 복용한다. DDAVP를 복용한 아동의 25~60%가 밤에 실수하지 않는다. 그러나 복용을 중단하면 20% 아동만이 밤에 실수하지 않는다. 또한 DDAVP는 비싸기 때문에, 단기적으로(예 : 슬립오버) 혹은 치료에 저항하는 아동에게만 사용된다(Chua et al., 2016; Mikkelsen, 2015).

다른 두 가지 약물치료도 통상적이진 않지만 사용된다. ADHD 치료제로 사용하는 선택적 노르에피네프린 재흡수 억제제인 아토목세틴(스트라테라)가 야뇨증 어린이들을 위해 처방된다. 아토목세틴은 각성을 증가시켜 아동이 방광이 꽉 찼음을 느끼도록 하여 야간 배뇨를 억제한다. 무선 통제 연구에서 아토목세틴을 처방받은 집단은 위약 집단보다 작지만 의미있는 배뇨 감소를 가져왔다(Sumner, Schuh, Sutton, Lipetz, & Kelsey, 2006). 옥시부티닌(디트로판)은 주뇨증 아동의 불수의적 방광 수축을 감소시키는 항경련제 약물이다. DDAVP와 마찬가지로, 옥시부티닌은 복용할 때만 효과적이어서 복용을 중단한 경우 재발율은 85%에 달한다(Mellon & Houts, 2007).

주뇨증 치료

주뇨증의 기원과 치료에 대해서는 잘 알려져 있지 않다. 주뇨증이 있는 대부분의 아동들은 방광이 꽉 찼다는 것을 알아차리지 못한다. 아동들이 안절부절하여 선생님이나 부모가 화장실에 가라고 알려줘도, 아동들은 배뇨의 필요성을 알아차리지 못하는 것 같다. 풀업을 장기적으로 사용함으로써 아동들은 배뇨를 인식하지 못하게 되고, 실수하지 않으려는 동기도 감소하게 된다(Christophersen & Friman, 2010).

주뇨증 치료는 (1) 아동들이 방광이 꽉 찼다는 느낌을 인식하도록 돕기, (2) 골반기저근육의 조절을 향상시켜 화장실에

도착할 때까지 배뇨를 참기, (3) 기능적 방광 용량을 향상시켜 보다 긴 시간 동안 배뇨를 지연하기의 세 가지 구성 요소로 이루어진다.

아동의 배뇨 욕구에 대한 인식을 향상시키기 위해, 대부분의 임상가는 아동에게 낮 시간 동안 정해진 시간에 화장실에 가도록 한다. 일정 시간 동안(예 : 아침 내내) 아동이 실수하지 않으면, 이러한 성취에 대해 보상한다. 가능하다면 학교에서도 정해진 시간에 화장실에 가도록 한다. 아동에게는 학교에서 '화장실 이용권(bathroom pass, 수업 시간에 화장실을 가려면 화장실 사용에 대한 허락을 미리 구해 두어야 함_역주)'이 주어진다. 화장실 이용권을 남용하지 않도록, 학교가 끝날 때까지 사용하지 않은 화장실 이용권에 대해 보상이 주어질 수도 있다. 일부 아동들은 소변 경보 장치를 낮 시간에도 착용하고 있어서, 아주 작은 양의 배뇨라도 알아차릴 수 있다.

골반기저근육을 강화하기 위해, 임상가는 배뇨 시 잠깐 멈추었다 다시 배뇨하는, 케겔 훈련(Kegel exercise)을 아동에게 가르친다(이미지 16.1). 하루에 적어도 세 번 이상 케겔 훈련을 하면, 배뇨를 참는 능력이 향상된다.

기능적 방광 용량을 향상시키기 위해, 아동은 보유 조절 훈련을 하기도 한다. 보유 조절 훈련은 배뇨 전에 아동이 좀 더 소변을 참을 수 있도록 도와주어 배뇨의 횟수를 감소시킨다. 주말에는 과잉 학습을 하도록 임상가가 권유하여, 아동이 낮

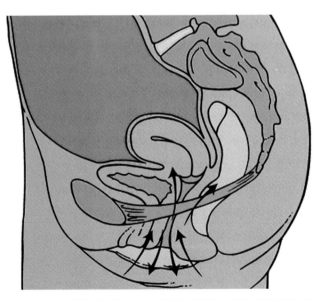

이미지 16.1　케겔 운동은 반복적으로 골반기저근육을 수축하고 이완시키는 운동으로, 때로는 '케겔 근육'이라고도 불린다. 이 근육을 강화시켜 낮 시간 동안의 배뇨를 감소시키도록 돕는다.

시간 동안 점진적으로 더 많은 양의 음료를 마시고 실수를 하지 않도록 한다(Christophersen & Friman, 2010).

유분증이란 무엇인가?

기술

유분증(encopresis)이란 변을 적절하지 않은 장소, 예를 들면 옷이나 바닥에 반복적으로 보는 것이다. 대부분의 경우 변을 보는 것은 불수의적이지만, 일부 아동에게 있어 변 보기는 의도적이다(예 : 부모를 화나게 하기 위해 변을 봄). 정의상 아동들은 최소한 3개월에 한 번 이상 부적절하게 변을 보아야 하며, 아동들은 적어도 4세 이상이어야 한다. 또한 정의상 유분증은 변을 보도록 하는, 설사제 같은 완화제에 의해 유발된 것이 아니어야 한다. 마지막으로 박테리아성 혹은 바이러스성 질병과 같은 의학적 장애로 인해 유발되지 않아야 한다.

DSM-5(American Psychiatric Association , 2013)의 진단 체계에 기술되지 않았지만, 많은 임상가들은 일차성 유분증과 이차성 유분증을 구별한다. 일차성 유분증(primary encopresis)은 유분증 없이 지나간 과거력이 없는 아동에게서 관찰된다. 대조적으로 이차성 유분증(secondary encopresis)은 정상적으로 화장실을 사용했던 과거력이 있은 후에 유분증이 다시 등장하는 것으로 특징지어진다. 유분증의 경로와 의도를 아는 것이 중요한데, 이 정보가 유분증의 원인과 치료에 도움이 되기 때문이다. 예를 들어, 일차성 유분증이 있는 아동이 낮 시간에 실수를 한다면, 체계적 배변 훈련이 도움이 된다. 대조적으로 여동생의 아기 침대에 반복적으로 변을 보는 이차성 유분증이 있는 아동은, 형제 간 경쟁 혹은 가족 스트레스를 다루는 개입이 도움이 된다(Mikkelsen, 2015).

역학 및 연관된 문제

미국의 경우 약 3%에 해당하는 취학 아동들이 유분증 진단을 만족한다(Friman, 2008). 7세 아동의 약 1.4%가 일주일에 한 번 변실금을 보이는 반면, 6.8%은 아주 가끔 변실금을 보인다(von Gontard, 2011). 대개 남아가 여아보다 4~6배가량 더 유분증을 보인다(Campbell et al., 2009).

유분증을 보이는 아동의 심리사회적 기능을 살펴본 연구들은 서로 다른 결과를 보고한다. 일부 연구는 유분증 아동들이

유분증이 없는 또래들에 비해 행동적 혹은 사회정서적 문제를 더 많이 보인다고 보고한다(Friman et al., 2009). 일차성 유분증 아동들은 덜 만족스러운 관계, 더 많은 슬픔, 분리와 사회적 활동과 관련하여 더 많은 불안을 보고한다. 이차성 유분증 아동들은 의도적인 배변 여부에 상관없이 최근 스트레스 상황을 경험하였거나, 적대적 반항 문제를 보인다. 유분증을 가지는 모든 아동들이 가족이나 또래들에게서 이끌어내는 부정적 반응을 고려할 때, 낮은 자존감과 사회적 문제의 위험이 높다(Friman et al., 2009).

유분증을 갖는 약 30%의 아동들은 또한 유뇨증을 보인다. 종종 두 장애 모두 장기화된 변비의 결과로 나타나는, 확장된 결장에 의해 야기된다. 확장된 결장은 방광에 압력을 가하게 되어 유뇨증을 유발한다(Campbell et al., 2009).

유분증의 원인은 무엇인가?

80~95%의 경우 유분증은 변비와 범람 변실금(overflow incontinence)에 의해 유발된다(그림 16.2). 아동이 변을 장기간 보지 못하기 때문에 변비가 발생한다. 장기간 변을 보지 못하는 이유는 다양하다: 아동이 다른 활동(예 : 게임, 운동) 때

문에 주의를 기울이지 못해서, 화장실에 쉽게 갈 수가 없어서(예 : 학교에 있는 상황), 아동의 식사가 지나치게 제한되거나 불규칙적이어서(예 : 너무 적은 섬유질을 먹음) 또는 장기간 스트레스를 경험하고 있기 때문일 것이다(예 : 새로운 집으로 이사감). 적대적이면서 반항적인 아동들은 말 그대로 화장실 가기를 거부한다. 다른 아동들은 화장실에 가는 것에 이상하리만큼 취약하여 당황스럽다거나 창피하다고 느낀다. 다른 아동들은 배변 시 불쾌감 혹은 통증을 느끼기 때문에 화장실 가는 것을 피한다(Friman, 2008).

이유에 상관없이, 대변이 항문관에 남아있게 되면 직장 벽은 대변 때문에 확장된다. 대변이 쌓이게 되면(대변 보유형), 두 가지 결과가 야기된다 : (1) 직장이 확장되고, (2) 직장에 대변이 쌓이면, 직장을 지나는 신경이 이를 아동에게 알려야 하는데 이러한 예민성이 떨어진다. 비록 대변은 (항문)관에 쌓이지만, 아동은 대변을 밀어내야 하는 감각을 잃어버리게 된다.

시간이 지나면서 대변에 있는 수분은 체내로 재흡수되고 대변은 돌처럼 굳어져서 배출하기 어려워진다. 고전적 조건형성의 원리를 따라, 아동은 배변활동과 통증을 연합시켜 화장실 가는 것을 피하게 된다(Lyons-Ruth et al., 2014).

새로운 대변이 계속해서 굳어진 대변 위에 쌓이게 되면, 갑

그림 16.2 ■ 유분증은 대개 범람형 변비에 의해 유발된다

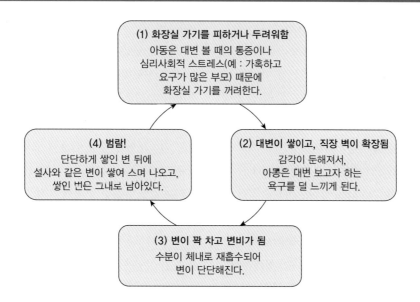

(1) 화장실 가기를 피하거나 두려워함
아동은 대변 볼 때의 통증이나 심리사회적 스트레스(예 : 가혹하고 요구가 많은 부모) 때문에 화장실 가기를 꺼려한다.

(2) 대변이 쌓이고, 직장 벽이 확장됨
감각이 둔해져서, 아롱은 대변 보고자 하는 욕구를 덜 느끼게 된다.

(3) 변이 꽉 차고 변비가 됨
수분이 체내로 재흡수되어 변이 단단해진다.

(4) 범람!
단단하게 쌓인 변 뒤에 설사와 같은 변이 쌓여 스며 나오고, 쌓인 변은 그대로 남아있다.

주 : 치료는 변비를 경감시키고 아동에게 화장실을 규칙적으로 가도록 가르친다. 출처 : Butler (2008).

자기 굳어진 대변을 통과하여 스며나와 아동의 옷을 더럽히기도 한다. 새로운 대변은 대개 설사와 비슷하다. 따라서 많은 부모들은 잘못 알고 설사약을 아동에게 먹이는데, 이것이 아동의 변비를 더 악화시킨다(Mikkelsen, 2015).

범람 변실금을 가지는 아동은 유분증을 거의 조절하지 못한다. 그러나 이러한 아동들은 거의 변비를 호소하지 않기 때문에, 많은 부모들은 아동의 실수를 고집스러움, 게으름 혹은 반항으로 잘못 귀인한다. 가혹한 훈육은 거의 언제나 아동을 좌절시키고, 문제 해결을 위해 부모와 협동하려는 마음을 감소시킨다.

유분증 아동은 약 15%는 변비가 없다. 이러한 아동의 대부분은 일차성 비보유형 유분증이다: 이들은 대변 훈련을 제대로 마치지 못하였으며 종종 실수를 범한다. 이러한 아동들은 화장실을 가지 못하게 하는, 발달상의 문제나 신경학적 상태를 가지고 있다. 소수의 아동들은 이차성 비보유형 유분증을 보인다: 이들은 배변 훈련을 마쳤으나 고의로 부적절한 장소에 변을 본다. 이러한 아동들은 대개 적대적 반항 행동의 과거력을 가지는 소년들이다. 그러나 일부 아동들은 주요한 삶의 사건, 예를 들면 부모의 별거, 입원, 성적 학대 등을 경험한 후 유분증을 나타내기도 한다. 성적 학대가 유분증의 원인일 수도 있지만, 대개 아동들은 다양한 이유로 유분증을 보인다. 유분증은 성적 피해의 전형적 지표는 아니다(Friman, 2008).

유분증 아동에게 효과적인 치료법은 무엇인가?

변비로 인한 유분증을 치료하기 위해서는 의사, 치료자와 가족 간의 협력이 필요하다. 치료를 시작하기 전에 아동은 반드시 소아과 의사의 검사를 통해 희귀한 다른 의학적 장애 때문에 유분증이 유발된 것이 아님을 확인해야 한다. 예를 들면, 선천성 거대결장증(Hirschsprung's disease)은 대장 벽을 따라 있는 근육을 조절하는 신경이 없어서 대변이 차는 것을 느끼지 못하는 희귀한 질환이다(Williams et al., 2007). 또한 소아과 의사는 아동이 변비를 앓고 있는지, 그래서 변비를 경감시키기 위해 완화제나 관장약을 처방받았는지를 확인해야 한다. 아동의 장이 비워지고 나면, 의사는 변을 부드럽게 하고, 아동의 소화 능력을 향상시키며, 앞으로 변비가 생길 가능성을 낮추는 완화제를 추천한다(Campbell et al., 2009).

행동치료는 유분증의 원인, 특히 범람으로 인한 변비에 대한 설명으로 시작한다. 그리고 나서 치료자는 치료의 이유를 설명한다. 부모와의 초기 면담의 일부인 '과학에서 실천으로'를 읽어 보라.

아동의 '대장을 건강하게' 하기 위해서, 치료자는 과일, 야채, 통곡식의 섭취를 늘리고, 유제품을 줄이고, 물을 많이 마시게 하는 식단의 변화를 권유한다. 그리고 나서 아동은 규칙적인 화장실 가기를 연습하게 된다. 아침과 저녁을 먹은 후 약 15~20분 지나 아동은 5~10분 정도 대변을 보기 위해 변기에 앉아 있는 훈련을 받는다. 부모는 아동의 프라이버시를 존중해주어야 하며, 아동이 화장실에서 책을 읽거나 음악을 들을 수 있도록 허락한다. 또한 아동에게 맞는 변기 크기와 아동의 발이 편안하게 놓일 수 있도록 신경을 써야 한다.

규칙적으로 화장실을 가게 만들기 위해서 부모들은 변기에 앉을 때마다 작은 보상을, 대변 보기를 성공할 때마다 큰 보상을 줄 수 있다(Boles, Roberts, & Vernberg, 2010). 옷을 더럽히는 것을 방지하기 위해, 부모는 청결 훈련(cleanliness training)이나 대처 비용(response cost)을 사용할 수 있다. 청결 훈련은 옷을 더럽힌 후에 아동이 치우는 것을 의미한다(예 : 옷을 벗고 세탁기에 집어 넣는다). 대처 비용은 실수 후에 보상을 철회하는 것을 의미한다. 부모는 또한 옷을 더럽히는 실수 후에 아동이 변기에 제대로 앉는 것의 중요성을 강조하기 위해 연습을 시킬 수 있다. 예를 들면 부모는 아동이 화장실로 달려가 변기에 앉는 것을 수차례 연습시킬 수 있다(Friman et al., 2009).

다수의 무선통제연구를 통해 변기에 규칙적으로 앉히기와 같은 행동치료와 정적 강화를 결합한 치료가 변비에 의해 유발된 유분증을 감소시키는 데 효과적임이 밝혀졌다. 또한 완화제 등과 결합된 행동 개입이 완화제만을 단독으로 사용하는 치료보다 유분증 감소에 효과적이다(Brazzelli, Griffiths, Cody, & Tappin, 2011).

비보유형 유분증(변비에 의해 유발되지 않음)을 치료하기 위해서는 장애의 원인이 중요하다. 일차성 비보유형 유분증을 가진 아동은 배변 훈련이 도움이 된다. 이런 유형의 유분증을 가진 아동은 발달적 지연을 보인다는 것을 기억하자: 따라서 치료자는 배변 훈련을 위한 다단계 과정을 성공적으로 따라갈 수 있는 인지 능력을 아동이 가졌는지부터 확인해야 한

과학에서 실천으로
가족에게 유분증을 설명하기

치료자 : 자, 시간이 지나면 브래드의 대장은 점점 커지고 확대될 거예
요. 원래 크기보다 훨씬 크게 늘어나게 되는 거죠. 또한 대장
을 둘러싼 신경들이 제대로 기능을 발휘하지 못하게 되죠. 대
장이 꽉 찼는데도 뇌에 신호를 보내지 못해요. 그래서 브래드
는 화장실에 언제 가야 하는지 알 수 없게 되죠.

엄　마 : 그래요? 그럼 브래드가 속옷에 (대변을) 보는 것이, 브래드의
잘못이 아니라는 거네요?

치료자 : 네. 브래드는 아마 알아차리지도 못할 거예요. 그렇지?

브래드 : (고개를 끄덕거린다)

치료자 : 그래서 브래드가 실수하지 않아서 칭찬하거나, 실수했다고
벌주는 것은 아무 소용이 없어요. 실수했다고 브래드 기분을
상하게 하는 것도 도움이 되지 않아요. 대신에 브래드의 대장
을 건강하게 만들어 주어야 되요. 지금은 상태가 좋지 않은,
물렁물렁하고 무기력해진 운동선수와 같아요. 우리는 브래드
의 대장이 원래 모습을 찾게 해서 최선의 경기를 할 수 있도록
해야죠. 브래드 역시 매일 약간의 연습이 필요하구요. 어머님
이 브래드를 도울 수 있어요.

다(예 : 앉기, 닦기, 씻기). 이차성 비보유형 유분증을 가진 아
동은 유분증 치료 전에 아동이 옷을 더럽히는 원인이 무엇인
지부터 살펴보아야 한다. 예를 들면, 적대적이며 반항적인 아
동, 두려움이 많은 아동 혹은 성적 피해자인 아동은 이러한 문
제에 특화된 치료를 받아야 한다(Mikkelsen, 2015).

16.2 아동의 수면–각성 장애

수면–각성 장애란 무엇인가?

수면은 자연스러운 과정이지만, 혼자서 잠에 드는 것, 밤에
계속 자는 것, 그리고 충분히 수면을 취하여 다음날 개운하
기 위해서 아동은 생애 초기 몇 년 동안 이러한 기술을 개발해
야 한다. 이러한 기술을 개발하기 위해서는 아동 신경계의 성
숙, 아동의 기질과 행동, 건강한 수면 습관을 장려하는 부모
의 능력이 요구된다. 발달상에 있는 아동은 출생후 청소년기
에 이르기까지 수면 행동과 수면 구조(sleep architecture)의 변
화(예 : 중추신경계의 활성화)를 보여준다. 아동의 수면 패턴
과 수면 구조가 발달하면서, 수면 문제도 등장한다(표 16. 3).
수면–각성 장애(sleep-wake disorder)는 수면 패턴의 혼란이나
수면의 질, 시간, 수면의 양에 대한 불만족으로 특징지어지는
DSM-5의 복합 분류이다. 정의상 이러한 장애는 고통이나 손
상으로 초래한다(American Psychiatric Association , 2013; Lyons

-Ruth et al., 2014).

수면장애는 몇 가지 방법으로 확인할 수 있다. 대개 아동의
수면 문제는 부모의 보고를 통해 평가된다. 심리학자는 아동
의 수면 습관, 질, 환경에 대해 가족에게 질문한다(Cortese et
al., 2013). 잠재적 수면장애를 선별하기 위해, 일부 전문가들
은 BEARS라는 두음어를 사용한다.

> 아동은 잠드는 데 어려움(bedtime difficulties)이 있는가?
> 아동은 낮에 지나치게 졸려 하는가(excessively sleepy)?
> 아동은 밤중에 깨서(awaken during the night) 다시 잠들지
> 못하는가?
> 아동은 규칙적인 잠들기–일어나기 패턴(regular sleep-wake
> schedule)을 가지는가?
> 아동은 수면 중에 코를 골거나(snore) 숨쉬는 데 어려움이
> 있는가?

부모는 또한 아동의 수면과 각성을 기록하기 위해 수면 일
기를 작성할 수 있다. 아동의 수면 지속 기간과 질을 보다 객
관적으로 추정하기 위해, 아동은 활동계(actometer)를 착용할
수 있다. 활동계는 아동의 다리나 팔에 부착되는 작은 장치로
신뢰롭고 정확하게 야간 활동을 알려준다.

수면을 평가하는 '최적 표준(gold standard)'은 수면다원검
사(polysomnogram, PSG) 혹은 '수면 연구(sleep study)'이다
(Crabtree & Williams, 2009). PSG를 실시하기 위해서, 아동은

표 16.3   ■   발달상 나타나는 수면 행동, 구조, 그리고 잠재적 문제

연령	행동	구조	잠재적 문제
신생아	하루 24시간 동안 3~4시간 간격으로 고르게 수면을 취함, 하루에 16~18시간을 잠	잠들자마자 REM 수면으로 들어감, 수면의 대부분을 REM 수면에 머무름, 다른 수면 단계는 잘 구별되지 않음	잠들거나 (깼다가) 다시 잠드는 것은 부모에게 달려있으며, 대개 정상적인 것으로 간주됨
2~4개월	3개월이 되면 영유아는 24시간 수면-각성 주기에 익숙해짐, 낮보다 밤에 더 많은 수면을 취함, 밤에 깨더라도 자기 진정을 통해 다시 잠듦	잠들자마자 비 REM 수면으로 들어감, REM 수면에서 더 적은 시간을 보냄	영유아는 부모의 도움 없이 잠드는 것이 어려워짐
6~12개월	9개월이 되면 대부분의 아동은 밤새 잠듦(6~7시간), 2~3번의 낮잠을 포함하여 전체 수면은 14~15시간임	6개월이 되면 영유아는 사춘기 전까지 안정적인 일주기 리듬을 가짐, 비 REM 단계가 구별됨(성인처럼)	영유아는 부모의 도움 없이 잠들거나, (깼다가) 다시 잠드는 데 어려움이 있음, 몽유병이나 '밤새 내내 잠드는 것'에 어려움이 있음
1~2세	1번의 낮잠을 포함하여 전체 수면은 12~14시간임	3세까지 REM 수면이 전체 수면의 30% 정도로 줄어듦	아동은 분리 불안을 보이며, 떨어져 자는 것을 거부함
3~5세	전체 수면은 11~12시간임, 아동의 75%가 5세가 되면 더 이상 낮잠을 자지 않음	수면 주기는 90분까지 늘어남(성인처럼)	인지 발달로 밤을 두려워하는 것이 흔하게 나타남, 잠드는 것을 거부함, 각성 장애가 나타남, 일부 아동은 수면 무호흡을 보임
6~12세	아동은 10~11시간의 수면이 필요하나 대개 충분한 수면을 취하지 못함, 수면 잠복기(sleep latency, 잠자는 데 걸리는 시간)는 약 20분임	후기 아동기까지 대부분의 아동들은 성인 같은 수면 주기를 보임	아동은 잠자러 가기를 거부함, 일부 아동은 불안으로 인한 불면증을 보임
12~18세	청소년은 9~11시간의 수면이 필요하나 대개 충분한 수면을 취하지 못함, 일주기 리듬의 지연으로 인해 늦게까지 깨어 있고 늦게 일어남	사춘기가 되면, 청소년은 멜라토닌의 위상 지연(phase delay)으로 인해 일주기 리듬의 지연이 나타남	청소년은 불안 관련 불면증을 보임, 학교생활과 다른 활동으로 인해 수면이 줄어들어 낮에 졸려 함

출처 : Owen & Burnham (2009), Reite, Weissberg, & Ruddy (2009).

반드시 병원에서 밤을 보내야 하는데 이때 수면 활동이 모니터링된다(이미지 16.2). 뇌 활동[뇌전도(electroencephalogram, EEG)], 안구 움직임[[안구전위도(electrooculogram, EOG)], 근육 활동[근전도검사계(electromyograph, EMG)], 심장 리듬[심전도(electrocardiogram, ECG)]이 측정된다. PSG는 수면 지속시간과 질을 평가할 수 있고, 수면 구조의 이상을 탐지할 수 있으며, 호흡과 관련된 수면 문제를 확인할 수 있다(Miano et al., 2016).

예를 들면, 그림 16.3은 정상 발달과정에 있는 아동의 수면 구조를 보여준다. 의사는 아동의 수면 주기를 관찰하고, 수면-각성 장애가 생길 수 있는 시기를 찾을 수 있다.

수면장애는 아동에게 고통 혹은 손상을 야기한다(O'Brien, 2009). 수면장애가 있는 나이 든 아동과 청소년은 성인과 동

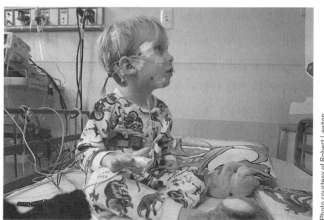

이미지 16.2   수면 문제의 원인을 파악하기 위해 수면 연구에 참여할 준비를 하고 있다. 수면다원검사는 수면 중 아동의 뇌활동(EEG), 안구 움직임(EOG), 근육 활동 또는 골격근 활성화(EMG), 심장 리듬(ECG), 호흡을 측정한다.

Photo courtesy of Robert Lawton

그림 16.3 ■ 정상 발달과정에 있는 아동의 수면 구조

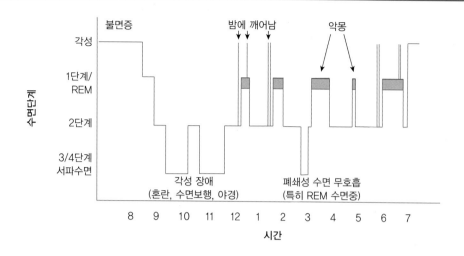

주 : 밤에 깨어 나거나 다시 잠드는 수면 주기(이완된 각성, 비 REM, REM)를 밤새 반복한다. 수면장애가 가장 잘 일어나는 시기를 그림에 명명하였다. 출처 : Leu & Rosen (2008).

일한 징후와 증상을 보인다(예 : 하품, 졸려움). 대부분의 어린 아동들은 과잉활동, 충동성, 과민성과 같은 역설적인 증상을 보인다. 수면 문제는 주의, 집중, 문제해결의 손상과 관련되어 있다. 수면 문제가 있는 어린이들은 학교에서 행동적, 학업적 어려움을 보인다(Mindell & Owens, 2015).

수면장애는 부모에게도 똑같은 어려움을 가져다 준다. 수면장애를 가진 아동의 보호자들은 종종 아동과 유사한, 낮 시간의 졸려움과 피로, 집중의 어려움, 과민성, 불쾌감의 증상들을 보고한다. 수면 문제를 가진 아동을 양육하는 것은 극심한 스트레스를 가져다 주는데, 특히 부모가 다른 심리사회적 어려움(예 : 부부 불화, 한부모 가정, 불규칙한 근무 시간)을 가진 경우에는 더욱 그렇다. 아동의 수면 문제와 부모의 고통 간 관계는 또한 양방향적이다 : 아동의 문제가 양육 스트레스를 만들고, 부모의 양육 스트레스에 의해 수면 문제는 더욱 악화된다(Ivanenko & Johnson, 2016).

아동의 약 25%는 발달 과정 중에 수면 문제를 경험한다. DSM-5는 20개의 수면-각성 장애를 확인하였다. 이 책에서는 아동에게서 가장 흔하게 관찰되는 다섯 가지 장애에 초점을 맞출 것이다 : (1) 불면증, (2) 일주기 리듬 수면장애, (3) 수면 각성 장애, (4) 악몽 장애, (5) 폐쇄성 수면 무호흡 저호흡증(Ivanenko & Johnson, 2016).

소아기 불면증이란 무엇인가?

기술

불면증(insomnia disorder)은 아동 시기에 가장 흔하게 나타나는 수면 문제로, 수면의 양이나 질에서 불만족감을 경험하는 수면 문제로 정의할 수 있다(표 16.4). 불만족감은 아동 혹은 부모에 의해 보고된다. 영유아나 어린 아동들은 수면 문제를 보고하지 않기 때문에, 불면증 진단은 아동의 수면 문제가 부모에게 얼마나 영향을 미치는지에 따라 결정된다. 즉, 잠들기를 거부하거나 몽유병과 같은 유사한 어려움을 아동들이 보일 수 있지만, 아동의 수면 습관 때문에 힘들어하는 부모의 보고가 있는 아동만 진단을 받는다(Meltzer & Mindell, 2014).

불면증은 아동의 나이와 발달에 따라 결정된다. 영유아나 걸음마기 아동은 전형적으로 잠들기 어렵고, 밤중에 깼다가 다시 잠들기 어려워한다. 미취학 아동과 취학 아동은 잠들지 않으려고 시간을 끌거나, 잠자기를 거부할 수 있다. 나이 든 아동과 청소년들은 불안으로 인해 잠들기 어려워한다(Reid, Huntley, & Lewin, 2009).

수면 문제는 일주일에 적어도 세 번 이상 밤에 발생해야 한다. 또한 '지속성' 불면증으로 진단받기 위해서는 최소한 3개월 동안 문제가 지속되어야 한다. 수면 문제의 지속 기간이 짧을 경우 급성(<1개월 미만) 또는 아급성(1~3개월)으로 명명한다.

표 16.4 ■ 불면증의 진단 기준

A. 수면의 양이나 질의 현저한 불만족감으로, 다음 중 한 가지 이상의 증상과 연관된다.
  1. 수면 개시의 어려움(아동의 경우 보호자의 개입 없이는 수면 개시가 어려움).
  2. 수면 유지의 어려움으로 자주 깨거나 깬 뒤에 다시 잠들기 어려운 양상으로 나타남(아동의 경우 보호자의 개입 없이는 다시 잠들기 어려운 것으로 나타나기도 함).
  3. 이른 아침에 깨어나 다시 잠들기 어려움.
B. 수면 교란이 사회적, 직업적, 교육적, 학업적, 행동적 또는 다른 중요한 기능 영역에서 임상적으로 현저한 고통이나 손상을 초래한다.
C. 수면 문제가 적어도 일주일에 3회 이상 발생한다.
D. 수면 문제가 적어도 3개월 이상 지속된다.
E. 수면 문제는 적절한 수면의 기회가 주어졌음에도 불구하고 발생한다.
F. 불면증이 다른 수면-각성 장애로 더 잘 설명되지 않으며, 이러한 장애들의 경과 중에만 발생하지 않는다.
G. 불면증은 물질의 생리적 효과로 인한 것이 아니다(예 : 남용 약물, 치료약물).
H. 공존하는 정신과적 문제나 의학적 상태가 현저한 불면증 호소를 충분히 설명할 수 없다.

출처 : *Diagnostic and Statistical Manual of Mental Disorders*, Fifth Edition (2013), 미국정신의학협회 판권 소유. 재인쇄 허가받음.

역학

수면 문제는 아동에게 흔하다. 약 25~50%에 이르는 부모들은 아동이 가끔 수면 문제를 가진다고 보고한다. 수면장애는 초기 아동기에 흔하며 발달할수록 감소한다. 예를 들면 영유아 및 걸음마기 아동(25%), 미취학 및 취학 아동(10%), 청소년(5%)의 주요 수면 문제 유병률은 나이가 들면서 감소한다. 수면 문제는 특히 지적 장애(30~80%), 자폐스펙트럼장애(ASD : 50~70%), 그리고 만성적 건강 문제를 가진 아동에게서 흔하다(Ivanenko & Johnson, 2016).

아동기 불면증의 원인은 무엇인가?

불면증은 아동의 연령과 발달 정도에 따라 다양한 형태로 발현된다. 따라서 불면증의 단일 원인은 없다. 그럼에도 아동기 불면증을 설명하는 몇 가지 포괄적 모델이 제안되었다. 이러한 모델은 불면증이 아동의 특성, 부모의 특성, 아동과 부모의 상호작용에 의해 결정된다고 보았다(그림 16.4). 예를 들면 까다로운 기질로 인해 잠들기 어려운 영유아, 의학적 문제로 인해 밤중에 깨어있는 아동, 범불안장애로 인해 잠자리에서 걱정을 하는 청소년처럼, 일부 어린이들은 수면장애의 발병 위험이 높다. 특정 부모들도 역시 아동의 수면 문제를 효과적으로 대처하지 못한다. 예를 들면 일부 부모들은 아동의 건강

과 웰빙에 미치는 수면의 중요성을 잘 알지 못한다. 높은 수준의 심리사회적 스트레스를 경험하는 다른 부모들 역시 규칙적인 잠자리 루틴을 만드는 데 어려움을 경험한다. 따라서 아동의 수면장애는 부모의 위험 요인, 예를 들면 스트레스, 피로, 양호하지 않은 신체 건강, 우울, 가족 문제 등과 연관되어 있다(Badin, Haddad, & Shatkin, 2015 ; Reid et al., 2009).

혼자서 잠들기 어려움

영유아가 보이는 가장 흔한 수면 문제는 혼자서 잠들기 어려워 하는 것이다. 출생 후 6개월까지, 대부분의 유아는 부모에게 의지하는데, 부모가 영아의 행동과 정서를 충분히 조절하여 잠들도록 한다. 6~7개월이 되면 건강한 영아는 자기 위안 능력이 발달하여 혼자서 잠들 수 있게 된다.

아동 스스로 자기 위안 기술을 키우지 못하도록 하는 부모에 의해 수면 문제가 발생한다. 미국의 유아 및 걸음마기 아동의 약 12~30%는 부모의 침대에서 같이 잔다. 가족의 사회-경제적 배경이나 양육 과거력에 따라 같이 자는 것에 대한 이해가 다르지만, 같이 자는 것은 아동기 불면증의 위험요인이다. 부모가 자녀를 안아주고, 흔들어주며, 들고 있고, 꽉 안아 주거나 혹은 수유하는 동안에만 잠들도록 조건화한 것일 수도 있다. 고전적 조건 형성을 통해, 영아는 이러한 외부 자극과 잠들기를 연합시켜서 외부 자극 없이는 잠들지 못하게

그림 16.4 ■ 아동기 불면증의 이해

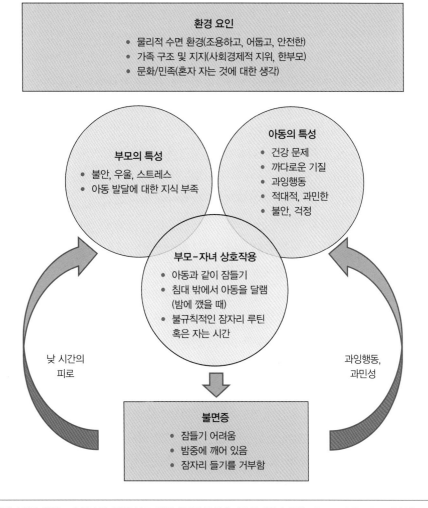

환경 요인
- 물리적 수면 환경(조용하고, 어둡고, 안전한)
- 가족 구조 및 지지(사회경제적 지위, 한부모)
- 문화/민족(혼자 자는 것에 대한 생각)

부모의 특성
- 불안, 우울, 스트레스
- 아동 발달에 대한 지식 부족

아동의 특성
- 건강 문제
- 까다로운 기질
- 과잉행동
- 적대적, 과민한
- 불안, 걱정

부모-자녀 상호작용
- 아동과 같이 잠들기
- 침대 밖에서 아동을 달램 (밤에 깼을 때)
- 불규칙적인 잠자리 루틴 혹은 자는 시간

낮 시간의 피로

과잉행동, 과민성

불면증
- 잠들기 어려움
- 밤중에 깨어 있음
- 잠자리 들기를 거부함

주 : 아동이 잠자리에 들고, 밤새 수면을 취하는 데 있어 어려움은 부모, 아동, 환경의 특성에 따라 달라진다. 출처 : Owens & Burnham (2009); Reite et al. (2009).

된 것일 수 있다. 같이 자는 것 혹은 영유아가 잠든 후에 아동을 침대에 눕히는 것은 혼자서 잠드는 것을 어렵게 하며, 밤에 깨어 있거나 전반적 수면의 질을 감소시킨다(Mindell, Sadeh, Kwon, & Goh, 2013; Reid et al., 2009).

밤에 깨어 있기

부모에 의해서 잠들도록 조건화된 영아는 밤에 깨어 있을 확률이 높다. 대부분의 영유아는 매일 밤 4~6번 깨며, 시간으로 따지면 90~120분 정도이다. 이렇게 짧지만 여러 번 일어나는 것은 영유아의 수면 주기 때문이다. 나이 든 유아와 아동은 자기 위로 기술(예 : 손가락 빨기, 담요 껴안기)에 의지하여 다시 잠든다. 그러나 부모에 의해서 잠들도록 조건화된 아

동은 다시 잠들기 어렵다. 대신 밤중에 부모의 도움을 기대하며, 부모를 여러 번 깨운다. 이런 행동은 아동의 수면을 방해하고, 동시에 부모의 수면 부족을 가져온다(Owens, Chervin, & Hoppin, 2014).

잠들기를 거부하거나 반항함

아동이 자유롭게 움직일 수 있고 말도 하기 시작하면, 아동은 잠드는 것을 거부하기도 한다. 전형적인 잠들기 거부는 아동이 잠자러 가기 전이나 후에 부모에게 타당한 요구를 하면서부터 시작된다: 책 좀 더 읽어주세요. 저랑 이야기 좀 더 하면 안 돼요? 물 한잔 마시고 싶어요. 아동의 이러한 반복되는 요구들은 매우 흔하게 일어난다. 이러한 요구들이 전형적

으로 수면 시작을 미루고, 수면 부족을 야기한다(Ivanenko & Johnson, 2016).

부모가 아동의 요구를 때때로 들어주면서 문제가 발생한다. 부모가 동의할 경우 아동의 잠들기 거부는 변동 비율 스케줄(가장 소거하기 어려움)로 정적으로 강화된다. 또한 부모는 아동의 요구를 들어줌으로써 부적으로 강화된다(아동을 욕구를 충족시켜, 아동을 조용하게 만들 수 있음). 비일관된 잠자리 규칙과 루틴이 아동을 잠들기 어렵게 만든다. 부모는 의도하지 않게 아동이 자러 가는 시간을 지연시키거나 잠들기 어렵게 훈련시키게 되는 것이다(Lyons-Ruth et al., 2014).

자러가는 시간을 조금만 지연시켜도, 이런 일이 반복해서 일어나면 아동의 주간 활동에 부정적 영향을 미치게 된다. 연구자는 취학 아동의 수면 습관과 인지 기능을 이틀 동안 평가하였다. 셋째 날이 되어 가족들은 두 가지 치료 조건에 무선적으로 할당되었다. 어떤 부모들은 아동을 평소보다 1시간 늦게 재우도록, 다른 부모들은 평소보다 1시간 일찍 재우도록 지시를 받았다. 이러한 조건에서 3일을 보낸 후에, 연구자들은 아동의 기능을 재평가하였다. 그 결과 수면 제한 조건의 아동들은 일찍 잠자리에 든 아동들보다 불량한 수면의 질과 밤에 더 깨어 있는 것이 확인되었다. 또한 수면 제한 조건의 아동들은 주의와 집중력을 측정하는 검사에서 의미있게 낮은 점수를 보여주었다. 아동에게 TV 프로그램을 매일 밤 좀 더 보게 하면, 그 대가를 치를 수밖에 없게 된다(Ivanenko & Johnson, 2016).

불안 혹은 충동성

나이 든 아동이나 청소년들은 불안 때문에 잠들기 어려워 한다. 분리 불안장애(separation anxiety disorder, SAD)를 가지는 아동들은 부모와 떨어져 자는 것을 두려워한다. 범불안장애가 있는 청소년들은 다음날 있을 일들을 걱정한다. 불안장애가 없는 젊은이들도 불안과 각성에 취약한 부적응적인 사고 패턴을 쓰기도 한다. 이러한 젊은이들은 낮 시간에는 학교, 사회 활동, 운동, 대중매체로 인한 불안으로부터 주의를 잘 분산시킬 수 있다. 그러나 밤에 잠자리에 눕게 되면 불안을 불러일으키는 생각들이 떠오른다(Alfano, Zakem, Costa, Taylor, & Weems, 2009).

가장 흔한 인지 왜곡은 **재앙화**(catastrophizing)로, 특정 상황에서 최악의 결과를 예상하는 것이다. 예를 들면, 아동은 다음날 있을 시험을 망쳐 부모와 선생님에게서 인정받지 못하는 것을 걱정할 수 있다. 또 다른 인지 왜곡의 예는 **선택적 추론**(selective abstraction)으로, 어떤 사건의 맥락을 보지 않고, 부정적인 면만 강조하고 긍정적인 면은 무시하는 것이다. 예를 들면, 파티에 참석해서 전 남자친구를 만나 당황스러웠던 순간만 기억하고 친구들과 즐거운 시간을 보낸 것은 기억하지 못하는 것이다. 세 번째 인지 왜곡은 **개인화**(personalization)로, 부정적 사건을 자신의 문제로 잘못 귀인하는 것이다. 예를 들면, 남자친구가 밤에 전화하지 않은 것은 자신한테 화가 나서 그렇다고 믿는 것이다. 실제 남자친구는 늦게까지 일한 것뿐이지만(Gregory et al., 2009).

청소년들은 잠들 때의 불안감에 대처하기 위해 침대에 그대로 있거나 억지로 잠들려고 노력한다. 그러나 불안과 수면은 정반대의 과정으로, 동시에 일어날 수 없다. 수면은 이완과 억제를 필요로 하며, 주변 환경에 무덤덤하게 반응하도록 만든다. 반대로 불안은 우리를 각성시키고, 깨어있게 만들며, 조금도 방심하지 않도록 만든다. 억지로 잠들려고 하면 할수록 청소년은 더 큰 좌절과 긴장을 경험한다. 일부 청소년들은 넷플릭스를 보거나, SNS를 사용하거나 친구들에게 문자를 보내 이러한 상황에서 주의를 환기시키려고 노력한다. 이런 종류의 활동은 대개 각성을 증가시켜, 잠자리에 드는 시간을 지연시키고, 수면 부족을 증가시킨다(Hysing, Pallesen, Stormark, Lundervold, & Sivertsen, 2013).

물론 아동의 수면 문제는 보다 넓은 사회적, 문화적 맥락 속에서 발생하기도 한다. 이러한 환경적 요인은 물리적 수면 환경(예 : 안전하고, 조용하며, 어두운 방에서 자는가?), 가족 구조와 자원(예 : 엄마는 다음날 일찍 출근하는가?), 사회-문화적 믿음과 가치(예 : 부모와 같은 침대에서 자는 것이 적절한가?)를 포함한다. 미국에서도 서로 다른 문화적 배경을 가진 가족들은 아동 수면에 대해서 서로 다른 가치와 습관들을 보고한다(Giannotti & Cortesi, 2009).

ADHD 아동의 약 30% 역시 잠들거나 수면을 계속 유지하는 데 어려움을 보고한다(Mayes, Calhoun, Bixler, & Vgontzas, 2009). 이러한 높은 유병률은 세 가지 정도로 설명할 수 있다. 첫째, ADHD 증상의 기저에 내재되어 있는, 행동억제의 문제가 아동의 자기 위로 능력을 방해하여 잠들기 어렵게 한다. ADHD 아동의 부모들 대부분은 아동이 잠자는 중에도 지속적으로 움직이고 가만히 있지 않는다고 보고한다. 그러나 ADHD 아동과 그렇지 않은 아동들의 수면 구조는 차이가 없는 것으로 나타났다. 둘째, ADHD를 치료하는 각성제가 불면증을 유발할 수 있다. 이 경우 불면증은 ADHD 자체가 아니라 치료 약물에 의해 유발된다. 셋째, 각성제는 밤이 되면 약 효과가 떨어지는데, 따라서 약물 효과가 사라지면 과잉행동-충동성 증상들이 나타나고 이것이 수면을 방해한다고 볼 수 있다(Corkum, Davidson, Tan-MacNeill, & Weiss, 2014; Gregory, Agnew-Blais, Matthews, Moffit, & Arseneault, 2016).

불면증 어린이에게 효과적인 치료법은 무엇인가?

영아와 어린 아동을 위한 행동 치료

영아는 혼자서 잠들고 밤중에 깨어나도 다시 잠들 수 있도록 가르쳐야 한다. 이런 기술을 영아가 익히기 위해서, 부모는 영아가 이완할 수 있는 일관적인 잠자리 루틴을 만들어야한다(예 : 목욕, 옷 입히기, 기저귀 갈기). 영아는 매일 밤 같은 시간에 침대에 눕혀야 한다. 또한 영아가 졸리지만 깨어 있을 때 아기 침대에 눕히고 부모는 방을 떠나야 한다. 부모는 또한 작은 담요나 인형과 같은 안정을 주는 물건을 주어, 아동이 스스로 자기 위로를 통해 잠들 수 있도록 한다(Owens & Burnham, 2009).

민델, 텔프스키, 위건드, 쿠르츠(Mindell, Telpfski, Wiegand & Kurtz et al., 2009)는 영아 및 걸음마기 아동의 수면의 질을 향상시키는 일관성의 효과를 살펴보았다. 7~18개월 아동들의 엄마를 대상으로 한 대규모 연구에서 엄마들을 두 조건에 할당하였다. 절반은 잠자리 루틴을 사용하는, 아동을 일정한 시간에 잠자리에 눕히는 조건에 할당되었다. 나머지 절반은 개입이 없는 통제집단이었다. 3주 후 개입 조건에 할당된 영아와 걸음마기 아동은 수면 습관이 향상되었다: 잠드는 데 걸리는 시간이 줄어들었고, 밤에 더 적게, 짧게 깨어 있었으며, 아침에 일어날 때 기분이 훨씬 좋았다. 또한 개입 조건에 할당된 엄마들 역시 기분과 에너지 수준이 통제 집단 엄마들과 비교할 때 향상되었다. 이러한 간단한 개입이 엄마-아동에게 모두 이득이 되었다.

일관성만으로 불면증과 관련된 모든 문제를 고칠 수는 없

다. 아동의 연령과 문제가 무엇인지에 따라, 다른 개입들 또한 사용되어야 한다. 혼자 잠드는 게 어렵거나 밤중에 깬 후다시 잠들기 어려운 영아나 걸음마기 아동들에게 소거법은 가장 효과적일 수 있다. 이러한 문제가 고전적 조건형성을 통해 나타난다는 것을 상기해 보자: 영아는 잠드는 것과 특정 사람(부모)의 존재, 물건(젖병)이나 상황(안겨 있는 상황)을 연합하여 혼자서는 잠들지 못한다. 소거는 아동이 잠잘 때 연합되었던 자극들 없이, 아동을 아기 침대에 눕히는 것을 말한다. 목표는 아동이 자기 위로 기술을 스스로 배워, 혼자서 잘 수 있게 하는 것이다(Mindell & Owens, 2015).

부모들은 소거법을 다양한 방법으로 연습할 수 있다. 가장 빠른 방법은 **계획된 무시**(planned ignoring)이다. 부모들은 배부르고, 기저귀는 막 교체한, 졸린 영아를 아기 침대에 눕히고 방을 떠난다. 영아는 학습을 통해 배운, 잠을 자기 위해서 필요했던 조건들(예 : 엄마, 젖병)이 없어서 울 것이다. 부모들은 영아가 잠들 때까지 영아의 울음 소리를 무시한다. 말할 필요도 없이, 계획된 무시는 부모와 영아에게 스트레스를 준다. 많은 영아는 소거 과정이 실시되면, 울음의 강도나 기간이 증가하는 소거 발작(extinction burst)을 보인다. 부모의 역할은 이러한 울음을 무시하여 영아가 혼자서 잠들도록 하는 것이다. 수차례의 연습 후 영아는 대개 혼자서 잠들 수(또는 깬 후다시 잠드는 것) 있게 된다(Mindell & Owens, 2015).

많은 부모들은 영아의 울음을 무시하는 것을 힘들어한다. 일부 부모들은 처음에는 영아의 울음 소리를 무시할 수 있지만, 조금 지나 울음 소리에 굴복하여 영아가 원하는 안정감과 음식을 제공한다. 처음엔 무시하지만 조금 지나 아동을 강화하는 것은 문제가 될 수 있다. 부모들은 아동을 간헐적 강화 조건으로 강화하는 것으로, 아동들이 더 길게, 더 크게 울어서 자신이 원하는 것을 얻어내도록 하는 것이다(Owens & Burnham, 2009).

대안적이며, 덜 혐오스러운 방법으로 **점진적 무시**(graduated ignoring)가 있다. 점진적 무시에서 부모는 배부르고, 기저귀는 막 교체한, 졸려 하는 영아를 아기 침대에 눕히고 방을 떠난다. 그런 다음 부모는 영아의 울음을 일정 시간만(예 : 5분) 무시한다. 그 시간이 지난 후에 부모는 방에 들어가서 영아를 살펴보고, 안정감(예 : 뽀뽀, 다독거림)을 제공한다. 부모는 다시 방을 나와서 아동의 울음 소리를 일정 시간 또 무시한

다. 이 과정을 아동이 잠들 때까지 반복한다. 이때 중요한 것은 부모가 아동의 밤에 들어가는 결정은 아동의 울음소리 때문이 아닌, 시간에 근거한다는 것이다. 영아는 울음 소리 때문에 강화받는 것이 아니다. 어떤 치료자들은 하루 밤에 영아의 방에 들어가는 시간 간격을 점진적으로 늘리는 것을 추천한다(예 : 첫 번째는 5분, 두 번째는 10분). 다른 치료자들은 밤마다 시간 간격을 늘리는 것을 추천하다(예 : 월요일은 5분, 화요일은 10분).

세 번째 방법은 수면시간 페이딩 혹은 희미해지기(bedtime fading)이다. 이 방법은 영아의 불면증을 극복할 수 있도록 영아의 수면 욕구를 사용한다. 부모는 일상적인 잠재우는 시간보다 30분 늦게 영아를 침대에 눕힌다. 영아가 빨리 잠들지 않으면, 부모는 영아를 아기 침대에서 꺼낸 후, 30분 있다 다시 침대에 눕힌다. 아동을 아기 침대에 눕히면 빨리 잠들 때까지 이 과정을 반복한다. 다음날 밤, 아동을 어제 잠들었던 시간보다 30분 일찍 침대에 눕힌다. 아동의 잠드는 시간은 다음 밤에도 점진적으로 '희미해져' 규칙적인 시간에 잠들게 된다.

많은 연구들이 이러한 세 가지 행동적 치료가 효과적이라고 밝히고 있다. 아동의 94%가 세 가지 방법 중 하나를 사용한 후에 수면이 향상되었음을 보여주었다. 또한 아동의 80%가 시간이 지나도 수면 기간과 질의 향상이 유지되었다. 계획된 무시가 점진적 무시와 수면시간 페이딩보다 빠르게 작용하였다. 불면증의 치료는 부모의 수면의 질, 수면 기간, 낮 시간의 기분과 행동, 아동과의 상호작용의 향상과 관련 있었다(Owens & Burnham, 2009).

나이가 많은 아동과 청소년을 위한 인지행동치료

인지행동치료는 나이가 많은 아동과 청소년의 불면증 치료에 도움이 된다. 청소년이 잠들거나 혹은 깨어났을 때 다시 잠드는 능력을 불안이 방해한다는 것을 상기하자. 따라서 치료는 불안을 야기하는 행동과 생각을 치료 대상으로 삼는다(Alvaro, Roberts, & Harris, 2014).

거의 대부분의 치료자는 청소년이 효과적인 수면 위생(sleep hygiene), 즉 편안한 수면을 촉진하는 행동적, 환경적 상황을 수립할 수 있도록 돕는다(표 16.5). 예측 가능한 수면-각성 스케줄을 가지며, 수면을 방해하는 카페인이나 다른 물질들을 피하고, 잠들기 전에 각성시키는 활동들을 피하도록 하기 때문에(예 : 운동, 소셜 미디어, 비디오 게임) 나이가 많은 아동과 청소년들에게 있어 수면 위생은 특히 더 중요하다.

또한 인지행동 치료자들은 다른 구성 요소도 치료에 통합시킨다(Dewald-Kaufmann, Ort, & Meijer, 2014; Meltzer, Brimeyer, et al., 2014):

이완 훈련 : 청소년들은 점진적 근육 이완, 초점화된 호흡법, 지시적 심상요법과 같은 불안-감소 기법을 배울 수 있다. 이런 기법들은 치료 회기 중에 가르치고, 집에서 연습하며, 잠자리 들기 전에 사용할 수 있다.

자극 통제 : 청소년이 20~30분 내에 잠들지 않는다면 침대를 떠나, 졸릴 때까지, 조용한 활동(예 : 책 읽기)을 하도록 지시한다. 자극 통제는 청소년이 침실과 수면을 연합하고(과제하기, 먹기, 사회화 활동이 아닌), 침실과 불

표 16.5 ■ 가족을 위한 수면 위생

아동의 침실이 안전하고, 어두우며, 조용한지 확인한다.

규칙적인 잠자리 시간 루틴(목욕, 잠옷 입히기, 책 읽어주기 등)을 확립한다.

잠자기 전에 각성시키는 자극을 치운다(예 : TV, 비디오 게임, 밝은 불빛, 운동).

아동을 매일 같은 시간에 침대에 눕힌다(주말에도 같은 시간을 적용하라).

영아의 경우, 아동이 졸리지만 깨어있을 때 잠자리에 눕혀, 혼자서 잠드는 법을 배우도록 한다.

젖병이나 음악, TV 없이 아동을 침대에 눕힌다.

수면 박탈을 피하기 위해 3~4세가 될 때까지 낮잠을 재운다.

아동 및 청소년의 경우, 저녁 시간 때 카페인을 피한다.

출처 : Owens & Burnham (2009).

안 또는 좌절감을 연합하지 않도록 돕는다.

수면 제한 : 수면 제한은 침대에 머물러 있는 시간을 제한하는 것을 의미한다. 첫째, 청소년은 자신의 수면 습관을 관찰하고 매일 밤 수면의 총시간을 확인한다. 그러고 나서 청소년에게 평균 수면 시간만큼 침대에 머무르도록 지시한다. 수면 제한과 더불어 자극 통제를 같이 사용하였을 경우, 침대에 머물러 있으면서 동시에 수면을 취하는 시간인 수면의 효율성이 향상된다.

인지적 재구성 : 불안을 야기하고 수면을 방해하는 부적응적 생각을 수정할 수 있는 학습이 필요하다. 인지적 재구성은 3단계로 구성된다: (1) 왜곡되거나 비합리적인 믿음을 찾아내기, (2) 이러한 믿음의 타당성에 도전해 보기, (3) 잘못된 생각을 보다 합리적이고 현실적인 믿음으로 바꾸기. 잠들지 못하고 깨어 있게 하는 청소년 내담자의 비합리적 생각에 도전하도록 돕는 치료자의 이야기를 다루는 '과학에서 실천으로'를 읽어보자.

심리학자는 밤에 떠오르는 걱정에 대처하는 다른 개입들을 추천하기도 한다. 예를 들면, 청소년들에게 중요한 일을 해야 할 일을 적는 목록지에 쓰도록 권장한다. 만약 일이 그 목록지에 있다면, 청소년은 침대에 누웠을 때 이 일에 대해 걱정할 필요가 없다. 유사하게, 청소년은 걱정을 적어놓는 '걱정 일기'를 쓸 수 있다. 청소년들은 걱정 일기를 업데이트할 수 있는 시간을 낮 시간에 따로 빼 놓는다. 만약 잠자리에 들어 걱정을 하고 있는 자신을 발견한다면, '지금은 걱정하는 시간이 아니야. 내일 걱정 일기에다 쓸 거야'라고 스스로에게 말한다. 다른 심리학자들은 청소년에게 지시적 심상요법이나 마음챙김 기법을 가르쳐서, 청소년의 주의를 긍정적이면서 이완된 사건으로 돌리도록 도울 수 있다. 예를 들면 청소년은 등산을 하거나, 해변가에서 휴식을 취하거나, 산호초 옆에서 수영하는 모습을 상상할 수 있다(Buckhalt, Wolfson, & El-Sheikh, 2009; Newman, Llera, Erickson, Przeworski, & Castonguay, 2013).

과학에서 실천으로
수면에 대한 비합리적 생각에 도전하기

린 지 : 밤에 침대에 누우면, 복도에서 시계가 째깍거리는 소리가 들려요. 그리고 저는 침대에 몇 시간씩 누워 있어요. 오늘 일어났던 일과 내일 해야 할 일들이 계속 생각나서요.

치료자 : 내일 해야만 하는 일들? 어떤 거?

린 지 : 이런 거요. 저는 제시에게 전화해서 다음주에 예정된 서비스 프로젝트에 대해 이야기하기로 한 거요. 또 사바나의 스페인어 숙제를 돕기로 했어요. 그리고 제 숙제도 고민해야 돼요.

치료자 : 정말 기억해야 할 것들이 많구나. 만약 네가 말한 것이 사실이라면 말이야.

린 지 : 제가 말한 무엇이요?

치료자 : 너는 다음날에 해야만 하는 이 모든 것들에 대해 생각한다고 했어. 그게 모든 사실인지 궁금해지네. 진짜로 이 모든 것들을 해야만 하니?

린 지 : 당연하죠. 그렇지 않으면 저는 모든 사람들을 실망시킬 거고, 나쁜 친구가 될 거예요.

치료자 : 자, 이것을 좀 더 신중하고 명확하게 살펴보자꾸나. 제시나 사바나가 네게 약속한 일들을 하기 위해 밤새 걱정하느냐고 잠 못 드는 것을 원하니?

린 지 : 당연히 아니죠.

치료자 : 만약 제시나 사바나가 너한테 전화를 걸거나 너를 도와준다고 한 걸 까먹고 그다음 날 사과하더라도 걔네들한테 화를 낼 거니?

린 지 : 아니요, 당연히 아니죠. 걔네들도 할 일이 많잖아요. 충분히 이해해요.

치료자 : 그렇다면 너는 네 자신에게 높은 기준을 적용하는구나. 너는 이런 일들을 해야만 하는 일로 생각하는구나, 할 수도 있는 일이 아니라.

린 지 : 네, 저는 그런 일들을 해서 좋은 친구가 되고 싶어요…

치료자 : 그렇지만 그런 일들을 반드시 해야만 하는 것은 아니잖니. 까먹을 수도 있고, 네 스케줄 때문에 그 일을 하지 못해도 너는 여전히 좋은 친구가 될 수 있어.

린 지 : 그렇게 되지 않으면 좋겠지만, 선생님 말이 맞을 것 같아요.

치료자 : 자 그러면 오늘 밤, 내일 해야만 하는 일들에 대해 생각할 때, '해야만 하는' 단어를 '할 수도 있는'으로 바꾸도록 노력해 보자, 즉 내일 할 수도 있는 일로. 그리고 혹시라도 네가 그 일들을 안 해도, 괜찮아. 네 친구들은 이해할 거야. 자 우리 지금 연습해 볼까?

약물치료

약물치료는 소아의 불면증 치료로 가장 많이 사용하는 치료법이다. 최근 역학 연구에 따르면, 의사들은 아동의 수면 문제를 위해 행동치료나 인지치료(22%)를 추천하기보다는 약물을 처방한다(81%). 안타깝게도 미국 식약청(Food and Drug Administration, FDA)이 승인한, 아동 및 청소년의 불면증을 치료하는 약물은 없다. 또한 아동에게 처방하는 이러한 약물의 효과성을 지지하는 연구도 거의 이루어지지 않았다. 그럼에도 불구하고 의사들은 종종 아동의 수면을 돕기 위해 이러한 약물들을 추천한다(Pelayo & Huseni, 2016).

가장 흔하게 처방하는 소아 불면증 약물은 알파-아드레날린 작용제(alpha-adrenergic agonist)로 클로니딘(카타프레스)을 예로 들 수 있다. 이 약물은 성인의 고혈압 치료제로 사용되었다. 이 약물은 심장 박동을 낮추고 혈관을 이완시켜 혈압을 낮춘다. 진정 효과를 가지기 때문에 수면을 취하는 데 도움이 된다. 이러한 약물은 종종 ADHD 아동이나 신경발달장애를 가진 아동이 잠드는 데 도움을 주었다. 부작용은 가벼운 어지러움, 입안 건조, 현기증 등이 있다. 아동이 이러한 약물을 과다 복용할 수 있기 때문에, 의사나 부모들이 반드시 조심스럽게 관찰해야 한다(Owens & Moturi, 2009).

아동의 수면 문제에 가장 흔하게 사용되는 일반 의약품은 항히스타민(antihistamine)이다. 히스타민은 신체 면역 체계를 조절하는 신경전달물질이다. 히스타민은 혈관의 침투성을 증가시켜 작은 모세혈관에서 세포조직으로 체액을 이동시킨다. 대부분의 항히스타민은 히스타민 수용체를 차단하여, 이러한 효과를 감소시킨다. 디펜하이드라민(베나드릴)과 같은 항히스타민은 졸음과 진정 효과를 가져와 수면에 도움이 된다. 이러한 약물은 불면증을 위한 장기 복용 치료제로서 적절하지 않은데, 습관적으로 사용하면 낮 시간에도 졸려서 수면의 질에 손상을 입힐 수 있기 때문이다(Ivanenko & Johnson, 2016).

세 번째 약물은 벤조디아제핀(benzodiazepine)이다(Neubauer, 2014). 이 약물은 신체의 가장 중요한 억제성 신경전달물질인 감마-아미노부티르산(gamma-aminobutyric acid, GABA)에 작용한다.

테마제팜(레스토릴), 에스타졸람(프로솜), 쿠아제팜(도랄)과 같은 전통적 벤조디아제핀은 주요 GABA 수용체와 결합하여 현저한 진정 효과를 만들어 낸다. 새로운 벤조디아제핀은 특정 GABA 수용체와 결합하여 진정 효과와 불안 감소를 만들어 내는데, 이를 수면제라고 부른다. 새로운 벤조디아제핀의 예로 에스조피클론(루네스타), 자레플론(소나타), 졸피뎀(앰비엔) 등이 있다. 안타깝게도 이러한 약물들은 습관적으로 사용할 경우 수면의 질을 떨어뜨린다. 또한 이러한 약물에 내성이 생겨 사용을 중단할 경우 수면 문제가 더 심각해진다.

아동들에게 영향을 미칠 수 있는 다른 수면-각성 장애는 무엇인가?

일주기 리듬 수면-각성 장애

이른 아동 시기에, 아동은 수면-각성 주기에 익숙해져 매일 같은 시간에 일어나고 잠들게 된다. 이러한 일주기(약 하루의) 리듬은 환경적 단서와 호르몬, 즉 피로와 각성에 영향을 미치는 멜라토닌이나 코르티솔 등에 의해 조절된다(Abbott, Reid, & Zee, 2015).

많은 청소년들은 사춘기 도래 후 멜라토닌과 코르티솔 분비의 지연을 경험하게 되고, 이러한 지연은 일주기 리듬의 지연을 초래하게 된다. 이러한 지연은 청소년(대학생을 포함해서)들이 새벽 2시나 3시까지 깨어 있고 다음날 아침 10시나 11시에 일어나도록 만든다. 청소년의 내인성 일주기 리듬과 사회가 요구하는 수면-각성 주기 간의 불일치가 발생하면, 문제가 생긴다. 고등학생이나 저학년 대학생의 경우 밤 늦게 잠들고 이른 아침에 깨어 단 몇 시간만을 자고 수업에 가는 것이 얼마나 힘든지 알 것이다.

일주기 리듬 수면-각성 장애(circadian rhythm sleep-wake disorder)는 관습적으로 적절한 시간대에 잠들고 깨는 것이 반복적으로 어려운 상태를 의미한다. 이러한 수면 패턴은 불면증과 주간 졸음, 그리고 젊은이의 주간 기능의 손상을 가져온다(American Psychiatric Association, 2013).

청소년의 약 7~10%가 일주기 리듬 수면-각성 장애의 진단 기준을 만족한다. 이 장애는 청소년에게 상당한 고통과 손상을 안겨준다. 일부 청소년들은 적절한 시간에 잠들지 못하여 힘들어 하는데, 다음날 아침에 일찍 일어나야 하기 때문이다. 학교에 가기 위해 일찍 일어나는 청소년들은 수면 부족의 축적으로 인해, 주간 피로, 주의집중 문제, 학업의 어려움을 경험한다. 수면 주기에 대한 불만과 축적된 수면 부족은 불쾌감을 야기하기도 한다(Leu & Rosen, 2008).

일주기 리듬 수면-각성 장애에 대한 치료는 청소년의 내인성 수면-각성 주기와 사회적 기대를 조화롭게 하는 것이다(예 : 학교나 직장). 일부 심리학자는 청소년의 수면-각성 주기의 이러한 조정을 시간 요법(chronotherapy)이라고 부르기도 한다. 시간 요법은 두 가지 방법으로 수행될 수 있다. 한 가지 방법은 청소년의 잠자는 시간을 15분 간격으로 몇 주에 걸쳐 점진적으로 앞당기는 것이다. 예를 들면 청소년은 새벽 2시에 잠을 자지만, 1시 45분에 잠자리에 드는 것으로, 그 시간에 잠들 때까지 며칠 동안 계속된다. 그런 다음 또 다시 15분을 앞당겨 원하는 시간에 잠들 때까지 반복된다(Burgess & Emens, 2016).

두 번째 방법은 원하는 시간에 잠들 때까지 자는 시간을 몇 시간 뒤로 지연하는 것이다. 예를 들면, 2시에 잠드는 청소년이 아침 7시까지 잠드는 것을 참는 것이다. 자신이 원하는 잠자리 시간에 도달할 때까지 며칠 밤을 연속해서 4시간씩 잠드는 시간을 지연한다(예 : 아침 11시, 오후 3시, 오후 7시). 효과적이기는 하지만 이 방법은 주간 활동에 상당한 혼란을 가져올 수 있다.

많은 치료자들은 시간 요법에 합성 멜라토닌 보충제와 광자극을 추가한다. 영양보충제로, 건강 음식을 취급하는 가게에서 팔리고 있는 멜라토닌은 체내에서 수면 호르몬과 유사하게 작용한다. 저용량을 복용하면 졸음이 와서 수면을 촉진하며 대개 잠들기 바로 직전에 복용한다. 기상 시 청소년을 고강도의 인공 광선(혹은 태양광선)에 노출시켜 각성을 촉진한다(Buckhalt et al., 2009).

일부 자료는 시간 요법이 청소년의 일주기 리듬 수면-각성 치료에 효과적이라고 보고한다. 그런데 멜라토닌과 광 치료에 대한 효과성은 다소 비일관적이다. 또한 아동과 청소년에게 있어 멜라토닌의 안정성은 아직 확립되지 않았다. 따라서 이런 구성요소로 이루어진 치료는 전문가의 슈퍼비전하에, 시간 요법과 결합하여 신중하게 시행되어야 한다(Ivanenko & Johnson, 2016).

일부 지역에서는 청소년의 수면 문제를 예방하기 위해 학교를 늦게 시작한다. 일찍 시작하는(예 : 아침 7시 15분 전) 학교에 다니는 청소년과 늦게 시작하는(예 : 아침 8시 40분 이후) 학교에 다니는 청소년을 비교했을 때, 학교 가는 시간

과 상관없이 청소년들은 대략 비슷한 시간에 잠자리에 들었다. 즉 일찍 시작하는 학교에 다니는 청소년들은 평균적으로 잠이 부족하였다. 둘째, 일찍 시작하는 학교는 결석이 많았다. 셋째, 일찍 시작하는 학교에 다니는 청소년들은 주의력과 집중력의 어려움, 주간 졸려움, 낮은 학업 성취를 보였다. 등교 시간을 늦추는 것은 청소년의 기능 향상과 관련이 있다(Buckhalt et al., 2009).

다수의 연구자들은 등교 시간 늦추기와 수면 위생과 수면의 중요성에 관한 교육을 지지한다. 중학생을 위한 학교 기반 예방 프로그램인 어린 청소년 수면-스마트 조율 프로그램(Young Adolescent Sleep-Smart Pacesetter Program)을 예로 들 수 있다. 일관적인 수면-각성 주기를 유지하고, 편안한 잠들기 루틴을 개발하며, 수면과 각성을 조율하기 위해 조명을 저녁 때는 줄이고 아침에는 늘리며, 수면을 방해할 수 있는 카페인이나 다른 약물들을 피하도록 청소년들을 교육한다. 이 프로그램은 청소년의 총 수면 시간을 늘리고, 일관적인 수면 계획을 개발시키며, 충분한 수면을 취할 수 있다는 자신감을 향상시키도록 돕는다(Blunden, Champman, & Rigney, 2012; Wolfson & Montgomery-Downs, 2013).

수면각성장애

수면각성장애(sleep arousal disorder)는 비 REM 수면에서 불완전하게 깨어나는 삽화를 반복적으로 경험하는 상태를 일컫는 DSM-5의 장애이다. 각성 장애는 (1) 수면보행과 (2) 야경증이라는 두 가지 유형이 있다. 두 장애는 모두 다음과 같은 공통 양상을 가진다(Meltzer & McLaughlin Crabtree, 2015):

> 잠들고 나서 대개 60~90분 후에 일어난다.
> 서파(예 : 비 REM 혹은 깊은) 수면 중에 일어난다.
> 각성 삽화 중에 있는 아동들은 대개 반응이 없다.
> 삽화는 상대적으로 짧다(10~30분).
> 아동은 삽화 후 다시 잠든다.
> 아동은 다음날 아침에 삽화에 대한 기억이 없다.

수면보행(sleepwalking)은 4~8세 아동에서 가장 흔하다. 아동은 대개 침대를 떠나 집을 배회한다. 때로는 파괴적 행동을 하거나(예 : 마루에 소변보기), 위험한 행동을 하기도 한다

(예 : 집을 떠나기). 수면보행은 비 REM 수면 중에 일어나기 때문에, 수면보행하는 아동은 꿈을 꾸거나 꿈을 행동으로 옮기지 않는다. 만약 부모가 수면보행하는 아동을 발견하면, 아동을 침대로 안내하여 다시 잠들도록 할 수 있다. 수면보행은 대부분 10~20분 정도 지속되며, 이들은 사건에 대해 기억하지 못한다(Arya & Jain, 2013).

야경증(sleep terror)은 사춘기 전 아동의 3%에서 관찰된다. 아동은 수면 주기의 초반에 소름 끼치는 비명을 지르며, 눈을 뜬 채 침대에 앉아서 달래지지 않는 울음을 터뜨리고, 부모의 위로에 대개 반응하지 않는다. 야경증은 비 REM 수면에서 일어나기 때문에, 꿈꾸는 동안에는 발생하지 않으며, 아동은 공포의 근원이 무엇인지 설명하지 못한다. 10~30분 정도의 야경증이 지나고 나면, 아동은 다시 평화로운 잠에 빠져든다. 아동은 다음날 사건에 대해 기억하지 못한다(Nevsimalova, Prihodova, Kemlink, & Skibova, 2013).

'불완전한 각성(incompletely awake)'이란 것은 어떻게 가능한 것일까? 각성장애는 서파 수면에서 첫 번째 REM 삽화로 가는 과정에서 생긴다. 아동은 혼합된 수면 단계에 놓여 있다: 아동은 깊은 서파 수면에 빠진 다른 사람들처럼, 주변 환경에 반응하지 않으며, 지남력을 잃었고, 사건에 대한 기억이 없지만, REM 수면의 사람들처럼 자율신경계의 활동을 보인다. 수면각성장애를 가진 아동들은 잠시 동안이지만 삽화가 끝날 때까지 두 수면 단계 사이에 끼어 있는 것처럼 보인다(Meltzer & McLaughlin Crabtree, 2015).

연구자들은 혼합 단계의 원인이 무엇인지 잘 알지는 못한다. 수면각성장애는 유전적 성향이 상당히 강해서(그림 16.5), 쌍둥이나 가계 연구에 따르면 일촌 친척들 사이에서 높은 유병률을 보인다. 아동은 서파 수면에서 REM으로 자연스럽게 전이하는 어려움을 물려받은 것으로 보인다. 이런 아동들은 자율신경계의 각성과 운동 활동을 억제하는 데 관여하는 신경계가 미성숙한 것으로 보인다. 따라서 이들은 다른 자극에는 반응하지 않으면서도 자율신경계의 각성과 운동을 보인다. 이들의 신경계가 성숙해지면, 억제가 완전해지면서 아동은 더 이상 이런 문제를 보이지 않는다. 마지막으로 환경적 스트레스가 이 장애를 촉발하기도 한다. 수면 박탈, 아동의 수면-각성 주기의 변화, 심리사회적 스트레스가 이런 삽화 전에 종종 일어난다(Petet et al., 2015).

수면각성장애의 정확한 유병률은 알려져 있지 않다. 보수적으로 접근하여 아동의 15%가 아동기 때 수면보행이나 야경증을 경험한다. 이러한 문제는 남아 및 여아 모두에게서 동일하게 발생한다(Bloomfield & Shatkin, 2009).

수면각성장애는 정서적 문제와 관련되어 있지 않다. 이러

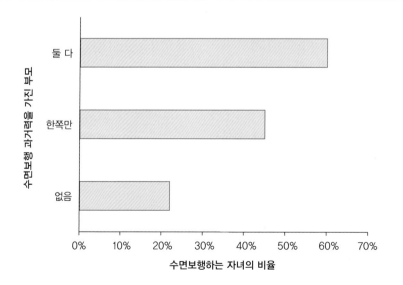

그림 16.5 ■ 수면보행은 유전적 경향이 상당히 높다

주 : 자녀의 수면보행 비율은 부모의 아동기 수면보행 과거력과 관련 있다. 출처 : Reite et al. (2009).

한 장애를 가진 아동의 부모는 수면각성장애가 신경학적 손상, 기분장애나 불안장애 혹은 외상과 관련 없음을 재확인 받는다. 아동은 대개 후기 아동기나 청소년기가 되면 저절로 이 장애에서 벗어난다(Arya & Jain, 2013).

악몽장애

악몽은 아동 및 청소년에게서 매우 흔하게 일어난다. 아동의 2~11%가 악몽을 '매일 혹은 종종' 보고하며, 15~31%의 아동은 '가끔' 보고한다. 악몽의 내용은 종종 아동의 인지 발달을 반영한다. 예를 들면 전조작적 사고를 보이는 미취학 아동의 경우, 마술적 존재나 사건에 대한 꿈을 꾸며(예 : 괴물, 마녀), 구체적 조작기에 속하는 취학 아동들은 실제적인 물리적 위험에 대한 꿈을 꾼다(예 : 야생동물, 폭풍). 형식적 조작기에 속하는 청소년들은 보다 추상적인 내용들이 악몽에 포함된다(예 : 버려짐, 죽음; Arya & Jain, 2013).

악몽이 반복되고, 청소년들의 생존이나 웰빙에 위협이 되는 실제 꿈을 반영하며, 유의미한 고통이나 손상을 야기할 때(예 : 수면 부족, 주간 피로) 악몽장애(nightmare disorder)가 진단내려진다. 악몽은 흔하지만 악몽장애로 공식적으로 진단받는 아동들은 상대적으로 드물다(American Psychiatric Association , 2013).

악몽장애는 야경증과 여러가지 면에서 다르다. 첫째, 악몽은 REM 수면 중에 일어나지만 야경증은 비 REM 수면 중에 일어난다. 둘째, 악몽을 꾸는 아동들은 꿈꾸는 도중에 스스로 혹은 부모에 의해 깨어나기도 하지만, 야경증 아동은 깨우기 어렵다. 셋째, 일단 깨고 나면 아동을 악몽의 내용을 즉각적으로 회상할 수 있지만, 야경증 아동은 야경증과 관련된 내용을 회상할 수 없다. 넷째, 악몽 후 아동은 다시 잠들기 어려우나, 야경증 아동은 평화롭게 다시 잠들 수 있다. 마지막으로 반복적인 악몽은 심리사회적 스트레스나 외상을 경험한 아동에게서 나타나지만, 야경증은 불안, 스트레스, 외상과 관련이 없다(Owens & Mohan, 2016).

고통을 야기하거나 가족 기능에 혼란을 가져오는 반복적인 악몽은 치료를 받는 것이 좋다. 이러한 악몽은 대개 아동기 삶의 불안을 반영한다. 악몽장애에 대한 전문적 치료는 악몽을 일으키는, 잠재적 심리사회적 스트레스를 평가하기, 아동의 수면 위생을 향상시키기, 그리고 아동에게 이완과 대처 기술을 가르치기가 있다. 흥미로운 개입으로 아동에게 숙달감 혹은 회복탄력성을 어느 정도 강조할 수 있는, 악몽을 다시 써 보도록 요청하고, 매일 그 꿈을 머릿속으로 예행연습해 보도록 하는, 악몽 심상 예행연습 치료(nightmare imagery rehearsal therapy)가 있다. 어린 아동들은 악몽의 내용을, 보다 긍정적인 혹은 순한 내용으로 바꾸도록 요청받는다(Kotagal, 2009; van Schagen, Lancee, de Groot, Spoormaker, & van den Bout, 2015).

폐쇄성 수면 무호흡 저호흡증

아동의 약 1.2%는 수면 중 기도가 수축되거나 막히는, 폐쇄성 수면 무호흡 저호흡증(obstructive sleep apnea hypopnea)을 가진다(Bixler et al., 2009). 무호흡은 호흡이 일시적으로 멈추는 것을 의미하며, 저호흡은 호흡이 느려지거나 얕아지는 것을 의미한다. 이러한 호흡의 문제는 산소 흡입을 위해 밤중에 자주 깨게 되어, 수면의 질을 낮추게 만든다. 아동의 호흡 문제는 종종 확장된 인두(adenoid)나 편도, 비만, 얼굴 기형, 두꺼운 혀(다운증후군을 가진 아동에게서 관찰됨) 등에 의해 발생한다. 무호흡의 증상은 코골이, 방해받거나 개운하지 않은 수면, 특이한 수면 자세(예 : 기도를 확보하기 위해 머리와 목을 제낌), 주간 피로, 주간 행동 문제(과민성, 과잉행동, 부주의를 포함하는)가 있다. 아동이 수면 무호흡이 있다는 것을 부모와 아동이 모르기 때문에, 이 장애도 종종 모르고 지나가거나 ADHD로 잘못 진단 내려지기도 한다.

아동의 수면 무호흡증 치료는 인두 혹은 편도의 제거를 포함한다. 인두편도절제술(adenotonsillectomy)은 아동의 무호흡증을 치료하는 데 80%의 효과가 있다. 나이 든 아동은 지속적 양압기(continuous positive air pressure, CPAP) 장치를 사용하여 치료할 수 있다. 아동은 튜브를 통해 작은 인공호흡기에 연결된 마스크를 착용한다. 인공호흡기는 기도를 열어 공기의 흐름을 유지시켜, 아동에게 지속적으로 공기를 전달한다. CPAP 장치는 성인의 무호흡 치료에 사용되는데, 일부 청소년은 장치가 불편하거나 창피하다고 느끼기 때문에 아동에게는 자주 사용되지 않는다(Marcus et al., 2013).

폐쇄성 수면 무호흡 저호흡증의 치료는 호흡 문제가 아동 수면의 질을 방해하고 주간 행동, 인지 또는 사회-정서적 손상을 유발할 수 있기 때문에 중요하다. 수술이나 CPAP 장치를 통한 치료는 아동의 수면, 주간 행동, 학교 수행 및 전반적인 삶의 질을 향상시킨다(Marcus et al., 2012).

16.3 소아 심리학

소아 심리학이란 무엇인가?

소아 심리학(pediatric psychology)이란 아동의 건강 영역에 심리학을 적용하는 것과 관련된 학제간 분야이다. 소아 심리학자는 어린이의 신체적·심리적 건강과 발달을 촉진하는 과학자이자 임상가이다. 대부분의 소아 심리학자(63%)는 대학 병원, 어린이 병원 또는 재활 센터와 같은 의료 시설에서 근무한다. 그들은 의료진과 협력하여 어린이들이 신체적 질병에 대처할 수 있도록 돕는다. 일부 소아 심리학자(22%)는 개업을 하여 광범위한 행동, 사회·정서적, 의학적 문제가 있는 어린이와 가족을 돕는다. 소아 심리학자는 대학, 외래 병동 및 학교를 포함한 다양한 환경에서 일한다(Buckloh & Greco, 2009).

대부분의 소아 심리학자는 아동의 정신적·신체적 건강과 발달 영역에 대한 전문 교육을 받은 임상 혹은 상담 심리학자이다. 소아 심리학자는 다양한 전문 활동에 참여하는데, 대부분의 활동은 세 가지 범주로 나누어진다(Kazak, Sood, & Roberts, 2016).

입원 환자 자문-조정 : 소아 심리학자는 급성 심리적 문제를 가진 아동 및 청소년의 요구를 해결하기 위해 병원에서 일한다. 또한 의료진과 협력하여 환자가 의료 절차에 참여하고, 치료를 준수하며, 질병에 대처할 수 있도록 돕는다.

만성질환 : 소아 심리학자들은 병원과 외래 병동에서 학제간 팀을 구성하여 아동이 장기적인 의학적 문제에 대처할 수 있도록 돕는다. 예를 들면, 소아 심리학자는 심한 천식, 암 또는 당뇨병이 있는 어린이가 질병과 관련된 의료 절차를 따르도록 돕는다. 의학적 문제와 관련된 불안, 우울 또는 분노의 감정을 다룬다. 부모, 형제 자매 및 친구와의 상호작용을 향상시킨다.

전문 치료 : 소아 심리학자는 외래 병동에서 심리 및 의학적 치료가 필요한 행동 문제가 있는 어린이를 돕는다. 예를 들면, 급식장애, 배설장애 및 수면장애가 있는 아동들은 일반적으로 심리학자와 의사 모두의 치료가 필요하다.

입원 환자 자문-조정이란 무엇인가?

병원에서 일하는 다수의 소아 심리학자들은 의료진에게 자문하고 조정하는 역할을 담당한다(Carter, Kronenberger, Scott, & Ernst, 2009; Piazza-Waggoner, Roddenberry, Yeomans-Maldonado, Noll, & Ernst, 2013). 자문(consultation)은 의료 전문가가 아동의 의학적 치료를 방해하는 행동, 인지 또는 사회·정서적 문제가 있는 아동을 치료할 때 발생한다. 의료 전문가는 아동의 심리적 문제에 대처하는 방법에 대해서 소아 심리학자의 의견을 물어본다. 예를 들면, 청소년이 일반 의약품인 진통제 한 병을 삼켜서 응급실에 온 경우, 의사는 심리학자에게 청소년을 평가하고, 청소년이 의학적으로 안정된 후에 어떤 조치를 취해야 할지 자문할 수 있다(예 : 집에 가야 할까요? 아니면 관찰을 위해 병원에 머물러야 할까요?).

또한 의사는 심리학자에게 아동이 치료에 더 효과적으로 참여할 수 있게 돕도록 요청할 수 있다. 예를 들면, 아동은 뇌수막염이 있게 확인하기 위해 요추 천자를 받아야 할 수 있다. 이 과정에는 바늘을 척추의 아래 부분에 삽입하여 뇌척수액을 채취하는 것이 포함된다. 이 과정이 무섭고 불편할 수 있기 때문에, 아동은 당연히 요추 천자 시술을 거부할 수 있다. 심리학자는 아동과 아동의 가족들과 만나서 절차에 대해 논의하고 아동이 덜 무섭고 고통 없이 절차를 받을 수 있도록 이완 전략을 가르치도록 요청받는다(Kullgren et al., 2015).

자문은 '소방(firefighting)'과 유사하다. 심리학자의 주요 업무는 심리학 및 아동 발달에 대한 지식을 바탕으로 즉각적인 문제에 대처하고, 문제 해결을 돕거나 일련의 행동을 권장하는 것이다.

소아 심리학자는 또한 만성질환이 있는 아동을 위해 의료진과 심리학자들 사이의 조정자(liaison) 역할을 한다. 조정자로서 특정 문제에 초점을 맞추기보다는, 특정 질병을 가진 청소년을 돕는, 의료 및 행동 전문가로 구성된 학제간 팀의 구성원으로 일한다. 조정자의 임무는 특정 '화재'와 싸우기보다는, 문제를 피하기 위해 의료 절차와 병원 환경을 '방화(放火, fireproof)'하는 것이다.

예를 들면, 심리학자는 병원의 소아암 팀에서, 소아암 환자의 진단, 치료, 회복을 촉진하는 방법을 의료진이 찾도록 돕는 일을 할 수 있다. 아동이 처음으로 진단될 때, 심리학자는 부모에게 지지 서비스를 제공하고, 아동의 질병과 관련되어 경험하는 정서를 대처하도록 돕는다. 심리학자는 또한 병동의 의료 절차에 아동이 잘 참여할 수 있도록 아동에게 이완이나 대처 전략을 가르치기도 한다. 아동이 퇴원하기 전에, 심리학자는 학교로 돌아가거나 또래들과의 상호작용을 준비하도록 돕기도 한다(Sulik & Sarvet, 2015).

자문-조정 역할을 수행하는 소아 심리학자는 반복되는 하루가 없을 정도로 다양한 활동에 참여한다. 카터와 본 바이스(Carter & von Weiss, 2005)는 이러한 활동을 5개의 범주로 구별하였으며(그림 16.6) 5개의 C(consultation-liaison)로 구성된다.

1. 위기(crisis) : 심리학자는 처음 병원에 입원하였거나 새로운 질병으로 진단받은 아동과 그 가족들을 돕는다. 그들은 가족의 두려움을 정상화하도록 노력하며, 아동의 의학적 문제를 해결하기 위한 조치들을 취하도록 돕는다.
2. 대처(coping) : 심리학자는 아동과 가족들이 병원에서의

의료적 절차와 관련된 불안, 두려움, 불편감을 대처할 수 있도록 돕는다. 그들은 또한 가족과 협력하여 아동이 질병에 대응하여 생활방식을 조정할 수 있도록 돕는다(예 : 당뇨병이 있는 아동은 설탕 섭취를 제한하는 방법을 배움).

3. 준수(compliance) : 심리학자는 아동이 약 복용, 건강 모니터링, 행동 변화, 검진 및 의료 절차 참여와 같은 의학적 권고사항을 따르도록 돕는다. 많은 전문가들은 이런 활동을 순응도 증진(promoting adherence)이라고도 부른다.
4. 의사소통(communication) : 심리학자는 의료진과 가족 사이의 조정자 역할을 한다. 그들은 의료 절차에 대해 아동과 가족을 교육하고 의료와 관련된 스트레스 요인에 대처하도록 돕는다.
5. 협동(collaboration) : 심리학자는 종종 의사, 간호사, 직업 치료사, 레크리에이션 치료사, 물리치료사, 사회복지사, 영양사, 그리고 가족 전문가(family life expert)를 포함하는 학제간 전문가 팀의 일부로 기능한다. 이러한 전문가들은 아동의 건강과 웰빙을 증진하는 공통의 목표를 가지고 있다.

순응(adherence, 때로는 준수라고도 함)은 심리적 자문이 필요한 일반적 이유이다. 순응은 아동과 가족이 의료진의 권고를 따르는 정도를 의미한다. 많은 어린이들은 알 수 없는 상황, 부모로부터 떨어짐 또는 신체적 불편을 수반할 수 있는 의료 절차에 참여하기를 꺼린다. 다른 아동들은 질병을 관리하기 위해 식단이나 생활 방식을 바꾸는 것을 꺼린다. 만성질환이 있는 어린이의 절반 정도만이 의사의 권고를 따른다(Wu et al., 2013).

아동의 인지 및 사회-정서적 발달은 순응 가능성에 영향을 미친다. 예를 들면, 어린 아동들은 부모와 떨어지는 것이나 고통스러운 절차에 저항하는 반면, 청소년은 사회 활동을 제한하는 약물을 회피하고자 한다. 가족 역시 아동의 순응에 영향을 미친다. 예를 들면, 자녀의 질병, 대처 및 문제 해결 기술, 유형 자원에 대해 많은 지식을 가진 가족은 자녀의 요구에 가장 잘 대처하고 자녀의 불안, 좌절 및 두려움에 잘 대응할 수 있다(Pinsky, Rauch, & Abrams, 2015).

그림 16.6 ■ 소아 심리학 자문-조정의 다섯 가지 'C'

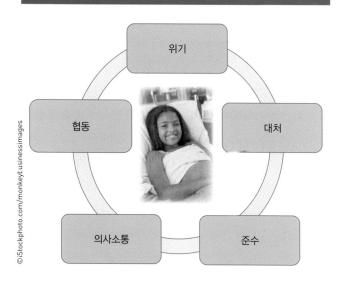

소아 심리학자는 건강 문제를 가진 아동을 어떻게 돕는가?

아동과 청소년의 약 10%는 지속적 돌봄을 필요로 하는 만성적인 의학적 상태를 가지고 있다. 소아 심리학자는 입원해 있는 기간 및 집으로 돌아간 후에도 이런 아동들과 그 가족들을 돌본다. 만성질환을 가진 아동들은 행동적 그리고 사회·정서적 문제를 가질 위험이 높다(Roberts, Aylward, & Wu, 2015).

천식

천식은 기도의 염증과 간헐적인 호흡 곤란으로 인해 발생하는 만성질환이다. 아동의 약 6%가 일상적인 삶(예 : 학교, 운동, 가족 활동)을 방해하는 반복적인 천식 발작을 경험한다. 어린이의 삶을 괴롭히는 가장 흔한 만성질환이다.

천식 아동은 천식 발작을 일으킬 수 있는 상황이나 활동을 피함으로써 증상을 관리한다. 아동들은 일반적으로 약물을 복용하거나 천식이 나타나면 사용할 흡입기를 가지고 다닌다. 일부 아동들은 제한된 일상 생활에 화를 내거나 또래들 앞에서 약물이나 흡입기 사용을 부끄러워 한다. 일부는 미래의 발작에 대한 두려움 때문에 불안 문제를 나타내기도 한다(이미지 16.3).

소아 심리학자는 천식에 대해 가족들에게 교육하고, 발작을 예방하기 위해 집안 환경을 변화시키도록 돕는다(예 : 저자극성 필터 설치, 흡연을 피하기). 심리학자는 아동의 천식 관리를 위해 부모와 아동 모두 책임을 지는 행동 계약을 맺도록 돕는다. 예를 들면, 부모는 아동이 흡입기를 계속 소지한다면 스카우트 캠프에 참여하도록 허락할 수 있다. 불안한 아동을 위해서 심리학자는 심호흡 또는 지시적 심상요법과 같은 이완 훈련을 가르쳐, 미래의 천식 발작에 아동이 잘 대처하도록 돕는다(Miadich, Everhart, Borschuk, Winter, & Fiese, 2015).

암

암은 미국에서 아동 사망의 주요 원인이 되는 질환이다. 아동에 있어 암은 상대적으로 희귀한 질환이지만, 약 1만 6,000명의 어린이가 매년 진단된다. 급성 림프성 백혈병(acute lymphoblastic leukemia, ALL)과 악성 뇌종양이 아동에게 가장

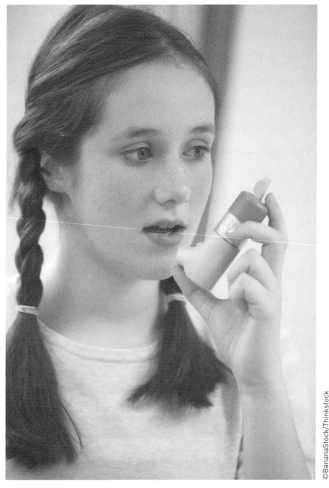

이미지 16.3 소아 심리학자는 천식이 있는 아동이 증상을 잘 대처할 수 있도록 돕는다. 이 소녀는 흡입기를 사용하여 좀 더 편하게 숨을 쉴 수 있다.

©BananaStock/Thinkstock

흔하다. 암, 특히 ALL은 아동의 경우 치료 가능하다. 그러나 진단과 치료를 위한 의료 절차는 신체적, 인지적, 사회·정서적 문제를 종종 야기한다.

소아 심리학자는 아동 암치료의 전 과정에 참여할 수 있다. 처음에는 아동의 진단과 관련된 두려움과 걱정에 대처하도록 가족을 돕는다. 나중에는 아동의 치료 과정 동안 가족의 갈등을 감소시키고, 서로 화합하도록 노력한다. 또한 아동이 치료와 관련된 고통이나 오심을 관리하고, 의료적 절차에 잘 대처하기 위해 아동의 주의를 돌릴 수 있도록 아동을 교육시킨다. 아동이 다시 학교로 돌아가기 위한 계획이나 놓친 과제들에 어떻게 대처할지를 도울 수도 있다. 심리학자는 또한 방사선 치료 후에 생기는 우울이나 불임의 가능성과 같은 특수한 문제를 가진 아동들을 상담할 수 있다(Kazak & Noll, 2015).

낭포성 섬유증

낭포성 섬유증은 유전 질환으로 기도와 폐에 두꺼운 점액이 만들어지는데, 먼지, 꽃가루, 오염물질과 같은 공기 중의 외부 물질이 점액에 축적되어 폐에 염증을 일으킨다. 낭포성 섬유증은 3만 5,000명의 아동 중 1명에게 발생하며, 대부분은 영아기 혹은 초기 아동기에 진단된다. 호흡기 문제 외에도, 낭포성 섬유증을 가지는 아동들은 반드시 기도와 폐를 깨끗하게 하는 운동을 자주 해야 한다. 이런 운동은 시간이 오래 걸리고, 힘들며 아동과 가족에게 고통을 줄 수 있다(Quittner, Abbott, et al., 2016).

소아 심리학자는 아동과 그 가족들이 운동의 빈도에 관련하여 의사의 처방을 잘 따르도록 돕는다. 어린 아동들은 반항적이 되어 운동에 참여하는 것을 거부하기도 한다. 이런 경우 심리학자는 참여를 높이기 위해 정적 강화나 행동 기법을 부모에게 가르치기도 한다. 나이 든 아동이나 청소년의 경우 우울해지기 쉽다. 그들은 운동이 수명을 연장하거나 삶의 질을 향상시킨다고 믿지 않는다. 소아 심리학자는 자신의 상태를 잘 관리하도록 동기화시키지 않는 청소년들의 부적응적 인지에 도전하도록 한다(Quittner, Saez-Flores, & Barton, 2016).

당뇨병

당뇨병은 혈당을 조절하는 데 필요한 호르몬인 인슐린의 결핍으로 야기되는 만성질환이다. 대부분의 아동에게서 관찰되는 1형 당뇨병은 인슐린을 만들어내는 췌장의 세포가 없거나 파괴되어서 생긴다. 당뇨 아동의 10~20%에서 관찰되는 2형 당뇨병은 인슐린에 대한 저항성이 생겨 더 이상 혈당을 적절하게 조절할 수 없어서 생긴다. 600명 중 1명의 어린이 및 청소년이 당뇨병을 가지고 있다(Kichler, Harris, & Weisberg-Benchell, 2015).

혈당 수치를 조절되지 않은 상태로 방치하면 당뇨병은 아동에게 심각한 문제를 일으킬 수 있다. 혈당이 위험한 정도로 낮은 수준으로 떨어지는 저혈당증(hypoglycemia)이 발생하면, 일반적으로 피로, 현기증 및 내부 장기 손상을 초래할 수 있다. 저혈당증은 아동이 식사를 거르거나 인슐린을 너무 많이 복용할 때 발생할 수 있다. 대조적으로, 당뇨병성 케톤산증(ketoacidosis)은 혈당 수치가 비정상적으로 높을 때 발생한다.

일반적으로 아동이 많은 양의 식사(또는 단 음식)를 하고 물질대사에 충분한 인슐린을 복용하지 않을 때 발생한다. 시간이 지남에 따라 혈당 조절의 실패는 심장병, 뇌졸중, 신장과 눈에 손상을 야기할 수 있다.

당뇨병과 관련한 주요 문제는 순응도이다(이미지 16.4). 어린 아이들은 혈당을 모니터링하기 위해 바늘로 찔리는 것을 피하고자 한다. 나이가 많은 아동과 청소년은 자신의 상태에 대해 부끄러워하거나, 혈당 관리를 위해 식단을 모니터링하고 제한해야 하는 것에 화가 날 수도 있다. 소아 심리학자는 발달적으로 적절한 방식으로 순응도를 높이려고 노력한다. 예를 들면, 어린 아이들에게 혈당 검사와 관련된 통증을 줄이기 위한 전략이나 또래의 놀림에 대처하도록 가르칠 수 있다. 그들은 또한 아동들에게 혈당 수치를 모니터링하고 기록하도록 가르치고 부모에게 아동이 이런 일에 대한 책임을 받아들인 것을 칭찬하도록 격려할 수 있다. 심리학자들은 또한 부모와 협력하여 청소년의 식단에 대한 논쟁을 피하고 청소년이 질병 관리에 대한 주도권을 갖도록 노력할 수 있다(Kazak et al., 2016).

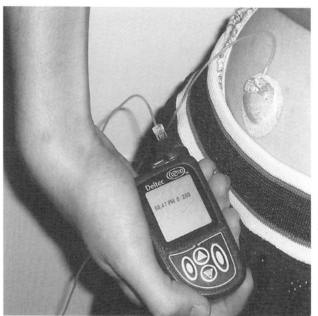

Mbbradford via Wikimedic Commons

이미지 16.4 심리학자는 당뇨병을 가진 아동들이 고위험군 음식은 피하고 약물치료에 대한 순응도를 높이는 것을 도울 수 있다. 이 여자 청소년은 식사 후에 인슐린을 관리하는 인슐린 펌프를 몸에 부착하였다. 이런 펌프는 인슐린 주사보다 훨씬 편리하다.

위장 문제

복통과 위장 문제는 아동과 청소년에게 상당히 흔하다. 나이 많은 아동의 약 6%와 청소년의 14%가 복부 불편감과 장 기능 변화를 특징으로 하는, 과민성 대장 증후군(irritable bowel syndrome, IBS)의 증상을 가진다. IBS가 있는 청소년은 종종 설사 및 변비를 경험한다. IBS가 있는 청소년은 이러한 만성 증상으로 인해 종종 학교에 결석하고 가족 및 또래와의 활동을 포기해야만 한다. IBS의 원인은 알려져 있지 않지만, 대부분의 증거는 장을 둘러싼 신경 종말의 과민성을 가리킨다. 그러나 스트레스와 행동은 증상의 시기와 심각성에 큰 영향을 미칠 수 있다. 따라서 치료는 일반적으로 의학적 및 심리적 개입을 포함한다. 심리학적 치료와 관련하여, 소아 심리학자는 아동에게 이완 기술, 통증 감소 기술, 기타 스트레스 관리 방법을 가르친다(Reed-Knight, Claar, Schurman, & van Tilburg, 2016; Reed-Knight, Squires, Chitkara, & van Tilburg , 2016).

염증성 장 질환(inflammatory bowel disease, IBD)은 설사, 직장 출혈, 복부 경련, 체중 감소, 피로 및 발열을 특징으로 하는 보다 심각한 장애이다. 크론병(Crohn's disease)은 아마도 IBD의 가장 잘 알려진 예로, 소화관, 특히 장벽의 심한 염증으로 인해 발생한다. IBD의 원인은 알려져 있지 않지만 유전, 박테리아 또는 바이러스에 대한 노출, 신체 면역계의 문제가 원인이라고 여겨진다(Gray et al., 2015).

당연히 IBD가 있는 아동은 불안, 우울증, 열악한 사회적 관계, 학교 출석에 어려움을 겪을 위험이 크다. 이들이 보고하는 삶의 질은 대개 열악하다. 증상 관리를 위해 반드시 약물을 복용해야 하기 때문에, 순응도가 문제가 된다. 심리학자는 아동과 가족이 약물을 잘 사용하고, 불안과 기분 문제를 극복하며, 사회적 능력과 기술을 개선하고, 빠진 학교생활에서 잘 적응하도록 도울 수 있다(Gray, Denson, Baldassano, & Hommel, 2012; Mackner et al., 2013).

소아 류마티스 관절염

소아 류마티스 관절염(juvenile rheumatoid arthritis, JRA)은 아동과 청소년에서 신체 장애의 주요 원인으로, 근골격계, 혈관, 피부의 염증을 특징으로 한다. 특히, JRA가 있는 어린이는 관절 활막의 염증인 활막염(synovitis)을 보인다. 그 결과 만성 통증, 제한된 운동 범위 및 성장 문제가 나타난다. JRA는 발목과 무릎(소관절 JRA)과 같은 특정 관절에만 영향을 미치는지, 아니면 손, 손목, 목을 포함한 많은 관절(다관절 JRA)에 영향을 미치는지, 아니면 림프절, 비장, 간, 심장과 같은 다른 신체 부위(전신 발병 JRA)에 영향을 미치는지에 따라 진단된다(Rapoff & Lindsley, 2015).

JRA의 치료는 일반적으로 이부프로펜(애드빌)과 같은 항염증 약물의 장기간 사용, 심한 JRA의 경우 코르티코스테로이드의 간헐적 사용, 그리고 움직임의 범위와 용이성을 유지하기 위한 매일의 운동 처방이 포함된다. 소아 심리학자는 일반적으로 세 가지 방식으로 JRA를 가진 청소년을 돌보는 일에 참여한다. 첫째, 심리학자는 환자가 만성 통증을 관리하도록 도울 수 있다. 둘째, 심리학자는 아동의 약물 및 물리 치료 프로그램 순응도를 높이는 방법을 개발할 수 있다. 셋째, 심리학자는 부모 및 형제 자매와 협력하여 아동의 만성질환으로 인해 자주 발생하는 가족 내 스트레스와 갈등을 줄일 수 있다(Fuchs et al., 2013; Rapoff, Lindsley, & Karlson, 2009).

겸상 적혈구 질환

겸상 적혈구 질환은 비정상적인 낫 모양의 적혈구를 특징으로 하는 의학적 장애이다. 세포의 비정상적인 모양은 혈류에 문제를 일으킬 수 있다. 이 질병은 또한 빈혈(적혈구 결핍), 급성 통증, 감염 위험 및 주요 기관 손상을 유발한다(Ojodu, Hulihan, Pope, & Grant, 2014).

겸상 적혈구 질환은 열성 유전 질환이다(그림 16.7). 아동은 각 부모로부터 하나씩, 장애에 대한 열성 유전자 2개를 물려받았을 때만 질병이 발병한다. 아동이 하나의 열성 유전자만 물려받은 경우 장애를 가지고는 있지만, 증상을 보이지는 않는다. 열성 유전자를 가진 사람과 결혼하여 자녀를 낳은 경우, 그 자녀가 겸상 적혈구 질환을 가질 확률은 25%이다. 겸상 적혈구는 특히 아프리카계 미국인 청소년에게 흔하다. 겸상 적혈구 질환의 유병률은 일반 청소년의 경우 1만 명 중 약 1명인 반면, 아프리카계 미국인 아동의 경우 약 365명 중 1명이다. 아프리카계 미국인의 경우 13명 중 1명이 보균자이다(Hassell, 2016; Homer & Oyeku, 2016).

심리학자는 겸상 적혈구 질환을 가진 아동들에게 통증을 관리하는 기술을 가르친다. 심호흡, 지시적 심상요법, 긍정적 자기 진술과 같은 전략이 대개 효과적이다. 심리학자는 또한

그림 16.7 ■ 겸상 적혈구 질환의 유전학

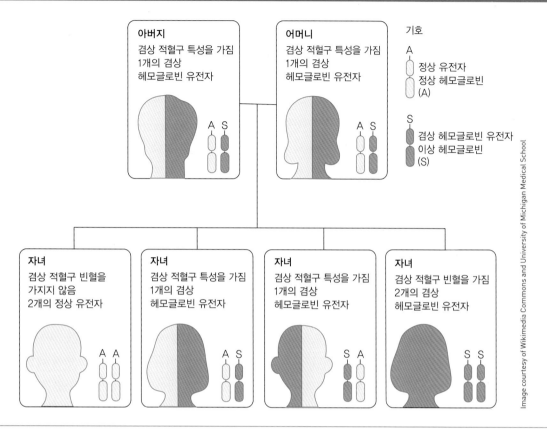

주 : 겸상 적혈구 질환은 열성 유전자에 의해 발생한다. 유전자를 가지고 있는 한 쌍의 부모는 이 질환을 가진 자녀를 4분의 1의 확률로 갖는다

아동과 가족에게 학교를 가지 못하거나, 수면 문제, 제한된 사회적 활동과 같은 질환과 관련된 스트레스에 잘 대처하도록 돕는다(Anie & Green, 2015).

의료 장면에서 어떤 심리적 치료가 종종 사용되는가?

의료 절차를 경험하는 아동을 위한 행동치료

소아 심리학자가 사용하는 행동 개입은 고전적 조건형성, 조작적 조건형성 및 관찰 학습을 기반으로 한다. 체계적 둔감화는 아동이 주사와 같은 고통스러운 절차나 MRI 스캔과 같은 불편한 상황에 대처하는 데 도움이 되는 일반적인 개입이다(Brown, 2014).

소아 심리학의 맥락에서 체계적 둔감화는 4단계를 포함한다. 첫째, 심리학자는 아동에게 이완하는 법을 가르친다. 일반적으로 이완은 근육 그룹(예 : 팔, 다리, 중간)을 점진적으로 조이고 이완하며, 느리고 깊은 호흡에 집중함으로써 달성된다. 이완은 치료 회기에 소개되어 연습하게 되는데, 비교적 빨리 배울 수 있다. 둘째, 아동은 불안을 유발하는 자극을 나열하고 불안을 가장 적게 유발하는 것부터 가장 많이 유발하는 위계적 방식으로 정렬한다. 예를 들면, 피하주사 바늘 그림을 보는 것은 낮은 불안을 유발할 수 있고, 실제 바늘을 보는 것은 중간 정도의 불안을 유발할 수 있으며, 주사 직전에 간호사가 피부를 닦기 위해 사용하는 알코올 면봉 냄새를 맡으면서 바늘을 보는 것은 높은 불안을 유발하게 된다. 셋째, 아동은 상상 노출(imaginal exposure)에 참여한다. 아동이 이완된 후 심리학자는 아동에게 가장 적은 불안을 유발하는 자극을 상상해 보라고 요청한다. 상상 노출은 불안을 잘 관리할 수 있을 때까지 계속된다. 아동은 점점 더 불안을 유발하는 자극과 이완을 짝지어 위계를 따라 올라가게 된다. 넷째, 아동은 생체(in vivo, 실생활) 노출에 참여한다. 아동이 이완된 후 심리학자는 최소한의 불안을 유발하는 실제 자극을 제시한다 (예 : 주삿바늘 그림). 일단 아동이 이 자극을 견딜 수 있게 되면, 아동은 성공적으로 의료 절차를 받을 수 있을 때까지 점차 위계를 따라 올라가게 된다.

소아 심리학자는 종종 아동의 순응도를 높이기 위해 조작적 조건형성을 이용한다. 자주 사용되는 세 가지 절차는 정적 강화, 부적 강화 및 반응 대가(response cost)이다. 예를 들면, 아동이 1형 당뇨병으로 진단되면, 의사는 가족이 아동의 식단, 운동, 혈당 및 인슐린을 하루 종일 기록할 것을 권장한다. 이 기록을 통해 의사와 가족은 아동에게 가장 적합한 인슐린 타이밍과 양을 결정할 수 있다. 그러나 혈당 검사는 조금은 고통스럽고 기록 관리는 번거로울 수 있다.

아동에게 잔소리를 하는 대신 부모는 아동이 정보를 정확하게 기록할 때마다 아동에게 1점을 부여하고 최소한의 재촉이나 불평으로 그렇게 하면 보너스 점수를 준다. 이러한 점수는 작은 장난감이나 특권을 사는 데 사용할 수 있다. 순응도를 높이기 위해 점수를 부여하는 것은 정적 강화의 예이다. 즉 자극을 제시하면 행동이 증가한다. 추가적인 인센티브로 아동이 하루 종일 정확하게 정보를 기록한다면, 아동은 쓰레기 버리기와 같은 집안일에서 면제될 수 있다. 순응도를 높이기 위해 아동을 집안일에서 면제하는 것은 부적 강화의 예이다. 즉 자극을 제거하거나 회피하여 행동을 증가시키는 것이다. 마지막으로 아동이 정보를 기록하지 않을 경우 벌점을 받을 수 있다. 점수 제거는 반응 대가의 예로서, 자극이 철회되어 행동이 감소하는 부적 처벌이다.

소아 심리학자들은 또한 관찰 학습의 원칙을 사용한다. 특히 유용한 기술 중 하나는 참가자 모델링이다. 심리학자는 원하는 행동을 보여주고 아동은 행동을 모방하도록 권장된다. 예를 들면, MRI 기계에 들어가는 것을 무서워하는 아동은 심리학자(또는 부모)가 절차를 시연하는 것을 본다면, 그렇게 할 가능성이 더 높아질 것이다.

청소년이 치료를 잘 받도록 돕는 인지치료

소아 심리학자는 종종 만성질환이 있는 나이 많은 아동을 돕기 위해 인지적 및 행동적 개입을 모두 사용한다. CBT의 기본 전제는 아동의 생각, 감정 및 행동이 연결되어 있다는 개념이다. 각각은 서로 영향을 미치고 영향을 받는다. 따라서 아동이 자신의 의학적 상태, 절차 또는 치료에 대해 생각하는 방식을 바꾸면 아동이 느끼고 행동하는 방식에 영향을 미칠 수 있다. 인지적 개입은 일반적으로 메타인지(metacognition), 즉 자신의 생각에 대해 생각할 수 있는 능력이 있는 나이 많은 아동에게 효과가 있다. 따라서 이러한 개입은 취학 아동 및 청소년에게 가장 자주 사용된다(Wu et al., 2013).

인지 재구성(cognitive restructuring)은 종종 왜곡되고 융통성 없는 생각을 보다 현실적이고 유연한 인지로 바꾸는 데 사용된다. 심리학자는 아동을 슬프게 하거나 불안하게 혹은 화나게 만드는 생각, 신념, 가정 또는 자기 진술을 인식하도록 돕는다. 심리학자는 아동이 잠재적으로 문제가 될 수 있는 생각을 확인하고, 그것이 사실인지를 경험적으로 확인하도록 돕는다. 그것이 사실이 아니라면, 심리학자는 아동이 미래의 상황에서 더 정확하고 합리적인 믿음을 채택하도록 격려한다. 이러한 보다 정확하고 합리적인 믿음은 부정적인 감정과 행동을 감소시킬 수 있다. 예를 들면, '과학에서 실천으로'에서 소아 심리학자는 루이스가 당뇨병에 대한 부정적인 생각에 도전하도록 돕는다. 인지 치료자는 또한 역할극과 자기 진술을 사용하여, 아동이 보다 정확하고 합리적인 생각을 채택하도록 돕는다. 역할극을 하는 동안, 심리학자와 아동은 종종 부정적인 생각, 감정, 행동을 유발하는 상황을 연기한다. 아동은 왜곡된 생각을 보다 현실적인 생각으로 대체하는 연습을 할 수 있다. 심리학자는 아이가 부정적인 정서를 경험할 때 말할 수 있는 짧고 간단한 문구인 자기 진술을 연습할 수 있도록 가르친다.

또 다른 두 가지 인지적 개입은 지시적 심상요법과 재초점화(refocusing)이다. 지시적 심상요법에서, 아동은 의료 절차나 질병에 대한 생각을 즐겁고 평화로운 상황(예 : 해변에 누워 있기, 연 날리기)에 대한 생각으로 대체하도록 배운다. 지시적 심상요법은 종종 다른 이완 기법과 함께 사용된다. 재초점화는 아동의 주의를 스트레스가 많거나 고통스러운 사건에서 좀 더 이완되거나 재미있는 자극으로 재전환하는 것을 포함한다. 예를 들면, 만성 통증이 있는 아동에게 마지막 생일을 축하하거나, 좋아하는 음식을 먹거나, 친구들과 비디오 게임을 하는 것에 대해 생각하도록 요청받을 수 있다(Forsner, Norström, Nordyke, Ivarsson, & Lindh, 2014).

과학에서 실천으로

당뇨 아동을 위한 인지 재구성

심리학자 : 엄마는 네가 파티에 가서 피자와 탄산음료를 다 먹은 것에 대해 화가 많이 났어. 엄마는 네가 혈당을 관리하지 않는 것처럼 보이기 때문에 걱정하고 계셔.

루 이 스 : 음, 다른 아이들은 모두 자기가 먹고 싶은 것을 먹고 마시고 싶은 것을 마실 수 있는데, 저는 그렇게 할 수 없다는 게 싫어요. 이런 문제를 가진 사람은 저밖에 없어요.

심리학자 : "나 말고는 이런 문제를 가진 사람은 없어"라는 말을 잠깐 살펴보자. 그게 정말 사실이라고 생각해?

루 이 스 : 물론이죠. 혈당과 식단, 기타 등등을 걱정하는 사람은 저밖에 없다고 느껴져요.

심리학자 : 네가 그렇게 느낄 거라는 걸 알아. 네가 유일한 사람인 것처럼, 마치 소외된 것처럼 느낄 것 같아. 그렇지만 네가 어떻게 생각하는지 말해 줄래? 정말로 이 세상에서 너만이 당뇨

병을 앓고 있는 유일한 사람일까?

루 이 스 : 당연히 아니죠.

심리학자 : 네가 학교에서 당뇨병이 있는 가진 유일한 사람이니?

루 이 스 : 아니요. 다른 아이들도 당뇨병을 가지고 있어요.

심리학자 : 학교에서 식이 제한이 있는 다른 사람들은 어때? 정확히 같은 것은 아니지만 알레르기나 음식 제한이 있는 다른 친구들도 있니?

루 이 스 : 물론 있죠. 윌과 제임스는 유당 불내증을 가졌어요. 샘은 땅콩 알레르기가 있어요. 다른 아이들도 빵이나 밀이 든 음식을 먹지 못해요.

심리학자 : 그렇다면 억울해 하거나 화를 내거나 소외감을 느낄 필요는 없어. 식단을 관리해야 하는 다른 아이들이 있단다.

루 이 스 : 전에는 그렇게 생각해 본 적이 없는 것 같아요.

대처 및 회복탄력성을 육성하기 위한 가족치료

구조적 가족치료

강력한 지원, 응집력 및 의사소통이 가능한 가족은 아동이 의학적 질병에 대처할 수 있도록 가장 잘 도울 수 있다. 대조적으로, 고통과 갈등을 특징으로 하는 가족은 아동의 요구를 충족시키기 위해 자원을 모으는 능력이 떨어진다. 따라서 많은 소아 심리학자들은 가족치료를 진료에 통합한다. 가족치료는 환경에 대처하는 개인의 능력이 인생에서 다른 사람들과 맺는 많은 관계에 달려 있다고 보는 체계 이론에 기초한다. 이러한 관계 중 하나를 변화시키면 서로 연관되어 있기 때문에 다른 모든 관계에 영향을 미치게 된다. 가족치료자는 가족 전체를 '내담자'로 본다. 그들의 목표는 가족의 기능을 향상시키는 것으로, 아동의 행동에 상응하는 개선으로 이어질 것이라는 이해를 전제로 한다(Wendel & Gouze, 2015).

가족치료에는 많은 학파가 있다. 각 학파는 가족 구성원 간의 특정 관계나 가족과 외부 세계 간의 구분에 대해 서로 다른 강조점을 둔다. 가장 잘 알려진 접근법 중 하나는 구조적 가족치료이다. 구조적 가족치료는 주로 부모와 자녀 사이의 특별한 관계 또는 **동맹**(alliance)과 관련이 있음을 상기하자. 문제는 부모가 아동의 삶에 너무 많이 관여(밀착)하거나 너무 적게 관

여(분리)할 때 발생한다. 예를 들면, 밀착되어 있는 부모는 자녀의 질병에 대해 너무 많은 통제력을 가지고, 자녀가 질병을 관리하는 데 있어 어떤 발언도 거부한다. 이어서 아동도 부모의 과잉 통제에 화를 내고 치료를 거부함으로써 자신의 자율권을 주장할 수 있다. 또한 아버지는 만성질환을 앓고 있는 자녀와 어머니 사이에서 소외감을 느낄 수도 있다. 아버지의 분리는 가족에게 긴장감과 의사소통의 어려움을 야기하게 된다.

구조적 가족치료자는 또한 가족과 바깥 세상 간의 **경계**(boundary)에 관심을 둔다. 이상적으로 경계는 유연해야 한다. 그들은 가족 활동을 삶의 다른 중요한 영역(예 : 학교, 친구, 직장)과 명확하게 구분하면서 동시에 이러한 영역에 개방적이어야 한다. 경계가 지나치게 경직되거나 느슨할 때 문제가 발생한다. 예를 들면, 만성질환 아동의 가족은 전문 의료진, 치료자, 학교 및 아동의 삶에 있는 다른 사람들(예 : 코치, 친구)과 효과적으로 협력할 필요가 있다. 이러한 다른 집단들과의 상호작용을 거부하거나 기타 가족활동에 너무 몰두하는 가족은 일관성의 부족을 경험할 수 있다(Wendel & Gouze, 2015).

구조 치료자는 일반적으로 부모와 자녀를 같이 만난다. 그들은 가족 구성원 간의 관계를 이해하고 문제가 있는 동맹과

경계를 파악하려고 노력한다. 문제가 있는 관계를 찾으면, 치료자는 종종 이러한 관계를 해체하려고 한다. 예를 들면, 밀착된 가족에서 치료자는 아동에게 질병 관리에 대한 더 큰 자율성과 책임을 부여하려고 노력한다. 또한 엄격한 경계를 가진 가족의 경우 치료자는 외부 세계에 대한 가족의 근본적인 불신에 도전하기도 한다. 전반적으로 구조적 가족치료는 가족 구성원 간의 향상된 일관성 및 의사소통과 아동의 감소된 행동 문제와 관련이 있다.

행동 및 다체계 가족치료

행동 가족 체계 치료(behavior family system therapy, BFST)는 구조적 가족치료 요소와 인지행동적 개입을 결합한다. BFST의 주요 목표는 가족 구성원 간의 갈등을 줄이고 의사소통을 증진시키는 것이다. 첫째, 치료자는 가족에게 문제 해결 및 의사소통 기술 훈련을 제공한다. 특히, 가족은 각 가족 구성원의 자율성, 생각 및 감정을 존중하는 방식으로 다툼을 해결하는 방법을 배운다. 주요 목표는 고함을 지르거나 위협하거나 죄책감을 유발하는 강압적인 부모-자녀 상호작용을 피하는 것이다. 둘째, 치료자는 가족 갈등에 기여하는 가족 구성원이 가지는 왜곡된 믿음을 확인하고 도전한다. 예를 들면, 부모는 청소년의 좌절을 '존경의 결여'로 잘못 귀인하고, 청소년은 부모의 염려를 '과잉 통제'로 잘못 귀인할 수 있다. 치료자는 부모와 아동이 상호작용을 보다 정확하게 바라보고 불필요한 갈등을 피할 수 있도록 이러한 행동에 새로운 이름을 붙일 수 있다. 셋째, 치료자는 구조적 가족치료자와 유사한 방식으로 가족의 동맹이나 경계를 파악하고 수정하려고 노력한다(Falloon, 2015).

　다체계 가족치료(multisystemic family therapy, MFT) 역시 가족의 응집력과 의사소통을 향상시키기 위해 사용된다. MFT가 반사회적 청소년을 치료하는 데 사용되었던 것을 상기하라. 그런데 최근 연구에서는 당뇨병과 같은 만성질환을 가진 아동의 가족에게 효과적이었다. MFT는 가족 구성원 간의 관계를 개선하는 것이 목표인 다른 가족치료와 유사하다. 치료자는 갈등, 잘못된 의사소통 및 강압적인 부모-자녀 상호작용을 줄이기 위해 노력한다. 또한 MFT는 가족과 외부 세계, 특히 학교, 의료 전문가 및 또래와의 관계에 관심을 가진다. MFT 치료자는 상호작용의 '생태학적 타당성'을 강조한다.

즉, 치료가 '실생활'에 일반화되도록 노력한다. 따라서 MFT 치료자는 아동의 교사, 의사, 영양사 및 과외 활동 지도자와 상의하여 질병 관리를 방해하는 문제를 식별하고 해결하는 데 도움을 주고자 한다(Naar-King et al., 2014).

사회적 지원을 강화하기 위한 집단 및 또래 지원 치료

일부 치료자는 유사한 소아과적 장애를 가진 아동 집단을 치료한다. 집단치료는 적어도 세 가지 면에서 도움이 될 수 있다. 첫째, 의학적 질병을 앓고 있는 아동은 종종 정서적으로 고립되어 있고, 자신의 질병이나 문제가 독특하며, 그들이 경험하는 스트레스를 다른 사람이 이해할 수 없다고 느낀다. 집단치료를 통해 아동은 유사한 의학적 문제를 가진 어린이를 만나면서 고립감을 줄일 수 있다. 둘째, 만성질환을 앓고 있는 일부 아동은 문제 해결 및 사회적 기술에 결함이 있다. 집단치료는 이 아동들이 서로 기술을 연마할 수 있는 기회를 제공한다. 셋째, 집단치료를 통해 아동은 자신의 행동에 대해 또래로부터 피드백을 받을 수 있다. 예를 들면, 집단 구성원은 특정 아동이 종종 화를 내고 억울해하는 것처럼 보이거나 자신의 문제에 대해 다른 사람을 비난하는 것을 알아차릴 수 있다. 집단은 "네가 항상 기분이 좋지 않기 때문에 친구가 많지 않은 게 아닐까?"와 같은 이야기를 해당 아동에게 언급하기도 한다. 이런 대인관계 피드백이 처음에는 불쾌할 수 있지만, 숙련된 치료자는 이런 피드백을 사용하여 어린이가 자신에 대해 배우고 행동을 바꾸도록 도울 수 있다.

　다음의 '과학에서 실천으로'의 간단한 대화는 집단치료의 두 가지 원칙을 보여준다. 첫째, 집단치료자는 치료의 **내용**(말하는 내용)보다는 치료의 **과정**(집단 구성원 간의 상호작용 패턴)에 초점을 맞춘다. 둘째, 가능하면 집단치료자는 과거 또는 치료 회기 외부에서 발생한 사건보다는 참가자의 즉각적인 생각, 감정 및 행동에 중점을 둔다. 집단치료자는 종종 '그때'보다는 '지금 여기'에 중점을 둔다. 집단 구성원 간의 즉각적인 상호작용에 초점을 맞춰, 구성원은 자신의 대인관계 행동에 대한 피드백을 주고받을 수 있다.

　플랜트, 로바토, 엥겔(Plante, Lobato & Engel, 2001)은 만성질환이 있는 아동에 대한 집단치료의 효과에 대한 메타분석을 수행하였다. 그들은 주로 아동의 증상을 관리하고 사회적 및 문제 해결 기술을 발전시키는 데 중점을 둔 집단치료가 아

과학에서 실천으로

집단치료 : 또래로부터 피드백을 얻기

한 나 : 카일리, 네가 항상 기분이 좋지 않기 때문에 친구가 많지 않은
게 아닐까?

치료자 : 어떻게 생각하니, 카일리? 이게 진실일까?

카일리 : 아니요, 바보 같은 소리예요. (한나에게) 그런 말을 하는 것 자
체가 멍청하다.

치료자 : 한나, 카일리 이야기 듣고 나서, 지금 기분이 어떠니?

한 나 : 완전 별로예요. 카일리 옆에 있고 싶지 않아요.

치료자 : (집단에게) 다른 사람들은? 기분이 어떠니?

몰 리 : 나도 그래.

치료자 : 자, 네가 화를 낼 때, 네 친구들도 네 옆에 있고 싶어 하지 않
는다면, 아마 다른 사람들도 비슷할 거야. 이 친구들은 네 친
구가 되고 싶어 하지만, 겁이 나는 것 같아.

동의 기능 개선과 가장 관련이 있음을 발견하였다. 특정 질병에 대한 정보를 제공하는 데 주로 초점을 둔 집단은 덜 효과적이었다.

최근 몇 년간 만성질환이 있는 아동을 위한 (1) 여름 치료 프로그램 및 (2) 또래 집단 개입이라는 두 가지 새로운 집단 개입이 나타났다. 여름 치료 프로그램은 며칠간 여름 캠프에서 심리 교육 및 기술 증진 활동에 참여하는, 유사한 의학적 문제를 가진 아동들로 구성된다. 캠프는 천식, 암, 당뇨병 및 위장 문제와 같은 의학적 상태를 가진 아동을 위해 개발되었다. 전반적으로 이러한 캠프는 불안과 우울증의 감소, 긍정적 감정 및 자기 효능감의 향상, 친구 및 가족과의 보다 만족스러운 상호작용에 대해 다룬다(Brown, 2014). 또래 집단 개입은 만성질환이 있는 아동과 이들의 절친이나 반 급우로 구성된다. 친구와 급우들은 아동의 질병에 대해 배우고 아동이 의학적 권고를 준수하며 어려운 시기를 잘 극복하도록 지지하는 방법을 배운다. 예를 들면, 당뇨병이 있는 아동을 위한 또래 집단 개입은 친구들에게 혈당과 식단 모니터링의 중요성과 스트레스 관리 방법을 가르칠 수 있다.

소아 개입의 효과

여러 메타 분석에 따르면 만성질환이 있는 아동을 위한 개인, 가족 및 집단 개입은 효과적이다. 발표된 연구의 평균 효과 크기(effect size, ES) 범위는 .71에서 .87로, 치료에 참여한 아동과 그렇지 않은 아동의 효과 크기는 중간에서 큰 정도에 이르는 차이를 보였다. 치료 효과는 질병의 유형에 따라 크게 다르지 않는 것으로 보인다. 다양한 질병을 가진 아동들이 동등하게 이득을 보는 것 같다. 그러나 일부 증거에 따르면 주로 증상 관리 및 기술 훈련에 중점을 둔 치료법이 정보와 교육만을 제공하는 치료법보다 더 큰 이득을 준다. 마지막으로, 일부 데이터에 따르면 치료 효과가 상당히 오래 지속되어, 종료 후 12개월 후에도 효과가 유지된다(Fisher et al., 2014; Gayes & Steele, 2014; Meltzer & Mindell, 2014).

주요 용어

과잉 학습(overlearning) : 전체 스펙트럼 가정 훈련의 구성 요소. 24일 연속하여 밤에 실수하지 않으면, 야뇨증의 재발 방지를 위해 아동은 많은 양의 수분을 계속 섭취하고 배뇨를 지연함

다증상 야뇨증(polysymptomatic nocturnal enuresis, PSNE) : 야간 내내 침대를 적시며, 적은 양의 소변을 배출하며, 배출 후 잠에서 깨는 아동을 기술하는 용어. PSNE 아동은 또한 종종 낮에도 갑자기 배뇨의 욕구를 느낌

단일 증상 일차성 유뇨증(monosymptomatic primary enuresis, MPE) : 밤에만 실수하고, 6개월 이상 매일 밤 실수하지 않은

날이 없으며, 유뇨의 의학적 원인이 없는 아동을 설명하는 용어

데스모프레신(desmopressin, DDAVP) : 야뇨증에 가장 일반적으로 처방되는 약물. 야간 소변 생성을 감소시키는 호르몬인 바소프레신의 합성 버전

배뇨 지연(voiding postponement) : 어린 아동의 주뇨증의 원인. 아동들은 다른 활동에 몰두하기 때문에 화장실에 가서 소변 보는 것을 회피함

벤조디아제핀(benzodiazepines) : GABA를 증가시키고 현저한 진정 작용을 일으키는 약물. 내성 및 금단 증상을 유발할 수 있음

보유 조절 훈련(retention control training) : 전체 스펙트럼 가정 훈련의 구성 요소. 야뇨증이 있는 아동이 더 많은 양의 수분을 섭취하고 배뇨를 더 오래 지연하여 방광이 꽉 찬 것에 민감해지고 기능적 방광 용량을 증가시키는 것

불면증 장애(insomnia disorder) : 잠들거나, 수면을 유지하거나, 다시 잠드는 것과 관련한 수면의 질적 혹은 양적 어려움 혹은 불만족을 특징으로 하는 DSM-5 장애. 적어도 3개월 동안 일주일에 3번 이상 발생하며 고통이나 손상을 야기함

소변 경보(urine alarm) : 아동의 속옷에 착용하거나 침대에 두는 작은 기계 장치로 소변을 감지하여 소음이나 진동으로 아동을 깨움

소아 심리학(pediatric psychology) : 심리학을 아동의 건강 영역에 적용하는, 학제간 연구 분야

수면각성장애(sleep arousal disorder) : (1) 수면보행과 (2) 야경증이라는, 비 REM 수면에서 불완전하게 깨어나는 반복적인 삽화를 특징으로 하는 DSM-5 장애. 아동은 삽화 동안 꿈을 꾸지 않으며, 다음날 삽화에 대한 기억이 없음

수면 구조(sleep architecture) : 수면 중 중추신경계의 활동. 일련의 비 REM 수면 단계로 구성되며 일반적으로 야간에 반복될 때 REM 삽화가 뒤따름

수면다원검사(polysomnogram, PSG) : 야간 수면 중에 아동의 수면 구조를 평가하는 것. 뇌활동(EEG), 안구 운동(EOG), 근육 활성화(EMG), 심장 리듬(ECG)을 모니터링함

수면보행(sleepwalking) : 비 REM 수면 중에, 침대에서 나와 걷는 것을 특징으로 하는 수면각성장애의 한 유형. 일반적으로 다른 사람에 대한 반응이 감소하여 깨우기 어려움

수면 위생(sleep hygiene) : 편안한 수면을 촉진하는 발달적으로 적절한 행동 및 환경 조건

수면-각성 장애(sleep-wake disorder) : 수면 패턴의 혼란이나 수면의 질, 시간, 양에 대한 불만족을 특징으로 하는 DSM-5의 한 종류. 고통이나 손상을 야기함

순응(adherence) : 소아 심리학 분야에서, 아동과 가족이 의료진의 권고에 동의하고, 이해하고, 따르는 정도

시간 요법(chronotherapy) : 일주기 리듬 수면-각성 장애에 대한 행동치료. 수면-각성 주기가 일상의 일정과 일치할 때까지 취침 시간을 점진적으로 앞당기거나 늦추는 것

아르기닌 바소프레신(arginine vasopressin, AVP) : 소변 농도를 증가시키고 총량을 감소시키는 자연 발생 호르몬

악몽 심상 예행연습 치료(nightmare imagery rehearsal therapy) : 악몽장애를 치료하는 인지행동치료. 아동들은 숙달감 혹은 회복탄력성을 강조하는 방식으로 악몽을 새롭게 쓰고, 그 꿈을 매일 머릿속으로 예행연습함

악몽장애(nightmare disorder) : REM 수면 중에 발생하는 반복되며, 확장된, 불편한 꿈이 특징인 DSM-5 장애. 개인의 안전에 위협이 되며, 고통이나 손상을 야기함. 그 개인은 쉽게 깨울 수 있으며 꿈에 대한 생생한 기억을 가지고 있음

야경증(sleep terrors) : 비 REM 수면 중에 갑자기 공황과 자율신경계 각성의 반복 삽화를 특징으로 하는, 수면각성장애의 한 유형. 아동은 일반적으로 반응성이 부족하고 삽화 중 위로받을 수 없음. 낮 시간에 고통이나 손상을 야기함

유뇨증(enuresis) : 불수의적이든 의도적이든 상관없이, 침대나 옷에 반복적으로 소변을 보는 것이 특징인 DSM-5 장애. 개인은 최소 5세 이상이어야 하고, 적어도 3개월 동안 일주일에 2회 발생해야 하며 고통이나 손상을 야기함

유분증(encopresis) : 불수의적이든 의도적이든 상관없이, 부적절한 장소에서 대변을 반복적으로 보는 것이 특징인 DSM-5 장애. 개인은 최소 4세 이상이어야 하고, 적어도 3개월 동안 한 달에 한 번 이상 발생해야 하며 고통이나 손상을 야기함

이차성 유뇨증(secondary enuresis) : 적어도 6개월 동안 배뇨 훈련이 성공적이었다가 다시 유뇨증을 보일 때 사용하는 용어

이차성 유분증(secondary encopresis) : 성공적인 대변 훈련이 이루어진 아동이 다시 유분증을 보일 때 사용하는 용어

일주기 리듬 수면-각성 장애(circadian rhythm sleep-wake disorder) : 개인의 수면-각성 패턴과 학교나 직장에서 요구하는 일정 간의 불일치에 의해 야기되는 수면 문제의 지속적 혹은 반복적 패턴이 특징인 DSM-5 장애

일차성 유뇨증(primary enuresis) : 밤에 한 번도 소변을 실수하지 않은 적이 없었던 아동이 보이는 유뇨증을 설명하는 용어

일차성 유분증(primary encopresis) : 배변 훈련이 성공한 경험이 없는 아동이 보이는 유분증을 설명하는 용어

자문(consultation) : 소아 심리학 분야에서, 치료를 방해하는 아동의 행동을 다루기 위해 의료 전문가에게 전문적인 권고나 도움을 제공하는 것

전체 스펙트럼 가정 훈련(full spectrum home training, FSHT) : 야뇨증의 종합 행동치료. (1) 교육 및 행동 계약, (2) 소변 경보 훈련, (3) 청결 훈련, (4) 보유 조절 훈련, (5) 과잉 학습으로 구성됨

조정자(liaisons) : 소아 심리학 분야에서, 학제간 의료 팀의 구성원이 치료를 조율하고 서로 의사소통하며 아동의 가족 또는 학교와 의사소통하도록 돕는 정신건강 전문가

지속적 양압기(continuous positive air pressure, CPAP) : 수면 중 개인의 기도를 개방하도록 일정한 공기압을 제공하는 인공호흡기와 튜브가 연결된 작은 마스크

청결 훈련(cleanliness training) : 야뇨증 치료에 사용되는 과잉 수정 버전. 아동은 잠에서 깨어나 잠옷과 침구를 새로 바꾸고, 다시 잠들기 전에 소변 알람을 다시 활성화하는 것

케겔 훈련(Kegel exercises) : 배뇨 중 소변의 흐름을 멈추었다 다시 시작하기 위해, 골반기저근육을 수축하고 이완하는 것. 주간 유뇨증 치료에 사용

폐쇄성 수면 무호흡 저호흡증(obstructive sleep apnea hypopnea) : 수면 중 호흡의 어려움(예 : 헐떡거림, 코골이)이나 주간 졸음을 야기하는, 반복적인 호흡 곤란(무호흡) 또는 얕은 호흡(저호흡) 삽화가 특징인 DSM-5 수면-각성 장애

항히스타민(antihistamines) : 자연적으로 발생하는 신경 전달물질인 히스타민을 차단하고 졸음과 진정을 유발하는 약물

비판적 사고 연습

1. 많은 부모들이 저녁 식사 후 수분 섭취를 제한하여 자녀의 야뇨증을 치료하려고 한다. 이것이 일반적으로 문제 해결에 효과적이지 않은 이유는 무엇인가?

2. 소변 경보는 일반적으로 야뇨증을 치료하는 데 사용된다. 그러나 전문가들은 경보가 야간에 일어나는 배뇨 실수를 감소시킨다고 생각하지 않는다. 야뇨증 감소의 효과성을 설명하기 위해 고전적 조건화를 어떻게 사용할 수 있을까? 또는 효과성을 설명하기 위해 부적 강화를 어떻게 사용할 수 있을까?

3. 많은 부모들이 유분증을 아이 탓으로 돌린다. 유분증은 어디까지가 의지의 문제일까? 아동을 비난하거나 처벌하는 것은 문제를 어떻게 악화시킬까?

4. 영아 및 걸음마기 아동의 불면증 치료에는 일반적으로 계획된 무시를 통한 소거가 포함된다. 일부 부모는 왜 이 치료법을 시행하는 데 어려움을 경험할까? 부모의 사회적, 문화적 배경이 계획된 무시를 사용하려는 의지에 어떤 영향을 미칠까?

5. 소아 심리학의 5개의 C 중 하나는 '협동'이다. 소아 심리학자가 부모, 교사, 의사 및 기타 의료 서비스 제공자와 협동하는 것이 왜 중요한가? 만성질환이 있는 아동의 치료에 협동이 얼마나 중요한지 두 가지 예를 제시하라.

참고문헌

Abbeduto, L., McDuffie, A., Brady, N., & Kover, S. T. (2012). Language development in Fragile X syndrome. In J. A. Burack, R. M. Hodapp, G. Iarocci, & E. Zigler (Eds.), *The Oxford handbook of intellectual disability and development* (pp. 200–216). New York, NY: Oxford University Press.

Abbott, S. M., Reid, K. J., & Zee, P. C. (2015). Circadian rhythm sleep–wake disorders. *Psychiatric Clinics of North America, 38*, 805–823.

Aber, J. L., Gershoff, E. T., Ware, A., & Kotler, J. A. (2004). Estimating the effects of September 11th and other forms of violence on the mental health and social development of New York City's youth. *Applied Developmental Science, 8*, 111–129.

Abikoff, H., Hechtman, L., Klein, R. G., Gallagher, R., Fleiss, K., Etcovitch, J., … Pollack, S. (2004a). Social functioning in children with ADHD treated with long-term methylphenidate and multimodal psychosocial treatment. *Journal of the American Academy of Child and Adolescent Psychiatry, 43*, 820–829.

Abikoff, H., Hechtman, L., Klein, R. G., Weiss, G., Fleiss, K., Etcovitch, J., … Pollack, S. (2004b). Symptomatic improvement in children with ADHD treated with long-term methylphenidate and multimodal psychosocial treatment. *Journal of the American Academy of Child and Adolescent Psychiatry, 43*, 802–811.

Abramson, L. Y., Alloy, L. B., Hogan, M. E., Whitehouse, W. G., Gibb, B. E., & Hanklin, B. L. (2000). *Suicide science.* New York, NY: Kluwer.

Abramson, L. Y., Metalsky, G., & Alloy, L. (1989). Hopelessness depression: A theory-based subtype of depression. *Psychological Review, 96*, 358–372.

Abramson, L. Y., Seligman, M. E., & Teasdale, J. D. (1978). Learned helplessness in humans. *Journal of Abnormal Psychology, 87*, 49–74.

Acar, C., Tekin-Iftar, E., & Yikmis, A. (2017). Effects of mother-delivered social stories and video modeling in teaching social skills to children with autism spectrum disorders. *Journal of Special Education, 50*, 215–226.

Achenbach, T. M. (2015). Developmental psychopathology. In T. P. Beauchaine & S. P. Hinshaw (Eds.), *The Oxford handbook of externalizing spectrum disorders* (pp. 488–512). Oxford, England: Oxford University Press.

Achenbach, T. M. (2019). Developmental psychopathology: Multicultural challenges, findings, and applications. In U. O. Gielen & J. L. Roopnarine (Eds.), *Childhood and adolescence* (pp. 441–461). Santa Barbara, CA: ABC-CLIO.

Achenbach, T. M., & Rescorla, L. A. (2016). Developmental issues in assessment, taxonomy, and diagnosis of psychopathology. In D. Cicchetti (Ed.), *Developmental psychopathology* (Vol. 1, pp. 46–93). New York, NY: Wiley.

Adams, G., & Carnine, D. (2003). Direct instruction. In H. L. Swanson, K. R. Harris, & S. Graham (Eds.), *Handbook of learning disabilities* (pp. 403–416). New York, NY: Guilford Press.

Aggarwal, N. K., Jimenez-Solomon, O., Lam, P. C., Hinton, L., & Lewis-Fernandez, R. (2016). The core and informant formulation interviews in DSM-5. In R. Lewis-Fernandez (Ed.), *Handbook on the cultural formulation interview* (pp. 27–44). Washington, DC: American Psychiatric Publishing.

Agras, W. S., Crow, S. J., Halmi, K. A., Mitchell, J. E., Wilson, G. T., & Kraemer, H. C. (2000). Outcome predictors for the cognitive behavior treatment of bulimia nervosa. *American Journal of Psychiatry, 757*, 1302–1308.

Agras, W. S., Walsh, B. T., Fairburn, C. G., Wilson, G. T., & Kraemer, C. H. (2000). A multi-center comparison of cognitive-behavioral therapy and interpersonal psychotherapy for bulimia nervosa. *Archives of General Psychiatry, 57*, 459–466.

Ainsworth, M. D. S., Blehar, M. C., Waters, E., & Wall, S. (1978). *Patterns of attachment: A psychological study of the strange situation.* Hillsdale, NJ: Erlbaum.

Akinbami, L. J., Liu, X., Pastor, P. N., & Reuben, C. A. (2011). *Attention deficit hyperactivity disorder among children aged 5–17 in the United States.* Washington, DC: US Department of Health and Human Services.

Alberts, H. J. E. M., Thewissen, R., & Raes, L. (2012). Dealing with problematic eating behaviour. *Appetite, 58*, 847–851.

Alfano, C. A., Zakem, A. H., Costa, N. M., Taylor, L. K., & Weems, C. F. (2009). Sleep problems and their relation to cognitive factors, anxiety, and depressive symptoms in children and adolescents. *Depression and Anxiety, 26*, 503–512.

Allen, D. N., & Becker, M. L. (2020). Clinical interviewing. In G. Goldstein (Ed.), *Handbook of psychological assessment* (pp. 307–336). New York, NY: Academic Press.

Alloy, L. B., Salk, R. H., Strange, J. P., & Abramson, L. Y. (2019). Cognitive vulnerability and unipolar depression. In R. J. DeRubeis & D. R. Strunk (Eds.), *Oxford handbook of mood disorders* (pp. 142–153). Oxford, England: Oxford University Press.

Alvaro, P. K., Roberts, R. M., & Harris, J. K. (2014). The independent relationships between insomnia, depression, subtypes of anxiety, and chronotype during adolescence. *Sleep Medicine, 15*, 934–941.

Al-Yagon, M., & Margalit, M. (2012). Children with Down syndrome: Parents' perspectives. In J. A. Burack, R. M. Hodapp, G. Iarocci, &

찾아보기

저자 소개

Robert Weis

자격증을 소지한 임상심리학자이자 미국 오하이오주 콜럼버스 인근의 인문과학대학인 데니슨 대학교의 심리학과 교수이다. 시카고대학교에서 심리학 학사학위를 받았고 노던일리노이대학교에서 임상아동심리학 박사학위를 받았다. 네이션와이드 아동병원(오하이오)과 포티지 카운티 정신건강센터(위스콘신)에서 임상아동심리학과 소아심리학 전공으로 박사학위 이전의 연구과정과 박사 후 과정을 마쳤다. 데니슨대학교에서는 이상심리학, 발달정신병리학, 심리치료 체계, 인본–실존주의 심리학을 강의한다. Charles A. Brickman 강의우수상을 수상하였다. 아동 정신건강 프로그램 평가 및 ADHD 및 학습장애 평가 연구에 관심을 가지고 있다. *Psychological Science, Journal of Personality and Social Psychology, Journal of Abnormal Child and Adolescent Psychology, Psychological Assessment, Journal of Psychoeducational Assessment, Journal of Learning Disabilities, Psychology in the Schools* 등의 학술지에 논문을 게재하였다. 일을 하지 않을 때는 아내와 세 아이, 그리고 작은 강아지와 시간을 보내는 것을 좋아한다.

데니슨대학교
오하이오주 그랜빌

역자 소개

정명숙

가톨릭꽃동네대학교 상담심리학과 명예교수
이화여자대학교 영어영문학과 학사
이화여자대학교 대학원 심리학과 석사
호주 모나쉬대학교 심리학과 박사

김진영

서울여자대학교 아동학과 교수
고려대학교 심리학과 학사
고려대학교 대학원 심리학과 석사
고려대학교 대학원 심리학과 박사

이새별

충북대학교 심리학과 조교수
서울대학교 심리학과 학사
서울대학교 대학원 심리학과 석사
미국 오하이오주립대학교 심리학과 박사

이수진

경성대학교 심리학과 교수
연세대학교 심리학과 학사
연세대학교 대학원 심리학과 석사
연세대학교 대학원 심리학과 박사

최은실

가톨릭대학교 심리학과 교수
이화여자대학교 교육심리학과 학사
이화여자대학교 대학원 심리학과 석사
이화여자대학교 대학원 심리학과 박사